브랜드만족
1위
박문각

20
25

박문각
경찰

기출문제

한쌤
경찰학

한상기 편저

애얻삼 정인 www.pmg.co.kr

경찰청 출제위원 출신 저자가 직접 쓴

기출총정리

총론부터 각론까지 5개년
기출문제를 총망라한 알찬 문제집

박문각

이 책의 머리말

2025 경찰학 기출총정리 발간에 즈음하여

최근 경찰학의 출제범위는 많은 변화가 일어났는데, 그 이유는 경찰내부에서 개정되거나 발전된 법들을 반영하여 법적응성을 높였기 때문입니다. 범죄피해자 보호나 행정기본법 등은 물론이고, 각종 출입권을 직무집행권으로 추가하는 입법이 증가하여 새로운 경향의 문제들이 많이 등장하고 있으며, 저자는 그간 테러방지법, 긴급출국금지, 개인정보보호법, 스토킹범죄 처벌법 등 기출문제가 등장하기 전에 이론서에 이러한 내용들을 수록하여 적중한 바 있고, 기출에 대한 해설도 정확히 제공하고 있습니다.

경찰학은 역시 출제범위와의 싸움이고, 기출은 그 비중이 50~ 60%에 불과하여 기출만으로 만족해서는 안되지만 그렇다고 기출을 등한시 해서는 애초에 합격이 어려워진다는 것도 반드시 명심해야겠습니다.

2025 경찰학 기출총정리 출간에서 신경쓴 점은

첫째 해설을 전체적으로 업그레이드 하여 어느 부분에서 출제된 것인지 어느 이론과 관련된 것인지를 명확히 하는 해설로 기본서와의 연계성을 높였습니다. 해설은 전체적으로 업그레이드 했습니다.

둘째 경찰학은 수많은 개정과 마주할 수 밖에 없는데 내공이 부족한 샘들은 개정되면 기출문제를 삭제하지만 저자는 기출문제를 개정내용에 맞게 모두 업그레이드 하고 있습니다.

셋째 기본서에 테마를 부여한데 이어 기출문제집에도 테마를 부여하여 출제를 예상할 수 있도록 조치하였습니다.

그리고 경찰시험은 승진, 경간부, 순경공채가 근본적으로 내용에 차이가 없으며, 경간부나 승진에 출제되었던 것이 순경공채에도 출제된다는 점을 고려하여, 모든 경찰공채의 기출 해설을 수록함으로서, 모든 경찰시험의 수험생이 본 교재를 활용할 수 있도록 하는 동시에 다른 경찰시험으로 시야를 넓히는 효과를 노리고 있습니다.

수험생이 정보를 객관적으로 판단하여 신뢰할 수 있는 정보를 참고하는 것이 스스로의 생존에 부합하는 것이며, 저자는 출제위원 출신으로서 가장 정확한 해설을 위해 노력하였습니다.

2024년 5월

편저자 한상기

CONTENTS

이 책의 **차례**

총론

CONTENTS

이 책의 **차례**

각론

한쌤
경찰학
기출총정리

합격까지 박문각

총론

01 | 경찰과 경찰학

제1장 | 경찰개념

테마 1 ▶ 형식적 의미의 경찰과 실질적 의미의 경찰 Ⅰ

01 경찰의 개념 중 형식적 의미의 경찰과 실질적 의미의 경찰에 대한 설명으로 가장 적절한 것은? 〈17.2채용〉

① 실질적 의미의 경찰 개념은 이론상·학문상 정립된 개념이 아닌 실무상으로 정립된 개념이며, 독일 행정법학에서 유래하였다.

② 경찰이 아닌 다른 일반 행정기관 또한 경찰과 마찬가지로 형식적 의미의 경찰에 해당하는 활동을 할 수 있다.

③ 실질적 의미의 경찰은 형식적 의미의 경찰 개념보다 넓은 의미로 형식적 의미의 경찰을 모두 포괄하는 상위 개념이다.

④ 형식적 의미의 경찰이란 실정법상 보통 경찰기관에 분배되어 있는 임무를 달성하기 위해 행하여지는 경찰 활동을 의미한다.

해설

경찰과 경찰학, 경찰의 개념, 형식적 의미의 경찰과 실질적 의미의 경찰 −

① (✕) 실질적 의미의 경찰, **의의, 학문적 개념**: 실질적 의미의 경찰개념은 **독일 행정법학**에서 경찰법 상의 이른바 일반수권조항의 존재를 전제로 경찰관청에 대한 권한의 포괄적 수권과 법치국가 적 요청을 조화시키기 위하여 구성된 **이론적·학문적 도구개념**으로 경찰개념범위의 무제한적 확장을 제한하는 역할을 한다.[♣학문적 의미에서 고찰된 개념이 아닌(X), ♣실무상 확립된 개념(X)] 〈10·15·17승진·09·13·14경간·10·11.1·14.1·17.1채용〉

② (✕) 실질적 의미의 경찰, **범위**: 일반 행정기관에 속하는 행정작용 중에도 실질적 의미의 경찰작용에 **포함되는 것이 있는데** 이를 협의의 행정경찰이라고 한다.[♣일반행정기관이 형식적 경찰기능(X)]〈14 승진·17.2채용〉

③ (✕) **양 개념의 관계**: 형식적 의미 경찰과 실질적 의미 경찰은 일부가 일치할 뿐, 양자의 범위는 일 치하지 아니한다.[♣실질적 의미의 경찰은 형식적 의미의 경찰을 모두 포괄하는 상위 개념이다.(X)]〈1 5·16승진·11·14·17.2채용〉

④ (○) 형식적 의미의 경찰, **의의**: **실무상 확립된 경찰개념**과 일치하는 것으로서 그 작용의 성질 여하 를 불문하고, **실정법상 보통경찰기관(경찰행정기관)에 분배되어 있는 임무**(국가경찰과 자치경찰의 조직 및 운영에 관한 법률 제3조, 경찰관 직무집행법 제2조)를 달성하기 위한 보통경찰기관의 모든 경찰활동을 의미한다.[♣일반 행정기관도 형식적 의미 경찰 작용(X), ♣경찰관서에서 하는 일체의 경찰 작용(O)]〈10·15·16·17승진·06·07·14경간·05·07·08·10·12·15·17.2채용〉 **정답 ④**

---

02 경찰개념에 대한 설명으로 가장 적절하지 않은 것은? 〈17경감 · 19경위〉

① 형식적 의미의 경찰은 실정법상 보통경찰기관에 분배된 임무를 달성하기 위하여 행해지는 경찰활동으로 그 범위는 나라마다 차이가 있을 수 있다.

② 실질적 의미의 경찰은 사회공공의 안녕, 질서유지와 같은 적극적 목적을 위한 작용이다.

③ 실질적 의미의 경찰은 국가의 일반통치권에 근거하여 국민에게 명령 · 강제하는 권력적 작용이다.

④ 일반행정기관이 실질적 의미의 경찰작용을 하는 경우는 있으나, 형식적 의미의 경찰작용을 하지는 않는다.

해설

경찰과 경찰학, 경찰의 개념, 형식적 의미의 경찰과 실질적 의미의 경찰 −

① (○) 형식적 의미의 경찰, **비교**<10 · 15 · 16 · 17 · 19승진 · 06 · 07 · 14경간 · 05 · 07 · 08 · 10 · 12 · 15 · 17.2채용>

② (×) 실질적 의미의 경찰, **의의** : 실질적 의미의 경찰에서 사회 공공의 안녕과 질서유지는 성문법규범과 불문법규범의 총체에 대한 위험의 방지를 의미하는 **소극적 개념**이다.[♣적극적 개념(X)]<13경간 · 19승진>

③④ (○) 실질적 의미의 경찰, **의의**<09 · 10 · 14 · 15 · 16 · 17 · 19승진 · 13경간 · 12 · 15채용>   정답 ②

---

03 경찰개념에 대한 설명 중 옳지 않은 것은? 〈19경간〉

① 일반행정기관이 실질적 의미의 경찰작용을 하는 경우는 있으나, 형식적 의미의 경찰작용을 하지는 않는다.

② 정보경찰의 활동은 실질적 의미의 경찰보다는 형식적 의미의 경찰과 관련이 깊다.

③ 실질적 의미의 경찰은 형식적 의미의 경찰 개념보다 넓은 의미로 형식적 의미의 경찰을 모두 포괄하는 상위 개념이다.

④ 실질적 의미의 경찰은 사회공공의 안녕, 질서유지와 같은 소극적 목적을 위한 권력적 작용이다.

해설

경찰과 경찰학, 경찰의 개념, 형식적 의미의 경찰과 실질적 의미의 경찰 −

① (○) 형식적 의미의 경찰 : **의의**<10 · 15 · 19승진 · 06 · 07 · 19경간 · 08 · 10 · 12채용>

② (○) 형식적 의미의 경찰 : **범위, 예**<14 · 19경간 · 10 · 15채용>

③ (×) **양 개념의 관계** : 원칙적으로 양자는 아무런 관계가 없으며, 일부 일치 ⇨ 양자의 범위는 일치하지 아니한다.[♣포괄하는 상위 개념(X)]<19경간 · 15 · 16승진 · 11 · 14 · 17.2채용>

④ (○) 실질적 의미의 경찰 : **의의**<09 · 10 · 14 · 15 · 16 · 17 · 19승진 · 13 · 19경간 · 12 · 15채용>   정답 ③

04 경찰의 개념에 대한 설명 중 가장 적절하지 않은 것은? 〈20 · 21승진 · 10채용〉

① 실질적 의미의 경찰은 사회공공의 안녕, 질서유지와 같은 소극적 목적을 위한 작용이다.

② 실질적 의미의 경찰은 특별통치권에 근거하여 국민에게 명령 · 강제하는 권력적 작용으로 독일의 행정법학에서 정립된 학문상 개념이다.

③ 형식적 의미의 경찰작용은 실정법상 보통경찰기관에 분배된 사무를 말하며, 이에 따른 경찰활동의 범위는 나라마다 차이가 있을 수 있다.

④ 형식적 의미의 경찰이 언제나 실질적 의미의 경찰이 되는 것은 아니고, 또한 실질적 의미의 경찰이 모두 형식적 의미의 경찰이 되는 것도 아니다.

해설

경찰과 경찰학, 경찰의 개념, 형식적 의미의 경찰과 실질적 의미의 경찰 −

① (○) 실질적 의미의 경찰, **의의**〈09 · 10 · 14 · 15 · 16 · 17 · 19 · 21승진 · 13 · 19경간 · 12 · 15채용〉

② (×) 실질적 의미의 경찰, **의의** : **장래**에 향하여 **사회공공의 안녕과 질서를 유지**하기 위하여 국가의 **일반통치권**에 의거하여 **국민에게 명령 · 강제**하여 국민의 자연적 자유를 제한 또는 회복하는 **소극목적의 권력적 작용**을 의미한다(행정법학계)[♣특별통치권에 근거(X)]〈09 · 10 · 14 · 15 · 16 · 17 · 19 · 21승진 · 13 · 19경간 · 12 · 15채용〉

③ (○) 형식적 의미의 경찰, **의의**〈10 · 15 · 16 · 17 · 19 · 20 · 21승진 · 06 · 07 · 14경간 · 05 · 07 · 08 · 10 · 12 · 15 · 17.2채용〉

④ (○) 양 개념의 관계〈21승진 · 20.1채용〉

정답 ②

---

05 다음은 형식적 의미의 경찰개념과 실질적 의미의 경찰개념에 대한 설명이다. 옳은 것은 모두 몇 개인가?
〈20.1채용〉

㉠ 형식적 의미의 경찰이 언제나 실질적 의미의 경찰이 되는 것은 아니며, 실질적 의미의 경찰이 모두 형식적 의미의 경찰이 되는 것도 아니다.

㉡ 실질적 의미의 경찰은 사회공공의 안녕과 질서유지를 위한 권력적 작용이므로 소극목적에 한정된다.

㉢ 형식적 의미의 경찰은 사회목적적 작용을 의미하며 작용을 중심으로 파악된 개념이고, 실질적 의미의 경찰은 조직을 기준으로 파악된 개념이다.

㉣ 실질적 의미의 경찰은 실무상 정립된 개념이 아니라 학문적으로 정립된 개념으로 독일 행정법학에서 유래하였다.

㉤ 경찰관 직무집행법 제2조에 규정된 경찰의 직무범위가 우리나라에서의 형식적 의미의 경찰개념에 해당한다.

---

① 2개 ② 3개
③ 4개 ④ 5개

경찰과 경찰학, 경찰의 개념, 형식적 의미의 경찰과 실질적 의미의 경찰 −

ㄱ (○) 양 개념의 관계<20.1채용>

ㄴ (○) 실질적 의미의 경찰, 범위 : **대상**<13경간·10·16·17승진·05·08·20.1채용>

ㄷ (X) 실질적 의미의 경찰, 의의, 기준 : **실질적 의미의**[♣형식적 의미의(X)] 경찰은 **사회목적적 작용**을 의미하며 **작용을 중심으로 파악**된 개념이다.<17승진·10·11·15·17.2·20.1채용> / 형식적 의미의 경찰, **의의 : 형식적 의미**[♣실질적 의미(X)]의 경찰은 **조직을 기준으로 파악**된 개념이다.(경찰개념)<03·08.3·10·15·16승진·06·07·14경간·05·07·08·10·12·15·20.1채용>

ㄹ (○) 실질적 의미의 경찰, **의의**<10·15·17·20승진·09·13·14경간·10·11.1·14.1·17.1·20.1채용>

ㅁ (○) 형식적 의미의 경찰, **규정**<09경간·03·20.1채용>

정답 ③

---

06 형식적 의미의 경찰개념과 실질적 의미의 경찰개념에 관한 설명으로 옳은 것을 모두 고른 것은? 〈23승진〉

> ㄱ 정보경찰은 권력적 작용이므로 실질적 의미의 경찰이다.
> ㄴ 실질적 의미의 경찰은 국가의 일반통치권에 근거하여 국민에게 명령·강제하는 권력적 작용으로 독일의 전통적 행정법학에서 정립된 학문상 개념이다.
> ㄷ 형식적 의미의 경찰은 실정법상 보통경찰기관에 분배된 임무를 달성하기 위하여 행해지는 경찰 활동으로 그 범위는 나라마다 차이가 있을 수 있다.
> ㄹ 실질적 의미의 경찰은 형식적 의미의 경찰을 모두 포괄한다.

① ㄱㄴ   ② ㄴㄷ
③ ㄱㄴㄷ   ④ ㄴㄷㄹ

경찰과 경찰학, 경찰의 개념, 형식적 의미의 경찰과 실질적 의미의 경찰 −

ㄱ (X) 양 개념의 관계, **형식적 의미의 경찰에만 해당하는 영역** : 형식적 의미 경찰의 **비권력적인 업무** 영역 **예 정보경찰·수사(사법)경찰**<10·15승진·09경간·08·14·15채용>, **경찰의 서비스 활동(교통· 지리정보의 제공,** 어린이 교통교육 등), 경찰방문, 외사경찰, (기능상) 보안경찰, 경찰지도(방범 지도) 등, 순찰 등 범죄예방활동(少)<04경간·23승진·05·08채용>

ㄴ (○) 실질적 의미의 경찰, **학문적 개념**<10·15·17·20·21·23승진·09·13·14경간·10·11.1·14.1·17. 1·20.1채용>

ㄷ (○) 형식적 의미의 경찰, 의의, **비교**<10·15·16·17·19·20·21·23승진·06·07·14경간·05·07·08· 10·12·15·17.2채용>

ㄹ (X) **양 개념 관계** : 일부만 서로 중복된다.[♣포함(X)]<19경간·15·16·20·23승진·11·14·17.2채용>

정답 ②

www.pmg.co.kr

07 형식적 의미의 경찰과 실질적 의미의 경찰에 관한 설명으로 가장 적절하지 않은 것은? 〈23.1채용〉

① 형식적 의미의 경찰은 실정법상 개념으로 보통경찰기관에 분배되어 있는 임무를 달성하기 위하여 행하여지는 일체의 경찰작용이다.
② 형식적 의미의 경찰은 모두 실질적 의미의 경찰에 포함된다.
③ 실질적 의미의 경찰은 독일의 행정법학에서 정립된 학문상 개념이다.
④ 실질적 의미의 경찰은 사회공공의 안녕, 질서유지와 같은 소극적 목적을 위한 작용이다.

해설

경찰과 경찰학, 경찰의 개념, 형식적 의미의 경찰과 실질적 의미의 경찰 −

① (○) 형식적 의미의 경찰, **의의**<10·15·16·17·19·20·21·23승진·06·07·14경간·05·07·08·10·12·15·17.2·23.1채용>
② (✕) **양 개념의 관계**: 원칙적으로 형식적 의미의 경찰과 실질적 의미의 경찰은 아무런 관계가 없으며, 일부 일치한다. 즉 **양자의 범위는 일치하지 아니**한다.[♣포괄하는 상위 개념(X), ♣ 모두 포함(X)] <19경간·15·16·20·23승진·11·14·17.2·23.1채용>
③ (○) 실질적 의미의 경찰, 의의, **학문적 개념**<10·15·17·20·21·23승진·09·13·14경간·10·11.1·14.1·17.1·20.1·23.1채용>
④ (○) 실질적 의미의 경찰, 범위, **대상**<13경간·10·16·17승진·05·08·20.1·23.1채용>   정답 ②

---

08 실질적 의미의 경찰과 형식적 의미의 경찰에 대한 설명으로 적절한 것은 모두 몇 개인가? 〈23경간〉

가. 실질적 의미의 경찰은 프랑스 행정법학에서 유래한다.
나. 형식적 의미의 경찰과 실질적 의미의 경찰은 일치한다.
다. 사무를 기준으로 하였을 때 우리나라 자치경찰은 형식적 의미의 경찰과 실질적 의미의 경찰 모두에 해당한다.
라. 공물경찰은 실질적 의미의 경찰에 해당한다.
마. 사법경찰은 실질적 의미의 경찰에 해당한다.

① 1개
② 2개
③ 3개
④ 4개

12   제1편 경찰과 경찰학

해설

경찰과 경찰학, 경찰의 개념, 형식적 의미의 경찰과 실질적 의미의 경찰 −

가. (X) 실질적 의미의 경찰, 의의, **학문적 개념** : 실질적 의미의 경찰개념은 전통적인 **독일 행정법학에서** 경찰법상의 이른바 일반수권조항의 존재를 전제로 경찰관청에 대한 권한의 포괄적 수권과 법치국가적 요청을 조화시키기 위하여 구성된 도구개념으로 **경찰개념범위의 무제한적 확장을 제한하는 역할**을 한다.[♣프랑스 행정법학에서 유래(X)]<10 · 15 · 17 · 20 · 21 · 23승진 · 09 · 13 · 14 · 23 경간 · 10 · 11.1 · 14.1 · 17.1 · 20.1 · 23.1채용>

나. (X) **양개념 관계** : 원칙적으로 형식적 의미의 경찰과 실질적 의미의 경찰은 아무런 관계가 없으며, 일부 일치한다. 즉 **양자의 범위는 일치하지 아니한다.**[♣일치(X)]<19 · 23경간 · 15 · 16 · 20 · 23승진 · 11 · 14 · 17.2 · 23.1채용>

다. (X) **양개념 관계** : **자치경찰 사무**는 실정법에 규정된 내용으로 **모두 형식적 의미의 경찰**에 해당하지만 자치경찰사무 중 명령 · 강제 기능에 해당하는 **일부만 실질적 의미의 경찰에 해당**한다.[♣자치경찰사무는 형식적 의미의 경찰과 실질적 의미의 경찰 모두에 해당(X)]<23경간>

라. (○) 양개념 관계, **실질적 의미의 경찰에만 해당하는 영역** : 협의의 행정경찰<10승진 · 04 · 09 · 23경간 · 05 · 08 · 09채용>

마. (X) 양개념 관계, **형식적 의미의 경찰에만 해당하는 영역** : 형식적 의미 경찰의 **비권력적**인 업무영역<01 · 08채용> **예** **정보경찰 · 수사(사법)경찰**<10 · 15승진 · 09 · 23경간 · 08 · 14 · 15채용>, **경찰의 서비스 활동(교통 · 지리정보의 제공,** 어린이 교통교육 등), 경찰방문, 외사경찰, (기능상) 보안경찰, 경찰지도(방범지도) 등, 순찰 등 범죄예방활동(少)<04경간 · 23승진 · 05 · 08채용>

정답 ① (②번이 가답안으로 제시되었으나 이는 출제오류이다.)

---

09 경찰의 개념 중 형식적 의미의 경찰과 실질적 의미의 경찰에 관한 설명으로 가장 적절한 것은? ⟨24승진⟩

① 형식적 의미의 경찰개념은 실정법상 보통경찰기관에 맡겨져 있는 경찰작용을 의미한다.

② 형식적 의미의 경찰개념은 작용을 중심으로 파악한 것이다.

③ 실질적 의미의 경찰개념은 경찰의 사법활동과 같이 주로 현재 또는 장래의 위험방지를 개념요소로 한다.

④ 실질적 의미의 경찰개념은 사회 질서유지와 봉사활동과 같은 현대 경찰의 핵심적인 기능을 수행하는 경찰을 의미한다.

해설

경찰과 경찰학, 경찰의 개념, 형식적 의미의 경찰과 실질적 의미의 경찰 −

① (○) 형식적 의미의 경찰, **의의**<15 · 16 · 17 · 19 · 20 · 21 · 23 · 24승진 · 14경간 · 12 · 15 · 17.2 · 23.1 · 2채용>

② (X) 실질적 의미의 경찰, 의의, **기준** : 실질적 의미의 경찰은 경찰의 위험 방지를 위한 **명령 · 강제 등 권력 작용**을 의미하는 개념으로 **성질 · 작용을 중심으로 파악**한 개념이다.[♣형식적 의미의 경찰(X)]<17 · 23승진 · 15 · 17.2 · 20.1채용>

③ (X) 실질적 의미의 경찰, **범위** : 실질적 의미의 경찰은 **행정경찰과 범위가 같으며 보안경찰과 협의의 행정경찰을 포함**하는 개념이다.(실질적 의미의 경찰 = 행정경찰 = 보안경찰 + 협의의 행정경찰)[♣사법경찰활동(X)]<10 · 15 · 24승진 · 04경간 · 05 · 08 · 23.2채용>

④ (X) 실질적 의미의 경찰, 범위, **대상** : 실질적 의미의 경찰은 장래에 향한 작용이며, 사회공공의 안녕과 **질서유지**를 위한 **권력적 작용**이므로 **소극목적의 작용**에 한정되며, 동시에 **사회 목적적인 작용을 대상**으로 한다.[♣봉사활동(X)]<13경간 · 10 · 16 · 17 · 24승진 · 05 · 08 · 20.1 · 23.1채용> **정답** ①

테마 2 **경찰개념의 분류** Ⅱ

01 경찰의 분류에 대한 설명으로 가장 적절하지 않은 것은? 〈21.1채용〉

① 행정경찰과 사법경찰: 경찰의 목적에 따라 구분하며, 프랑스의 「죄와 형벌법전」(「경죄처벌법전」)에서 이와 같은 구분을 최초로 법제화하였다.
② 협의의 행정경찰과 보안경찰: 다른 행정작용에 부수하느냐의 여부에 따라 구분하며, 협의의 행정경찰은 경찰활동의 능률성과 기동성을 확보할 수 있고 보안경찰은 지역 실정을 반영한 경찰조직의 운영과 관리가 가능하다.
③ 평시경찰과 비상경찰: 위해의 정도와 담당기관에 따라 구분하며, 평시경찰은 평온한 상태 하에서 일반경찰법규에 의하여 보통경찰기관이 행하는 경찰작용이고 비상경찰은 비상사태 발생이나 계엄선포 시 군대가 일반치안을 담당하는 경우이다.
④ 질서경찰과 봉사경찰: 경찰서비스의 질과 내용에 따라 구분하며, 「경범죄 처벌법」 위반자에 대한 통고처분은 질서경찰의 영역에, 교통정보의 제공은 봉사경찰의 영역에 해당한다.

해설

경찰과 경찰학, 경찰의 개념, 경찰개념의 분류 ─
① (○) 행정경찰과 사법경찰 구별기준: **최초 구분**〈12 · 13 · 17승진 · 01 · 03 · 20경간 · 09 · 12 · 18.1 · 21.1채용〉
② (✕) **국가경찰**: **효율성[통일성 · 기동성 · 능률성]** · (강력하고 광범위한) **집행력]** 확보(통일적, 공정한 법집행)[♣협의의 행정경찰(X)]〈19승진 · 16.2 · 21.1채용〉 / 자치경찰: **지역의 특성에 맞는** 경찰행정이 가능[♣보안경찰(X)]〈18경간 · 20.1 · 21.1채용〉
③ (○) 평시경찰과 비상경찰, 의의: **구별기준**〈20경간 · 13승진 · 12.3 · 21.1채용〉
④ (○) 질서경찰과 봉사경찰, 구별기준: **예**〈20경간 · 17승진 · 12.3 · 18.1 · 21.1채용〉   정답 ②

02 경찰의 분류와 구분기준에 대한 설명 중 옳지 않은 것은 모두 몇 개인가? 〈17경위 · 20경간 · 12.3 · 16.1채용〉

가. 보안경찰과 협의의 행정경찰은 업무의 독자성에 따른 구분 또는 경찰작용이 다른 행정작용에 부수(수반) 여부를 기준으로 한다.
나. 예방경찰과 진압경찰은 경찰권 발동 시점에 따라 분류된다.
다. 광의의 행정경찰과 사법경찰은 경찰의 목적 · 임무를 기준으로 한 구분이며 이러한 경찰개념의 구분은 삼권분립 사상에 투철했던 프랑스에서 확립된 개념이다.
라. 국가경찰과 자치경찰은 경찰유지의 권한과 책임의 소재(경찰의 조직 · 인사 · 비용부담)에 따른 분류이다.
마. 평시경찰과 비상경찰은 위해의 정도 및 담당기관에 따른 구분이다.
바. 질서경찰과 봉사경찰은 경찰서비스의 질과 내용에 따른 구분이다.

① 0개   ② 1개
③ 2개   ④ 3개

해설

경찰개념의 분류 −

가. (○) 보안경찰과 협의의 행정경찰 : **구별기준**<20경간 · 10 · 13 · 17승진 · 11 · 12.3 · 18.1채용>

나. (○) 예방경찰과 진압경찰 : **구별기준**<20경간 · 13 · 17 · 19승진 · 12.3채용>

다. (○) 광의의 행정경찰과 사법경찰 : **구별기준**<12 · 13 · 17승진 · 01 · 03 · 20경간 · 09 · 12 · 18.1채용>

라. (○) 국가경찰과 자치경찰 : **구별기준**<20경간 · 17승진 · 12 · 16.1채용>

마. (○) 평시경찰과 비상경찰 : **구별기준**<20경간 · 13승진 · 12.3채용>

바. (○) 질서경찰과 봉사경찰 : **구별기준**<20경간 · 17승진 · 12.3 · 18.1채용>　　　　　　　 정답 ①

---

03 국가경찰과 자치경찰에 대한 설명으로 적절하지 않은 것은 모두 몇 개인가? 〈22경간〉

> 가. 자치경찰은 국가경찰과 비교하여 비권력적 수단보다는 권력적 수단을 통해 국민의 생명과 신체 · 재산을 보호하고자 한다.
> 나. 국가경찰은 자치경찰과 비교하여 타 행정부문과의 긴밀한 협조 · 조정이 원활하다.
> 다. 국가경찰은 자치경찰과 비교하여 지역실정을 반영한 경찰조직의 운영 · 관리가 용이하다.
> 라. 국가경찰은 자치경찰과 비교하여 지역주민에 대한 경찰의 책임의식이 높다.

① 1개　　　　　　　　　　　　　　　② 2개
③ 3개　　　　　　　　　　　　　　　④ 4개

해설

경찰개념분류, 국가경찰과 자치경찰 −

가. (✕) 자치경찰 **장점** : 민주성 − 정치적 중립성 · 인권보장, 권력적 수단보다 **비권력적 수단 선호**, 주민지향(주민협력 치안의 활성화, 주민에 대한 높은 책임의식)으로 주민의견수렴이 용이하여 **주민의 지지를 받기 쉽다.**[♣권력적 수단 선호(X)]<22경간 · 19승진 · 13경간 · 10 · 20.1채용>

나. (○) 국가경찰, **장점** : 협조조정 용이<22경간 · 10 · 16.1 · 20.1채용>

다. (✕) 자치경찰, **장점** : **지역의 특성에 맞는**(지역실정을 반영) 경찰행정이 가능[♣국가경찰은(X)]<18 · 22경간 · 20.1 · 21.1채용>

라. (✕) 자치경찰, 장점, **민주성** : 정치적 중립성 · 인권보장, 권력적 수단보다 **비권력적 수단 선호**, 주민지향(주민협력 치안의 활성화, 주민에 대한 높은 **책임의식**)으로 **주민의견수렴이** 용이하여 **주민의 지지를 받기 쉽다.**[♣국가경찰은(X)]<22경간 · 19승진 · 13경간 · 10 · 20.1채용>　　　 정답 ③

04 자치경찰제도의 도입에 따른 특징으로 옳지 않은 설명으로 묶인 것은? 〈18경간〉

> 가. 자치경찰제도는 지방에 적합한 경찰행정이 가능하다.
> 나. 자치경찰제도는 타 행정부분과의 긴밀한 협조·조정이 원활하다.
> 다. 자치경찰제도는 지방별로 독립된 조직이므로 조직·운영의 개혁이 용이하다.
> 라. 자치경찰제도는 전국적으로 균등한 경찰서비스를 제공할 수 있다.
> 마. 자치경찰제도는 전국적인 통계자료의 정확성을 기할 수 있다.
> 바. 자치경찰제도는 민주성이 보장되어 주민들의 지지를 받기 쉽다.

① 가, 나, 라   ② 가, 라, 마
③ 나, 다, 바   ④ 나, 라, 마

해설

경찰개념분류, 국가경찰과 자치경찰 −
가.다.바. (○) 자치경찰제도 : **장점**〈18경간〉
나. (X) 자치경찰제도, **단점 : 통일성·집행력·기동력 미약** ➡ 광역적 범죄에 대처곤란〈10채용〉, 국가기관 및 타 자치경찰과 **협조곤란[♣협조원활(X)]〈18경간〉, 통계자료의 부정확성**, 지방 세력과 유착, 토착비리 문제[♣자치경찰은 정부정책수행에 이용될 가능성 많다.(X)]
라. (X) 자치경찰제도, **장점** : 정치적 중립성·인권보장, 주민지향(주민협력 치안의 활성화)으로 **주민의 견수렴이 용이하여 주민 지지를 받기 쉽다.**〈10채용〉, **지역의 특성에 맞는** 경찰행정이 가능[♣전국적으로 균등한 서비스 제공 가능(X)]〈18경간〉, 지방별로 독립된 조직이므로 조직·운영의 **개혁용이**
마. (X) 자치경찰제도, **단점 : 통일성·집행력·기동력 미약**, 국가기관 및 타 자치경찰과 **협조곤란, 통계자료의 부정확성[♣**통계 정확(X)]〈18경간〉, 지방 세력과 유착, 토착비리 문제   정답 ④

05 다음은 국가경찰과 자치경찰에 대한 설명이다. 옳은 것으로 묶인 것은? 〈20.1채용〉

> ㉠ 국가경찰은 자치경찰과 비교하여 인권과 민주성이 보장되어 주민들의 지지를 받기 쉽다.
> ㉡ 자치경찰은 국가경찰과 비교하여 권력적 수단보다는 비권력적 수단을 통해 국민의 생명과 신체 재산을 보호하고자 한다.
> ㉢ 국가경찰은 자치경찰과 비교하여 타 행정부문과의 긴밀한 협조 조정이 원활하다는 장점이 있다.
> ㉣ 자치경찰은 국가경찰과 비교하여 지역실정을 반영한 경찰조직의 운영 관리가 용이하다.
> ㉤ 국가경찰은 자치경찰과 비교하여 지역주민에 대한 경찰의 책임 의식이 높다.

① ㉠㉡㉣   ② ㉡㉢㉣
③ ㉡㉢㉤   ④ ㉠㉣㉤

해설

경찰개념분류, 국가경찰과 자치경찰 −

㉠ (✕) 자치경찰, **장점**: 자치경찰은 정치적 중립성 · 인권보장, 주민지향(주민협력 치안의 활성화)으로 **주민의견수렴이 용이**하여 **주민 지지를 받기 쉽다.**[♣국가경찰(✕)](자치경찰 장점)<19승진 · 13경간 · 10 · 20.1채용>

㉡㉢ (○) 자치경찰: **장점**<19승진 · 13경간 · 10 · 20.1채용>

㉢ (○) 국가경찰: **장점**<10 · 16.1 · 20.1채용>

㉤ (✕) 자치경찰, **장점**: 자치경찰은 국가경찰과 비교하여 지역주민에 대한 경찰의 책임의식이 높다.[♣ 국가경찰(✕)]<19승진 · 13경간 · 10 · 20.1채용>

정답 ②

---

06 국가경찰과 자치경찰에 관한 설명으로 가장 적절하지 않은 것은? 〈23.1채용〉

① 자치경찰은 지역사회 특성을 반영한 치안활동이 가능하며 주민들의 지지를 받기 쉽다.

② 국가경찰은 강력하고 광범위한 집행력을 행사할 수 있다.

③ 자치경찰은 지방세력의 간섭으로 인하여 정실주의에 대한 우려가 있다.

④ 국가경찰은 전국단위의 통계자료 수집 및 정확성 측면에서 불리하다.

해설

경찰개념 분류, 국가경찰과 자치경찰 −

① (○) 자치경찰: **장점**<22경간 · 19승진 · 13경간 · 10 · 20.1 · 23.1채용>

②③ (○) 국가경찰: **장점**<19승진 · 16.2 · 21.1 · 23.1채용>

④ (✕) 국가경찰, **장점**: 전국적 **통계자료 정확**(정확 · 유용한 통계자료 확보)[♣통계자료 수집 및 정확성 측면에서 불리(✕)]<16.2 · 23.1채용>

정답 ④

---

07 경찰의 분류에 대한 설명으로 가장 적절하지 않은 것은? 〈21.2채용〉

① 우리나라에서는 보통경찰기관이 행정경찰 및 사법경찰 업무를 모두 담당한다.

② 진압경찰은 이미 발생된 위해의 제거나 범죄의 수사를 위한 경찰작용으로 범죄의 수사, 범죄의 제지, 총포 · 화약류의 취급제한, 광견의 사살 등이 있다.

③ 봉사경찰은 서비스 · 계몽 · 지도 등 비권력적인 수단을 통하여 경찰의 직무를 수행하는 경찰활동으로, 방범지도, 청소년 선도, 교통정보의 제공 등이 있다.

④ 협의의 행정경찰은 다른 행정작용에 부수하여 그 행정작용과 관련해서 발생하는 위험을 방지하기 위해 행해지는 경찰작용으로 경제경찰, 산림경찰, 철도경찰 등이 있다.

경찰개념분류 —

① (○) 행정경찰과 사법경찰 : **우리나라**<16승진 · 12.1 · 21.2채용>

② (X) 진압경찰 : **범죄의 제지 · 진압 · 수사, 범인의 체포**, 사람을 공격하는 **멧돼지, 광견 등 동물의 사살,** (위해를 주는) **정신착란자의 보호조치**[♣총포 · 화약류의 취급제한(X)]<12승진 · 03경간 · 04 · 09 · 21.2채용>

③ (○) 봉사경찰<12.1 · 18.1 · 21.1 · 2채용>

④ (○) 협의의 행정경찰<09 · 18.3 · 21.2채용>　　　　　　　　　　　　　　　　　　　　**정답** ②

---

08 다음 중 경찰의 분류와 그 내용으로 가장 적절하지 않은 것은? 〈18.3채용〉

① 경찰권 발동시점에 따라 예방경찰과 진압경찰로 구분할 수 있으며, 위해를 미칠 우려가 있는 정신착란자의 보호는 예방경찰에, 사람을 공격하는 멧돼지를 사살하는 것은 진압경찰에 해당한다.

② 업무의 독자성에 따라 보안경찰과 협의의 행정경찰로 구분할 수 있으며, 교통경찰은 보안경찰에, 건축경찰은 협의의 행정경찰에 해당한다.

③ 삼권분립 사상에 따라 행정경찰과 사법경찰로 구분할 수 있으며, 형식적 의미의 경찰은 행정경찰에, 실질적 의미의 경찰은 사법경찰에 해당한다.

④ 경찰활동의 질과 내용에 따라 질서경찰과 봉사경찰로 구분할 수 있으며, 범죄수사는 질서경찰에, 방범지도는 봉사경찰에 해당한다.

경찰개념분류 —

① (○) **예방경찰 : 순찰활동**[♣범죄의 제지(X)]<12승진 · 03경간 · 04 · 09채용>, **총포 · 화약류의 취급제한**[♣진압경찰(X)]

　　　진압경찰 : 범죄의 제지[♣예방경찰(X)] **· 진압 · 수사, 범인의 체포**<12승진 · 03경간 · 04 · 09채용>, 사람을 공격하는 **멧돼지 등 동물의 사**살<18.3채용>, (위해를 주는) **정신착란자의 보호조치,** (위해 **우려) 정신착란자의 보호조치**<11.1 · 18.3채용>

② (○) **보안경찰** : 해양경찰, 교통경찰, 소방경찰, **풍속경찰**[♣협의의 행정경찰(X)], 생활안전경찰, 경비경찰, 경찰하명, 경찰허가, 경찰강제<06 · 18.3채용> [☻해교소풍생활경비하명강제]

　　　협의의 행정경찰 : 철도경찰, **도로경찰**, 산업경찰, 산림경찰, 건축경찰, **보건경찰, 공물경찰**, 경제경찰, **영업경찰, 위생경찰**[♣풍속경찰(X)]<09 · 18.3채용>[☻철도산건 공경영 위협]

③ (X) **행정경찰 : 실질적 의미의 경찰**과 범위가 같다.[♣형식적 의미의 경찰에 포함(X)]<14승진 · 18.3채용>

　　　사법경찰 : 형식적 의미의 경찰에 포함[♣실질적 의미의 경찰에 포함(X)]<13 · 14승진 · 18.3채용>

④ (○) **질서경찰 : 경찰처분(교통위반자에 대한 처분)**, 경찰강제(강제집행 · 즉시강제, 진압), 다중범죄진압, 범죄수사 등[♣수난구호(X)]<12.1 · 18.1채용>

　　　봉사경찰 : 방범지도, 청소년 선도, 교통정보의 제공, **수난구호** 등<12.1 · 18.1채용>　　　　**정답** ③

09 경찰의 분류에 대한 설명으로 적절한 것을 모두 고른 것은? 〈19경감〉

㉠ 삼권분립사상에 기초하여 분류할 때 행정경찰은 실질적 의미의 경찰에 해당하고, 사법경찰은 형식적 의미의 경찰에 해당한다.
㉡ 경찰활동의 질과 내용을 기준으로 분류할 때 예방경찰은 경찰상의 위해 발생을 방지하기 위한 작용으로 '위해를 미칠 우려가 있는 정신착란자의 보호'가 이에 해당한다.
㉢ 자치경찰제도는 각 지방특성에 적합한 경찰행정이 가능하지만, 국가경찰제도에 비해 관료화되어 국민을 위한 봉사가 저해될 수 있다.
㉣ 국가경찰제도는 경찰업무집행의 통일을 기할 수 있으나, 정부의 특정정책 수행에 이용되어 본연의 임무를 벗어날 우려가 있다.

① ㉠㉡   ② ㉠㉣
③ ㉡㉢   ④ ㉢㉣

해설

경찰개념분류 –
㉠ (○) 행정경찰과 사법경찰<13·14·19승진·18.3채용>
㉡ (×) 예방경찰과 진압경찰, **구별기준**: 경찰권의 발동시점에 따라 예방경찰과 진압경찰로 구분한다. [♣질과 내용 기준(×)]<13·17·19승진·12.3채용>
㉢ (×) 자치경찰제도, **장점**: 정치적 중립성·인권보장, 주민지향(주민협력 치안의 활성화)으로 **주민의 견수렴이 용이**하여 **주민 지지를 받기 쉽다.**[♣비대화, 관료화 우려, 봉사저해(×)]<19승진·13경간·10채용>
㉣ (○) 국가경찰: **장점**<03·05·19승진·04·09·10·12·16채용>   정답 ②

10 경찰의 분류에 대한 설명으로 적절한 것은 모두 몇 개인가? 〈21경간〉

가. 고등경찰과 보통경찰의 구별은 독일에서 유래한 것으로 경찰에 의하여 보호되는 법익을 기준으로 한 구별이다.
나. 질서경찰과 봉사경찰은 경찰서비스의 질과 내용에 따라 구분한 것으로 범죄수사는 질서경찰에 해당하고 방범순찰은 봉사경찰에 해당한다.
다. 평시경찰과 비상경찰은 위해의 정도 및 담당기관에 따라 구분한 것으로 평시경찰은 보통경찰기관이 행하는 경찰작용이고 비상경찰은 비상사태 발생으로 계엄이 선포될 경우 계엄법에 따라 군대가 담당하는 경찰작용이다.
라. 보안경찰과 협의의 행정경찰은 권한의 책임과 소재에 따라 구분한 것으로 풍속경찰은 보안경찰에 해당하고 산림경찰은 협의의 행정경찰에 해당한다.
마. 행정경찰과 사법경찰은 경찰의 목적에 따른 구분이며, 삼권분립사상에서 유래하였다.

① 2개   ② 3개
③ 4개   ④ 5개

해설

경찰개념분류 −

가. (×) **보통경찰·고등경찰: 보호법익을 기준**으로 한 분류로, 고등경찰은 국가조직의 근본에 대한 위배의 방지를 위한 사상·종교·집회·결사·언론·출판 등에 관한 경찰작용으로서 정치경찰을 의미한다.(**프랑스**에서 유래)[♣독일에서 유래(×)]<21경간>

나. (○) 질서경찰·봉사경찰<21경간·12.1·18.1·21.1·2채용>

다. (○) 평시경찰·비상경찰<20·21경간·13승진·12.3·21.1채용>

라. (×) **보안경찰·협의의 행정경찰: 보안경찰**과 협의의 행정경찰은 다른 행정작용과의 관련성(독자성)을 **기준**으로 한 분류이다.[♣권한과 책임소재에 따른 구분(×)]<20·21경간·10·13·17승진·11·12.3·18.1채용>

마. (○) 행정경찰·사법경찰<12·13·17승진·01·03·20·21경간·09·12·18.1·21.1채용> 　정답 ②

---

11 경찰의 분류에 대한 설명으로 가장 적절하지 않은 것은? 〈22경간〉

① 우리나라는 조직법상 행정경찰과 사법경찰의 구분이 없으며, 보통경찰기관이 양 사무를 모두 담당한다.
② 예방경찰과 진압경찰은 경찰권 발동 시점에 따른 구분이다.
③ 행정경찰은 주로 과거의 상황에 대하여 작용하며, 사법경찰은 주로 현재 또는 장래의 상황에 대하여 작용한다.
④ 질서경찰과 보통경찰은 경찰 활동 시 강제력의 사용 유무로 구분된다.

해설

경찰개념분류 −

① (○) 행정경찰·사법경찰: **우리나라**<22경간·16승진·12.1·21.2채용>

② (○) 예방경찰·진압경찰: 구별기준<20·22경간·13·17·19승진·12.3채용>

③ (×) 행정경찰·사법경찰, **특징**: 행정경찰은 **현재 및 장래의 위험방지**를 위해 발동하는 작용이다.[♣ 행정경찰은 주로 과거의 상황에 대해 발동(×)]<13·22경간·02채용> / 사법경찰은 **과거의 불법에 대한 제재작용**이다.[♣현재 또는 장래 상황에 대하여(×)]<13·22경간·02채용>

④ (×) 질서경찰과 봉사경찰[♣보통경찰(×)], 구별기준: **강제력**<20·22경간·17승진·12.3·18.1·21.1채용> 　정답 ③④

---

12 경찰의 종류와 구별기준의 연결이 가장 적절하지 않은 것은? 〈23.1채용〉

① 질서경찰 − 봉사경찰: 경찰의 목적에 따른 분류
② 예방경찰 − 진압경찰: 경찰권 발동시점에 따른 분류
③ 국가경찰 − 자치경찰: 권한과 책임의 소재에 따른 분류
④ 평시경찰 − 비상경찰: 위해의 정도 및 담당기관, 적용법규에 따른 분류

해설

경찰개념 분류 −

① (✕) 질서경찰과 봉사경찰, **구별기준**: 경찰 활동 시 **강제력의 사용 유무**로서, 경찰활동의 **질과 내용에 따라** 질서경찰과 봉사경찰로 구분한다.[♣목적에 따른 구분(X)]<20·22경간·17승진·12.3·18.1·21.1·23.1채용>

② (○) 예방경찰과 진압경찰: **구별기준**<20·22경간·13·17·19승진·12.3·23.1채용>

③ (○) 국가경찰과 자치경찰: **구별기준**<20경간·17승진·12·16.1·23.1채용>

④ (○) 평시경찰과 비상경찰: **구별기준**<20·21경간·13승진·12.3·21.1·23.1채용>　　　　　　　　　　　　　　정답 ①

---

13 **다음의 ㉠, ㉡에 들어갈 내용으로 가장 적절한 것은?** 〈24.1채용〉

> (㉠)과 (㉡)의 구별은 프랑스에서 유래한 것으로, 경찰에 의하여 보호되는 법익을 기준으로 한다. 원래 (㉠)은 사회적으로 보다 우월한 가치를 지닌 법익을 보호하기 위한 경찰활동을 의미하였으나, 나중에는 사상·종교·집회·결사·언론의 자유에 대한 정보수집·단속과 같은 국가의 존립과 유지를 보장하기 위하여 국가적 기관 및 제도에 대한 위해를 방지하는 활동을 의미하게 되었다. 이에 비해 (㉡)은 교통의 안전, 풍속의 유지, 범죄의 예방·진압과 같이 일반 사회의 안녕과 질서유지를 목적으로 하는 활동을 의미한다.

① ㉠ 행정경찰 ㉡ 사법경찰

② ㉠ 진압경찰 ㉡ 예방경찰

③ ㉠ 비상경찰 ㉡ 평시경찰

④ ㉠ 고등경찰 ㉡ 보통경찰

해설

경찰과 경찰학, 경찰개념분류, 보호법익에 따른 분류 −

㉠ 고등경찰<21경간·24.1채용>

㉡ 보통경찰　　　　　　　　　　　　　　　　　　　　　　　　　　　　정답 ④

01 경찰개념의 발달과정에 대한 다음 설명 중 가장 옳은 것은? 〈17경간〉

① 14세기말 프랑스의 경찰개념이 15세기 말 독일에 계수되었고, 16세기 독일 제국경찰법에서 경찰은 외교·군사·재정·사법을 제외한 내무행정 전반을 의미하였다.

② 제2차 세계대전 이후 독일에서는 보안경찰을 포함한 협의의 행정경찰이 다른 행정관청의 사무로 이관되는 비경찰화 과정이 이루어졌다.

③ 프로이센 법원은 크로이쯔베르크 판결을 통해, 경찰관청이 일반적 수권조항에 근거하여 법규명령을 발할 수 있는 분야는 소극적인 위험방지 분야에 한정된다고 보았다.

④ 1884년 프랑스의 지방자치법전 제97조는 '자치단체 경찰은 공공의 질서·안전을 확보함을 목적으로 한다.'고 규정하여 위생사무 등 협의의 행정경찰적 사무를 제외하고 경찰의 직무를 소극목적에 한정하였다.

해설

경찰과 경찰학, 경찰개념의 형성 및 변천, 대륙법계 국가의 경찰개념 변천 −

① (✕) 고대 및 중세, **독일 제국경찰법 : 16C**(1530년) **독일 제국경찰법**에서 'Polizei'라는 용어는 국가목적 내지 그러한 목적을 위하여 행하여지는 국가행정 중 **교회행정을 제외한 일체의 국가행정(국정전반)**을 의미했다.[♣교회행정 포함(X), ♣경찰국가시대(X), ♣군사·사법·재정·외교를 제외한 내무행정전반(X)]<08·10·19승진·07·11·13·17·23경간·04채용>

② (✕) **2차 대전 이후(20C)** : 독일의 경우 **2차 세계대전 이후**(1937년) **비경찰화 과정**을 거치면서 **협의의 행정경찰사무를 타 행정관청에 이관**하여 경찰의 임무범위가 공공의 안녕과 질서유지라는 **보안경찰의 임무에 국한**되었다.[♣보안경찰을 포함하여 비경찰화(X)]<14승진·11·17경간·09·10.2채용>

③ (◯) Kreuzberg 판결(1882)<17경간·09·12·16·18승진·10.1채용>

④ (✕) **1884년의 지방자치법전**(제97조)[♣프로이센 경찰행정법(X)] : '**죄와 형벌법전**'을 계승하여 "자치체 경찰은 공공의 질서·안전 및 위생을 확보함을 목적으로 한다.(§97)"라는 규정을 두어 직무를 **소극목적에 한정**하고 있으나 **위생사무 등 협의의 행정경찰사무를 포함**하고 있다.[♣위생사무 등 협의의 행정경찰사무 배제(X)]<13·17경간·14승진>   **정답** ③

02 대륙법계 경찰개념에 대한 설명으로 가장 적절하지 않은 것은? 〈19경감〉

① 17세기 경찰국가시대에는 국가작용의 분화현상이 나타나 경찰개념이 군사·재정·사법·외교를 제외한 내무행정 전반을 의미하였다.

② 1795년 프랑스 「죄와 형벌법전」 제16조는 '경찰은 공공질서를 유지하고 개인의 자유와 재산 및 안전을 유지하기 위한 기관'이라고 규정하였다.

③ 범죄의 예방과 검거 등 보안경찰 이외의 산업, 건축, 영업, 풍속경찰 등의 경찰사무를 다른 행정관청의 분장사무로 이관하는 현상을 '비경찰화'라고 한다.

④ 대륙법계 경찰의 업무범위는 국정전반 → 내무행정 → 위험방지 → 보안경찰 순으로 변화하였다.

해설

경찰과 경찰학, 경찰개념의 형성 및 변천, 대륙법계 국가의 경찰개념 변천 −

① (○) 17세기 경찰국가시대<07・08・09・12・14・19승진・11・18경간・04・09채용>
② (○) 법치국가시대 : 1795년 프랑스 **죄와 형벌법전**(1795)[일명 '경죄처벌법전']<09・13・19승진>
③ (✕) **비경찰화의 대상 ➡ 협의의 행정경찰사무**(에 철도경찰, 도로경찰, 산업경찰, 산림경찰, 건축경찰, **보건경찰, 공물경찰, 경제경찰, 영업경찰, 위생경찰** 등)[♣풍속경찰(✕)]<05・19승진・03・18.3채용>
④ (○) 대륙법계 경찰개념 변천과정<19승진>　　　　　　　　　　　　　　　 정답 ③

---

03 대륙법계 국가의 경찰 개념에 대한 설명 중 옳지 않은 것은? ⟨19경간⟩

① 1794년 프로이센 일반란트법 제10조에서 경찰관청은 공공의 평온, 안녕 및 질서를 유지하고, 또한 공중 및 그의 개개 구성원들에 대한 절박한 위험을 방지하기 위하여 필요한 기관이라고 규정하였다.
② 1795년 프랑스 죄와 형벌법전 제16조에서 경찰은 공공의 질서를 유지하고 개인의 자유와 재산 및 안전을 유지하기 위한 기관이라고 규정하였다.
③ 1882년 프로이센 고등행정법원은 크로이쯔베르크(Kreuzberg) 판결을 통해 경찰관청이 일반수권 규정에 근거하여 법규법령을 발할 수 있는 분야는 위험방지 분야에 한정된다고 판시하였다.
④ 1884년 프랑스 지방자치법전 제97조는 경찰의 직무범위에서 협의의 행정경찰적 사무를 제외시킴으로써 경찰의 직무를 소극목적에 한정하였다.

해설

경찰과 경찰학, 경찰개념의 형성 및 변천, 대륙법계 국가의 경찰개념 변천, 경찰작용을 소극목적으로 제한한 법률과 판결 −

① (○) 프로이센 일반란트법(1794)(제10조 제2항 제17호)<10・13・19승진・13・19경간・12.2・18.3채용>
② (○) 죄와 형벌법전(1795)(제16조)<19경간・09・14・19승진>
③ (○) Kreuzberg 판결(1882)<17・19경간・09・12・16・18승진・10.1・19.2채용>
④ (✕) 1884년의 지방자치법전(제97조) : '죄와 형벌법전'을 계승하여 "자치체 경찰은 공공의 질서・안전 및 위생을 확보함을 목적으로 한다.(§97)"라는 규정을 두어 직무를 **소극목적에 한정**하고 있으나 **위생사무 등 협의의 행정경찰사무를 포함**하고 있다.[♣위생사무 등 협의의 행정경찰사무 제외 (✕)]<13・17・19경간・14승진・19.2채용>　　　　　　　　　　 정답 ④

---

04 크로이쯔베르크(Kreuzberg) 판결에 대한 설명으로 적절한 것을 모두 고른 것은? ⟨18경감⟩

⊙ 1882년 프로이센 고등행정법원이 판시하였다.
ⓛ 베를린 시민이 Kreuzberg 부근에서 국영 담배공장 운반차에 부상을 당하여 민사법원에 손해배상청구소송을 제기한 사실관계에 기초하여, 손해가 공무원에 의하여 발생한 것이라는 이유에서 관할이 행정재판소로 옮겨지게 된 판결이다.
ⓒ 경찰권 발동의 조리상 한계로서 경찰소극목적의 원칙 확립의 계기가 되었다.
ⓔ 독일에서 경찰개입청구권을 인정한 판결의 효시로 평가된다.

① ⊙ⓛ　　　　　　　② ⊙ⓒ　　　　　　　③ ⓛⓔ　　　　　　　④ ⊙ⓛⓒ

해설

경찰과 경찰학, 경찰개념의 형성 및 변천, 대륙법계 국가의 경찰개념 변천 -

㉠㉢ (○) **Kreuzberg 판결**(1882) : 프로이센 고등행정법원은 "경찰관청이 일반 수권규정에 근거하여 법규명령을 발할 수 있는 분야는 **소극적 질서유지(위험방지) 분야에 한정**된다."라고 판시하여 경찰작용은 소극적 위험방지에 한정된다는 사상이 법해석상 확정되는 계기를 만들었다.[♣띠톱판결(X)]<09 · 12 · 16 · 18승진 · 10.1채용>

㉡ (×) Blanco판결<18경감>

㉣ (×) 띠톱판결<18경감>   정답 ②

---

05 18~20세기 독일과 프랑스에서의 경찰개념 형성 및 발달과정에 관한 설명으로 가장 적절하지 않은 것은?

〈19.2채용〉

① 경찰 개념을 소극적 질서유지로 제한하는 주요 법률과 판결을 시간적 순서대로 나열하면 프로이센 일반란트법(제10조)-프랑스 죄와 형벌법전(제16조)-크로이츠베르크 판결-프랑스 지방자치법전(제97조)-프로이센 경찰행정법(제4조)의 순이다.

② 크로이츠베르크 판결은 경찰의 직무범위는 위험방지 분야에 한정된다고 하는 사상이 법해석상 확정되는 계기가 되었다.

③ 프랑스 죄와 형벌법전은 행정경찰과 사법경찰을 최초로 구분하여 법제화하였다는 점에 의의가 있다.

④ 프랑스 지방자치법전은 경찰의 직무범위에서 협의의 행정경찰적 사무를 제외시킴으로써 경찰의 직무를 소극목적에 한정하였다.

해설

경찰과 경찰학, 경찰개념의 형성 및 변천, 대륙법계 국가의 경찰개념 변천, 경찰작용을 소극목적으로 제한한 법률과 판결 -

① (○) **순서** : 프로이센 일반란트법(1794년), 프랑스 죄와 형벌법전(1795년), 크로이츠베르크 판결(1882), 프랑스 지방자치법전(1884년), 프로이센 경찰행정법(1931년) 순<19.2채용>

② (○) **Kreuzberg 판결**(1882)<17경간 · 09 · 12 · 16 · 18승진 · 10.1 · 19.2채용>

③ (○) **프랑스 죄와 형벌법전**(1795) 제18조<19.2채용>

④ (×) **1884년의 지방자치법전**(제97조) : '죄와 형벌법전'을 계승하여 "자치체 경찰은 공공의 질서 · 안전 및 위생을 확보함을 목적으로 한다.(§97)"라는 규정을 두어 직무를 **소극목적에 한정**하고 있으나 **위생사무 등 협의의 행정경찰사무를 포함**하고 있다.[♣위생사무 등 협의의 행정경찰사무 배제(X)]<13 · 17경간 · 14승진 · 19.2채용>   정답 ④

06 경찰개념에 대한 설명으로 옳지 않은 것은? 〈20경간〉

① 1794년 프로이센 일반란트(주)법은 '공공의 평온, 안전과 질서를 유지하고 공중 또는 그 구성원에 대한 절박한 위험을 제거하기 위하여 필요한 수단을 강구하는 것이 경찰의 책무이다'라고 규정하였다.

② 1884년 프랑스의 자치경찰법전에 의하면 자치체경찰은 공공의 질서·안전 및 위생을 확보함을 목적으로 하며 행정경찰과 사법경찰을 최초로 구분하여 법제화하였다.

③ 크로이츠베르크(Kreuzberg)판결은 경찰관청이 일반수권규정에 근거하여 법규명령을 발할 수 있는 분야는 소극적인 위험방지에 한정된다는 사상이 법 해석상 확정되는 계기가 되어 경찰작용의 목적 축소에 기여하였다.

④ 띠톱판결은 행정(경찰)개입청구권을 최초로 인정한 판결이다.

> **해설**

경찰과 경찰학, 경찰개념의 형성 및 변천, 대륙법계 국가의 경찰개념 변천, 경찰작용을 소극목적으로 제한한 법률과 판결 −

① (○) 프로이센 일반란트법(1794) 제10조 제2항 제17호<10·13·19승진·13·19·20경간·12.2·18.3채용>

② (×) **1884년의 지방자치법전**(제97조) : '죄와 형벌법전'을 계승하여 "자치체 경찰은 공공의 질서·안전 및 위생을 확보함을 목적으로 한다.(제97조)"라는 규정을 두어 직무를 **소극목적에 한정**하고 있으나 **위생사무 등 협의의 행정경찰사무를 포함**하고 있다.[♣행정경찰과 사법경찰 최초구분(X) → 죄와 형벌법전 제18조]<13·17·19·20경간·14승진·19.2채용>

③ (○) Kreuzberg 판결(1882)<17·19·20경간·09·12·16·18승진·10.1·19.2채용>

④ (○) 띠톱판결<20경간·18승진>　　　　　　　　　　　　　　　　　　정답 ②

07 경찰개념에 관한 설명으로 가장 적절하지 않은 것은? 〈23.2채용〉

① 경찰개념은 역사적으로 발전되고 형성된 개념이므로, 근대국가에서의 일반적인 경찰개념을 '공공의 안녕과 질서유지를 위한 권력작용'이라고 할 경우, 이는 각국의 실정법상 경찰개념과 반드시 일치한다고 할 수 없다.

② 실질적 의미의 경찰을 보안경찰과 협의의 행정경찰로 구분하는 것이 일반적 견해라고 할 때, 보안경찰은 독립적인 경찰기관이 관할하지만, 협의의 행정경찰은 각종의 일반행정기관이 함께 그것을 관장하는 경우가 많다.

③ 18~19세기에 등장한 법치국가는 절대주의적 경찰국가에 대항하는 의미에서 자유주의적 법치국가의 성격을 띠었고, 이와 같은 법치국가적 경찰개념이 처음으로 법제화된 경우로는 1794년의 '프로이센 일반란트법'을 들 수 있다.

④ 경찰의 개념을 형식적 의미의 경찰과 실질적 의미의 경찰로 구분할 때, 사법경찰(수사경찰)은 실질적 의미의 경찰에 포함한다.

해설

경찰과 경찰학 −

− 경찰의 개념, 형식적 의미의 경찰과 실질적 의미의 경찰 −

① (○) **양개념 관계**: 원칙적으로 형식적 의미의 경찰(실정법상 경찰개념)과 실질적 의미의 경찰(공공의 안녕과 질서유지를 위한 권력작용)은 아무런 관계가 없으며, 일부 일치한다. 즉 **양자의 범위는 일치하지 아니한다.**[♣포괄하는 상위 개념(X), ♣일치(X)]<19·23경간·15·16·20·23승진·11·14·17.2·23.1·2채용>

② (○) **실질적 의미의 경찰, 범위**: 실질적 의미의 경찰 = 행정경찰 = 보안경찰(보통경찰기관) + 협의의 행정경찰(일반행정기관)<10·15승진·04경간·05·08·23.2채용>

④ (×) 양개념 관계, **형식적 의미의 경찰에만 해당하는 영역**: 형식적 의미 경찰의 **비권력적**인 업무영역과 과거의 범죄수사 관련된 영역<01·08채용>

   예 정보경찰·수사(사법)경찰[♣사법경찰은 실질적 의미의 경찰에 포함(X)]<10·15승진·09·23경간·08·14·15·23.2채용>, **경찰의 서비스 활동(교통·지리정보의 제공, 어린이 교통교육 등), 경찰방문, 외사경찰, (기능상) 보안경찰, 경찰지도(방범지도) 등, 순찰 등 범죄예방활동(少)**<04경간·23승진·05·08채용> [☻정수서방 외보지]

− 경찰개념의 형성과 변천, 대륙법계 경찰개념의 변천, 법치국가시대 −

③ (○) **경찰작용을 소극목적으로 제한한 법률과 판결**: 프로이센 일반란트법(1794)<23.2채용>   정답 ④

---

08 행정법·형사법 관련 판결에 대한 ㉠부터 ㉣까지의 설명 중 옳고 그름의 표시(○, ×)가 바르게 된 것은?

〈18경위〉

> ㉠ Blanco 판결은 Blanco란 소년이 국영담배공장 운반차에 부상을 당하여 민사법원에 소를 제기하였는데 손해가 공무원에 의하여 발생한 것이라는 이유에서 행정재판소 관할로 옮겨진 사건으로, 공무원에 의한 손해는 국가에 배상책임이 있고 그 관할은 행정재판소라는 원칙이 확립되는 계기가 되었다.
> ㉡ Kreuzberg 판결을 통해 경찰관청이 일반수권 규정에 근거하여 법규명령을 발할 수 있는 분야는 위험방지 분야에 한정된다고 판시하였다.
> ㉢ Escobedo 판결은 변호인과의 접견교통권을 침해하여 획득한 자백의 증거능력을 부정한 판결이다.
> ㉣ Miranda 판결은 변호인선임권, 접견교통권 및 진술거부권을 고지하지 않은 상태에서 이루어진 자백의 증거능력을 부정하여, 자백의 임의성과 관계없이 채취과정에 위법이 있는 자백을 배제하게 되는 계기가 되었다.

① ㉠(×) ㉡(○) ㉢(×) ㉣(○)   ② ㉠(○) ㉡(×) ㉢(○) ㉣(×)

③ ㉠(○) ㉡(○) ㉢(○) ㉣(○)   ④ ㉠(○) ㉡(○) ㉢(×) ㉣(○)

해설

경찰과 경찰학, 경찰개념의 형성 및 변천, 대륙법계 국가의 경찰개념 변천, 외국 주요 판례 −

㉠ (○) Blanco 판결<18승진>

㉡ (○) Kreuzberg 판결<11경간·12·18승진>

㉢ (○) Escobedo 판결<18승진>

㉣ (○) Miranda 판결<18승진>   정답 ③

09 경찰개념의 형성 및 변천과 관련한 외국의 판례에 관한 설명으로 가장 적절하지 않은 것은? 〈22경간〉

① 경찰개입청구권을 최초로 인정한 판결은 띠톱 판결이다.

② 일반적 수권조항에 근거한 경찰권의 발동은 소극적인 위험방지 분야에 한정된다는 사상을 확립시킨 계기가 된 판결은 1882년 크로이츠베르크(Kreuzberg) 판결이다.

③ 위법수집증거 배제법칙이 확립된 판결은 맵(Mapp) 판결이다.

④ 국가배상이 인정된 최초의 판결은 에스코베도(Escobedo) 판결이다.

해설

− 경찰행정법, 경찰의 임무 · 기초 · 수단 · 관할 −

① (○) 재량0수축이론, 경찰경찰개입청구권<03 · 05 · 14승진 · 09 · 22경간>

− 경찰과 경찰학, 대륙법계 경찰개념 변천, 2차대전 이후, 외국 주요판례 −

② (○) 크로이츠베르크(Kreuzberg) 판결<17 · 19 · 20 · 22경간 · 09 · 12 · 16 · 18승진 · 10.1 · 19.2 · 22.1채용>

③ (○) Mapp판결<17 · 19 · 20 · 22경간 · 09 · 12 · 16 · 18승진 · 10.1 · 19.2 · 22.1채용>

④ (×) **Escobedo판결 : 변호인 접견교통권**을 침해하여 얻은 자백의 증거능력을 부정한 판례이다.[♣국 가배상책임 최초로 인정(X)]<18승진>

정답 ④

10 실질적 의미의 경찰개념의 역사적 발전과정에 관한 설명 중 가장 적절하지 않은 것은? 〈22.1채용〉

① 요한 쉬테판 퓌터(Johan Stephan Pütter)가 자신의 저서인 「독일공법제도」에서 주장한 "경찰의 직무는 임박한 위험을 방지하는 것이다. 복리증진은 경찰의 본래 직무가 아니다."라는 내용은 경찰국가시대를 거치면서 확장된 경찰의 개념을 제한하기 위한 노력의 일환으로 볼 수 있다.

② 크로이츠베르크 판결(1882)은 승전기념비의 전망을 확보할 목적으로 주변 건축물의 고도를 제한하기 위해 베를린 경찰청장이 제정한 법규명령은 독일의 「제국경찰법」상 개별적 수권조항에 위반되어 무효라고 하였다.

③ 독일의 경우, 15세기부터 17세기에 이르기까지 경찰은 공동체의 질서정연한 상태 또는 공동체의 질서정연한 상태를 창설하고 유지하기 위한 활동으로 이해되었고, 이러한 공동체의 질서정연한 상태를 창설 · 유지하기 위하여 신민(臣民)의 거의 모든 생활영역이 포괄적으로 규제될 수 있었다.

④ 1931년 제정된 「프로이센 경찰행정법」 제14조 제1항은 "경찰행정청은 현행법의 범위 내에서 공공의 안녕 또는 공공의 질서를 위협하는 위험으로부터 공중이나 개인을 보호하기 위하여 필요한 조치를 의무에 적합한 재량에 따라 취하여야 한다."라고 규정하여 크로이츠베르크 판결(1882)에 의해 발전된 실질적 의미의 경찰개념을 성문화시켰다.

해설

경찰과 경찰학, 경찰개념의 형성 및 변천, 대륙법계 국가의 경찰개념 변천 −

① (○) 법치국가시대 : 요한 쉬테판 퓌터(Johan Stephan Pütter), 「독일공법제도」<22.1채용>

② (×) 법치국가시대, Kreuzberg 판결(1882) : 프로이센 고등행정법원은 "경찰관청이 **일반 수권규정에 근거**하여 법규명령을 발할 수 있는 분야는 **소극적 질서유지(위험방지) 분야에 한정**된다."라고 판시하였다.[♣개별수권조항에 위배(X) → 일반수권조항에 위배(O)]<17 · 19 · 20경간 · 09 · 12 · 16 · 18승진 · 10.1 · 19.2 · 22.1채용>

③ (○) 경찰국가시대<22.1채용>

④ (○) 법치국가시대, **경찰작용을 소극목적으로 제한한 법률과 판결 :** 프로이센 경찰행정법(1931)<14승진 · 18경간 · 22.1채용>

정답 ②

---

11 경찰개념에 관한 설명 중 가장 적절하지 않은 것은? <22.2채용>

① 경찰의 개념에 대한 정의는 시대 및 역사 그리고 각국의 전통과 사상을 배경으로 발달하기 때문에 일률적으로 정의를 내리기 어렵다.

② 1648년 독일은 베스트팔렌 조약을 계기로 사법이 국가의 특별 작용으로 인정되면서 경찰과 사법이 분리되었다.

③ 독일은 제2차 세계대전 이후 보안경찰 이외의 행정경찰사무, 즉 영업경찰, 건축경찰, 보건경찰 등의 경찰사무를 다른 행정 관청의 분장사무로 이관하는 비경찰화 과정을 거쳤다.

④ 독일 프로이센 고등행정법원의 크로이쯔베르크 판결을 계기로 경찰의 권한은 소극적 위험방지 분야로 한정하게 되었으며, 비로소 이 취지의 규정을 둔 경죄처벌법전(죄와 형벌법전)이 제정되었다.

해설

경찰과 경찰학, 경찰개념의 형성 및 변천, 대륙법계 국가의 경찰개념 변천 −

① (○) 의의<22.2채용>

② (○) 경찰국가시대(17C ~ 18C) ; **국가목적작용 제외**<07 · 09 · 22.2채용>

③ (○) 2차 대전 이후(20C)<14승진 · 11 · 17경간 · 09 · 10.2 · 22.2채용>

④ (×) **법치국가시대(18C말 ~19C초) :** 18세기 말경의 **프로이센 일반란트법(1794) · 프랑스의 경죄처벌법전(1795)**과 19세기 말 경의 **Kreuzberg판결(1882)**을 통해 경찰의 임무 범위가 **소극적 질서유지에 한정**되게 되었다.[♣크로이쯔베르크 판결을 계기로 경찰의 권한은 소극적 위험방지 분야로 한정하게 되었으며, 비로소 이 취지의 규정을 둔 경죄처벌법전(죄와 형벌법전)이 제정(X)]<03승진 · 11경간 · 04 · 22.2채용>

정답 ④

---

12 경찰개념의 변천과정에 대한 설명 중 적절하지 않은 것은 모두 몇 개인가? <23경간>

> 가. 16세기 독일의 제국경찰법(1530년)에서 교회행정을 제외한 모든 국가활동을 경찰이라 했다.
> 나. 17세기 경찰국가시대의 경찰개념은 외교 · 국방 · 재정 · 사법을 제외한 내무행정 전반을 의미했다.
> 다. 18세기 계몽철학의 영향으로 경찰의 개념이 소극적 위험방지 분야로 한정되었다.
> 라. 프랑스 지방자치법전(1884년)에서 처음으로 행정경찰과 사법경찰을 구분했다.
> 마. 프로이센 경찰행정법(1931년)은 경찰의 직무를 적극적 복리증진으로 규정했다.

① 1개   ② 2개   ③ 3개   ④ 4개

경찰과 경찰학, 경찰개념의 형성 및 변천, 대륙법계 국가의 경찰개념 변천 −

가. (○) **고대 및 중세** : 16세기 독일의 제국경찰법(1530년)<08 · 10 · 19승진 · 07 · 11 · 13 · 17 · 23경간 · 04채용>

나. (○) **경찰국가시대(17 ~ 18C)** : 경찰과 행정의 분화(내무행정 전반)<07 · 08 · 09 · 12 · 14 · 19승진 · 11 · 18 · 23경간 · 04 · 09 · 23.1채용>

다. (○) **법치국가시대 : 위험방지**(소극목적에 한정)<09 · 14승진 · 11 · 23경간 · 08 · 09채용>

라. (✕) **법치국가시대, 프랑스 죄와 형벌법전**(1795) : 제18조에서는 "행정경찰은 공공질서유지 · 범죄예방을 목적으로 하고 사법경찰은 범인의 수사 · 체포를 목적으로 한다."라고 규정함으로써 **행정경찰과 사법경찰의 구분을 처음으로 법제화**하였다.[♣지방자치법전에서 최초로(X)]<20 · 23경간 · 19.2채용>

마. (✕) 법치국가시대, **프로이센 경찰행정법**(1931) : 제14조 제1항에서 "경찰**관청**은 일반 또는 개인에 대한 공공의 안녕과 질서를 위협하는 위험을 **방**지하기 **위**하여 현행법의 범위 내에서 의무에 합당한 재량에 따라 필요한 **조**치를 취하지 않으면 안 된다."라고 규정하였다.[♣적극적 복리증진으로 규정(X)]<14승진 · 18 · 23경간 · 22.1채용>　　　　　　**정답** ②

영미법계 국가 경찰개념과 대륙법계 국가의 경찰개념 비교　　　　Ⅳ

01 영미법계 국가의 경찰에 관한 설명으로 가장 적절하지 않은 것은? <24.1채용>

① 영미법계 경찰개념은 '시민으로부터 부여받은 자치권에 근거하여 국민의 생명 · 신체 · 재산을 보호하고 범죄를 수사하며, 다양한 공공서비스를 제공하는 작용'이라고 설명한다.

② 영미법계 경찰개념은 국왕의 절대적 권력으로부터 유래된 경찰권을 전제로 한다.

③ 영미법계 경찰개념은 경찰과 국민을 수평적 · 상호협력 동반자 관계로 본다.

④ 영미법계 경찰은 비권력적 수단을 중시한다.

경찰과 경찰학, 경찰의 개념, 영미법계 국가의 경찰 −

① (○) 개념<24.1채용>

② (✕) **대륙법계 경찰개념** : 대륙법계 경찰개념은[♣영미법계(X)] 국왕의 절대적 권력으로부터 유래될 경찰권을 전제로 한다.<24.1채용>

③ (○) 경찰과 시민관계<12.2 · 24.1채용>

④ (○) 수단<24.1채용>　　　　　　**정답** ②

02 대륙법계 국가의 경찰제도에 관한 다음 설명 중 옳지 않은 것은 모두 몇 개인가? 〈18경간〉

> 가. 대륙법계 국가의 경찰개념은 경찰권이라고 하는 일반 통치권적 개념을 전제로, 경찰이 시민을 위해서 수행하는 기능 또는 역할을 중심으로 형성되었다.
> 나. 1931년 프로이센 경찰행정법에는 경찰관청은 일반 또는 개인에 대한 공공의 안녕과 질서를 위협하는 위험을 방지하기 위하여 현행법의 범위 내에서 의무에 합당한 재량에 따라 필요한 조치를 취하지 않으면 안 된다고 규정하였다.
> 다. 경찰이란 용어는 라틴어의 Politia에서 유래한 것으로 도시국가에 관한 일체의 정치, 특히 헌법을 지칭하였다.
> 라. 크로이쯔베르크(Kreuzberg) 판결은 경찰임무의 목적확대에 결정적인 계기를 만든 판결로 유명하다.
> 마. 경찰국가시대의 경찰권은 소극적인 치안유지만 할 뿐, 적극적인 공공복지의 증진을 위하여 강제력을 행사할 수 없었다.
> 바. 17세기 국가작용의 분화현상이 나타나 경찰개념이 외교·군사·재정·사법을 제외한 내무행정 전반에 국한되었다.

① 1개   ② 2개   ③ 3개   ④ 4개

해설

경찰과 경찰학 —

— 대륙법계 국가와 영미법계 국가의 경찰개념 비교 —

가. (✕) **대륙법계 국가의 경찰개념**: 대륙법계의 경찰개념은 **통치권적 개념을 전제로 형성**되었다.〈12승진·18경간〉/ **'경찰이란 무엇인가?'**라는 문제를 **중심으로 형성**되어 경찰권 **발동범위와 성질을 중심**으로 경찰개념이 논의되었다.[♣기능과 역할중심(X)]〈12승진·18경간〉

— 대륙법계 국가의 경찰개념 변천 —

나. (◯) 프로이센 경찰행정법(1931)〈14승진·18경간〉

다. (◯) 고대 및 중세: **국정전반**〈09·10·14승진·18경간·10.2채용〉

라. (✕) **Kreuzberg 판결(1882)**: 프로이센 고등행정법원은 "경찰관청이 일반 수권규정에 근거하여 법규명령을 발할 수 있는 분야는 **소극적 질서유지(위험방지) 분야에 한정**된다."라고 판시하여 경찰작용은 소극적 위험방지에 한정된다는 사상이 법해석상 확정되는 계기를 만들었다.[♣띠톱판결(X)]〈09·12·16·18승진·10.1채용〉 **경찰작용의 목적축소**에 결정적 기여를 하였다.[♣목적확대(X)]〈05승진·11·13·18경간·02채용〉

마. (✕) **경찰국가시대의 경찰권**: 내무행정 전반으로 경찰이란 '**소극적 치안유지(위험방지)**' + '**적극적 공공복리의 증진**'을 의미하였다.[♣적극적인 공공복지의 증진을 위하여 강제력을 행사할 수 없었다.(X)]〈18경간·10.2채용〉

바. (◯) 경찰국가시대: **내무행정전반**〈07·08·09·12·14승진·11·18경간·04·09채용〉   정답 ③

03 경찰개념에 대한 설명 중 가장 적절하지 않은 것은? 〈18.3채용〉

① 1794년 프로이센 경찰행정법은 "경찰관청은 공공의 평온, 안녕 및 질서를 유지하고 또한 공중 및 그의 개개 구성원들에 대한 절박한 위험을 방지하기 위하여 필요한 조치를 취하는 것은 경찰의 직무이다"라고 규정하였다.

② 행정경찰과 사법경찰은 프랑스에서 확립된 구분으로, 프랑스 「죄와 형벌법전」에서 유래하였다.

③ 경찰개념의 발달과정에서 경찰사무를 타 행정관청으로 이관하는 현상을 '비경찰화'라고 하는데, 위생경찰, 산림경찰 등을 비경찰화 사무의 예로 들 수 있다.

④ 대륙법계 국가의 경찰개념 형성과정은 경찰의 임무범위를 축소하는 과정이었으며 경찰과 시민을 대립하는 구도로 파악하였다.

해설

경찰과 경찰학, 경찰의 개념 −

① (✕) 대륙법계 국가 경찰개념 변천, **프로이센 일반란트법(1794)** : 18세기 칸트 등의 계몽주의사상과 자연법사상의 영향으로 제정된 프로이센 **일반란트법은[♣**프로이센 경찰행정법은(X)] "경찰관청은 공공의 평온, 안녕 및 질서를 **유**지하고 또한 공중 및 그의 개개 구성원들에 대한 절박한 위험을 **방**지하기 위하여 필요한 **기관**(필요한 **조**치를 취하는 것은 경찰의 **직무이다.'**)"(§10②17호)이라고 규정하였다.<10·13승진·13경간·12.2·18.3채용> [😀일유 방기(조직)]

② (○) 경찰개념 분류, 행정경찰과 사법경찰, **대륙법계 특징** : 행정경찰과 사법경찰을 구분하는 것은 3권 분립 사상에서 유래하는 것으로, **프랑스의 '죄와 형벌법전(경죄처벌법)'** 제18조에서 "**행정경찰은 공공질서 유지·범죄예방을 목적으로 하고, 사법경찰은 범죄의 수사·체포를 목적으로 한다.**"고 **최초로 규정**한 데서 유래한다.[♣독일경찰학에서 유래(X), ♣영국에서 확립된 구분(X)]<14승진·13경간·04·09·12·18.3채용>

③ (○) **비경찰화의 대상 ➡ 협의의 행정경찰사무**(例 **철도경찰, 도로경찰, 산업경찰, 산림경찰, 건축경찰, 보건경찰, 공물경찰,** 경제경찰, **영업경찰, 위생경찰** 등)<05승진·03·18.3채용>

④ (○) 대륙법계의 경찰개념과 대륙법계 경찰개념 비교, **대륙법계 경찰개념**<18.3채용> **정답 ①**

04 대륙법계 경찰개념에 관한 설명으로 가장 적절하지 않은 것은? 〈23.1채용〉

① 경찰이란 용어는 라틴어의 Politia에서 유래한 것으로 도시국가에 관한 일체의 정치, 특히 헌법을 지칭하였다.

② 경찰국가시대는 국가작용의 분화 현상이 나타나 경찰개념이 외교·군사·재정·사법을 제외한 내무행정 전반에 국한되었다.

③ 크로이쯔베르크(Kreuzberg) 판결에 의하면 경찰관청이 일반수권 규정에 근거하여 법규명령을 발할수 있는 분야는 소극적 위험방지 분야에 한정된다.

④ 경찰은 시민으로부터 자치권한을 위임받은 조직체로서 시민을 위한 기능과 역할에 초점을 맞추어 형성되었다.

해설

경찰과 경찰학, 경찰의 개념 −

− 대륙법계 경찰개념 변천 −

① (○) **고대 및 중세**: 국정전반<09 · 10 · 14승진 · 18경간 · 10.2 · 23.1채용>

② (○) **경찰국가시대**: 경찰과 행정의 분화(내무행정 전반)<07 · 08 · 09 · 12 · 14 · 19승진 · 11 · 18경간 · 04 · 09 · 23.1채용>

③ (○) **법치국가시대**: Kreuzberg판결(1882)<03승진 · 11경간 · 04 · 22.2 · 23.1채용>

− 영미법계 국가의 경찰 개념과 대륙법계 국가의 경찰개념 비교 −

④ (✕) **영미법계의 경찰개념**: 영미법계에서 경찰은 **시민을 위하여 법을 집행하고 서비스하는 기능 또는 역할을 수행하는 조직체**로 본다.<12승진 · 23.1채용>　　　　　　　　　　**정답** ④

---

05 경찰개념의 형성 및 역사적 변천과정에 대한 설명으로 가장 적절한 것은? 〈19경위〉

① 16세기 독일 제국경찰법은 교회행정을 포함한 국정 전반을 의미하였다.

② 17세기 대륙법계 국가에서는 국가작용의 분화현상이 나타나 경찰개념이 소극적인 위험방지 분야에 한정되었다.

③ 1794년 프로이센 일반란트법 제10조에서 경찰관청은 공공의 평온, 안녕 및 질서를 유지하고, 또한 공중 및 그의 개개 구성원들에 대한 절박한 위험을 방지하기 위하여 필요한 기관이라고 규정하였다.

④ 대륙법계 국가에서는 '경찰은 무엇인가'라는 문제보다 '경찰은 무엇을 하는가' 또는 '경찰활동이란 무엇인가'라는 문제를 중심으로 경찰개념이 논의되었다.

해설

경찰과 경찰학, 경찰의 개념 −

대륙법계 경찰개념 변천 −

① (✕) **고대 및 중세**: **16C**(1530년) **독일 제국경찰법**에서 'Polizei'라는 용어는 국가목적 내지 그러한 목적을 위하여 행하여지는 국가행정 중 **교회행정을 제외한 일체의 국가행정(국정전반)**을 의미했다.[♣교회행정 포함(X)]<08 · 10 · 19승진 · 07 · 11 · 13 · 17경간 · 04채용>

② (✕) **경찰국가시대**: 17세기 국가 활동의 확대와 복잡화로 국가작용의 분화사상이 나타나 경찰의 개념에서 군사(국방) · 사법 · 재정 · 외교작용이 제외되어, 경찰이란 사회공공의 안녕과 복지에 직접 관계되는 내무행정 전반을 의미하게 되었다.<07 · 08 · 09 · 12 · 14승진 · 11 · 18경간 · 04 · 09채용> 그리하여 경찰이란 '**소극적 치안유지(위험방지)**' + '**적극적 공공복리의 증진**'을 의미하였다.[♣소극목적에 한정(X)]<18경간 · 19승진 · 10.2채용>

③ (○) **프로이센 일반란트법(1794)**: 18세기 칸트 등의 계몽주의사상과 자연법사상의 영향으로 제정된 프로이센 **일반란트법은**[♣프로이센 경찰행정법은(X)] "경찰관청은 공공의 평온, 안녕 및 질서를 유지하고 또한 공중 및 그의 개개 구성원들에 대한 절박한 위험을 **방**지하기 위하여 필요한 **기관**(필요한 **조치**를 취하는 것은 경찰의 **직무**이다.')"(제10조 제2항 제17호)이라고 규정하였다.<10 · 13 · 19승진 · 13경간 · 12.2 · 18.3채용> [●일유 방기(조직)]

④ (✕) 대륙법계 경찰개념과 영미법계 경찰개념 비교, **대륙법계 경찰개념**: 대륙법계 국가에서는 '**경찰이란 무엇인가?**'라는 문제를 **중심으로 형성**되어 경찰권 **발동범위와 성질**을 중심으로 경찰개념이 논의되었다.[♣기능과 역할중심(X), ♣경찰활동이란 무엇인가?(X)]<12 · 19승진 · 18경간>　　**정답** ③

제2장 | 민주경찰의 윤리적 사상적 토대

테마 5 ▶ 경찰윤리의 필요성과 실천과제

테마 6 ▶ 바람직한 경찰의 역할모델

01 바람직한 경찰의 역할모델 중 '범죄와 싸우는 경찰모델'에 관한 설명으로 가장 적절하지 않은 것은? 〈24.1채용〉

① 경찰활동의 전 부분을 포괄하는 용어로 가장 바람직한 모델이다.

② 경찰역할을 뚜렷이 인식시켜 '전문직화'에 기여한다.

③ 수사, 형사 등 법 집행을 통한 범법자 제압 측면을 강조한 모델로서 시민들은 범인을 제압하는 것이 경찰의 주된 임무라고 인식한다.

④ 범법자는 적이고, 경찰은 정의의 사자라는 흑백논리에 따른 이분법적 오류에 빠질 경우 인권침해 등의 우려가 있다.

해설

경찰과 경찰학, 경찰과 윤리, 바람직한 경찰의 역할모델 –

① (X) **서비스 제공자 모델**: 치안서비스란 경찰활동의 **전 부분을 포괄하는 용어**로 가장 바람직한 모델이다.[♣범죄와 싸우는 경찰모델(X)〈24.1채용〉

②③④ (O) 범죄와 싸우는 경찰모델〈22.2·24.1채용〉   **정답** ①

테마 7 ▶ 경찰의 정신문화   Ⅲ

01 경찰문화의 냉소주의를 극복하기 위한 방안에 대한 설명이다. ㉠부터 ㉤까지 (   ) 안에 들어갈 용어를 나열한 것으로 가장 적절한 것은? 〈18경감〉

> 인간관 중 (㉠) 이론은 인간이 책임감 있고 정직하여 (㉡)적인 관리를 해야 한다는 이론이고, (㉢) 이론은 인간을 게으르고 부정직한 것으로 보아 (㉣)적으로 관리해야 한다는 이론으로, (㉤) 이론에 의한 관리가 냉소주의를 극복하는 방안이 된다.

① ㉠ X   ㉡ 민주   ㉢ Y   ㉣ 권위   ㉤ X

② ㉠ X   ㉡ 권위   ㉢ Y   ㉣ 민주   ㉤ Y

③ ㉠ Y   ㉡ 민주   ㉢ X   ㉣ 권위   ㉤ Y

④ ㉠ Y   ㉡ 권위   ㉢ X   ㉣ 민주   ㉤ X

해설

경찰의 정신문화 −

냉소주의 극복방안 − McGregor의 **Y이론에 입각한 조직관리를 해야** 한다.[♣X이론에 입각한 행정관리 필요 (X)]<04 · 10승진>

※ 인간관 중 **Y이론**은 인간이 **책임감 있고 정직하여 민주적인 관리**를 해야 한다는 이론이고, **X이론**은 인간이 본래 **게으르고 생리적 욕구 또는 안전의 욕구에 자극을 주는 금전적 보상이나 제재 등** 외재적 유인에 반응한다고 상정하여 조직이 **권위적으로 관리**할 필요가 있다는 이론으로, **Y이론에 의한 관리**가 냉소주의를 극복하는 방안이 된다.[♣X이론에 의한 관리(X)]<18승진 · 23.2채용>　　　　**정답** ③

---

02 경찰조직의 냉소주의에 관한 설명으로 가장 적절한 것은? 〈23.2채용〉

① 니더호퍼(Niederhoffer)는 사회체계에 대한 기존의 신념체제가 붕괴된 후 새로운 신념체제에 의해 급하게 대체될 때 냉소주의가 나타날 수 있다고 하였다.

② 조직 내 팽배한 냉소주의는 경찰의 전문직업화를 저해하는 기제로 작동할 수 있다.

③ 회의주의와 비교할 때, 냉소주의는 조직 내 특정한 대상을 합리적 의심을 통해 신뢰하지 않는 것과 관련이 있다.

④ 냉소주의 극복을 위한 가장 효과적인 조직관리방안은 인간을 본래 게으르고 생리적 욕구 또는 안전의 욕구에 자극을 주는 금전적 보상이나 제재 등 외재적 유인에 반응한다고 상정하여 조직이 권위적으로 관리할 필요가 있다는 맥그리거(McGergor)의 인간모형에 기초한다.

해설

경찰의 정신문화, 냉소주의 −

① (X) **원인** : 냉소주의는 자신의 신념체제가 붕괴되었지만 **새로운 것에 의해 대체되지 않을 때** 나타나는 **도덕적 아노미(anomie) 현상**이다.[♣새로운 신념체제에 의해 급하게 대체될 때(X)](**니더호퍼**)<23.2채용>

② (O) 폐해<23.2채용>

③ (X) **의의** : 사회에 대한 **신념의 결여**로 인해 **합리적 근거나 대안 없이** 타인을 경멸하고, **대상의 특정 없이** 타인을 무시하는 것을 말한다.[♣합리적 의심을 통해(X)]<02 · 05 · 16승진 · 23.2채용>

④ (X) **냉소주의 극복방안** : 인간관 중 **Y이론**은 인간이 **책임감 있고 정직하여 민주적인 관리**를 해야 한다는 이론이고, **X이론**은 인간을 본래 **게으르고 생리적 욕구 또는 안전의 욕구에 자극을 주는 금전적 보상이나 제재 등** 외재적 유인에 반응한다고 상정하여 조직이 **권위적으로 관리**할 필요가 있다는 이론으로, **Y이론에 의한 관리**가 냉소주의를 극복하는 방안이 된다.[♣X이론에 의한 관리(X)]<18승진 · 23.2채용>　　　　**정답** ②

테마 8 **경찰의 일탈과 부패원인**   Ⅳ

01 경찰의 부정부패 현상과 그 원인에 대한 설명으로 가장 적절한 것은? ⟨17.2채용⟩

① 사회 전체가 경찰 부패를 묵인하거나 조장할 때 경찰은 부패 행위를 하게 되며 시민 사회의 부패가 경찰 부패의 주원인으로 보는 이론은 전체사회 가설이다.

② 일부 부패경찰을 모집 단계에서 배제하지 못하여 조직 전체를 부패로 물들게 한다는 구조원인 가설은 부패의 원인을 개인적 결함이 아닌 조직의 체계적 원인으로 파악한다.

③ 미끄러지기 쉬운 경사로 이론은 부패에 해당하는 작은 호의가 습관화될 경우 미끄러운 경사로를 타고 내려오듯이 점점 더 큰 부패와 범죄로 빠진다는 가설이다.

④ 썩은 사과 가설은 신임 경찰관들이 그들의 선배 경찰관들에 의해 조직의 부패 전통 내에서 사회화되어 신임 경찰도 기존 경찰처럼 부패로 물들게 된다고 주장한다.

해설

경찰과 경찰학, 민주경찰의 윤리적 사상적 토대, 경찰의 일탈과 부패의 원인, 경찰부패의 원인 가설 −

① (○) **전체사회 가설**: 윌슨은[♣니더호퍼, 로벅, 바커가(X)] **사회전체가 경찰의 부패를 묵인하거나 조장할** 때 경찰관은 자연스레 부패행위를 하게 된다고 보았다.⟨09·11·12·17승진·09·10·11·13.1·14.1·17.1·2채용⟩

② (X) **썩은 사과 가설**은 전체경찰 중 일부 **부패할 가능성이 있는 경찰을 모집단계에서 배제하지 못하여** 이들이 조직에 흡수되어 전체가 부패할 가능성이 있다는 이론으로[♣구조원인가설(X)]⟨10·12승진·13경간·10·13.1·14.1·16.1·17.2채용⟩ 부패원인을 조직의 체계적 원인보다는 **개인적 결함**에 두고 있다.[♣조직의 체계적 원인으로 본다.(X)]⟨03승진·08·09·15.2·17.2채용⟩

③ (X) 셔먼의 **'미끄러지기 쉬운 경사로 이론'(작은 호의 가설)은** '공짜커피, 작은 선물 등의 **부패 아닌 작은 호의가** 나중에는 미끄러운 경사로를 타고 내려가듯 **큰 잘못으로 연결된다.**'는 이론이다.[♣부패에 해당하는 작은 호의(X)]⟨11·12·13승진·12·15경간·08·09·10·11.1·13·15.2·17.1·2채용⟩

④ (X) **구조원인가설**은 **선배경찰(선임)의** 부패행태로부터 **신임경찰이 차츰 사회화**되어 신임경찰도 기존 경찰처럼 부패로 물들게 된다는 이론이다.[♣썩은 사과가설은(X)]⟨01·02·04·08·10·12·13·17승진·12·15경간·08·09·11·13·14.1·15.2·17.1·2채용⟩   **정답** ①

02 경찰의 부정부패 원인에 대한 설명으로 가장 적절한 것은? ⟨17.1채용⟩

① 미국의 윌슨은 '시카고 시민이 경찰을 부패시켰다'며 '구조원인 가설'을 주장하였다.

② 니더호퍼, 로벅, 바커 등이 주장한 '전체사회 가설'은 '미끄러지기 쉬운 경사로 이론'과 관련이 깊다.

③ 셔먼의 '미끄러지기 쉬운 경사로 이론'에 의하면 공짜 커피 한 잔도 부패에 해당한다.

④ 선배경찰의 부패행태로부터 신임경찰이 차츰 사회화되어 신임경찰도 기존 경찰처럼 부패로 물들게 된다는 이론은 '구조원인 가설'이다.

해설

경찰과 경찰학, 민주경찰의 윤리적 사상적 토대, 경찰의 일탈과 부패의 원인, 경찰부패의 원인 가설 −

① (X) **전체사회가설**[♣구조원인가설(X)]: 미국 시카고 경찰의 부패원인을 분석하던 **윌슨**이 내린 **결론**으로 윌슨은 **"시카고 시민들이 시카고 경찰을 부패시켰다."**고 보았다.<10 · 11 · 14.1 · 17.1채용>

② (X) 윌슨이[♣니더호퍼, 로벅, 바커가(X)] 주장한 '전체사회 가설'은 '**미끄러운 경사로 이론**'과 관련이 깊다.<05승진 · 17채용>

③ (X) **셔먼의 '미끄러지기 쉬운 경사로 이론'(작은 호의 가설):** '공짜커피, 작은 선물 등의 **부패 아닌 작은 호의**가 나중에는 미끄러운 경사로를 타고 내려가듯 **큰 잘못으로 연결된다.'**는 이론이다.[♣ 작은 호의도 부패에 해당한다.(X)]<11 · 12 · 13승진 · 12 · 15경간 · 08 · 09 · 10 · 11.1 · 13 · 15.2 · 17.1채용>

④ (O) **구조원인가설: 선배경찰(선임)의 부패행태**로부터 신임경찰이 **차츰 사회화**되어 신임경찰도 기존 경찰처럼 부패로 물들게 된다는 이론이다.<01 · 02 · 04 · 08 · 10 · 12 · 13 · 17승진 · 12 · 15경간 · 08 · 09 · 11 · 13 · 14.1 · 15.2 · 17.1채용>　　　　　　　　　　　**정답** ④

---

03 경찰부패에 대한 설명으로 가장 적절하지 않은 것은? <21경간>

① 미끄러지기 쉬운 경사로 이론(Slippery slope theory)은 공짜 커피, 작은 선물 등의 사소한 호의가 나중에는 큰 부패로 이어질 수 있다는 점을 강조한다.

② 썩은 사과 이론(Rotten apple theory)은 부패의 원인을 개인적 결함보다는 조직의 체계적 원인으로 보고 있으며 조직차원의 경찰윤리교육의 중요성을 강조한다.

③ 구조원인 가설(Structural hypothesis)은 신임경찰들이 선배경찰에 의해 조직의 부패전통 내에서 사회화되어 신임경찰도 기존경찰처럼 부패로 물들게 된다는 이론이다.

④ 윤리적 냉소주의 가설(Ethical cynicism hypothesis)은 경찰에 대한 외부통제기능을 수행하는 정치권력, 대중매체, 시민단체의 부패는 경찰의 냉소주의를 부채질하고 부패의 전염효과를 가져 온다고 한다.

해설

경찰과 경찰학, 민주경찰의 윤리적 사상적 토대, 경찰의 일탈과 부패의 원인, 경찰부패의 원인 가설 −

① (O) **미끄러지기 쉬운 경사로 이론(작은 호의 가설, 셔먼)**<11 · 12 · 13 · 20승진 · 12 · 15 · 20 · 21경간 · 08 · 09 · 10 · 11.1 · 13 · 15.2 · 17.1 · 2 · 20.1채용>

② (X) **썩은 사과가설:** 부패원인을 조직의 체계적 원인보다는 **개인적 결함에** 두고 있다.[♣개인적 결함보다는 조직의 체계적 원인으로 보고 있으며 조직차원의 경찰윤리교육의 중요성을 강조(X)]<03승진 · 18 · 20경간 · 08 · 09 · 15.2 · 17.2 · 18.2채용>

③ (O) 구조원인가설(Structural hypothesis)<01 · 02 · 04 · 08 · 10 · 12 · 13 · 17 · 20승진 · 12 · 15 · 21경간 · 08 · 09 · 11 · 13 · 14.1 · 15.2 · 17.1 · 2 · 20.1채용>

④ (O) 윤리적 냉소주의 가설<21경간>　　　　　　　　　　　　**정답** ②

04 경찰의 부정부패 원인가설 중 「구조원인가설」에 대한 설명으로 가장 적절하지 않은 것은? 〈17경위〉

① 시민 사회의 경찰부패에 대한 묵인·조장이 부패의 원인이다.
② 구조화된 조직적 부패는 서로가 문제점을 알면서도 눈감아 주는 '침묵의 규범'을 형성한다.
③ 부패한 조직 전통 속에서 신임경찰이 사회화되어 부패경찰이 된다.
④ 부패가 구조화된 조직에서는 '법규와 현실의 괴리'현상이 발생한다.

해설

경찰과 경찰학, 민주경찰의 윤리적 사상적 토대, 경찰의 일탈과 부패의 원인, 경찰부패의 원인 가설 −
① (✕) **전체사회가설**: 전체사회 가설은 **시민사회의 부패가 경찰부패의 주원인**이 된다고 한다.[♣구조원
   인가설(X)]〈10·12·17승진·13경간·08·09·10.2·13.1·15.2순경〉
②③④ (○) 구조원인가설〈01·02·04·08·10·12·13·17승진·12·15경간·08·09·11·13·14.1·15.2채용〉

정답 ①

05 경찰의 부정부패 이론에 대한 설명으로 가장 적절하지 않은 것은? 〈18.2채용〉

① 윌슨이 주장한 전체사회 가설은 "미끄러지기 쉬운 경사로 이론"과 유사하다.
② 구조원인 가설에 따르면 구조화된 조직적 부패는 서로가 문제점을 알면서도 눈감아 주는 '침묵의 규범'을 형성한다.
③ 전체사회 가설은 시민사회의 부패를 경찰부패의 주요 원인으로 본다.
④ 썩은 사과 가설은 일부 부패경찰이 조직 전체를 부패로 물들게 한다는 이론으로 부패의 원인을 조직의 체계적 원인으로 파악한다.

해설

경찰과 경찰학, 민주경찰의 윤리적 사상적 토대, 경찰의 일탈과 부패의 원인, 경찰부패의 원인 가설 −
① (○) **미끄러운 경사로 이론과 관련이 깊다(유사하다).**〈05승진·17·18.2순경〉
② (○) **침묵의 규범**: 이런 부패관행을 경찰관들이 **'침묵의 규범'**으로 받아들인다.〈01·17승진·18.2순경〉
③ (○) **전체사회 가설**〈10·12·17승진·13경간·08·09·10.2·13.1·15.2·18.2순경〉
④ (✕) **썩은 사과 가설**: 썩은 사과 가설은 부패원인을 조직의 체계적 원인보다는 **개인적 결함**에 두고
   있다.[♣원인이 조직적 결함에(X)]〈03승진·18경간·08·09·15.2·17.2·18.2채용〉

정답 ④

06 경찰 부패의 현상 및 원인의 이론에 대한 설명으로 가장 적절하지 않은 것은? 〈18경위〉

① '썩은 사과 가설'은 경찰 부패의 원인으로 부패가능성이 있는 경찰관들이 모집단계에서 배제되지 못하고 조직 내에 유입됨으로써 경찰의 부패가 나타난다고 설명한다.
② 윌슨(Wilson)은 "미국 시카고 시민이 시카고 경찰을 부패시켰다."라고 주장하였는데 이는 시민사회의 부패가 경찰부패의 주원인이라고 보는 것으로 '전체사회 가설'에 해당한다.
③ 펠드버그(Feldberg)는 대부분의 경찰관들이 사소한 호의와 뇌물을 구별할 수 있으므로 '미끄러지기 쉬운 경사로 이론'은 비현실적이고, 더 나아가 경찰인의 지능에 대한 모독이라고 하였다.
④ 코헨(Cohen), 펠드버그(Feldberg)가 제시한 이론으로 신임경찰이 기존의 부패한 경찰로부터 부패의 사회화를 통하여 물들게 된다는 것은 '구조원인 가설'이다.

해설

경찰과 경찰학, 민주경찰의 윤리적 사상적 토대, 경찰의 일탈과 부패의 원인, 경찰부패의 원인 가설 −
① (○) '썩은 사과 가설'〈10 · 12 · 18승진 · 13경간 · 10 · 13.1 · 14.1 · 16.1 · 17.2채용〉
② (○) '전체사회 가설'〈18승진 · 10 · 11 · 14.1 · 17.1채용〉
③ (○) 펠드버그(Feldberg)의 미끄러지기 쉬운 경사로 이론에 대한 비판〈18승진 · 12 · 13 · 15경간〉
④ (×) '구조원인 가설'은 니더호퍼, 로벅, 바커 등이 주장한 가설이다.[♣코헨(Cohen), 펠드버그(Feldberg)가 제시(X)]〈12경간 · 12 · 18승진 · 14.1 · 15.2채용〉　　　　　정답 ④

---

07 경찰부패의 원인에 관한 다음 설명 중 가장 옳은 것은 무엇인가? 〈18경간〉

① 델라트르는 작은 호의를 금지해야 한다고 주장하였다.
② 미국의 로벅은 '시카고 시민이 경찰을 부패시켰다'고 주장하였다.
③ 경찰부패에 대한 내부고발은 '침묵의 규범'과 같은 개념이다.
④ 썩은 사과 가설은 부패의 원인이 개인이 아닌 조직적 결함에 있다고 본다.

해설

경찰과 경찰학, 민주경찰의 윤리적 사상적 토대 −
− 경찰의 일탈과 부패의 원인, 경찰부패의 원인 가설 −
① (○) 작은 호의: 금지론(델라트르)〈18경간〉
② (×) 부패원인가설, 전체사회 가설: 윌슨은 "시카고 시민들이 시카고 경찰을 부패시켰다."고 보았다. [♣로벅은(X)]〈18승진 · 18경간 · 10 · 11 · 14.1 · 17.1채용〉
④ (×) 썩은 사과 가설: 부패원인을 조직의 체계적 원인보다는 개인적 결함에 두고 있다.[♣원인이 조직적 결함에(X)]〈03승진 · 18경간 · 08 · 09 · 15.2 · 17.2채용〉

− 경찰의 일탈과 부패 대책 −
③ (×) 경찰부패에 대한 내부고발(Whistle Blowing): 경찰관이 동료나 상사의 부정부패에 대하여 감찰이나 외부의 언론매체에 대하여 공표하는 것을 의미하는 개념으로, '침묵의 규범'과 반대되는 개념이다.[♣침묵의 규범과 같은 개념(X)]〈12 · 13 · 15 · 18경간 · 01 · 10 · 11승진 · 10.2채용〉　　　　　정답 ①

---

08 경찰의 일탈과 부패에 대한 설명으로 가장 적절하지 않은 것은? 〈22경간〉

① 펠드버그는 경찰이 시민의 작은 호의를 받았다고 해서 반드시 큰 부패를 범하는 것은 아니라고 하였다.

② 델라트르는 '미끄러지기 쉬운 경사로이론'에 따라 시민의 작은 호의를 받은 경찰관 중 큰 부패로 이어지는 경찰관은 일부에 불과하므로 시민의 작은 호의를 금지할 필요는 없다고 하였다.

③ 윌슨(O. W. Wilson)은 '경찰은 어떤 작은 호의, 심지어 한 잔의 공짜 커피도 받도록 허용되어서는 안 된다.'라고 주장하였다.

④ 셔먼의 '미끄러지기 쉬운 경사로이론'은 부패에 해당하지 않는 작은 선물 등의 사소한 호의를 허용하면 나중에는 엄청난 부패로 이어진다는 이론이다.

해설

경찰과 경찰학, 민주경찰의 윤리적 사상적 토대, 경찰의 일탈과 부패의 원인, 경찰부패의 원인 가설 ‒

① (○) 미끄러지기 쉬운 경사로 이론(Slippery slope theory : 작은 호의 가설 ‒ 셔먼) : 비판〈13·22경간·12·20승진·16.1채용〉

② (✕) 작은 호의, 금지론 : **델라트르**는 작은 호의를 **금지**해야 한다고 주장하였다.[♣금지할 필요 없다.(✕)]〈18·22경간〉

③ (○) 전체사회가설 : **윌슨**(O. W. Wilson)〈18승진·18·22경간·10·11·14.1·17.1·22.2채용〉

④ (○) 미끄러지기 쉬운 경사로 이론(Slippery slope theory : 작은 호의 가설 ‒ 셔먼)〈11·12·13·20승진·12·15·20·21·22경간·08·09·10·11.1·13·15.2·17.1·2·20.1·22.1채용〉　　**정답** ②

09 경찰부패 문제의 해결을 위해 다음과 같이 「경찰청 공무원 행동강령」을 개정하였다고 가정한다면, 이와 같은 개정의 근거가 된 경찰부패이론(가설)으로 가장 적절한 것은? 〈19.2채용〉

현행	개정안
공무원은 직무 관련 여부 및 기부·후원·증여 등 그 명목에 관계없이 <u>동일인으로부터 1회에 100만 원 또는 매 회계연도에 300만 원을 초과하는 금품 등</u>을 받거나 요구 또는 약속해서는 아니 된다.	공무원은 직무 관련 여부 및 기부·후원·증여 등 그 명목에 관계없이 <u>어떠한 금품 등</u>도 받거나 요구 또는 약속해서는 아니 된다.

① 썩은 사과 가설　　　　　　　② 미끄러지기 쉬운 경사로 이론

③ 형성재론　　　　　　　　　　④ 구조원인 가설

해설

경찰과 경찰학, 민주경찰의 윤리적 사상적 토대, 경찰의 일탈과 부패의 원인, 경찰부패의 원인 가설 ‒

작은 호의에 대해 금지론을 취할 경우 설문과 같이 '일체 금품수수를 금지'하는 개정안이 가능해지며, **미끄러지기 쉬운 경사로 이론은 작은 호의에 대한 금지론에 입각**하고 있다.〈19.2채용〉　　**정답** ②

10 경찰시험을 준비하는 甲은 언론에서 경찰공무원의 부정부패 기사를 보고 '나는 경찰이 되면 저런 행위를 하지 않겠다'는 생각을 가졌다. 이런 현상에 대한 설명으로 가장 적절하지 않은 것은? 〈21경간〉

① 이런 현상을 침묵의 규범이라고 한다.
② 개인적 성향과 조직 내 사회화 과정은 상호보완적 관계에 있다.
③ 경찰공무원의 사회화는 경찰이 되기 전의 가치관에 의해 영향을 받는다.
④ 경찰공무원은 공식적 사회화 과정보다 비공식적 사회화 과정의 영향을 더 많이 받는다.

해설

경찰과 경찰학, 민주경찰의 윤리적 사상적 토대, 경찰의 일탈과 부패의 원인, 경찰부패의 원인가설, 구조원인가설 관련문제 −
① (✕) **입직 전 사회화** : 경찰시험을 준비하는 甲이 경찰의 음주운전 기사를 보고 "경찰이 되면 저래서는 안 되겠다"라는 생각을 갖게 되는 현상을 **예기적 사회화**라고 한다.[♣침묵의 규범(✕)<21경간·09승진>
② (○) 입직 후 사회화, 공식적 사회화<21경간·09승진>
③ (○) 입직 전 사회화, 예기적 사회화<21경간>
④ (○) 입직 후 사회화, 비공식적 사회화<21경간>   정답 ①

11 다음은 경찰의 부패원인에 대한 설명이다. 아래 ㉠부터 ㉣까지의 설명 중 옳고 그름의 표시(O, X)가 바르게 된 것은? 〈20·22승진〉

> ㉠ 경찰관은 순찰 중 주민으로부터 피로회복 음료를 무상으로 받았고, 그 다음 주는 식사대접을 받았다. 순찰 나갈 때마다 주민들에게 뇌물을 받는 습관이 들었고, 주민들도 경찰관이 순찰을 나가면 마음의 선물이라며 뇌물을 주는 것이 관례가 되어 버렸다면 '전체사회 가설'에 해당한다.
> ㉡ '경찰관은 부서에서 많은 동료들이 단독 출장을 가면서도 공공연하게 두 사람의 출장비를 청구하고 퇴근 후 잠깐 들러서 시간외 근무를 한 것으로 퇴근시간을 허위 기록되게 하는 것을 보고, 경찰관도 동료들과 같은 행동을 하였다면 '썩은 사과 가설'에 해당한다.
> ㉢ 셔면의 '미끄러지기 쉬운 경사로 이론'에 대해 펠드버그는 작은 호의를 받았다고 해서 반드시 경찰이 큰 부패를 범하는 것은 아니라고 비판한다.
> ㉣ '구조원인 가설'은 부패에 해당하지 않는 작은 호의가 습관화될 경우 더 큰 부패와 범죄로 빠진다고 보는 이론이다.

① ㉠(○) ㉡(✕) ㉢(○) ㉣(✕)   ② ㉠(○) ㉡(○) ㉢(○) ㉣(✕)
③ ㉠(✕) ㉡(○) ㉢(○) ㉣(✕)   ④ ㉠(○) ㉡(✕) ㉢(○) ㉣(○)

해설

경찰과 경찰학, 민주경찰의 윤리적 사상적 토대, 경찰의 일탈과 부패의 원인, 경찰부패의 원인 가설 −

㉠ (○) 전체사회 가설<20승진 · 11.1채용>

㉡ (×) **구조원인가설**은 **선배경찰(선임)**의 **부패행태로부터 신임경찰이 차츰 사회화**되어 신임경찰도 기존 경찰처럼 부패로 물들게 된다는 이론이다.[♣썩은 사과가설(X)]<10 · 12 · 13 · 17 · 20승진 · 12 · 15경 간 · 08 · 09 · 11 · 13 · 14.1 · 15.2 · 17.1 · 2채용>

㉢ (○) '미끄러지기 쉬운 경사로 이론' : **펠드버그**<13경간 · 12 · 20승진 · 16.1채용>

㉣ (×) **미끄러지기 쉬운 경사로 이론** : **셔먼**은 **미끄러지기 쉬운 경사로 이론을 통해** '공짜커피, 작은 선 물 등의 **부패 아닌 작은 호의**가 나중에는 미끄러운 경사로를 타고 내려가듯 **큰 잘못(큰 범죄)으 로 연결된다.**'고 **주장**하였다.[♣구조원인가설(X)]<11 · 12 · 13 · 20승진 · 12 · 15경간 · 08 · 09 · 10 · 11.1 · 13 · 15.2 · 17.1 · 2채용> [정답] ①

---

12 다음은 경찰부패에 대한 설명이다. 빈칸 ㉠부터 ㉣까지 들어갈 것으로 가장 적절하게 짝지어진 것은?

〈20.1채용〉

- (㉠)은 니더호퍼, 로벅, 바커 등이 제시한 이론으로 부패의 사회화를 통하여 신임경찰이 기존의 부패한 경찰에 물들게 된다는 입장이다.
- (㉡)은(는) 남의 비행에 대하여 일일이 참견하면서 도덕적 충고를 하는 것을 의미한다.
- (㉢)은 공짜 커피, 작은 선물 등의 사소한 호의가 나중에는 큰 부패로 이어질 수 있다는 점을 강조한다.
- (㉣)은(는) 도덕적 가치관이 붕괴되어 동료의 부패를 부패라고 인식하지 못하는 것을 의미하며, 부패를 잘못된 행위로 인식하고 있지만 동료라서 모르는 척하는 침묵의 규범과는 구별되는 개념 이다.

	㉠	㉡	㉢	㉣
①	전체사회가설	Whistle blowing	사회 형성재이론	Moral hazard
②	구조원인가설	Whistle blowing	미끄러지기 쉬운 경사로 이론	Deep throat
③	전체사회가설	Busy bodiness	사회 형성재이론	Deep throat
④	구조원인가설	Busy bodiness	미끄러지기 쉬운 경사로이론	Moral hazard

해설

경찰과 경찰학, 민주경찰의 윤리적 사상적 토대, 경찰의 일탈과 부패의 원인, 경찰부패의 원인 가설 −

㉠ 구조원인가설<08 · 10 · 12 · 13 · 17 · 20승진 · 12 · 15경간 · 08 · 09 · 11 · 13 · 14.1 · 15.2 · 17.1 · 2 · 20.1채용>

㉡ Busy bodiness<04 · 13승진 · 20.1채용>

㉢ 미끄러지기 쉬운 경사로 이론<11 · 12 · 13 · 20승진 · 12 · 15경간 · 08 · 09 · 10 · 11.1 · 13 · 15.2 · 17.1 · 2 · 20.1채용>

㉣ moral hazard<20.1채용> [정답] ④

13 다음은 경찰관들의 일탈 사례와 이를 설명하는 이론(가설)이다. 〈보기 1〉과 〈보기 2〉의 내용이 가장 적절하게 연결된 것은? 〈20.2채용〉

┤ 보기1 ├
- (가) 경찰관 A는 동료경찰관들이 유흥업소 업주들로부터 접대를 받은 사실을 알고도 모른 체했다.
- (나) 음주운전으로 징계처분을 받은 적이 있는 B가 다시 음주운전으로 적발되어 징계위원회에 회부되었다.
- (다) 주류판매로 단속된 노래연습장 업주가 담당경찰관 C에게 사건무마를 청탁하며 뇌물수수를 시도하였다.

┤ 보기2 ├
- ㉠ 썩은사과가설
- ㉡ 미끄러지기 쉬운 경사로 이론
- ㉢ 구조원인가설
- ㉣ 전체사회가설

	(가)	(나)	(다)
①	㉢	㉠	㉣
②	㉠	㉢	㉣
③	㉠	㉢	㉡
④	㉢	㉠	㉡

해설

경찰과 경찰학, 민주경찰의 윤리적 사상적 토대, 경찰의 일탈과 부패의 원인, 경찰부패의 원인 가설 −
- (가) 구조원인가설, 침묵의 규범〈20.2채용〉
- (나) 썩은 사과가설〈20.2채용〉
- (다) 전체사회가설〈20.2채용〉

정답 ①

14 다음은 경찰의 부정부패 이론(가설)에 관한 설명이다. 주장한 학자와 이론이 가장 적절하게 연결된 것은?
〈22.2채용〉

- ㉠ 부패의 사회화를 통하여 신임경찰이 기존의 부패한 경찰에게 물들게 된다는 것으로 부패의 원인을 개인적 결함이 아닌 조직의 체계적 원인으로 보고 있다.
- ㉡ 시카고 경찰의 부패 원인 중 하나로 '시카고 시민이 경찰을 부패시켰다'라는 주장이 거론된 것처럼 시민사회가 경찰관의 부패를 묵인하거나 용인할 때 경찰관이 부패행위에 빠져들게 된다.

① ㉠ 델라트르(Delattre) − 미끄러지기 쉬운 경사로 이론
  ㉡ 니더호퍼(Neiderhoffer), 로벅(Roebuck), 바커(Barker) − 구조원인가설
② ㉠ 셔먼(Sherman) − 구조원인가설
  ㉡ 델라트르(Delattre) − 미끄러지기 쉬운 경사로 이론
③ ㉠ 니더호퍼(Neiderhoffer), 로벅(Roebuck), 바커(Barker) − 구조원인가설
  ㉡ 윌슨(Wilson) − 전체사회가설
④ ㉠ 윌슨(Wilson) − 전체사회가설
  ㉡ 펠드버그(Feldberg) − 구조원인가설

해설

경찰과 경찰학, 민주경찰의 윤리적 사상적 토대, 경찰의 일탈과 부패의 원인, 경찰부패의 원인 가설 −
- ㉠ 구조원인가설(니더호퍼, 로벅, 바커)<01・02・04・08・10・12・13・17・20승진・12・15・21경간・08・09・1 1・13・14.1・15.2・17.1・2・20.1・22.1・2채용>
- ㉡ 전체사회가설(윌슨)<18승진・18경간・10・11・14.1・17.1・22.2채용> **정답** ③

15 경찰의 부패에 관한 설명 중 가장 적절하지 않은 것은? 〈22.1채용〉

① 'Dirty Harry 문제'는 도덕적으로 선한 목적을 위해 윤리적, 정치적, 혹은 법적으로 더러운 수단을 동원하는 것이 적절한가와 관련된 딜레마적 상황이다.
② 구조화된 조직적 부패는 서로가 문제점을 알면서도 눈감아 주는 '침묵의 규범' 형성의 가능성을 높인다.
③ 셔먼(1985)의 미끄러운 경사(slippery slope) 개념은 작은 호의를 받는 것에 익숙해진 경찰관들이 결국 부패에 연루될 수 있음을 경고한다.
④ 전체사회가설은 신임경찰관이 조직의 부패 전통 내에서 고참 동료들에 의해 사회화됨으로써 부패의 길로 들어선다는 입장이다.

해설

경찰과 경찰학, 민주경찰의 윤리적 사상적 토대 −
① (○) 바람직한 경찰의 역할모델<22.1채용>

− **경찰부패의 원인가설** −
② (○) **구조원인가설**: 침묵의 규범<01・17승진・18.2・22.1채용>
③ (○) 미끄러운 경사로(slippery slope) 이론<11・12・13・20승진・12・15・20・21경간・08・09・10・11.1・13・15.2・17.1・2・20.1・22.1채용>
④ (✕) **구조원인가설**: **선배경찰(선임)의 부패행태**(조직적 부패전통)로부터 **신임경찰이 차츰 사회화**되어 신임경찰도 기존 경찰처럼 부패로 물들게 된다는 이론이다.[♣전체사회가설(X)]<01・02・04・08・10・12・13・17・20승진・12・15・21경간・08・09・11・13・14.1・15.2・17.1・2・20.1・22.1채용> **정답** ④

16 경찰부패의 원인에 관한 설명으로 가장 적절하지 않은 것은? 〈23.1채용〉

① 윌슨은 '시카고 시민이 경찰을 부패시켰다'고 주장하였는데, 이는 시민사회의 부패가 경찰부패의 주원인이라고 보는 입장이다.
② 구조원인가설은 신임경찰관들이 그들의 선배경찰관들에 의해 조직의 부패한 전통 내에서 사회화됨으로써 부패의 길로 들어선다는 이론이다.
③ '미끄러운 경사로 이론'은 사회 전체가 경찰의 부패를 묵인하거나 조장할 때 경찰관은 자연스럽게 부패행위를 하게 되며, 초기 단계에는 설령 불법적인 행위를 하지 않더라도 작은 호의에 길들어져 나중에는 명백한 부정부패로 빠져들게 된다는 것이다.
④ 전체사회가설은 니더호퍼, 로벅, 바커 등이 주장한 가설이다.

해설

경찰과 경찰학, 민주경찰의 윤리적 사상적 토대, 경찰의 일탈과 부패의 원인, 경찰부패의 원인 가설 −

① (○) 전체사회가설<22경간 · 19승진 · 13경간 · 10 · 20.1 · 23.1채용>

② (○) 구조원인가설<01 · 02 · 04 · 08 · 10 · 12 · 13 · 17 · 20승진 · 12 · 15 · 21경간 · 08 · 09 · 11 · 13 · 14.1 · 15.2 · 17.1 · 2 · 20.1 · 22.1 · 2 · 23.1채용>

③ (○) 전체사회가설<09 · 11 · 12 · 17승진 · 18경간 · 09 · 10 · 11 · 13.1 · 14.1 · 17.1 · 2 · 22.2 · 23.1채용> → 미끄러지기 쉬운 경사로 이론과 유사하므로 다른 명확한 답이 있는 경우 옳은 문장으로 볼 수도 있다.

④ (✕) **전체사회 가설 : 윌슨**은[♣니더호퍼, 로벅, 바커가(✕)] **사회전체가 경찰의 부패를 묵인하거나 조장**할 때 경찰관은 자연스레 부패행위를 하게 되며, 처음 단계에는 설령 불법적인 행위를 하지 않더라도 작은 호의와 같은 것에 길들여져 나중에는 명백한 부정부패로 빠져들게 된다고 설명한다.<09 · 11 · 12 · 17승진 · 18경간 · 09 · 10 · 11 · 13.1 · 14.1 · 17.1 · 2 · 22.2 · 23.1채용>   정답 ④

---

17 **부정부패에 관한 설명으로 가장 적절하지 않은 것은?** 〈23.2채용〉

① 작은 호의를 제공받은 경찰관이 도덕적 부채를 느껴 이를 보충하기 위해 결과적으로 선한 후속행위를 하는 상황은 미끄러운 경사(slippery slope)가설의 맥락에서 이해할 수 있다.

② 대의명분 있는 부패(noble cause corruption)와 Dirty Harry 문제는 부패의 개념적 징표를 개인적 이익 추구를 넘어 조직 혹은 사회적 차원의 이익 추구로 확대하고자 하는 시도라고 볼 수 있다.

③ 고객이 위험을 감수하고서라도 원하는 이익을 확실히 취하기 위해 높은 가격의 뇌물을 지불하는 상황을 부패로 이해한다면, 이는 하이덴하이머(Heidenheimer)가 제시한 세 가지 유형의 부정부패 정의 중 시장 중심적 정의와 가장 관련이 크다.

④ 공직자가 직무와 관련하여 그 지위 또는 권한을 남용하거나 법령을 위반하여 자기 또는 제3자의 이익을 도모하는 행위는 「부패방지 및 국민권익위원회의 설치와 운영에 관한 법률」상 부패행위에 해당한다.

해설

경찰과 경찰학, 민주경찰의 윤리적 사상적 토대 −

① (✕) 경찰의 일탈과 부패의 원인, **미끄러운 경사(slippery slope)가설** : 작은 호의를 제공받은 경찰관이 심리적 부채를[♣도덕적 부채(✕)] 느껴 이를 보충하기 위해 결과적으로 악한[♣선한(✕)] 후속행위를 하는 상황은 미끄러운 경사(slippery slope)가설의 맥락에서 이해할 수 있다.<23.2채용>

② (○) **바람직한 경찰의 역할모델** : 대의명분 있는 부패(noble cause corruption)와 Dirty Harry 문제 <23.2채용>

③ (○) 일탈과 부패의 원인, **부패의 의의, 학술상 부정부패의 개념정의** : 시장중심적 정의<23.2채용>

④ (○) 일탈과 부패의 원인, **부패의 의의** : 부패방지 및 국민권익위원회의 설치와 운영에 관한 법률, 부패행위 제2조 제4호<23.2채용>   정답 ①

---

18 경찰 부패의 원인을 설명할 수 있는 학설에 관한 설명으로 가장 적절하지 않은 것은? 〈24승진〉

① '전체사회가설'은 월슨(Wilson)이 주장한 이론으로, 사회 전체가 경찰의 부패를 묵인하거나 조장할 때 경찰관은 자연스럽게 부패행위를 하게 된다고 설명한다.

② '미끄러지기 쉬운 경사로 이론'은 셔먼(Sherman)이 주장한 이론으로, 부패에 해당하지 않는 작은 호의를 허용하면 나중에는 엄청난 부패로 이어진다는 이론이다.

③ '썩은 사과 가설'은 일부 부패경찰이 조직 전체를 부패로 물들게 한다는 이론으로, 부패의 원인을 조직의 체계적 결함으로 보고 있으며, 신임경찰 채용단계의 중요성을 강조한다.

④ '구조원인 가설'은 니더호퍼(Niederhoffer), 로벅(Roebuck), 바커(Barker) 등이 주장한 이론으로, 조직의 부패전통 내에서 청렴한 신임경찰이 선배경찰에 의해 사회화되어 신임경찰도 부패로 물들게 된다는 이론이다.

해설

경찰과 경찰학, 민주경찰의 윤리적 사상적 토대, 경찰의 일탈과 부패의 원인, 경찰부패의 원인 가설 −

① (○) '전체사회가설'〈11 · 12 · 17 · 24승진 · 18경간 · 11 · 13.1 · 14.1 · 17.1 · 2 · 22.2 · 23.1채용〉

② (○) '미끄러지기 쉬운 경사로 이론'(셔먼(Sherman))〈11 · 12 · 13 · 20 · 24승진 · 12 · 15 · 20 · 21 · 22경간 · 11.1 · 13 · 15.2 · 17.1 · 2 · 20.1 · 22.1채용〉

③ (✕) '썩은 사과 가설', **특징**: 부패원인을 조직의 체계적 원인보다는 **개인적 결함**에 두고 있다.[♣조직의 체계적 원인으로(✕)]〈03 · 24승진 · 18 · 20경간 · 08 · 09 · 15.2 · 17.2 · 18.2채용〉

④ (○) '구조원인 가설'〈10 · 12 · 13 · 17 · 20 · 24승진 · 12 · 15 · 21경간 · 11 · 13 · 14.1 · 15.2 · 17.1 · 2 · 20.1 · 22.1 · 2 · 23.1채용〉

정답 ③

테마 9 ▶ **경찰관의 일탈 · 부패에 대한 대책**(직업전문화, 교육훈련, 내부고발, 윤리강령 제정) Ⅴ

---

01 경찰의 전문직업화에 대한 설명으로 가장 적절한 것은? 〈21경간 · 16승진〉

① 미국의 서덜랜드(Edwin H. Sutherland)는 경찰의 높은 사회적 지위를 확보하기 위하여 전문직업화를 추진하였다.

② 경찰의 전문직업화는 경찰이 시민의 입장을 고려하지 않고 전문지식을 바탕으로 일방적으로 의사결정을 하므로 치안서비스의 질이 향상된다.

③ 경찰의 전문직업화는 경제적 · 사회적 약자가 경찰에 진출할 기회를 증대시켜 준다.

④ 경찰의 전문직업화는 경찰위상과 사기제고, 치안서비스 질의 향상 등의 이점이 있다.

해설

경찰과 경찰학, 민주경찰의 윤리적 사상적 토대, 부패대책, 직업전문화 −

① (✕) 의의 : 경찰의 높은 사회적 지위를 확보하기 위해 미국의 **오거스트 볼머(August Vollmer)**에 의해 **경찰개혁운동으로서 직업전문화가 추진**되었다.[♣미국의 서덜랜드(Edwin H. Sutherland)에 의해 (✕)]<21경간>

② (✕) 문제점, **부권주의** : 경찰의 전문직업적 부권주의는 **치안서비스의 질을 저하시킬 수** 있다.[♣전문직업적 부권주의로 치안서비스 질 향상(✕)]<21경간>

③ (✕) 문제점, **경제적 약자 차별** : 전문직이 되는 데 장기간의 교육과 비용이 들어 경제적 약자인 **가난한 사람은 전문가가 되는 기회를 상실**하는 것을 말한다.[♣경찰에 진출기회 증대(✕)]<21경간 · 19승진>

④ (○) 장점<21경간>   정답 ④

02 다음 사례에서 나타나는 전문직업인으로서 경찰의 윤리적 문제점으로 가장 적절한 것은? 〈22.2채용〉

> ○○경찰서 경비과 소속 경찰관 甲은 집회 현장에서 시위대가 질서유지선을 침범해 경찰관을 폭행하자 교통, 정보, 생활안전등 다른 전체적인 분야에 대한 고려 없이 경비분야만 생각하고 검거 결정을 하였다.

① 부권주의   ② 소외
③ 차별   ④ 사적 이익을 위한 이용

해설

경찰과 경찰학, 민주경찰의 윤리적 · 사상적 토대, 경찰의 전문직업화 −
소외 − 나무는 보고 숲을 보지 못하는 경우처럼 전문가가 자신의 국지적 분야만 보고 전체적인 맥락을 보지 못하는 것을 말한다.<02 · 09승진 · 22.2채용>   정답 ②

03 존 클라이니히(J. Kleinig)가 주장한 경찰윤리 교육의 목적에 대한 설명으로 가장 적절하지 않은 것은?

〈23경간〉

① 도덕적 결의의 강화 − 경찰이 업무를 수행하면서 내부 및 외부로부터의 여러 압력과 유혹에도 굴복하지 않고 자신의 소신과 직업의식에 따라 일을 처리하는 것이다.

② 도덕적 감수성의 배양 − 경찰이 다양한 계층의 사람들을 모두 인간으로서 존중하고 공평하게 봉사하는 것이다.

③ 도덕적 연대책임 향상 − 경찰윤리 교육의 가장 중요한 목적은 경찰의 조직적 연대책임을 강화하도록 하는 것이다.

④ 도덕적 전문능력 함양 − 경찰이 비판적 · 반성적 사고방식을 배양하여 조직 내에 관습적으로 내려오는 관행을 비판적으로 검토하여 수행하는 것이다.

해설

경찰과 경찰학, 민주경찰의 윤리적 사상적 토대, 부패대책, 경찰윤리교육, 목적(John Kleinig) −
① (○) 도덕적 결의의 강화<23경간>
② (○) 도덕적 감수성의 배양<23경간>
③ (✕) 도덕적 결의의 강화, 도덕적 감수성 배양, 도덕적 전문능력향상[♣도덕적 연대책임 향상(X)]<23경간 · 04 · 05승진>
④ (○) 도덕적 전문능력 함양<23경간 · 04 · 05승진>   정답 ③

---

04 **경찰의 부패이론과 내부고발에 대한 설명으로 가장 옳은 것은?** <20경간>
① '구조원인설'은 니더호퍼, 로벅, 바커, 윌슨 등이 주장한 이론으로서 신임경찰들이 선배경찰에 의해 조직의 부패전통 내에서 사회화되어 신임경찰도 기존경찰처럼 부패로 물들게 된다는 이론이다.
② '썩은 사과 가설'은 부패의 원인을 개인적 결함보다는 조직의 체계적 원인으로 보고 있으며 신임경찰 채용단계의 중요성을 강조한다.
③ '미끄러지기 쉬운 경사로 이론'은 필드버그가 주장한 이론으로 공짜 커피나 작은 선물 등의 사소한 호의가 나중에 엄청난 부패로 이어진다는 이론이다.
④ 내부고발의 정당화 요건으로 적절한 도덕적 동기, 최후수단성, 성공 가능성, 중대성, 급박성 등이 있다.

해설

경찰과 경찰학, 민주경찰의 윤리적 · 사상적 토대 −
− **부패원인 가설** −
① (✕) **구조원인 가설** : '구조원인설'은 **니더호퍼, 로벅, 바커 등이 주장**한 가설이다.[♣윌슨이 주장(X)](경찰과 경찰학, 경찰과 윤리, 부패원인가설)<12 · 20경간 · 12 · 18승진 · 14.1 · 15.2 · 20.1채용>
② (✕) **썩은 사과 가설** : 부패원인을 조직의 체계적 원인보다는 **개인적 결함에** 두고 있다.[♣원인이 조직적 결함에(X)](경찰과 경찰학, 경찰과 윤리, 부패원인가설)<03승진 · 18 · 20경간 · 08 · 09 · 15.2 · 17.2 · 18.2 채용>
③ (✕) **미끄러지기 쉬운 경사로 이론** : '미끄러지기 쉬운 경사로 이론'을 주장한 **셔먼은** '공짜커피, 작은 선물 등의 **부패 아닌 작은 호의가** 나중에는 미끄러운 경사로를 타고 내려가듯 **큰 잘못(큰 범죄)으로 연결된다.**'고 주장하였다.[♣펠드버그가 주장(X)][♣원인이 조직적 결함에(X)](경찰과 경찰학, 경찰과 윤리, 부패원인가설)<11 · 12 · 13 · 20승진 · 12 · 15 · 20경간 · 08 · 09 · 10 · 11.1 · 13 · 15.2 · 17.1 · 2 · 20.1 채용>

− **부패대책, 내부고발** −
④ (○) **내부고발의 정당화 요건[J. Kleinig]**<20경간>   정답 ④

---

05 존 클라이니히(J. Kleinig)의 내부고발의 윤리적 정당화 요건으로 가장 적절하지 않은 것은? 〈24.1채용〉

① 내부고발자는 특별한 경우를 제외하고는 공표 전 자신의 이견을 표시하기 위한 내부적 채널을 모두 사용했어야 한다.

② 내부고발자는 부적절한 행동을 하도록 지시되었다는 자신의 신념이 합리적 증거에 근거하였는지 확인해야 한다.

③ 적절한 도덕적 동기에 의해 내부고발이 이루어져야 하며, 성공 가능성은 불문한다.

④ 도덕적 위반이 얼마나 중대한가, 도덕적 위반이 얼마나 급박한가 등에 대한 세심한 고려가 있어야 한다.

해설

경찰과 경찰학, 윤리적 사상적 토대, 부패대책, 내부고발 −

① (○) **보충성(최후 수단성)**〈01·04·10·11승진·12·20경간·24.1채용〉

② (○) **합리적 근거**〈24.1채용〉

③ (×) **적절한 도덕적 동기**〈20경간·24.1채용〉

  성공 가능성: 어느 정도의 **성공 가능성**이 있어야 한다.[♣높은 성공 가능성 있어야(X), ♣성공 가능성 불문(X)]〈24.1채용〉

④ (○) **위반사항에 대한 중대성·급박성**〈05승진·20경간·24.1채용〉 정답 ③

06 「경찰헌장」의 내용 중 괄호 안에 들어갈 가장 적절한 표현은? 〈14·15·16·23승진·17.1채용〉

> 우리는 조국광복과 함께 태어나 나라와 겨레를 위하여 충성을 다하며 오늘의 자유민주사회를 지켜온 대한민국 경찰이다.(중략)
> 1. 우리는 정의의 이름으로 진실을 추구하며 어떠한 불의나 불법과 타협하지 않는 (㉠)경찰이다.
> 1. 우리는 국민의 신뢰를 바탕으로 오직 양심에 따라 법을 집행하는 (㉡)경찰이다.
> 1. 우리는 화합과 단결 속에 항상 규율을 지키며 검소하게 생활하는 (㉢) 경찰이다.

① ㉠ 의로운 − ㉡ 공정한 − ㉢ 깨끗한   ② ㉠ 의로운 − ㉡ 깨끗한 − ㉢ 친절한

③ ㉠ 공정한 − ㉡ 깨끗한 − ㉢ 근면한   ④ ㉠ 공정한 − ㉡ 의로운 − ㉢ 깨끗한

해설

경찰과 경찰학, 민주경찰의 윤리적·사상적 토대, 부패대책, 윤리강령제정, 경찰헌장 −

1. 모든 사람의 **인격을 존중**하고[♣능력을 존중하고(X)] 누구에게나 따뜻하게 **봉사**하는 **친절한 경찰**〈13·16승진·05·09경간·08·10·17.1채용〉

2. 정의의 이름으로 **진실을 추구**하며 어떠한 불의나 불법과도 **타협**하지 않는 **의로운 경찰**[♣타협하지 않는 깨끗한 경찰(X)]〈12·16·23승진·10·17.1채용〉

3. 국민의 **신뢰**를 바탕으로 오직 **양심**에 따라 법을 집행하는 **공정한 경찰**[♣타협하지 않는 공정한 경찰(X)]〈13·16·23승진·05·09경간·08·17.1채용〉

4. 건전한 상식 위에 **전문지식을** 갈고 닦아 맡은 일을 **성실**하게 수행하는 **근면한 경찰**[♣친절한 경찰(X)]〈13·15·16승진·05·09경간·08·10·17.1채용〉

5. 화합과 단결 속에 항상 **규율**을 지키며[♣외부적 규율(X)] 검소하게 생활하는 **깨끗한 경찰**[♣근면한 경찰(X), ♣경찰서비스헌장에서 제시(X)]〈13·14·21·23승진·10채용〉 [😊봉친타의양공성근검깨] 정답 ①

48 **제1편** 경찰과 경찰학

07 「경찰공무원 복무규정」상 기본강령과 그에 대한 내용으로 가장 적절하게 연결된 것은? ⟨18.2채용⟩

① 경찰사명 : 경찰공무원은 주어진 사명을 다하기 위하여 긍지를 가지고 한마음 한뜻으로 굳게 뭉쳐 임무수행에 모든 역량을 기울여야 한다.

② 경찰정신 : 경찰공무원은 국가와 민족을 위하여 충성과 봉사를 다하며, 국민의 생명·신체 및 재산을 보호하고, 공공의 안녕과 질서를 유지함을 그 사명으로 한다.

③ 규율 : 경찰공무원은 성실하고 청렴한 생활태도로써 국민의 모범이 되어야 한다.

④ 책임 : 경찰공무원은 창의와 노력으로써 소임을 완수하여야 하며, 직무수행의 결과에 대하여 책임을 진다.

> **해설**
>
> **경찰과 경찰학, 민주경찰의 윤리적·사상적 토대, 부패대책, 윤리강령제정, 경찰공무원 복무규정 −**
>
> ① (X) **단결[♣경찰사명(X)]** : 경찰공무원은 주어진 사명을 다하기 위하여 긍지를 가지고 한마음 한뜻으로 굳게 뭉쳐 임무수행에 모든 역량을 기울여야 한다.(제3조 제4호)⟨18.2채용⟩
>
> ② (X) **경찰사명[♣경찰정신(X)]** : 경찰공무원은 국가와 민족을 위하여 충성과 봉사를 다하며, 국민의 생명·신체 및 재산을 보호하고, 공공의 안녕과 질서를 유지함을 그 사명으로 한다.(제3조 제1호)⟨18.2채용⟩
>
> ③ (X) **성실·청렴[♣규율(X)]** : 경찰공무원은 성실하고 청렴한 생활태도로써 국민의 모범이 되어야 한다.(제3조 제6호)⟨18.2채용⟩
>
> ④ (○) **책임**(제3조 제5호)⟨18.2채용⟩　　　　　　　　　　　　　　　　　　 정답 ④

08 경찰윤리강령 및 이해충돌방지법에 대한 설명 중 가장 적절한 것은? ⟨22경간·13승진⟩

① 경찰헌장에서는 '우리는 정의의 이름으로 진실을 추구하며, 어떠한 불의나 불법과도 타협하지 않는 공정한 경찰'이라고 하였다.

② 경찰윤리강령의 문제점 중 냉소주의 조장은 강령에 규정된 수준 이상의 근무를 하지 않으려 하는 근무수준의 최저화 경향을 말한다.

③ 경찰윤리강령은 경찰윤리헌장, 새경찰신조, 경찰서비스헌장, 경찰헌장 순으로 제정되었다.

④ 공직자는 자신, 배우자 또는 직계존속·비속(배우자의 직계존속·비속은 생계를 같이하는 경우) 또는 특수관계사업자가 공직자 자신의 직무관련자(친족인 경우 제외)와 일정한 직무관련자 거래를 한다는 것을 사전에(사후에) 안 경우에는 안 날부터 14일 이내에 소속기관장에게 그 사실을 서면으로 신고하여야 한다.

해설

경찰과 경찰학, 민주경찰의 윤리적 · 사상적 토대, 부패대책, 윤리강령제정 −

① (✕) **경찰헌장**: 경찰헌장에서는 '우리는 정의의 이름으로 진실을 추구하며, 어떠한 불의나 불법과도 타협하지 않는 의로운 경찰'이라고 하였다.[♣공정한 경찰(X)] − **경찰헌장(警察憲章)**<13 · 14 · 15 · 16승진 · 05 · 09경간 · 08 · 17.1채용>

② (✕) 윤리강령 문제점, **최소주의 위험**: 경찰윤리강령의 문제점 중 '**최소주의 위험**'은 강령에 규정된 수준 이상의 근무를 하지 않으려 하는 '**근무수준의 최저화 경향**'을 말한다.[♣냉소주의 조장(X)] − **윤리강령의 문제점** [☻최우실냉비행]<05 · 13 · 14승진>

③ (✕) **윤리강령 제정순서**: **경찰윤리헌장(1966)** → **새경찰신조(1980)** → **경찰헌장(1991)** → **경찰서비스헌장(1998)**[♣경찰윤리헌장, 새경찰신조, 경찰서비스헌장, 경찰헌장순(X)] 순으로 제정되었다.<13 · 14승진>[☻윤새헌스]

④ (〇) 이해충돌방지법: **직무관련자 거래신고**(제9조 제1항, 제2항)<22경간 · 23승진>　　　정답 ④

---

09 경찰윤리강령에 관한 설명으로 가장 적절하지 않은 것은? 〈24.1채용〉

① 법적 강제력이 없기 때문에 위반했을 경우 제재할 방법이 미흡하다.

② 민주적 참여에 의한 제정보다는 상부에서 제정되고 일방적으로 하달되어 냉소주의를 불러일으키는 단점이 있다.

③ 우리나라 경찰윤리강령은 경찰윤리헌장 − 새경찰신조 − 경찰헌장 − 경찰서비스헌장 순서로 제정되었다.

④ 1945년 10월 21일 국립경찰의 탄생 시 이념적 지표가 된 경찰정신은 대륙법계의 영향으로 '봉사'와 '질서'를 경찰의 행동강령으로 삼았다.

해설

경찰과 경찰학, 윤리적 사상적 토대, 부패대책, 윤리강령제정 −

① (〇) 문제점, 실행가능성 문제<02 · 14 · 16승진 · 24.1채용>

② (〇) 냉소주의 문제<13 · 14승진 · 24.1채용>

③ (〇) 연혁<13 · 14승진 · 22경간 · 24.1채용>[☻윤새헌스]

④ (✕) 연혁: **봉사와 질서가 경찰이념**(1945년 국립경찰 창설 당시, **영미법계 영향**)[♣대륙법계 영향(X)] <21승진 · 24.1채용>　　　정답 ④

테마 10 **경찰청 공무원 행동강령**

01 「경찰청 공무원 행동강령」에 대한 설명 중 가장 적절하지 않은 것은? 〈20경위〉

① 이 규칙은 경찰청 소속 공무원과 경찰청에 파견된 공무원에게 적용한다.

② 공무원은 상급자가 자기 또는 타인의 부당한 이익을 위하여 공정한 직무수행을 현저하게 해치는 지시를 하였을 때에는 그 사유를 상급자에게 소명하고 지시에 따르지 아니하거나, 행동강령책임관과 상담할 수 있다.

③ 위 ②와 관련 소명 후 지시를 이행하지 아니하였는데도 같은 지시가 반복될 때에는 즉시 행동강령책임관과 상담하여야 한다.

④ 위 ②, ③과 관련 상담 요청을 받은 행동강령책임관은 지시 내용을 확인하는 과정에서 부당한 지시를 한 상급자가 스스로 그 지시를 취소하거나 변경하였을 때에는 소속 기관의 장에게 보고하여야 한다.

해설

경찰과 경찰학, 민주경찰의 윤리적 사상적 토대, 부패대책, 윤리강령의 제정, 경찰청 공무원 행동강령 -

① (○) 적용범위(경찰과 윤리, 경찰청 공무원 행동강령 제3조)〈20승진〉

② (○) 부당지시(경찰청 공무원 행동강령 제4조 제1항)〈12·14·20승진·13경간·15·17.1·18.1·23.1채용〉

③ (○) 부당지시(경찰청 공무원 행동강령 제4조 제2항)〈20승진〉

④ (✕) **부당지시**: 상담 요청을 받은 행동강령책임관은 지시 내용을 확인하여 지시를 **취소하거나 변경할 필요**가 있다고 인정되면 **소속 기관의 장에게 보고하여야** 한다. 다만, 지시 내용을 확인하는 과정에서 부당한 지시를 한 상급자가 스스로 그 지시를 **취소하거나 변경하였을 때**에는 소속 기관의 장에게 **보고하지 아니할 수** 있다.[♣스스로 그 지시를 취소하거나 변경하였을 때에는 소속 기관의 장에게 보고하여야(X)](제4조 제3항)〈20승진〉   정답 ④

---

02 「경찰청 공무원 행동강령」에 대한 내용으로 가장 적절하지 않은 것은? 〈18.1채용〉

① 공무원은 직무를 수행함에 있어 지연·혈연·학연·종교 등을 이유로 특정인에게 특혜를 주어서는 아니 된다.

② 공무원은 상급자가 자기 또는 타인의 부당한 이익을 위하여 공정한 직무수행을 현저하게 해치는 지시를 하였을 때에는 일정한 서식 또는 전자우편 등의 방법으로 그 사유를 그 상급자에게 소명하고 지시에 따르지 아니하거나 일정한 서식 또는 전자우편 등의 방법으로 행동강령책임관과 상담할 수 있다.

③ 공무원은 정치인이나 정당 등으로부터 부당한 직무수행을 강요받거나 청탁을 받은 경우에는 일정한 서식 또는 전자우편 등의 방법으로 소속 기관의 장에게 보고하거나 행동강령책임관과 상담하여야 한다.

④ 공무원은 「범죄수사규칙」 제15조에 따른 경찰관서 내 수사 지휘에 대한 이의제기와 관련하여 행동강령책임관에게 상담을 요청하여야 한다.

경찰과 경찰학, 민주경찰의 윤리적 사상적 토대, 부패대책, 윤리강령의 제정, 경찰청 공무원 행동강령 −

① (○) 특례배제(경찰청 공무원 행동강령 제6조)<14 · 15 · 17승진 · 13경간 · 18.1순경>

② (○) 부당지시(경찰청 공무원 행동강령 제4조 제1항)<14 · 15 · 17 · 18승진 · 23경간 · 17.1 · 18.1채용>

③ (○) 정치인등 부당요구처리(경찰청 공무원 행동강령 제8조 제1항)<14 · 15 · 17 · 18승진 · 17.1 · 18.1순경>

④ (✕) **부당한 수사지휘 이의제기**: 공무원은 「범죄수사규칙」(제30조)에 따른 경찰관서 내 **수사지휘에 대한 이의제기와 관련**하여 **행동강령책임관에게 상담을 요청할 수** 있다.[♣상담하여야(X)](제4조의2 제1항)<19승진 · 22경간 · 18.1 · 22.1채용> 　　　　　　정답 ④

---

03 「경찰청 공무원 행동강령」에 대한 설명으로 가장 적절하지 않은 것은? <17경위>

① 경찰관은 직무를 수행함에 있어 지연 · 혈연 · 학연 · 종교 등을 이유로 특정인에게 특혜를 주어서는 아니 된다.

② 공무원은 정치인이나 정당 등으로부터 부당한 직무수행을 강요받거나 청탁을 받은 경우에는 일정한 서식 또는 전자우편 등의 방법으로 소속 기관의 장에게 보고하거나 행동강령책임관과 상담하여야 한다.

③ 경찰관은 자신의 임용 · 승진 · 전보 등 인사에 부당한 영향을 미치기 위하여 타인으로 하여금 인사업무 담당자에게 청탁을 하도록 해서는 아니 된다.

④ 경찰공무원은 자신이 소속된 종교단체 · 친목단체 등의 회원이 직무관련자나 직무관련공무원인 경우에 경조사를 알릴 수 없다.

경찰과 경찰학, 민주경찰의 윤리적 사상적 토대, 부패대책, 윤리강령의 제정, 경찰청 공무원 행동강령 −

① (○) 특례배제(경찰청 공무원 행동강령 제6조)<14 · 15 · 17승진 · 13경간 · 18.1순경>

② (○) 정치인등 부당요구처리(경찰청 공무원 행동강령 제8조 제1항)<14 · 15 · 17 · 18승진 · 17.1 · 18.1순경>

③ (○) 인사청탁금지(경찰청 공무원 행동강령규칙 제9조 제1항)<17 · 22승진>

④ (✕) **경조사통지 · 경조금품수수제한**: 공무원은 **직무관련자나 직무관련공무원**에게 경조사를 알려서는 아니 된다.[♣신문을 통해 경조사 통지금지(X)] 다만, 다음 각 호의 어느 하나에 해당하는 경우에는 경조사를 알릴 수 있다.(제17조)<22.1채용>

　1. **친족**(「민법」 제767조에 따른 친족)에게 알리는 경우

　2. **현재** 근무하고 있거나 **과거**에 근무하였던 기관의 **소속 직원**에게 알리는 경우[♣현재근무기관의 소속직원에게 경조사 통지금지(X)]<15승진>

　3. **신문, 방송** 또는 제2호에 따른 **직원에게만 열람이 허용**되는 **내부통신망 등**을 통하여 알리는 경우

　4. 공무원 자신이 소속된 **종교단체 · 친목단체 등**의 회원에게 알리는 경우[♣경조사를 알릴 수 없다.(X)](제17조 제4호)<17승진 · 22.1채용> 　　　　　　정답 ④

---

04 「경찰청 공무원 행동강령」에 대한 설명으로 가장 적절하지 않은 것은? 〈22경간〉

① 공무원이 대가를 받고 수행하는 외부강의 등은 월 3회를 초과할 수 없다. 다만, 국가나 지방자치단체에서 요청하거나 겸직 허가를 받고 수행하는 외부강의 등은 그 횟수에 포함하지 아니한다.

② 공무원은 「범죄수사규칙」 제30조에 따른 경찰관서 내 수사 지휘에 대한 이의제기와 관련하여 행동강령 책임관에게 상담을 요청할 수 있다.

③ 공무원이 상담, 절차 및 규정 안내, 각종 증명서 발급, 기타 이에 준하는 단순 민원업무를 수행하는 경우를 제외하고, 직무관련자와 200만원 이상의 금전거래가 있는 경우에는 소속기관의 장에게 해당 사실을 별지 서식에 따라 서면(전자문서를 포함)으로 신고하여야 한다.

④ 공무원은 직무관련자에게 직위를 이용하여 행사 진행에 필요한 직·간접적 경비, 장소, 인력, 또는 물품 등의 협찬을 요구하여서는 아니 된다.

해설

경찰과 경찰학, 민주경찰의 윤리적 사상적 토대, 부패대책, 윤리강령의 제정, 경찰청공무원 행동강령 −

① (○) 외부강의신고(경찰청 공무원 행동강령규칙 제15조 제4항)〈22경간〉

② (○) 부당한 수사지휘 이의제기(경찰청 공무원 행동강령규칙 제4조의2 제1항)〈19승진·22경간·18.1·22.1채용〉

③ (✕) **직무관련자 거래신고**: 공직자는 **자신, 배우자 또는 직계존속·비속**(배우자의 **직계존속·비속은 생계를 같이하는 경우**) 또는 **특수관계사업자**가 공직자 자신의 **직무관련자**(**친족인 경우 제외**)와 일정한 직무관련자 거래를 한다는 것을 **사전에**(사후에) 안 경우에는 **안 날부터 14일 이내에 소속기관장**에게 그 사실을 **서면으로 신고하여야** 한다.[♣경찰청 공무원 행동강령규칙에 규정(✕), ♣200만원 이상(✕)](공직자의 이해충돌방지법 제9조 제1항, 제2항)〈22경간〉

④ (○) 협찬요구제한(경찰청공무원 행동강령 제16조의2)〈22경간〉   정답 ③

---

05 「경찰청 공무원 행동강령」에 대한 설명으로 가장 적절한 것은? 〈18경감〉

┌───
│ ㉠ 외부강의·회의 등을 할 때 받을 수 있는 대가는 행동강령의 '별표'가 정하는 기준을 초과해서는 아니 된다.
│ ㉡ 공무원이 국가나 지방자치단체의 요청으로 대가를 받고 외부강의 등을 할 경우 소속기관장에게 미리 서면으로 신고하여야 한다.
│ ㉢ 서울특별시경찰청 소속 甲경정이 자신의 직무와 관련된 교육 강사로 요청받아 월 1회, 1시간 동안 외부강의를 하고 사례금으로 60만원을 받았다면 이는 정당하다.
│ ㉣ 공무원이 정치인이나 정당 등으로부터 부당한 직무수행을 강요받거나 청탁을 받은 경우에는 소속 기관의 장에게 보고하거나 행동강령책임관과 상담한 후 처리하여야 한다.
└───

① 1개   ② 2개
③ 3개   ④ 4개

해설

경찰과 경찰학, 민주경찰의 윤리적 사상적 토대, 부패대책, 윤리강령의 제정, 경찰청 공무원 행동강령 −

ⓐ (O) 외부강의 신고(경찰청 공무원 행동강령 제15조 제1항)

ⓑ (X) **외부강의 신고**: 공무원은 사례금을 받는 외부강의등을 할 때에는 **외부강의 등의 요청 명세 등**을 (별지 제12호 서식의 외부강의등 신고서에) **소속 기관의 장에게 그 외부강의등을 마친 날부터 10일 이내에 신고하여야[♣승인(X)]** 한다. 다만, 외부강의등을 요청한 자가 국가나 지방자치단체인 경우에는 그러하지 아니하다.[♣국가나 지방자치단체의 요청으로 할 경우(X)](제15조 제2항)<12 · 15 · 18승진 · 13경간 · 13 · 15.1채용>

ⓒ (X) 외부강의 신고, **사례금**: '외부강의등'의 사례금 상한액은 1시간 이하로 강의한 경우 직급구분 없이 40만원이다.[♣경정 60만원(X)](경찰청 공무원 행동강령 별표2)<18승진>

ⓓ (O) 정치인등 부당요구처리(경찰청 공무원 행동강령 제8조 제1항)<14 · 15 · 17 · 18승진 · 17.1 · 18.1순경>

정답 ②

06 「**경찰청 공무원 행동강령**」에 대한 설명으로 가장 적절하지 않은 것은? 〈18경위〉

① 공무원은 사례금을 받는 외부강의등을 할 때에는 외부강의 등의 요청 명세 등을 소속 기관의 장에게 그 외부강의등을 마친 날부터 10일 이내에 신고하여야 한다. 다만, 외부강의등을 요청한 자가 국가나 지방자치단체인 경우에는 그러하지 아니하다.

② 「경찰청 공무원 행동강령」 제15조 제1항 본문에 따른 '외부강의등'의 사례금 상한액은 1시간 이하로 강의한 경우 직급구분 없이 40만원이다.

③ 상한액을 초과하는 사례금을 받은 경우에는 그 사실을 안 날로부터 2일 이내에 소속기관의 장에게 신고하여야 하며, 지체 없이 소속기관의 장에게 초과금을 반환하여야 한다.

④ 초과사례금 신고를 받은 소속기관의 장은 초과사례금을 반환하지 아니한 공무원에 대하여 신고사항을 확인한 후 7일 이내 반환하여야 할 초과사례금의 액수를 산정하여 해당 공무원에게 통지하여야 한다.

해설

경찰과 경찰학, 민주경찰의 윤리적 사상적 토대, 부패대책, 윤리강령의 제정, 경찰청 공무원 행동강령, 외부강의 신고 −

① (O) 신고기한(경찰청 공무원 행동강령규칙 제15조 제2항)<12 · 15 · 18승진 · 13경간 · 13 · 15.1채용>

② (O) 사례금(경찰청 공무원 행동강령규칙 별표2)<18승진>

③ (X) **초과사례금 신고등**: 공무원은 **초과사례금**을 받은 경우에는 그 사실을 **안 날로부터 2일 이내**에 별지 제4호 서식으로 **소속 기관의 장에게 신고하여야** 하며, 제공자에게[♣소속기관장에게(X)] 그 초과금액을 지체 없이 반환하여야 한다.(제15조의2 제1항)<18승진>

④ (O) 초과사례금 신고등(경찰청 공무원 행동강령규칙 제15조의2 제2항)<18승진>

정답 ③

07 「경찰청 공무원 행동강령」에 해당하지 않는 것은? 〈23.1채용〉

① 공무원은 상급자가 자기 또는 타인의 부당한 이익을 위하여 공정한 직무수행을 현저하게 해치는 지시를 하였을 때에는 그 사유를 상급자에게 소명하고 지시에 따르지 아니하거나 행동강령책임관과 상담 할 수 있다.

② 공무원은 수사·단속의 대상이 되는 업소 중 경찰청장이 지정하는 유형의 업소 관계자와 부적절한 사적 접촉을 하여서는 아니 되며, 공적 또는 사적으로 접촉 한 경우 경찰청장이 정하는 방법에 따라 신고하여야 한다.

③ 공무원은 직무수행 중 알게 된 정보를 이용하여 유가증권, 부동산 등과 관련된 재산상 거래 또는 투자를 하거나 타인에게 그러한 정보를 제공하여 재산상 거래 또는 투자를 돕는 행위를 해서는 아니 된다.

④ 경찰공무원은 정당이나 정치단체에 가입하거나 정치활동에 관여하는 행위를 하여서는 아니 된다.

해설

경찰과 경찰학, 민주경찰의 윤리적 사상적 토대, 부패대책, 윤리강령의 제정, 경찰청 공무원 행동강령 −

① (○) 부당지시(제4조 제1항)〈12·14·20승진·13경간·15·17.1·18.1·23.1채용〉

② (○) 수사·단속업무의 공정성 강화(제5조의2 제1항)〈23.1채용〉

③ (○) 직무관련 정보이용 거래제한(제12조 제1항)〈23.1채용〉

④ (✕) [경찰행정법, 경찰공무원법 관련, 의무, **신분상 의무** : 정치관여금지[♣경찰청공무원 행동강령에 규정(✕)](경찰공무원법 제23조 제1항)〈23.1채용〉   정답 ④

---

08 「경찰청 공무원 행동강령」에 대한 설명으로 가장 적절한 것은? 〈23경간〉

① 공무원은 어떠한 경우에도 자신의 직무권한을 행사하여 직무관련자로부터 사적 노무를 제공받거나 요구해서는 안된다.

② 공무원은 정치인이나 정당 등으로부터 부당한 직무수행을 강요받거나 청탁을 받은 경우에는 별지 제9호 서식 또는 전자우편 등의 방법으로 소속기관장에게 보고하거나 행동강령책임관과 상담할 수 있다.

③ 경찰유관단체원이 경찰 업무와 관련하여 경찰관에게 금품을 제공한 경우 행동강령책임관은 해당 경찰유관단체 운영 부서장과 협의하여 소속기관장에게 경찰유관단체원의 해촉 등 필요한 조치를 건의하여야 하며, 보고를 받은 소속기관장은 적절한 조치를 취해야 한다.

④ 공무원은 사례금을 받는 외부강의(외부강의 등을 요청한 자가 국가나 지방자치단체를 포함함)를 할 때에는 외부강의의 요청 명세 등을 외부강의 등 신고서에 따라 소속 기관의 장에게 그 외부강의 등을 마친 날부터 10일 이내에 신고하여야 한다.

해설

경찰과 경찰학, 민주경찰의 윤리적 사상적 토대, 부패대책, 윤리강령의 제정, 경찰청 공무원 행동강령 –

① (X) **사적노무 요구금지**: 공무원은 자신의 직무권한을 행사하거나 지위·직책 등에서 유래되는 사실상 영향력을 행사하여 **직무관련자 또는 직무관련공무원으로부터** 사적 노무를 제공받거나 요구 또는 약속해서는 아니 된다. 다만, **다른 법령 또는 사회상규에 따라 허용**되는 경우에는 **그러하지 아니**하다.[♣어떠한 경우에도(X)](제13조의2)<23경간>

② (X) **정치인등의 부당한 요구에 대한 처리**: 공무원은 정치인이나 정당 등으로부터 부당한 직무수행을 강요받거나 청탁을 받은 경우에는 (별지 제9호 서식 또는 전자우편 등의 방법으로) **소속 기관의 장에게**[♣직근상급자에게(X)] **보고**하거나 **행동강령책임관과 상담하여야** 한다.[♣상담할 수(X)](제8조 제1항)<14·15·17·18승진·23경간·17.1·18.1채용>

③ (○) **경찰유관단체원의 부정행위에 대한 처리**: 제8조의2<23경간>

④ (X) **외부강의 신고**: 공무원은 사례금을 받는 외부강의 등을 할 때에는 **외부강의 등의 요청 명세** 등을 (별지 제12호 서식의 외부강의등 신고서에) **소속 기관의 장에게 그 외부강의 등을 마친 날부터 10일 이내에 신고하여야**[♣승인(X)] 한다. 다만, 외부강의 등을 요청한 자가 **국가나 지방자치단체인 경우에는 그러하지 아니하다.**[♣국가나 지방자치단체의 요청으로 할 경우 신고해야(X)](제15조 제2항)<12·15·18승진·13·23경간·13·15.1채용>

정답 ③

테마 11 ▶ 부정청탁 및 금품 등 수수의 금지에 관한 법률

01 「부정청탁 및 금품등 수수의 금지에 관한 법률」에 대한 설명으로 가장 적절한 것은? 〈18경위〉

① '공공기관'에는 국회, 법원, 헌법재판소, 감사원, 국가인권위원회, 고위공직자범죄수사처, 중앙행정기관(대통령 소속 기관과 국무총리 소속 기관을 포함한다)과 그 소속 기관 및 지방자치단체를 포함한다. 단, 선거관리위원회는 '공공기관'에 해당하지 않는다.

② '공공기관'에는 「초·중등교육법」, 「고등교육법」, 「유아교육법」 및 그 밖의 다른 법령에 따라 설치된 각급 학교가 포함된다. 단, 「사립학교법」에 따른 학교법인은 '공공기관'에 해당하지 않는다.

③ '공직자등'에는 「언론중재 및 피해구제 등에 관한 법률」 제2조 제12호에 따른 언론사의 대표자와 그 임직원이 포함된다.

④ '공직자등'에는 「변호사법」 제4조에 따른 변호사 자격이 있는 자는 포함된다고 명시되어 있다.

해설

경찰과 경찰학, 민주경찰의 윤리적 사상적 토대, 부패대책, 윤리강령의 제정, 부정청탁금지법 −

① (X) '**공공기관**' : 국회, 법원, 헌법재판소, 선거관리위원회, 감사원, 국가인권위원회, 고위공직자범죄수사처, 중앙행정기관(대통령 소속 기관과 국무총리 소속 기관을 포함한다)과 그 소속 기관 및 지방자치단체 등[♣선거관리위원회 제외(X)](제2조 제1호 가)<18승진>

② (X) '**공공기관**' : 「초·중등교육법」, 「고등교육법」, 「유아교육법」 및 그 밖의 다른 법령에 따라 설치된 각급 학교 및 「사립학교법」에 따른 학교법인 등[♣사립학교법에 따른 학교법인 제외(X)](제2조 제1호 라)<18승진>

③ (○) '**공직자등**' : 「국가공무원법」 또는 「지방공무원법」에 따른 공무원과 그 밖에 다른 법률에 따라 그 자격·임용·교육훈련·복무·보수·신분보장 등에 있어서 공무원으로 인정된 사람, (제1호 나목 및 다목에 따른) 공직유관단체 및 기관의 장과 그 임직원, (제1호라목에 따른) 각급 학교의 장과 교직원 및 학교법인의 임직원, (제1호마목에 따른) 언론사의 대표자와 그 임직원[♣언론사의 대표자와 그 임직원이 포함(O)](제2조 제2호)<18승진>

④ (X) '**공직자등**' : 「국가공무원법」 또는 「지방공무원법」에 따른 공무원과 그 밖에 다른 법률에 따라 그 자격·임용·교육훈련·복무·보수·신분보장 등에 있어서 공무원으로 인정된 사람, (제1호 나목 및 다목에 따른) 공직유관단체 및 기관의 장과 그 임직원, (제1호라목에 따른) 각급 학교의 장과 교직원 및 학교법인의 임직원, (제1호마목에 따른) 언론사의 대표자와 그 임직원[♣변호사 포함(X)](제2조 제2호)<18승진>   정답 ③

---

02 「부정청탁 및 금품등 수수의 금지에 관한 법률」에 대한 설명으로 가장 적절하지 않은 것은? ⟨19.1채용⟩

① 원활한 직무수행 목적으로 제공되는 음식물·경조사비·선물 등으로서 대통령령으로 정하는 가액 범위 안의 금품등은 수수 금지의 예외 사유이다.

② 사회상규에 따라 허용되는 금품등은 수수 금지의 예외 사유이다.

③ 공직자등은 직무 관련 여부 및 기부·후원·증여 등 그 명목에 관계없이 동일인으로부터 1회에 100만 원 또는 매 회계연도에 300만 원을 초과하는 금품등을 받거나 요구 또는 약속해서는 아니 된다.

④ 사적 거래(증여 포함)로 인한 채무의 이행 등 정당한 권원(權原)에 의하여 제공되는 금품등은 수수 금지의 예외 사유이다.

해설

경찰과 경찰학, 민주경찰의 윤리적 사상적 토대, 부패대책, 윤리강령의 제정, 부정청탁금지법, 금품등 수수 금지 −

①② (○) 예외사유(제8조 제3항 제2호, 제7호)<19.1채용>

③ (○) 금지되는 금액(부정청탁금지법 제8조 제1항)<19·20·21·22승진·22경간·19.1·21.2·23.2채용>

④ (X) **예외 사유 : 사적 거래(증여는 제외)**로 인한 채무의 이행 등 정당한 권원(權原)에 의하여 제공되는 금품등[♣증여 포함(X)](제3조 제3항 제3호)<19.1채용>   정답 ④

03 「부정청탁 및 금품 등 수수의 금지에 관한 법률」에 대한 설명으로 가장 적절하지 않은 것은? 〈21.2채용〉

① 공직자등은 공직자등 자신이 수수 금지 금품등을 받거나 그 제공의 약속 또는 의사표시를 받은 경우에는 소속기관장에게 지체 없이 서면 또는 구두로 신고하여야 한다.

② 공직자등은 사례금을 받는 외부강의 등을 할 때에는 대통령령으로 정하는바에 따라 외부강의등의 요청 명세 등을 소속기관장에게 그 외부강의 등을 마친 날부터 10일 이내에 서면으로 신고하여야 한다. 다만, 외부강의등을 요청한 자가 국가나 지방자치단체인 경우에는 그러하지 아니하다.

③ 「부정청탁 및 금품 등 수수의 금지에 관한 법률」에 따라 국회, 법원, 헌법재판소, 선거관리위원회, 감사원, 국가인권위원회, 고위공직자범죄수사처, 중앙행정기관(대통령 소속 기관과 국무총리 소속 기관을 포함한다)과 그 소속 기관 및 지방자치단체는 공공기관에 해당한다.

④ 공직자등은 직무 관련 여부 및 기부·후원·증여 등 그 명목에 관계없이 동일인으로부터 1회에 100만원 또는 매 회계연도에 300만원을 초과하는 금품등을 받거나 요구 또는 약속해서는 아니 된다.

해설

경찰과 경찰학, 민주경찰의 윤리적 사상적 토대, 부패대책, 윤리강령의 제정, 부정청탁금지법 −

① (X) **공직자등의 신고**: 공직자등은 다음 각 호의 어느 하나에 해당하는 경우에는 소속기관장에게 지체 없이 **서면**으로 신고하여야 한다.[♣서면 또는 구두(X)](제9조 제1항)〈21.2채용〉
  1. 공직자등 자신이 수수 금지 **금품등을 받거나 그 제공의 약속 또는 의사표시**를 받은 경우
  2. 공직자등이 자신의 배우자가 수수 금지 금품등을 받거나 그 제공의 약속 또는 의사표시를 받은 사실을 안 경우

② (O) 외부강의 등 사례금 수수제한(「부정청탁 및 금품 등 수수의 금지에 관한 법률」 제10조 제2항)〈19승진·22경간·21.2·23.2채용〉

③ (O) 공공기관(「부정청탁 및 금품 등 수수의 금지에 관한 법률」) 제2조 제1호 가.〈18승진·21.2채용〉

④ (O) 금품 등 수수금지(「부정청탁 및 금품 등 수수의 금지에 관한 법률」 제8조 제1항〈19·20·21승진·19.1·21.2채용〉

정답 ①

---

04 「부정청탁 및 금품등 수수의 금지에 관한 법률」 제8조에서 규정하는 '금품등의 수수 금지'에 대한 설명으로 가장 적절하지 않은 것은? 〈19경위〉

① 공직자등은 직무 관련 여부 및 기부·후원·증여 등 그 명목에 관계없이 동일인으로부터 1회에 100만원 또는 매 회계연도에 300만원을 초과하는 금품등을 받거나 요구 또는 약속해서는 아니 된다.

② 공직자등은 직무와 관련하여 대가성 여부를 불문하고 1회에 100만원 또는 매 회계연도에 300만원 이하의 금품등을 받거나 요구 또는 약속해서는 아니 된다.

③ 공직자등과 관련된 직원상조회·동호인회·동창회·향우회·친목회·종교단체·사회단체 등이 정하는 기준에 따라 구성원에게 제공하는 금품등은 수수를 금지하는 금품등에 해당하지 아니한다.

④ 공직자등의 직무와 관련된 공식적인 행사에서 주최자가 참석자에게 통상적인 범위에서 일률적으로 제공하는 교통, 숙박, 음식물 등의 금품등은 수수를 금지하는 금품등에 해당한다.

> **해설**

경찰과 경찰학, 민주경찰의 윤리적 사상적 토대, 부패대책, 윤리강령의 제정, 부정청탁금지법, 금품등 수수금지 −

① (○) 직무관련여부 불문 금지(『부정청탁 및 금품 등 수수의 금지에 관한 법률』제8조 제1항<19·20·21승진·19.1·21.2채용>

② (○) 직무관련 금지(『부정청탁 및 금품 등 수수의 금지에 관한 법률』제8조 제2항)

③ (○) 수수금지 예외, 직원상조회 등(부정청탁 및 금품등 수수의 금지에 관한 법률 제8조 제3항 제5호)<19승진>

④ (✕) **금품 등 수수금지 예외**: 공직자등의 직무와 관련된 **공식적인 행사**에서 주최자가 참석자에게 통상적인 범위에서 **일률적으로 제공하는 교통, 숙박, 음식물 등의 금품 등[♣**수수를 금지하는 금품등에 해당 (X)](부정청탁 및 금품등 수수의 금지에 관한 법률 제8조 제3항 제6호)<19경위>　　　　　　　　**정답** ④

05 「**부정청탁 및 금품등 수수의 금지에 관한 법률**」에 대한 설명으로 가장 적절하지 않은 것은? 〈19경감〉

① 누구든지 「부정청탁 및 금품등 수수의 금지에 관한 법률」의 위반행위가 발생하였거나 발생하고 있다는 사실을 알게 된 경우에는 이 법의 위반행위가 발생한 공공기관 또는 그 감독기관, 감사원 또는 수사기관, 국민권익위원회에 신고할 수 있다.

② '공직자등'은 부정청탁을 받았을 때에는 부정청탁을 한 자에게 부정청탁임을 알리고 이를 거절하는 의사를 명확히 표시하여야 한다.

③ 부정청탁을 받은 '공직자등'이 그에 따라 직무를 수행한 경우 2년 이하의 징역 또는 2천만원 이하의 벌금에 처한다.

④ '공직자등'은 '외부강의등'을 할 때에는 대통령령으로 정하는 바에 따라 외부강의등의 요청 명세 등을 소속기관장에게 미리 서면으로 신고할 수 있다. 다만, 외부강의등을 요청한 자가 국가나 지방자치단체인 경우에는 그러지 아니하다.

> **해설**

경찰과 경찰학, 민주경찰의 윤리적 사상적 토대, 부패대책, 윤리강령의 제정, 부정청탁금지법 −

① (○) 신고주체(부정청탁 및 금품등 수수의 금지에 관한 법률 제13조 제1항)<19·22승진>

② (○) 고지 및 거절(부정청탁 및 금품등 수수의 금지에 관한 법률 제7조 제1항)<19·22승진·22경간·22.2채용>

③ (○) 벌칙(부정청탁 및 금품등 수수의 금지에 관한 법률 제22조 제2항)<19·20승진>

④ (✕) **외부강의 등 사례금 수수제한**: 공직자등은 **사례금을 받는** 외부강의등을 할 때에는 대통령령으로 정하는 바에 따라 **외부강의등의 요청 명세 등을 소속기관장에게** 그 외부강의등을 마친 **날부터 10일 이내에 서면으로 신고하여야** 한다.[♣미리 신고(X)](제10조 제2항)<19승진·22경간·21.2·23.2채용>　　　　　**정답** ④

06 부정청탁 및 금품등 수수의 금지에 관한 법률상 외부강의 등의 사례금 수수 제한에 대한 설명 중 옳지 않은 것은? 〈19경간〉

① 공직자 등은 자신의 직무와 관련되거나 그 지위 직책 등에서 유래되는 사실상의 영향력을 통하여 요청받은 교육 홍보 토론회 세미나 공청회 또는 그 밖의 회의 등에서 한 강의 강연 기고 등(이하 "외부강의 등"이라 한다)의 대가로서 대통령령으로 정하는 금액을 초과하는 사례금을 받아서는 아니 된다.
② 공직자 등은 국가나 지방자치단체의 요청에 의해 외부강의 등을 할 때에는 대통령령으로 정하는 바에 따라 외부강의 등의 요청 명세 등을 소속기관장에게 미리 서면으로 신고하여야 한다.
③ 공직자등은 기준 금액을 초과하는 사례금을 받은 경우에는 대통령령으로 정하는 바에 따라 소속기관장에게 신고하고, 제공자에게 그 초과금액을 지체없이 반환하여야 한다.
④ 소속기관장은 공직자 등이 신고한 외부강의 등이 공정한 직무 수행을 저해할 수 있다고 판단하는 경우에는 그 외부강의 등을 제한할 수 있다.

해설

경찰과 경찰학, 민주경찰의 윤리적 사상적 토대, 부패대책, 윤리강령의 제정, 부정청탁금지법 ─
① (○) 외부강의 등 사례금 수수제한(부정청탁 및 금품등 수수의 금지에 관한 법률 제10조 제1항)〈19경간〉
② (×) **외부강의 등 사례금 수수제한, 신고**: 공직자등은 사례금을 받는 외부강의등을 할 때에는 대통령령으로 정하는 바에 따라 **외부강의등의 요청 명세 등을 소속기관장에게 그 외부강의등을 마친 날부터 10일 이내에 서면으로 신고하여야** 한다.(제10조 제2항)〈19승진〉
　※ 다만, 외부강의 등을 요청한 자가 **국가나 지방자치단체인 경우에는 그러하지 아니하다.[♣신고하여야(X)](제10조 제2항 단서)〈19·22경간·19승진·21.2채용〉
③ (○) 외부강의 등 사례금 수수제한: 신고 및 반환(부정청탁 및 금품등 수수의 금지에 관한 법률 제10조 제5항)〈19경간〉
④ (○) 외부강의 등 사례금 수수제한: 외부강의 제한(부정청탁 및 금품등 수수의 금지에 관한 법률 제10조 제4항)〈19경간〉

정답 ②

---

07 「부정청탁 및 금품등 수수의 금지에 관한 법률」에 대한 설명으로 가장 적절하지 않은 것은? 〈20경감〉

① 부정청탁을 받은 공직자등이 그에 따라 직무를 수행한 경우 2년 이하의 징역 또는 2천만원 이하의 벌금에 처한다.
② 공직자등은 직무 관련 여부 및 기부·후원·증여 등 그 명목에 관계없이 동일인으로부터 1회에 100만원 또는 매 회계연도에 300만원을 초과하는 금품등을 받거나 요구 또는 약속해서는 아니 된다.
③ 사적 거래(증여는 제외한다)로 인한 채무의 이행 등 정당한 권원에 의하여 제공되는 금품등은 동법 제8조(금품등의 수수 금지)에서 규정하는 수수가 금지된 금품등에 해당하지 않는다.
④ 공직자등과 관련된 직원상조회·동호인회·동창회·향우회·친목회·종교단체·사회단체 등이 정하는 기준에 따라 구성원에게 제공하는 금품등은 동법 제8조(금품등의 수수 금지)에서 규정하는 수수를 금지하는 금품등에 해당한다.

해설

경찰과 경찰학, 민주경찰의 윤리적 사상적 토대, 부패대책, 윤리강령의 제정, 부정청탁금지법 −

① (○) 벌칙(부정청탁 및 금품등 수수의 금지에 관한 법률 제22조 제2항)<19·20승진>

② (○) 직무관련 여부 불문 금지(부정청탁 및 금품등 수수의 금지에 관한 법률 제8조 제1항)<19·20·21·22 승진·22경간·19.1·21.2·23.2채용>

③ (○) 금품 등 수수금지, 예외, 사적 거래 등(부정청탁 및 금품등 수수의 금지에 관한 법률 제8조 제3항 제3 호)<20승진·22경간·19.1채용>

④ (×) 금품 등 수수금지, **예외**: 공직자등과 **관련된 직원상조회·동호인회·동창회·향우회·친목회· 종교단체·사회단체 등이 정하는 기준에 따라 구성원에게 제공**하는 금품등 및 그 소속 구성원 등 공직자등과 특별히 장기적·지속적인 친분관계를 맺고 있는 자가 질병·재난 등으로 어려 운 처지에 있는 공직자등에게 제공하는 금품등[♣수수를 금지하는 금품등에 해당한다.(×)](부정청탁 및 금품등 수수의 금지에 관한 법률 제8조 제3항 제5호)<19·20승진>   정답 ④

---

08 「부정청탁 및 금품등 수수의 금지에 관한 법률」 제8조 '금품등의 수수 금지'에 대한 설명으로 가장 적절하 지 않은 것은? 〈21승진〉

① 경찰서장이 소속경찰서 경무계 직원들에게 격려의 목적으로 제공하는 회식비는 '수수를 금지하는 금 품등'에 해당하지 아니한다.

② A경위가 휴일날 인근 대형마트 행사에서 추첨권에 당첨되어 수령한 수입차는 '수수를 금지하는 금품 등'에 해당하지 아니한다.

③ 공직자등이 8촌 이내의 혈족, 4촌 이내의 인척, 배우자로부터 제공받는 금품등은 '수수를 금지하는 금 품등'에 해당하지 아니한다.

④ 공직자등은 직무 관련 여부 및 기부·후원·증여 등 그 명목에 관계없이 동일인으로부터 1회에 100 만원 또는 매 회계연도에 200만원을 초과하는 금품등을 받거나 요구 또는 약속해서는 아니된다.

해설

경찰과 경찰학, 민주경찰의 윤리적 사상적 토대, 부패대책, 윤리강령의 제정, 부정청탁금지법, 금품 등 수 수금지 −

① (○) 예외, 격려목적(「부정청탁 및 금품등 수수의 금지에 관한 법률」제8조 제3항 제1호)<20·21승진·19.1채용>

② (○) 예외, 추첨권 당첨(「부정청탁 및 금품등 수수의 금지에 관한 법률」제8조 제3항 제7호)<21승진>

③ (○) 예외, 친족제공(「부정청탁 및 금품등 수수의 금지에 관한 법률」제8조 제3항 제4호)<21승진>

④ (×) 직무관련 여부 불문 금지: 공직자등은 직무 관련 여부 및 기부·후원·증여 등 그 **명목에 관 계없이** 동일인으로부터 **1회에 100만원 또는 매 회계연도에 300만원을 초과하는 금품등을 받거 나 요구 또는 약속해서는 아니 된다.**[♣매 회계연도에 200만원을 초과(×)](제8조 제1항)<19·20·21승 진·19.1채용>   정답 ④

---

09 「부정청탁 및 금품 등 수수의 금지에 관한 법률」에 대한 설명으로 가장 적절하지 않은 것은? 〈22경간〉

① 공직자 등은 사례금을 받는 외부강의를 할 때에는 대통령령으로 정하는 바에 따라 외부강의 요청명세 등을 소속 기관장에게 그 외부강의를 마친 날부터 10일 이내에 서면으로 신고하여야 한다. 다만, 외부강의를 요청한 자가 국가나 지방자치단체인 경우에는 그러하지 아니한다.

② 공직자 등은 부정청탁을 받았을 때에는 부정청탁을 한 자에게 부정청탁임을 알리고 이를 거절하는 의사를 명확히 표시하여야 한다.

③ 증여를 포함한 사적 거래로 인한 채무의 이행 등 정당한 권원(權原)에 의하여 제공되는 금품 등은 수수를 금지하는 금품 등에 해당하지 아니한다.

④ 공직자 등은 직무 관련 및 기부·후원·증여 등 그 명목에 관계 없이 동일인으로부터 1회에 100만원 또는 매 회계연도에 300만원을 초과하는 금품 등을 받거나 요구 또는 약속해서는 아니된다.

해설

경찰과 경찰학, 민주경찰의 윤리적 사상적 토대, 부패대책, 윤리강령의 제정, 부정청탁금지법 −

① (○) 외부강의등 사례금 수수제한(부정청탁 및 금품등 수수의 금지에 관한 법률 제10조 제2항)〈19승진·22경간·21.2채용〉

② (○) 고지 및 거절(부정청탁 및 금품등 수수의 금지에 관한 법률 제7조 제1항)〈19·22승진·22경간·22.2채용〉

③ (✕) 금품등 수수금지, **예외: 사적 거래(증여는 제외)**로 인한 채무의 이행 등 정당한 권원(權原)에 의하여 제공되는 금품등[♣증여 포함(X)](부정청탁 및 금품등 수수의 금지에 관한 법률 제8조 제3항 제3호)〈20승진·22경간·19.1채용〉

④ (○) 금품등 수수금지(부정청탁 및 금품등 수수의 금지에 관한 법률 제8조 제1항)〈19·20·21·22승진·22경간·19.1·21.2채용〉

정답 ③

10 「부정청탁 및 금품등 수수의 금지에 관한 법률」에 위반되는 사례로 가장 적절한 것은? 〈22승진〉

① 예술의전당 소속 공연 관련 업무 담당공무원이 예술의전당 초청공연작으로 결정된 뮤직드라마의 공연제작사 대표이사 甲등과 저녁식사를 하고 25만 원 상당(1인당 5만원)의 음식 값을 甲이 지불한 경우

② 경찰서장이 소속부서 직원들에게 위로·격려·포상의 목적으로 회식비를 제공한 경우

③ 결혼식을 앞두고 있는 경찰관이 4촌 형으로부터 500만 원 상당의 냉장고를 선물 받은 경우

④ 경찰관이 홈쇼핑에서 물품을 구매한 후 구매자를 대상으로 경품을 추첨하는 행사에서 당첨되어 300만 원 상당의 안마의자를 받은 경우

경찰과 경찰학, 민주경찰의 윤리적 사상적 토대, 부패대책, 윤리강령의 제정, 부정청탁금지법, 금품 등 수수금지, 예외 −

① 위법 − **음식물 가액범위**: 3만원 − **음식물**(제공자와 공직자등이 **함께 하는 식사**, 다과, 주류, 음료, 그 밖에 이에 준하는 것 − 모두 합산)[♣1인당 5만원 식사비는 위법(O)](부정청탁 및 금품등 수수의 금지에 관한 법률 시행령 별표1)<22승진>

② 적법 − 공공기관이 소속 공직자등이나 파견 공직자등에게 지급하거나 상급 공직자등이 **위로·격려·포상 등의 목적**으로 하급 공직자등에게 제공하는 금품등(부정청탁 및 금품등 수수의 금지에 관한 법률 제8조 제3항 제1호)<21·22승진>

③ 적법 − **공직자등의 친족**(8촌이내 혈족, 4촌이내 인척)**이 제공하는 금품등**(부정청탁 및 금품등 수수의 금지에 관한 법률 제8조 제3항 제4호)<21·22승진>

④ 적법 − 불특정 다수인에게 배포하기 위한 **기념품 또는 홍보용품 등이나 경연·추첨을 통하여 받는 보상 또는 상품** 등(부정청탁 및 금품등 수수의 금지에 관한 법률 제8조 제3항 제7호)<21·22승진>

정답 ①

---

11 「부정청탁 및 금품등 수수의 금지에 관한 법률」에 대한 설명 중 가장 적절한 것은? ⟨22승진⟩

① 공직자등은 직무 관련 여부 및 기부·후원·증여 등 그 명목에 관계없이 동일인으로부터 1회에 100만 원 또는 매 회계연도에 300만 원을 초과하는 금품을 받거나 요구 또는 약속해서는 아니 된다.

② 이 법의 위반행위가 발생하였거나 발생하고 있다는 사실을 알게 된 경우에는 이해관계인만 수사기관에 신고할 수 있다.

③ 직급에 상관없이 모든 공직자의 외부강의 사례금 상한액은 1시간당 30만 원이며 1시간을 초과하면 상한액은 45만 원이다.

④ 부정청탁을 받은 공직자등은 부정청탁을 한 자에게 부정청탁임을 알렸다면 이와 별도로 거절하는 의사는 명확하지 않아도 된다.

경찰과 경찰학, 민주경찰의 윤리적 사상적 토대, 부패대책, 윤리강령의 제정, 부정청탁금지법 −

① (O) 금품등 수수금지, 직무관련여부 불문 금지(부정청탁 및 금품등 수수의 금지에 관한 법률 제8조 제1항)<19·20·21·22승진·19.1·21.2채용>

② (X) **신고**: **누구든지** 이 법의 위반행위가 발생하였거나 발생하고 있다는 사실을 알게 된 경우에는 수사기관 등에 **신고할 수** 있다.[♣이해관계인만(X)](부정청탁 및 금품등 수수의 금지에 관한 법률 제13조 제1항)<19·22승진>

③ (X) 외부강의 등 제한, **사례금 상한액**: 직급에 상관없이 모든 공직자의 외부강의 사례금 상한액은 **1시간당 40만원**이며 1시간을 초과하면 상한액은 **100분의 150**(60만원)이다.(부정청탁 및 금품등 수수의 금지에 관한 법률 시행령 별표2)<22승진>

④ (X) **고지 및 거절**: 공직자등은 부정청탁을 받았을 때에는 부정청탁을 한 자에게 **부정청탁임을 알리고 이를 거절하는 의사를 명확히 표시하여야** 한다.[♣부정청탁임을 알렸다면 이와 별도로 거절하는 의사는 명확하지 않아도 된다.(X)](부정청탁 및 금품등 수수의 금지에 관한 법률 제7조 제1항)<19·22승진>

정답 ①

12 「부정청탁 및 금품등 수수의 금지에 관한 법률」 및 동법시행령에 관한 설명으로 가장 적절하지 않은 것은?

〈23.2채용〉

① 공직자등은 직무 관련 여부 및 기부·후원·증여 등 그 명목에 관계없이 동일인으로부터 1회에 100 만원 또는 매 회계연도에 300만 원을 초과하는 금품등을 받거나 요구 또는 약속해서는 아니된다.

② 경찰청에서 근무하는 甲총경은 A전자회사의 요청으로 시간 당 30만 원의 사례금을 약속받고 A전자 회사의 직원을 대상으로 자신의 직무와 관련된 3시간짜리 강의를 월 1회, 총 3개월간 진행하였다. 이 경우 甲총경이 지급받을 수 있는 최대사례금 총액은 270만 원이다.

③ B자동차 회사의 요청으로 자신의 직무와 관련된 외부강의를 마치고 소정의 사례금을 약속받은 乙경 무관은 대통령령으로 정하는 바에 따라 외부강의의 요청 명세 등을 소속기관장에게 그 외부강의를 마친 날부터 10일 이내에 서면으로 신고하여야 한다.

④ 사단법인 C학회가 주관 및 개최한 토론회에 참석하여 자신의 직무과 관련된 토론을 함 丙경감이 상 한액을 초과하는 사례금을 받은 경우 초과사례금을 받은 사실을 안 날로부터 2일 이내에 동법 시행 령이 정한 사항을 적은 서면으로 소속기관장에서 신고하여야 한다.

해설

경찰과 경찰학, 민주경찰의 윤리적 사상적 토대, 부패대책, 윤리강령의 제정, 부정청탁금지법 −

① (○) 금품등 수수 금지, **직무관련 여부 불문**(부정청탁 및 금품등 수수의 금지에 관한 법률 제8조 제1항)〈1 9·20·21·22승진·22경간·19.1·21.2·23.2채용〉

② (×) 외부강의 사례금 상한액, **공직자등(경찰관): 1시간 40만원, 최대(150%) 60만원 → 3시간 짜리 강의 사례 최대 60만원, 월1회 총 3개월 진행한 경우 총 3회로 최대 사례금은 180만원이다.**[♣총 액 270만원(X)]〈23.2채용〉

③ (○) 외부강의등 사례금 수수제한, **외부강의 신고**(부정청탁 및 금품등 수수의 금지에 관한 법률 제10조 제 2항)〈19승진·22경간·21.2·23.2채용〉

④ (○) 외부강의등 사례금 수수제한, **초과사례금 신고**(부정청탁 및 금품등 수수의 금지에 관한 법률 시행령 시행령 제27조 제1항)〈23.2채용〉   정답 ②

---

13 「부정청탁 및 금품등 수수의 금지에 관한 법률」에 대한 설명으로 가장 적절하지 않은 것은? 〈24승진〉

① 공직자등은 직무 관련 여부 및 기부·후원·증여 등 그 명목에 관계없이 동일인으로부터 1회에 100 만원 또는 매 회계연도에 300만원을 초과하는 금품등을 받거나 요구 또는 약속해서는 아니된다.

② 공공기관이 소속 공직자등이나 파견 공직자등에게 지급하거나 상급 공지자등이 위로·격려·포상 등 의 목적으로 하급 공직자 등에게 제공하는 금품등은 수수를 금지하는 금품등에 해당하지 아니한다.

③ 공직자등은 사례금을 받는 외부강의등을 할 때에는 대통령령으로 정하는 바에 따라 외부강의등의 요 청 명세 등을 소속기관장에게 그 외부강의등을 마친 날부터 10일 이내에 서면으로 신고하여야 한다. 다만, 외부강의등을 요청한 자가 국가나 지방자치단체인 경우에는 그러하지 아니하다.

④ 기관장이 소속 직원에게 업무추진비로 10만원 상당의 화환을 보내고, 별도 사비로 10만원의 경조사비 를 주는 것은 이 법 위반이다.

해설

경찰과 경찰학, 경찰과 윤리, 경찰의 일탈·부패에 대한 대책, 부정청탁 및 금품등 수수의 금지에 관한 법률 –

① (○) 금품등 수수금지, 직무관련 여부 불문(제8조 제1항)<19·20·21·22·24승진·22경간·19.1·21.2·23.2채용>

② (○) 금품등 수수금지, 예외, 위로·격려·포상 등의 목적(제8조 제3항 제1호)<21·22·24승진>

③ (○) 외부강의등 사례금 수수제한, 신고(제10조 제2항)<19·24승진·22경간·21.2·23.2채용>

④ (✕) 금품등 수수금지, **예외,** 위로·격려·포상 등의 목적 또는 그 밖에 사회상규에 위반되지 않는 경우<21·22·24승진>

　　예 기관장이 업무추진비로 소속직원에게 화환(10만원)을 보내고(공공기관이 공직자에게 지급하는 금품), 사비로 경조사비(10만원)를 주는 경우(상급공직자 등이 지급하는 위로등 목적)[♣청탁금지법 위반이다.(✕)]<24승진> → 상급자가 하급자에게 제공하는 것은 위로·격려·포상 등의 목적이거나 사회상규에 반하지 않아 위법하지 않다.　　　　　　　　　　　　　　　　　　　　　　**정답** ④

14 「**부정청탁 및 금품등 수수의 금지에 관한 법률**」에 대한 설명으로 가장 적절하지 않은 것은? <24.1채용>

① 공직자등은 부정청탁을 받았을 때에는 부정청탁을 한 자에게 부정청탁임을 알리고 거절하는 의사를 명확히 표시하여야 한다. 그럼에도 불구하고 동일한 부정청탁을 다시 받은 경우에는 이를 소속기관장에게 서면(전자문서를 포함한다)으로 신고하여야 한다.

② 누구든지 동법의 위반행위가 발생하였거나 발생하고 있다는 사실을 알게 된 때에는 자신의 인적사항을 밝히지 아니하고 변호사를 선임하여 신고를 대리하게 할 수 있다.

③ 공직자등은 외부기관(국가 및 지방자치단체를 포함한다)의 요청으로 사례금을 받는 외부강의등을 할 때에는 소속기관장에게 그 외부강의등을 마친 날부터 10일 이내에 서면으로 신고하여야 한다.

④ 공공기관의 장은 공직자등에게 부정청탁 금지 및 금품등의 수수금지에 관한 내용을 정기적으로 교육하여야 하며, 교육의 실시를 위하여 필요하면 국민권익위원회에 지원을 요청할 수 있다.

해설

경찰과 경찰학, 윤리적 사상적 토대, 부패대책, 부정청탁금지 –

① (○) 고지 및 거절<19·22승진·22경간·22.2·24.1채용>

② (○) 비실명대리신고<24.1채용>

③ (✕) **외부강의 신고** : 공직자등은 **사례금을 받는** 외부강의 등을 할 때에는 대통령령으로 정하는 바에 따라 **외부강의등의 요청 명세 등을 소속기관장에게** 그 외부강의 등을 **마친 날부터 10일 이내에 서면으로 신고하여야** 한다.(제10조 제2항)<19·24승진·22경간·21.2·23.2채용>

　　※ 다만, 외부강의등을 요청한 자가 **국가나 지방자치단체인 경우에는 그러하지 아니**하다.[♣국가나 지자체 포함(✕)](제10조 제2항 단서)<19·22경간·19승진·21.2·24.1채용>

④ (○) 교육·홍보<24.1채용>　　　　　　　　　　　　　　　　　　　　　　　　　　**정답** ③

테마 12 공직자의 이해충돌방지법

01 「경찰청 공무원 행동강령」 및 「이해충돌방지법」에 대한 설명으로 가장 적절하지 않은 것은? 〈22승진〉

① 공무원은 여비, 업무추진비 등 공무 활동을 위한 예산을 목적 외의 용도로 사용하여 소속 기관에 재산상 손해를 입혀서는 아니 된다.

② 공공기관(산하기관, 자회사 포함)은 제한대상인 '소속 고위공직자, 채용업무 담당 공직자, 감독기관 소속 고위공직자, 모회사 소속 고위공직자'의 가족을 채용할 수 없다.

③ 공직자는 자신, 배우자 또는 직계존속·비속(배우자의 직계존속·비속은 생계를 같이하는 경우) 또는 특수관계사업자가 공직자 자신의 직무관련자(친족인 경우 제외)와 일정한 직무관련자 거래를 한다는 것을 사전에(사후에) 안 경우에는 안 날부터 14일 이내에 소속기관장에게 그 사실을 서면으로 신고할 수 있다.

④ 공공기관(산하기관과 자회사 포함)은 '소속 고위공직자, 계약업무 담당자, 감독기관·모회사의 고위공직자, 소관 상임위원회 국회의원, 감사·조사권 있는 지방의회 의원 등과 그 가족,' 등 제한대상에 해당하는 자와 물품·용역·공사 등의 수의계약을 체결할 수 없다.

해설

경찰과 경찰학, 민주경찰의 윤리적 사상적 토대, 부패대책, 윤리강령제정 −

① (○) 경찰청 공무원 행동강령 : **예산의 목적 외 사용금지**(경찰청 공무원 행동강령 제7조)〈22승진〉

② (○) 이해충돌방지법 : **가족채용 제한**(이해충돌방지법 제11조 제1항)〈22승진〉

③ (×) 이해충돌방지법, **직무관련자 거래신고** : 공직자는 **자신, 배우자 또는 직계존속·비속**(배우자의 직계존속·비속은 생계를 같이하는 경우) 또는 **특수관계사업자**가 공직자 자신의 직무관련자(친족인 경우 제외)와 일정한 직무관련자 거래를 한다는 것을 **사전에**(사후에) 안 경우에는 **안 날부터 14일 이내**에 소속기관장에게 그 사실을 서면으로 **신고하여야** 한다.[♣신고할 수 있다.(X)](제9조 제1항, 제2항)〈12·13·14·15·18·22승진·13경간·13·15채용〉

④ (○) 이해충돌방지법 : **수의계약 체결 제한**(이해충돌방지법 제12조 제1항)〈22승진〉　　**정답 ③**

02 다음 「경찰청 공무원 행동강령」 또는 「이해충돌방지법」에 관한 설명 중 가장 적절하지 않은 것은? 〈22.1채용〉

① 공무원은 「범죄수사규칙」 제30조에 따른 경찰관서 내 수사지휘에 대한 이의제기와 관련하여 행동강령책임관에게 상담을 요청할 수 있다.

② 공직자는 자신, 배우자 또는 직계존속·비속(배우자의 직계존속·비속은 생계를 같이하는 경우) 또는 특수관계사업자가 공직자 자신의 직무관련자(친족인 경우 제외)와 일정한 직무관련자 거래를 한다는 것을 사전에(사후에) 안 경우에는 안 날부터 14일 이내에 행동강령책임관에게 그 사실을 서면으로 신고하여야 한다.

③ 공무원은 동창회 등 친목단체에 직무관련자가 있어 부득이 골프를 하는 경우에는 소속관서 행동강령책임관에게 사전에 신고하여야 하며, 사전에 신고하기 어려운 특별한 사유가 있는 경우에는 사후에 즉시 신고하여야 한다.

④ 공무원은 직무관련자나 직무관련공무원에게 경조사를 알려서는 아니 되나, 공무원 자신이 소속된 종교단체·친목단체 등의 회원에게 알리는 경우에는 경조사를 알릴 수 있다.

해설

경찰과 경찰학, 민주경찰의 윤리적 사상적 토대, 부패대책, 윤리강령제정 −

① (○) 경찰청 공무원 행동강령 : 부당한 수사지휘 이의제기(제4조의2 제1항)<19승진 · 18.1 · 22.1채용>

② (✕) 이해충돌방지법, **직무관련자 거래신고** : 공직자는 **자신, 배우자 또는 직계존속 · 비속**(배우자의 직계존속 · 비속은 생계를 같이하는 경우) 또는 **특수관계사업자**가 공직자 자신의 직무관련자(친족인 경우 제외)와 일정한 직무관련자 거래를 한다는 것을 **사전에**(사후에) 안 경우에는 **안 날부터 14일 이내에 소속기관장에게** 그 사실을 서면으로 **신고하여야** 한다.[♣행동강령책임관에게(X)](이해충돌방지법 제9조 제1항, 제2항)<22.1채용>

③ (○) 경찰청 공무원 행동강령 : 직무관련자와 골프 및 사적여행제한(제16조의3 제1항)<22.1채용>

④ (○) 경찰청 공무원 행동강령 : 경조사통지 · 경조 금품수수제한(제17조)<22.1채용> **정답** ②

---

03 「공직자의 이해충돌 방지법」과 「부정청탁 및 금품등 수수의 금지에 관한 법률」에 관한 설명 중 가장 적절한 것은? <22.2채용>

① 「공직자의 이해충돌 방지법」상 부동산을 직접 또는 간접으로 취급하는 대통령령으로 정한 공공기관의 공직자가 소속 공공기관의 업무와 관련된 부동산을 보유하고 있거나 매수하는 경우 소속기관장에게 그 사실을 구두 또는 서면으로 신고하여야 한다.

② 부정청탁 및 금품등 수수의 금지에 관한 법률상 '공직자등'이 부정청탁을 받았을 때에는 부정청탁을 한 자에게 부정청탁임을 알리고 이를 거절하는 의사를 명확히 표시하여야 하며, 이러한 조치를 하였음에도 불구하고 동일한 부정청탁을 다시 받은 경우에는 이를 소속기관장에게 구두 또는 서면(전자서면을 포함)으로 신고하여야 한다.

③ 부정청탁 및 금품등 수수의 금지에 관한 법률에 따르면 ○○경찰서 소속 경찰관 甲이 모교에서 자신의 직무와 관련된 강의를 요청받아 1시간 동안 강의를 하고 50만 원의 사례금을 받았다면 대통령령이 정하는 바에 따라 소속기관장에게 신고하고 그 초과금액을 소속기관장에게 지체없이 반환하여야 한다.

④ 부정청탁 및 금품등 수수의 금지에 관한 법률상 국가공무원법 또는 지방공무원법에 따른 공무원과 그 밖에 다른 법률에 따라 그 자격 임용 교육훈련 복무 보수 신분보장 등에 있어서 공무원으로 인정된 사람은 '공직자등' 개념에 포함된다.

해설

경찰과 경찰학, 민주경찰의 윤리적 사상적 토대, 부패대책, 윤리강령제정 −

① (✕) 공직자의 이해충돌 방지법, **직무관련 부동산 보유 · 매수 신고** : 부동산을 **직접적으로**[♣간접적(X)] **취급**하는 대통령령으로 정하는 공공기관의 공직자는 신고대상에 해당하는 사람이 소속 공공기관의 업무와 관련된 부동산을 **보유**하고 있거나 **매수**하는 경우 **소속기관장에게** 그 사실을 **서면으로**[♣ 또는 구두로(X)] **신고하여야** 한다.(이해충돌방지법 제6조 제1항)<22.2채용>

② (✕) 부정청탁 및 금품 등 수수의 금지에 관한 법률, **고지 및 거절** : 공직자등은 부정청탁을 받았을 때에는 부정청탁을 한 자에게 **부정청탁임을 알리고 이를 거절하는 의사를 명확히 표시하여야** 한다.(제7조 제1항)<19 · 22승진 · 22.2채용> / 공직자등은 고지 및 거절조치를 하였음에도 불구하고 **동일한 부정청탁을 다시 받은 경우에는 이를 소속 기관장에게 서면**(전자문서를 포함)**으로**[♣구두 또는 서면으로(X)] **신고하여야** 한다.(제7조 제2항)<22.2채용>

③ (✕) 부정청탁 및 금품 등 수수의 금지에 관한 법률, **외부강의등 사례금 수수제한** : 공직자등은 규정에 따른 금액을 **초과하는 사례금**을 받은 경우에는 대통령령으로 정하는 바에 따라 **소속기관장에게 신고**하고, **제공자에게**[♣소속기관장에게(X)] 그 **초과금액을 지체없이 반환하여야** 한다.(제10조 제5항)<22.2채용>

④ (○) 부정청탁 및 금품 등 수수의 금지에 관한 법률, 용어, 공직자등(제2조 제2호 가)<22.2채용> **정답** ④

04 「공직자의 이해충돌방지법」에 관한 내용 중 적절한 것은 모두 몇 개인가? 〈23승진〉

> ⊙ 공직자는 배우자가 공직자 자신의 직무관련자(「민법」제777조에 따른 친족 제외)와 토지 또는 건축물 등 부동산을 거래하는 행위(다만, 공개모집에 의하여 이루어지는 분양이나 공매·경매·입찰을 통한 재산상 거래 행위는 제외)를 한다는 것을 사전에 안 경우에는 안 날부터 14일 이내에 소속기관장에게 그 사실을 서면으로 신고하여야 한다.
> ⓛ 공직자는 직무관련자에게 사적으로 노무 또는 조언·자문등을 제공하고 대가를 받는 행위를 해서는 아니된다.(단, 「국가공무원법」등 타 법령·기준에 따라 허용되는 경우는 제외)
> ⓒ 공직자는 사회상규에 따라 허용되는 경우라 할지라도 직무관련자인 소속 기관의 퇴직자(공직자가 아니게 된 날부터 2년이 지나지 아니한 사람만 해당)와 사적 접촉(골프, 여행, 사행성오락을 같이 하는 행위)시 소속기관장에게 신고하여야 한다.
> ⓔ 사적이해관계자에 공직자 자신 또는 그 가족(「민법」제779조에 따른 가족)도 해당된다.

① 1개   ② 2개   ③ 3개   ④ 4개

해설

경찰과 경찰학, 민주경찰의 윤리적 사상적 토대, 부패대책, 윤리강령제정, 이해충돌방지법 —

⊙ (○) 직무관련자 거래신고(이해충돌방지법 제9조 제1항, 제2항)〈22경간·23승진〉
ⓛ (○) 직무관련자 외부활동 제한(이해충돌방지법 제10조 제1호)〈23승진〉
ⓒ (X) **퇴직자 사적 접촉 신고**: 공직자는 직무관련자인 소속 기관의 **퇴직자**(공직자가 아니게 된 날부터 **2년이 지나지 아니한 사람만 해당**)와 **사적 접촉(골프, 여행, 사행성 오락**을 같이 하는 행위)을 하는 경우 **소속기관장**에게 **신고하여야** 한다. 다만 사회상규에 따라 허용되는 경우에는 그러하지 **아니하다.**[♣사회상규에 따라 허용되는 경우라 할지라도(X)](이해충돌방지법 제15조 제1항)〈23승진〉
ⓔ (○) 용어, 사적이해관계자(이해충돌방지법 제2조 제6호 가)〈23승진〉   정답 ③

05 「공직자의 이해충돌 방지법」에 대한 설명으로 가장 적절한 것은? 〈23경간〉

① 공직자가 소속된 공공기관과 계약을 체결하거나 체결하려는 것이 명백한 개인이나 법인 또는 단체는 직무관련자에 해당한다.

② 고위공직자는 그 직위에 임용되거나 임기를 개시하기 전 3년 이내에 민간 부문에서 업무활동을 한 경우, 그 활동 내역을 그 직위에 임용되거나 임기를 개시한 다음 날부터 30일 이내에 소속기관장에게 제출하여야 한다.

③ 직무와 관련된 다른 직위에 취임한 공직자는 3천만원 이하의 과태료를 부과한다.

④ 공직자로 채용·임용되기 전 3년 이내에 공직자 자신이 대리하거나 고문·자문 등을 제공했던 개인이나 법인 또는 단체는 사적이해관계자에 해당한다.

해설

경찰과 경찰학, 민주경찰의 윤리적 사상적 토대, 부패대책, 윤리강령제정, 이해충돌방지법 −

① (○) **직무관련자**(제2조 제5호 다.)〈23경간〉

② (×) **민간부분업무활동 내역 제출**: 고위공직자는 그 직위에 **임용**되거나 **임기를 개시**하기 **전 3년 이내**에 민간 부문에서 업무활동을 한 경우, 그 활동 내역을 그 직위에 **임용**되거나 **임기를 개시한 날부터**[♣다음날부터(X)] **30일 이내**에 소속기관장에게 **제출**하여야 한다.(제8조 제1항)〈23경간〉

③ (×) 직무관련 외부활동 제한, **위반시 제재**: 징계, **2천만 원 이하의 과태료**, 직무 중지·**취소** 등 필요 조치[♣3천만 원 이하(X)](제28조 제2항 제4호)〈23경간〉

④ (×) **사적이해관계자**: 공직자로 채용·임용되기 전 **2년 이내에**[♣3년 이내에(X)] 공직자 자신이 **대리**하거나 **고문·자문** 등을 제공하였던 **개인**이나 **법인** 또는 **단체**(제2조 6호 마)〈23경간〉   정답 ①

---

06 「공직자의 이해충돌 방지법」에 관한 설명으로 가장 적절하지 않은 것은? 〈24.1채용〉

① 이 법은 공직자의 직무수행과 관련한 사적 이익추구를 금지함으로써 공직자의 직무수행 중 발생할 수 있는 이해충돌을 방지하여 공정한 직무수행을 보장하고 공공기관에 대한 국민의 신뢰를 확보하는 것을 목적으로 한다.

② 「초·중등교육법」, 「고등교육법」 또는 그 밖의 다른 법령에 따라 설치된 각급 국립·공립학교는 '공공기관'에 해당한다.

③ 경무관인 세종특별자치시경찰청장은 '고위공직자'에 해당하지 않는다.

④ 최근 2년 이내에 퇴직한 공직자로서 퇴직일 전 2년 이내에 사적 이해관계 신고대상 직무를 수행하는 공직자와 같은 부서에서 근무하였던 사람은 사적이해관계자에 포함된다.

해설

경찰과 경찰학, 윤리적 사상적 토대, 경찰관의 일탈·부패에 대한 대책, 이해충돌방지법 −

① (○) 목적(제1조)〈24.1채용〉

② (○) 공공기관(제2조 제1호)〈24.1채용〉

③ (×) **고위공직자**: **치안감 이상**의 경찰공무원 및 특별시·광역시·특별자치시·도·특별자치도의 **시·도경찰청장** ..등[♣경무관인 세종경찰청장은 고위공직자가 아니다.(X)](제2조 제3호)〈24.1채용〉

④ (○) 사적이해관계자〈24.1채용〉   정답 ③

테마 13 경찰의 적극행정·소극행정(대통령령)

01 경찰의 적극행정에 관한 내용 중 가장 적절하지 않은 것은? 〈23승진〉

① 「경찰청 적극행정 면책제도 운영규정」상 자체감사를 받는 사람은 적극행정 면책요건에 해당된다 하더라도 자의적인 법 해석 및 집행으로 법령의 본질적인 사항을 위반한 경우 면책대상에서 제외된다.

② 「공공감사에 관한 법률」상 자체감사를 받는 사람이 불합리한 규제의 개선 등 공공의 이익을 위하여 업무를 적극적으로 처리한 결과에 대하여 그의 행위에 고의나 중대한 과실이 없는 경우에는 징계 요구 또는 문책 요구 등 책임을 묻지 아니한다.

③ 「공무원 징계령 시행규칙」상 징계위원회는 징계등 혐의자와 비위 관련 직무 사이에 사적인 이해관계가 없었고 대상 업무를 처리하면서 중대한 절차상 하자가 없었을 경우 해당 비위가 고의 또는 중과실에 의하지 않은 것으로 추정한다.

④ 「적극행정 운영규정」상 "적극행정"이란 공무원이 불합리한 규제를 개선하는 등 공공의 이익을 위해 창의성과 신속성을 바탕으로 적극적으로 업무를 처리하는 행위를 말한다.

해설

경찰과 경찰학, 민주경찰의 윤리적·사상적 토대, 부패대책, 경찰의 적극행정·소극행정 −

① (○) 경찰청 적극행정 면책제도 운영규정 : 면책 제외대상(경찰청 적극행정 면책제도 운영규정 제6조 제3호) 〈23승진〉

② (○) 적극행정 징계면제 제도(공공감사에 관한 법률 제23조의2)〈23승진〉

③ (○) 적극행정의 보호 : 고의 또는 중과실이 없음을 추정하는 요건(공무원 징계령 시행규칙 제3조의2 제2항)〈23승진〉

④ (✕) 적극행정, **의의** : "적극행정"이란 공무원이 불합리한 규제를 개선하는 등 공공의 이익을 위해 **창의성과 전문성을** 바탕으로[♣창의성과 신속성을 바탕으로(✕)] **적극적으로 업무를 처리하는 행위**를 말한다.[♣경찰청 적극행정 면책제도 운영규정(✕)](적극행정 운영규정 제2조 제1호)〈23승진〉　**정답** ④

02 「경찰청 적극행정 면책제도 운영규정」에 대한 설명으로 가장 적절하지 않은 것은? 〈23경간〉

① 적극행정이란 경찰청 및 그 소속기관의 공무원 또는 산하단체의 임·직원이 국가 또는 공공의 이익을 증진하기 위해 성실하고 능동적으로 업무를 처리하는 행위를 말한다.

② 면책이란 적극행정 과정에서 발생한 부분적인 절차상 하자 또는 비효율, 손실 등과 관련하여 그 업무를 처리한 경찰청 소속 공무원 등에 대하여 「경찰청 감사규칙」 제10조 제1호부터 제3호까지 및 제6호와 「경찰공무원 징계령」에 따른 징계 및 징계부가금의 어느 하나에 해당하는 책임을 묻지 않거나 감면하는 것을 말한다.

③ 법령·행정규칙 등의 해석에 대한 이견 등으로 인하여 능동적인 업무처리가 곤란한 경우와 행정심판, 수사 중인 사안 등은 사전컨설팅 감사의 대상이다.

④ 사전컨설팅 감사란 불합리한 제도 등으로 인해 적극적인 업무 수행이 어려운 경우, 해당 업무의 수행에 앞서 업무처리 방향 등에 대하여 미리 감사의 의견을 듣고 이를 업무처리에 반영하여 적극행정을 추진하는 것을 말한다.

해설

경찰과 경찰학, 민주경찰의 윤리적·사상적 토대, 부패대책, 경찰의 적극행정·소극행정 −
① (○) **적극행정**(경찰청 적극행정 면책제도 운영규정 제2조 제1호)〈23경간〉
② (○) **면책**(경찰청 적극행정 면책제도 운영규정 제2조 제2호)〈23경간〉
③ (✕) **사전컨설팅 감사, 제외대상 : 행정심판, 소송, 수사 또는 타 기관에서 감사 중인 사항**, 타 법령에서 정하고 있는 **재심의 절차를 거친 사항** 등은 사전컨설팅 감사 대상에서 제외한다.[♣대상이다.(X)](경찰청 적극행정 면책제도 운영규정 제15조 제2항)〈23경간〉
④ (○) **사전컨설팅 감사**(경찰청 적극행정 면책제도 운영규정 제2조 제4호)〈23경간〉   정답 ③

03 「적극행정 운영규정」 및 「경찰청 적극행정 면책제도 운영규정」에 관한 설명으로 가장 적절하지 않은 것은?
〈23.2채용〉

① 「적극행정 운영규정」상 공무원이 적극행정을 추진한 결과에 대해 그의 행위에 고의 또는 중대한 과실이 없는 경우에는 징계 관련 법령에 따라 징계의결 또는 징계부가금 부과의결을 하지 않는다.
② 「경찰청 적극행정 면책제도 운영규정」에 의한 면책은 경찰청 및 그 소속기관의 공무원 또는 산하단체의 임·직원 등에게 적용된다.
③ 「경찰청 적극행정 면책제도 운영규정」 제5조 제1항 제3호의 요건을 적용하는 경우 자체감사를 받는 사람이 '대상 업무를 처리하면서 중대한 절차상의 하자가 없었을 것'과 '자체감사를 받는 사람과 대상 업무 사이에 사적인 이해관계가 없을 것'이라는 요건을 모두 갖추어 업무를 처리한 것으로 인정되는 경우에는 그 행위에 고의나 중대한 과실이 없는 경우에 해당하는 것으로 추정한다.
④ 「적극행정 운영규정」 제18조의3은 "누구든지 공무원의 소극행정을 국가인권위원회가 운영하는 소극행정 신고센터에 신고할 수 있다"고 규정하고 있다.

해설

경찰과 경찰학, 민주경찰의 윤리적·사상적 토대, 부패대책, 경찰의 적극행정·소극행정 −
① (○) 적극행정, 정의, **면책 : 공무원이 적극행정을 추진한 결과**에 대해 그의 행위에 **고의 또는 중대한 과실이 없는 경우**에는 「감사원법」 제34조의3 및 「공공감사에 관한 법률」 제23조의2에 따라 **징계 요구 또는 문책 요구 등 책임을 묻지 않는다.**(적극행정 운영규정 제16조)〈23.2채용〉
② (○) 적극행정, 정의, **면책 대상자**(경찰청 적극행정 면책제도 운영규정 제4조)〈23.2채용〉
③ (○) 적극행정의 보호, **적극행정 징계면제 제도**(경찰청 적극행정 면책제도 운영규정 제5조 제2항)〈23승진·23.2채용〉
④ (✕) 소극행정, **신고 :** 누구든지 공무원의 소극행정을 **소속 중앙행정기관의 장**이나 **국민권익위원회**가 [♣국가인권위원회가(X)] 운영하는 **소극행정 신고센터에 신고할 수** 있다.(적극행정 운영규정 제18조의3 제1항)〈23.2채용〉   정답 ④

04 경찰의 적극행정에 관한 내용으로 옳은 것을 모두 고른 것은? 〈24승진〉

> ⊙ 국가인원위원회는 중앙행정기관 소속 공무원의 소극행정예방 및 근절을 위해 소극행정 신고센터를 운영하고, 중앙행정기관의 장에게 신고사항에 대해 적절한 조치를 하도록 권고할 수 있다.
> ⓒ 「경찰청 적극행정 면책제도 운영규정」상 '적극행정'이란 경찰청 및 그 소속기관의 공무원 또는 산하단체의 임·직원이 국가 또는 공공의 이익을 증진하기 위해 성실하고 능동적으로 업무를 처리하는 행위를 말한다.
> ⓒ '적극행정 운영규정'상 '소극행정'이란 공무원이 부작위 또는 직무태만 등 소극적 업무행태로 국민의 권익을 침해하거나 국가 재정상 손실을 발생하게 하는 행위를 말한다.
> ⓔ '적당편의'는 법령이나 지침 등의 변화에도 불구하고 과거 규정에 따라 업무를 처리하거나, 기존의 불합리한 업무관행을 그대로 답습하는 형태를 말한다.

① ⊙ⓒ　　　　② ⊙ⓔ　　　　③ ⓒⓒ　　　　④ ⓒⓔ

해설

경찰과 경찰학, 민주경찰의 윤리적·사상적 토대, 부패대책, 경찰의 적극행정·소극행정 −
⊙ (✕) 소극행정, 신고 : **국민권익위원회는[♣국가인권위원회(✕)]** 중앙행정기관 소속 공무원의 소극행정예방 및 근절을 위해 **소극행정 신고센터를 운영**하고, 중앙행정기관의 장에게 신고사항에 대해 **적절한 조치를 하도록 권고할 수** 있다.(제18조의3 제3항)〈24승진〉
ⓒ (○) 적극행정, 정의 : 경찰청 적극행정 면책제도 운영규정 제2조 제1호〈24승진·23경간〉
ⓒ (○) 소극행정, 징계대상, 소극행정 : 적극행정 운영규정 제2조 제2호〈24승진〉
ⓔ (✕) 소극행정, **탁상행정** : **법령이나 지침 등의 변화**에도 불구하고 **과거 규정**에 따라 업무를 처리하거나, 기존의 **불합리한 업무관행을 그대로 답습**하는 행태[♣적당편의(✕)]〈24승진〉　　　정답 ③

☞ **종합**

01 경찰과 윤리에 대한 설명으로 가장 적절한 것은? 〈21승진〉

① 1945년 국립경찰의 탄생 시 경찰의 이념적 좌표가 된 경찰정신은 대륙법계의 영향을 받은 '봉사와 질서'이다.
② 경찰헌장에서는 "우리는 화합과 단결 속에 항상 규율을 지키며 검소하게 생활하는 근면한 경찰이다" 라는 목표를 제시하였다.
③ 「경찰청 공무원 행동강령」에 따르면 공무원은 직무의 범위를 벗어나 사적 이익을 위하여 소속기관의 명칭이나 직위를 공표·게시하는 등의 방법으로 이용하거나 이용하게 하여서는 아니된다.
④ 경찰윤리강령의 문제점 중 '냉소주의의 문제'란, 경찰관의 도덕적 자각에 따른 자발적인 행동이 아니라 외부로부터 요구된 타율성으로 인해 진정한 봉사가 이루어지지 않을 수 있다는 것을 의미한다.

해설

경찰과 경찰학, 민주경찰의 윤리적·사상적 토대, 부패대책, 윤리강령 제정 −

① (×) 윤리강령 일반, 연혁 : **봉사와 질서가 경찰이념**(1945년 국립경찰 창설당시, **영미법계 영향**)[♣대륙법계 영향(X)]<21승진>

② (×) 경찰헌장(깨끗한 경찰) : 화합과 단결 속에 항상 **규율**을 지키며 **검소**하게 생활하는 **깨끗한 경찰** [♣근면한 경찰(X), ♣경찰서비스헌장에서 제시(X)]<13·14·21승진·10채용> [😊봉친타의양공성근검깨]

③ (○) 경찰청 공무원 행동강령 : 직위의 사적 이용 금지(「경찰청 공무원 행동강령」 제10조의2)<21승진>

④ (×) 윤리강령의 문제점, **비진정성 조장** : 경찰강령은 경찰관의 도덕적 자각에 따른 자발적인 행동이 아니라 외부로부터 요구된 것으로서 **타율성으로 인해 진정한 봉사가 이루어지지 않을 수 있다.** [♣냉소주의 문제(X)]<02·04·21승진>　　　　　　　　　　　　　　　　　　　　　　**정답** ③

테마 14 ▶ 사회계약과 경찰활동의 기준　　　　　　　　　　　　　Ⅶ

01 장자크 루소(Jean Jacques Rousseau)가 주장한 사회계약론의 내용으로 가장 적절하지 않은 것은?

〈23경간〉

① 공동체의 구성원 전체가 개별적인 의지를 초월하는 일반의지에 따를 것을 약속함으로써 국가가 탄생하였으며 일반의지의 표현이 법이고 일반의지의 행사가 주권이 된다.

② 사회계약은 개인들이 문명사회의 현실을 벗어나 하나의 새로운 사회질서를 창출하는 공동행위이다.

③ 공동체 구성원은 사회계약을 통해서 자연적 자유대신에 사회적 자유를 얻게 된다.

④ 시민들이 기본권을 보호받기 위해 계약을 통해 정부를 구성했으므로 국가가 시민의 기본권을 침해하는 경우 시민은 저항하고 나아가 그 정부를 해산할 수 있는 권리가 있다.

해설

경찰과 경찰학, 민주경찰의 윤리적 사상적 토대, 사회계약과 경찰활동의 기준, 사회계약설 −

① (○) 사회계약설 비교, 로크<03·05·12승진·14·23경간>

② (○) 사회계약, 의의<03·05·12승진·14·23경간>

③ (○) 사회계약, 목적<03·05·12승진·14·23경간>

④ (×) 사회계약설 비교, **로크의 사회계약설, 특징** : 시민권(저항권)의 확보 ※ 정부를 **전복할 권한은 없**다고 보았다.[♣정부를 해산할 수 있는 권리가 있다.(X)]<23경간>　　　　　　**정답** ④

02 코헨(Cohen)과 펠드버그(Feldberg)는 사회계약설로부터 도출한 경찰활동의 기준(윤리표준)을 제시하였다. 이와 관련된 〈보기 1〉과 〈보기 2〉의 내용이 가장 적절하게 연결된 것은? 〈21.1채용〉

┤ 보기1 ├
(가) 경찰은 사회 전체의 필요에 의해 생겨난 조직으로, 경찰서비스에 대한 동등한 필요를 가진 사람들이 그것을 받을 동등한 기회를 가져야 한다.
(나) 경찰관은 자의적으로 권한을 행사해서는 안 되고, 물리력의 행사는 필요최소한에 그쳐야 하며, 시민의 신뢰에 합당한 방식으로 권한을 행사해야 한다.
(다) 경찰은 그들에게 부여된 사회적 역할 범위 내에서 활동을 하여야 하며, 이러한 범위 내의 활동을 함에 있어서도 상호협력을 통해 경찰목적을 달성해야 한다.

┤ 보기2 ├
㉠ 공공의 신뢰 확보   ㉡ 생명과 재산의 안전 보호
㉢ 공정한 접근의 보장   ㉣ 협동과 역할 한계 준수

	(가)	(나)	(다)
①	㉠	㉡	㉣
②	㉠	㉣	㉡
③	㉢	㉡	㉣
④	㉢	㉠	㉣

해설

경찰과 경찰학, 민주경찰의 윤리적 사상적 토대, 사회계약과 경찰활동의 기준, 사회계약설에서 도출되는 경찰활동의 기준 −
(가) 공정한 접근, 의의<05 · 09 · 14승진 · 07경간 · 03 · 04 · 06 · 07 · 10 · 12.3 · 21.1채용>
(나) 공공의 신뢰<10 · 11승진 · 07 · 20경간 · 05 · 12.3 · 21.1채용>
(다) 협동(팀워크)과 역할 한계 준수<05 · 09 · 11 · 14승진 · 07경간 · 03 · 04 · 06 · 07 · 21.1채용>   정답 ④

03 코헨과 펠드버그는 사회계약설로부터 도출되는 경찰활동의 기준을 제시하였다. 다음 각 사례와 가장 연관이 깊은 경찰활동의 기준으로 바르게 연결된 것은 모두 몇 개인가? 〈17경간〉

ㄱ 甲순경은 절도범을 추격하던 중 도주하는 범인의 등 뒤에서 권총을 쏘아 사망하게 하였다. – <공정한 접근>

ㄴ 乙경장은 순찰 근무 중 달동네는 가려고 하지 않고 부자 동네인 구역으로만 순찰을 다니려고 하였다. – <공공의 신뢰>

ㄷ 순경은 경찰 입직 전 집에 도둑을 맞은 경험이 있었다. 그런데 경찰이 되어 절도범을 검거하자, 과거 도둑을 맞은 경험이 생각나 피의자에게 욕설과 가혹행위를 하였다. – <냉정하고 객관적인 자세>

ㄹ 丁 순경은 강도범을 추격하다가 골목길에서 칼을 든 강도와 조우하였다. 丁순경은 계속 추격하는 척하다가 강도가 도망가도록 내버려 두었다. – <공정한 접근>

ㅁ 戊경장은 어렸을 적 아버지로부터 가정폭력을 경험하였는데, 가정폭력사건을 처리하면서 모든 잘못은 남편에게 있다고 단정지었다. – <공공의 신뢰>

---

① 1개   ② 2개
③ 3개   ④ 4개

해설

경찰과 경찰학, 민주경찰의 윤리적 사상적 토대, 사회계약과 경찰활동의 기준, 사회계약설에서 도출되는 경찰활동의 기준 –

ㄱ (✕) **신뢰에 부응**: 적법절차의 준수 – 달아나는 절도범의 **등 뒤에 총을 쏘아 사망케** 하는 경우[♣공정한 접근에 위배(✕)]<17경간·10채용>

ㄴ (✕) **공정한 접근**: 경찰관 丁은 순찰근무 중 달동네에 가려고 하지 않고 **부자 동네만 순찰**을 하는 경우[♣공공의 신뢰(✕)]<17경간·10.1채용>

ㄷ (○) 냉정하고 객관적인 자세<17경간·10승진>

ㄹ (✕) **신뢰에 부응**: 법집행 신뢰 – 丁 순경은 강도범을 추격하다가 골목길에서 칼을 든 강도와 조우하였다. 丁순경은 계속 **추격하는 척하다가 강도가 도망가도록 내버려** 두었다.[♣공정한 접근(✕)]<17경간>

ㅁ (✕) **냉정하고 객관적인 자세**: 아버지로부터 가정폭력을 많이 경험한 甲경장이 가정문제의 모든 잘못은 남편에게 있다고 단정하는 경우(편견)[♣공공의 신뢰확보에 위배(✕)]<17경간·13승진>   **정답** ①

---

04 코헨(Cohen)과 필드버그(Feldberg)가 제시한 사회계약설로부터 도출되는 경찰활동의 기준을 제시하였다. 다음 각 사례와 가장 관련 깊은 경찰활동의 기준을 연결한 것 중 옳지 않은 것은 모두 몇 개인가? 〈20경간〉

가. 김순경은 절도범을 추격하던 중 도주하는 범인의 등 뒤에서 권총을 쏘아 사망하게 하였다. – [공공의 신뢰]

나. 1주일간 출장을 마치고 집에 돌아온 A는 자신의 TV가 없어진 것을 발견하였다. 그래서 여기저기 찾아보던 중에 평소부터 사이가 좋지 않던 옆집의 B가 A의 TV를 몰래 훔쳐가 사용중인 것을 창문 너머로 확인하였다. 이때 A는 몽둥이를 들고 가서 직접 자기의 TV를 찾아오려다가 그만두고, 경찰에 신고하여 TV를 되찾았다. – [공공의 신뢰]

다. 박순경은 순찰 근무 중 달동네는 가려하지 않고 부자 동네인 구역으로만 순찰을 다니려고 하였다. – [공정한 접근]

라. 이순경은 어렸을 적 아버지로부터 가정폭력을 경험하였는데, 가정폭력 사건을 처리하면서 모든 잘못은 남편에게 있다고 단정지었다. – [냉정하고 객관적인 자세]

마. 최순경은 경찰입직 전 집에 도둑을 맞은 경험이 있었다. 그런데 경찰에 임용되어 절도범을 검거하자, 과거의 도둑맞은 경험이 생각나 피의자에게 욕설과 가혹행위를 하였다. – [냉정하고 객관적인 자세]

바. 탈주범이 자기 관내에 있다는 첩보를 입수한 한순경이 상부에 보고하지 않고 공명심에 단독으로 검거하려다 탈주범 검거에 실패하였다. – [협동]

사. 은행강도가 어린이를 인질로 잡고 차량도주를 하고 있다면 경찰은 주위 시민들의 안전에 대한 위험에도 불구하고 추격(법집행)을 하여야 한다. – [생명과 재산의 안전확보]

---

① 0개
② 1개
③ 2개
④ 3개

해설

경찰과 경찰학, 민주경찰의 윤리적 사상적 토대, 사회계약과 경찰활동의 기준, 사회계약설에서 도출되는 경찰활동의 기준 –

가. (○) 공공의 신뢰, **적법절차준수 신뢰** 예 <10·11승진·07·20경간·05·12.3채용>
나. (○) 공공의 신뢰, **자력구제금지** 예 <01·20경간·01·02채용>
다. (○) 공정한 접근 예 <17·20경간·10.1채용>
라. (○) 냉정하고 객관적인 자세 예 <17·20경간·13승진>
마. (○) 냉정하고 객관적인 자세 예 <17·20경간·10승진>
바. (○) 협동 예 <05·10승진·07·20경간·06·07·12.3채용>
사. (○) 생명과 재산의 안전확보 예 <20경간>

정답 ①

05 코헨(Cohen)과 펠드버그(Feldberg)가 제시한 경찰활동의 윤리적 표준에 대한 설명으로 가장 적절하지 않은 것은? 〈22승진〉

① 경찰관이 절도범을 추격하던 중 도주하는 범인의 등 뒤에서 권총을 쏘아 사망하게 하는 경우는 '공공의 신뢰' 위반에 해당한다.

② 경찰관이 우범지역인 A지역과 B지역의 순찰업무를 맡았으나, A지역에 가족이 산다는 이유로 A지역에서 순찰 근무시간을 대부분 할애한 경우는 '공정한 접근' 위반에 해당한다.

③ 불법 개조한 오토바이를 단속하던 경찰관이 정지명령에 불응하는 오토바이를 향하여 과도하게 추격한 결과 운전자가 전신주를 들이받고 사망한 경우는 '시민의 생명과 재산의 안전' 위반에 해당한다.

④ 경찰이 사익을 위해 공권력을 사용하거나 필요한 최소한의 강제력을 초과하여 사용하였다면 '공정한 접근' 위반에 해당한다.

해설

경찰과 경찰학, 민주경찰의 윤리적 사상적 토대, 사회계약과 경찰활동의 기준, 사회계약설에서 도출되는 경찰활동의 기준 −

① (○) '공공의 신뢰', 적법절차 준수 위반 **예** <17 · 20경간 · 22승진 · 10채용>

② (○) '공정한 접근' **예** <22승진 · 10.1채용>

③ (○) '시민의 생명과 재산의 안전보호' **예** <04 · 10 · 22승진 · 05채용>

④ (✕) 공공의 신뢰, **적법절차 준수**: 시민은 경찰이 강제력을 행사할 때 자의적으로 권한을 행사해서는 안되고, **적법절차를 지키고 필요최소한의 강제력을 사용할 것을 신뢰**하고 있다.[♣공정한 접근에 위배(X)] ➡ 비례의 원칙이 도출된다.<10 · 11 · 22승진 · 07 · 20경간 · 05 · 12.3 · 21.1채용>   **정답** ④

☞ **종합**

01 경찰윤리에 대한 설명으로 가장 적절한 것은? 〈19경감〉

① 사회계약설로부터 도출되는 경찰활동의 기준으로 볼 때 경찰관이 사회의 일부분이 아닌 사회 전체의 이익을 염두에 두어야 한다는 것은 '냉정하고 객관적인 자세'에 해당한다.

② 경찰 전문직업화의 문제점으로 '소외'는 전문직이 되는 데 장기간의 교육이 필요하고 비용이 들어, 가난한 사람은 전문가가 되는 기회를 상실하는 것을 말한다.

③ 「경찰청 공무원 행동강령」에 따라 공무원은 「범죄수사규칙」 제30조에 따른 경찰관서 내 수사 지휘에 대한 이의제기와 관련하여 행동강령책임관에게 상담을 요청하여야 한다.

④ 경찰윤리강령의 문제점으로 '비진정성의 조장'은 강령의 내용을 행위의 울타리로 삼아 강령에 제시된 바람직한 행위 그 이상의 자기희생을 하지 않으려는 경향을 의미한다.

해설

경찰과 경찰학, 민주경찰의 윤리적 · 사상적 토대 −

① (○) 경찰활동의 기준, 사회계약설에서 도출되는 경찰활동의 기준: '**냉정하고 객관적인 자세**'<05 · 09 · 10 · 14 · 19승진 · 07경간 · 03 · 04 · 06 · 07채용>

② (✕) 부패대책, 경찰 전문직업화, 문제점, **차별**: 경찰 전문직업화의 문제점으로 '차별'은 전문직이 되는 데 장기간의 교육과 비용이 들어 경제적 약자인 **가난한 사람은 전문가가 되는 기회를 상실**하는 것을 말한다.[♣소외(✕)]<19승진>

③ (✕) 부패대책, 윤리강령제정, 경찰청공무원 행동강령, **부당한 수사지휘 이의제기**: 공무원은 「범죄수사규칙」(제30조)에 따른 경찰관서 내 **수사 지휘에 대한 이의제기와 관련**하여 **행동강령책임관에게 상담을 요청할 수** 있다.[♣상담하여야(✕)](경찰청 공무원 행동강령 제4조의2 제1항)<19승진 · 18.1순경>

④ (✕) 부패대책, 윤리강령의 문제점, **최소주의 위험**: 경찰관이 최선을 다하여 헌신과 봉사를 하려다가도 **경찰강령에 규정된 정도의 수준으로만 근무(근무수준 최저화 경향)**를 하려는 경향을 의미하며, 경찰강령이 근무수행의 최소기준이 된다.[♣비진정성 조장(✕)]<13 · 14 · 16 · 19승진>　정답 ①

제3장 경찰의 기본이념(민주주의, 법치주의, 인권존중주의, 정치중립주의, 경영주의)

01 다음은 경찰활동의 기본이념과 관련된 법적 근거를 제시한 것이다. 이와 관련하여 〈보기 1〉과 〈보기 2〉의 내용이 가장 적절하게 연결된 것은? 〈22.2채용〉

┌ 보기1 ┤
(가) 헌법 제1조 제2항에서는 "대한민국 주권은 국민에게 있고, 모든 권력은 국민으로부터 나온다"라고 규정하고 있다.

(나) 헌법 제37조 제1항에서는 "국민의 자유와 권리는 헌법에 열거되지 아니한 이유로 경시되지 아니한다"라고 규정하고 있다.

(다) 국가공무원법 제65조 제1항에서는 "공무원은 정당이나 그 밖의 정치단체의 결성에 관여하거나 이에 가입할 수 없다"라고 규정하고 있다.

┌ 보기2 ┤
㉠ 인권존중주의　　　　　　　　㉡ 민주주의
㉢ 법치주의　　　　　　　　　　㉣ 정치적 중립주의

	(가)	(나)	(다)
①	㉡	㉣	㉠
②	㉢	㉡	㉣
③	㉡	㉠	㉣
④	㉢	㉠	㉣

경찰과 경찰학, 기본이념 −

(가) **민주주의**<22.2채용>

(나) **인권존중주의**<22.2채용>

(다) **정치중립주의**<22.2채용>   정답 ③

테마 15 ▶ **인권존중주의**   Ⅳ

01 인권과 관련한 다음 설명 중 가장 적절하지 않은 것은? 〈22승진〉

① 「경찰관 인권행동강령」상 경찰관은 직무를 수행하는 과정에서 합리적인 이유 없이 성별, 종교, 장애 등을 이유로 누구도 차별하여서는 아니 되고, 신체적 · 정신적 · 경제적 · 문화적인 차이 등으로 특별한 보호가 필요한 사람의 인권을 보호하여야 한다.

② 「경찰 인권보호 규칙」상 인권보호담당관은 분기 1회 이상 인권영향평가에 이행 여부를 점검하고, 이를 경찰청 인권위원회에 제출하여야 한다.

③ 참가인원, 내용, 동원 경력의 규모, 배치 장비 등을 고려하여 인권침해 가능성이 높다고 판단되는 집회 및 시위의 경우는 「경찰 인권보호 규칙」상 인권영향평가 실시 대상에 해당한다.

④ 「경찰 인권보호 규칙」상 인권침해사건 조사절차에서 사건이 종결되어 더이상 물건을 보관할 필요가 없는 경우, 조사담당자는 사건 조사 과정에서 진정인이 임의로 제출할 물건을 제출자가 요구하지 않더라도 반환할 수 있다.

기본이념, 인권존중주의 −

① (○) 인권보호의무(「경찰관 인권행동강령」 제6조)<22승진>

② (×) **인권영향평가** : 인권보호담당관은 **반기 1회 이상** 인권영향평가의 이행 여부를 **점검**하고, 이를 경찰청 인권위원회에 제출하여야 한다.[♣분기 1회 이상(X)](「경찰 인권보호 규칙」 제24조)<21승진>

③ (○) 인권영향평가 대상(「경찰 인권보호 규칙」 제21조 제1항)<20경간 · 22승진>

④ (○) 물건등의 보관등(「경찰 인권보호 규칙」 제32조 제4항)<21 · 22승진>   정답 ②

02 「경찰 인권보호 규칙」에 대한 설명 중 가장 적절하지 않은 것은? 〈21경간·13.2채용〉

① "경찰관등"이란 경찰청과 그 소속기관의 경찰공무원, 일반직 공무원, 무기계약근로자 및 기간제근로자, 의무경찰을 의미한다.

② 경찰 활동 전반에 걸친 민주적 통제를 구현하여 경찰력 오·남용을 예방하고, 경찰 행정의 인권지향성을 높여 인권을 존중하는 경찰활동을 정립하기 위해 인권문제에 대한 심의기구로서 각각 경찰청 인권위원회, 시·도경찰청 인권위원회를 설치하여 운영한다.

③ "인권침해"란 경찰관등이 직무를 수행하는 과정에서 모든 사람에게 보장된 인권을 침해하는 것을 말한다.

④ "조사담당자"란 인권침해를 내용으로 하는 진정을 조사하고 이에 따른 구제 업무 등을 수행하는 경찰청과 그 소속기관에 근무하는 공무원을 말한다.

해설

기본이념, 인권존중주의 ─

① (○) 경찰관등(경찰 인권보호 규칙 제2조 제1호)〈21경간〉
② (✕) **인권위원회**: 경찰 활동 전반에 걸친 민주적 통제를 구현하여 경찰력 오·남용을 예방하고, 경찰 행정의 인권지향성을 높여 인권을 존중하는 경찰 활동을 정립하기 위해 **경찰청장 및 시·도경찰청장의 자문기구**로서[♣심의기구(X)] 각각 **경찰청 인권위원회, 시·도경찰청 인권위원회**를 설치하여 운영한다.(경찰 인권보호 규칙 제3조)〈21경간·13·14승진·13.2순경〉
③ (○) 인권침해(경찰 인권보호 규칙 제2조 제2호)〈21경간〉
④ (○) 조사담당자(경찰 인권보호 규칙 제2조 제3호)〈21경간〉

정답 ②

---

03 「경찰 인권보호 규칙」상 경찰청 인권위원회에 대한 설명이다. 옳게 설명한 것은 모두 몇 개인가? 〈13·17승진〉

㉠ 인권을 존중하는 경찰활동을 정립하기 위해 행정안전부장관 소속으로 경찰청 인권위원회를 설치 및 운영한다.

㉡ 위원회는 위원장 1명을 포함하여 7명 이상 13명 이하의 위원으로 구성한다. 이때, 특정 성별이 전체 위원 수의 10분의 6을 초과하지 아니해야 한다.

㉢ 위원의 임기는 위촉된 날로부터 2년으로 하며 연임할 수 없다.

㉣ 위원회의 회의는 정기회의와 임시회의로 구분하며 재적위원 3분의 2 이상의 출석과 출석위원 과반수의 찬성으로 의결한다.

㉤ 정기회의는 월 1회, 임시회의는 필요한 경우 경찰청장, 위원장, 또는 재적위원 3명 이상의 요구에 따라 개최한다.

① 1개
③ 3개
② 2개
④ 4개

해설

경찰과 경찰학, 기본이념, 인권존중주의 −

㉠ (×) **인권위원회 설치·운영**: 경찰 활동 전반에 걸친 민주적 통제를 구현하여 경찰력 오·남용을 예방하고, 경찰 행정의 인권지향성을 높여 인권을 존중하는 경찰 활동을 정립하기 위해 **경찰청장 및 시·도경찰청장의 자문기구**로서 각각 **경찰청 인권위원회, 시·도경찰청 인권위원회**(이하 "위원회")를 설치하여 운영한다.[♣행정안전부 장관 소속(X)](경찰 인권보호 규칙 제3조)<13·14승진·13.2순경>

㉡ (○) 인권위원회 구성(경찰 인권보호 규칙 제5조 제1항)<13승진>

㉢ (×) **인원위원회 위원 임기등**: 위원장과 위촉 위원의 임기는 **위촉된 날로부터 2년**으로 하며, **위원장의 직은 연임할 수 없고, 위촉 위원은 두 차례만 연임할 수 있다.**[♣위촉된 날로부터 3년(X), ♣연임할 수 없다.(X)](경찰 인권보호 규칙 제7조 제1항)<13·17승진>

㉣ (×) **인권위원회 운영**: 위원회의 회의는 정기회의와 임시 회의로 구분하며, **재적위원 과반수의 출석으로 개의(開議)하고, 출석위원 과반수의 찬성으로 의결**한다.[♣재적 2/3출석, 출석과반수 찬성으로 의결(X)](경찰 인권보호 규칙 제11조 제1항)<13승진>

㉤ (×) **인권위원회 운영**: 정기회의는 **경찰청은 월 1회, 시·도경찰청은 분기 1회** 개최한다.(제11조 제2항), 임시회의는 위원장이 필요하다고 인정하거나 청장 또는 재적위원 3분의 1 이상이 소집을 요구하는 경우 **위원장이 소집**한다.[♣재적위원 3인 이상(X)](경찰 인권보호 규칙 제11조 제3항)<13승진>

정답 ①

---

04 「경찰 인권보호 규칙」상 경찰청 및 시·도경찰청 인권위원회에 대한 설명으로 가장 적절한 것은? <18.3채용>

① 위원회는 위원장 1명을 포함하여 7명 이상 15명 이하의 위원으로 구성한다. 이때, 특정 성별이 전체 위원 수의 10분의 6을 초과하지 아니해야 한다.

② 위원회의 회의는 정기회의와 임시회의로 구분하며, 정기회의는 경찰청은 분기 1회, 시·도경찰청은 월 1회 개최한다.

③ 위원장과 위촉 위원의 임기는 위촉된 날로부터 2년으로 하며 위원장의 직은 연임할 수 없고, 위촉 위원은 두 차례만 연임할 수 있다.

④ 위촉 위원에 결원이 생긴 경우 새로 위촉할 수 있고, 이 경우 위촉된 위원의 임기는 위촉된 날의 다음날부터 기산한다.

해설

경찰과 경찰학, 기본이념, 인권존중주의 −

① (×) **경찰청 인권위원회 구성**: 위원회는 **위원장 1명을 포함하여 7명 이상 13명 이하의 위원으로 구성**한다. 이때, **특정 성별이 전체 위원 수의 10분의 6을 초과하지 아니해야** 한다.[♣15명 이하(X)](경찰 인권보호 규칙 제5조 제1항)<13승진·18.3채용>

② (×) **경찰 인권위원회 운영**: 정기회의는 **경찰청은 월 1회, 시·도경찰청은 분기 1회** 개최한다.[♣경찰청 분기 1회, 지방청 월 1회(X)](경찰 인권보호 규칙 제11조 제2항)<18.3채용>

③ (○) **경찰청 인권위원 임기등**(경찰 인권보호 규칙 제7조 제1항)<13·17승진·18.3채용>

④ (×) **경찰청 인권위원 결원시 임기등**: 위촉 위원에 결원이 생긴 경우 새로 위촉할 수 있고, 이 경우 새로 위촉된 위원의 임기는 **위촉된 날부터** 기산한다.[♣전임자의 잔임기간(X), ♣다음날부터(X)](경찰 인권보호 규칙 제7조 제2항)<18.3채용>

정답 ③

05 「경찰 인권보호 규칙」에 대한 설명으로 옳지 않은 것은? 〈19.1채용〉

① 경찰청 인권위원회는 위원장 1명을 포함하여 7명 이상 13명 이하의 위원으로 구성한다. 이때, 특정성별이 전체 위원 수의 10분의 6을 초과하지 아니해야 한다.

② 위원장과 위촉 위원의 임기는 위촉된 날로부터 2년으로 하며 위촉 위원은 두 차례만 연임할 수 있다.

③ 경찰청장은 매년 인권교육종합계획을 수립하여 시행하여야 한다.

④ 경찰관서의 장은 경찰청 인권교육종합계획의 내용을 반영하여 매년 인권교육 계획을 수립·시행하여야 한다.

해설

경찰과 경찰학, 기본이념, 인권존중주의 –

① (○) 경찰 인권위원회 구성(경찰 인권보호 규칙 제5조 제1항)〈13승진·18.3·19.1채용〉

② (○) 경찰 인권위원회 위원 임기등(경찰 인권보호 규칙 제7조 제1항)〈13·17승진·18.3·19.1채용〉

③ (✕) **인권교육 종합계획: 경찰청장은** 경찰관등이 근무하는 동안 지속적·체계적으로 교육을 받을 수 있도록 **3년 단위로 인권교육종합계획을 수립하여 시행**하여야 한다.[♣매년(X)](경찰 인권보호 규칙 제18조 제1항)〈19.1채용〉

④ (○) 인권교육 계획(경찰 인권보호 규칙 제18조 제2항)〈19.1채용〉   정답 ③

---

06 「경찰 인권보호 규칙」상 경찰청 인권위원회에 대한 설명으로 가장 적절하지 않은 것은? 〈23경간〉

① 위원회는 위원장 1명을 포함하여 7명 이상 13명 이하의 위원으로 구성한다. 이때, 특정 성별이 전체 위원 수의 10분의 6을 초과하지 아니해야 한다.

② 위원은 경찰의 직에 있거나 그 직에서 퇴직한 날부터 3년이 지나지 아니한 사람이어야 한다.

③ 위원장과 위촉 위원의 임기는 위촉된 날로부터 3년으로 하며 위원장의 직은 연임할 수 없고, 위촉 위원은 두 차례만 연임할 수 있다.

④ 입건 전 조사·수사 중인 사건에 청탁 또는 경찰 인사에 관여하는 행위를 하거나 기타 직무 관련 비위사실이 있는 경우 청장은 위원회의 의견을 들어 위원을 해촉할 수 있다.

해설

경찰과 경찰학, 기본이념, 인권존중주의 –

① (○) 경찰청 인권위원회 구성(제5조 제1항)〈13승진·23경간·18.3·19.1채용〉

② (✕) **경찰청 인권위원회 구성, 결격 및 당연퇴직사유:** 다음 각 호의 어느 하나에 해당하는 사람은 위원이 될 수 없고, 어느 하나의 사유에 해당하게 된 때에는 당연히 퇴직한다.(제6조 제1, 2항)
  1. 「공직선거법」에 따라 실시하는 선거에 후보자(예비후보자 포함)로 등록한 사람
  2. 「공직선거법」에 따라 실시하는 선거에 의하여 취임한 공무원이거나 그 직에서 퇴직한 날부터 3년이 지나지 아니한 사람
  3. **경찰의 직**에 있거나 그 직에서 **퇴직한 날부터 3년이 지나지 아니한** 사람[♣사람이어야 한다.(X) → 사람이 아니어야 한다.]〈23경간〉

③ (✕) 경찰청 인권위원회, 임기: 위원장과 위촉 위원의 임기는 **위촉된 날로부터 2년**으로 하며, **위원장의 직은 연임할 수 없고, 위촉 위원은 두 차례만 연임할 수** 있다.[♣위촉된 날부터 3년(X)](제7조 제1항)〈13·17승진·23경간·18.3·19.1채용〉

④ (○) 경찰청인권위원회, 해촉(제8조 제1호)〈23경간〉   정답 ②③

---

07 「경찰 인권보호 규칙」상 경찰청 및 시·도경찰청 인권위원회에 관한 설명으로 가장 적절한 것은? 〈23.2채용〉

① 당연직 위원은 경찰청은 청문감사인권담당관, 시·도경찰청은 감사관으로 한다.
② 경찰청 인권위원회와 시·도경찰청 인권위원회 각각의 위원장과 위촉 위원의 임기는 위촉된 날로부터 2년으로 하며 위원장의 직은 연임할 수 없고, 위촉 위원은 세 차례만 연임할 수 있다.
③ 경찰청 인권위원회와 시·도경찰청 인권위원회의 정기회의는 각각 분기 1회 개최한다.
④ 경찰의 직에 있거나 그 직에서 퇴직한 날부터 3년이 지나지 아니한 사람은 경찰청 인권위원회나 시·도경찰청 인권위원회의 위촉 위원이 될 수 없다.

해설

경찰과 경찰학, 기본이념, 인권존중주의, 경찰청(시도경찰청) 인권위원회 −
① (×) **당연직 위원**: 당연직 위원은 경찰청은 **감사관**[♣청문감사인권담당관(X)], 시·도경찰청은 **청문감사인권담당관**[♣감사관(X)]으로 한다.(제5조 제3항)〈23.2채용〉
② (×) **임기**: 위원장과 위촉 위원의 임기는 **위촉된 날로부터 2년**으로 하며, **위원장의 직은 연임할 수 없고, 위촉 위원은 두 차례만 연임할 수** 있다.[♣세 차례만 연임할 수(X)](제7조 제1항)〈13·17승진·23경간·18.3·19.1·23.2채용〉
③ (×) **회의**: 정기회의는 **경찰청은 월 1회, 시·도경찰청은 분기 1회** 개최한다.[♣경찰청 시·도청 각각 분기 1회(X)](제11조 제2항)〈18.3·23.2채용〉
④ (○) 구성, 결격 및 당연퇴직 사유(경찰 인권보호 규칙 제6조 제1항 제3호)〈23경간·23.2채용〉　**정답 ④**

08 「경찰 인권보호규칙」(경찰청 훈령)에 대한 설명으로 가장 적절하지 않은 것은? 〈21승진〉

① 인권보호담당관은 반기 1회 이상 인권영향평가의 이행 여부를 점검하고, 이를 경찰청 인권위원회에 제출하여야 한다.
② 경찰청장은 경찰관등이 근무하는 동안 지속적·체계적으로 교육을 받을 수 있도록 매년 인권교육종합계획을 수립·시행하여야 한다.
③ 조사담당자는 사건을 조사하는 과정에서 동일한 사건에 대하여 경찰·검찰 등의 수사가 시작된 경우에는 사건 조사를 즉시 중단하고 종결하거나 해당 기관에 이첩할 수 있다. 다만, 확인된 인권침해 사실에 대한 구제 절차는 계속하여 이행할 수 있다.
④ 조사담당자는 제출자가 보관 중인 물건의 반환을 요구하는 경우에는 반환하여야 하며, 사건이 종결되어 더이상 보관할 필요가 없는 경우에는 제출자가 요구하지 않더라도 반환할 수 있다.

해설

경찰과 경찰학, 기본이념, 인권존중주의, 경찰 인권보호규칙 −
① (○) 인권영향평가 이행여부 점검(「경찰 인권보호규칙」 제24조)〈21승진〉
② (×) **인권교육종합계획**: 경찰청장은 경찰관등이 근무하는 동안 지속적·체계적으로 교육을 받을 수 있도록 **3년 단위로 인권교육종합계획을 수립하여 시행**하여야 한다.[♣매년(X)](제18조 제1항)〈21승진·19.1채용〉
③ (○) 조사 중단 및 이첩(「경찰 인권보호규칙」 제34조)〈21승진〉
④ (○) 보관 중인 물건의 반환(「경찰 인권보호규칙」 제32조 제4항)〈21승진〉　**정답 ②**

09 「경찰 인권보호 규칙」에 관한 설명으로 가장 적절하지 않은 것은? 〈23.1채용〉

① "경찰관등"이란경찰청과 그 소속기관의 경찰공무원, 일반직공무원을 말한다(단, 무기계약근로자 및 기간제근로자, 의무경찰은 제외한다).

② 경찰 활동 전반에 걸친 민주적 통제를 구현하여 경찰력 오·남용을 예방하고, 경찰행정의 인권지향성을 높여 인권을 존중하는 경찰 활동을 정립하기 위해 경찰청장 및 시·도경찰청장의 자문기구로서 각각 경찰청 인권위원회, 시·도경찰청 인권위원회를 설치하여 운영한다.

③ 경찰청은 국민의 인권 보호와 증진을 위하여 경찰 인권정책 기본계획을 5년마다 수립해야 한다.

④ 인권보호담당관은 인권침해를 예방하고 제도를 개선하기 위해 연 1회 이상 인권 관련 정책 이행 실태, 인권교육 추진 현황, 경찰청과 소속기관의 청사 및 부속 시설 전반의 인권 침해적 요소의 존재 여부를 진단하여야 한다.

해설

경찰과 경찰학, 기본이념, 인권존중주의, '경찰 인권보호 규칙' -

① (X) **"경찰관등"**: 경찰청과 그 소속기관의 경찰공무원, 일반직공무원, 무기계약근로자 및 기간제근로자, **의무경찰**을 의미한다.[♣의경·무기계약직 제외(X)](제2조 제1호)〈21경간·22.2채용〉

② (O) 경찰청인권위원회(경찰 인권보호 규칙 제3조)〈21·22경간·13·14승진·13.2·22.1·2채용〉

③ (O) 경찰 인권정책 기본계획(경찰 인권보호 규칙 제18조 제1항)〈22.2채용〉

④ (O) 인권진단(경찰 인권보호 규칙 제25조)〈22.1·2채용〉 　　　**정답 ①**

---

10 「경찰 인권보호 규칙」에 관한 설명 중 가장 적절하지 않은 것은? 〈22.1채용〉

① '인권침해'란 경찰관등이 직무를 수행하는 과정에서 모든 사람에게 보장된 인권을 침해하는 것을 말한다.

② 경찰 활동 전반에 걸친 민주적 통제를 구현하여 경찰력 오·남용을 예방하고, 경찰행정의 인권지향성을 높여 인권을 존중하는 경찰 활동을 정립하기 위해 시·도경찰청장 및 경찰서의 심의·의결기구로서 각각 시·도경찰청 인권위원회, 경찰서 인권위원회를 설치하여 운영한다.

③ 경찰청장은 경찰관등이 근무하는 동안 지속적·체계적으로 교육을 받을 수 있도록 3년 단위로 인권교육종합계획을 수립하여 시행하여야 한다.

④ 인권보호담당관은 인권침해를 예방하고 제도를 개선하기 위해 연1회 이상 인권 관련 정책 이행 실태, 인권교육 추진 현황, 경찰청과 소속기관의 청사 및 부속 시설 전반의 인권침해적 요소의 존재 여부를 진단하여야 한다.

해설

경찰과 경찰학, 경찰의 기본이념, 인권존중주의, 경찰 인권보호 규칙 -

① (O) '인권침해'(경찰 인권보호 규칙 제2조 제2호)〈21경간·22.1채용〉

② (X) **경찰청 인권위원회**: 경찰 활동 전반에 걸친 민주적 통제를 구현하여 경찰력 오·남용을 예방하고, 경찰 행정의 인권지향성을 높여 인권을 존중하는 경찰 활동을 정립하기 위해 **경찰청장 및 시·도경찰청장의 자문기구**로서[♣심의·의결기구(X)] 각각 **경찰청 인권위원회, 시·도경찰청 인권위원회**를 설치하여 운영한다.[♣경찰서 인권위원회(X)](제3조)〈21경간·13·14승진·13.2·22.1채용〉

③ (O) 인권교육(경찰 인권보호 규칙 제18조 제1항)〈21승진·19.1·22.1채용〉

④ (O) 인권진단(경찰 인권보호 규칙 제25조)〈22.1채용〉 　　　**정답 ②**

11 다음 중 「경찰 인권보호 규칙」상 경찰청 및 그 소속기관의 장이 진정을 기각할 수 있는 경우로 가장 적절한 것은? 〈21.2채용〉

① 진정인이 진정을 취소한 경우
② 사건 해결과 진상 규명에 핵심적인 중요 참고인의 소재를 알 수 없는 경우
③ 진정 내용이 사실이 아니거나 사실 여부를 확인하는 것이 불가능한 경우
④ 진정의 원인이 된 사실이 공소시효, 징계시효 및 민사상 시효 등이 모두 완성된 경우

해설

경찰과 경찰학, 경찰의 기본이념, 인권존중주의, 경찰 인권보호 규칙 −

① (✕) 각하사유: 「경찰 인권보호 규칙」제29조 제1항 제7호〈21.2채용〉
② (✕) 조사중지: 「경찰 인권보호 규칙」제35조 제1항〈21.2채용〉
③ (○) 기각사유: 「경찰 인권보호 규칙」제37조 제1호〈21.2채용〉
④ (✕) 각하사유: 「경찰 인권보호 규칙」제29조 제1항 제4호〈21.2채용〉   정답 ③

---

12 「경찰 인권보호 규칙」에 대한 설명이다. 아래 가.부터 라.까지 설명 중 옳고 그름의 표시(O, X)가 바르게 된 것은? 〈22경간〉

가. 인권보호담당관은 분기별 1회 이상 인권영향평가의 이행 여부를 점검하고, 이를 경찰청 인권위원회에 제출하여야 한다.

나. 경찰청장은 경찰관 등이 근무하는 동안 지속적·체계적으로 교육을 받을 수 있도록 매년 단위로 인권교육종합계획을 수립하여 시행하여야 한다.

다. 경찰 활동 전반에 걸친 민주적 통제를 구현하여 경찰력 오·남용을 예방하고, 경찰 행정의 인권지향성을 높여 인권을 존중하는 경찰 활동을 정립하기 위해 경찰청장 및 시·도경찰청장, 경찰서장의 자문기구로서 각각 경찰청 인권위원회, 시·도경찰청 인권위원회, 경찰서 인권위원회를 설치하여 운영한다.

라. 조사담당자는 사건을 조사하는 과정에서 동일한 사건에 대하여 경찰·검찰 등의 수사가 시작된 경우에는 사건 조사를 즉시 중단하고 종결하거나 해당 기관에 이첩할 수 없다. 다만, 확인된 인권침해 사실에 대한 구제절차는 계속하여 이행할 수 있다.

① 가.(○) 나.(✕) 다.(○) 라.(✕)   ② 가.(✕) 나.(✕) 다.(○) 라.(○)
③ 가.(✕) 나.(✕) 다.(✕) 라.(○)   ④ 가.(✕) 나.(✕) 다.(✕) 라.(✕)

해설

경찰과 경찰학, 경찰의 기본이념, 인권존중주의, 경찰 인권보호 규칙 −

가. (✕) **인권영향평가**: 인권보호담당관은 **반기 1회 이상** 인권영향평가의 이행 여부를 **점검**하고, 이를 경찰청 인권위원회에 제출하여야 한다.[♣분기 1회 이상(X)](제24조)<22경간·21승진>

나. (✕) **인권교육**: **경찰청장은** 경찰관등이 근무하는 동안 지속적·체계적으로 교육을 받을 수 있도록 **3년 단위로 인권교육종합계획을 수립하여 시행**하여야 한다.[♣매년 단위로(X)](제18조 제1항)<22경간·21승진·19.1·22.1채용>

다. (✕) **인권위원회, 설치**: 경찰 활동 전반에 걸친 민주적 통제를 구현하여 경찰력 오·남용을 예방하고, 경찰 행정의 인권지향성을 높여 인권을 존중하는 경찰 활동을 정립하기 위해 **경찰청장 및 시·도경찰청장의 자문기구**로서[♣심의·의결기구(X)] 각각 **경찰청 인권위원회, 시·도경찰청 인권위원회**("위원회")를 설치하여 운영한다.[♣경찰서 인권위원회(X)](제3조)<21·22경간·13·14승진·13.2·22.1채용>

라. (✕) **조사중지**: 조사담당자는 인권침해 사건을 조사하는 과정에서 다음 각 호의 어느 하나에 해당하는 사유로 사건 조사를 진행할 수 없는 경우에는 **조사를 중지할 수 있다.**[♣이첩할 수 없다.(X)] 다만, 확인된 인권침해 사실에 대한 구제절차는 계속하여 이행할 수 있다.(제35조 제1항)<22경간·21승진>

※ 사건 조사를 즉시 중단하고 종결하거나 해당 기관에 이첩할 수 있다는 의미이다.

    ....
    4. 감사원의 조사, 경찰·검찰 등 수사기관에서 **조사 또는 수사가 개시**된 경우   **정답** ④

---

13 「경찰 인권보호 규칙」에 관한 설명으로 가장 적절하지 않은 것은? <22.2채용>

① "경찰관등"이란 경찰청과 그 소속기관의 경찰공무원, 일반직공무원을 말한다(단, 무기계약근로자 및 기간제근로자, 의무경찰은 제외한다).

② 경찰 활동 전반에 걸친 민주적 통제를 구현하여 경찰력 오·남용을 예방하고, 경찰행정의 인권지향성을 높여 인권을 존중하는 경찰 활동을 정립하기 위해 경찰청장 및 시·도경찰청장의 자문기구로서 각각 경찰청 인권위원회, 시·도경찰청 인권위원회를 설치하여 운영한다.

③ 경찰청장은 국민의 인권 보호와 증진을 위하여 경찰 인권정책 기본계획을 5년마다 수립해야 한다.

④ 인권보호담당관은 인권침해를 예방하고 제도를 개선하기 위해 연 1회 이상 인권 관련 정책 이행 실태, 인권교육 추진 현황, 경찰청과 소속기관의 청사 및 부속 시설 전반의 인권 침해적 요소의 존재 여부를 진단하여야 한다.

해설

경찰과 경찰학, 기본이념, 인권존중주의, '경찰 인권보호 규칙' −

① (✕) **"경찰관등"**: 경찰청과 그 소속기관의 경찰공무원, 일반직공무원, 무기계약근로자 및 기간제근로자, **의무경찰**을 의미한다.[♣의경·무기계약직 제외(X)](제2조 제1호)<21경간·22.2채용>

② (○) 경찰청인권위원회(경찰 인권보호 규칙 제3조)<21·22경간·13·14승진·13.2·22.1·2채용>

③ (○) 경찰 인권정책 기본계획(경찰 인권보호 규칙 제18조 제1항)<22.2채용>

④ (○) 인권진단(경찰 인권보호 규칙 제25조)<22.1·2채용>   **정답** ①

14 「경찰인권보호 규칙」상 인권침해사건 조사절차에 관한 설명으로 가장 적절하지 않은 것은? 〈23승진〉

① 조사담당자는 사건 조사 과정에서 진정인·피진정인 또는 참고인 등이 임의로 제출한 물건 중 사건 조사에 필요한 물건은 보관할 수 있다.

② 조사담당자는 제출받은 물건에 사건번호와 표제, 제출자 성명, 물건 번호, 보관자 성명 등을 적은 표지를 붙인 후 봉투에 넣거나 포장하여 안전하게 보관하여야 한다.

③ 진정인이 진정을 취소한 사건에서 진정인이 제출한 물건이 있는 경우에는 진정인이 요구하는 경우에 한하여 반환할 수 있다.

④ 조사담당자는 사건을 조사하는 과정에서 동일한 사건에 대하여 경찰·검찰 등의 수사가 시작된 경우에는 사건 조사를 중지할 수 있다. 다만, 확인된 인권침해 사실에 대한 구제 절차는 계속하여 이행할 수 있다.

해설

경찰과 경찰학, 경찰의 기본이념, 인권존중주의, 경찰인권보호규칙, 조사절차 −

① (○) 임의로 제출한 물건 보관(경찰인권보호규칙 제32조 제1항)〈23승진〉

② (○) 제출받은 물건 보관(경찰인권보호규칙 제32조 제3항)〈23승진〉

③ (✕) **제출물 반환** : 조사담당자는 제출자가 보관 중인 물건의 반환을 **요구하는 경우에는 반환하여야** 하며, 일정한 경우에는 제출자가 **요구하지 않더라도 반환할 수** 있다.[♣요구하는 경우에 한하여 반환할 수(✕)](경찰인권보호규칙 제32조 제4항)〈21·22·23승진〉

④ (○) 조사중지(경찰인권보호규칙 제35조 제1항 제4호)〈22경간·21·23승진〉   **정답** ③

---

15 경찰활동의 인권지향성을 제고하기 위한 제도적 수단들로 옳은 것은? 〈20경간〉

① 「국가재정법」에 따라 경찰은 예산을 편성할 때 예산이 인권에 미친 영향을 평가하는 보고서를 작성하여야 한다.

② 「국가경찰과 자치경찰의 조직 및 운영에 관한 법률」에 따라 인권보호와 관련된 국가경찰의 운영·개선에 관한 사항은 국가경찰위원회의 심의·의결을 거칠 수 있다.

③ 「경찰 인권보호 규칙」에 따라 경찰청장은 인권침해를 예방하고 인권친화적인 치안 행정이 구현되도록 소정의 사항에 대하여 인권영향평가를 실시하여야 한다.

④ 「국가인권위원회법」에 따라 국가인권위원회는 인권의 보호와 향상을 위하여 필요하다고 인정하면 경찰정책과 관행을 개선 또는 시정할 수 있다.

해설

경찰과 경찰학, 경찰의 기본이념, 인권존중주의 −

① (X) **인권영향평가**: 경찰청장은 인권침해를 예방하고, 인권친화적인 치안 행정이 구현되도록 '제·개정하려는 법령 및 행정규칙 등' 소정의 사항에 대하여 **인권영향평가를 실시하여야** 한다.[♣「국가재정법」에 따라(X) → 인권보호규칙에 따라](경찰 인권보호 규칙 제21조 제1항)<20경간>

② (X) **국가경찰위원회 심의·의결**: 「국가경찰과 자치경찰의 조직 및 운영에 관한 법률」에 따라 인권보호와 관련된 국가경찰의 운영·개선에 관한 사항은 국가경찰위원회의 심의·의결을 **거쳐야** 한다.[♣거칠 수 있다.(X)](국가경찰과 자치경찰의 조직 및 운영에 관한 법률 제10조 제1항 제2호)<20경간>

③ (○) 인권영향평가(경찰 인권보호 규칙 제21조 제1항)<20경간>

④ (X) **개선·시정 권고 또는 의견표명**: 위원회는 인권의 보호와 향상을 위하여 필요하다고 인정하면 관계기관등에 정책과 관행의 **개선 또는 시정을 권고하거나 의견을 표명할 수** 있다.[♣개선 또는 시정할 수 있다.(X)](국가인권위원회법 제25조 제1항)<20경간>   정답 ③

---

16 경찰의 기본이념에 대한 설명으로 옳은 것은? <20경간>

① 경찰의 중앙과 지방간의 권한 분배, 경찰행정정보의 공개, 성과급제도 확대는 경찰의 민주성 확보방안이다.

② 인권존중주의는 비록 「국가경찰과 자치경찰의 조직 및 운영에 관한 법률」에서는 언급이 없으나, 「헌법」상 기본권 조항 등을 통하여 당연히 유추된다.

③ 경찰위원회제도, 「부패방지 및 국민권익 위원회의 설치와 운영에 관한 법률」상 국민감사청구제도, 경찰책임의 확보 등은 경찰의 민주성을 확보하기 위한 대내적 민주화 방안이다.

④ 국민의 모든 자유와 권리는 국가안전보장·질서유지 또는 공공복리를 위하여 필요한 경우에 한하여 법률로써 제한할 수 있으며 제한하는 경우에도 자유와 권리의 본질적인 내용을 침해할 수 없다.

해설

경찰과 경찰학, 경찰의 기본이념, 인권존중주의 −

① (X) **경찰의 민주성 확보방안**: 대외적 방안 − **경찰위원회**, 경찰책임의 확보, '부패방지 및 국민권익 위원회의 설치와 운영에 관한 법률'<02채용> **경찰활동의 공개 및 국민의 참여기회 보장**<11승진·07·20경간> / 대내적 방안 − **경찰조직 내부의 적절한 권한의 배분(중앙경찰과 지방경찰간의 적절한 권한배분 포함)**[♣성과급제도 확대(X)]<11승진·20경간>

② (X) **인권존중주의 규정**: "경찰은 그 직무를 수행할 때 헌법과 법률에 따라 국민의 자유와 권리 및 모든 개인이 가지는 불가침의 기본적 **인권을 보호**하고, 국민 전체에 대한 봉사자로서 공정·중립을 지켜야 하며, 부여된 권한을 남용하여서는 아니 된다."[♣경찰법에 인권존중주의 규정이 없다.(X) → 「국가경찰과 자치경찰의 조직 및 운영에 관한 법률」 제5조에 규정됨](국가경찰과 자치경찰의 조직 및 운영에 관한 법률 제5조)<11·13승진·20경간>

③ (X) **대외적 민주성 확보 방안**: **경찰위원회, 경찰책임의 확보**, '부패방지 및 국민권익위원회의 설치와 운영에 관한 법률'상 **국민감사청구제도**[♣대내적 방안(X)]<20경간·02채용>

④ (○) 헌법규정(제37조 제2항)<20경간·09채용>   정답 ④

---

17 「경찰 인권보호 규칙」에 관한 설명으로 가장 적절하지 않은 것은? 〈24승진〉

① 경찰청장은 국민의 인권보호와 증진을 위하여 경찰 인권정책 기본계획을 3년마다 수립해야 한다.

② 인권보호담당관은 반기 1회 이상 인권영향평가의 이행 여부를 점검하고, 이를 경찰청 인권위원회에 제출하여야 한다.

③ 경찰청 및 그 소속기관의 장은 진정의 원인이 된 사실이 공소시효, 징계시효 및 민사상 시효 등이 모두 완성된 경우에 그 진정을 각하할 수 있다.

④ 경찰 활동 전반에 걸친 민주적 통제를 구현하여 경찰력 오·남용을 예방하고, 경찰 행정의 인권지향성을 높여 인권을 존중하는 경찰 활동을 정립하기 위해 경찰청장 및 시·도 경찰청장의 자문기구로서 각각 경찰청 인권위원회, 시·도경찰청 인권위원회를 설치하여 운영한다.

해설

경찰과 경찰학, 기본이념, 인권보호, 경찰인권보호규칙 ―

① (✕) 인권교육, **인권정책**: 경찰청장은 국민의 인권보호와 증진을 위하여 **경찰 인권정책 기본계획**("기본계획")을 **5년마다**[♣3년마다(✕)] 수립해야 한다.(제18조 제1항)〈24승진·22.2채용〉

② (○) 인권영향평가: 점검(제24조)〈22경간·21·24승진〉

③ (○) 진정각하(제29조 제1항 제4호)〈24승진·21.2채용〉

④ (○) 경찰청인권위원회, 설치(제3조)〈21·22경간·13·14·24승진·13.2·22.1·2채용〉　　정답 ①

02 | 경찰역사

제1장 한국경찰의 역사와 제도

테마 16 갑오경장 이전의 경찰제도

01 다음 중 조선시대의 경찰과 관련된 것은 모두 몇 개인가? 〈12경간〉

㉠ 순군만호부	㉡ 오가작통법	㉢ 토포사
㉣ 수성금화사(修城禁火司)	㉤ 의금부	㉥ 병마사
㉦ 이방부	㉧ 위아	㉨ 암행어사

① 3개   ② 4개
③ 5개   ④ 6개

해설

경찰역사, 한국경찰의 역사와 제도, 갑오경장 이전 −
조선시대의 제도 − ㉡㉢㉣㉤㉨
고려시대의 제도 − ㉠㉥㉧
통일신라시대의 제도 − ㉦

정답 ③

---

02 갑오개혁이전 조선시대 경찰제도에 대한 설명으로 옳지 않은 것은 모두 몇 개인가? 〈20경간〉

가. 의금부는 고려의 순군만호부를 개칭한 것으로 왕명을 받들고 국사범이나 왕족관련 범죄, 사형죄 등 중요한 특별범죄를 담당하였다.
나. 포도청은 우리나라 최초의 전문적·독립된 경찰기관으로 도적의 횡포를 막기 위해 만들어졌다.
다. 사헌부는 풍속경찰을 주관하고 민정을 살피어 정사(政事)에 반영하는 등 행정경찰 업무도 담당하였다.
라. 초기의 암행어사는 정보경찰 활동을 주로 수행했으며, 이후에는 지방관리에 대한 감찰이나 민생을 암암리에 조사하여 국왕에게 보고하는 등 주로 감독·감찰기관으로서의 업무도 동시에 수행하였다.
마. 형조(刑曹)는 법률, 형사처벌, 소송 등의 업무를 관장하였다.
바. 관비인 '다모'는 여성범죄나 양반가의 수색 등을 담당하였다.

① 0개   ② 1개
③ 2개   ④ 3개

해설

경찰역사, 한국경찰의 역사와 제도, 갑오경장 이전, 조선시대 −

가. (○) 의금부<03승진 · 18 · 20경간>

나. (○) 포도청<20경간>

다. (○) 사헌부<20경간>

라. (○) 암행어사<12 · 18 · 20경간>

마. (○) 형조<20경간>

바. (○) 다모<20경간 · 03채용>   정답 ①

제2절 갑오경장 이후의 경찰제도

테마 17 갑오경장(1894) 이후 ~ 한일합병(1910) 이전

01 1894년 갑오개혁 당시 추진되었던 경찰제의 내용으로 적절한 것을 모두 고른 것은? <21경간>

> 가. 좌우포도청을 통합하여 경무청을 신설하고 전국의 경찰 사무를 관장토록 하였다.
> 나. 경무청은 최초에 법무아문 소속으로 설치하였으나, 곧 내무아문 소속으로 변경되었다.
> 다. 「경무청관제직장」은 일본의 「행정경찰규칙」을 모방한 것이다.
> 라. 한성부의 5부 내에 경찰지서를 설치하고 서장을 경무사로 보하였다.
> 마. 경무청은 영업 · 소방 · 전염병 등 광범위한 직무를 담당하였다.

① 가.나   ② 나.다   ③ 나.마   ④ 라.마

해설

한국경찰의 역사와 제도, 갑오경장, 경무청 −

가. (✕) **소속 및 업무**: 경무청은 **내무아문 예속**으로 **한성부 내의 일체의 경찰사무 · 감옥사무를 관장**하게 하였고, 범죄인을 체포 · 수사하여 법사에 이송하는 업무를 담당하였다.[♣전국관할(X), ♣오늘날 경찰청의 원형(X) → 신경무청]<03 · 12 · 13 · 14 · 19승진 · 01 · 18 · 19 · 21경간 · 12.2 · 13.1채용>

나. (○) **소속**: 경무청은 최초에 법무아문 소속으로 설치하였으나, 곧 내무아문 소속으로 변경되었다.

다. (✕) **최초의 경찰조직법**: 일본의 **경시청관제(1881)를 모방**하여, 1894년 **최초의 경찰조직법인 경무청관제직장을 제정**하였다.[♣행정경찰규칙 모방(X)]<14승진 · 11 · 12 · 13 · 14 · 21경간 · 12.2 · 13.1채용>

라. (✕) **경찰지서**: 갑오경장 당시 경무청 산하 **5부(자)내**의 경찰업무를 분담하도록 최초로 한성부의 5부(자)내에 **경찰지서를 설치**하고 **경무관을 서장으로** 보하였다.[♣경무사를 서장으로(X)]<01 · 09 · 21경간 · 08승진>

마. (○) 직무범위<21경간 · 10승진>   정답 ③

---

02 갑오개혁 및 광무개혁 당시 경찰제도에 관한 설명 중 옳지 않은 것은 모두 몇 개인가? 〈19경간〉

> 가. 일본의 행정경찰규칙(1875년)과 위경죄즉결례(1885년)를 혼합하여 만든 행정경찰장정에서 영업·시장·회사 및 소방·위생, 결사·집회, 신문잡지·도서 등 광범위한 영역의 사무가 포함되었다.
> 나. 광무개혁 당시인 1900년에는 중앙관청으로서 경부(警部)가 한성 및 개항시장의 경찰업무와 감옥사무를 통할하였고, 이를 지휘하는 경부감독소를 두었다.
> 다. 1895년 내부관제의 제정을 통해 내부대신의 경찰에 대한 지휘감독권을 정비하였고, 1896년 지방경찰규칙을 제정하여 지방경찰의 작용법적 근거를 마련하였다.
> 라. 경무청관제직장에 의해 당시의 좌우포도청을 합하여 경무청을 신설하고(장으로 경무관을 둠), 한성부 내 일체의 경찰사무를 관장하게 하였다.
> 마. 1900년 경부(警部) 신설 이후 잦은 대신 교체 등으로 문제가 많아 경무청이 경부의 업무를 관리하게 되었다.

① 1개   ② 2개   ③ 3개   ④ 4개

해설

한국경찰의 역사와 제도, 갑오경장 및 광무개혁 −

가. (○) 갑오경장, **최초의 경찰작용법 제정**(1894)<03·13·14·19승진·12·14·15·17·19경간·03·12.2·14.2채용>

나. (X) 광무개혁, 경부의 신설, 중앙 : 경부시대 중앙인 한성부에는 궁내경찰서와 5개의 경찰서, 3개의 분소를 두고, 이를 지휘하는 **경무 감독소**를 두었다.[♣경부 감독소(X)]<19경간·12승진>

다. (○) 내부관제시대(1985)<19경간·12·17승진>

라. (X) 갑오경장, **경찰조직법** : 한국 **최초의 경찰조직법**인 '**경무청관제직장**'을 통해 **좌·우포도청을 합하여** 한성부에 **경무청을 창설**(長은 **경무사**)하였다.[♣장은 경무관(X)] 경무청은 **내무아문 예속**으로 **한성부 내의 일체의 경찰사무·감옥사무를 관장**하게 하였고, 범죄인을 체포·수사하여 법사에 이송하는 업무를 담당하였다.(갑오경장, 조직변화)<03·12·13·14승진·01·19경간·12.2·13.1·18.2·3채용>

마. (○) 광무개혁, 신경무청시대(1902)<19경간> 정답 ②

03 갑오개혁부터 일제강점기 이전의 경찰에 대한 설명으로 가장 적절하지 않은 것은? 〈19경위〉

① 일본각의의 결정에 따라, '각아문관제'에서 처음으로 경찰이라는 용어를 사용하였다.
② '경무청관제직장'에 의해 당시의 좌우포도청을 합하여 경무청을 신설하고(장으로 경무사를 둠) 내무아문에 예속되어 한성부 내 일체의 경찰사무를 관장하였다.
③ 광무개혁에 따라 중앙관청으로서 경부가 한성 및 개항시장의 경찰업무와 감옥사무를 통합하였다.
④ 을사조약에 의거 통감부에 의한 통감정치가 시작되면서 경무청을 전국을 관할하는 기관으로 확대하여 사실상 한국경찰을 장악하였다.

해설

경찰역사, 한국경찰의 역사와 제도, 갑오경장 ~ 일제강점기 이전 -

① (○) 갑오경장, **경찰 창설과정** : 1894년 6월 **일본각의에서** 한국경찰의 **창설을 결정**하여, 내정개혁 방안의 하나로서 조선에 경찰의 창설을 **요구**하였다. 친일 김홍집 내각은 6월 14일 '각 아문관제'에서 **처음으로 경찰이라는 용어를 사용**하고, 경찰을 법무아문 하에 창설할 것을 의결하였다가 동년 7월 1일 경찰의 소속을 **내무아문으로 변경**시켰다.<19승진·18경간·13.1·18.3채용>

② (○) 갑오경장, **경무청의 설립과 포도청의 폐지** : 한국 **최초의 경찰조직법**인 '**경무청관제직장**'을 통해 **좌·우포도청을 합**하여 한성부에 **경무청을 창설**(長은 **경무사**)하였다.[♣경무부 창설(X), ♣경무관(X)]<03·12·13·14승진·01경간·12.2·13.1·18.2·3채용>

　　※ 경무청은 **내무아문 예속**으로 한성부 내의 **일체의 경찰사무·감옥사무를 관장**하게 하였고, 범죄인을 체포·수사하여 법사에 이송하는 업무를 담당하였다.[♣전국관할(X), ♣오늘날 경찰청원형(X) → 신경무청]<03·12·13·14·19승진·01·18경간·12.2·13.1채용>

③ (○) 광무개혁, **경부의 신설** : 경부에서 **한성 및 각 개항시장의 경찰업무 ·감옥사무를 통할 수행**하게 하였다.<14·19승진>

④ (×) 한국 경찰권의 상실과정, **통감부 경무부 경찰체제** : 통감부에 의한 통감정치가 시작되면서, **경무청을 한성부 내의 경찰로 축소**시키는 한편 통감부 산하에 별도의 경찰조직을 설립, 직접 지휘하였다.[♣경무청 관할 전국 확대(X)]<12·19승진>　　　정답 ④

---

04 갑오개혁 이후 한일합방 이전의 경찰변천사에 대한 아래 ㉠부터 ㉣까지의 설명이 시대 순으로 바르게 나열된 것은? 〈17경위〉

> ㉠ '내부관제'의 제정을 통해 내부대신의 경찰에 대한 지휘감독권 정비
> ㉡ '지방경찰규칙'이 제정되어 지방경찰의 작용법적 근거 마련
> ㉢ 통감부에 의한 통감정치가 시작
> ㉣ 광무개혁 당시 독립된 중앙관청으로서 경부 설치

① ㉠ - ㉡ - ㉢ - ㉣　　　　　　　② ㉠ - ㉡ - ㉣ - ㉢
③ ㉣ - ㉠ - ㉡ - ㉢　　　　　　　④ ㉣ - ㉡ - ㉠ - ㉢

해설

경찰역사, 한국경찰의 역사와 제도, 갑오경장 ~ 일제강점기 이전 -

㉠ - ㉡ - ㉣ - ㉢

㉠ 1895년 - 갑오경장, **내부관제** : '내부(內部)관제(1895)'가 제정되어, 내부대신의 경찰에 대한 지휘감독권이 정비되었다.<12·17승진>

㉡ 1896년 - 갑오경장, 내부관제시대, **지방** : '지방관제(1895)'와 지방경찰의 작용법적 근거인 '지방경찰규칙(1896)'이 제정되어 체제가 정비되었다.<12·17승진>

㉢ 1905년 - 한국경찰권 상실과정, **통감부 경무부 경찰체제** : '**제2차 한일협약**(을사조약 1905/11)'을 계기로 '통감부 및 이사청 관제'를 제정하여 통감부에 의한 통감정치가 시작된다.<17승진>

㉣ 1900년 - 광무개혁, **경부의 신설** : 광무개혁의 진행 중에 경부관제에 의하여 경찰을 **내부(內部)에서 독립시켜 중앙관청인 경부(警部)를 설치**하였다.<17승진>　　　정답 ②

테마 18 ▶ 일제 강점기 경찰

01 일제 강점기 중 헌병경찰 시기의 경찰에 대한 설명으로 가장 적절하지 않은 것은? 〈17.1채용〉

① 일반경찰은 도시나 개항장 등에 배치되었다.
② 헌병은 주로 군사경찰상 필요한 지역 또는 의병활동 지역 등에 배치되었다.
③ 헌병은 법적 근거 없이 일반치안을 담당하였다.
④ 서울과 황궁의 경찰사무는 경무총감부의 직할로 하였다.

해설

경찰역사, 한국경찰의 역사와 제도, 일제강점기, 헌병경찰제도 −

①② (○) **경찰배치: 일반경찰(개항장·도시), 헌병경찰(군사경찰상 필요지·의병활동 지역)**[♣헌병경찰은 도시·개항장(X)]〈13승진·08경간·04·17.1채용〉

③ (X) 헌병경찰제도, **법적 근거: 칙령(조선주차헌병조령)을 통해** 헌병이 일반 치안을 담당한다고 하여 헌병이 신분을 유지한 채 **경찰관의 직무를 수행할 수 있는 법적 근거를 마련**하였다.[♣헌병은 법적 근거 없이 배치(X)]〈17.1채용〉

④ (○) 서울과 황궁의 경찰사무〈17.1채용〉   정답 ③

02 갑오개혁 이후부터 일제강점기까지 시행된 법령 등에 대한 아래 가.부터 라.까지 설명 중 옳고 그름의 표시 (○, ×)가 바르게 된 것은? 〈23경간〉

> 가. 「행정경찰장정」은 최초의 경찰작용법으로서 행정경찰의 업무와 목적, 과잉단속 엄금, 순검 채용 과 징계 등의 내용으로 구성되어 있다.
> 나. 「순검직무세칙」에는 순검이 근무 중 다치거나 순직했을 때 치료비와 장례비의 지급규정을 명시 하고 있다.
> 다. 「범죄즉결례」는 일상생활과 관련된 97개의 행위를 처벌하는 조항으로 이루어져 있다.
> 라. 「치안유지법」은 반정부·반체제운동을 막기 위해 1925년에 제정되었다.

① 가.(×), 나.(○), 다.(○), 라.(×)   ② 가.(×), 나.(○), 다.(×), 라.(×)
③ 가.(○), 나.(×), 다.(○), 라.(○)   ④ 가.(○), 나.(×), 다.(×), 라.(○)

해설

경찰역사, 한국경찰의 역사와 제도, 갑오경장 ~ 일제강점기 −

− 갑오경장 −

가. (○) 작용변화, 「행정경찰장정」〈23경간〉

나. (X) **내부관제: 순검·간수 사상휼금규칙**(1896.4.19.)에 의해 '근무 중 다치거나 순직했을 경우 치료비 와 장례비 지급등' **복지와 관련된 규정**도 신설되었다.[♣순검직무세칙(X)]〈23경간〉

− 일제강점기 경찰 −

다. (X) **헌병경찰제도의 시행, 법적 근거: 경찰범처벌규칙**(1912.3.25)은 **일상생활과 관련**된 87개의 행위를 **처벌하는 조항**으로 이루어져 있다.[♣범죄즉결례(X), ♣97개 조항(X)]〈23.2채용〉

라. (○) 보통경찰제도로 전환, 치안입법, 「치안유지법」〈23.2채용〉   정답 ④

03 한국 근·현대 경찰사에 대한 설명으로 가장 적절한 것은? 〈18.3채용〉

① 일제 강점기에는 총독·경무총장에게 주어진 제령권과 경무부장에게 주어진 명령권 등을 통해 각종 전제주의적·제국주의적 경찰권 행사가 가능하였다는 특징이 있다.
② 「경무청관제직장」에 의해 당시의 좌우포도청을 합하여 경무청을 신설(장으로 경무관을 둠)하였다.
③ 3·1운동 이후 「치안유지법」을 제정하고 일본에서 제정된 「정치범 처벌법」을 국내에 적용하는 등 탄압의 지배체제를 더욱 강화하였다.
④ 1894년 「각아문관제」에서 처음으로 경찰이란 용어를 사용하였다.

해설

경찰역사, 한국경찰의 역사와 제도, 갑오경장 ~ 일제강점기 -

① (×) 일제강점기, **제령권·명령권** : 식민지기에 일본은 조선에 총독부를 설치하여 **총독의 제령권**과 **경무총장·경무부장 등의 명령권(命令權)을 통하여** 전제적·제국주의적인 **경찰권을 행사**하였다. [♣경무총장의 제령권(X)]<13승진·18.3채용>

② (×) 갑오경장, **경찰조직법** : 한국 **최초의 경찰조직법인 '경무청관제직장'을** 통해 **좌·우포도청을 합하여** 한성부에 **경무청을 창설**(長은 **경무사**)하였다.[♣경무관(X)]<03·12·13·14승진·01경간·12.2· 13.1·18.2·3채용>

③ (×) 3·1 운동을 계기로 '**정치범 처벌법'을 제정**하였고 일본에서 제정된 '**치안유지법'을 한국에 적용** 하여 탄압적 지배체제를 한층 강화하였다.[♣일본에서 제정된 정치범 처벌법 적용, 치안유지법 제정 (X)]<05·13승진·14·15경간·18.3채용>

④ (○) 친일 김홍집 내각은 6월 14일 '각아문관제'에서 **처음으로 경찰이라는 용어를 사용**하고, 경찰을 **법무아문 하에 창설할 것을 의결하였다가** 동년 7월 1일 경찰의 소속을 **내무아문으로 변경**시켰 다.[♣외무아문(X), ♣내무아문에 창설하였다가 법무아문으로 변경(X)]<18경간·13.1·18.3채용>   **정답** ④

---

04 한국경찰의 역사에 대한 설명으로 가장 옳지 않은 것은? 〈20경간〉

① 1894년 6월 일본각의에서 한국경찰의 창설을 결정하여 내정개혁의 방안으로서 조선에 경찰창설을 요 구하였다. 이에 김홍집 내각은 「각아문관제」에서 경찰을 법무아문 소속으로 설치할 것을 결정하였다. 그러나 곧 경찰을 내무아문 소속으로 변경하였다.
② 구한말(舊韓末) 일본이 한국경찰권을 강탈해 가는 과정은 경찰사무에 관한 취극서, 재한국 외국인에 대한 경찰에 관한 한일협정, 한국 사법 및 감옥사무 위탁에 관한 각서, 한국 경찰사무위탁에 관한 각 서의 순으로 진행되었다.
③ 미군정시대에는 경찰의 이념에 민주적인 요소가 도입되면서 최초로 1947년 9인으로 구성된 중앙경찰 위원회가 설치되었으며 경제경찰, 고등경찰 등의 사무가 강화되었다.
④ 일제강점기 헌병경찰은 첩보의 수집, 의병의 토벌 등에 그치지 않고 민사소송의 조정, 집달리업무, 국 경세관 업무, 일본어의 보급, 부업의 장려 등 광범위한 영향력을 미치고 있었으며 특히, 지방에서는 한국민의 생사여탈권을 쥐고 있었다.

해설

경찰역사, 한국경찰의 역사와 제도 −

① (○) 갑오경장, 한국경찰의 창설과정<19승진 · 18 · 20경간 · 13.1 · 18.3채용>

② (○) 갑오경장부터 한일합병 이전, 한국경찰권의 상실과정<04승진 · 07 · 20경간 · 03 · 04 · 12.2 · 14.2 · 18.2채용>

③ (✕) 미군정기, **중앙경찰위원회**: 1947년 **6인으로 구성된 중앙경찰위원회**가 법령157호로 **설치되어** 주요 경무 정책의 수립, 경무부장관이 회부한 경무정책과 그 운영의 심의결정, 경찰관리의 소환 · 심문 · 임면 · 이동 등에 관한 사항, 기타 군정장관이 회부한 사항을 심의하는 등<18경간> 경찰 통제를 통해 경찰의 **민주화를 추진하였으나 실패**하였다.[♣9인으로 구성(X)]<08 · 09승진 · 13 · 14 · 18 · 20경간 · 11.1 · 14.1채용>

위생사무의 위생국 이관, 경제경찰과 고등경찰 폐지, 소방업무이관, 출판물 등 검열업무의 공보부 이관, 각종 허가권의 이관 및 폐지, 선박 및 선원의 단속 · 현장조사 및 수색업무의 재무부 세관 국 이관 등 비경찰화 작업이 진행되어 **경찰의 직무범위가 축소**되었다.[♣경제경찰, 고등경찰 등의 사무가 강화(X)]<14 · 18 · 20경간 · 04 · 14.1 · 18.2채용>

④ (○) 일제강점기, 헌병경찰활동<01 · 11승진 · 13 · 20경간>　　　　　　　　　　　　　정답 ③

테마 19 ▶ **임시정부경찰(1919 ~ 1945)**

01 대한민국 임시정부의 경찰에 대한 설명으로 가장 적절하지 않은 것은? ⟨21경간⟩

① 상해임시정부는 1919년 11월 「대한민국임시관제」를 제정하여 내무부에 경무국을 두고 초대 경무국장 으로 김구를 임명하였다.

② 상해 교민단 산하에 의경대를 설치하여 교민단의 치안을 보전하고 밀정을 색출하는 역할을 수행하였다.

③ 상해임시정부는 연통제를 실시하여 도(道)에 경무사를 두었다.

④ 중경임시정부에는 내무부 아래에 경무국을 두었고, 별도로 경위대를 설치하였다.

해설

경찰역사, 한국경찰의 역사와 제도, 대한민국 임시정부 경찰 −

① (△) − **초대경무국장**: 1919년 4월에 대한민국임시정부 장정에 제정되고 같은해 8월 12일 **초대 경무 국장**으로 **백범 김구** 선생이 임명되면서 경무국의 구성과 활동이 본격적으로 시작되었다.
　　※ 1919년 11월 「대한민국임시관제」를 제정하여 내무부에 경무국을 두고 초대 경무국장으로 김구를 임명하였다는 견해도 있다.<21경간>

② (○) 상해시기, 의경대<21경간>

③ (○) 상해시기, 연통제, 독판부, 경무사<21경간>

④ (✕) **중경시기**: 1940년 9월 임시정부가 중국 정부의 임시수도인 **중경**에 자리 잡으면서 정부조직법 또한 개편되는데, 1943년 제정된 '**대한민국 잠행관제**'에 따라 **내무부 경무과**가 만들어졌다.[♣경 무국 설치(X)]<21경간>　　　　　　　　　　　　　　　정답 ④

테마 20 ▶ **미군정기(1945 ~ 1948)**

01 미군정시기의 경찰에 대한 설명으로 가장 적절하지 않은 것은? 〈21.1채용〉

① 경무국을 경무부로 승격·개편하였다.
② 소방업무를 민방위본부로 이관하고 경제경찰과 고등경찰을 폐지하는 등 비경찰화를 단행하였다.
③ 「정치범 처벌법」, 「치안유지법」, 「예비검속법」이 폐지되었다.
④ 여자경찰제도를 신설하였다.

해설

경찰역사, 한국경찰의 역사와 제도, 미군정시기 경찰 −
① (○) 경찰조직〈21.1채용〉
② (×) 제도변화, **비경찰화(경찰사무의 정비)**: 위생사무의 위생국 이관, 경제경찰과 고등경찰 폐지, 소방 업무이관, 출판물 등 검열업무의 공보부 이관, 각종 허가권의 이관 및 폐지, 선박 및 선원의 단속·현장조사 및 수색업무의 재무부 세관국 이관 등 비경찰화 작업이 진행되어 **경찰의 직무범위가 축소**되었다.[♣소방업무를 민방위 본부로 이관(X)→ 75년]〈14·18·20경간·04·14.1·18.2·21.1채용〉
③ (○) 제도변화, **식민지기 악법 청산, 경찰검을 경찰봉으로 대체**〈21.1채용〉
④ (○) 제도변화, **여자경찰제도 신설**〈12경간·01·14.1·21.1채용〉 [정답] ②

02 미군정시기 경찰에 관한 설명으로 가장 적절하지 않은 것은? 〈24.1채용〉

① 경찰이 담당하였던 위생사무 등 행정경찰사무가 경찰관할에서 분리되는 비경찰화 작업이 진행되었다.
② 일제강점기 치안입법이 정리된 시기로 1945년 「보안법」이 폐지되었고, 1948년 「예비검속법」이 순차적으로 폐지되었다.
③ 1946년 여자경찰제도가 신설되었다.
④ 1947년 6인의 위원으로 구성된 중앙경찰위원회를 설치하였다.

해설

한국경찰사, 미군정시기 −
① (○) 비경찰화〈14·18·20경간·04·14.1·18.2·21.1·22.1·24.1채용〉
② (×) **식민지기 악법 청산, 경찰검을 경찰봉으로 대체**: 정치범처벌법(1919. 4. 15 제정), **치안유지법**(1925. 5. 8 제정), 정치범보호관찰령(1936. 12. 12 제정), **예비검속법**(1941. 5. 15 제정) 등을 폐지하고 이들 법령의 위반업무를 담당하던 경무국 보안과도 폐지되었다.(⇨ 폐지시기: 1945~1946)〈21.1·24.1채용〉
 ※ 보안법이 마지막으로 폐지되었다.(1948. 04 폐지) [♣정치범처벌법이 마지막으로 폐지(X)] 〈04·24.1채용〉
③ (○) **여자경찰제도 신설**〈12경간·01·14.1·21.1·24.1채용〉
④ (○) **중앙경찰위원회의 설치**(1947/11)〈08·09승진·13·14·18·20경간·11.1·14.1·24.1채용〉 [정답] ②

03 일제강점기와 미군정 시기의 한국경찰에 대한 설명으로 가장 적절하지 않은 것은? 〈22경간〉

① 미군정하에서는 조직법적, 작용법적 정비가 이루어지고 경찰제도의 개혁이 이루어져 경찰의 활동영역이 확대되었다.

② 광복 이후 신규경찰 채용과정에서 일제강점기 경찰경력자들이 다수 임용되었으나, 독립운동가 출신들도 상당히 많이 채용되었다.

③ 의경대는 상해임시정부시기 운영된 경찰기구로서 교민사회의 안녕과 질서유지, 호구조사 등을 담당하였다.

④ 3·1운동을 계기로 헌병경찰제도에서 보통경찰제도로 전환되었다.

해설

경찰역사, 한국경찰의 역사와 제도 −

① (X) 미군정기, **조직법적·작용법적 정비**: 치안입법의 정비와 함께 **조직법적·작용법적 정비**가 이루어지고 **비경찰화 작업** 등으로 **경찰의 활동영역이 축소**되었다.[♣경찰관직무집행법 제정(X), ♣경찰작용 확대(X)]<12·20승진·22경간·14.1채용>

② (○) 미군정기 변화<22경간>

③ (○) 임시정부 경찰, 상해시기, 의경대<21·22경간>

④ (○) 일제강점기의 경찰, 3.1운동과 보통경찰제도, 제도변화<14·22경간>

정답 ①

테마 21 **내무부 경찰체제[정부수립 ～ 경찰법제정 이전(1948 ～ 1991)]**

01 정부수립 이후 1991년 이전의 경찰의 특징으로 옳지 않은 것은 모두 몇 개인가? 〈12경감·19경간〉

가. 종래 식민지배에 이용되거나 또는 군정통치로 주권이 없는 상태 하에서 활동하던 경찰이 비로소 주권국가 대한민국의 존립과 안녕, 대한민국 국민의 생명과 신체 및 재산의 보호라는 경찰 본연의 임무를 수행하였다.

나. 독립국가로서 한국 역사상 최초로 자주적인 입장에서 경찰을 운용하였다.

다. 경찰작용에 관한 기본법으로서 경찰관직무집행법이 제정되었다.

라. 경찰의 부정선거 개입 등으로 정치적 중립이 경찰에 대한 국민의 요청이었던 바, 그 연장선상에서 경찰의 기구독립이 조직의 숙원이었다.

마. 해양경찰업무, 의무경찰업무, 소방업무, 전투경찰업무가 경찰의 업무범위에 추가되었다.

바. 1969년 1월 7일 경찰법(현행 국가경찰과 자치경찰의 조직 및 운영에 관한 법률)이 처음으로 제정되어 그동안 국가공무원법에서 의거하던 경찰공무원을 특별법으로 규율하게 되었다.

① 1개   ② 2개   ③ 3개   ④ 4개

해설

경찰역사, 한국경찰의 역사와 제도, 정부수립이후 −

가.나.다.라. (○) 내무부 경찰체제<19경간·12경감>

마. (×) **소방업무 이관**: 소방업무는 1975년 경찰업무에서 제외되고 민방위본부로 이관됨[♣소방업무 추가(X)]<19경간·12경감>

바. (×) **경찰공무원법 제정**: 1969년 **경찰공무원법 제정**으로 경찰공무원 채용이 최초로 국가공무원법이 아닌 특별법에 의해 이루어지게 되었다.[♣53년 경찰관직무집행법 제정으로(X), ♣경찰법 제정으로(X)]<12·19경간> **정답** ②

---

02 정부 수립 이후 경찰과 관련된 설명으로 가장 적절하지 않은 것은? <20.1채용>

① 1953년 경찰작용에 관한 기본법으로 제정된 경찰관 직무집행법 에는 국민의 생명, 신체, 재산의 보호라는 영미법적 사고가 반영되었다.

② 1968년 '무장공비 침투사건(1.21 사태)' 당시 종로경찰서 자하문 검문소에서 무장공비를 온몸으로 막아내고 순국한 최규식 경무관과 정종수 경사는 호국경찰, 인본경찰, 문화경찰의 표상이다.

③ 1980년 '5·18 민주화 운동' 당시 안병하 전남경찰국장과 이준규 목포서장은 신군부의 무장 강경진압 방침을 거부하였다.

④ 1987년 '6월 민주항쟁' 이후 경찰 내부에서는 정치적 중립을 지키지 못한 과오를 반성하고 경찰 중립화를 요구하는 성명 발표 등 자성의 목소리가 나왔다.

해설

경찰역사, 한국경찰의 역사와 제도, 정부수립이후 −

① (○) 경찰관직무집행법의 제정<12승진·13경간·12.2·13.2·18.2·20.1채용>

② (×) **최규식, 정종수**: 1968년 무장공비 침투사건(1.21 사태) 당시 종로경찰서 자하문검문소에서 경사 정종수(형사 7인)와 함께 무장공비를 온몸으로 막아내고 순국함으로써 청와대를 사수하고 대한민국을 위기에서 건져 올린 **호국경찰의 표상**[♣인본경찰(X), ♣문화경찰(X)]<13·18승진·20.1채용>

③ (○) 자랑스러운 경찰의 표상<18승진·20.1채용>

④ (○) 내무부 경찰체제<20.1채용> **정답** ②

테마 22 경찰청 경찰체제

01 오늘날 우리나라 경찰의 변화에 관한 설명 중 가장 적절하지 않은 것은? 〈22.1채용〉

① 수사절차 전반에 걸쳐 주관적인 시각으로 사건을 살펴보고 오류를 바로잡을 수 있도록 하기 위하여 일선 지구대 및 파출소에 '영장심사관', '수사심사관' 제도를 도입·운영하고 있다.

② 집회·시위에 대한 관점을 관리·통제에서 인권존중·소통으로 근본적으로 바꾸기 위해 스웨덴 집회·시위관리 정책을 벤치마킹한 '대화경찰관제'를 도입·시행하고 있다.

③ 국경을 초월하는 국제범죄에 능동적으로 대응하고 재외국민 보호를 위해 치안시스템 전수, 외국경찰 초청연수, 치안인프라 구축사업 등을 내용으로 하는 치안한류 사업을 추진하고 있다.

④ 2020년 12월 「국가정보원법」 개정에 따라 국가정보원의 국가 안보 관련 수사업무가 경찰로 이관될 예정이다.

해설

경찰역사, 한국경찰의 역사와 제도, 경찰청 체제 −

① (X) **영장심사관, 수사심사관 제도**: 수사절차 전반에 걸쳐 객관적인[♣주관적(X)] 시각으로 사건을 살펴보고 오류를 바로잡을 수 있도록 하기 위하여 일선 경찰서에[♣지구대 및 파출소에(X)] '영장심사관', '수사심사관' 제도를 도입·운영하고 있다.〈22.1채용〉

② (○) '대화경찰관제'〈22.1채용〉

③ (○) '치안 한류사업'〈22.1채용〉

④ (○) '안보수사'〈22.1채용〉   정답 ①

02 우리나라 경찰의 역사와 제도에 대한 설명이다. 시대 순으로 나열한 것은? 〈18.1순경〉

> ㉠ 「경찰법」(현행 국가경찰과 자치경찰의 조직 및 운영에 관한 법률) 제정
> ㉡ 「경찰관 직무집행법」 제정
> ㉢ 최초로 여성 경찰관 채용
> ㉣ 제주 자치경찰 출범
> ㉤ 내무부 치안국을 치안본부로 개편

① ㉡ − ㉢ − ㉤ − ㉣ − ㉠   ② ㉡ − ㉢ − ㉤ − ㉠ − ㉣
③ ㉢ − ㉡ − ㉠ − ㉤ − ㉣   ④ ㉢ − ㉡ − ㉤ − ㉠ − ㉣

해설

경찰역사, 한국경찰의 역사와 제도, 경찰청 체제 −

ⓒ − ⓛ − ⓜ − ⓖ − ⓔ

ⓖ 「경찰법」(현행 국가경찰과 자치경찰의 조직 및 운영에 관한 법률) 제정 − 1991년 : 치안본부 → **경찰법**(현행 국가경찰과 자치경찰의 조직 및 운영에 관한 법률) **제정** 및 **경찰청으로 승격**(경찰국 → 지방경찰청, 해양경찰대 → 해양경찰청)<17 · 18승진 · 13.2 · 18.1채용>

ⓛ 「경찰관 직무집행법」 − 1953년 : 제정 · 공포<17 · 18승진 · 13.2 · 17.2 · 18.1채용>

ⓒ 여성 경찰관 채용 − 1946년 : 최초로 여경을 모집, 소년업무와 여성관련업무 담당하게 함<12경간 · 18.1순경>

ⓔ 제주 자치경찰 − 2006년 : **출범**<13.2 · 18.1채용>

ⓜ 개편 − 1974년 : 내무부 치안국을 **치안본부로 개편**(8 · 15 저격사건이 계기)<13.2 · 17.2 · 18.1채용> 　　정답 ④

---

03 한국경찰의 역사와 제도에 대한 아래 사건들을 시대순으로 바르게 나열한 것은? 〈21경간〉

가. 국립과학수사연구소 설치	나. 「경찰공무원법」 제정
다. 「경찰관 직무집행법」 제정	라. 내무부 치안국을 치안본부로 개편

① 가 − 다 − 나 − 라　　　　　　　② 다 − 가 − 라 − 나

③ 다 − 가 − 나 − 라　　　　　　　④ 가 − 다 − 라 − 나

해설

한국경찰의 역사와 제도, 우리나라 경찰의 연혁 −

가. 국립과학수사연구소 설치 : **1955. 03. 25**<21경간>

나. 「경찰공무원법」 제정 : **1969. 01. 07**<12 · 21경간 · 17 · 18승진 · 10.2 · 11.1 · 17.2 · 21.2채용>

다. 「경찰관 직무집행법」 제정 : **1953. 12. 14**<21경간 · 17 · 18승진 · 13.2 · 17.2 · 18.1채용>

라. 내무부 치안국을 치안본부로 개편 : **1974. 12. 24**<21경간 · 13.2 · 17.2 · 18.1채용> 　　정답 ③

---

04 우리나라 경찰의 역사적 사실을 오래된 것부터 바르게 나열한 것은? 〈21.2채용〉

ⓖ 경찰윤리헌장 제정

ⓛ 내무부 민방위본부 소방국으로 소방업무 이관

ⓒ 경찰공무원법 제정

ⓔ 경찰서비스헌장 제정

ⓜ 치안본부에서 경찰청으로 승격

① ⓒ − ⓖ − ⓔ − ⓛ − ⓜ　　　　　② ⓖ − ⓛ − ⓒ − ⓔ − ⓜ

③ ⓖ − ⓒ − ⓛ − ⓜ − ⓔ　　　　　④ ⓛ − ⓜ − ⓖ − ⓒ − ⓔ

해설

한국경찰의 역사와 제도, 우리나라 경찰의 연혁 −

㉠ − ㉢ − ㉡ − ㉤ − ㉣

㉠ 1966 : 경찰윤리헌장 제정<12경간 · 21.2채용>

㉡ 1975 : 내무부 민방위본부 소방국으로 소방업무 이관<21.2채용>

㉢ 1969 : 경찰공무원법 제정<12경간 · 17 · 18승진 · 10.2 · 11.1 · 17.2 · 21.2채용>

㉣ 1998 : 경찰서비스헌장 제정<21.2채용>

㉤ 1991 : 치안본부에서 경찰청으로 승격<17 · 18승진 · 13.2 · 18.1 · 21.2채용>   정답 ③

---

05 한국경찰사에 대한 설명으로 적절한 것은 모두 몇 개인가? <22경간>

> 가. 광복 이후 미군정은 일제가 운용하던 비민주적 형사제도를 상당 부분 개선하고, 영미식 형사제
> 도를 도입하기도 하였는데, 1945년 미군정 법무국 검사에 대한 훈령 제3호가 발령되어 수사는
> 경찰, 기소는 검사 체제가 도입되며 경찰의 독자적 수사권이 인정되었다.
> 나. 경찰작용에 관한 기본법으로서 「경찰관 직무집행법」은 정부수립 이후 1948년 제정되었다.
> 다. 경찰법이 제정될 때까지 경찰체제의 근거가 되는 법률은 「정부조직법」이었다.
> 라. 한국경찰 최초의 작용법은 행정경찰장정이고, 한국경찰 최초의 조직법은 경무청관제직장이다.
> 마. 1969년 「경찰공무원법」이 처음으로 제정되어 그동안 「국가공무원법」에 의거하던 경찰공무원을
> 특별법으로 규율하게 되었다.

① 1개   ② 2개   ③ 3개   ④ 4개

해설

한국경찰의 역사와 제도 −

가. (○) 미군정기, **경찰제도변화** : 경찰의 독자적 수사권 행사<22경간>

나. (×) 내무부경찰체제, **경찰관련법령 정비** : 경찰관직무집행법의 제정(1953.12)[♣1948(X)] ➡ 독립 이후
　　　까지 남아있던 경찰작용 관련법은 '행정집행령' 등 극히 일부에 지나지 않았으나, 경찰관직무집
　　　행법의 제정으로 경찰관련 법령의 정비가 이루어졌고 **국민의 생명 · 신체 · 재산보호**라는[♣사회
　　　공공의 안녕과 질서유지(X)] **영미법적 사고**가 **최초로 규정되어 우리나라에 도입**되게 되었다.<12승진 ·
　　　13 · 19 · 22경간 · 12.2 · 13.2 · 18.2 · 20.1채용>

다. (○) 내무부경찰체제, 경찰청체제, 구경찰법<18 · 22경간>

라. (○) 갑오경장, 제도 · 조직 · 작용변화<03 · 13 · 14 · 19승진 · 12 · 14 · 15 · 17 · 19 · 22경간 · 03 · 12.2 · 14.2채용>

마. (○) 내무부경찰체제, 경찰관련법령 정비, 경찰공무원법 제정<12 · 19 · 22경간 · 20승진>   정답 ④

테마 23 ▶ 자랑스러운 경찰의 표상

01 한국경찰사에 길이 빛날 경찰의 표상들에 대한 서술이다. 옳은 것을 모두 고른 것은? 〈16 · 18경위〉

> ㉠ 1968년 무장공비 침투사건(1 · 21사태) 당시 최규식 총경(경무관특진)과 형사 7명이 무장공비를 차단하고 격투 끝에 청와대를 사수하였다.
> ㉡ 정종수는 남부군 사령관 이현상을 사살하는 등 빨치산 토벌의 주역이었다.
> ㉢ 차일혁은 공비들의 근거지가 될 수 있는 사찰을 불태우라는 상부의 명령에 대해 현명하게 대처하여 구례 화엄사 등 여러 사찰과 문화재를 보호하였다.
> ㉣ 안병하는 1987년 6월항쟁 당시 과격한 진압을 지시한 군과 달리 '분산되는 자는 너무 추격하지 말 것, 부상자 발생치 않도록 할 것, 연행과정에서 학생의 피해가 없도록 유의하라'고 지시하여 인권경찰의 면모를 보였다.

① ㉠㉡ ② ㉠㉢ ③ ㉡㉣ ④ ㉢㉣

해설

한국경찰의 역사와 제도, 자랑스러운 경찰의 표상 −

㉠ (○) 최규식〈18승진〉

㉡ (X) 차일혁 : 남부군 사령관 이현상을 사살하는 등 **빨치산 토벌의 주역**이며, **구례 화엄사 등 문화재를 수호**한 인물로 '보관문화훈장'을 수여받은 호국경찰 영웅이자 인본경찰의 표상[♣정종수(X)] 〈13 · 16 · 18승진〉

㉢ (○) 차일혁〈18승진〉

㉣ (X) **안병하** : 1980년 5.18 광주 민주화운동 당시[♣1987년 6월항쟁 당시(X)] 안병하 국장은 과격한 진압을 지시했던 군과 달리, '분산되는 자는 너무 추격하지 말 것, 부상자 발생치 않도록 할 것, 연행과정에서 학생의 피해가 없도록 유의하라'고 지시함〈18승진〉   정답 ②

02 다음은 한국경찰사에 있어서 자랑스러운 경찰의 표상에 관한 설명이다. ㉠∼㉣에 해당하는 인물을 가장 바르게 나열한 것은? 〈18승진·19.2채용〉

> ㉠ 1919년 대한민국 임시정부의 초대 경무국장이다.
> ㉡ 5·18 광주 민주화운동 당시 전남도경국장으로서, 과격한 진압을 지시했던 군과 달리 '분산되는 자는 너무 추격하지 말 것, 부상자 발생치 않도록 할 것' 등과 '연행과정에서 학생의 피해가 없도록 유의하라'고 지시하였다. 신군부의 명령을 어겼다는 이유로 직위해제를 당했다.
> ㉢ 공비들의 근거지가 될 수 있는 사찰을 불태우라는 상부의 명령에 대해 현명하게 대처하여 화엄사(구례), 선운사(고창), 백양사(장성) 등 여러 사찰과 문화재를 보호하였다.
> ㉣ 1968년 1.21 무장공비침투사건 당시 군 방어선이 뚫린 상황에서 격투 끝에 청와대를 사수하였으며, 순국으로 대한민국을 지켜내고 조국의 발전을 가능하게 한 영웅적인 사례로 평가받고 있다.

① ㉠ 김구　㉡ 안병하　㉢ 차일혁　㉣ 정종수
② ㉠ 김원봉　㉡ 안병하　㉢ 최규식　㉣ 정종수
③ ㉠ 김구　㉡ 차일혁　㉢ 안병하　㉣ 최규식
④ ㉠ 김구　㉡ 최규식　㉢ 안병하　㉣ 차일혁

해설

한국경찰의 역사와 제도, 자랑스러운 경찰의 표상 −
㉠ **김 구** − 1919년 수립 상하이 임시정부 초대 경무국장, 「대한민국 헌법」은 그 전문에서 대한민국이 임시정부의 법통을 계승하고 있다는 점을 분명히 밝히고 있다.〈13·18승진·19.2채용〉
㉡ **안병하** − 1980년 5.18 광주 민주화운동 당시[♣1987년 6월항쟁 당시(X)] 안병하 국장은 과격한 진압을 지시했던 군과 달리, '분산되는 자는 너무 추격하지 말 것, 부상자 발생치 않도록 할 것, 연행과정에서 학생의 피해가 없도록 유의하라'고 지시함〈18승진·19.2채용〉
㉢ **차일혁** − 남부군 사령관 이현상을 사살하는 등 **빨치산 토벌의 주역**이며, **구례 화엄사 등 문화재를 수호**한 인물로 '보관문화훈장'을 수여받은 호국경찰 영웅이자 인본경찰의 표상[♣최규식 경무관과 정종수 경사(X)]〈13·16·18·19승진·19.2채용〉
　　※ 차일혁은 공비들의 근거지가 될 수 있는 사찰을 불태우라는 상부의 명령에 대해 현명하게 대처하여 구례 화엄사 등 여러 사찰과 문화재를 보호하였다.〈18승진·19.2채용〉
㉣ **최규식, 정종수** − 1968년 무장공비 침투사건(1·21 사태) 당시 종로경찰서 자하문검문소에서 무장공비를 온몸으로 막아내고 순국함으로써 청와대를 사수하고 대한민국을 위기에서 건져 올린 호국경찰의 표상〈18승진·19.2채용〉　　**정답 ①**

03 한국 경찰사의 자랑스러운 경찰의 표상에 대한 설명 중 연결이 바르지 않은 것은? 〈20경위〉

① 빨치산 토벌의 주역이며, 화엄사 등 문화재를 수호한 인물 − 차일혁
② 5. 18. 광주 민주화운동 당시 비례의 원칙에 입각한 경찰권 행사 강조 − 최규식
③ 1968년 무장공비 침투사건 당시 무장공비를 온몸으로 막아내고 순국 − 정종수
④ 1919년 상하이에서 수립한 대한민국 임시정부의 초대 경무국장 − 김구

해설

한국경찰의 역사와 제도, 자랑스러운 경찰의 표상 −

① (○) 차일혁〈13·18·20승진·19.2채용〉
② (✕) **안병하** : 1980년 5.18 광주 민주화운동 당시 안병하 국장은 과격한 진압을 지시했던 군과 달리, '분산되는 자는 너무 추격하지 말 것, 부상자 발생치 않도록 할 것, 연행과정에서 학생의 피해가 없도록 유의하라'고 지시함.[♣최규식(X)]〈18·20승진·19.2채용〉
③ (○) 정종수〈13·18·20승진·19.2채용〉
④ (○) 김구〈13·18·20승진·19.2채용〉   정답 ②

---

04 다음은 자랑스러운 경찰의 표상에 대한 서술이다. 해당 인물을 바르게 나열한 것은? 〈20.2채용〉

> ㉠ 성산포경찰서장 재직 시 계엄군의 예비검속자 총살 명령에 '부당함으로 불이행'한다고 거부하고 주민들을 방면함.
> ㉡ 1946년 5월 미군정하 제1기 여자경찰간부로 임용되며 국립경찰에 투신하였고 1952년부터 2년간 서울여자경찰서장을 역임하며 풍속·소년·여성보호 업무를 담당함(여자경찰제도는 당시 권위적인 사회 속에서 선진적이고 민주적인 제도였음).
> ㉢ 5·18 광주 민주화운동 당시 무장 강경진압 방침이 내려오자 '분산되는 자는 너무 추적하지 말 것, 부상자가 발생하지 않도록 할 것' 등을 지시하여 비례의 원칙에 입각한 경찰권 행사 및 인권보호를 강조함.
> ㉣ 임시정부 경무국 경호원 및 의경대원으로 활동하였고 1926년 12월 식민수탈의 심장인 식산은행과 동양척식회사에 폭탄을 투척하였음.

① ㉠ 안맥결 ㉡ 문형순 ㉢ 최규식 ㉣ 나석주
② ㉠ 문형순 ㉡ 안맥결 ㉢ 안병하 ㉣ 나석주
③ ㉠ 안병하 ㉡ 문형순 ㉢ 나석주 ㉣ 이준규
④ ㉠ 문형순 ㉡ 안맥결 ㉢ 안병하 ㉣ 이준규

해설

한국경찰의 역사와 제도, 자랑스러운 경찰의 표상 −

㉠ 문형순 경감〈20.2채용〉
㉡ 안맥결 총경〈20.2채용〉
㉢ 안병하 치안감〈18·20승진·19.2·20.1·2채용〉
㉣ 나석주〈20.2채용〉   정답 ②

05 한국경찰사에 길이 빛날 경찰의 표상에 대한 설명으로 가장 적절한 것은? 〈21승진〉

① 안맥결 총경은 1950년 8월 30일 성산포경찰서장 재직시 계엄군의 예비검속자 총살 명령에 '부당함으로 불이행'한다고 거부하였다.

② 이준규 총경은 1957년 국립경찰전문학교 교수로 발령 받아 후배 경찰교육에 힘쓰다 1961년 5·16군사정변이 일어나자 군사정권에 협력할 수 없다며 사표를 제출하였다.

③ 문형순 경감은 1980년 5·18 광주 민주화운동 당시 비례의 원칙에 입각한 경찰권 행사 및 시위대의 인권보호를 강조하였다.

④ 백범 김구 선생은 1919년 상하이에 수립된 대한민국 임시정부의 초대 경무국장으로 취임 후 임시정부 경찰을 지휘하며 임시정부의 성공적 정착에 이바지하였다.

해설

한국경찰의 역사와 제도, 자랑스러운 경찰의 표상 −

① (X) 문형순 경감 : 1950년 8월 30일 성산포 경찰서장 재직 시 계엄군의 **예비검속자 총살 명령에 대해 '부당함으로 불이행'**한다고 **거부**하고 278명을 방면하였다.[♣안맥결 총경(X)]<21승진·20.2채용>

② (X) 안맥결 총경 : 1957년 국립경찰전문학교 교수로 발령 받아 후배 경찰교육에 힘쓰다 1961년 **5.16군사정변이 일어나자** 군사정권에 협력할 수 없다며 **사표를 제출**하였다.[♣이준규 총경(X)]<21승진>

③ (X) 안병하 치안감 : 1980년 5.18 광주 민주화운동 당시[♣1987년 6월항쟁 당시(X)] 안병하 국장은 과격한 진압을 지시했던 군과 달리, **비례의 원칙에 입각한** 경찰권 행사 및 **시위대의 인권을 강조**하여, '**분산되는 자는 너무 추격하지 말 것, 부상자 발생치 않도록 할 것, 연행과정에서 학생의 피해가 없도록 유의하라**'고 **지시**하는 등 신군부의 무장강경진압 방침을 거부하였다.(민주, 인권 경찰)[♣문형순 경감(X)]<20경간·18·20·21승진·19.2·20.1·2채용>

④ (○) 김구 선생<21승진>

정답 ④

---

06 자랑스런 경찰의 표상에 대한 설명으로 그 인물과 내용이 옳지 않은 것은? 〈20경간〉

① 차일혁 경무관 − 빨치산 토벌의 주역이며 구례 화엄사 등 문화재를 수호한 인물로 '보관문화훈장'을 수여받은 호국경찰의 영웅이자 인본경찰·인권경찰·문화경찰의 표상이다.

② 안병하 치안감 − 5.18 광주 민주화운동 당시 과격한 진압을 지시했던 군과 달리, '분산되는 자는 너무 추격하지 말 것, 부상자 발생치 않도록 할 것, 기타 학생은 연행할 것' 등을 지시하고, '연행과정에서 학생의 피해가 없도록 유의'하라고 지시하였다.

③ 최규식 경무관, 정종수 경사 − 1968년 무장공비 침투사건(1.21 사태) 당시 종로경찰서 자하문 검문소에서 무장공비를 온몸으로 막아내고 순국함으로써 청와대를 사수하고 대한민국을 위기에서 건져 올린 호국경찰의 표상이다.

④ 안맥결 총경 − 1980. 5. 18. 당시 목포경찰서장으로 재임하면서 안병하 국장의 방침에 따라 경찰총기 대부분을 군부대 등으로 사전에 이동시켰으며 자체 방호를 위해 가지고 있던 소량의 총기마저 격발할 수 없도록 방아쇠 뭉치를 모두 제거해 원천적으로 시민들과의 유혈충돌을 피하도록 조치하여 광주와 달리 목포에서는 사상자가 거의 나오지 않았다.

한국경찰의 역사와 제도, 자랑스러운 경찰의 표상 −

① (○) 차일혁 경무관<20경간 · 13 · 16 · 18 · 19 · 20승진 · 19.2 · 20.1채용>

② (○) 안병하 치안감<20경간 · 18 · 20승진 · 19.2 · 20.1 · 2채용>

③ (○) 최규식 경무관, 정종수 경사<20경간 · 13 · 18 · 20승진 · 19.2 · 20.1채용>

④ (✕) 이준규 총경 : 1980년 5.18 당시 **목포경찰서장으로 재임**하면서 안병하 국장의 방침에 따라 경찰 총기 대부분을 군부대 등으로 사전에 이동시켰으며, 자체 방호를 위해 가지고 있던 소량의 총기마저 격발할 수 없도록 방아쇠 뭉치를 모두 제거해 경찰관들과 함께 고하도 섬으로 이동시키는 등 **원천적으로 시민들과의 유혈충돌을 피하도록 조치**하여 광주와 달리 목포에서는 사상자가 거의 나오지 않았다.[♣안맥결 총경(X)]<20경간>

정답 ④

---

07 다음은 한국경찰사에 대한 설명이다. 아래 ( )안에 들어갈 내용으로 가장 적절하게 짝지어진 것은? ⟨22승진⟩

> 안병하 치안감은 5·18광주 민주화운동 당시 전라남도 경찰국장으로서 전라남도 경찰들에게 '분산되는 자는 너무 추적하지 말 것' 등을 지시하고 '연행과정에서 학생의 피해가 없도록 유의하라'고 지시하여 (㉠)에 입각한 경찰권 행사 및 시위대의 (㉡)를 강조하였다.

① ㉠ − 호국정신　　　㉡ − 인권보호

② ㉠ − 비례의 원칙　　㉡ − 질서유지

③ ㉠ − 호국정신　　　㉡ − 질서유지

④ ㉠ − 비례의 원칙　　㉡ − 인권보호

한국경찰의 역사와 제도, 자랑스러운 경찰의 표상 −

안병하 : 1980년 5.18 광주 민주화운동 당시 안병하 국장은 과격한 진압을 지시했던 군과 달리, **(비례의 원칙)**에 입각한 경찰권 행사 및 **시위대의 (인권보호)를 강조**하여, '분산되는 자는 너무 추격하지 말 것, 부상자 발생치 않도록 할 것, 연행과정에서 학생의 피해가 없도록 유의하라'고 지시하는 등 신군부의 무장강경진압 방침을 거부하였다.(민주, 인권경찰)<20경간 · 18 · 20 · 21 · 22승진 · 19.2 · 20.1 · 2채용>

정답 ④

08 우리나라 경찰의 표상이 되는 인물과 활동에 대한 설명이다. 아래 가.부터 라.까지의 설명 중 옳고 그름의 표시(O, X)가 바르게 된 것은? 〈23경간〉

> 가. 차일혁 경무관 – 일제 강점기에 항일투쟁을 하였고 6·25전쟁 기간 제18전투경찰대장으로 부임하여 빨치산토벌작전에서 탁월한 전공을 세웠으며, 1954년 충주경찰서장으로서 충주직업청소년학교를 설립하여 전쟁고아들에게 학교공부와 직업교육의 기회를 주었다.
> 나. 안종삼 총경 – 1950년 7월 24일 구례경찰서 서장으로서 경찰서에 구금 중이던 480명의 국민보도연맹원들을 사살하라는 상부의 명령을 받았으나, 이를 거부하고 전원 석방함으로써 국가범죄의 비극적 살육을 막아냈다.
> 다. 박재표 경위 – 1956년 8월 13일 제2대 지방의원 선거 당시 정읍 소성지서에서 순경으로 근무하던 중 투표함을 바꿔치기 하는 부정선거를 목격하고 이를 기자회견을 통해 세상에 알리는 양심적 행동을 하였다.
> 라. 이준규 총경 – 1980년 5·18민주화운동 당시 목포 경찰서장으로서 시민과의 유혈충돌을 방지하기 위해 보유 중인 총기들을 목포 인근에 위치한 섬으로 이동시켰고 신군부의 강경한 시위진압에 거부하는 등 시민을 보호하였다.

① 가.(○), 나.(○), 다.(○), 라.(○)
② 가.(○), 나.(○), 다.(○), 라.(×)
③ 가.(×), 나.(○), 다.(○), 라.(×)
④ 가.(×), 나.(×), 다.(○), 라.(×)

해설

한국경찰의 역사, 자랑스러운 경찰의 표상 –
가. (○) 차일혁 경무관〈23경간〉
나. (○) 안종삼 총경〈23경간·22.2채용〉
다. (○) 박재표 경위〈23경간〉
라. (○) 이준규 총경〈20·23경간〉

정답 ①

---

09 다음은 자랑스러운 경찰의 표상에 관한 서술이다. 해당 인물을 바르게 나열한 것은? 〈23.2채용〉

> ㉠ 성산포경찰서장 재직 시 계엄군의 예비검속자 총살 명령에 '부당함으로 불이행'한다고 거부하고 주민들을 방면함
> ㉡ 5 · 18 광주 민주화운동당시 무장 강경진압 방침이 내려오자 '분산되는 자는 너무 추적하지 말 것, 부상자가 발생하지 않도록 할 것' 등을 지시하여 비례의 원칙에 입각한 경찰권 행사 및 인권 보호를 강조함
> ㉢ 임시정부 경무국경호원 및 의경대원으로 활동하였고 1926년 12월 식민수탈의 심장인 식산은행과 동양척식회사에 폭탄을 투척함
> ㉣ 구례경찰서장 재임 당시, 재판을 받지 않고 수감된 보도연맹원 480명을 방면하였으며, '내가 만 일 반역으로 몰려 죽는다면 나의 혼이 여러분 각자의 가슴에 들어가 지킬 것이니 새 사람이 되어주십시오'라고 당부함

	㉠	㉡	㉢	㉣
①	문형순	안병하	차일혁	안종삼
②	이준규	최규식	안맥결	나석주
③	문형순	안병하	나석주	안종삼
④	이준규	최규식	정종수	나석주

해설

한국경찰의 역사와 제도, 자랑스러운 경찰의 표상 −

㉠ 문형순 경감〈21승진 · 20.2 · 22.2 · 23.2채용〉

㉡ 안병하 치안감〈20경간 · 18 · 20 · 21 · 22승진 · 19.2 · 20.1 · 2 · 22.2 · 23.2채용〉

㉢ 나석주〈20.2 · 22.2 · 23.2채용〉

㉣ 안종삼 서장〈22.2 · 23.2채용〉   정답 ③

10 자랑스러운 경찰의 표상에 관한 내용과 인물이 바르게 연결된 것은? 〈24승진〉

> ㉠ 성산포경찰서장 재직 시, 계엄군으로부터 예비검속자들을 총살 집행 후 보고하라는 공문을 받고, 그 공문에 직접 "부당함으로 불이행"이라 쓰고 지시를 거부하였다. 자신의 목숨이 위태로울 수 있음에도 용기있는 결단으로 예비검속자들의 목숨을 구해냈다.
>
> ㉡ 5·18 광주 민주화운동 당시 전남지역 치안의 총책임자로서 무장 강경진압 방침이 내려오자, '데 모저지에 임하는 경찰의 방침'(주동자 외에는 연행금지, 경찰봉 사용 유의, 절대 희생자가 발생하지 않도록 할 것 등)이라는 근무지침을 전파하여 시민과 경찰 양측의 안전을 우선시하고 인권에 유의한 집회·시위관리를 강조하였다.
>
> ㉢ 1946년 여자경찰간부 1기로 경찰에 투신하여 1952년 서울여자경찰서장에 취임하였다가 5·16군사정변 당시 군부로부터 정권에 합류를 권유받았으나, 민주주의를 부정한 군사정권에 협력할 수 없다며 거부하고 경찰에서 퇴직하였다.
>
> ㉣ 1950년 순경으로 임용, 1986년 총경으로 승진하였지만, 수사현장을 끝까지 지킨다는 의지로 경찰서장 보직을 희망하지 않고, 수사·형사과장으로만 재직하였다. MBC 드라마 수사반장의 실제 모델이며, 1963년, 1968년, 1969년 치안국의 포도왕(검거왕)으로 선정되었다.

	㉠	㉡	㉢	㉣
①	문형순	안병하	안맥결	최중락
②	노종해	안종삼	안맥결	이준규
③	문형순	안병하	김해수	이준규
④	노종해	안종삼	김해서	최중락

해설

한국경찰의 역사와 제도, 자랑스러운 경찰의 표상 −
㉠ 문형순, ㉡ 안병하, ㉢ 안맥결, ㉣ 최중락

정답 ①

– 종합문제

01 한국경찰제도의 역사에 관한 다음 설명 중 옳지 않은 것은 모두 몇 개인가? 〈18경간〉

가. 통일신라시대 이방부는 범죄의 수사와 집행을 담당하였다.
나. 고려의 순마소는 방도금란의 임무와 왕권보호 업무를 담당하였다.
다. 조선의 암행어사제도는 정보와 감찰의 성격을 지니고 있었다.
라. 조선의 장예원은 형조의 속아문으로 노예의 장적과 노비송사를 담당하였다.
마. 동예에서는 각 읍락의 경계를 침범하는 경우 노예나 우마로써 배상하는 책화제도가 있었다.
바. 조선의 사헌부는 왕명을 받들고 왕족범죄, 모반·반역죄, 국사범 등 중요 특별범죄를 관장하였다.
사. 조선의 전옥서는 형조의 속아문으로 감옥과 죄수에 관한 사무를 담당하였다.

① 0개 　　　② 1개 　　　③ 2개 　　　④ 3개

해설

한국경찰의 역사와 제도 –
가. (○) 통일신라시대, **이방부** : 좌·우 **이방부가**[♣사정부가(X)] **범죄의 수사 및 형의 집행을 담당**하였다.
　　　〈03·05· 08승진·02·11·13·18경간·07채용〉
나. (○) 고려, **순마소** : **방도금란(防盜禁亂)** 외에 왕권보호의 **정치경찰기능**도 수행하였다.(**순마소**)[♣통일
　　　신라시대의 순군만호부(X)]〈02승진·07·14·18경간〉
다. (○) 조선시대, 암행어사〈12·18경간〉
라. (○) 조선시대, 장예원〈06·18경간〉
마. (○) 동예, 책화제도〈12·14승진·07·09·13·15·18경간·01·02·03·07채용〉
바. (✕) 조선시대, **의금부** : 의금부는[♣사헌부는(X)] 왕명을 받들고 국사범이나 **왕족관련 범죄**, 사형죄,
　　　관규(官規)를 문란케 한 자, 모역죄, 반역죄, 상인의 왕실 및 왕족에 대한 범죄, **사헌부에서 탄
　　　핵한 사건 등 중요한 특별범죄를 담당**하였다.〈03승진·18경간〉
사. (○) 조선시대, 전옥서〈18경간〉　　　　　　　　　　　　　　　　　　　　　　　　　정답 ②

---

02 한국경찰의 역사에 대한 다음 설명 중 옳은 것은 모두 몇 개인가? 〈17경간〉

㉠ 고구려와 동예에는 절도범에게 12배의 배상책임을 묻는 일책십이법이 있었다.
㉡ 통일신라시대에 이르러 비로소 공무원에 해당하는 관인들의 범죄가 새롭게 처벌대상이 되었다.
㉢ 고려시대 순군만호부는 왕권보호를 위해 정치경찰적 활동을 수행하기도 하였다.
㉣ 조선시대 안찰사의 사법상 권한은 지방통치에서 발생하는 행정, 형사, 민사에 이르는 광범위하고
　도 포괄적인 것이었다.
㉤ 1894년에 제정된 경무청관제직장은 일본의 행정경찰규칙(1875)과 위경죄즉결례(1885)를 혼합하여
　만든 한국경찰 최초의 경찰작용법이라 할 수 있다.
㉥ 1919년 3·1운동으로 인해 헌병경찰제도에서 보통경찰제도로 전환되면서 경찰의 직무범위는 축
　소되고 그 권한도 많이 약화되었다.

① 1개 　　　② 2개 　　　③ 3개 　　　④ 4개

해설

한국경찰의 역사와 제도 -

㉠ (✕) 고구려와 부여, **일책십이법** : 고구려와 부여에는 절도범에게 12배의 배상책임을 묻는 **일책십이법**이 있었다.[♣동예(✕)]<17경간>

㉡ (✕) 백제, **관인수재죄** : 백제시대에는 형벌이 엄했고, **관리들의 뇌물범죄인 관인수재죄를 새로이 처벌**하였으며[♣통일신라시대에 이르러(✕)], 3배의 배상을 물게 하였다.<17경간 · 03 · 07승진 · 03 · 07 · 08 · 09채용>

㉢ (○) 고려시대, **순군만호부** : '순군만호부'는 **방도금란(防盜禁亂)** 외에 왕권보호의 **정치경찰기능**도 수행하였다.(순마소)[♣통일신라시대의 순군만호부(✕)]<02승진 · 07 · 14 · 17 · 18경간>

㉣ (✕) 고려시대, **안찰사와 병마사** : 5도 양계의 행정체제(道 · 郡 · 縣)에서 **도의 안찰사와 계의 병마사**, 각 지방의 수령이 **행정 · 사법 · 군사 · 경찰기능을 통합적으로 담당**하였다.[♣관찰사(✕)]<17경간 · 05채용>

㉤ (✕) 갑오경장, **행정경찰장정** : 한국 **최초의 경찰작용법**으로서 **일본의 '행정경찰규칙(1875)'과 '위경죄즉결례(1885)'를 혼합**하여 한문으로 옮겨놓은 것으로 여기에는 영업 · 시장 · 회사 및 소방 · 위생, 결사 · 집회, 신문잡지 · 도서 등의 광범위한 사무가 포함되어 있다.[♣경무청관제직장(✕)]<03 · 13 · 14승진 · 12 · 14 · 15 · 17경간 · 03 · 12.2 · 14.2채용>

㉥ (✕) 일제강점기, **3 · 1운동** : 1919년 3 · 1운동으로 인해 헌병경찰제도에서 보통경찰제도로 전환되면서 경찰의 **조직은 변화**하였으나 **직무와 권한에 대한 기본적 변화는 없었다.**[♣경찰의 권한약화(✕)]<17경간 · 08채용>

정답 ①

---

03 갑오개혁 이후 한국 경찰의 역사와 제도에 대한 설명으로 가장 적절한 것은? 〈19경감〉

① 1894년에 제정된 행정경찰장정은 일본의 행정경찰규칙(1875년)과 위경죄즉결례(1885년)를 혼합하여 만든 한국경찰 최초의 경찰작용법으로 영업 · 시장 · 회사 및 소방 · 위생, 결사 · 집회, 신문잡지 · 도서 등 광범위한 영역의 사무가 포함되었다.

② 1919년 3 · 1운동을 계기로 보통경찰제도로 전환되면서 경찰의 업무영역에 많은 변화가 발생하였으며, 이를 기화로 정치범 처벌법을 제정하여 단속체계를 갖추었다.

③ 미군정시대에는 경찰의 이념에 민주적인 요소가 도입되면서 최초로 6인으로 구성된 '중앙경찰위원회'가 설치되었으며 경제경찰, 정보경찰 등의 사무가 폐지되는 등 비경찰화가 이루어졌다.

④ 최규식 경무관은 1968년 무장공비침투사건 당시 공비들의 근거지가 될 수 있는 사찰들을 불태우라는 상부의 명령에도 불구하고 화엄사, 천은사, 선운사 등 우리 문화재를 수호한 문화경찰의 표본이다.

해설

한국경찰의 역사와 제도, 갑오경장 이후 -

① (○) 갑오경장, 행정경찰장정<03 · 13 · 14 · 19승진 · 12 · 14 · 15 · 17경간 · 03 · 12.2 · 14.2채용>

② (✕) 일제강점기, **3.1운동** : 1919년 3 · 1운동을 계기로 보통경찰제도로 전환되면서, 정치범 처벌법을 제정하여 단속체계를 갖추었다. 경찰의 **조직은 변화**하였으나 **직무와 권한에 대한 기본적 변화는 없었다.**[♣많은 변화(✕)]<17경간 · 19승진 · 08채용>

③ (X) 미군정기, **제도변화**: 미군정시대에는 경찰의 이념에 민주적인 요소가 도입되면서 최초로 6인으로 구성된 '중앙경찰위원회'가 설치되었으며 경제경찰 등의 사무가 폐지되는 등 비경찰화가 이루어졌으나, **정보업무를 담당할 사찰과(정보과)를 신설**하였다.[♣비경찰화 일환으로 정보경찰 제외(X)]<05·19승진·14·18경간·03·08·14.1채용>

④ (X) 자랑스러운 경찰의 표상, **차일혁**: 차일혁은 남부군 사령관 이현상을 사살하는 등 **빨치산 토벌의 주역**이며, **구례 화엄사 등 문화재를 수호**한 인물로 '보관문화훈장'을 수여받은 호국경찰 영웅이자 인본경찰의 표상이다.[♣최규식 경무관(X)]<13·16·18·19승진>   정답 ①

---

04 다음은 한국 근·현대 경찰의 역사에 대한 설명이다. 아래 ㉠부터 ㉣까지의 내용 중 옳고 그름의 표시(O, X)가 바르게 된 것은? 〈18.2순경〉

> ㉠ '경무청관제직장'에 의해 당시의 좌·우포도청을 합하여 경무부를 신설하고, 경무부의 장으로 경무사를 두었다.
> ㉡ 미군정 시기에는 경찰이 담당하였던 위생사무가 위생국으로 이관되는 등 비경찰화 작업이 진행되었다.
> ㉢ 구한말 일본이 한국의 경찰권을 강탈해 가는 과정은 '경찰 사무에 관한 취극서' – '재한국외국인민에 대한 경찰에 관한 한일협정' – '한국 사법 및 감옥사무 위탁에 관한 각서' – '한국경찰사무 위탁에 관한 각서'의 순서로 진행되었다.
> ㉣ 1953년 「경찰관직무집행법」이 제정되었으며, 국민의 생명·신체·재산의 보호라는 영·미법적 사고가 반영되었다.

① ㉠(O) ㉡(O) ㉢(O) ㉣(O)   ② ㉠(X) ㉡(O) ㉢(O) ㉣(O)
③ ㉠(X) ㉡(O) ㉢(X) ㉣(O)   ④ ㉠(O) ㉡(X) ㉢(O) ㉣(X)

해설

한국경찰의 역사와 제도 –

㉠ (X) 갑오경장, **경무청의 설립과 포도청의 폐지**: 한국 **최초의 경찰조직법인 '경무청관제직장'**을 통해 **좌·우포도청을 합하여** 한성부에 **경무청을 창설**(長은 **경무사**)하였다.[♣경무부 창설(X)]<03·12·13·14승진·01경간·12.2·13.1·18.2채용>

㉡ (O) 미군정기, **비경찰화(경찰사무의 정비)**: 위생사무의 위생국 이관, 경제경찰과 고등경찰 폐지, 소방업무이관, 출판물 등 검열업무의 공보부 이관, 각종 허가권의 이관 및 폐지, 선박 및 선원의 단속·현장조사 및 수색업무의 재무부 세관국 이관 등 비경찰화 작업이 진행되어 **경찰의 직무범위가 축소**되었다.[♣비경찰화 작업은 이루어지지 않았으며(X), ♣경찰직무범위 확대(X), ♣경제경찰 창설(X)]<14·18경간·14.1·18.2채용>

㉢ (O) 갑오경장 ~ 한일합방, 경찰권 상실과정<04승진·07경간·03·04·12.2·14.2·18.2채용>

㉣ (O) 정부수립 이후, 경찰관직무집행법 제정<12승진·13경간·12.2·13.2·18.2채용>   정답 ②

05 한국 근·현대 경찰사에 관한 다음 설명 중 옳지 않은 것으로 묶인 것은? 〈18경간〉

> 가. 1894년 일본각의의 결정에 따라 '각아문관제'에서 처음으로 경찰이란 용어를 사용하였다.
> 나. 경무청의 장(경무사)은 경찰사무를 비롯해 감옥사무를 총괄하였으며, 범죄인을 체포·수사하여 법사에 이송하는 업무를 담당하였다.
> 다. 1906년 통감부가 설치되면서 헌병은 일본의 「헌병조례」에 의해 군사경찰업무와 사법경찰업무만을 수행하였다.
> 라. 미군정기에 고등경찰제도가 폐지되었으며, 정보업무를 담당할 정보과와 경제사범단속을 위한 경제경찰이 신설되었다.
> 마. 미군정기에 6인으로 구성된 중앙경찰위원회가 설치되었으며, 중요한 경무정책의 수립·경찰관리의 소환·심문·임면·이동 등에 관한 사항을 심의하였다.
> 바. 경찰법(현행 국가경찰과 자치경찰의 조직 및 운영에 관한 법률)이 제정될 때까지 경찰체제의 근거가 되는 법률은 「경찰관직무집행법」이었다.
> 사. 소방업무가 경찰업무에서 배제된 것은 소방업무가 민방위본부로 이관되면서부터이다.

① 가, 나, 다　　　　　　　　　② 다, 라, 마
③ 마, 바, 사　　　　　　　　　④ 다, 라, 바

해설

한국경찰의 역사와 제도 −

가. (○) 갑오경장, **경찰창설** : 친일 김홍집 내각은 6월 14일 '각아문관제'에서 **처음으로 경찰이라는 용어를 사용**하고, 경찰을 **법무아문 하에 창설할 것을 의결하였다가** 동년 7월 1일 경찰의 소속을 **내무아문으로 변경**시켰다.[♣외무아문(X), ♣내무아문에 창설하였다가 법무아문으로 변경(X)]<18경간·13.1채용>

나. (○) 갑오경장, 경무청 사물관할<03·12·13·14승진·01·18경간·12.2·13.1채용>

다. (×) **1906년 '헌병조례'** : 통감부가 설치되면서 헌병은 일본의 '헌병조례'에 의해 **군사·행정·사법경찰 업무를 동시에 수행**하였다.[♣군사경찰업무와 사법경찰업무만을 수행(X)] ➡ 헌병경찰제의 시초 <18경간·04채용>

라. (×) **미군정기 제도변화** : 위생사무의 위생국 이관, **경제경찰과 고등경찰 폐지**, 소방업무이관, 출판물 등 검열업무의 공보부 이관, 각종 허가권의 이관 및 폐지, 선박 및 선원의 단속·현장조사 및 수색업무의 재무부 세관국 이관 등 비경찰화 작업이 진행되어 **경찰의 직무범위가 축소**되었다. [♣경제경찰 창설(X)]<14·18경간·14.1채용>
　　정보업무를 담당할 사찰과(정보과)의 신설[♣비경찰화 일환으로 정보경찰 제외(X)]<05승진·14·18경간·03·08·14.1채용>

마. (○) 미군정기, 중앙경찰위원회<08·09승진·13·14·18경간·11.1·14.1채용>

바. (×) 경찰청 체제, **경찰법** : **정부조직법은 국가 행정조직에 관한 기본법**으로 경찰법(현행 국가경찰과 자치경찰의 조직 및 운영에 관한 법률)이 제정되기 이전에는 경찰체제(설치)의 근거법이었다. [♣경찰관직무집행법은(X)]<18경간>

사. (○) 정부수립이후 : 소방업무**배제(폐지)** ➡ 내무부 민방위본부로 **소방업무를 이관**(1975)<18경간>

정답 ④

06 한국경찰의 역사와 제도에 대한 설명이다. 시대 순으로 바르게 나열한 것은? 〈18경위〉

> ㉠ 「경찰법」(현행 국가경찰과 자치경찰의 조직 및 운영에 관한 법률) 제정으로 내무부로부터의 독립을 통한 정치적 중립성을 확보했다.
> ㉡ 경찰작용에 관한 기본법으로서 「경찰관직무집행법」이 제정되었다.
> ㉢ 중앙경찰위원회가 설치되어 경찰민주화를 위한 조치를 시행하였다.
> ㉣ 경찰공무원법이 처음으로 제정되어 그동안 국가공무원법에 의거하던 경찰공무원을 특별법으로 규율하게 되었다.

① ㉡ ㅡ ㉣ ㅡ ㉠ ㅡ ㉢

② ㉢ ㅡ ㉣ ㅡ ㉡ ㅡ ㉠

③ ㉣ ㅡ ㉡ ㅡ ㉠ ㅡ ㉢

④ ㉢ ㅡ ㉡ ㅡ ㉣ ㅡ ㉠

해설

한국경찰의 역사와 제도 ㅡ

㉢ ㅡ ㉡ ㅡ ㉣ ㅡ ㉠

㉠ 1991년<17·18승진·13.2채용>

㉡ 1953년<17·18승진·13.2·17.2채용>

㉢ 1947년<17·18승진·10.2채용>

㉣ 1969년<12경간·17·18승진·10.2·11.1·17.2채용>

정답 ④

07 우리나라 경찰의 역사와 제도에 대한 설명이다. 과거에서 현재 순으로 가장 바르게 나열한 것은?

〈17경간·17.2채용〉

> ㉠ 경찰관 해외주재관제도 신설
> ㉡ 「경찰관 직무집행법」 제정
> ㉢ 경찰위원회 신설
> ㉣ 「경찰공무원법」 제정
> ㉤ 내무부 치안국을 치안본부로 개편

① ㉡ ㅡ ㉠ ㅡ ㉤ ㅡ ㉣ ㅡ ㉢

② ㉡ ㅡ ㉠ ㅡ ㉣ ㅡ ㉤ ㅡ ㉢

③ ㉡ ㅡ ㉣ ㅡ ㉠ ㅡ ㉤ ㅡ ㉢

④ ㉣ ㅡ ㉡ ㅡ ㉤ ㅡ ㉢ ㅡ ㉠

해설

한국경찰의 역사와 제도 ㅡ

㉡ ㅡ ㉠ ㅡ ㉣ ㅡ ㉤ ㅡ ㉢

㉠ 경찰관 해외주재관제도 신설 ㅡ 1966년<10.2·13.2·17.2채용>

㉡ 「경찰관 직무집행법」 제정 ㅡ 1953년<17승진·13.2·17.2채용>

㉢ 경찰위원회 신설 ㅡ 1991년<14.2·17.2채용>

㉣ 「경찰공무원법」 제정 ㅡ 1969년<12경간·17승진·10.2·11.1·17.2채용>

㉤ 내무부 치안국을 치안본부로 개편 ㅡ 1974년<13.2·17.2채용>

정답 ②

08 경찰의 역사와 제도에 대한 설명으로 가장 적절하지 않은 것은? 〈20경감〉

① 대한민국 임시정부 초대 경무국장은 백범 김구이며, 대한민국 경찰 역시 임시정부의 경찰활동 또는 경찰 정신을 계승하고 있다고 보아야 할 것이다.

② 미군정 시기에는 경찰작용에 관한 기본법인 「경찰관 직무집행법」이 제정되는 등 조직·작용법적 정비가 이루어졌다.

③ 1946년 이후 중앙행정기관이었던 경무부(警務部)가 1948년 「정부조직법」상에서 내무부 산하의 국(局)으로 격하되었다.

④ 1969년 「국가공무원법」의 특별법인 「경찰공무원법」이 제정되었다.

해설

한국경찰의 역사와 제도 −

① (○) **자랑스러운 경찰의 표상**〈13·18·20승진·19.2채용〉

② (✕) **미군정기**: 치안입법의 정비와 함께 **조직법적·작용법적 정비**가 이루어지고 **비경찰화 작업** 등으로 **경찰의 활동영역이 축소**되었다.[♣경찰관직무집행법 제정(X)]〈12·20승진·14.1채용〉 / 내무부경찰체제하인 1953년에 경찰작용에 관한 기본법으로서 **경찰관직무집행법을 제정**하였다.(1953)[♣ 1955년 제정(X)]〈19경간·12·20승진·13.2순경〉

③ (○) 내무부 경찰체제, 조직〈07·09·20승진·08·11.1채용·12·15경간〉

④ (○) 내무부 경찰체제, 경찰공무원법 제정〈12·19경간·20승진〉   정답 ②

---

09 근대 한국의 경찰개념 형성에 대한 설명으로 가장 적절하지 않은 것은? 〈21경간〉

① 유길준은 경찰의 기본 업무로 치안에 집중할 것을 강조하면서 '위생'을 경찰업무에서 제외할 것을 주장하였다.

② 유길준은 「서유견문」 '제10편 순찰의 규제'를 통해 경찰제도 개혁을 주장하였다.

③ 유길준은 결찰제도를 행정경찰과 사법경찰로 구분할 것을 주장하였다.

④ 김옥균, 박영효 등이 일본의 경찰제도로부터 영향을 받은 반면, 유길준을 영국의 경찰제도로부터 영향을 받았다.

해설

한국경찰의 역사와 제도, 갑오경장 이후 −

① (✕) **유길준 서유견문 경찰제도**(1895년): 유길준은 **경찰의 기본 업무로 치안에 집중할 것을 강조**하였다. [♣'위생'을 경찰업무에서 제외할 것을 주장하였다.(X)]〈21경간〉

②③④ (○) **유길준 서유견문 경찰제도**(1895년)   정답 ①

10 다음 설명 중 가장 적절한 것은? 〈22.1채용〉

① 1919년 3.1운동을 계기로 헌병경찰제도에서 보통경찰제도로의 전환은 이루어졌으나, 일본에서 제정된 「정치범 처벌법」을 우리나라에 적용하는 등 일제의 탄압적 지배체재가 강화되었다.

② 미군정기에 고등경찰제도가 폐지되었으며, 경찰에 정보업무를 담당하는 정보과와 경제사범단속을 위한 경제경찰이 신설되었다.

③ 1953년 경찰작용의 기본법인 「경찰관직무집행법」이 제정되어 경감 이상의 계급정년제가 도입되었고, 1969년 경찰공무원법이 제정되어 경정 및 경장 계급이 신설되었다.

④ 대한민국 정부 수립 이후 1974년 내무부 치안국이 치안본부로 개편되었고, 2006년 제주특별자치도 '자치경찰단'이 창설되었다.

> **해설**

한국경찰의 역사와 제도, 일제강점기 경찰 −

① (✕) **보통경찰제도, 치안입법** : 3 · 1 운동을 계기로 '**정치범 처벌법**'을 **제정**하였고 일본에서 제정된 '**치안유지법**'을 **한국에 적용**하여 탄압적 지배체제를 한층 강화하였다.[♣일본에서 제정된 정치범 처벌법 적용(X)]〈05 · 13승진 · 14 · 15경간 · 18.3 · 22.1채용〉

② (✕) **미군정기의 경찰** : 위생사무의 위생국 이관, **경제경찰과 고등경찰 폐지,** 소방업무이관, 출판물 등 검열업무의 공보부 이관, 각종 허가권의 이관 및 폐지, 선박 및 선원의 단속 · 현장조사 및 수색 업무의 재무부 세관국 이관 등 비경찰화 작업이 진행되어 **경찰의 직무범위가 축소**되었다.[♣경제경찰 신설(X)]〈14 · 18 · 20경간 · 04 · 14.1 · 18.2 · 21.1 · 22.1채용〉

③ (✕) **내무부경찰 제제** : 경찰공무원법 제정으로 **경정 · 경장 2계급 신설, 2급지 경찰서장을 경감에서 경정으로 격상**하고, **경감 이상 계급정년제가 도입**되었다.[♣경찰관직무집행법 제정으로(X)]〈12경간 · 17 · 18승진 · 10.2 · 11.1 · 17.2 · 22.1채용〉

④ (○) **경찰연혁**〈13.2 · 18.1 · 22.1채용〉

정답 ④

---

11 우리나라 경찰의 역사에 관한 설명 중 가장 적절하지 않은 것은? 〈22.2채용〉

① 고려시대 중앙에는 형부, 병부, 어사대, 금오위 등이 경찰업무를 수행하였고, 이 중 어사대는 관리의 비리를 규탄하고 풍속교정을 담당하는 등 풍속경찰의 임무를 수행하였다.

② 이준규 서장은 보도연맹원들에 대한 총살명령이 내려오자 480명의 예비검속자 앞에서 "내가 죽더라도 방면하겠으니 국가를 위해 충성해 달라"라는 연설 후 전원 방면하였다.

③ 정부수립 이후 1991년 이전 경찰의 특징을 살펴보면, 전투경찰 업무가 경찰의 업무 범위에 추가되었고 소방업무가 경찰의 업무 범위에서 배제되는 등 경찰활동의 영역에 변화가 있었다.

④ 구 경찰법이 국가경찰과 자치경찰의 조직 및 운영에 관한 법률로 개정됨에 따라 자치경찰사무를 관장하게 하기 위하여 특별시장, 광역시장, 특별자치시장, 도지사, 특별자치도지사 소속으로 시 · 도자치경찰위원회를 두었다.

해설

한국경찰의 역사와 제도 −

① (○) 고려시대, 중앙의 경찰기관<02승진 · 13 · 14경간 · 22.2채용>

② (×) 내무부 경찰체제, 제1공화국, **안종삼 서장**: 50. 7. 24. 전쟁발발로 예비검속 된 보도연맹원들에 대한 총살 명령이 내려오자 480명의 예비검속자 앞에서 **"내가 죽더라도 방면하겠으니 국가를 위해 충성해 달라"**라고 연설한 후 전원을 방면함으로써 구명하였다.[♣이준규(×)]<22.2채용>

③ (○) 내무부 경찰제체, 조직 및 임무변화<19경간 · 12경간 · 22.2채용>

④ (○) 경찰청 경찰체제, 국가경찰과 자치경찰의 조직 및 운영에 관한 법률의 주요내용(2020년 신설) <22.2채용>

정답 ②

12 한국경찰의 역사적 사실을 과거에서부터 현재 순으로 바르게 나열한 것은? 〈23.2채용〉

> ㉠ 경찰청 사이버테러대응센터 신설
> ㉡ 경찰서비스현장 제정
> ㉢ 국가수사본부 신설
> ㉣ 「경찰법」 제정
> ㉤ 제주특별자치도 자치경찰단 설치

① ㉣ − ㉡ − ㉠ − ㉤ − ㉢   ② ㉡ − ㉣ − ㉤ − ㉠ − ㉢

③ ㉡ − ㉣ − ㉠ − ㉢ − ㉤   ④ ㉣ − ㉠ − ㉡ − ㉤ − ㉢

해설

한국경찰사, 한국경찰연혁 −

㉣ − ㉡ − ㉠ − ㉤ − ㉢

㉠ 경찰청 사이버테러대응센터 신설 − 2000년<23.2채용>

㉡ 경찰서비스현장 제정 − 1998년<21.2 · 23.2채용>

㉢ 국가수사본부 신설 − 2021년<23.2채용>

㉣ 「경찰법」 제정 − 1991년<17 · 18승진 · 13.2 · 18.1 · 21.2 · 23.2채용>

㉤ 제주특별자치도 자치경찰단 설치 − 2006년<13.2 · 18.1 · 22.1 · 23.2채용>

정답 ①

제2장 외국경찰의 역사와 제도

테마 24 영국경찰

01 1829년 런던수도경찰청을 창설한 로버트 필 경(Sir. Robert Peel)이 경찰조직을 운영하기 위하여 제시한 기본적인 원칙 중 가장 적절하지 않은 것은? 〈20.1채용〉

① 경찰의 기본적인 임무는 범죄에 대한 신속한 대응이다.
② 경찰의 성공은 시민의 인정에 의존한다.
③ 적절한 경찰관들을 확보하기 위한 교육훈련은 필수적인 것이다.
④ 경찰은 군대식으로 조직되어야 한다.

해설

외국경찰제도, 영국경찰 −
① (X) Robert Peel경의 경찰활동의 원칙 : 경찰활동은 가시적인 경찰력 행사가 아닌 **범죄와 무질서 감소에 의한 평가를 받아야** 한다.[♣기본적 임무는 범죄에 신속한 대응(X)]〈20.1채용〉
    ※ 로버트 필경의 경찰활동은 지역사회 경찰활동과 유사하며, 범죄에 대한 신속한 대응은 전통적 경찰활동의 내용이다.
② (O) Robert Peel경의 경찰활동의 원칙〈20.1채용〉
③ (O) Robert Peel경의 12개 개혁안〈20.1채용〉
④ (O) Robert Peel경의 12개 개혁안〈20.1채용〉   정답 ①

02 1829년 런던수도경찰청을 창설한 로버트 필 경(Sir. Robert Peel)이 경찰조직을 운영하기 위하여 제시한 기본적인 원칙에 해당하지 않는 것은? 〈21경간〉

① 경찰은 안정되고 능률적이며, 군대식으로 조직되어야 한다.
② 경찰의 기본적인 임무는 범죄와 무질서의 예방이다.
③ 모방범죄 예방을 위해 범죄정보는 유출되어서는 안 된다.
④ 적합한 경찰관들의 선발과 교육은 필수적인 것이다.

해설

외국경찰제도, 영국경찰, 로버트 필 경(Sir. Robert Peel) −
①②④ (O) Robert Peel경의 경찰활동의 원칙〈21경간·01·20.1채용〉
③ (X) **로버트 필경의 12개 경찰개혁안 : 범죄발생 사항은 반드시 전파되어야** 한다.[♣범죄정보는 유출되어서는 안 된다.(X)]〈21경간〉   정답 ③

03 런던수도경찰청을 창시(1829년)한 로버트 필 경(Sr. Robert Peel)이 경찰조직을 운영하기 위하여 제시한 기본적인 원칙(경찰개혁안 포함)에 대한 설명으로 가장 적절하지 않은 것은? 〈22경간〉

① 경찰은 정부의 통제하에 있어야 한다.
② 범죄발생 사항은 반드시 전파되어야 한다.
③ 단정한 외모가 시민의 존중을 산다.
④ 경찰의 효율성은 항상 범죄나 무질서를 진압하는 가시적인 모습으로 판단하는 것이다.

해설

외국경찰제도, 영국경찰, 로버트 필 경(Sir. Robert Peel) −
①②③ (○) 12대 개혁안〈21 · 22경간〉
④ (×) 12대 개혁안, **능률성 판단**: 경찰의 **능률성은 범죄의 부재**(Absence Of Crime)에 의해 가장 잘 나타날 것이다.[♣효율성은 항상 범죄나 무질서를 진압하는 가시적인 모습으로 판단(X)]〈22경간〉 **정답** ④

테마 25 ▶ 미국경찰

04 20세기 초 미국경찰에 대한 설명으로 적절하지 않은 것은 모두 몇 개인가? 〈23경간〉

> 가. 위커샴 위원회(Wickersham Commission) 보고서에서는 경찰전문성 향상을 위해 경찰관 채용기준 강화, 임금 및 복지개선, 교육훈련 증대의 필요성이 제기되었다.
> 나. 오거스트 볼머(August Vollmer)는 경찰관 선발을 지원하기 위해서 지능·정신병·신경학 검사를 도입했다.
> 다. 윌슨(O. W. Wilson)은 1인 순찰제의 효과성에 관한 체계적인 연구를 수행했다.
> 라. 루즈벨트(F. D. Roosevelt) 대통령의 지시로 1903년 최초의 연방수사 기구가 재무부에 창설되었다.

①1개   ② 2개   ③ 3개   ④4개

해설

경찰역사, 비교경찰론, 미국경찰의 역사, 경찰의 전문화운동 등 −
가. (○) 위커샴 위원회(Wickersham Commission)〈23경간〉
나. (○) 오거스트 볼머(August Vollmer)〈23경간〉
다. (○) 윌슨(O. W. Wilson)〈23경간〉
라. (×) **루즈벨트**(F. D. Roosevelt) 대통령의 지시로 1908년 **최초의 연방수사 기구**가 **법무부에 창설**되었다.
[♣재무부에 창설(X)]〈23경간〉 **정답** ①

테마 26 ▶ **독일경찰**

테마 27 ▶ **프랑스경찰**

05 프랑스 경찰개념의 발달과정에 대한 설명으로 가장 적절하지 않은 것은? 〈21경간〉

① 11세기경 프랑스에서는 법원과 경찰기능을 가진 프레보(Prevot)가 파리에 도입되었고, 프레보는 왕이 임명하였다.

② 프랑스에서 경찰권이론은 14세기에 등장하였는데, 이 이론에 따르면 군주는 개인 간의 결투와 같은 자구행위를 억제하기 위하여 공동체의 원만한 질서를 보호할 권리와 의무를 갖고 있으며, 이를 위한 필수불가결한 조치를 경찰권에 근거하여 갖고 있다고 보았다.

③ 14세기 프랑스 경찰권 개념은 라 폴리스(La Police)라는 단어에 의해 대표되었는데, 이 단어의 뜻은 초기에는 '공동체의 질서 있는 상태'를 의미했다가 나중에는 '국가목적 또는 국가작용'을 의미하였다.

④ 15세기 말 프랑스에서 독일로 도입된 경찰권이론은 '국민의 공공복리를 위해 강제력을 동원할 수 있는 통치자의 권한'으로 인정되어 절대적 국가권력의 기초를 제공하였다.

> **해설**

외국경찰 역사와 제도, 프랑스 경찰의 역사 −

① (○) 프랑스 혁명 이전〈11·21경간〉

② (○) 프랑스 혁명 이전〈11·21경간〉

③ (✕) 대륙법계 경찰개념 변천, **고대 및 중세: 14세기의 경찰의 개념**은 프랑스어인 la police라는 단어에 의해 대표되었고, **초기에는 국가목적·국가작용·국가의 평온한 질서 있는 상태**의 의미로 **나중에는 '공동체의 질서 있는 상태'**의 의미로 이해되었다.[♣초기에는 공동체의 질서 있는 상태를 의미(X)]〈21경간〉

④ (○) 대륙법계 경찰개념 변천, 고대 및 중세〈10·13승진·11·21경간〉   정답 ③

테마 28 ▶ **일본경찰**

06 다른 나라의 경찰제도에 대한 설명으로 적절하지 않은 것은 모두 몇 개인가? 〈21경간〉

> 가. 일본의 관구경찰국은 동경 경시청과 북해도 경찰본부 관할구역을 제외하고 전국에 6개가 설치되어 있다.
>
> 나. 프랑스의 군인경찰(La Gendamerie Nationale)은 국립경찰이 배치되지 않은 소규모 인구의 소도시와 농촌지역에서 경찰업무를 수행한다.
>
> 다. 독일의 연방헌법보호청은 경찰기관의 하나로서 법집행업무를 수행하는데, 헌법위반과 관련된 사안에 대해서만 구속·압수·수색 등 강제 수사를 할 수 있다.
>
> 라. 미국의 군 보안관(County Sheriff)은 범죄수사 및 순찰 등 모든 경찰권을 행사하며, 대부분의 주(State)에서 군 보안관 선출은 지역주민의 선거로 이루어진다.
>
> 마. 영국의 지방경찰은 기존의 3원 체제(지방경찰청장, 지방경찰위원회, 내무부장관)에서 4원 체제(지역치안위원장, 지역치안평의회, 지방경찰청장, 내무부장관)로 변경하면서 자치경찰의 성격을 강화하였다.

① 없음   ② 1개   ③ 2개   ④ 3개

해설

외국경찰 역사와 제도 −

가. (○) 일본 경찰, 조직과 제도, **경찰청의 지방기관**(출제 당시 전국에 6개 였으나 이후 변경되었으므로 6개로 수정)<21경간>

나. (○) 프랑스 경찰, 조직과 제도, **국가경찰, 군인경찰**<21경간>

다. (✕) 독일 경찰, 연방경찰조직, **연방헌법보호청(BFVS)** : 독일의 연방헌법보호국은 우리의 국가정보원과 같은 반국가사범에 대한 수사권이 없어, **구속·압수·수색·소환 등의 권한이 없으며**, 반국가사범의 위법한 행위에 대한 정보를 경찰당국에 이첩해야 한다.[♣헌법위반과 관련된 사안에 대해서만 구속·압수·수색 등 강제수사를 할 수 있다.(X)]<21경간>

라. (○) 미국 경찰, 조직과 제도, 지방경찰, **군(카운티) 보안관(County Sheriff)**<21경간>

마. (○) 영국 경찰, 조직과 제도, 사원체제로 변경<21경간>　　　　　　　　　　　　**정답** ②

− 종합문제

07 외국의 경찰에 대한 설명으로 가장 적절하지 않은 것은? <22경간>

① 미국은 경찰업무의 집행에 있어 범죄대응의 효율성보다는 인권보장에 중점을 두어 적법절차(Due Process Of Law)를 강조하는데, 이는 연방대법원의 판결을 통해 확립되어 있다.

② 프랑스 군경찰은 군인의 신분으로 국방임무를 수행하면서, 행정경찰과 사법경찰의 기능을 수행한다.

③ 일본 경찰은 일반적으로 수사의 개시·진행권 및 종결권을 가지고 있으며, 검찰과 상호대등한 협력관계를 이룬다.

④ 독일 경찰은 연방차원에서는 각 주(州)가 경찰권을 가지고 있는 자치경찰이지만, 주(州)의 관점에서 본다면 주(州) 내무부장관을 정점으로 하는 주(州)단위의 국가경찰체제이다.

해설

외국경찰 역사와 제도 −

① (○) 미국 경찰, 20C 미국 경찰의 개혁, 적법절차원리 강조<22경간>

② (○) 프랑스 경찰, 조직적 특색, 군인경찰<22경간>

③ (✕) 일본 경찰, 업무와 권한, **사법경찰직원** : ① **제1차적(본래적) 수사기관으로 독자적 수사권 보유(수사의 개시·진행권)**[♣수사종결권(X)]<22경간> ② **체포·압수·수색·검증영장 청구권을 포함**한 **강제처분권을** 가짐.<08승진·09채용>

④ (○) 독일 경찰, 조직과 제도, 연방경찰과 주경찰 관계<05·09승진·22경간>　　　　**정답** ③

08 각 국의 수사기관에 관한 설명으로 가장 적절하지 않은 것은? 〈23.1채용〉

① 영국의 국립범죄청(NCA)은 2013년 중대조직범죄청(SOCA)과 아동범죄대응센터(CEOPC)를 통합하여 출범하였다.
② 미국의 연방수사국(FBI)은 2001년 9.11 테러 이후 테러예방과 수사에 많은 역량을 집중시키고 있다.
③ 독일의 연방범죄수사청(BKA)은 연방헌법기관 요인들에 대한 신변경호도 담당한다.
④ 한국의 국가수사본부는 고위공직자범죄등에 관한 수사를 독립적으로 수행하기 위하여 법무부장관 소속으로 설치되었다.

해설

- 외국경찰의 역사와 제도 -
① (○) 영국경찰, 조직과 제도, 주요경찰기구 : 국립범죄청(NCA)〈23.1채용〉
② (○) 미국경찰, 조직과 제도, 연방경찰제도 : 연방수사국(FBI)〈23.1채용〉
③ (○) 독일경찰, 조직과 제도, 연방경찰조직 : 연방범죄수사청(BKA) 〈23.1채용〉

- 경찰행정법, 조직법 -
④ (X) **국가수사본부 : 경찰청에** 국가수사본부를 두며, 국가수사본부장은 **치안정감(治安正監)으로** 보한다.
[♣법무부장관 소속(X)](제16조 제1항)〈21.2 · 23.1채용〉　　　　정답 ④

09 외국경찰에 관한 설명으로 가장 적절하지 않은 것은? 〈24.1채용〉

① 11세기경 프랑스의 앙리 1세는 파리의 치안을 유지하기 위해 법원과 경찰기능을 가진 프레보(Prevot)를 창설하였다.
② 독일경찰은 1949년 「기본법」의 제정으로 대부분의 주에서 주 단위 국가경찰제도를 채택하였다.
③ 영국의 지방경찰은 2011년 「경찰개혁 및 사회책임법」 제정을 통해 기존의 3원 체제(지방경찰청, 지방경찰위원회, 내무부 장관)에서 4원 체제(지역치안위원장, 지역치안평의회, 지방경찰청장, 내무부장관)로 변화하면서 자치경찰의 성격이 약화되었다.
④ 미국의 20세기 초 경찰개혁을 이끈 대표적 인물로 1인 순찰제의 효과성을 연구한 윌슨(O. W. Wilson)과 대학에 경찰 관련 교육과정을 개설한 어거스트 볼머(August Vollmer)가 있다.

해설

외국경찰의 역사와 제도 -
① (○) 프랑스 경찰, 역사, 프레보(Prevot)〈11 · 21경간 · 24.1채용〉
② (○) 독일 경찰, 조직과 제도, 주 단위 국가경찰체제〈05 · 09승진 · 22경간 · 24.1채용〉
③ (X) 영국 경찰, 조직과 제도, **사원체제로 변경** : 영국은 오랜 자치경찰의 전통을 유지하여 왔으며 **내무장관,** 지역별 **경찰위원회, 지방경찰청장으로** 구성되는 기존의 **삼원체제가 중앙집권화 됨에** 따라, [♣지나친 치안분권화의 비판(X)] 지방자치경찰제도를 2012년 **지역치안위원장, 지역치안평의회, 지방경찰청장, 내무장관으로** 구성되는 **사원체제로 변경**하여 **자치경찰의 성격을 강화**하였다.[♣자치경찰의 성격 약화(X)]〈21경간 · 24.1채용〉
④ (○) 미국경찰, 역사, 경찰의 전문화 운동〈24.1채용〉　　　　정답 ③

03 경찰행정법

제1장 법학기초이론 및 조직법

제1절 경찰법의 기초이론

테마 29 경찰과 법치행정

01 행정의 법률적합성 원칙(법치행정의 원칙)에 관한 설명 중 가장 적절한 것은? (다툼이 있는 경우 판례에 의함)

〈22.2채용〉

① 법치행정의 원칙에 관한 전통적 견해는 '법률의 지배', '법률의 우위', '법률의 유보'를 내용으로 한다.
② '법률의 우위'에서의 법률에는 형식적 의미의 법률뿐만 아니라 그 밖에 성문법과 불문법이 포함된다.
③ 법규명령에는 위임명령과 집행명령이 있으며, 모두 국민의 권리 의무에 관한 사항을 규정할 수 있다.
④ 법령의 구체적 위임 없이 최루액의 혼합 살수 방법 등을 규정한 경찰청장의 살수차운용지침 (2014. 4. 3.)은 법률유보의 원칙에 위배되는 측면이 있으나, 그 지침에 따라 살수한 경찰관의 행위는 집회를 해산하기 위한 불가피한 조치라는 점에서 반드시 위헌 위법이라 할 수 없다.

해설

경찰행정법, 법학기초이론 −
− 경찰과 법치행정 −
① (×) 내용, **O. Mayer**의 '**법률의 지배**'(**전통적 견해**) : 법치행정의 원칙에 관한 전통적 견해는 '**법률의 법규창조력**', '**법률의 우위**', '**법률의 유보**'를 내용으로 한다.[♣법률의 지배(X)]〈22.2채용〉
② (○) '**법률의 우위**'〈22.2채용〉
④ (×) '**법률유보**' : 判例)[**혼합살수방법 → 법령에 열거(X) → 살수차운용지침 → 법률유보의 원칙 위배**]
혼합살수방법은 법령에 열거되지 않은 새로운 위해성 경찰장비에 해당하고 이 사건 지침에 혼합살수의 근거 규정을 둘 수 있도록 **위임하고 있는 법령이 없으므로**, 이 사건 지침은 **법률유보원칙에 위배**되고 이 사건 지침만을 근거로 한 이 사건 혼합살수행위 역시 법률유보원칙에 위배된다. 따라서 이 사건 혼합살수행위는 청구인들의 신체의 자유와 집회의 자유를 침해한다.[♣반드시 위헌·위법이라고 할 수 없다.(X)](헌재 2015헌마476)〈22.2채용〉

- 경찰법의 법원, 법규명령 -

③ (○) **내용에 따른 분류**: 양자 **모두 법규명령으로서 법규성(구속력)**이 있어 국민의 **권리·의무에 관한 사항**으로 권리·의무에 관한 내용을 규정한 것이다.<22.2채용>

> **判例)[집행명령 → 권리·의무에 관한 변경·보충(X), 새로운 내용(X)]** 법률의 시행령은 모법인 법률에 의하여 위임받은 사항이나 법률이 규정한 범위 내에서 법률을 현실적으로 집행하는 데 필요한 세부적인 사항만을 규정할 수 있을 뿐, **법률에 의한 위임이 없는 한** 법률이 규정한 개인의 **권리·의무에 관한 내용을 변경·보충**하거나 법률에 규정되지 아니한 **새로운 내용을 규정할 수는 없다.**(대법원 93다37342)

→ 위임명령과 집행명령은 모두 법규명령으로 법규성이 있어서 국민의 권리 의무에 관한 사항이며 집행명령은 다만 기술적·세부적 내용일 뿐이다. 집행명령은 권리·의무에 관한 내용을 변경 보충하거나 새로운 사항을 규정할 수 없을 뿐이므로, 출제오류에 해당한다.

정답 ②③(가답안은 ②만 정답으로 제시되었다.)

---

02 법치행정의 원칙에 관한 설명으로 가장 적절하지 않은 것은? (다툼이 있는 경우 판례에 의함) <24.1채용>

① 법률우위원칙은 행정의 종류를 불문하고 모든 행정영역에 적용된다.
② 법률유보원칙은 법률에 의한 규율을 뜻하므로 위임입법에 의해 기본권을 제한할 수 없다.
③ 헌법상 보장된 국민의 자유나 권리를 제한할 때에는 적어도 그 제한의 본질적인 사항에 관하여 국회가 법률로써 스스로 규율하여야 한다.
④ 집회나 시위 해산을 위한 살수차 사용은 기본권에 대한 중대한 제한이므로, 살수차 사용요건이나 기준은 법률에 근거를 두어야 한다.

해설

경찰행정법, 법학기초이론, 법치행정, O. Mayer의 '법률의 지배' -

① (○) 법률우위의 원칙, **행정의 모든 영역에 적용**<24.1채용>
② (X) **법률의 법규창조력**: 국회가 제정한 **법률 또는 법률의 위임에 의한 명령(법규명령)**만이 국민의 권리·의무에 관한 사항(기본권 포함), 즉 일반 국민을 구속하는 내용을 규정할 수 있고, **법률의 수권(위임)이 없는 한 경찰권은 스스로 법규를 만들지 못한다**는 원칙이다.[♣위임입법에 의해 기본권을 제한할 수 없다.(X)]<24.1채용>
③ (○) 법률유보의 원칙, 판례: 대법원 2016두32992 전원합의체 판결 [법외노조통보처분취소]<24.1채용>
④ (○) 법률유보의 원칙, 판례: 헌재 2015헌마476<22.2채용> → 본 판례에 따라 위해성 경찰장비의 사용기준 등에 관한 규정에 명시(제13조의2 제3항)<24.1채용>

정답 ②

– 경찰법의 법원

성문법원

01 「경찰법」의 법원에 대한 설명으로 가장 적절하지 않은 것은? 〈17경감〉

① 법규명령의 특징은 국민과 행정청을 동시에 구속하는 양면적 구속력을 가짐으로써 재판규범이 된다.
② 대통령령, 총리령 및 부령은 특별한 규정이 없으면 공포한 날부터 14일이 경과함으로써 효력을 발생한다.
③ 국민의 권리 제한 또는 의무 부과와 직접 관련되는 법률, 대통령령, 총리령 및 부령은 긴급히 시행하여야 할 특별한 사유가 있는 경우를 제외하고는 공포일로부터 적어도 30일이 경과한 날부터 시행되도록 하여야 한다.
④ 법규명령의 한계로 행정권에 대한 입법권의 일반적·포괄적 위임은 인정될 수 없고, 국회 전속적 법률사항의 위임은 원칙적으로 금지되며, 법률에 의하여 위임된 사항을 전부 하위명령에 재위임하는 것은 금지된다.

해설

경찰행정법, 법학기초이론, 성문법원, 법규명령 –
① (○) **효과: 양면적, 쌍면적 효력**<17승진>
② (✕) 요건, **효력요건**: 법규명령의 시행일이 정해진 경우에는 그 날부터 효력을 발생하고, **특별한 규정이 없는 경우에는 공포한 날로부터 20일을 경과**함으로써 효력을 발생한다.[♣즉시 효력(X), ♣ 14일이 경과함으로써(X)](헌법 제53조 제7항)<17승진>
③ (○) 요건: **효력요건**(법령 등 공포에 관한 법률 제13조의2)<17승진>
④ (○) 한계, 위임명령: **포괄적 위임금지**(헌법 제75조, 大判 97부36 참조)<14·17승진>   **정답 ②**

02 경찰행정법의 법원(法源)에 관한 설명으로 가장 적절하지 않은 것은? (다툼이 있는 경우 판례에 의함)
〈23.1채용〉

① 경찰행정법의 법원(法源)은 일반적으로 성문법원과 불문법원으로 나눌 수 있으며 헌법, 법률, 조례와 규칙은 성문법원에 해당한다.
② 대통령령, 총리령 및 부령은 특별한 규정이 없으면 공포한 날부터 20일이 경과함으로써 효력을 발생한다.
③ 지방자치단체의 장은 법령의 범위에서 그 사무에 관하여 조리(條理)를 제정할 수 있다.
④ 사회의 거듭된 관행으로 생성한 사회생활규범이 사회의 법적 확신과 인식에 의하여 법적 규범으로 승인·강행되기에 이른 것을 관습법이라 한다.

해설

경찰행정법, 법학기초이론, 법원 −

− **성문법원** −

① (○) **의의**<20·22경간·14·20승진·11.1·23.1채용>

② (○) **요건**: 법령등의 공포에 관한 법률 제13조<20경간·17·19·23승진·19.2·23.1채용>

③ (✕) **자치법규, 규칙**: **지방자치단체의 장은 법령 또는 조례의 범위에서** 그 권한에 속하는 사무에 관하여 **규칙**을 제정할 수 있다.[♣조리(X)](지방자치법 제29조)<20경간·23.1채용>

− **불문법원** −

④ (○) **관습법**: 개념<23.1채용>   정답 ③

---

03 법률과 법규명령의 공포 및 효력발생시기에 관한 설명으로 가장 적절하지 않은 것은? 〈23승진〉

① 국회에서 의결된 법률안은 정부에 이송되어 15일 이내에 대통령이 공포한다.

② 법률은 특별한 규정이 없는 한 공포한 날로부터 20일을 경과함으로써 효력을 발생한다.

③ 대통령령, 총리령 및 부령은 특별한 규정이 없으면 공포한 날부터 20일이 경과함으로써 효력을 발생한다.

④ 국민의 권리 제한 또는 의무 부과와 직접 관련되는 법률(법규명령 포함)은 긴급히 시행하여야 할 특별한 사유가 있는 경우를 제외하고는 공포일부터 적어도 20일이 경과한 날부터 시행되도록 하여야 한다.

해설

경찰행정법, 법학기초이론, 성문법원 −

① (○) 법률, 효력발생: 헌법 제53조 제1항<23승진>

② (○) 법률, 효력발생: 헌법 제53조 제7항<23승진>

③ (○) 법규명령, 요건, 효력요건: 법령등의 공포에 관한 법률 제13조<20경간·17·19·23승진·19.2채용>

④ (✕) 법률, **효력발생**: 국민의 **권리 제한 또는 의무 부과**와 직접 관련되는 **법률**(법규명령 포함)은 긴급히 시행하여야 할 특별한 사유가 있는 경우를 제외하고는 공포일부터 적어도 **30일이 경과한 날부터 시행되도록 하여야** 한다.[♣20일이 경과한 날부터(X)](법령등의 공포에 관한 법률 제13조의2)<23승진>   정답 ④

04 법규명령과 행정규칙에 대한 설명으로 가장 옳은 것은? (다툼이 있을 경우 판례에 의함) 〈20경간〉

① 법령 규정이 특정 행정기관에 그 법령 내용의 구체적 사항을 정할 수 있는 권한을 부여하면서 그 권한 행사의 절차나 방법을 특정하고 있지 않아 수임행정기관이 행정규칙의 형식으로 그 내용을 구체적으로 정하고 있다면 그 행정규칙은 대외적 구속력이 있는 법규명령으로서의 효력을 가진다.

② 행정입법이란 행정부가 제정하는 법을 의미하며, 행정조직 내부의 사무처리기준에 관한 법규명령과 국민을 구속하는 효력이 있는 행정규칙으로 구분된다.

③ 법규명령의 제정에는 헌법·법률 또는 상위명령의 근거가 필요하지 않아 독자적인 행정입법 작용이 허용된다.

④ 법규명령은 특별한 규정이 없는 한 공포일로부터 30일이 경과해야 효력이 발생하나 행정규칙은 공포를 요하지 않는다.

해설

법학기초이론, 법원, 성문법원 －

① (○) 행정입법 / 행정규칙 형식의 법규명령, **통설·판례: 법규명령설**〈20경간〉

② (×) **행정입법**: 행정입법이란 행정부가 제정하는 법을 의미하며, 행정조직 내부의 사무처리기준에 관한 **행정규칙**[♣법규명령(X)]과 국민을 구속하는 효력이 있는 **법규명령**[♣행정규칙(X)]으로 구분된다.〈20경간·19.2채용〉

③ (×) 행정입법, **법규명령**: 법규명령의 제정에는 **헌법·법률 또는 상위명령의 근거를 요한다.**[♣헌법·법률 또는 상위명령의 근거가 필요하지 않아 독자적인 행정입법 작용이 허용된다.(X)]〈20경간〉

④ (×) 요건, **효력요건**: 법규명령(법률)의 시행일이 정해진 경우에는 그 날부터 효력을 발생하고, **특별한 규정이 없는 경우에는 공포한 날로부터 20일을 경과**함으로써 효력을 발생한다.[♣30일이 경과함으로써(X)](헌법 제53조 제7항)〈20경간·17·19승진·19.2채용〉 / 행정규칙은 **공포라는 형식을 요하지 않는다.**〈20경간·13·14승진〉

정답 ①

---

05 행정규칙과 법규명령에 대한 설명으로 가장 적절하지 않은 것은? 〈19경위〉

① 법규명령은 대외적 구속력을 갖기 때문에 그에 반하는 행정권 행사는 위법하다.

② 법규명령은 특별한 규정이 없는 한 공포한 날로부터 20일을 경과함으로써 효력을 발생한다.

③ 위임명령은 법규명령이고, 집행명령은 행정규칙이다.

④ 법규명령의 형식(부령)을 취하고 있지만 그 내용이 행정규칙의 실질을 가지는 경우 판례는 당해 규범을 행정규칙으로 보고 있다.

해설

경찰행정법, 법학기초이론, 법원, 성문법원, 행정입법 −

① (○) 법규명령, **효과**: 법규명령은 내부적 효력은 물론 대외적 효력(국민을 구속함)과 재판규범성을 가진다.<17승진> 따라서 **법규명령을 위반한 행정행위는 위법행위가 되어 무효 또는 취소의 사유가 될 수 있다.**<19승진>

② (○) 법규명령, 요건, **효력요건**: 법규명령의 시행일이 정해진 경우에는 그 날부터 효력을 발생하고, **특별한 규정이 없는 경우에는 공포한 날로부터 20일을 경과**함으로써 효력을 발생한다.[♣즉시 효력(X), ♣14일이 경과함으로써(X)](헌법 제53조 제7항)<17·19승진>

③ (×) 법규명령, 분류, **내용**: 법규명령을 내용에 따라 구분하면 위임명령과 집행명령으로 구분되며, 집행명령은 법률의 범위 내에서 이를 시행하기 위하여 필요한 세부적·기술적 사항을 정하기 위하여 발하는 명령이다.[♣집행명령은 행정규칙(X)]<19승진>

④ (○) 행정규칙, 유형, 법규명령형식의 행정규칙, **판례**: 내용상 행정사무의 처리준칙에 불과하여 **행정규칙인 것이 명백**할 때에는 법규의 형식으로 제정되어도 행정규칙으로서의 성질을 가진다는 견해(判例)<19승진>

　− **부령(시행규칙)으로 정한 행정규칙 : 행정규칙으로 봄.**<13·19승진>

　− **대통령령(시행령)으로 정한 행정규칙 : 법규명령으로 봄.**　　　정답 ③

06 법규명령과 행정규칙에 대한 설명으로 가장 적절하지 않은 것은? 〈14·19경감〉

① 법규명령은 국민과 행정청을 동시에 구속하는 양면적 구속력을 가짐으로써 재판규범이 된다.

② 법규명령의 한계로 행정권에 대한 입법권의 일반적·포괄적 위임은 인정될 수 없으며, 국회 전속적 법률사항의 위임은 원칙적으로 금지된다.

③ 행정규칙의 종류로는 고시·훈령·예규·일일명령 등이 있다.

④ 행정규칙은 행정기관이 법률의 수권 없이 권한 범위 내에서 만든 일반적·추상적 명령을 말하며 대내적 구속력을 갖고 있으므로 경찰관이 이를 위반하면 반드시 위법이 된다.

해설

경찰행정법, 법학기초이론, 법원, 성문법원, 행정입법 −

① (○) 법규명령, **효과**: 법규명령은 **법규성이 인정**되어 양면적 구속력을 가지며 재판규범이 된다.<17·19승진>

② (○) 법규명령, 한계, 위임명령, **포괄위임금지 및 국회전속사항 위임금지**: **법률로서 국민의 자유와 권리를 제한하는 것이 원칙**이므로(헌법 제37조 제2항) 행정권에 대한 입법권의 일반적·포괄적 위임은 인정될 수 없으며, 국회 전속적 법률사항의 위임은 원칙적으로 금지된다.<14·17·19승진>

③ (○) 행정규칙, **종류**: **훈령, 지시, 예규, 일일명령, 고시**<19승진>

④ (×) 행정규칙, **효과**: 행정규칙은 대외적 구속력이 없어서 **국민의 권리·의무와 아무런 관련성이 없다. 따라서 행정규칙을 위반해도 위법의 문제가 발생하지 않는다.**[♣반드시 위법(X)]<19승진>　　　정답 ④

07 법규명령과 행정규칙에 대한 설명 중 가장 적절하지 않은 것은? 〈21승진〉

① 행정규칙에 따른 종래의 행정관행이 위법한 경우에는 행정청은 자기구속을 당하지 않는다.

② 법규명령이란 국회의 의결을 거치지 않고 행정기관에 의하여 제정된 성문법규를 말하며, 그 종류에는 위임명령과 집행명령이 있다.

③ 국민의 권리 제한 또는 의무 부과와 직접 관련되는 법률, 대통령령, 총리령 및 부령은 긴급히 시행하여야 할 특별한 사유가 있는 경우를 제외하고는 공포일로부터 적어도 30일이 경과한 날부터 시행되도록 하여야 한다.

④ 위임명령은 상위법령의 집행 시 필요한 절차나 형식을 정하는 데 그쳐야 하며 새로운 법규사항을 정하여서는 안된다.

해설

경찰행정법, 법학기초이론, 법원, 성문법원, 행정입법 −

① (○) 행정규칙, 자기구속의 법리 예외 : 위법한 재량준칙(행정규칙)〈21승진〉

② (○) 법규명령 : 의의〈20경간 · 04 · 12 · 13 · 14 · 16 · 20 · 21승진〉

③ (○) 법규명령, 요건 : 효력요건(법령 등 공포에 관한 법률 제13조의2)〈17 · 21승진〉

④ (X) 법규명령, 분류, 집행명령 : 상위 법률의 범위 내에서 이를 시행(집행)하기 위하여 필요한 **절차나 형식**으로 **세부적 · 기술적 사항**을 정하기 위하여 발하는 명령이다.[♣위임명령(X)]〈19 · 21승진〉　　정답 ④

08 경찰법의 법원에 대한 설명 중 옳지 않은 것을 모두 고른 것은? 〈20경위〉

㉠ 경찰법의 법원은 일반적으로 성문법과 불문법원으로 나눌 수 있으며, 헌법, 법률, 조약과 국제법규, 조리와 규칙은 성문법원이다.

㉡ 국회의 의결을 거치지 않고 행정기관에 의하여 제정된 성문법규를 법규명령이라고 한다.

㉢ 국무총리는 직권으로 총리령을 발할 수 있으나, 행정각부의 장은 직권으로 부령을 발할 수 없다.

㉣ 지방의회가 법령의 범위 안에서 제정하는 자치법규를 규칙이라고 한다.

① ㉠㉡　　　② ㉠㉢　　　③ ㉠㉡㉣　　　④ ㉠㉢㉣

해설

경찰행정법, 법학기초이론, 법원, 성문법원 −

㉠ (X) 종류 : 성문법원에는 **헌법, 법률, 조약과 국제법규, 조례와 규칙**이 있다.[♣조리(X)]〈14 · 20승진 · 11.1채용〉

㉡ (○) 행정입법, 법규명령〈04 · 12 · 13 · 14 · 16 · 20승진〉

㉢ (X) 행정입법, 법규명령, 분류, 형식 : 국무총리 또는 행정각부의 장은 소관사무에 관하여 **법률이나 대통령령의 위임** 또는 **직권으로** 총리령 또는 부령을 발할 수 있다.[♣행정각부의 장은 직권으로 부령을 발할 수 없다.(X)](헌법 제95조)〈20승진〉

㉣ (X) 자치법규, 조례 : **지방자치단체의 의회가** 법령의 범위 안에서 자치권에 의거하여 **제정**하는 법형식의 자치규율을 **조례**라 한다.[♣규칙(X)]〈16 · 20승진〉　　정답 ④

테마 31 **불문법원**

01 행정법의 일반원칙에 관한 설명 중 가장 적절하지 않은 것은? (다툼이 있는 경우 판례에 의함) 〈22.2채용〉

① 폐기물처리업에 대하여 사전에 관할 관청으로부터 적정통보를 받고 막대한 비용을 들여 허가요건을 갖춘 다음 허가신청을 하였음에도 관할 관청으로부터 '다수 청소업자의 난립으로 안정적이고 효율적인 청소업무의 수행에 지장이 있다'는 이유로 불허가처분을 받은 경우, 그 처분은 신뢰보호원칙 위반으로 인한 위법한 처분에 해당된다.

② 지방자치단체장이 사업자에게 주택사업계획승인을 하면서 그 주택사업과는 아무런 관련이 없는 토지를 기부채납하도록 하는 부관을 주택사업계획승인에 붙인 경우, 그 부관은 부당 결부금지 원칙에 위반되어 위법하다.

③ 같은 정도의 비위를 저지른 자들 사이에 있어서도 그 직무의 특성, 비위의 성격 및 정도를 고려하여 징계종류의 선택과 양정을 차별적으로 취급하는 것은 합리적 차별로서 평등원칙에 반하지 아니한다.

④ 적법 및 위법을 불문하고 재량준칙에 따른 행정관행이 성립한 경우라면, 행정의 자기구속 원칙이 적용될 수 있다.

해설

경찰행정법, 법학기초이론, 불문법원, 조리 −

① (○) **신뢰보호의 원칙**: 대법원 98두4061 판결 [폐기물처리업허가신청에 대한 불허가처분취소]〈22.2채용〉

② (○) **부당결부금지원칙**: 대법원 96다49650 판결 [소유권이전등기말소]〈22.2채용〉

③ (○) **평등원칙**: 대법원 선고 99두2611 판결 [파면처분취소등] > 종합법률정보 판례〈22.2채용〉

④ (✕) **평등원칙**: 判例[**위법한 행정처분의 선례 → 이에 따를 의무(X)**] 위법한 행정처분이 수차례에 걸쳐 반복적으로 행하여졌다 하더라도 그러한 처분이 위법한 것인 때에는 행정청에 대하여 **자기구속력을 갖게 된다고 할 수 없다.**[♣적법 및 위법을 불문하고 재량준칙에 따른 행정관행이 성립한 경우라면, 행정의 자기구속 원칙이 적용될 수 있다.(X)](대법원 2008두13132 판결 [조합설립추진위원회승인처분취소])〈22.2채용〉

정답 ④

02 부당결부금지의 원칙에 관한 설명으로 가장 적절한 것은? (다툼이 있는 경우 판례에 의함) 〈23.2채용〉

① 행정청은 행정작용을 할 때 상대방에게 해당 행정작용과 실질적인 관련이 없는 의무를 부과해서는 아니 된다는 원칙이다.

② 현행법상 명시적인 규정은 없지만 법치국가의 원리와 자의금지의 원칙으로부터 도출되는 행정법의 일반원칙이다.

③ 지방자치단체장이 사업자에게 주택사업계획승인을 하면서 그 주택사업과는 아무런 관련이 없는 토지를 기부채납하도록 하는 부관을 붙인 경우에는 기부채납한 토지 가액이 그 주택사업 계획의 100분의 1 상당의 금액에 불과하고 사업자가 이의를 제기하지 아니하다가 지방자치단체장이 업무착오로 기부채납한 토지에 대하여 보상협조요청서를 보내자 그때서야 비로소 부관의 하자를 들고 나왔다고 하더라도 그 부관은 당연무효이다.

④ 甲이 혈중알코올농도 0.140%의 주취상태로 배기량 125cc 이륜자동차를 운전하였다는 이유로 甲의 자동차운전면허 [제1종 대형, 제1종 보통, 제1종 특수(대형견인·구난), 제2종 소형]를 취소한 것은 甲이 음주상태에서 운전을 하지 않으면 안 되는 부득이한 사정이 없었더라도 재량권을 일탈·남용한 것이다.

해설

경찰행정법, 법학기초이론, 불문법원, 조리, 부당결부금지의 원칙 −

① (○) **의의**: 행정기본법 제13조<23승진 · 23.2채용>

② (×) **근거**: **행정기본법** 제13조에서 **부당결부금지원칙을 규정**하고 있다.[♣현행법상 명문의 규정은 없다.(X)]<23.2채용>

   ※ 법치국가의 원리와 자의금지의 원칙에서도 도출되는 행정법의 일반원칙이다.<23.2채용>

③ (×) **판례**: 지방자치단체장이 승인한 사업자의 **주택사업계획은 상당히 큰 규모의 사업**임에 반하여, 사업자가 **기부채납한 토지 가액은 그 100분의 1 상당의 금액에 불과**한 데다가, 사업자가 그동안 그 부관에 대하여 **아무런 이의를 제기하지 아니**하다가 지방자치단체장이 **업무착오로 기부채납한 토지에 대하여 보상협조요청서를 보내자** 그때서야 비로소 부관의 **하자를 들고 나온 사정에** 비추어 볼 때 부관의 하자가 중대하고 명백하여 **당연무효라고는 볼 수 없다.**[♣당연 무효이다.(X)](대법원 96다49650 판결 [소유권이전등기말소])<23.2채용>

④ (×) **판례**: 갑이 혈중알코올농도 0.140%의 주취상태로 **배기량 125cc 이륜자동차를 운전**하였다는 이유로 관할 지방경찰청장이 갑의 자동차운전면허[**제1종 대형, 제1종 보통, 제1종 특수(대형견인 · 구난), 제2종 소형**]를 **취소**하는 처분은 **재량권을 일탈 · 남용한 위법이 있다 볼 수 없다.**[♣재량권 일탈 · 남용이다.(X)](대법원 선고 2017두67476 판결 [자동차운전면허취소처분취소])<23.2채용>   정답 ①

---

03 「**행정기본법**」상 신뢰보호의 원칙에 해당하는 것은? <23승진>

① 행정청은 권한 행사의 기회가 있음에도 불구하고 장기간 권한을 행사하지 아니하여 국민이 그 권한이 행사되지 아니할 것으로 믿을 만한 정당한 사유가 있는 경우에는 그 권한을 행사해서는 아니 된다. 다만, 공익 또는 제3자의 이익을 현저히 해칠 우려가 있는 경우는 예외로 한다.

② 행정청은 합리적 이유 없이 국민을 차별하여서는 아니 된다.

③ 행정청의 행정작용은 행정목적을 달성하는 데 유효하고 적절할 것, 행정목적을 달성하는 데 필요한 최소한도에 그칠 것, 행정작용으로 인한 국민의 이익 침해가 그 행정작용이 의도하는 공익보다 크지 아니해야 한다.

④ 행정청은 행정작용을 할 때 상대방에게 해당 행정작용과 실질적인 관련이 없는 의무를 부과해서는 아니 된다.

해설

경찰행정법, 법학기초이론, 불문법원, 조리 −

① (○) 신뢰보호의 원칙(행정기본법 제12조 제2항)<23승진>

② (×) 평등의 원칙[♣신뢰보호의 원칙(X)](행정기본법 제9조)<23승진>

③ (×) 비례의 원칙[♣신뢰보호의 원칙(X)](행정기본법 제10조)<23승진>

④ (×) 부당결부금지의 원칙[♣신뢰보호의 원칙(X)](행정기본법 제13조)<23승진>   정답 ①

04 경찰비례의 원칙에 관한 설명으로 가장 적절하지 않은 것은? (다툼이 있는 경우 판례에 의함) 〈23.1채용〉

① 경찰비례의 원칙은 일반적 수권조항에 근거하여 경찰권을 발동하는 경우는 물론, 개별적 수권조항에 근거하여 경찰권을 발동하는 경우에도 적용된다.

② 적합성의 원칙은 경찰기관의 어떤 조치가 경찰 목적 달성을 위해 필요한 경우라고 하여도 그 조치에 따른 불이익이 그 조치로 인해 발생하는 이익보다 큰 경우에는 경찰권을 발동해서는 안된다는 원칙이다.

③ 필요성의 원칙(최소침해의 원칙)은 목적을 달성할 수 있는 수단이 여러 가지가 있는 경우에 적합한 여러 가지 수단 중에서 가장 적게 침해를 가져오는 수단을 선택해야 한다는 원칙이다.

④ 경찰비례의 원칙은 「행정기본법」 제10조, 「경찰관직무집행법」 제1조 제2항 등에서 근거를 찾아볼 수 있다.

해설

경찰행정법, 법학기초이론, 불문법원, 비례원칙 −

① (○) **의의**〈16·22승진·23.1채용〉

② (X) **요건, 상당성**: 경찰의 조치는 그에 의하여 달성되는 **공익이** 그로 인한 상대방의 자유·권리에 대한 침해(침해되는 **사익)보다 클 때**에만 허용된다는 원칙이다.[♣적합성(X)]〈12·22승진·19.1·20.2·23.1채용〉

③ (○) **요건**: 필요성의 원칙〈21경간·19.1·20.2·23.1채용〉

④ (○) **근거**: 성문화된 원칙〈98·02·16·20·22승진·20.2·23.1채용〉 〔정답〕②

---

05 경찰권 발동의 조리상 한계에 대한 설명으로 가장 적절하지 않은 것은? 〈19.1채용〉

① 경찰비례의 원칙이란 경찰작용에 있어 목적 실현을 위한 수단과 당해 목적 사이에 합리적인 비례관계가 있어야 한다는 원칙이다.

② 경찰비례의 원칙의 내용 중 상당성의 원칙은 경찰권 발동에 따른 이익보다 사인의 피해가 더 큰 경우 경찰권을 발동해서는 안 된다는 원칙으로서 최소침해원칙이라고도 한다.

③ 경찰책임의 원칙이란 경찰권은 경찰위반상태에 책임이 있는 자에게만 발동되어야 한다는 원칙이다.

④ 경찰책임 원칙의 예외로서 긴급한 필요가 있는 경우 경찰책임 있는 자가 아닌 제3자에 대한 경찰권 발동이 허용되는 경우가 있다.

해설

경찰행정법 −

− 법학기초이론, 불문법원 −

① (○) 비례의 원칙: **의의**〈19.1채용〉

② (X) 비례의 원칙, 요건, **상당성**: 경찰의 조치는 그에 의하여 달성되는 공익이 그로 인한 상대방의 자유·권리에 대한 침해보다 클 때에만 허용된다는 원칙이다.[♣최소 침해의 원칙(X) → 필요성의 원칙]〈12경위·19.1채용〉

− 임무·기초·수단·관할, 기초, 협의의 경찰권 −

③ (○) 경찰책임의 원칙: **의의**〈19.1채용〉

④ (○) 경찰책임의 원칙: **경찰긴급권**〈19.1채용〉 〔정답〕②

06 경찰비례의 원칙에 대한 설명 중 가장 적절하지 않은 것은? 〈20경위〉

① 경찰작용에 있어 목적 실현을 위한 수단과 당해 목적 사이에 합리적인 비례관계가 있어야 한다는 것으로 「경찰관 직무집행법」에 명시적으로 규정되어 있다.

② 경찰비례의 원칙의 내용으로서 '적합성의 원칙', '필요성의 원칙', '상당성의 원칙'이 있으며 적어도 하나는 충족해야 위법하지 않다.

③ 비례의 원칙을 위반한 국가작용은 행정소송의 대상이 되며, 국가배상책임이 성립할 수 있다.

④ '경찰은 대포로 참새를 쏘아서는 안 된다'는 법언은 상당성의 원칙을 잘 표현한 것이다.

해설

경찰행정법, 법학기초이론, 불문법원, 비례의 원칙 −

① (○) **근거**(경찰관 직무집행법 제1조 제2항)〈16 · 20승진〉

② (✕) **요건**: 경찰작용의 **적합성 · 필요성 · 상당성의 원칙을 모두 충족하여야만** 비례원칙이 충족된다.[♣ 적어도 하나는 충족해야(✕)]〈11 · 16 · 20승진〉

③ (○) **위반효과**〈16 · 20승진〉

④ (○) 요건: **상당성의 원칙**〈04 · 05 · 20승진 · 02채용〉 　　　　　　　　정답 ②

07 경찰비례의 원칙에 대한 설명으로 가장 적절하지 않은 것은? 〈20.2채용〉

① 독일에서 경찰법상의 판례를 중심으로 발달하여 왔고 오늘날에는 행정법의 모든 영역에서 적용되는 원칙으로 이해되고 있다.

② 최소침해의 원칙은 협의의 비례원칙이라고도 불린다.

③ 「경찰관 직무집행법」 제1조 제2항이 명문으로 규정하고 있을 뿐만 아니라 헌법 제37조 제2항으로부터도 도출된다.

④ 적합성, 필요성, 상당성의 원칙으로 이루어져 있다.

해설

경찰행정법, 법학기초이론, 불문법원, 비례의 원칙 −

① (○) 연혁〈20.2채용〉

② (✕) 요건, '**상당성**': '**이익형량**', '**협의의 비례의 원칙**', '**수인가능성의 원칙**' − 경찰의 조치는 그에 의하여 달성되는 공익이 그로 인한 상대방의 자유 · 권리에 대한 침해보다 클 때에만 허용된다는 원칙이다.[♣최소 침해의 원칙(✕) → 필요성]〈12경위 · 19.1 · 20.2채용〉

③ (○) 근거(「경찰관 직무집행법」 제1조 제2항, 헌법 제37조 제2항)〈98 · 02 · 16 · 20승진 · 20.2채용〉

④ (○) 요건〈20.2채용〉 　　　　　　　　정답 ②

08 경찰비례의 원칙에 대한 설명으로 가장 적절하지 않은 것은? 〈22승진〉

① 행정영역에서 적용되는 원칙으로서, 일반적 수권조항에 근거하여 경찰권을 발동하는 경우는 물론, 개별적 수권조항에 근거하여 경찰권을 발동하는 경우에도 적용된다.

② 경찰행정관청의 특정행위가 공적 목적 달성을 위해 적합하고, 국민에게 가장 피해가 적으며, 달성되는 공익이 침해되는 사익보다 더 커야 적법한 행적작용이 될 수 있다.

③ 상당성의 원칙(협의의 비례원칙)은 경찰기관의 어떤 조치가 경찰목적 달성을 위해 필요한 경우라고 하여도 그 조치에 따른 불이익이 그 조치로 인해 발생하는 이익보다 큰 경우에는 경찰권을 발동해서는 안된다는 원칙이다.

④ 경찰비례의 원칙은 명문의 규정은 존재하지 않지만 이를 위반한 경찰작용은 위법한 것으로 평가되어 행정소송의 대상이 되며, 국가배상청구의 대상이 될 수 있다.

해설

경찰행정법, 법학기초이론, 불문법원, 조리, 비례의 원칙 −

① (○) 의의〈16·22승진〉

② (○) **요건**: 경찰작용의 **적합성·필요성·상당성의 원칙을 모두 충족하여야만** 비례원칙이 충족된다. 〈11·16·20·22승진〉

③ (○) **요건**: **상당성의 원칙**〈12·22승진·19.1·20.2채용〉

④ (×) **근거**: **헌법(제37조 제2항)의 과잉금지원칙에서 도출**된 헌법상의 원칙이며, **경찰관 직무집행법(제1조 제2항)에도 명문의 규정**이 있다.[♣비례원칙은 명문규정이 없다.(X)]〈98·02·16·20·22승진·20.2채용〉

정답 ④

---

09 경찰권 발동의 조리상 한계에 대한 설명으로 가장 적절하지 않은 것은? 〈21경간〉

① 경찰공공의 원칙이란 경찰권은 공공의 안녕·질서유지에 관계없는 사적관계에 대해서 발동되어서는 안된다는 원칙을 의미한다.

② 경찰비례의 원칙 중 필요성의 원칙은 협의의 비례원칙이라고도 불리며 경찰기관의 조치는 그 목적을 달성하는데 적합하여야 한다는 원칙이다.

③ 경찰책임의 원칙이란 경찰권은 원칙적으로 경찰위반상태를 야기한 자, 즉 공공의 안녕·질서의 위험에 대하여 행위책임 또는 상태책임을 질 자에게만 발동될 수 있다는 원칙이다.

④ 경찰평등의 원칙이란 경찰권은 그 대상이 되는 모든 사람에게 차별 없이 평등하게 행사되어야 한다는 것을 의미한다.

해설

경찰행정법 −

① (○) 경찰작용법, 조리상 한계, **경찰공공의 원칙**〈21경간·11승진〉

② (×) 경찰작용법, 조리상 한계, **비례의 원칙**: 상당성 = '협의의 비례' / 적합성 → 경찰기관이 취하는 조치 또는 수단은 의도하는 **목적을 달성하기에 적합하여야** 한다는 원칙이다.[♣필요성(X)]〈21경간·20.2채용〉

③ (○) 경찰의 임무·기초·수단·관할, 경찰활동의 기초, **경찰책임의 원칙**〈21경간·19.1·19.2·20.1채용〉

④ (○) 법학기초이론, 불문법원, 조리, **평등의 원칙**(행정기본법 제9조)〈21경간〉

정답 ②

10 다음 〈보기〉의 내용 중 공통된 행정의 법 원칙은 무엇인가? 〈22.1채용〉

┌─ 보기 ┐
- 「행정기본법」 제12조 제1항 : "행정청은 공익 또는 제3자의 이익을 현저히 해칠 우려가 있는 경우를 제외하고는 행정에 대한 국민의 정당하고 합리적인 신뢰를 보호하여야 한다."
- 「행정절차법」 제4조 제2항 : "행정청은 법령등의 해석 또는 행정청의 관행이 일반적으로 국민들에게 받아들여졌을 때에는 공익 또는 제3자의 정당한 이익을 현저히 해칠 우려가 있는 경우를 제외하고는 새로운 해석 또는 관행에 따라 소급하여 불리하게 처리하여서는 아니 된다."

① 비례의 원칙 ② 평등의 원칙
③ 신뢰보호의 법칙 ④ 부당결부금지의 원칙

해설

경찰행정법, 경찰법의 기초이론, 경찰법의 법원, 불문법원, 조리 - **신뢰보호의 원칙** 정답 ③

☞ **종합**

01 경찰법의 법원(法源)에 관한 설명으로 가장 적절하지 않은 것은? 〈19.2채용〉

① 행정입법이란 행정부가 제정하는 법을 의미하며, 행정조직 내부의 사무처리기준에 관한 법규명령과 국민을 구속하는 효력이 있는 행정규칙으로 구분된다.
② 법규명령은 특별한 규정이 없는 한 공포일로부터 20일 경과 후 효력이 발생하나, 행정규칙은 공포를 요하지 않는다.
③ 최후의 보충적 법원으로서 조리는 일반적·보편적 정의를 의미하는 바, 경찰관청의 행위가 형식상 적법하더라도 조리에 위반할 경우 위법이 될 수 있다.
④ 판례에 의할 때 운전면허 취소사유에 해당하는 음주운전을 적발한 경찰관의 소속 경찰서장이 사무착오로 위반자에게 운전면허정지처분을 한 상태에서 위반자의 주소지 관할 시·도경찰청장이 위반자에게 운전면허취소처분을 한 경우 이는 법의 일반원칙인 조리에 반하여 허용될 수 없다.

해설

경찰행정법, 경찰법의 법원 -
- 성문법원 -
① (X) **행정입법** : 행정입법이란 행정부가 제정하는 법을 의미하며, 행정조직 내부의 사무처리기준에 관한 **행정규칙[♣법규명령(X)]**과 국민을 구속하는 효력이 있는 **법규명령[♣행정규칙(X)]**으로 구분된다.〈19.2채용〉
② (○) 법규명령, **요건** : 효력요건(행정규칙, 요건)〈17·19승진·19.2채용〉

- 불문법원 -
③ (○) 조리, **개요** : 위반효과〈19.2채용〉
④ (○) 조리, **신뢰보호의 원칙** : 판례(대법원 2000. 02. 25, 99두 10520 판결)〈11승진·19.2채용〉 정답 ①

02 경찰법의 법원(法源)에 대한 설명이다. 옳은 것은 모두 몇 개인가? 〈20경간〉

> 가. 경찰법의 법원은 일반적으로 성문법원과 불문법원으로 나눌 수 있으며 헌법, 법률 조약과 국제법규, 조리와 규칙은 성문법원이다.
> 나. 국회에서 의결을 거치지 않고 행정기관에 의하여 제정된 법규를 법규명령이라고 한다.
> 다. 조례와 규칙은 지방의회가 정한다.
> 라. 헌법은 국가의 기본적인 통치구조를 정한 기본법으로 행정의 조직이나 작용의 기본원칙을 정한 부분은 그 한도 내에서 경찰법의 법원이 된다.
> 마. 위임명령은 법규명령이고 집행명령은 행정규칙이다.
> 바. 헌법재판소의 위헌결정은 법원이나 기타 국가기관 및 지방 자치단체를 기속(羈束)하므로 법원성이 인정된다.
> 사. 조리는 평등의 원칙, 비례의 원칙, 금반언의 원칙, 신의성실의 원칙, 신뢰보호의 원칙 등으로 구성되어 있으며 오늘날 법의 일반원칙은 성문화되어 가는 추세에 있다.

① 1개   ② 2개   ③ 3개   ④ 4개

해설

경찰행정법, 법학기초이론, 법원 -
- 성문법원 -
가. (✕) **종류**: 성문법원에는 **헌법, 법률, 조약과 국제법규, 조례와 규칙**이 있다.[♣조리(X)]〈20경간 · 14 · 20 승진 · 11.1채용〉
나. (○) **법규명령**〈20경간〉
다. (✕) **조례**: 조례는 지방의회가 제정하며, 규칙은 **지방자치단체의 장이** 법령 또는 조례가 위임한 범위 안에서 **제정**한다.[♣지방의회에서 규칙을 제정(X)]〈20경간 · 14승진〉
라. (○) 헌법〈20경간 · 11 · 12 · 16승진〉
마. (✕) **분류, 내용**: **국회의 의결을 거치지 않고 행정기관이**(행정권에서) **제정**한 추상적인 규정으로서 **법규성을 가진 성문법규**를 '**법규명령**'이라 하고 법규명령의 종류에는 **위임명령과 집행명령**이 있다.[♣집행명령은 행정규칙(X)]〈20경간 · 04 · 12 · 13 · 14 · 16 · 20승진〉

- 불문법원 -
바. (○) 판례, 헌법재판소에 의한 위헌결정〈20경간〉
사. (○) 조리, 특색〈20경간〉   정답 ④

03 경찰법의 법원(法源)에 관한 설명이다. 아래 가.부터 라.까지 설명 중 옳고 그름의 표시(O, X)가 바르게 된 것은? 〈22경간〉

> 가. 헌법은 국가의 기본적인 통치구조를 정한 기본법으로서 행정의 조직이나 작용의 기본원칙을 정한 부분은 그 한도 내에서 경찰법의 법원이 된다.
>
> 나. 경찰권 발동은 법률에 근거해야 하므로, 법률은 경찰법상의 법률관계에 있어서 중요한 법원이다.
>
> 다. 불문법원으로서 일반적으로 정의에 합치되는 보편적 원리로서 인정되고 있는 모든 원칙을 조리라 하고, 경찰관청의 행위가 형식상 적법하면 조리에 위반하더라도 위법이 될 수 없다.
>
> 라. 경찰법의 법원은 일반적으로 성문법원과 불문법원으로 나눌 수 있으며 헌법, 법률, 조약과 국제법규, 규칙은 성문법원이다.

① 가.(○) 나.(×) 다.(×) 라.(○)　　② 가.(○) 나.(○) 다.(×) 라.(×)

③ 가.(○) 나.(○) 다.(×) 라.(○)　　④ 가.(×) 나.(○) 다.(×) 라.(○)

해설

경찰행정법, 법학기초이론, 법원 −

가. (○) 성문법원, 헌법, **기능**<20 · 22경간 · 11 · 12 · 16승진>

나. (○) 성문법원, 법률<22경간 · 11승진>

다. (×) 불문법원, 조리, **위반효과** : 경찰의 행위가 형식상 적법하더라도 조리에 위반되는 경우에는, **위헌 또는 위법의 문제가 발생**하여 **사법심사의 대상**이 되며, 무효 또는 취소의 사유가 될 수 있다.[♣형식법령에 적합하면 조리에 위반하더라도 적법(X)]<22경간 · 12 · 14승진 · 19.2채용>

라. (○) 법원일반<20 · 22경간 · 14 · 20승진 · 11.1채용>　　정답 ③

---

04 경찰행정법의 법원(法源)에 대한 설명으로 가장 적절하지 않은 것은? 〈23경간〉

① 헌법에 의하여 체결 · 공포된 조약과 일반적으로 승인된 국제법규도 경찰행정법의 법원으로 볼 수 있다.

② 헌법재판소의 위헌결정은 국가경찰 및 자치경찰을 기속하므로 법원성이 인정된다.

③ 경찰행정법의 일반원칙인 평등의 원칙, 비례의 원칙, 권한남용금지의 원칙, 신뢰보호의 원칙은 「행정기본법」에는 규정되어 있지 않다.

④ 신의성실의 원칙은 「민법」뿐만 아니라 경찰행정법을 포함한 모든 법의 일반원칙이며 법원으로 인정된다.

해설

경찰행정법, 법학기초이론, 법원 −

① (○) **성문법원, 조약 · 국제법규** : 헌법 제6조<11 · 14 · 16 · 19승진 · 23경간>

 − 불문법원 −

② (○) **판례법** : 헌재결정례<20 · 23경간>

③ (×) **조리** : 경찰행정법의 일반원칙인 **평등의 원칙, 비례의 원칙, 권한남용금지의 원칙, 신뢰보호의 원칙 등**은 「행정기본법」에 **규정되어 있다.**[♣규정되어 있지 않다.(X)]<23경간>

④ (○) **조리** : 신의성실 및 권한남용 금지의 원칙<23경간>　　정답 ③

---

05 경찰권의 발동과 한계에 대한 설명으로 가장 적절하지 않은 것은? (다툼이 있는 경우 판례에 의함) 〈23경간〉

① 「경찰관 직무집행법」 제1조 제2항은 경찰비례의 원칙을 명시적으로 선언하고 있는 것이며, 이는 공공의 안녕 및 질서유지라는 공익목적과 이를 실현하기 위하여 개인의 권리나 재산을 침해하는 수단 사이에는 합리적인 비례관계가 있어야 한다는 의미를 갖는다.

② 「경찰관 직무집행법」상 경찰장비 규정은 경찰관의 직무수행 중 경찰장비의 사용 여부, 용도, 방법 및 범위에 관하여 재량의 한계를 정한 것이라 할 수 있고, 특히 위해성 경찰장비는 그 사용의 위험성과 기본권 보호 필요성에 비추어 볼 때 본래의 사용방법에 따라 지정된 용도로 사용되어야 하며 다른 용도나 방법으로 사용하기 위해서는 반드시 법령에 근거가 있어야 한다.

③ 형법상 공무집행방해죄는 공무원의 직무집행이 적법한 경우에 한하여 성립하며, 이때 적법한 공무집행은 그 행위가 공무원의 추상적 권한이 아니라 구체적 직무집행에 관한 법률상 요건과 방식을 갖춘 경우를 가리키므로, 경찰관이 적법절차를 준수하지 않은 채 실력으로 현행범인을 연행하려 하였다면 적법한 공무집행이라고 할 수 없다.

④ 위법이나 비난의 정도가 미약한 사안을 포함한 모든 경우에 부정 취득하지 않은 운전면허까지 필요적으로 취소하고 이로 인해 2년 동안 해당 운전면허 역시 받을 수 없게 하는 것은, 공익의 중대성을 감안하더라도 지나치게 기본권을 제한하는 것이 아니므로 비례의 원칙에 위배되지 않는다.

해설

경찰행정법 —

① (○) 법학기초이론, 불문법원, 비례의 원칙: 근거〈23경간〉

② (○) 경찰행정의 의무이행확보수단, 「경찰관 직무집행법」, 경찰장비의 사용: 판례(대법원 2016다26662, 26679, 26686 판결 [손해배상(기)·손해배상(기)·손해배상(기)])〈23경간〉

③ (✕) 경찰공무원법 관련, 권리, 일반적 신분상 권리, **직무집행법: 判例)[적법한 공무집행 → 추상적 권한(O), 구체적 요건과 방식(O)]** 공무집행방해죄는 공무원의 직무집행이 적법한 경우에 한하여 성립한다. 이때 적법한 공무집행은 그 행위가 **공무원의 추상적 권한에 속할 뿐 아니라[♣추상적 권한이 아니라(X)] 구체적 직무집행에 관한 법률상 요건과 방식을 갖춘 경우**를 가리키므로, **경찰관이 적법절차를 준수하지 않은 채** 실력으로 현행범인을 **연행**하려 하였다면 **적법한 공무집행이라고 할 수 없다.**(대법원 2013도2168 판결 [공무집행방해·상해])〈23경간〉

④ (✕) 법학기초이론, 불문법원, 비례의 원칙, **헌재판례: 憲裁)[부정 취득하지 않은 운전면허까지 필요적으로 취소 → 과잉금지원칙 위배]** 위법이나 비난의 정도가 미약한 사안을 포함한 모든 경우에 **부정 취득하지 않은 운전면허까지 필요적으로 취소**하고 이로 인해 **2년 동안 해당 운전면허 역시 받을 수 없게 하는 것**은, 공익의 중대성을 감안하더라도 지나치게 기본권을 제한하는 것이므로, 법익의 균형성 원칙에도 위배된다. 따라서 심판대상조항 중 각 '**거짓이나 그 밖의 부정한 수단으로 받은 운전면허를 제외한 운전면허**'를 필요적으로 취소하도록 한 부분은, 과잉금지원칙에 반하여 일반적 행동의 자유 또는 직업의 자유를 침해한다.[♣비례의 원칙에 위배되지 않는다.(X)][헌재 2019헌가9·10(병합)]〈23경간〉

정답 ③④

제2절 경찰조직법

테마 32 경찰조직의 기초개념　1

01 경찰기관의 종류에는 경찰행정관청, 경찰의결기관, 경찰자문기관, 경찰보조기관, 경찰집행기관 등이 있다. 각 기관과 관련하여 다음에서 적절하지 않은 것은 모두 몇 개인가? 〈11.2채용〉

> ㉠ 경찰행정관청에는 경찰청장, 시·도경찰청장, 경찰서장, 지구대장 등이 해당한다.
> ㉡ 국가경찰위원회, 경찰청인권위원회는 경찰자문기관이다.
> ㉢ 경찰집행기관은 치안총감, 치안정감, 치안감, 경무관, 총경, 경정, 경감, 경위, 경사, 경장, 순경 등에 해당한다.
> ㉣ 경찰청의 차장이나 과장은 보조기관이다.

① 1개　　　　② 2개　　　　③ 3개　　　　④ 4개

해설

경찰행정법, 경찰조직법, 경찰조직기초개념, 행정기관 −
㉠ (×) **경찰행정관청**: 경찰청장, 시·도경찰청장, 경찰서장[♣지구대장(×)]이 있다. **지구대장(파출소장)**은 경찰서장의 보조기관으로서 **경찰행정관청이 아니다.**〈01·11.2·12.2 채용〉
㉡ (×) **의결기관**: 국가**경찰위원회**, 경찰 **징계위원회**는 의결기관에 해당한다.[♣자문기관(×)]〈11.2·12.2채용〉
㉢ (○) **집행기관**: 경찰집행기관은 행정관청이 결정한 의사를 구체적으로 실현하는 기관으로서 공권력에 의한 실력행사를 포함, 다양한 수단을 동원하여 경찰 의사를 실현하는 기관으로서 **순경에서 치안총감까지 전 경찰관으로 구성**된다.〈97승진·03·11.2채용〉
㉣ (○) 기타기관, **보조기관**: 행정관청(기관)의 직무를 보조하기 위하여 일상적인 직무를 수행하는 계선(line)기관을 말한다. 예 **차장 − 국장** − 부장 − 과장 − 계장 − 반장 등〈99승진·11.2채용〉

정답 ②

2 경찰기관 분류

Ⅰ 보통경찰기관

테마 33 국가경찰, 자지경찰의 임무구분

01 국가경찰과 자치경찰의 조직 및 운영에 관한 법률상 자치 경찰사무에 관한 내용 중 가장 적절하지 않은 것은?

〈22.2채용〉

① 생활안전을 위한 순찰 및 시설의 운영, 주민참여 방범활동의 지원 및 지도, 주민의 일상생활과 관련 된 사회질서의 유지 및 그 위반행위의 지도 단속 등 지역 내 주민의 생활안전 활동에 관한 사무는 자치경찰의 사무에 포함된다.

② 교통법규 위반에 대한 지도 단속, 교통안전시설 및 무인 교통 단속용 장비의 심의 설치 관리 등 지역 내 교통활동에 관한 사무는 자치경찰사무에 포함된다.

③ 학교폭력 등 소년범죄, 가정폭력, 아동학대 범죄, 형법 제245조에 따른 공연음란 및 성폭력범죄의 처 벌 등에 관한 특례법 제11조에 따른 공중밀집 장소에서의 추행행위에 관한 범죄는 자치경찰사무에 포함된다.

④ 지역 내 주민의 생활안전 활동에 관한 사무, 지역 내 교통활동에 관한 사무, 지역 내 다중운집 행사 관련 혼잡 교통 및 안전 관리의 자치경찰사무에 관한 구체적인 사항 및 범위 등은 대통령령으로 정 하는 기준에 따라 시 도조례로 정한다.

해설

경찰행정법, 경찰조직법, 경찰기관분류, 보통경찰기관, 국가경찰과 자치경찰의 임무구분 −

①②④ (○) 자치경찰의 사무(국가경찰과 자치경찰의 조직 및 운영에 관한 법률 제4조 제1항 제2호)〈22.2채용〉

③ (×) 자치경찰의 사무. 수사사무, **형법관련**:「형법」제245조에 따른 **공연음란** 및「성폭력범죄의 처 벌 등에 관한 특례법」제12조에 따른 **성적 목적을 위한 다중이용장소 침입행위**에 관한 범죄[♣ 공중밀집 장소에서의 추행행위에 관한 범죄(X)]〈22.2채용〉   **정답** ③

테마 34 경찰청장

01 「국가경찰과 자치경찰의 조직 및 운영에 관한 법률」상 경찰조직에 대한 설명이다. ㈀부터 ㈃까지의 설명 중 옳고 그름의 표시(○, ×)가 바르게 된 것은? 〈15경감·18경위〉

> ㈀ 경찰청장은 국회의 동의를 받아 행정안전부장관의 제청으로 국무총리를 거쳐 대통령이 임명한다.
> ㈁ 경찰청장은 국가경찰에 관한 사무를 총괄하고 경찰청 업무를 관장하며 소속 공무원 및 각급 국가경찰기관의 장을 지휘·감독한다.
> ㈂ 경찰청장의 임기는 2년으로 하고, 중임할 수 없다.
> ㈃ 경찰청장이 헌법이나 법률을 위반했을 때 국회에서 탄핵 소추를 의결할 수 있다고 인정되나, 현행 「국가경찰과 자치경찰의 조직 및 운영에 관한 법률」에는 국회의 탄핵소추 의결권이 명기되어 있지 아니하다.

① ㈀(×) ㈁(○) ㈂(○) ㈃(×)

② ㈀(×) ㈁(○) ㈂(×) ㈃(○)

③ ㈀(○) ㈁(×) ㈂(○) ㈃(○)

④ ㈀(○) ㈁(○) ㈂(○) ㈃(×)

해설

경찰행정법, 경찰조직법, 중앙경찰조직, 경찰청장 −

㈀ (×) **임명절차**: 경찰청장은 국가**경찰위원회**의 **동의**를[♣국회 동의(X)] 받아 **행정안전부장관의 제청**으로 **국무총리를 거쳐 대통령이 임명**한다. 이 경우 **국회의 인사 청문을 거쳐야** 한다.(제14조 제2항) 〈12·15·16·18승진·14경간·10.2·13.2·15.2·3·18.2채용〉

㈁ (○) 권한(국가경찰과 자치경찰의 조직 및 운영에 관한 법률 제14조 제3항)〈12·16·18승진·15.2채용〉

㈂ (○) 지위(국가경찰과 자치경찰의 조직 및 운영에 관한 법률 제14조 제4항)〈12·15·16·18승진·13.2·15.2·18.2·20.1·2채용〉

㈃ (×) **지위**: 경찰청장이 그 직무를 집행하면서 **헌법이나 법률을 위배**하였을 때에는 **국회는 탄핵 소추를 의결할 수** 있다.[♣탄핵소추 의결권이 명기되어 있지 아니(X)](국가경찰과 자치경찰의 조직 및 운영에 관한 법률 제14조 제5항)〈15·16·18승진·13.2·15.2·20.1·2채용〉 정답 ①

---

02 경찰청장에 대한 설명으로 가장 적절한 것은? 〈20.2채용〉

① 징계위원회의 의결을 거친 경무관 이상의 강등 및 정직과 경정 이상의 파면 및 해임을 한다.

② 임기는 2년이 보장되나, 직무수행 중 헌법이나 법률을 위배하였을 때에는 국회는 탄핵할 수 있다.

③ 소속 공무원뿐만 아니라 제주특별자치도의 자치경찰공무원도 언제나 직접 지휘·명령할 수 있다.

④ 대통령령으로 정하는 바에 따라 경찰공무원의 임용에 관한 권한의 일부를 시·도지사, 국가수사본부장, 소속 기관의 장, 시·도경찰청장에게 위임할 수 있다.

해설

경찰행정법 －

－ 경찰공무원법 관련, 징계책임 －

① (X) 징계권자, 대통령 집행 : ⓐ 경무관 이상의 강등·정직과 ⓑ 경정 이상의 파면·해임은 **경찰청장의 제청으로 행정안전부장관과 국무총리를 거쳐 대통령이** 행한다.[♣경찰청장이 행한다.(X)](경찰공무원법 제33조)<04승진·11.2·14.1·16.1·20.2채용>

－ 경찰조직법, 중앙경찰조직, 경찰청장 －

② (X) 지위, 탄핵 : 경찰청장이 그 직무를 집행하면서 **헌법이나 법률을 위배**하였을 때에는 **국회는 탄핵 소추를 의결할 수** 있다.[♣탄핵할 수(X)](국가경찰과 자치경찰의 조직 및 운영에 관한 법률 제14조 제5항)<15·16·18승진·13.2·15.2·20.1·2채용>

③ (X) 권한, 자치경찰 지휘 : 경찰청장은 '**전시·사변, 천재지변, 그 밖에 이에 준하는 국가 비상사태, 대규모의 테러 또는 소요사태**가 발생하였거나 발생할 우려가 있어 전국적인 치안유지를 위하여 긴급한 조치가 필요하다고 인정할 만한 충분한 사유가 있는 경우' 등에는 **자치경찰사무를 수행하는 경찰공무원(제주특별자치도의 자치경찰공무원을 포함)**을 **직접 지휘·명령할 수** 있다.[♣언제나 지휘·명령할 수(X)](국가경찰과 자치경찰의 조직 및 운영에 관한 법률 제32조 제1항)<20.2채용>

－ 경찰공무원법 관련, 구조, 인사기관과 그 권한 －

④ (○) 경찰인사권자, 경찰청장(경찰공무원법 제7조 제3항)<20.2·23.1채용>　　　　　　**정답** ④

---

03 「국가경찰과 자치경찰의 조직 및 운영에 관한 법률」에 대한 내용으로 가장 적절하지 않은 것은? <18.2채용>

① 이 법은 국가경찰의 민주적인 관리·운영과 효율적인 임무수행을 위하여 경찰의 기본조직 및 직무 범위와 그 밖에 필요한 사항을 규정함을 목적으로 한다.

② 경찰청의 사무를 지역적으로 분담하여 수행하게 하기 위하여 특별시장·광역시장 및 도지사(이하 "시·도지사"라 한다) 소속으로 시·도경찰청을 두고, 시·도경찰청장 소속으로 경찰서를 둔다. 이 경우 인구, 행정구역, 면적, 지리적 특성, 교통 및 그 밖의 조건을 고려하여 2개의 시·도경찰청을 둘 수 있다.

③ 경찰청장은 행정안전부장관의 동의를 받아 국무총리를 거쳐 대통령이 임명한다. 이 경우 국회의 인사 청문을 거쳐야 한다.

④ 경찰청장의 임기는 2년으로 하고, 중임할 수 없다.

해설

경찰행정법, 경찰조직법 －

① (○) 경찰조직의 기초개념, **경찰조직법 기본원리**(국가경찰과 자치경찰의 조직 및 운영에 관한 법률 제1조)<15경간·15.3·18.2채용>

② (○) 지방의 경찰조직, **시·도경찰청** : 소속(국가경찰과 자치경찰의 조직 및 운영에 관한 법률 제13조)<14승진·08·15.3·18.2·19.2채용>

③ (X) 중앙의 경찰조직, 경찰청장, **임명절차** : 경찰청장은 **국가경찰위원회의 동의**를[♣행안부 장관의 동의(X)] 받아 **행정안전부장관의 제청**으로 **국무총리를 거쳐 대통령이 임명**한다. 이 경우 **국회의 인사 청문을 거쳐야** 한다.(제14조 제2항)<12·15·16·18승진·14경간·10.2·13.2·15.2·3·18.2채용>

④ (○) 중앙의 경찰조직, 경찰청장, 지위(국가경찰과 자치경찰의 조직 및 운영에 관한 법률 제14조 제4항)<12·15·16·18승진·13.2·15.2·18.2·20.1·2채용>　　**정답** ③

04 「국가경찰 및 자치경찰의 조직 및 운영에 관한 법률」상 비상사태 등 전국적 치안유지에 대한 설명으로 가장 적절하지 않은 것은? 〈22경간〉

① 경찰청장은 비상사태 등 전국적 치안유지를 위한 지휘·명령이 필요한 경우에는 시·도자치경찰위원회에 자치경찰사무를 담당하는 경찰공무원을 직접 지휘·명령하려는 사유 및 내용 등을 구체적으로 제시하여 통보하여야 한다.

② 경찰청장이 비상사태 등 전국적 치안유지를 위한 지휘·명령을 하는 경우에는 국가경찰위원회에 즉시 보고하여야 하지만, 국민안전에 중대한 영향을 미치는 사안에 대하여 다수의 시·도에 동일하게 적용되는 치안정책을 시행할 필요가 있다고 인정할 만한 충분한 사유가 있는 경우에는 미리 국가경찰위원회의 의결을 거쳐야 하며 긴급한 경우에는 우선 조치 후 지체 없이 국가경찰위원회의 의결을 거쳐야 한다.

③ 경찰청장은 비상사태 등 전국적 치안유지를 위한 지휘·명령할 수 있는 사유가 해소된 때에는 경찰공무원에 대한 지휘·명령을 즉시 중단하여야 한다.

④ 시·도자치경찰위원회는 자치경찰사무와 관련하여 해당 시·도의 경찰력으로는 국민의 생명·신체·재산의 보호 및 공공의 안녕과 질서유지가 어려워 경찰청장의 지원·조정이 필요하다고 인정할 만한 충분한 사유가 있는 경우 의결로 지원·조정의 범위·기간 등을 정하여 경찰청장에게 지원·조정을 요청할 수 있다.

해설

경찰행정법, 조직법, 중앙의 경찰조직, 경찰청장, 권한, 자치경찰지휘 ─

① (○) 국가경찰과 자치경찰의 조직 및 운영에 관한 법률 제32조 제2항〈22경간〉

② (✕) 경찰청장이 지휘·명령을 하는 경우에는 **국가경찰위원회에 즉시 보고하여야** 한다. 다만, '**경찰청장의 지원·조정이 필요하다고 인정할 만한 사유**'(제1항 제3호)의 경우에는[♣다수의 시·도에 동일하게 적용되는 치안정책을 시행할 필요가 있다고 인정할 만한 충분한 사유가 있는 경우(✕)] **미리 국가경찰위원회의 의결을 거쳐야** 하며 긴급한 경우에는 우선 조치 후 지체 없이 국가경찰위원회의 의결을 거쳐야 한다.(국자법 제32조 제4항)〈22경간〉

③ (○) 국가경찰과 자치경찰의 조직 및 운영에 관한 법률 제32조 제6항〈22경간〉

④ (○) 국가경찰과 자치경찰의 조직 및 운영에 관한 법률 제32조 제7항〈22경간〉　　**정답** ②

테마 35 국가수사본부장

01 「국가경찰과 자치경찰의 조직 및 운영에 관한 법률」에서 국가수사본부장에 대한 설명으로 가장 적절한 것은? 〈21.2채용〉

① 국가수사본부장은 치안감으로 보하며, 임기가 끝나면 당연히 퇴직한다.
② 국가수사본부장의 임기는 2년으로 하며, 중임(重任)할 수 있다.
③ 국가수사본부장은 국가경찰에 관한 사무를 총괄하고 경찰청 업무를 관장하며 소속공무원 및 각급 국가경찰기관의 장을 지휘·감독한다.
④ 국가수사본부장이 직무를 집행하면서 **헌법이나 법률을 위배**하였을 때에는 **국회는 탄핵 소추를 의결할** 수 있다.

해설

경찰행정법, 조직법, 국가수사본부장 –
① (X) **지위** : 경찰청에 국가수사본부를 두며, 국가수사본부장은 **치안정감(治安正監)으로** 보한다.[♣치안감(X)](제16조 제1항)〈21.2채용〉
   ※ 국가수사본부장은 **임기가 끝나면 퇴직**한다.(제16조 제4항)〈21.2채용〉
② (X) **지위** : 국가수사본부장의 **임기는 2년으로** 하며, **중임(重任)할 수 없다.**[♣중임할 수 있다.(X)](제16조 제3항)〈21.2채용〉
③ (X) **권한** : 국가수사본부장은 「형사소송법」에 따른 **경찰의 수사**에 관하여 각 **시·도경찰청장과 경찰서장 및 수사부서 소속 공무원을 지휘·감독**한다.[♣국가경찰 사무 총괄, 경찰청 업무 관장(X)](제16조 제2항)〈21.2채용〉
④ (O) **지위**(「국가경찰과 자치경찰의 조직 및 운영에 관한 법률」 제16조 제5항)〈21.2채용〉   정답 ④

02 「국가경찰과 자치경찰의 조직 및 운영에 관한 법률」에 대한 설명으로 가장 적절하지 않은 것은? 〈22승진〉

① 시·도경찰청장은 경찰청장이 시·도자치경찰위원회와 협의하여 추천한 사람 중에서 행정안전부장관의 제청으로 국무총리를 거쳐 대통령이 임용한다.
② 시·도경찰청 차장은 시·도경찰청장을 보좌하여 소관 사무를 처리하고, 시·도경찰청장이 부득이한 사유로 직무를 수행할 수 없을 때에는 그 직무를 대행한다.
③ 국가수사본부장은 「형사소송법」에 따른 경찰의 수사에 관하여 각 시·도경찰청장과 경찰서장 및 수사부서 소속 공무원을 지휘·감독한다.
④ 국가수사본부장은 직무를 집행하면서 헌법이나 법률을 위배하더라도 국회는 탄핵 소추를 의결할 수 없다.

해설

경찰행정법, 조직법 −

− 지방의 경찰조직, 시 · 도경찰청, 구성 −
① (○) 국가경찰과 자치경찰의 조직 및 운영에 관한 법률 제28조 제2항<22승진>
② (○) 국가경찰과 자치경찰의 조직 및 운영에 관한 법률 제29조 제2항<22승진>

− 중앙의 경찰조직, 국가수사본부장 −
③ (○) 권한(국가경찰과 자치경찰의 조직 및 운영에 관한 법률 제16조 제2항)<22승진 · 21.2채용>
④ (×) **지위** : 국가수사본부장이 직무를 집행하면서 **헌법이나 법률을 위배**하였을 때에는 **국회는 탄핵 소추를 의결할 수** 있다.[♣없다.(X)](국가경찰과 자치경찰의 조직 및 운영에 관한 법률 제16조 제5항)<22승진 · 21.2채용>
<정답> ④

---

03 「국가경찰과 자치경찰의 조직 및 운영에 관한 법률」상 국가수사본부장에 관한 설명으로 가장 적절하지 않은 것은? <23.2채용>
① 국가수사본부장은 치안정감으로 보한다.
② 국가수사본부장을 경찰청 외부를 대상으로 모집하여 임용하는 경우 정당의 당원이거나 당적을 이탈할 날부터 3년이 지나지 아니한 사람은 국가수사본부장이 될 수 없다.
③ 국가수사본부장이 직무를 집행하면서 헌법이나 법률을 위배하였을 때에는 국회는 대통령에게 해임을 건의할 수 있다.
④ 국가수사본부장의 임기는 2년으로 하며, 중임할 수 없다.

해설

경찰행정법, 조직법, 경찰기관 분류, 중앙의 경찰조직, 국가수사본부장 −
① (○) **지위**: 국가경찰과 자치경찰의 조직 및 운영에 관한 법률 제16조 제1항<21.2 · 22.2 · 23.2채용>
② (○) **결격사유**: 국가경찰과 자치경찰의 조직 및 운영에 관한 법률 제16조 제7항<23.2채용>
③ (×) **지위**: 국가수사본부장이 직무를 집행하면서 **헌법이나 법률을 위배**하였을 때에는 **국회는 탄핵 소추를 의결할 수** 있다.[♣대통령에게 해임을 건의할 수 있다.(X)](제16조 제5항)<22승진 · 21.2 · 23.2채용>
④ (○) **결격사유**: 국가경찰과 자치경찰의 조직 및 운영에 관한 법률 제16조 제3항<21.2 · 23.2채용>
<정답> ③

테마 36 경찰국

테마 37 국가경찰위원회

01 「국가경찰과 자치경찰의 조직 및 운영에 관한 법률」상 국가경찰위원회에 대한 설명으로 가장 적절한 것은?

〈17.2채용〉

① 국가경찰위원회는 경찰의 민주주의와 정치적 중립성을 보장하기 위하여 경찰청에 설치한 독립적 심의·의결 기구이다.
② 국가경찰위원회는 위원장 1명을 포함한 7명의 위원으로 구성되며 위원장 및 1명의 위원은 상임으로 하고, 5명의 위원은 비상임으로 한다.
③ 국가경찰의 부패 방지와 청렴도 향상에 관한 주요 정책사항은 국가경찰위원회의 심의·의결을 거쳐야한다.
④ 국가경찰위원회의 회의는 재적위원 과반수의 출석과 재적위원 과반수의 찬성으로 의결한다.

해설

경찰행정법, 조직법, 중앙의 경찰조직, 국가경찰위원회 −
① (×) **의의**: 국가경찰과 자치경찰의 조직 및 운영에 관한 법률에 근거하여 설치된 **행정안전부 소속의 합의제 의결기관**으로 민주적 토론에 의한 결정으로 독임제 경찰관청의 단독결정의 단점을 보완하는 기능을 수행한다.[♣경찰청에 설치(X)](국가경찰과 자치경찰의 조직 및 운영에 관한 법률 제7조 참조)<96·18승진·04·11.1·12.1·16.2·17.1·2채용>
② (×) **구성·신분**: 위원장 1명을 포함한 7인의 위원으로 구성하되, 위원장 및 5명의 위원은 **비상임**으로 하고, **1명의 위원은 상임**으로 한다.[♣위원장 및 1명의 위원은 상임으로 하고, 5명의 위원은 비상임(X)](국가경찰과 자치경찰의 조직 및 운영에 관한 법률 제7조 제2항)<01·14·17·18·20승진·12·14·18경간·06·08·12.1·13.1·15.3·16.2·17.1·2·20.1채용>
③ (○) 권한(국가경찰과 자치경찰의 조직 및 운영에 관한 법률 제10조 제3호)<17.2채용>
④ (×) 운영, **국가경찰위원회 의결정족수**: **재적위원 과반수 출석과 출석위원 과반수의 찬성으로** 의결[♣재적 과반수 찬성(X)](국가경찰과 자치경찰의 조직 및 운영에 관한 법률 제11조 제2항)<13·17승진·13경간·15.3·16.2·17.2채용> [☻제과출과]

정답 ③

02 「국가경찰과 자치경찰의 조직 및 운영에 관한 법률」상 국가경찰위원회에 대한 규정이다. 아래 ㉠부터 ㉣까지의 설명 중 옳고 그름의 표시(O, X)가 바르게 된 것은? 〈17.1채용〉

㉠ 국가경찰위원회는 위원장 1명을 포함한 7명의 위원으로 구성하되, 위원장 및 5명의 위원은 상임으로 하고, 1명의 위원은 비상임으로 한다.
㉡ 위원 중 3명은 법관의 자격이 있는 사람이어야 한다.
㉢ 위원은 행정안전부장관의 제청으로 국무총리를 거쳐 대통령이 임명한다.
㉣ 위원의 임기는 3년으로 하며, 연임할 수 있다. 이 경우 보궐위원의 임기는 전임자 임기의 남은 기간으로 한다.
---

① ㉠(×) ㉡(×) ㉢(O) ㉣(×)　　　② ㉠(O) ㉡(×) ㉢(×) ㉣(O)
③ ㉠(×) ㉡(O) ㉢(O) ㉣(O)　　　④ ㉠(O) ㉡(O) ㉢(×) ㉣(×)

해설

경찰행정법, 조직법, 중앙의 경찰조직, 국가경찰위원회, 구성·신분 −
㉠ (×) **구성: 위원장 1명**을 포함한 7인의 위원으로 **구성**하되, **위원장 및 5명의 위원은 비상임**으로 하고, **1명의 위원은 상임**으로 한다.[♣위원장 및 5명의 위원은 상임으로 하고, 1명의 위원은 비상임(X)](국가경찰과 자치경찰의 조직 및 운영에 관한 법률 제7조 제2항)<01·14·17·18·20승진·12·14·18경간·06·08·12.1·13.1·15.3·16.2·17.1·2·20.1채용>
㉡ (×) **구성: 위원 중 2명**은[♣3명은(X)] **법관의 자격이 있는 사람이어야** 한다.(국가경찰과 자치경찰의 조직 및 운영에 관한 법률 제8조 제3항)<17·20승진·18경간·17.1·20.1채용>
㉢ (O) **위원임명절차:** 국가경찰과 자치경찰의 조직 및 운영에 관한 법률 제8조 제1항<13·17·18·20승진·18경간·12.1·2·13.2·14.2·17.1채용>
㉣ (×) **임기:** 위원의 임기는 **3년으로** 하며 **연임할 수 없다.**[♣연임할 수 있다.(X)] 이 경우 보궐위원의 임기는 전임자의 잔여기간으로 한다.(국가경찰과 자치경찰의 조직 및 운영에 관한 법률 제9조 제1항)<06승진·08경간·09·12.1·13.1·15.3·16.2·17.1채용>　　**정답** ①

---

03 「국가경찰과 자치경찰의 조직 및 운영에 관한 법률」상 국가경찰위원회에 대한 설명으로 가장 적절하지 않은 것은? 〈17경감〉
① 국가경찰위원회는 위원장 1명을 포함한 7명의 위원으로 구성하되, 위원장 및 5명의 위원은 비상임으로 하고, 1명의 위원은 상임(정무직)으로 한다.
② 선거에 의하여 취임하는 공직에서 퇴직한 날로부터 3년이 경과하지 않은 자는 위원이 될 수 없다.
③ 경찰, 검찰, 국가정보원 직원 또는 소방의 직에서 퇴직한 날부터 3년이 경과하지 않으면 위원으로 선임될 수 없다.
④ 위원은 행정안전부장관의 제청으로 국무총리를 거쳐 대통령이 임명한다.

해설

경찰행정법, 조직법, 중앙의 경찰조직, 국가경찰위원회, 구성·신분 −

① (○) **구성**(국가경찰과 자치경찰의 조직 및 운영에 관한 법률 제7조 제2항)<01·14·17·18·20승진·12·14·18·22경간·06·08·12.1·13.1·15.3·16.2·17.1·2·20.1·22.2채용>

② (○) **결격 및 당연퇴직사유**(국가경찰과 자치경찰의 조직 및 운영에 관한 법률 제8조 제5항)<09·13·17·18·20·21승진·06·12경간·11·13·14.2·18.3·22.2채용>

③ (×) **결격 및 당연퇴직사유**: 검찰, 경찰, 국정원 직원, 군인, 당적, 선거에 의해 취임하는 공직에서 퇴직(이탈)한 날로부터 3년이 지나지 아니한 사람[♣소방의 직(X)](국가경찰과 자치경찰의 조직 및 운영에 관한 법률 제8조 제5항)<09·13·17·18·20승진·06·12경간·11·13·14.2·18.3채용>   [☺검경국군당선]

④ (○) **위원임명절차**(국가경찰과 자치경찰의 조직 및 운영에 관한 법률 제8조 제1항)<13·17·18·20승진·18경간·12.1·2·13.2·14.2·17.1채용>   정답 ③

04 다음은 「국가경찰과 자치경찰의 조직 및 운영에 관한 법률」상 국가경찰위원회에 대한 규정이다. 아래 ㉠부터 ㉤까지의 설명으로 옳고 그름의 표시(○, ×)가 바르게 된 것은? <18.3채용·17경위>

> ㉠ 국가경찰위원회는 위원장 1명을 포함한 7명의 위원으로 구성하되, 6명의 위원은 비상임으로 하고, 위원장은 상임으로 한다.
> ㉡ 국가경찰위원회 위원은 중대한 신체상 또는 정신상의 장애로 직무를 수행할 수 없게 된 경우를 제외하고는 그 의사에 반하여 면직되지 아니한다.
> ㉢ 경찰, 검찰, 법관, 국가정보원 직원 또는 군인의 직에서 퇴직한 날부터 3년이 지나지 아니한 사람은 국가경찰위원회의 위원이 될 수 없다.
> ㉣ 국가경찰위원회의 사무는 경찰청에서 수행하고, 국가경찰위원회의 회의는 재적위원 과반수의 출석과 재적위원 과반수의 찬성으로 의결한다.
> ㉤ 국가경찰 임무와 관련하여 다른 국가기관으로부터 업무협조 요청에 관한 사항은 국가경찰위원회의 심의·의결 사항이다.

① ㉠(○) ㉡(×) ㉢(○) ㉣(○) ㉤(×)

② ㉠(×) ㉡(○) ㉢(×) ㉣(×) ㉤(○)

③ ㉠(×) ㉡(○) ㉢(×) ㉣(×) ㉤(×)

④ ㉠(×) ㉡(×) ㉢(○) ㉣(○) ㉤(○)

해설

경찰행정법, 조직법, 중앙의 경찰조직, 국가경찰위원회 −

㉠ (X) 구성·신분, **구성**: 위원장 1명을 포함한 7인의 위원으로 구성하되, 위원장 및 5명의 위원은 **비상임**으로 하고, **1명의 위원은 상임**으로 한다.[♣위원장은 상임(X)](국가경찰과 자치경찰의 조직 및 운영에 관한 법률 제7조 제2항)<01·14·17·18·20승진·12·14·18경간·06·08·12.1·13.1·15.3·16.2·17.1·2·20.1채용>

㉡ (○) 구성·신분, **신분보장**(국가경찰과 자치경찰의 조직 및 운영에 관한 법률 제9조 제2항)<12·14경간·17승진·14.2·18.3채용>

㉢ (X) 구성·신분, **결격 및 당연퇴직사유**: 검찰, 경찰, 국정원 직원, 군인, 당적, 선거에 의해 취임하는 공직에서 **퇴직(이탈)한 날로부터 3년이 지나지 아니한** 사람[♣법관(X)](국가경찰과 자치경찰의 조직 및 운영에 관한 법률 제8조 제5항)<09·13·17·18·20승진·06·12경간·11·13·14.2·18.3채용> [☻검경국군당선]

㉣ (X) **운영**: 국가경찰위원회의 사무는 **경찰청**에서 수행한다.(제11조 제1항)<13경간·17·18승진> / 위원회 회의는 **재적위원 과반수 출석과 출석위원 과반수의 찬성으로 의결**한다.[♣재적위원 과반수 찬성으로 의결(X)](국가경찰과 자치경찰의 조직 및 운영에 관한 법률 제11조 제2항)<13·17승진·13경간·15.3·16.2·17.2채용> [☻재과출과]

㉤ (X) 권한, **심의의결 사항**: 국가경찰사무 외의 다른 국가기관으로부터의 **업무 협조요청**에 관한 사항 [♣국가경찰임무관련(X)](국가경찰과 자치경찰의 조직 및 운영에 관한 법률 제10조 제1항 제4호)<17·18승진·12.1·18.3채용> **정답 ③**

---

05 「국가경찰과 자치경찰의 조직 및 운영에 관한 법률」과 대통령령인 「국가경찰위원회 규정」상 국가경찰위원회에 대한 다음 설명 중 가장 옳지 않은 것은? 〈17경간〉

① 정기회의는 특별한 사유가 있는 경우를 제외하고는 매월 2회 위원장이 소집한다.
② 위원장은 필요한 경우 임시회의를 소집할 수 있으며, 위원 3인 이상과 행정안전부장관 또는 경찰청장은 위원장에게 임시회의 소집을 요구할 수 있다.
③ 위원장이 사고가 있을 때에는 상임위원, 위원 중 연장자순으로 위원장의 직무를 대리한다.
④ 경찰청장은 위원회에서 심의·의결된 내용이 적정하지 아니하다고 판단할 때에는 재의를 요구할 수 있다.

해설

경찰행정법, 조직법, 중앙의 경찰조직, 국가경찰위원회 −

① (○) 운영(국가경찰위원회 규정 제7조 제2항)<17·20경간·14승진·12.2채용>

② (○) 운영(국가경찰위원회규정 제7조 제3항)<17경간·14·21승진·12.1·22.2채용>

③ (○) 구성(국가경찰위원회규정 제2조 제3항)<08승진·08·13·17경간·12.2·14.2채용>[☻호상연]

④ (X) 운영, **재의요구권**: **행정안전부장관**은 위원회의 의결사항이 부적당하다고 판단될 때에는 **10일 이내 재의를 요구할 수 있고** 이 경우 위원회는 **7일 이내 재의결하여야** 한다.[♣경찰청장은(X)](국가경찰과 자치경찰의 조직 및 운영에 관한 법률 제10조 제2항, 국가경찰위원회 규정 제6조)<10·13승진·14·17경간·03·06·11.2·12.2·14.2채용> **정답 ④**

---

06 「국가경찰과 자치경찰의 조직과 운영에 관한 법률」상 국가경찰위원회에 대한 설명으로 적절한 것은 모두 몇 개인가? 〈22경간 · 18승진〉

> 가. 국가 경찰위원회는 위원장 1명을 포함한 7명의 위원으로 구성하되, 위원장은 당연직 상임이며, 5명의 위원은 비상임으로 하고, 1명의 위원은 상임으로 한다.
> 나. 위원의 임기는 3년으로 하며, 연임할 수 있다. 이 경우 보궐위원의 임기는 전임자 임기의 남은 기간으로 한다.
> 다. 국가경찰위원회의 사무는 자체에서 수행한다.
> 라. 국가경찰위원회의 회의는 재적위원 과반수의 출석과 출석위원 과반수의 찬성으로 의결한다.

① 0개   ② 1개   ③ 2개   ④ 3개

해설

경찰행정법, 조직법, 국가경찰위원회 −

가. (✕) **구성: 위원장 1명을 포함한 7인의 위원으로 구성**하되, **위원장 및 5명**의 위원은 **비상임**으로 하고, **1명의 위원은 상임**으로 한다.[♣위원장은 당연직 상임(X)](국가경찰과 자치경찰의 조직 및 운영에 관한 법률 제7조 제2항)<01 · 14 · 17 · 18 · 20승진 · 12 · 14 · 18 · 22경간 · 06 · 08 · 12.1 · 13.1 · 15.3 · 16.2 · 17.1 · 2 · 20.1 · 22.2채용>

나. (✕) **구성: 위원의 임기는 3년으로** 하며 **연임할 수 없다.**[♣연임할 수 있다.(X)] 이 경우 **보궐위원의 임기는 전임자의 남은 기간**으로 한다.(제9조 제1항)<20승진 · 18 · 22경간 · 17.1 · 22.2채용>

다. (✕) **운영: 국가경찰위원회의 사무는 경찰청에서**[♣자체적으로(X)] **수행**한다.(제11조 제1항)<13 · 22경간 · 17 · 18승진>

라. (○) **운영**: 국가경찰과 자치경찰의 조직 및 운영에 관한 법률 제11조 제2항<13 · 17승진 · 13 · 22경간 · 15.3 · 16.2 · 17.2채용> [☻재과출과]

정답 ②

07 「국가경찰과 자치경찰의 조직 및 운영에 관한 법률」상 국가경찰위원회에 대한 설명으로 가장 적절한 것은? 〈18경감〉

① 국가경찰위원회는 경찰의 정치적 중립 보장과 중요 정책에 대한 민주적 결정을 위해 설치된 기구로서 행정안전부에 두고, 위원회의 사무도 행정안전부에서 수행한다.

② 경찰, 검찰, 국가정보원 직원 또는 군인의 직에서 퇴직한 날부터 3년이 지나지 아니한 사람은 위원으로 선임될 수 없다.

③ 위원의 임기는 3년으로 하며, 연임할 수 있다.

④ 국가경찰 임무와 관련된 다른 국가기관으로부터의 업무협조요청에 관한 사항은 국가경찰위원회의 심의 · 의결을 거쳐야 한다.

해설

경찰행정법, 조직법, 국가경찰위원회 –
① (X) 운영: **국가경찰위원회의 사무는 경찰청에서**[♣행정안전부에서(X)] 수행한다.(국가경찰과 자치경찰의 조직 및 운영에 관한 법률 제11조 제1항)<13경간·17·18승진>
② (○) 구성·신분: **경찰위원 결격 및 당연퇴직사유**(국가경찰과 자치경찰의 조직 및 운영에 관한 법률 제8조 제5항)<09·13·17·18·20·21승진·06·12경간·11·13·14.2·18.3·22.2채용>　[☺검경국군당선]
③ (X) 구성·신분, **임기**: 위원의 임기는 **3년으로** 하며 **연임할 수 없다.**[♣연임할 수 있다.(X)](국가경찰과 자치경찰의 조직 및 운영에 관한 법률 제9조 제1항)<06·18·20승진·08·18·22경간·09·12.1·13.1·15.3·16.2·17.1·18.3·20.1채용>
④ (X) 권한, **심의·의결권**: 국가**경찰임무 외의** 다른 국가기관으로부터의 **업무 협조요청**에 관한 사항 [♣경찰임무관련(X)] 등(국가경찰과 자치경찰의 조직 및 운영에 관한 법률 제10조 제1항 제4호)<17·18승진·12.1·18.3채용>　정답 ②

---

08 「국가경찰과 자치경찰의 조직 및 운영에 관한 법률」상 국가경찰위원회에 대한 설명으로 가장 적절한 것은?
〈20경감〉

① 위원장은 정무직으로 한다.
② 위원회는 위원장 1명을 포함한 7명의 위원으로 구성하되, 위원장 및 5명의 위원은 상임으로 하고, 1명의 위원은 비상임으로 한다.
③ 위원은 경찰청장의 제청으로 행정안전부장관을 거쳐 대통령이 임명한다.
④ 위원의 임기는 3년으로 하며, 연임할 수 없다. 이 경우 보궐위원의 임기는 전임자 임기의 남은 기간으로 한다.

해설

경찰행정법, 조직법, 국가경찰위원회, 구성·신분 –
① (X) **상임위원**: 국가경찰위원회의 **상임위원은 정무직(차관급 – 별표)으로** 한다.[♣위원장은(X)](국가경찰과 자치경찰의 조직 및 운영에 관한 법률 제7조 제3항)<17·20승진·18경간·17.1순경>
② (X) **위원**: **위원장 1명을 포함한 7인의 위원으로 구성**하되, **위원장 및 5명의 위원은 비상임**으로 하고, **1명의 위원은 상임으로** 한다.[♣위원장 및 5명의 위원은 상임으로 하고, 1명의 위원은 비상임(X)](국가경찰과 자치경찰의 조직 및 운영에 관한 법률 제7조 제2항)<01·14·17·18·20승진·12·14·18경간·06·08·12.1·13.1·15.3·16.2·17.1·2·20.1채용>
③ (X) **위원임명 절차**: 위원은 **행정안전부장관의 제청으로 국무총리 거쳐(경유) 대통령이 임명**한다.[♣경찰청장의 제청으로 행정안전부장관을 거쳐(X)][♣국무총리 제청으로(X)](국가경찰과 자치경찰의 조직 및 운영에 관한 법률 제8조 제1항)<13·17·18·20승진·18경간·12.1·2·13.2·14.2·17.1채용>　[☺제거임]
④ (○) 임기(국가경찰과 자치경찰의 조직 및 운영에 관한 법률 제9조 제1항)<06·18·20승진·08·18경간·09·12.1·13.1·15.3·16.2·17.1·18.3·20.1채용>　정답 ④

09 「국가경찰과 자치경찰의 조직 및 운영에 관한 법률」과 「국가경찰위원회 규정」상 국가경찰위원회에 대한 설명으로 가장 적절한 것은? 〈21승진〉

① 행정안전부장관은 위원 임명을 동의할 때, 경찰의 정치적 중립이 보장되도록 하여야 한다.
② 위원장은 필요한 경우 임시회의를 소집할 수 있으며, 위원 3인 이상과 행정안전부장관 또는 경찰청장은 위원장에게 임시회의의 소집을 요구할 수 있다.
③ 경찰, 검찰, 법관, 군인의 직에서 퇴직한 날부터 3년이 지나지 아니한 사람은 위원으로 선임될 수 없다.
④ 「국가경찰위원회 규정」에 규정된 사항 외에 위원회의 운영을 위하여 필요한 사항은 위원회의 의결을 거쳐 행정안전부장관이 정한다.

해설

경찰행정법, 조직법, 국가경찰위원회 −
① (X) **위원임명절차**: 행정안전부장관은 위원 **임명을 제청**할 때 경찰의 **정치적 중립이 보장되도록 하여야** 한다.[♣임명을 동의할 때(X)](국가경찰과 자치경찰의 조직 및 운영에 관한 법률 제8조 제2항)〈21승진〉
② (O) 운영(국가경찰위원회규정 제7조 제3항)〈17경간·14·21승진·12.1·22.2채용〉
③ (X) **구성·신분, 결격 및 당연퇴직사유**: 검찰, 경찰, 국정원 직원, 군인, 당적, 선거에 의해 **취임하는 공직에서 퇴직(이탈)한 날로부터 3년**이 **지나지 아니한** 사람[♣법관(X)](국가경찰과 자치경찰의 조직 및 운영에 관한 법률 제8조 제5항)〈09·13·17·18·20·21승진·06·12경간·11·13·14.2·18.3채용〉
④ (X) **운영**: 국가경찰위원회 규정(대통령령)에 규정된 사항 외에 위원회의 운영을 위하여 필요한 사항은 **위원회의 의결**을 거쳐 **위원장이 정**한다.[♣행안부 장관이 정한다.(X)](국가경찰위원회 규정 제11조)〈21승진〉 　　정답 ②

10 국가경찰위원회에 대한 설명 중 가장 적절하지 않은 것은? 〈20경위〉

① 위원회는 위원장 1명을 포함한 7명의 위원으로 구성하되, 위원장 및 5명의 위원은 비상임으로 하고, 1명의 위원은 상임으로 하며, 위원장은 정무직으로 한다.
② 위원 중 2명은 법관의 자격이 있는 사람이어야 한다.
③ 당적을 이탈한 날부터 3년이 지나지 아니한 사람, 선거에 의하여 취임하는 공직에서 퇴직한 날부터 3년이 지나지 아니한 사람은 위원이 될 수 없다.
④ 위원은 행정안전부장관의 제청으로 국무총리를 거쳐 대통령이 임명한다.

해설

경찰행정법, 조직법, 국가경찰위원회, 구성·신분 −
① (X) **구성**: 상임위원은 정무직(차관급 − 별표)으로 한다.[♣위원장은(X)](국가경찰과 자치경찰의 조직 및 운영에 관한 법률 제7조 제3항)〈17·20승진·18경간·17.1순경〉
② (O) **구성**: 국가경찰과 자치경찰의 조직 및 운영에 관한 법률 제8조 제3항〈17·20승진·18경간·17.1·20.1채용〉
③ (O) **결격 및 당연퇴직사유**(국가경찰과 자치경찰의 조직 및 운영에 관한 법률 제8조 제5항)〈09·13·17·18·20·21승진·06·12경간·11·13·14.2·18.3·22.2채용〉[😀검경국군당선]
④ (O) **위원임명 절차**(국가경찰과 자치경찰의 조직 및 운영에 관한 법률 제8조 제1항)〈13·17·18·20승진·18경간·12.1·2·13.2·14.2·17.1채용〉[😀제거임] 　　정답 ①

11 「국가경찰과 자치경찰의 조직 및 운영에 관한 법률」 제10조에 따른 국가경찰위원회의 심의 · 의결 사항에 관한 내용으로 가장 적절하지 않은 것은? 〈23.1채용〉

① 국가경찰사무에 관한 인사, 예산, 장비, 통신 등에 관한 주요 정책 및 경찰 업무 발전에 관한 사항

② 국가경찰사무에 관한 인권보호와 관련되는 경찰의 운영 · 개선에 관한 사항

③ 지방행정과 치안행정의 업무조정에 관한 사항

④ 제주특별자치도의 자치경찰에 대한 경찰의 지원 · 협조 및 협약 체결의 조정 등에 관한 주요 정책사항

해설

경찰행정법, 조직법, 국가경찰위원회, 권한 −

① (○) 심의의결사항(「국가경찰과 자치경찰의 조직 및 운영에 관한 법률」 제10조 제1항 제1호)〈20경간 · 23.1채용〉

② (○) 심의의결사항(「국가경찰과 자치경찰의 조직 및 운영에 관한 법률」 제10조 제1항 제2호)〈23.1채용〉

③ (×) 시 · 도자치경찰위원회[♣국가경찰위원회 권한(X)] : **심의의결사항**(「국가경찰과 자치경찰의 조직 및 운영에 관한 법률」 제24조 제1항 제13호)〈22.2 · 23.1채용〉

④ (○) 심의의결사항(「국가경찰과 자치경찰의 조직 및 운영에 관한 법률」 제10조 제1항 제5호)〈23.1채용〉

정답 ③

테마 38   지방의 경찰조직

01 「경찰청과 그 소속기관 직제」의 내용으로 가장 적절하지 않은 것은? 〈17경감〉

① 경찰청장의 관장사무를 지원하기 위하여 경찰청장 소속하에 경찰대학 · 경찰인재개발원 · 중앙경찰학교 및 경찰수사연수원을 둔다.

② 시 · 도경찰청장은 경찰서장의 소관사무를 분장하기 위하여 대통령령이 정하는 바에 따라 경찰청장의 승인을 얻어 지구대 또는 파출소를 둘 수 있다.

③ 시 · 도경찰청장은 임시로 필요한 때에는 출장소를 둘 수 있다.

④ 지구대 · 파출소 및 출장소의 명칭 · 위치 및 관할구역과 기타 필요한 사항은 시 · 도경찰청장이 정한다.

해설

경찰행정법, 조직법 −

① (○) 중앙의 경찰기관, 경찰청, 소속기관 : **부속기관**(경찰청과 그 소속기관 직제 제2조 제1항)〈01 · 17승진 · 99 · 10.2 · 13.2채용〉

② (×) 지방의 경찰기관, 지구대 · 파출소, **설치** : 시 · 도**경찰청장**은 경찰서장의 소관사무를 분장하기 위하여 행정안전부령이 정하는 바에 의하여[♣대통령령이 정하는 바에 의하여(X)] **경찰청장 승인을 얻어** 지구대 또는 파출소를 둘 수 있다.(경찰청과 그 소속기관 직제 제44조 제1항)〈19경간 · 08 · 11 · 14 · 17승진 · 14.2채용〉

③ (○) 지방의 경찰기관 : **출장소**(경찰청과 그 소속기관 조직 및 정원관리규칙 제10조 제3항)〈14 · 17승진〉

④ (○) 지방의 경찰기관, 지구대 · 파출소 : **조직변경 등**(경찰청과 그 소속기관 직제 제44조 제3항)〈14 · 17승진〉

정답 ②

02 「국가경찰과 자치경찰의 조직 및 운영에 관한 법률」에 관한 설명으로 가장 적절한 것은? 〈19.2채용〉

① 1991년 구 「경찰법」(현행 국가경찰과 자치경찰의 조직 및 운영에 관한 법률) 제정으로 내무부 치안국장이 경찰청장으로 변경되었고, 경찰청장은 행정관청으로 승격되었다.

② 「국가경찰과 자치경찰의 조직 및 운영에 관한 법률」 제8조에 따를 때 국가경찰위원회 위원은 「국가공무원법」상 비밀엄수 의무와 정치운동 금지의무를 진다.

③ 경찰서장 소속으로 지구대 또는 파출소를 두고, 그 설치기준은 치안수요·교통·지리 등 관할구역의 특성을 고려하여 대통령령으로 정한다.

④ 경찰청의 사무를 지역적으로 분담하여 수행하게 하기 위해 경찰청장 소속으로 시·도경찰청을 두고, 시·도경찰청장 소속으로 경찰서를 둔다.

해설

한국경찰 역사와 제도, 경찰청 시대 —

① (✕) **설립**: 내무부의 내국(內局)이었던 **치안본부(치안본부장)를** 내무부의 외청(外廳)인 **경찰청(경찰청장)으로 변경**하였다.[♣치안국장이 경찰청장으로(X)](구경찰법)〈19.2채용〉

— 경찰행정법, 조직법 —

② (○) 국가경찰위원회, 구성·신분: **의무**(국가경찰과 자치경찰의 조직 및 운영에 관한 법률 제8조 제6항 〈19.2채용〉

③ (✕) 지방의 경찰조직, **지구대·파출소**: **경찰서장 소속**으로 **지구대 또는 파출소**를 두고, 그 설치기준은 치안수요·교통·지리 등 관할구역의 특성을 고려하여 **행정안전부령**으로 정한다. 다만, 필요한 경우에는 출장소를 둘 수 있다.[♣대통령령으로(X)](국가경찰과 자치경찰의 조직 및 운영에 관한 법률 제30조 제3항)〈16.1·19.2채용〉

④ (✕) 지방의 경찰조직, **시도경찰청·경찰서**: 경찰의 사무를 지역적으로 분담하여 수행하게 하기 위하여 **특별시·광역시·특별자치시·도·특별자치도(이하 "시·도")에 시·도경찰청**을 두고, **시·도경찰청장 소속**으로 **경찰서**를 둔다.[♣경찰청장 소속으로 시·도경찰(X)](국가경찰과 자치경찰의 조직 및 운영에 관한 법률 제13조)〈14승진·08·15.3·18.2·19.2채용〉

정답 ②

테마 39 시·도 자치경찰위원회

01 「국가경찰과 자치경찰의 조직 및 운영에 관한 법률」상 시·도 자치경찰위원회에 대한 설명으로 적절한 것만을 모두 고른 것은? 〈21.1채용〉

㉠ 위원장 1명을 포함한 7명의 위원으로 구성하되, 위원장과 1명의 위원은 상임으로 하고 5명의 위원은 비상임으로 한다.

㉡ 위원 중 2명은 법관의 자격이 있는 사람이어야 한다.

㉢ 위원은 시·도의회가 추천하는 2명, 국가경찰위원회가 추천하는 1명, 해당 시·도 교육감이 추천하는 1명, 시·도자치경찰위원회 위원추천위원회가 추천하는 2명, 시·도지사가 지명하는 1명을 시·도지사가 임명한다.

㉣ 위원장은 비상임위원 중에서 호선하고, 상임위원은 시·도자치경찰위원회의 의결을 거쳐 위원 중에서 위원장의 제청으로 시·도지사가 임명한다. 이 경우 위원장과 상임위원은 지방자치단체의 공무원으로 한다.

---

① ㉠㉡   ② ㉠㉢   ③ ㉡㉢   ④ ㉢㉣

해설

경찰행정법, 조직법, 지방의 경찰조직, 시·도 자치경찰위원회 —

㉠ (○) **구성**(국가경찰과 자치경찰의 조직 및 운영에 관한 법률 제19조 제1항)〈10·16·18승진·18·21·23경간·12.2·21.1·22.2채용〉

㉡ (×) **구성**: 위원은 **특정 성(性)이 10분의 6을 초과하지 아니**하도록 노력하여야 한다.[♣2인은 법관자격(X)](국가경찰과 자치경찰의 조직 및 운영에 관한 법률 제19조 제2항)〈21.1·23.2채용〉

㉢ (○) **임명**(국가경찰과 자치경찰의 조직 및 운영에 관한 법률 제20조 제1항)〈23경간·21.1채용〉

㉣ (×) **임명**: 시·도자치경찰위원회 **위원장**은 위원 중에서 **시·도지사가 임명**하고, **상임위원**은 시·도자치경찰위원회의 **의결**을 거쳐 위원 중에서 **위원장의 제청**으로 **시·도지사가 임명**한다. 이 경우 **위원장과 상임위원은 지방자치단체의 공무원으로** 한다.[♣위원장은 비상임위원 중에서 호선(X)] (국가경찰과 자치경찰의 조직 및 운영에 관한 법률 제20조 제3항)〈21.1채용〉   정답 ②

---

02 「국가경찰과 자치경찰의 조직 및 운영에 관한 법률」상 시·도자치경찰위원회의 설명에 관한 내용 중 가장 적절하지 않은 것은? 〈22.1채용〉

① 공무원이 아닌 위원에 대해서는 「국가공무원법」 제55조 및 제57조를 준용한다.

② 위원 중 1명은 인권문제에 관하여 전문적인 지식과 경험이 있는 사람이 임명될 수 있도록 노력하여야 한다.

③ 위원은 정치적 중립을 지켜야 하며, 권한을 남용하여서는 아니 된다.

④ 시·도자치경찰위원회는 합의제 행정기관으로서 그 권한에 속하는 업무를 독립적으로 수행한다.

해설

경찰행정법, 지방의 경찰조직, 시·도자치경찰위원회 −

① (X) **임명** : 비밀엄수의무(국공법 제60조) 정치운동금지의무(국공법 제65조) 준용규정은 없다.(국가경찰위원회 위원은 준용규정 있음), 선서의무(국공법 제55조) 복종의무(국공법 제57조) 준용규정은 당연히 없다.<22.1채용>

② (○) 구성(국가경찰과 자치경찰의 조직 및 운영에 관한 법률 제19조 제3항)<21경간·22.1채용>

③ (○) 임명(국가경찰과 자치경찰의 조직 및 운영에 관한 법률 제20조 제4항)<22.1채용>

④ (○) 설치(국가경찰과 자치경찰의 조직 및 운영에 관한 법률 제18조 제2항)<22.1채용>   정답 ①

03 시·도자치경찰위원회에 대한 설명으로 가장 적절하지 않은 것은? 〈18경감변형〉

① 시·도자치경찰위원회의 회의는 정기적으로 개최하여야 한다. 다만 위원장이 필요하다고 인정하는 경우, 위원 2인 이상이 요구하는 경우 및 시·도지사가 필요하다고 인정하는 경우에는 임시회의를 개최할 수 있다.

② 시·도자치경찰위원회는 위원장 1명을 포함한 7명의 위원으로 구성하되, 위원장과 1명의 위원은 상임으로 하고, 5명의 위원은 비상임으로 하며, 위원은 특정 성(性)이 10분의 6을 초과하지 아니하도록 노력하여야 하고, 위원 2인은 법관자격 있는 사람으로 한다.

③ 자치경찰사무를 관장하게 하기 위하여 시·도지사 소속으로 시·도자치경찰위원회를 둔다. 그 밖에 시·도자치경찰위원회의 운영 등에 필요한 사항은 대통령령으로 정하는 기준에 따라 시·도조례로 정한다.

④ 위원장과 위원의 임기는 3년으로 하며, 연임(連任)할 수 없다.

해설

경찰행정법, 경찰조직법 지방의 경찰조직, 시·도자치경찰위원회 −

① (○) 운영 : **회의**(국가경찰과 자치경찰의 조직 및 운영에 관한 법률 제26조 제1항)<22.2·23.2채용>

② (X) **구성** : 시·도자치경찰위원회는 **위원장 1명을 포함한 7명의 위원으로 구성**하되, 위원장과 1명의 **위원은 상임**으로 하고, **5명의 위원은 비상임**으로 하며, 위원은 **특정 성(性)이 10분의 6을 초과하지 아니**하도록 노력하여야 한다.[♣2인은 법관자격(X)](국가경찰과 자치경찰의 조직 및 운영에 관한 법률 제19조 제1항, 제2항)<10·16·18승진·18·21·23경간·12.2·21.1·22.2채용>

③ (○) 설치(국가경찰과 자치경찰의 조직 및 운영에 관한 법률 제18조 제1항, 제26조 제4항)<20경간·10·14·16·18승진·13·16.1채용>

④ (○) 임기(국가경찰과 자치경찰의 조직 및 운영에 관한 법률 제23조 제1항)<21경간·23.2채용>   정답 ②

04 「국가경찰과 자치경찰의 조직 및 운영에 관한 법률」 제20조 시·도자치경찰위원회 위원의 임명 및 결격사유에 대한 설명으로 옳지 않은 것을 모두 고른 것은? 〈24승진〉

> ㉠ 시·도자치경찰위원회 위원장은 위원 중에서 시·도지사가 임명하고, 상임위원은 시·도자치경찰위원회의 의결을 거쳐 위원 중에서 시·도경찰청장의 제청으로 시·도지사가 임명한다.
> ㉡ 경찰, 검찰, 국가정보원 직원 또는 군인의 직에 있거나 그 직에서 퇴직한 날부터 3년이 지나지 아니한 사람은 위원이 될 수 없다.
> ㉢ 공무원이 아닌 위원에 대해서는 「국가공무원법」 제52조 및 제57조를 준용한다.
> ㉣ 공무원이 아닌 위원은 그 소관 사무와 관련하여 형법이나 그 밖의 법률에 따른 벌칙을 적용할 때에는 공무원으로 본다.

① ㉠㉡   ② ㉠㉢   ③ ㉡㉢   ④ ㉢㉣

해설

경찰행정법, 경찰조직법, 지방의 경찰기관, 시·도자치경찰위원회 －
㉠ (×) **임명**: 시·도자치경찰위원회 **위원장**은 위원 중에서 **시·도지사가 임명**하고, **상임위원**은 시·도자치경찰위원회의 **의결**을 거쳐 위원 중에서 **위원장의**[♣시도경찰청장의(X)] **제청**으로 **시·도지사가 임명**한다. 이 경우 **위원장과 상임위원은 지방자치단체의 공무원으로** 한다.(국가경찰과 자치경찰의 조직 및 운영에 관한 법률 제20조 제3항)〈24승진·21.1채용〉
㉡ (○) 결격사유(국가경찰과 자치경찰의 조직 및 운영에 관한 법률 제20조 제7항 제3호)〈24승진·22.2채용〉
㉢ (×) **임명**: 공무원이 아닌 위원에 대해서는 「**지방공무원법**」[♣국가공무원법(X)]의 **비밀업무의무**(제52조) 및 **정치운동금지의무**(제57조)를 준용한다.(국가경찰과 자치경찰의 조직 및 운영에 관한 법률 제20조 제5항)〈24승진〉
㉣ (○) 임명(국가경찰과 자치경찰의 조직 및 운영에 관한 법률 제20조 제6항)〈24승진〉   정답 ②

05 「국가경찰과 자치경찰의 조직과 운영에 관한 법률」상 다음 (   )안에 들어갈 숫자의 합은? 〈21경간〉

> 가. 시·도자치경찰위원회는 위원장 1명을 포함한 (   )명의 위원으로 구성하되, 위원장과 (   )명의 위원은 상임으로 하고, (   )명의 위원은 비상임으로 한다.
> 나. 시·도자치경찰위원회 위원 중 (   )명은 인권문제에 관하여 전문적인 지식과 경험이 있는 사람이 임명될 수 있도록 노력하여야 한다.
> 다. 시·도자치경찰위원회 위원장과 위원의 임기는 (   )년으로 하며, 연임할 수 없다.

① 17   ② 18   ③ 19   ④ 20

> **해설**

경찰행정법, 경찰조직법, 지방의 경찰조직, 시·도자치경찰위원회 –

가. (7), (1), (5) – **구성 :** 시·도자치경찰위원회는 **위원장 1명을 포함한 7명의 위원으로 구성**하되, **위원장과 1명의 위원은 상임**으로 하고, **5명의 위원은 비상임**으로 한다.(국가경찰과 자치경찰의 조직 및 운영에 관한 법률 제19조 제1항)<10·16·18승진·18·21경간·12.2·21.1채용>

나. (1) – **구성 :** 위원 중 **1명은 인권문제에 관하여 전문적인 지식과 경험이 있는 사람**이 임명될 수 있도록 노력하여야 한다.(국가경찰과 자치경찰의 조직 및 운영에 관한 법률 제19조 제3항)<21경간>

다. (3) – **임기 :** 위원장과 위원의 **임기는 3년**으로 하며, **연임(連任)할 수 없다.**(국가경찰과 자치경찰의 조직 및 운영에 관한 법률 제23조 제1항)<21경간>

정답 ①

---

06 「국가경찰과 자치경찰의 조직 및 운영에 관한 법률」상 시·도 자치경찰위원회의 소관사무에 관한 설명으로 가장 적절하지 않은 것은? ⟨23승진⟩

① 자치경찰사무 담당 공무원의 고충심사 및 사기진작

② 국가경찰사무·자치경찰사무의 협력·조정과 관련하여 시·도경찰청장과 협의

③ 국가경찰위원회에 대한 심의·조정요청

④ 그 밖에 시·도지사, 시·도경찰청장이 중요하다고 인정하여 시·도자치경찰위원회의 회의에 부친 사항에 대한 심의·의결

> **해설**

경찰행정법, 경찰조직법, 지방의 경찰조직, 시·도자치경찰위원회, 소관사무 –

① (○) 국가경찰과 자치경찰의 조직 및 운영에 관한 법률 제24조 제1항 제10호<23승진>

② (✕) **경찰청장 협의 :** 국가경찰사무·자치경찰사무의 협력·조정과 관련하여 **경찰청장과 협의**[♣시·도경찰청장과 협의(✕)](국가경찰과 자치경찰의 조직 및 운영에 관한 법률 제24조 제1항 제15호)<23승진>

③ (○) 국가경찰과 자치경찰의 조직 및 운영에 관한 법률 제24조 제1항 제16호<23승진>

④ (○) 국가경찰과 자치경찰의 조직 및 운영에 관한 법률 제24조 제1항 제17호<23승진>

정답 ②

---

07 「국가경찰과 자치경찰의 조직 및 운영에 관한 법률」상 시·도자치경찰위원회에 관한 설명으로 가장 적절한 것은? ⟨23.2채용⟩

① 동법 제18조 제1항 단서에 따라 2개의 시·도자치경찰위원회를 두는 경우 해당 시·도자치경찰위원회의 명칭, 관할구역, 사무분장, 그밖에 필요한 사항은 행정안전부령으로 정한다.

② 시·도자치경찰위원회 비상임 위원은 특정 성(性)이 10분의 6을 초과하지 아니해야 한다.

③ 시·도자치경찰위원회 위원장과 위원의 임기는 3년으로 하되, 위원만 한 차례 연임할 수 있다.

④ 시·도자치경찰위원회의 회의는 정기적으로 개최하여야 한다. 다만, 위원장이 필요하다고 인정하는 경우, 위원 2명 이상이 요구하는 경우 및 시·도지사가 필요하다고 인정하는 경우에는 임시회의를 개최할 수 있다.

해설

경찰행정법, 경찰조직법, 지방의 경찰조직, 시도자치경찰위원회 −

① (X) **설치**: 2개의 시·도자치경찰위원회를 두는 경우 해당 시·도자치경찰위원회의 명칭, 관할구역, 사무분장, 그 밖에 필요한 사항은 **대통령령**으로 정한다.[♣행안부령(X)](제18조 제3항)〈23.2채용〉

② (X) **구성**: 위원은 **특정 성(性)이 10분의 6을 초과하지 아니하도록 노력하여야** 한다.[♣아니해야 한다.(X)](국가경찰과 자치경찰의 조직 및 운영에 관한 법률 제19조 제2항)〈21.1·23.2채용〉

③ (X) **임기·신분**: 위원장과 위원의 **임기는 3년**으로 하며, **연임(連任)할 수 없다.**[♣위원만 한 차례 연임할 수(X)](국가경찰과 자치경찰의 조직 및 운영에 관한 법률 제23조 제1항)〈21경간·23.2채용〉

④ (○) **운영, 회의**(국가경찰과 자치경찰의 조직 및 운영에 관한 법률 제26조 제1항〈22.2·23.2채용〉   정답 ④

08 「국가경찰과 자치경찰의 조직 및 운영에 관한 법률」상 국가 경찰위원회와 시 도자치경찰위원회에 공통적으로 적용되는 규정 중 가장 적절한 것은? 〈22.2채용〉

① 위원장 및 1명의 위원은 상임위원으로 하고 나머지 5명의 위원은 비상임으로 한다.

② 경찰의 직에서 퇴직한 날로부터 3년이 지나지 아니한 사람은 위원이 될 수 없다.

③ 위원 2명이 회의를 요구하는 경우 임시회의를 개최할 수 있다.

④ 보궐위원은 전임자의 남은 임기가 1년 미만인 경우 한 차례에 한해서 연임할 수 있다.

해설

경찰행정법, 경찰조직법, −

− 지방의 경찰기관, 시도자치경찰위원회 −

① (X) **구성**: **위원장 1명을 포함한 7인의 위원으로 구성**하되, **위원장 및 5명의 위원은 비상임**으로 하고, **1명의 위원은 상임**으로 한다.[♣위원장 및 1명의 위원은 상임으로(X)](국가경찰과 자치경찰의 조직 및 운영에 관한 법률 제7조 제2항)〈01·14·17·18·20승진·12·14·18경간·06·08·12.1·13.1·15.3·16.2·17.1·2·20.1·22.2채용〉

− 시도자치경찰위원회 및 국가경찰위원회 −

② (○) **결격사유**(국가경찰과 자치경찰의 조직 및 운영에 관한 법률 제8조 제5항, 제20조 제7항)〈22.2채용〉

− 중앙의 경찰기관, 국가경찰위원회 −

③ (X) 국가경찰위원회, 운영: 위원장은 필요한 경우 임시회의를 소집할 수 있으며, **위원 3인 이상과 행정안전부장관 또는 경찰청장**은 위원장에게 **임시회의의 소집을 요구할 수** 있다.[♣시·도경찰청장(X), ♣시도자치경찰위와 함께 위원 2인 이상 요구 시(X)](국가경찰위원회규정 제7조 제3항)〈17경간·14·21승진·12.1·22.2채용〉

④ (X) 국가경찰위원회, 구성·신분, **임기**: **보궐위원의 임기는 전임자의 남은 기간**으로 한다.[♣전임자의 남은 임기가 1년 미만인 경우 한 차례에 한해서 연임할 수(X)](제9조 제1항)〈20승진·18경간·17.1·22.2채용〉   정답 ②

09 경찰법령상 국가경찰위원회와 자치경찰위원회에 대한 설명이다. 옳은 것은 모두 몇 개인가? 〈20경간〉

> 가. 경찰행정에 관하여 심의·의결하기 위하여 행정안전부에 국가경찰위원회를 둔다.
> 나. 자치경찰사무를 관장하게 하기 위하여 시·도경찰청장 소속으로 시·도자치경찰위원회를 둔다.
> 다. 국가경찰위원회 정기회의는 특별한 사유가 있는 경우를 제외하고는 매월 1회 위원장이 소집한다.
> 라. 시·도자치경찰위원회 위원장은 정기회의와 임시회의를 소집·개최한다. 이 경우 정기회의는 특별한 사유가 있는 경우를 제외하고는 분기 1회 이상 소집·개최한다.
> 마. 국가경찰위원회 위원장은 위원회 심의를 위해 필요한 경우에 관계공무원 또는 관계전문가의 출석·발언이나 자료의 제출을 요구할 수 있으나, 시도자치경찰위원회 위원장에게는 그러한 권한이 없다.

① 1개   ② 2개   ③ 3개   ④ 4개

해설

경찰행정법, 경찰조직법 ─

가. (○) 국가경찰위원회, 일반 : **심의·의결기관**(국가경찰과 자치경찰의 조직 및 운영에 관한 법률 제7조 제1항)〈20경간·10승진·02채용〉

나. (×) **시·도자치경찰위원회** : 자치경찰사무를 관장하게 하기 위하여 **시·도지사 소속으로 시·도자치경찰위원회**를 둔다.[♣시도경찰청장 소속하에(X)](국가경찰과 자치경찰의 조직 및 운영에 관한 법률 제18조 제1항)〈20경간·10·14·16·18승진·13·16.1채용〉

다. (×) **국가경찰위원회, 운영** : 국가경찰위원회 **정기회의**는 특별한 사유가 있는 경우를 제외하고는 **매월 2회 위원장이 소집**한다.[♣매월 1회(X)](국가경찰위원회 규정 제7조 제2항)〈17·20경간·14승진·12.2채용〉

라. (×) 시도자치경찰위원회, **운영** : 시·도자치경찰위원회 위원장은 정기회의와 임시회의를 소집·개최한다. 이 경우 정기회의는 특별한 사유가 있는 경우를 제외하고는 **월 1회 이상 소집·개최**한다.[♣분기 1회 이상(X)](자치경찰사무와 시·도자치경찰위원회의 조직 및 운영 등에 관한 규정 제13조 제1항)〈20경간〉

마. (×) 국가경찰위원회 : **권한**(국가경찰위원회 규정 제9조 제1항〈20경간〉 /
시·도자치경찰위원회, **운영** : **시·도자치경찰위원회 위원장**은 시·도자치경찰위원회의 심의를 위하여 필요한 경우에는 **관계 공무원 또는 관계 전문가의 출석·발언이나 자료의 제출을 요구할 수** 있다.[♣요구할 권한이 없다.(X)](자치경찰사무와 시·도자치경찰위원회의 조직 및 운영 등에 관한 규정 제14조 제1항)〈20경간〉

정답 ①

10 「국가경찰과 자치경찰의 조직 및 운영에 관한 법률」상 자치경찰사무에 대한 설명으로 가장 적절하지 않은 것은? 〈22경간〉

① 국가는 지방자치단체가 이관받은 사무를 원활히 수행할 수 있도록 인력, 장비 등에 소요되는 비용에 대하여 재정적 지원을 하여야 한다.
② 자치경찰사무의 수행에 필요한 예산은 관할 시·도경찰청장의 의견을 들어 시·도자치경찰위원회의 심의·의결을 거쳐 시·도지사가 수립한다.
③ 시·도지사는 자치경찰사무 담당 공무원에게 조례에서 정하는 예산의 범위에서 재정적 지원 등을 할 수 있다.
④ 시·도의회는 관련 예산의 효율적인 관리를 위하여 의결로써 자치경찰사무에 대해 시·도자치경찰위원장의 출석 및 자료 제출을 요구할 수 있다.

해설

경찰행정법, 경찰조직법, 지방의 경찰조직, 시도자치경찰위원회 −
① (○) **재정지원**(국가경찰과 자치경찰의 조직 및 운영에 관한 법률 제34조)〈22경간〉
② (✕) **예산**: 자치경찰사무의 수행에 필요한 예산은 **시·도자치경찰위원회의 심의·의결**을 거쳐 **시·도지사가** 수립한다. 이 경우 시·도자치경찰위원회는 **경찰청장의 의견을 들어야** 한다.[♣시도경찰청장의 의견을 들어(✕)](제35조 제1항)〈22경간〉
③ (○) **재정지원**(국가경찰과 자치경찰의 조직 및 운영에 관한 법률 제35조 제2항)〈22경간〉
④ (○) **예산**(국가경찰과 자치경찰의 조직 및 운영에 관한 법률 제35조 제3항)〈22경간〉   정답 ②

11 「국가경찰과 자치경찰의 조직 및 운영에 관한 법률」상 국가수사본부장 및 시·도자치경찰위원회에 대한 설명으로 적절하지 않은 것은 모두 몇 개인가? 〈23경간〉

가. 대학이나 공인된 연구기관에서 법률학·경찰학 분야에서 조교수 이상의 직이나 이에 상당하는 직에 10년 이상 있었던 사람은 국가수사본부장의 자격이 있다.
나. 국가수사본부장이 직무를 집행하면서 헌법이나 법률을 위배하였을 때에는 국회는 탄핵 소추를 의결할 수 있다.
다. 국가수사본부장의 임기는 2년으로 하며 중임할 수 없고, 임기가 끝나면 당연히 퇴직한다.
라. 시·도자치경찰위원회는 위원장 1명을 포함한 7명의 위원으로 구성하되, 위원장은 상임으로 하고, 나머지 위원은 비상임으로 한다.
마. 시·도자치경찰위원회 위원은 시·도의회가 추천하는 2명, 국가경찰위원회가 추천하는 2명, 해당 시·도 교육감이 추천하는 1명, 시·도자치경찰위원회 위원추천위원회가 추천하는 1명, 시·도지사가 지명하는 1명을 시·도지사가 임명한다.
바. 대학이나 공인된 연구기관에서 법률학·행정학 또는 경찰학 분야의 조교수 이상의 직이나 이에 상당하는 직에 5년 이상 있었던 사람은 시·도자치경찰위원회 위원의 자격이 있다.

① 1개   ② 2개   ③ 3개   ④ 4개

해설

경찰행정법, 경찰조직법 −

− 중앙경찰조직, 국가수사본부장 −

가. (○) 자격(「국가경찰과 자치경찰의 조직 및 운영에 관한 법률」 제16조 제6항 제4호)<23경간>

나. (○) 지위(「국가경찰과 자치경찰의 조직 및 운영에 관한 법률」 제16조 제5항)<22승진·23경간·21.2·23.2채용>

다. (○) 지위(「국가경찰과 자치경찰의 조직 및 운영에 관한 법률」 제16조 제3, 4항)<23경간·21.2·23.2채용>

− 지방의 경찰조직, 시·도자치경찰위원회 −

라. (✕) **구성**: 시·도자치경찰위원회는 위원장 1명을 포함한 **7명의 위원으로 구성**하되, **위원장과 1명의 위원은 상임**으로 하고, **5명의 위원은 비상임**으로 한다.[♣위원장은 상임으로 나머지 위원은 비상임 (✕)](국가경찰과 자치경찰의 조직 및 운영에 관한 법률 제19조 제1항)<10·16·18승진·18·21·23경간· 12.2·21.1·22.2채용>

마. (✕) **임명**: 시·도자치경찰위원회 **위원**은 다음 각 호의 사람을 **시·도지사가 임명**한다.(국가경찰과 자 치경찰의 조직 및 운영에 관한 법률 제20조 제1항)<23경간·21.1채용>

　　1. **시·도의회가 추천**하는 2명

　　2. **국가경찰위원회가 추천**하는 1명

　　3. 해당 **시·도 교육감이 추천**하는 1명

　　4. 시·도자치경찰위원회 **위원추천위원회가 추천**하는 2명

　　5. **시·도지사가 지명**하는 1명

바. (○) **자격**(국가경찰과 자치경찰의 조직 및 운영에 관한 법률 제20조 제2항 제3호)<23경간> 정답 ②

---

12 「국가경찰과 자치경찰의 조직 및 운영에 관한 법률」에 대한 설명으로 가장 적절하지 않은 것은? <24승진>

① 경찰의 민주적인 관리·운영과 효율적인 임무수행을 위하여 경찰의 기본조직 및 직무 범위와 그 밖에 필요한 사항을 규정함을 목적으로 한다.

② 국가와 지방자치단체는 국민의 생명·신체 및 재산을 보호하고 공공의 안녕과 질서유지에 필요한 시책을 수립·시행하여야 한다.

③ 국가는 지방자치단체가 이관받은 사무를 원활히 수행할 수 있도록 인력, 장비 등에 소요되는 비용에 대하여 재정적 지원을 하여야 한다.

④ 시·도자치경찰위원회는 자치경찰사무에 대해 심의·의결을 통하여 시·도경찰청장을 지휘·감독한다. 다만, 시·도자치경찰위원회가 심의·의결할 시간적 여유가 없거나 심의·의결이 곤란한 경우 대통령령으로 정하는 바에 따라 시·도자치경찰위원회의 지휘·감독권을 경찰청장에게 위임한 것으로 본다.

해설

경찰행정법, 경찰조직법 −

① (○) 기본원리(국가경찰과 자치경찰의 조직 및 운영에 관한 법률 제1조)<15경간·24승진·15.3·18.2채용>

② (○) 경찰기관분류, 보통경찰기관: **국가와 지방자치단체의 책무(공통)**(국자법 제2조)<24승진>

③ (○) 경찰기관분류, 지방의 경찰기관, 시도자치경찰위원회: **재정지원**(국자법 제34조)<22경간·24승진>

④ (✕) 경찰기관분류, 시·도경찰청장, **소속**: **시·도자치경찰위원회는 자치경찰사무**에 대해 **심의·의결**을 통하여 **시·도경찰청장을 지휘·감독**한다. 다만, 시·도자치경찰위원회가 심의·의결할 **시간적 여유가 없거나 심의·의결이 곤란**한 경우 대통령령으로 정하는 바에 따라 위원회의 지휘·감독권을 **시·도경찰청장에게**[♣경찰청장에게(✕)] **위임한 것으로** 본다.(국가경찰과 자치경찰의 조직 및 운영에 관한 법률 제28조 제4항)<24승진> 정답 ④

13 「국가경찰과 자치경찰의 조직 및 운영에 관한 법률」상 시·도자치경찰위원회에 대한 설명으로 가장 적절하지 않은 것은? 〈24.1채용〉

① 합의제 행정기관으로서 그 권한에 속하는 업무를 독립적으로 수행한다.
② 위원은 시·도의회가 추천하는 2명, 국가경찰위원회가 추천하는 1명, 해당 시·도 교육감이 추천하는 1명, 시·도자치경찰위원회위원추천위원회가 추천하는 2명, 시·도지사가 지명하는 1명의 사람을 시·도지사가 임명한다.
③ 시·도지사는 시·도자치경찰위원회의 의결이 적정하지 아니하다고 판단할 때에는 재의를 요구할 수 있다.
④ 경찰청장은 시·도자치경찰위원회의 의결이 적정하지 아니하다고 판단되면 국가경찰위원회와 행정안전부장관을 거쳐 시·도지사에게 재의를 요구하게 할 수 있다.

해설

경찰행정법, 조직법, 시·도자치경찰위원회 −
① (○) 설치, 업무수행(국가경찰과 자치경찰의 조직 및 운영에 관한 법률 제18조 제2항)〈22.1 · 24.1채용〉
② (○) 임명(국가경찰과 자치경찰의 조직 및 운영에 관한 법률 제20조 제1항)〈23경간 · 21.1 · 24.1채용〉
③ (○) 운영, 재의요구, 시·도지사(국가경찰과 자치경찰의 조직 및 운영에 관한 법률 제25조 제3항)〈24.1채용〉
④ (✕) 운영, 재의요구, **행정안전부장관과 경찰청장**: 위원회의 의결이 **법령에 위반**되거나 **공익을 현저히 해친다고 판단되면[♣적정하지 아니하다고 판단할 때(✕)] 행정안전부장관**은 미리 **경찰청장의 의견**을 들어 **국가경찰위원회를 거쳐 시·도지사에게** (제3항의) 재의를 요구하게 할 수 있고, **경찰청장**은 국가경찰위원회와 행정안전부장관을 거쳐 시·도지사에게 재의를 요구하게 할 수 있다.(국가경찰과 자치경찰의 조직 및 운영에 관한 법률 제25조 제4항)〈24.2채용〉　　　정답 ④

테마 40　청원경찰

01 「청원경찰법 및 동법 시행령」상 청원경찰에 대한 설명으로 가장 적절한 것은? 〈17.2채용〉

① 청원경찰은 청원주와 배치된 기관·시설 또는 사업장 등의 구역을 관할하는 경찰서장의 감독을 받아 그 경비구역만의 경비를 목적으로 필요한 범위에서 「경찰법」에 따른 경찰관의 직무를 수행한다.
② 관할 경찰서장은 청원경찰이 직무상에 의무를 위반하거나 직무를 태만히 할 때 징계처분을 하여야 한다.
③ 관할 경찰서장은 매달 1회 이상 청원경찰을 배치한 경비구역에 대하여 복무규율과 근무 상황을 감독하여야 한다.
④ 청원경찰의 임용자격은 19세 이상인 사람이다.

해설

경찰행정법, 조직법, 청원경찰법 —

① (X) **법적지위**: 청원경찰은 청원경찰의 배치 결정을 받은 자("청원주")와 배치된 기관·시설 또는 사업장 등의 구역을 관할하는 경찰서장의 감독을 받아 그 **경비구역만의 경비를 목적으로** 필요한 범위에서 **「경찰관 직무집행법」에 따른**[♣경찰법에 따른(X)] 경찰관의 직무를 수행한다.(청원경찰법 제3조)<15.2·17.2채용>

② (X) **감독**: 청원주는[♣관할 경찰서장은(X)] 징계사유가 발생하거나 관할 서장으로부터 징계요청을 받은 때에는 그 해당자에 대하여 징계처분을 하여야 한다.(청원경찰법 제5조의2 제1항)<17.2채용>

③ (O) 감독, 관할서장(청원경찰법시행령 제17조)<17.2채용>

④ (X) **임용자격**: **18세 이상 남여**[♣19세 이상(X)](시행령 제3조 제1호)<01·08승진·08·17.2채용>   정답 ③

---

02 「청원경찰법」상 청원경찰에 대한 설명으로 가장 적절하지 않은 것은? 〈17경감〉

① 시·도경찰청장은 청원경찰 배치가 필요하다고 인정하는 기관의 장 또는 시설·사업장의 경영자에게 청원경찰을 배치할 것을 요청할 수 있다.

② 청원경찰은 근무 중 제복을 착용하여야 한다.

③ 청원경찰이 직무를 수행할 때 직권을 남용하여 국민에게 해를 끼친 경우에는 1년 이하의 징역이나 금고에 처한다.

④ 청원경찰은 청원경찰의 배치 결정을 받은 자와 배치된 기관·시설 또는 사업장 등의 구역을 관할하는 경찰서장의 감독을 받아 그 경비구역만의 경비를 목적으로 필요한 범위에서 「경찰관 직무집행법」에 따른 경찰관의 직무를 수행한다.

해설

경찰행정법, 조직법, 청원경찰법 —

① (O) 배치절차: **배치순서, 배치요청**(청원경찰법 제4조 제3항, 시행령 제20조)<17승진>

② (O) 제복 및 무기휴대: **제복착용**(청원경찰법 제8조 제1항)<17승진>

③ (X) 감독·징계, **처벌**: 청원경찰이 직무를 수행할 때 직권을 남용하여 국민에게 해를 끼친 경우에는 **6개월 이하의 징역이나 금고에** 처한다.[♣1년 이하의 징역이나 금고(X)](제10조 제1항)<11·12경간·17승진·14.1채용>

④ (O) 근무한계(청원경찰법 제3조)<17승진·13.2·14.1채용>   정답 ③

03 청원경찰에 대한 설명으로 가장 적절한 것은? 〈19경위〉

① 청원경찰을 배치 받으려는 자는 대통령령으로 정하는 바에 따라 관할 경찰서장에게 청원경찰 배치를 신청하여야 한다.

② 청원경찰은 청원주의 신청에 따라 시·도경찰청장이 임용한다.

③ 청원경찰에 대한 징계의 종류는 파면, 해임, 정직, 감봉 및 견책으로 구분한다.

④ 청원경찰의 '근무 중 제복 착용 의무'가 법률에 명시적으로 규정되어 있지는 않다.

해설

경찰행정법, 조직법, 청원경찰법 −

① (X) 배치절차, 배치순서, **배치요청** : 청원경찰을 배치 받으려는 자는 대통령령으로 정하는 바에 따라 관할 **시·도경찰청장에게** 청원경찰 배치를 신청하여야 한다.[♣서장에게(X)](제4조 제1항)〈19승진〉
※ 다만 예외적으로 하나의 경찰서 관할 구역인 경우 시행령 위임규정에 의해 서장에게 배치 신청을 하여야 한다.

② (X) 배치절차, 임용, **임용권자와 임용승인권자** : **청원주가 임용권자**이고, **시·도경찰청장이 임용승인권자**이다.[♣지청장이 임용권자(X)](제5조 제1항, 시행령 제20조)〈99·19승진·11경간·13.2·14.1·15.2채용〉

③ (○) 감독·징계 : **징계종류**(청원경찰법 제5조의2 제2항)〈04·09·10·19승진·12경간·08·13.2·14.1·15.2 채용〉

④ (X) 제복·무기휴대, **제복착용** : 청원경찰은 근무 중 **제복을 착용하여야** 한다.[♣제복착용 명시적 규정이 없다.(X)](청원경찰법 제8조 제1항)〈17·19승진〉 정답 ③

---

04 「청원경찰법 및 동법 시행령」상 청원경찰에 대한 설명으로 가장 적절하지 않은 것은? 〈20.1채용〉

① 청원경찰에 대한 징계의 종류는 파면, 해임, 정직, 감봉 및 견책으로 구분한다.

② 청원주는 청원경찰을 신규로 배치하거나 이동배치하였을 때에는 배치지(이동배치의 경우에는 종전의 배치지)를 관할하는 경찰 서장에게 그 사실을 통보하여야 한다.

③ 청원경찰(국가기관이나 지방자치단체에 근무하는 청원경찰을 포함한다)의 직무상 불법행위에 대한 배상책임에 관하여는 민법의 규정을 따른다.

④ 청원경찰이 그 배치지의 특수성 등으로 특수복장을 착용할 필요가 있을 때에는 청원주는 시·도경찰청장의 승인을 받아 특수복장을 착용하게 할 수 있다.

해설

경찰행정법, 조직법, 청원경찰법 −

① (○) **징계종류**(청원경찰법 제5조의2 제2항)〈04·09·10·19승진·12경간·08·13.2·14.1·15.2·20.1채용〉

② (○) **감독징계**(청원경찰법 시행령 제6조 제1항)〈20.1채용〉

③ (X) **법적지위 및 임무** : 청원경찰(**국가기관이나 지방자치단체에 근무하는 청원경찰은 제외**한다[♣포함한다.(X)])의 직무상 불법행위에 대한 **배상책임**에 관하여는 「**민법」의 규정**을 따른다.(청원경찰법 제10조의2)〈22경간·20.1채용〉

④ (○) **제복·무기휴대**(청원경찰법 시행령 제14조 제3항)〈20.1채용〉 정답 ③

---

05 청원경찰에 대한 설명으로 적절한 것은 모두 몇 개인가? (다툼이 있는 경우 판례에 따름) <22경간>

> 가. 시·도경찰청장은 청원경찰 배치가 필요하다고 인정하는 기관의 장 또는 시설사업장의 경영자에게 청원경찰을 배치할 것을 명령할 수 있다.
> 나. 청원경찰이 직무상의 의무 등을 위반하는 경우에는 청원주 및 관할 감독 경찰서장은 대통령령이 정하는 징계절차를 거쳐 징계처분을 하여야 한다.
> 다. 청원경찰은 「형법」이나 그 밖의 법령에 따른 벌칙을 적용할 때에는 공무원으로 보기 때문에 청원경찰의 불법행위에 대한 배상책임에 관하여는 「국가배상법」의 규정을 적용한다.
> 라. 국가나 지방자치단체에 근무하는 청원경찰의 근무관계는 사법상의 고용계약관계이다.

① 0개   ② 1개   ③ 2개   ④ 3개

해설

경찰행정법, 조직법, 청원경찰법 −

가. (✕) **배치절차, 배치요청 : 시·도경찰청장**(위임이 있는 경우 경찰서장)**은** 청원경찰 배치가 필요하다고 인정하는 기관의 장 또는 시설·사업장의 경영자에게 **청원경찰을 배치할 것을 요청할 수** 있다. [♣명령할 수 있다.(X)](제4조 제3항, 시행령 제20조)<17승진·22경간>

나. (✕) **감독·징계, 징계권자 : 청원주는**[♣관할감독서장은(X)] 청원경찰이 징계사유의 하나에 해당하는 때에는 **대통령령**으로 정하는 징계절차를 거쳐 **징계처분을 하여야** 한다.(제5조의2 제1항)<22경간·17.2채용>

   ※ 징계사유 : 직무상의 의무에 위반하거나 직무를 태만히 한 때, 품위를 손상하는 행위를 한 때

다. (✕) **법적지위 및 임무 : 청원경찰**(국가기관이나 지방자치단체에 근무하는 청원경찰은 제외)의 직무상 불법행위에 대한 **배상책임**에 관하여는 「민법」의 규정을 따른다.[♣국가배상법 적용(X)](제10조의2)<22경간·20.1채용>

   ※ 청원경찰의 **임용권자가 국가기관·지방자치단체장인 경우**에는 예외적으로 공무원의 신분을 가지며 이 경우에는 손해배상에 있어 **국가배상법이 적용**된다.(대법원 92다47564 판결)<20.1채용>

라. (✕) **법적지위 및 임무, 판례 :** [국가나 지자체 근무 청원경찰 → 사법상 고용관계(X)] 국가나 지방자치단체에 근무하는 청원경찰은 국가공무원법이나 지방공무원법상의 공무원은 아니지만, 다른 청원경찰과는 달리 그 임용권자가 행정기관의 장이고, 국가나 지방자치단체로부터 보수를 받으며, 산업재해보상보험법이나 근로기준법이 아닌 공무원연금법에 따른 재해보상과 퇴직급여를 지급받고, 직무상의 불법행위에 대하여도 민법이 아닌 국가배상법이 적용되는 등의 특질이 있으며 그외 임용자격, 직무, 복무의무 내용 등을 종합하여 볼때, 그 근무관계를 **사법상의 고용계약관계로 보기는 어려우므로** 그에 대한 징계처분의 시정을 구하는 소는 행정소송의 대상이지 민사소송의 대상이 아니다.[♣사법상 고용관계이다.(X)](대법원 92다47564 판결)<22경간>   정답 ①

테마 41, 42 권한의 대리 · 위임

01 권한의 위임과 대리에 관한 설명으로 가장 적절하지 않은 것은? 〈19.1채용〉

① 임의대리는 복대리가 허용되지 않는 것이 원칙이다.
② 복대리의 성격은 임의대리에 해당한다.
③ 원칙적으로 대리관청이 대리행위에 대한 행정소송의 피고가 된다.
④ 수임관청이 권한의 위임에서 쟁송의 당사자가 된다.

해설

경찰행정법, 조직법, 경찰관청의 권한 −

① (○) 대리, 복대리 : 신임을 전제로 하는 수권대리(임의대리)의 경우 복대리는 기본대리의 신임관계
　　　를 깨뜨리기 때문에 **원칙적으로 불가능**하다.[♣복대리 가능(X)](복대리囷)〈13 · 15 · 19승진 · 08 · 12.
　　　1 · 19.1채용〉
② (○) 대리, 복대리 : 복대리는 언제나 **임의대리**(수권대리)에 해당한다.(복대리囷, 성격)〈19.1채용〉
③ (×) 대리, 효과 : 피대리청은 대리기관의 행위에 대해 대리의 상대방(국민)에게 책임을 부담한다.
　　　따라서 **행정소송의 피고는 피대리청**이 된다.[♣대리관청이(X)](권한의 대리, 효과)〈19.1채용〉
④ (○) 위임, **효과** : 행위에 대한 책임도 수임기관이 부담하며, **수임기관이 행정소송의 당사자**가 된다.
　　　(권한의 위임, 효과)〈19.1채용〉　　　　　　　　　　　　　　　　　　　　　　　　　　　정답 ③

02 행정관청의 권한의 위임과 대리에 대한 설명이다. 아래 ㉠부터 ㉣까지의 설명 중 옳고 그름의 표시(O, X)가
바르게 된 것은? 〈19경감〉

> ㉠ 권한의 위임이란 상급관청이 하급관청에 권한의 전부를 이전하여 수임기관의 권한으로 행하도록
> 　하는 것으로 위임의 범위에는 제한이 없는 것이 원칙이다.
> ㉡ 권한의 위임은 수임관청에 권한이 이전되므로 수임관청에 효과가 귀속되나, 권한의 대리는 직무
> 　의 대행에 불과하므로 임의대리든 법정대리든 피대리관청에 효과가 귀속된다.
> ㉢ 원칙적으로 임의대리는 권한의 일부에 대해서만 가능하고 복대리가 불가능하나, 법정대리는 권
> 　한의 전부에 대해서 가능하고 복대리가 가능하다.
> ㉣ 임의대리의 경우 피대리관청은 대리기관의 행위에 대한 지휘 · 감독상의 책임을 지나, 법정대리
> 　의 경우 피대리관청은 원칙적으로 지휘 · 감독상의 책임을 지지 않는다.

① ㉠(O)　　　　㉡(O)　　　　㉢(X)　　　　㉣(O)
② ㉠(X)　　　　㉡(O)　　　　㉢(O)　　　　㉣(X)
③ ㉠(X)　　　　㉡(O)　　　　㉢(O)　　　　㉣(O)
④ ㉠(X)　　　　㉡(X)　　　　㉢(O)　　　　㉣(X)

해설

경찰행정법, 조직법, 경찰관청의 권한 –

㉠ (X) 위임, **범위**: 경찰관청 권한의 **일부에 대해서만 가능**하고, 권한의 **전부나 주요부분에 대해서는 위임이 허용되지 않는다.**[♣위임의 범위에는 제한이 없다.(X), ♣전부 대리할 수(X)](권한의 위임, 한계)<13・19승진・02・05・08・13.1채용>

㉡ (○) 권한의 대리와 위임, **효과**: 권한의 이전 여부에 따라 효과 귀속이 결정된다.<19승진・01・07・09・12.1채용>

㉢ (○) **법정대리**: 법정대리는 **피대리청 유고시에 법에 의해 인정**되므로 예외적으로 전부대리이며, 복대리가 가능하다.(권한의 대리, 복대리表)<13・15・19승진・08・12.1채용>

㉣ (○) 수권대리, 효과 / 법정대리, **효과**: 법정대리는 피대리청 유고시에 법에 의해 인정되므로 피대리관청은 원칙적으로 지휘 감독권이 없고, 지휘・감독상의 책임도 지지 않는다.<19승진・12.1채용>

정답 ③

---

03 경찰관청의 권한의 위임・대리에 대한 설명으로 가장 적절한 것은? 〈19경위〉

① 권한의 위임은 보조기관, 권한의 대리는 하급관청이 주로 상대방이 된다.

② 권한의 위임으로 인한 사무처리에 소요되는 인력・예산 등은 수임자 부담이 원칙이다.

③ 권한의 위임 시 수임기관의 사무처리가 위법・부당하다고 인정될 때에는 위임기관은 이를 취소 또는 정지할 수 있고, 수임기관에 대하여 사전승인을 받거나 협의할 것을 요구할 수 있다.

④ 임의대리는 원칙적으로 복대리가 허용되지 않으며 피대리관청은 대리자에 대한 지휘・감독이 가능하나, 법정대리는 복대리가 허용되며 피대리관청의 대리자에 대한 지휘・감독이 불가능하다.

해설

경찰행정법, 조직법, 경찰관청의 권한 –

① (X) 위임, 상대방: 원칙상 **하급관청**, 예외적으로 **대등기관・다른 행정기관[➡위탁]**, 지방자치단체 또는 그 기관, 사인 수권사인(수탁사인)[♣보조기관에(X)] /
대리, 상대방: 피대리청의 **보조기관이** 되는 것이 보통이다.[♣관청이(X)]<19승진>

② (X) 위임, **비용부담**: 비용・인력・설비 등은 법령에 특별한 규정이 있는 경우를 제외하고는 **위임자가 부담하는 것이 원칙**이다.[♣수임자 부담(X)]<13・15・19승진>

③ (X) 행정권한의 위임 및 위탁에 관한 규정, **지휘・감독**: 위임 및 위탁기관은 수임 및 수탁기관의 수임 및 수탁사무 처리에 대하여 **지휘・감독**하고, 그 처리가 **위법하거나 부당**하다고 인정될 때에는 이를 **취소하거나 정지시킬 수** 있다.(제6조)<11・15・19승진・18.1순경>
사전승인 등의 제한: 수임 및 수탁사무의 처리에 관하여 위임 및 위탁기관은 수임 및 수탁기관에 대하여 **사전승인을 받거나 협의를 할 것을 요구할 수 없다.**[♣요구할 수 있다.(X)](제7조)<13・19승진>

④ (○) 대리, **복대리**(설명表)<13・15・19승진・08・12.1채용>

정답 ④

04 행정권한의 위임 및 위탁에 관한 규정상 행정기관 간 위임 및 위탁에 대한 설명 중 옳지 않은 것은 모두 몇 개인가? 〈19경간 · 18.1채용〉

> 가. "위임"이란 법률에 규정된 행정기관의 장의 권한 중 일부를 그 보조기관 또는 하급행정기관의 장이나 지방자치단체의 장에게 맡겨 그의 권한과 책임 아래 행사하도록 하는 것을 말한다.
> 나. 행정기관의 장은 행정권한을 위임 및 위탁할 때에는 위임 및 위탁하기 전에 수임기관의 수임능력 여부를 점검하고, 필요한 인력 및 예산을 이관할 수 있다.
> 다. 위임 및 위탁기관은 수임 및 수탁기관의 수임 및 수탁사무 처리에 대하여 지휘·감독하고, 그 처리가 위법하거나 부당하다고 인정될 때에는 이를 취소하거나 정지시켜야 한다.
> 라. 수임 및 수탁사무의 처리에 관하여 위임 및 위탁기관은 수임 및 수탁기관에 대하여 사전승인을 받거나 협의를 할 것을 요구할 수 없다.
> 마. 수임 및 수탁사무의 처리에 관한 책임은 수임 및 수탁기관에 있으며, 위임 및 위탁기관의 장은 그에 대한 감독책임을 진다.
> 바. 위임 및 위탁기관은 위임 및 위탁사무 처리의 적정성을 확보하기 위하여 필요한 경우에는 수임 및 수탁기관의 수임 및 수탁사무 처리 상황을 수시로 감사할 수 있다.

① 1개   ② 2개   ③ 3개   ④ 4개

해설

경찰행정법, 조직법, 경찰관청의 권한, 행정권한의 위임 및 위탁에 관한 규정 −

가. (○) **위임 : 정의**(행정권한의 위임 및 위탁에 관한 규정 제2조 제1항)〈19경간 · 18.1순경〉

나. (✕) **예산이관** : 행정기관의 장은 행정권한을 위임 및 위탁할 때에는 위임 및 위탁하기 전에 수임기관의 수임능력 여부를 점검하고, 필요한 **인력 및 예산을 이관하여야** 한다.[♣이관할 수 있다.(X)] (제3조 제2항)〈19경간〉

다. (✕) **지휘·감독** : 위임 및 위탁기관은 수임 및 수탁기관의 수임 및 수탁사무 처리에 대하여 **지휘· 감독**하고, 그 처리가 **위법하거나 부당**하다고 인정될 때에는 이를 **취소하거나 정지시킬 수** 있다. [♣취소하거나 정지시켜야 한다.(X)](제6조)〈19경간 · 11 · 15 · 19승진 · 18.1순경〉

라. (○) 사전승인 등의 제한(행정권한의 위임 및 위탁에 관한 규정 제7조)〈19경간 · 13 · 19승진 · 21.1채용〉

마. (○) 책임의 소재 및 명의 표시(행정권한의 위임 및 위탁에 관한 규정 제8조 제1항)〈19경간 · 18.1순경〉

바. (○) 권한의 위임 및 위탁에 따른 감사(행정권한의 위임 및 위탁에 관한 규정 제9조〈19경간 · 18.1순경〉

정답 ②

05 다음은 「행정권한의 위임 및 위탁에 관한 규정」에 대한 설명이다. 적절한 것만을 고른 것은 모두 몇 개인가?

〈21.1채용〉

> ⊙ 위임 및 위탁기관은, 수임 및 수탁기관의 수임 및 수탁사무 처리에 대하여 지휘·감독하고, 그 처리가 위법하거나 부당하다고 인정될 때에는 이를 취소하거나 정지시킬 수 있다.
> ⓛ 수임 및 수탁사무의 처리에 관하여 위임 및 위탁기관은 수임 및 수탁기관에 대하여 사전승인을 받거나 협의를 할 것을 요구할 수 없다.
> ⓒ 수임 및 수탁사무의 처리에 관한 책임은 수임 및 수탁기관에 있으며, 위임 및 위탁기관의 장은 그에 대한 감독책임을 진다.
> ⓔ 수임 및 수탁사무에 관한 권한을 행사할 때에는 수임 및 수탁기관의 명의로 하여야 한다.

① 1개 ② 2개 ③ 3개 ④ 4개

해설

경찰행정법, 조직법, 경찰관청의 권한, 행정권한의 위임 및 위탁에 관한 규정 −

⊙ (○) 지휘·감독(「행정권한의 위임 및 위탁에 관한 규정」 제6조)〈19경간·11·15·19·21승진·18.1·21.1채용〉
ⓛ (○) 사전승인 등의 제한(「행정권한의 위임 및 위탁에 관한 규정」 제7조)〈19경간·13·19승진·21.1채용〉
ⓒ (○) 책임의 소재 및 명의 표시(「행정권한의 위임 및 위탁에 관한 규정」 제8조 제1항)〈19경간·21승진·18.1·21.1채용〉
ⓔ (○) 책임의 소재 및 명의 표시(「행정권한의 위임 및 위탁에 관한 규정」 제8조 제2항)〈21승진·21.1채용〉

정답 ④

---

06 「행정권한의 위임 및 위탁에 관한 규정」에 대한 설명으로 가장 적절하지 않은 것은? 〈21승진〉

① 위탁이란 법률에 규정된 행정기관의 장의 권한 중 일부를 다른 행정기관의 장에게 맡겨 그의 권한과 책임 아래 행사하도록 하는 것을 말한다.
② 수임 및 수탁사무의 처리에 관한 책임은 수임 및 수탁기관에 있으며, 수임 및 수탁사무에 관한 권한을 행사할 때에는 위임 및 위탁기관의 명의로 하여야 한다.
③ 위임 및 위탁기관은 수임 및 수탁기관의 수임 및 수탁사무 처리에 대하여 지휘·감독하고, 그 처리가 위법하거나 부당하다고 인정될 때에는 이를 취소하거나 정지시킬 수 있다.
④ 행정기관의 장은 행정권한을 위임 및 위탁할 때에는 위임 및 위탁하기 전에 수임기관의 수임능력 여부를 점검하고, 필요한 인력 및 예산을 이관하여야 한다.

해설

경찰행정법, 조직법, 경찰관청의 권한, 행정권한의 위임 및 위탁에 관한 규정 −

① (○) 정의, **위탁**(행정권한의 위임 및 위탁에 관한 규정 제2조 제2호)<21승진>
② (✕) **책임의 소재 및 명의 표시**: 수임 및 수탁사무의 처리에 관한 **책임은 수임 및 수탁기관에 있으**
    며, 위임 및 위탁기관의 장은 그에 대한 **감독책임을 진다.**[♣감독책임을 지지 않는다.(✕)](제8조 제1
    항)<19경간 · 21승진 · 18.1순경>
    수임 및 수탁사무에 관한 권한을 행사할 때에는 **수임 및 수탁기관의 명의로** 하여야 한다.[♣위
    임 및 위탁기관의 명의로(✕)](제8조 제2항)<21승진>
③ (○) 지휘 · 감독(행정권한의 위임 및 위탁에 관한 규정 제6조)<19경간 · 11 · 15 · 19 · 21승진 · 18.1순경>
④ (○) 위임 및 위탁의 기준 등(행정권한의 위임 및 위탁에 관한 규정 제3조 제2항)<19경간 · 21승진>

정답 ②

07 「행정권한의 위임 및 위탁에 관한 규정」에 관한 설명으로 가장 적절하지 않은 것은? (다툼이 있는 경우 판
례에 의함) <23.2채용>

① "위임"이란 법률에 규정된 행정기관의 장의 권한 중 일부를 다른 행정기관의 장에게 맡겨 그의 권한
    과 책임 아래 행사하도록 하는 것을 말한다.
② 위임 및 위탁기관은 수임 및 수탁기관의 수임 및 수탁사무 처리에 대하여 지휘 · 감독하고, 그 처리가
    위법하거나 부당하다고 인정될 때에는 이를 취소하거나 정지시킬 수 있다.
③ 행정기관의 장은 행정권한을 위임 및 위탁할 때에는 위임 및 위탁하기 전에 단순한 사무인 경우를
    제외하고는 수임 및 수탁기관에 대하여 수임 및 수탁사무 처리에 필요한 교육을 하여야 하며, 수임
    및 수탁사무의 처리지침을 통보하여야 한다.
④ 수임 및 수탁사무의 처리가 부당한지 여부의 판단은 위법성 판단과 달리 합목적적 · 정책적 고려도
    포함되므로, 위임 및 위탁기관이 그 사무처리에 관하여 일반적인 지휘 · 감독을 하는 경우는 물론이고
    나아가 수임 및 수탁사무의 처리가 부당하다는 이유로 그 사무처리를 취소하는 경우에도 광범위한
    재량이 허용된다고 보아야 한다.

해설

경찰행정법, 조직법, 경찰관청의 권한, 행정권한의 위임 및 위탁에 관한 규정 −

① (✕) **"위임"**: 법률에 규정된 행정기관의 장의 권한 중 일부를 그 **보조기관** 또는 **하급행정기관의 장**
    이나 **지방자치단체의 장**에게[♣다른 행정기관의 장에게(✕)] 맡겨 그의 권한과 책임 아래 행사하도
    록 하는 것을 말한다.(제2조 제1호)<19경간 · 18.1 · 23.2채용>
② (○) 지휘 · 감독(제6조)<19경간 · 11 · 15 · 19 · 21승진 · 18.1 · 21.1 · 23.2채용>
③ (○) 위임 및 위탁의 기준등(교육)(제3조 제3항)<23.2채용>
④ (○) 지휘 · 감독, 판례(대법원 2016두55629 판결)<23.2채용>

정답 ①

08 「행정권한의 위임 및 위탁에 관한 규정」에 대한 설명으로 적절하지 않은 것은? (다툼이 있는 경우 판례에 의함) 〈24승진〉

① 행정기관의 장은 허가·인가·등록 등 민원에 관한 사무, 정책의 구체화에 따른 집행사무 및 일상적으로 반복되는 사무로서 그가 직접 시행하여야 할 사무를 제외한 일부 권한을 그 보조기관 또는 하급행정기관의 장, 다른 행정기관의 장, 지방자치단체의 장에게 위임 및 위탁한다.

② 행정기관의 장은 행정권한을 위임 및 위탁할 때에는 위임 및 위탁하기 전에 수임기관의 수임능력 여부를 점검하고, 필요한 인력 및 예산을 이관하여야 한다.

③ 수임 및 수탁사무의 처리에 관하여 위임 및 위탁기관은 수임 및 수탁기관에 대하여 사전승인을 받거나 협의할 것을 요구할 수 있으나 수임 및 수탁사무 처리 상황을 수시로 감사할 수 없다.

④ 권한위임의 경우에는 수임관청이 자기의 이름으로 그 권한행사를 할 수 있지만 내부위임의 경우에는 수임관청은 위임관청의 이름으로만 그 권한을 행사할 수 있을 뿐 자기의 이름으로는 그 권한을 행사할 수 없다.

해설

경찰행정법, 경찰조직법, 권한, 위임, 행정권한의 위임 및 위탁에 관한 규정 −

①② (○) 위임 및 위탁의 기준 등(제3조 제1항, 제2항)〈19경간·21·24승진〉

③ (✕) **사전승인 등의 제한**: 수임 및 수탁사무의 처리에 관하여 위임 및 위탁기관은 수임 및 수탁기관에 대하여 **사전승인을 받거나 협의를 할 것을 요구할 수 없다.**[♣요구할 수 있다.(X)](제7조)〈19경간·13·19·24승진·21.1채용〉

권한의 위임 및 위탁에 따른 감사: 위임 및 위탁기관은 위임 및 위탁사무 처리의 적정성을 확보하기 위하여 필요한 경우에는 수임 및 수탁기관의 수임 및 수탁사무 처리 상황을 **수시로 감사할 수 있다.**[♣감사할 수 없다.(X)](제9조)〈19경간·24승진·18.1채용〉

④ (○) 책임의 소재 및 명의 표시(제8조 제2항)〈21·24승진·21.1채용〉

내부위임, 판례: [내부위임 → 위임관청 이름으로만] 권한위임의 경우에는 수임관청이 자기의 이름으로 그 권한행사를 할 수 있지만 **내부위임**의 경우에는 수임관청은 **위임관청의 이름으로만** 그 권한을 행사할 수 있을 뿐 자기의 이름으로는 그 권한을 행사할 수 없다.(대법원 94누6475판결)〈24승진〉

정답 ③

09 행정관청의 권한의 대리에 대한 설명 중 가장 적절하지 않은 것은? 〈20경위〉

① 권한의 대리에는 임의대리와 법정대리가 있는데, 보통 대리는 임의대리를 의미한다.

② 법정대리는 협의의 법정대리와 지정대리가 있는데, 협의의 법정대리는 일정한 법정 사유가 발생하면 당연히 대리권이 발생하는 경우를 말한다.

③ 권한의 대리는 피대리자의 권한의 전부 또는 일부를 대리자가 피대리자를 위한 것임을 표시하고 자기의 명의로 대행하는 것으로 그 행위는 대리자의 행위로서 효과가 발생한다.

④ 임의대리는 피대리관청의 대리자에 대한 지휘·감독이 가능하나, 법정대리는 원칙적으로 피대리관청의 대리자에 대한 지휘·감독이 불가능하다.

해설

경찰행정법, 조직법, 경찰관청의 권한, 권한의 대리 −

① (○) 대리〈20승진·13경위·08·09채용〉

② (○) 대리, 법정대리〈14·20승진〉

③ (×) **효과** : 대리행위는 **피대리관청의 행위로서 효과가 발생**한다.[♣대리관청의 행위로 효력(X)]〈20승진·12.1채용〉

④ (○) 대리, 법정대리 : 지휘·감독〈19·20승진·12.1채용〉 　　　　　정답 ③

10 경찰관청의 '권한의 대리'와 '권한의 위임'에 관한 설명 중 가장 적절하지 않은 것은? (다툼이 있는 경우 판례에 의함) 〈22.2채용〉

① 권한을 위임받은 수임청은 자기의 이름 및 자기의 책임으로 권한을 행사한다.

② 수임청 및 피대리관청은 항고소송에서 피고가 된다.

③ 법정대리의 경우 피대리관청이 사고 등으로 인해 공석이므로 대리의 법적 효과는 대리관청에 귀속된다.

④ 국가경찰과 자치경찰의 조직 및 운영에 관한 법률상 "경찰 청장이 부득이한 사유로 직무를 수행할 수 없을 때에는 경찰청 차장이 그 직무를 대행한다"는 대리방식을 '협의의 법정대리'라고 한다.

해설

경찰행정법, 조직법, 경찰관청의 권한 −

① (○) 위임〈14승진·07경간·22.2채용〉

② (○) 대리, 위임〈19.1·22.2채용〉

③ (×) **법정대리 효과** : 법정대리의 법적 효과는 **피대리관청에 귀속**된다.[♣대리관청에 귀속(X)]〈20승진·12.1·22.2채용〉

④ (○) 법정대리 종류(국가경찰과 자치경찰의 조직 및 운영에 관한 법률 제15조 제2항)〈99·15승진·22.2채용〉 　　정답 ③

테마 43 훈령권

01 훈령에 대한 설명으로 가장 적절하지 않은 것은? 〈17 · 18경위〉

① 훈령이란 상급관청이 하급관청의 권한행사를 지휘 · 감독하기 위해 발하는 명령이다.

② 내용이 실현 가능하고 명확할 것, 내용이 적법하고 타당할 것, 공익에 반하지 않을 것은 훈령의 실질적 요건이다.

③ 하급행정기관은 서로 모순되는 둘 이상의 상급관청의 훈령이 경합하는 때에는 주관상급관청의 훈령에 따라야 하고, 주관상급관청이 서로 상하관계에 있을 때에는 직근상급관청의 훈령에 따라야 하며, 주관상급관청이 불명확한 때에는 주관쟁의의 방법으로 해결하여야 한다.

④ 하급관청 구성원의 변동이 있으면 훈령은 그 효력에 영향을 받는다.

해설

경찰행정법, 조직법, 감독, 훈령권 −

① (○) 의의<12경간 · 17승진>

② (○) 실질적 요건<98 · 12 · 17승진 · 08 · 09채용>

③ (○) 훈령의 경합<07행정 · 05 · 17승진>

④ (×) 기능, 비교, **효력 : 하급관청이나 훈령발급관청의 구성원**에 **변동**이 있어도 훈령의 **효력에는 영향이 없다.**[♣영향받는다.(X)](훈령권, 기능, 효력)<11경간 · 17승진 · 12.3채용>   **정답** ④

02 훈령과 직무명령에 관한 다음 설명으로 옳은 것은 모두 몇 개인가? 〈18 · 19경간〉

> 가. 훈령의 내용은 하급관청의 직무상 독립된 범위에 속하는 사항이여야 한다.
> 나. 직무명령은 상관이 직무에 관하여 부하에게 발하는 명령이다.
> 다. 직무명령은 직무와 관련 없는 사생활에는 효력이 미치지 않는다.
> 라. 훈령은 원칙적으로 일반적 · 추상적 사항에 대하여 발해져야 하지만, 개별적 · 구체적 사항에 대해서도 발해질 수 있다.
> 마. 직무명령의 형식적 요건으로는 권한이 있는 상관이 발할 것, 부하공무원의 직무범위 내의 사항일 것, 부하공무원의 직무상 독립이 보장된 것이 아닐 것, 법정의 형식이나 절차가 있으면 이를 갖출 것이다.

① 1개   ② 2개   ③ 3개   ④ 4개

해설

경찰행정법, 조직법, 감독, 훈령권 −

가. (✕) 요건, 형식적 요건: **훈령권이 있는 상급관청**이 발한 것일 것, **하급관청의 권한 내의 사항**에 관한 것일 것, 하급관청의 직무상 **독립된 권한에 속하는 사항이 아닐 것[♣직무상 독립된 범위에 속하는 사항이어야(✕)]**<18경간·16.2채용>, **법에 정한 주체, 권한, 절차에 위반되지 않을 것**<12.3채용>

나. (○) 기능, 비교표 ; 주체(직무명령)<16승진·18경간>

다. (○) 기능, 비교표, **범위(직무명령)**: 직무**관련** 개인 사생활까지 규제[♣직무관련 없는 사생활에는 미치지 않음(○)]<18경간·12.3채용>

라. (○) 기능, 비교표, **대상(훈령)**: 원칙적으로 **일반적·추상적 사항** 대상이지만, **개별적·구체적 사항**에 **대해서도 가능[♣**개별사항 불가능(✕)]<11·18경간·12·18승진·12.3·16.2채용>

마. (○) 직무명령: **형식적 요건**<18경간>　　　　　　　　　　　　　　　　　　　정답 ④

---

03 훈령과 직무명령에 관한 설명 중 옳지 않은 것을 모두 고른 것은? 〈19.2채용〉

> ㉠ 직무명령은 직무와 관련 없는 사생활에는 그 효력이 미치지 않는다.
> ㉡ 훈령은 일반적·추상적 사항에 대하여만 발할 수 있으며, 개별적·구체적 사항에 대해서는 발할 수 없다.
> ㉢ 훈령을 발하기 위해서는 법령의 구체적 근거를 요하나, 직무명령은 법령의 구체적 근거가 없이도 발할 수 있다.
> ㉣ 훈령의 종류에는 '협의의 훈령', '지시', '예규', '일일명령' 등이 있으며, 이 중 예규는 반복적 경찰사무의 기준을 제시하기 위하여 발하는 명령을 의미한다.
> ㉤ 훈령은 직무명령을 겸할 수 있으나, 직무명령은 훈령의 성질을 가질 수 없다.

① ㉠㉢　　　　② ㉡㉢　　　　③ ㉢㉤　　　　④ ㉣㉤

해설

경찰행정법, 조직법, 감독, 훈령권 −

㉠ (○) 기능, 훈령·직무명령 비교표: 범위<18경간·12.3·19.2채용>

㉡ (✕) 기능, 훈령·직무명령 비교표, **대상(훈령)**: 원칙적으로 **일반적·추상적 사항** 대상이지만, **개별적·구체적 사항**에 **대해서도 가능[♣**개별사항 불가능(✕)](훈령·직무명령 비교표, 대상)<11·18경간·12·18·19승진·12.3·16.2·19.2채용>

㉢ (✕) 일반, 근거와 한계: 훈령과 직무명령은 **법령의 구체적인 근거 없이 발할 수 있다.[♣**훈령은 법령의 구체적 근거 필요(✕)](훈령권, 근거)<12경간·16.2·19.2채용>

㉣ (○) 훈령의 종류표: **예규**<03승진·12경간·19.2채용>

㉤ (○) 기능, 훈령·직무명령 비교표: **관계**<11경간·19.2채용>　　　　　정답 ②

04 훈령과 직무명령에 대한 설명으로 옳지 않은 것은? 〈19경간〉

① 상호 모순되는 둘 이상의 상급관청의 훈령이 경합할 경우 주관 상급관청이 불명확한 때에는 직근상급행정관청의 훈령에 따른다.

② 훈령이란 상급관청이 하급관청의 권한행사를 지휘하기 위하여 발하는 명령으로 구성원의 변동이 있는 경우에도 효력에는 영향이 없다.

③ 훈령은 직무명령의 성격을 가지나 직무명령은 훈령의 성격을 갖지 못한다.

④ 훈령은 원칙적으로 일반적 추상적 사항에 대해서 발해야 하지만, 개별적 구체적 사항에 대해서도 발해질 수 있다.

해설

경찰행정법, 조직법, 감독, 훈령권 −

① (×) 요건, **훈령의 경합**: 상호 모순되는 둘 이상의 상급관청의 훈령이 경합할 경우 주관 상급관청이 불명확한 경우 **주관쟁의**의 방법으로 해결해야 한다.[♣주관 상급관청이 불명확한 때에는 직근상급행정관청의 훈령에 따른다.(X)〈07행정 · 19경간 · 05 · 17승진〉

② (○) 기능, 훈령 · 직무명령 비교표, 효력〈11 · 19경간 · 17 · 18 · 19승진 · 12.3채용〉

③ (○) 기능, 훈령 · 직무명령 비교표, 관계〈11 · 19경간 · 19.2채용〉

④ (○) 기능, 훈령 · 직무명령 비교표, 대상〈11 · 18 · 19경간 · 12 · 18 · 19승진 · 12.3 · 16.2 · 19.2채용〉 정답 ①

05 훈령과 직무명령에 대한 설명으로 가장 옳지 않은 것은? 〈20경간〉

① 훈령은 원칙적으로 일반적 · 추상적 사항에 대해서 발해지지만, 개별적 · 구체적 사항에 대해서도 발해질 수 있다.

② 훈령과 직무명령 모두 법령의 구체적 근거가 없어도 발할 수 있다.

③ 훈령은 법규의 성질을 갖지 않기에 하급경찰관청의 법적 행위가 훈령에 위반하여 행해진 경우에도 위법이 아니며 행위자체의 효력에도 영향이 없다.

④ 훈령의 실질적 요건으로는 훈령이 법규에 저촉되지 않을 것, 공익에 반하지 않을 것, 실현 가능성이 있을 것, 훈령권이 있는 상급관청이 발할 것 등이 있다.

해설

경찰행정법, 조직법, 감독, 훈령권 −

① (○) 기능, 훈령 · 직무명령 비교: **대상**〈11 · 18 · 19 · 20경간 · 12 · 18 · 19 · 20승진 · 12.3 · 16.2 · 19.2채용〉

② (○) 기능, 훈령 · 직무명령 비교: **공통점**〈12 · 20경간 · 19승진〉

③ (○) 효력〈04행정 · 97 · 18승진 · 20경간 · 01 · 16.2채용〉

④ (×) 요건, **훈령의 실질적 요건**: 내용이 **실현 가능**하고 **명확**할 것, 내용이 **적법**하고 **타당**할 것, 내용이 **공익**에 반하지 않을 것(실현가능성 · 명백성 · 내용의 **적법성** · 타당성 · **공익적합성**)[♣훈령권이 있는 상급관청이 발할 것(X) → 훈령의 형식적 요건]〈98 · 12 · 17 · 20승진 · 08 · 09채용〉 정답 ④

06 훈령에 대한 설명으로 가장 적절하지 않은 것은? 〈20경감〉

① 훈령의 형식적 요건으로는 훈령권이 있는 상급관청이 발한 것일 것, 하급관청의 권한 내의 사항에 관한 것일 것, 하급관청의 직무상 독립성이 보장된 사항일 것을 들 수 있다.

② 훈령의 실질적 요건으로는 내용이 실현 가능하고 명확할 것, 내용이 적법하고 타당할 것, 내용이 공익에 반하지 않을 것을 들 수 있다.

③ 훈령은 원칙적으로 일반적·추상적 사항에 대해서 발해야 하지만, 개별적·구체적 사항에 대해서도 발해질 수 있다.

④ 하급관청 구성원에 변동이 있더라도 훈령의 효력에는 영향이 없다.

해설

경찰행정법, 조직법, 감독, 훈령권 −

① (×) 요건, **형식적 요건 : 훈령권이 있는 상급관청**이 발한 것일 것, **하급관청의 권한 내의 사항**에 관한 것일 것, 하급관청의 직무상 **독립된 권한에 속하는 사항이 아닐 것**[♣직무상 독립된 범위에 속하는 사항이어야(X)]〈13경간·12·18·19·20승진·12·16.2순경〉

② (○) 요건, 실질적 요건〈98·12·17·20승진·08·09채용〉

③ (○) 기능, 훈령·직무명령 비교표〈11·18·19경간·12·18·19·20승진·12.3·16.2·19.2채용〉

④ (○) 기능, 훈령·직무명령 비교표〈11·19경간·17·18·19·20승진·12.3채용〉   정답 ①

---

07 훈령의 형식적 요건에 해당하지 않는 것은? 〈20경위〉

① 훈령권이 있는 상급관청이 발한 것일 것

② 내용이 적법하고 타당할 것

③ 하급관청의 권한 내의 사항에 관한 것일 것

④ 직무상 독립한 범위에 속하는 사항이 아닐 것

해설

경찰행정법, 조직법, 감독, 훈령권 −

①③④ (○) 형식적 요건〈13경간·12·18·19·20승진·12·16.2순경〉

② (×) 실질적 요건[♣훈령의 형식적 요건(X)]〈98·12·17·20승진·08·09채용〉   정답 ②

제2장   경찰공무원법 관련

1 경찰공무원법제의 기본구조

테마 44 **경찰공무원의 개념과 분류**

01 「수사경찰 인사운영규칙」상 수사경과에 대한 설명으로 가장 적절한 것은? 〈19경위〉

① 수사경과 발령일로부터 5년이 되는 날이 전년도 11월 1일부터 해당 연도 4월 30일까지의 사이에 있는 경우에는 해당 연도 4월 30일까지 유효한 것으로 본다.

② 2년간 연속으로 수사부서 전입을 기피하는 경우 수사경과를 해제하여야 한다.

③ 인권침해, 편파수사 등에 관한 시비로 사건관계인으로부터 수시로 진정을 받는 경우 수사경과를 해제하여야 한다.

④ 수사경과자는 수사경과 유효기간 내에 경찰청장이 지정하는 수사 관련 직무교육을 이수(이 경우 사이버교육을 포함한다)하는 방법으로 언제든지 수사경과를 갱신할 수 있다. 다만, 휴직 등 경찰청장이 정하는 사유로 수사경과 갱신을 할 수 없는 경우에는 그 연기를 받을 수 있다.

해설

경찰행정법, 경찰공무원법관련, 경찰공무원법제의 기본구조, 개념과 분류, 수사경과 −

① (×) **유효기간**: 수사경과 발령일로부터 **5년**이 되는 날이 **전년도 12월 1일부터[♣11월 1일부터(X)] 해당 연도 4월 30일까지의 사이에 있는 경우에는 해당 연도 4월 30일까지**, 해당 연도 5월 1일부터 11월 30일까지의 사이에 있는 경우에는 **해당 연도 11월 30일까지** 유효기간인 것으로 본다. (제14조 제1항 단서)〈19경위〉

② (×) **필요적 해제사유**: **5년간 연속으로 비수사부서에 근무**하는 경우[♣2년 연속 수사부서 전입기피(X)]에는 수사경과를 **해제하여야** 한다.(제15조 제1항 제2호)〈19승진〉

③ (×) **임의적 해제사유**: **인권침해, 편파수사 등**에 관한 시비로 사건관계인으로부터 **수시로 진정**을 받는 경우에는 수사경과를 **해제할 수** 있다.[♣해제하여야(X)](제15조 제2항 제2호)〈19승진〉

④ (○) 갱신(수사경찰 인사운영규칙 제14조 제2항 제1호)〈19승진〉   정답 ④

02 「수사경찰 인사운영규칙」상 수사경과에 대한 설명으로 가장 적절하지 않은 것은? 〈20경감〉

① 직무 관련 금품·향응 수수, 중대한 인권침해 행위로 징계처분을 받는 경우 수사경과를 해제하여야 한다.
② 인권침해, 편파수사 등에 관한 시비로 사건관계인으로부터 수시로 진정을 받는 경우 수사경과를 해제하여야 한다.
③ 5년간 연속으로 비수사부서에 근무하는 경우 수사경과를 해제하여야 한다.
④ 2년간 연속으로 수사부서 전입을 기피하는 경우 수사경과를 해제할 수 있다.

해설

경찰행정법, 경찰공무원법관련, 경찰공무원법제의 기본구조, 개념과 분류, 수사경과 −
① (○) 필요적 해제사유(수사경찰 인사운영 규칙 제15조 제1항 제1호)〈20승진〉
② (×) **임의적 해제사유 : 인권침해, 편파수사 등**에 관한 시비로 사건관계인으로부터 **수시로 진정**을 받는 경우에는 수사경과를 **해제할 수** 있다.[♣해제하여야(X)](제15조 제2항)〈19·20승진〉
③ (○) 필요적 해제사유(수사경찰 인사운영 규칙 제15조 제1항 제2호)〈19·20승진〉
④ (○) 임의적 해제사유(수사경찰 인사운영 규칙 제15조 제2항 제5호)〈20승진〉　　　　정답 ②

03 「수사경찰 인사운용규칙」이 적용되는 수사경찰의 근무부서로 옳지 않은 것은? 〈20경간〉

① 경찰청 사이버안전국장의 업무지휘를 받고 있는 경찰관서의 사이버범죄 수사부서
② 경찰청 과학수사관리관의 업무지휘를 받고 있는 경찰관서의 과학수사부서
③ 경찰청 교통국장의 업무지휘를 받고 있는 경찰관서의 교통사고 사범 수사부서
④ 경찰청 수사국장의 업무지휘를 받고 있는 경찰관서의 유치장과 호송출장소

해설

경찰행정법, 경찰공무원법관련, 경찰공무원법제의 기본구조, 개념과 분류, 수사경과, 적용부서 −
① (○) 「수사경찰 인사운용규칙」 제3조 제2호〈20경간〉
② (○) 「수사경찰 인사운용규칙」 제3조 제3호〈20경간〉
③ (○) 「수사경찰 인사운용규칙」 제3조 제6호〈20경간〉
④ (×) 수사경과 적용 수사부서 : 경찰청 수사국장의 업무지휘를 받고 있는 경찰관서의 **수사부서(유치장과 호송출장소는 제외**한다)[♣유치장과 호송출장소(X)](「수사경찰 인사운용규칙」 제3조 제1호)〈20경간〉　　정답 ④

180　제3편 경찰행정법

테마 45 ▶ **경찰 인사기관과 그 권한**

01 「경찰공무원법」 및 「경찰공무원임용령」상 경찰공무원의 임용에 대한 설명으로 가장 적절하지 않은 것은?

〈17경감 수정〉

① 경찰청 소속 총경 이상의 경찰공무원은 경찰청장의 추천을 받아 행정안전부장관의 제청으로 국무총리를 거쳐 대통령이 임용하고, 해양경찰청 소속 총경 이상의 경찰공무원은 해양경찰청장 추천, 해양수산부장관의 제청으로 국무총리를 거쳐 대통령이 임용한다.

② 경정 이하의 경찰공무원은 경찰청장이 임용한다. 다만, 경정으로의 신규채용·승진임용·면직은 경찰청장의 제청으로 국무총리를 거쳐 대통령이 한다.

③ 경찰공무원은 임용장 또는 임용통지서에 기재된 일자에 임용된 것으로 본다. 다만, 사망으로 인한 면직은 사망한 날에 면직된 것으로 본다.

④ 경찰청장은 대통령령으로 정하는 바에 따라 경찰공무원의 임용에 관한 권한의 일부를 시·도지사, 국가수사본부장, 소속 기관의 장, 시·도경찰청장에게 위임할 수 있다.

해설

경찰행정법, 경찰공무원법관련 —

– 경찰공무원법제의 기본구조, 인사기관과 그 권한 –

① (○) 총경 이상 경찰공무원 임용절차와 임용권자(경찰공무원법 제7조 제1항)〈12·14경간·17승진·06·14.2·19.1·20.1채용〉 [😀추제거임]

② (○) 경정 이하 경찰공무원 임용권자(경찰공무원법 제7조 제2항)〈03·17승진·07·12·14·15·17경간·09·13·14.2·18.2채용〉

④ (○) 경찰공무원법 제7조 제3항〈20.2채용〉

– 경찰공무원 근무관계, 소멸, 당연퇴직, 사망 –

③ (✕) **효력**: 사망으로 인한 면직은 **사망한 다음날에 면직된 것**으로 본다.[♣사망한 날에 면직된 것으로 본다.(X)](경찰공무원 임용령 제5조 제2항)〈99·17승진·09경간·01·15.1채용〉　　정답 ③

---

02 「경찰공무원법」상 경찰공무원의 임용에 대한 설명으로 가장 적절한 것은? 〈19.1채용〉

① 총경 이상의 경찰공무원은 경찰청장의 제청으로 국무총리를 거쳐 대통령이 임용한다.

② 퇴직한 경찰공무원으로서 퇴직 시에 재직하였던 계급의 채용시험에 합격한 사람을 재임용하는 경우 시보임용을 거치지 않는다.

③ 경찰청장은 경찰공무원의 채용시험 또는 경찰간부후보생 공개경쟁선발시험에서 부정행위를 한 응시자에 대하여는 해당 시험을 정지 또는 무효로 하고, 그 처분이 있는 날부터 3년간 시험응시자격을 정지한다.

④ 경찰청장은 경찰공무원의 임용에 관한 권한의 일부를 소속기관 등의 장에게 위임할 수 없다.

해설

경찰행정법, 경찰공무원법관련 −

− 경찰공무원법제의 기본구조, 인사기관과 그 권한 −

① (X) **총경 이상 경찰공무원 임용절차**: 총경 이상의 경찰관은 **경찰청장의 추천**을[♣경찰청장 제청(X)] 거쳐 **행정안전부장관의 제청**으로 **국무총리를 거쳐 대통령이 임용**한다.(경찰공무원법 제7조 제1항)<12·14경간·17승진·06·14.2·19.1·20.1채용> [☻추제거임]

④ (X) **소속기관등의 장에 대한 경찰청장의 위임**: 경찰청장은 "**소속기관등**"(경찰대학·경찰인재개발원·중앙경찰학교·경찰수사연수원·경찰병원 및 시·도경찰청)**의 장에게 그 소속 경찰공무원 중 경정의 전보·파견·휴직·직위해제 및 복직에 관한 권한과 경감 이하의 임용권을 위임한다.**[♣위임할 수 있다.(X), ♣위임할 수 없다.(X)](경찰공무원임용령 제4조 제3항)<15경간·17승진·19.1·20.1채용>

− 경찰공무원의 근무관계, 성립 −

② (○) 시보임용 예외사유(경찰공무원법 제13조 제4항 제3호)<16승진·11·12·16.2·17.1·19.1채용>

③ (X) 임용자격, 적극적 요건, **부정행위자에 대한 조치**: 경찰청장 또는 해양경찰청장은 경찰공무원의 채용시험 또는 경찰간부후보생 공개경쟁선발시험에서 부정행위를 한 응시자에 대하여는 해당 시험을 정지 또는 무효로 하고, 그 처분이 있은 날부터 **5년간** 시험응시자격을 정지한다.[♣3년간(X)](경찰공무원법 제11조)<15.1·19.1·20.1채용>　　　정답 ②

---

03 「경찰공무원법」 제7조에 따른 임용권자에 관한 설명으로 가장 적절하지 않은 것은? 〈23.1채용〉

① 총경 이상 경찰공무원은 경찰청장 또는 해양경찰청장의 추천을 받아 행정안전부장관 또는 해양수산부장관의 제청으로 국무총리를 거쳐 대통령이 임용한다.

② 총경의 전보, 휴직, 직위해제, 강등, 정직 및 복직은 행정안전부장관 또는 해양수산부장관이 임용한다.

③ 경정 이하의 경찰공무원은 경찰청장 또는 해양경찰청장이 임용한다. 다만, 경정으로의 신규채용, 승진임용 및 면직은 경찰청장 또는 해양경찰청장의 제청으로 국무총리를 거쳐 대통령이 한다.

④ 경찰청장은 대통령령으로 정하는 바에 따라 경찰공무원의 임용에 관한 권한의 일부를 특별시장·광역시장·도지사·특별자치시장 또는 특별자치도지사, 국가수사본부장, 소속 기관의 장, 시 도 경찰청장에게 위임할 수 있다.

해설

경찰행정법, 경찰공무원법 관련, 기본구조, 인사기관과 그 권한 −

① (○) 대통령의 임용권, 총경 이상 경찰공무원 임용절차(경찰공무원법 제7조 제1항)<12·14경간·17·22승진·06·14.2·19.1·20.1·23.1채용>

② (X) **경찰청장, 예외**: 총경의 **전보·휴직·직위해제·정직·복직·강등**은 **경찰청장(해양경찰청장)이** 행한다.[♣행안부장관(X)](경찰공무원법 제7조 제1항 단서)<07·22승진·12·15·17경간·18.2·20.1·23.1채용>

③ (○) 경찰청장의 임용권, 경정 이하 경찰공무원 임용(경찰공무원법 제7조 제2항)<96·17승진·12경간·23.1채용>

④ (○) 경찰청장의 위임(경찰공무원법 제7조 제3항)<20.2·23.1채용>　　　정답 ②

04 「경찰공무원법」상 경찰공무원의 임용권자가 바르게 연결된 것은 모두 몇 개인가? 〈17경간〉

> ㉠ 총경의 휴직 – 경찰청장 ㉡ 총경의 강등 – 대통령
> ㉢ 총경의 복직 – 경찰청장 ㉣ 경정의 면직 – 대통령
> ㉤ 경정으로의 승진 – 경찰청장 ㉥ 총경이 정직 – 대통령

① 1개 ② 2개 ③ 3개 ④ 4개

해설

경찰행정법, 경찰공무원법 관련, 기본구조, 인사기관과 그 권한 –

㉠㉢ (○) / ㉡㉥ (×) **총경에 대한 경찰청장의 인사권** : 총경의 **전보·휴직·직위해제·정직·복직·강등**은 **경찰청장(해양경찰청장)**이 행한다.[♣대통령(X)](경찰공무원법 제7조 제2항)〈07승진·12·15·17경간·18.2·20.1채용〉

㉣ (○) / ㉤ (×) **경정에 대한 대통령의 임용권, 절차** : 경정으로의 **신규채용·승진임용·면직**[임면]은 **경찰청장(해양경찰청장)의 제청**으로 **국무총리를 거쳐 대통령**이 행한다.[♣경찰청장이(X), ♣경찰청장 추천에 행안부장관 제청(X)](경찰공무원법 제7조 제2항 단서)〈03·17승진·07·12·14·15·17경간·09·13·14.2·18.2채용〉

정답 ③

05 「경찰공무원 임용령」상 임용권의 위임에 대한 설명 중 가장 적절하지 않은 것은? 〈20.1채용 수정〉

① 임용권을 위임받은 소속기관등의 장은 경감 또는 경위를 신규 채용하거나 경사 또는 경장을 승진시키려면 미리 경찰청장의 승인을 받아야 한다.

② 시·도경찰청장은 소속 경감 이하 경찰공무원에 대한 해당 경찰서 안에서의 전보권을 경찰서장에게 다시 위임할 수 있다.

③ 경찰청장은 "소속기관등"(경찰대학·경찰인재개발원·중앙경찰학교·경찰수사연수원·경찰병원 및 시·도경찰청)의 장에게 그 소속 경찰공무원 중 경정의 전보·파견·휴직·직위해제 및 복직에 관한 권한과 경감 이하의 임용권을 위임한다.

④ 경찰청장은 경찰공무원의 정원 조정, 승진임용, 인사교류 또는 파견을 위하여 필요한 경우에는 임용권을 행사할 수 있다.

해설

경찰행정법, 경찰공무원법 관련, 기본구조, 인사기관과 그 권한 –

① (×) **경감·경위 임용** : 임용권의 위임을 받은 소속기관 등의 장은 **경감 또는 경위를 신규채용**하거나 **경위 또는 경사를 승진**시키고자 할 때에는 **미리 경찰청장(해양경찰청장)의 승인**을 얻어야 한다. [♣사전보고(X), ♣경장, 경사승진(X)](경찰공무원 임용령 제4조 제3항)〈14경간·20.1채용〉

② (○) 경감 이하 서내 전보권(경찰공무원 임용령 제4조 제6항)〈20.1채용〉

③ (○) 경찰청장의 인사권 위임(경찰공무원 임용령 제4조 제3항)〈15경간·17승진·19.1·20.1채용〉

④ (○) 경찰청장의 예외적인 임용권 행사(경찰공무원 임용령 제4조 제11항)〈15경간·20.1채용〉

정답 ①

06 경찰공무원의 임용에 대한 설명으로 가장 적절하지 않은 것은? 〈22승진〉

① 「경찰공무원임용령」상 시·도경찰청장 및 경찰서장은 지구대장 및 파출소장을 보직하는 경우에는 시·도자치경찰위원회의 의견을 사전에 들어야 한다.

② 「국가공무원법」상 임용권자는 공무원이 중앙인사기관의 장이 지정하는 연구기관이나 교육기관 등에서 연수하게 된 때에는 공무원의 의사에도 불구하고 휴직을 명하여야 한다.

③ 「경찰공무원임용령」상 임용권자 또는 임용제청권자는 경찰공무원을 신규채용 할 때에 경과를 부여해야 한다.

④ 「경찰공무원법」상 총경 이상 경찰공무원은 경찰청장 또는 해양경찰청장의 추천을 받아 행정안전부장관 또는 해양수산부장관의 제청으로 국무총리를 거쳐 대통령이 임용한다. 다만, 총경의 전보, 휴직, 직위해제, 강등, 정직 및 복직은 경찰청장 또는 해양경찰장이 한다.

해설

경찰행정법, 경찰공무원법 관련 −

① (○) 경찰공무원법제 기본구조, 인사기관과 그 권한, 경찰의 인사권자, 시도경찰청장·경찰서장, **서내전보권**(경찰공무원임용령 제4조 제9항)〈22승진〉

② (×) 경찰공무원의 근무관계, 변경, **휴직**: 임용권자는 공무원이 다음 각 호의 어느 하나에 해당하는 사유로 휴직을 원하면 **휴직을 명할 수** 있다.[♣명하여야(X)] 다만, **자녀양육·임신·출산**(제4호)의 경우에는 대통령령으로 정하는 특별한 사정이 없으면 휴직을 명하여야 한다.(제71조 제2항)〈22승진〉

.....

3. **중앙인사관장기관의 장이 지정하는 연구기관이나 교육기관 등**에서 **연수**하게 된 때(제71조 제2항 제3호) − 기간: **2년** 이내[♣3년 이내(X), ♣휴직을 명하여야(X)](제72조 제6호)〈18·19·22승진·15경간〉

....

③ (○) 경찰공무원법제의 기본구조, 경찰공무원의 분류, **경과**: 경찰공무원임용령 제3조 제2항〈22승진〉

④ (○) 경찰공무원법제의 기본구조, 인사기관과 그 권한, 경찰공무원의 분류, **경과**: 경찰공무원법 제7조 제1항〈07·22승진·12·15·17경간·18.2·20.1채용〉

정답 ②

2 경찰공무원 근무관계

테마 46 ▶ 경찰공무원관계의 성립

01 「경찰공무원법」과 「국가공무원법」상 공통된 임용결격사유가 아닌 것은? 〈21.2채용〉

① 피성년후견인 또는 피한정후견인

② 파산선고를 받고 복권되지 아니한 자

③ 공무원으로 재직기간 중 직무와 관련하여 횡령·배임이나 업무상 횡령·배임(「형법」 제355조 및 제356조에 규정된) 죄를 범한 사람으로서 300만 원 이상의 벌금형을 선고받고 그 형이 확정된 후 2년이 지나지 아니한 사람

④ 「성폭력범죄의 처벌 등에 관한 특례법」에 규정된 죄, 정보통신망 이용촉진 및 정보보호 등에 관한 법률상 '음란 부호등 전시', '공포유발 부호등 반복 도달', 스토킹범죄처벌법상 '스토킹범죄'를 범한 후 100만원의 벌금형을 선고받고 그 형이 확정된 후 3년이 지나지 아니한 사람

해설

경찰행정법, 경찰공무원법 관련, 근무관계 성립, 임용결격사유 −

① (✕) 경찰공무원 임용결격사유 : **피성년후견인** 또는 **피한정후견인**(경찰공무원법 제8조 제2항 제3호)〈20경간·21.2채용〉

　　공무원임용 결격사유 : 피성년후견인[♣피한정후견인(X)](국가공무원법 제33조 제1호)〈21.2채용〉

②③④ (○) 경찰공무원 임용결격사유(경찰공무원법 제8조 제2항 제4,7,8호)〈20경간·21.2채용〉 / (국가공무원법 제33조 제2호, 제6의2호, 제6의3호)〈21.2채용〉　　**정답 ①**

02 다음은 「경찰공무원법」 제8조에서 규정하는 '경찰공무원 임용결격사유'이다. ㉠ ~ ㉤의 내용 중 옳고 그름의 표시(O, X)가 모두 바르게 된 것은? 〈10.1·12.1·16.1·20.2채용〉

㉠ 미성년자에 대한 다음 각 목의 어느 하나에 해당하는 죄를 저질러 형 또는 치료감호가 확정된 사람(집행유예를 선고받은 후 그 집행유예기간이 경과한 사람을 포함한다)

　가. 「성폭력범죄의 처벌 등에 관한 특례법」 제2조에 따른 성폭력범죄

　나. 「아동·청소년의 성보호에 관한 법률」 제2조 제2호에 따른 아동·청소년대상 성범죄

㉡ 벌금의 형을 선고받은 사람

㉢ 대한민국 국적을 가지지 아니한 사람

㉣ 공무원으로 재직기간 중 직무와 관련하여 「형법」 제355조(횡령, 배임) 및 제356조(업무상의 횡령과 배임)에 규정된 죄를 범한 사람으로서 300만원 이상의 벌금형을 선고받고 그 형이 확정된 후 2년이 지난 사람

㉤ 징계에 의하여 파면 또는 해임처분을 받은 사람

① ㉠(○) ㉡(○) ㉢(○) ㉣(✕) ㉤(○)

② ㉠(○) ㉡(✕) ㉢(○) ㉣(○) ㉤(✕)

③ ㉠(✕) ㉡(○) ㉢(✕) ㉣(○) ㉤(✕)

④ ㉠(○) ㉡(✕) ㉢(○) ㉣(✕) ㉤(○)

해설

경찰행정법, 경찰공무원법 관련, 근무관계 성립, 경찰공무원 임용결격사유 −

ㄱ (○) 미성년자 성폭행, 아동·청소년의 성보호에 관한 법률위반(경찰공무원법 제8조 제2항 제9호)<96·97·05·13승진·03·12.1·16.1·18.2·20.2채용>

ㄴ (X) **자격정지 이상의 형**의 **선고**를 받은 사람[벌금(X)](경찰공무원법 제8조 제2항 제5호)<96·97·05·13승진·03·12.1·16.1·18.2·20.2채용>

ㄷ (○) 대한민국 국적을 가지지 아니한 사람(경찰공무원법 제8조 제2항 제1호)<96·97·05·13승진·03·12.1·16.1·18.2·20.2채용>

ㄹ (X) **업무상 횡령·배임등**: 공무원으로 **재직기간 중 직무와 관련**하여 **횡령·배임이나 업무상 횡령·배임**(「형법」 제355조 및 제356조에 규정된) 죄를 범한 사람으로서 **300만원 이상의 벌금형**을 선고받고 그 형이 **확정된 후 2년이 지나지 아니한** 사람[♣2년이 지난 사람(X)](경찰공무원법 제8조 제2항 제7호)<96·97·05·13승진·03·12.1·16.1·18.2·20.2채용>

ㅁ (○) 징계에 의하여 파면 또는 해임처분을 받은 사람(경찰공무원법 제8조 제2항 제10호)<96·97·05·13승진·03·12.1·16.1·18.2·20.2채용>

정답 ④

03 「경찰공무원법」상 경찰공무원 임용결격사유는 모두 몇 개인가? 〈20경간〉

가. 「국적법」에 따른 복수국적자
나. 피한정후견인
다. 파산선고를 받고 복권된 사람
라. 「도로교통법」에 따른 음주운전 후 300만원 벌금형을 선고받고 그 형이 확정된 후 6개월이 지난 사람
마. 「성폭력범죄의 처벌 등에 관한 특례법」에 규정된 죄, 정보통신망 이용촉진 및 정보보호 등에 관한 법률상 '음란 부호등 전시', '공포유발 부호등 반복 도달', 스토킹범죄처벌법상 '스토킹범죄'를 범한 후 100만원의 벌금형을 선고받고 그 형이 확정된 후 2년이 지난 사람
바. 징계로 해임처분을 받은 때부터 3년이 지난 사람

① 2개　　　② 3개　　　③ 4개　　　④ 5개

해설

경찰행정법, 경찰공무원법 관련, 근무관계 성립, 경찰공무원 임용결격사유 −

가. (○) 경찰공무원법 제8조 제2항 제2호<20경간·13승진>

나. (○) 경찰공무원법 제8조 제2항 제3호<20경간>

다. (X) **파산선고**를 받은 자로서 **복권되지 아니한 사람**[♣복권된 사람(X)](경찰공무원법 제8조 제2항 제4호)

라. (X) 공무원으로 **재직기간 중 직무와 관련**하여 **횡령·배임이나 업무상 횡령·배임**(「형법」 제355조 및 제356조에 규정된) 죄를 범한 사람으로서 **300만원 이상의 벌금형**을 선고받고 그 형이 **확정된 후 2년이 지나지 아니한** 사람[♣음주운전으로(X), ♣6개월 지난 사람(X)](경찰공무원법 제8조 제2항 제7호)<20경간·96·97·05·13승진·03·12.1·16.1·18.2·20.2채용>

마. (○) 경찰공무원법 제8조 제2항 제8호<20경간>

바. (○) 경찰공무원법 제8조 제2항 제10호<20경간·96·97·05승진·03·12.3·18.2채용>

- 결격사유 -

① 대한민국 **국적**을 가지지 아니한 사람(제1호)<20.2채용>

② **복수국적자**(제2호)<20경간·13승진>

③ **피성년후견인** 또는 **피한정후견인**(제3호)<20경간>

④ **파산선고**를 받은 자로서 **복권되지 아니한** 사람(제4호)

⑤ **자격정지 이상의 형의 선고**를 받은 사람(제5호)<20.2채용>

⑥ **자격정지 이상의 형**의 선고유예를 받고 그 **선고유예기간 중**에 있는 사람(제6호)

⑦ 징계에 의하여 **파면 또는 해임의 처분**을 받은 사람(제10호)<96·97·05승진·03·12.3·18.2채용>

⑧ 공무원으로 **재직기간 중 직무와 관련**하여 **횡령·배임이나 업무상 횡령·배임**(「형법」제355조 및 제356조에 규정된) 죄를 범한 사람으로서 **300만원 이상의 벌금형**을 선고받고 그 형이 **확정된 후 2년이 지나지 아니한** 사람[♣6개월 지난 사람(X)](제7호)<20.2채용>

⑨ **성폭력 범죄**(성폭력범죄의 처벌 등에 관한 특례법) /, **음란 부호등 전시**(음란 부호·문언·음향·화상, 영상 배포·판매·임대, 공공연한 **전시**), / **공포유발 부호 등 반복 도달**(공포심이나 불안감을 유발하는 **부호·문언·음향·화상, 영상 반복적** 상대방 **도달**) ‒ (정보통신망 이용촉진 및 정보보호 등에 관한 법률) / 스토킹범죄(스토킹범죄의 처벌 등에 관한 법률)를 범한 사람으로서 **100만원 이상의 벌금형**을 선고받고 그 형이 **확정된 후 3년이 지나지 아니한** 사람[♣2년이 지난 사람(O)](제8호)<20경간·21.2채용>

⑩ **미성년자**에 대한 **성폭력범죄**(「성폭력범죄의 처벌 등에 관한 특례법」제2조), **아동·청소년대상 성범죄**(「아동·청소년의 성보호에 관한 법률」제2조 제2호)를 저질러 **형 또는 치료감호가 확정**된 사람(집행유예를 선고받은 후 그 **집행유예기간이 경과한 사람을 포함**)(제9호)<20.2채용>

♣「도로교통법」에 따른 음주운전 후 300만원 벌금형을 선고받고 그 형이 확정된 후 6개월이 지난 사람 (X)<20경간>

정답 ③

04 경찰공무원 임용에 대한 설명으로 적절하지 않은 것은? 〈21경간〉

> 가. 채용후보자 명부의 유효기간은 2년으로 하되, 경찰청장은 필요에 따라 1년의 범위에서 그 기간을 연장할 수 있다.
>
> 나. 임용권자 또는 임용제청권자는 채용후보자 명부에 등재된 채용후보자가 학업을 계속하는 경우 채용후보자 명부의 유효기간의 범위에서 기간을 정하여 임용 또는 임용제청을 유예할 수 있다. 다만, 유예기간 중이라도 그 사유가 소멸한 경우에는 임용 또는 임용제청을 할 수 있다.
>
> 다. 신규채용시험에 합격한 사람이 채용후보자 명부에 등재된 이후 그 유효기간 내에 「병역법」에 따른 병역 복무를 위하여 군에 입대한 경우(대학생 군사훈련 과정 이수자를 포함한다)의 의무복무 기간은 채용후보자 명부의 유효기간에 넣어 계산하지 아니한다.
>
> 라. 채용후보자가 임용 또는 임용제청에 응하지 아니한 경우에는 채용후보자로서의 자격을 상실한다.

① 없음　　　　　② 1개　　　　　③ 2개　　　　　④ 3개

해설

경찰행정법, 경찰공무원법관련, 경찰공무원 근무관계, 성립, 시보 −
가. (○)　채용후보자 명부 유효기간(경찰공무원법 제12조 제3항)〈09·21경간·09.2·10.2채용〉
나. (○)　임용제청유예(경찰공무원임용령 제18조의2 제1항)〈21경간〉
다. (○)　채용후보자 명부 유효기간 제외사유(경찰공무원법 제12조 제4항)〈21경간〉
라. (○)　채용후보자 자격상실사유(경찰공무원임용령 제19조)〈21경간·18승진〉　　　**정답 ①**

---

05 「경찰청 공무원 임용령」에서 규정한 채용후보자의 자격상실 사유로 가장 적절하지 않은 것은? 〈18경위〉

① 채용후보자가 질병 등 교육훈련을 계속할 수 없는 불가피한 사정으로 퇴학처분을 받은 경우
② 채용후보자가 임용 또는 임용제청에 응하지 아니한 경우
③ 채용후보자로서 받아야 할 교육훈련에 응하지 아니한 경우
④ 채용후보자로서 받은 교육훈련성적이 수료점수에 미달되는 경우

해설

경찰행정법, 경찰공무원법관련, 경찰공무원 근무관계, 성립, 시보, 채용후보자 자격상실 사유 −
①②③④ (○)　경찰공무원임용령 제19조

> **− 채용후보자의 자격상실 사유**(경찰공무원임용령 제19조) −

> 1. 채용후보자가 **임용 또는 임용제청에 응하지 아니한 경우**
> 2. 채용후보자로서 받아야 할 **교육훈련에 응하지 아니한 경우**
> 3. 채용후보자로서 받은 **교육훈련성적이 수료점수에 미달**되는 경우
> 4. 교육훈련 중 질병·병역복무 기타 **교육훈련을 계속할 수 없는 경우**, 다만 질병 등 교육훈련을 계속할 수 없는 **불가피한 사정으로 퇴학처분을 받은 경우는 제외**한다.[♣불가피한 사정으로(X)]〈18승진·09경간〉

정답 ①

06 「경찰공무원법」상 시보임용에 대한 설명 중 가장 적절하지 않은 것은? 〈17.1채용〉

① 퇴직한 경찰공무원으로서 퇴직 시에 재직하였던 계급의 채용시험에 합격한 사람을 재임용하는 경우에는 시보임용을 거치지 아니한다.

② 경정 이하의 경찰공무원을 신규채용할 때에는 1년간 시보로 임용하고, 그 기간이 만료된 다음 날에 정규 경찰공무원으로 임용한다.

③ 경찰대학을 졸업한 사람 또는 경찰간부후보생으로서 정하여진 교육을 마친 사람을 경위로 임용하는 경우에는 시보임용을 거치지 아니한다.

④ 자치경찰공무원을 그 계급에 상응하는 경찰공무원으로 임용하는 경우에는 시보임용을 거쳐야 한다.

> **해설**
>
> 경찰행정법, 경찰공무원법관련, 경찰공무원 근무관계, 성립, 시보임용 −
> ① (○) 경찰공무원법 제13조 제4항 제3호<16·17승진·11·12·16.2·17.1·19.1채용>
> ② (○) 경찰공무원법 제13조 제1항<16·17승진·11·12·16.2·17.1·19.1채용>
> ③ (○) 경찰공무원법 제13조 제4항 제1호<16승진·11·13.2·17.1채용>
> ④ (×) **시보임용 면제**: 자치경찰공무원을 그 계급에 상응하는 경찰공무원으로 임용하는 경우에는 시보임용을 거치지 아니한다.[♣시보임용을 거쳐야 한다.(X)](경찰공무원법 제13조 제4항 제4호)<16·17승진·11·12·16.2·17.1·19.1채용> 정답 ④

07 「경찰공무원법」 및 「경찰공무원임용령」상 시보임용에 대한 설명으로 가장 적절하지 않은 것은? 〈17경위〉

① 휴직기간, 직위해제기간 및 징계에 의한 정직처분, 감봉처분 또는 견책처분을 받은 기간은 시보임용기간에 산입하지 아니한다.

② 경찰공무원으로서 대통령령으로 정하는 상위계급으로의 승진에 필요한 자격 요건을 갖추고 임용예정계급에 상응하는 공개경쟁 채용시험에 합격한 사람을 해당 계급의 경찰공무원으로 임용하는 경우에는 시보임용을 거치지 아니한다.

③ 시보임용경찰공무원을 정규경찰공무원으로 임용함에 있어서 그 적부를 심사하게 하기 위하여 임용권자 또는 임용제청권자 소속하에 정규임용심사위원회를 둔다.

④ 임용권자 또는 임용제청권자는 시보임용경찰공무원이 징계사유에 해당하여 정규경찰공무원으로 임용함이 부적당하다고 인정되는 경우에는 정규임용심사위원회의 심사를 거쳐 당해 시보임용경찰공무원을 면직시키거나 면직을 제청할 수 있다.

> **해설**
>
> 경찰행정법, 경찰공무원법관련, 경찰공무원 근무관계, 성립, 시보임용 −
> ① (×) **시보임용기간 제외사유**: 휴직·직위해제·징계에 의한 **정직 또는 감봉처분**을 받은 기간은 시보임용기간에 산입하지 아니한다.[♣견책처분(X)](경찰공무원법 제13조 제2항)<17승진·11.1·12.3·13.2·14.2·16.2채용>[☻휴직정감]
> ② (○) 시보임용 면제사유(경찰공무원법 제13조 제4항<16·17승진·11·12·16.2채용>
> ③ (○) 정규임용심사위원회(경찰공무원임용령 제20조 제3항)<17승진·12.1채용>
> ④ (○) 시보임용 경찰공무원 면직(경찰공무원임용령 제20조 제2항)<08경간·17승진·05·16.2채용> 정답 ①

08 「경찰공무원 임용령」 및 「경찰공무원 임용령 시행규칙」상 시보임용경찰공무원에 관한 설명으로 옳은 것을 모두 고른 것은? 〈24승진〉

> ⊙ 임용권자 또는 임용제청권자는 시보임용 기간 중에 있는 경찰공무원(이하 "시보임용경찰공무원" 이라 한다)의 근무사항을 항상 지도·감독하여야 한다.
> ⓒ 임용권자 또는 임용제청권자는 시보임용경찰공무원이 '교육훈련성적이 만점의 60퍼센트 또는 근무성적 평정 제2 평정 요소의 평정점이 만점의 50퍼센트 미만인 경우'에 해당하여 정규 경찰공무원으로 임용하는 것이 부적당하다고 인정되는 경우에는 정규임용심사위원회의 심사를 거쳐 해당 시보임용경찰공무원을 면직시키거나 면직을 제청하여야 한다.
> ⓒ 임용권자 또는 임용제청권자는 시보임용경찰공무원이 '징계사유'에 해당하여 정규 경찰공무원으로 임용하는 것이 부적당하다고 인정되는 경우에는 정규임용심사위원회의 심사를 거쳐 해당 시보임용경찰공무원을 면직시키거나 면직을 제청할 수 있다.
> ㉣ 「경찰공무원 임용령 시행규칙」 제10조 제3항에서는 "시보임용경찰공무원의 면직 또는 면직제청에 따른 동의의 절차는 해당 징계위원회의 해임 의결에 관한 절차를 준용한다."고 규정되어 있다.

① ㉠ⓒ   ② ㉠ⓒ   ③ ⓒ㉣   ④ ⓒ㉣

해설

경찰행정법, 경찰공무원법, 근무관계, 성립, 시보임용 –

㉠ (○) 의의, 지도·감독(경찰공무원 임용령 제20조 제1항)〈24승진〉
ⓒ (×) 면직·정규임용, 면직대상, **시보**: 임용권자 또는 임용제청권자는 시보임용기간 중에 있는 경찰공무원이 다음 각 호에 해당하여 정규 경찰공무원으로 임용하는 것이 **부적당하다고 인정되는 경우**에는 **정규임용심사위원회의 심사**를 거쳐 **면직시키거나** 또는 **면직을 제청할 수** 있다.[♣직권으로(X), ♣요건 없이 부적당하다고 인정되는 경우(X), ♣제청하여야(X), ♣징계절차를 거쳐야(X)](경찰공무원임용령 제20조 제2항)〈08경간·17·24승진·05·16.2채용〉 ① **징계사유**에 해당하는 경우 / ② **교육훈련성적이 만점의 60퍼센트 미만**이거나 **생활기록 극히 불량**한 경우〈10·24승진·11.1·16.2채용〉 / ③ **근무실적, 직무수행능력, 직무수행태도**(경찰공무원 승진임용규정 제7조 제2항-**제2평정 요소**)의 **평정점이 만점의 50퍼센트 미만인 경우**[♣제2평정요소 60%미만(X)]〈24승진〉[☻교육생 징계? 오미!]
ⓒ (○) 면직·정규임용, 면직대상: **시보**(경찰공무원임용령 제20조 제2항)〈08경간·17·24승진·05·16.2채용〉
㉣ (×) 면직·정규임용, 정규임용: 시보임용경찰공무원의 **면직 또는 면직제청에 따른 동의의 절차**는 해당 징계위원회의 **파면 의결에 관한 절차를 준용**한다.[♣해임 절차 준용(X)](경찰공무원임용령 시행규칙 제10조 제3항)〈24승진〉

정답 ②

테마 47 ▶ 경찰공무원관계의 변경

01 「국가공무원법」상 휴직에 대한 설명으로 가장 적절하지 않은 것은? 〈16 · 17경위〉

㉮ 신체 · 정신상의 장애로 장기 요양이 필요한 때의 휴직기간은 1년으로 하되, 부득이한 경우 1년 의 범위에서 연장할 수 있다. 다만, 일정한 공무상 질병 또는 부상으로 인한 휴직기간은 5년 이 내로 한다.

㉯ 공무원이 천재지변이나 전시 · 사변, 그 밖의 사유로 생사 또는 소재가 불명확하게 된 때의 휴직 기간은 3개월 이내로 한다.

㉰ 휴직 기간 중 그 사유가 없어지면 30일 이내에 임용권자 또는 임용제청권자에게 신고하여야 하 며, 임용권자는 지체 없이 복직을 명하여야 한다.

㉱ '형사사건으로 기소된 자(약식명령이 청구된 자는 제외한다)'는 국가공무원법상 직권휴직사유에 해당한다.

① 1개   ② 2개   ③ 3개   ④ 4개

해설

경찰행정법, 경찰공무원법관련, 근무관계 변경, 휴직 −

㉮ (✕) 신체 · 정신상의 장애로 **장기 요양**이 필요할 때[♣의원휴직사유(✕), ♣직위해제 사유(✕)](제71조 제1 항 1호) − 기간 : **1년 이내** (부득이한 경우 **1년의 범위**에서 **연장**할 수 있다. 다만, 다음 각 목의 어느 하나에 해당하는 공무상 질병 또는 부상으로 인한 휴직기간은 3년 이내로 하되, 의학적 소견 등을 고려하여 대통령령등으로 정하는 바에 따라 2년의 범위에서 연장할 수 있다.)(국가공 무원법 제72조 제1호)<13 · 15경간 · 16 · 17승진 · 21.1채용>

가. 「공무원 재해보상법」 제22조 제1항에 따른 요양급여 지급 대상 부상 또는 질병

나. 「산업재해보상보험법」 제40조에 따른 요양급여 결정 대상 질병 또는 부상

㉯ (○) 3개월 휴직사유(국가공무원법 제72조 제3호)<17승진>

㉰ (○) 휴직사유 소멸과 신고기한(국가공무원법 제73조)<13 · 17승진>

㉱ (✕) 직권휴직사유(국가공무원법 제71조 제1항)[♣형사사건으로 기소된 자(✕) → 직위해제 사유]<16승진 · 13 경간>

정답 ②

02 「국가공무원법」상 휴직사유와 휴직기간을 연결한 것으로 가장 적절하지 않은 것은? 〈18경감〉

① 「병역법」에 따른 병역 복무를 마치기 위하여 징집 또는 소집된 때 - 그 복무기간이 끝날 때까지
② 국외 유학을 하게 된 때 - 3년 이내(다만, 부득이한 경우에는 2년의 범위에서 연장할 수 있다)
③ 중앙인사기관장이 지정하는 연구기관이나 교육기관 등에서 연수하게 된 때 - 2년 이내
④ 대통령령 등으로 정하는 기간 동안 재직한 공무원이 직무 관련 연구과제 수행 또는 자기개발을 위하여 학습·연구 등을 하게 된 때 - 2년 이내

해설

경찰행정법, 경찰공무원법관련, 근무관계 변경, 휴직 -
① (○) 직권휴직사유(국가공무원법 제71조 제1항 3호, 제72조 제1호)〈13·15경간·16·17·18·19승진〉
②③ (○) 의원휴직사유(국가공무원법 제71조 제2항 제2호, 제3호 제72조 제5, 6호)〈18·19승진·15경간〉
④ (✕) **의원휴직사유** : 대통령령등으로 정하는 기간 동안 재직한 공무원이 직무 관련 연구과제 수행 또는 자기개발을 위하여 **학습·연구** 등을 하게 된 때(제71조 제2항 제7호) / 기간 : **1년** 이내[♣2년 이내(X)](제72조 제10호)〈18승진〉　　　　　**정답** ④

03 「국가공무원법」상 휴직 사유와 휴직 기간에 대한 설명으로 가장 적절하지 않은 것은? 〈19경위〉

① 중앙인사관장기관의 장이 지정하는 연구기관이나 교육기관 등에서 연수하게 된 때 휴직 기간은 3년 이내로 한다.
② 「병역법」에 따른 병역 복무를 마치기 위하여 징집 또는 소집된 때 휴직 기간은 그 복무 기간이 끝날 때까지로 한다.
③ 만 8세 이하 또는 초등학교 2학년 이하의 자녀를 양육하기 위하여 필요하거나 여성공무원이 임신 또는 출산하게 된 때 휴직 기간은 자녀 1명에 대하여 3년 이내로 한다.
④ 외국에서 근무·유학 또는 연수하게 되는 배우자를 동반하게 된 때 휴직 기간은 3년 이내로 하되, 부득이한 경우에는 2년의 범위에서 연장할 수 있다.

해설

경찰행정법, 경찰공무원법관련, 근무관계 변경, 휴직 -
① (✕) 의원휴직 : **중앙인사관장기관의 장이 지정하는 연구기관이나 교육기관 등**에서 **연수**하게 된 때(제71조 제2항 제3호) - 기간 : **2년** 이내[♣3년 이내(X)](제72조 제6호)〈18·19승진·15경간〉
② (○) 직권휴직 : 국가공무원법 제71조 제1항 3호, 제72조 제1호〈13·15경간·16·17·18·19승진〉
③ (○) 의원휴직 : 국가공무원법 제71조 제2항 제4호, 제72조 제7호〈19승진〉
④ (○) 의원휴직 : 국가공무원법 제71조 제2항 제2호, 제72조 제5호〈17·18승진〉　　　　　**정답** ①

04 「국가공무원법」상 휴직에 대한 설명으로 가장 적절하지 않은 것은? 〈20경감〉

① 공무원이 천재지변이나 전시·사변, 그 밖의 사유로 생사 또는 소재가 불명확하게 된 때의 휴직기간은 3개월 이내로 한다.

② 공무원이 국외 유학을 하게 된 때 휴직을 원하면 임용권자는 휴직을 명할 수 있으며, 휴직 기간은 3년 이내로 하되, 부득이한 경우에는 2년의 범위에서 연장할 수 있다.

③ 휴직기간 중 그 사유가 없어지면 지체 없이 임용권자 또는 임용제청권자에게 신고하여야 하며, 임용권자는 30일 이내에 복직을 명하여야 한다.

④ 대통령령등으로 정하는 기간 동안 재직한 공무원이 직무 관련 연구과제 수행 또는 자기개발을 위하여 학습·연구 등을 하게 된 때 휴직 기간은 1년 이내로 한다.

해설

경찰행정법, 경찰공무원법관련, 근무관계 변경, 휴직 −

① (○) 직권휴직사유(제71조 제1항 제4호, 국가공무원법 제72조 제3호)〈16·17·20승진〉

② (○) 의원휴직사유(제71조 제2항 제2호, 국가공무원법 제72조 제5호)〈17·18·20승진〉

③ (✕) **복직**: 휴직기간 중 그 사유가 소멸된 때에는 **30일 이내에[♣지체 없이 신고(X)]** 임용권자 또는 임용제청권자에게 이를 신고하여야 하며, 임용권자는 **지체 없이** 복직을 명하여야 한다.[♣30일 이내에 복직을(X)](국가공무원법 제73조 제2항)〈13·17·20승진〉

④ (○) 의원휴직사유(제71조 제2항 제7호, 국가공무원법 제72조 제10호)〈18·20승진〉 　　정답 ③

---

05 「국가공무원법」상 직권휴직과 직위해제 사유를 설명한 것이다. 아래 ㉠부터 ㉡까지의 설명 중 직권휴직 사유를 모두 고른 것은? 〈15·17승진〉

　㉠ 직무수행 능력이 부족하거나 근무성적이 극히 나쁜 자

　㉡ 파면·해임·강등 또는 정직에 해당하는 징계 의결이 요구 중인 자

　㉢ 신체·정신상의 장애로 장기 요양이 필요할 때

　㉣ 「병역법」에 따른 병역 복무를 마치기 위하여 징집 또는 소집된 때

　㉤ 형사사건으로 기소된 자(약식명령이 청구된 자 제외)

　㉥ 천재지변이나 전시·사변, 그 밖의 사유로 생사 또는 소재가 불명확하게 된 때

① ㉠㉡㉤　　　　② ㉠㉢㉣　　　　③ ㉢㉣㉥　　　　④ ㉢㉤㉥

해설

경찰행정법, 경찰공무원법관련, 근무관계 변경 −

㉠ 직위해제 사유(국가공무원법 제73조의3)〈02·17승진·08·13·15경간·15.2채용〉

㉡ 직위해제 사유(국가공무원법 제73조의3)〈15·17승진·경간·15.2채용〉

㉢ 직권휴직 사유(국가공무원법 제71조)〈13·15경간·16·17승진〉

㉣ 직권휴직 사유(국가공무원법 제71조)〈13·15경간·16·17승진〉

㉤ 직위해제 사유(국가공무원법 제73조의3)〈15·17승진·경간·15.2채용〉

㉥ 직권휴직 사유(국가공무원법 제71조)〈16·17승진〉 　　정답 ③

06 「국가공무원법」상 직위해제에 대한 설명 중 가장 적절하지 않은 것은? 〈16 · 20승진〉

① 임용권자는 직무수행 능력이 부족하거나 근무성적이 극히 나쁜 사유로 직위해제된 자에게 3개월 범위에서 대기를 명한다.

② 파면 · 해임 · 강등 · 정직 또는 감봉에 해당하는 징계 의결이 요구 중인 자는 직위해제 대상이다.

③ 직위해제 사유가 소멸한 때에는 임용권자는 지체 없이 직위를 부여하여야 한다.

④ 직위해제는 휴직과 달리 제재적 성격을 가지는 보직의 해제이며 복직이 보장되지 않는다.

해설

경찰행정법, 경찰공무원법관련, 근무관계 변경, 직위해제 −

① (○) 대기명령(국가공무원법 제73조의3 제3항)〈16 · 20승진〉

② (X) 직위해제 요건: **파면 · 해임 · 강등** 또는 **정직**에 해당하는 **징계 의결이 요구 중인** 자[♣감봉(X)] [중징계] 등 (국가공무원법 제73조의3 제1항, 제3호)〈15경간 · 15 · 17 · 20승진 · 15.2채용〉

③ (○) 효과, 사유소멸(국가공무원법 제73조의3 제2항)〈16 · 20승진〉

④ (○) 직위해제, 의의〈16 · 20승진〉 정답 ②

07 직위해제에 대한 설명으로 가장 적절하지 않은 것은? 〈21승진〉

① 직위해제는 휴직과 달리 제재적 성격을 가지는 보직의 해제이다.

② 직무수행능력이 부족하여 직위해제를 한 경우 대기명령 기간 중 근무성적의 향상을 기대하기 어렵다고 인정될 때에는 징계위원회의 동의를 얻어 임용권자가 직권면직시킬 수 있다.

③ 직위해제 기간은 원칙적으로 승진소요 최저근무연수에 포함되지 않으나, 파면 · 해임 · 강등 또는 정직에 해당하는 징계 의결 요구로 직위해제된 사람에 대하여 관할 징계위원회가 징계하지 아니하기로 의결한 경우 등은 승진소요 최저근무연수에 포함된다.

④ 「국가공무원법」 제73조의3 제1항 제5호(고위공무원단에 속하는 일반직공무원으로서 제70조의2 제1항 제2호부터 제5호까지의 사유로 적격심사를 요구받은 자)에 따라 직위해제된 사람이 직위해제일부터 3개월이 지나도 직위를 부여받지 못한 경우에는 그 3개월이 지난 후의 기간 중에는 봉급의 50퍼센트를 지급한다.

해설

경찰행정법, 경찰공무원법관련, 근무관계 변경, 직위해제 −

① (○) 의의〈16 · 20 · 21승진〉

② (○) 요건(국가공무원법 제70조 제1항 제5호, 제2항)〈19 · 21승진 · 11.2채용〉

③ (○) 효과(경찰공무원승진임용규정 제5조 제2항 제2호 가, 나)〈13경간 · 21승진〉

④ (X) 효과, 봉급: **70퍼센트 지급대상자가** 직위해제일부터 **3개월**이 지나도 직위를 부여받지 못한 경우에는 그 3개월이 지난 후의 기간 중에는 **봉급의 40퍼센트를 지급**한다.(고위공무원단에 속하는 일반직공무원으로서 적격심사를 요구받은 자)[♣봉급의 50퍼센트(X)](공무원보수규정 제29조 제2호)〈21승진〉 정답 ④

08 「국가공무원법」상 직위해제에 대한 설명으로 가장 적절한 것은? 〈21.1채용〉

① 임용권자는 형사사건으로 기소된 자(약식명령이 청구된 자를 포함한다)에게 직위를 부여하지 아니할 수 있다.

② 임용권자는 신체·정신상의 장애로 장기 요양이 필요한 자에게 직위를 부여하지 아니할 수 있다.

③ 임용권자는 직무수행 능력이 부족하거나 근무성적이 극히 나빠 직위해제된 자에게 3개월의 범위에서 대기를 명한다.

④ 「국가공무원법」 제73조의3 제1항에 따라 직위를 부여하지 아니한 경우에 그 직위해제 사유가 소멸되면 임용권자는 직위를 부여할 수 있다.

해설

경찰행정법, 경찰공무원법관련, 근무관계 변경 −

① (✕) 직위해제, 요건 3: **형사사건으로 기소**된 자(약식명령이 청구된 자는 제외)[♣약식명령이 청구된 자를 포함(✕)](국가공무원법 제73조의3 제1항, 제4호)〈15경간·15·16·17승진·15.2·21.1채용〉

② (✕) 직권휴직, 사유 1: 신체·정신상의 장애로 **장기 요양**이 필요할 때(제71조 제1항 1호) − 기간 : **1년** 이내[♣직위해제 사유(✕)](국가공무원법 제72조 제1호)〈13·15경간·16·17승진·21.1채용〉

③ (〇) 직위해제, 요건, 직무수행 능력이 부족하거나 근무성적이 극히 나쁜 자, 대기명령(국가공무원법 제73조의3 제3항)〈16·20승진·21.1채용〉

④ (✕) 직위해제, **효과**: 직위해제의 **사유가 소멸**된 때, 임용권자는 **지체 없이 직위를 부여하여야** 한다. [♣직위를 부여할 수 있다.(✕)](국가공무원법 제73조의3 제2항)〈16·20승진·21.1채용〉 　　정답 ③

09 「국가공무원법」상 직위해제에 관한 설명으로 가장 적절하지 않은 것은? 〈23.1채용〉

① 임용권자는 직무수행 능력이 부족하거나 근무성적이 극히 나쁜 자에게 직위를 부여하지 아니할 수 있다.

② 형사사건으로 기소된 자(약식명령이 청구된 자는 제외한다)에게는 직위를 부여하지 아니할 수 있다.

③ 제73조의3 제1항에 따라 직위를 부여하지 아니한 경우에 그 사유가 소멸되면 임용권자는 7일 이내에 직위를 부여할 수 있다.

④ 임용권자는 제1항 제2호에 따라 직위해제된 자에게 3개월의 범위에서 대기를 명한다.

해설

경찰행정법, 경찰공무원법 관련, 근무관계, 변경, 직위해제 −

① (〇) **사유**: 국가공무원법 제73조의3 제1항 제2호〈22승진·23.1채용〉

② (〇) **사유**: 국가공무원법 제73조의3 제1항 제4호〈15경간·15·16·17승진·15.2·21.1·23.1채용〉

③ (✕) **효과**: 직위해제의 **사유가 소멸**된 때, 임용권자는 **지체 없이 직위를 부여하여야** 한다.[♣7일 이내](국가공무원법 제73조의3 제2항)〈16·20승진·21.1·23.1채용〉

④ (〇) **사유**: 국가공무원법 제73조의3 제3항〈16·20승진·21.1·22.2·23.1채용〉 　　정답 ③

10 「경찰공무원 승진임용 규정」상 승진에 관한 설명 중 가장 적절하지 않은 것은? 〈22.1채용〉

① 경찰공무원의 승진임용은 심사승진임용·시험승진임용 및 특별승진임용으로 구분한다.

② 「경찰공무원 승진임용규정」제6조 제1항 제2호에 따르면 소극행정으로 감봉에 해당하는 징계처분을 받은 경찰공무원은 징계처분의 집행이 끝난 날부터 18개월이 지나지 아니하면 심사승진 임용될 수 없다.

③ 임용권자나 임용제청권자는 시험승진후보자 명부에 기록된 사람이 승진임용되기 전에 감봉 이상의 징계처분을 받은 경우에는 시험 승진후보자 명부에서 그 사람을 제외하여야 한다.

④ 총경 이하의 경찰공무원에 대해서는 매년 근무성적을 평정하여야 하나 휴직·직위해제 등의 사유로 해당 연도의 평정기관에서 6개월 이상 근무하지 아니한 경찰공무원에 대해서는 근무성적을 평정하지 아니한다.

해설

─ 경찰행정법, 경찰공무원법 관련, 근무관계, 변경, 승진 ─

① (○) 구분(경찰공무원 승진임용규정 제3조)〈12.1·22.1채용〉

② (○) 승진임용 제한(경찰공무원 승진임용규정 제6조 제1항 제1호)〈22.1채용〉

③ (✕) **시험승진후보자 명부 작성**: 임용권자나 임용제청권자는 시험승진후보자 명부에 기록된 사람이 승진임용되기 전에 **정직 이상**의 징계처분을 받은 경우에는 시험승진후보자 **명부에서** 그 사람을 **제외하여야** 한다.[♣감봉 이상(X)](경찰공무원 승진임용규정 제36조 제3항)〈22.1채용〉

─ 경찰관리, 인사관리, 근무성적 평정 ─

④ (○) 예외(경찰공무원 승진임용 규정 제8조 제1항)〈22.1채용〉   정답 ③

---

11 경찰공무원 관련 법령에 따를 때, 승진에 관한 설명 중 가장 적절하지 않은 것은? (다툼이 있는 경우 판례에 의함) 〈22.2채용〉

① ○○지구대에 근무하는 순경 甲이 승진후보자명부에 등재된 후 경장으로 승진임용되기 전에 정직 3개월의 징계처분을 받아 임용권자가 순경 甲을 승진후보자명부에서 삭제함으로써 순경 甲이 승진임용의 대상에서 제외되었다면, 임용권자의 승진후보자명부에서의 삭제 행위 그 자체는 행정처분에 해당한다.

② 만 7세인 초등학교 1학년 외동딸을 양육하기 위하여 1년간 휴직한 경사 乙의 위 휴직기간 1년은 승진소요 최저근무연수에 포함된다.

③ 통상적인 근무시간보다 짧은 시간을 근무하는 시간선택제전환 경찰공무원으로 경위 계급에서 1년간 근무한 경위 丙의 위근무기간 1년은 승진소요 최저근무연수에 포함된다.

④ 위법 부당한 처분과 직접적 관계없이 50만 원의 향응을 받아 감봉 1개월의 징계처분을 받은 경감 丁이 그 징계처분을 받은 후 해당 계급에서 경찰청장 표창을 받은 경우(그 외 일체의 포상을 받은 사실 없음)에는 징계처분의 집행이 끝난 날부터 18개월이 지나면 승진임용될 수 있다.

해설

경찰행정법 −

− 작용법, 경찰상 행정행위, 처분 −

① (✕) 판례: **시험승진후보자명부에서의 삭제행위**는 결국 그 명부에 등재된 자에 대한 승진 여부를 결정하기 위한 행정청 **내부의 준비과정에 불과**하고, 그 자체가 어떠한 권리나 의무를 설정하거나 법률상 이익에 직접적인 변동을 초래하는 별도의 **행정처분이 된다고 할 수 없다.**[♣행정처분에 해당(X)](대법원 선고 97누7325 판결 [정직처분취소])<22.2채용>

− 경찰공무원법 관련 −

② (○) 근무관계변경, 승진, 승진소요최저년수: 경찰공무원 승진임용규정 제5조 제2항 제1호<22.2채용>

③ (○) 근무관계변경, 승진, 승진소요최저년수: 경찰공무원 승진임용규정 제5조 제6항<22.2채용>

④ (○) 징계책임, 승진 및 승급제한: 경찰공무원 승진임용규정 제6조<19승진·14경간·11·19.1·22.2채용>

정답 ①

테마 48 경찰공무원관계의 소멸

01 경찰공무원의 직권면직 사유 가운데, 직권면직 처분을 위해서 징계위원회의 동의가 필요한 경우가 아닌 것은?

〈19경위〉

① 휴직기간이 끝나거나 휴직사유가 소멸된 후에도 직무에 복귀하지 아니하거나 직무를 감당할 수 없을 때

② 경찰공무원으로서 부적합할 정도로 직무 수행능력 또는 성실성이 현저하게 결여된 사람으로서 대통령령이 정하는 사유에 해당한다고 인정될 때

③ 「국가공무원법」 제73조의3 제3항에 따라 대기 명령을 받은 자가 그 기간에 능력 또는 근무성적의 향상을 기대하기 어렵다고 인정된 때

④ 직무를 수행하는 데에 위험을 일으킬 우려가 있을 정도의 성격적 또는 도덕적 결함이 있는 사람으로서 대통령령이 정하는 사유에 해당한다고 인정될 때

해설

경찰행정법, 경찰공무원법 관련, 근무관계, 소멸, 직권면직 사유 −

① (✕) 동의 불필요: 경찰공무원법 제28조 제1항 제4호, 제2항<19승진·10.2·15.2채용>

② (○) 동의 필요: 경찰공무원법 제28조 제1항 제2호, 제2항<19승진>

③ (○) 동의 필요: 경찰공무원법 제28조 제1항 제1호, 제2항<19승진>

④ (○) 동의 필요: 경찰공무원법 제28조 제1항 제3호, 제2항<19승진>

정답 ①

02 「경찰공무원법」상 경찰공무원의 직권면직사유 중 직권면직 처분을 위해 징계위원회의 동의가 필요한 사유로 옳은 것은 모두 몇 개인가? 〈22.1채용〉

㉠ 해당 경과에서 직무를 수행하는 데 필요한 자격증의 효력이 상실되거나 면허가 취소되어 담당 직무를 수행할 수 없게 되었을 때

㉡ 직무를 수행하는 데에 위험을 일으킬 우려가 있을 정도의 성격적 또는 도덕적 결함이 있는 사람으로서 대통령령으로 정하는 사유에 해당된다고 인정될 때

㉢ 경찰공무원으로 부적합할 정도로 직무 수행능력이나 성실성이 현저하게 결여된 사람으로서 대통령령으로 정하는 사유에 해당된다고 인정될 때

㉣ 휴직 기간이 끝나거나 휴직 사유가 소멸된 후에도 직무에 복귀하지 아니하거나 직무를 감당할 수 없을 때

---

① 1개   ② 2개   ③ 3개   ④ 4개

해설

경찰행정법, 경찰공무원법 관련, 근무관계, 소멸, 직권면직 사유 −

㉠ 동의 불필요 − 경찰공무원법 제28조 제1항 제4호〈10.2 · 22.1채용〉

㉡ 동의 필요 − 경찰공무원법 제28조 제1항 제3호, 제2항〈19승진 · 10.2 · 22.1채용〉

㉢ 동의 필요 − 경찰공무원법 제28조 제1항 제2호, 제2항〈19승진 · 11.2 · 22.1채용〉

㉣ 동의 불필요 − 국가공무원법 제70조 제1항 제4호, 제2항〈19승진 · 10.2 · 15.2 · 22.1채용〉   **정답** ②

---

03 「경찰공무원법」상 규정이다. ( ) 안에 들어갈 숫자를 모두 더한 값은? 〈17.1채용〉

경찰공무원의 정년은 다음과 같다.
1. 연령정년 : 60세
2. 계급정년
　 치안감 : ( )년　　　 경무관 : ( )년　　　 총경 : ( )년　　　 경정 : ( )년

---

① 35   ② 34   ③ 33   ④ 32

해설

경찰행정법, 경찰공무원법관련, 근무관계 소멸 −

계급정년 − **치안감(4년) · 경무관(6년) · 총경(11년) · 경정(14년)**[♣총경 10년(X)] (경찰공무원법 제30조 제1항 제2호)〈96승진 · 12경간 · 13 · 17.1채용〉   **정답** ①

☞ **종합문제**

01 다음은 「경찰공무원법」 및 「경찰공무원 임용령」상 경찰공무원의 임용에 대하여 설명한 것이다. 옳은 것을 모두 고른 것은? 〈18.2채용〉

> ㉠ 휴직기간, 직위해제기간 및 징계에 의한 감봉처분 또는 견책처분을 받은 기간은 시보임용기간에 산입하지 아니한다.
> ㉡ 경정으로의 신규채용, 승진임용 및 면직은 경찰청장 또는 해양경찰청장의 제청으로 국무총리를 거쳐 대통령이 한다.
> ㉢ '징계에 의하여 파면 또는 해임처분을 받은 사람'은 경찰공무원으로 임용될 수 없다.
> ㉣ 경찰공무원은 임용장이나 임용통지서에 적힌 날짜에 임용된 것으로 보며, 사망으로 인한 면직은 사망한 날에 면직된 것으로 본다.
> ㉤ 총경의 전보, 휴직, 직위해제, 강등, 정직 및 복직은 경찰청장 또는 해양경찰청장이 한다.

① ㉠㉡㉣　　　　② ㉠㉢㉣　　　　③ ㉡㉢㉤　　　　④ ㉡㉢㉣㉤

해설

경찰행정법, 경찰공무원법 관련 −
− 경찰공무원 근무관계, 성립 −

㉠ (X) **시보, 기간**: **휴직·직위해제**·징계에 의한 **정직 또는 감봉처분**을 받은 기간은 시보임용기간에 산입하지 아니한다.[♣견책처분(X)](경찰공무원법 제13조 제2항)〈17승진·11.1·12.3·13.2·14.2·16.2·18.2채용〉 [😊휴직정감]

㉢ (○) 자격, 소극적 요건(경찰공무원법 제8조 제2항)〈20경간·96·97·05·13승진·03·12.1·16.1·18.2·20.2채용〉

㉣ (X) **임용절차, 임용효력**: 경찰공무원은 **임용장이나 임용통지서에 적힌 날짜에 임용된 것으로** 보며, 임용일자를 소급해서는 아니 된다.(경찰공무원 임용령 제5조 제1항)〈99·17승진·09경간·01·15.1·18.2채용〉 사망으로 인한 면직은 **사망한 다음 날**에 면직된 것으로 본다.[♣사망한 날(X)](령 제5조 제2항)〈18.2채용〉

− 경찰공무원법제의 기본구조, 인사기관과 그 권한 −

㉡ (○) 대통령의 경정에 대한 임용권(경찰공무원법 제7조 제2항 단서)〈03·17승진·07·12·14·17경간·09·13·14.2·18.2채용〉

㉤ (○) 경찰청장의 총경에 대한 임용권(경찰공무원법 제7조 제2항)〈07승진·12·15·17경간·18.2채용〉

정답 ③

02 경찰공무원 근무관계의 성립·변동·소멸에 대한 설명으로 적절한 것을 모두 고른 것은? 〈18경감〉

> ㉠ 징계에 의하여 해임의 처분을 받았더라도 그 후 3년이 경과하였다면 경찰공무원에 임용될 수 있다.
> ㉡ 「국가공무원법」상 강임은 하위 직급에의 임용으로서 경찰공무원에게도 적용된다.
> ㉢ 감사업무를 담당하는 경찰공무원은 부적격자로 인정되는 경우가 아닌 한 해당 직위에 임용된 날부터 3년 이내에는 다른 직위에 전보할 수 없다.
> ㉣ 경찰공무원으로서 자격정지 이상의 형의 선고유예를 받고 그 선고유예 기간 중에 있는 자는 당연퇴직된다.

① 없음 ② ㉡ ③ ㉢ ④ ㉠㉣

해설

경찰행정법, 경찰공무원법 관련, 근무관계 −

㉠ (✕) 성립, 자격, **경찰공무원 결격사유** : 징계에 의하여 **파면 또는 해임의 처분**을 받은 사람[♣해임 후 3년 경과하면 제외(X)](경찰공무원법 제8조 제2항 제10호)〈20경간·96·97·05승진·03·12.3·18.2채용〉

㉡ (✕) 변경, 내용, **강임** : 강임(국가공무원법 제73조의4)은 경찰공무원법 제36조에 의해 **경찰에 적용되지 않는다.**[♣적용된다.(X)]〈13·18승진〉

㉢ (✕) 변경, **전보** : 당해 직위에 임용된 날부터 **1년 이내**(감사업무를 담당하는 경찰공무원의 경우에는 **2년 이내**[♣감사는 3년 이내(X)])에 **다른 직위에 전보할 수 없다.**[♣6개월 이내(X)](경찰공무원임용령 제27조 제1항)〈18승진〉

㉣ (✕) 소멸, 당연퇴직 사유에 포함되는 선고유예[♣모든 선고유예(X)] : 6. **일정한 죄를 범하고 자격정지 이상의 형의 선고유예**를 선고받고 **그 유예기간 중에 있는 사람**〈18승진·12.3채용〉

  ㉠ 형법상 **수뢰죄 등**(수뢰죄, 사전수뢰죄, 제3자 뇌물제공, 수뢰후부정처사, 사후수뢰, 알선수뢰)(형법 제129조 ~ 제132조)

  ㉡ **성폭력범죄**(성폭력범죄의 처벌 등에 관한 특례법 제2조), **아동청소년대상 성범죄**(아동·청소년의 성보호에 관한 법률 제2조 제2호)

  ㉢ 직무와 관련하여, **횡령·배임, 업무상 횡령·배임**(형법 제355조 또는 제356조)의 죄를 범한 사람
    → 으로서 자격정지 이상의 형의 **선고유예를 받은 경우만 해당**한다.(경찰공무원법 제27조 단서)〈18승진·12.3채용〉

정답 ①

03 다음은 「경찰공무원법」에 대한 설명이다. ⑦∼⑩의 내용 중 옳고 그름의 표시(O, X)가 모두 바르게 된 것은?

〈20.1채용〉

> ⑦ 경찰청장 또는 해양경찰청장은 경찰공무원의 채용시험 또는 경찰간부후보생 공개경쟁선발시험에서 부정행위를 한 응시자에 대하여는 해당 시험을 정지 또는 무효로 하고, 그 처분이 있는 날부터 5년간 시험응시자격을 정지한다.
>
> ⑥ 총경 이상 경찰공무원은 경찰청장 또는 해양경찰청장의 추천을 받아 행정안전부장관 또는 해양수산부장관의 제청으로 국무총리를 거쳐 대통령이 임용한다. 다만, 총경의 전보, 휴직, 직위해제, 강등, 정직 및 복직은 경찰청장 또는 해양경찰청장이 한다.
>
> ⓒ 경찰청장 또는 해양경찰청장은 전시 사변이나 그 밖에 이에 준하는 비상사태에서는 2년의 범위에서 계급정년을 연장할 수 있다. 이 경우 치안감의 경찰공무원에 대하여는 행정안전부장관 또는 해양수산부장관과 국무총리를 거쳐 대통령의 승인을 받아야 하고, 경무관 총경 경정의 경찰공무원에 대하여는 국무총리를 거쳐 대통령의 승인을 받아야 한다.
>
> ⓔ 경장을 경사로 근속승진임용하려는 경우에는 해당 계급에서 6년 이상 근속자이어야 한다.
>
> ⑩ 경찰공무원은 그 정년이 된 날이 1월에서 6월 사이에 있으면 6월 30일에 당연퇴직하고, 7월에서 12월 사이에 있으면 12월 31일에 당연퇴직한다.

① ⑦(○) ⑥(○) ⓒ(○) ⓔ(×) ⑩(○)
② ⑦(○) ⑥(×) ⓒ(○) ⓔ(○) ⑩(×)
③ ⑦(×) ⑥(○) ⓒ(×) ⓔ(○) ⑩(×)
④ ⑦(○) ⑥(○) ⓒ(×) ⓔ(×) ⑩(○)

해설

경찰행정법, 경찰공무원법 관련 −
− **경찰공무원법제의 구조** −
⑥ (○) 인사기관과 그 권한(경찰공무원법 제7조 제1항, 제2항)〈07승진·12·15·17경간·18.2·20.1채용〉

− **경찰공무원 근무관계** −
⑦ (○) 성립, 임용절차, 부정행위자 조치(경찰공무원법 제11조)〈15.1·19.1·20.1채용〉
ⓒ (×) 소멸, 당연퇴직, **계급정년** : 경찰청장 또는 해양경찰청장은 전시·사변 기타 이에 준하는 비상사태하에서는 **2년의 범위에서**[♣3년의 범위에서(X)] **계급정년**[치안감(4년)·경무관(6년)·총경(11년)·경정(14년)]**을 연장할 수** 있다. 이 경우 **경무관 이상의** 경찰공무원에 대하여는 **행정안전부장관 또는 해양수산부장관과 국무총리**를 거쳐 **대통령의 승인**을 받아야 하고, **총경 경정**[♣경무관(X)]의 경찰공무원에 대하여는 **국무총리**를 거쳐 **대통령의 승인**을 받아야 한다.(경찰공무원법 제30조 제4항)〈13.1·20.1채용〉
ⓔ (×) 변경, 근속승진 : **순경에서 경장(4년 이상), 경장에서 경사(5년 이상)**[♣6년(X)], **경사에서 경위(6년 6개월 이상), 경위에서 경감(8년 이상)**에로의 승진에 적용된다.(경찰공무원법 제16조 제1항)〈12·13·15.1·20.1채용〉
⑩ (○) 소멸, 정년퇴직(경찰공무원법 제30조 제5항)〈12경간·20.1채용〉 **정답** ④

04 「경찰공무원 임용령」상 임용시기에 대한 설명으로 가장 적절하지 않은 것은? 〈22경간〉

① 경찰공무원은 임용장이나 임용통지서에 적힌 날짜에 임용된 것으로 보며, 임용일자를 원칙적으로 소급할 수 없다.

② 경찰공무원의 사망으로 인한 면직은 사망한 다음 날에 면직된 것으로 본다.

③ 경찰공무원이 재직 중 전사하거나 순직한 경우로서 특별승진 임용하는 경우에는 사망한 날을 임용일자로 본다.

④ 경찰공무원이 형사사건으로 기소되어 직위해제하는 경우에는 기소된 날을 임용일자로 본다.

해설

경찰행정법 −
− 근무관계 성립, 임용절차 −
① (○) 임용효력(경찰공무원임용령 제5조 제1항)〈99·17승진·09경간·01·15.1·18.2·22.2채용〉

− 근무관계 소멸, 당연퇴직, 사망 −
② (○) 효력발생(경찰공무원임용령 제5조 제2항)〈17승진·18.2·22.2채용〉
③ (✕) **재직 중 사망시 임용일자** : 경찰공무원이 재직 중 전사하거나 순직한 경우로서 **특별승진 임용**하는 경우에는 **사망일의 전날**[♣사망한 날(X)]을 **임용일자로** 본다.(경찰공무원 임용령 제6조 제1호 가)〈22.2채용〉
④ (○) 직위해제시 임용일자(경찰공무원 임용령 제6조 제2호)〈22.2채용〉   정답 ③

---

05 다음은 경찰공무원 근무관계의 발생, 변동, 소멸에 대한 설명이다. 아래 ㉠부터 ㉣까지의 설명 중 옳고 그름의 표시(O, X)가 바르게 된 것은? 〈22승진〉

> ㉠ 「경찰공무원법」상 자치경찰공무원을 그 계급에 상응하는 경찰공무원으로 임용할 때에는 시보임용을 거친다.
>
> ㉡ 「경찰공무원 승진임용규정」상 임용권자나 임용제청권자는 심사 승진후보자 명부에 기록된 사람이 승진임용되기 전에 정직 이상의 징계처분을 받은 경우에는 심사승진후보자 명부에서 그 사람을 제외하여야 한다.
>
> ㉢ 「국가공무원법」상 임용권자는 금품비위, 성범죄 등 대통령령으로 정하는 비위행위로 인하여 감사원 및 검찰·경찰 등 수사 기관에서 조사나 수사 중인 자로서 비위의 정도가 중대하고 이로 인하여 정상적인 업무수행을 기대하기 현저히 어려운 자는 직위해제할 수 있다.
>
> ㉣ 「경찰공무원법」상 임용권자는 경찰공무원이 경찰공무원으로는 부적합할 정도로 직무 수행능력이나 성실성이 현저하게 결여된 사람으로서 대통령령으로 정하는 사유에 해당된다고 인정되는 사람을 직권으로 면직시킬 수 있다.

① ㉠(✕) ㉡(○) ㉢(✕) ㉣(○) 　② ㉠(○) ㉡(✕) ㉢(○) ㉣(○)
③ ㉠(✕) ㉡(○) ㉢(○) ㉣(○) 　④ ㉠(✕) ㉡(○) ㉢(○) ㉣(✕)

해설

경찰행정법, 경찰공무원법 관련, 경찰공무원 근무관계 −

㉠ (✕) 성립, 시보, 면제 : 다음 각 호의 어느 하나에 해당하는 경우에는 **시보임용을 거치지 아니**한다. (경찰공무원법 제13조 제4항)<16 · 17 · 22승진 · 11 · 12 · 16.2 · 17.1 · 19.1채용>

　　　 ‥‥

　　4. 자치경찰공무원을 그 계급에 상응하는 경찰공무원으로 임용하는 경우[♣시보임용을 거쳐야 한다.(✕)](제4호)<16 · 22승진 · 13.2 · 17.1채용>‥‥‥‥

㉡ (○) 변경, 승진(경찰공무원 승진임용규정 제24조 제3항, 제36조 제3항)<05 · 15승진 · 12.3 · 19.1채용>

㉢ (○) 변경, 직위해제(국가공무원법 제73조의3 제1항, 제6호)<22승진>

㉣ (○) 소멸, 직권면직(경찰공무원법 제28조 제1항)<22승진> / 국가공무원법 제70조 제1항 제5호<19 · 21 · 22승진 · 11.2채용>

　　　　　　　　　　　　　　　　　　　　　　　　　　　　정답 ③

---

06 경찰공무원 관련 법령에 따를 때, 경찰공무원의 신분변동에 관한 설명 중 가장 적절한 것은? ⟨22.2채용⟩

① 중징계 의결이 요구 중인 경찰공무원 甲에 대해 직위해제처분을 할 경우, 임용권자는 3개월의 범위 내에서 대기를 명하고 능력 회복이나 근무성적의 향상을 위한 교육훈련 또는 특별한 연구 과제의 부여 등 필요한 조치를 하여야 한다.

② 위원장 포함 12명이 출석하여 구성된 징계위원회에서 정직 3월 2명, 정직 1월 2명, 감봉 3월 1명, 감봉 2월 1명, 감봉 1월 3명, 견책 3명으로 의견이 나뉜 경우, 감봉 1월로 의결해야 한다.

③ 자치경찰사무를 담당하는 ○○경찰서 소속 경위 乙의 경감으로의 승진임용을 시 · 도지사가 하므로, 경위 乙에 대한 휴직이나 복직도 시 도지사가 한다.

④ 순경 채용후보자 명부에 등재된 채용후보자 丙이 학업을 계속하고자 이를 증명할 수 있는 자료를 첨부하여 임용권자가 정하는 기간 내에 원하는 유예기간을 적어 신청할 경우, 임용권자는 채용후보자 명부의 유효기간 범위에서 기간을 정하여 임용을 유예해야 한다.

해설

경찰행정법, 경찰공무원법관련 −

① (✕) 경찰공무원 근무관계, 변경, 직위해제, **대기명령** : 능력부족, 성적이 나쁜 사유로 임용권자가 직위해제를 하는 경우에는 **3월 이내의 범위**에서 대기를 명한다.[♣중징계 요구중인 자(✕)](국가공무원법 제73조의3 제3항)<16 · 20승진 · 21.1 · 22.2채용>

② (✕) 경찰공무원의 책임, **징계위원회 회의** : 징계위원회의 회의는 **위원장과** 징계위원회가 설치된 **경찰기관의 장이 회의마다 지정하는 4명 이상 6명 이하의 위원**[♣5명 이상 7명 이하의 위원(✕)]으로 **성별을 고려하여 구성**하되, 민간위원의 수는 위원장을 포함한 위원 수의 2분의 1 이상이어야 한다.[♣징계위원회 12명 출석(✕)](제7조 제1항)<12 · 21경간 · 13 · 17승진 · 12.1 · 3 · 22.1채용>

③ (✕) 경찰공무원법법제의 기본구조, 인사기관과 그 권한, **시도지사** : 임용권을 위임받은 **시 · 도지사**는 **경감 또는 경위로의 승진임용에 관한 권한을 제외**한 임용권을 시 · 도자치경찰위원회에 다시 **위임**한다.[♣경위 乙에 대한 휴직이나 복직은 시도지사가(✕)](경찰공무원임용령 제4조 제4항)<22.2채용>

④ (X) 경찰공무원법 근무관계, 성립, **절차**: 임용권자 또는 임용제청권자는 채용후보자 명부에 등재된 채용후보자가 아래의 어느 하나에 해당하는 경우에는 **채용후보자 명부의 유효기간의 범위에서** 기간을 정하여 **임용 또는 임용제청을 유예할 수** 있다.[♣유예해야 한다.(X)] 다만, 유예기간 중이라도 그 사유가 소멸한 경우에는 임용 또는 임용제청을 **할 수 있다.**(경찰공무원임용령 제18조의2 제1항)<21경간 · 22.2채용>

1. 「병역법」에 따른 **병역복무**를 위하여 **징집 또는 소집되는** 경우
2. **학업**을 계속하는 경우<22.2채용>
3. **6개월 이상의 장기요양이 필요한 질병**이 있는 경우
4. **임신**하거나 **출산**한 경우
5. 그 밖에 임용 또는 임용제청의 유예가 **부득이하다고 인정되는** 경우   정답 없음(가답 ②)

---

07 「경찰공무원임용령」에 관한 설명으로 옳은 것을 모두 고른 것은? 〈23승진〉

> ㉠ 경찰공무원은 임용장이나 임용통지서에 적힌 날짜에 임용된 것으로 보며, 임용일자를 소급해서 는 아니 된다. 사망으로 인한 면직은 사망한 날에 면직된 것으로 본다.
> ㉡ 경찰공무원법 제10조 제3항 제1호에 따라 재임용된 경찰공무원의 계급정년 연한은 재임용 전에 해당 계급의 경찰공무원으로 근무한 연수를 합하여 계산한다.
> ㉢ 종전의 재직기관에서 감봉 이상의 징계처분을 받은 사람은 경력경쟁채용등의 대상이 될 수 없다.
> ㉣ 임용권자 또는 임용제청권자는 채용후보자 명부에 등재된 채용후보자가 학업을 계속하는 경우 채용후보자 명부의 유효기간의 범위에서 기간을 정하여 임용 또는 임용제청을 유예할 수 있다. 다만, 유예기간 중이라도 그 사유가 소멸한 경우에는 임용 또는 임용제청을 할 수 있다.

① ㉠㉡   ② ㉡㉢   ③ ㉡㉢㉣   ④ ㉠㉢㉣

해설

경찰행정법, 경찰공무원법관련, 근무관계 −

㉠ (X) 변경, 임용절차: 경찰공무원은 **임용장이나 임용통지서에 적힌 날짜에 임용된 것으로** 보며, 임용 일자를 **소급해서는 아니** 된다.(경찰공무원임용령 제5조 제1항) 사망으로 인한 면직은 **사망한 다음 날에** 면직된 것으로 본다.[♣사망한 날(X)](경찰공무원임용령 제5조 제2항)<23승진 · 18.2채용>

㉡ (O) 소멸, 정년퇴직, 계급정년: 경찰공무원임용령 제8조<23승진>

㉢ (O) 변경, 임용자격: 경찰공무원임용령 제16조 제1항<23승진>

㉣ (O) 변경, 임용절차: 경찰공무원임용령 제18조의2 제1항<21경간 · 23승진 · 22.2채용>   정답 ③

08 「국가공무원법」제70조에 따른 직원 면직 요건으로 가장 적절한 것은? 〈24승진〉

① 전직시험에서 세 번 이상 불합격한 자로서 직무수행 능력이 부족하다고 인정된 때

② 직무수행 능력이 부족하거나 근무성적이 극히 나쁜 자

③ 파면 · 해임 · 강등 또는 정직에 해당하는 징계 의결이 요구 중인 자

④ 형사 사건으로 기소된 자(약식명령이 청구된 자는 제외한다.)

PART
03

해설

경찰행정법, 경찰공무원법관련, 근무관계 −

− 소멸, 직권면직 −

① (○) 직권면직사유(국가공무원법 제70조 제1항 제6호)〈24승진〉

− 변경 −

②③④ (✕) 직위해제사유[♣직권면직사유(X)](국가공무원법 제73조의3 제1항)〈22 · 24승진 · 23.1채용〉 정답 ①

---

3 경찰공무원의 권리 · 의무 · 책임

테마 **49** 경찰공무원의 권리

01 경찰공무원의 권리에 관한 설명으로 가장 적절하지 않은 것은? 〈16경감〉

① 경찰공무원은 자기가 담당하는 직무를 집행할 권리가 있으며, 이를 방해하면 「형법」상 공무집행방해
죄를 구성한다.

② 경찰공무원은 위법 · 부당하게 권리가 침해된 경우에 소청 기타 행정쟁송을 제기할 수 있다.

③ 경찰공무원이 질병 · 부상 · 폐질 · 사망 또는 재해를 입었을 때에는 본인 또는 그 유족에게 법률이 정
하는 바에 따라 적절한 급여를 지급한다.

④ 경찰공무원의 특수한 권리로서 무기의 휴대는 「경찰관 직무집행법」, 무기의 사용은 「경찰공무원법」에
규정되어 있다.

해설

경찰행정법, 경찰공무원법관련, 권리 −

① (○) 일반적 신분상 권리, 직무집행권〈16승진〉

② (○) 쟁송제기권〈16승진〉

③ (○) 기타 재산상 권리, 보상청구권〈16승진〉

④ (✕) 특수한 신분상권리, 무기휴대의 권리, **법적 근거: 경찰공무원법** 제26조[♣경찰공무원법(X)]〈13 · 1
5 · 16승진 · 07 · 10 · 12 · 15.3채용〉 / **무기사용의 법적 근거: 경찰관직무집행법** 제10조의4[♣무기휴
대는 경직법에, 무기사용은 경찰공무원법에 규정(X), ♣휴대 · 사용 근거 국가공무원법에(X)]〈15 · 16승진 ·
01경간 · 12 · 15.3채용〉 정답 ④

테마 50 경찰공무원의 의무

01 「국가공무원법」상 경찰공무원의 의무에 대한 규정이다. 옳은 것을 모두 고른 것은? 〈17.1채용〉

> ㉠ 직무의 내외를 불문하고 그 품위가 손상되는 행위를 하여서는 아니 된다.
> ㉡ 공무 외에 영리를 목적으로 하는 업무에 종사하지 못하며 소속 기관장의 허가 없이 다른 직무를 겸할 수 없다.
> ㉢ 직무와 관련하여 직접적이든 간접적이든 사례·증여 또는 향응을 주거나 받을 수 없다.
> ㉣ 직무상의 관계가 있든 없든 그 소속 상관에게 증여하거나 소속 공무원으로부터 증여를 받아서는 아니 된다.

① ㉠㉡　　　　② ㉠㉢㉣　　　　③ ㉡㉢㉣　　　　④ ㉠㉡㉢㉣

해설

경찰행정법, 경찰공무원법관련, 의무 −

㉠ (○) 신분상 의무, **품위유지의무** : 공무원은 **직무의 내외를 불문**하고 그 품위가 손상되는 행위를 하여서는 아니 된다.(국가공무원법 제63조)〈15·16승진·17.1순경〉

㉡ (○) 직무상 의무, 직무전념의무, **겸직금지** : 공무원은 **소속기관장**[♣소속 상관(X)]**의 허가 없이** 다른 직무를 겸하지 못한다.(국가공무원법 제64조)〈07·12·14승진·12.3·16.1·17.1채용〉

㉢ (○) 신분상 의무, **청렴의무** : 공무원은 **직무와 관련하여** 직접적이든 간접적이든 사례·증여 또는 향응을 주거나 받을 수 없다.(국가공무원법 제61조 제2항)〈13승진·17.1채용〉

㉣ (○) 신분상 의무, **청렴의무** : 공무원은 **직무상의 관계가 있든 없든** 그 소속 상관에게 **증여하거나** 소속 공무원으로부터 **증여를 받아서는 아니** 된다.[♣직무와 관련 없는 증여는 받을 수 있다.(X)](국가공무원법 제61조 제2항)〈14·16승진·12경간·12.3·15.2·17.1채용〉　　　　**정답** ④

02 경찰공무원의 「국가공무원법」상 의무에 대한 설명으로 가장 적절한 것은? 〈19경감〉

① 공무원의 직무상 의무로서 직무전념의 의무, 친절·공정의 의무, 법령준수의 의무, 종교중립의 의무, 비밀엄수의 의무, 복종의 의무를 규정하고 있다.

② 복종의 의무와 관련하여 국가경찰공무원은 구체적 사건수사와 관련하여 상관의 지휘·감독의 적법성 또는 정당성에 대하여 이견이 있을 때에는 이의를 제기할 수 있다.

③ 공무원은 공무 외에 영리를 목적으로 하는 업무에 종사하지 못하며 소속 기관장의 허가 없이 다른 직무를 겸할 수 없다.

④ 공무원은 종교에 따른 차별 없이 직무를 수행하여야 하며, 소속 상관이 종교중립의 의무에 위배되는 직무상 명령을 한 경우에는 이에 따르지 아니하여야 한다.

해설

경찰행정법, 경찰공무원법관련, 직무상 의무 −

① (✕) 국가공무원법: ① **종교중립의무** ② **친절공정** 의무 ③ **복종의무** ④ **직무전념의무**(이겸영) ⑤ **법령준수의무**[♣비밀엄수의무(X)]<19승진·14·15경간·12.2·14.1채용>

② (✕) **복종의무**: 경찰공무원은 **구체적 사건수사와 관련된 상관의 지휘·감독의 적법성** 또는 **정당성 여부에 대하여 이견**이 있을 때에는 **이의를 제기할 수** 있다.[♣국가공무원법에 명문화(X)](**국가경찰과 자치경찰의 조직 및 운영에 관한 법률** 제6조 제2항)<13·19승진·17.2채용>

③ (〇) 직무전념의무, 겸직금지의무 및 영리업무종사금지(국가공무원법 제64조 제1항)<13·14·19승진·16.1·17.2채용>

④ (✕) **종교중립의무**: 공무원은 종교에 따른 차별 없이 직무를 수행하여야 한다.(국가공무원법 제59조의2 제1항)<16·18승진·14.1채용> 공무원은 소속 상관이 **종교중립의 의무**에 위배되는 **직무상 명령**을 한 경우에는 이에 **따르지 아니할 수** 있다.[♣이에 따르지 아니하여야(X)](국가공무원법 제59조의2 제2항)<16·18·19승진>

정답 ③

---

03 「**경찰공무원법**」상 경찰공무원의 의무에 해당하는 것은 모두 몇 개인가? 〈19·21경간〉

가. 정치관여금지의 의무	나. 영리업무종사금지 의무
다. 품위유지 의무	라. 법령준수의 의무
마. 지휘권 남용 등의 금지 의무	바. 집단행위금지 의무
사. 비밀엄수 의무	아. 거짓 보고 등의 금지 의무

① 3개 　　　　② 4개 　　　　③ 5개 　　　　④ 6개

해설

경찰행정법, 경찰공무원법 관련, 의무 −

가. (〇) 신분상 의무, **정치관여금지의 의무**: 국가공무원법 제65조 제1항<16.1채용>, 경찰공무원법 제23조<21경간>

나. (✕) 직무상 의무, 직무전념의무, 영리업무종사금지 의무: 국가공무원법 제64조 제1항<19·21경간·13·14·19승진·16.1·17.2채용>

다. (✕) 신분상 의무, **품위유지 의무**: 국가공무원법 제63조<19·21경간·15·16승진·17.1순경>

라. (✕) 직무상 의무, **법령준수의 의무**: 국가공무원법 제56조<19·20·21경간·15승진>

마. (〇) 직무상 의무, **지휘권 남용 등의 금지 의무**: 경찰공무원법 제25조<20승진·11·15·20·21경간·10.1·12.2채용>

바. (✕) 신분상 의무, **집단행위금지 의무**: 국가공무원법 제66조 제1항<19·21경간·16.1채용>

사. (✕) 신분상 의무, **비밀엄수 의무**: 국가공무원법 제60조<12·19·21경간·02·15·18승진·15.2채용>

아. (〇) 직무상 의무, **거짓 보고 등의 금지 의무**: 경찰공무원법 제24조 제1항, 제2항<12·15·19·20·21경간·20승진·10.1·14.1·19.2채용>

정답 ①

04 경찰공무원의 의무에 대한 다음 설명 중 가장 옳지 않은 것은? 〈17경간·14.1채용〉

① 소속 상관의 허가 또는 정당한 사유가 없으면 직장을 이탈하지 못한다.
② 「국가공무원법」상 '종교중립의 의무'는 신분상 의무가 아니라 직무상 의무에 속한다.
③ 「공직자윤리법」에서는 총경 이상의 경찰공무원을, 「공직자윤리법 시행령」에서는 경위 이상의 경찰공무원을 각각 재산등록의무자로 규정하고 있다.
④ 친절·공정의 의무는 국가공무원법에 규정된 법적 의무이다.

해설

경찰행정법, 경찰공무원법 관련, 의무 −

① (○) 직무상 의무, 직무전념의무, **직장이탈금지**: 국가공무원법 제58조 제1항〈17경간·14승진·15.2·17.2채용〉
② (○) 직무상 의무[♣신분상 의무(X)], 종교중립의무(국가공무원법 제59조의2 제1항, 제2항)〈16·18승진·14.1채용〉
③ (✕) 신분상 의무, 청렴의무, **재산 등록의무**: 「공직자윤리법」에서는 **총경 이상의 경찰공무원**을[♣경정 이상(X)] 재산등록의무자로 규정하고 있고, 「동법 시행령」에서는 **경사 이상**을[♣경위 이상(X)] 재산등록의무자로 규정하고 있다.(제3조 제1항 제9호, 시행령 제3조 제4항 제6호)〈17경간·18승진·01채용〉
④ (○) 직무상 의무, 친절·공정의 의무(국가공무원법 제59조)〈17경간·15승진〉　　**정답** ③

05 경찰공무원의 의무 중 그 근거 법령이 나머지 셋과 다른 하나는? 〈19.2채용〉

① 법령을 준수하며 성실히 직무를 수행하여야 한다.
② 직무를 수행할 때 소속 상관의 직무상 명령에 복종하여야 한다.
③ 직무에 관하여 거짓으로 보고나 통보를 하여서는 아니 된다.
④ 소속 상관의 허가 또는 정당한 사유가 없으면 직장을 이탈하지 못한다.

해설

경찰행정법, 경찰공무원법 관련, 의무 −

① 일반적 의무, 성실의무: 국가공무원법 제56조〈11·12경간·14.1·19.2채용〉
② 직무상 의무, 복종의무: 국가공무원법 제57조〈19.2채용〉
③ 직무상 의무(경찰관직무집행법 상), 거짓보고금지 의무: 경찰공무원법 제24조 제1항〈12·15·19·20경간·20승진·10.1·14.1·19.2채용〉
④ 직무상 의무, 직무전념의무(직장이탈금지): 국가공무원법 제58조 제1항〈17경간·14승진·15.2·17.2·18.3·19.2채용〉　　**정답** ③

06 다음은 「경찰공무원 복무규정」의 내용이다. 아래 ㄱ부터 ㄹ까지의 설명으로 옳고 그름의 표시(○, ×)가 바르게 된 것은? 〈17경위〉

> ㉠ 경찰공무원의 기본강령으로 제1호에 경찰사명, 제2호에 경찰정신, 제3호에 규율, 제4호에 책임, 제5호에 단결, 제6호에 성실·청렴을 규정하고 있다.
> ㉡ 경찰공무원은 직위 또는 직권을 이용하여 부당하게 타인의 민사분쟁에 개입하여서는 아니 된다.
> ㉢ 경찰기관의 장은 근무성적이 탁월하거나 다른 경찰공무원의 모범이 될 공적이 있는 경찰공무원에 대하여 1회 10일 이내의 포상휴가를 허가할 수 있다. 이 경우의 포상휴가 기간은 연가일수에 산입하지 아니한다.
> ㉣ 경찰기관의 장은 특별한 사정이 없는 한, 연일근무자 및 공휴일 근무자에 대하여는 그 다음 날 1일의 휴무, 당직 또는 철야근무자에 대하여는 다음날 오후 2시를 기준으로 하여 오전 또는 오후의 휴무를 허가할 수 있다.

① ㉠(○) ㉡(○) ㉢(○) ㉣(○)
② ㉠(○) ㉡(×) ㉢(○) ㉣(×)
③ ㉠(×) ㉡(○) ㉢(○) ㉣(×)
④ ㉠(×) ㉡(○) ㉢(×) ㉣(○)

해설

경찰행정법, 경찰공무원법 관련, 의무, 직무상 의무, 법령엄수의무, 경찰공무원 복무규정 -

㉠ (×) **기본강령**: 1호. 경찰사명, 2호. 경찰정신, 3호. 규율, 4호. 단결, 5호. 책임, 6호. 성실·청렴을 규정하고 있다.[♣제4호에 책임, 제5호에 단결을 규정(×)](제3조)〈17승진〉
㉡ (○) 민사분쟁 부당개입금지(경찰공무원 복무규정 제10조)〈17승진〉
㉢ (○) 포상휴가(경찰공무원 복무규정 제18조)〈17승진·15.2채용〉
㉣ (×) **연일근무자 등의 휴무**: 경찰기관의 장은 특별한 사정이 없는 한 **연일근무자 및 공휴일 근무자**에 대하여는 **그 다음날 1일의 휴무, 당직 또는 철야근무자**에 대하여는 **다음 날 오후 2시를 기준으로 하여 오전 또는 오후의 휴무를 허가하여야** 한다.[♣할 수 있다.(×)](제19조)〈17승진〉 **정답** ③

07 「경찰공무원 복무규정」상 경찰공무원의 의무에 대한 설명으로 가장 적절하지 않은 것은? 〈21.1채용〉

① 경찰공무원은 상사의 허가를 받거나 그 명령에 의한 경우를 제외하고는 직무와 관계없는 장소에서 직무수행을 하여서는 아니된다.
② 경찰공무원은 신규채용·승진·전보·파견·출장·연가·교육훈련기관에의 입교, 기타 신분관계 또는 근무관계 또는 근무관계의 변동이 있는 때에는 소속상관에게 신고를 하여야 한다.
③ 경찰공무원은 직위 또는 직권을 이용하여 부당하게 타인의 민사분쟁에 개입하여서는 아니된다.
④ 경찰공무원은 휴무일 또는 근무시간 외에 2시간 이내에 직무에 복귀하기 어려운 지역으로 여행을 하고자 할 때에는 소속상관의 허가를 받아야 한다.

해설

경찰행정법, 경찰공무원법 관련, 직무상 의무, 법령엄수의무, 경찰공무원 복무규정 –

① (○) 지정장소외 직무수행금지(경찰공무원 복무규정」 제8조)<19경간 · 15.2 · 21.1채용>

② (○) 상관신고(경찰공무원 복무규정」 제11조)<21.1채용>

③ (○) 민사분쟁 부당개입금지(경찰공무원 복무규정 제10조)<17승진 · 20경간 · 21.1채용>

④ (×) **여행제한**: 경찰공무원은 **휴무일 또는 근무시간 외에 2시간 이내에 직무에 복귀하기 어려운 지역으로 여행을 하고자 할 때**에는 소속 경찰기관의 장에게 **신고를 하여야** 한다.[♣소속상관의 허가를 받아야 한다.(X)] 다만, 치안상 특별한 사정이 있어 경찰청장 또는 경찰기관의 장이 지정하는 기간 중에는 소속경찰기관의 장의 허가를 받아야 한다.(경찰공무원 복무규정 제13조)<15.2 · 21.1채용>

정답 ④

---

08 「국가공무원 복무규정」상 공가의 사유로 가장 적절하지 않은 것은? ⟨23승진⟩

① 원격지로 전보 발령을 받고 부임할 때

② 천재지변, 교통 차단 또는 그 밖의 사유로 출근이 불가능할 때

③ 신체 · 정신상의 장애로 장기 요양이 필요할 때

④ 「혈액관리법」에 따라 헌혈에 참가할 때

해설

경찰행정법, 경찰공무원법관련 –

①②④ (○) 의무, 직무상 의무, 법령엄수의무, 경찰공무원 복무규정, 포상휴가, 공가사유(국가공무원 복무규정 제19조)<23승진>

③ (×) 근무관계, 변경, 휴직, 직권휴직사유[♣「국가공무원 복무규정」상 공가의 사유(X)](국가공무원법 제72조 제1호)<13 · 15경간 · 16 · 17승진 · 21.1채용>

정답 ③

---

09 「국가공무원법」상 국가공무원의 의무 중 신분상 의무에 해당하지 않는 것은? ⟨18경감⟩

① 공무원은 재직 중은 물론 퇴직 후에도 직무상 알게 된 비밀을 엄수하여야 한다.

② 공무원이 외국정부로부터 영예나 증여를 받을 경우 대통령의 허가를 받아야 한다.

③ 공무원은 종교에 따른 차별 없이 직무를 수행하여야 하며, 소속 상관이 이에 위배되는 직무상 명령을 한 경우에는 따르지 아니할 수 있다.

④ 공무원은 직무와 관련 없는 경우에도 그 소속 상관에게 증여하거나 소속 공무원으로부터 증여를 받아서는 아니 된다.

해설

경찰행정법, 경찰공무원법관련, 신분상 의무 –

① (○) 비밀엄수의무(국가공무원법 제60조)<12경간 · 02 · 15 · 18승진 · 15.2채용>

② (○) 영예등 제한(국가공무원법 제62조)<99 · 12 · 15 · 18승진 · 01 · 12 · 15.2 · 16.1채용>

③ (×) 직무상 의무[♣신분상 의무(X)], 종교중립의무(국가공무원법 제59조의2 제1항, 제2항)<16 · 18승진>

④ (○) 청렴의무(국가공무원법 제61조 제2항)<14 · 16 · 18승진 · 12경간 · 12.3 · 15.2 · 17.1채용>

정답 ③

10 「공직자윤리법」 및 「동법 시행령」의 내용으로 가장 적절한 것은? 〈18경위〉

① 「공직자윤리법」에서는 경정 이상의 경찰공무원을 재산등록의무자로 규정하고 있고, 「동법 시행령」에서는 경사 이상을 재산등록의무자로 규정하고 있다.

② 등록재산의 공개 대상자는 경무관 이상의 경찰공무원 및 특별시·광역시·특별자치시·도·특별자치도의 시·도경찰청장이다.

③ 공무원(지방의회의원을 포함한다) 또는 공직유관단체의 임직원은 외국으로부터 선물(대가 없이 제공되는 물품 및 그 밖에 이에 준하는 것, 현금은 제외)을 받거나 그 직무와 관련하여 외국인(외국단체를 포함)에게 선물을 받으면 지체 없이 소속 기관·단체의 장에게 신고하고 그 선물을 인도하여야 한다. 이들의 가족이 외국으로부터 선물을 받거나 그 공무원이나 공직유관단체 임직원의 직무와 관련하여 외국인에게 선물을 받은 경우에도 또한 같다.

④ 위 '③'에 따라 신고하여야 할 선물은 그 선물 수령 당시 증정한 국가 또는 외국인이 속한 국가의 시가로 미국화폐 1,000달러 이상이거나 국내 시가로 100만 원 이상인 선물로 한다.

해설

경찰행정법, 경찰공무원법관련, 신분상 의무, 청렴의무 –

① (×) **재산등록의무자** : 「공직자윤리법」에서는 **총경 이상의 경찰공무원**을[♣경정 이상(X)] 재산등록의무자로 규정하고 있고, 「동법 시행령」에서는 **경사 이상**을[♣경위 이상(X)] 재산등록의무자로 규정하고 있다.(공직자 윤리법 제3조 제1항 제9호, 시행령 제3조 제4항 제6호)〈17경간·18승진·01채용〉

② (×) **재산공개 대상자** : **치안감 이상**의 [♣경무관 이상(X)] 경찰공무원 및 특별시·광역시·특별자치시·도·특별자치도의 **시·도경찰청장**이다.(제10조 제1항 제10호)〈18승진〉

③ (○) **외국 정부 등으로부터 받은 선물의 신고**(공직자윤리법 제15조 제1항)〈18승진〉

④ (×) 외국 정부 등으로부터 받은 선물의 신고, **신고할 선물의 가액(대통령령)** : 법 제15조 제1항에 따라 신고하여야 할 선물은 그 선물 수령 당시 증정한 국가 또는 외국인이 속한 국가의 시가로 **미국화폐 100달러 이상**이거나 국내 시가로 **10만원 이상**인 선물로 한다.[♣미국화폐 1,000달러 이상이거나 국내 시가로 100만원 이상(X)](시행령 제28조 제1항)〈18승진〉

정답 ③

11 다음은 甲총경과 친족의 재산 현황이다. 「공직자윤리법」을 기준으로 甲총경이 등록해야 하는 재산의 총액으로 가장 적절한 것은? (단, 제시한 자료 이외의 친족 및 재산은 없음) 〈23경간〉

> 가. 甲총경이 소유한 미국에 있는 5천만원 상당의 아파트
> 나. 甲총경의 성년아들이 소유한 합계액 500만원의 예금
> 다. 甲총경의 배우자가 소유한 합계액 2천만원의 채권
> 라. 甲총경의 부친이 소유한 합계액 500만원의 현금
> 마. 甲총경의 외조모가 소유한 합계액 3천만원의 주식
> 바. 甲총경의 혼인한 딸이 소유한 합계액 5천만원의 현금

① 7천만원
③ 8천만원
② 7천 500만원
④ 8천 500만원

해설

경찰행정법, 경찰공무원법 관련, 신분상 의무, 청렴의무, 공직자윤리법, 등록대상 재산 －

가. (○) 부동산에 관한 소유권·지상권 및 전세권(제4조 제2항 제1호)<23경간>

 ※ 소유 명의와 관계없이 사실상 소유하는 재산, 비영리법인에 출연한 재산과 **외국에 있는 재산을 포함**(제4조 제1호)

나. (✕) 소유자별 합계액 **1천만원 이상의 예금**[♣甲총경의 성년아들이 소유한 합계액 500만원의 예금(X)](제4조 제2항 제3호 나)<23경간>

 ※ **본인, 배우자**(사실혼관계자 **포함**), 본인의 **직계존비속**(다만, 혼인한 직계비속인 여자와 외증조부모, 외조부모, 외손자녀 및 외증손자녀는 제외)(제4조 제1항)<23경간>

다. (○) 소유자별 합계액 **1천만원 이상의 채권**[♣甲총경의 배우자가 소유한 합계액 2천만원의 채권(O)](제4조 제2항 제3호 라)<23경간>

라. (✕) 소유자별 합계액 **1천만원 이상의 현금**[♣甲총경의 부친이 소유한 합계액 500만원의 현금(X)](제4조 제2항 제3호 가)<23경간>

마. (✕) 소유자별 합계액 **1천만원 이상의 주식**·국채·공채·회사채 등 증권[♣甲총경의 외조모가 소유한 합계액 3천만원의 주식(X)](제4조 제2항 제3호 다)<23경간>

 ※ **외조부모 제외**(제4조 제1항)<23경간>

바. (✕) 소유자별 합계액 **1천만원 이상의 현금**(수표를 포함)(제4조 제2항 제3호 가)<23경간>

 ※ **혼인한 직계비속인 여자 제외**[♣甲총경의 혼인한 딸이 소유한 합계액 5천만원의 현금(X)](제4조 제1항)<23경간>

정답 ①

---

12 「국가공무원법」상 경찰공무원의 의무에 대한 설명으로 가장 적절한 것은? 〈18.3채용〉

① 공무원이 외국정부로부터 증여를 받을 경우에는 소속 기관장의 허가를 받아야 한다.

② 공무원은 취임할 때에 소속 기관장 앞에서 대통령령등으로 정하는 바에 따라 선서하여야 한다. 다만, 불가피한 사유가 있으면 취임 후에 선서하게 할 수 있다.

③ 공무원은 소속 기관장의 허가 또는 정당한 사유가 없으면 직장을 이탈하지 못한다.

④ 공무원은 직무와 관련하여 직접적인 경우(간접적인 경우 제외) 사례·증여 또는 향응을 주거나 받을 수 없다.

해설

경찰행정법, 경찰공무원법 관련, 의무 －

① (✕) 신분상 의무, **영예등 제한**: 공무원이 외국 정부로부터 **영예나 증여를 받을 경우**에는 **대통령의 허가를 받아야** 한다.[♣소속 기관장의 허가(X)](국가공무원법 제62조)<17경간·99·12·15·18승진·01·12·15.2·16.1·18.3채용>

② (○) 직무상 의무, 법령엄수의무, 직무전념의무, 직장이탈금지(국가공무원법 제55조)<18.3채용>

③ (✕) 직무상 의무, 법령엄수의무, 직무전념의무, **직장이탈금지**: 공무원은 **소속 상관의 허가 또는 정당한 이유 없이**는 직장이탈을 하지 못한다.[♣소속기관장 허가(X)](국가공무원법 제58조 제1항)<17경간·14승진·15.2·17.2·18.3채용>

④ (✕) 신분상 의무, **청렴의무**: 공무원은 (대외적으로) **직무와 관련하여 직접적이든 간접적이든** 사례·증여 또는 향응을 주거나 받을 수 없다.[♣간접적인 경우 제외(X)](국가공무원법 제61조 제2항)<13승진·17.1·18.3채용>

정답 ②

13 「**국가공무원법**」과 「**경찰공무원법**」상 경찰공무원의 의무에 대한 설명 중 가장 적절한 것은? 〈20경위〉

① '성실 의무'는 공무원의 기본적 의무로서 모든 의무의 원천이 되므로 법률에 명시적 규정이 없다.

② '비밀엄수의 의무', '청렴의 의무', '친절·공정의 의무'는 신분상의 의무에 해당한다.

③ '거짓 보고 등의 금지', '지휘권 남용 등의 금지', '제복 착용'은 「경찰공무원법」에 규정되어 있다.

④ 「국가공무원법」상 수사기관이 현행범으로 체포한 공무원을 구속하려면 그 소속 기관의 장에게 미리 통보하여야 한다.

해설
─────────────────────────────

경찰행정법, 경찰공무원법 관련, 의무 ─

① (✕) 직무상 의무, **법령엄수의무**: 국가공무원법은 '모든 공무원은 법령을 준수하며 성실히 직무를 수행하여야 한다.'고 규정하고 있어 **명시적 규정이 있는 법령상 의무**이다.[♣명시적 규정 없으나 (✕)][♣경찰공무원법상 의무(✕)](국가공무원법 제56조)〈20승진·11·12경간·14.1·19.2채용〉

② (✕) 신분상 의무(국가공무원법상): **영**예 등의 제한, **청**렴의무, **정**치운동 금지 의무, **비**밀엄수 의무, **품**위유지 의무, **집**단행동금지 의무[♣친절공정 의무(✕)]〈20승진〉

③ (○) 직무상 의무, '거짓 보고 등의 금지', '지휘권 남용 등의 금지', '제복 착용': 경찰공무원법 제24조 제1항, 제2항, 제26조 제1항, 제25조〈12·15·19경간·20승진·10.1·14.1·19.2채용〉

④ (✕) 직무상 의무, 직무전념의무, **직장이탈금지**: 수사기관이 공무원을 **구속하려면** 그 소속 기관의 장에게 미리 통보하여야 한다. 다만, **현행범은 그러하지 아니**하다.[♣현행범인 경우(✕)](국가공무원법 제58조 제2항)〈11·16·20승진〉　　　　　　　　　　　　　　　　**정답 ③**

14 부패방지 및 국민권익위원회의 설치와 운영에 관한 법률에 대한 설명으로 옳지 않은 것은? 〈19경간〉

① 국민권익위원회는 신고가 접수된 부패행위의 혐의대상자가 경무관급 이상의 경찰공무원이고, 부패혐의의 내용이 형사처벌을 위한 수사 및 공소제기의 필요성이 있는 경우에는 위원회의 명의로 검찰, 수사처, 경찰 등 관할 수사기관에 고발할 수 있다.

② 조사기관은 신고를 이첩 받은 날부터 60일 이내에 감사·수사 또는 조사를 종결하여야 한다. 다만, 정당한 사유가 있는 경우에는 그 기간을 연장할 수 있으며, 위원회에 그 연장사유 및 연장기간을 통보하여야 한다.

③ 부패행위를 신고하고자 하는 자는 신고자의 인적사항과 신고취지 및 이유를 기재한 기명의 문서로써 하여야 하며, 신고대상과 부패행위의 증거 등을 함께 제시하여야 한다.

④ 신고자가 신고의 내용이 허위라는 사실을 알았거나 알 수 있었음에도 불구하고 신고한 경우에는 부패방지 및 국민권익위원회의 설치와 운영에 관한 법률의 보호를 받을 수 없다.

해설

경찰행정법, 경찰공무원법 관련, 의무, 신분상 의무, 청렴의무, 부패방지 및 국민권익위원회의 설치와 운영에 관한 법률 −

① (X) 신고의 처리, **고발**: 위원회에 신고가 접수된 당해 부패행위의 혐의대상자가 **경무관급 이상의** 경찰공무원에 해당하는 고위공직자로서 부패혐의의 내용이 형사처벌을 위한 수사 및 공소제기의 필요성이 있는 경우에는 **위원회의 명의로 검찰, 수사처, 경찰 등 관할 수사기관에 고발을 하여야** 한다.[♣고발할 수 있다.(X)](제59조 제4항)<19경간>

② (○) 신고의 처리, 조사기관(부패방지 및 국민권익위원회의 설치와 운영에 관한 법률 제60조 제1항)<19경간>

③ (○) 부패행위의 신고, 신고의 방법(부패방지 및 국민권익위원회의 설치와 운영에 관한 법률 제58조)<19경간>

④ (○) 부패행위의 신고, 신고자의 성실의무(부패방지 및 국민권익위원회의 설치와 운영에 관한 법률 제57조)<19경간>

정답 ①

15 「부패방지 및 국민권익위원회의 설치와 운영에 관한 법률」상 부패행위 등의 신고에 대한 설명으로 가장 적절하지 않은 것은? 〈24승진〉

① 신고를 하려는 자는 본인의 인적사항과 신고취지 및 이유를 기재한 기명의 문서로써 하여야 하며, 신고대상과 부패행위의 증거 등을 함께 제시하여야 한다.

② 국민권익위원회는 접수된 신고사항에 대하여 신고자를 상대로 신고대상자의 인적사항, 신고의 경위 및 취지 등 신고내용의 특정에 필요한 사항을 확인하여야 한다.

③ 공직자는 그 직무를 행함에 있어 다른 공직자가 부패행위를 한 사실을 알게 되었거나 부패행위를 강요 또는 제의받은 경우에는 지체 없이 이를 수사기관·감사원 또는 국민권익위원회에 신고하여야 한다.

④ 조사기관은 신고를 이첩 또는 송부받은 날부터 60일 이내에 감사·수사 또는 조사를 종결하여야 한다. 다만, 정당한 사유가 있는 경우에는 그 기간을 연장할 수 있으며, 국민권익위원회에 그 연장사유 및 연장기간을 통보하여야 한다.

해설

경찰행정법, 경찰공무원법관련, 신분상 의무, 청렴의무, 부패방지 및 국민권익위원회의 설치와 운영에 관한 법률 −

① (○) 부패행위의 신고, 신고의 방법(제58조)<24승진·19경간·22.2채용>

② (X) 신고의 처리, **위원회**: 위원회는 접수된 신고사항에 대하여 신고자를 상대로 다음 각 호의 사항을 **확인할 수** 있다.[♣확인하여야 한다.(X)](제59조 제1항)<24승진>
  1. **신고자의 인적사항**[♣신고대상자의 인적사항(X)], 신고의 경위 및 취지 등 신고내용의 특정에 필요한 사항
  2. 신고내용이 국가기밀등 조치 제외대상의 어느 하나에 해당하는지의 여부에 관한 사항

③ (○) 부패행위의 신고, 공직자의 신고(제56조)<24승진>

④ (○) 신고의 처리, 조사기관의 처리(제60조 제1항)<24승진·19경간>

정답 ②

☞ 종합(권리, 의무)

01 경찰공무원의 권리와 의무에 대한 설명으로 가장 적절하지 않은 것은? 〈17.2채용〉

① 「국가공무원법」상 공무원은 소속 상관의 허가 또는 정당한 사유가 없으면 직장을 이탈하지 못한다.

② 복종의 의무와 관련하여, 「경찰공무원법」은 국가경찰공무원이 구체적 사건수사와 관련된 상관의 적법성 또는 정당성에 대하여 이견이 있을 때에는 이의를 제기할 수 있다고 규정하고 있다.

③ 「국가공무원법」상 공무원은 공무 외에 영리를 목적으로 하는 업무에 종사하지 못하며 소속 기관장의 허가 없이 다른 직무를 겸할 수 없다.

④ 공직자윤리법이 규정에 의한 재산등록의무자(총경 이상)와 취업심사대상자는 퇴직일로부터 3년간 취업심사대상기관에 취업할 수 없다. 다만, 관할 공직자윤리위원회로부터 취업심사대상자가 퇴직 전 5년 동안 소속하였던 부서 또는 기관의 업무와 취업심사대상기관 간에 밀접한 관련성이 없다는 확인을 받거나 취업승인을 받은 때에는 취업할 수 있다.

해설

경찰행정법, 경찰공무원법관련, 권리 · 의무 −

① (○) 직무상 의무, 직무전념의무, 직장이탈금지(국가공무원법 제58조 제1항)〈14승진 · 15.2 · 17.2채용〉

② (✕) 직무상 의무, 복종의무, 부당한 수사지휘 이의제기 : 경찰공무원은 **구체적 사건수사와 관련된 상관의 지휘 · 감독의 정당성 여부에 대하여 이견**이 있을 때에는 **이의를 제기할 수** 있다.[♣경찰공무원법은(✕)](**국가경찰과 자치경찰의 조직 및 운영에 관한 법률** 제6조 제2항)〈13 · 19승진 · 17.2채용〉

③ (○) 직무상 의무, 직무전념의무, 영리업무종사금지 · 겸직금지(국가공무원법 제64조 제1항)〈07 · 12 · 14승진 · 12.3 · 16.1 · 17.1 · 2채용〉

④ (○) 신분상 의무, 청렴의무, 취업제한(공직자윤리법 제17조 제1항)〈17.2순경〉

정답 ②

02 경찰공무원의 권리와 의무를 규정하는 법령에 대한 설명으로 가장 적절하지 않은 것은? 〈21승진〉

① 「공직자윤리법」상 공무원 또는 공직유관단체의 임직원은 외국으로부터 선물(대가 없이 제공되는 물품 및 그 밖에 이에 준하는 것을 말하되, 현금은 제외한다. 이하 같다)을 받거나 그 직무와 관련하여 외국인(외국단체 포함)에게 선물을 받으면 지체없이 소속 기관 · 단체의 장에게 신고하고 그 선물을 인도하여야 한다.

② ①에 따라 「공직자윤리법 시행령」상 신고하여야 할 선물은 그 선물 수령 당시 증정한 국가 또는 외국인이 속한 국가의 시가로 미국화폐 100달러 이상이거나 국내 시가로 10만원 이상인 선물로 한다.

③ 「공직자윤리법」상 취업심사대상자는 퇴직일부터 3년간 취업심사대상기관에 취업할 수 없다. 다만, 관할 공직자윤리위원회로부터 취업심사대상자가 퇴직 전 5년 동안 소속하였던 부서 또는 기관의 업무와 취업심사대상기관 간에 밀접한 관련성이 없다는 확인을 받으면 취업할 수 있다.

④ 「공무원 재해보상법」에 따른 급여를 받을 권리는 그 급여의 사유가 발생한 날부터 요양급여 · 재활급여 · 간병급여 · 부조급여는 5년간, 그 밖의 급여는 3년간 행사하지 아니하면 시효로 인하여 소멸한다.

해설

경찰행정법, 경찰공무원법관련, 권리·의무 −

− 신분상 의무, 청렴의무 −

① (○) 선물신고(「공직자윤리법」 제15조 제1항)<20경간·18·21승진>

② (○) 선물신고, 기준(「공직자윤리법」 시행령 제28조 제1항)<18·21승진>

③ (○) 취업제한(「공직자윤리법」 제17조 제1항)<20경간·21승진·17.2순경>

− 재산상 권리 −

④ (×) **청구시효**: 공무원재해보상법에 따른 급여를 받을 권리는 그 급여의 사유가 발생한 날부터 **요양급여·재활급여·간병급여·부조급여는 3년간, 그 밖의 급여는 5년간** 행사하지 아니하면 **시효로 인하여 소멸**한다.[♣5년,, 3년(X)](공무원재해보상법 제54조 제1항)<21승진> 정답 ④

---

03 경찰공무원 의무와 근거법령이다. 옳지 않은 것은? 〈20경간〉

①	경찰공무원법	• 거짓보고 및 직무유기금지 의무 • 지휘권남용금지 의무 • 제복착용 의무
②	국가공무원법	• 법령준수 의무 • 친절공정 의무 • 종교중립 의무
③	경찰공무원 복무규정	• 근무시간 중 음주금지 의무 • 품위유지 의무(직무 내외 불문) • 민사분쟁에 부당개입금지 의무
④	공직자윤리법	• 재산의 등록과 공개 의무 • 선물신고 의무 • 취업금지 의무(퇴직공직자 취업제한)

해설

경찰행정법, 경찰공무원법관련, 권리·의무 −

① (○) 직무상 의무, 경찰공무원법:

　㉠ 거짓보고·직무유기금지 의무: 경찰공무원법 제18조 제1항, 제2항<12·15·19·20경간·20승진·10.1·14.1·19.2채용>

　㉡ 제복착용의무(권리이자 의무): 경찰공무원법 제20조 제1항<20승진·11·19·20경간>

　㉢ 지휘권남용 등의 금지의무: 경찰공무원법 제19조<20승진·11·15·20경간·10.1·12.2채용>

② (○) 직무상 의무, 국가공무원법:

　㉠ 법령준수 의무: 국가공무원법 제56조<19·20경간·15승진>

　㉡ 친절공정 의무: 국가공무원법 제59조<17·20경간·15승진>

　㉢ 종교중립 의무: 국가공무원법 제59조의2 제1항, 제2항<16·18·19승진·20경간·14.1채용>

③ (X) 경찰공무원 복무규정 및 국가공무원법,
    ㉠ 직무상 의무, 법령엄수의무, 근무시간 중 음주금지 의무 : 경찰공무원복무규정 제9조<20경간·15.2채용>
    ㉡ 신분상 의무, 품위유지 의무(직무 내외 불문) : 국가공무원법 제63조[♣경찰공무원복무규정(X)]<19경간·15·16승진·17.1순경>
    ㉢ 직무상 의무, 법령엄수 의무, 민사분쟁에 부당개입금지 의무 : 경찰공무원복무규정 제10조<17승진·20경간>
④ (○) 신분상 의무, 청렴의무 :
    ㉠ 재산의 등록과 공개 의무 : 공직자윤리법 제3조 제1항, 제10조<11·17·20경간·18승진·01채용>
    ㉡ 선물신고 의무 : 공직자윤리법 제15조 제1항<20경간·18승진>
    ㉢ 취업금지 의무(퇴직공직자 취업제한) : 공직자윤리법 제17조 제1항 관련<20경간·17.2순경>

정답 ③

---

04 경찰공무원의 권리와 의무에 대한 설명으로 가장 적절하지 않은 것은? 〈22승진〉

① 「경찰공무원법」상 모든 계급의 경찰공무원은 형의 선고, 징계 처분 또는 「국가공무원법」및 「경찰공무원법」에 정하는 사유에 따르지 아니하고는 본인의 의사에 반하여 휴직·강임 또는 면직을 당하지 아니한다.

② 「경찰공무원 복무규정」상 경찰공무원은 직위 또는 직권을 이용하여 부당하게 타인의 민사분쟁에 개입하여서는 아니 된다.

③ 「경찰공무원법」상 경찰공무원을 지휘하는 사람은 전시·사변 그 밖에 이에 준하는 비상사태이거나 작전수행 중인 경우 또는 많은 인명손상이나 국가재산 손실의 우려가 있는 위급한 사태가 발생한 경우, 정당한 사유 없이 그 직무수행을 거부 또는 유지하거나 경찰공무원을 지정된 근무지에서 진출·퇴각 또는 이탈하게 하여서는 아니 된다.

④ 「공직자윤리법」은 총경(자치총경 포함) 이상의 경찰공무원을 재산등록의무자로 규정하고 있고, 「공직자윤리법 시행령」은 경찰공무원 중 경정, 경감, 경위, 경사와 자치경찰공무원 중 자치경정, 자치경감, 자치경위, 자치경사를 재산등록의무자로 규정하고 있다.

해설

경찰행정법, 경찰공무원법 관련 −

① (X) 일반적 신분상 권리, **신분보유권** : 공무원은 형의 선고, 징계처분 또는 이 법에서 정하는 사유에 따르지 아니하고는 본인의 **의사에 반하여 휴직·강임 또는 면직을 당하지 아니한다.** 다만, **1급 공무원**과 직무등급이 **가장 높은 등급의 직위에 임용된 고위공무원단에 속하는 공무원**은 그러하지 아니하다.[♣경찰공무원법상(X), ♣모든 공무원은(X)](국가공무원법 제68조)<22승진>

② (○) 직무상 의무, 법령엄수의무, **민사개입금지** : 「경찰공무원 복무규정」제10조<17·22승진·20경간·21.1채용>

③ (○) 직무상 의무, **지휘권남용 등의 금지의무** : 경찰공무원법 제25조<20·22승진·11·15·20·21경간·10.1·12.2채용>

④ (○) 신분상 의무, **청렴의무** : 공직자윤리법 제3조 제1항 제9호, 동 시행령 제3조 제5항 제6호<11·17·20경간·18·22승진·01채용>

정답 ①

05 「국가공무원법」상 공무원의 의무에 관한 설명으로 가장 적절하지 않은 것은? 〈23승진〉

① 공무원은 재직 중은 물론 퇴직 후에도 직무상 알게 된 비밀을 엄수(嚴守)하여야 한다.

② 공무원은 직무와 관련하여 간접적인 사례·증여 또는 향응을 주거나 받을 수 있다.

③ 공무원이 외국 정부로부터 영예나 증여를 받을 경우에는 대통령의 허가를 받아야 한다.

④ 공무원은 종교에 따른 차별 없이 직무를 수행하여야 한다.

해설

경찰행정법, 경찰공무원법관련 ─

① (○) 신분상 의무, **비밀엄수의무**: 국가공무원법 제60조〈12·19·21경간·02·15·18·23승진·15.2채용〉

② (✕) 신분상 의무, **청렴의무**: 공무원은 (대외적으로) **직무와 관련하여 직접적이든 간접적이든 사례·증여 또는 향응을 주거나 받을 수 없다.**[♣간접적인 .... 받을 수 있다.(X)](국가공무원법 제61조 제1항)〈13승진·17.1·18.3채용〉

③ (○) 신분상 의무, **영예등 제한**: 국가공무원법 제62조〈17경간·99·12·15·18·23승진·01·12·15.2·16.1·18.3채용〉

④ (○) 직무상 의무, **종교중립의무**: 국가공무원법 제59조의2 제1항〈16·18·19·23승진·20경간·14.1채용〉

정답 ②

테마 51 경찰공무원의 책임(징계)

01 「국가공무원법」, 「공무원연금법」 및 동법 시행령상 경찰공무원의 징계의 종류와 효과에 대한 설명 중 가장 적절하지 않은 것은? 〈20경위〉

① 공무원의 징계는 파면·해임·강등·정직·감봉·견책으로 구분한다.

② 강등은 1계급 아래로 직급을 내리고 공무원 신분은 보유하나 3개월간 직무에 종사하지 못하며 그 기간 중 보수는 전액을 감한다.

③ 징계에 의하여 파면된 경우, 재직기간이 5년 이상인 사람의 퇴직급여는 2분의 1을 감액하고, 재직기간이 5년 미만인 사람의 퇴직급여는 3분의 1을 감액한다.

④ 금품 및 향응 수수로 징계 해임된 자의 경우 재직기간이 5년 이상인 사람의 퇴직급여는 4분의 3을 지급하고, 재직기간이 5년 미만인 사람의 퇴직급여는 8분의 7을 지급한다.

해설

경찰행정법, 경찰공무원법관련, 징계책임, 징계의 종류 ─

① (○) 구분(국가공무원법 제79조)〈05·13·14·20승진·07·09·14경간·02·04·11·12·15.1·3채용〉

② (○) 강등(국가공무원법 제80조 제1항)〈14·15·20승진·11·12.3·15.3채용〉

③ (✕) 파면, **퇴직급여**: **5년 이상 근무자는 그 금액의 1/2을, 5년 미만 근무자는 그 금액의 1/4을 감액** 지급[♣1/3을 감액(X)](공무원연금법시행령 제61조 제1항 제1호)〈09경간·14·20승진·19.1채용〉

④ (○) 해임, 퇴직급여, **금품 및 향응 수수**: **퇴직급여는 5년 이상 근무자는 1/4을, 5년 미만 근무자는 1/8을 감액**한 후 지급(공무원연금법시행령 제61조 제1항 제2호)〈20승진·09경간〉

정답 ③

---

02 경찰공무원의 징계에 대한 설명으로 가장 적절하지 않은 것은? ⟨19.1채용⟩

① 파면 징계처분을 받은 자(재직기간 5년 미만)의 퇴직급여는 1/4을 감액한 후 지급한다.
② 성폭력, 성희롱 및 성매매에 따른 강등 징계처분을 받은 자는 그 처분의 집행이 끝난 날부터 24개월이 지나지 않은 경우 승진임용될 수 없다.
③ 정직 징계처분을 받은 자는 1개월 이상 3개월 이하의 기간 동안 직무에 종사하지 못하며, 정직기간 중 보수는 1/3을 감한다.
④ 임용(제청)권자는 승진후보자 명부에 기록된 사람이 승진임용되기 전에 정직 이상 징계처분을 받은 경우에는 승진후보자 명부에서 그 후보자를 제외하여야 한다.

해설

경찰행정법, 경찰공무원법관련, 징계책임, 징계의 종류 −

① (○) 파면, 퇴직급여(공무원연금법 제65조, 공무원연금법시행령 제61조 제1항)⟨14승진 · 19.1채용⟩
② (○) **승진 · 승급 제한**: 징계처분의 집행이 종료된 날부터 '**강등 · 정직은 18개월**', '**감봉은 12개월**', '**영창 · 근신 또는 견책은 6개월**'간 승진 · 승급의 제한을 받는다.(승진소요 최저 연수에서도 제외)(경찰공무원승진임용규정 제5조 제1항)⟨19승진 · 14경간 · 11 · 19.1채용⟩
　다만, **금품 및 향응 수수, 공금의 횡령 · 유용, 성폭력, 성희롱 및 성매매에 따른 징계처분의 경우**에는 각각 **6개월을 더한 기간이 적용**된다.[♣금품 등 강등 21개월(X)](경찰공무원승진임용규정 제6조)⟨19승진 · 14경간 · 11 · 19.1채용⟩
③ (X) 정직: **1~3개월 직무정지**[♣기간 추가 가능(X)] 및 (그 기간) **보수의 전액을 감액**[♣보수 1/3 감액(X)](국가공무원법 제80조 제3항)⟨15.3 · 19.1채용⟩
④ (○) 징계효과, 승진후보자 명부삭제(경찰공무원승진임용규정 제24조, 제36조)⟨05 · 15승진 · 12.3 · 19.1채용⟩

정답 ③

---

03 「경찰공무원징계령」상 경찰공무원 징계에 대하여 설명한 것이다. 옳은 것을 모두 고른 것은?
⟨13경위 · 17.2채용⟩

> ㉠ 경찰공무원 보통징계위원회는 해당 징계위원회가 설치된 경찰기관 소속 경정 이하 경찰공무원에 대한 징계등 사건을 심의 · 의결한다.
> ㉡ 각 징계위원회는 위원장 1명을 포함하여 11명 이상 51명 이하의 공무원위원과 민간위원으로 구성한다.
> ㉢ 징계등 의결 요구를 받은 징계위원회는 그 요구서를 받은 날부터 30일 이내에 징계등에 관한 의결을 하여야 한다. 다만, 부득이한 사유가 있을 때에는 해당 징계등 의결을 요구한 경찰기관의 장의 승인을 받아 30일 이내의 범위에서 그 기간을 연장할 수 있다.
> ㉣ 징계위원회의 위원 중 징계등 심의 대상자의 친족이나 그 징계 사유와 관계가 있는 사람은 그 징계등 사건의 심의에 관여하지 못한다.
> ㉤ 징계위원회는 징계등 사건을 의결할 때에는 징계등 심의 대상자의 비위행위 당시 계급 및 직위, 비위행위가 공직 내외에 미치는 영향, 평소 행실, 공적(功績), 뉘우치는 정도나 그 밖의 정상과 징계등 의결을 요구한 자의 의견을 고려할 수 있다.

① ㉠㉤　　　　　② ㉡㉢㉣　　　　　③ ㉡㉢㉤　　　　　④ ㉡㉢㉣㉤

해설

경찰행정법, 경찰공무원법관련, 징계책임 −

㉠ (×) **징계위원회**: 보통징계위원회는 해당 징계위원회가 설치된 경찰기관 **소속 경감 이하**[♣경정 이하 (×)] 경찰공무원에 대한 징계등 사건을 심의·의결한다.(경찰공무원징계령 제4조 제2항)<12.1·17.2 채용>

㉡ (○) 징계위원회: 경찰공무원징계령 제6조 제1항<12경간·13·17승진·12.1·3·17.2채용>

㉢ (○) 징계절차: 경찰공무원징계령 제11조 제1항<12경간·13·14승진·08·17.2채용>

㉣ (○) 징계위원회: 경찰공무원징계령 제15조 제1항<17.2채용>

㉤ (×) **징계 고려사항**: 징계위원회는 징계등 사건을 의결할 때에는 징계등 심의 대상자의 비위행위 당시 **계급 및 직위**, 비위행위가 공직 내외에 미치는 **영향**, **평소 행실**, **공적**(功績), **뉘우치는 정도** 나 그 밖의 **정상**과 징계등 의결을 **요구한 자의 의견을 고려해야** 한다.[♣고려할 수 있다.(×)](경찰 공무원징계령 제16조)<17.2·21.1채용>

정답 ②

---

04 「경찰공무원 징계령」에 대한 설명으로 틀린 것은 모두 몇 개인가? ⟨17경간·12.3·15.1채용⟩

㉠ 경찰공무원 중앙징계위원회는 경찰청 및 해양경찰청에 두고 경찰공무원 보통징계위원회는 경찰 청, 해양경찰청, 시·도경찰청, 지방해양경찰청, 경찰대학, 경찰인재개발원, 중앙경찰학교, 경찰수 사연수원, 해양경찰인재개발원, 경찰병원, 경찰서, 경찰기동대, 의무경찰대, 해양경찰서, 정비창, 경비함정 및 경찰청장(해양경찰청장)이 지정하는 경감 이상의 경찰공무원을 장으로 하는 기관에 둔다.

㉡ 징계위원회의 회의는 위원장과 징계위원회가 설치된 경찰기관의 장이 회의마다 지정하는 4명 이 상 6명 이하의 위원으로 성별을 고려하여 구성하되, 민간위원의 수는 위원장을 포함한 위원 수 의 2분의 1 이상이어야 한다.

㉢ 징계위원회가 징계 등 심의 대상자의 출석을 요구할 때에는 징계위원회 개최일 3일 전까지 그 징계 등 심의 대상자에게 출석통지서가 도달되도록 하여야 한다.

㉣ 징계위원회의 의결은 위원장을 포함한 위원 과반수(과반수가 3명 미만인 경우에는 3명 이상)의 출석과 출석위원 2/3의 찬성으로 의결한다.

㉤ 소속이 다른 2명 이상의 경찰공무원이 관련된 징계 등 사건으로서 관할 징계위원회가 서로 다른 경우에는 모두를 관할하는 바로 위 상급 경찰기관에 설치된 징계위원회에서 심의·의결한다.

① 0개　　　　　② 1개　　　　　③ 2개　　　　　④ 3개

해설

경찰행정법, 경찰공무원법관련, 경찰공무원 징계위원회 −

㉠ (○) 설치(경찰공무원징계령 제3조)<17경간·12.3채용>

㉡ (○) 회의(경찰공무원징계령 제7조 제1항)<17경간·12.3채용>

㉢ (✕) **출석요구** : 징계위원회가 징계등 심의 대상자의 출석을 요구할 때에는 출석 통지서로 하되, **징계위원회 개최일 5일 전까지** 그 징계등 심의 대상자에게 도달되도록 하여야 한다.[♣3일 전까지 (X)](경찰공무원징계령 제12조 제1항)<17경간·04·07승진·12.3채용>

㉣ (✕) **의결** : 징계위원회, 징계위원회의 의결은 위원장을 포함한 **위원 과반수**(과반수가 3인 미만인 때에는 3인 이상)**의 출석과 출석위원 과반수의 찬성으로 의결**한다.[♣재적 과반수 출석에 출석위원 2/3 이상 찬성으로 의결(X)](경찰공무원징계령 제14조 제1항)<15.1채용>

㉤ (○) 관할(경찰공무원징계령 제5조 제2항)<13·17승진·15.1채용>   정답 ③

---

05 「경찰공무원 징계령」상 징계와 관련된 규정에 대한 설명으로 가장 적절하지 않은 것은? <21경간>

① 각 징계위원회는 위원장 1명을 포함하여 11명 이상 51명 이하의 공무원위원과 민간위원으로 구성한다.

② 징계위원회의 회의는 위원장과 징계위원회가 설치된 경찰기관의 장이 회의마다 지정하는 4명 이상 6명 이하의 위원으로 성별을 고려하여 구성하되, 민간위원의 수는 위원장을 포함한 위원 수의 2분의 1 이상이어야 한다.

③ 징계위원회가 징계등 심의 대상자의 출석을 요구할 때에는 출석 통지서로 하되, 징계위원회 개최일 5일 전까지 그 징계등 심의 대상자에게 도달되도록 해야 한다.

④ 징계등 의결을 요구한 자는 중징계의 징계등 의결을 통지받았을 때에는 통지받은 날부터 15일 내에 징계등 처분 대상자의 임용권자에게 의결서 정본을 보내어 해당 징계등 처분을 제청하여야 한다. 다만, 경무관 이상의 강등 및 정직, 경정 이상의 파면 및 해임 처분의 제청, 총경 및 경정의 강등 및 정직의 집행은 경찰청장 또는 해양경찰청장이 한다.

해설

경찰행정법, 경찰공무원법 관련, 징계책임 −

① (○) 징계위원회 구성 : 경찰공무원징계령 제6조 제1항<17·21경간·17승진·15.1채용>

② (○) 징계위원회 구성 : 경찰공무원징계령 제7조 제1항<12·21경간·13·17승진·12.1·3채용>

③ (○) 징계절차, 출석 : 경찰공무원징계령 제12조 제1항<17·21경간·04·07·20승진·12.3채용>

④ (✕) **중징계 집행** : 징계등 의결을 **요구한 자**는 중징계의 징계등 의결을 통지받았을 때에는 **지체 없이** 징계등 처분 대상자의 임용권자에게 의결서 정본을 보내어 해당 징계등 처분을 **제청하여야** 한다.[♣15일 이내(X)](경찰공무원징계령 제19조 제1항)<21경간>   정답 ④

06 「경찰공무원 징계령」에 대한 내용으로 가장 적절하지 않은 것은? 〈17경간 · 18.2채용〉

① 징계위원회의 위원장은 위원회의 사무를 총괄하고 위원회를 대표하며, 표결권을 가진다.

② 징계위원회는 출석 통지를 하였음에도 불구하고 징계등 심의 대상자가 정당한 사유 없이 출석하지 아니하였을 때에는 그 사실을 기록에 분명히 적고 서면심사로 징계등 의결을 할 수 있다. 다만, 징계등 심의 대상자의 소재가 분명하지 아니할 때에는 출석 통지를 관보에 게재하고, 그 게재일부터 10일이 지나면 출석 통지가 송달된 것으로 보며, 징계등 의결을 할 때에는 관보 게재의 사유와 그 사실을 기록에 분명히 적어야 한다.

③ 징계등 의결을 요구한 자는 경징계의 징계등 의결을 통지받았을 때에는 통지받은 날부터 15일 이내에 징계등을 집행하여야 한다.

④ 징계등 의결 요구를 받은 징계위원회는 그 요구서를 받은 날부터 30일 이내에 징계등에 관한 의결을 하여야 한다. 다만, 부득이한 사유가 있을 때에는 해당 징계등 심의 대상자에게 그 사유를 고지하고 30일 이내의 범위에서 그 기간을 연장할 수 있다.

해설

경찰행정법, 경찰공무원법 관련 −

① (○) 징계위원회, 위원장 권한(경찰공무원징계령 제8조 제1항)〈17경간 · 14승진 · 18.2채용〉

− 절차 −

② (○) 징계의결, 서면의결 및 공시송달(경찰공무원징계령 제12조 제3항)〈17 · 18승진 · 18.2채용〉

③ (○) 집행, 경징계(경찰공무원징계령 제18조)〈14 · 18승진 · 12경간 · 08 · 14.1 · 18.2채용〉

④ (×) 징계의결, **기한**: 징계위원회는 징계의결요구서를 받은 날로부터 **30일 이내**에 의결을 하여야 한다.(경찰공무원징계령 제11조 제1항)〈17 · 18승진 · 08 · 17.2 · 18.2채용〉 부득이 한 사유가 있을 때에는 당해 징계의결을 요구한 자의 승인[♣징계대상자에게 고지하고(×)]을 얻어 **30일 이내의 범위** 안에서 기간을 **연장할 수** 있다.(경찰공무원징계령 제11조 제1항 단서)〈12경간 · 13 · 14 · 18승진 · 17.2 · 18.2채용〉

정답 ④

07 「경찰공무원 징계령」의 내용으로 가장 적절하지 않은 것은? 〈18경위〉

① 경찰기관의 장은 소속 경찰공무원이 징계사유가 있다고 인정할 때와 징계의결 요구의 신청을 받았을 때에는 지체없이 관할 징계위원회를 구성하여 징계의결을 요구하여야 한다.

② 징계위원회의 위원은 징계등 심의 대상자보다 상위 계급인 경위 이상의 소속 경찰공무원 또는 상위 직급에 있는 6급 이상의 소속 공무원 중에서 징계위원회의 공무원위원을 임명한다.

③ 징계등 의결 요구를 받은 징계위원회는 그 요구서를 받은 날부터 30일 이내에 징계등에 관한 의결을 하여야 한다. 다만, 부득이한 사유가 있을 때에는 해당 징계등 의결을 요구한 경찰기관의 장의 승인을 받아 30일 이내의 범위에서 그 기간을 연장할 수 있다.

④ 징계등 심의대상자의 소재가 분명하지 아니할 때에는 출석 통지를 관보에 게재하고, 그 게재일부터 7일이 지나면 출석통지가 송달된 것으로 본다.

해설

경찰행정법, 경찰공무원법 관련 −

① (○) 징계절차, 징계의결의 요구(경찰공무원징계령 제9조)〈13 · 14 · 18승진 · 12.2채용〉

② (○) 경찰공무원 징계위원회, 임명(경찰공무원징계령 제6조 제2항)〈17경간 · 18승진 · 12.1채용〉

③ (○) 징계절차, 징계의결, 기한(경찰공무원징계령 제11조 제1항)〈12경간 · 13 · 14 · 18승진 · 17.2채용〉

④ (×) 징계절차, 징계의결, 출석, **공시송달**: 징계등 심의 대상자의 소재가 분명하지 아니할 때에는 **출석 통지를 관보에 게재**하고, 그 게재일부터 **10일이 지나면**[♣7일이 지나면(X)] **출석 통지가 송달된 것으로 보며**, 징계등 의결을 할 때에는 관보 게재의 사유와 그 사실을 기록에 분명히 적어야 한다.(경찰공무원징계령 제12조 제3항)<17·18승진>　　　　　정답 ④

---

08 다음은 「경찰공무원 징계령」의 내용이다. 아래 ㉠부터 ㉣까지의 설명으로 옳고 그름의 표시(○, ×)가 바르게 된 것은? ⟨13·17경위⟩

㉠ 징계위원회의 회의는 위원장과 징계위원회가 설치된 경찰기관의 장이 회의마다 지정하는 5명 이상 7명 이하의 위원으로 성별을 고려하여 구성하되, 민간위원의 수는 위원장을 포함한 위원 수의 2분의 1 이상이어야 한다.

㉡ 소속이 다른 2명 이상의 경찰공무원이 관련된 징계 등 사건으로서 관할 징계위원회가 서로 다른 경우에는 모두를 관할하는 바로 위 상급 경찰기관에 설치된 징계위원회에서 심의·의결한다.

㉢ 징계 등 의결 요구를 받은 징계위원회는 그 징계요구서를 받은 날부터 30일 이내에 징계 등에 관한 의결을 하여야 한다. 다만, 부득이한 사유가 있을 때에는 해당 징계 등 의결을 요구한 경찰기관의 장의 승인을 받아 30일 이내의 범위에서 그 기간을 연장할 수 있다.

㉣ 징계위원회는 출석 통지를 하였음에도 불구하고 징계 등 심의 대상자가 정당한 사유 없이 출석하지 아니하였을 때에는 그 사실을 기록에 분명히 적고 서면심사로 징계 등 의결을 할 수 있다. 다만, 징계 등 심의 대상자의 소재가 분명하지 아니할 때에는 출석 통지를 관보에 게재하고, 그 게재일 다음날부터 10일이 지나면 출석 통지가 송달된 것으로 보며, 징계 등 의결을 할 때에는 관보 게재의 사유와 그 사실을 기록에 분명히 적어야 한다.

① ㉠(○) ㉡(○) ㉢(○) ㉣(○)
② ㉠(×) ㉡(○) ㉢(○) ㉣(○)
③ ㉠(×) ㉡(○) ㉢(○) ㉣(×)
④ ㉠(×) ㉡(×) ㉢(×) ㉣(○)

해설

경찰행정법, 경찰공무원법 관련 −

㉠ (×) 경찰공무원 징계위원회, 구성, 회의: **징계위원회 회의는 위원장**과 징계위원회가 설치된 **경찰기관의 장이 회의마다 지정하는 4명 이상 6명 이하의 위원**[♣5명 이상 7명 이하의 위원(X)]으로 **성별을 고려하여 구성**하되, **민간위원의 수는 위원장을 포함한 위원 수의 2분의 1 이상이어야** 한다.(제7조 제1항)<12경간·13·17승진·12.1·3채용>

㉡ (○) 징계위원회 종류, 관련사건 관할(경찰공무원징계령 제5조 제2항)<13·17승진·15.1채용>

㉢ (○) 징계절차, 의결, 기한(경찰공무원징계령 제11조 제2항)<17승진·08채용>

㉣ (×) 징계절차, 의결, 출석, **공시송달**: 징계등 심의 대상자의 소재가 분명하지 아니할 때에는 **출석 통지를 관보에 게재**하고, 그 게재일부터[♣게재일 다음날부터(X)] **10일이 지나면 출석 통지가 송달된 것으로 보며**, 징계등 의결을 할 때에는 관보 게재의 사유와 그 사실을 기록에 분명히 적어야 한다.(경찰공무원징계령 제12조 제3항 단서)<17승진>　　　정답 ③

09 「경찰공무원 징계령 세부시행규칙」상 감독자의 정상참작 사유로 가장 적절하지 않은 것은? ⟨20경감⟩

① 부임기간이 1개월 미만으로 부하직원에 대한 실질적인 감독이 곤란하다고 인정된 때

② 업무매뉴얼에 규정된 직무상의 절차를 충실히 이행한 때

③ 부하직원의 의무위반행위를 사전에 발견하여 적법 타당하게 조치한 때

④ 기타 부하직원에 대하여 평소 철저한 교양감독 등 감독자로서의 임무를 성실히 수행하였다고 인정된 때

해설

경찰행정법, 경찰공무원법 관련, 징계사유, 정상참작사유 −

①③④ (○) 감독자에 대한 정상참작사유(경찰공무원징계령 세부시행규칙 제5조 제2항)⟨12·15·19·20승진·12경간⟩

② (×) 행위자에 대한 징계양정기준(경찰공무원징계령 세부시행규칙 제4조 제2항)⟨20승진·11경감·09.2채용⟩

정답 ②

10 경찰공무원의 징계와 관련된 규정에 대한 설명으로 가장 적절하지 않은 것은? ⟨19경감⟩

① 경찰기관의 장은 소속 경찰공무원 중 징계사유가 있다고 인정할 때와 징계등 의결 요구의 신청을 받은 때에는 지체 없이 관할 징계위원회를 구성하여 징계등 의결을 요구하여야 한다.

② 강등 징계시 3개월간 직무에 종사하지 못하며 금품 또는 향응 수수로 강등의 징계처분을 받은 경우 그 처분의 집행이 끝난 날로부터 21개월이 지나지 않으면 승진임용을 할 수 없다.

③ 감독자의 부임 기간이 1개월 미만으로 부하직원에 대한 실질적 감독이 곤란하다고 인정된 때에는 정상을 참작할 수 있다.

④ 행위자가 간첩 또는 사회이목을 집중시킨 중요사건의 범인을 검거한 공로가 있을 때나 업무매뉴얼에 규정된 직무상의 절차를 충실히 이행한 때에는 정상을 참작할 수 있다.

해설

경찰행정법, 경찰공무원법 관련 −

① (○) 징계절차, 징계요구(경찰공무원징계령 제9조)⟨13·14·18·19승진·12.2채용⟩

② (×) 종류, **효과** : 징계처분의 집행이 종료된 날부터 '**강등·정직은 18개월**', '**감봉은 12개월**', '**영창·근신 또는 견책은 6개월**'간 승진·승급의 제한을 받는다.(승진소요 최저 연수에서도 제외)(경찰공무원승진임용규정 제5조 제1항) 다만, **금품 및 향응 수수, 공금의 횡령·유용, 성폭력, 성희롱 및 성매매에 따른 징계처분의 경우에는 각각 6개월을 더한 기간이 적용**된다.[♣금품 등 강등 21개월(×)] (경찰공무원승진임용규정 제6조)⟨19승진·14경간·11채용⟩

− 징계사유, 정상참작사유 −

③ (○) 감독자정상참작사유(경찰공무원징계령 세부시행규칙 제5조 제2항)⟨12·15·19승진·12경간⟩

④ (○) 행위자정상참작사유(경찰공무원징계령 세부시행규칙 제4조 제2항)⟨12·19승진⟩

정답 ②

11 「경찰공무원 징계령」상 징계위원회의 회의에 대한 설명으로 가장 적절하지 않은 것은? 〈23경간〉

① 징계위원회의 회의는 위원장과 징계위원회가 설치된 경찰기관의 장이 회의마다 지정하는 4명 이상 6명 이하의 위원으로 성별을 고려하여 구성하되, 민간위원의 수는 위원장을 포함한 위원 수의 2분의1 이상이어야 한다.

② 징계사유가 「성폭력범죄의 처벌 등에 관한 특례법」에 따른 성폭력범죄, 「양성평등기본법」에 따른 성희롱에 해당하는 징계 사건이 속한 징계위원회의 회의를 구성하는 경우에는 피해자와 같은 성별의 위원이 위원장을 포함한 위원 수의 3분의1 이상 포함되어야 한다.

③ 위원장이 부득이한 사유로 직무를 수행할 수 없거나 위원장이 필요하다고 인정하는 경우에는 출석한 위원 중 최상위 계급 또는 이에 상응하는 직급에 있거나 최상위 계급 또는 이에 상응하는 직급에 먼저 승진임용된 공무원이 위원장이 된다.

④ 징계위원회의 위원장은 위원회의 사무를 총괄하며 위원회를 대표하고, 표결권을 가진다.

해설

경찰행정법, 경찰공무원법 관련, 경찰공무원의 책임, 징계책임, 징계위원회 −

① (○) 구성 : 경찰공무원 징계령 제7조 제1항〈12 · 21 · 23경간 · 13 · 17승진 · 12.1 · 3 · 22.1채용〉

② (×) **회의** : 징계사유가 다음 각 호의 어느 하나에 해당하는 징계사건이 속한 징계위원회의 회의를 구성하는 경우에는 피해자와 **같은 성별의 위원이** 위원장을 **제외한[♣포함한(X)] 위원 수의 3분의 1 이상 포함되어야** 한다.(경찰공무원징계령 제7조 제2항)〈23경간〉

　　1. 「성폭력범죄의 처벌 등에 관한 특례법」에 따른 성폭력범죄

　　2. 「양성평등기본법」에 따른 성희롱

③ (○) 회의 : 경찰공무원징계령 제7조 제6항〈23경간〉

④ (○) 회의 : 경찰공무원징계령 제7조 제3항, 제5항〈11 · 14승진 · 12 · 23경간 · 09.2 · 12.3 · 18.2채용〉　　**정답** ②

---

12 「경찰공무원 징계령」에 대한 설명으로 가장 적절하지 않은 것은? 〈20경감〉

① 징계등 의결 요구를 받은 징계위원회는 그 요구서를 받은 날부터 30일 이내에 징계등에 관한 의결을 하여야 한다. 다만, 부득이한 사유가 있을 때에는 당해 징계심의대상자의 동의를 얻어 30일 이내의 범위에서 그 기간을 연장할 수 있다.

② 징계위원회가 징계등 심의 대상자의 출석을 요구할 때에는 출석 통지서로 하되, 징계위원회 개최일 5일 전까지 그 징계등 심의 대상자에게 도달되도록 하여야 한다.

③ 징계등 심의대상자의 소재가 분명하지 아니할 때에는 출석통지를 관보에 게재하고 그 게재일부터 10일이 지나면 출석통지가 송달된 것으로 본다.

④ 징계등 의결을 요구한 자는 경징계의 징계등 의결을 통지받았을 때에는 통지받은 날부터 15일 이내에 징계등을 집행하여야 한다.

해설

경찰행정법, 경찰공무원법 관련, 경찰공무원의 책임, 징계책임, 절차 −

① (X) 의결, **기한** : 징계위원회는 징계의결요구서를 받은 날로부터 **30일 이내**에 의결을 하여야 한다. 부득이 한 사유가 있을 때에는 당해 징계의결을 **요구한 자의 승인**[♣징계대상자의 동의(X)]을 얻어 **30일 이내의 범위** 안에서 기간을 **연장할 수** 있다.(경찰공무원징계령 제11조 제1항)<12경간 · 13 · 14 · 18 · 20승진 · 17.2 · 18.2채용>

② (O) 의결, 출석(경찰공무원징계령 제12조 제1항)<17경간 · 04 · 07 · 20승진 · 12.3채용>

③ (O) 의결, 출석, 공시송달(경찰공무원징계령 제12조 제3항)<17 · 18 · 20승진 · 18.2채용>

④ (O) 집행, 경징계(경찰공무원징계령 제18조 제1항)<14 · 18 · 20승진 · 12경간 · 08 · 14.1 · 18.2채용> | 정답 ① |

---

13 「경찰공무원 징계령」상 경찰공무원 징계에 대한 설명으로 가장 적절한 것은? <21.1채용>

① 징계위원회는 징계등 사건을 의결할 때에는 징계등 심의 대상자의 비위행위 당시 계급 및 직위, 비위행위가 공직 내외에 미치는 영향, 평소 행실, 공적(功績), 뉘우치는 정도나 그 밖의 정상과 징계등 의결을 요구한 자의 의견을 고려할 수 있다.

② 징계등 의결 요구를 받은 징계위원회는 그 요구서를 받은 날부터 60일 이내에 징계등에 관한 의결을 하여야 한다. 다만, 부득이한 사유가 있을 때에는 해당 징계등 의결을 요구한 경찰기관의 장의 승인을 받아 30일 이내의 범위에서 그 기간을 연장할 수 있다.

③ 징계등 심의 대상자의 소재가 분명하지 아니할 때에는 출석 통지를 관보에 게재하고, 그 게재일부터 7일이 지나면 출석 통지가 송달된 것으로 보며, 징계등 의결을 할 때에는 관보 게재의 사유와 그 사실을 기록에 분명히 적어야 한다.

④ 징계위원회의 의결은 위원장을 포함한 위원 과반수의 출석과 출석위원 과반수의 찬성으로 의결하되, 의견이 나뉘어 출석위원 과반수의 찬성을 얻지 못한 경우에는 출석위원 과반수가 될 때까지 징계등 심의 대상자에게 가장 불리한 의견을 제시한 위원의 수를 그 다음으로 불리한 의견을 제시한 위원의 수에 차례로 더하여 그 의견을 합의된 의견으로 본다.

해설

경찰행정법, 경찰공무원법 관련, 징계책임, 절차, 의결 −

① (X) 양정, **징계고려사항** : 징계위원회는 징계등 사건을 의결할 때에는 징계등 심의 대상자의 비위행위 당시 **계급 및 직위**, 비위행위가 공직 내외에 미치는 **영향, 평소 행실, 공적(功績), 뉘우치는 정도**나 그 밖의 **정상**과 징계등 의결을 **요구한 자의 의견**을 **고려해야** 한다.[♣고려할 수 있다.(X)] (경찰공무원징계령 제16조)<17.2 · 21.1채용>

② (X) 기한 : 징계위원회는 징계의결요구서를 받은 날로부터 **30일 이내**에 의결을 하여야 한다.[♣60일 이내(X)](경찰공무원징계령 제11조 제1항)<17 · 18 · 20승진 · 08 · 17.2 · 18.2 · 21.1채용>

  ※ 부득이 한 사유가 있을 때에는 당해 징계의결을 **요구한 자의 승인**을 얻어 **30일 이내의 범위** 안에서 기간을 **연장할 수** 있다.(경찰공무원징계령 제11조 제1항 단서)<12경간 · 13 · 14 · 18 · 20승진 · 17.2 · 18.2 · 21.1채용>

③ (X) 출석, **공시송달** : 징계등 심의 대상자의 소재가 분명하지 아니할 때에는 **출석 통지를 관보에 게재**하고, 그 게재일부터 **10일이 지나면 출석 통지가 송달된 것으로 보며**, 징계등 의결을 할 때에는 관보 게재의 사유와 그 사실을 기록에 분명히 적어야 한다.[♣7일이 지나면(X)](경찰공무원징계령 제12조 제3항)<17 · 18 · 20승진 · 18.2 · 21.1채용>

④ (O) 심의 · 의결 : 경찰공무원징계령 제14조 제1항<15.1 · 21.1채용> | 정답 ④ |

---

14 경찰공무원의 징계책임에 대한 설명으로 가장 적절한 것은? 〈21.2채용〉

① 「경찰공무원 징계령」상 중징계에는 파면, 해임 및 강등이 있으며, 경징계에는 정직, 감봉 및 견책이 있다.
② 「경찰공무원 징계령」상 징계등 심의 대상자는 증인의 심문을 신청할 수 있다. 이 경우 징계위원회의 위원장이 그 채택 여부를 결정한다.
③ 「국가공무원법」상 정직은 1개월 이상 3개월 이하의 기간으로 하고, 정직처분을 받은 자는 그 기간 중 공무원의 신분을 보유하나 직무에 종사하지 못하며 보수의 3분의 2를 감한다.
④ 「경찰공무원법」상 경무관 이상의 경찰공무원에 대한 징계의결은 「국가공무원법」에 따라 국무총리 소속으로 설치된 징계위원회에서 한다.

해설

경찰행정법, 경찰공무원법관련, 징계책임 –
① (✕) **징계종류:** "중징계"란 **파면, 해임, 강등 및 정직**을 말한다.(경찰공무원징계령 제2조 제1호)〈21.2채용〉 "경징계"란 **감봉 및 견책**을 말한다.[♣정직(X)](경찰공무원징계령 제2조 제2호)〈21.2채용〉
② (✕) **징계절차:** 징계등 심의 대상자는 **증인의 심문을 신청할 수** 있다. 이 경우 **징계위원회는 의결로 써 그 채택 여부를 결정하여야** 한다.[♣위원장이 채택 여부 결정(X)](경공징계령 제13조 제3항)〈21.2채용〉
③ (✕) **징계종류:** 「국가공무원법」상 정직은 **1개월 이상 3개월 이하**의 기간으로 하고, 정직처분을 받은 자는 그 기간 중 공무원의 신분을 보유하나 **직무에 종사하지 못하며 보수의 전액**을 감한다.[♣ 보수 2/3 감액(X)](국가공무원법 제80조 제3항)〈15.3・19.1・21.2채용〉
④ (○) 징계위원회, 국무총리 소속 중앙징계위원회(경찰공무원법 제32조 제1항)〈13.2・14.1・16.1・21.2채용〉

정답 ④

15 「경찰공무원 징계령」에 관한 설명으로 가장 적절하지 않은 것은? 〈23승진〉

① 징계위원회는 위원과 징계등 심의 대상자, 징계등 의결을 요구하거나 요구를 신청한 자, 증인, 관계인 등 이 영에 따라 회의에 출석하는 사람(이하 "출석자")이 동영상과 음성이 동시에 송수신되는 장치가 갖추어진 서로 다른 장소에 출석하여 진행하는 원격영상회의 방식으로 심의・의결할 수 있다.
② 징계위원회는 위원장 1명을 포함하여 11명 이상 51명 이하의 공무원위원과 민간위원으로 구성한다.
③ 징계위원회는 징계의결요구서를 받은 날로부터 30일 이내에 의결을 하여야 한다. 다만 부득이 한 사유가 있을 때에는 해당 징계심의대상자의 동의를 받아 30일 이내의 범위 안에서 그 기한을 연기할 수 있다.
④ 징계위원회가 설치된 경찰기관의 장은 위원 수의 2분의 1 이상을 자격이 있는 민간위원으로 위촉한 다. 이 경우 특정 성별의 위원이 민간위원 수의 10분의 6을 초과하지 않도록 해야 한다.

해설

경찰행정법, 경찰공무원법관련, 징계책임 –
① (○) 징계절차, 징계의결, 출석, **원격영상회의 방식**: 경찰공무원 징계령 제14조의2 제1항〈23승진〉
② (○) 징계위원회, **구성**: 경찰공무원 징계령 제6조 제1항〈17・21경간・17・23승진・15.1채용〉
③ (✕) 징계절차, 징계의결, **기한**: 징계위원회는 징계의결요구서를 받은 날로부터 **30일 이내**에 의결을 하여야 한다.(경찰공무원징계령 제11조 제1항)〈17・18・20・23승진・08・17.2・18.2・21.1채용〉 ※ 부득이 한 사유가 있을 때에는 당해 징계의결을 **요구한 자의 승인**[♣징계대상자의 동의(X)]을 얻어 **30일 이내의 범위** 안에서 기한을 **연기할 수** 있다.[♣20일 이내 범위(X)](경찰공무원징계령 제11조 제1항 단 서)〈12경간・13・14・18・20・23승진・17.2・18.2・21.1채용〉
④ (○) 징계위원회, **임명**: 경찰공무원 징계령 제6조 제3항〈23승진〉

정답 ③

16 경찰공무원 관련 법령에 따를 때, 다음 설명 중 가장 적절한 것은? 〈22.2채용〉

① ○○경찰서 소속 지구대장 경감 甲과 동일한 지구대 소속 순경 乙이 관련된 징계등 사건(甲의 감독상 과실책임만으로 관련된 경우, 관련자에 대한 징계등 사건을 분리하여 심의 의결하는 것이 타당하다고 인정되는 경우는 제외)은 ○○경찰서에 설치된 징계위원회에서 심의 의결한다.

② 경찰공무원 임용 당시 임용결격사유가 있었더라도 국가의 과실에 의해 임용결격자임을 밝혀내지 못했다면, 그 임용행위는 당연무효로 볼 수 없다.

③ 국가경찰사무를 담당하는 ○○경찰서 소속 경사 丙에 대한 정직처분은 소속기관장인 ○○경찰서장이 행하지만, 그 처분에 대한 행정소송의 피고는 경찰청장이다.

④ 징계의결이 요구된 경정 丁에게 국무총리 표창을 받은 공적이 있는 경우에 징계위원회는 징계를 감경할 수 있지만, 그 표창이 丁에게 수여된 표창이 아니라 丁이 속한 ○○경찰서에 수여된 단체표창이라면 감경할 수 없다.

해설

경찰행정법, 경찰공무원법 관련 −

① (✕) 징계책임, 징계위원회, **관련사건 관할**: ○○경찰서 소속 지구대장 **경감 甲**(시도청 징계위관할)과 동일한 지구대 소속 **순경 乙**(경찰서 징계위 관할)이 관련된 징계등 사건(甲의 감독상 과실책임만으로 관련된 경우, 관련자에 대한 징계등 사건을 분리하여 심의 의결하는 것이 타당하다고 인정되는 경우는 제외) → **경감 甲을 관할하는 시·도경찰청 징계위원회**에서 심의·의결[♣○○경찰서 설치 징계위원회 관할(✕)]〈22.2채용〉

② (✕) 근무관계 성립, **임용결격사유**: 判例[임용결격자 임용 → 당연무효 → 퇴직급여 청구(✕), (≒ 임용결격사유 소멸 후 근무)] 공무원연금법에 의한 퇴직급여 등은 적법한 공무원으로서의 신분을 취득하여 근무하다가 퇴직하는 경우에 지급되는 것이고, **당연무효**인 임용결격자에 대한 임용행위에 의하여 공무원의 신분을 취득할 수는 없으므로, **임용결격자가 공무원으로 임용**되어 사실상 근무하여 왔다고 하더라도 적법한 공무원으로서의 신분을 취득하지 못한 자로서는 공무원연금법 소정의 **퇴직급여 등을 청구할 수 없으며**, 나아가 임용결격사유가 소멸된 후에 계속 근무하여 왔다고 하더라도 그때부터 무효인 임용행위가 유효로 되어 적법한 공무원의 신분을 회복하고 **퇴직급여 등을 청구할 수 있다고 볼 수는 없다.**[♣당연무효로 볼 수 없다.(✕)](대법원 선고 95누9617 판결 [퇴직급여청구반려처분취소])〈22.2채용〉

③ (✕) 징계책임, **중징계 집행**(또는 행정소송, 인사기관과 그 권한): 국가경찰사무를 담당하는 ○○경찰서 소속 **경사 丙**에 대한 **정직처분** → 중징계이므로 임용권자인 시도경찰청장이 집행, 행정소송의 피고는 시도경찰청장[♣서장이 집행, 경찰청장이 행정소송피고(✕)]〈22.2채용〉

④ (○) 징계책임, 징계사유, **징계감경사유**: 경찰공무원징계령 세부시행규칙 제8조 제1항(징계감경)〈22.2채용〉

정답 ④

17 경찰공무원의 징계에 관한 설명으로 가장 적절하지 않은 것은? (다툼이 있는 경우 판례에 의함) 〈23.2채용〉

① 공무원인 피징계자에게 징계사유가 있어서 징계처분을 하는 경우 어떠한 처분을 할 것인가는 징계권자의 재량에 맡겨진 것이고, 다만 징계권자가 재량권의 행사로서 한 징계처분이 사회통념상 현저하게 타당성을 잃어 징계권자에게 맡겨진 재량권을 남용한 것이라고 인정되는 경우에 한하여 그 처분을 위법하다고 할 수 있다.

② 동료 경찰관에 대한 성희롱을 이유로 징계에 의하여 해임처분을 받은 경찰관은 해임처분을 받은 때부터 3년이 지나면 경찰공무원으로 임용될 수 있다.

③ 징계등 의결 요구를 받은 징계위원회는 그 요구서를 받은 날부터 30일 이내에 징계등에 관한 의결을 하여야 하나, 부득이한 사유가 있을 때에는 해당 징계등 의결을 요구한 경찰기관의 장의 승인을 받아 30일 이내에 범위에서 그 기한을 연기할 수 있다.

④ 징계위원회는 징계등 의결을 하였을 때에는 지체 없이 징계등 의결을 요구한 자에게 의결서 정본(正本)을 보내어 통지하여야 한다.

해설

경찰행정법, 경찰공무원법 관련, 징계책임 −

① (○) 의의, 판례 : 대법원 2013두26750 판결[부당해고구제재심판정취소]〈23.2채용〉

② (×) 종류, 해임 : 신분박탈, 향후 **3년간** 공직임용이 금지됨.(**경찰은 영원히 불가능**)[♣3년이 지나면 경찰공무원으로 임용될 수 있다.(X)](국가공무원법 제33조 제8호, 경찰공무원법 제8조 제2항 제10호)〈18승진·14경간·11.2·18.2·23.2채용〉

− 절차, 징계의결 −

③ (○) 기한 : 경찰공무원징계령 제11조 제1항〈17·18·20·23승진·08·17.2·18.2·21.1·23.2채용〉

④ (○) 통지 : 경찰공무원징계령 제17조〈23.2채용〉　　　　　　　　　　　　　　　**정답** ②

18 「경찰공무원법」에 대한 설명으로 가장 적절하지 않은 것은? 〈22경간〉

① 경위 이하의 경찰공무원으로서 모든 경찰공무원의 귀감이 되는 공을 세우고 전사하거나 순직한 사람에 대하여는 2계급 특별승진시킬 수 있다.

② 경찰청장은 전시·사변이나 그 밖에 이에 준하는 비상사태에서는 2년의 범위에서 동법에 따른 계급정년을 연장할 수 있고, 이 경우 총경 이상의 경찰공무원에 대하여는 행정안전부장관과 국무총리를 거쳐 대통령의 승인을 받아야 한다.

③ 경찰청 소속 경무관 이상의 강등 및 정직과 경정 이상의 파면 및 해임은 경찰청장의 제청으로 행정안전부장관과 국무총리를 거쳐 대통령이 한다.

④ 경무관 이상의 경찰공무원에 대한 징계의결은 「국가공무원법」에 따라 국무총리 소속으로 설치된 징계위원회에서 한다.

해설

경찰행정법, 경찰공무원법 관련 −
① (○) 근무관계 변경, **특별승진**: 경찰공무원법 제19조 제1항<13.2 · 22.2채용>
② (✕) 근무관계 소멸, 당연퇴직, 비상사태하의 계급정년 연장: 경무관 이상 − **행정안전부장관**(경찰청 소속 공무원에 한정)**과 국무총리**를 거쳐 **대통령의 승인**을 받아야 한다.[♣총경 이상(X)](경찰공무원법 제24조 제4항)<20.1 · 22.2채용>
③ (○) 징계제도, 징계권자, **대통령 집행**: 경찰공무원법 제33조<04승진 · 11.2 · 14.1 · 16.1 · 20.2 · 22.2채용>
④ (○) 징계제도, 징계위원회, **국무총리 소속 중앙징계위원회**: 경찰공무원법 제32조 제1항<11.2 · 13.2 · 14.1 · 16.1 · 21.2 · 22.2채용> 정답 ②

4 경찰공무원 권익보장제도

테마 52 처분사유설명서 교부제도

테마 53 고충처리제도

01 경찰공무원 고충심사에 대한 설명으로 가장 적절하지 않은 것은? ⟨21경간⟩
① 계급이 경사인 경찰 공무원이 종교를 이유로 불합리한 차별을 겪어 고충을 당한 사안일 경우, 보통고충심사위원회에서 고충을 심사하는 것이 부적당하다고 인정될 경우에는 중앙고충심사위원회에서 심사할 수 있다.
② 경찰공무원 고충심사위원회를 두는 「경찰공무원법」 제31조 제1항에서 "대통령령이 정하는 경찰기관"이라 함은 경찰대학 · 경찰인재개발원 · 중앙경찰학교 · 경찰수사연수원 · 경찰서 · 경찰기동대 · 경찰경비함정 기타 경정 이상의 경찰공무원을 장으로 하는 기관 중 행정안전부장관 또는 해양수산부장관이 지정하는 경찰기관을 말한다.
③ 경찰공무원 고충심사위원회는 위원장 1명을 포함하여 7명 이상 15명 이하의 공무위원과 민간위원으로 구성한다. 이 경우 민간위원의 수는 위원장을 제외한 위원 수의 2분의 1 이상이어야 한다.
④ 경찰공무원 고충심사위원회의 위원장은 설치기관 소속 공무원 중에서 인사 또는 감사 업무를 담당하는 과장 또는 이에 상당하는 직위를 가진 사람이 된다.

해설

경찰행정법, 경찰공무원법 관련, 권익보장제도, 고충심사 −
① (○) 심사기관, 중앙고충심사위원회, 경감(6급) 이하(공무원고충처리규정 제3조의6 제5항, 국가공무원법 제76조의2 제5항)<21경간>
② (✕) 심사기관, **경찰공무원고충심사위원회**: 대통령령으로 정하는 기관 − 경찰대학 · 경찰인재개발원 · 중앙경찰학교 · 경찰수사연수원 · 경찰서 · 경찰기동대 · 경비함정 **기타 경감 이상의**[♣경정 이상 (X)] **경찰공무원을 장으로 하는 기관 중** 행정안전부장관 또는 해양수산부장관이 지정하는 경찰기관(공무원고충처리규정 제3조의2 제1항)<21경간>
③ (○) 경찰공무원 고충심사위원회, 구성(공무원고충처리규정 제3조의2 제2항)<21경간>
④ (○) 경찰공무원 고충심사위원회, 위원장(공무원고충처리규정 제3조의2 제3항)<21경간> 정답 ②

02 고충처리에 대한 설명으로 가장 적절하지 않은 것은? 〈22승진〉

① 「국가공무원법」에 따라 공무원은 인사·조직·처우 등 각종 직무 조건과 그 밖에 신상 문제와 관련한 고충에 대하여 상담을 신청하거나 심사를 청구할 수 있다.

② 「경찰공무원법」에 따라 '경찰공무원 고충심사위원회'의 심사를 거친 재심청구와 경정 이상 경찰공무원의 인사상담 및 고충심사는 「국가공무원법」에 따라 설치된 중앙고충심사위원회에서 한다.

③ 「공무원고충처리규정」에 따라 고충심사위원회가 청구서를 접수한때에는 30일 이내에 고충심사에 대한 결정을 하여야 한다. 다만, 부득이하다고 인정되는 경우에는 고충심사위원회의 의결로 30일을 연장할 수 있다.

④ 「국가공무원법」에 따라 중앙인사기관의 장, 임용권자 또는 임용제청자는 기관 내 성폭력 범죄 또는 성희롱 발생 사실의 신고를 받은 경우에는 지체 없이 사실 확인을 위한 조사를 하고 그에 따라 필요한 조치를 할 수 있다.

해설

경찰행정법, 경찰공무원법관련, 권익보장제도, 고충처리 −

① (○) 대상(국가공무원법 제76조의2 제1항)〈22승진〉

② (○) 심사기관, 중앙고충심사위원회(경찰공무원법 제31조 제2항)〈22승진〉

③ (○) 절차(공무원고충처리규정 제7조 제1항)〈22승진〉

④ (X) 기타 **성희롱·성폭력 근절**: 중앙인사관장기관의 장, 임용권자 또는 임용제청권자는 기관 내 **성폭력 범죄 또는 성희롱 발생 사실의 신고**를 받은 경우에는 지체 없이 사실 확인을 위한 조사를 하고 그에 따라 **필요한 조치를 하여야** 한다.[♣필요한 조치를 위하여 노력하여야 한다.(X)](국가공무원법 제76조의2 제3항)〈22승진〉   정답 ④

테마 54 ▶ **양성평등**

01 「성희롱·성폭력 근절을 위한 공무원 인사관리규정」에 대한 설명으로 가장 적절하지 않은 것은? 〈21승진〉

① 행정부 소속 국가공무원은 누구나 공직 내 성희롱 또는 성폭력 발생 사실을 알게 된 경우 그 사실을 임용권자 또는 임용제청권자(이하 "임용권자등")에게 신고할 수 있다.

② 임용권자등은 ①에 따른 신고를 받거나 공직 내 성희롱 또는 성폭력 발생 사실을 알게 된 경우 그 사실 확인을 위해 조사할 수 있으며, 수사의 필요성이 인정되면 수사기관에 통보하여야 한다.

③ 임용권자등은 ②에 따른 조사 기간 동안 피해자등이 요청한 경우로서 피해자등을 보호하기 위하여 필요하다고 인정하는 경우 그 피해자등이나 성희롱 또는 성폭력과 관련하여 가해 행위를 했다고 신고된 사람에 대하여 근무 장소의 변경, 휴가 사용 권고 등 적절한 조치를 하여야 한다.

④ 임용권자등은 ②에 따른 조사 결과 공직 내 성희롱 또는 성폭력 발생 사실이 확인되면 피해자의 의사에 반(反)하지 않는 한, 피해자에게 「공무원임용령」 제41조에 따른 교육훈련 등 파견근무 조치를 할 수 있다.

해설

경찰행정법, 경찰공무원법 관련, 권익보장제도, 양성평등 −

① (○) 신고(성희롱·성폭력근절을 위한 공무원 인사관리규정 규정 제3조)<21승진>

② (×) **조치** : 임용권자등은 **성희롱·성폭력 발생 사실의 신고를 받거나 공직 내 성희롱 또는 성폭력 발생 사실을 알게 된 경우**에는 지체 없이 그 사실 확인을 위한 **조사를 하여야** 하며[♣조사할 수(×)], 수사의 필요성이 있다고 인정하는 경우 **수사기관에 통보하여야** 한다.(규정 제4조 제1항)<21승진>

③ (○) 조사기간 조치의무(성희롱·성폭력근절을 위한 공무원 인사관리규정 제4조 제3항)<21승진>

④ (○) 조사결과 조치권한(성희롱·성폭력근절을 위한 공무원 인사관리규정 제5조 제1항)<21승진>   정답 ②

테마 55 소청심사제도

01 다음은 국가경찰위원회와 소청심사위원회에 대한 설명이다. 다음 ㉠부터 ㉣까지의 설명 중 옳고 그름의 표시(O, X)가 바르게 된 것은? 〈17.1채용〉

> ㉠ 국가경찰위원회는 「경찰공무원법」 제3조에, 소청심사위원회는 「국가공무원법」 제9조에 그 설치 근거를 두고 있다.
> ㉡ 국가경찰위원회는 위원장 1명을 포함한 5명 이상 7명 이하의 상임위원과 상임위원 수의 2분의 1 이상인 비상임위원으로 구성하되, 위원장은 정무직으로 보한다.
> ㉢ 소청심사위원회의 위원은 금고 이상의 형벌이나 장기의 심신 쇠약으로 직무를 수행할 수 없게 된 경우 외에는 본인의 의사에 반하여 면직되지 아니한다.
> ㉣ 소청 사건의 결정은 재적위원 3분의 2 이상의 출석과 출석위원 과반수의 합의에 따르되, 의견이 나뉠 경우에는 출석위원 과반수에 이를 때까지 소청인에게 가장 불리한 의견에 차례로 유리한 의견을 더하여 그 중 가장 유리한 의견을 합의된 의견으로 본다.

① ㉠(○) ㉡(○) ㉢(×) ㉣(○)   ② ㉠(×) ㉡(×) ㉢(○) ㉣(○)

③ ㉠(○) ㉡(○) ㉢(×) ㉣(×)   ④ ㉠(×) ㉡(×) ㉢(○) ㉣(×)

해설

경찰행정법 −

− 경찰조직법, 중앙의 경찰조직 −

㉠ (×) 국가경찰위원회 : **국가경찰과 자치경찰의 조직 및 운영에 관한 법률에 근거**하여[♣경찰공무원법에 근거(×)] 설치된 **행정자치부 소속의 합의제 의결기관**으로 민주적 토론에 의한 결정으로 독임제 경찰관청의 단독결정의 단점을 보완하는 기능을 수행한다.[♣자문기관(×)](국가경찰과 자치경찰의 조직 및 운영에 관한 법률 제7조 제1항)<96승진·04·11.1·12.1·16.2·17.1채용>

소청심사위원회 − 소청심사제도와 소청심사위원회는 국가공무원법(제9조 이하)에 설치근거를 두고 있다.[♣국가공무원법에 설치근거(○)]<11.1·17.1채용>

ⓛ (X) - 국가경찰위원회 구성 : **위원장 1명을 포함한 7인의 위원으로 구성**[♣9인의 위원(X)] ➡ **위원장 및 5명의 위원은 비상임, 1명의 위원은 상임으로** 한다.(국가경찰과 자치경찰의 조직 및 운영에 관한 법률 제7조 제2항)<01 · 14 · 17승진 · 12 · 14경간 · 06 · 08 · 12.1 · 13.1 · 15.3 · 16.2 · 17.1채용>

　　상임위원은 정무직(차관급 - 별표)으로 보하며(법 제5조 제3항), **위원 중 2명은**[♣3명은(X)] **법관의 자격이 있는 사람이어야** 한다.(국가경찰과 자치경찰의 조직 및 운영에 관한 법률 제7조 제3항)<17승진 · 17.1순경>

　　－ **경찰공무원법 관련, 권익보장제도, 소청심사제도 －**

ⓒ (○) 구성 · 신분, 신분보장(국가공무원법 제11조)<16 · 17승진 · 12.3 · 17.1채용>
ⓡ (○) 심리 · 결정, 소청사건의 결정(국가공무원법 제14조 제1항)<14 · 16승진 · 08 · 12.3 · 14.1 · 17.1채용>

　　정답 ②

02 「**국가공무원법**」의 소청심사위원회 및 소청심사위원회 위원에 대한 내용이다. 아래 ㉠부터 ㉣까지의 내용 중 옳고 그름의 표시(O, X)가 바르게 된 것은? <18.1채용>

> ㉠ 대학에서 행정학 · 정치학 또는 법률학을 담당한 부교수 이상의 직에 3년 이상 근무한 자는 위원이 될 수 있다.
> ㉡ 국회사무처, 법원행정처, 헌법재판소사무처 및 중앙선거관리위원회사무처에 설치된 소청심사위원회는 위원장 1명을 포함한 위원 5명 이상 7명 이하의 상임위원으로 구성한다.
> ㉢ 소청 사건의 결정은 재적위원의 2분의 1 이상의 출석과 출석위원 과반수의 합의에 의하여 결정한다.
> ㉣ 소청심사위원회의 위원은 벌금 이상의 형벌이나 장기의 심신 쇠약으로 직무를 수행할 수 없게 된 경우 외에는 본인의 의사에 반하여 면직되지 아니한다.

① ㉠(X) ㉡(X) ㉢(○) ㉣(○)　　　　　② ㉠(X) ㉡(○) ㉢(X) ㉣(○)
③ ㉠(○) ㉡(X) ㉢(X) ㉣(X)　　　　　④ ㉠(X) ㉡(X) ㉢(X) ㉣(X)

해설

경찰행정법, 경찰공무원법 관련, 권익보장제도, 소청심사제도 －

㉠ (X) 소청심사위원회, **자격** : 대학에서 **행정학 · 정치학 또는 법률학을 담당**한 **부교수 이상의 직에 5년 이상 근무**한 자[♣3년 이상(X)] 등(국가공무원법 제10조 제1항)<16승진 · 14.1 · 18.1채용>
㉡ (X) 소청심사위원회, 구성, **정원** : 국회사무처, 법원행정처, 헌법재판소사무처 및 중앙선거관리위원회사무처에 설치된 소청심사위원회는 **위원장 1명을 포함한 위원 5명 이상 7명 이하의 비상임위원으로 구성**한다.[♣상임위원으로 구성(X)](제9조 제3항)<18.1채용>
㉢ (X) 심사 및 결정, **소청사건의 결정** : 소청 사건의 결정은 **재적위원 3분의 2 이상의 출석과 출석위원 과반수의 합의**[♣재적위원 1/2 이상의 출석(X)]에 따른다.(국가공무원법 제14조 제1항)<14 · 16승진 · 08 · 12.3 · 14.1 · 17.1 · 18.1채용>
㉣ (X) 소청심사위원회, 자격, **신분보장** : 소청심사위원회의 위원은 **금고 이상의 형벌**[♣벌금 이상 형벌(X)] 또는 **장기의 심신쇠약으로 직무를 수행할 수 없게 된 때**를 제외하고는 **그의 의사에 반하여 면직되지 아니**한다.(국가공무원법 제11조)<16 · 17승진 · 12.3 · 17.1 · 18.1채용>　　　　정답 ④

03 「국가공무원법」의 소청심사위원회 및 소청심사위원회 위원에 대한 설명이다. 아래 ㉠부터 ㉣까지의 설명 중 옳고 그름의 표시(○, ×)가 바르게 된 것은? 〈17경감〉

> ㉠ 행정기관 소속 공무원의 징계처분, 그 밖에 그 의사에 반하는 불리한 처분이나 부작위에 대한 소청을 심사·결정하게 하기 위하여 인사혁신처에 소청심사위원회를 둔다.
> ㉡ 인사혁신처에 설치된 소청심사위원회는 위원장 1명을 포함한 5명 이상 7명 이하의 비상임위원과 비상임위원 수의 2분의 1 이상인 상임위원으로 구성한다.
> ㉢ 소청심사위원회가 징계처분 또는 징계부가금 부과처분을 받은 자의 청구에 따라 소청을 심사할 경우에는 원징계처분보다 무거운 징계 또는 원징계부가금 부과처분보다 무거운 징계부가금을 부과하는 결정을 하지 못한다.
> ㉣ 소청심사위원회의 위원은 금고 이상의 형벌이나 장기의 심신 쇠약으로 직무를 수행할 수 없게 된 경우 외에는 본인의 의사에 반하여 면직되지 아니한다.

① ㉠(○) ㉡(×) ㉢(○) ㉣(○) ② ㉠(○) ㉡(×) ㉢(○) ㉣(×)
③ ㉠(×) ㉡(○) ㉢(○) ㉣(×) ④ ㉠(×) ㉡(×) ㉢(×) ㉣(○)

해설

경찰행정법, 경찰공무원법 관련, 권익보장제도, 소청심사제도 −
㉠ (○) 소청심사위원회, **설치**(국가공무원법 제9조 제1항)〈17승진·12채용〉
㉡ (×) 소청심사위원회, 구성, **정원**: 인사혁신처 소속 소청심사위원회는 **위원장 1인을 포함한 5인 이상 7인 이내의 상임위원[♣**비상임위원(X)]과 **상임위원수의 2분의 1 이상인 비상임위원[♣**상임위원(X)]**으로 구성**하되, **위원장은 정무직으로** 보한다.(국가공무원법 제9조 제3항)〈16·17승진·09·11.1·12.2·14.1채용〉
㉢ (○) 심리·결정, **불이익변경금지원칙 적용**(국가공무원법 제14조 제7항)〈05·12·17승진〉
㉣ (○) 소청심사위원회, 자격, **신분보장**(국가공무원법 제11조)〈16·17승진·12.3채용〉   정답 ①

04 인사혁신처에 설치된 소청심사위원회에 대한 설명으로 가장 적절하지 않은 것은? 〈19경위〉
① 소청심사위원회의 위원은 금고 이상의 형벌이나 장기의 심신 쇠약으로 직무를 수행할 수 없게 된 경우 외에는 본인의 의사에 반하여 면직되지 아니한다.
② 위원장 1명을 포함한 5명 이상 7명 이하의 상임위원과 상임위원 수의 2분의 1 이상인 비상임위원으로 구성되며, 위원은 인사혁신처장의 제청으로 국무총리를 거쳐 대통령이 임명한다.
③ 3급 이상 공무원 또는 고위공무원단에 속하는 공무원으로 3년 이상 근무한 자는 비상임위원은 될 수 있으나, 상임위원은 될 수 없다.
④ 소청심사위원회의 취소명령 또는 변경명령 결정은 그에 따른 징계나 그 밖의 처분이 있을 때까지는 종전에 행한 징계처분에 영향을 미치지 아니한다.

해설

경찰행정법, 경찰공무원법 관련, 권익보장제도, 소청심사제도 −

① (○) 소청심사위원회, 자격, **신분보장**(국가공무원법 제11조)<16·17승진·12.3채용>

② (○) 소청심사위원회, 구성, **정원·임명**(국가공무원법 제9조 제3항)<16·17·19승진·09·11.1·12.2·14.1채용>

③ (X) 소청심사위원회, **자격 : 3급 이상 공무원 또는 고위공무원단에 속하는 공무원으로 3년 이상 근무한 자는 상임위원은 될 수 있으나, 비상임위원은 될 수 없다.**[♣상임위원은 될 수 있으나, 비상임위원은 될 수 없다.(X)](국가공무원법 제10조 제1항)<19승진>

④ (○) 효과·불복, **결정의 효과**(국가공무원법 제14조 제6항)<12·14·19승진>　　　　　　　정답 ③

---

05 **소청심사에 대한 설명으로 가장 적절하지 않은 것은?** <19경감>

① 소청심사란 징계처분 기타 그의 의사에 반하는 불이익처분을 받은 자가 관할 소청심사위원회에 심사를 청구하는 행정심판의 일종이다.

② 경찰공무원이 징계처분 등 불리한 처분을 받았을 때 행정소송은 소청심사위원회의 심사·결정을 거치지 아니하면 제기할 수 없다.

③ 소청심사위원회는 소청을 접수하면 지체 없이 심사하여야 하며, 심사할 때 필요하면 검증·감정, 그 밖의 사실조사를 하거나 증인을 소환하여 질문하거나 관계 서류를 제출하도록 명할 수 있다.

④ 3급 이상 공무원 또는 고위공무원단에 속하는 공무원으로 3년 이상 근무한 자는 비상임위원이 될 수 있다.

해설

경찰행정법, 경찰공무원법관련, 권익구제제도, 소청심사제도 −

① (○) 의의, **특별행정심판** : 공무원으로서 소속 기관으로부터 징계처분·강임·휴직·직위해제·면직처분, 기타 본인의 의사에 반하는 **불이익한 처분을 받은 자**가 관할 소청심사위원회에 심사를 청구하는 **특별행정심판**을 말한다.[♣행정심판의 일종(O)]<19승진>

② (○) 불복, **필요적 전치주의**(국가공무원법 제16조 제1항)<14·19승진·14.2채용>

③ (○) 심리·결정, 사실조사등(국가공무원법 제12조 제1항, 제2항, 제4항)<19승진·14.2채용>

④ (X) 소청심사위원회, 자격 −

상임위원 자격 : ㉮ **법관·검사 또는 변호사**의 직에 **5년 이상** 근무한 자<10승진>, ㉯ 대학에서 **행정학·정치학 또는 법률학을 담당**한 부교수 이상의 직에 **5년 이상** 근무한 자<16승진·14.1채용>, ㉰ **3급 이상** 해당 공무원 또는 고위공무원단에 속하는 공무원으로 **3년 이상** 근무한 자

비상임위원 : ㉮ **법관·검사 또는 변호사**의 직에 **5년 이상** 근무한 자<10승진>, ㉯ 대학에서 **행정학·정치학 또는 법률학을 담당**한 부교수 이상의 직에 **5년 이상** 근무한 자<16승진·14.1채용>에 해당하는 자 중에 임명하여야 한다. 따라서 **3급 이상 공무원 또는 고위공무원단에 속하는 공무원으로 3년 이상 근무한 자는 상임위원은 될 수 있으나, 비상임위원은 될 수 없다.**[♣비상임위원이 될 수 있다.(X)](국가공무원법 제10조 제1항)<19승진>　　　　정답 ④

06 국가공무원법 및 관련 법령에 따를 때, 소청심사와 관련하여 아래 사례에 관한 설명 중 가장 적절하지 않은 것은? 〈22.2채용〉

> ○○경찰서 소속 지구대에서 근무하는 순경 甲이 법령준수의무 위반 등 각종 비위행위로 인하여 관련 절차를 거쳐 징계권자로부터 해임의 징계처분을 받았다. 이에 순경 甲은 소청심사를 제기하고자 한다.

① 소청심사위원회는 소청심사 결과 甲의 비위행위의 정도에 비해 해임의 징계처분이 경미하다는 판단에 이르더라도 파면의 징계처분으로 변경하는 결정을 할 수 없다.

② 소청심사위원회에서 해임처분 취소명령결정을 내릴 경우, 그 해임의 징계처분은 소청심사위원회의 결정에 따른 징계나 그 밖의 처분이 있기 전에 당연히 효력을 상실한다.

③ 소청심사위원회에서 해임처분을 취소 또는 변경하고자 할 경우에는 재적위원 3분의 2 이상의 출석과 출석위원 3분의 2 이상의 합의가 있어야 한다.

④ 甲이 징계처분사유 설명서를 받은 날부터 30일 이내(甲에게 책임이 없는 사유로 소청심사를 청구할 수 없는 기간은 없다고 전제한다.) 소청심사를 제기하지 않은 경우에는 행정소송을 제기할 수 없다.

해설

경찰행정법, 경찰공무원법관련, 권익구제제도, 소청심사제도 —

① (○) **심리·결정, 불이익변경금지원칙**: 국가공무원법 제14조 제8항〈05·12·17승진·22.2채용〉

② (✕) **효과·불복**: 소청심사위원회의 취소명령 또는 변경명령 결정은 그에 따른 징계나 그 밖의 처분이 있을 때까지는 **종전에 행한 징계처분** 또는 (제78조의2에 따른) **징계부가금 부과처분에 영향을 미치지 아니**한다.[♣종전 처분이 당연히 효력을 상실한다.(X)](국가공무원법 제14조 제7항)〈12·14·19승진·22.2채용〉

③ (○) **심리·결정**: 국가공무원법 제14조 제2항〈22.2채용〉

④ (○) **불복, 필요적 전치주의**: 국가공무원법 제16조 제1항〈14·19승진·14.2·22.2채용〉   정답 ②

---

07 「경찰공무원법」에 대한 설명으로 가장 적절한 것은? 〈23경간〉

① 경정 이하의 경찰공무원을 신규 채용할 때에는 1년간 시보로 임용하고, 그 기간이 만료된 날에 정규 경찰공무원으로 임용한다.

② 경찰공무원의 복제에 관한 사항은 대통령령으로 정한다.

③ 임용권자는 경찰공무원이 해당 경과에서 직무를 수행하는 데 필요한 자격증의 효력이 상실되거나 면허가 취소되어 담당 직무를 수행할 수 없게 되었을 때에는 직권으로 면직시킬 수 있으며, 이 경우에는 징계위원회의 동의를 받아야 한다.

④ 징계처분, 휴직처분, 면직처분, 그 밖에 의사에 반하여 불리한 처분에 대한 행정소송은 경찰청장을 피고로 하는 것이 원칙이며, 예외도 있다.

해설

경찰행정법, 경찰공무원법 관련 −

① (×) 근무관계, 변동, 성립, 시보임용, **대상·기간**: **1년간** 시보로 임용하고, 그 기간이 **만료된 다음 날**에 정규 경찰공무원으로 임용한다.[♣만료된 날에 임용(X)](경찰공무원법 제13조 제1항)<10승진·23경간·11.1·13.2·14.2·15.1·16.2·17.1채용>

② (×) 권리·의무·책임, 신분상 권리, 특수한 신분상 권리, **제복착용권**: 경찰공무원의 복제(服制)에 관한 사항은 **행정안전부령**(또는 해양수산부령)**으로** 정한다.[♣대통령령으로(X)](경찰공무원법 제26조 제3항)<23경간·12.3채용>

③ (×) 근무관계, 변동, 소멸, **일방면직**: 임용권자는 경찰공무원이 다음에 해당될 때에는 직권으로 **면직시킬 수 있다.**(경찰공무원법 제28조 제1항)<22승진·23경간>
.... 4. 당해 경과에서 직무를 수행하는 데 필요한 **자격증의 효력이 상실되거나 면허가 취소되어 담당 직무를 수행할 수 없게 된 때**[♣징계위의 동의 필요(X)](경찰공무원법 제28조 제1항 제4호)<23경간·10.2·22.1채용>

④ (○) 권익보장제도, 행정소송, 피고: **징계처분, 휴직처분, 면직처분,** 그 밖에 의사에 반하는 **불리한 처분**에 대한 행정소송의 경우에는 **경찰청장 또는 해양경찰청장**을 피고로 한다. 다만, 임용권을 위임한 경우에는 그 **위임을 받은 자**를 피고로 한다.[♣경찰청장만이 피고(X), ♣원칙 청장, 예외도 있다.(O)](경찰공무원법 제34조)<98·99승진·23경간·09·22.2채용> **정답** ④

☞ **종합**

01 각종 위원회(협의회)와 근거법의 연결로 가장 적절하지 않은 것은? <18경위>
① 소청심사위원회 −「국가공무원법」
② 경찰공무원 인사위원회 −「경찰공무원법」
③ 시도자치경찰위원회 −「지방자치법」
④ 국가경찰위원회 −「국가경찰과 자치경찰의 조직 및 운영에 관한 법률」

해설

경찰행정법 −

① (○) 경찰공무원법관련, 권익구제제도, 소청심사위원회, 설치근거: **국가공무원법** 제9조[♣소청심사위원회는 국가공무원법에 설치근거(O)]<18승진·11.1채용>

② (○) 경찰공무원법관련, 법제구조, 인사기관과 그 권한, 경찰공무원 인사위원회, 설치근거: **경찰공무원법** 제5조, 제6조<18승진>

③ (×) 경찰조직법, 지방의 경찰조직, 시·도자치경찰위원회: 자치경찰사무를 관장하게 하기 위하여 **시·도지사 소속으로 시·도자치경찰위원회**를 둔다.[♣지방자치법에 설치근거(X)](국가경찰과 자치경찰의 조직 및 운영에 관한 법률 제18조 제1항)<20경간·10·14·16·18승진·13·16.1채용>

④ (○) 경찰조직법, 중앙의 경찰조직, 국가경찰위원회, 설치근거: **국가경찰과 자치경찰의 조직 및 운영에 관한 법률** 제7조<96·18승진·04·11.1·12.1·16.2·17.1·2채용> **정답** ③

02 경찰공무원의 권익보장제도에 대한 설명으로 적절한 것을 모두 고른 것은? 〈18경감〉

> ㉠ 경찰공무원에 대하여 징계처분을 할 때에는 그 처분권자 또는 처분제청권자는 처분사유를 적은 설명서를 교부하여야 한다.
> ㉡ 징계처분으로 처분사유 설명서를 받은 경찰공무원이 그 징계처분에 불복할 때에는 그 설명서를 받은 날부터 30일 이내에 소청심사위원회에 이에 대한 심사를 청구할 수 있다.
> ㉢ 경찰공무원의 권리구제 범위 확대를 위해 징계처분 등 불리한 처분을 받았을 때 소청심사 청구와 행정소송 제기 중 하나를 선택하는 것이 가능하다.
> ㉣ 소청심사위원회는 심사 중 다른 비위사실이 발견되는 등 특단의 사정이 없는 한 원징계처분보다 중한 징계를 부과하는 결정을 할 수 없다.

① ㉠㉡   ② ㉠㉢   ③ ㉡㉣   ④ ㉢㉣

해설

경찰행정법, 경찰공무원법 관련 −

㉠ (○) 징계책임: 경찰공무원징계령 제18조, 제19조〈14・18승진・12경간・08・14.1채용〉

㉡ (○) 권익보장제도, **소청심사제도**: **징계처분・강임・휴직・직위해제 및 면직처분**의 경우에는 **처분사유설명서를 교부받은 날로부터 30일 이내**에 소청심사위원회에 심사를 청구할 수 있다.(주의 − 경찰공무원에게는 강임 적용 없음)(국가공무원법 제76조 제1항)〈18승진〉

㉢ (✕) 권익보장제도, **행정소송제도**: 공무원의 신분상 불이익 처분이나 부작위에 대한 행정소송은 소청심사위원회의 심사・결정을 거치지 아니하면 이를 제기할 수가 없다.[♣소송과 심판의 선택적 청구 가능(✕)](국가공무원법 제16조)〈14・18승진・14.2채용〉

㉣ (✕) 권익보장제도, **소청심사제도**: 소청심사위원회가 소청의 결정을 하는 경우에는 **어떠한 경우에도** [♣다른 비위가 발견되는 등 특단의 사정이 없는 한(✕)] 원징계처분에서 부과한 징계보다 **무거운 징계를 부과하는 결정을 하지 못한다.**(국가공무원법 제14조 제7항)〈05・12・17・18승진〉 **정답** ①

제3장 경찰의 기본적 임무 · 기초 · 수단 · 관할

테마 56 ▶ 경찰의 기본적 임무 ①

01 경찰의 임무에 대한 설명으로 가장 적절하지 않은 것은? 〈21.2채용〉

① 「국가경찰과 자치경찰의 조직 및 운영에 관한 법률」 제3조에서 경찰의 임무로 '국민의 생명 · 신체 및 재산의 보호', '범죄피해자 보호', '교통의 단속과 교통위해의 방지' 등을 규정하고 있다.

② 법질서의 불가침성은 공공의 안녕의 제1요소로서 공법규범에 대한 위반은 일반적으로 공공의 안녕에 대한 위험으로 취급되어 경찰권 발동의 대상이 된다.

③ 공공질서란 원만한 공동체 생활을 위한 필수적인 전제조건으로서 공공사회에서 개개인의 행동에 대한 불문규범의 총체를 의미한다. 공공질서는 시대에 따라 변화하는 상대적 · 유동적 개념이다.

④ 위험이란 가까운 장래에 공공의 안녕이나 질서에 손해가 나타날 수 있는 가능성이 개개의 경우에 충분히 존재하는 상태를 의미한다. 위험은 구체적 위험과 추상적 위험으로 구분할 수 있으며 경찰의 개입은 구체적 위험이 있을 때에만 가능하다.

해설

경찰행정법, 임무 · 기초 · 수단 · 관할, 경찰의 임무 −

① (○) 규정(국가경찰과 자치경찰의 조직 및 운영에 관한 법률 제3조)〈13경간 · 07 · 10.1 · 15.3 · 19.1 · 2 · 21.2채용〉

② (○) 안녕, 법질서의 불가침성〈20승진 · 02 · 05 · 17.2 · 20.1 · 21.2채용〉

③ (○) 공공질서〈05 · 06 · 20승진 · 15 · 20경간 · 19.1 · 20.1 · 21.2채용〉

④ (✕) **위험** : 경찰의 (권력적 또는 비권력적) 개입은 **구체적 위험 또는 추상적 위험이 있을 때**에 가능하다.[♣구체적 위험이 있을 경우에만(X)]〈12 · 18승진 · 17.2 · 20.1 · 21.2채용〉   정답 ④

---

02 경찰의 임무에 대한 설명으로 가장 적절하지 않은 것은? 〈11경감 · 17.2채용〉

① '공공의 안녕과 질서에 대한 위험방지'가 경찰의 궁극적 임무라 할 수 있다.

② 오늘날 대부분의 생활 영역에 대한 법적 규범화 추세에 따라 공공질서 개념의 사용 가능 분야는 점점 축소되고 있다.

③ '공공의 안녕'이란 개념은 '법질서의 불가침성'과 '국가의 존립 및 국가기관의 기능성의 불가침성'으로 나눌 수 있는 바, 이 중 '국가의 존립 및 국가기관의 기능성의 불가침성'이 공공의 안녕의 제1요소이다.

④ 경찰의 개입은 구체적 위험 내지 적어도 추상적 위험이 있을 때 가능하다.

해설

경찰행정법, 임무·기초·수단·관할, 경찰의 임무 −

① (○) **궁극적 임무**: 경찰의 임무는 **행정조직법상 경찰기관을 전제로 한 개념**[형식적 의미의 경찰]으로 **공공의 안녕과 질서 유지(위험의 방지)**가 경찰의 궁극적 임무이다.(Ⅰ. 경찰의 임무범위 판단, (2) 경찰의 궁극적 임무)<05·09승진·03·17.2채용>

② (○) **공공질서**: 특히 오늘날의 규범의 성문화의 요청으로 인해 공공질서 개념의 사용범위는 **점차 축소**되고 있다.(Ⅱ.공공의 질서, (2), ②)<09승진·17.2채용>

③ (✕) **공공의 안녕**: '공공의 안녕'이란 **법질서의 불가침성, 국가의 존립과 국가기관의 기능의 불가침성, 개인의 권리와 법익의 불가침성으로 구성**되며, **법질서의 불가침성은 공공의 안녕의 제1요소**로 공법규범에 대한 위반은 일반적으로 공공의 안녕에 대한 위험으로 취급된다.[♣'국가의 존립 및 국가기관의 기능성의 불가침성'이 공공의 안녕의 제1의 요소(X)](Ⅰ. 공공의 안녕, 2. 법질서의 불가침성)<02·05·17.2채용>

④ (○) **위험, 경찰개입 요건**: 경찰의 개입(구체적 처분을 통한 개입 및 경찰상 법규명령을 통한 개입)은 **구체적 위험 또는 추상적 위험이 있을 때**에 가능하다.[♣경찰개입은 구체적 위험이 있을 경우에만 가능(X)](Ⅲ. 위험방지, 3. 유형)<12경위·17.2채용>　　　　**정답 ③**

---

03 경찰의 기본적 임무에 대한 설명 중 가장 적절하지 않은 것은? <20경위>

① 경찰의 임무는 행정조직법상의 경찰기관을 전제로 한 개념으로 '공공의 안녕과 질서에 대한 위험의 방지'가 경찰의 궁극적 임무라 할 수 있다.

② 공공질서는 원만한 공동체생활을 영위하기 위한 불가결적 전제조건이 되는 각 개인의 행동에 대한 불문규범의 총체로, 오늘날 공공질서 개념의 사용 가능 분야는 확대되고 있다.

③ 공공의 안녕은 법질서의 불가침성, 개인의 권리와 법익의 불가침성, 국가 등 공권력 주체의 기관과 집행의 불가침성을 의미한다.

④ 법질서의 불가침성은 공공의 안녕의 제1요소이다.

해설

경찰행정법, 임무·기초·수단·관할, 경찰의 임무, 기본적 임무 −

① (○) 경찰의 궁극적 임무<05·09·20승진·03·17.2채용>

② (✕) **공공질서**: 공공질서의 내용은 **시대에 따라 변화**하는 상대적·유동적 개념이며, 시대가 변화함에 따라 **공공질서의 포섭범위는 점차 좁아지는 경향**이 있다.[♣시대를 초월하는 고정적 개념(X), ♣점점 증가하는 개념(X)]<09·11·20승진·15경간·03·19.1채용>

③ (○) 공공의 안녕<20승진>

④ (○) 법질서의 불가침성<20승진·02·05·17.2채용>　　　　**정답 ②**

04 공공질서에 관한 설명으로 가장 적절하지 않은 것은? 〈23.1채용〉

① 원만한 공동체 생활을 위한 불가결적 전제조건으로서 공공사회에서 각 개인의 행동에 대한 불문규범의 총체이다.

② 공공질서의 개념은 절대적인 것이 아니라, 시대에 따라 변화하는 상대적이고 유동적인 개념이다.

③ 공공질서 개념의 적용 가능 분야는 점차 확대되고 있다.

④ 통치권 집행을 위한 개입 근거로 활용될 수 있는 공공질서 개념은 엄격한 합헌성이 요구되고, 제한적인 사용이 필요하다.

해설

경찰행정법, 임무, 공공의 질서 –

① (○) 불문규범의 총체〈05 · 06 · 20승진 · 15 · 20경간 · 19.1 · 20.1 · 21.2 · 23.1채용〉

② (○) 특성〈09 · 11 · 20승진 · 15 · 20경간 · 03 · 19.1 · 20.1 · 21.2 · 23.1채용〉

③ (×) **특성**: 공공질서의 내용은 **시대에 따라 변화하는 상대적 · 유동적 개념**이며, 시대가 변화함에 따라 **공공질서의 포섭범위는 점차 축소되는 경향**이 있다.[♣점차 확대(X)]〈09 · 11 · 20승진 · 15 · 20경간 · 03 · 19.1 · 20.1 · 21.2 · 23.1채용〉

④ (○) 한계〈15경간 · 09경감 · 03 101단 · 23.1채용〉　　　　　　　　　　　　　　정답 ③

---

05 경찰의 임무를 공공의 안녕과 질서에 대한 위험의 방지라고 정의할 때, 위험에 대한 설명으로 가장 적절하지 않은 것은? 〈15 · 18경위〉

① 위험에 대한 인식으로 외관적 위험, 추정적 위험, 위험혐의로 구분할 수 있다.

② 외관적 위험은 경찰이 의무에 합당한 사려 깊은 상황판단을 했음에도 불구하고 위험을 잘못 인정한 경우를 말한다.

③ 추상적 위험은 경찰상 법규명령으로 위험을 방지해야 할 필요성이 있는 전형적인 사례로 경찰의 개입은 구체적 위험 내지 적어도 추상적 위험이 있을 때 가능하다.

④ 오상위험 상황에 경찰개입이 이루어졌더라도 손해배상 등의 문제는 발생하지 않는다.

해설

경찰행정법, 임무 · 기초 · 수단 · 관할, 경찰의 임무, 위험방지 –

① (○) 위험의 인식에 따른 분류〈18승진〉

② (○) 위험의 인식에 따른 분류, 외관적 위험〈15승진 · 경간〉

③ (○) 위험의 정도에 따른 분류, 추상적 위험〈12 · 18승진 · 17.2채용〉

④ (×) 위험의 인식에 따른 분류, **오상위험**: 경찰이 의무에 어긋나는 개입행위를 했으므로 **개인에게는 민 · 형사상 책임, 국가에게는 국가배상책임이 발생할 수** 있다.[♣손해배상 문제는 발생하지 않는다.(X)]〈15경간 · 15 · 17승진〉　　　　　정답 ④

06 경찰의 임무를 공공의 안녕과 공공의 질서에 대한 위험의 방지라고 정의할 때, 위험에 관한 설명 중 가장 적절하지 않은 것은? 〈22.1채용〉

① 구체적 위험은 개별사례에서 실제로 또는 최소한 경찰관의 사전적 시점에서 사실관계를 합리적으로 평가하였을 때, 가까운 장래에 공공의 안녕이나 공공의 질서에 대한 손해가 발생할 충분한 개연성이 있는 상황과 관련이 있다.

② 오상위험에 근거한 경찰의 위험방지조치가 위법한 경우에는 경찰관 개인에게는 민·형사상 책임이 문제되고 국가에게는 손해배상책임이 발생할 수 있다.

③ 외관적 위험은 경찰관이 의무에 합당한 사려 깊은 상황판단을 하였음에도 위험을 잘못 긍정하는 경우이다.

④ 위험의 혐의만 존재하는 경우에 위험의 존재가 명백해지기 전까지는 예비적 조치로서 위험의 존재 여부를 조사할 권한은 없다.

> **해설**
>
> **경찰행정법, 경찰의 기본적 임무 및 수단, 위험방지 −**
> ① (○) 구체적 위험〈17승진·10.2·22.1채용〉
> ② (○) 오상위험〈15경간·15·17승진·22.1채용〉
> ③ (○) 외관적 위험〈11·15·22승진·15경간·20.1·22.1채용〉
> ④ (✕) **위험혐의**: 경찰의 개입은 위험의 존재여부가 명백해질 때까지는 **예비적 조치**(위험조사차원의 경찰개입)에만 국한되어야 한다.
> ※ 다시 말하여 위험혐의는 위험의 존재 여부가 명백해질 때까지 예비적으로 행하는 **위험조사 차원의 개입을 정당화한다.**[♣예비적인 위험조사 차원의 경찰개입은 정당화될 수 없다.]〈18승진·22.1채용〉
> 정답 ④

07 경찰의 기본적 임무인 '위험의 방지'에 대한 설명으로 가장 적절하지 않은 것은? 〈18·22승진〉

① 경찰개입을 위해서는 구체적 위험이 존재해야 하지만, 범죄예방 및 위험방지 행위의 준비는 추상적 위험 상황에서도 가능하다.

② 오상위험이란 경찰이 상황을 합리적으로 사려 깊게 판단하여 위험이 존재한다고 인식하여 개입하였으나 실제로는 위험이 없던 경우를 말하며 이 경우 국가의 손실보상책임이 발생할 수 있다.

③ 위험혐의란 경찰이 의무에 합당한 사려 깊은 상황 판단을 할 때, 위험의 발생 가능성는 예측되지만, 위험의 실제 발생 여부가 불확실한 경우를 의미한다.

④ 손해란 보호법익에 대한 현저한 침해행위를 의미하고 정상적 상태의 객관적 감소이어야 하므로, 단순한 성가심이나 불편함은 경찰개입의 대상이 아니다.

> **해설**
>
> **경찰행정법, 경찰의 임무 −**
> ① (○) 위험의 현실성에 따른 분류〈22승진·10.2채용〉
> ② (✕) 위험의 인식에 따른 분류와 책임, **외관적 위험**: 경찰이 **의무에 합당한 사려 깊은 상황판단**을 했음에도 불구하고 **위험을 잘못 긍정**하는 경우를 의미한다.[♣오상위험(✕)]〈11·15·22승진·15경간·20.1채용〉
> ③ (○) 위험의 인식에 따른 분류와 책임, **위험 혐의**〈15·17·20·22승진·10.1채용〉
> ④ (○) 위험방지, **손해**〈12·17·18·20·22승진〉
> 정답 ②

08 경찰의 임무를 공공의 안녕과 질서에 대한 위험의 방지라고 정의할 때, 위험에 대한 설명으로 가장 적절한 것은? 〈20경감〉

① '위험'은 보호받는 개인 및 공동의 법익에 관한 정상적 상태의 객관적 감소를 뜻한다.
② 위험에 대한 인식은 외관적 위험, 위험혐의, 추상적 위험으로 구분할 수 있다.
③ '위험혐의'란 경찰이 의무에 합당한 사려 깊은 판단을 할 때 실제로 위험의 가능성은 예측되나 불확실한 경우를 말한다.
④ 외관적 위험에 대한 경찰권 발동은 경찰상 위험에 해당하는 적법한 개입이므로 경찰관에게 민·형사상 책임을 물을 수 없고, 국가의 손실보상 책임도 발생하지 않는다.

해설

경찰행정법, 경찰의 임무, 위험발생의 방지 −

① (X) **손해** : 보호받는 개인 및 공동의 법익에 관한 **정상적 상태의 객관적 감소**를 뜻하며, 보호법익에 대한 **현저한 침해가 있어야**만 인정된다.[♣위험(X)]<12·17·18·20승진>
② (X) **위험에 대한 인식에 따른 분류** : 외관적 위험, **오상위험, 위험혐의**[♣추상적 위험(X)]<20승진>
③ (○) **'위험혐의'**<15·17·20승진·10.1채용>
④ (X) **외관적 위험** : 외관적 위험에 대한 경찰개입으로 발생한 피해가 '공공필요'에 의한 '**특별한 희생**'에 해당된다면 **손실보상의 청구가 가능**하다.[♣국가의 손실보상 책임도 발생하지 않는다.(X)]<18·20승진>

정답 ③

---

09 공공의 안녕과 질서에 대한 위험의 방지를 경찰의 기본적 임무라고 정의할 때, 위험에 대한 설명으로 가장 적절하지 않은 것은? 〈17경위〉

① 위험은 가까운 장래에 공공의 안녕에 손해가 나타날 가능성이 개개의 경우에 충분히 존재하는 상태를 말한다.
② 구체적 위험이란 구체적 개개 사안에 있어 가까운 장래에 손해발생의 충분한 가능성이 존재하는 경우, 즉 개개의 경우에 실제로 존재하는 경우를 의미한다.
③ 위험혐의란 경찰이 의무에 합당한 사려 깊은 판단을 할 때 실제로 위험의 가능성은 예측되나 불확실한 경우를 말한다.
④ 추상적 위험이란 객관적으로 판단할 때 위험의 외관 또는 혐의가 정당화되지 않음에도 경찰이 위험의 존재를 잘못 추정한 경우를 말하며, 위법한 경찰개입이므로 경찰관 개인에게 민·형사상 책임, 국가에게는 손해배상책임이 발생할 수 있다.

해설

경찰행정법, 경찰의 임무, 위험발생의 방지 −
① (○) 경찰상 위험(구체적 위험)<12·15·17경위·15경간>
② (○) 유형, 위험의 현실성에 따른 분류, 구체적 위험<17경위>
③ (○) 유형, 위험의 인식에 따른 분류와 책임, 위험혐의<15·17경위>
④ (✕) 유형, 위험의 인식에 따른 분류와 책임, **오상위험**: 오상위험이란[♣추상적 위험이란(X)] 이성적이
   고 객관적으로 판단할 때 위험의 외관도 그 혐의도 정당화되지 아니함에도 불구하고 경찰이
   위험의 존재를 잘못 추정한 경우(추정성 위험·추정적 위험·추측상 위험·허구적 위험)를 말하
   며, 경찰이 의무에 어긋나는 개입행위를 했으므로 **개인에게는 민·형사상 책임, 국가에게는 국
   가배상책임이 발생할 수** 있다.[♣손해배상책임이 발생할 수 있다.(X)](Ⅲ.위험방지, 3.유형, (2)②, 오상위
   험)<15경간·15·17경위>   정답 ④

---

10 경찰의 임무를 공공의 안녕과 질서에 대한 위험의 방지라고 정의할 때, 위험에 대한 설명으로 가장 적절하
지 않은 것은? ⟨17경감⟩
   ① 위험은 가까운 장래에 공공의 안녕에 손해가 나타날 가능성이 개개의 경우에 충분히 존재하는 상태
      를 말한다.
   ② 경찰의 개입은 구체적 위험 내지 적어도 오상위험(추정적 위험)이 있을 때 가능하다.
   ③ 위험은 보호를 받게 되는 법익에 대해 필수적으로 내재해야 하는 것은 아니다.
   ④ 손해란 보호받는 개인 및 공동의 법익에 관한 정상적 상태의 객관적 감소를 뜻하고, 보호법익에 대한
      현저한 침해행위가 있어야 한다.

해설

경찰행정법, 경찰의 임무, 공공의 안녕과 질서유지, 위험발생의 방지 −
① (○) 개념, 경찰상 위험: 구체적 위험<12·15·17승진·15경간>
② (✕) 유형, 분류, **구체적 위험(경찰상 위험)·오상혐의**: 경찰이 **구체적 처분으로** 개입하기 위해 필요
   한 위험이 '경찰상 위험'이고, 경찰상 위험이 인정되기 위해서는 **손해발생의 충분한 가능성(구체
   적 위험)이** 필요하다. 다만, 오상위험은 경찰상 위험에 속하지 아니하며, 오상위험을 방지하기
   위한 경찰의 개입은 **원칙적으로 위법행위**를 구성한다.[♣경찰개입이 가능하다.(X)]<17승진>
③ (○) 유형, 위험의 정도에 따른 구분, **구체적 위험**: 경찰상 위험이 인정되기 위해서는 **손해발생의 충
   분한 가능성(구체적 위험)이 필요**하고, 보호를 받게 되는 법익에 대해 필수적으로 내재해야 하
   는 것은 아니다.[♣필수적 위험 존재(X)]<17승진>
④ (○) 개념, 손해<12·17승진>   정답 ②

11 경찰의 임무를 공공의 안녕과 질서에 대한 위험의 방지라고 정의할 때, 이에 대한 설명으로 가장 적절한 것은?

〈20.2채용〉

① '공공의 안녕'이란 개념은 '법질서의 불가침성'과 '국가의 존립 및 국가기관 기능성의 불가침성', '개인의 권리와 법익의 보호'를 포함하며, 이 중 공공의 안녕의 제1요소는 '개인의 권리와 법익의 보호'이다.

② '공공의 질서'란 원만한 공동체 생활을 위해 개인이 준수해야 할 불문규범의 총체를 의미하며, 법적 안전성 확보를 위해 불문규범이 성문화되어가는 현상으로 인하여 그 영역이 점차 축소되고 있다.

③ 경찰이 의무에 합당한 사려 깊은 상황판단을 했음에도 불구하고 위험을 잘못 긍정한 경우를 '오상위험'이라고 한다.

④ 위험의 현실화 여부에 따라 '추상적 위험'과 '구체적 위험'으로 구분할 수 있으며 경찰의 개입은 구체적 위험의 경우에만 정당화된다.

해설

경찰행정법, 경찰의 임무, 공공의 안녕과 질서유지 −

① (×) **안녕, 법질서의 불가침성** : 법질서의 불가침성은 **공공의 안녕의 제1요소**로 **공법규범에 대한 위반**은 일반적으로 공공의 안녕에 대한 위험으로 취급된다.[♣개인의 권리와 법익의 보호(X)]〈20승진 · 02 · 05 · 17.2 · 20.1채용〉

② (○) 질서〈09 · 11 · 20승진 · 15경간 · 03 · 19.1 · 20.1채용〉

③ (×) **외관적 위험** : 경찰이 **의무에 합당한 사려 깊은 상황판단**을 했음에도 불구하고 **위험을 잘못 긍정**하는 경우를 의미한다.[♣'오상위험'(X)]〈11 · 15승진 · 15경간 · 20.1채용〉

④ (×) **경찰의 개입가능성** : 경찰의 개입(구체적 처분을 통한 개입 및 경찰상 법규명령을 통한 개입)은 **구체적 위험 또는 추상적 위험이 있을 때에** 가능하다.[♣구체적 위험이 있을 경우에만(X)]〈12 · 18승진 · 17.2 · 20.1채용〉

정답 ②

12 경찰의 위험방지 의무에서 말하는 '위험'에 관한 설명으로 가장 적절하지 않은 것은? 〈23.2채용〉

① 경찰개입의 대상이 되는 위험은 행위책임에 기인한 것일 수도 있고 상태책임에 기인한 것일 수도 있다.

② 외관상 위험이 존재할 때의 경찰개입이 적법하더라도, 원칙적으로 국가의 손해배상책임을 발생시킨다.

③ 경찰의 범죄예방 및 위험방지 행위의 준비는 추상적 위험이 존재하는 경우에도 가능하다.

④ 위험혐의의 존재는 위험조사차원의 경찰개입을 정당화시킨다.

해설

경찰행정법, 경찰의 임무 · 기초 · 수단 · 관할 −

① (○) 경찰활동의 기초, **경찰책임의 원칙** : 종류〈23.2채용〉

− **경찰의 임무, 공공의 안녕과 질서유지, 위험** −

② (×) **외관적 위험, 손실보상문제** : 외관적 위험에 대한 경찰개입으로 발생한 피해가 '공공필요'에 의한 '**특별한 희생**'에 해당된다면 **국가에 대해 손실보상의 청구가 가능**하다.[♣손해배상 책임을 발생(X)]〈18 · 20 · 22승진 · 20경간 · 23.2채용〉

③ (○) 추상적 위험〈23.2채용〉

④ (○) 위험혐의〈18승진 · 22.1 · 23.2채용〉

정답 ②

13 경찰의 임무를 공공의 안녕과 질서에 대한 위험의 방지라고 정의할 때, 위험에 관한 설명으로 가장 적절한 것은? 〈24승진〉

① '위험'이란 보호법익의 정상적 상태의 객관적 감소를 뜻하며, 보호법익에 대한 현저한 침해가 있어야 한다.
② 위험에 대한 인식에 따라 외관적 위험, 위험혐의, 오상위험으로 구분할 수 있다.
③ 추상적 위험의 경우 경찰권 발동에 있어 사실적 관점에서의 위험에 대한 예측까지는 필요하지 않다.
④ 위험의 혐의만 존재하는 경우 위험의 존재가 명백해지기 전까지는 경찰관에게 예비적 조치로서 위험의 존재 여부를 조사할 권한은 없다.

해설

경찰행정법, 임무·기초·수단·관할, 임무, 공공의 안녕과 질서유지, 위험방지 −

① (×) **손해**: 보호받는 개인 및 공동의 법익에 관한 **정상적 상태의 객관적 감소**를 뜻하며, 보호법익에 대한 **현저한 침해가 있어야만** 인정되며, 단순한 성가심이나 불편함은 경찰개입의 대상이 아니다.[♣위험(X)]〈12·17·18·20·22·24승진〉
② (○) **위험의 유형**: **위험의 인식에 따른 분류**〈18·24승진〉
③ (×) 위험의 유형, 위험의 정도에 따른 분류, **추상적 위험**: 구체적 위험은 **구체적 위험에 대한 예측**이 필요하고, **추상적 위험**의 경우에도 **사실적 관점**에서 **위험에 대한 예측이 필요**하다. 단순히 안전하지 못하다는 정도의 인식만으로는 충분하지 않다.[♣추상적 위험의 경우에는 사실적 관점에서의 위험에 대한 예측까지는 필요하지 않다.(X)]〈24승진〉
④ (×) 위험의 유형, 위험의 인식에 따른 분류, **위험혐의**: 경찰의 개입은 위험의 존재 여부가 명백해질 때까지는 **예비적 조치**(위험조사 차원의 경찰개입)에만 국한되어야 한다.[♣위험의 존재 여부를 조사할 권한은 없다.(X)] ※ 다시 말하여 위험혐의는 위험의 존재 여부가 명백해질 때까지 예비적으로 행하는 **위험조사 차원의 개입을 정당화**한다.[♣예비적인 위험조사 차원의 경찰개입은 정당화될 수 없다.]〈18·24승진·22.1·23.2채용〉
정답 ②

테마 57 범죄피해자 보호

03 「범죄피해자 보호법」에 관한 설명 중 가장 적절하지 않은 것은? 〈22.1채용〉

① '범죄피해자'란 타인의 범죄행위로 피해를 당한 사람과 그 배우자, 직계친족 및 형제자매를 말한다. 다만, 배우자의 경우 사실상의 혼인관계는 제외한다.
② 국가는 범죄피해자가 해당 사건과 관련하여 수사담당자와 상담하거나 재판절차에 참여하여 진술하는 등 형사절차상의 권리를 행사할 수 있도록 보장하여야 한다.
③ 국가는 범죄피해자가 요청하면 가해자에 대한 수사 결과, 공판기일, 재판 결과, 형 집행 및 보호관찰 집행 상황 등 형사절차 관련 정보를 대통령령으로 정하는 바에 따라 제공할 수 있다.
④ 국가 및 지방자치단체는 범죄피해자가 형사소송절차에서 한 진술이나 증언과 관련하여 보복을 당할 우려가 있는 등 범죄 피해자를 보호할 필요가 있을 경우에는 적절한 조치를 마련하여야 한다.

해설

경찰행정법, 임무, 범죄피해자 보호 −

① (X) '범죄피해자' : "범죄피해자"란 타인의 범죄행위로 피해를 당한 사람과 그 배우자(사실상의 혼인관계를 포함한다), 직계친족 및 형제자매를 말한다.[♣사실상 혼인관계 제외(X)](제3조 제1항 제1호) <22.1채용>

② (○) 형사절차 참여보장 등 : 범죄피해자 보호법 제8조 제1항<22.1채용>

③ (○) 형사절차 참여보장 등 : 범죄피해자 보호법 제8조 제2항<22.1채용>

④ (○) 사생활의 평온과 신변의 보호 등 : 범죄피해자 보호법 제9조 제2항<22.1채용>　　정답 ①

2 경찰의 기초

테마 58 협의의 경찰권과 경찰책임

01 경찰책임의 원칙에 대한 다음 설명 중 가장 옳지 않은 것은? 〈17경간〉

① 경찰책임은 그 위해의 발생에 대한 고의·과실, 위법성의 유무, 위험에 대한 인식여부 등을 묻지 않는다.

② 모든 자연인은 경찰책임자가 될 수 있으므로 행위능력, 불법행위능력, 형사책임능력, 국적여부 등은 문제되지 않는다.

③ 사법인뿐만 아니라 권리능력 없는 사단도 경찰책임자가 될 수 있다.

④ 긴급한 필요가 있는 경우 예외적으로 경찰책임자가 아닌 자에 대해서 법령상 근거 없이 경찰권을 발동할 수 있다.

해설

경찰행정법, 임무·기초·수단·관할, 기초, 협의의 경찰권, 경찰책임의 원칙 −

① (○) 요건 : **자기의 지배범위 안에서** 객관적으로 경찰위반상태가 발생한 경우, 그에 대한 **고의·과실, 위법성, 책임, 민법상 행위능력** 등과 무관하게 **경찰책임**을 지게 된다.(공개된 장소, 사적인 장소 불문)[♣고의·과실 없는 경우 경찰책임을 지지 않음(X), ♣위법성 요구(X), ♣민법상 책임능력 요구(X)]<17경간·14·16승진>

②③ (○) 요건, 주체<17경간·14승진>

④ (X) **경찰긴급권** : ⓐ 급박한 필요가 있는 경우, ⓑ 보충성의 원칙을 지켜서, ⓒ 법령상의 근거가 있는 경우에 한해 경찰권을 발동할 수 있으며 이 경우 ⓓ 제3자가 받는 특별한 손실은 보상되어야 한다.[♣법령상 근거 없이(X)]<17경간·14승진>　　정답 ④

02 경찰책임의 원칙에 관한 설명으로 가장 적절하지 않은 것은? 〈19.2채용〉

① 경찰책임의 원칙이란 경찰위반상태에 책임 있는 자에게만 경찰권이 발동되어야 한다는 원칙을 의미한다.

② 경찰책임의 예외로서 경찰긴급권은 급박성, 보충성 등의 요건이 충족되는 경우 경찰책임자가 아닌 제3자에게 경찰권 발동이 인정되는 경우를 의미한다. 법적근거는 요하지 않으나 제3자의 승낙이 있는 경우에 한하여 경찰긴급권의 발동이 허용된다. 다만 이 경우에도 생명·건강 등 제3자의 중대한 법익에 대한 침해는 허용되지 않는다.

③ 경찰책임의 종류에는 행위책임, 상태책임, 복합적 책임이 있다. 먼저 행위책임은 사람의 행위로 인해 경찰위반상태가 발생한 경우를 의미하며, 상태책임은 물건 또는 동물의 소유자·점유자·관리자가 그 지배범위 안에 속하는 물건·동물로 인해 경찰위반상태가 발생한 경우를 의미한다. 마지막으로 복합적 책임은 다수인의 행위책임, 다수의 상태책임 또는 행위·상태 책임이 중복되는 경우를 의미한다.

④ 경찰책임은 사회 공공의 안녕과 질서에 대한 객관적 위험상황이 존재하면 인정되며, 자연인·법인, 고의·과실, 위법성 유무, 의사·행위·책임능력의 유무 등을 불문한다.

해설

경찰행정법, 임무·기초·수단·관할, 기초, 협의의 경찰권, 경찰책임의 원칙 −

① (○) 의의〈19.1·19.2채용〉

② (✕) 경찰긴급권 : **경찰책임자가 아닌 제3자에 대해서는 예외적으로 급박한 필요가 있는 경우, 보충성의 원칙을 지켜서, 법령상의 근거가 있는 경우에 한해** 경찰권을 발동할 수 있으며 이 경우, **제3자가 받는 특별한 손실은 보상되어야 한다.**[♣법령상 근거 없이(✕), ♣제3자의 승낙이 있는 경우에 한하여(✕)](경찰책임의 원칙圈, 경찰긴급권)〈17경간·14승진·19.1·19.2채용〉

③ (○) 종류〈19.2채용〉

④ (○) 요건〈17경간·14·16승진·19.2채용〉　　　　　　　　　　　　　　　　　정답 ②

03 다음 상황에 대한 설명으로 가장 적절하지 않은 것은? 〈22경간〉

> A는 자신이 운영하는 옷가게에서 여자모델 B에게 수영복만을 입게 하여 쇼윈도우에 서 있도록 하였다. 지나가던 사람들이 이를 구경하기 위해 쇼윈도우 앞에 몰려들어 도로교통상의 심각한 장해가 발생하였다.

① 조건설에 의하면 군중, A, B 모두 경찰책임자가 된다.

② 의도적 간접원인제공자이론(목적적 원인제공자책임설)을 인정한다면 A에게 경찰권을 발동하여 A로 하여금 B를 쇼윈도우에서 나가도록 하라고 할 수 있다.

③ 직접원인설에 의할 때 경찰책임자는 B이다.

④ 교통장해가 그다지 중대하지 않다면 A를 경찰책임자로 보아서는 안 될 것이다.

해설

경찰행정법, 임무 · 기초 · 수단 · 관할, 기초, 경찰책임의 원칙, 요건 −

① (○) 조건설<22경간>
② (○) 의도적 간접원인 제공자 이론<22경간>
③ (✕) **직접원인설**: 행위가 경찰위반상태를 **직접적으로 야기하게(직접적 원인) 되는 경우에만** 인과관계
　　　　를 인정하는 견해이다.(통설)
　　　　예 수영복 입은 모델(B)을 쇼윈도에 비치한 옷가게 주인(A)과 구경꾼으로 인한 교통혼잡 → 구경
　　　　꾼 책임[♣B책임(X)]<22경간>
④ (○) 통설(직접원인설)<22경간>　　　　　　　　　　　　　　　　　　　　　　　**정답 ③**

04 경찰책임에 대한 설명으로 가장 적절하지 않은 것은? 〈22경간〉

① 형사미성년자도 행위책임의 주체가 될 수 있다.
② 행위자의 고의나 과실에 무관하게 행위책임을 진다.
③ 행위자의 작위나 부작위에 상관없이 위험을 야기시키면 행위책임을 진다.
④ 경찰책임자에 대한 경찰의 경찰권발동으로 경찰책임자에게 재산적 손해가 발생한 경우, 그 경찰책임
　자에게 손실보상청구권이 인정된다.

해설

경찰행정법, 임무 · 기초 · 수단 · 관할, 기초, 경찰책임 −

① (○) **주체**: 경찰책임의 주체는 **모든 자연인**이 될 수 있다. 따라서 **행위능력, 불법행위능력, 형사책임
　　　　능력, 권리능력, 국적여부 등에 관계없으며, 사법인(私法人)뿐만 아니라 권리능력 없는 사단도** 경
　　　　찰책임자가 될 수 있다.<17 · 19 · 22경간 · 14승진>
② (○) 요건<17 · 22경간 · 14 · 16승진 · 19.2채용>
③ (○) 요건<19 · 22경간 · 14승진>
④ (✕) **손실보상**: 원칙 − 손실보상청구권(X), 예외 − 국가는 경찰관의 적법한 직무집행으로 인하여 '손
　　　　실발생의 원인에 대하여 **책임이 있는 자**가 자신의 **책임에 상응하는 정도를 초과하는 생명 · 신체
　　　　또는 재산상의 손실**을 입은 경우[♣원칙적으로 손실보상청구권 인정(X)]'에 해당하는 손실을 입은
　　　　자에 대하여 정당한 보상을 하여야 한다.(경직법 제11조의2 제1항)<22경간>　　　　**정답 ④**

05 경찰책임의 원칙에 대한 설명 중 옳지 않은 것은? 〈19경간〉

① 경찰책임의 주체는 모든 자연인이 될 수 있다. 또한 권리능력 유무에 관계없이 모든 사법인(私法人)도 경찰책임자가 될 수 있다.

② 경찰이 경찰긴급권에 의하여 예외적으로 경찰책임이 없는 자에게 경찰권을 발동함으로써 제3자에게 손실을 입히는 경우에는 그 손실을 보상하여야 한다.

③ 다수인의 행위 또는 다수인이 지배하는 물건의 상태로 인하여 하나의 질서위반상태가 발생한 경우, 일부 또는 전체에 대하여 경찰권 발동이 가능하다.

④ 타인을 보호 감독할 지위에 있는 자가 피지배자의 행위로 발생한 경찰위반에 대하여 경찰책임을 지는 경우, 자기의 지배범위 내에서 발생한 데에 대한 대위책임이다.

해설

경찰행정법, 임무 · 기초 · 수단 · 관할, 기초, 협의의 경찰권, 경찰책임의 원칙 −

① (○) 요건, 주체〈17 · 19경간 · 14승진〉

② (○) 경찰긴급권〈17 · 19경간 · 14승진 · 19.1 · 19.2채용〉

③ (○) 종류, 복합책임〈19경간 · 14승진〉

④ (×) 종류, **행위책임** : 타인을 보호 감독할 지위에 있는 자가 피지배자의 행위로 발생한 경찰위반에 대하여 경찰책임을 지는 경우, 자기의 지배범위 내에서 발생한 데에 대한 **자기책임**이다.[♣대위책임(X)]〈19경간〉
정답 ④

---

06 경찰상 긴급상태(경찰비책임자에 대한 경찰권발동)에 대한 설명으로 가장 적절하지 않은 것은? 〈22경간〉

① 위험이 이미 현실화되었거나 위험의 현실화가 목전에 급박하여야 한다.

② 경찰상 긴급상태에 대한 일반적 근거는 「경찰관 직무집행법」에 규정되어 있다.

③ 경찰비책임자에 대한 경찰권발동을 위해서 보충성은 전제조건이므로 경찰책임자에 대한 경찰권발동 또는 경찰 자신의 고유한 수단으로는 위험방지가 불가능한지 여부를 먼저 심사하여야 한다.

④ 경찰권발동으로 인하여 손실을 입은 경찰비책임자에게는 정당한 보상이 행해져야 하며, 결과제거청구와 같은 구제수단이 마련되어야 한다.

해설

경찰행정법, 임무 · 기초 · 수단 · 관할, 기초, 경찰책임, 경찰긴급권 −

① (○) 요건〈22경간〉

② (×) **근거** : 경찰상 긴급상태(경찰긴급권)에 대한 **일반적 근거규정**으로, **경범죄처벌법에 '공무원원조요구불응죄**'를 들 수 있다.[♣경직법에 일반적 근거규정(X)]〈22경간〉

③ (○) 보충성〈22경간〉

④ (○) 손실보상등〈22경간〉
정답 ②

---

07 경찰권 행사에 대한 설명으로 가장 적절하지 않은 것은? 〈23경간〉

① 공공의 안녕은 법질서의 불가침성, 국가존립과 기능성의 불가침성, 개인의 권리와 법익의 보호로 구성되며, 경찰은 사회공공과 관련하여 국가의 존립과 기능을 보호할 의무가 있다.

② 위험은 경찰개입의 전제요건이므로 보호를 받게 되는 법익에 구체적으로 존재해야만 하고 경찰책임자가 누구인지는 불문한다.

③ 범죄수사에 있어서 범죄피해자를 위한 사법경찰권의 적극적인 개입을 인정하는 입법례가 증가하는 추세이다.

④ 공공질서와 관련하여 경찰이 개입할 것인가의 여부는 경찰의 결정에 맡겨져 있더라도 헌법상 과잉금지원칙이 준수되어야 한다.

해설

경찰행정법, 경찰의 기본적 임무 -

① (○) 공공의 안녕과 질서유지, 공공의 안녕〈11승진 · 23경간 · 17.2채용〉

② (X) 공공의 안녕과 질서유지, 구체적 위험(경찰상 위험)〈17승진 · 23경간 · 10.2 · 22.1채용〉

경찰권의 기초, 경찰책임의 원칙 : 사회공공의 안녕 · 질서가 침해되거나 침해될 우려가 있는 경우, 경찰권은 **원칙적으로** 경찰위반 **상태의 발생에 책임이 있는** 자에 대하여 **발동할 수** 있다는 것이며, **책임자 이외의 자에게 유형력을 행사**하는 것은 **위법**이 된다.[♣경찰책임자가 누구인지는 불문한다.(X)〈21 · 23경간 · 19.1 · 19.2 · 20.1채용〉

③ (○) 범죄피해자 보호〈23경간〉

④ (○) 공공의 안녕과 질서유지, 질서, 한계〈23경간〉   정답 ②

☞ **종합**

01 경찰의 기본적 임무 및 수단에 대한 설명으로 가장 적절하지 않은 것은? 〈19.1채용〉

① 경찰강제에는 경찰상 강제집행(대집행 · 강제징수 · 집행벌 · 즉시강제 등)과 경찰상 직접강제가 있는데, 경찰상 강제집행은 의무의 존재 및 그 불이행을 전제로 한다는 점에서 이를 전제로 하지 아니하고 급박한 경우에 행하여지는 경찰상 직접강제와 구별된다.

② 공공질서란 각 개인의 행동에 대한 불문규범의 총체로, 시대에 따라 변화하는 상대적 · 유동적 개념이다.

③ 경찰의 직무에는 범죄의 예방 · 진압, 범죄피해자 보호가 포함된다.

④ 「형사소송법」은 임의수사를 원칙으로 하고, 강제수사를 예외적으로 허용하고 있다.

해설

경찰행정법 –

– 의무이행 확보수단, 경찰강제 –

① (×) **경찰강제**에는 **강제집행**(대집행, 집행벌, 직접강제[♣즉시강제(×)], 강제징수)과 **즉시강제**가 있다. [♣강제집행과 직접강제(×)](경찰강제 = 경찰상 강제집행 + 즉시강제)<19.1채용>

　　　　강제집행은 하명을 전제로 한 의무의 존재와 그 **의무의 불이행을 전제**로 한다.<19.1채용> **즉시 강제**[♣직접강제(×)]는 의무의 불이행을 전제로 하지 않는다는 점에서 강제집행과 다르다.(의무이 행강제, 강제집행, 즉시강제)<19.1채용>

– 임무 · 기초 · 수단 · 관할 –

② (○)　임무, 공공의 질서<15경간 · 19.1채용>

③ (○)　임무 : 국가경찰과 자치경찰의 조직 및 운영에 관한 법률(제3조), 경찰관직무집행법(제2조)<97 · 98승진 · 13경간 · 03 · 05 · 06 · 07 · 15.3 · 19.1채용>

④ (○)　경찰권의 수단, 범죄수사 수단, 형사소송법 제199조 해석<19.1채용>　　　　　　　　　정답 ①

---

02 경찰의 기본적 임무에 대한 설명 중 옳지 않은 것은 모두 몇 개인가? 〈20경간〉

> 가. '공공질서'는 원만한 공동체 생활을 영위하기 위한 불가결적 전제조건이 되는 각 개인의 행동에 대한 불문규범의 총체로서 오늘날 공공질서 개념의 사용 가능 분야는 확대되고 있다.
>
> 나. 오늘날 복지국가적 행정을 요구하고 있는 시대적 요청에 따라 경찰행정 분야에서도 각 개인이 경찰권의 발동을 요청할 수 있는 권리인 경찰개입청구권을 인정하기에 이르렀는데 이는 '재량권 의 0으로의 수축이론'과 관련이 있다.
>
> 다. 인간의 존엄 · 자유 · 명예 · 생명 등과 같은 개인적 법익뿐만 아니라 사유재산적 가치나 무형의 권리에 대한 위험방지도 경찰의 임무에 해당한다. 그러나 개인적 권리와 법익이 보호된 경우라 고 하더라도 경찰의 원조는 잠정적인 보호에 국한되어야 하고, 최종적인 권리구제는 법원(法院) 에 의하여야 한다.
>
> 라. 법적 안정성의 확보를 위해 불문규범이 성문화되어 가는 현상으로 인하여 오늘날 공공의 질서 라는 개념은 그 범위가 점차 축소되고 있다.
>
> 마. 위험은 경찰개입의 전제조건이나 위험이 보호를 받게 되는 법익에 구체적으로 존재해야 하는 것은 아니기 때문에 보행자의 통행이 거의 없는 밤 시간에 횡단보도 보행자 신호등이 녹색등 일 때 정지하지 않고 진행한 경우에도 통행한 운전자는 경찰책임자가 된다. 이는 공공의 안녕을 보호법익으로 하는 「도로교통법」을 침해함으로써 법질서의 불가침성을 침해하기 때문이다.
>
> 바. 외관적 위험에 대한 경찰권 발동은 경찰상 위험에 해당하는 적법한 개입이므로 경찰관에게 민 · 형사상 책임을 물을 수 없다. 단, 경찰개입으로 인한 피해가 '공공필요에 의한 특별한 희생' 에 해당하는 경우에는 국가의 손실보상 책임은 발생할 수 있다.

① 0개　　　　　　② 1개　　　　　　③ 2개　　　　　　④ 3개

해설

경찰행정법

1개(가)를 정답으로 처리하였으나 '가', '마'가 옳지 못한 지문이다.

가. (✕) 임무, 안녕과 질서유지, **질서**: 공공질서의 내용은 **시대에 따라 변화**하는 상대적·유동적 개념이며, 시대가 변화함에 따라 **공공질서의 포섭범위는 점차 축소되는 경향**이 있다.[♣확대되고 있다.(X)] <09·11·20승진·15·20경간·03·19.1·20.1채용>

나. (○) 수단, 재량0수축이론, 경찰개입청구권<20경간·12경위>

– 임무, 공공의 안녕과 질서유지 –

다. (○) 안녕, **개인의 권리와 법익의 불가침성**<11승진·20경간·10.2채용>

라. (○) 질서<09승진·20경간·17.2채용>

마. (✕) **경찰상 위험(구체적 위험)**: 위험은 (구체적 처분을 통한) 경찰개입의 전제조건으로 위험이 보호를 받게 되는 법익에 구체적 위험으로 존재해야 한다.[♣위험은 구체적으로 존재해야 하는 것은 아니기 때문에(X)] **보행자의 통행이 거의 없는 밤 시간에 횡단보도 보행자 신호등이 녹색등일 때 정지하지 않고 진행한 경우에도 통행한 운전자**는 경찰책임자가 된다. 이는 공공의 안녕을 보호법익으로 하는 「도로교통법」을 구체적으로 침해함으로써 법질서의 불가침성을 침해하기 때문이며, 법질서의 불가침성에 대한 **손해발생의 충분한 가능성인 구체적 위험이 존재하기 때문**이다.

바. (○) 위험발생의 방지, 위험의 인식에 따른 분류<18·20승진·20경간>   **정답** ③[②번을 정답으로 처리]

테마 59 ▶ 재량0 수축이론과 경찰개입청구권

01 다음 설명과 가장 관련이 깊은 것은 무엇인가? 〈15경감〉

> 오늘날 복지국가적 행정을 요구하고 있는 시대적 상황에 따라 경찰행정 분야에 서도 각 개인이 경찰권의 발동을 요청할 수 있는 권리인 경찰개입청구권을 인정하기에 이르렀다.

① 재량권의 0으로의 수축 이론   ② 비례의 원칙

③ 상당성의 원칙   ④ 보충성의 원칙

해설

경찰개입청구권: 재량권의 0으로의 수축을 전제로 경찰의 재량이 부정되어 **오직 한 가지 결정만이 타당한 결정**이 되고 경찰에게는 개입 의무가 발생하게 된다.(경찰개입청구권, 성립요건, (1))<14·15승진>

정답 ①

테마 60 경찰의 관할 4

01 경찰의 관할에 대한 설명으로 가장 적절하지 않은 것은? 〈23.1채용〉

① 사물관할이란 경찰이 처리할 수 있고 또 처리해야 하는 사무 내용의 범위를 말한다.

② 인적관할이란 광의의 경찰권이 어떤 사람에게 적용되는가의 문제이다.

③ 우리나라는 대륙법계의 영향으로 범죄수사를 경찰의 사물관할로 인정하고 있다.

④ 헌법상 대통령은 내란 또는 외환의 죄를 범한 경우를 제외하고는 재직 중 형사상의 소추를 받지 아니한다.

해설

경찰행정법, 임무·기초·수단·관할, 관할 -

① (○) 사물관할, 의의〈16·17승진·17.1·20.2·23.1채용〉

② (○) 인적관할, 의의〈17경간·23.1채용〉

③ (✗) **사물관할**: 우리나라의 경우 **영미법계의 영향으로 '범죄의 수사'를** 경찰의 사물관할로서 인정하고 있다.[♣대륙법계 영향(X)]〈17경간·16승진·17.1·20.2·23.1채용〉

④ (○) 인적관할, 대통령, 불소추 특권(헌법 제84조)〈02·22.1·23.1채용〉　　　　**정답 ③**

02 경찰의 관할에 대한 설명으로 가장 적절하지 않은 것은? 〈17.1채용〉

① 사물관할이란 경찰이 처리할 수 있고 또 처리해야 하는 사무내용의 범위를 말한다.

② 사물관할 중 범죄의 수사에 관한 임무는 대륙법계 경찰개념의 영향을 받은 것이다.

③ 경찰작용법이라고 할 수 있는 「경찰관 직무집행법」에서도 사물관할을 규정하고 있다.

④ 국회 안에 현행범인이 있을 때에는 경찰관은 이를 체포한 후 의장의 지시를 받아야 한다. 다만, 국회의원은 회의장 안에 있어서는 의장의 명령없이 이를 체포할 수 없다.

해설

경찰행정법, 임무·기초·수단·관할, 관할 -

① (○) 사물관할, 의의〈16·17승진·17.1채용〉

② (✗) **사물관할, 수사**: 우리의 경우 **영미법계의 영향으로 '범죄의 수사'를** 경찰의 사물관할로서 인정하고 있으며[♣대륙법계 영향(X)], 일반적 **경찰작용법인 경찰관직무집행법 제2조에 조직법적 임무규정이 포함**되어 있다는 특징을 보이고 있다.〈16승진·17.1채용〉

③ (○) 사물관할, 근거〈17.1채용〉

④ (○) 토지관할, 국회경호권, 현행범체포(국회법 제150조)〈15경간·14.2·16.2·17.1채용〉　　　　**정답 ②**

03 경찰의 관할에 대한 설명으로 가장 적절하지 않은 것은? 〈17경감〉

① 사물관할은 경찰이 처리할 수 있고 또 처리해야 하는 사무내용의 범위를 말한다.

② 국회경위와 파견 국가경찰공무원은 국회의장의 지휘를 받으며, 경위는 회의장건물 안에서, 경찰관은 회의장건물 밖에서 경호한다.

③ 국회의장은 국회의 경호를 위하여 필요한 때에는 국가경찰위원회의 동의를 얻어 일정한 기간을 정하여 정부에 대하여 필요한 국가경찰공무원의 파견을 요구할 수 있다.

④ 법원에 파견된 국가경찰공무원은 재판장의 지휘를 받아 법정 내외의 질서유지를 담당한다.

해설

경찰행정법, 임무 · 기초 · 수단 · 관할, 관할 −

① (○) **사물관할**: 사물관할은 **경찰권의 발동범위를 설정**한 것이다.〈16 · 17승진〉

② (○) 토지관할, 국회경호권(국회법 제144조 제3항)〈17승진 · 14.2 · 16.2채용〉

③ (✕) 토지관할, 국회경호권, **파견요구**: 의장은 국회의 경호를 위하여 필요한 때에는 **국회운영위원회의 동의를**[♣국가경찰위원회 동의(X)] 얻어 일정한 기간을 정하여 정부에 대하여 필요한 국가경찰공무원의 파견을 요구할 수 있다.(국회법 제144조 제2항)〈17승진 · 16.2채용〉

④ (○) 토지관할, 법정경찰권, 파견(법원조직법 제60조)〈17승진〉   정답 ③

---

04 경찰의 관할에 대한 다음 설명 중 가장 옳은 것은? 〈17경간〉

① 인적관할이란 협의의 경찰권이 발동될 수 있는 인적 범위를 의미한다.

② 우리나라는 대륙법계의 영향을 받아 범죄수사에 관한 임무가 경찰의 사물관할로 인정되고 있다.

③ 재판장은 법정에서의 질서유지를 위해 필요하다고 인정할 때에는 개정 전후를 불문하고 관할 경찰서장에게 국가경찰공무원의 파견을 요구할 수 있으며, 파견된 국가경찰공무원은 법정 내외의 질서유지에 관하여 재판장의 지휘를 받는다.

④ 국회 안에 현행범인이 있을 때에는 국가경찰공무원은 반드시 사전에 국회의장의 지시를 받아 체포하여야 한다.

해설

경찰행정법, 임무 · 기초 · 수단 · 관할, 관할 −

① (✕) **인적관할**: 인적관할은 **광의의 경찰권(협의의 경찰권 + 수사)**이[♣협의의 경찰권이(X)] 어떤 사람에게 적용되는가의 문제이다.〈17경간〉

② (✕) 사물관할, **범죄수사 포함**: 우리나라의 경우 **영미법계의 영향으로 '범죄의 수사'를 경찰의 사물관할로서 인정**하고 있으며[♣대륙법계 영향(X)], 일반적 **경찰작용법인 경찰관직무집행법 제2조에 조직법적 임무규정이 포함**되어 있다는 특징을 보이고 있다.〈17경간 · 16승진 · 17.1채용〉

③ (○) 토지관할, 법정경찰권(법원조직법 제60조 제1, 2항)〈17경간 · 17승진〉

④ (✕) 토지관할, 국회경호권, **현행범체포**: 국회 안(회의장 밖)에 **현행범**이 있을 경우 **체포한 후 의장의 지시를 받아 처리**하여야 한다.[♣사전에 지시(X)](국회법 제150조)〈15 · 17경간 · 14.2 · 16.2 · 17.1채용〉   정답 ③

---

05 경찰의 관할에 관한 설명 중 가장 적절하지 않은 것은? ⟨22.1채용⟩

① 「국회법」상 경위(警衛)나 경찰공무원은 국회 안에 현행범인이 있을 때에는 체포한 후 국회의장의 지시를 받아야 한다. 다만, 회의장 안에서는 국회의장의 명령 없이 국회의원을 체포할 수 없다.

② 「법원조직법」상 재판장은 법정에서의 질서유지를 위하여 필요하다고 인정할 때에는 개정 전후에 상관없이 관할 경찰서장에게 경찰공무원의 파견을 요구할 수 있으며, 이에 따라 파견된 경찰공무원은 법정 내외의 질서유지에 관하여 재판장의 지휘를 받는다.

③ 헌법상 대통령은 내란 또는 외환의 죄를 범한 경우를 제외하고는 재직 중 형사상의 소추를 받지 아니한다.

④ '사물관할'이란 경찰권이 발동될 수 있는 지역적 범위를 말하고, 대한민국의 영역 내 모든 범위에 적용되는 것이 원칙이다.

해설

경찰행정법, 경찰의 기본적 임무 및 수단 −

① (○) 토지관할, 국회경호권, 현행범 체포요령(국회법 제150조)⟨15・17경간・14.2・16.2・17.1・20.2・22.1채용⟩

② (○) 토지관할, 법정경찰권, 파견요구(법원조직법 제60조 제2항)⟨17경간・17승진・03・22.1채용⟩

③ (○) 인적관할, 대통령, 불소추 특권(헌법 제84조)⟨02・22.1채용⟩

④ (✕) **토지관할(지역관할)** : 경찰의 **지역관할(토지관할)**은 **경찰권이 발동될 수 있는 지역적 범위**를 말하고, **대한민국의 영역 내에 모두 적용됨**이 원칙이다.[♣경찰청장 관저 포함(○)] 그러나 이 경우에도 다른 행정관청이나 기관 또는 국제법적 근거에 의한 일정한 한계가 있다.[♣사물관할(✕)⟨16승진・22.1채용⟩

정답 ④

☞ **종합문제**

01 경찰의 임무와 관할에 대한 설명으로 적절하지 않은 것은 모두 몇 개인가? ⟨22경간⟩

> 가. 「국가경찰과 자치경찰의 조직 및 운영에 관한 법률」은 경찰의 임무로 국민의 생명・신체 및 재산의 보호, 범죄의 예방・진압 및 수사, 범죄피해자 보호, 교통의 단속과 위해의 방지, 외국 정부기관 및 국제기구와의 국제협력 등을 규정하고 있다.
>
> 나. 인간의 존엄・자유・명예・생명 등과 같은 개인적 법익뿐만 아니라 사유재산적 가치에 대한 위험방지도 경찰의 임무에 해당하나, 무형의 권리에 대한 위험방지는 경찰의 임무에 해당하지 아니한다.
>
> 다. 경찰공무원이 국회 안에서 현행범인을 체포한 후에는 국회의장의 지시를 받을 필요가 없지만, 회의장 안에 있는 국회의원에 대하여는 국회의장의 명령 없이 체포할 수 없다.
>
> 라. 재판장은 법정에서의 질서유지를 위해 필요하다고 인정할 때에는 개정 전후에 상관 없이 관할 경찰서장에게 경찰공무원의 파견을 요구할 수 있으며, 파견된 경찰공무원은 법정 내에서만 질서유지에 관하여 재판장의 지휘를 받는다.

① 0개 　　　② 1개 　　　③ 2개 　　　④ 3개

해설

경찰행정법, 임무 · 기초 · 수단 · 관할 −

가. (○) 임무: 「국가경찰과 자치경찰의 조직 및 운영에 관한 법률」 제2조<97 · 98승진 · 13 · 22경간 · ....06 · 07 · 10.1 · 15.3 · 19.1 · 2 · 21.2채용>

나. (✕) 임무, 안녕과 질서유지, 안녕, 개인의 권리와 법익의 불가침성, **보호범위**: 경찰은 인간의 존엄성 · 명예 · 생명 · 건강 · 자유 등의 개인적 법익뿐만 아니라, **개인의 사유 재산적 가치 또는 지적 재산권(저작권 등)과 같은 무형의 권리도 보호**하여야 한다.[♣무형의 권리는 보호대상이 아니다.(X)] <11승진 · 20 · 22경간 · 10.2채용>

다. (✕) 관할, 토지관할, 국회경호권, 현행범 체포요령, **국회 안**: 국회 안(회의장 밖)에 **현행범**이 있을 경우 **체포한 후 의장의 지시를 받아 처리**하여야 한다.[♣체포 후 의장지시를 받을 필요가 없다.(X)] (국회법 제150조)<15 · 17 · 22경간 · 03 · 14.2 · 16.2 · 17.1 · 20.2 · 22.1채용>

라. (✕) 관할, 토지관할, **법정경찰권**: 파견된 경찰관은 **법정 내외**의[♣법정 내에서만(X)] 질서유지에 관하여 **재판장의 지휘**를 받는다.(법원조직법 제60조 제2항)<17 · 22경간 · 17승진 · 03 · 22.1채용>　　정답 ④

제4장 경찰작용법

1 근거, 한계

테마 61 ▶ 일반적 수권조항 인정논란

테마 62 ▶ 조리상 한계이론

01 개인의 자유를 침해하거나 의무를 부과하는 행정은 반드시 법률의 근거가 있어야 한다는 원칙을 전제할 때, 법률의 근거 없이도 가능한 것을 모두 고른 것은? (다툼이 있는 경우 판례에 의함) 〈22.2채용〉

> ㉠ 경찰관의 학교 앞 등교지도
> ㉡ 주민을 상대로 한 교통정책홍보
> ㉢ 기초생활수급자에 대한 생계비지원
> ㉣ 공무원에 대해 특정종교를 금지하는 훈령
> ㉤ 자살을 시도하는 사람에 대한 경찰관서 보호
> ㉥ 붕괴위험시설에 대한 예방적 출입금지

① ㉠㉡㉢　　　　　　　　　　　② ㉠㉡㉤
③ ㉠㉢㉤　　　　　　　　　　　④ ㉡㉢㉣㉥

해설

경찰행정법, 경찰작용법, 경찰작용의 근거 – ㉠㉡㉢

㉠ 경찰관의 학교 앞 등교지도 → 비권력적 사실행위 → 법적근거 불필요<22.2채용>

㉡ 주민을 상대로 한 교통정책홍보 → 비권력적 사실행위 → 법적근거 불필요<22.2채용>

㉢ 기초생활수급자에 대한 생계비지원 → 수익적 행위 → 법적근거 불필요<22.2채용>

㉣ 공무원에 대해 특정종교를 금지하는 훈령 → 권력적 행위 → 법적근거 필요<22.2채용>

㉤ 자살을 시도하는 사람에 대한 경찰관서 보호 → 권력적 사실행위 → 법적 근거 필요(경직법 제4조) <22.2채용>

㉥ 붕괴위험시설에 대한 예방적 출입금지 → 권력적 사실행위 → 법적근거 필요(경직법 제5조)<22.2채용>

정답 ①

---

02 경찰관 발동의 근거와 한계에 관한 설명으로 가장 적절하지 않은 것은? (다툼이 있는 경우 판례에 의함)

〈23.2채용〉

① 일반수권조항이란 경찰관의 발동근거가 되는 개별적인 작용법적 근거가 없을 때 경찰관 발동의 일반적·보충적 근거가 될 수 있도록 개괄적으로 수권된 일반조항을 말한다.

② 「경찰관 직무집행법」 제5조는 형식상 경찰관에게 재량에 의한 직무수행권한을 부여한 것처럼 되어 있으나, 경찰관에게 그러한 권한을 부여한 취지와 목적에 비추어 볼 때 구체적인 사정에 따라 경찰관이 그 권한을 행사하여 필요한 조치를 취하지 아니하는 것이 현저하게 불합리하다고 인정되는 경우에는 그러한 권한의 불행사는 직무상의 의무를 위반한 것이 되어 위법하게 된다.

③ 경찰청장과 해양경찰청장은 경찰관이 「경찰관 직무집행법」 제2조 각 호에 따른 직무의 수행으로 인하여 민·형사상 책임과 관련된 소송을 수행할 경우 변호인 선임 등 소송 수행에 필요한 지원을 할 수 있다.

④ 「경찰관 직무집행법」은 "경찰공무원은 직위 또는 직권을 이용하여 부당하게 타인의 사생활에 개입하여서는 아니된다."고 규정하고 있다.

해설

경찰행정법 –

– 경찰작용법, 근거와 한계 –

① (○) 작용법적 근거, 일반수권조항, 의의<23.2채용>

④ (✕) 한계, 조리상 한계, 경찰공공의 원칙, '**사생활불가침**': **사생활의 범위는 사회통념에 의해서 결정** 되며, 조리에 해당하여 **명문의 규정은 없다.**[♣「경찰관 직무집행법」은 "경찰공무원은 직위 또는 직원을 이용하여 부당하게 타인의 사생활에 개입하여서는 아니된다."고 규정하고 있다.(✕)]<23.2채용>

– 경찰행정의 의무이행확보수단, 경찰상 즉시강제, 「경찰관 직무집행법」 –

② (○) 위험발생의 방지, 판례: 대법원 98다16890 판결[손해배상(자)]<23.2채용>

③ (○) 소송지원: 「경찰관 직무집행법」 제11조의4<22.1·23.2채용>

정답 ④

테마 63 ▶ 행정행위 2

01 행정청이 행하는 구체적 사실에 관한 법 집행으로서 공권력의 행사 또는 그 거부와 그 밖에 이에 준하는 행정작용에 해당하는 것은 모두 몇 개인가? (다툼이 있는 경우 판례에 의함) 〈22.2채용〉

> ⊙ 도로점용허가
> ⓒ 주민등록번호 변경신청 거부
> ⓒ 교통경찰관의 수신호
> ⓔ 교통신호등에 의한 신호
> ⓜ 경찰청장의 횡단보도 설치 기본계획 수립

① 1개 ② 2개 ③ 3개 ④ 4개

해설

경찰행정법, 작용법, 행정행위 −
⊙ (○) 공권력의 행사, 도로점용허가〈22.2채용〉
ⓒ (○) 거부처분, 주민등록번호 변경신청 거부〈22.2채용〉
ⓒ (○) 공권력의 행사, 교통경찰관의 수신호〈22.2채용〉
ⓔ (○) 공권력의 행사, 교통신호등에 의한 신호〈22.2채용〉
ⓜ (✕) 경찰상 행정행위의 개념징표, **법적 효과(권리·의무 변동)**: 직접적으로 **권리·의무의 발생·변경·소멸 등의 법적 효과**를 가져오는 행위를 의미한다.[♣경찰청장의 횡단보도 설치 기본계획 수립 (X)]〈22.2채용〉

정답 ④

02 행정상 법률관계에 관한 설명으로 가장 적절하지 않은 것은? (다툼이 있는 경우 판례에 의함) 〈23.2채용〉

① 국유재산의 관리청이 그 무단점유자에 대하여 하는 변상금부과 처분은 순전히 사경제 주체로서 행하는 사법상의 법률행위이다.
② 국가나 지방자치단체에 근무하는 청원경찰은 「국가공무원법」이나 「지방공무원법」상의 공무원은 아니지만 그 근무관계를 사법상의 고용계약관계로 보기는 어렵다.
③ 원천징수의무자가 비록 과세관청과 같은 행정청이라 하더라도 그의 원천징수행위는 법령에서 규정된 징수 및 납부의무를 이행하기 위한 것에 불과한 것이지, 공권력의 행사로서의 행정처분을 한 경우는 해당되지 아니한다.
④ 국립 교육대학 학생에 대한 퇴학처분은 행정처분이다.

해설

경찰행정법, 경찰작용법, 경찰상 행정행위, 공법상 행위, 판례 −

① (X) **[국유재산 무단점유 → 변상금 부과 → 공법상 법률행위(행정처분)]** 국유재산의 관리청이 그 무단점유자에 대하여 하는 변상금부과 처분은 공법상 법률행위로 행정처분에 해당한다.[♣순전히 사경제 주체로서 행하는 사법상의 법률행위이다.(X)](대법원 선고 87누1046,1047 판결 [국유재산변상금부과 처분취소])<23.2채용>

② (○) 대법원 92다47564 판결<22경간 · 23.2채용>

③ (○) 대법원 89누4789 판결 [기타소득세등부과처분무효확인]<23.2채용>

④ (○) 대법원 91누2144 판결 [퇴학처분취소])<23.2채용>　　　　　　　　　　　　　　　　　　**정답 ①**

테마 64 ▶ 행정기본법(처분등)　　　　　　　　　　　　　　　　　　　　　　　　　　**참고**

01 「행정기본법」에 관한 설명으로 가장 적절한 것은? 〈23.2채용〉

① 행정에 관한 나이는 다른 법령등에 특별한 규정이 있는 경우에도 출생일을 산입하지 않고 만(滿) 나이로 계산하고, 연수(年數)로 표시하되, 1세에 이르지 아니한 경우에는 월수(月數)로 표시할 수 있다.

② 행정작용은 그 행정작용이 의도하는 공익이 행정작용으로 인한 국민의 이익 침해보다 크지 않아야 한다.

③ 행정청은 법률로 정하는 바에 따라 완전히 자동화된 시스템(인공지능 기술을 적용한 시스템을 포함)으로 처분할 수 있으나, 처분에 재량이 있는 경우는 그러하지 아니한다.

④ 공익 또는 제3자의 이익을 현저히 해칠 우려가 있는 경우에도 행정청은 권한 행사의 기회가 있음에도 불구하고 장기간 권한을 행사하지 아니하여 국민이 그 권한이 행사되지 아니할 것으로 믿을 만한 정당한 사유가 있는 경우에는 그 권한을 행사해서는 아니 된다.

해설

경찰행정법 −

− **경찰작용법, 경찰상 행정행위, 행정기본법** −

① (X) **나이의 계산** : 행정에 관한 나이는 다른 법령등에 **특별한 규정이 있는 경우를 제외**하고는[♣특별한 규정이 있는 경우에도(X)] **출생일을 산입**하여[♣출생일을 산입하지 않고(X)] **만(滿) 나이로 계산**하고, **연수(年數)로 표시한다.** 다만, **1세에 이르지 아니한 경우에는 월수(月數)로** 표시할 수 있다. (제7조의2)<23.2채용>

③ (○) 처분, 자동적 처분(행정기본법 제20조)<23.2채용>

− **법학기초이론, 불문법원, 조리** −

② (X) **비례원칙, 근거, 상당성** : 행정작용으로 인한 **국민의 이익 침해가 그 행정작용이 의도하는 공익보다 크지 아니할 것**[♣공익이 침해보다 크지 아니할 것(X)](행정기본법 제10조 제3호)<23.2채용>

④ (X) **신뢰보호의 원칙** : 행정청은 권한 행사의 기회가 있음에도 불구하고 **장기간 권한을 행사하지 아니하여 국민이 그 권한이 행사되지 아니할 것으로 믿을 만한 정당한 사유**가 있는 경우에는 그 권한을 행사해서는 아니 된다. 다만, **공익 또는 제3자의 이익을 현저히 해칠 우려가 있는 경우는 예외로 한다.**[♣공익 또는 제3자의 이익을 현저히 해칠 우려가 있는 경우에도(X)](행정기본법 제12조 제2항 단서)<23승진 · 23.2채용>　　　　　　　　　**정답 ③**

02 「행정기본법」상 이의신청에 관한 설명으로 가장 적절하지 않은 것은? 〈24.1채용〉

① 행정청의 처분에 이의가 있는 당사자는 처분을 받은 날부터 30일 이내에 해당 행정청에 이의신청할 수 있다.

② 행정청은 이의신청을 받으면 부득이한 사유가 있는 경우를 제외하고는 그 이의신청을 받은 날부터 14일 이내에 그 이의 신청에 대한 결과를 신청인에게 통지하여야 한다.

③ 이의신청을 한 경우에도 그 이의신청과 관계없이 「행정심판법」에 따른 행정심판 또는 「행정소송법」에 따른 행정소송을 제기할 수 있다.

④ 이의신청에 대한 결과를 통지받은 후 행정심판 또는 행정소송을 제기하려는 자는 그 결과를 통지받은 날부터 60일 이내에 행정심판 또는 행정소송을 제기하여야 한다.

해설

경찰행정법, 경찰작용, 행정기본법, 이의신청 −

① (○) 신청(행정기본법 제36조 제1항)〈24.1채용〉

② (○) 결과통지(행정기본법 제36조 제2항)〈24.1채용〉

③ (○) 쟁송제기(행정기본법 제36조 제4항)〈24.1채용〉

④ (×) **쟁송제기** : 이의신청에 대한 결과를 통지받은 후 행정심판 또는 행정소송을 제기하려는 자는 그 결과를 **통지받은 날**(통지기간 내에 결과를 통지받지 못한 경우에는 같은 항에 따른 통지기간이 만료되는 날의 다음 날)부터 **90일**[♣60일(X)] **이내에 행정심판 또는 행정소송을 제기할 수** 있다.(제4항)〈24.1채용〉   정답 ④

테마 65 ▶ 주체의 재량여부에 따른 행정행위 분류

01 경찰재량에 관한 설명 중 가장 적절하지 않은 것은? (다툼이 있는 경우 판례에 의함) 〈22.2채용〉

① 도로교통법상 교통단속임무를 수행하는 경찰공무원을 폭행한 사람의 운전면허를 취소하는 것은 행정청이 재량여지가 없으므로 재량권의 일탈 남용과는 관련이 없다.

② 재량을 선택재량과 결정재량으로 나눌 경우, 경찰공무원의 비위에 대해 징계처분을 하는 결정과 그 공무원의 건강 등 제반사정을 고려하여 징계처분을 하지 않는 결정 사이에서 선택권을 갖는 것을 결정재량이라 한다.

③ 재량의 일탈 남용뿐만 아니라 단순히 재량권 행사에서 합리성을 결하는 등 재량을 그르친 경우에도 행정심판의 대상이 된다.

④ 재량권의 일탈이란 재량권의 내적 한계(재량권이 부여된 내재적 목적)를 벗어난 것을 말하며, 재량권의 남용이란 재량권의 외적 한계(법적 객관적 한계)를 벗어난 것을 의미한다.

해설

경찰행정법, 경찰작용법, 경찰상 행정행위의 종류, 재량행위 −

① (○) 일탈·남용, 비교<22.2채용>

/ 도로교통법, 운전면허 행정처분, 운전면허의 취소·정지처분: **필요적(필수적) 취소사유**<22.2채용>

② (○) 결정재량과 선택재량의 차이<22.2채용>

③ (○) 행정심판에 의한 통제<22.2채용>

④ (✗) **일탈·남용, 비교: 일탈** − 재량의 **외적 한계**를 넘는 경우를 의미한다.(재량의 유월)[♣내적 한계를 넘는(X)<22.2채용> / **남용** − 재량의 **내적 한계**를 넘는 경우를 말한다.[♣외적 한계를 넘는 경우(X)]<22.2채용>

정답 ④

테마 66 ▶ 명령적 행위

01 **경찰하명에 대한 설명으로 가장 적절하지 않은 것은?** <19.1채용>

① 경찰하명이란 경찰목적을 달성하기 위해 상대방에게 일정한 작위·부작위·수인·급부의 의무를 명하는 행정행위이다.

② 경찰하명 위반 시에는 경찰상 강제집행의 대상이 되거나 경찰벌이 과해질 수 있으나, 하명을 위반한 행위의 법적 효력에는 원칙적으로 영향을 미치지 않는다.

③ 경찰하명의 상대방인 수명자는 수인의무를 지므로 경찰하명이 위법하더라도 손해배상을 청구할 수 없다.

④ 경찰하명이 있는 경우, 상대방은 행정주체에 대하여만 의무를 이행할 책임이 있고 그 이외의 제3자에 대하여 법상 의무를 부담하는 것은 아니다.

해설

경찰행정법, 경찰작용법, 법률행위적 행정행위, 명령적 행위, 하명 −

① (○) 의의<19.1채용>

② (○) 위반의 효과<19.1채용>

③ (✗) **구제**: 위법한 하명에 대해 상대방인 수명자는 **손해배상소송, 행정쟁송 제기가 가능**하다.[♣손해배상을 청구할 수 없다.(X)]<19.1채용>

④ (○) 효과<19.1채용>

정답 ③

---

02 **경찰하명에 대한 설명 중 가장 적절하지 않은 것은?** <20경위>

① 경찰하명은 경찰목적을 위하여 국가의 일반통치권에 의거 개인에게 특정한 작위·부작위·수인 또는 급부의 의무를 명하는 행정행위이다.

② 부작위하명은 소극적으로 어떤 행위를 하지 말 것을 명하는 것으로 '금지'라 부르기도 한다.

③ 공공시설에서 공중의 건강을 위하여 흡연행위를 금지하는 것은 부작위하명이다.

④ 위법한 하명으로 인하여 권리·이익이 침해된 자는 손실보상을 청구할 수 있다.

해설

경찰행정법, 경찰작용법, 법률행위적 행정행위, 명령적 행위, 하명 –

① (○) 의의<20승진 · 19.1채용>

②③ (○) 경찰작용법, 하명, 분류<10 · 16 · 20승진>

④ (X) **구제**: 위법한 하명으로 권리 · 이익이 침해된 수명자는 행정심판, 행정소송등 **행정쟁송을 제기**하여 취소 등을 구하거나, 민사 **손해배상 소송**을 제기하여 손해배상을 청구할 수 있다.[♣손해배상을 청구할 수 없다.(X), ♣손실보상을(X)]<20승진 · 19.1채용>　　　　　정답 ④

---

03 경찰하명에 관한 설명으로 가장 적절하지 않은 것은? (다툼이 있는 경우 판례에 의함) <23.1채용>

① 경찰하명은 경찰상의 목적을 위하여 국가의 일반통치권에 의거, 개인에게 특정한 작위 · 부작위 · 수인 또는 급부의 의무를 명하는 행정행위이다.

② 부작위 하명은 적극적으로 어떤 행위를 하지 말 것을 명하는 것으로 '면제'라 부르기도 한다.

③ 경찰하명에 위반한 행위는 강제집행이나 처벌의 대상이 되지만, 원칙적으로 사법(私法)상의 법률적 효력까지 부인하는 것은 아니다.

④ 위법한 경찰하명으로 인하여 권리 · 이익이 침해된 자는 행정쟁송 또는 손해배상을 청구할 수 있다.

해설

경찰행정법, 경찰작용법, 경찰하명 –

① (○) **의의**<20 · 23승진 · 20경간 · 19.1 · 23.1채용>

② (X) **부작위 하명**: **공공시설에서 공중의 건강을 위하여 흡연행위를 금지하는 하명**처럼, 일정한 행위를 **소극적으로**[♣적극적으로(X)] 하지 말 것을 명하는 행위로 **금지**라고 부르기도 하며, 경찰에게 가장 일반적인 하명의 형식이 된다.(일명 **경찰금지**)[♣일명 면제(X)]<10 · 16 · 20승진 · 23.1채용>

③ (○) **위반 효과**<20경간 · 10승진 · 19.1 · 23.1채용>

④ (○) **구제**: 위법한 하명<20승진 · 19.1 · 23.1채용>　　　　　정답 ②

---

04 행정행위에 대한 설명으로 옳지 않은 것은? <20경간>

① 경찰하명이란 일반통치권에 기인하여 경찰목적을 달성하기 위해 국민에 대하여 작위 · 부작위 · 급부 · 수인 등 의무의 일체를 명하는 법률행위적 행정행위를 말하며 경찰관의 수신호나 교통신호등의 신호도 의무를 부과하는 행위로서 경찰하명에 해당한다.

② 부작위 하명의 유형으로는 절대적 금지와 상대적 금지가 있으며, 청소년에게 술이나 담배 판매금지는 절대적 금지이고, 유흥업소의 영업금지는 상대적 금지에 해당한다.

③ 법률행위적 행정행위는 명령적 행정행위(하명 · 허가 · 면제 등)와 형성적 행정행위(특허 · 인가 · 대리)로 구분할 수 있고, 준법률행위적 행정행위는 확인, 공증, 통지, 수리 등으로 구분할 수 있다.

④ 경찰하명에 위반하여 이루어진 행위는 원칙적으로 그 법적효력에는 아무런 영향을 받지 않는다. 그러나 영업정지 명령에 위반하여 영업을 계속하였을 경우는 당해 영업에 대한 거래행위의 효력이 부인된다.

해설

경찰행정법, 경찰작용법 —

① (○) 경찰하명, 의의<20승진·20경간·19.1채용>
② (○) 경찰하명, 분류<20경간>
③ (○) 경찰상 행정행위의 내용, 경찰작용의 유형<20경간>
④ (×) 하명, **위반효과**: 경찰하명에 위반하여 이루어진 행위는 원칙적으로 그 법적효력에는 아무런 영향을 받지 않으며, **영업정지 명령에 위반하여 영업을 계속**하였을 경우 행정벌 등 제재의 대상이 되지만, 당해 영업에 관한 **거래행위의 효력까지 부인되지는 않는다.**[♣거래행위의 효력 부인(X)]<20경간>

정답 ④

---

05 경찰하명에 대한 설명으로 가장 적절한 것은 모두 몇 개인가? <23경간 수정>

> 가. 「경찰관 직무집행법」 제4조의 강제보호조치 대상자에 대한 응급을 요하는 구호조치에 따른 수인의무는 하명이다.
> 나. 대간첩 지역이나 국가중요시설에 대한 접근제한명령이나 통행제한명령은 수인의무를 명하는 행위로서 하명의 성질이 아니다.
> 다. 「경찰관 직무집행법」 제5조 제1항 제3호의 관계인에게 '필요한 조치를 하게 하는 것'은 상대방이 필요한 조치를 하도록 명하는 행위이더라도 하명의 성질은 아니다.
> 라. 도로교통법 위반에 의한 과태료납부의무는 하명이다.

① 없음   ② 1개   ③ 2개   ④ 3개

해설

경찰행정법 —

— 경찰행정의 의무이행확보수단, 경찰관직무집행법, 보호조치 —

가. (×) **성질**: 보호조치는 즉시강제로 명시적 수인의무가 발생하지 않으며, 묵시적으로 발생한 수인의무는 **대인적 즉시강제**에 의한 것이고 하명이 아니다.[♣하명(X)]<23경간·22.1·23.1채용>

나. (×) **위험발생의 방지, 접근·통행의 제한·금지**: 대간첩 지역이나 국가중요시설에 대한 **접근제한명령이나 통행제한명령**은 **수인의무를 명하는 행위**로서 **하명의 성질**을 갖는다.[♣하명의 설질이 아니다.(X)]<23경간>

다. (×) **위험발생의 방지조치**: 관계인에게 '**필요한 조치를 하게 하는 것**'은 상대방이 필요한 조치를 하도록 명하는 행위로 **하명의 성질**을 갖는다.[♣하명은 아니다.(X)]<23경간>

— 경찰작용법, 명령적 행위, 하명, 내용 —

라. (×) **급부하명**: 도로교통법 위반에 의한 과태료납부의무는 하명에 의한 것이며, 과태료 부과가 하명에 해당한다.[♣하명이다.(X)]<23경간>

정답 ①

---

06 경찰하명에 관한 설명으로 가장 적절하지 않은 것은? (다툼이 있는 경우 판례에 의함) 〈23.1채용〉

① 경찰하명은 경찰상의 목적을 위하여 국가의 일반통치권에 의거, 개인에게 특정한 작위·부작위·수인 또는 급부의 의무를 명하는 행정행위이다.

② 부작위 하명은 적극적으로 어떤 행위를 하지 말 것을 명하는 것으로 '면제'라 부르기도 한다.

③ 경찰하명에 위반한 행위는 강제집행이나 처벌의 대상이 되지만, 원칙적으로 사법(私法)상의 법률적 효력까지 부인하는 것은 아니다.

④ 위법한 경찰하명으로 인하여 권리·이익이 침해된 자는 행정쟁송 또는 손해배상을 청구할 수 있다.

해설

경찰행정법, 경찰작용법, 경찰하명 −

① (○) **의의**〈20·23승진·20경간·19.1·23.1채용〉

② (✕) **부작위 하명**: **공공시설에서 공중의 건강을 위하여 흡연행위를 금지하는 하명**처럼, 일정한 행위를 **소극적으로**[♣적극적으로(X)] 하지 말 것을 명하는 행위로 **금지**라고 부르기도 하며, 경찰에게 가장 일반적인 하명의 형식이 된다.(일명 **경찰금지**)[♣일명 면제(X)]〈10·16·20승진·23.1채용〉

③ (○) **위반 효과**〈20경간·10승진·19.1·23.1채용〉

④ (○) **구제**: 위법한 하명〈20승진·19.1·23.1채용〉　　　　　　　　　　　　　　　　　　정답 ②

07 허가에 대한 다음 설명 중 가장 적절한 것은? (다툼이 있는 경우 판례에 의함) 〈18.3채용〉

① 허가는 허가가 유보된 상대적 금지에 인정되며, 절대적 금지의 경우에는 인정되지 않는다.

② 허가는 행위의 유효요건일 뿐, 적법요건은 아니다.

③ 판례에 의하면 허가여부의 결정기준은 특별한 사정이 없는 한 원칙적으로 신청 당시의 법령에 의한다.

④ 허가는 법령에 의하여 과하여진 작위·급부·수인의무를 특정한 경우에 해제하여 주는 경찰상의 행정행위이다.

해설

경찰행정법, 경찰작용법, 경찰허가 −

① (○) **의의**: **상대적 금지만 허가의 대상**이 됨, **절대적 금지는 허가의 대상이 될 수 없다.**(허가, 의의)〈18.3채용〉

② (✕) **효과**: 허가는 행위의 **적법요건이지 유효요건이 아니다.**[♣허가는 행위의 유효요건(X)](허가, 효과)〈04·10승진·04·09·18.3채용〉

③ (✕) **요건**: 신청 시가 아니라 **허가 처분 시의 법령을 기준**(학설·판례)으로 판단한다.[♣신청 당시의 법령이 기준(X)](허가, 요건)〈02행시·09·18.3채용〉

④ (✕) **의의**: 허가는 법령에 의한 **일반적·상대적 금지를 특정한 경우에 해제**함으로써, 일정한 행위를 적법하게 행할 수 있도록 자연의 자유를 회복시켜 주는 행정행위를 말한다.[♣작위, 수인, 급부의무 해제(X)]〈12경간·02·18.3채용〉　　　　　　　　　　　　　　정답 ①

08 허가에 대한 설명으로 가장 적절한 것은? 〈19경위〉

① 허가란 법령에 의하여 과하여진 작위·급부·수인의무를 특정한 경우에 해제하여 주는 행정행위이다.

② 허가는 행위의 '적법요건'이지만 '유효요건'은 아니므로, 무허가행위는 행정상 강제집행 또는 행정벌의 대상은 되지만, 행위 자체의 법적 효력은 영향을 받지 않는 것이 원칙이다.

③ 허가는 허가가 유보된 상대적 금지뿐만 아니라 절대적 금지의 경우에도 인정된다.

④ 허가는 상대방의 신청에 의하여 행하여지는 것으로 신청에 의하지 않고는 행하여질 수 없다.

해설

경찰행정법, 경찰작용법, 행정행위, 경찰허가 −

① (✕) 의의: 법령에 의한 **일반적·상대적 금지를 특정한 경우에 해제**함으로써, 일정한 행위를 적법하게 행할 수 있도록 자연의 자유를 회복시켜 주는 행정행위를 말한다.[♣작위, 수인, 급부의무 해제(✕)](허가, 의의)〈19승진·12경간·02·18.3채용〉

② (○) 효과: 허가는 행위의 **적법요건이지 유효요건이 아니다.**(허가, 효과)〈04·10·19승진·04·09·18.3채용〉

③ (✕) 의의, 대상: **상대적 금지만 허가의 대상**이 됨, **절대적 금지는 허가의 대상이 될 수 없다.**[♣절대적 금지에도 인정(✕)](허가, 의의)〈19승진·18.3채용〉

④ (✕) 요건: 허가는 원칙적으로 신청을 요하는 **쌍방적 행정행위**이므로 **상대방의 출원에 따라 행하여지는 것이 원칙**이며, 신청을 요하는 허가의 경우에 있어 신청이 없는 허가는 무효가 된다.
※ 예외적으로 출원(신청)없이 직권으로 불특정다수인에게 **'일반허가'**를 하는 경우도 있으며, 일반적으로 요식행위이나 요식행위가 아닌 경우도 있고 일반적으로 서면허가를 하나 구두로도 가능하다.[♣반드시 상대방의 출원에 의하여(✕)](허가, 요건)〈19승진·12경간〉 **정답** ②

09 강학상 경찰허가에 관한 설명 중 가장 적절한 것은? (다툼이 있는 경우 판례에 의함) 〈22.2채용〉

① 특별한 규정이 없는 한, 허가를 받게 되면 다른 법령상의 제한들도 모두 해제되는 것이 원칙이다.

② 특별한 규정이 없는 한, 허가는 법령이 부과한 작위의무, 부작위 의무 및 급부의무를 모두 해제하는 것이다.

③ 강학상 허가와 강학상 특허는 당사자의 신청이 없어도 가능하다는 점에서 공통점이 있다.

④ 일반적으로 영업허가를 받지 아니한 상태에서 행한 사법상 법률행위는 유효하다.

해설

경찰행정법, 경찰작용법, 행정행위 −

① (✕) 명령적 행위, 허가, **타법상 제한**: 허가의 효과는 상대적으로 허가는 특정행위에 대한 금지만을 해제할 뿐이고, 그 외의 **타 법률상의 제한(금지)은 계속 존재**하게 된다.[♣타법상 제한 모두 해제(✕)]〈22.2채용〉

② (✕) 명령적 행위, 허가, 대상: **상대적 금지만 허가의 대상**이 됨, **절대적 금지는 허가의 대상이 될 수 없다.**[♣절대적 금지에도 인정(✕), ♣작위의무, 급부의무 해제(✕)]〈19승진·09.1·18.3·22.2채용〉

③ (✕) 형성적 행위, 특허, **성질**: 특허는 **출원(신청)을 필요요건**으로 하는 쌍방적 행정행위에 해당하므로 신청 없는 특허는 무효가 된다.[♣허가처럼 신청을 요건으로 하지 않는다.(✕)]〈22.2채용〉

④ (○) 명령적 행위, 허가, **사법적 효과**〈04·10·19승진·04·09·18.3·22.2채용〉 **정답** ④

테마 67 **형성적 행위**

01 다음 행정행위 중 강학상 특허에 해당하는 것은? (다툼이 있는 경우 판례에 의함) 〈22.1채용〉

① 자동차운전면허
② 재단법인의 정관변경 허가
③ 한의사 면허
④ 국유재산 등의 관리청이 행정재산의 사용·수익에 대하여 하는 허가

해설

경찰행정법, 경찰작용법, 경찰상 행정행위, 내용, 법률행위적 행정행위 −
① 명령적 행위, **허가** : 자동차운전면허〈04·07·09·22.1채용〉
② 형성적 행위, **인가** : 재단법인의 정관변경 허가(대법원95누4810)〈22.1채용〉
③ 명령적 행위, **허가** : 한의사 면허〈04·07·09·22.1채용〉
④ 형성적 행위, **특허** : 국유재산 등의 관리청이 행정재산의 사용·수익에 대하여 하는 허가(대법원 2010
다86723 판결)〈22.1채용〉   정답 ④

테마 68 **준법률행위적 행정행위**

테마 69 **경찰처분의 부관**

01 「행정기본법」상 부관에 관한 설명으로 가장 적절하지 않은 것은? 〈23.1채용〉

① 행정청은 처분에 재량이 있는 경우에는 부관을 붙일 수 있다.
② 행정청은 처분에 재량이 없는 경우에는 법률에 근거가 있는 경우에 부관을 붙일 수 있다.
③ 행정청은 부관을 붙일 수 있는 처분이 당사자의 동의가 있는 경우에는 그 처분을 한 후에도 부관을
새로 붙이거나 종전의 부관을 변경할 수 있다.
④ 부관은 해당 처분의 목적에 위배되지 아니하고, 실질적 관련이 없을 것을 요건으로 한다.

해설

경찰행정법, 경찰작용법, 부관, 한계 −
①② (○) 가능성, 법적요건 : 행정기본법 제17조 제1항, 제2항〈23.1채용〉
③ (○) 사후부관 : 행정기본법 제17조 제3항 제2호〈23.1채용〉
④ (✕) 가능성, **요건** : 부관은 다음 각 호의 요건에 적합하여야 한다.(행정기본법 제17조 제4항)
　　1. 해당 처분의 **목적에 위배되지 아니할 것**(제1호)
　　2. 해당 처분과 **실질적인 관련**이 있을 것[♣실질적 관련성이 없을 것(X)](제2호)〈23.2채용〉
　　3. 해당 처분의 **목적을 달성하기 위하여 필요한 최소한의 범위**일 것(제3호)   정답 ④

02 행정행위의 부관은 (   )인 경우를 제외하고는 독립하여 행정소송의 대상이 될 수 없다. 빈칸에 들어갈 말로 가장 적절한 것은? (다툼이 있는 경우 판례에 의함) 〈23.2채용〉

① 부담   ② 조건   ③ 기한   ④ 기간

해설

경찰행정법, 경찰작용법, 경찰상 행정행위, 경찰처분의 부관 –
행정쟁송 대상 ➡ 행정행위의 부관은 **부담인 경우를 제외**하고는 독립하여 행정소송의 대상이 될 수 없다.
〈23.2채용〉   정답 ①

03 경찰허가의 효과를 제한 또는 보충하기 위하여 주된 의사표시에 부가된 종된 의사표시를 부관이라고 한다. 부관에 대한 설명으로 옳지 않은 것은? 〈20경간〉

① 법정부관의 경우 처분의 효과제한이 직접 법규에 의해서 부여되는 부관으로서 이는 행정행위의 부관과는 구별되는 개념으로 원칙적으로 부관의 개념에 속하지 않는다.
② 부담은 그 자체가 하나의 행정행위이다. 즉, 하명으로서의 성격을 지니기 때문에 분리가 가능하지만, 그 자체가 독립적으로 행정쟁송 및 경찰강제의 대상이 될 수 없다.
③ 부담과 정지조건의 구별이 불분명한 경우에는 최소침해의 원칙에 따라 부담으로 보아야 한다.
④ 수정부담은 새로운 의무를 부가하는 것이 아니라 상대방이 신청한 것과는 다르게 행정행위의 내용을 정하는 부관을 말하며 상대방의 동의가 있어야 효력이 발생한다.

해설

경찰행정법, 경찰작용법, 행정행위, 부관 –
① (○) 의의, 법정부관〈20경간〉
② (✕) **부담** : 부담은 그 **자체가 하나의 행정행위**이다. 즉, **하명으로서의 성격**을 지니기 때문에 **분리가 가능**하며, 그 자체가 **독립적으로 행정쟁송 및 경찰강제의 대상이 될 수 있다**.[♣독립적으로 행정쟁송 및 경찰강제의 대상이 될 수 없다.(✕)](경찰작용법, 경찰처분의 부관, 부담)〈20경간〉
③ (○) 부담, 정지조건과 구분〈20경간〉
④ (○) 수정부담〈14·20경간〉   정답 ②

04 경찰작용에 관한 설명으로 가장 적절하지 않은 것은? 〈23승진〉

① 행정목적을 위하여, 국가의 일반통치권에 의거하여, 개인에게 특정한 작위·부작위·수인 또는 급부의 의무를 명하는 행정행위, 개인에게 특정의무를 명하는 명령적 행정행위를 하명이라 한다.

② 법령에 의한 일반적·절대적 금지를 특정한 경우에 해제함으로써, 일정한 행위를 적법하게 행할 수 있도록 자연의 자유를 회복시켜 주는 행정행위를 허가라 한다.

③ 부관은 조건·기한·부담·철회권의 유보 등과 같이 주된 처분에 부과되는 종된 규율로서, 주된 처분의 효과를 제한하거나 의무를 부과함으로써 국민의 권리·의무에 영향을 미치는 효과가 있다.

④ 행정지도는 일정한 행정목적을 달성하기 위해 상대방인 국민에게 임의적인 협력을 요청하는 비권력적 사실행위를 말한다.

해설

경찰행정법, 경찰작용법, 경찰상 행정행위 −

① (○) 내용, 명령적 행위 : 하명〈20·23승진·20경간·19.1채용〉

② (✕) 내용, 명령적 행위, **허가** : 법령에 의한 **일반적·상대적 금지를 특정한 경우에 해제**함으로써, 일정한 행위를 적법하게 행할 수 있도록 자연의 자유를 회복시켜 주는 행정행위를 허가라 한다.
[♣절대적 금지를 해제(X)]〈19·23승진·12경간·02·09.1·18.3채용〉

③ (○) 부관 : 의의〈14경간〉

④ (○) 개념 : 행정지도의 의의〈23승진〉 ⠀⠀⠀⠀⠀⠀⠀⠀⠀⠀⠀⠀⠀⠀⠀ 정답 ②

테마 70 ▶ **경찰 행정행위의 효력**

테마 71 ▶ **경찰 행정행위의 하자**

제5장 경찰행정의 실효성 확보수단

테마 72 경찰강제   **1**

01 경찰상 의무이행 확보수단을 전통적 수단과 새로운 수단으로 구분할 때, 전통적 수단에 해당하지 않는 것은?

〈19경간〉

① 대집행   ② 집행벌   ③ 과징금   ④ 강제징수

해설

경찰행정법, 경찰행정의 의무이행 확보수단, 경찰강제 −
①②④ (○) 전통적 수단〈19경간〉
③ (✕) 새로운 수단〈19경간〉   정답 ③

---

02 행정상 의무이행 확보 수단에 관한 설명으로 가장 적절하지 않은 것은? (다툼이 있는 경우 판례에 의함)

〈23.1채용〉

① 과징금은 원칙적으로 행정법상의 의무를 위반한 자에 대하여 당해 위반행위로 얻게 된 경제적 이익을 박탈하기 위한 목적으로 부과하는 금전적인 제재이다.
② 「경찰관 직무집행법」 제6조 "경찰관은 범죄행위가 목전에 행하여지려고 하고 있다고 인정될 때에는 이를 예방하기 위하여 관계인에게 필요한 경고를 하고, 그 행위로 인하여 사람의 생명·신체에 위해를 끼치거나 재산에 중대한 손해를 끼칠 우려가 있는 긴급한 경우에는 그 행위를 제지할 수 있다" 규정은 행정상 즉시강제에 해당한다.
③ 「경찰관 직무집행법」 제4조 제1항 제1호에서 규정하는 술에 취한 상태로 인하여 자기 또는 타인의 생명·신체와 재산에 위해를 미칠 우려가 있는 피구호자에 대한 보호조치는 행정상 강제집행에 해당한다.
④ 가산세는 개별 세법이 과세의 적정을 기하기 위하여 정한 의무의 이행을 확보할 목적으로 그 의무위반에 대하여 세금의 형태로 가하는 행정상 제재이다.

해설

경찰행정법, 경찰행정의 실효성 확보수단 −
① (○) 새로운 의무이행 확보수단, 금전적 제재 : 과징금〈23.1채용〉
② (○) 전통적 의무이행 확보수단, 경찰관직무집행법, 범죄의 예방과 제지 : 의의〈22.1·23.1채용〉
③ (✕) 경찰관직무집행법, 보호조치, **성질** : 보호조치는 **대인적 즉시강제**에 해당한다.[♣행정상 강제집행 (✕)]〈22.1·23.1채용〉
④ (○) 새로운 의무이행 확보수단, 금전적 제재 : 가산세〈23.1채용〉   정답 ③

PART

03

테마 73 ▶ 경찰상 강제집행

01 경찰상 강제집행의 수단에 대한 설명이다. ㉠부터 ㉣까지의 설명과 명칭이 가장 적절하게 연결된 것은?

〈16 · 18경위〉

㉠ 대체적 작위의무의 불이행이 있는 경우 행정청이 의무자의 작위의무를 스스로 행하거나 제3자로 하여금 이를 행하게 하고 그 비용을 의무자로부터 징수하는 행위

㉡ 경찰상 의무를 이행하지 않는 경우에 그 이행을 강제하기 위해 과하는 금전벌

㉢ 국민이 국가 또는 공공단체에 대해 부담하고 있는 공법상의 금전급부의무를 이행하지 않는 경우에 행정청이 강제적으로 의무가 이행된 것과 동일한 상태를 실현하는 작용

㉣ 경찰상 의무불이행에 대해 최후의 수단으로서 직접 의무자의 신체나 재산에 실력을 가하여 의무의 이행이 있었던 것과 동일한 상태를 실현하는 작용

① ㉠ – 대집행　　㉡ – 집행벌　　㉢ – 강제징수　　㉣ – 직접강제
② ㉠ – 집행벌　　㉡ – 강제징수　　㉢ – 대집행　　㉣ – 직접강제
③ ㉠ – 대집행　　㉡ – 강제징수　　㉢ – 직접강제　　㉣ – 집행벌
④ ㉠ – 강제징수　　㉡ – 집행벌　　㉢ – 직접강제　　㉣ – 대집행

해설

경찰행정법, 경찰행정의 실효성 확보수단, 경찰강제, 강제집행 –

㉠ 대집행 – **대체적 작위의무의 불이행**이 있는 경우에 당해 행정청이 의무자가 행할 의무를 스스로 행하거나 또는 제3자로 하여금 이를 이행하게 하여 의무의 이행이 있었던 것과 동일한 상태를 실현시킨 후, 그에 대한 비용을 의무자로부터 징수하는 **권력적 사실행위**이다.[스스로 혹은 제3자가 실행 + 비용징수]〈16 · 18승진〉

㉡ 집행벌 – 행정법상의 **부작위의무 또는 비대체적 작위의무(주 대상)**를 이행하지 아니할 때 그 **의무를 강제적으로 이행**시키기 위하여 과하는 **금전벌**이다.〈16 · 18승진 · 14경간〉

㉢ 강제징수 – 국민이 국가 또는 공공단체에 대해 부담하고 있는 공법상 **금전급부의무의 불이행**이 있는 **경우**에 행정청이 강제적으로 **의무자의 재산에 실력을 가하여** 그 의무가 이행된 것과 같은 상태를 실현하는 작용이다.〈04행정 · 16 · 18승진〉

㉣ 직접강제 – 행정법상의 **의무불이행이 있는 경우**에 **직접적으로 의무자의 신체 · 재산에 실력을 가함**으로써 의무의 이행이 있었던 것과 같은 상태를 실현하는 작용이다.〈97 · 16 · 18승진 · 14경간〉

정답 ①

02 경찰상 의무이행 확보수단에 대한 설명으로 가장 적절한 것은? 〈21승진〉

① 경찰상 강제집행은 경찰하명에 따른 경찰의무의 불이행이 있는 경우에 상대방의 신체 또는 재산이나 주거 등에 실력을 행사하여 경찰상 필요한 상태를 실현하는 작용으로 간접적 의무이행 확보수단이다.

② 강제징수란 국민이 국가 또는 공공단체에 대해 부담하고 있는 공법상의 금전급부의무를 이행하지 않는 경우에 행정청이 강제적으로 의무가 이행된 것과 동일한 상태를 실현하는 작용으로 새로운 의무이행 확보수단이다.

③ 집행벌은 의무이행을 위한 강제집행이라는 점에서 의무위반에 대한 제재인 경찰벌과 구별되며, 경찰벌과 병과해서 행할 수 있고, 의무이행될 때까지 반복적으로 부과하는 것도 가능하다.

④ 해산명령 불이행에 따른 해산조치, 불법영업소의 폐쇄조치, 감염병 환자의 즉각적인 강제격리는 모두 즉시강제에 해당한다.

해설

경찰행정법, 경찰행정의 실효성 확보수단, 경찰강제, 강제집행 −

① (✕) **의의** : 경찰상 강제집행은 경찰목적의 달성을 위한 **직접적 강제수단**이다.(집행벌 제외)[♣간접적 의무이행 확보수단(X)]〈21승진〉

② (✕) 강제징수, 의의, 전통적 의무이행 확보 수단[♣새로운 의무이행 확보수단(X)]〈21승진〉

③ (○) 집행벌〈16・18・21승진・14경간〉

④ (✕) **직접강제 사례** : 해산명령 불이행에 따른 해산조치, 불법영업소의 폐쇄조치, 외국인 강제퇴거 등[♣감염병 환자의 즉각적인 강제격리(X) → 즉시강제]〈21승진〉 정답 ③

03 경찰상 강제집행 및 그 수단에 대한 설명으로 가장 적절하지 않은 것은? 〈21.1채용〉

① 경찰상 강제집행은 경찰하명에 의한 의무의 존재 및 그 불이행을 전제로 한다는 점에서 의무불이행을 전제로 하지 않는 경찰상 즉시강제와 구별된다.

② 경찰상 강제집행은 장래에 향하여 의무이행을 강제한다는 점에서 과거의 의무위반에 대한 제재인 경찰벌과 구별된다.

③ 강제징수란 의무자가 관련 법령상의 대체적 작위의무를 이행하지 않을 경우, 당해 경찰관청이 스스로 행하거나 또는 제3자로 하여금 의무자가 하여야 할 행위를 하게 함으로써 의무의 이행이 있는 것과 같은 상태를 실현시킨 후 그 비용을 의무자로부터 징수하는 것이다.

④ 대집행의 근거가 되는 일반법으로는 「행정대집행법」이 있다.

해설

경찰행정법, 경찰행정상 의무이행 확보수단, 강제집행 −

① (○) 즉시강제와 비교〈20경간・14승진・19.1・21.1채용〉

② (○) 경찰벌과 비교〈21.1채용〉

③ (✕) **대집행** : 대체적 작위의무의 불이행이 있는 경우에 당해 행정청이 의무자가 행할 의무를 스스로 행하거나 또는 제3자로 하여금 이를 이행하게 하여 의무의 이행이 있었던 것과 동일한 상태를 실현시킨 후, 그에 대한 비용을 의무자로부터 징수하는 **권력적 사실행위**이다.[♣강제징수(X)〈16・18・20승진・21.1채용〉

④ (○) 대집행의 법적 근거〈21.1채용〉 정답 ③

04 경찰상 강제집행의 수단에 대한 설명이다. 다음 중 옳은 것은? 〈20경간〉

① 대집행의 절차는 계고 → 통지 → 비용의 징수 → 실행 순이다.
② 집행벌은 경찰벌과 병과해서 행할 수 없다.
③ 강제징수 절차는 독촉 → 체납처분(압류 - 매각 - 청산) → 체납처분의 중지 → 결손처분 순으로 진행한다.
④ 강제집행과 즉시강제는 선행의무 불이행을 전제하지 않는다.

해설

경찰행정법, 경찰행정의 실효성 확보수단, 경찰강제, 강제집행 -

① (X) 대집행, **절차**: 대집행의 절차는 **계고 → 통지 → 실행 → 비용의 징수** 순이다.[♣계고 → 통지 → 비용의 징수 → 실행 순(X)]〈20경간〉

② (X) **이행강제금(집행벌)**: 집행벌과 경찰벌은 목적·성질이 다르므로 양자는 **병과될 수** 있으며, 집행벌은 의무이행을 위한 강제집행이라는 점에서 의무위반에 대한 제재로써 과하는 경찰벌과 구별된다.[♣경찰벌과 병과해서 행할 수 없다.(X)]〈96행정·20경간〉

③ (○) 강제징수, 절차〈20경간〉

④ (X) **의의, 즉시강제와 비교**: 경찰상의 강제집행은 경찰하명에 의한 **의무의 존재 및 그 불이행을 전제**로 한다는 점에서 **이를 전제로 하지 아니하고 급박한 경우에 행하여지는 경찰상 즉시강제와 구별**된다.[♣강제집행은 선행의무의 불이행을 전제로 하지 않는다.(X)]〈20경간·14승진·19.1채용〉

정답 ③

05 경찰상 강제집행의 수단에 대한 설명으로 가장 적절하지 않은 것은? 〈20경감〉

① 직접강제란 의무의 불이행이 있는 경우 직접 의무자의 신체·재산에 실력을 가하여 의무의 이행이 있었던 것과 같은 상태를 실현하는 작용을 말한다.
② 강제징수의 일반법으로서 「국세징수법」이 있다.
③ 집행벌은 반복적으로 부과하는 것도 가능하다.
④ 대집행이란 비대체적 작위의무의 불이행이 있는 경우 행정청이 의무자의 작위의무를 스스로 행하거나 또는 제3자로 하여금 이를 행하게 하고 그 비용을 의무자로부터 징수하는 것을 말한다.

해설

경찰행정법, 경찰행정의 실효성 확보수단, 경찰강제, 강제집행 -

① (○) 직접강제〈97·11·16·18·20승진·14경간〉

② (○) 강제징수, 근거〈20승진·14경간〉

③ (○) 집행벌(이행강제금), 특색〈20승진〉

④ (X) 대집행: 대집행이란 **대체적 작위의무의 불이행**이 있는 경우에 당해 행정청이 의무자가 행할 의무를 스스로 행하거나 또는 제3자로 하여금 이를 이행하게 하여 의무의 이행이 있었던 것과 동일한 상태를 실현시킨 후, 그에 대한 비용을 의무자로부터 징수하는 **권력적 사실행위**이다.[♣비대체적 작위의무의 불이행이 있는 경우(X)](의무이행강제, 대집행)〈16·18·20승진〉 **정답** ④

06 경찰행정의 실효성 확보수단에 관한 설명으로 가장 적절하지 않은 것은? (다툼이 있는 경우 판례에 의함)

〈24.1채용〉

① 행정대집행은 대체적 작위의무 불이행에 대하여 다른 수단으로는 그 이행을 확보하기 곤란하고 불이행을 방치하면 공익을 크게 해칠 것으로 인정될 때에 행정청이 의무자가 하여야 할 행위를 스스로 하거나 제3자에게 하게 하고 그 비용을 의무자로부터 징수하는 것을 말한다.

② 행정청은 의무자가 행정상 의무를 이행할 때까지 이행강제금을 반복하여 부과할 수 있으나, 의무자가 의무를 이행하면 이미 부과한 이행강제금을 징수하여서는 안 된다.

③ 직접강제는 행정대집행이나 이행강제금 부과로는 행정산 의무이행을 확보할 수 없거나 그 실현이 불가능한 경우에 실시하여야 한다.

④ 경찰행정상 즉시강제는 눈앞의 급박한 경찰상 장해를 제거하여야 할 필요가 있고 의무를 명할 시간적 여유가 없거나 의무를 명하는 방법으로는 그 목적을 달성하기 어려운 상황에서 의무불이행을 전제로 하지 않고 경찰이 직접 실력을 행사하여 경찰상 필요한 상태를 실현하는 권력적 사실행위이다.

해설

경찰행정법, 경찰행정의 실효성 확보수단 −

− **강제집행** −

① (○) 대집행, 의의(행정기본법 제30조 제1항 제1호)〈16 · 18 · 20승진 · 21.1 · 22.1 · 2 · 24.1채용〉

② (X) 이행강제금, 절차, **부과효과** : 행정청은 의무자가 행정상 의무를 이행할 때까지 이행강제금을 반복하여 부과할 수 있다. 다만, 의무자가 의무를 이행하면 새로운 이행강제금의 부과를 즉시 중지하되, 이미 부과한 이행강제금은 징수하여야 한다.[♣이미 부과한 이행강제금을 징수하여서는 안 된다.(X)](행정기본법 제31조 제5항)〈24.1채용〉

③ (○) 대상(절차)(행정기본법 제32조 제1항)〈24.1채용〉

− **즉시강제** −

④ (○) 의의, 성질〈24.1채용〉

정답 ②

테마 74 경찰상 즉시강제

01 경찰상 즉시강제에 대한 설명으로 가장 적절하지 않은 것은? 〈20.1채용〉

① 경찰상 즉시강제는 권력적 사실행위인 처분이기 때문에 행정쟁송이 가능하다.

② 즉시강제의 절차적 한계에 있어서 영장주의의 적용 여부에 대하여 영장필요설이 통설과 판례이다.

③ 경찰상 즉시강제 시 필요 이상으로 실력을 행사하여 경찰책임자 이외의 자에게 유형력을 행사하는 것은 위법이 된다.

④ 적법한 즉시강제에 대한 구제로 손실보상을 청구할 수 있으며, 일정한 요건 하에서 형법상 위법성조각사유에 해당하는 긴급피난도 가능하다.

해설

경찰행정법, 경찰행정의 실효성 확보수단, 경찰강제, 즉시강제 −

① (○) 구제, 위법한 즉시강제, **행정쟁송** : 처분성, **처분성 인정으로 쟁송가능(○), 쟁송실익(X)** → 즉시강제는 권력적 사실행위로서 그 **처분성을 인정하는 것이 다수의 견해로 행정쟁송이 가능**하지만 [♣처분 등에 해당(○)], 대부분의 즉시강제는 단기간에 끝나는 경우가 많기 때문에 협의의 **소익이 부인되는 경우가 많아 행정쟁송의 실익이 없다.** 즉 **행정소송에 의한 구제는 즉시강제의 성질상 적합하지 아니하다.**<14승진 · 20.1채용>

② (X) 절차, **영장주의 적용여부** : **절충설(통설 · 판례)** → 영장주의는 경찰권 발동에도 **일반적으로 적용**되나, 영장주의를 적용하면 행정목적을 달성할 수 없는 긴급을 요하는 **예외적인 경우에만 영장주의가 배제**될 수 있다.[♣영장주의 적용배제(X), ♣영장필요설이 통설 · 판례(X)]<13경간 · 20.1채용>

③ (○) 한계, 조리상 한계, 경찰책임의 원칙<17경간 · 14승진 · 19.1 · 19.2 · 20.1채용>

④ (○) 구제, 적법한 즉시강제, **긴급피난** : 적법한 즉시강제에 의해 문을 부수다가 벽이 무너지는 경우 이웃집 창문을 부수고 피난하는 등 일정한 요건 하에서 형법상 위법성 조각사유에 해당하는 **긴급피난도 가능**하다.(즉시강제, 구제)<20.1채용>

정답 ②

---

02 경찰의무의 이행확보수단에 대한 설명으로 가장 적절한 것은? 〈22경간〉

① 형사처벌과 이행강제금을 병과하는 것은 헌법상의 이중처벌금지의 원칙에 위반된다.

② 경찰상의 강제집행의 실정법적 근거로는 「경찰관 직무집행법」이 유일하다.

③ 즉시강제는 경찰상의 이행을 확보하기 위한 가장 효과적인 수단이며, 공공의 안녕 또는 질서에 대한 급박한 위해가 존재하는 경우에는 국가는 그 위해를 제거하여 공공의 안녕과 질서를 유지할 자연법적 권리와 의무를 가지므로, 특별한 법률적 근거가 없다 하더라도 경찰상의 즉시강제가 가능하다.

④ 경찰상의 강제집행을 하기 위해서는 경찰의무를 부과하는 경찰하명의 근거가 되는 법률 이외에 경찰상의 강제집행을 위한 별도의 법적 근거가 있어야 한다.

해설

경찰행정법, 의무이행 확보수단 −

① (X) 경찰벌, **병과가능** : **경찰벌과 집행벌**(이행강제금) → **경찰형벌(행정형벌)과 집행벌(이행강제금)**[♣형사처벌과 이행강제금을 병과하는 것은 헌법상의 이중처벌금지의 원칙에 위반(X)]<22경간 · 22.2채용>

② (X) 경찰강제, 강제집행, **일반법** : **국세징수법**(강제징수일반법), **행정대집행법**(대집행 등 강제집행의 일반법)[♣경찰관 직무집행법(X)]<21.1 · 22.2채용>

③ (X) 경찰강제, 즉시강제, **근거** : 오늘날 법치국가에서 즉시강제는 극히 예외적이고 전형적인 권력작용이기 때문에 이론적 근거만으로는 충분치 않고 **반드시 실정법적 근거가 있어야** 한다.[♣법률의 근거가 없더라도 일반긴급권에 기초하여 행사할 수 있다.(X)]<04행시 · 22경간 · 22.2채용>

④ (○) 경찰강제, 근거<22경간 · 22.2채용>

정답 ④

03 행정상 즉시강제에 해당하는 것을 모두 고른 것은? (다툼이 있는 경우 판례에 의함) 〈22.1채용〉

> ㉠ 「경찰관 직무집행법」 제6조 범죄의 예방을 위한 제지
> ㉡ 「경찰관 직무집행법」 제4조 제1항 제1호에서 규정하는 술에 취한 상태로 인하여 자기 또는 타인의 생명·신체와 재산에 위해를 미칠 우려가 있는 피구호자에 대한 보호조치
> ㉢ 「행정대집행법」 제2조 대집행
> ㉣ 「국세징수법」 제24조 강제징수

① ㉠㉢   ② ㉡㉢   ③ ㉠㉡   ④ ㉡㉣

해설

경찰행정법, 경찰행정의 실효성 확보수단, 전통적 의무이행 확보수단, 경찰강제 −
㉠ 즉시강제 일반법 및 훈령, 범죄의 예방·제지, 성질: 즉시강제〈22.1채용〉
㉡ 즉시강제 일반법 및 훈령, 보호조치, 성질: 즉시강제〈22.1채용〉
㉢ 경찰상 강제집행, 대집행, 의의: 강제집행〈16·18·20승진·21.1·22.1채용〉
㉣ 경찰상 강제집행, 강제징수, 의의: 강제집행〈04행정·16·18·21승진·22.1채용〉   정답 ③

테마 75 〉 행정(경찰)조사, 행정조사기본법

01 행정조사에 관한 설명 중 가장 적절한 것은? (다툼이 있는 경우 판례에 의함) 〈22.2채용〉
① 행정조사기본법상 조사대상자의 자발적 협조를 얻어 조사를 실시하는 경우에는 법령의 근거를 요하지 아니하며 조직법상의 권한 범위 밖에서도 가능하다.
② 조사대상자의 자발적 협조로 조사가 이루어지는 경우일지라도 행정의 적법성 및 공공성 등을 높이기 위해서 조사목적 등을 반드시 서면으로 통보하여야 한다.
③ 경찰작용은 행정작용의 일환이므로 경찰의 수사에도 행정조사 기본법이 적용되는 것이 원칙이다.
④ 행정조사는 행정기관이 향후 행정작용에 필요한 자료 및 정보를 얻기 위한 준비적 보조적 작용이다.

해설

경찰행정법, 경찰행정의 의무이행 확보수단, 행정조사(경직법 앞) −
① (X) **근거, 임의조사**: 작용법적 근거 없이, **조직법적 근거만으로도** 수행할 수가 있다.[♣자발적 협조를 얻은 경우 조직법상의 권한 범위 밖에서도 가능(X)]〈22.2채용〉
② (X) **절차, 사전통지·이유제시**: '조사대상자의 **자발적인 협조를 얻어 실시하는 행정조사의 경우**'에는 **행정조사의 개시와 동시에 출석요구서등을 조사대상자에게 제시하거나** 행정조사의 목적 등을 조사대상자에게 **구두로 통지할 수** 있다.[♣자발적 협조로 조사가 이루어지는 경우일지라도 조사목적 등을 반드시 서면으로 통지하여야(X)](행정조사기본법 제17조 제1항 단서)〈22.2채용〉
③ (X) **근거, 적용제외대상**: 국가안전보장·통일 및 외교, 국방 및 안전에 관한 사항 일부, 정보공개법에 따른 정보에 관한 사항, 근로감독관의 직무에 관한 사항, **조세·형사·행형 및 보안처분**에 관한 사항, 금융감독기관의 감독·검사·조사 및 감리에 관한 사항, 일정한 공정거래위원회의 법률위반행위 조사에 관한 사항에는 이 법을 **적용하지 아니**한다.[♣경찰의 수사에도 행정조사기본법이 적용(X)](행정조사기본법 제3조 제2항)〈22.2채용〉
④ (○) 의의〈22.2채용〉   정답 ④

02 행정조사에 관한 설명으로 가장 적절한 것은? (다툼이 있는 경우 판례에 의함) 〈24승진〉

① 「고용보험법」상 '실업인정대상기간 중의 취업 사실'에 대한 행정조사절차에는 수사절차에서의 진술거부권 고지의무에 관한 「형사소송법」 규정이 준용되지 않는다.

② 경찰공무원이 「도로교통법」규정에 따라 호흡측정 또는 혈액검사 등의 방법으로 운전자가 술에 취한 상태에서 운전하였는지를 조사하는 것은 수사로서의 성격을 갖지만, 행정조사의 성격을 가지는 것은 아니다.

③ 조사대상자의 자발적 협조로 조사가 이루어지는 경우일지라도 행정의 적법성 및 공공성을 높이기 위해서 조사목적 등을 반드시 서면으로 통보하여야 한다.

④ 「행정조사기본법」상 행정기관은 행정조사를 통하여 알게된 정보를 어떠한 경우에도 원래의 조사목적 이외의 용도로 이용할 수 없다.

해설

경찰행정법, 의무이행강제수단, 즉시강제, 행정조사 −

① (○) 경찰조사, 한계, **판례**: **判例)**[행정조사절차 → 진술거부권 고지의무(X)] 행정조사 절차에는 수사절차에서의 **진술거부권 고지의무**에 관한 형사소송법 규정이 **준용되지 않는다.**(대법원 선고 2020두31323 판결[실업급여지급제한 및 반환명령처분취소])〈24승진〉

② (✕) 경찰조사, 근거, **판례**: **判例)**[도교법 호흡측정, 혈액검사 → 행정조사(O), 수사(O)] 국가경찰공무원이 도로교통법 규정에 따라 **호흡측정 또는 혈액 검사 등의 방법으로 운전자가 술에 취한 상태에서 운전하였는지를 조사하는 것**은, 수사기관과 경찰행정조사자의 지위를 겸하는 주체가 형사소송에서 사용될 증거를 수집하기 위한 **수사**로서의 성격을 가짐과 아울러 교통상 위험의 방지를 목적으로 하는 운전면허 정지·취소의 행정처분을 위한 자료를 수집하는 **행정조사**의 성격을 **동시에** 가지고 있다고 볼 수 있다.[♣수사이고, 행정조사 아니다.(X)](대법원 2014두46850 판결 [자동차운전면허취소처분취소])〈24승진〉

③ (✕) 행정조사기본법, 절차, **사전통지**: 원칙 − 행정조사를 실시하고자 하는 행정기관의 장은 **출석요구서, 보고요구서·자료제출요구서 및 현장출입조사서**("출석요구서등")를 **조사개시 7일 전까지** 조사대상자에게 **서면으로 통지하여야** 한다.(행정조사기본법 제17조 제1항)

예외 − 다만, 다음 각 호의 어느 하나에 해당하는 경우에는 **행정조사의 개시와 동시에 출석요구서등을 조사대상자에게 제시하거나** 행정조사의 목적 등을 조사대상자에게 **구두로 통지할 수** 있다.(행정조사기본법 제17조 제1항 단서)〈22.2채용〉

　1. 행정조사를 실시하기 전에 관련 사항을 미리 통지하는 때에는 **증거인멸 등**으로 행정조사의 목적을 달성할 수 없다고 판단되는 경우

　2. 「통계법」에 따른 **지정통계의 작성을 위하여 조사**하는 경우

　3. 조사대상자의 **자발적인 협조**를 얻어 실시하는 행정조사의 경우[♣자발적 협조로 조사가 이루어지는 경우일지라도 조사목적 등을 반드시 서면으로 통보하여야(X)]〈24승진·22.2채용〉

④ (✕) 행정조사기본법, 기본원칙, **목적외 사용금지**: 행정기관은 행정조사를 통하여 알게 된 정보를 다른 **법률**에 따라 내부에서 이용하거나 다른 기관에 제공하는 경우를 **제외**하고는 원래의 조사목적 이외의 용도로 이용하거나 타인에게 **제공하여서는 아니** 된다.[♣언제나 목적외 용도로 이용할 수 없다.(X)](제4조 제6항)〈24승진〉 　　　　　　　　　정답 ①

테마 75-1 개인정보 보호법

01 「개인정보 보호법」에 관한 다음 설명 중 가장 옳지 않은 것은? 〈18경간〉

① 개인정보처리자는 보유기간의 경과, 개인정보의 처리 목적 달성 등 그 개인정보가 불필요하게 되었을 때에는 지체 없이 그 개인정보를 파기하여야 한다. 다만, 다른 법령에 따라 보존하여야 하는 경우에는 그러하지 아니하다.

② 개인정보처리자는 정보주체의 동의를 받은 경우에도 정보주체의 개인정보를 제3자에게 제공(공유를 포함한다)하여서는 아니 된다.

③ 개인정보처리자는 법률에 특별한 규정이 있거나 법령상 의무를 준수하기 위하여 불가피한 경우에는 개인정보를 수집할 수 있으며 그 수집 목적의 범위에서 이용할 수 있다.

④ 개인정보를 처리하거나 처리하였던 자는 업무상 알게 된 개인정보를 누설하거나 권한 없이 다른 사람이 이용하도록 제공하는 행위를 하여서는 아니 된다.

해설

경찰행정법, 경찰행정의 의무이행 확보수단, 즉시강제, 개인정보보호법 −

① (○) 파기 및 보존(개인정보보호법 제21조 제1항)〈18경간〉

② (✕) 제3자 제공, **요건**: 개인정보처리자는 다음 각 호의 어느 하나에 해당되는 경우에는 정보주체의 **개인정보를 제3자에게 제공**(공유를 포함)**할 수** 있다.(제17조 제1항)

  1. 정보주체의 **동의를 받은 경우**[♣동의를 받은 경우에도 제공 불가(✕)](제17조 제1항 제1호)〈18경간〉

  2. **법**(제15조 제1항 제2호 · 제3호 및 제5호)**에 따라** 개인정보를 수집한 목적 범위에서 개인정보를 제공하는 경우(제17조 제1항 제2호)

③ (○) 예외적 개인정보 수집: 개인정보처리자는 다음 각 호의 어느 하나에 해당하는 경우에는 개인 정보를 수집할 수 있으며 **그 수집 목적의 범위에서 이용할 수** 있다.(제15조 제1항)

  1. 정보주체의 동의를 받은 경우

  2. 법률에 특별한 규정이 있거나 법령상 의무를 준수하기 위하여 불가피한 경우(제15조 제1항 제2호)〈18 경간〉

  3. 공공기관이 법령 등에서 정하는 소관 업무의 수행을 위하여 불가피한 경우

  4. 정보주체와의 계약의 체결 및 이행을 위하여 불가피하게 필요한 경우

  5. 정보주체 또는 그 법정대리인이 의사표시를 할 수 없는 상태에 있거나 주소불명 등으로 사전 동의를 받을 수 없는 경우로서 명백히 정보주체 또는 제3자의 급박한 생명, 신체, 재산의 이익을 위하여 필요하다고 인정되는 경우

  6. 개인정보처리자의 정당한 이익을 달성하기 위하여 필요한 경우로서 명백하게 정보주체의 권리보다 우선하는 경우. 이 경우 개인정보처리자의 정당한 이익과 상당한 관련이 있고 합리적인 범위를 초과하지 아니하는 경우에 한한다.,,,,,,,,

④ (○) 개인정보 처리자, 금지사항: 개인정보를 처리하거나 처리하였던 자는 다음 각 호의 어느 하나에 해당하는 행위를 하여서는 아니 된다.(제59조)〈18경간〉

  1. **거짓이나 그 밖의 부정한 수단이나 방법으로 개인정보를 취득**하거나 **처리에 관한 동의를 받는 행위**

  2. 업무상 알게 된 **개인정보를 누설하거나 권한 없이 다른 사람이 이용하도록 제공**하는 행위(제59조 제2호)〈18경간〉

  3. 정당한 권한 없이 또는 허용된 권한을 초과하여 다른 사람의 **개인정보를 훼손, 멸실, 변경, 위조 또는 유출**하는 행위

정답 ②

02 개인정보 보호법상 정의 및 개념에 관한 설명 중 가장 적절하지 않은 것은? 〈22.2채용〉

① 살아 있는 개인에 관한 정보로서 해당 정보만으로는 특정 개인을 알아볼 수 없더라도 다른 정보와 쉽게 결합하여 알아볼 수 있는 정보를 "개인정보"라 한다.

② 개인정보의 일부를 삭제하거나 일부 또는 전부를 대체하는 등의 방법으로 추가 정보가 없이는 특정 개인을 알아볼 수 없도록 처리하는 것을 "가명처리"라 한다.

③ 정보처리 기술을 활용하여 기존의 다양한 정보를 가공해서 만들어 낸 새로운 정보에 관한 독점적 권리를 가지는 사람을 "정보주체"라 한다.

④ 일정한 공간에 지속적으로 설치되어 사람 또는 사물의 영상 등을 촬영하거나 이를 유·무선망을 통하여 전송하는 장치로서 네트워크 카메라와 같은 장치를 "영상정보처리기기"라 한다.

해설

경찰행정법, 경찰행정의 의무이행 확보수단, 즉시강제, 개인정보보호법, 정의 −

① (○) 개인정보(개인정보보호법 제2조 제1호 나)〈22.2채용〉

② (○) 가명처리(개인정보보호법 제2조 제1의2호)〈22.2채용〉

③ (✕) 정보주체 : 처리되는 **정보에 의하여 알아볼 수 있는 사람**으로서 그 정보의 주체가 되는 사람을 말한다.[♣새로운 정보에 관한 독점적 권리를 가지는 사람(X)](개인정보보호법 제2조 제3호)〈22.2채용〉

④ (○) 영상정보처리기기(개인정보보호법 제2조 제7호)〈22.2채용〉

정답 ③

03 「개인정보 보호법」에 관한 설명으로 가장 적절하지 않은 것은? 〈23.2채용〉

① 살아 있는 개인에 관한 정보로서 성명, 주민등록번호 및 영상 등을 통하여 개인을 알아볼 수 있는 정보는 "개인정보"에 해당한다.

② "개인정보처리자"란 업무를 목적으로 개인정보파일을 운용하기 위하여 스스로 또는 다른 사람을 통하여 개인정보를 처리하는 공공기관, 법인, 단체 및 개인 등을 말한다.

③ 정보주체는 자신의 개인정보 처리와 관련하여 개인정보의 처리정지, 정정·삭제 및 파기를 요구할 권리를 가진다.

④ "익명처리"란 개인정보의 전부를 삭제하거나 일부를 대체하는 등의 방법으로 추가 정보가 없이는 특정 개인을 알아볼 수 없도록 처리하는 것을 말한다.

해설

경찰행정법, 경찰행정의 의무이행 확보수단, 즉시강제, 개인정보보호법 −

① (○) 개인정보(개인정보보호법 제2조 제1호)〈22.2 · 23.2채용〉

② (○) 개인정보(개인정보보호법 제2조 제5호)〈22.2 · 23.2채용〉

③ (○) 정보주체의 권리(개인정보보호법 제4조 제4호)〈23.2채용〉

④ (✕) 가명처리 : 개인정보의 **일부를 삭제**하거나 일부 또는 전부를 대체하는 등의 방법으로 **추가 정보가 없이는 특정 개인을 알아볼 수 없도록 처리**하는 것을 말한다.[♣익명처리(X)](개인정보보호법 제2조 제1의2호)〈22.2 · 23.2채용〉

정답 ④

04 「개인정보 보호법」에 관한 설명으로 가장 적절하지 않은 것은? (단, 동법 제3조의 개인정보 보호 원칙은 준수할 것으로 봄) 〈24.1채용〉

① 개인정보처리자는 법령상 의무를 준수하기 위하여 불가피한 경우에는 개인정보를 수집할 수 있으며 그 수집 목적의 범위에서 이용할 수 있다.

② 인명의 구조·구급 등을 위하여 필요한 경우로서 대통령령으로 정하는 경우에는 불특정 다수가 이용하는 다수가 이용하는 목욕실, 탈의실 등 개인의 사생활을 현저히 침해할 우려가 있는 장소의 내부를 볼 수 있는 곳에서 이동형 영상정보처리기기로 사람 또는 그 사람과 관련된 사물의 영상을 촬영할 수 있다.

③ 개인정보처리사는 개인정보를 익명 또는 가명으로 처리하여도 개인정보 수집목적을 달성할 수 있는 경우 익명처리가 가능한 경우에는 익명에 의하여, 익명처리로 목적을 달성할 수 없는 경우에는 가명에 의하여 처리될 수 있도록 하여야 한다.

④ 개인정보처리자는 통계작성, 과학적 연구, 공익적 기록보존 등을 위하여 가명정보를 처리하는 경우에 정보주체에게 이를 알리고 동의를 받아야 한다.

해설

경찰행정법, 경찰행정의 의무이행 확보수단, 즉시강제, 개인정보보호법 −

① (○) 개인정보 수집이용(개인정보보호법 제15조 제1항 제2호)〈18경간·24.1채용〉

② (○) 이동형 영상정보 처리기기 운영 제한, 예외(개인정보보호법 제25조의2 제2항)〈24.1채용〉

③ (○) 개인정보 보호원칙, 익명 또는 가명처리(개인정보보호법 제3조 제7항)〈24.1채용〉

④ (×) **가명정보의 처리** : 개인정보처리자는 **통계작성, 과학적 연구, 공익적 기록보존 등**을 위하여 정보주체의 **동의 없이 가명정보를 처리할 수** 있다.[♣동의를 받아야(X)](개인정보보호법 제28조의2 제1항)〈24.1채용〉

정답 ④

테마 76 ▶ 경찰관직무집행법 일반

01 경찰관 직무집행법 제2조 규정에서 경찰공무원의 직무범위에 대한 다음 설명 중 가장 옳지 않은 것은?

〈13경간변형〉

① 교통의 단속과 위해의 방지 업무는 교통안전을 위한 업무이다.
② 기타 공공의 안녕과 질서유지는 일반적 수권조항이라는 것에 판례와 학설이 상호 일치하고 있지는 않다.
③ 제2조에 경비·주요인사경호 및 대간첩 작전을 규정하고 대테러 작전은 포함되어 있지 않다.
④ '공공안녕에 대한 위험의 예방과 대응을 위한 정보의 수집·작성, 배포'를 직무의 범위로 규정하고 있다.

해설

경찰행정법, 경찰행정의 의무이행 확보수단, 즉시강제, 경찰관직무집행법, 일반 −
① (○) 직무범위 : 경찰관 직무집행법 제2조 제4호〈13경간〉
② (○) 직무범위표, 그 밖의 사회 공공의 안녕과 질서유지 : 경찰관 직무집행법 제2조 제7호〈13경간〉
③ (×) 임무 : **경비·주요인사경호 및 대간첩·대테러작전** 등[♣대테러 작전은 포함되어 있지 않다.(X)](경찰관 직무집행법 제2조 제3호)〈13경간〉
④ (○) 직무범위표 / 경찰관 직무집행법 제2조 제3호〈13경간〉

정답 ③

테마 77 ▶ 불심검문

01 「경찰관 직무집행법」에 대한 설명으로 가장 적절하지 않은 것은? 〈20경감〉
① 동법에 규정된 경찰관의 직권은 그 직무 수행에 필요한 최소한도에서 행사되어야 하며 남용되어서는 아니 된다.
② 제2조 직무 범위에서는 범죄피해자 보호도 경찰의 직무로 규정하고 있다.
③ 경찰관은 수상한 행동이나 그 밖의 주위 사정을 합리적으로 판단하여 볼 때 어떠한 죄를 범하였거나 범하려 하고 있다고 의심할 만한 상당한 이유가 있는 사람을 정지시켜 질문할 수 있다.
④ 최근 「경찰관 직무집행법」 개정(2019. 6. 25. 시행)을 통해 불심검문 시 제복을 착용한 경찰관의 신분증명을 면제하는 규정이 신설되었다.

해설

경찰행정법, 경찰행정의 의무이행 확보수단, 즉시강제, 경찰관직무집행법 −
① (○) 일반, 의의, 비례의 원칙(경찰관 직무집행법 제1조 제2항)〈15·20승진·15경간·14.2채용〉
② (○) 일반, 범위(경찰관 직무집행법 제2조 제2의2호)〈20승진·18.2채용〉
③ (○) 불심검문(경찰관 직무집행법 제3조 제1항)〈15·20승진·11.2·13·15.3채용〉
④ (×) 불심검문, 절차, **질문** : 불심검문을 위한 질문시 신분을 표시하는 **증표를 제시**하면서 **소속과 성명을 밝히고** / 검문의 **목적과 이유를 설명하여야** 한다.[♣제복을 착용한 경찰관의 신분증명을 면제하는 규정이 신설(X)](경찰관직무집행법 제3조 제4항)〈19·20승진·07채용〉

정답 ④

02 「경찰관 직무집행법」상 불심검문에 대한 다음 설명 중 옳지 않은 것은 모두 몇 개인가? 〈17경간〉

> ⊙ 경찰관은 거동불심자를 정지시켜 질문을 할 때에 그 사람이 흉기를 가지고 있는지 여부를 조사
> 할 수 있다.
> ⓒ 경찰관은 거동불심자를 정지시켜 질문을 할 때에 미리 진술거부권이 있음을 상대방에게 고지하
> 여야 한다.
> ⓒ 경찰관은 불심검문시 거동불심자를 정지시킨 장소에서 질문하는 것이 그 사람에게 불리하거나
> 교통에 방해가 된다고 인정될 때에는 질문을 하기 위하여 가까운 경찰관서로 동행할 것을 요구
> 할 수 있다.
> ② 거동불심자에 대한 동행요구시 당해인은 그 요구를 거절할 수 있으나, 이러한 내용이 「경찰관
> 직무집행법」에 규정되어 있는 것은 아니다.
> ⑩ 경찰관은 동행한 사람의 가족이나 친지 등에게 동행한 경찰관의 신분, 동행 장소, 동행 목적과
> 이유를 알리거나 본인으로 하여금 즉시 연락할 수 있는 기회를 주어야 하지만, 변호인의 도움을
> 받을 권리가 있음을 알릴 필요는 없다.

① 0개　　　　　② 1개　　　　　③ 2개　　　　　④ 3개

해설

경찰행정법, 경찰행정의 의무이행 확보수단, 즉시강제, 경찰관직무집행법, 불심검문, 절차 −

⊙ (○) 검사, 흉기조사(경찰관 직무집행법 제3조 제3항)〈17경간·11.2·15.3채용〉

ⓒ (×) 임의동행, **절차**: 피의자에 대한 조사 작용이 아니기 때문에 그 사람에게 '**진술거부권**'을 알릴 **필요는 없다.**[♣고지하여야(×)]〈17경간·98·03승진·02·07·11채용〉

ⓒ (○) 임의동행, 요건(경찰관 직무집행법 제3조 제2항)〈12승진·13·17경간·11.2·15.2·3채용〉

② (×) 임의동행, **성질**: 이때 특별한 사정이 없더라도 동행을 요구받은 사람은 **동행요구를 거절할 수 있** 다.[♣규정되어 있는 것은 아니(×)](경찰관 직무집행법 제3조 제2항)〈98·15승진·13·17경간·15.2채용〉

⑩ (×) 임의동행, 절차, **연락**: 불심자를 동행한 경우 경찰관은 그 사람인 **가족이나 친지 등에게 동행한 경찰관의 신분·동행장소·동행목적과 이유를 알리거나,** 본인으로 하여금 **즉시 연락할 수 있는 기회를 주어야** 한다.(경찰관 직무집행법 제3조 제5항)〈17경간·7·15.2채용〉 '**변호인의 도움을 받을 권리**'가 있음을 **알려야 한다.**[♣알릴 필요 없다.(×)](경찰관 직무집행법 제3조 제5항)〈17경간·5·15.2채용〉　　　　**정답** ④

03 「경찰관 직무집행법」상 불심검문에 대한 설명으로 가장 적절한 것은? 〈19.1채용〉

① 경찰관은 상대방의 신원확인이 불가능하거나 교통에 방해된다고 인정될 때에는 임의동행을 요구할 수 있다.

② 경찰관은 임의동행한 사람의 가족이나 친지 등에게 동행한 경찰관의 신분, 동행 장소, 동행 목적과 이유를 알리거나 본인으로 하여금 즉시 연락할 수 있는 기회를 주어야 하며, 변호인의 도움을 받을 권리가 있음을 알려야 한다.

③ 경찰관은 질문을 하거나 임의동행을 요구할 경우 자신의 신분을 표시하는 증표를 제시하면서 소속과 성명을 밝혀야 한다. 이때 증표는 경찰공무원증뿐만 아니라 흉장도 포함된다.

④ 경찰관이 불심검문 시 흉기조사뿐 아니라, 흉기 이외의 일반소지품 조사도 할 수 있다고 규정하고 있다.

해설

경찰행정법, 경찰행정의 의무이행 확보수단, 즉시강제, 경찰관직무집행법, 불심검문, 절차 −

① (×) 임의동행, **요건**: 경찰관이 불심검문을 할 때 그 장소에서 질문을 하는 것이 ⓐ **그 사람에게 불리하거나** ⓑ **교통에 방해가 되는 경우**에 본인의 승낙을 얻어 **부근의 경찰관서(경찰서 · 지구대 · 파출소 등)에 동행할 것을 요구할 수 있다.**[♣신원확인이 불가능한 경우(X)](경찰관 직무집행법 제3조 제2항)〈12승진 · 13 · 17경간 · 11.2 · 15.2 · 3 · 19.1채용〉

② (○) 임의동행, 절차(경찰관직무집행법 제3조 제5항)〈17경간 · 7 · 15.2 · 19.1채용〉

③ (×) 임의동행, 요건, **증표제시**: 신분을 표시하는 증표는 '**국가경찰공무원의 공무원증**'으로 한다.(시행령 제5조)

   ※ 기타 **재직증명서, 신분증의 복사본, 흉장 등으로 대체할 수가 없다.**[♣흉장도 포함(X)]〈19.1채용〉

④ (×) 검사, **신체 및 일반 소지품 검사**: 특별한 규정이 없으므로, **상대방의 승낙을 얻어야** 한다.[♣일반 소지품 조사 규정(X)]〈19.1채용〉

정답 ②

04 「경찰관 직무집행법」상 불심검문에 대한 설명으로 적절한 것은 모두 몇 개인가? (다툼이 있는 경우 판례에 따름) 〈22경간〉

> 가. 경찰관은 동행한 사람의 가족이나 친지 등에게 동행한 경찰관의 신분, 동행 장소, 동행 목적과 이유를 알리거나 다른 사람으로 하여금 즉시 연락할 수 있는 기회를 주어야 하며, 변호인의 도움을 받을 권리가 있음을 알려야 한다.
>
> 나. 검문하는 사람이 경찰관이고 검문하는 이유가 범죄행위에 관한 것임을 충분히 알고 있었다고 보이는 경우에 신분증을 제시하지 않았다 하더라도 그 불심검문을 위법한 공무집행이라고 할 수 없다.
>
> 다. 경찰관은 불심검문시 그 장소에서 질문을 하는 것이 그 사람에게 불리하거나 교통에 방해가 된다고 인정될 때에는 질문을 하기 위하여 가까운 경찰청 · 경찰서 · 지구대 · 파출소 또는 출장소(해양경찰관서 미포함)로 동행할 것을 요구할 수 있다. 이 경우 동행을 요구받은 사람은 그 요구를 거절할 수 있다.
>
> 라. 경찰관은 질문을 하거나 동행을 요구할 경우 자신의 신분을 표시하는 증표를 제시하면서 소속과 성명을 밝히고 질문이나 동행의 목적과 이유를 설명할 수 있으며, 동행을 요구하는 경우에는 동행 장소를 밝힐 수 있다.

① 0개   ② 1개   ③ 2개   ④ 3개

해설

경찰행정법, 의무이행 확보, 즉시강제 일반법, 불심검문, 절차 −

가. (X) 임의동행, **연락 또는 연락의 기회부여**: 불심자를 동행한 경우 경찰관은 그 사람의 **가족이나 친지** 등에게 동행한 경찰관의 신분·동행장소·동행목적과 이유를 알리거나, 본인으로 하여금 즉시 **연락할 수 있는 기회를 주어야** 한다.[♣다른 사람으로 하여금(X)](경찰관 직무집행법 제3조 제5항)<17·22경간·7·15.2·19.1채용>

나. (○) 질문, **판례**: 대법원 2014도7976 판결 [공무집행방해·상해]<22경간>

다. (X) 임의동행, **요건**: 경찰관은 불심검문 대상인 사람을 정지시킨 장소에서 질문을 하는 것이 그 사람에게 **불리하거나 교통에 방해**가 된다고 인정될 때에는 질문을 하기 위하여 가까운 **경찰서·지구대·파출소 또는 출장소**(지방해양경찰관서를 포함[♣지방해양경찰관서 미포함(X)], 이하 "경찰관서")로 **동행할 것을 요구할 수** 있다.(경찰관 직무집행법 제3조 제2항)<12·22승진·13·17·22경간·11.2·15.2·3·19.1채용>

라. (X) 임의동행, **절차**: 경찰관은 자신의 **신분을 표시하는 증표를 제시**하면서 **소속과 성명을** 밝히고 그 **목적과 이유를 설명하여야** 하며[♣설명할 수(X)], 반드시 **동행의 장소를 밝혀야** 한다.[♣할 수(X)] (경찰관 직무집행법 제3조 제4항)<22경간·12.3·15.2채용>　　　　　　　　　　　　　　　**정답** ②

---

05 「경찰관 직무집행법」상 불심검문에 대한 설명으로 가장 적절하지 않은 것은? (다툼이 있는 경우 판례에 의함)
〈23경간〉

① 미리 입수된 용의자에 대한 인상착의와 일부 일치되지 않는 부분이 있다고 하더라도 그것만으로 경찰관이 불심검문 대상자로 삼은 조치가 위법하다고 볼 수 없다.

② 경찰관은 불심검문 대상자에게 질문을 하기 위하여 범행의 경중, 범행과의 관련성, 상황의 긴박성, 혐의의 정도, 질문의 필요성 등에 비추어 목적 달성에 필요한 최소한의 범위 내에서 사회통념상 용인될 수 있는 상당한 방법으로 대상자를 정지시킬 수 있고 질문에 수반하여 흉기의 소지 여부도 조사할 수 있다.

③ 경찰관이 신분증을 제시하지 않고 불심검문을 하였으나, 검문하는 사람이 경찰관이고 검문하는 이유가 범죄행위에 관한 것임을 피고인이 알고 있었던 경우, 그 불심검문이 위법한 공무집행이라고 할 수 없다.

④ 경찰관이 불심검문 대상자 해당 여부를 판단할 때에는 불심검문 당시의 구체적 상황은 물론 사전에 얻은 정보나 전문적 지식 등에 기초하여 불심검문 대상자인지를 객관적·합리적인 기준에 따라 판단하여야 하며, 불심검문 대상자에게 「형사소송법」에 의한 체포나 구속에 이를 정도의 혐의가 있을 것을 요한다.

해설

경찰행정법, 경찰행정의 의무이행확보수단, 경찰관직무집행법, 불심검문 −

① (○) 대상, 판례: 대법원 2011도13999 판결 [상해·공무집행방해]<23경간>

② (○) 절차, 검사, 판례: 대법원 2010도6203 판결 [상해·공무집행방해·모욕]<23경간>

③ (○) 절차, 질문, 판례: 대법원 2014도7976 판결 [공무집행방해·상해])<22·경간>

④ (X) 대상, 판례: **불심검문 대상자에게 형사소송법상 체포나 구속에 이를 정도의 혐의가 있을 것을 요한다고 할 수는 없다.**[♣혐의를 요한다.(X)](대법원 2011도13999 판결 [상해·공무집행방해])<23경간>　　　**정답** ④

---

06 「경찰관 직무집행법」 제3조에 규정된 불심검문에 관한 설명 중 옳고 그름의 표시(○, ×)가 바르게 된 것은?

〈24승진〉

> ⊙ 경찰관은 수상한 행동이나 그 밖의 주위 사정을 합리적으로 판단하여 볼 때 어떠한 죄를 범하였 거나 범하려 하고 있다고 의심할 만한 상당한 이유가 있는 사람을 정지시켜 질문하여야 한다.
>
> ⓛ 불심검문을 하던 중 정지시킨 장소에서 질문하는 것이 그 사람에게 불리하거나 교통에 방해가 된다고 인정될 때에는 질문을 하기 위하여 가까운 경찰서·지구대·파출소 또는 출장소(지방해 양경찰관서 포함)로 동행할 것을 요구할 수 있다.
>
> ⓒ 경찰관은 동행한 사람의 가족이나 친지 등에게 동행한 경찰관의 신분, 동행 장소, 동행 목적과 이유를 알리거나 본인으로 하여금 즉시 연락할 수 있는 기회를 주어야 하나, 변호인의 도움을 받을 권리가 있음을 알릴 필요는 없다.
>
> ⓔ 경찰관은 불심검문 대상자를 임의동행한 경우 동행한 사람을 6시간을 초과하여 경찰관서에 머물 게 할 수 없다.

① ⊙(○) ⓛ(○) ⓒ(×) ⓔ(×) 　　　② ⊙(×) ⓛ(○) ⓒ(○) ⓔ(○)

③ ⊙(○) ⓛ(×) ⓒ(○) ⓔ(×) 　　　④ ⊙(×) ⓛ(○) ⓒ(×) ⓔ(○)

해설

경찰행정법, 의무이행확보수단, 즉시강제, 경찰관직무집행법, 불심검문 −

⊙ (×) **의의·대상** : 경찰관은 다음 각 호의 어느 하나에 해당하는 사람을 정지시켜 **질문**[♣동행요구(X)] 할 수 있다.(제3조 제1항)〈15·20·24승진·11.2·13·15.3채용〉

　① 수상한 행동이나 그 밖의 주위 사정을 '**합리적**'으로 판단하여 볼 때 **어떠한 죄를 범하였거** **나, 범하려 하고 있다고** 의심할 만한 '**상당**'한[♣충분한(X)] **이유가 있는 사람**(제3조 제1항 제1 호)〈15·16승진〉

　② **이미 행하여진 범죄나 행하여지려고 하는 범죄행위에 관해 그 사실을 안다고 인정되는 사람** (이들은 경찰책임자가 아니므로 경찰책임의 원칙의 예외에 해당)(제3조 제1항 제2호)〈13.2·15.3채용〉 [☻하려안]

− **임의동행** −

ⓛ (○) **요건**(경찰관직무집행법 제3조 제2항)〈12·22·24승진·13·17·22경간·11.2·15.2·3·19.1채용〉

ⓒ (×) 절차, **동행 후** : **연락 또는 연락의 기회부여** : 불심자를 동행한 경우 경찰관은 그 사람의 **가족이** **나 친지 등에게 동행한 경찰관의 신분·동행장소·동행목적과 이유를 알리거나, 본인으로 하여금** **즉시 연락할 수 있는 기회를 주어야** 한다.(경찰관직무집행법 제3조 제5항)〈17·22경간·24승진·7· 15.2·19.1채용〉

　'**변호인의 도움을 받을 권리**' 고지 : '변호인의 도움을 받을 권리'가 있음을 **알려야 한다.**[♣알릴 필요 없다.(X)](경찰관직무집행법 제3조 제5항)〈17경간·24승진·5·10.1·15.2·19.1채용〉

ⓔ (○) 절차, 유의사항(경찰관직무집행법 제6조 제6항)〈11·13경간·24승진·11.2·15.3채용〉　　　**정답** ④

테마 78 보호조치

01 「경찰관 직무집행법」제4조 '보호조치 등'에 대한 설명으로 가장 적절한 것은? 〈21승진〉

① 경찰관은 자살기도자를 발견하여 경찰관서에 보호할 경우 지체 없이 구호대상자의 가족, 친지 또는 그 밖의 연고자에게 그 사실을 알려야 하며, 연고자가 발견되지 아니할 때에는 구호대상자의 의사와 상관없이 공공보건의료기관이나 공공구호기관에 인계할 수 있다.

② 경찰관은 보호조치 등을 하는 경우에 구호대상자가 휴대하고 있는 무기·흉기 등 위험을 일으킬 수 있는 것으로 인정되는 물건을 경찰관서에 임시로 영치(領置)하여 놓을 수 있고, 그 기간은 10일을 초과할 수 없다.

③ 긴급구호요청을 받은 응급의료종사자가 정당한 이유 없이 긴급구호요청을 거절할 경우, 「경찰관 직무집행법」에 따라 3년 이하의 징역 또는 3천만 원 이하의 벌금에 처한다.

④ 보호조치는 경찰관서에서 일시 보호하여 구호의 방법을 강구하는 것으로 경찰관의 재량행위에 해당하기 때문에 국가배상책임이 인정되는 경우는 없다.

해설

경찰행정법, 의무이행 확보, 즉시강제 일반법, 보호조치 −

① (✕) 방법, **일시보호** : 경찰관이 긴급구호나 보호조치를 한 때에는 **지체 없이 피구호자의 가족·친지 그 밖의 연고자에게 그 사실을 알려야** 하고, **연고자가 발견되지 아니할 때는 공공보건의료기관이나 공공구호기관에 즉시 인계하여야** 한다.[♣인계할 수(✕)](제4조 제4항)〈19경간·12·16·18·21승진·14.1·17.1·18.3채용〉

② (○) 임시영치(경찰관 직무집행법 제4조 제7항)〈99·17·20·21승진·11·19경간·03·15.3채용〉

③ (✕) 응급의료 거부, **처벌** : 경찰관 직무집행법상 긴급구호 거부에 대한 처벌규정은 없으며, **응급의료 요청을 받은 응급의료 종사자가 정당한 사유없이 응급의료를 거부한 경우 3년 이하의 징역 또는 3천만 원 이하의 벌금**에 처한다.[♣경찰관 직무집행법상 긴급구호거부 처벌가능(✕) → '진료거부', '응급의료거부'가 처벌대상](응급의료에 관한 법률 제6조, 제60조 제3항 제1호)〈16·20·21승진〉

④ (✕) 국가배상 : 보호조치는 원칙적으로 재량행위나 구체적 상황(재량권의 0으로의 수축)하에서는 기속성이 인정되어 **국가배상책임이 인정되는 경우도 있다.**[♣재량행위에 해당하기 때문에 국가배상책임이 인정되는 경우는 없다.(✕)](大判)〈21승진〉

정답 ②

---

02 「경찰관 직무집행법」상 보호조치에 대한 설명으로 가장 적절하지 않은 것은? 〈17.1채용〉

① 경찰관의 긴급구호를 요청받은 보건의료기관이나 공공구호기관은 정당한 이유 없이 긴급구호를 거절할 수 없다.

② 경찰관이 긴급구호나 보호조치를 하였을 때에는 지체 없이 구호대상자의 가족, 친지 또는 그 밖의 연고자에게 그 사실을 알려야 하며, 연고자가 발견되지 아니할 때에는 구호대상자를 적당한 공공보건의료기관이나 공공구호기관에 즉시 인계하여야 한다.

③ 자살시도자를 경찰관서에서 보호하는 기간은 24시간을 초과할 수 없다.

④ 미아, 병자, 부상자 등으로서 적당한 보호자가 없으며 응급구호가 필요하다고 인정되는 사람은 본인이 구호를 거절하는 경우에도 응급구호를 요청하거나 경찰관서에 보호하는 등 적절한 조치를 하여야 한다.

해설

경찰행정법, 의무이행 확보, 즉시강제 일반법, 보호조치 ─

① (○) 방법, 응급구호, 거부금지(경찰관 직무집행법 제4조 제2항)<17.1채용>

② (○) 방법, 일시보호(경찰관 직무집행법 제4조 제4항)<12·16승진·14.1·17.1채용>

③ (○) 방법, 일시보호(경찰관 직무집행법 제4조 제7항)<16승진·14.1·17.1채용>

④ (✕) 대상, **임의보호조치** : **미아·병자·부상자** 등으로서 적당한 보호자가 없으며 응급구호가 필요하다고 인정되는 사람, 다만 본인이 구호를 **거절하는 경우는 보호조치를 할 수가 없다.**[♣거절하는 경우에도 적절한 조치를 하여야 한다.(X), ♣거부해도 보호조치할 수 있다.(X), ♣본인이 거절하는 경미한 부상자도 보호조치 대상(X)](경찰관 직무집행법 제4조 제1항 제3호)<15승진·07·12.2·14.1·17.1채용>

정답 ④

---

03 「경찰관 직무집행법」 제4조 보호조치에 대한 설명으로 가장 적절하지 않은 것은? ⟨08·18경위⟩

① 경찰관은 정신착란을 일으키거나 술에 취하여 자신 또는 다른 사람의 생명·신체·재산에 위해를 끼칠 우려가 있는 사람에 해당하는 것이 명백하고 응급구호가 필요하다고 믿을 만한 상당한 이유가 있는 사람을 발견하였을 때에는 보건의료기관이나 공공구호기관에 긴급구호를 요청할 수 있다.

② 경찰관은 적당한 보호자가 없는 미아에 대해 응급구호가 필요하다고 믿을 만한 상당한 이유가 있다면 본인이 구호를 거절하더라도 「경찰관 직무집행법」 제4조의 보호조치를 실시할 수 있다.

③ 경찰관은 자살을 시도하는 것이 명백하고 응급구호가 필요하다고 믿을 만한 상당한 이유가 있다면 본인 동의여부와 관계없이 「경찰관 직무집행법」 제4조의 보호조치를 실시할 수 있다.

④ 피구호자가 휴대하고 있는 무기, 흉기 등 위험을 야기할 수 있는 것으로 인정되는 물건은 경찰관서에 임시영치할 수 있다.

해설

경찰행정법, 의무이행 확보, 즉시강제 일반법, 보호조치 ─

① (○) 방법, 긴급구호(경찰관 직무집행법 제4조 제1항)<16·18승진·14.1·2채용>

② (✕) 대상, **임의보호조치** : **미아·병자·부상자** 등으로서 적당한 보호자가 없으며 응급구호가 필요하다고 인정되는 사람(경찰관 직무집행법 제4조 제1항 제3호)<18승진·08경간·01·17.1채용> 기타 **기아(버려진 아이), 기아상태에 있는 자, 조난자, 길을 잃은 병약한 노인** 등도 여기에 해당한다. 다만 본인이 구호를 **거절하는 경우는 보호조치를 할 수가 없다.**[♣거부해도 보호조치할 수 있다.(X)](경찰관 직무집행법 제4조 제1항 제3호)<15·18승진·07·12.2·14.1·17.1채용>

③ (○) 대상, **강제보호조치** : **정신착란을 일으키거나 술에 취하여(주취자) 자신 또는 다른 사람의 생명·신체·재산에 위해를 끼칠 우려**가 있는 사람(경찰관 직무집행법 제4조 제1항 제1호), **자살을 시도하는 사람**(경찰관 직무집행법 제4조 제1항 제2호)<15·18승진·05채용>

④ (○) 임시영치, 의의(경찰관 직무집행법 제4조 제7항)<99·17승진·11경간·03·15.3채용>

정답 ②

04 「경찰관 직무집행법」상 보호조치에 대한 설명으로 가장 적절한 것은? 〈18.3채용〉

① 긴급구호를 요청받은 보건의료기관 또는 공공구호기관은 정당한 이유 없이 긴급구호를 거절할 수 없다고 명시되어 있다.

② 긴급구호나 보호조치의 경우 24시간 이내에 피구호자의 가족들에게 연락해 주어야 한다.

③ 자살기도자에 대하여는 경찰관서에 6시간 이내 보호가 가능하다.

④ 임시영치 기간은 10일을 초과할 수 없으며, 법적 성질은 대인적 즉시강제이다.

해설

경찰행정법, 의무이행 확보, 즉시강제 일반법, 보호조치 −

① (○) 방법, **긴급구호, 거부금지** : 긴급구호를 요청받은 보건의료기관이나 공공구호기관은 **정당한 이유 없이 긴급구호를 거절할 수 없다.**(경찰관직무집행법 제4조 제2항)〈17.1 · 18.3채용〉

② (×) 방법, **일시보호** : 경찰관이 긴급구호나 보호조치를 한 때에는 **지체 없이 피구호자의 가족 · 친지 그 밖의 연고자에게 그 사실을 알려야** 하고, **연고자가 발견되지 아니할 때는 공공보건의료기관이나 공공구호기관에 즉시 인계하여야** 한다.[♣24시간 이내에(X)](경찰관직무집행법 제4조 제4항)〈12 · 16 · 18승진 · 14.1 · 17.1 · 18.3채용〉

③ (×) 방법, **일시보호** : 피구호자를 경찰관서에 일시적으로 보호하여 구호의 방법을 강구하는 것 → 경찰관서에서의 일시보호 조치는 **24시간을 초과할 수 없다.**[♣6시간 이내(X)](경찰관직무집행법 제4조 제7항)〈16승진 · 14.1 · 17.1 · 18.3채용〉

④ (×) **임시영치, 성질 : 대물즉시강제**[♣대인즉시강제(X)](경찰관직무집행법 제4조 제3항)〈18.3채용〉　**정답 ①**

05 경찰관 직무집행법 제4조 보호조치에 대한 설명 중 옳지 않은 것은 모두 몇 개인가? 〈19경간 · 23승진〉

> 가. 경찰관이 구호대상자를 경찰관서에 보호조치하는 경우 지체 없이 해당 구호대상자의 가족, 친지 또는 그 밖의 연고자에게 그 사실을 알려야 하며, 연고자가 발견되지 아니할 때에는 구호대상자를 적당한 공공보건의료기관이나 공공구호기관에 즉시 인계하여야 한다.
>
> 나. 경찰관이 구호대상자를 공공보건의료기관이나 공공구호기관에 인계하였을 때에는 해당 경찰관이 즉시 그 사실을 해당 공공보건의료기관 또는 공공구호기관의 장 및 그 감독행정청에 통보하여야 한다.
>
> 다. 경찰관이 구호대상자를 경찰관서에 보호조치하는 경우에 구호대상자가 휴대하고 있는 무기 · 흉기 등 위험을 일으킬 수 있는 것으로 인정되는 물건을 경찰관서에 임시로 영치하여 놓을 수 있다.
>
> 라. 구호대상자를 경찰관서에서 보호하는 기간은 24시간을 초과할 수 없고, 물건을 경찰관서에 임시로 영치하는 기간은 10일을 초과할 수 없다.
>
> 마. 경찰관은 자살을 시도하는 것이 명백하고 응급구호가 필요하다고 믿을 만한 상당한 이유가 있는 구호대상자에 대하여 해당 구호대상자의 동의 여부와 관계없이 보호 조치를 실시할 수 있다.

① 1개　　　　② 2개　　　　③ 3개　　　　④ 4개

해설

경찰행정법, 경찰행정의 의무이행 확보수단, 즉시강제 일반법, 보호조치 −

가. (○) 방법, 일시보호, 통지 · 인계(경찰관 직무집행법 제4조 제4항)〈19경간 · 16 · 18승진 · 14.1 · 17.1 · 18.3채용〉

나. (×) 방법, 일시보호, **보고 및 통보** : 보고를 받은 소속 **경찰서장 또는 해양경찰서장은** 피구호자를 인계한 사실을 지체 없이 당해 공공보건의료기관 · 공공구호기관의 장 및 그 감독행정청에 통보하여야 한다.[♣인계 경찰관이 통보(X)](경찰관 직무집행법 제4조 제6항)〈19경간〉

다. (○) 임시영치(경찰관 직무집행법 제4조 제3항)<19경간·18.3채용>

라. (○) 일시보고 및 임시영치 시한(경찰관 직무집행법 제4조 제7항)<19경간·16승진·14.1·17.1·18.3채용>

마. (○) 대상, 강제보호조치(경찰관 직무집행법 제4조 제1항 제2호, 제2항)<19경간·15·18승진·05채용> **정답 ①**

---

06 「경찰관 직무집행법」상 보호조치에 대한 설명으로 적절하지 않은 것만을 모두 고른 것은? 〈22경간·20승진〉

> 가. 경찰관은 적당한 보호자가 없는 부상자에 대해 응급구호가 필요하다고 인정할 만한 사유가 있다면 본인이 구호를 거절하더라도 보호조치를 할 수 있다.
>
> 나. 경찰관은 보호조치를 하였을 때에는 지체 없이 구호대상자의 가족, 친지 또는 그 밖의 연고자에게 그 사실을 알려야 하며, 연고자가 발견되지 아니할 때에는 구호대상자를 적당한 공공보건의료기관이나 공공구호기관에 즉시 인계할 수 있다.
>
> 다. 경찰관이 구호대상자를 공공보건의료기관이나 공공구호기관에 인계하였을 때에는 해당 경찰관이 즉시 그 사실을 해당 공공보건의료기관 또는 공공구호기관의 장 및 그 감독행정청에 통보하여야 한다.
>
> 라. 경찰관은 구호대상자를 발견하였을 때 보건의료기관이나 공공구호기관에 긴급구호를 요청할 수 있고, 긴급구호를 요청받은 기관이 정당한 이유없이 이를 거절하는 경우 「경찰관 직무집행법」에 따라 처벌하도록 규정되어 있다.

① 가. 나.
② 나. 다.
③ 나. 다. 라.
④ 가. 나. 다. 라.

해설

경찰행정법, 의무이행 확보, 즉시강제 일반법, 보호조치 −

가. (✕) 대상, **임의보호: 미아·병자·부상자 등**으로서 적당한 보호자가 없으며 응급구호가 필요하다고 인정되는 사람으로서 적당한 보호자가 없으며 응급의 구호를 요한다고 인정되는 경우 **보호조치를 할 수 있다.** 다만, **본인이 구호를 거절하는 경우는 제외**한다.[♣본인이 거절하더라도 구호조치 할 수 있다.(✕)](경찰관 직무집행법 제4조 제1항 제3호)<12·18·20·22승진·08·17·22경간·01·17.1·20.2·21.2채용>

나. (✕) 방법, 일시보호, **통지·인계:** 경찰관이 긴급구호나 보호조치를 한 때에는 **지체 없이**[♣24시간 이내(✕)]**구호대상자의 가족·친지 그 밖의 연고자에게 그 사실을 알려야** 하며, **연고자가 발견되지 아니할 때는 공공보건의료기관이나 공공구호기관에 즉시 인계하여야** 한다.[♣인계할 수(✕)](경찰관 직무집행법 제4조 제4항)<19·22경간·12·16·18·21승진·14.1·17.1·18.3·21.2채용>

다. (✕) 방법, 일시보호, **통보:** 보고를 받은 소속 **경찰서장 또는 해양경찰서장**은 피구호자를 인계한 사실을 지체 없이 당해 공공보건의료기관·공공구호기관의 장 및 그 감독행정청에 통보하여야 한다.[♣인계 경찰관이 통보(✕)](제4조 제6항)<19·22경간>

라. (✕) 방법, 긴급구호, **응급의료:** 경찰관 직무집행법상 긴급구호 거부에 대한 처벌규정은 없으며(신분에 따라 형법상 직무유기 적용가능), **응급의료 요청**을 받은 응급의료 종사자가 **정당한 사유 없이 응급의료를 거부한 경우 3년 이하의 징역 또는 3천만 원 이하의 벌금**에 처한다.[♣경찰관 직무집행법상 긴급구호 거부 처벌 가능(✕) → '진료 거부', '응급의료 거부'가 처벌대상](응급의료에 관한 법률 제6조 제2항, 제60조 제3항 제1호)<16·20·21승진·22경간·21.2채용> **정답 ④**

---

07 「경찰관 직무집행법」 제4조의 보호조치에 대한 설명으로 가장 적절하지 않은 것은? ⟨20.2채용⟩

① 경찰관은 정신착란을 일으키거나 술에 취하여 자신 또는 다른 사람의 생명·신체·재산에 위해를 끼칠 우려가 있음이 명백하고 응급구호가 필요하다고 믿을 만한 상당한 이유가 있는 사람을 발견하였을 때 보건의료기관이나 공공구호기관에 긴급구호를 요청하거나 경찰관서에 보호할 수 있다.

② 미아, 병자, 부상자 등으로서 적당한 보호자가 없으며 응급구호가 필요하다고 인정되는 사람이 구호를 거절하지 않는 경우 경찰관은 보호조치를 할 수 있다.

③ 경찰관은 보호조치를 하였을 때에는 지체 없이 구호대상자의 가족, 친지 또는 그 밖의 연고자에게 그 사실을 알려야 하며, 구호대상자를 경찰관서에서 보호하는 기간은 6시간을 초과할 수 없다.

④ 경찰관은 보호조치를 하는 경우에 구호대상자가 휴대하고 있는 무기·흉기 등 위험을 일으킬 수 있는 것으로 인정되는 물건을 경찰관서에 임시로 영치할 수 있다.

해설

경찰행정법, 의무이행 확보, 즉시강제 일반법, 보호조치 −

① (○) 대상, 강제보호조치(경찰관 직무집행법 제4조 제1항 제1호)⟨02·08·15·18승진·20.2채용⟩

② (○) 대상, 임의보호조치(경찰관 직무집행법 제4조 제1항 제3호)⟨12·18·20승진·08·17경간·01·17.1·20.2채용⟩

③ (✕) 방법, **일시보호** : 경찰관서에서 보호하는 기간은 **24시간을 초과할 수 없다.** [♣6시간 이내(✕)](제4조 제7항)⟨19경간·16·20승진·14.1·17.1·18.3·20.1·2채용⟩

④ (○) 임시영치(경찰관 직무집행법 제4조 제3항)⟨20승진·19경간·18.3·20.1·2채용⟩　　　　정답 ③

---

08 「경찰관 직무집행법」에서 보호조치 등에 대한 설명으로 가장 적절한 것은? ⟨21.2채용⟩

① 「경찰관 직무집행법」 제4조 제1항에 따라 긴급구호를 요청받은 보건의료기관이나 공공구호기관은 정당한 이유 없이 긴급구호를 거절할 수 없다. 만약, 긴급구호를 요청받은 응급의료종사자가 정당한 이유 없이 거절한 경우 「경찰관 직무집행법」에 따라 처벌한다.

② 경찰관은 「경찰관 직무집행법」 제4조 제1항의 조치를 하였을 때에는 지체 없이 구호대상자의 가족·친지 그 밖의 연고자에게 그 사실을 알려야 하며, 연고자가 발견되지 아니할 때는 구호대상자를 적당한 관할 경찰관서에 즉시 인계하여야 한다.

③ 경찰관은 「경찰관 직무집행법」 제4조 제1항의 조치를 하는 경우에, 구호대상자가 휴대하고 있는 무기·흉기 등 위험을 일으킬 수 있는 것으로 인정되는 물건을 경찰관서에 임시로 영치하여 놓을 수 있다. 물건을 경찰관서에 임시로 영치하는 기간은 10일을 초과할 수 없다.

④ 미아·병자·부상자 등으로서 적당한 보호자가 없으며 응급구호가 필요한 경우에 본인이 구호를 거절하더라도 보호조치할 수 있다.

해설

경찰행정법, 의무이행 확보수단, 즉시강제, 경찰관 직무집행법, 보호조치 −

① (✕) 방법, **긴급구호** : 긴급구호를 요청받은 보건의료기관이나 공공구호기관은 **정당한 이유 없이 긴급구호를 거절할 수 없다.** (경찰관직무집행법 제4조 제2항)⟨17.1·18.3·21.2채용⟩

➡ 경찰관 직무집행법상 긴급구호 거부에 대한 처벌규정은 없으며, **응급의료 요청**을 받은 응급의료 종사자가 **정당한 사유없이 응급의료를 거부**한 경우 **3년 이하의 징역 또는 3천만 원 이하의 벌금**에 처한다. [♣경찰관 직무집행법상 긴급구호거부 처벌가능(✕) → '진료거부', '응급의료거부'가 처벌대상])(응급의료에 관한 법률 제6조, 제60조 제3항 제1호)⟨16·20·21승진·21.2채용⟩

② (X) 방법, **긴급구호** : 경찰관이 긴급구호나 보호조치를 한 때에는 **지체 없이 구호대상자의 가족·친지 그 밖의 연고자에게 그 사실을 알려야** 하며, **연고자가 발견되지 아니할 때는 공공보건의료기관이나 공공구호기관에 즉시 인계하여야** 한다.[♣관할 경찰관서에 인계(X)](경찰관직무집행법 제4조 제4항)<19경간·12·16·18·21승진·14.1·17.1·18.3·21.2채용>

③ (O) 임시영치(경찰관 직무집행법 제4조 제3항)<20승진·19경간·18.3·20.1·2·21.2채용>

④ (X) 대상, **임의보호조치** : 미아·**병자·부상자** 등으로서 적당한 보호자가 없으며 응급구호가 필요하다고 인정되는 사람으로서 적당한 보호자가 없으며 응급의 구호를 요한다고 인정되는 경우 **보호조치를 할 수** 있다. 다만, **본인이 구호를 거절하는 경우는 제외**한다.[♣본인이 거절하더라도 구호조치할 수 있다.(X)](경찰관 직무집행법 제4조 제1항 제3호)<12·18·20승진·08·17경간·01·17.1·20.2·21.2채용>

정답 ③

09 경찰관 직무집행법상 보호조치 등에 관한 설명으로 가장 적절한 것은? <23.1채용>

① 긴급구호를 요청받은 공공보건의료기관이나 공공구호기관은 정당한 이유 없이 긴급구호를 거절할 수 있다.

② 경찰관은 보호조치를 하는 경우에 구호대상자가 휴대하고 있는 무기·흉기 등 위험을 일으킬 수 있는 것으로 인정되는 물건을 공공보건의료기관이나 공공구호기관에 임시로 영치하여 놓을 수 있다.

③ 경찰관은 보호조치를 하였을 때에는 지체 없이 구호 대상자의 가족, 친지 또는 그 밖의 연고자에게 그 사실을 알려야 하며, 연고자가 발견되지 아니할 때에는 구호대상자를 적당한 공공보건의료기관이나 공공구호기관에 즉시 인계하여야 한다.

④ 구호대상자를 경찰관서에서 보호하는 기간은 48시간을 초과할 수 없고, 물건을 공공보건의료기관이나 공공구호기관에 임시로 영치하는 기간은 10일을 초과할 수 없다.

해설

경찰행정법, 의무이행확보수단, 경찰관직무집행법, 보호조치 −

① (X) 방법, 긴급구호, 거부금지 : 긴급구호를 요청받은 보건의료기관이나 공공구호기관은 **정당한 이유 없이 긴급구호를 거절할 수 없다.**[♣거절할 수 있다.(X)](경찰관직무집행법 제4조 제2항)<17.1·18.3·21.2채용>

② (X) **임시영치** : 보호조치 시에 **구호대상자가 휴대하고 있는 무기·흉기 등 위험을 일으킬 수 있는 것으로 인정되는 물건을** 경찰관서에[♣공공보건의료기관이나 공공구호기관에(X)] 임시로 영치하여 놓을 수 있다.(경찰관직무집행법 제4조 제3항)<20승진·19경간·18.3·20.1·2·21.2·23.1채용>

③ (O) 방법, 일시보호(경찰관직무집행법 제4조 제4항)<19·22경간·12·16·18·21·23승진·14.1·17.1·18.3·21.2·23.1채용>

④ (X) 방법, **일시보호** : 경찰관서에서 보호하는 기간은 **24시간을 초과할 수 없다.**[♣48시간(X)](경찰관직무집행법 제4조 제7항)<19경간·16·20·23승진·14.1·17.1·18.3·20.1·2·23.1채용>
  임시영치 : 경찰관서에[♣공공보건의료기관이나 공공구호기관에(X)] 임시로 영치하는 기간은 **10일을 초과할 수 없다.**[♣30일(X)](경찰관직무집행법 제4조 제7항)<99·17·20·21·23승진·11·19경간·03·15.3·21.2채용>

정답 ③

10 「경찰관 직무집행법」상 보호조치에 대한 설명으로 가장 적절하지 않은 것은? (다툼이 있는 경우 판례에 의함)

〈23경간〉

① 「경찰관 직무집행법」에서 규정하는 술에 취한 상태로 인하여 자기 또는 타인의 생명·신체와 재산에 위해를 미칠 우려가 있는 피구호자에 대한 보호조치는 경찰 행정상 즉시강제에 해당한다.

② 술에 취한 상태란 피구호자가 술에 만취하여 정상적인 판단능력이나 의사능력을 상실할 정도에 이른 것을 말하지 않는다.

③ 경찰공무원이 보호조치된 운전자에 대하여 음주측정을 요구하였다는 이유만으로 음주측정 요구가 당연히 위법하거나 보호조치가 당연히 종료된 것으로 볼 수는 없다.

④ 술에 취한 피구호자의 가족 등에게 인계할 수 있다면 특별한 사정이 없는 한 경찰관서에서 피구호자를 보호하는 것은 허용되지 않는다.

해설

경찰행정법, 경찰행정의 의무이행확보수단, 경찰관직무집행법, 보호조치 −

① (○) 의의, **판례 :** 대법원 2012도11162 판결 [공용물건손상·도로교통법위반(무면허운전)·공무집행방해·상해·도로교통법위반(음주측정거부)])〈23경간〉

② (X) 대상, **판례 :** [술에 취한 상태' → 정상적인 판단능력이나 의사능력 상실할 정도] 경찰관직무집행법 제4조 제1항 제1호(불심검문)의 '**술에 취한 상태**'란 피구호자가 술에 만취하여 **정상적인 판단능력이나 의사능력을 상실할 정도**에 이른 것을 말한다.[♣판단능력이나 의사능력을 상실할 정도에 이른 것을 요하지 않는다.(X)](대법원 2012도11162)〈23경간〉

③ (○) 성질, **판례 :** 대법원 2011도4328 판결〈23경간〉

④ (○) 방법, **판례 :** 대법원 2012도11162 판결 [공용물건손상·도로교통법위반(무면허운전)·공무집행방해·상해·도로교통법위반(음주측정거부)])〈23경간〉

정답 ②

테마 79 ▶ 위험발생의 방지

01 다음은 「경찰관 직무집행법」 제5조 위험 발생의 방지조치를 설명한 것이다. 빈칸의 내용을 가장 적절하게 연결한 것은? 〈16·19경위〉

> 경찰관은 사람의 생명 또는 신체에 위해를 끼치거나 재산에 중대한 손해를 끼칠 우려가 있는 천재, 사변, 인공구조물의 파손이나 붕괴, 교통사고, 위험물의 폭발, 위험한 동물 등의 출현, 극도의 혼잡, 그 밖의 위험한 사태가 있을 때에는 다음 각 호의 조치를 할 수 있다.
> 1. 그 장소에 모인 사람, 사물의 관리자, 그 밖의 관계인에게 필요한 (㉠)을(를) 하는 것
> 2. 매우 긴급한 경우에는 위해를 입을 우려가 있는 사람을 필요한 한도에서 (㉡)시키는 것
> 3. 그 장소에 있는 사람, 사물의 관리자, 그 밖의 관계인에게 위해를 방지하기 위하여 필요하다고 인정되는 조치를 하게 하거나 (㉢)을(를) 하는 것

① ㉠ 경고 ㉡ 제지 ㉢ 억류하거나 피난

② ㉠ 경고 ㉡ 억류하거나 피난 ㉢ 직접조치

③ ㉠ 직접조치 ㉡ 제지 ㉢ 억류하거나 피난

④ ㉠ 직접조치 ㉡ 억류하거나 피난 ㉢ 경고

해설

경찰행정법, 경찰행정의 의무이행확보수단, 경찰관직무집행법, 위험발생의 방지 ㅡ
ㅡ **위험발생의 방지, 수단**(경찰관 직무집행법 제5조 제1항)<98·99·13·19승진>   정답 ②

---

02 「경찰관 직무집행법」 제5조(위험 발생의 방지 등)에 관한 내용 중 가장 적절하지 않은 것은? 〈23승진〉

① 경찰관은 위험 발생의 방지 등에 관한 조치 중 매우 긴급한 경우에 위해를 입을 우려가 있는 사람을 필요한 한도에서 억류하거나 피난시킬 수 있다.

② 경찰관은 위험 발생의 방지 등에 관한 조치를 하였을 때에는 지체없이 그 사실을 소속 경찰관서의 장에게 보고하여야 한다.

③ 경찰관서의 장은 대간첩 작전의 수행이나 소요 사태의 진압을 위하여 필요하다고 인정되는 상당한 이유가 있을 때에는 대간첩 작전지역이나 경찰관서, 무기고 등 다중이용시설에 대한 접근 또는 통행을 제한하거나 금지할 수 있다.

④ 경찰관은 위험한 동물 등의 출현으로 인해 사람의 생명 또는 신체에 위해를 끼치거나 재산에 중대한 손해를 끼칠 우려가 있는 경우 위험 발생 방지 등의 조치를 할 수 있다.

해설

경찰행정법, 의무이행강제, 경찰관 직무집행법, 위험발생의 방지 ㅡ

① (○) 수단, 억류·피난(경찰관 직무집행법 제5조 제1항 제2호)<08·16·19·23승진·18·17경간·11.1·22.2 채용>

② (○) 수단, 보고(경찰관 직무집행법 제5조 제3항)<23승진>

③ (✕) 수단, **접근·통행의 제한·금지** : **경찰관서의 장**은 대간첩 작전의 수행이나 소요(騷擾) 사태의 진압을 위하여 필요하다고 인정되는 상당한 이유가 있을 때에는 **대간첩 작전지역**이나 **경찰관서·무기고** 등 **국가중요시설**에[♣다중이용시설(✕)] 대한 **접근** 또는 **통행**을 제한하거나 금지할 수 있다.(경찰관 직무집행법 제5조 제2항)<23승진·13·14.2·15.1채용>

④ (○) 의의(경찰관 직무집행법 제5조 제1항)<98·99·12·13·19·23승진>   정답 ③

테마 80　범죄의 예방 · 제지

01　「경찰관 직무집행법」에 대한 설명으로 가장 적절한 것은? 〈19경감〉

① 경찰관은 이미 행하여진 범죄나 행하여지려고 하는 범죄행위에 관한 사실을 안다고 인정되는 사람에 대하여 질문을 하는 경우 자신의 신분을 표시하는 증표를 제시하면서 소속과 성명을 밝히고 질문의 목적과 이유를 설명하여야 하며 변호인의 도움을 받을 권리가 있음을 알려야 한다.

② 경찰관은 수상한 행동이나 그 밖의 주위 사정을 합리적으로 판단해 볼 때 구호대상자에 해당함이 명백하여 응급의 구호를 요한다고 믿을 만한 상당한 이유가 있는 자를 발견한 때에는 보건의료기관이나 공공구호기관에 긴급구호를 요청하거나 경찰관서에 보호하는 등 적절한 조치를 하여야 한다.

③ 경찰관은 범죄행위가 목전에 행하여지려고 하고 있다고 인정될 때에는 이를 예방하기 위하여 관계인에게 필요한 경고를 하고 즉시 그 행위를 제지할 수 있다.

④ 경찰관은 자신이나 다른 사람의 생명 · 신체의 방어 및 보호를 위하여 필요하다고 인정되는 상당한 이유가 있을 때에는 그 사태를 합리적으로 판단하여 필요한 한도에서 경찰장구를 사용할 수 있다.

해설

경찰행정법, 의무이행강제, 경찰관 직무집행법 —

① (×) 불심검문, 절차, **질문**: 질문 시 신분을 표시하는 **증표를 제시**하면서, **소속과 성명을** 밝히고 / 검문의 **목적과 이유를 설명하여야** 한다.[♣변호인의 도움을 받을 권리 고지(×)](불심검문, 대상, 절차 / 경찰관 직무집행법 제3조 제4항)<19승진 · 07채용>

② (×) 보호조치, **의의**: 경찰관은 수상한 행동이나 그 밖의 주위 사정을 합리적으로 판단하여 **응급구호가 필요하다고 믿을 만한 상당한 이유가 있는 사람**(구호대상자)을 발견한 때에는 보건의료기관이나 공공구호기관에 긴급구호를 요청하거나 경찰관서에 보호하는 등 **적절한 조치를 할 수 있다.** [♣하여야 한다.(×)](보호처분, 응급구호 / 경찰관 직무집행법 제4조 제1항)<16 · 18 · 19승진 · 14.1 · 2채용>

③ (×) 범죄의 예방과 제지, **의의**: 경찰관은 **범죄행위가 목전(目前)에 행하여지려고 하고 있다고 인정될 때**에는 이를 예방하기 위하여 관계인에게 필요한 **경고**를 하고, 그 행위로 인하여 사람의 생명 · 신체에 위해를 끼치거나 재산에 중대한 손해를 끼칠 우려가 있는 긴급한 경우에는 그 행위를 **제지**할 수 있다.[♣단서 없이 즉시(×)](범죄의 예방 · 제지, 의의 / 경찰관 직무집행법 제6조)<19승진 · 13.1 · 2 · 15.1채용>

④ (○) 경찰장구의 사용, 요건(경찰관 직무집행법 제10조의2 제1항<01 · 05 · 07 · 15 · 19승진 · 11.1 · 12 · 3 · 15.3 · 16.1 · 2 · 18.2채용>

정답 ④

02 다음은 경찰관 직무집행법상 범죄의 예방과 제지에 관한 사례이다. 이와 관련한 설명 중 가장 적절한 것은? (다툼이 있는 경우 판례에 의함) 〈22.2채용〉

> 甲은 평소 집에서 심한 고성과 욕설, 시끄러운 음악 소리 등으로 이웃 주민들로부터 수 회에 걸쳐 112신고가 있어 왔던 사람이다.
> 사건 당일에도 甲이 자정에 가까운 한밤중에 집 안에서 음악을 크게 켜놓고 심한 고성을 지른다는 112신고를 받고 경찰관이 출동하였다. 출동한 경찰관이 인터폰으로 甲에게 문을 열어달라고 하였으나, 甲은 심한 욕설을 할 뿐 출입문을 열어주지 않은 채, 소란행위를 멈추지 않았다. 이에 경찰관들이 甲을 만나기 위해 甲의 집으로 통하는 전기를 일시적으로 차단하여 甲이 집 밖으로 나오도록 유도하였다.

① 경찰관 직무집행법상 경찰관의 제지에 관한 부분은 눈앞의 급박한 경찰상 장해를 제거하여야 할 필요가 있고 의무를 명할 시간적 여유가 없거나 의무를 명하는 방법으로는 그 목적을 달성하기 어려운 상황에서 의무이행을 전제로 하지 않고 경찰이 직접 실력을 행사하여 경찰상 필요한 상태를 실현하는 비권력적 사실행위에 관한 근거조항이다.

② 甲의 행위는 경범죄처벌법상 '인근소란 등'에 해당하고 이로 인하여 인근 주민들이 잠을 이루지 못할 수 있으며 출동한 경찰관들을 만나지 않고 소란행위를 지속하고 있으므로, 甲의 행위를 제지하는 것은 경찰관의 직무상 권한이자 의무로 볼 수 있다.

③ 경찰관 직무집행법상 경찰관의 제지 조치의 위법 여부는 사후적으로 순수한 객관적 기준에서 판단해야 하고 제지 조치 당시의 구체적 상황을 기초로 판단하는 것은 아니다.

④ 경찰관의 조치는 사람의 생명·신체에 위해를 끼치거나 재산에 중대한 손해를 끼칠 우려가 있는 긴급한 경우로 보기는 어려워 즉시강제가 아니라 직접강제의 요건에 부합한다.

해설

경찰행정법, 경찰행정의 의무이행 확보수단, 경찰관 직무집행법, 범죄의 예방과 제지 −

① (X) 수단, **제지** : **권력적 행위**이며, 직접적 수단에 해당한다.[♣비권력적 사실행위 근거조항(X)〈22.2채용〉

② (○) 수단, 판례 : 대법원 2016도19417 판결 [특수공무집행방해]〈22.2채용〉

③ (X) 요건, **판례** : 경찰관의 제지 조치가 적법한지는 제지 **조치 당시의 구체적 상황을 기초로 판단하여야** 하고 사후적으로 **순수한 객관적 기준에서 판단할 것은 아니다.**[♣순수한 객관적 기준에서 판단해야(X)](대법원 2016도19417 판결 [특수공무집행방해])〈22.2채용〉

④ (X) 수단, **판례 : 주거지에서 음악 소리를 크게 내거나 큰 소리로 떠들어 이웃을 시끄럽게 하는 행위**는 경범죄 처벌법 제3조 제1항 제21호에서 경범죄로 정한 '**인근소란 등**'에 해당한다. 경찰관은 경찰관 직무집행법에 따라 경범죄에 해당하는 행위를 **예방·진압·수사**하고, 필요한 경우 **제지할 수 있다.**[♣즉시강제가 아니라 직접강제의 요건에 부합한다.(X)](대법원 2016도19417 판결 [특수공무집행방해])〈22.2채용〉

정답 ②

03 「경찰관 직무집행법」에 관한 설명으로 가장 적절하지 않은 것은? (다툼이 있는 경우 판례에 의함) 〈24.1채용〉

① 경찰관이 불심검문 대상자에 해당 여부를 판단할 때에는 불심검문 당시의 구체적 상황은 물론 사전에 얻은 정보나 전문적 지식 등에 기초하여 불심검문 대상자인지를 객관적·합리적 기준에 따라 판단하여야 하나, 반드시 불심검문 대상자에게 「형사소송법」상 체포나 구속에 이를 정도의 혐의가 있을 것을 요한다고 할 수는 없다.

② 술에 취한 상태로 인하여 자기 또는 타인의 생명·신체와 재산에 위해를 미칠 우려가 있는 피구호자에 대한 보호조치는 경찰 행정상 즉시강제에 해당하므로, 그 조치가 불가피한 최소한도 내에서만 행사되도록 발동·행사 요건을 신중하고 엄격하게 해석하여야 한다.

③ 경찰관의 경고나 제지는 범죄행위가 목전에 행하여지려고 하고 있다고 인정될 때에 이를 예방하기 위하여 이루어지는 조치로서, 범죄행위가 계속되는 중 그 진압을 위해서는 행하여질 수 없다.

④ 경찰관은 「경범죄 처벌법」상 경범죄에 해당하는 행위에 대해서도 필요한 경우 제지할 수 있다.

해설

경찰행정법, 경찰행정의 의무이행확보수단, 즉시강제, 일반법 −

① (○) 불심검문, 대상자, **판례**: 대법원 2011도13999 판결 [상해·공무집행방해]〈23경간·24.1채용〉

② (○) 보호조치, 성질, 즉시강제, **판례**: 대법원 2007도9794 판결〈23경간·24.1채용〉

③ (✕) 범죄의 예방과 제지, 수단, 경고와 제지, **판례**: [경고·제지 − 범죄 착수전, 계속 중 가능] 경찰관직무집행법 제6조 제1항에 규정된 경찰관의 **경고나 제지**는 그 문언과 같이 범죄의 예방을 위하여 범죄행위에 관한 **실행의 착수 전**에 행하여질 수 있을 뿐만 아니라, 이후 **범죄행위가 계속되는 중에 그 진압을 위하여도 당연히 행하여질 수 있다**고 보아야 한다.[♣그 진압을 위해서는 행하여질 수 없다.(✕)](대법원 2013도643 판결 [공무집행방해·상해])〈24.1채용〉

④ (○) 범죄의 예방과 제지, **판례**: 대법원 2016도19417 판결 [특수공무집행방해]〈23경간·22.2·24.1채용〉

정답 ③

테마 81 **위험방지를 위한 출입**

01 「경찰관 직무집행법」상 위험방지를 위한 출입에 대한 설명으로 가장 적절하지 않은 것은? 〈19경위〉

① 위험방지를 위한 출입의 성질은 대가택적 즉시강제이다.

② 경찰공무원은 여관에 불이 나서 객실에 쓰러져 있는 사람이 있는 경우에는 주인이 허락하지 않더라도 들어갈 수 있다.

③ 새벽 3시에 영업이 끝난 식당에서 주인만 머무르는 경우라도, 경찰공무원은 범죄의 예방을 위해 출입을 요구할 수 있고, 상대방은 이를 거절할 수 없다.

④ 경찰공무원은 위험방지를 위해 여관에 출입할 경우에는 그 신분을 표시하는 증표를 제시하여야 하며, 함부로 관계인이 하는 정당한 업무를 방해해서는 아니 된다.

해설

경찰행정법, 경찰행정의 의무이행 확보수단, 경찰관 직무집행법, 위험방지를 위한 출입 –

① (○) 의의<99 · 19승진>

② (○) 종류, 긴급출입(경찰관직무집행법 제7조 제1항)<19승진>

③ (×) 종류, **예방출입**: 흥행장(興行場), 여관, 음식점, 역, 그 밖에 많은 사람이 출입하는 장소의 관리자나 그에 준하는 관계인은 경찰관이 **범죄나 사람의 생명·신체·재산에 대한 위해를 예방하기 위하여** 해당 장소의 영업시간이나 해당 장소가 일반인에게 **공개된 시간에** 그 장소에 출입하겠다고 요구하면 정당한 이유 없이 그 **요구를 거절할 수 없다.**[♣영업이 끝난 새벽 3시(×)](위험방지를 위한 출입, 종류, 예방출입 / 경찰관 직무집행법 제7조 제2항)<19승진>

④ (○) 한계, 유의사항(경찰관 직무집행법 제7조 제4항)<19승진>　　　　　**정답** ③

02 「경찰관 직무집행법」에 대한 설명으로 가장 적절하지 않은 것은? 〈22승진〉

① 국민의 자유와 권리 및 모든 개인이 가지는 불가침의 기본적 인권을 보호하고 사회공공의 질서를 유지하기 위한 경찰관의 직무 수행에 필요한 사항을 규정함을 목적으로 한다.

② 경찰관은 범죄행위가 목전에 행하여지려고 하고 있다고 인정될 때에는 이를 예방하기 위하여 관계인에게 필요한 경고를 할 수 있다.

③ 경찰관이 위험방지를 위한 출입할 때에는 그 신분을 표시하는 증표의 제시의무는 없다.

④ 경찰관은 위험한 사태가 발생하여 사람의 생명·신체 또는 재산에 대한 위해가 임박한 때에 그 위해를 방지하거나 피해자를 구조하기 위하여 부득이하다고 인정하면 합리적으로 판단하여 필요한 한도에서 다른 사람의 토지·건물·배 또는 차에 출입할 수 있다.

해설

경찰행정법, 경찰행정의 의무이행 확보수단, 경찰관 직무집행법 –

① (○) **의의**: 경찰관 직무집행법 제1조 제1항<15경간 · 22승진 · 14.2채용>

② (○) **범죄의 예방과 제지**: 경찰관 직무집행법 제6조<19 · 22승진 · 13.1 · 2 · 15.1채용>

③ (×) **위험방지를 위한 출입**: 위험방지를 위한 출입 시(**예방출입, 긴급출입, 긴급검색**)에 경찰관은 그 **신분을 표시하는 증표를 제시하여야** 하며, 함부로 관계인의 정당한 업무를 방해하여서는 아니 된다.[♣증표의 제시의무는 없다.(×)](경찰관 직무집행법 제7조 제4항)<19 · 22승진>

④ (○) **위험방지를 위한 출입**: 경찰관 직무집행법 제7조 제1항<22승진>　　　**정답** ③

03 「경찰관 직무집행법」 제6조(범죄예방과 제지) 및 제7조(위험 방지를 위한 출입)에 관한 내용 중 가장 적절하지 않은 것은? (다툼이 있는 경우 판례에 의함) 〈23승진〉

① 경찰관의 제지 조치가 적합한지는 제지 조치 당시의 구체적 상황을 기초로 판단하여야 하고 사후적으로 순수한 객관적 기준에서 판단할 것은 아니다.

② 경찰관은 위험 방지를 위해 필요한 장소에 출입할 때에는 그 신분을 표시하는 증표를 제시하여야 하며, 함부로 관계인이 하는 정당한 업무를 방해해서는 아니 된다.

③ 경찰관의 경고나 제지는 범죄의 예방을 위하여 범죄행위에 관한 실행의 착수 전에 행하여질 수 있을 뿐만 아니라, 이후 범죄행위가 계속되는 중에 그 진압을 위하여도 당연히 행하여질 수 있다고 보아야 한다.

④ 경찰관은 범죄행위가 목전에 행하여지려고 하고 있다고 인정할 경우 이를 예방하기 위하여 관계인에게 필요한 제지를 하여야 한다.

해설

경찰행정법, 의무이행강제, 경찰관 직무집행법 —

① (○) 범죄의 예방과 제지, 요건, **판례** : 대법원 2016도19417 판결 [특수공무집행방해]〈23승진 · 22.2채용〉

② (○) 위험방지를 위한 출입, 한계, 유의사항 : 경찰관 직무집행법 제7조 제4항〈19 · 22 · 23승진〉

③ (○) 범죄의 예방과 제지, 수단, 판례 : 대법원 2013도643〈23승진〉

④ (×) 범죄의 예방과 제지, **의의** : 경찰관은 **범죄행위가 목전(目前)에 행하여지려고 하고 있다고 인정될 때**에는 이를 예방하기 위하여 관계인에게 필요한 **경고**를 하고, 그 행위로 인하여 사람의 **생명 · 신체에 위해를 끼치거나 재산에 중대한 손해를 끼칠 우려가 있는 긴급한 경우**에는 그 행위를 **제지**할 수 있다.[♣제지하여야(X)](경찰관직무집행법 제6조)〈19 · 22 · 23승진 · 13.1 · 2 · 15.1채용〉

정답 ④

테마 82 ▶ **사실의 확인 · 출석요구**

01 「경찰관 직무집행법」에 관한 내용 중 가장 적절하지 않은 것은? 〈22.1채용〉

① 경찰관서의 장은 직무 수행에 필요하다고 인정되는 상당한 이유가 있을 때에는 국가기관이나 공사(公私) 단체 등에 직무 수행에 관련된 사실을 조회할 수 있다. 다만, 긴급한 경우에는 소속 경찰관으로 하여금 현장에 나가 해당 기관 또는 단체의 장의 협조를 받아 그 사실을 확인하게 할 수 있다.

② 국가경찰위원회 위원장은 경찰관이 「경찰관 직무집행법」 제2조(직무의 범위) 각 호에 따른 직무의 수행으로 인하여 민 · 형사상 책임과 관련된 소송을 수행할 경우 변호인 선임 등 소송 수행에 필요한 지원을 하여야 한다.

③ 경찰청장, 시 · 도경찰청장 또는 경찰서장은 「경찰관 직무집행법」 제11조의3 제2항에 따른 보상금심사위원회의 심사 · 의결에 따라 보상금을 지급하고, 거짓 또는 부정한 방법으로 보상금을 받은 사람에 대하여는 해당 보상금을 환수한다.

④ 보상금심사위원회는 위원장 1명을 포함한 5명 이내의 위원으로 구성한다.

해설

경찰행정법, 경찰행정의 실효성 확보수단, 경찰강제, 즉시강제 일반법 −

① (○) 사실 확인 등, 사실조회: 경찰관 직무집행법 제8조 제1항<13.1 · 22.1채용>

② (✕) **소송지원**: 경찰청장과 해양경찰청장은[♣국가경찰위원회 위원장은(X)] 경찰관이 직무의 수행으로 인하여 **민 · 형사상 책임**과 관련된 소송을 수행할 경우 **변호인 선임 등 소송 수행에 필요한 지원을 할 수** 있다.[♣지원을 하여야(X)](경찰관 직무집행법 제11조의4)<22.1채용>

③ (○) 범인검거 등 공로자 보상, 지급 등: 경찰관 직무집행법 제11조의3 제5항<17승진 · 22.1채용>

④ (○) 범인검거 등 공로자 보상, 보상금심사위원회: 경찰관 직무집행법 제11조의3 제3항<19승진 · 22.1채용>

정답 ②

02 「경찰관 직무집행법」에 관한 설명으로 가장 적절한 것은? ⟨23.2채용⟩

① 「경찰관 직무집행법」에 따르면 경찰관은 유실물을 인수할 권리자 확인의 직무를 수행하기 위하여 필요하면 관계인에게 출석하여야 하는 사유 · 일시 및 장소를 명확히 적은 출석 요구서를 보내 경찰관서에 출석할 것을 요구할 수 있다.

② 「경찰관 직무집행법」에 따르면 위해성 경찰장비의 종류 및 그 사용기준, 안전교육 · 안전검사의 기준 등은 행정안전부령으로 정한다.

③ 「경찰관 직무집행법」 제11조의2 제1항에 따른 손실보상을 청구할 수 있는 권리는 손실이 있음을 안 날부터 3년, 손실보상이 확정된 때부터 5년간 행사하지 아니하면 시효의 완성으로 소멸된다.

④ 「경찰관 직무집행법」 제2조 직무의 범위에 "테러경보 발령 · 대테러 작전 수행"을 명시하고 있다.

해설

경찰행정법, 경찰행정의 의무이행 확보수단, 즉시강제, 경찰관직무집행법 −

① (○) 출석요구: 경찰관직무집행법 제8조 제2항 제4호<06 · 07승진 · 04 · 08경간 · 04 · 10 · 23.2채용>

② (✕) **경찰장비의 사용, 준수사항**: 경찰관직무집행법에 의하면, 위해성 경찰장비의 종류 및 그 사용기준, 안전교육 · 안전검사의 기준 등은 **대통령령**(위해성 경찰장비의 사용기준 등에 관한 규정)으로 정한다.[♣행정안전부령으로(X)](경찰관직무집행법 제10조 제6항)<22경간 · 23.2채용>

③ (✕) 손실보상, 보상요건: 보상을 청구할 수 있는 권리는 손실이 있음을 **안 날부터 3년, 손실이 발생한 날부터 5년간** 행사하지 아니하면 **시효의 완성으로 소멸**한다.[♣확정된 날부터 5년간(X)](제11조의2 제2항)<17경간 · 17 · 18 · 20승진 · 15.1 · 2 · 3 · 17.2 · 18.2 · 22.1 · 23.2채용>

④ (✕) **직무범위**: 경비 · 주요인사경호 및 **대간첩 · 대테러작전수행**[♣테러경보발령(X)](제2조 제4호)<23.2채용>

정답 ①

테마 83 **경찰정보의 수집, 국제협력**

01 「경찰관 직무집행법」 및 「경찰관의 정보수집 및 처리 등에 관한 규정」에 따른 경찰의 정보활동에 관한 설명으로 가장 적절하지 않은 것은? 〈24.1채용〉

① 경찰관은 범죄·재난·공공갈등 등 공공안녕과 공공질서에 대한 위험의 예방과 대응을 위한 정보의 수집·작성·배포와 이에 수반되는 사실의 확인을 할 수 있다.

② 경찰관은 정치에 관여하기 위해 정보를 수집·작성·배포하는 행위를 해서는 안 된다.

③ 경찰관은 민간기업에 상시적으로 출입해서는 안 되며, 정보활동을 위해 필요한 경우에 한정하여 일시적으로만 출입해야 한다.

④ 경찰관은 수집·작성한 정보가 그 목적이 달성되어 불필요하게 되었을 때에는 다른 법령에 따라 보존해야 하는 경우를 제외하고는 지체없이 그 정보를 폐기해야 한다.

해설

- 경찰행정법, 경찰행정의 의무이행확보수단, 즉시강제, 경찰관직무집행법, 정보의 수집 -

① (✕) **정보의 수집**: 경찰관은 범죄·재난·공공갈등 등 공공안녕에[♣공공의 질서(X)] 대한 위험의 예방과 대응을 위한 **정보의 수집·작성·배포와 이에 수반되는 사실의 확인을 할 수** 있다.(경찰관 직무집행법 제8조의2 제1항)〈24.1채용〉

- 정보경찰, 근거, 경찰관의 정보수집 및 처리 등에 관한 규정 -

② (○) 금지: 경찰관은 정보활동과 관련하여 다음 각 호의 행위를 해서는 안 된다.(경찰관의 정보수집 및 처리 등에 관한 규정 제2조 제2항)

1. 정치에 관여하기 위해 정보를 수집·작성·배포하는 행위〈24.1채용〉

2. 법령의 직무 범위를 벗어나 개인의 동향 등을 파악하기 위해 사생활에 관한 정보를 수집·작성·배포하는 행위

3. 상대방의 명시적 의사에 반해 자료 제출이나 의견 표명을 강요하는 행위

4. **부당한 민원이나 청탁**을 직무관련자에게 **전달**하는 행위[♣정당한 민원이나 청탁(X)]

5. 직무상 알게 된 정보를 누설하거나 개인의 이익을 위해 사용하는 행위

6. **직무와 무관한 비공식적 직함을 사용**하는 행위〈24승진〉

③ (○) **정보수집 등을 위한 출입의 한계**: 경찰관은 다음 각 호의 장소에 상시적으로 출입해서는 안 되며, 정보활동을 위해 필요한 경우에 한정하여 **일시적으로만 출입해야** 한다.(경찰관의 정보수집 및 처리 등에 관한 규정 제5조)〈21경간·22.2·24.1채용〉

1. **언론·교육·종교·시민사회 단체 등 민간단체**〈22.2채용〉

2. **민간기업**〈22.2·24.1채용〉

3. **정당의 사무소**[♣공기업(X), 지방자치단체(X)]〈24승진·21경간·22.2채용〉

④ (○) **폐기**(경찰관의 정보수집 및 처리 등에 관한 규정 제7조 제3항)〈24.1채용〉 　　　　　　　**정답** ①

테마 84 ▶ 유치장

테마 85 ▶ 경찰장비의 사용

01 「위해성 경찰장비의 사용기준 등에 관한 규정」상 '위해성 경찰장비'의 종류에 대한 설명으로 가장 적절하지 않은 것은? 〈17경위〉

① 수갑·포승·경찰봉·전자충격기는 '경찰장구'에 포함된다.
② 권총·소총·산탄총·유탄발사기·박격포·함포·크레모아·수류탄·폭약류 및 도검은 '무기'에 포함된다.
③ 가스발사총(고무탄 발사겸용을 포함) 및 최루탄(그 발사장치를 포함)은 '분사기·최루탄 등'에 포함된다.
④ 가스차·살수차·특수진압차·물포·석궁·전자방패는 '기타 장비'에 포함된다.

> **해설**
>
> **경찰행정법, 경찰행정의 의무이행 확보수단, 즉시강제, 경찰관직무집행법, 경찰장비의 사용 −**
> ① (○) 장구(위해성 경찰장비의 사용기준 등에 관한 규정 제2조 제1호)〈17승진·13.1·14.2·15.2·16.1채용〉
> [☻수포 봉방충]
> ② (○) 무기(위해성 경찰장비의 사용기준 등에 관한 규정 제2조 제2호)〈17승진·13.1·14.2채용〉
> ③ (○) 분사기·최루탄 등(위해성 경찰장비의 사용기준 등에 관한 규정 제3조 제2호)〈17승진·14.2채용〉
> ④ (✕) **기타장비** : 가스**차**·**살수차**·특수진압**차**·**물포**·**석궁**·다**목**적발사기 및 도주**차**량차단장비[♣전자방패(X)](경찰장비의 사용, 의의 / 위해성 경찰장비의 사용기준 등에 관한 규정 제3조 제4호)〈12경간·17승진·10·14.2채용〉 [☻물차목석]　　**정답 ④**

02 경찰관 직무집행법상 '경찰장비'에 대한 설명으로 옳지 않은 것은? 〈19경간〉

① 경찰관은 직무수행 중 경찰장비를 사용할 수 있다. 다만, 사람의 생명이나 신체에 위해를 끼칠 수 있는 경찰장비를 사용할 때에는 필요한 안전교육과 안전검사를 받은 후 사용하여야 한다.
② "경찰장구"란 무기, 최루제와 그 발사장치, 살수차, 감식기구, 해안 감시기구, 통신기기, 차량·선박·항공기 등 경찰이 직무를 수행할 때 필요한 장치와 기구를 말한다.
③ 경찰청장은 사람의 생명이나 신체에 위해를 끼칠 수 있는 경찰장비를 새로 도입하려는 경우에는 대통령령으로 정하는 바에 따라 안전성 검사를 실시하여 그 안전성 검사의 결과 보고서를 국회 소관 상임위원회에 제출하여야 한다. 이 경우 안전성 검사에는 외부 전문가를 참여시켜야 한다.
④ 경찰관은 경찰장비를 함부로 개조하거나 경찰장비에 임의의 장비를 부착하여 일반적인 사용법과 달리 사용함으로써 다른 사람의 생명·신체에 위해를 끼쳐서는 아니 된다.

> **해설**
>
> **경찰행정법, 경찰행정의 의무이행 확보수단, 즉시강제, 경찰관직무집행법, 경찰장비의 사용 −**
> ① (○) 준수사항, 사용시 안전교육과 안전검사(경찰관 직무집행법 제10조 제1항〈19승진·15·19경간·16.1채용〉
> ② (✕) **의의** : "**경찰장비**"란 무기, 경찰장구(警察裝具), **최루제(催涙劑)와 그 발사장치, 살수차, 감식기구(鑑識機具), 해안 감시기구, 통신기기, 차량·선박·항공기 등** 경찰이 직무를 수행할 때 필요한 장치와 기구를 말한다.[♣경찰장구(X)](경찰관 직무집행법 제10조 제2항)〈15·19경간·15.2채용〉
> ③ (○) 준수사항, 신규도입과 안전성 검사(경찰관 직무집행법 제10조 제5항)〈15·19경간·16.1·18.2채용〉
> ④ (○) 준수사항, 임의개조 등 금지(경찰관 직무집행법 제10조 제3항)〈08·19경간〉　　**정답 ②**

PART 03

03 「경찰관 직무집행법」상 경찰장비에 대한 설명으로 적절한 것은 모두 몇 개인가? 〈22경간〉

> 가. 경찰관은 현행범이나 사형·무기 또는 장기 3년 이상의 징역이나 금고에 해당하는 죄를 범한
> 범인의 체포 또는 도주 방지의 직무를 수행하기 위하여 필요하다고 인정되는 상당한 이유가 있
> 을 때에는 그 사태를 합리적으로 판단하여 필요한 한도에서 경찰장구를 사용할 수 있다.
> 나. 경찰관은 직무수행 중 경찰장비를 사용할 수 있다. 다만, 재산의 침해 또는 생명이나 신체에 위
> 해를 끼칠 수 있는 경찰장비를 긴급하게 사용할 때에는 안전검사 없이 안전교육을 받은 후 사
> 용할 수 있다.
> 다. 위해성 경찰장비는 필요한 최소한도에서 사용하여야 하며, 위해성 경찰장비의 종류 및 그 사용
> 기준, 안전교육·안전검사의 기준 등은 행정안전부령으로 정한다.
> 라. 경찰청장은 위해성 경찰장비를 새로 도입하려는 경우에는 대통령령으로 정하는 바에 따라 안전
> 교육을 실시하여 그 안전교육의 결과보고서를 국회 소관 상임위원회에 제출하여야 한다. 이 경
> 우 안전교육에는 외부 전문가를 참여시킬 수 있다.

① 0개　　　　　② 1개　　　　　③ 2개　　　　　④ 3개

해설

경찰행정법, 의무이행 확보, 즉시강제 일반법, 경찰관직무집행법 –

가. (○) 장구의 사용, 요건(경찰관 직무집행법 제10조의2 제1항 제1호)〈22경간 · 10.1 · 15.3 · 16.1 · 2 · 18.2 · 20.1 · 2채용〉

– 경찰장비의 사용, 준수사항 –

나. (✕) **사용시 안전교육과 안전검사** : 경찰관은 직무수행 중 경찰장비를 사용할 수 있다. 다만, 사람의
생명이나 신체에 위해를 끼칠 수 있는 경찰장비("위해성 경찰장비")를 사용할 때에는 필요한
안전교육과 안전검사를 받은 후 사용하여야 한다.[♣긴급하게 사용할 때에는 안전검사 없이 안전교육
을 받은 후 사용할 수 있다.(✕)](경찰관 직무집행법 제10조 제1항)〈19승진 · 15 · 19 · 22경간 · 16.1채용〉

다. (✕) 사용시 안전교육과 안전검사, 기준등 : 위해성 경찰장비의 종류 및 그 사용기준, 안전교육·안
전검사의 기준 등은 **대통령령**(위해성 경찰장비의 사용기준 등에 관한 규정)으로 정한다.[♣행정안전부
령으로(✕)](경찰관 직무집행법 제10조 제6항)〈22경간〉

라. (✕) **신규도입과 안전성 검사** : 신규도입과 안전성검사 : 경찰청장은 위해성 **경찰장비를 새로 도입하려
는 경우에는 대통령령**(위해성..장비..규정)으로 정하는바에 따라 **안전성 검사를**[♣안전교육을(✕)] **실시**
하여 그 안전성 검사의 결과보고서를 국회 **소관 상임위원회에 제출하여야** 한다. 이 경우 안전
교육에는 외부 전문가를 참여시켜야 한다.[♣시킬 수(✕)](경찰관 직무집행법 제10조 제5항)〈17 · 19 ·
22승진 · 22경간 · 18.1 · 2채용〉

정답 ②

04 경찰관의 직무수행 및 경찰장비의 사용과 관련한 재량의 범위 및 한계에 대한 설명으로 가장 적절하게 나열한 것은? (다툼이 있는 경우 판례에 의함) 〈23경간〉

> 불법적인 농성을 진압하는 방법 및 그 과정에서 어떤 경찰장비를 사용할 것인지는 (가.)인 상황과 예측되는 피해 발생의 (나.) 위험성의 내용 등에 비추어 경찰관이 그 재량의 범위 내에서 정할 수 있다. 그러나 그 직무수행 중 특정한 경찰장비를 필요한 최소한의 범위를 넘어 관계 법령에서 정한 통상의 용법과 달리 사용함으로써 타인의 생명·신체에 위해를 가하였다면, 불법적인 농성의 진압을 위하여 그러한 방법으로라도 해당 경찰장비를 사용할 필요가 있고 그로 인하여 발생할 우려가 있는 타인의 생명·신체에 대한 위해의 정도가 (다.)으로 예견되는 범위 내에 있다는 등의 특별한 사정이 없는 한 그 직무수행은 위법하다고 보아야 한다. 나아가 경찰관이 농성 진압의 과정에서 경찰장비를 위법하게 사용함으로써 그 직무수행이 적법한 범위를 벗어난 것으로 볼 수밖에 없다면, 상대방이 그로 인한 생명·신체에 대한 위해를 면하기 위하여 (라.)으로 대항하는 과정에서 그 경찰장비를 손상시켰더라도 이는 위법한 공무집행으로 인한 신체에 대한 현재의 부당한 침해에서 벗어나기 위한 행위로서 정당방위에 해당한다.

	가.	나.	다.	라.
①	구체적	추상적	특수적	간접적
②	추상적	구체적	통상적	직접적
③	구체적	추상적	통상적	직접적
④	구체적	구체적	통상적	직접적

해설

경찰행정법, 경찰행정의 의무이행확보수단, 경찰관직무집행법, 경찰장비의 사용, 의의 –

判例)[어떤 장비 사용? → 구체적 상황, 구체적 위험에 비추어 → 재량(O)] 불법적인 농성을 진압하는 방법 및 그 과정에서 **어떤 경찰장비를 사용할 것인지는 구체적 상황**과 예측되는 피해 발생의 **구체적 위험성**의 내용 등에 비추어 경찰관이 **재량의 범위 내에서 정할 수 있다.**
[통상용법과 달리 사용, 생명·신체에 위해 → 사용 필요(O), 위해가 통상적 예견범위 내 등 특별사정 없는 한 → 위법] 그러나 그 직무수행 중 특정한 경찰장비를 필요한 최소한의 범위를 넘어 관계 법령에서 정한 **통상의 용법과 달리** 사용함으로써 타인의 **생명·신체에 위해**를 가하였다면, 불법적인 농성의 진압을 위하여 그러한 방법으로라도 해당 경찰장비를 **사용할 필요**가 있고 그로 인하여 발생할 우려가 있는 타인의 생명·신체에 대한 위해의 정도가 **통상적으로 예견되는 범위** 내에 있다는 등의 **특별한 사정이 없는 한** 그 직무수행은 **위법하다**고 보아야 한다.
[경찰장비 위법한 사용 → 직접적 대항 → 경찰장비 손상 → 정당방위] 나아가 경찰관이 농성 진압의 과정에서 **경찰장비를 위법하게 사용**함으로써 그 직무수행이 적법한 범위를 벗어난 것으로 볼 수밖에 없다면, 상대방이 그로 인한 생명·신체에 대한 위해를 면하기 위하여 **직접적으로 대항**하는 과정에서 **경찰장비를 손상**시켰더라도 이는 위법한 공무집행으로 인한 신체에 대한 현재의 부당한 침해에서 벗어나기 위한 행위로서 **정당방위**에 해당한다.(대법원 2016다26662, 26679, 26686 판결 [손해배상(기)·손해배상(기)·손해배상(기)])〈23경간〉

※ 주요 용어 – 직접적 상황, 직접적 위험, 통상적 예견범위, 직접적 대항〈23경간〉   정답 ④

05 「위해성 경찰장비의 사용기준 등에 관한 규정」에 대한 내용으로 가장 적절하지 않은 것은? 〈18.1채용〉

① 경찰관은 범인·주취자 또는 정신착란자의 자살 또는 자해기도를 방지하기 위하여 필요한 때에는 수갑·포승 또는 호송용포승을 사용할 수 있다.

② 경찰관은 총기 또는 폭발물을 가지고 대항하는 경우를 제외하고는 14세 미만의 자 또는 임산부에 대하여 권총 또는 소총을 발사하여서는 아니 된다.

③ 경찰관은 최루탄발사기로 최루탄을 발사하는 경우 30도 이상의 발사각을 유지하여야 하고, 가스차·살수차 또는 특수진압차의 최루탄발사대로 최루탄을 발사하는 경우에는 15도 이상의 발사각을 유지하여야 한다.

④ 경찰청장은 신규 도입 장비에 대한 안전성 검사를 실시한 후 3개월 이내에 안전성 검사 결과보고서를 국무회의에 제출하여야 한다.

해설

경찰행정법, 경찰행정의 의무이행확보수단, 경찰관직무집행법, 경찰장비의 사용 −

① (○) 경찰장구의 사용, 요건 / 위해성 경찰장비의 사용기준 등에 관한 규정 제5조〈18승진·18.1채용〉

② (○) 무기의 사용, 한계 / 위해성 경찰 장비의 사용기준 등에 관한 규정 제10조 제2항〈17.1·18.1채용〉

③ (○) 분사기 등의 사용, 한계 / 위해성 경찰장비의 사용기준 등에 관한 규정 제12조 제2항〈16.1·18.1채용〉

④ (✕) 경찰장비의 사용, 준수사항, 신규도입과 **안전성 검사**: **경찰청장**은 신규도입 위해성 장비에 대한 안전성 검사를 실시한 후 **3개월 이내에**[♣2개월 이내(X)] 안전성 검사 결과보고서를 국회 소관 **상임위원회에 제출하여야** 한다.[♣국무회의에(X)](경찰장비의 사용, 준수사항 / 위해성 경찰장비의 사용기준 등에 관한 규정 제18조의2 제3항, 제4항)〈15경간·18.1채용〉   정답 ④

---

06 「위해성 경찰장비의 사용기준 등에 관한 규정」의 내용으로 가장 적절하지 않은 것은? 〈18경위〉

① 경찰장구에는 수갑·포승(捕繩)·호송용포승·경찰봉·호신용경봉을 포함한다.

② 무기에는 산탄총·유탄발사기·3인치포·전자충격기·폭발류 및 도검을 포함한다.

③ 경찰관은 범인의 체포 또는 도주방지, 타인 또는 경찰관의 생명·신체에 대한 방호, 공무집행에 대한 항거의 억제를 위하여 필요한 때에는 최소한의 범위 안에서 가스발사총을 사용할 수 있다. 이 경우 경찰관은 1미터 이내의 거리에서 상대방의 얼굴을 향하여 이를 발사하여서는 아니된다.

④ 경찰관은 범인·주취자 또는 정신착란자의 자살 또는 자해기도를 방지하기 위하여 필요한 때에는 수갑·포승 또는 호송용포승을 사용할 수 있다. 이 경우 경찰관은 소속 국가경찰관서의 장(경찰청장·해양경찰청장·시·도경찰청장·지방해양경찰청장·경찰서장 또는 해양경찰서장 기타 경무관·총경·경정 또는 경감을 장으로 하는 국가경찰관서의 장을 말한다)에게 그 사실을 보고하여야 한다.

경찰행정법, 경찰행정의 실효성 확보수단, 경찰강제, 즉시강제, 경찰관직무집행법 −

① (○) 경찰장비의 사용, 경찰장구 : **수갑 · 포승(捕繩) · 호송용포승 · 경찰봉 · 호신용경봉 · 전자충격기 · 방패 및 전자방패**(경찰장비의 사용, 의의 / 위해성 경찰장비의 사용기준 등에 관한 규정 제2조)<17 · 18 승진 · 13.1 · 14.2 · 15.2 · 16.1채용>

② (✕) 경찰장비의 사용, **무기** : 권**총** · 소**총** · 기관**총**(기관단총을 포함한다. 이하 같다) · 산탄**총** · **유탄발** 사기 · 박격**포** · 3인치포 · 함포 · 크레모**아** · **수류탄 · 폭약류** 및 **도검**[♣전자충격기(X)](경찰장비의 사용, 의의 / 위해성 경찰장비의 사용기준 등에 관한 규정 제2조 제2호)<17 · 18승진 · 13.1 · 14.2 · 17.1채용>

③ (○) 분사기 등의 사용, 요건(위해성 경찰장비의 사용기준 등에 관한 규정 제12조 제1항)<18승진>

④ (○) 경찰장구의 사용, 요건(위해성 경찰장비의 사용기준 등에 관한 규정 제5조)<18승진>　　　　　**정답** ②

---

07 「위해성 경찰장비의 사용기준 등에 관한 규정」에 대한 설명으로 가장 적절하지 않은 것은? <19경위>

① 직무수행 중 위해성 경찰장비를 사용하는 경찰관은 위해성 경찰장비 사용을 위한 안전교육을 받아야 한다.

② 위해성 경찰장비를 사용하는 경찰관이 소속한 국가경찰관서의 장은 소속 경찰관이 사용할 위해성 경찰장비에 대한 안전검사를 실시하여야 한다.

③ 경찰청장은 위해성 경찰장비를 새로 도입하려는 경우에는 안전성 검사를 실시하여 새로 도입하려는 장비가 사람의 생명이나 신체에 미치는 영향을 평가하여야 한다.

④ 위해성 경찰장비를 새로 도입하려는 경우에 안전성 검사에 참여한 외부 전문가는 안전성 검사를 실시한 후 3개월 이내에 안전성 검사 결과보고서를 국회 소관 상임위원회에 제출하여야 한다.

경찰행정법, 경찰행정의 실효성 확보수단, 경찰강제, 즉시강제, 경찰관직무집행법 −

① (○) 경찰장비의 사용, 준수사항, **안전교육**(위해성 경찰장비의 사용기준 등에 관한 규정 제10조 제1항)<19 승진 · 15경간 · 16.1채용>

② (○) 경찰장비의 사용, 준수사항, **안전검사**(위해성 경찰장비의 사용기준 등에 관한 규정 제18조)<19승진>

③ (○) 경찰장비의 사용, 준수사항, **안전성 검사**(위해성 경찰장비의 사용기준 등에 관한 규정 제18조의2 제1항) <19승진>

④ (✕) 경찰장비의 사용, 준수사항, **안전성 검사** : (법 제10조 제5항 후단에 따라) 안전성 검사에 참여한 **외부 전문가**는 안전성 검사가 끝난 후 **30일 이내**에 신규 도입 장비의 안전성 여부에 대한 의견을 **경찰청장에게 제출하여야** 한다.[♣3개월 이내에(X), ♣국회 소관 상임위에(X)](경찰장비의 사용, 준수사항 / 위해성 경찰장비의 사용기준 등에 관한 규정 제18조의2 제3항)<19승진 · 15경간 · 18.1 · 2채용>　　**정답** ④

PART 03

08 경찰장비와 그 사용에 관한 설명으로 가장 적절하지 않은 것은? (다툼이 있는 경우 판례에 의함) 〈24.1채용〉

① 경찰관은 경찰장비에 임의의 장비를 부착하여 일반적인 사용법과 달리 사용함으로써 다른 사람의 생명·신체에 위해를 끼쳐서는 안 된다.

② 경찰청장은 위해성 경찰장비를 새로 도입하려는 경우에는 대통령령으로 정하는바에 따라 안전성 검사를 실시하여 그 안전성 검사의 결과보고서를 국회 소관 상임위원회에 제출하여야 한다. 이 경우 안전성 검사에는 외부 전문가를 참여시켜야 한다.

③ 경찰관이 농성 진압의 과정에서 경찰장비를 적법하게 사용하였더라도 상대방이 그로 인한 생명·신체에 대한 위해를 면하기 위하여 직접적으로 대항하는 과정에서 경찰장비를 손상시켰다면 이는 현재의 부당한 침해에서 벗어나기 위한 행위로서 정당방위에 해당한다.

④ 수사기관에서 구속된 피의자의 도주, 항거 등을 억제하는데 필요하다고 인정할 상당한 이유가 있는 경우에는 필요한 한도 내에서 포승이나 수갑을 사용할 수 있는 것이며, 이러한 조치가 무죄추정의 원칙에 위배되는 것이라고 할 수는 없다.

해설

경찰행정법, 경찰행정의 의무이행확보수단, 즉시강제, 일반법, 장비사용 −

① (○) 경찰장비의 사용, 준수사항, 임의 장비부착 및 다른 용법 사용금지(경찰관직무집행법 제10조 제3항)〈08·19경간·24.1채용〉

② (○) 경찰장비의 사용, 준수사항, 신규도입과 안전성 검사(경찰관직무집행법 제10조 제5항 단서)〈15·19경간·16.1·18.2·24.1채용〉

③ (✕) 경찰장비의 사용, 의의, 판례: [경찰장비 위법한 사용 → 직접적 대항 → 경찰장비 손상 → 정당방위] 경찰관이 농성 진압의 과정에서 **경찰장비를 위법하게 사용**함으로써[♣적법하게 사용하였더라도(X)] 그 직무수행이 적법한 범위를 벗어난 것으로 볼 수밖에 없다면, 상대방이 그로 인한 생명·신체에 대한 위해를 면하기 위하여 **직접적으로 대항**하는 과정에서 **경찰장비를 손상**시켰더라도 이는 위법한 공무집행으로 인한 신체에 대한 현재의 부당한 침해에서 벗어나기 위한 행위로서 **정당방위**에 해당한다.(대법원 2016다26662, 26679, 26686 판결 [손해배상(기)·손해배상(기)·손해배상(기)])〈23경간·24.1채용〉

④ (○) 장구의 사용, 요건, 판례: 대법원 96도561 판결 [국가보안법위반]〈24.1채용〉　　**정답** ③

테마 86 · 경찰장구의 사용

01 「경찰관 직무집행법」에 대한 내용으로 가장 적절하지 않은 것은? 〈18.2채용〉

① 「경찰관 직무집행법」 제2조는 직무의 범위에서 '범죄피해자 보호'를 규정하고 있다.

② 법률에서 정한 절차에 따라 체포·구속된 사람 또는 신체의 자유를 제한하는 판결이나 처분을 받은 사람을 수용하기 위하여 경찰서와 해양경찰서에 유치장을 둔다.

③ 경찰관은 '현행범이나 사형·무기 또는 장기 3년 이상의 징역이나 금고에 해당하는 죄를 범한 범인의 체포 또는 도주 방지', '자신이나 다른 사람의 생명·신체의 방어 및 보호', '공무집행에 대한 항거 제지'의 직무를 수행하기 위하여 필요하다고 인정되는 상당한 이유가 있을 때에는 그 사태를 합리적으로 판단하여 필요한 한도에서 경찰장구를 사용할 수 있다.

④ 경찰청장은 위해성 경찰장비를 새로 도입하려는 경우에는 대통령령으로 정하는 바에 따라 안전성 검사를 실시하여 그 안전성 검사의 결과보고서를 국가경찰위원회에 제출하여야 한다. 이 경우 안전성 검사에는 외부 전문가를 참여시켜야 한다.

해설

경찰행정법, 의무이행 확보, 즉시강제 일반법, 경찰관직무집행법 −

① (○) 일반, 직무범위(경찰관 직무집행법 제2조)〈12경위·15경간·18.2채용〉

② (○) 유치장(경찰관 직무집행법 제9조)〈12.3·13.2·15.1·2·18.2채용〉

③ (○) 경찰장구의 사용(경찰관 직무집행법 제10조의2)〈01·05·07·15승진·11.1·12·3·15.3·16.1·2·18.2채용〉

④ (×) 경찰장비의 사용, **신규도입과 안전성 검사** : 경찰청장은 **위해성 경찰장비를 새로 도입하려는 경우**에는 **대통령령**(위해성..장비..규정)으로 정하는 바에 따라 **안전성 검사를 실시**하여 그 안전성 검사의 결과보고서를 국회 **소관 상임위원회에**[♣국가경찰위원회에(X)]**제출하여야** 한다. 이 경우 **안전성 검사에는 외부 전문가를 참여시켜야** 한다.(경찰장비의 사용, 준수사항 / 경찰관 직무집행법 제10조 제5항)〈17승진·18.1·2채용〉

정답 ④

02 경찰장비에 대한 설명이다. 아래 ㉠부터 ㉣까지의 설명 중 옳고 그름의 표시(O, X)가 바르게 된 것은?

〈22승진〉

> ㉠ 「경찰관 직무집행법」상 경찰청장은 위해성 경찰장비를 새로 도입하려는 경우에는 대통령령으로 정하는 바에 따라 안전성 검사를 실시하여 그 안전성 검사의 결과보고서를 행정안전부장관에게 제출하여야 한다.
> ㉡ 「위해성 경찰장비의 사용기준 등에 관한 규정」상 경찰관은 14세 미만의 자 또는 65세 이상의 고령자에 대하여 전자충격기를 사용하여서는 아니 된다.
> ㉢ 「경찰관 직무집행법」상 경찰관은 범인의 체포 또는 범인의 도주 방지를 위하여 부득이한 경우에는 현장책임자가 판단하여 필요한 최소한의 범위에서 「총포·도검·화약류 등의 안전관리에 관한 법률」에 따른 분사기를 사용할 수 있다.
> ㉣ 「경찰관 직무집행법」상 경찰관은 범인의 체포, 범인의 도주방지, 자신이나 다른 사람의 생명·신체의 방어 및 보호, 공무집행에 대한 항거의 제지를 위하여 필요하다고 인정되는 상당한 이유가 있을 때에는 그 사태를 합리적으로 판단하여 필요한 한도에서 무기를 사용할 수 있다.

① ㉠ (×)　㉡ (○)　㉢ (○)　㉣ (×)
② ㉠ (○)　㉡ (×)　㉢ (○)　㉣ (×)
③ ㉠ (×)　㉡ (×)　㉢ (×)　㉣ (○)
④ ㉠ (×)　㉡ (×)　㉢ (○)　㉣ (○)

해설

경찰행정법, 경찰행정의 의무이행 확보수단, 경찰관 직무집행법 −

㉠ (×) 장비의 사용, 위해성 경찰장비 도입, **신규도입과 안전성검사** : 경찰청장은 위해성 **경찰장비를 새로 도입하려는 경우**에는 **대통령령**(위해성..장비..규정)으로 정하는바에 따라 **안전성 검사를 실시**하여 그 안전성 검사의 결과보고서를 국회 **소관 상임위원회에**[♣행정안전부장관에게(X)] **제출하여야** 한다.(경찰관 직무집행법 제10조 제5항)〈17·19·22승진·18.1·2채용〉

㉡ (×) 경찰장구의 사용, 한계 : 경찰관은 **14세 미만의 자 또는 임산부**에 대하여 **전자충격기 또는 전자방패를 사용하여서는 아니** 된다.[♣65세 이상 고령자(X)](위해성 경찰장비의 사용기준 등에 관한 규정 제8조 제1항)〈15·16·22승진·16.1채용〉

㉢ (○) 분사기 등의 사용(경찰관 직무집행법 제10조의3)〈22승진·13.2채용〉

㉣ (○) 무기의 사용(경찰관 직무집행법 제10조의4 제1항)〈13·22승진·13.1채용〉　　　정답 ④

03 「위해성 경찰장비의 사용기준 등에 관한 규정」에 대한 설명으로 가장 적절하지 않은 것은? 〈21승진〉

① 경찰관은 불법집회·시위로 인하여 발생할 수 있는 경찰관의 생명·신체의 위해와 재산·공공시설의 위험을 방지하기 위해서는 경찰봉 또는 호신용경봉을 사용할 수 없다.

② 경찰관은 범인·술에 취한 사람 또는 정신착란자의 자살 또는 자해기도를 방지하기 위하여 필요한 때에는 수갑·포승 또는 호송용 포승을 사용할 수 있다.

③ 경찰청장은 위해성 경찰장비를 새로 도입하려는 경우에는 신규 도입 장비에 대한 안전성 검사를 실시한 후 3개월 이내에 안전성 검사 결과보고서를 국회 소관 상임위원회에 제출하여야 한다.

④ 경찰관은 가스차·살수차 또는 특수진압차의 최루탄발사대로 최루탄을 발사하는 경우에는 15도 이상의 발사각을 유지하여야 하고, 최루탄발사기로 최루탄을 발사하는 경우 30도 이상의 발사각을 유지하여야 한다.

해설

경찰행정법, 경찰행정의 의무이행 확보수단, 경찰관 직무집행법 –

① (✕) 장구의 사용, **불법집회등에서의 경찰봉·호신용경봉의 사용기준(경찰장구)**: 경찰관은 **불법집회·시위**로 인하여 발생할 수 있는 **타인 또는 경찰관의 생명·신체의 위해와 재산·공공시설의 위험을 방지**하기 위하여 필요한 때에는 최소한의 범위 안에서 **경찰봉 또는 호신용경봉**을 사용할 수 있다.[♣사용할 수 없다.(X)](위해성 경찰장비의 사용기준 등에 관한 규정 제6조)〈17경간·21승진·16.1·20.2채용〉

② (○) 장구의 사용, 요건(위해성 경찰장비의 사용기준 등에 관한 규정 제5조)〈18·21승진·18.1채용〉

③ (○) 장비의 사용, 준수사항, 안전성 검사(위해성 경찰장비의 사용기준 등에 관한 규정 제18조의2 제4항)〈19·21승진·15경간·18.1·2채용〉

④ (○) 분사기등의 사용, 한계, 최루탄 발사(위해성 경찰장비의 사용기준 등에 관한 규정 제12조 제2항)〈17경간·21승진·16.1·18.1채용〉

정답 ①

테마 87 ▶ **분사기등의 사용**

01 「위해성 경찰장비의 사용기준 등에 관한 규정」에 대한 설명으로 가장 적절하지 않은 것은? 〈17경간·16.1채용〉

① 경찰관은 불법집회·시위로 인하여 발생할 수 있는 타인 또는 경찰관의 생명·신체의 위해와 재산·공공시설의 위험을 방지하기 위하여 필요한 때에는 최소한의 범위 안에서 경찰봉 또는 호신용경봉을 사용할 수 있다.

② 경찰관은 14세 이하의 자 또는 임산부에 대하여 전자충격기 또는 전자방패를 사용하여서는 아니된다.

③ 경찰관은 전극침 발사장치가 있는 전자충격기를 사용하는 경우 상대방의 얼굴을 향하여 전극침을 발사하여서는 아니되며, 가스발사총을 사용할 경우 1미터 이내의 거리에서 상대방의 얼굴을 향하여 이를 발사하여서는 아니된다.

④ 경찰관은 최루탄발사기로 최루탄을 발사하는 경우 30도 이상의 발사각을 유지하여야 하고, 가스차·살수차 또는 특수진압차의 최루탄발사대로 최루탄을 발사하는 경우에는 15도 이상의 발사각을 유지하여야 한다.

경찰행정법, 경찰행정의 의무이행 확보수단, 경찰관 직무집행법 –

① (○) 경찰장구의 사용, 요건 / 위해성 경찰장비의 사용기준 등에 관한 규정 제6조<17경간·98·03·04·05승진·16.1채용>

② (×) 분사기등의 사용, 한계: 경찰관은 **14세 미만의 자[♣14세 이하(X)] 또는 임산부에 대하여 전자충격기 또는 전자방패를 사용하여서는 아니**된다.(경찰장구의 사용, 요건 / 위해성 장비사용기준 등에 관한 규정 제8조 제1항)<15·16승진·16.1채용>

③ (○) 경찰장구의 사용, 요건(위해성 장비사용기준 등에 관한 규정 제8조 제2항, 제12조 제1항)<17경간·18승진>

④ (○) 분사기 등의 사용, 한계(위해성 장비사용기준 등에 관한 규정 제12조 제2항)<17경간·18승진>　　정답 ②

---

02 「위해성 경찰장비의 사용기준 등에 관한 규정」에 대한 설명으로 가장 적절하지 않은 것은? 〈17.1채용〉

① 경찰관은 총기 또는 폭발물을 가지고 대항하는 경우를 제외하고는 14세 미만의 자 또는 임산부에 대하여 권총 또는 소총을 발사하여서는 아니 된다.

② 가스차·살수차·특수진압차·물포·석궁·다목적발사기 및 도주차량차단장비는 '기타장비'에 포함된다.

③ 근접분사기·가스분사기·가스발사총(고무탄 발사겸용은 제외) 및 최루탄(그 발사장치를 포함)은 '분사기·최루탄 등'에 포함된다.

④ 권총·소총·기관총(기관단총을 포함)·산탄총·유탄발사기·박격포·3인치포·함포·크레모아·수류탄·폭약류 및 도검은 '무기'에 포함된다.

경찰행정법, 경찰행정의 의무이행 확보수단, 경찰관 직무집행법 –

① (○) 무기의 사용, 한계(위해성 경찰 장비의 사용기준 등에 관한 규정 제10조 제2항)<17.1채용>

– 경찰장비의 사용, 위해성 경찰장비, 정의 –

② (○) 기타장비(위해성 경찰 장비의 사용기준 등에 관한 규정 제2조 제4호)<12경간·17승진·10·14.2·17.1채용>

③ (×) **분사기·최루탄 등**: 근접분사기·가스분사기·가스발사총(고무탄 발사겸용을 포함한다.)[♣발사겸용 제외(X)] 및 최루탄(그 발사장치를 포함한다. 이하 같다)(경찰장비의 사용, 의의 / 위해성 경찰장비의 사용기준 등에 관한 규정 제2조 제3호)<17승진·14.2·17.1채용>

④ (○) 무기(위해성 경찰 장비의 사용기준 등에 관한 규정 제2조 제2호)<17승진·13.1·14.2·17.1채용>　　정답 ③

테마 88 ▶ 무기의 사용

01 「경찰관 직무집행법」 제10조의4(무기의 사용)에 대한 설명으로 가장 적절한 것은? 〈17.1채용〉

① 무기란 사람의 생명이나 신체에 위해를 끼칠 수 있도록 제작된 권총·소총·도검 등을 말한다.

② 「형법」에 규정된 정당방위와 긴급피난에 해당할 때 경찰관은 무기사용은 가능하나 위해를 줄 수는 없다.

③ 체포·구속영장을 집행하는 과정에서 경찰관의 직무집행에 항거하거나 도주하려고 할 때 위해를 수반한 무기사용이 가능하다. 다만, 이 경우 압수·수색영장을 집행하는 과정에서는 상대방에게 위해를 수반한 무기사용이 불가능하다.

④ 사형·무기 또는 장기 1년 이상의 징역이나 금고에 해당하는 죄를 범하였다고 의심할 만한 충분한 이유가 있는 사람이 경찰관의 직무집행에 항거하거나 도주하려고 하는 경우 위해를 수반한 무기사용이 가능하다.

해설

경찰행정법, 의무이행 확보, 즉시강제 일반법, 경찰관직무집행법, 무기의 사용 -

① (○) **무기의 의의**(경찰관 직무집행법 제10조의4 제2항)〈16.2·17.1채용〉

- 요건, 위해수반 허용 -

② (×) **정당방위 및 긴급피난**: 위해수반할 수 있다.[♣위해를 줄 수는 없다.(X)](경찰관 직무집행법 제10조의4 제1호)〈15승진·15·17.1채용〉

③ (×) **영장집행**: 위해수반할 수 있다.[♣위해수반 불가능(X)](경찰관 직무집행법 제10조의4 제2호 나, 다)〈13승진·17.1채용〉

④ (×) **장기 3년 이상 범죄자 항거·체포·도주의 방지 등**: 사형·무기 또는 **장기 3년 이상의**[♣1년 이상(X)] 징역이나 금고에 해당하는 죄를 범하였다고 의심할 만한 충분한 이유가 있는 사람이 경찰관의 직무집행에 대하여 **항거**하거나 **도주**하려고 할 때 또는 **제3자**가 그를 **도주**시키려고 경찰관에게 **항거**할 때에 이를 방지 또는 체포하기 위하여 무기를 사용하지 아니하고는 다른 수단이 없다고 인정되는 상당한 이유가 있을 때(제10조의4 제1항 제2호 가, 다)〈11경간·01·02·10·13.1·17.1채용〉

정답 ①

02 경찰관 무기사용에 대한 설명으로 적절한 것은 모두 몇 개인가? (다툼이 있는 경우 판례에 의함) 〈23경간〉

> 가. 경찰관이 신호위반을 이유로 정지명령에 불응하고 도주하던 차량에 탑승한 동승자를 추격하던 중 수차례에 걸쳐 경고하고 공포탄을 발사했음에도 불구하고 계속 도주하자 실탄을 발사하여 사망케 한 경우, 위 총기 사용 행위는 허용 범위를 벗어난 위법행위이다.
>
> 나. 경찰관의 무기 사용이 특히 사람에게 위해를 가할 위험성이 큰 권총의 사용에 있어서는 그 요건을 더욱 엄격하게 판단하여야 한다.
>
> 다. 「경찰관 직무집행법」상 무기란 사람의 생명이나 신체에 위해를 끼칠 수 있도록 제작된 권총·소총·도검 등을 말하며, 대간첩·대테러 작전 등 국가안전에 관련되는 작전을 수행할 때에는 개인화기 외에 공용화기를 사용할 수 있다.
>
> 라. 경찰관이 길이 40cm 가량의 칼로 반복적으로 위협하며 도주하는 차량 절도 혐의자를 추적하던 중, 도주하기 위하여 등을 돌린 혐의자의 몸 쪽을 향하여 약 2m 거리에서 실탄을 발사하여 혐의자를 복부관통상으로 사망케 한 경우, 경찰관의 총기사용은 사회통념상 허용범위를 벗어난 위법행위이다.

① 1개   ② 2개   ③ 3개   ④ 4개

해설
──────────

경찰행정법, 경찰행정의 의무이행확보수단, 경찰관직무집행법, 무기사용 −

가. (○) 요건, 위해수반 허용, 판례 : 대법원 98다61470 판결 [손해배상(기)]〈23경간〉
나. (○) 요건, 위해수반 허용, 판례 : 대법원 2003다57956 판결 [손해배상(기)]〈23경간〉
다. (○) 의의(「경찰관 직무집행법」 제10조의4 제2항〈23경간·13.1·16.2·17.1채용〉, 동법 제10조의4 제3항)〈23경간〉
라. (○) 판례(대법원 98다63445판결)〈23경간·12.1채용〉   **정답** ④

---

03 「위해성 경찰장비의 사용기준 등에 관한 규정」에 관한 설명 중 가장 적절하지 않은 것은? 〈22.1채용〉

① 권총·소총·기관총·함포·크레모아·수류탄·가스발사총은 무기에 해당한다.
② 경찰관은 14세 미만의 자 또는 임산부에 대하여 전자충격기 또는 전자방패를 사용하여서는 아니된다.
③ 경찰관은 전극침(電極針) 발사장치가 있는 전자충격기를 사용하는 경우 상대방의 얼굴을 향하여 전극침을 발사하여서는 아니된다.
④ 경찰관(경찰공무원으로 한정한다)은 체포·구속영장을 집행하거나 신체의 자유를 제한하는 판결 또는 처분을 받은 자를 법률이 정한 절차에 따라 호송하거나 수용하기 위하여 필요한 때에는 최소한의 범위 안에서 수갑·포승 또는 호송용포승을 사용할 수 있다.

해설

경찰행정법, 경찰행정의 실효성 확보수단, 경찰강제, 즉시강제, 경찰관직무집행법 −

① (×) 경찰장비의 사용, 위해성 경찰장비의 사용기준 등에 관한 규정(대통령령), **무기**: 권**총**·소총·
기관총(기관단총을 포함한다. 이하 같다)·산탄총·**유**탄발사기·박격**포**·3인치포·함포·크레
모**아**·**수**류탄·**폭**약류 및 **도**검[♣가스발사총(×)](위해성 경찰장비의 사용기준 등에 관한 규정 제2조
제2호)<17·18승진·10.1·13.1·14.2·17.1·22.1채용> [☻총포 유수아 폭도]

− 경찰장구의 사용 −

② (○) 한계(위해성 경찰장비의 사용기준 등에 관한 규정 제8조 제1항)<15·16·22승진·16.1·22.1채용>
③ (○) 한계(위해성 경찰장비의 사용기준 등에 관한 규정 제8조 제2항)<17경간·15·16승진·16.1·22.1채용>
④ (○) 요건(위해성 경찰장비의 사용기준 등에 관한 규정 제4조)<22.1채용>   정답 ①

테마 89 **경찰착용기록장치의 사용**

테마 90 **손실보상**

01 「경찰관 직무집행법」상 손실보상에 대한 설명으로 틀린 것은 모두 몇 개인가? <18경위·15.1채용>

> ㉠ 손실보상심의위원회의 위원장은 위원회 위원 중 경찰청장등이 지명한다.
> ㉡ 소속 경찰공무원의 직무집행으로 인하여 발생한 손실보상청구 사건을 심의하기 위하여 경찰청,
> 시·도경찰청 및 경찰서에 손실보상심의위원회를 설치한다.
> ㉢ 보상금은 다른 법률에 특별한 규정이 있는 경우를 제외하고는 현금으로 지급하여야 하고, 일시
> 불로 지급하되 예산부족 등의 사유로 일시금으로 지급할 수 없는 특별한 사정이 있는 경우에는
> 청구인의 동의를 받아 분할하여 지급할 수 있다.
> ㉣ 물건의 멸실·훼손으로 인한 손실 외의 재산상 손실에 대해서는 직무집행과 상당한 인과관계가
> 있는 범위에서 보상한다.

① 1개   ② 2개   ③ 3개   ④ 4개

해설

경찰행정법, 경찰행정의 실효성 확보수단, 경찰강제, 즉시강제, 경찰관직무집행법, 손실보상 −

㉠ (×) 손실보상심의위원회, **위원장**: 위원장은 위원 중에서 호선(互選)하며, 위원장은 위원회를 대표하
며, 위원회의 업무를 총괄한다.[♣경찰청장 등이 지명(×)](경찰관직무집행법 시행령 제12조)<18승진>
㉡ (×) 손실보상심의위원회, **설치**: 소속 경찰공무원의 직무집행으로 인하여 발생한 손실보상청구 사
건을 심의하기 위하여 **경찰청, 시·도경찰청, 해양경찰청 및 지방해양경찰청에 손실보상심의위원
회를 설치**한다.[♣경찰서 및 해양경찰서에(×)](경찰관 직무집행법 시행령 제11조 제1항)<15.1·17.2채용>
㉢ (○) 지급절차, 지급(경찰관 직무집행법 시행령 제10조 제5항, 제6항)<15.1·18.2채용>
㉣ (○) 보상기준(경찰관 직무집행법 시행령 제9조 제2항)<15.1채용>   정답 ②

02 「경찰관 직무집행법 및 동법 시행령」상 손실보상에 대한 설명으로 가장 적절하지 않은 것은? 〈17.2채용〉

① 국가는 경찰관의 적법한 직무집행으로 인하여 손실발생의 원인에 대하여 책임이 있는 자가 자신의 책임에 상응하는 정도를 초과하는 생명·신체 또는 재산상의 손실을 입은 경우 손실을 입은 자에 대하여 정당한 보상을 하여야 한다.

② 보상을 청구할 수 있는 권리는 손실이 있음을 안 날부터 3년, 손실이 발생한 날부터 5년간 행사하지 아니하면 시효의 완성으로 소멸한다.

③ 경찰공무원의 직무집행으로 인하여 발생한 손실보상청구 사건을 심의하기 위하여 경찰청, 해양경찰청, 시·도경찰청 및 지방해양경찰청, 경찰서 및 해양경찰서에 손실보상심의위원회를 설치한다.

④ 손실보상심의위원회의 회의는 재적위원 과반수의 출석으로 개의(開議)하고, 출석위원 과반수의 찬성으로 의결한다.

> **해설**
>
> 경찰행정법, 경찰행정의 실효성 확보수단, 경찰관직무집행법, 손실보상 −
> ① (○) 요건(경찰관 직무집행법 제11조의2 제1항)〈17.2채용〉
> ② (○) 요건(경찰관 직무집행법 제11조의2 제2항)〈17승진·15.1·2·3·17.2채용〉
> ③ (×) 손실보상심의위원회, **설치**: 소속 경찰공무원의 직무집행으로 인하여 발생한 손실보상청구 사건을 심의하기 위하여 **경찰청, 시·도경찰청, 해양경찰청 및 지방해양경찰청에** 손실보상심의위원회를 설치한다.[♣경찰서 및 해양경찰서에(×)](손실보상, 손실보상심의위원회 / 경찰관 직무집행법 시행령 제11조 제1항)〈15.1·17.2채용〉
> ④ (○) 손실보상심의위원회, 의결정족수(경찰관 직무집행법 시행령 제13조 제2항)〈17.2채용〉　　　**정답** ③

03 「경찰관 직무집행법」 및 동법 시행령상 손실보상에 대한 설명으로 가장 적절하지 않은 것은?

〈18경위·18.2채용〉

① 소속 경찰공무원의 직무집행으로 인하여 발생한 손실보상청구 사건을 심의하기 위하여 경찰청, 해양경찰청, 시·도경찰청, 지방해양경찰청, 경찰서 및 해양경찰서에 손실보상심의위원회(이하 "위원회"라 한다)를 설치한다.

② 손실보상심의위원회는 위원장 1명을 포함한 5명 이상 7명 이하의 위원으로 구성한다.

③ 보상금은 일시불로 지급하되, 예산 부족 등의 사유로 일시금으로 지급할 수 없는 특별한 사정이 있는 경우에는 청구인의 동의를 받아 분할하여 지급할 수 있다.

④ 손실보상의 기준, 보상금액, 지급절차 및 방법, 손실보상심의위원회의 구성 및 운영, 그 밖에 필요한 사항은 대통령령으로 정한다.

> **해설**
>
> 경찰행정법, 경찰행정의 실효성 확보수단, 경찰관직무집행법, 손실보상 −
> ① (×) 손실보상심의위원회, **설치**: 소속 경찰공무원의 직무집행으로 인하여 발생한 손실보상청구 사건을 심의하기 위하여 **경찰청, 시·도경찰청, 해양경찰청 및 지방해양경찰청에 손실보상심의위원회를 설치**한다.[♣경찰서 및 해양경찰서에(×)](경찰관직무집행법 시행령 제11조 제1항)〈15.1·17.2·18.2채용〉
> ② (○) 손실보상심의위원회, 구성(경찰관 직무집행법 시행령 제11조 제2항)〈17·18승진〉
> ③ (○) 지급절차(경찰관 직무집행법 시행령 제10조 제6항)〈15.1·18.2채용〉
> ④ (○) 손실보상심의위원회, 구성등(경찰관 직무집행법 제11조의2 제4항)〈17승진·18.2채용〉　　　**정답** ①

04 경찰관 직무집행법 및 경찰관 직무집행법 시행령상 손실보상에 대한 설명으로 옳지 않은 것은 모두 몇 개인가? 〈19경간〉

> 가. 국가는 경찰관의 적법한 직무집행으로 인하여 손실발생의 원인에 대하여 책임이 없는 자가 생명·신체 또는 재산상의 손실을 입은 경우 손실을 입은 자에게 정당한 보상을 하여야 한다.
> 나. 손실을 입은 물건을 수리할 수 있는 경우에는 수리비에 상당하는 금액으로 보상한다.
> 다. 손실을 입은 물건을 수리할 수 없는 경우에는 보상 당시의 해당 물건의 교환 가액으로 보상한다.
> 라. 영업자가 손실을 입은 물건의 수리나 교환으로 인하여 영업을 계속할 수 없는 경우에는 기간 중 영업상 이익에 상당하는 금액으로 보상한다.
> 마. 물건의 멸실·훼손으로 인한 손실 외의 재산상 손실에 대해서는 직무집행과 상당한 인과관계가 있는 범위에서 보상한다.
> 바. 보상금은 다른 법률에 특별한 규정이 있는 경우를 제외하고는 현금으로 지급하여야 한다.

① 1개   ② 2개   ③ 3개   ④ 4개

해설

경찰행정법, 경찰행정의 실효성 확보수단, 경찰관직무집행법, 손실보상 −

가. (○) 보상의무(경찰관 직무집행법 제11조의2 제1항 제1호)〈19경간·17.2채용〉

− 보상기준 −

나. (○) 수리비(경찰관 직무집행법 시행령 제9조 제1항 제1호)〈19경간〉

다. (✕) 교환가액, 손실을 입은 물건을 수리할 수 없는 경우: **손실을 입은 당시**의 해당 물건의 **교환가액**[♣보상 당시(✕)](시행령 제9조 제1항 제2호)〈19경간〉

라. (○) 영업이익(경찰관 직무집행법 시행령 제9조 제1항 제3호)〈19경간〉

마. (○) 상당인과관계(경찰관 직무집행법 시행령 제9조 제2항)〈19경간·15.1채용〉

− 지급절차 −

바. (○) 현금지급(경찰관 직무집행법 시행령 제10조 제5항)〈19경간·15.1채용〉   **정답** ①

05 「경찰관 직무집행법」 및 동법 시행령상 손실보상에 대한 설명으로 가장 적절하지 않은 것은? 〈20경감〉

① 국가는 경찰관의 적법한 직무집행으로 인하여 손실발생의 원인에 대하여 책임이 없는 자가 생명·신체 또는 재산상의 손실을 입은 경우 정당한 보상을 하여야 한다.

② 물건의 멸실·훼손으로 인한 손실 외의 재산상 손실에 대해서는 직무집행과 상당한 인과관계가 있는 범위에서 보상한다.

③ 손실보상을 청구할 수 있는 권리는 손실이 있음을 안 날부터 1년, 손실이 발생한 날부터 3년간 행사하지 아니하면 시효의 완성으로 소멸한다.

④ 손실보상심의위원회는 위원장 1명을 포함한 5명 이상 7명 이하의 위원으로 구성한다.

해설

경찰행정법, 경찰행정의 실효성 확보수단, 경찰관직무집행법, 손실보상 −

① (○) 보상의무(경찰관 직무집행법 제11조의2 제1항 제1호)<19경간·20승진>

② (○) 보상기준, 상당인과관계(경찰관 직무집행법 시행령 제9조 제2항)<19경간·20승진·15.1채용>

③ (✕) 보상요건, **시효소멸**: 보상을 청구할 수 있는 권리는 손실이 있음을 **안 날부터 3년, 손실이 발생한 날부터 5년간 행사**하지 아니하면 **시효의 완성으로 소멸**한다.[♣안 날로부터 1년, 발생한 날부터 3년(X)](제11조의2 제2항)<17경간·17·18·20승진·15.1·2·3·17.2·18.2채용>

④ (○) 손실보상심의위원회, 구성(경찰관 직무집행법 시행령 제11조 제2항)<17·18·20승진·18.2채용>

정답 ③

06 「경찰관 직무집행법」 및 동법 시행령상 손실보상에 대한 설명 중 가장 적절한 것은? 〈20경위〉

① 국가는 손실 발생의 원인에 대하여 책임이 있는 자가 자신의 책임에 상응하는 정도를 초과하는 생명·신체 또는 재산상의 손실을 입은 경우 보상을 하지 않을 수 있다.

② 손실보상을 청구할 수 있는 권리는 손실이 있음을 안 날부터 5년, 손실이 발생한 날부터 3년간 행사하지 아니하면 시효의 완성으로 소멸한다.

③ 손실보상청구 사건을 심의하기 위하여 경찰청, 시·도경찰청에 손실보상심의위원회를 설치한다. 위원회는 위원장 1명을 포함한 5명 이상 7명 이하의 위원으로 구성하며, 위원장은 경찰청장 등이 지명한다.

④ 보상금은 일시불로 지급하되, 예산 부족 등의 사유로 일시금으로 지급할 수 없는 특별한 사정이 있는 경우에는 청구인의 동의를 받아 분할하여 지급할 수 있다.

해설

경찰행정법, 경찰행정의 실효성 확보수단, 경찰관직무집행법, 손실보상 −

① (✕) **보상요건**: 국가는 경찰관의 **적법한 직무집행**으로 인해 손실발생의 원인에 대하여 **책임이 있는 자가 자신의 책임에 상응하는 정도를 초과하는 생명·신체 또는 재산상의 손실**을 입은 경우 손실을 입은 자에 대하여 정당한 보상을 하여야 한다.[♣보상하지 않을 수(X)](제11조의2 제1항)<19경간·20승진·17.2채용>

② (✕) 보상요건, **시효소멸**: 보상을 청구할 수 있는 권리는 손실이 있음을 **안 날부터 3년, 손실이 발생한 날부터 5년간 행사**하지 아니하면 **시효의 완성으로 소멸**한다.[♣안 날로부터 5년, 발생한 날부터 3년(X)](제11조의2 제2항)<17경간·17·18·20승진·15.1·2·3·17.2·18.2채용>

③ (✕) 손실보상심의위원회, **위원장**: 손실보상심의위원회 위원장은 **위원 중에서 호선(互選)**하며, 위원장은 위원회를 대표하며, 위원회의 업무를 총괄한다.[♣경찰청장 등이 지명(X)](시행령 제12조)<18·20승진>

④ (○) 지급절차, 일시불지급(경찰관 직무집행법 시행령 제10조 제6항)<20승진·15.1·18.2채용>

정답 ④

07 「경찰관 직무집행법」 및 「경찰관 직무집행법 시행령」상 손실보상에 대한 설명으로 가장 적절한 것은?

〈21.1채용〉

① 손실발생의 원인에 대하여 책임이 없는 자가 경찰관의 적법한 직무집행으로 인하여 생명·신체 또는 재산상의 손실을 입은 경우(손실발생의 원인에 대하여 책임이 없는 자가 경찰관의 직무집행에 자발적으로 협조하거나 물건을 제공하여 생명·신체 또는 재산상의 손실을 입은 경우를 제외한다), 국가는 그 손실을 입은 자에 대하여 정당한 보상을 하여야 한다.

② 경찰청장 또는 시·도경찰청장은 손실보상심의위원회의 심의·의결에 따라 보상금을 지급하고, 거짓 또는 부정한 방법으로 보상금을 받은 사람에 대하여는 해당 보상금을 환수할 수 있다.

③ 손실보상심의위원회는 위원장 1명을 포함한 5명 이상 7명 이하의 위원으로 구성하며, 위원장이 부득이한 사유로 직무를 수행할 수 없는 때에는 상임위원, 위원 중 연장자순으로 위원장의 직무를 대행한다.

④ 보상금을 지급하기로 결정한 경우 경찰청장등(경찰청, 해양경찰청, 시·도경찰청 및 지방해양경찰청의 장)은 「경찰관 직무집행법 시행령」 제10조 제3항에 따른 결정일부터 10일 이내에 보상금 지급 청구 승인 통지서에 결정 내용을 적어서 청구인에게 통지하여야 한다.

해설

경찰행정법, 경찰행정의 실효성 확보수단, 경찰관직무집행법, 손실보상 -

① (×) 보상요건: 손실발생의 원인에 대하여 **책임이 없는 자가 생명·신체 또는 재산상의 손실을 입은 경우**(손실발생의 원인에 대하여 책임이 없는 자가 경찰관의 직무집행에 **자발적으로 협조하거나 물건을 제공**하여 재산상의 손실을 입은 경우를 **포함**한다.[♣제외(×)](경직법 제11조의2 제1항 제1호) 〈19경간·20승진·21.1채용〉

② (×) 초과지급 환수: 경찰청장 또는 시·도경찰청장은 손실보상심의위원회의 심의·의결에 따라 보상금을 지급하고, **거짓 또는 부정한 방법**으로 보상금을 받은 사람에 대하여는 해당 **보상금을 환수하여야** 한다.[♣환수할 수(×)](경직법 제11조의2 제4항)〈20.1·21.1채용〉

③ (×) 위원장, 지정대리: 위원장이 부득이한 사유로 직무를 수행할 수 없는 때에는 **위원장이 미리 지명한 위원이 그 직무를 대행**한다.[♣상임위원, 위원 중 연장자순으로 위원장의 직무를 대행한다.(×)](시행령 제12조 제3항)〈21.1채용〉

④ (○) 지급절차, 통지(「경찰관 직무집행법 시행령」 제10조 제4항)〈21.1채용〉　　　　　정답 ④

08 「경찰관 직무집행법」 및 동법 시행령상 손실보상에 관한 내용 중 가장 적절하지 않은 것은? 〈22.1채용〉

① 소속 경찰공무원의 직무집행으로 인하여 발생한 손실보상청구사건을 심의하기 위하여 경찰청, 해양경찰청, 시·도경찰청 및 지방해양경찰청에 손실보상심의위원회를 설치한다.

② 손실보상을 청구할 수 있는 권리는 손실이 있음을 안 날부터 3년, 손실이 발생한 날부터 5년간 행사하지 아니하면 시효의 완성으로 소멸한다.

③ 손실보상금 지급 청구서를 받은 경찰청장등은 손실보상심의위원회의 심의·의결에 따라 손실보상 여부 및 손실보상금액을 결정하되 손실보상 청구가 요건과 절차를 갖추지 못한 경우(다만, 그 잘못된 부분을 시정할 수 있는 경우는 제외한다) 그 청구를 기각하는 결정을 하여야 한다.

④ 손실보상금은 일시불로 지급하되, 예산 부족 등의 사유로 일시금으로 지급할 수 없는 특별한 사정이 있는 경우에는 청구인의 동의를 받아 분할하여 지급할 수 있다.

해설

경찰행정법, 경찰행정의 실효성 확보수단, 경찰강제, 즉시강제 일반법 및 훈령, 손실보상 −

① (○) 손실보상심의위원회, 설치(경찰관 직무집행법 시행령 제11조 제1항)<15.1・17.2・18.2・22.1채용>

② (○) 보상요건, 시효소멸(경찰관직무집행법 제11조의2 제2항)<17경간・17・18・20승진・15.1・2・3・17.2・18.2・22.1채용>

③ (✕) 지급절차, **결정**: 보상금 지급 청구서를 받은 경찰청장등은 손실보상심의위원회의 심의를 거쳐 보상 여부 및 보상금액을 결정하되, 다음 각 호의 어느 하나에 해당하는 경우에는 그 청구를 **각하**하는 결정을 하여야 한다.[♣기각(X)](시행령 제10조 제3항)<22.1채용>

　　1. 청구인이 같은 청구 원인으로 보상신청을 하여 보상금 지급 여부에 대하여 결정을 받은 경우. 다만, 기각 결정을 받은 청구인이 손실을 증명할 수 있는 새로운 증거가 발견되었음을 소명(疎明)하는 경우는 제외한다.

　　2. 손실보상 청구가 요건과 절차를 갖추지 못한 경우. 다만, 그 잘못된 부분을 시정할 수 있는 경우는 제외한다.<22.1채용>

④ (○) 지급절차, 지급(경찰관 직무집행법 시행령 제10조 제6항)<20승진・15.1・18.2・22.1채용>　　**정답** ③

---

09 「경찰관 직무집행법」상 손실보상에 대한 설명으로 가장 적절하지 않은 것은? <23경간>

① 손실보상의 원인에 대하여 책임이 없는 자가 경찰관의 직무집행에 자발적으로 협조하거나 물건을 제공하여 생명・신체 또는 재산상의 손실을 입은 경우 정당한 보상을 하여야 한다.

② 손실발생의 원인에 대하여 책임이 있는 자가 자신의 책임에 상응하는 정도를 초과하는 생명・신체 또는 재산상의 손실을 입은 경우 정당한 보상을 하여야 한다.

③ 손실보상을 청구할 수 있는 권리는 손실이 발생한 날부터 3년, 손실이 있음을 안 날부터 5년간 행사하지 아니하면 시효의 완성으로 소멸한다.

④ 보상금이 지급된 경우 손실보상심의위원회는 대통령령으로 정하는 바에 따라 국가경찰위원회에 심사 자료와 결과를 보고하여야 한다.

해설

경찰행정법, 경찰행정의 의무이행확보수단, 경찰관직무집행법, 손실보상 −

① (○) 보상요건, 책임없는 자(「경찰관 직무집행법」 제11조의2 제1항 제1호)<19・23경간・20승진・21.1채용>

② (○) 보상요건, 책임있는 자(「경찰관 직무집행법」 제11조의2 제1항 제2호)<20승진・23경간>

③ (✕) 보상요건, **시효소멸**: 보상을 청구할 수 있는 권리는 손실이 있음을 **안 날부터 3년, 손실이 발생한 날부터 5년간** 행사하지 아니하면 **시효의 완성으로 소멸**한다.[♣안날부터 5년 발생한 날부터 3년 (X)](제11조의2 제2항)<17・23경간・17・18・20승진・15.1・2・3・17.2・18.2・22.1・23.2채용>

④ (○) 국가경찰위원회 보고의무(「경찰관 직무집행법」 제11조의2 제5항)<23경간>　　**정답** ③

10 「경찰관 직무집행법」 및 「경찰관 직무집행법 시행령」상 손실보상에 관한 설명으로 가장 적절하지 않은 것은?

〈24.1채용〉

① 국가는 경찰관의 적법한 직무집행으로 인하여 손실발생의 원인에 대하여 책임이 있는 자가 자신의 책임에 상응하는 정도를 초과하는 생명·신체 또는 재산상의 손실을 입은 경우 정당한 보상을 하여야 한다.

② 경찰관의 적법한 직무집행으로 인하여 발생한 손실을 보상받으려는 사람은 보상금 지금 청구서에 손실내용과 손실금액을 증명할 수 있는 서류를 첨부하여 손실보상청구 사건발생지를 관할하는 국가경찰관서의 장에게 제출하여야 한다.

③ 보상금은 다른 법률에 특별한 규정이 있는 경우를 제외하고는 현금으로 지급하여야 한다.

④ 소속 경찰공무원의 직무집행으로 인하여 발생한 손실보상청구사건을 심의하기 위하여 시·도경찰청, 지방해양경찰청, 경찰서 및 해양경찰서에 손실보상심의위원회를 설치한다.

해설

경찰행정법, 경찰행정의 의무이행 확보수단, 즉시강제, 경찰관직무집행법, 손실보상 −

① (○) 보상요건, 책임있는 자(경찰관직무집행법 제11조의2 제1항 제2호)<19경간·20승진·17.2·24.1채용>

② (○) 지급절차, 제출관할(경찰관직무집행법 시행령 제10조 제1항)<22승진·24.1채용>

③ (○) 지급절차, 현급지급(경찰관직무집행법 시행령 제10조 제5항)<19경간·15.1·24.1채용>

④ (✕) 손실보상심의위원회, **설치** : 소속 경찰공무원의 직무집행으로 인하여 발생한 손실보상청구 사건을 심의하기 위하여 **경찰청, 시·도경찰청, 해양경찰청 및 지방해양경찰청에 손실보상심의위원회를 설치**한다.[♣경찰서 및 해양경찰서에(✕)](시행령 제11조 제1항)<15.1·17.2·18.2·22.1·24.1채용>

정답 ④

테마 91 ▶ 범인검거 등 공로자 보상

01 「범인검거 등 공로자 보상에 관한 규정」에 대한 내용으로 가장 적절하지 않은 것은? 〈18.1채용〉

① 사형, 무기징역 또는 무기금고, 장기 10년 이상의 징역 또는 금고에 해당하는 범죄에 대한 보상금 지급기준 금액은 100만 원이다.

② 장기 10년 미만의 징역 또는 금고에 해당하는 범죄에 대한 보상금 지급기준 금액과 벌금형에 해당하는 범죄에 대한 보상금 지급기준 금액의 합은 70만 원이다.

③ 동일한 사람에게 지급결정일을 기준으로 연간(1월 1일부터 12월 31일까지를 말한다) 5회를 초과하여 보상금을 지급할 수 없다.

④ 보상금 지급 심사·의결을 거쳐 지급이 이루어진 이후에는 동일한 사건에 대하여 보상금을 지급할 수 없다.

해설

경찰행정법, 경찰행정의 의무이행확보수단, 경찰관직무집행법, 범인검거 등 공로자 보상, 지급등 —

① (○) 100만원(「범인검거 등 공로자 보상에 관한 규정」 제6조 제1항 제1호)<18.1채용>

② (×) 장기 10년 미만의 징역 또는 금고에 해당하는 범죄 : 50만 원 / 벌금형에 해당하는 범죄 : 30만 원 → 80만 원(범인검거 등 공로자 보상, 지급 등 / '범인검거 등 공로자 보상에 관한 규정' 제6조 제1항 제2호, 제3호)<18승진 · 18.1채용>

③ (○) 횟수 제한(「범인검거 등 공로자 보상에 관한 규정」 제6조 제5항)<18채용>

④ (○) 동일사건 보상금 지급(「범인검거 등 공로자 보상에 관한 규정」 제9조)<18승진 · 18.1채용>　　　**정답** ②

---

02 「경찰관 직무집행법 시행령」에서 위임받아 제정된 「범인검거 등 공로자 보상에 관한 규정」에 대한 설명으로 가장 적절하지 않은 것은? 〈18경감〉

① 장기 5년 미만의 징역 또는 금고, 장기 10년 이상의 자격정지 또는 벌금형에 해당하는 범죄에 대한 보상금 지급기준 금액은 25만 원이다.

② 장기 10년 미만의 징역 또는 금고에 해당하는 범죄에 대한 보상금 지급기준 금액과 벌금형에 해당하는 범죄에 대한 보상금 지급기준 금액의 합은 80만 원이다.

③ 범인검거 등 공로자가 2명 이상인 경우에는 각자의 공로, 당사자 간의 분배 합의 등을 감안해서 보상금을 배분하여 지급할 수 있다.

④ 보상금 지급 심사 · 의결을 거쳐 지급이 이루어진 이후에는 동일한 사건에 대하여 보상금을 지급할 수 없다.

해설

경찰행정법, 경찰행정의 의무이행확보수단, 경찰관직무집행법, 범인검거 등 공로자 보상, 지급등 —

① (×) 보상금 지급기준 금액 : 장기 5년 미만의 징역 또는 금고, 장기 10년 이상의 자격정지 또는 벌금형에 해당하는 범죄 : 30만 원[♣25만 원(X)](범인검거 등 공로자 보상, 지급 등 / 「범인검거 등 공로자 보상에 관한 규정」 제6조 제1항 제3호)<18승진>

② (○) 50만원, 30만원(「범인검거 등 공로자 보상에 관한 규정」 제6조 제1항 제2호, 제3호)<18승진>

③ (○) 2명 이상인 경우(「범인검거 등 공로자 보상에 관한 규정」 제10조)<18승진>

④ (○) 보상금 이중 지급의 금지(「범인검거 등 공로자 보상에 관한 규정」 제9조)<18승진>　　　**정답** ①

03 「경찰관 직무집행법」상 보상금 지급에 대한 설명으로 가장 적절하지 않은 것은? 〈17경위〉

① 경찰청장, 시·도경찰청장 또는 경찰서장은 테러범죄의 예방활동에 현저한 공로가 있는 사람에게 보상금을 지급할 수 있다.

② 경찰청장, 시·도경찰청장 및 경찰서장은 보상금 지급의 심사를 위하여 대통령령으로 정하는 바에 따라 각각 보상금심사위원회를 설치·운영하여야 한다.

③ 보상금심사위원회의 위원은 경찰청장, 시·도경찰청장 또는 경찰서장이 임명하고, 위원의 과반수 이상은 경찰공무원이 아닌 사람으로 하여야 한다.

④ 경찰청장, 시·도경찰청장 또는 경찰서장은 보상금심사위원회의 심사·의결에 따라 보상금을 지급하고, 거짓 또는 부정한 방법으로 보상금을 받은 사람에 대하여는 해당 보상금을 환수한다.

해설

경찰행정법, 경찰행정의 의무이행확보수단, 경찰관직무집행법, 범인검거 등 공로자 보상 −

① (○) 지급대상(경찰관 직무집행법 제11조의3)〈17승진〉

② (○) 보상금심사위원회, 설치(경찰관 직무집행법 제11조의3 제2항)〈17승진〉

③ (✕) 보상금심사위원회, **위원임명**: 보상금심사위원회의 위원은 **소속 경찰공무원 중에서 경찰청장, 시·도경찰청장 또는 경찰서장이 임명**한다.[♣과반수 이상은 경찰공무원이 아닌 사람으로(X)](경찰관 직무집행법 제11조의3 제4항)〈17승진〉

④ (○) 보상금 환수(경찰관 직무집행법 제11조의3 제5항)〈17승진〉   정답 ③

---

04 「경찰관 직무집행법」상 범인검거 등 공로자 보상에 대한 ㉠부터 ㉣까지의 내용 중 옳은 것을 모두 고른 것은?
〈19경감〉

제11조의3(범인검거 등 공로자 보상) ① 경찰청장, 시·도경찰청장 또는 경찰서장은 다음 각 호의 어느 하나에 해당하는 사람에게 ㉠ 보상금을 지급하여야 한다.
  1. 범인 또는 범인의 소재를 신고하여 검거하게 한 사람
  ㉡ 2. 범인을 검거하여 경찰공무원에게 인도한 사람
  ㉢ 3. 테러범죄의 예방활동에 현저한 공로가 있는 사람
  ② 경찰청장, 시·도경찰청장 및 경찰서장은 제1항에 따른 보상금 지급의 심사를 위하여 대통령령으로 정하는 바에 따라 각각 보상금심사위원회를 설치·운영하여야 한다.
  ③ 제2항에 따른 보상금심사위원회는 ㉣ 위원장 1명을 제외한 5명 이내의 위원으로 구성한다.

① ㉠㉡   ② ㉠㉣   ③ ㉡㉢   ④ ㉡㉣

해설

경찰행정법, 경찰행정의 의무이행확보수단, 경찰관직무집행법, 범인검거 등 공로자 보상 −

㉠ (✕) **지급**: 경찰청장, 시·도경찰청장 또는 경찰서장은 법정 신고 등 보상금 지급대상자에게 보상금을 **지급할 수** 있다.[♣지급하여야(✕)](경찰관 직무집행법 제11조의3 제1항, 시행령 제21조)〈17·19승진〉

㉡ (○) 지급대상: **범인을 검거**하여 **경찰공무원에게 인도**한 사람(경찰관직무집행법 제11조의3 제1항 제2호)〈17·19승진〉

㉢ (○) 지급대상: **테러범죄의 예방활동**에 현저한 공로가 있는 사람(경찰관직무집행법 제11조의3 제1항 제2호)〈17·19승진〉

㉣ (✕) 보상금심사위원회, **구성**: 보상금심사위원회는 **위원장 1명을 포함한 5명 이내의 위원으로 구성**한다.[♣위원장 1명 제외(✕)](경찰관 직무집행법 제11조의3 제3항)〈19승진〉   **정답 ③**

테마 92 ▶ **사용기록보관 등**

01 다음은 「위해성 경찰장비의 사용기준 등에 관한 규정」에 대한 설명이다. 적절한 것만을 고른 것은 모두 몇 개인가? 〈21.1채용〉

> ㉠ 경찰관은 소요사태로 인해 타인의 법익이나 공공의 안녕질서에 대한 직접적인 위험이 명백하게 초래되어 살수차 외의 경찰장비로는 그 위험을 제거·완화시키는 것이 현저히 곤란한 경우에는 시·도경찰청장의 명령에 따라 살수차를 배치·사용할 수 있다.
>
> ㉡ 경찰관은 총기 또는 폭발물을 가지고 대항하는 경우를 제외하고는 14세 미만의 자 또는 임산부에 대하여 권총 또는 소총을 발사하여서는 아니된다.
>
> ㉢ 「경찰관 직무집행법」 제10조 제5항 후단에 따라 안전성 검사에 참여한 외부 전문가는 안전성 검사가 끝난 후 3개월 이내에 신규 도입 장비의 안전성 여부에 대한 의견을 경찰청장에게 제출하여야 한다.
>
> ㉣ 국가경찰관서의 장(경찰청장·해양경찰청장·시·도경찰청장·지방해양경찰청장·경찰서장 또는 해양경찰서장 기타 경무관·총경·경정 또는 경감을 장으로 하는 국가경찰관서의 장을 말한다)은 폐기대상인 위해성 경찰장비 또는 성능이 저하된 위해성 경찰장비를 개조할 수 있으며, 소속 경찰관으로 하여금 이를 본래의 용법에 준하여 사용하게 할 수 있다.
>
> ㉤ 「위해성 경찰장비의 사용기준 등에 관한 규정」 제2조 제2호부터 제4호까지의 위해성 경찰장비(제4호의 경우에는 가스차만 해당한다)를 사용하는 경우 그 현장책임자 또는 사용자는 사용보고서를 작성하여 직근상급 감독자에게 보고하고, 직근상급 감독자는 이를 3년간 보관하여야 한다.

① 1개   ② 2개   ③ 3개   ④ 4개

해설

경찰행정법, 경찰행정의 의무이행 확보수단, 경찰관 직무집행법 —

㉠ (○) 살수차 사용(「위해성 경찰장비의 사용기준 등에 관한 규정」 제13조의2 제1항 제1호)<21.1채용>

㉡ (○) 무기의 사용, 한계(위해성 경찰 장비의 사용기준 등에 관한 규정 제10조 제2항)<17경간 · 17.1 · 18.1 · 21.1채용>

㉢ (X) 장비의 사용, 준수사항, **신규도입과 안전성 검사** : 안전성 검사에 참여한 **외부 전문가**는 안전성 검사가 끝난 후 **30일 이내**에 신규 도입 장비의 안전성 여부에 대한 의견을 **경찰청장에게 제출하여야** 한다.[♣3개월 이내에(X)](위해성 경찰장비의 사용기준 등에 관한 규정 제18조의2 제3항)<19승진 · 15경간 · 18.1 · 2 · 21.1채용>

㉣ (○) 장비의 사용, 위해성 경찰장비의 예외적 개조 등(위해성 경찰장비의 사용기준 등에 관한 규정 제19조)<21.1채용>

㉤ (X) **위해성 경찰장비**(장구 제외, 기타장비의 경우에는 **살수차만** 해당)를 사용하는 경우 그 현장책임자 또는 사용자는 (별지 서식의) 사용보고서를 작성하여 **직근상급 감독자에게 보고**하고, 직근상급 감독자는 이를 **3년간 보관하여야** 한다.[♣가스차만(X)](위해성 경찰장비의 사용기준 등에 관한 규정 제20조 제1항)<21.1채용>

정답 ③

테마 93 ▶ 소송지원과 면책

01 「경찰관 직무집행법」에 관한 설명으로 가장 적절한 것은? (다툼이 있는 경우 판례에 의함) <23.2채용>

① 경찰병력이 행정대집행 직후 "A자동차 희생자 추모와 해고자 복직을 위한 범국민대책위원회"(이하 'A차 대책위'라 함)가 또다시 같은 장소를 점거하고 물건을 다시 비치하는 것을 막기 위해 당해 사건 장소를 미리 둘러싼 뒤 'A차 대책위'가 같은 장소에서 기자회견 명목의 집회를 개최하려는 것을 불허하면서 소극적으로 제지한 것은 범죄행위 예방을 위한 경찰 행정상 즉시강제로 적합한 공무집행에 해당한다.

② 「아동학대범죄의 처벌 등에 관한 특례법」에 따른 아동학대범죄가 행하여지려고 하거나 행하여지고 있어 타인의 생명 · 신체에 대한 위해 발생의 우려가 명백하고 긴급한 상황에서, 경찰관이 그 위해를 예방하거나 진압하기 위한 행위 또는 범인의 검거 과정에서 경찰관을 향한 직접적인 유형력 행사에 대응하는 행위를 하여 그로 인하여 타인에게 피해가 발생한 경우, 그 경찰관의 직무 수행이 불가피한 것이고, 필요한 최소한의 범위에서 이루어졌으며 해당 경찰관에게 고의 또는 중대한 과실이 없는 때에는 형을 감경하거나 면제한다.

③ 경찰관은 형사처벌의 대상이 되는 행위가 눈앞에서 막 이루어 지려고 하는 것이 주관적으로 인정될 수 있는 상황이고, 그 행위를 당장 제지하지 않으면 곧 인명 · 신체에 중대한 위해를 미치거나 재산에 손해를 끼칠 우려가 있는 상황이어서, 직접 제지하는 방법 외에는 위와 같은 결과를 막을 수 없는 급박한 상태일 때에만 「경찰관 직무집행법」 제6조에 의하여 적법하게 그 행위를 제지할 수 있다. ·

④ 「경찰관 직무집행법」은 제1조 제2항에서 "경찰관의 직권은 그 직무 수행에 필요한 최소한도에서 행사되어야 하며 남용되어서는 아니된다."라고 선언하여 경찰비례의 원칙을 명시적으로 규정하고 있는데, 이는 경찰행정 영역에서의 헌법상 과소보호 금지원칙을 표현한 것이다.

해설

경찰행정법, 경찰행정의 의무이행 확보수단, 즉시강제, 경찰관직무집행법 −

① (○) 범죄의 예방과 제지, 판례 : 대법원 2018도2993 판결 [공무집행방해·일반교통방해·집회 및 시위에 관한 법률위반]<23.2채용>

② (×) **면책** : 감면대상 범죄(아동학대범죄 등)가 행하여지려고 하거나 행하여지고 있어 타인의 **생명·신체**에 대한 위해 발생의 우려가 **명백하고 긴급한** 상황에서, 경찰관이 그 **위해를 예방**하거나, **진압**하기 위한 행위 또는 범인의 **검거** 과정에서 경찰관을 향한 직접적인 **유형력 행사에 대응하는 행위**를 하여 그로 인해 타인에게 **피해가 발생**한 경우, 그 경찰관의 직무수행이 **불가피한 것**이고 **필요한 최소한**의 범위에서 이루어졌으며 해당 경찰관에게 **고의 또는 중대한 과실이 없는** 때에는 그 정상을 참작하여 **형을 감경하거나 면제할 수** 있다.[♣감경하거나 면제한다.(×)](제11조의5)<23.2채용>

③ (×) 범죄의 예방과 제지, 요건, 판례 : 형사처벌의 대상이 되는 행위가 **눈앞에서 막 이루어지려고** 하는 것이 **객관적으로**[♣주관적으로(×)] **인정될 수 있는 상황**이고, 그 행위를 당장 제지하지 않으면 곧 **인명·신체에** 위해를 미치거나 **재산에 중대한 손해**를 끼칠 우려가 있는 상황이어서, **직접 제지하는 방법 외에는 위와 같은 결과를 막을 수 없는 절박한 사태**이어야 한다.(대법원 2016도19417 판결 [특수공무집행방해])<23.2채용>

④ (×) 일반, 의의, 비례의 원칙, 판례 : [경직법 '필요한 최소한도에서' → 헌법상 과잉금지원칙의 표현] 특히 경찰관 직무집행법은 제1조 제2항에서 "경찰관의 직권은 그 직무 수행에 필요한 최소한도에서 행사되어야 하며 남용되어서는 아니 된다."라고 선언하여 **경찰비례의 원칙을 명시적으로 규정**하고 있는데, 이는 경찰행정 영역에서의 **헌법상 과잉금지원칙을**[♣과소보호금지원칙을(×)] **표현**한 것이다.(대법원 2018다288631 판결 [손해배상(기)])<23.2채용>

정답 ①

☞ **경찰관 직무집행법 종합**

01 다음은 「경찰관 직무집행법 및 동법 시행령」의 내용이다. 아래 ㉠부터 ㉪까지의 (   ) 안에 들어갈 숫자가 바르게 나열된 것은? 〈17경위〉

> 가. 경찰관은 보호조치를 하는 경우에 구호대상자가 휴대하고 있는 무기·흉기 등 위험을 일으킬 수 있는 것으로 인정되는 물건을 경찰관서에 임시로 영치하여 놓을 수 있다. 이때 물건을 경찰관서에 임시로 영치하는 기간은 (㉠)일을 초과할 수 없다.
> 나. 손실보상을 청구할 수 있는 권리는 손실이 있음을 안 날부터 (㉡)년, 손실이 발생한 날부터 (㉢)년간 행사하지 아니하면 시효의 완성으로 소멸한다.
> 다. 손실보상심의위원회는 위원장 1명을 포함한 (㉣)명 이상 (㉤)명 이하의 위원으로 구성한다.
> 라. 「경찰관 직무집행법」에 규정된 경찰관의 의무를 위반하거나 직권을 남용하여 다른 사람에게 해를 끼친 사람은 (㉪)년 이하의 징역이나 금고에 처한다.

① ㉠ 10 ㉡ 5 ㉢ 7 ㉣ 3 ㉤ 5 ㉪ 1

② ㉠ 10 ㉡ 3 ㉢ 7 ㉣ 3 ㉤ 5 ㉪ 1

③ ㉠ 10 ㉡ 3 ㉢ 5 ㉣ 5 ㉤ 7 ㉪ 1

④ ㉠ 7 ㉡ 5 ㉢ 7 ㉣ 3 ㉤ 7 ㉪ 2

해설

경찰행정법, 경찰행정의 의무이행 확보수단, 즉시강제, 경찰관직무집행법 −

가. 10일 − 영치물의 보관은 **10일을 초과할 수 없다.**(임시영치, 절차 / 경찰관 직무집행법 제4조 제7항)〈99 · 17승진 · 11경간 · 03 · 15.3채용〉

나. 3년, 5년 − 보상을 청구할 수 있는 권리는 손실이 있음을 **안 날부터 3년, 손실이 발생한 날부터 5년간 행사**하지 아니하면 **시효의 완성으로 소멸**한다.(손실보상, 보상요건 / 경찰관 직무집행법 제11조의2 제2항)〈17승진 · 15.1 · 2 · 3채용〉

다. 5명, 7명 − 위원회는 위원장 1명을 포함한 **5명 이상 7명 이하의 위원으로 구성**한다.(손실보상, 손실보상심의위원회 / 경찰관 직무집행법 시행령 제11조 제2항)〈17승진〉

라. 1년 − 이 법에 규정된 경찰관의 의무에 위반하거나 직권을 남용하여 '다른 사람에게 해를 끼친 사람'은 **1년 이하의 징역이나 금고에 처한다.**(벌칙 / 경찰관 직무집행법 제12조)〈03 · 06 · 09 · 13 · 17승진 · 07 · 15.3채용〉

정답 ③

---

02 경찰관 직무집행법에 관한 다음 설명 중 가장 적절하지 않은 것은? 〈17경감 · 12.2 · 13.2채용〉

① 경찰관 직무집행법은 직무의 범위에 국민의 생명 · 신체 및 재산의 보호에 관한 규정을 명문으로 두고 있다.

② 흥행장 · 여관 · 음식점 · 역 기타 다수인이 출입하는 장소의 관리자 또는 이에 준하는 관계인은 그 영업 또는 공개시간 내에 경찰관이 범죄의 예방 또는 인명 · 신체와 재산에 대한 위해예방을 목적으로 그 장소에 출입할 것을 요구한 때에는 정당한 이유 없이 이를 거절할 수 없다.

③ 미아, 병자, 부상자 등으로서 적당한 보호자가 없으며 응급구호를 요한다고 인정되는 자는 보호조치를 할 수 있다. 다만, 당해인이 이를 거절하는 경우에는 예외로 한다.

④ 경찰관직무집햅법상 경찰장구라 함은 경찰관이 휴대하여 범인검거와 범죄진압 등 직무수행에 사용하는 무기, 수갑, 포승, 경찰봉, 방패 등을 말한다.

해설

경찰행정법, 경찰행정의 의무이행 확보수단, 즉시강제, 경찰관직무집행법 −

① (○) 일반, 직무범위(경찰관 직무집행법 제2조)〈12경위 · 15경간 · 12.2 · 18.2채용〉

② (○) 위험방지를 위한 출입, 예방출입(경찰관 직무집행법 제7조 제2항)〈19승진 · 13.2채용〉

③ (○) 보호조치, 대상(경찰관 직무집행법 제4조 제1항 제3호)〈17경간 · 15 · 18승진 · 07 · 12.2 · 14.1 · 17.1채용〉

④ (✕) 장구의 사용, **의의** : 경찰장비 중 무기는 경찰장구가 아니라, 경찰무기로 분류된다.[♣무기(X)](경찰관 직무집행법 제10조의2 제2항)〈99승진 · 11 · 12.2 · 15.2채용〉

정답 ④

03 「경찰관 직무집행법」에 대한 다음 설명 중 옳은 것은 모두 몇 개인가? 〈17경감·17경간〉

㉠ 미아·병자·부상자 등으로서 적당한 보호자가 없으며 응급의 구호를 요한다고 인정되는 경우 당해인이 이를 거절하는 때에도 보호조치를 할 수 있다.

㉡ 위험 발생의 방지를 위한 조치수단 중 긴급을 요할 때 '억류 또는 피난조치를 할 수 있는 대상 자'로 규정된 자는 그 장소에 모인 사람, 사물의 관리자, 그 밖의 관계인이다.

㉢ 법 제10조의4에 따른 무기를 사용하는 경우 그 책임자는 사용 일시·장소·대상, 현장책임자, 종 류, 수량 등을 기록하여 보관하여야 한다.

㉣ 이 법에 규정된 경찰관의 의무를 위반하거나 직권을 남용하여 다른 사람에게 해를 끼친 사람은 1년 이하의 징역이나 금고에 처한다.

㉤ 경찰청장은 위해성 경찰장비를 새로 도입하려는 경우에는 대통령령으로 정하는 바에 따라 안전 성 검사를 실시하여 그 안전성 검사의 결과보고서를 국회 소관 상임위원회에 제출할 수 있다.

---

① 1개　　　　　　② 2개　　　　　　③ 3개　　　　　　④ 4개

해설

경찰행정법, 경찰행정의 의무이행 확보수단, 즉시강제, 경찰관직무집행법 -

㉠ (✕) 보호조치, **임의보호조치** : 미아·병자·부상자 등으로서 적당한 보호자가 없으며 응급구호가 필 요하다고 인정되는 사람으로서 적당한 보호자가 없으며 응급의 구호를 요한다고 인정되는 경 우 **보호조치를 할 수** 있다. 다만 본인이 구호를 **거절하는 경우는 보호조치를 할 수가 없다.**[♣거 부해도 보호조치할 수(✕)](경찰관직무집행법 제4조 제1항 제3호)〈17경간·15·18승진·07·12.2·14.1· 17.1채용〉

㉡ (✕) 위험발생의 방지, 수단, **억류·피난** : '매우 긴급한 경우'에 '**위해를 입을 우려가 있는 사람**'을 필 요한 한도 내에서 억류하거나 피난시키는 조치를 할 수 있다.[♣그 장소에 모인 사람, 사물관리자, 기타 관계인이 억류·피난 대상으로 규정(✕)](경찰관직무집행법 제5조 제1항 제2호)〈08·16승진·18·17 경간·11.1채용〉

㉢ (○) 보고 및 기록보관(경찰관직무집행법 제11조)〈15·17경간·16.2채용〉

㉣ (○) 벌칙(경찰관직무집행법 제12조)〈17경간·03·06·09·13·17승진·07·15.3채용〉

㉤ (✕) 경찰장비의 사용, **준수사항** : 경찰청장은 위해성 **경찰장비를 새로 도입하려는 경우**에는 **대통령령** (위해성..장비..규정)으로 정하는 바에 따라 **안전성 검사를 실시**하여 그 안전성 검사의 결과보고서 를 국회 **소관 상임위원회에 제출하여야** 한다.[♣할 수 있다.(✕)](경찰관직무집행법 제10조 제5항)〈17 승진〉

정답 ②

---

04 「경찰관 직무집행법」에 대한 내용으로 옳지 않은 것은 모두 몇 개인가? 〈20.1채용〉

> ㉠ 일반적 수권조항의 존재를 부정하는 학자들에 따르면 경찰관 직무집행법 제2조 제7호는 경찰의 직무범위만을 정한 것으로서 본질적으로 조직법적 성질의 규정에 해당한다고 주장한다.
>
> ㉡ 경찰관은 수상한 행동이나 그 밖의 주위 사정을 합리적으로 판단해 볼 때 보호조치대상자에 해당하는 것이 명백하고 응급구호가 필요하다고 믿을 만한 상당한 이유가 있는 사람을 발견하였을 때에는 보건의료기관이나 공공구호기관에 긴급구호를 요청하거나 경찰관서에 보호하는 등 적절한 조치를 하여야 한다.
>
> ㉢ 구호대상자를 경찰관서에서 보호하는 기간은 24시간을 초과할 수 없고, 물건을 경찰관서에 임시로 영치하는 기간은 10일을 초과할 수 없다.
>
> ㉣ 경찰관은 '현행범이나 사형 무기 또는 장기 3년 이상의 징역이나 금고에 해당하는 죄를 범한 범인의 체포 또는 도주 방지', '자신이나 다른 사람의 생명 신체 및 재산의 보호', '공무집행에 대한 항거 제지'의 직무를 수행하기 위하여 필요하다고 인정되는 상당한 이유가 있을 때에는 그 사태를 합리적으로 판단하여 필요한 한도 내에서 경찰장구를 사용할 수 있다.
>
> ㉤ 경찰청장 또는 시·도경찰청장은 손실보상심의위원회의 심의의결에 따라 보상금을 지급하고, 거짓 또는 부정한 방법으로 보상금을 받은 사람에 대하여는 해당 보상금을 환수할 수 있다.

① 1개　　　　② 2개　　　　③ 3개　　　　④ 4개

해설

경찰행정법, 경찰행정의 의무이행 확보수단, 즉시강제, 경찰관직무집행법 −

㉠ (○) 경찰관 직무집행법 제2조 제7호에 대한 일반적 수권조항 인정논란 : **부정설**〈09.1·16.2·20.1채용〉

㉡ (✕) **보호처분** : 경찰관은 수상한 행동이나 그 밖의 주위 사정을 합리적으로 판단하여 **응급구호가 필요하다고 믿을 만한 상당한 이유가 있는 사람**(구호대상자)을 발견한 때에는 보건의료기관이나 공공구호기관에 긴급구호를 요청하거나 경찰관서에 보호하는 등 **적절한 조치를 할 수 있다.**[♣하여야 한다.(✕)](경찰관 직무집행법 제4조 제1항)〈16·18·19승진·14.1·2·20.1채용〉

㉢ (○) 보호조치, 방법 / 임시영치(경찰관 직무집행법 제4조 제7항)〈19경간·16·20승진·14.1·17.1·18.3·20.1채용〉

㉣ (✕) 장구의 사용, **요건** : 경찰관은 다음 각 호의 요건을 위하여 필요하다고 인정되는 **상당한 이유**가 있을 때에는 그 사태를 합리적으로 판단하여 **필요한 한도 내에서** 경찰장구를 **사용할 수 있다.** (제10조의2 제1항)〈01·05·07·15·19승진·11.1·12·3·15.3·16.1·2·18.2·20.1채용〉

> 1. **현행범인 경우**와 **사형·무기 또는 장기 3년 이상**의 징역이나 금고에 해당하는 죄를 범한 범인의 체포 또는 도주의 방지〈10.1·15.3·16.1·2·18.2·20.1채용〉
> 2. **자신이나 다른 사람의 생명·신체의 방어 및 보호**[♣재산(✕)]〈19승진·15.3·18.2·20.1채용〉
> 3. **공무집행에 대한 항거의 제지**(제10조의2 제1항 제3호)〈01·05·07·15승진·11.1·12·15.3·18.2·20.1채용〉

㉤ (✕) 손실보상, **환수의무** : 경찰청장 또는 시·도경찰청장은 제3항의 손실보상심의위원회의 심의·의결에 따라 보상금을 지급하고, **거짓 또는 부정한 방법**으로 보상금을 받은 사람에 대하여는 해당 **보상금을 환수하여야** 한다.[♣환수할 수(✕)](제11조의2 제4항)〈20.1채용〉　**정답 ③**

05 「경찰관 직무집행법」 및 「위해성 경찰장비의 사용기준 등에 관한 규정」상 경찰장비의 사용에 대한 설명으로 가장 적절한 것은? 〈20.2채용〉

① 경찰관은 범인의 체포 또는 도주의 방지, 자신이나 다른 사람의 생명·신체의 방어 및 보호, 공무집행에 대한 항거의 제지를 위하여 필요한 상당한 이유가 있는 경우 경찰장구를 사용할 수 있다.

② 경찰관은 불법집회·시위 또는 소요사태로 인하여 발생할 수 있는 타인 또는 경찰관의 생명·신체의 위해와 재산·공공시설의 위험을 억제하기 위하여 부득이한 경우에는 시·도경찰청장의 명령에 따라 필요한 최소한의 범위에서 가스차를 사용할 수 있다.

③ 제11조(사용기록의 보관)에 따라 살수차, 분사기, 전자충격기 및 전자방패, 무기를 사용하는 경우 그 책임자는 사용 일시·장소·대상, 현장책임자, 종류, 수량 등을 기록하여 보관하여야 한다.

④ 경찰관은 범인·주취자 또는 정신착란자의 자살 또는 자해기도를 방지하기 위하여 필요한 때에는 수갑·포승 또는 호송용포승을 사용할 수 있다. 이 경우 경찰관은 소속 국가경찰관서의 장에게 그 사실을 보고하여야 한다.

해설

경찰행정법, 경찰행정의 의무이행 확보수단, 즉시강제, 경찰관직무집행법 −

① (×) 장구의 사용, **요건** : 경찰관은 **현행범인 경우와 사형·무기 또는 장기 3년 이상**의 징역이나 금고에 해당하는 죄를 범한 범인의 체포 또는 도주의 방지[♣범인의 체포·도주방지(X)], **자신이나 다른 사람의 생명·신체의 방어 및 보호, 공무집행에 대한 항거의 제지**를 위하여 필요한 상당한 이유가 있는 경우 경찰장구를 사용할 수 있다.(경찰관 직무집행법 제10조의2 제1항)〈01·05·07·15·19승진·11.1·12·3·15.3·16.1·2·18.2·20.1·2채용〉

② (×) 분사기등의 사용, 요건, **가스차** : 경찰관은 불법집회·시위 또는 소요사태로 인하여 발생할 수 있는 **타인 또는 경찰관의 생명·신체의 위해와 재산·공공시설의 위험을 억제**하기 위하여 부득이한 경우에는 **현장책임자의 판단**에 의하여 필요한 최소한의 범위에서 **가스차**를 사용할 수 있다.[♣시·도경찰청장의 명령에 의하여(X)](위해성 경찰장비의 사용기준 등에 관한 규정 제13조 제1항)〈20.2채용〉

　　− **불법집회등에서의 경찰봉·호신용경봉의 사용기준** : 경찰관은 불법집회·시위로 인하여 발생할 수 있는 **타인 또는 경찰관의 생명·신체의 위해와 재산·공공시설의 위험을 방지**하기 위하여 필요한 때에는 최소한의 범위 안에서 **경찰봉 또는 호신용경봉**을 사용할 수 있다.[♣가스차를 사용할 수(X)](위해성 경찰장비의 사용기준 등에 관한 규정 제6조)〈17경간·16.1·20.2채용〉

③ (×) **기록 보관** : **살수차, 분사기나 최루탄 또는 무기를 사용하는 경우** 그 **책임자는** 사용일시·사용장소·사용대상·현장책임자·종류·수량 등을 **기록하여 보관하여야** 한다.[♣전자충격기 및 전자방패(X)](제11조)〈15·17경간·16.2·20.2채용〉

④ (○) 장구의 사용, 요건, 수갑·포승(위해성 경찰장비의 사용기준 등에 관한 규정 제5조)〈20.2채용〉 **정답 ④**

---

06 다음 설명으로 가장 적절하지 않은 것은? (다툼이 있는 경우 판례에 의함) 〈22승진〉

① 「경찰관 직무집행법 시행령」상 경찰관의 적법한 직무집행으로 인하여 발생한 손실을 보상받으려는 사람은 보상금 지급 청구서에 손실내용과 손실금액을 증명할 수 있는 서류를 첨부하여 손실보상청구 사건 발생지를 관할하는 국가 경찰관서의 장에게 제출하여야 한다.

② 「경찰관 직무집행법」에 따라 경찰관은 미아, 병자, 부상자 등으로서 적당한 보호자가 없으며 응급구 호가 필요하다고 인정되는 사람은 본인이 구호를 거절하는 경우에도 보호조치를 할 수 있다.

③ 「경찰관 직무집행법」에 따라 경찰관이 불심검문을 하던 중 정지시킨 장소에서 질문하는 것이 불심자 에게 불리하거나 교통에 방해가 된다고 인정될 때에는 질문을 하기 위하여 경찰관서로 동행할 것을 요구할 수 있다.

④ 「경찰관 직무집행법」상 '제지'는 행정상 즉시강제에 해당하며, 필요한 최소한도 내에서 행해져야 하므 로 해당 집회참가가 불법행위라도, 집회장소와 시간적·장소적으로 근접하지 않은 경우에는 이를 제 지할 수 없다.

해설

경찰행정법, 경찰행정상 의무이행 확보수단, 경찰관직무집행법 −

① (○) 손실보상, 청구서 제출(경찰관 직무집행법 시행령 제10조 제1항)〈22승진〉

② (✕) **보호조치**: 미아·병자·부상자 등으로서 적당한 보호자가 없으며 응급구호가 필요하다고 인정 되는 사람으로서 적당한 보호자가 없으며 응급의 구호를 요한다고 인정되는 경우 **보호조치를 할 수 있다. 다만, 본인이 구호를 거절하는 경우는 제외**한다.[♣본인이 거절하더라도 구호조치할 수 있다.(X)](경찰관 직무집행법 제4조 제1항 제3호)〈12·18·20·22승진·08·17경간·01·17.1·20.2·21.2 채용〉

③ (○) 불심검문, 임의동행, 요건: 경찰관 직무집행법 제3조 제2항〈12·22승진·13·17경간·11.2·15.2· 3·19.1채용〉

④ (○) 범죄의 예방과 제지, 판례: 대법원 2007도9794 판결〈12·22승진〉　　　　　　**정답** ②

---

07 경찰관 직무집행법상 즉시강제에 해당하는 것은 모두 몇 개인가? (다툼이 있는 경우 판례에 의함) 〈22.2채용〉

> ㉠ 주택가에서 흉기를 들고 난동을 부리며 경찰관의 중지명령에 항거하는 사람에 대해 전자충격기 를 사용하여 강제로 제압하는 것
> ㉡ 음주운전 등 교통법규 위반자에 대해 운전면허를 취소하는 것
> ㉢ 불법집회로 인한 공공시설의 안전에 대한 위해를 억제하기 위해 최루탄을 사용하는 것
> ㉣ 위험물의 폭발로 인해 매우 긴급한 경우에 위해를 입을 우려가 있는 사람을 억류하거나 피난시 키는 것
> ㉤ 지정된 기한까지 체납액을 완납하지 않은 국세체납자의 재산을 압류하는 것
> ㉥ 무허가건물의 철거 명령을 받고도 이를 불이행하는 사람의 불법건축물을 철거하는 것

① 3개　　　　　　② 4개　　　　　　③ 5개　　　　　　④ 6개

해설

경찰행정법 –

ⓒ (X) 경찰작용법, 경찰상 행정행위, **법률행위**: **예**음주운전 등 교통법규 위반자에 대해 운전면허를 취소하는 것[♣즉시강제(X)]<22.2채용> → 즉시강제는 권력적 사실행위

– 경찰행정의 의무이행 확보수단, 경찰관 직무집행법 –

ⓐ (O) 경찰장구의 사용, 요건: 공무집행에 대한 항거의 제지[♣사용 불가(X)](제10조의2 제1항 제3호)<01·05·07·15승진·11.1·12·15.3·18.2·20.1·2·채용> → 즉시강제(의의)

ⓒ (O) 분사기등의 사용, 요건: **불법집회·시위로 인하여 자신이나 다른 사람의 생명·신체와 재산 및 공공시설 안전에 대한 현저한 위해의 발생 억제**[♣즉시강제(O)](제10조의3)<98·03·04·05승진·16.1·2·22.2채용> → 분사기등의 사용은 권력적 사실행위인 즉시강제에 해당

ⓔ (O) 위험발생의 방지, 성격: **대인적 + 대물적 + (대가택적) 즉시강제**[♣압수(X)]<13승진·22.2채용>

– 경찰행정의 의무이행 확보수단, 강제집행 –

ⓜ (X) 강제징수, **의의**: 국민이 국가 또는 공공단체에 대해 부담하고 있는 공법상 **금전급부의무의 불이행이 있는 경우**에 행정청이 강제적으로 **의무자의 재산에 실력을 가하여 그 의무가 이행된 것과 같은 상태를 실현**하는 강제집행으로서 경찰작용이다.<04행정·16·18·21승진·22.1·2채용>
예지정된 기한까지 체납액을 완납하지 않은 **국세체납자의 재산을 압류**하는 것[♣즉시강제(X)]<22.2채용>

ⓗ (X) 대집행, **의의**: **대체적 작위의무의 불이행**이 있는 경우에 당해 행정청이 의무자가 행할 의무를 **스스로 행하거나 또는 제3자로 하여금 이를 이행하게** 하여 의무의 이행이 있었던 것과 동일한 상태를 실현시킨 후, 그에 대한 비용을 의무자로부터 징수하는 **권력적 사실행위**로서 강제집행에 해당한다.<16·18·20승진·21.1·22.1·2채용>
예무허가 건축물의 강제철거, 이동명령에 불응하는 **불법주정차 차량의 견인**(제35조 제2항), 교통장애물·선전광고물의 제거 등[♣즉시강제(X)]<22.2채용> 정답 ①

테마 94 ▶ 경찰 물리력 행사의 기준과 방법에 관한 규칙

01 「경찰 물리력 행사의 기준과 방법에 관한 규칙」에 대한 설명으로 가장 적절하지 않은 것은? <20.1채용>

① 경찰관이 물리력 사용 시 준수하여야 할 기본원칙, 물리력 사용의 정도, 각 물리력 수단의 사용 한계 및 유의사항을 규정함으로써 국민과 경찰관의 생명 신체를 보호하고 인권을 보장하며 경찰 법집행의 정당성을 확보하는 데에 그 목적이 있다.

② 경찰관은 성별, 장애, 인종, 종교 및 성정체성 등에 대한 선입견을 가지고 차별적으로 물리력을 사용하여서는 아니 된다.

③ 경찰관은 이미 경찰목적을 달성하여 더이상 물리력을 사용할 필요가 없는 경우에는 물리력 사용을 즉시 중단하여야 한다.

④ 대상자가 경찰관의 지시, 통제를 따르지 않고 비협조적이지만 경찰관 또는 제3자에 대해 직접적인 위해를 가하지 않는 경우에 경찰봉이나 방패 등으로 대상자의 신체 중요 부위 또는 급소부위를 가격할 수 있다.

해설

경찰행정법, 경찰행정상 의무이행 확보수단, 즉시강제, 경찰 물리력 행사의 기준과 방법에 관한 규칙 −

① (○) 제정목적(1.1.)<20.1채용>

② (○) 차별금지(1.4.2.)<20.1채용>

③ (○) 필요성(1.4.4.)<20.1채용>

④ (×) **소극적 저항**: 대상자가 경찰관의 **지시, 통제를 따르지 않고 비협조적**이지만 경찰관 또는 제3자에 대해 **직접적인 위해를 가하지 않는 상태**를 말한다. 경찰관이 정당한 이동 명령을 발하였음에도 가만히 서있거나 앉아 있는 등 전혀 움직이지 않는 상태, 일부러 몸의 힘을 모두 빼거나, 고정된 물체를 꽉 잡고 버팀으로써 움직이지 않으려는 상태 등이 이에 해당한다.(경찰 물리력 행사의 기준과 방법에 관한 규칙 2.1.2.)<20.1채용>

※ '**치명적 공격**'(사망 또는 심각한 부상을 초래할 수 있는 행위를 하는 상태) → **고위험물리력 사용가능**(권총 등 총기류 사용 / 경찰봉, 방패, 신체적 물리력으로 대상자의 신체 중요 부위 또는 급소 부위 가격, 대상자의 목을 강하게 조르거나 신체를 강한 힘으로 압박하는 행위[♣소극적 저항에 대해(X)])<20.1채용>

정답 ④

---

02 「경찰 물리력 행사의 기준과 방법에 관한 규칙」 제2장에 따른 대상자 행위에 대한 설명이다. 각 단계와 내용의 연결이 가장 적절하지 않은 것은? <22.1채용>

① 소극적 저항 − 대상자가 경찰관의 지시, 통제를 따르지 않고 비협조적이지만 경찰관 또는 제3자에 대해 직접적인 위해를 가하지 않는 상태

② 적극적 저항 − 대상자가 자신에 대한 경찰관의 체포·연행 등 정당한 공무집행을 방해하지만 경찰관 또는 제3자에 대해 위해 수준이 낮은 행위만을 하는 상태

③ 폭력적 공격 − 대상자가 경찰관 또는 제3자에 대해 신체적 위해를 가하는 상태

④ 치명적 공격 − 대상자가 경찰관에게 폭력을 행사하려는 자세를 취하여 그 행사가 임박한 상태, 주먹·발 등을 사용해서 경찰관에 대해 신체적 위해를 초래하고 있는 상태

해설

경찰행정법, 경찰행정의 실효성 확보수단, 경찰강제, 즉시강제 일반법 및 훈령, 경찰 물리력 행사의 기준과 방법에 관한 규칙, 대상자의 행위에 따른 경찰관 대응수준 −

① (○) 소극적 저항: 규칙(2.1.2.)<20.1·22.1채용>

② (○) 적극적 저항: 규칙(2.1.3.)<22.1채용>

③ (○) 폭력적 공격: 규칙(2.1.4.)<22.1채용>

④ (×) **폭력적 공격**: 대상자가 경찰관 또는 제3자에 대해 **신체적 위해**를 가하는 상태를 말한다. 대상자가 경찰관에게 **폭력**을 행사하려는 자세를 취하여 그 행사가 임박한 상태, **주먹·발 등을 사용**해서 경찰관에 대해 신체적 위해를 초래하고 있거나 임박한 상태, 강한 힘으로 경찰관을 밀거나 잡아당기는 등 **완력을 사용해 체포에서 벗어나려고 하는 상태 등**이 이에 해당한다.[♣치명적 공격(X)](2.1.4.)<22.1채용>

정답 ④

03 「경찰 물리력 행사의 기준과 방법에 관한 규칙」상 경찰 물리력 수준에 관한 설명으로 가장 적절하지 않은 것은? 〈23.1채용〉

① 협조적 통제는 '순응' 이상의 상태인 대상자에 대해 사용할 수 있는 물리력 수준으로서, 대상자의 협조를 유도하거나 협조에 따른 물리력을 말한다.

② 접촉 통제는 '소극적 저항' 이상의 상태인 대상자에 대해 사용할 수 있는 물리력 수준으로서, 대상자 신체 접촉을 통해 경찰 목적달성을 강제하지만 신체적 부상을 야기 할 가능성은 극히 낮은 물리력을 말한다.

③ 저위험 물리력은 '적극적 저항' 이상의 상태인 대상자에 대해 사용할 수 있는 물리력 수준으로서, 대상자가 통증을 느낄 수 있으나 신체적 부상을 당할 가능성은 낮은 물리력을 말한다.

④ 중위험 물리력은 '치명적 공격' 상태의 대상자로 인해 경찰관 또는 제3자의 생명·신체에 급박하고 중대한 위해가 초래될 가능성이 있는 경우 최후의 수단으로 사용할 수 있는 물리력 수준으로서, 대상자의 사망 또는 심각한 부상을 초래할 수 있는 물리력을 말한다.

해설

경찰행정법, 경찰행정의 의무이행 확보수단, 경찰 물리력 행사의 기준과 방법에 관한 규칙 −

① (○) 협조적 통제: 규칙 2.2.1.〈23.1채용〉

② (○) 접촉 통제: 규칙 2.2.2.〈20.1·23.1채용〉

③ (○) 저위험 물리력: 규칙 2.2.3.〈23.1채용〉

④ (×) 고위험 물리력: **'치명적 공격'** 상태의 대상자로 인해 경찰관 또는 제3자의 **생명·신체에 급박하고 중대한 위해가 초래될 가능성이 있는 경우 최후의 수단으로 사용할 수 있는 물리력** 수준으로서, **대상자의 사망 또는 심각한 부상을 초래할 수 있는 물리력**을 말한다.[♣중위험 물리력(X)](규칙 2.2.5.가)〈23.1채용〉

정답 ④

04 「경찰 물리력 행사의 기준과 방법에 관한 규칙」상 대상자의 행위와 내용의 연결이 가장 적절하지 않은 것은? 〈24승진〉

① 대상자가 경찰관의 지시, 통제에 따르는 상태를 말한다. 다만, 대상자가 경찰관의 요구에 즉각 응하지 않고 약간의 시간만 지체하는 경우는 '순응'으로 본다.

② 소극적 저항 − 대상자가 경찰관의 지시, 통제를 따르지 않고 비협조적이지만 경찰관 또는 제3자에 대해 직접적인 위해를 가하지 않는 상태를 말한다. 경찰관이 정당한 이동 명령을 발하였음에도 가만히 서있거나 앉아 있는 등 전혀 움직이지 않는 상태, 일부러 몸의 힘을 모두 빼거나, 고정된 물체를 꽉 잡고 버팀으로써 움직이지 않으려는 상태 등이 이에 해당한다.

③ 적극적 저항 − 대상자가 자신에 대한 경찰관의 체포·연행 등 정당한 공무집행을 방해하지만 경찰관 또는 제3자에 대해 위해 수준이 낮은 행위만을 하는 상태를 말한다. 대상자가 자신을 체포·연행하려는 경찰관으로부터 물리적으로 이탈하거나 도주하려는 행위, 체포·연행을 위해 팔을 잡으려는 경찰관의 손을 뿌리치거나, 경찰관을 밀고 잡아끄는 행위, 경찰관에게 침을 뱉거나 경찰관을 밀치는 행위 등이 이에 해당한다.

④ 폭력적 공격 − 대상자가 경찰관 또는 제3자에 대해 사망 또는 심각한 부상을 초래할 수 있는 행위를 하는 상태를 말한다. 총기류(공기총·엽총·사제권총 등), 흉기(칼·도끼·낫 등), 둔기(망치·쇠파이프 등)를 이용하여 경찰관, 제3자에 대해 위력을 행사하고 있거나 위해 발생이 임박한 경우, 경찰관이나 제3자의 목을 세게 조르거나 무차별 폭행하는 등 생명·신체에 대해 중대한 위해가 발생할 정도의 위험한 폭력을 행사하는 경우가 이에 해당한다.

해설

경찰행정법, 의무이행확보수단, 즉시강제, 「경찰 물리력 행사의 기준과 방법에 관한 규칙」 −

① (○) 순응(2.1.1)〈24승진〉

② (○) 소극적 저항(2.1.2.)〈24승진 · 20.1 · 22.1채용〉

③ (○) 적극적 저항(2.1.3.)〈24승진 · 22.1채용〉행위 등이 이에 해당한다.

④ (×) **치명적 공격**: 대상자가 경찰관 또는 제3자에 대해 사망 또는 심각한 부상을 초래할 수 있는 행위를 하는 상태를 말한다. 총기류(공기총 · 엽총 · 사제권총 등), 흉기(칼 · 도끼 · 낫 등), 둔기 (망치 · 쇠파이프 등)를 이용하여 경찰관, 제3자에 대해 위력을 행사하고 있거나 위해 발생이 임박한 경우, 경찰관이나 제3자의 목을 세게 조르거나 무차별 폭행하는 등 생명 · 신체에 대해 중대한 위해가 발생할 정도의 위험한 폭력을 행사하는 경우가 이에 해당한다.[♣폭력적 공격 (X)](2.1.5.)〈24승진〉　　　　　　　　　　　　　　　　　　　　　　　　　　　　　정답 ④

05 「경찰 물리력 행사의 기준과 방법에 관한 규칙」상 '적극적 저항'을 하는 대상자에 대하여 경찰관이 사용할 수 있는 물리력의 종류로 가장 적절하지 않은 것은? (규칙 제2장 2.2의 설명에 따름) 〈24.1채용〉

① 언어적 통제

② 체포 등을 위한 수갑 사용

③ 손바닥, 주먹, 발 등 신체부위를 이용한 가격

④ 분사기 사용

해설

경찰행정법, 행정의 실효성 확보수단, 즉시강제, 경찰물리력 행사 −

①② (○) 협조적 통제 이상〈24.1채용〉

③ (×) 중위험 물리력 이상〈24.1채용〉

④ (○) 저위험 물리력 이상〈24.1채용〉　　　　　　　　　　　　　　　　　　　　　　　정답 ③

2 경찰벌

01 경찰벌에 대한 설명 중 맞는 것을 모두 고른 것은? 〈14경간〉

> 가. 경찰벌에는 경찰형벌과 경찰질서벌이 있는 바, 전자는 사형, 징역, 금고, 자격상실, 자격정지, 벌금, 구류, 과료, 몰수 등이 있으며, 후자는 과태료가 있다.
> 나. 경찰형벌은 경찰법상 의무위반에 대하여 형벌을 가하는 경찰벌로서 경찰관 직무집행법이 적용되며, 그 과벌 절차는 비송사건 절차법이 적용된다.
> 다. 지방자치법은 기본권보호를 위하여 조례에 의한 과태료의 부과를 금지하고 있으며, 오직 경찰관 직무집행법에 의한 과태료 부과를 규정하고 있다.
> 라. 경찰벌과 징계벌의 차이에 대하여 전자는 일반사회 질서유지를 목적으로 하지만, 후자는 경찰내부의 질서유지를 목적으로 한다.
> 마. 경찰벌과 징계벌은 양자가 일반통치권과 특별행정법관계 등의 권력기초가 다르므로 일사부재리의 원칙상 양자를 병과해서는 안 된다.

① 나, 마   ② 나, 다   ③ 라, 마   ④ 가, 라

해설

가. (○) 경찰벌 일반, 종류표〈04행정·14경간〉

나. (×) **경찰형벌의 근거법**: 경찰형벌은 경찰법상 의무위반에 대하여 형벌을 가하는 경찰벌로서 **특별형법**에 의하여 가능하므로 일반법은 없고 개별법에 근거를 두고 있다.[♣경찰관 직무집행법(X)](경찰벌, 근거)〈14경간〉/ 특별한 규정이 없는 이상 **원칙적으로 형사소송법이 적용**되고 법원에서 형사절차에 의하여 과벌된다.[♣비송사건절차법 적용(X)](경찰벌 일반, 특성, 과벌절차)〈14경간〉

다. (×) 지방자치법: 조례에 의해 **1천만 원 이하의 과태료를 부과할 수 있도록** 규정하고 있으며(지방자치법 제27조), 그 절차에 관해 **질서위반행위규제법에 의하도록** 하고 있다.[♣조례에 의한 과태료 부과 금지(X), 경찰관 직무집행법에 의한 과태료 부과(X)](경찰벌 일반, 근거, **예**/지방자치법 제139조 제3항)〈14경간〉

라. (○) 경찰벌 일반, 구별개념, 경찰벌과 징계벌표, 성질·목적〈14경간〉

마. (×) **경찰벌과 징계벌**은 권력적 기초와 목적이 다르므로 **병과가 가능**하다.[♣병과할 수 없다.(X)](경찰벌 일반, 구별개념, 경찰벌과 징계벌)〈14경간〉   정답 ④

PART

03

테마 95 통고처분

01 「경범죄 처벌법」에 대한 설명으로 가장 적절하지 않은 것은? 〈20.2채용〉

① 범칙행위란 「경범죄 처벌법」 제3조 제1항 각 호부터 제3항 각 호까지의 어느 하나에 해당하는 위반 행위이다.

② 「경범죄 처벌법」 제3조의 죄를 짓도록 시키거나 도와준 사람은 죄를 지은 사람에 준하여 처벌한다.

③ "범칙자"란 범칙행위를 한 사람으로서 '피해자가 있는 행위를 한 사람', '죄를 지은 동기나 수단 및 결과를 헤아려 볼 때 구류처분을 하는 것이 적절하다고 인정되는 사람', '범칙행위를 상습적으로 하는 사람', '18세 미만인 사람'의 어느 하나에도 해당하지 않는 사람을 말한다.

④ 술에 취한 채로 관공서에서 몹시 거친 말과 행동으로 주정하거나 시끄럽게 한 사람에 대해서 60만원 이하의 벌금, 구류 또는 과료의 형으로 처벌한다.

해설

― 경찰행정법, 의무이행확보수단, 경찰벌, 통고처분 ―

① (X) 범칙행위: **경범죄처벌법 ➡ 10만 원(또는 20만 원) 이하의 벌금이나 구류 또는 과료**의 형에 해당하는 행위[♣경범죄처벌법 제3조 제3항 각 호(X)](경범죄처벌법 제3조 제1항, 제2항)〈20.2채용〉

③ (○) "범칙자"(경범죄처벌법 제6조 제2항)〈20.2채용〉

― 생활안전경찰, 생활안전과 업무, 기초질서위반사범 단속 ―

② (○) 방조범처벌(「경범죄처벌법」 제4조)〈09승진·08·16.2·20.2채용〉

④ (○) 관공서 주취소란(경범죄처벌법 제3조 제3항)〈14·18·20승진·17.1·20.2채용〉   정답 ①

02 「경범죄 처벌법」에 대한 설명으로 적절하지 않은 것은? 〈21경간〉

> 가. 「경범죄 처벌법」 위반의 죄를 짓도록 시키거나 도와준 사람은 죄를 지은 사람에 준하여 벌한다.
>
> 나. 경찰청장, 해양경찰청장, 제주특별자치도지사 또는 철도특별법경찰대장은 범칙자로 인정되는 사람에 대하여 그 이유를 명백히 나타낸 서면으로 범칙금을 부과하고 이를 납부할 것을 통고할 수 있다.
>
> 다. 통고처분서를 받은 사람은 통고처분서를 받은 날부터 10일 이내에 경찰청장·해양경찰청장 또는 철도특별사법경찰대장이 지정한 은행, 그 지점이나 대리점, 우체국 또는 제주특별자치도지사가 지정하는 금융기관이나 그 지점에 범칙금을 납부하여야 한다. 다만, 천재지변이나 그 밖의 부득이한 사유로 말미암아 그 기간 내에 범칙금을 납부할 수 없을 때에는 그 부득이한 사유가 없어지게 된 날부터 5일 이내에 납부하여야 한다.
>
> 라. 범칙행위를 상습적으로 하는 사람은 경범죄 처벌의 특례를 규정한 장에서 범칙자에 해당하지 않는다.
>
> 마. 술에 취한 채로 관공서에서 몹시 거친 말과 행동으로 주정하거나 시끄럽게 한 사람은 20만 원 이하의 벌금, 구류 또는 과료의 형으로 처벌한다.

① 없음   ② 1개   ③ 2개   ④ 3개

해설

─ 생활안전경찰, 풍속영업규제, 기초질서위반사범 단속, 경범죄처벌법 ─

가. (○) 특징, 종범에 정범의 형(경범죄처벌법 제4조)<21경간·09승진·08·16.2·20.2·21.1채용>

마. (X) **60만 원 이하 벌금·구류·과료[♣20만 원 이하 벌금·구류·과료(X)]: 1. (관공서에서의 주취소란)** 술에 취한 채로 관공서에서 몹시 거친 말과 행동으로 주정하거나 시끄럽게 한 사람 / 2. **(거짓 신고)** 있지 아니한 범죄나 재해 사실을 공무원에게 거짓으로 신고한 사람[♣주거일정 시, 현행범 체포 불가(X), ♣20만 원 이하 벌금·구류·과료](경범죄처벌법 제3조 제3항)<21경간·14·18·20승진· 17.1·20.2채용>

─ 경찰행정법, 경찰행정의 의무이행 확보수단, 경찰벌, 통고처분 ─

나. (X) 통고처분권자: **경찰서장, 해양경찰서장, 제주특별자치도지사 또는 철도특별사법경찰대장[♣경찰청 장(X), ♣시도경찰청장(X)](제7조 제1항)<21경간·96승진>

다. (○) 납부절차(경범죄처벌법 제8조 제1항)<21경간·16.2·17.1·18.3채용>

라. (○) 범칙자 제외사유(경범죄처벌법 제6조 제2항 제1호)<18·21경간·11승진·14.2채용>   **정답** ③

---

03 「경범죄 처벌법」에 대한 설명으로 가장 적절하지 않은 것은? <17.1채용>

① 통고처분서를 받은 사람은 천재지변이나 그 밖의 부득이한 사유가 없는 한 통고처분서를 받은 날부터 10일 이내에 범칙금을 납부하여야 한다.

② 범칙금을 납부한 사람은 그 범칙행위에 대하여 다시 처벌받지 아니한다.

③ 있지 아니한 범죄나 재해 사실을 공무원에게 거짓으로 신고한 사람에 대해서는 주거가 분명한 경우에도 현행범 체포가 가능하다.

④ 술에 취한 채로 관공서에서 몹시 거친 말과 행동으로 주정하거나 시끄럽게 한 사람에 대해서는 주거가 분명한 경우 현행범 체포가 불가능하므로 즉결심판 청구나 통고처분을 하여야 한다.

해설

경찰행정법, 경찰행정의 의무이행 확보수단, 경찰벌, 통고처분 ─

① (○) 절차, 1차 납부기한(경범죄처벌법 제8조)<16.2·17.1채용>

② (○) 효력, 일사부재리(기판력)(경범죄처벌법 제8조 제3항)<17.1채용>

③ (○) 현행범 체포, **거짓신고:** 법정형이 60만 원 이하 벌금·구류·과료 → 주거가 분명하지 아니한 경우에도 현행범 체포가 가능하다.[♣주거 분명할 시 현행범 체포 불가능(X)](경범죄처벌법 제3조 제3항) <14승진·17.1채용>

④ (X) 현행범 체포, **관공서에서의 주취소란:** 법정형이 60만 원 이하 벌금·구류·과료 → 주거가 분명하지 아니한 경우에도 현행범 체포가 가능하다.[♣주거 분명할 시 현행범 체포 불가능(X)](경범죄처벌법 제3조 제3항)<14·16승진·13.2·14.2·17.1채용>   **정답** ④

---

04 「경범죄처벌법」에 규정된 통고처분에 관한 다음 설명 중 가장 옳지 않은 것은? 〈18경간〉

① 주거 또는 신원이 확실하지 아니한 사람은 통고처분의 대상이 아니다.

② 천재지변이나 그 밖의 부득이한 사유로 말미암아 그 기간 내에 범칙금을 납부할 수 없을 때에는 그 부득이한 사유가 없어지게 된 날부터 5일 이내에 납부하여야 한다.

③ 범칙자란 범칙행위를 상습적으로 하는 사람, 피해자가 있는 행위를 한 사람, 죄를 지은 동기나 수단 및 결과를 헤아려 볼 때 구류처분을 하는 것이 적절하다고 인정되는 사람을 말한다.

④ 경찰서장은 통고처분서 받기를 거부한 사람에 대하여 지체 없이 즉결심판을 청구하여야 한다.

해설

경찰행정법, 경찰행정의 의무이행 확보수단, 경찰벌, 통고처분 −

① (○) 요건, 통고처분적용 제외사유 : 통고처분하기가 매우 **어려운** 사람, 통고처분서 받기를 **거부**한 사람, **주거·신원**이 확실하지 아니한 사람[♣통고처분(X)](통고처분, 요건, 통고처분 제외사유 / 경범죄 처벌법 제7조 제1항)〈18경간·02·06·10채용〉

② (○) 납부절차표, 1차 납부 / 경범죄처벌법 제8조 제1항 단서〈11·18경간·18.3채용〉

③ (X) 요건, **범칙자 제외사유** : 1. 범칙행위를 상습적으로 하는 사람/ 2. 죄를 지은 동기나 수단 및 결과를 헤아려 볼 때 구류처분을 하는 것이 적절하다고 인정되는 사람/ 3. 피해자가 있는 행위를 한 사람/ 4. 18세 미만인 사람[♣범칙자(X)](통고처분, 요건표, 범칙자제외사유 / 경범죄처벌법 제6조 제2항)〈18경간·14.2채용〉

④ (○) 요건, 통고처분적용 제외사유(경범죄처벌법 제7조 제1항)〈18경간〉　　　정답 ③

05 행정의 실효성 확보수단에 관한 설명 중 가장 적절한 것은? (다툼이 있는 경우 판례에 의함) 〈22.2채용〉

① 통고처분은 형식적 의미의 행정이며 실질적 의미의 사법이다.

② 작위의무를 부과한 행정처분의 법적 근거가 있다면 행정대집행은 별도의 법적 근거를 요하지 아니하며, 즉시강제는 법률의 근거가 없더라도 일반긴급권에 기초하여 행사할 수 있다.

③ 행정대집행과 행정상 즉시강제는 제3자에 의해 집행될 수 없고 행정청이 직접 행사해야 한다.

④ 관세법상 통고처분 여부는 관세청장의 재량에 맡겨져 있지만, 경범죄처벌법 및 도로교통법상 통고처분은 재량의 여지가 없다.

해설

경찰행정법, 의무이행 확보수단 −

− 경찰벌, 통고처분 −

① (○) 성질〈22.2채용〉

④ (X) **처분권자 : 경범죄처벌법 : 경찰서장, 해양경찰서장, 제주특별자치도지사 또는 철도특별사법경찰대장**은 범칙자로 인정되는 사람에 대하여 그 이유를 명백히 나타낸 서면으로 범칙금을 부과하고 이를 납부할 것을 **통고할 수** 있다.(경범죄처벌법 제7조 제1항)〈21경간·96승진·22.2채용〉 / **도로교통법** : 경찰서장이나 제주특별자치도지사(일정사유 제외)는 범칙자로 인정하는 사람에 대하여는 이유를 분명하게 밝힌 범칙금 납부통고서로 범칙금을 낼 것을 **통고할 수** 있다.[♣재량 여지 없다.(X)](제163조 제1항)〈22.2채용〉

- 경찰강제, 강제집행 -

② (×) **행정대집행**: 권력작용으로 **반드시 법적 근거가 필요**하다.[♣작위의무를 부과한 행정처분의 법적 근거가 있다면 행정대집행은 별도의 법적 근거를 요하지 아니 하며(X)]<21.1·22.2채용> / 즉시강제 근거 − 오늘날 법치국가에서 즉시강제는 극히 예외적이고 전형적인 권력작용이기 때문에 이론적 근거만으로는 충분치 않고 **반드시 실정법적 근거가 있어야** 한다.[♣법률의 근거가 없더라도 일반긴급권에 기초하여 행사할 수 있다.(X)]<04행시·22.2채용>

③ (×) **행정대집행**: 대체적 작위의무의 불이행이 있는 경우에 당해 행정청이 의무자가 행할 의무를 **스스로 행하거나 또는 제3자로 하여금 이를 이행하게**[♣제3자에 의해 집행될 수 없고(X)] 하여 의무의 이행이 있었던 것과 동일한 상태를 실현시킨 후, 그에 대한 비용을 의무자로부터 징수하는 **권력적 사실행위**로서 강제집행에 해당한다.<16·18·20승진·21.1·22.1·2채용> → 즉시강제는 직접 행사해야 한다.

정답 ①

---

06 「경범죄 처벌법」에 대한 설명이다. 아래 가.부터 라.까지 설명 중 옳고 그름의 표시(O, X)가 바르게 된 것은?
〈22경간〉

> 가. 여러 사람에게 물품을 팔거나 나누어 주거나 일을 해주면서 다른 사람을 속이거나 잘못 알게 할 만한 사실을 들어 광고한 사람은 20만 원 이하의 벌금, 구류 또는 과료의 형으로 처벌한다.
> 나. 「경범죄 처벌법」 제8조 제1항에 따른 납부기간에 범칙금을 납부하지 아니한 사람은 납부 기간의 마지막 날의 다음 날부터 30일 이내에 통고받은 범칙금에 그 금액의 100분의 30을 더한 금액을 납부하여야 한다.
> 다. 해양경찰서장을 제외한 경찰서장, 제주특별자치도지사 또는 철도특별사법경찰대장은 범칙자로 인정되는 사람에 대하여 그 이유를 명백히 나타낸 서면으로 범칙금을 부과하고 이를 납부할 것을 통고할 수 있다.
> 라. 범칙금 납부 기한 내 범칙금을 납부하지 않아 즉결심판이 청구된 피고인이 통고받은 범칙금에 그 금액의 100분의 50을 더한 금액을 납부하고 그 증명서류를 즉결심판 선고 전까지 제출하였을 때에는 경찰청장, 해양경찰청장, 제주특별자치도지사는 그 피고인에 대한 즉결심판 청구를 취소할 수 있다.

① 가.(×) 나.(×) 다.(×) 라.(×)　　② 가.(○) 나.(×) 다.(○) 라.(×)
③ 가.(○) 나.(×) 다.(×) 라.(○)　　④ 가.(○) 나.(×) 다.(×) 라.(×)

해설

- 생활안전경찰, 생활질서과업무, 기초질서위반사범단속, 경범죄처벌법 -
가. (○) **20만 원 이하의 벌금, 구류 또는 과료**: 경범죄처벌법 제3조 제2항<20·22승진·22경간·16.2채용>

- 경찰행정법, 의무이행강제수단, 경찰벌, 통고처분 -
나. (×) **납부절차, 2차 납부**: 1차 납부기간 이내에 범칙금을 납부하지 아니한 사람은 납부기간이 **만료되는 날의 다음 날부터 20일 이내**에 통고받은 범칙금에 **100분의 20의 가산금을 더한** 금액을 납부해야 한다.[♣30일 이내, 100분의 30 가산금(X)](경범죄처벌법 제8조 제2항)<11·22경간·04·11승진·21.1채용>

다. (×) **처분권자**: 경찰서장, 해양경찰서장, 제주특별자치도지사 또는 철도특별사법경찰대장은 범칙자로 인정되는 사람에 대하여 그 이유를 명백히 나타낸 서면으로 범칙금을 부과하고 이를 납부할 것을 **통고할 수** 있다.[♣경찰청장(×), ♣해양경찰서장 제외(×)](경범죄처벌법 제7조 제1항)<21·22경 간·96승진·22.2채용>

라. (×) 납부절차, **3차 납부**: 즉결심판이 청구된 피고인이 통고받은 범칙금에 그 금액의 100분의 50을 더한 금액을 납부하고 그 증명서류를 즉결심판 선고 전까지 제출하였을 때에는 경찰서장 또는 해양경찰서장은 그 피고인에 대한 즉결심판 **청구를 취소하여야** 한다.[♣취소할 수(×)](제9조 제2 항)<04승진·22경간·18.3채용>

정답 ④

테마 96 즉결심판

01 **즉결심판에 대한 설명 중 틀린 것은?** 〈10경감〉

① 즉결심판의 유래는 미군정하의 치안판사제도에서 연유한다.

② 즉결심판청구서의 작성 시 해당란에 위반사실을 다 기재하지 못할 경우에는 별지를 사용한다.

③ 불출석을 하고자 할 때는 경찰서장에게 납부할 범칙금액의 1.5배액을 예납하여야 한다.

④ 향토예비군설치법 제6조 제1항에 의한 훈련을 정당한 사유 없이 받지 않은 자로 훈련불참시간이 8시 간 이하인 경우 예납기준액은 200,000원이다.

해설

경찰행정법, 의무이행강제수단, 경찰벌, 즉결심판 —

① (○) 의의<10승진>

② (○) 청구, 청구방식, 즉결심판서의 작성 시 유의사항<10승진>

③ (○) 심리, 특칙, 궐석재판(즉결심판절차에서의 불출석심판청구 등에 관한 규칙 제3조 제1항)<08·10승진>

④ (×) 향토예비군설치법 제6조 제1항에 의한 훈련을 정당한 사유 없이 받지 않은 자로 훈련불참시간 이 8시간 이하인 경우 예납기준액은 100,000원이다.(즉결심판절차에서의 불출석심판청구 등에 관한 규칙, 별표, 불출석심판청구 가능 법률위반행위의 유형 및 벌금 등 예납기준표)<10승진>

☞ **주요 예납금 기준(참고)**(즉결심판절차에서의 불출석심판청구 등에 관한 규칙, 별표)

해당 법조문	위반행위	벌금 등
예비군법 제15조 제9항	예비군법 제6조 제1항에 의한 훈련을 정당한 사유없이 받지 않은 자(훈련 불참시간이 8시간 이하인 경우)	10만 원
〃	〃(훈련불참시간이 8시간 초과 16시간 이하인 경우)	15만 원
〃	〃(훈련불참시간이 16시간 초과 24시간 이하인 경우)	20만 원
예비군법 제15조 제12항	(예비군법 제6조의3 제2항의 규정에 의한) 보류사유소멸신고를 정당한 이유 없이 이행하지 아니한 자(동종전과가 없고 신고 지연기간이 6개월 미만인 경우)	20만 원

정답 ④

테마 97 질서위반행위규제

01 「질서위반행위규제법」에 대한 설명이다. 옳지 않은 것은? 〈20경간〉

① 심신장애로 인하여 행위의 옳고 그름을 판단할 능력이 없거나 그 판단에 따른 행위를 할 능력이 없는 자의 질서위반행위는 과태료를 부과하지 아니한다.

② 2인 이상이 질서위반행위에 가담한 때에는 각자가 질서위반행위를 한 것으로 본다. 또한 신분에 의하여 성립하는 질서위반행위에 신분이 없는 자가 가담한 때에는 신분이 없는 자에 대하여도 질서위반행위가 성립한다.

③ 하나의 행위가 2 이상의 질서위반행위에 해당하는 경우에는 각 질서위반행위에 대하여 정한 과태료 중 가장 중한 과태료를 부과한다.

④ 과태료는 행정청의 과태료 부과처분이나 법원의 과태료 재판이 확정된 후 3년간 징수하지 아니하거나 집행하지 아니하면 시효로 인하여 소멸된다.

해설

경찰행정법, 의무이행강제수단, 경찰벌, 질서위반행위규제 −

① (○) 책임능력, 감면(질서위반행위 규제법 제10조 제1항)〈18·20경간〉

② (○) 2인 이상 가담(질서위반행위 규제법 제10조 제2항, 제3항)〈18·20경간〉

③ (○) 상상적 경합(질서위반행위 규제법 제13조 제1항)〈20경간〉

④ (×) **시효소멸**: 과태료는 행정청의 과태료 부과처분이나 법원의 과태료 재판이 확정된 후 **5년간** 징수하지 아니하거나 집행하지 아니하면 **시효로 인하여 소멸**한다.[♣3년간(X)](제15조 제1항)〈13·14·19승진·11·20경간·17.1·18.2채용〉　정답 ④

02 「질서위반행위규제법」에 대한 설명으로 가장 적절한 것은? 〈17.1채용〉

① 질서위반행위의 성립과 과태료 처분은 처분 시의 법률에 따른다.

② 고의 또는 과실이 없는 질서위반행위에도 과태료를 부과한다.

③ 2인 이상이 질서위반행위에 가담한 때에는 각자가 질서위반행위를 한 것으로 본다.

④ 과태료는 행정청의 과태료 부과 처분이나 법원의 과태료 재판이 확정된 후 3년간 징수하지 아니하거나 집행하지 아니하면 시효로 인하여 소멸한다.

해설

경찰행정법, 의무이행강제수단, 경찰벌, 질서위반행위규제 −

① (×) **행위시법주의**: 질서위반행위의 **성립과 과태료 처분은 행위 시의 법률에 따른다.**[♣처분 시 법률(X)](질서위반행위규제, 성립요건 / 질서위반행위 규제법 제3조 제1항)〈13·14승진·17.1채용〉

② (×) **주관적 구성요건**: 고의 또는 과실이 없는 질서위반행위는 과태료를 부과하지 아니한다.[♣부과 가능(X)](질서위반행위규제, 성립요건 / 질서위반행위 규제법 제7조)〈13·19승진·17.1·18.2채용〉

③ (○) 공범(질서위반행위 규제법 제12조 제1항)〈14승진·17.1채용〉

④ (×) **시효소멸**: 과태료는 행정청의 과태료 부과처분이나 법원의 과태료 재판이 확정된 후 **5년간** 징수하지 아니하거나 집행하지 아니하면 **시효로 인하여 소멸**한다.[♣3년간(X)](질서위반행위규제, 부과징수 / 질서위반행위규제법 제15조 제1항)〈14·19승진·11경간·17.1·18.2채용〉　정답 ③

03 「질서위반행위규제법」에 관한 다음 설명 중 가장 옳지 않은 것은? 〈18경간〉

① 이 법은 법률상 의무의 효율적인 이행을 확보하고 국민의 권리와 이익을 보호하기 위하여 질서위반행위의 성립요건과 과태료의 부과·징수 및 재판 등에 관한 사항을 규정하는 것을 목적으로 한다.

② 질서위반행위 후 법률이 변경되어 그 행위가 질서위반행위에 해당하지 아니하게 되거나 과태료가 변경되기 전의 법률보다 가볍게 된 때에는 법률에 특별한 규정이 없는 한 변경된 법률을 적용한다.

③ 심신장애로 인하여 행위의 옳고 그름을 판단할 능력이 없거나 그 판단에 따른 행위를 할 능력이 없는 자의 질서위반행위는 과태료를 부과하지 아니한다.

④ 19세가 되지 아니한 자의 질서위반행위는 과태료를 부과하지 아니한다. 다만, 다른 법률에 특별한 규정이 있는 경우에는 그러하지 아니하다.

해설

경찰행정법, 의무이행강제수단, 경찰벌, 질서위반행위규제 −

① (○) 목적(질서위반행위규제법 제1조)〈18경간〉

② (○) 경한 신법우선주의(질서위반행위규제법 제3조 제2항)〈18경간〉

③ (○) 책임능력, 감면(질서위반행위규제법 제10조 제1항)〈18경간〉

④ (×) **책임능력**: 특별한 규정이 없는 한 **14세 미만자의 질서위반행위**에는 **과태료를 부과하지 아니한**다. 다만, 다른 법률에 특별한 규정이 있는 경우에는 그러하지 아니하다.[♣19세가 되지 아니한 자(X)](질서위반행위규제법 제9조)〈18경간〉   정답 ④

---

04 「질서위반행위규제법」에 대한 내용으로 가장 적절한 것은? 〈18.2채용〉

① 18세가 되지 아니한 자의 질서위반행위는 과태료를 부과하지 아니한다. 다만, 다른 법률에 특별한 규정이 있는 경우에는 그러하지 아니하다.

② 행정청이 질서위반행위에 대하여 과태료를 부과하고자 하는 때에는 미리 당사자에게 대통령령으로 정하는 사항을 통지하고, 7일 이상의 기간을 정하여 의견을 제출할 기회를 주어야 한다. 이 경우 지정된 기일까지 의견 제출이 없는 경우에는 의견이 없는 것으로 본다.

③ 과태료는 행정청의 과태료 부과처분이나 법원의 과태료 재판이 확정된 후 3년간 징수하지 아니하거나 집행하지 아니하면 시효로 인하여 소멸한다.

④ 고의 또는 과실이 없는 질서위반행위는 과태료를 부과하지 아니한다.

해설

경찰행정법, 의무이행강제수단, 경찰벌, 질서위반행위규제 −

① (✕) **책임능력**: 특별한 규정이 없는 한 **14세 미만자의 질서위반행위**에는 **과태료를 부과하지 아니한** 다. 다만, 다른 법률에 특별한 규정이 있는 경우에는 그러하지 아니하다.[♣18세가 되지 아니한 자(X)](질서위반행위규제법 제9조)<18경간 · 18.2채용>

② (✕) **의견제출**: 행정청이 질서위반행위에 대하여 과태료를 부과하고자 하는 때에는 **미리** 당사자(고 용주 등을 포함)에게 일정한 사항을 **통지**하고, **10일 이상의 기간**을 정하여 **의견을 제출할 기회를 주어야** 한다. 이 경우 지정된 기일까지 의견 제출이 없는 경우에는 의견이 없는 것으로 본다. [♣7일 이상(X)](질서위반행위규제, 부과징수 / 질서위반행위규제법 제16조 제1항)<13 · 14승진 · 18.2채용>

③ (✕) **시효소멸**: 과태료는 행정청의 과태료 부과처분이나 법원의 과태료 재판이 확정된 후 **5년간** 징 수하지 아니하거나 집행하지 아니하면 **시효로 인하여 소멸**한다.[♣3년간(X)](질서위반행위규제, 부 과징수 / 질서위반행위규제법 제15조 제1항)<14승진 · 11경간 · 17.1 · 18.2채용>

④ (○) 주관적 구성요건(질서위반행위규제법 제7조)<13승진 · 17.1 · 18.2채용>   정답 ④

05 「질서위반행위규제법」에 대한 설명으로 가장 적절하지 않은 것은? 〈14 · 19경위〉

① 과태료 부과는 의견제출 절차를 마친 후 서면 또는 구두로 한다.

② 과태료는 행정청의 과태료 부과처분이나 법원의 과태료 재판이 확정된 후 5년간 징수하지 아니하거 나 집행하지 아니하면 시효로 인하여 소멸한다.

③ 행정청이 질서위반행위에 대하여 과태료를 부과하고자 하는 때에는 미리 당사자에게 대통령령으로 정하는 사항을 통지하고, 10일 이상의 기간을 정하여 의견을 제출할 기회를 주어야 한다. 이 경우 지 정된 기일까지 의견 제출이 없는 경우에는 의견이 없는 것으로 본다.

④ 행정청의 과태료 부과에 불복하는 당사자는 과태료 부과 통지를 받은 날로부터 60일 이내에 해당 행 정청에 서면으로 이의제기를 할 수 있다.

해설

경찰행정법, 의무이행강제수단, 경찰벌, 질서위반행위규제 −

① (✕) **서면부과**: 의견제출 절차를 마친 후에 **서면으로 과태료를 부과**하여야 한다.[**통지 → 의견제출 → 부과**][♣서면 또는 구두(X)](질서위반행위규제, 부과 · 징수 / 질서위반행위 규제법 제17조 제1항)<11경 간 · 13 · 14승진>

② (○) 시효소멸(질서위반행위규제법 제15조 제1항)<13 · 14 · 19승진 · 11경간 · 17.1 · 18.2채용>

③ (○) 의견제출(질서위반행위규제법 제16조 제1항)<13 · 14승진 · 18.2채용>

④ (○) 이의제기(질서위반행위규제법 제20조 제1항)<11경간 · 19승진>   정답 ①

06 다음 「질서위반행위규제법」 및 「질서위반행위규제법 시행령」에 대한 내용에서 괄호 안에 들어갈 숫자를 모두 더한 값은? 〈21승진〉

> ㉠ 과태료는 행정청의 과태료 부과처분이나 법원의 과태료 재판이 확정된 후 (   )년간 징수하지 아니하거나 집행하지 아니하면 시효로 인하여 소멸한다.
> ㉡ 동법 제19조 제1항에 따라 행정청은 질서위반행위가 종료된 날부터 (   )년이 경과한 경우에는 해당 질서위반행위에 대하여 과태료를 부과할 수 없다.
> ㉢ (   )세가 되지 아니한 자의 질서위반행위는 과태료를 부과하지 아니한다.
> ㉣ 행정청은 당사자가 동법 제24조의3 제1항에 따라 과태료를 납부하기가 곤란하다고 인정되면 (   )년의 범위에서 과태료의 분할납부나 납부기일의 연기를 결정할 수 있다.
> ㉤ 행정청은 ㉣에 따라 과태료의 분할납부나 납부기일의 연기(이하 "징수유예등"이라 한다)를 결정하는 경우 그 기간을 그 징수유예등을 결정한 날의 다음 날부터 (   )개월 이내로 하여야 한다.

① 26
② 28
③ 33
④ 34

해설

경찰행정법, 의무이행강제수단, 경찰벌, 질서위반행위규제 ─

㉠ 5 ─ **시효소멸**: 과태료는 행정청의 과태료 부과처분이나 법원의 과태료 재판이 확정된 후 **5년간** 징수하지 아니하거나 집행하지 아니하면 **시효로 인하여 소멸**한다.[♣3년간(X)](제15조 제1항)〈13·14·19·21승진·11·20경간·17.1·18.2채용〉

㉡ 5 ─ **제척기간**: 행정청은 질서위반행위가 종료된 날(다수인의 질서위반행위에 가담한 경우에는 최종행위가 종료된 날)부터 **5년이 경과**[♣3년(X)]한 경우에는 해당 질서위반행위에 대하여 과태료를 **부과할 수 없다**.(질서위반행위 규제법 제19조 제1항)〈13·21승진〉

㉢ 14 ─ **책임능력**: 특별한 규정이 없는 한 **14세 미만자의 질서위반행위**에는 **과태료를 부과하지 아니한**다. 다만, 다른 법률에 특별한 규정이 있는 경우에는 그러하지 아니하다.[♣18세가 되지 아니한 자(X)](질서위반행위 규제법 제9조)〈18경간·21승진·18.2채용〉

㉣ 1 ─ **징수유예**: 행정청은 당사자가 과태료 징수유예 사유에 해당하여 **과태료**(체납된 과태료와 가산금, 중가산금 및 체납처분비를 포함)를 납부하기가 곤란하다고 인정되면 **1년의 범위에서** 대통령령으로 정하는바에 따라 과태료의 분할납부나 **납부기일의 연기**(이하 "징수유예등")를 **결정할 수** 있다.(질서위반행위 규제법 제24조의3 제1항)〈21승진〉

㉤ 9 ─ **징수유예**: 행정청은 과태료의 분할납부나 납부기일의 연기("징수유예등")를 결정하는 경우 그 기간을 그 징수유예등을 **결정한 날의 다음 날부터 9개월 이내로 하여야** 한다.(시행령 제7조의2 제1항 본문)〈21승진〉

정답 ④

07 「질서위반행위규제법」에 관한 설명 중 가장 적절하지 않은 것은? 〈22.1채용〉

① 행정청의 과태료 처분이나 법원의 과태료 재판이 확정된 후 법률이 변경되어 그 행위가 질서위반행위에 해당하지 아니하게 된 때에는 변경된 법률에 특별한 규정이 없는 한 과태료의 징수 또는 집행을 면제한다.

② 고의 또는 과실이 없는 질서위반행위는 과태료를 부과하지 아니한다.

③ 자신의 행위가 위법하지 아니한 것으로 오인하고 행한 질서 위반행위는 그 오인에 정당한 이유가 있는 때에도 과태료를 부과한다.

④ 과태료는 행정청의 과태료 부과처분이나 법원의 과태료 재판이 확정된 후 5년간 징수하지 아니하거나 집행하지 아니하면 시효로 인하여 소멸한다.

해설

경찰행정법, 경찰행정의 실효성 확보수단, 행정벌, 질서위반행위규제(법) −

① (○) 집행면제(질서위반행위 규제법 제3조 제3항)〈22.1채용〉

② (○) 주관적 구성요건(질서위반행위 규제법 제7조)〈13 · 19승진 · 17.1 · 18.2 · 22.1채용〉

③ (×) **위법성 착오** : 자신의 행위가 위법하지 아니한 것으로 오인하고 행한 질서위반행위는 그 오인에 **정당한 이유가 있는 때에 한하여** 과태료를 부과하지 아니한다.[♣오인에 정당한 이유가 있는 때에도 과태료를 부과한다.(X)](질서위반행위 규제법 제8조)〈22.1채용〉

④ (○) 시효소멸(질서위반행위 규제법 제15조 제1항)〈13 · 14 · 19 · 21승진 · 11 · 20경간 · 17.1 · 18.2 · 22.1채용〉

정답 ③

---

08 「질서위반행위규제법」상 행정청의 과태료 부과 및 징수에 관한 설명으로 가장 적절하지 않은 것은? 〈23.1채용〉

① 행정청은 법 제16조 제2항에 따라 당사자가 제출한 의견에 상당한 이유가 있는 경우에는 과태료를 부과하지 아니하거나 통지한 내용을 변경할 수 있다.

② 법 제20조 제1항에 따른 이의제기가 있는 경우에는 행정청의 과태료 부과처분은 그 효력을 상실하지 않는다.

③ 당사자가 법 제18조 제1항에 따라 감경된 과태료를 납부한 경우에는 해당 질서위반 행위에 대한 과태료 부과 및 징수 절차는 종료한다.

④ 행정청은 당사자가 납부기한까지 과태료를 납부하지 아니한 때에는 납부기한을 경과한 날부터 체납된 과태료에 대하여 100분의 3에 상당하는 가산금을 징수한다.

해설

경찰행정법, 경찰행정의 실효성 확보수단, 경찰벌, 질서위반행위규제 −

① (○) 의견제출(질서위반행위규제법 제16조 제3항)〈23.1채용〉

② (×) **이의제기** : 이의제기가 있는 경우에는 행정청의 과태료 **부과처분은 그 효력을 상실한다.**[♣효력을 상실하지 않는다.(X)](질서위반행위 규제법 제20조 제2항)〈23.1채용〉

③ (○) 자진납부(질서위반행위규제법 제18조 제2항)〈23.1채용〉

④ (○) 가산금(질서위반행위규제법 제24조 제1항)〈23.1채용〉

정답 ②

09 「질서위반행위규제법」상 행정청의 과태료 부과 및 징수에 관한 설명으로 가장 적절하지 않은 것은? 〈23.1채용〉

① 행정청은 법 제16조 제2항에 따라 당사자가 제출한 의견에 상당한 이유가 있는 경우에는 과태료를 부과하지 아니하거나 통지한 내용을 변경할 수 있다.

② 법 제20조 제1항에 따른 이의제기가 있는 경우에는 행정청의 과태료 부과처분은 그 효력을 상실하지 않는다.

③ 당사자가 법 제18조 제1항에 따라 감경된 과태료를 납부한 경우에는 해당 질서위반 행위에 대한 과태료 부과 및 징수 절차는 종료한다.

④ 행정청은 당사자가 납부기한까지 과태료를 납부하지 아니한 때에는 납부기한을 경과한 날부터 체납된 과태료에 대하여 100분의 3에 상당하는 가산금을 징수한다.

해설

경찰행정법, 경찰행정의 실효성 확보수단, 경찰벌, 질서위반행위규제 −

① (○) 의견제출(질서위반행위규제법 제16조 제3항)〈23.1채용〉

② (✕) **이의제기** : 이의제기가 있는 경우에는 행정청의 과태료 **부과처분은 그 효력을 상실**한다.[♣효력을 상실하지 않는다.(X)](질서위반행위 규제법 제20조 제2항)〈23.1채용〉

③ (○) 자진납부(질서위반행위규제법 제18조 제2항)〈23.1채용〉

④ (○) 가산금(질서위반행위규제법 제24조 제1항)〈23.1채용〉   정답 ②

---

10 「질서위반행위규제법」 제3조 법 적용의 시간적 범위와 제4조 법 적용의 장소적 범위에 관한 내용으로 가장 적절하지 않은 것은? 〈24승진〉

① 질서위반행위의 성립과 과태료 처분은 행위 시의 법률에 따른다.

② 질서위반행위 후 법률이 변경되어 그 행위가 질서위반행위에 해당하지 아니하게 되거나 과태료가 변경되기 전의 법률보다 가볍게 된 때에는 법률에 특별한 규정이 없는 한 변경된 법률을 적용한다.

③ 이 법은 대한민국 영역 밖에 있는 대한민국의 선박 또는 항공기 안에서 질서위반행위를 한 외국인에게는 적용하지 아니한다.

④ 이 법은 대한민국 영역 안에서 질서위반행위를 한 자에게 적용한다.

해설

경찰행정법, 경찰행정의 의무이행 확보수단, 경찰벌, 질서위반행위 규제, 성립요건 −

① (○) 행위시법주의(질서위반행위 규제법 제3조 제1항)〈13 · 14 · 24승진 · 17.1채용〉

② (○) 경한 신법우선주의(질서위반행위 규제법 제3조 제2항)〈18경간 · 24승진〉

③ (✕) **기국주의** : 이 법은 대한민국 영역 밖에 있는 **대한민국의 선박 또는 항공기 안**에서 질서위반행위를 한 **외국인에게 적용**한다.[♣적용하지 아니한다.(X)](제4조 제3항)〈24승진〉

④ (○) 속지주의(제4조 제1항)〈24승진〉   정답 ③

— 경찰벌 종합

01 행정상 의무이행 확보수단에 관한 설명으로 가장 적절하지 않은 것은? (다툼이 있는 경우 판례에 의함)

〈23.2채용〉

① 질서위반행위에 대하여 과태료 부과의 근거 법률이 개정되어 행위 시의 법률에 의하면 과태료 부과 대상이지만 재판 시의 법률에 의하면 과태료 부과대상이 아니게 된 때에는 개정 법률의 부칙에서 종전 법률 시행 당시에 행해진 질서위반행위에 대해서는 행위 시의 법률을 적용하도록 특별한 규정을 두지 않은 이상 재판 시의 법률을 적용하여야 하므로 과태료를 부과할 수 없다.

② 경찰서장이 범칙행위에 대하여 통고처분을 한 이상 통고처분에서 정한 범칙금 납부기간까지는 원칙적으로 경찰서장은 즉결심판을 청구할 수 없다.

③ 피고인이 즉결심판에 대하여 제출한 정식재판청구서에 피고인의 자필로 보이는 이름이 기재되어 있고 그 옆에 서명이 되어 있어 위 서류가 작성자 본인인 피고인의 진정한 의사에 따라 작성되었다는 것을 명백하게 확인할 수 있더라도 피고인의 인장이나 지장이 찍혀 있지 않다면 정식재판청구는 부적법하다고 보아야 한다.

④ 「질서위반행위규제법」에 따르면 고의 또는 과실이 없는 질서 위반행위는 과태료를 부과하지 아니한다.

해설

경찰행정법, 경찰행정의 의무이행 확보수단, 행정벌 —

① (○) 경찰질서벌, 행위시법주의, 판례 : 대법원 2020마5594 결정 [공직자윤리법위반]〈23.2채용〉

② (○) 통고처분, 납부절차, 판례 : 대법원 2017도13409 판결 [야간건조물침입절도·병역법위반·사기·점유이탈물횡령·절도]〈23.2채용〉

③ (×) 즉결심판, 정식재판 청구, 판례 : **기명, 서명 → 적법** 피고인이 즉결심판에 대하여 제출한 정식재판청구서에 피고인의 **자필로 보이는 이름이 기재**되어 있고 **그 옆에 서명**이 되어 있어 위 서류가 작성자 본인인 피고인의 진정한 의사에 따라 작성되었다는 것을 명백하게 확인할 수 있으며 형사소송절차의 명확성과 안정성을 저해할 우려가 없으므로, **정식재판청구는 적법**하다고 보아야 한다. 피고인의 인장이나 지장이 찍혀 있지 않다고 해서 이와 달리 볼 것이 아니다.[♣정식재판청구는 부적법하다고 보아야(×)](대법원 2017모3458 결정 [항소기각결정에 대한 재항고])〈23.2채용〉

④ (○) 질서위반행위 규제, 성립요건 : 질서위반행위 규제법 제7조〈13·19승진·17.1·18.2·22.1·23.2채용〉

정답 ③

제6장 구제제도

제1절 사전적 권리구제수단

테마 98 공공기관의 정보공개

01 「공공기관의 정보공개에 관한 법률」에 대한 설명으로 가장 적절하지 않은 것은? 〈17.1채용〉

① 공공기관이 보유·관리하는 정보는 국민의 알권리 보장 등을 위하여 이 법에서 정하는 바에 따라 적극적으로 공개하여야 한다.

② 청구인이 정보공개와 관련한 공공기관의 결정에 대하여 불복이 있거나 정보공개 청구 후 20일이 경과하도록 정보공개 결정이 없는 때에는 「행정심판법」에서 정하는 바에 따라 행정심판을 청구할 수 있다.

③ 공공기관은 청구인의 정보공개청구가 있을 때에는 원칙적으로 청구를 받은 날부터 10일 이내에 공개여부를 결정하여야 한다.

④ 공공기관은 이의신청을 받은 날부터 7일 이내에 그 이의신청에 대하여 결정하고 그 결과를 청구인에게 지체 없이 문서로 통지하여야 한다. 다만, 부득이한 사유로 정하여진 기간 이내에 결정할 수 없을 때에는 그 기간이 끝나는 날부터 기산하여 7일의 범위에서 연장할 수 있으며, 연장 사유를 청구인에게 통지하여야 한다.

해설

경찰행정법, 사전구제제도, 공공기관의 정보공개 －

① (○) 일반, 정보공개의 원칙(공공기관의 정보공개에 관한 법률 제3조)〈11·15경간·15.2·3·17.1채용〉

② (○) 절차, 행정심판(공공기관의 정보공개에 관한 법률 제19조 제1항)〈16.1·17.1채용〉

③ (○) 절차, 공개여부결정(공공기관의 정보공개에 관한 법률 제11조 제1항〈14·15승진·15경간·15.2·16.1·17.1채용〉

④ (×) 절차, 이의신청, **결정·통지**: 공공기관은 이의신청을 받은 날부터 **7일 이내**에 그 이의신청에 대하여 **결정**하고 그 결과를 청구인에게 지체 없이 문서로 **통지하여야** 한다.(기간이 끝나는 날의 **다음날부터 기산**하여 7일 이내의 **범위**에서 연장 가능[♣끝나는 날부터 기산하여(X)])(공공기관의 정보공개, 절차, 이의신청 / 공공기관의 정보공개에 관한 법률 제18조 제3항)〈06·15승진·16.1·17.1채용〉

정답 ④

02 「공공기관의 정보공개에 관한 법률」에 대한 설명으로 가장 적절하지 않은 것은? 〈17경위·13·17경감·15.2채용〉

① 모든 국민은 정보의 공개를 청구할 권리를 가지며, 외국인의 정보공개 청구에 관하여는 대통령령으로 정한다.

② 정보의 공개를 청구하는 자는 해당 정보를 보유하거나 관리하고 있는 공공기관에 정보공개 청구서를 제출하거나 말로써 정보의 공개를 청구할 수 있다.

③ 정보의 공개 및 우송 등에 드는 비용은 실비의 범위에서 공공기관이 부담한다.

④ 청구인은 이의신청 절차를 거치지 아니하고 행정심판을 청구할 수 있다.

해설

경찰행정법, 사전구제제도, 공공기관의 정보공개 −

① (○) 주요내용, 청구권자(공공기관의 정보공개에 관한 법률 제5조 제1항)〈13·15·17·18승진·15경간·10·13·15.2·3채용〉

② (○) 절차, **청구** : 청구인은 당해 정보를 보유하거나 관리하고 있는 공공기관에 대하여 '**정보공개청구서'를 제출하거나 '말'로써** 정보의 공개를 청구할 수 있다.[♣서면으로 청구해야(X)](동법 제10조 제1항)〈13·17·19승진〉

③ (×) 주요내용, **비용** : 정보의 공개 및 우송 등에 소요되는 비용은 실비의 범위에서 **청구인이 부담**한다.[♣공공기관의 부담으로(X)](동법 제17조 제1항)〈14·17·18승진·13.1·15.2채용〉

④ (○) 절차, 행정심판(공공기관의 정보공개에 관한 법률 제19조 제2항)〈18승진·16.1·17.1채용〉　　**정답** ③

---

03 다음은 「공공기관의 정보공개에 관한 법률」상 이의신청에 대한 설명이다. ㉠부터 ㉤까지에 들어갈 숫자를 모두 합한 값은? 〈18.2채용〉

> ㉮ 청구인이 정보공개와 관련한 공공기관의 비공개 결정 또는 부분 공개 결정에 대하여 불복이 있거나 정보공개 청구 후 (㉠)일이 경과하도록 정보공개 결정이 없는 때에는 공공기관으로부터 정보공개 여부의 결정 통지를 받은 날 또는 정보공개 청구 후 (㉡)일이 경과한 날부터 (㉢)일 이내에 해당 공공기관에 문서로 이의신청을 할 수 있다.
>
> ㉯ 공공기관은 이의신청을 받은 날부터 (㉣)일 이내에 그 이의신청에 대하여 결정하고 그 결과를 청구인에게 지체 없이 문서로 통지하여야 한다. 다만, 부득이한 사유로 정하여진 기간 이내에 결정할 수 없을 때에는 그 기간이 끝나는 날의 다음 날부터 기산하여 (㉤)일의 범위에서 연장할 수 있으며, 연장 사유를 청구인에게 통지하여야 한다.

① 84　　　　　　② 90　　　　　　③ 94　　　　　　④ 100

해설

경찰행정법, 사전구제제도, 공공기관의 정보공개 −

− ㉮ 20 + 20 + 30   ㉯ 7 + 7

㉮ 절차, **이의신청**: 청구인이 정보공개와 관련한 공공기관의 비공개 결정 또는 부분 공개 결정에 대하여 **불복**이 있거나 정보공개 청구 후 **(20)일**이 **경과하도록 정보공개 결정이 없는 때**에는, 공공기관으로부터 정보공개 여부의 **결정통지를 받은 날** 또는 정보공개 청구 후 **(20)일**이 **경과한 날부터 (30)일 이내**에 당해 **공공기관**에 문서로 **이의신청을 할 수** 있다.(동법 제18조 제1항)<04 · 18승진 · 11 · 15 · 17경간 · 10.2 · 15.3 · 16.1 · 18.2채용>

㉯ 절차, 이의신청, **결정 · 통지**: 공공기관은 이의신청을 받은 날부터 **(7)일 이내**에 그 이의신청에 대하여 **결정**하고 그 결과를 청구인에게 지체없이 문서로 **통지하여야** 한다. 기간이 끝나는 날의 **다음 날부터 기산하여 (7)일 이내의 범위**에서 연장 가능, 연장 사유를 청구인에게 통지하여야 한다.(제18조 제3항)<17경간 · 06 · 15 · 18승진 · 16.1 · 17.1 · 18.2채용>   **정답** ①

04 「공공기관의 정보공개에 관한 법률」에 대한 다음 설명 중 옳은 것은 모두 몇 개인가? 〈17경간 · 14 · 18승진〉

> ㉠ 정보의 공개 및 우송 등에 드는 비용은 실비(實費)의 범위에서 청구인이 부담하는 것이 원칙이다.
> ㉡ 공공기관은 정보공개의 청구가 있는 때에는 청구를 받은 날부터 20일 이내에 공개여부를 결정하여야 한다.
> ㉢ 공공기관은 공개 청구된 공개 대상 정보의 전부 또는 일부가 제3자와 관련이 있다고 인정할 때에는 그 사실을 제3자에게 지체없이 통지하여야 하며, 필요한 경우에는 그의 의견을 들을 수 있다
> ㉣ 청구인은 공공기관으로부터 정보공개 여부의 결정 통지를 받은 날 또는 정보공개 청구 후 20일이 경과한 날부터 30일 이내에 당해 공공기관에 문서로 이의신청을 할 수 있다.
> ㉤ 자기와 관련된 정보공개청구사실을 통지받은 제3자는 통지받은 날부터 3일 이내에 해당 공공기관에 대하여 자신과 관련된 정보를 공개하지 아니할 것을 요청할 수 있다.

① 1개   ② 2개   ③ 3개   ④ 4개

해설

경찰행정법, 사전구제제도, 공공기관의 정보공개 −

㉠ (○) 주요내용, 비용부담(공공기관의 정보공개에 관한 법률 제17조 제1항)<14 · 17 · 18승진 · 13.1 · 15.2채용>

㉡ (×) 절차, **공개여부 결정**: 공공기관은 정보공개의 청구를 받은 날부터 **10일 이내**에 공개여부를 결정하여야 한다.(끝나는 **다음 날부터 기산하여 10일 이내의 범위에서 연장할 수** 있음)[♣20일 이내(×)](공공기관의 정보공개, 절차, 공개여부결정 / 공공기관의 정보공개에 관한 법률 제11조 제1항, 제2항)<02 · 14 · 15 · 18승진 · 08 · 15 · 17경간 · 12.2 · 13.1 · 15.2 · 16.1 · 17.1채용>

㉢ (○) 절차, 통보(공공기관의 정보공개에 관한 법률 제11조 제3항, 제21조)<17경간 · 13승진 · 12.2채용>

㉣ (○) 절차, 이의신청(공공기관의 정보공개에 관한 법률 제18조 제1항)<04 · 18승진 · 11 · 15 · 17경간 · 10.2 · 15.3 · 16.1채용>

㉤ (○) 절차, 통보(공공기관의 정보공개에 관한 법률 제21조 제1항)<17경간 · 13승진 · 10.2 · 12.2채용>   **정답** ④

05 「공공기관의 정보공개에 관한 법률」상 '불복 구제 절차'에 대한 내용으로 가장 적절하지 않은 것은? 〈18경감〉

① 청구인이 정보공개와 관련한 공공기관의 비공개 결정 또는 부분 공개 결정에 대하여 불복이 있거나 정보공개 청구 후 20일이 경과하도록 정보공개 결정이 없는 때에는 공공기관으로부터 정보공개 여부의 결정 통지를 받은 날 또는 정보공개 청구 후 20일이 경과한 날부터 60일 이내에 해당 공공기관에 문서로 이의신청을 할 수 있다.

② 공공기관은 이의신청을 받은 날부터 7일 이내에 그 이의신청에 대하여 결정하고 그 결과를 청구인에게 지체 없이 문서로 통지하여야 한다. 다만, 부득이한 사유로 정하여진 기간 이내에 결정할 수 없을 때에는 그 기간이 끝나는 날의 다음 날부터 기산하여 7일의 범위에서 연장할 수 있으며, 연장 사유를 청구인에게 통지하여야 한다.

③ 청구인이 정보공개와 관련한 공공기관의 결정에 대하여 불복이 있거나 정보공개 청구 후 20일이 경과하도록 정보공개 결정이 없는 때에는 「행정심판법」에서 정하는 바에 따라 행정심판을 청구할 수 있으며, 이 경우 이의신청 절차를 거치지 아니하고 행정심판을 청구할 수 있다.

④ 청구인이 정보공개와 관련한 공공기관의 결정에 대하여 불복이 있거나 정보공개 청구 후 20일이 경과하도록 정보공개 결정이 없는 때에는 「행정소송법」에서 정하는 바에 따라 행정소송을 제기할 수 있다.

해설

경찰행정법, 사전구제제도, 공공기관의 정보공개, 절차 −

① (✕) **이의신청**: 청구인이 정보공개와 관련한 공공기관의 비공개 결정 또는 부분 공개 결정에 대하여 **불복**이 있거나 정보공개 청구 후 **20일이 경과하도록 정보공개 결정이 없는 때**에는 공공기관으로부터 정보공개 여부의 결정 통지를 받은 날 또는 정보공개 청구 후 20일이 경과한 날부터 **30일 이내에 해당 공공기관에 문서로 이의신청을 할 수** 있다.[♣60일 이내에(✕)](공공기관의 정보공개에 관한 법률 제18조 제1항)〈04·18승진·11·15경간·10.2·15.3·16.1채용〉

② (○) 이의신청(공공기관의 정보공개에 관한 법률 제18조 제3항)〈06·15·18승진·16.1·17.1채용〉

③ (○) 행정심판(공공기관의 정보공개에 관한 법률 제19조 제1항)〈18승진·16.1·17.1채용〉

④ (○) 행정소송(공공기관의 정보공개에 관한 법률 제20조 제1항)〈18승진·11경간〉 정답 ①

---

06 「공공기관의 정보공개에 관한 법률」에 대한 설명으로 가장 적절한 것은? 〈19경감〉

① 모든 국민은 정보의 공개를 청구할 권리를 가지며, 공공기관이 보유·관리하는 정보는 국민의 알권리 보장 등을 위하여 이 법에서 정하는 바에 따라 적극적으로 공개할 수 있다.

② 공공기관은 공개 청구된 공개 대상 정보의 전부 또는 일부가 제3자와 관련이 있다고 인정할 때에는 그 사실을 제3자에게 지체 없이 통지하여야 하며, 그의 의견을 들어야 한다.

③ 정보의 공개를 청구하는 자는 해당 정보를 보유하거나 관리하고 있는 공공기관에 대하여 서면으로 정보공개를 청구하여야 한다.

④ 공개될 경우 국민의 생명·신체 및 재산의 보호에 현저한 지장을 초래할 우려가 있다고 인정되는 정보는 공개하지 아니할 수 있다.

해설

경찰행정법, 사전구제제도, 공공기관의 정보공개 -

① (✕) 일반, **공개의무** : '**공공기관**'이 보유·관리하는 정보는 국민의 알권리 보장 등을 위하여 적극적으로 **공개하여야** 한다.[♣공개할 수 있다.(✕)](공공기관의 정보공개, 입법 / 공공기관의 정보공개에 관한 법률 제3조)<19승진·11·15·17경간·15.2·3·17.1채용>

② (✕) 절차, **통보** : 공개청구 된 공개대상정보의 **전부 또는 일부가 제3자와 관련이 있다고 인정되는 때**에는 그 사실을 **제3자에게 지체 없이 통지하여야** 하며, 필요한 경우 그의 **의견을 들을 수 있다.** [♣의견을 들어야(✕)](공공기관의 정보공개, 절차, 통보 / 공공기관의 정보공개에 관한 법률 제11조 제3항)<17경간·13·19승진·12.2채용>

③ (✕) 절차, **청구** : 청구인은 당해 정보를 보유하거나 관리하고 있는 공공기관에 대하여 '**정보공개청구서**'를 제출하거나 '**말**'로써 정보의 공개를 청구할 수 있다.[♣서면으로 청구해야(✕)](공공기관의 정보공개, 절차, 청구 / 공공기관의 정보공개에 관한 법률 제10조 제1항)<17·19승진>

④ (○) 일반, 비공개 대상정보囲, 개인적 법익(공공기관의 정보공개에 관한 제9조 제1항 제3호)<19승진>

정답 ④

---

07 「공공기관의 정보공개에 관한 법률」과 관련된 설명으로 가장 적절하지 않은 것은? 〈21승진〉

① 민원인이 경찰관서에서 현재 수사 중인 '폭력단체 현황'에 대한 정보공개를 요청한 경우, 국민의 알권리를 충족시킨다는 차원에서 해당 정보를 공개하여야 한다.

② 공공기관은 비공개 대상 정보가 기간의 경과 등으로 인하여 비공개의 필요성이 없어진 경우에는 그 정보를 공개 대상으로 하여야 한다.

③ 공공기관은 부득이한 사유로 정보공개의 청구를 받은 날부터 10일 이내에 공개 여부를 결정할 수 없을 때에는 그 기간이 끝나는 날의 다음 날부터 기산(起算)하여 10일의 범위에서 공개 여부 결정기간을 연장할 수 있다.

④ 공공기관은 공개 청구된 공개 대상 정보의 전부 또는 일부가 제3자와 관련이 있다고 인정할 때에는 그 사실을 제3자에게 지체 없이 통지하여야 하며, 통지받은 제3자는 그 통지를 받은 날부터 3일 이내에 해당 공공기관에 자신과 관련된 정보를 공개하지 아니할 것을 요청할 수 있다.

해설

경찰행정법, 사전구제제도, 공공기관의 정보공개 -

① (✕) 일반, **비공개 대상정보** : 일정한 **비공개대상정보**(圃**폭력단체의 현황에 대한 정보 등**<21승진>)에 대하여는 이를 **공개하지 아니할 수** 있다.[♣공개하여야 한다.(✕)](공공기관의 정보공개에 관한 법률 제9조 제1항)<15·19·21승진>

② (○) 일반, 비공개필요성 소멸(공공기관의 정보공개에 관한 법률 제10조 제2항)<21승진>

③ (○) 절차, 공개여부결정(공공기관의 정보공개에 관한 법률 제11조 제1항, 제2항)<02·14·15·18·20·21승진·08·15·17경간·12.2·13.1·15.2·16.1·17.1채용>

④ (○) 절차, 통보, 비공개요청(공공기관의 정보공개에 관한 법률 제11조 제3항, 제21조 제1항<17경간·13·19·21승진·12.2채용>

정답 ①

08 「공공기관의 정보공개에 관한 법률」에 대한 설명으로 가장 적절한 것은? 〈19경위〉

① 공공기관이 보유·관리하는 정보는 국민의 알권리 보장 등을 위하여 「공공기관의 정보공개에 관한 법률」에서 정하는 바에 따라 적극적으로 공개하여야 한다.

② 공공기관은 공개 청구된 공개 대상 정보의 전부 또는 일부가 제3자와 관련이 있다고 인정할 때에는 그 사실을 제3자에게 3일 이내에 통지하여야 하며, 필요한 경우에는 그의 의견을 들을 수 있다.

③ 청구인이 정보공개와 관련한 공공기관의 부분 공개 결정에 대하여 불복이 있는 때에는 공공기관으로부터 정보공개 여부의 결정 통지를 받은 날부터 20일 이내에 이의신청 하여야 한다.

④ 공공기관은 이의신청을 받은 날부터 7일 이내에 그 이의신청에 대하여 결정하고 그 결과를 청구인에게 3일 이내에 문서로 통지하여야 한다.

해설

경찰행정법, 사전구제제도, 공공기관의 정보공개 −

① (○) 일반, 정보공개의 원칙(공공기관의 정보공개에 관한 법률 제3조)〈19승진·11·15·17경간·15.2·3·17.1채용〉

② (✕) 절차, 통보: 공개청구된 공개대상정보의 **전부 또는 일부가 제3자와 관련이 있다고 인정되는 때**에는 그 사실을 **제3자에게 지체 없이 통지하여야** 하며, 필요한 경우 그의 **의견을 들을 수 있다.** [♣3일 이내 통지(✕)](공공기관의 정보공개에 관한 법률 제11조 제3항)〈17경간·13·19승진·12.2채용〉

③ (✕) 절차, **이의신청**; 청구인이 정보공개와 관련한 공공기관의 비공개 결정 또는 부분 공개 결정에 대하여 **불복이 있거나** 정보공개 청구 후 **20일이 경과하도록 정보공개 결정이 없는 때**에는, 공공기관으로부터 정보공개 여부의 **결정 통지를 받은 날** 또는 정보공개 청구 후 **20일이 경과한 날부터 30일 이내에 당해 공공기관에 문서로 이의신청을 할 수 있다.** [♣20일 이내에(✕)](공공기관의 정보공개, 절차, 이의신청 / 공공기관의 정보공개에 관한 법률 제18조 제1항)〈04·18·19승진·11·15·17경간·10.2·15.3·16.1·18.2채용〉

④ (✕) 절차, 이의신청: 공공기관은 이의신청을 받은 날부터 **7일 이내에** 그 이의신청에 대하여 **결정**하고 그 결과를 청구인에게 지체없이 문서로 **통지하여야** 한다.(기간이 끝나는 날의 **다음날부터 기산하여 7일 이내의 범위**에서 연장 가능, 연장 사유를 청구인에게 통지하여야 한다.[♣3일 이내에 통지(✕)])(공공기관의 정보공개에 관한 법률 제18조 제3항)〈17경간·06·15·18·19승진·16.1·17.1·18.2채용〉

정답 ①

---

09 「공공기관의 정보공개에 관한 법률」에 대한 설명으로 가장 적절한 것은? 〈20경감〉

① 정보의 공개를 청구하는 자는 해당 정보를 보유하거나 관리하고 있는 공공기관에 대하여 서면으로만 정보공개를 청구할 수 있다.

② 정보의 공개 및 우송 등에 드는 비용은 실비의 범위에서 정보공개 청구를 받은 행정청이 부담한다.

③ 청구인이 정보공개와 관련한 공공기관의 결정에 대하여 불복하는 경우 이의신청 절차를 거치지 않아도 행정심판을 청구할 수 있다.

④ 공공기관은 정보공개 청구를 받으면 그 청구를 받은 날부터 7일 이내에 공개 여부를 결정하여야 한다.

해설

경찰행정법, 사전구제제도, 공공기관의 정보공개 −

① (X) 절차, **청구** : 청구인은 당해 정보를 보유하거나 관리하고 있는 공공기관에 대하여 **'정보공개청구서'를 제출하거나 '말'로써** 정보의 공개를 청구할 수 있다.[♣서면으로 청구해야(X)](제10조 제1항)<13 · 17 · 19 · 20승진>

② (X) 주요내용, **비용부담** : 정보의 공개 및 우송 등에 소요되는 비용은 실비의 범위에서 **청구인이 부담한다.**[♣행정청이 부담(X)](제17조 제1항)<14 · 17 · 18 · 20승진 · 13.1 · 15.2채용>

③ (○) 절차, 행정심판, 전치주의 부적용(공공기관의 정보공개에 관한 법률 제20조 제1항)<18 · 20승진 · 11경간>

④ (X) 절차, **공개여부결정** : 공공기관은 정보공개의 청구를 받은 날부터 **10일 이내**에 공개여부를 결정하여야 한다.(끝나는 **다음 날부터 기산**하여 **10일 이내의 범위에서 연장할 수** 있음)[♣7일 이내(X)](제11조 제1항, 제2항)<02 · 14 · 15 · 18 · 20승진 · 08 · 15 · 17경간 · 12.2 · 13.1 · 15.2 · 16.1 · 17.1채용>

정답 ③

---

10 「공공기관의 정보공개에 관한 법률」상 정보공개의 절차에 관한 설명 중 가장 적절한 것은? <22.1채용>

① 정보의 공개를 청구하는 자는 해당 정보를 보유하거나 관리하고 있는 공공기관에 정보공개 청구서를 제출하여 정보의 공개를 청구할 수 있으나, 말로써 정보의 공개를 청구할 수 없다.

② 공공기관은 부득이한 사유로 「공공기관의 정보공개에 관한 법률」 제11조 제1항에 따른 기간 이내에 공개 여부를 결정할 수 없을 때에는 그 기간이 끝난 날부터 기산하여 10일의 범위에서 공개 여부 결정기간을 연장할 수 있다. 이 경우 공공기관은 연장된 사실과 연장 사유를 청구인에게 지체 없이 구두로 통지하여야 한다.

③ 공공기관은 전자적 형태로 보유·관리하는 정보에 대하여 청구인이 전자적 형태로 공개하여 줄 것을 요청하는 경우에는 그 정보의 성질상 현저히 곤란한 경우를 제외하고는 청구인의 요청에 따라야 한다.

④ 정보의 공개 및 우송 등에 드는 비용은 실비의 범위에서 공공기관이 부담한다.

해설

경찰행정법, 사전적 권리구제 수단, 공공기관의 정보공개 −

① (X) 절차, **청구** : 청구인은 당해 정보를 보유하거나 관리하고 있는 공공기관에 대하여 **'정보공개청구서'를 제출하거나 '말'로써** 정보의 공개를 청구할 수 있다.[♣말로써 청구할 수 없다.(X)](공공기관의 정보공개에 관한 법률 제10조 제1항)<13 · 17 · 19 · 20승진 · 22.1채용>

② (X) 절차, **공개여부결정** : 공개 여부 결정기간 연장하는 경우, 공공기관은 연장된 사실과 연장 사유를 청구인에게 **지체 없이 문서로 통지하여야** 한다.[♣구두로 통지하여야(X)](동법 제11조 제2항 단서)<17경간 · 22.1채용>

③ (○) 일반, **공개의무**(동법 제15조 제1항)<22.1채용>

④ (X) 주요내용, **비용부담** : 정보의 공개 및 우송 등에 소요되는 비용은 실비의 범위에서 **청구인이 부담한다.**[♣공공기관이 부담(X)](동법 제17조 제1항)<14 · 17 · 18 · 20승진 · 13.1 · 15.2 · 22.1채용> 정답 ③

11 「공공기관의 정보공개에 관한 법률」상 정보공개의 절차상 내용으로 가장 적절하지 않은 것은? 〈23승진〉

① 공공기관은 비공개대상 정보에 해당하는 정보가 기간의 경과 등으로 인하여 비공개의 필요성이 없어진 경우에는 그 정보를 공개 대상으로 하여야 한다.

② 정보의 공개를 청구하는 자는 해당 정보를 보유하거나 관리하고 있는 공공기관에 정보공개 청구서를 제출하거나 말로써 정보의 공개를 청구할 수 있다.

③ 공공기관은 부득이한 사유로 정보공개의 청구를 받은 날부터 10일 이내에 공개 여부를 결정할 수 없을 때에는 그 기간이 끝나는 날부터 기산(起算)하여 10일의 범위에서 공개 여부 결정기간을 연장할 수 있다. 이 경우 공공기관은 연장된 사실과 연장 사유를 청구인에게 지체없이 문서로 통지하여야 한다.

④ 청구인이 공개 청구한 정보가 비공개대상 정보에 해당하는 부분과 공개 가능한 부분이 혼합되어 있는 경우로서 공개 청구의 취지에 어긋나지 아니하는 범위에서 두 부분을 분리할 수 있는 경우에는 비공개대상정보에 해당하는 부분을 제외하고 공개하여야 한다.

해설

경찰행정법, 사전적 권리구제 수단, 공공기관의 정보공개 −

① (○) 일반, 정보공개의 원칙, 비공개필요성 소멸(공공기관의 정보공개 일반(공공기관의 정보공개에 관한 법률 제9조 제2항)〈21 · 23승진〉

② (○) 절차, 청구(공공기관의 정보공개 일반(공공기관의 정보공개에 관한 법률 제10조 제1항)〈13 · 17 · 19 · 20 · 23승진 · 22.1채용〉

③ (X) 절차, **공개여부결정**: 공공기관은 정보공개의 청구를 받은 날부터 **10일 이내**에 공개여부를 결정하여야 한다.(기간 이내에 공개 여부를 결정할 수 없을 때에는 그 기간이 끝나는 **다음날부터[♣** 끝나는 날부터(X)] **기산**하여 **10일 이내의 범위에서 연장할 수** 있다.)(제11조 제1항, 제2항)〈02 · 14 · 15 · 18 · 20 · 21 · 23승진 · 08 · 15 · 17경간 · 12.2 · 13.1 · 15.2 · 16.1 · 17.1채용〉

④ (○) 절차, 공개여부판단(공공기관의 정보공개에 관한 법률 제14조)〈23승진〉   정답 ③

---

12 「공공기관의 정보공개에 관한 법률에 관한 설명으로 가장 적절하지 않은 것은? 〈23.1채용〉

① 청구인은 이의신청 절차를 거치지 아니하고 행정심판을 청구할 수 없다.

② "정보"란 공공기관이 직무상 작성 또는 취득하여 관리하고 있는 문서(전자문서를 포함한다) 및 전자매체를 비롯한 모든 형태의 매체 등에 기록된 사항을 말한다.

③ 공공기관은 부득이한 사유로 법 제11조 제1항에 따른 기간 이내에 공개 여부를 결정할 수 없을 때에는 그 기간이 끝나는 날의 다음 날부터 기산(起算)하여 10일의 범위에서 공개 여부 결정 기간을 연장할 수 있다. 이 경우 공공기관은 연장된 사실과 연장 사유를 청구인에게 지체 없이 문서로 통지하여야 한다.

④ 공공기관은 청구인이 사본 또는 복제물의 교부를 원하는 경우에는 이를 교부하여야 한다.

해설

경찰행정법, 사전구제, 정보공개제도 −
① (✕) 절차, **이의신청** : 청구인은 **이의신청 절차를 거치지 아니하고** 행정심판법에 의하여 행정심판을 청구할 수가 있다.[♣이의신청절차를 거쳐야만 행정심판 청구가능(✕)](공공기관의 정보공개에 관한 법률 제19조 제2항)<11경간 · 03 · 13 · 17승진 · 12.2 · 16.1 · 23.1채용>
② (○) 주요내용, 정보(공공기관의 정보공개에 관한 법률 제2조 제1호)<23.1채용>
③ (○) 절차, 통지(공공기관의 정보공개에 관한 법률 제11조 제1항, 제2항)<02 · 14 · 15 · 18 · 20 · 21 · 23승진 · 08 · 15 · 17경간 · 12.2 · 13.1 · 15.2 · 16.1 · 17.1 · 23.1채용>
④ (○) 절차, 공개여부결정, 공개방법(공공기관의 정보공개에 관한 법률 제13조 제2항)<23.1채용>　　　정답 ①

13 「공공기관의 정보공개에 관한 법률」상 비공개대상정보에 대한 설명으로 가장 적절하지 않은 것은? (다툼이 있는 경우 판례에 의함) <24.1채용>
① 직무를 수행한 공무원의 성명 · 직위 등 「개인정보 보호법」 제2조 제1호에 따른 개인정보로서 공개될 경우 사생활의 비밀 또는 자유를 침해할 우려가 있다고 인정되는 정보는 공개하지 않을 수 있다.
② 피의자신문조서 등 조서에 기재된 피의자 등의 인적사항 이외의 진술내용 역시 개인의 사생활의 비밀 또는 자유를 침해할 우려가 인정되는 경우에는 비공개대상정보에 해당한다.
③ 수사기록 중 의견서, 보고문서, 메모, 법률검토 등은 그 실질적인 내용을 구체적으로 살펴 수사의 방법 및 절차 등이 공개됨으로써 수사기관의 직무수행을 현저히 곤란하게 한다고 인정할 만한 상당한 이유가 있어야만 비공개대상정보에 해당한다.
④ 의사결정 과정에 있는 사항으로서 공개될 경우 업무의 공정한 수행에 현저한 지장을 초래한다고 인정할 만한 상당한 이유가 있는 정보는 공개하지 않을 수 있다.

해설

경찰행정법, 사전구제, 정보공개, 비공개 대상 정보 −
① (✕) 개인적 법익, 성명등 : 해당 정보에 포함되어 있는 **성명 · 주민등록번호 등** 「개인정보 보호법」 제2조제1호에 따른 **개인정보로서** 공개될 경우 **사생활의 비밀 또는 자유를 침해할 우려**가 있다고 인정되는 정보. 다만, 다음 각 목에 열거한 사항은 제외한다.[♣직무를 수행한 공무원의 성명 · 직위 등(✕)](공공기관의 정보공개에 관한 법률 제9조 제1항 제6호)<24.1채용>
② (○) 개인적 법익, 성명등, **판례** : 대법원 2017두44558 판결 [불기소사건기록등열람등사불허가처분취소]<24.1채용>
③ (○) 국가적 법익, 재판 · 수사등, **판례** : 대법원 2017두44558 판결 [불기소사건기록등열람등사불허가처분취소]<24.1채용>
④ (○) 국가적 법익, 의사결정과정등(공공기관의 정보공개에 관한 법률 제9조 제1항 제5호)<24.1채용>
　　　정답 ①

테마 99 행정절차

01 「행정절차법」상 행정지도에 대한 설명으로 가장 적절하지 않은 것은? 〈19.1채용〉

① 반드시 문서의 형식으로 하여야만 한다.

② 임의성 원칙을 명문화하고 있다.

③ 행정기관이 그 소관 사무의 범위에서 일정한 행정목적을 실현하기 위하여 특정인에게 일정한 행위를 하거나 하지 아니하도록 지도, 권고, 조언 등을 하는 행정작용을 말한다.

④ 행정지도의 상대방은 해당 행정지도의 방식·내용 등에 관하여 행정기관에 의견제출을 할 수 있다.

해설

경찰행정법, 사전구제, 행정절차제도, 행정지도 −

① (X) **서면교부의무** : 행정지도가 말로 이루어지는 경우에 상대방이 내용을 기재한 서면의 교부를 요구하는 때에는 당해 행정지도를 행하는 자는 직무수행에 특별한 지장이 없는 한 이를 교부하여야 한다.[♣반드시 문서의 형식(X)](행정절차, 행정지도, 방식 / 행정절차법 제49조 제2항)〈19.1채용〉

② (○) 임의성의 원칙(행정절차법 제48조 제1항)〈15·19승진·19.1채용〉

③ (○) 의의(행정절차법 제2조 제3호)〈19.1채용〉

④ (○) 방식(행정절차법 제50조)〈15·19승진〉　　　　　　　　　　　　　　　**정답** ①

02 「행정절차법」상 행정지도에 관한 설명 중 가장 적절하지 않은 것은? 〈22.1채용〉

① 행정지도는 그 목적 달성에 필요한 최소한도에 그쳐야 하며, 행정지도의 상대방의 의사에 반하여 부당하게 강요하여서는 아니 된다.

② 행정기관은 행정지도의 상대방이 행정지도에 따르지 아니하였다는 것을 이유로 불이익한 조치를 하여서는 아니 된다.

③ 행정지도가 말로 이루어지는 경우에 상대방이 행정지도의 취지 및 내용과 신분의 사항을 적은 서면의 교부를 요구하면 그 행정지도를 하는 자는 직무 수행에 특별한 지장이 없으면 이를 교부하여야 한다.

④ 행정지도의 상대방은 해당 행정지도의 방식·내용 등에 관하여 행정기관에 의견제출을 할 수 없다.

해설

경찰행정법, 사전적 권리구제 수단, 행정절차제도, 행정지도 −

① (○) 과잉금지, 임의성의 원칙(행정절차법 제48조 제1항)〈15·19승진·19.1·22.1채용〉

② (○) '불이익조치금지의 원칙'(행정절차법 제48조 제2항)〈15승진·22.1채용〉

③ (○) 서면요구청구권(행정절차법 제49조 제2항)〈19.1·22.1채용〉

④ (X) **의견제출권** : 행정지도의 상대방은 당해 행정지도의 **방식·내용 등에 관하여** 행정기관에 **의견을 제출할 수** 있다.[♣의견을 제출할 수 없다.(X)](행정절차법 제50조)〈15·19승진·19.1·22.1채용〉　　**정답** ④

03 「행정절차법」에 대한 설명으로 가장 적절하지 않은 것은? 〈19경감〉

① 행정청이 당사자에게 의무를 부과하거나 권익을 제한하는 처분을 할 때 다른 법령에 특별한 규정이 없으면 청문을 거쳐야 한다.

② 행정청은 청문을 하려면 청문이 시작되는 날부터 10일 전까지 처분의 제목 등 일정한 사항을 당사자 등에게 통지하여야 한다.

③ 행정지도는 그 목적 달성에 필요한 최소한도에 그쳐야 하며, 행정지도의 상대방의 의사에 반하여 부당하게 강요하여서는 아니 된다.

④ 행정지도를 하는 자는 그 상대방에게 그 행정지도의 취지 및 내용과 신분을 밝혀야 하며, 행정지도의 상대방은 해당 행정지도의 방식·내용 등에 관하여 행정기관에 의견제출을 할 수 있다.

PART 03

해설

경찰행정법, 사전구제, 행정절차 ─

① (X) 의견청취절차, **의견제출**: 행정청이 당사자에게 **의무를 부과**하거나 **권익을 제한**하는 처분을 할 때 **청문 또는 공청회의 경우 외에는**(청문 또는 공청회를 거치지 않았을 때에는) 당사자등에게 **의견제출의 기회를 주어야** 한다.[♣줄 수 있다.(X), ♣다른 법령에 특별한 규정이 없으면 청문을 거쳐야(X)](제22조 제3항)〈18경간·09·14·19승진〉

② (○) 의견청취절차, 청문(행정절차법 제21조 제2항)〈19승진〉

③ (○) 행정지도, 과잉금지의 원칙 및 임의성의 원칙(행정절차법 제48조 제1항)〈15·19승진〉

④ (○) 행정지도, 방식, 의견제출권(행정절차법 제49조, 제50조)〈15·19승진〉   정답 ①

04 「행정절차법」상 행정청이 처분을 할 때 청문을 하여야 하는 경우가 아닌 것은? 〈23.1채용〉

① 다른 법령등에서 청문을 하도록 규정하고 있는 경우

② 해당 처분의 영향이 광범위하여 널리 의견을 수렴할 필요가 있다고 행정청이 인정하는 경우

③ 인허가등의 취소의 처분을 하는 경우

④ 법인이나 조합 등의 설립허가의 취소의 처분을 하는 경우

해설

경찰행정법, 사전구제, 행정절차법, 의견청취절차 ─

① (○) 청문 개시 사유(행정절차법 제22조 제1항 제1호)〈09·14·19승진·23.1채용〉

② (X) **공청회 개시 사유**: 해당 처분의 영향이 광범위하여 널리 의견을 수렴할 **필요가 있다고 행정청이 인정**하는 경우[♣청문 개시 사유(X)](행정절차법 제22조 제2항 제2호)〈23.1채용〉

③④ (○) 청문 개시 사유(행정절차법 제22조 제1항 제3호)〈09·14·19승진·23.1채용〉   정답 ②

05 「행정절차법」에 관한 다음 설명 중 옳지 않은 것은? 〈18경간〉

① 당사자 등은 처분 전에 그 처분의 관할행정청에 서면이나 말로 또는 정보통신망을 이용하여 의견제출을 할 수 있다.

② 행정청이 당사자에게 의무를 부과하거나 권익을 제한하는 처분을 할 때, 청문을 실시하거나 공청회를 개최하는 경우 외에는 당사자 등에게 의견제출의 기회를 주어야 한다.

③ 행정청은 청문이 시작되는 날부터 10일 전까지 청문 주재자에게 청문과 관련된 필요한 자료를 미리 통지하여야 한다.

④ 의견제출과 청문 절차시 당사자 등으로부터 문서의 열람 또는 복사의 요청이 있는 경우, 행정청은 다른 법령에 따라 공개가 제한되는 경우를 제외하고는 이를 거부할 수 없다.

해설

경찰행정법, 사전구제제도, 행정절차, 의견청취절차 —

① (○) 의견제출(행정절차법 제27조 제1항)〈18경간·09·19승진〉

② (○) 의견제출(행정절차법 제22조 제1항)〈18경간·09·14·19승진〉

③ (×) 청문, **청문주재자** : 행정청은 청문이 시작되는 날부터 7일 전까지[♣10일 전까지(X)] 청문 주재자에게 청문과 관련한 필요한 자료를 미리 통지하여야 한다.(행정절차, 청문의견청취절차, 청문 / 행정절차법 제28조 제2항)〈18경간〉

④ (○) 의견제출·청문, 문서 열람·복사(행정절차법 제37조 제1항 단서)〈09승진·18경간〉　　**정답 ③**

---

06 「행정절차법」 제8조에 따른 행정응원에 관한 설명으로 가장 적절하지 않은 것은? 〈24.1채용〉

① 행정청은 다른 행정청의 응원을 받아 처리하는 것이 보다 능률적이고 경제적인 경우 다른 행정청에 행정응원을 요청할 수 있다.

② 행정응원을 요청받은 행정청은 행정응원으로 인하여 고유의 직무 수행이 현저히 지장받을 것으로 인정되는 명백한 이유가 있는 경우에는 응원을 거부할 수 있다.

③ 행정응원을 위하여 파견된 직원은 다른 법령 등에 특별한 규정이 있는 경우를 제외하고는 원 소속 행정청의 지휘·감독을 받는다.

④ 행정응원에 드는 비용은 응원을 요청한 행정청이 부담하며, 그 부담금액 및 부담방법은 응원을 요청한 행정청과 응원을 하는 행정청이 협의하여 결정한다.

해설

경찰행정법, 사전구제, 행정절차법, 행정응원 —

① (○) 요청(행정절차법 제8조 제1항 제5호)〈24.1채용〉

② (○) 거부(행정절차법 제8조 제2항 제2호)〈24.1채용〉

③ (×) **지휘·감독** : 행정응원을 위하여 파견된 직원은 응원을 **요청한 행정청의 지휘·감독을** 받는다. [♣원 소속 행정청의 지휘·감독을 받는다.(X)] 다만, 해당 직원의 복무에 관하여 다른 법령등에 특별한 규정이 있는 경우에는 그에 따른다.(행정절차법 제8조 제5항)〈24.1채용〉

④ (○) **비용부담** : 행정응원에 드는 비용은 **응원을 요청한 행정청이 부담**하며, 그 부담금액 및 부담방법은 응원을 요청한 행정청과 응원을 하는 행정청이 협의하여 결정한다.(행정절차법 제8조 제6항)〈24.1채용〉　　**정답 ③**

제2절 | 사후적 구제제도

1 행정쟁송

테마 100 ▶ **행정심판**

01 행정심판법상 사정재결에 관한 설명 중 가장 적절하지 않은 것은? (다툼이 있는 경우 판례에 의함) 〈22.2채용〉

① 사정재결은 인용재결의 일종이다.

② 무효등확인심판에서는 사정재결을 할 수 없다.

③ 사정재결을 하는 경우 반드시 재결주문에 그 처분 또는 부작위가 위법하다는 것을 명시해야 한다.

④ 사정재결 이후에도 행정심판의 대상인 처분등의 효력은 유지된다.

해설

경찰행정법, 사후구제, 행정심판 재결, 사정재결 −

① (X) **의의** : 청구인의 심판청구가 이유 있다고 인정하는 경우에도 이를 **인용하는 것이 현저히 공공복리에 적합하지 아니하다고 인정**하는 때에 위원회의 의결에 의하여 **심판청구를 기각**하는 재결[♣ 인용재결의 일종(X)]〈22.2채용〉

②③④ (○) 내용〈22.2채용〉 정답 ①

02 「행정심판법」상 재결에 관한 설명으로 가장 적절하지 않은 것은? (다툼이 있는 경우 판례에 의함) 〈23.1채용〉

① 재결은 서면으로 한다.

② 위원회는 심판청구가 이유가 없다고 인정하면 그 심판청구를 기각(棄却)한다.

③ 위원회는 지체없이 당사자에게 재결서의 등본을 송달하여야 하며, 재결서가 청구인에게 발송되었을 때에 그 효력이 생긴다.

④ 재결의 기속력은 재결의 주문 및 그 전제가 된 요건 사실의 인정과 판단, 즉 처분 등의 구체적 위법 사유에 관한 판단에만 미친다고 할 것이고, 종전 처분이 재결에 의하여 취소되었다 하더라도 종전 처분 시와는 다른 사유를 들어서 처분을 하는 것은 기속력에 저촉되지 않는다.

해설

경찰행정법, 사후구제, 행정심판, 재결 −

① (○) 방식 : 행정심판법 제46조 제1항〈23.1채용〉

② (○) 재결, 기각 : 행정심판법 제43조 제2항〈23.1채용〉

③ (X) **발효** : 재결은 청구인에게 **송달되었을 때**에 그 효력이 생긴다.[♣발송되었을 때(X)](제48조 제2항) 〈23.1채용〉

④ (○) 기속력 : 대법원 2003두7705 판결 [주택건설사업계획승인신청서반려처분취소]〈23.1채용〉 정답 ③

03 「행정심판법」에 관한 설명으로 가장 적절한 것은? 〈23.2채용〉

① 대통령의 처분 또는 부작위에 대하여는 다른 법률에서 행정심판을 청구할 수 있도록 정한 경우 외에는 행정심판을 청구할 수 없다.

② 취소심판은 당사자의 신청에 대한 행정청의 위법 또는 부당한 거부처분이나 부작위에 대하여 일정한 처분을 하도록 하는 행정심판이다.

③ 처분 또는 부작위에 대한 행정심판을 청구서를 제출하거나 말로써 청구할 수 있다.

④ 행정심판위원회는 심판청구가 이유가 있다고 인정하는 경우에도 이를 인용(認容)하는 것이 공공복리에 크게 위배된다고 인정하면 그 심판청구를 기각하는 재결을 하여야 한다.

해설

경찰행정법, 사후구제, 행정심판 −

① (○) 대상, 제한(예외) : 행정심판법 제3조 제2항〈22.2 · 23.2채용〉

② (×) 종류, 의무이행심판 : 당사자의 신청에 대한 행정청의 **위법 또는 부당한 거부처분**이나 부작위에 대하여 **일정한 처분을 하도록 하는** 행정심판[♣취소심판(X)](제5조 제3호)〈23.2채용〉

③ (×) **서면주의** : 행정심판을 청구하려는 자는 **심판청구서를 작성**하여 피청구인이나 위원회에 **제출하여야** 한다. 이 경우 피청구인의 수만큼 심판청구서 부본을 함께 제출하여야 한다.[♣말로써 청구할 수 있다.(X)](제23조 제1항)〈23.2채용〉

④ (×) **사정재결** : 위원회는 심판청구가 이유가 있다고 인정하는 경우에도 이를 **인용(認容)하는 것이 공공복리에 크게 위배된다고 인정**하면 그 심판청구를 **기각하는 재결을 할 수** 있다.[♣기각하는 재결을 하여야 한다.(X), ♣인용재결의 일종(X)](제44조 제1항)〈22.2 · 23.2채용〉   정답 ①

04 「행정심판법」상 행정심판에 관한 설명으로 가장 적절하지 않은 것은? 〈24.1채용〉

① 심판청구는 서면으로 하여야 하며, 심판청구서를 작성하여 피청구인 또는 행정심판위원회에 제출하여야 한다.

② 시 · 도경찰청장의 처분 또는 부작위에 대한 행정심판과 청구에 대해서는 경찰청에 두는 행정심판위원에서 심리 · 재결한다.

③ 행정심판위원회는 처분, 처분의 집행 또는 절차의 속행 때문에 중대한 손해가 생기는 것을 예방할 필요성이 긴급하다고 인정할 때에는 직권으로 또는 당사자의 신청에 의하여 처분의 효력, 처분의 집행 또는 절차의 속행의 전부 또는 일부의 정지를 결정할 수 있다.

④ 행정심판위원회는 심판청구가 이유가 있다고 인정하는 경우에도 이를 인용하는 것이 공공복리에 크게 위배된다고 인정하면 심판청구를 기각하는 재결을 할 수 있다.

해설

경찰행정법, 사후구제, 행정심판 −

① (○) 청구제기, 방식(행정심판법 제23조 제1항)〈23.2 · 24.1채용〉

② (×) 행정심판기관, 중앙행정심판위원회(총리산하 국민권익위원회 소속), **일반행정심판제도** : 행정심판위원회를 두는 행정청 외의 국가행정기관의 장 또는 그 소속 행정청 → **예** **경찰청장, 시 · 도경찰청장, 경찰서장의 처분은 모두 국민권익위원회 소속 중앙행정심판위원회에서 담당**한다.[♣경찰청 소속 행정심판위원회에서 의결(X)]〈24.1채용〉

③ (○) 심판청구 제기, 효과, 예외적 집행정지(행정심판법 제30조 제2항)〈24.1채용〉

④ (○) 행정심판 재결, 사정재결(행정심판법 제44조 제1항)〈22.2 · 23.2 · 24.1채용〉   정답 ②

테마 101 ▶ 행정소송

01 「행정소송법」상 항고소송에 해당하지 않는 것은? 〈22.1채용〉

① 국가 또는 공공단체의 기관이 법률에 위반되는 행위를 한 때에 직접 자기의 법률상 이익과 관계없이 그 시정을 구하기 위하여 제기하는 민중소송
② 행정청의 처분등의 효력 유무 또는 존재여부를 확인하는 무효 등 확인소송
③ 행정청의 부작위가 위법하다는 것을 확인하는 부작위위법확인소송
④ 행정청의 위법한 처분등을 취소 또는 변경하는 취소소송

해설

경찰행정법, 권리구제 수단, 사후적 권리구제수단, 행정쟁송, 행정소송, 종류 −

① (X) **민중소송**: 국가 또는 공공단체의 기관이 **법률에 위반되는 행위**를 한 때에 자기의 법률상 이익과 직접 관계없이 그 **시정을 구하기 위하여 제기**하는 소송[♣항고소송(X)]〈22.1채용〉
②③④ (○) **항고소송**: 무효 등 확인소송, 부작위위법확인소송, 취소소송〈22.1채용〉   정답 ①

02 경찰작용에 있어서 행정소송에 대한 설명으로 가장 적절한 것은 모두 몇 개인가? (다툼이 있는 경우 판례에 의함) 〈23경간〉

> 가. 관할 경찰청장은 운전면허와 관련된 처분 권한을 각 경찰서장에게 위임하였고, 이에 따라 A경찰서장은 자신의 명의로 甲에게 운전면허정지처분을 하였다면, 甲의 운전면허정지처분 취소소송의 피고적격자는 A경찰서장이 아니라 관할 시·도경찰청장이다.
> 나. 혈중알콜농도 0.13%의 주취상태에서 차량을 운전하다가 적발된 乙에게 관할 시도경찰청장이 「도로교통법」에 의거 운전면허취소처분을 하였을 경우, 乙은 행정심판을 거치지 않고 바로 행정소송을 제기할 수 있다.
> 다. 도로 외의 곳에서의 음주운전·음주측정거부 등에 대해서는 형사처벌도 가능하고 운전면허취소처분도 부과할 수 있다.
> 라. 경찰청장을 피고로 하여 취소소송을 제기하는 경우, 대법원 소재지를 관할하는 행정법원이 제1심 관할 법원으로 될 수 있다.

① 1개   ② 2개   ③ 3개   ④ 4개

해설

경찰행정법, 권리구제 수단, 행정소송 −

가. (X) 당사자 등, 피고적격, **사례:** 예 관할 시·도경찰청장은[♣경찰청장은(X)] 운전면허와 관련된 처분 권한을 각 경찰서장에게 위임하였고, 이에 따라 A경찰서장은 자신의 명의로 甲에게 운전면허 정지처분을 하였다면, 甲의 운전면허정지처분 취소소송의 피고적격자는 A경찰서장이다.[♣피고 적격자는 관할 경찰청장이다.(X)<23경간>

나. (X) 소 제기, **필요적 전치주의:** 도로교통법에 따른 **처분(면허취소처분)**으로서 해당 처분에 대한 행 정소송은 **행정심판의 재결(裁決)을 거치지 아니하면 제기할 수 없다.**[♣행정심판을 거치지 않고 바로 행정소송을 제기할 수 있다.(X)](도교법 제142조)<23경간>

다. (X) 종류, 항고소송, **판례:** 도로 외의 곳에서의 음주운전·음주측정거부 등에 대해서는 **형사처벌만 가능**하고 운전**면허의 취소·정지 처분**은 부과할 수 없다.[♣면허의 취소·정지 처분도 부과할 수 있 다.(X)](대법원 2018두42771 판결 [자동차운전면허취소처분취소])<23경간>

라. (O) 재판관할, 토지관할: **다음의 피고에 대하여 취소소송을 제기하는 경우에는 대법원소재지를 관 할하는 행정법원에 제기할 수** 있다.(제9조 제2항)<23경간>
　1. **중앙행정기관**, 중앙행정기관의 부속기관과 합의제행정기관 또는 그 장<23경간>
　2. 국가의 사무를 위임 또는 위탁받은 공공단체 또는 그 장
　　　　　　　　　　　　　　　　　　　　　　　　　　　　　　　　　　정답 ①

---

03 경찰작용 및 경찰공무원을 통제하는 행정기관의 역할과 기능에 관한 설명 중 옳은 것을 모두 고른 것은?

〈22.2채용〉

> ㉠ 행정심판위원회는 경찰관청의 위법한 처분 및 대통령의 부작위에 대해서 심리하여 침해된 국민 의 권리를 구제하고 경찰행정의 적정한 운영을 도모한다.
> ㉡ 시·도자치경찰위원회는 자치경찰사무 담당 경찰공무원에 대한 징계를 요구할 수 있다.
> ㉢ 국민권익위원회는 누구든지 경찰공무원 등의 부패행위를 알게 된 때에는 무기명으로 신고할 수 있도록 하고 있다.
> ㉣ 인사혁신처에 소청심사위원회를 설치하여, 경찰공무원이 징계 처분, 그 밖에 그 의사에 반하는 불리한 처분이나 부작위를 구제받을 수 있도록 하고 있다.
> ㉤ 국가인권위원회는 경찰기관 및 경찰공무원 등에 의한 인권 침해행위 또는 차별행위에 대해 조사 하고 구제할 수 있다.
> ㉥ 감사원은 국회 법원 및 헌법재판소를 포함한 모든 국가기관 및 그에 소속한 공무원의 사무를 감 찰하여 비위를 적발하고 시정한다.

① ㉠㉢㉤　　　　② ㉡㉣㉤　　　　③ ㉡㉢㉣　　　　④ ㉢㉣㉥

해설

- 경찰행정법 -

㉠ (✕) 행정심판, 대상, 제한(예외): **대통령의 처분 또는 부작위**와 행정심판의 재결은 **다른 법률에 특별한 규정이 있는 경우 외에는 행정심판법상 심판사항이 될 수 없다.**(행정심판법 제3조 제2항)<22.2채용>

㉡ (○) 조직법, 시·도자치경찰위원회, 소관사무: 국가경찰과 자치경찰의 조직 및 운영에 관한 법률 제24조 제1항<22.2채용>

㉢ (✕) 경찰공무원법 관련, 청렴의무, 부패방지 및 국민권익위원회의 설치와 운영에 관한 법률, 신고의 방법: 신고를 하려는 자는 **본인의 인적사항과 신고취지 및 이유를 기재한 기명의 문서로써** 하여야 하며[♣무기명으로 할 수(✕)], **신고대상과 부패행위의 증거 등을 함께 제시하여야** 한다.(제58조)<19경간·22.2채용>

㉣ (○) 경찰공무원법 관련, 권익보장제도, 소청심사위원회, 설치: 국가공무원법 제9조 제1항<17승진·12·22.2채용>

- 경찰과 경찰학 -

㉤ (○) **경찰의 기본이념, 인권존중주의, "국가인권위원회법", 조사권한**: 국가인권위원회법 제30조 제3항 <22.2채용>

- 경찰관리 -

㉥ (✕) 경찰통제, 외부통제, **감사원**: 감사원은 국가의 세입·세출의 결산검사를 하고, 감사원법 및 다른 법률에서 정하는 회계를 상시 검사·감독하여 그 적정을 기하며, 행정기관 및 공무원의 **직무를 감찰하여 행정 운영의 개선과 향상**을 기한다.[♣국회·법원 및 헌법재판소 포함 소속 공무원 사무감찰, 비위적발(✕)](감사원법 제20조)<15·17경간·01·22.2채용> 정답 ②

---

04 다음 빈칸에 들어갈 가장 적절한 것은? (다툼이 있는 경우 판례에 의함) <23.2채용>

> 명예퇴직한 법관이 미지급 명예퇴직 수당액에 대하여 가지는 권리는 명예퇴직수당 지급대상자 결정 절차를 거쳐 명예퇴직 수당규칙에 의하여 확정된 공법상 법률관계에 관한 권리로서, 그 지급을 구하는 소송은 「행정소송법」의 (   )에 해당하며, 그 법률관계의 당사자인 국가를 상대로 제기하여야 한다.

① 취소소송

② 부작위위법확인소송

③ 기관소송

④ 당사자소송

해설

경찰행정법, 사후구제, 행정소송, 당사자 소송 -

> **判例) [법관의 명예퇴직수당 청구권 → 당사자 소송]** 명예퇴직한 법관이 미지급 명예퇴직수당액에 대하여 가지는 권리는 명예퇴직수당 지급대상자 결정 절차를 거쳐 명예퇴직수당규칙에 의하여 확정된 **공법상 법률관계**에 관한 권리로서, 그 지급을 구하는 소송은 행정소송법의 **당사자소송에 해당**하며, 그 법률관계의 당사자인 **국가를 상대로 제기하여야** 한다.(대법원 2013두14863 판결 [명예퇴직수당지급거부처분취소])<23.2채용>

정답 ④

2 행정상 손해전보제도

테마 102 **행정상 손해배상** – 국가배상

01 국가배상에 관한 설명 중 가장 적절하지 않은 것은? (다툼이 있는 경우 판례에 의함) ⟨22.2채용⟩

① 일반적으로 공무원이 직무를 집행함에 있어서 법령에 대한 해석이 그 문언 자체만으로는 명백하지 아니하여 여러 견해가 있을 수 있는 데다가 이에 대한 선례나 학설, 판례 등도 귀일된 바 없어 이의(異義)가 없을 수 없는 경우, 관계 국가공무원이 그 나름대로 신중을 다하여 합리적인 근거를 찾아 그 중 어느 한 견해를 따라 내린 해석이 후에 대법원이 내린 입장과 같지 않아 결과적으로 잘못된 해석에 돌아가고, 이에 따른 처리가 역시 결과적으로 위법하게 되어 그 법령의 부당집행이라는 결과를 가져오게 되었다고 하더라도 국가배상법상 공무원의 과실을 인정할 수는 없다.

② 국가공무원이 고의 또는 과실로 직무상 의무를 위반하였을 경우라고 하더라도 국가는 그러한 직무상의 의무 위반과 피해자가 입은 손해 사이에 상당인과관계가 인정되는 범위 내에서만 배상책임을 지는 것이고, 이 경우 상당인과관계가 인정되기 위하여는 공무원에게 부과된 직무상 의무의 내용이 단순히 공공 일반의 이익을 위한 것이거나 행정기관 내부의 질서를 규율하기 위한 것이 아니고 전적으로 또는 부수적으로 사회구성원 개인의 안전과 이익을 보호하기 위하여 설정된 것이어야 한다.

③ 외국인이 피해자인 경우 국가배상청구권은 해당 국가와 상호 보증이 있을 때에만 인정되므로, 그 상호 보증은 외국의 법령, 판례 및 관례 등에 의한 발생요건을 비교하여 인정되는 것이 아니라 반드시 당사국과의 조약이 체결되어 있어야 한다.

④ 국민의 생명, 신체 및 재산의 보호, 범죄의 예방 진압 및 수사, 기타 공공의 안녕과 질서유지 등의 직무를 수행하는 경찰은 경찰관 직무집행법, 형사소송법 등 관련 법령에서 부여한 여러 권한을 제반 상황에 대응하여 적절하게 행사하여 필요한 조치를 취할 수 있고, 그 권한은 일반적으로 경찰관의 전문적 판단에 기한 합리적인 재량에 위임되어 있지만, 경찰관에게 권한을 부여한 취지와 목적에 비추어 볼 때 구체적인 사정에 따라 경찰관이 그 권한을 행사하여 필요한 조치를 취하지 아니하는 것이 현저하게 불합리하다고 인정되는 경우에는 그러한 권한의 불행사는 직무상의 의무를 위반한 것이 되어 위법하게 된다.

해설

경찰행정법, 사후구제, 국가배상법 –

① (○) 가해공무원의 책임: 대법원 95다32747 판결 [손해배상]⟨22.2채용⟩

② (○) 타인의 손해발생, 상당인과관계: 대법원 2011다34521 판결 [손해배상]⟨22.2채용⟩

③ (X) **상호주의: 判例**[상호보증 → 외국 법령, 판례 및 관례 등에 의하여 발생요건을 비교, 인정되면 충분] 우리나라와 외국 사이에 국가배상청구권의 발생요건이 현저히 균형을 상실하지 아니하고 외국에서 정한 요건이 우리나라에서 정한 그것보다 전체로서 과중하지 아니하여 중요한 점에서 실질적으로 거의 차이가 없는 정도라면 국가배상법 제7조가 정하는 **상호보증의 요건을** 구비하였다고 봄이 타당하다. 그리고 **상호보증은 외국의 법령, 판례 및 관례 등에 의하여 발생요건을 비교하여 인정되면 충분**하고 반드시 **당사국과의 조약이 체결되어 있을 필요는 없으며,** 당해 외국에서 구체적으로 우리나라 국민에게 국가배상청구를 인정한 사례가 없더라도 실제로 인정될 것이라고 기대할 수 있는 상태이면 충분하다.[♣반드시 당사국과의 조약이 체결되어 있어야 (X)][대법원 2013다208388 판결]⟨22.2채용⟩

④ (○) 법령에 위반: 대법원 2003다49009⟨22.2채용⟩   **정답** ③

---

02 「국가배상법」에 대한 설명으로 적절한 것은 모두 몇 개인가? (다툼이 있는 경우 판례에 따름) 〈22경간〉

> 가. 경찰관들의 시위진압에 대항하여 시위자들이 던진 화염병에 의하여 발생한 화재로 인하여 손해
>   를 입은 주민이 국가를 상대로 국가배상을 청구한 경우에는 국가의 배상책임이 인정되지 않는다.
> 나. 시위진압 과정에서 가해공무원인 전투경찰이 특정되지 않더라도 손해배상책임이 인정된다.
> 다. 전투경찰순경은 「국가배상법」 제2조 제1항 단서에 따라 손해배상청구가 제한되는 군인·군무
>   원·경찰공무원 또는 예비군대원에 해당한다.
> 라. 경찰공무원이 전투·훈련 등 직무집행과 관련하여 순직한 경우에는 전투·훈련 또는 이에 준하
>   는 직무집행뿐만 아니라 일반 직무집행에 관하여도 국가나 지방자치단체의 배상책임이 제한된다.
> 마. 「국가배상법」 제5조에 따라 도로나 하천은 물론 경찰견도 영조물에 포함된다.

① 2개   ② 3개   ③ 4개   ④ 5개

해설

가. (○) **경비경찰, 경비경찰활동의 조리상 한계, 배상책임부정판례, 약국사건 :** 대판 94다2480〈07채용 · 1
    3 · 22경간〉

- 경찰행정법, 사후구제, 손해전보, 행정상 손해배상, 국가배상법 -
나. (○) **공무원**〈22경간〉
다. (○) **이중배상금지 :** 판례(대법원 94다25414 판결 [손해배상(기)])〈22경간〉
라. (○) **이중배상금지 :** 판례(대법원 2010다85942 판결 [손해배상(기)])〈22경간〉
마. (○) **영조물 설치·관리상의 하자로 인한 손해배상 :** 영조물〈22경간 · 07채용〉   정답 ④

03 「국가배상법」상 경찰공무원의 배상책임에 대한 설명으로 가장 적절하지 않은 것은? (다툼이 있는 경우 판
례에 의함) 〈23경간〉

① 경찰공무원이 공무를 수행하는 과정에서 위법행위로 타인에게 손해를 가한 경우에 국가 등이 손해배
  상책임을 지는 것 외에 그 개인은 고의 또는 중과실이 있는 경우에는 손해배상책임을 진다.
② 경찰공무원의 중과실이란 공무원에게 통상 요구되는 정도의 상당한 주의를 하지 않더라도 약간의 주
  의를 한다면 손쉽게 위법·위해한 결과를 예견할 수 있는 경우임에도 만연히 이를 간과한 경우와 같
  이, 거의 고의에 가까운 현저한 주의를 결여한 상태를 의미한다.
③ 경찰공무원이 직무를 수행함에 있어 경과실로 타인에게 손해를 입힌 경우에는 그로 인하여 발생한
  손해에 대하여 경찰공무원 개인에게 배상책임을 부담시키지 아니하는 것은 공무원의 공무집행의 안
  정성을 확보하려는 데 있다.
④ 국민의 생명·신체·재산 등을 보호하는 것을 본래의 사명으로 하는 국가는 형식적 의미의 법령에
  근거가 없다면 경찰공무원에 대하여 위험을 배제할 작위의무를 인정할 수 없으므로, 경찰공무원의 부
  작위를 이유로 국가배상책임을 인정할 수 없다.

해설

경찰행정법, 사후구제제도, 국가배상제도 −
① (○) 가해공무원의 책임, 고의 또는 중과실<00 · 02 · 05행정 · 23경간>
② (○) 가해공무원의 책임, 중과실, **판례**: 대법원 2002다65929 판결 [손해배상(기)]<23경간>
③ (○) 가해공무원의 책임, 경과실, **판례**: 대법원 95다38677 전원합의체 판결 참조<23경간>
④ (✕) 법령에 위반, **판례**: 국민의 생명 · 신체 · 재산 등을 보호하는 것을 본래의 사명으로 하는 국가
　　는 **형식적 의미의 법령에 근거가 없더라도** 국가나 관련 공무원에 대하여 그러한 위험을 배제할
　　작위의무를 인정할 수 있을 것이다.[♣경찰공무원의 부작위를 이유로 국가배상책임을 인정할 수 없
　　다.(X)](대법원 98다18520 판결 [손해배상(의)])<23경간>　　　　　　　　　　　　　　　　　　정답 ④

---

04 국가배상에 관한 설명으로 가장 적절하지 않은 것은? (다툼이 있는 경우 판례에 의함) 〈24.1채용〉

① 경찰관의 부작위를 이유로 한 국가배상책임을 인정하기 위한 요건으로서의 '법령 위반'이란 형식적
　의미의 법령에 명시적으로 공무원의 작위의무가 규정되어 있는데로 이를 위반하는 경우를 의미하며,
　인권존중 · 권력남용금지 · 신의성실과 같은 공무원으로서 마땅히 지켜야 할 준칙이나 규범에 지키지
　않고 위반한 경우는 포함하지 않는다.
② 경찰관의 직무집행이 법령이 정한 요건과 절차에 따라 이루어진 것이라면 특별한 사정이 없는 한 이
　는 법령에 적합한 것이고 그 과정에서 개인의 권리가 침해되었다고 하여 그 법령적합성이 곧바로 부
　정되는 것은 아니다.
③ 공무원에게 부과된 직무상 의무의 내용이 전적으로 또는 부수적으로 사회구성원 개인의 구체적 안전
　과 이익을 보호하기 위하여 설정된 것이라면, 공무원이 그와 같은 직무상 의무를 위반함으로써 개인
　이 입게 된 손해는 상당인과관계가 인정되는 범위 안에서 국가가 그에 대한 배상책임을 부담하여야
　한다.
④ 시위진압이 불필요하거나 또는 불법시위의 태양 및 시위 장소의 상황 등에서 예측되는 피해 발생의
　구체적 위험성의 내용에 비추어 시위진압의 계속 수행 내지 그 방법 등이 현저히 합리성을 결하였다
　면 경찰관의 직무집행이 법령에 위반한 것이라고 할 수 있다.

해설

경찰행정법, 사후구제, 손해전보, 국가배상, 요건 −
① (✕) 위법행위, **판례**: [객관적인 정당성(X) → 위법] 공무원이 **형식적 의미의 법령을 위반한 경우뿐만
　　아니라, 인권존중 · 권력남용금지 · 신의성실처럼** 마땅히 지켜야 할 규범을 어겼을 때를 비롯하여
　　널리 그 행위가 **객관적인 정당성을 잃었다면 국가배상책임이 성립할 수** 있다.[♣인권존중 · 권력남
　　용금지 · 신의성실과 같은 공무원으로서 마땅히 지켜야 할 준칙이나 규범에 지키지 않고 위반한 경우는 포
　　함하지 않는다.(X)](대법원 2000다22607 판결)<24.1채용>
② (○) 법령에 위반, **판례**: 대법원 2000.11.10., 2000다26807<24.1채용>
③ (○) 타인에게 손해발생, 상당인과관계, **판례**: 대법원 2011다34521 판결 [손해배상(기)]<22.2 · 24.1채용>
④ (○) 법령에 위반, **판례**: 대법원 94다2480 판결 [손해배상(기)] > 종합법률정보 판례<24.1채용>　정답 ①

05 경찰작용에 대한 판례의 설명으로 가장 적절하지 않은 것은? 〈23경간〉

① 경찰관이 구체적 상황에 비추어 인적 및 물적 능력의 범위 내에서 적절한 조치라는 판단에 따라 범죄의 진압 및 수사에 관한 직무를 수행한 경우에는 그러한 직무수행이 객관적 정당성을 상실하여 현저하게 불합리한 것으로 인정되지 않는 한 이를 위법하다고 할 수는 없다.

② 본래 범의를 가지지 아니한 자에 대하여 수사기관이 사술이나 계략 등을 써서 범의를 유발케 하여 범죄인을 검거하는 함정수사는 위법함을 면할 수 없고, 범의를 가진 자에 대하여 단순히 범행의 기회를 제공하는 것에 불과한 경우라도 위법한 함정수사이다.

③ 「경찰관 직무집행법」 제6조 제1항의 '경찰관의 제지에 관한 부분'은 범죄의 예방을 위한 경찰행정상 즉시강제, 즉 눈앞의 급박한 경찰상 장해를 제거하여야 할 필요가 있고 의무를 명할 시간적 여유가 없거나 의무를 명하는 방법으로는 그 목적을 달성하기 어려운 상황에서 의무불이행을 전제로 하지 않고 경찰이 직접 실력을 행사하여 경찰상 필요한 상태를 실현하는 권력적 사실행위에 관한 근거조항이다.

④ 주거지에서 음악 소리를 크게 내거나 큰 소리로 떠들어 이웃을 시끄럽게 하는 행위는 「경범죄 처벌법」 제3조 제1항 제21호에서 경범죄로 정한 '인근소란 등'에 해당하고, 경찰관은 「경찰관 직무집행법」에 따라 경범죄에 해당하는 행위를 예방·진압·수사하고, 필요한 경우 제지할 수 있다.

해설

경찰행정법 —

— 사후적 권리구제수단, 행정상 손해배상, 불법행위로 인한 책임, 법령에 위반, 판례 —

① (○) 대법원 2006다32132 판결 [손해배상(기)]〈23경간〉

② (×) [함정수사(범의 X, 범의유발) → 위법, / 범의 O, 기회제공 → 적법 O] 본래 **범의를 가지지 아니한 자**에 대하여 수사기관이 사술이나 계략 등을 써서 **범의를 유발**케 하여 범죄인을 검거하는 **함정수사는 위법**함을 면할 수 없고, 이러한 함정수사에 기한 공소제기는 그 절차가 법률의 규정에 위반하여 무효인 때에 해당한다 할 것이지만, **범의를 가진 자**에 대하여 단순히 범행의 **기회를 제공**하는 것에 불과한 경우에는 **위법한 함정수사라고 단정할 수 없다.**[♣위법한 함정수사이다.(X)](대법원 2007도1903 판결 [절도])〈23경간〉

— 경찰행정의 실효성 확보수단, 경찰관직무집행법, 범죄의 예방과 제지 —

③ (○) 의의, 판례 : 대법원 2016도19417 판결 [특수공무집행방해])〈23경간〉

④ (○) 수단, 판례 : 대법원 2016도19417 판결 [특수공무집행방해]〈23경간 · 22.2채용〉　　　　정답 ②

06 시위진압을 위해 출동한 김경장은 기동대 버스를 주차할 곳이 없어 언덕 위에 사이드 브레이크를 사용해 안전하게 주차하였음에도 불구하고 버스가 뒤로 밀리면서 주민 甲의 주차된 승용차를 파손하고 행인 乙에게도 전치3주의 부상을 입혔다. 가장 올바른 설명은? 〈04채용〉

① 국가는 김경장의 과실이 있는 경우에만 배상할 책임이 있다.
② 국가는 김경장의 고의 또는 중과실이 있는 경우에만 피해자에게 배상할 책임이 있다.
③ 국가는 무과실책임으로서 배상책임이 있으며, 만일 김경장에게 고의 또는 중과실이 있다면 구상권을 행사할 수 있다.
④ 운전자 김경장과 피해자들의 책임의 경중을 가려 배상하되 물적 피해에 대해서는 신중한 합의가 필요하다.

해설

경찰행정법, 사후구제제도, 국가배상제도, 영조물책임 −

① (×) **무과실책임**: 과실 없으면 불법행위 책임은 부정되지만, 무과실책임인 **영조물 책임으로 배상책임이 인정될 수** 있다.(행정상 손해배상, 영조물 설치·관리상의 하자로 인한 손해배상, 의의 / 국가배상법 제5조)〈04채용〉

② (×) **무과실 책임**: 고의 중과실 없어도 **경과실일 경우** 국가 또는 지방자치단체의 불법행위책임 인정되고, 과실 없어도 영조물 책임이 인정된다.(행정상 손해배상, 공무원의 위법한 직무집행으로 인한 배상책임, 효과, 배상주체 / 국가배상법 제2조, 제5조)〈04채용〉

③ (○) 영조물 책임, 무과실책임 / 가해공무원의 책임표, 구상권(국가배상법 제2조, 제5조)〈04채용〉

④ (×) **의의**: 설문은 운전자 김경장의 책임이 없어도 배상해야 하는 영조물책임에도 해당한다.[♣김경장과 피해자들의 책임의 경중을 가려 배상(X)](국가배상법 제5조)〈04채용〉

정답 ③

테마 103 **손실보상**

제1장 경찰관리 일반

테마 104 치안지수

01 경찰청은 2011년도 상반기 성과평가에서 과도한 실적주의로 인한 폐해를 없애고 성과평가제도의 문제점을 개선하기 위해 노력하였다. 이를 위해 각 경찰관서에 대한 국민만족도를 많이 반영하고, 지역 주민으로 구성된 치안정책평가단이 평가과정에 직접 참여하는 등 국민만족 치안활동에 대한 평가를 대폭 강화하는 방향으로 변화를 시도하였다. 이러한 경찰청의 노력을 감안하여 앞으로 기대할 수 있는 것으로 가장 적절하지 않은 것은? 〈11.2채용〉

① 재물손괴 등 사소한 사건이라도 지역주민의 피해신고에 적극적으로 대응한다.

② 교통단속실적을 평가에 반영하지 않아도 법규 준수율은 향상되고, 교통사고 사망자는 감소할 수 있다.

③ 인권침해나 적법절차 준수 미흡 등 그간 수사상 관행으로 치부되었던 수사 과오가 발생하면 평가에서 불이익을 받는다.

④ 범인검거실적은 주요 4대범죄(살인·강도·강간·절도)만 평가하기 때문에 수사의 효율성을 높이기 위해 그 외의 범죄에 대한 형사활동을 축소하여 주요 범죄에 대한 수사에 집중한다.

해설

경찰관리, 일반, 치안지수 −
국민만족 치안을 추구할 경우 평가대상인 항목만 수사하는 것이 아니라 전반적인 대응이 이루어지므로 주요 범죄 외의 범죄에 대한 형사활동을 축소하는 것은 아니다.

①②③ (○) 표내용<11승진·11.2채용>

④ (×) **국민만족치안**: 범인검거실적은 주요 4대 범죄(살인·강도·강간·절도)만 평가할 것이 아니라 국민만족도를 고려하여 국민이 불안감과 불편을 느낄 수 있는 사소한 범죄에 대해서도 형사활동을 확대한다.[♣범인검거실적은 주요 4대범죄(살인·강도·강간·절도)만 평가하기 때문에 수사의 효율성을 높이기 위해 그 외의 범죄에 대한 형사활동을 축소하여 주요 범죄에 대한 수사에 집중한다.(X)]<11.2채용>

정답 ④

테마 105 **정책결정모형**

01 정책결정 모델에 대한 설명으로 가장 적절하지 않은 것은? 〈21경간〉

① 만족 모델(Satisfying model)은 정책결정자가 최선의 합리성을 추구하기 보다는, 시간적·공간적·재정적 측면에서 여러 요인을 고려하여 만족할 만한 수준에서 결정한다.

② 쓰레기통 모델(Garbage can model)은 설정된 목표를 달성하기 위해 정보분석과 환류과정을 통해 자신의 행동을 스스로 조정해 나간다고 가정하는 모델이다.

③ 혼합탐사 모델(Mixed scanning model)은 점증 모델(Incremental model)의 단점을 합리 모델(Rational model)과의 통합을 통해서 보완하기 위해 주장된 것이다. 정책결정을 근본적 경정과 세부적 결정으로 나누고, 합리적 결정과 점증적 결정을 적절하게 혼합하여 의사결정을 한다.

④ 최적 모델(Optimal model)은 합리 모델의 비현실성과 점증 모델의 보수성을 극복하기 위하여 이상주의와 현실주의의 통합을 시도한 것이다. 이 모델은 기존의 정책을 바탕으로 이루어지는 점증주의 성향을 비판하면서, 새로운 결정을 내릴 때마다 정책방향도 다시 검토할 것을 주장한다.

해설

경찰관리, 정책결정모델 −

① (○) 만족 모델(Satisfying model)〈21경간〉

② (✕) **쓰레기통 모델(Garbage can model)** : 관련된 다른 문제들이 제기되기 전에 재빨리 의사결정하는 '날치기 통과', 결정이 어려울 때 걸림돌이 되는 관련문제 주장자들이 주장을 되풀이하다가 힘이 빠져 다른 의사결정기회를 찾아 떠날 때까지 기다렸다가 의사결정하는 '진빼기 결정'방식으로 나타난다.[♣정보분석과 환류과정을 통해 자신의 행동을 스스로 조정해 나간다고 가정(X)]〈21경간〉

③ (○) 혼합탐사 모델(Mixed scanning model)〈21경간〉

④ (○) 최적 모델(Optimal model)〈21경간〉 　　　　　　　　　　　　정답 ②

02 정책결정이 일정한 규칙에 따라 이루어지는 것이 아니라 문제, 해결책, 선택기회, 참여자의 네 요소가 뒤죽박죽으로 움직이다가 어떤 계기로 만나게 될 때 이루어진다고 보는 정책결정모델은 무엇인가? 〈22경간〉

① 카오스모델 　　　　　　　　　② 쓰레기통모델

③ 아노미모델 　　　　　　　　　④ 혼합탐사모델

해설

경찰관리, 정책결정모델 −

쓰레기통 모형은 조직은 **문제, 해결책, 선택기회, 참여자**라는 네 가지 요소가 비교적 독립적인 조건에서 뒤죽박죽 버려져있는 쓰레기통으로 간주되며, 조직에서의 의사결정은 이 네 가지 요소가 특정한 계기로 인해 우연히 서로 연결되며 이루어진다고 본다.〈21경간〉

※ 쓰레기통 모델(집단차원) : 관련된 다른 문제들이 제기되기 전에 재빨리 의사결정하는 '**날치기 통과**', 결정이 어려울 때 걸림돌이 되는 관련문제 주장자들이 주장을 되풀이하다가 힘이 빠져 다른 의사결정기회를 찾아 떠날 때까지 기다렸다가 의사결정하는 '**진빼기 결정**'방식으로 나타난다. 　　　정답 ②

03 정책결정 모델과 그에 대한 설명으로 가장 적절한 것은? 〈23경간〉

① 엘리트 모델에 의하면 정책결정자는 고도의 합리성을 기반으로 최선의 대안을 결정한다.

② 사이버네틱스 모델은 설정된 목표를 달성하기 위해 정보분석과 환류과정을 통해 자신의 행동을 스스로 조정해 나간다고 가정한다.

③ 혼합탐사 모델은 합리모델의 비현실성과 점증모델의 보수성을 극복하기 위한 모델로 기존의 정책을 바탕으로 이루어지는 점증주의 성향을 비판하면서, 새로운 정책을 내릴 때마다 정책방향도 다시 검토할 것을 주장한다.

④ 관료정치 모델에 의하면 정책결정시 정치적 합리성을 기반으로 기존 정책의 문제점을 부분적으로 수정하거나 약간의 향상을 가져오는 결정을 한다.

해설

경찰관리, 일반, 정책결정모델 —

① (✕) **합리(포괄)모형** : 정책결정자가 이성과 **고도의 합리성**에 따라 행동하고 결정한다고 보며, 목표나 가치가 명확하고 고정되어 있다는 가정 하에 **목표달성의 극대화를 위한 합리적 대안의 탐색·선택을 추구**하여 **최선의 대안을 결정**하는 이상적·규범적 모형이다.[♣엘리트 모델(X)]〈23경간〉

② (○) 사이버네틱스 모델〈23경간〉

③ (✕) **최적모형** : 합리모델의 비현실성과 점증모델의 보수성을 극복하기 위해 **이상주의와 현실주의의 통합**을 시도, 기존의 정책을 바탕으로 이루어지는 점증주의를 비판하면서, 새로운 **정책결정을 내릴 때마다 정책방향도 다시 검토**할 것을 주장한다.[♣혼합탐사모델(X)]〈23경간〉

④ (✕) **점증모형** : 실제의 정책결정은 **정치적 합리성을 기반**으로, 언제나 합리적인 결정을 하는 것이 아니라 **현실을 긍정하고 그것보다 약간 향상된 결정에 만족**하며 현재보다 크게 다른 쇄신적·창의적 결정을 기대하지 않는다는 것이다.[♣관료정치 모델(X)]〈23경간〉

정답 ②

제2장 경찰조직관리

테마 106 ▶ 경찰 관료제

01 막스 베버(M. Weber)의 '이상적 관료제'의 구조적 특성에 대한 설명 중 가장 적절하지 않은 것은? 〈20경위〉

① 관료의 권한과 직무 범위는 법규와 관례에 의해 규정된다.
② 직무의 수행은 서류에 의해 이루어진다.
③ 직무조직은 계층제적 구조로 구성된다.
④ 구성원 간 또는 직무 수행상 감정의 배제가 필요하다.

해설

경찰관리, 조직관리, 경찰관료제, 특징 −
① (X) **법규에 의한 행정**: 관료의 **권한과 직무범위는 법규에 의해 규정**된다.[♣관례에 의해(X)]<20승진·07.2채용>
② (○) **문서주의**<20승진·07.2채용>
③ (○) **계층제적 조직구조**<20승진·02·07.2채용>
④ (○) **공·사의 구분**<01경간·02·20승진·07.2채용>   정답 ①

테마 107 ▶ 조직편성의 원리

01 명령통일의 원리에 대한 설명 중 옳지 않은 것은? 〈21경간·09채용·09·16경위〉

① 업무수행의 혼선과 그로 인한 비능률을 막기 위한 것이다.
② 甲은 시위진압 도중 상관인 A와 B에게 명령을 받았다면 이는 명령통일의 원리에 위배된다.
③ 명령통일의 원리를 너무 지키다 보면 업무수행에 혼란을 야기할 수도 있다.
④ 경찰 업무수행과정에서 관리자 유고 시에는 복귀 시까지 업무 결정을 보류하여야 한다.

해설

경찰관리, 조직관리, 조직편성원리, 명령통일의 원리 −
① (○) 장점<09·16경위>
② (○) 사례<09채용·09·16경위>
③ (○) 한계<09·18승진·18.3채용>
④ (X) **한계**: 관리자의 공백 등에 의한 업무의 공백에 대비하기 위하여 조직은 권한의 **위임·대리 또는 유고관리자의 사전지정** 등의 대행체제를 적절히 활용하여 **명령통일의 한계를 완화할 수 있다.**[♣복귀 시까지 보류(X)]<09·18·19승진·18.3채용>   정답 ④

---

02 조직편성의 원리 중 **명령통일의 원리**에 대한 설명으로 가장 적절하지 않은 것은? 〈18경감〉

① 조직의 구성원 간에 지시나 보고를 주고받는 과정에서 지시는 한 사람만이 할 수 있고, 보고도 한 사람에게만 하여야 한다는 원칙이다.

② 경찰의 경우에 수사나 사고처리 및 범죄예방활동에 이르기까지 거의 모든 업무수행에서 결단과 신속한 집행을 필요로 하는데, 이때 지시가 분산되고 여러 사람으로부터 지시를 받는다면, 범인을 놓친다든지 사고처리가 늦어 인명이나 재산의 피해에 신속한 대응이 불가하다.

③ 관리자의 공백 등을 대비하여 대리, 위임, 유고관리자 사전지정 등이 필요하다.

④ 조직목적수행을 위한 구성원의 임무를 책임과 난이도에 따라 상위로 갈수록 권한과 책임이 무거운 임무를 수행하도록 편성한다.

해설

경찰관리, 조직관리, 조직편성원리 −

− 명령통일의 원리 −

①② (○) 의의<13 · 16 · 18승진 · 04 · 09 · 12.2 · 15.2채용>

③ (○) 한계<09 · 18승진>

− 계층제의 원리 −

④ (×) **의의**: 직무를 **책임과 난이도에 따라 등급화(상하로 나누어 배치)**하고 상하계층 간에 **명령복종관계를 적용**하는 조직편성원리로, 상위로 갈수록 권한과 책임이 무거운 임무를 수행한다.[♣명령통일의 원리(X)](조직편성의 원리, 명령통일의 원리, 의의)<05 · 09 · 13 · 14 · 16 · 18승진 · 12.2채용> 정답 ④

---

03 경찰조직편성의 원리에 대한 설명 중 가장 적절하지 않은 것은? 〈12.1 · 22.1채용〉

① '통솔의 범위'는 한 사람의 상관이 효과적으로 감독할 수 있는 최대한의 부하의 수를 말한다.

② '계층제'는 권한과 책임의 정도에 따라 직무를 등급화 함으로써 상·하 계층 간 직무상 지휘·감독관계에 놓이게 하는 것을 말한다.

③ '명령통일의 원리'는 조직구성원들은 한 사람의 상관으로부터만 명령을 받고, 보고도 그 상관에게만 하여야 한다는 것을 의미한다.

④ '할거주의'는 타기관 및 타부처에 대한 횡적인 조정과 협조를 용이하게 만드는 대표적인 요인으로 조정·통합의 원리에 필수적인 요소이다.

해설

경찰관리, 경찰조직관리, 조직편성원리 −

① (○) 통솔범위의 원리<14 · 19승진 · 12.1 · 22.1채용>

② (○) 계층제의 원리<05 · 09 · 13 · 14 · 16 · 18 · 19승진 · 12.2 · 18.3 · 22.1채용>

③ (○) 명령통일의 원리<13 · 16 · 18 · 19승진 · 04 · 09 · 12.2 · 15.2 · 22.1채용>

④ (×) 조정통합의 원리, **전문화와 조정의 관계**: 전문화는 할거주의를 초래하며, '할거주의'는 타기관 및 타부처에 대한 횡적인 **조정과 협조를 어렵게 만드는 대표적인 요인**으로 조정·통합의 원리에 **상충적인 요소**이다.[♣조정과 협조를 용이하게 만드는(X), ♣필수적인 요소(X)]<22.1채용> 정답 ④

04 조정과 통합의 원리에 대한 다음 설명 중 가장 옳지 않은 것은? 〈17경간 · 21승진〉

① 문제해결이 어려울 경우 갈등을 완화하고 양자 간의 타협을 도출해야 한다. 또한 관리자가 갈등을 초래할 수 있는 결정을 보류 또는 회피하는 것도 좋은 방법이다.

② 한정된 인력이나 예산으로 대안 선택에 갈등이 생기는 경우에는 가능하면 예산과 인력을 확보하고 업무추진의 우선순위를 지정할 필요가 있다.

③ 갈등해결 방안으로는 강제적, 공리적, 규범적 방안이 있을 수 있는 바, '상위목표의 제시'는 규범적 방안, '처벌과 제재'는 강제적 방안의 하나이다.

④ 갈등의 원인이 세분화된 업무처리에 있다면, 이를 더 전문화시키는 데 힘써야 한다.

해설

경찰관리, 경찰조직관리, 조직편성원리, 조정 · 통합의 원리, 현대의 갈등이론(갈등 순기능론 중심)표 –

① (○) 갈등의 해결, 보류 또는 회피〈17경간 · 17승진〉

② (○) 갈등의 해결, 우선순위 지정〈17경간 · 17승진〉

③ (○) 갈등의 해결, 처벌과 제재〈17경간〉

④ (×) 갈등의 원인, **전문화와 조정의 관계**: 조직 내 기능의 **지나친 전문화(지나친 업무의 세분화)는 갈등의 원인**이 되며 전문화의 원리는 조정을 저해하게 되는 '**상충적 관계에 있는 원리**'이다. 따라서 목표달성을 위해서 **전문화가 많이 되어 있는 조직일수록 더욱 조정이 필요**하다.[♣갈등해결을 위해서는 더 전문화(X)]〈17경간〉　　　　　　　　　　　　　　　　　정답 ④

---

05 경찰조직 편성의 원리에 관한 다음 설명 중 옳은 것은 모두 몇 개인가? 〈18경간〉

가. 계층제는 경찰조직의 일체감과 통일성을 확보하지만 조직의 경직화를 초래한다.

나. 둘 이상의 상관으로부터 지시나 명령을 받게 되면 업무수행의 혼선이 발생할 수 있으므로 명령통일의 원리가 필요하다.

다. Mooney는 조정의 원리를 제1의 원리라고 하였다.

라. 구조조정의 문제와 깊은 관련성이 있는 것은 통솔범위의 원리이다.

마. 분업은 전문화라는 장점이 있지만 전체적인 통찰력을 약화시키는 단점이 있다.

① 2개　　　　　② 3개　　　　　③ 4개　　　　　④ 5개

해설

경찰관리, 경찰조직관리, 조직편성원리 –

가. (○) 계층제, 장점 · 단점〈04 · 13승진 · 18경간 · 03채용〉

나. (○) 명령통일의 원리, 한계〈18경간 · 12.2채용〉

다. (○) 조정 · 통합의 원리, 중요성〈18경간〉

라. (○) 통솔범위의 원리, 구조조정과 관련성〈10 · 13승진 · 18경간〉

마. (○) 분업의 원리, 장점과 한계표〈18경간〉　　　　　　　　　　　　　　　　정답 ④

06 경찰조직의 편성원리에 대한 설명으로 가장 적절하지 않은 것은? 〈23경간〉

① 계층제의 원리 – 권한 및 책임 한계가 명확하며 경찰행정의 능률성과 조직의 안정성을 확보할 수 있다.
② 분업의 원리 – 업무의 전문화를 통해 업무습득에 걸리는 시간을 단축할 수 있지만 분업의 정도가 높아질수록 조직할거주의가 초래될 수 있다.
③ 명령통일의 원리 – 업무수행의 혼선을 방지하여 신속한 의사결정을 하도록 한다.
④ 통솔범위의 원리 – 업무의 종류가 단순할수록 통솔범위는 좁아지며 계층의 수가 많을수록 통솔범위는 넓어진다.

해설

경찰관리, 조직관리, 조직편성원리 –
① (○) 계층제의 원리, 장점<18·23경간·04·19승진>
② (○) 분업의 원리, 장점과 한계<23경간·20.1채용>
③ (○) 명령통일의 원리, 장점<18·23경간·12.2채용>
④ (✕) 통솔범위의 원리, 고려요소, **조직계층 수 : 반비례(상충관계)**<02·05승진·08·23경간·12.2·20.1채용>
　　ⓐ 계층 수 단축(**작은 규모 조직**) → 통솔범위 확대 → 의사소통이 용이, 사기 양양
　　ⓑ 계층 수 증가(**큰 규모 조직**) → 통솔범위 **축소**[♣넓어진다.(X)] → 의사소통의 장애, 사기 저하<23경간>　　정답 ④

07 경찰조직편성의 원리에 대한 설명 중 적절한 것을 모두 고른 것은? 〈17경위·18.3채용〉

㉠ 계층제의 원리 – 책임과 난이도에 따라 상위로 갈수록 권한과 책임이 무거운 임무를 수행하도록 편성한다.
㉡ 통솔범위의 원리 – 신설조직보다 기성조직에서, 단순반복 업무보다 전문적 사무를 담당하는 조직에서 상관이 많은 부하직원을 통솔할 수 있다.
㉢ 명령통일의 원리 – 상위직에 부여된 권한과 책임을 하위자에게 분담시키는 권한의 위임제도를 적절히 활용하여 명령통일의 한계를 완화할 수 있다.
㉣ 조정과 통합의 원리 – 조직의 구조, 보상체계, 인사 등의 제도개선과 조직원의 행태를 합리적으로 개선하는 것은 갈등의 단기적인 대응방안이다.

① ㉠㉡　　② ㉠㉢　　③ ㉠㉣　　④ ㉡㉢

해설

경찰관리, 조직관리, 조직편성원리 –
㉠ (○) 계층제의 원리<05·09·13·14·16·18승진·12.2·18.3채용>
㉡ (✕) 통솔범위의 원리, **전문성·창의성·복잡성** : 전문적·창의적이고 복잡한 업무일수록 **통솔범위 축소**[♣확대(X)](조직편성의 원리, 통솔범위의 원리, 고려요소⊞)<18.3채용>
㉢ (○) 명령통일의 원리, 한계<09·18승진·18.3채용>
㉣ (✕) 조정통합의 원리, 현대의 갈등이론, **갈등의 해결 : 장기적 대응방안**으로[♣단기적 대응(X)] **조직의 구조, 보상체계, 인사 등의 제도개선과 조직원의 행태를 합리적으로 개선하는 방법**이 있다.<17승진·18.3채용>　　정답 ②

08 조직편성의 원리에 대한 설명으로 가장 적절하지 않은 것은? 〈19경위〉

① 계층제의 원리 – 직무를 책임과 난이도에 따라 등급화하고 계층 간에 명령복종관계를 적용하는 원리로, 지휘계통을 확립하고 조직의 업무수행에 통일을 기할 수 있다.

② 통솔범위의 원리 – 1인의 상관 또는 감독자가 효과적으로 직접 통솔할 수 있는 부하의 수를 정하는 원리로, 통솔범위는 신설부서보다는 오래된 부서, 지리적으로 분산된 부서보다는 근접 부서, 복잡한 업무보다는 단순한 업무의 경우에 넓어진다.

③ 명령통일의 원리 – 조직의 집단적 노력을 질서 있게 배열하는 과정으로서 개별적인 활동을 전체적인 관점에서 통일하여 조직의 목표달성도를 높이려는 원리로, 관리자의 공백 등을 대비하여 대리, 위임, 유고관리자 사전지정 등이 필요하다.

④ 조정의 원리 – 조직편성의 각각의 원리는 장단점을 가지고 있는 바, 이러한 장단점을 조화롭게 승화시키는 원리로, 문제해결이 어려운 경우 관리자가 갈등을 초래할 수 있는 결정을 보류 또는 회피하는 방식을 사용할 수 있다.

> **해설**
>
> 경찰관리, 조직관리, 조직편성원리 –
> ① (○) 계층제의 원리〈05·09·13·14·16·18·19승진·12.2·18.3채용〉
> ② (○) 통솔범위의 원리〈19승진·18.3채용〉
> ③ (×) 조정통합의 원리 : 조직의 **집단적 노력을 질서 있게 배열**하고 **행동을 통일시키는 과정**으로서 개별적인 활동을 전체적인 관점에서 통일하여 조직의 목표달성도를 높이려는 조직원리를 말한다.[♣명령통일의 원리(X)](조직편성의 원리, 조정통합의 원리)〈09·12·16·19승진·03채용〉
> ④ (○) 조정·통합의 원리〈09·12·16·19승진·03채용〉   정답 ③

09 경찰조직편성의 원리에 관한 설명으로 가장 적절하지 않은 것은? 〈23.1채용〉

① 할거주의는 조정과 통합의 원리를 실현시키는 필수적 요소이다.

② 계층제는 조직의 경직화를 초래하여 환경변화에 대한 조직의 신축적 대응을 어렵게 한다.

③ 명령통일의 원리는 부하직원이 한 사람의 상관으로부터만 명령을 받고, 보고도 그 상관에게만 하도록 하는 것을 의미한다.

④ 통솔의 범위는 한 사람의 상관이 효과적으로 감독할 수 있는 최대한의 부하의 수를 의미한다.

> **해설**
>
> 경찰관리, 조직관리, 조직편성원리 –
> ① (×) 조정과 통합의 원리, **현재의 갈등이론** : 전문화는 할거주의를 초래하며, '**할거주의**'는 타기관 및 타부처에 대한 횡적인 **조정과 협조를 어렵게 만드는 대표적인 요인**으로 조정·통합의 원리에 **상충적인 요소**이다.[♣조정과 협조를 용이하게 만드는(X), ♣필수적인 요소(X)]〈22.1·23.1채용〉
> ② (○) 계층제의 원리, 단점, 경직성〈13·16·18·19승진·04·09·12.2·15.2·22.1·2·23.1채용〉
> ③ (○) 명령통일의 원리, 의의〈13·16·18·19승진·04·09·12.2·15.2·22.1·2·23.1채용〉
> ④ (○) 통솔범위의 원리, 의의〈14·19·23승진·12.1·22.1·23.1채용〉   정답 ①

10 조직 내부 갈등의 해결방법에 대한 설명으로 가장 적절하지 않은 것은? ⟨19경감⟩

① 부서 간의 갈등이 일어나고 있을 때는 더 높은 상위목표를 제시, 상호 간 이해와 양보를 유도하는 것이 바람직하다.

② 문제해결이 어려운 경우에는 갈등을 완화하거나 관리자가 갈등을 초래할 수 있는 결정을 보류 또는 회피하는 방식을 사용할 수 있다.

③ 갈등의 장기적 대응을 위해서 조직의 구조, 보상체계, 인사 등의 제도개선과 조직원의 행태를 합리적으로 개선하는 방안이 있다.

④ 갈등의 원인이 세분화된 업무처리에 있다면 업무추진의 우선순위를 정해주는 것이 바람직하고 한정된 인력이나 예산으로 갈등이 생기는 경우 전체적인 업무처리과정의 조정과 통합이 바람직하다.

해설

경찰관리, 조직관리, 조직편성원리, 현대의 갈등이론, 갈등해결 −

① (○) **상위목표 제시**⟨17 · 19승진⟩

② (○) **보류 또는 회피**⟨17경간 · 17 · 19승진⟩

③ (○) **장기적 대응**⟨17 · 19승진 · 18.3채용⟩

④ (×) **조정 · 통합(통합 · 연결 · 대화채널 확보)**: 갈등의 원인이 세분화된 **업무처리**에 있다면 **업무처리과정을 조정 · 통합**한다든지 **연결**하는 장치나 대화채널을 **확보**해 주는 방법으로 의사전달을 촉진하는 것이 필요하다.[♣전문화에 힘써야(X), ♣우선순위 지정(X)]⟨13 · 19승진⟩

　　우선순위 지정: 한정된 인력이나 예산을 가지고 갈등이 생기는 경우에는 가능하면 예산과 인력을 확보하고 업무추진의 **우선순위를 지정**할 필요가 있다.[♣조정 · 통합 필요(X)](조직편성의 원리, 조정 · 통합의 원리, 현대의 갈등이론표, 갈등의 해결)⟨17경간 · 17 · 19승진⟩　　　정답 ④

11 경찰조직 편성원리에 대한 설명으로 가장 적절하지 않은 것은? ⟨20경감 · 19.2채용⟩

① 통솔범위의 원리란 조직목적수행을 위한 구성원의 임무를 책임과 난이도에 따라 상위로 갈수록 권한과 책임이 무거운 임무를 수행하도록 편성하는 것을 말한다.

② 명령통일의 원리란 조직 구성원 간에 지시나 보고를 주고받는 과정에서 지시는 한 사람만이 할 수 있고, 보고도 한 사람에게만 하여야 한다는 원칙을 말한다.

③ 명령통일의 원리에 따르면 관리자의 공백 등을 대비하여 대리, 위임, 유고관리자 사전지정 등이 필요하다.

④ 계층제의 원리는 권한과 책임의 배분을 통하여 신중한 업무처리가 가능하다는 장점이 있다.

해설

경찰관리, 조직관리, 조직편성원리, 현대의 갈등이론, 갈등해결 −

① (×) 계층제의 원리 : 계층제의 원리란 직무를 **책임과 난이도에 따라 등급화(상하로 나누어 배치)**하고 상하계층 간에 **명령복종관계를 적용**하는 조직편성원리로, **상위로 갈수록 권한과 책임이 무거운 임무**를 수행한다.[♣통솔범위의 원리(X)]⟨05 · 09 · 13 · 14 · 16 · 18 · 19 · 20승진 · 12.2 · 18.3채용⟩

② (○) **명령통일의 원리**⟨13 · 16 · 18 · 19 · 20승진 · 04 · 09 · 12.2 · 15.2채용⟩

③ (○) **명령통일의 원리**⟨09 · 18 · 19 · 20승진 · 18.3채용⟩

④ (○) **계층제의 원리, 장점**⟨04 · 15 · 19 · 20승진 · 18경간 · 19.2채용⟩　　　정답 ①

12 경찰조직편성의 원리에 대한 설명으로 가장 적절하지 않은 것은? 〈22경간〉

① 통솔범위의 원리에서 조직의 역사, 교통통신의 발달, 관리자의 리더십(Leadership), 부하의 능력 등은 통솔범위의 중요 요소이다.

② 통솔범위의 원리는 직무를 책임과 난이도에 따라 상하로 나누어 배치하고 상하계층간에 명령복종관계를 적용하는 조직편성원리로 상위로 갈수록 권한과 책임이 무거운 임무를 수행한다는 원리이다.

③ 무니(J. Mooney)는 조정·통합의 원리를 조직의 제1원리이며 가장 최종적인 원리라고 하였다.

④ 명령통일의 원리는 조직구성원 누구나 한 사람의 상관에게 보고하며 한 사람의 상관으로부터 명령을 받아야 한다는 원리이다.

> **해설**

경찰관리, 조직관리, 조직편성원리 −

① (○) 통솔범위의 원리, 고려요소<22.2채용>

② (×) **계층제의 원리** : 직무를 **책임과 난이도에 따라 등급화(상하로 나누어 배치)**하고 상하계층 간에 **명령복종관계를 적용**하는 조직편성원리로, **상위로 갈수록 권한과 책임이 무거운 임무**를 수행한다.[♣통솔범위의 원리(X)<05·09·13·14·16·18·19승진·12.2·18.3·22.1·2채용>

③ (○) 조정·통합의 원리<18경간·22.2채용>

④ (○) 명령통일의 원리<13·16·18·19승진·04·09·12.2·15.2·22.1·2채용>　　　　　　정답 ②

13 경찰조직편성의 원리에 대한 설명으로 가장 적절하지 않은 것은? 〈20.1채용〉

① 계층제의 원리의 무리한 적용은 행정능률과 횡적 조정을 저해한다.

② 통솔범위의 원리에서 통솔범위는 계층 수, 업무의 복잡성, 조직 규모의 크기와 반비례 관계이다.

③ 관리자의 공백 등에 의한 업무의 공백에 대비하기 위하여 조직은 권한의 위임 대리 또는 유고관리자의 사전지정 등을 활용하여 명령통일의 한계를 완화할 수 있다.

④ 분업화의 정도가 높아질수록 조정과 통합이 어려워져서 할거주의가 초래될 수 있다.

> **해설**

경찰관리, 조직관리, 조직편성원리 −

① (×) 분업의 원리, **한계 : 분업의 원리**를 무리하게 적용할 경우 행정능률을 저해하고, 횡적 조정을 저해할 수 있다.[♣계층제의 원리(X)]<20.1채용>

② (○) 통솔범위의 원리, 고려요소<06·19승진·18.3·19.2·20.1채용>

③ (○) 명령통일의 원리, 한계(대행체제 필요)<09·18·19승진·18.3·20.1채용>

④ (○) 분업의 원리, 한계<20.1채용>　　　　　　정답 ①

14 경찰조직 편성원리에 관한 설명 중 옳지 않은 것을 모두 고른 것은? 〈23승진〉

> ㉠ 통솔범위의 원리는 관리자의 능률적인 감독을 위해서는 통솔하는 대상의 범위를 적정하게 제한 하여야 한다는 것으로 관리의 효율성을 좌우하는 중요한 원리이다.
> ㉡ 조직의 집단적 노력을 질서있게 배열하는 과정으로 개별적인 활동을 전체적인 관점에서 통일하 여 조직의 목표달성도를 높이려는 조직편성의 원리를 명령통일의 원리라고 한다.
> ㉢ 계층제의 원리는 관리자의 공백 등을 대비하여 대리, 위임, 유고관리자 사전지정 등이 필요하다.
> ㉣ 조정과 통합의 원리는 조직편성 원리의 장단점을 조화롭게 승화시키는 원리로, 무니(Mooney)는 조정의 원리를 '제1의 원리'라고 하였다.

① ㉠㉡ ② ㉠㉢ ③ ㉡㉢ ④ ㉢㉣

해설

경찰관리, 조직관리, 조직편성원리 −
㉠ (○) **통솔범위의 원리** : 의의〈14·19·23승진·12.1·22.1채용〉
㉡ (✕) **조정·통합의 원리** : 노력·행동의 배열·통일 − 조직의 **집단적 노력을 질서 있게 배열**하고 **행동을 통일**시키는 과정이다.[♣명령통일의 원리(✕)]〈09·12·16·19·23승진·03·19.2채용〉
㉢ (✕) **명령통일의 원리** : 관리자의 공백 등에 의한 업무의 공백에 대비하기 위하여 조직은 권한의 **위임·대리** 또는 유고관리자의 사전지정 등의 대행체제를 적절히 활용하여 **명령통일의 한계를 완화**할 수 있다.[♣계층제의 원리는(✕)]〈09·18·19·23승진·18.3·20.1채용〉
㉣ (○) **조정·통합의 원리** : 중요성〈18경간·23승진·22.2채용〉   정답 ③

15 경찰조직편성의 원리에 관한 설명으로 가장 적절하지 않은 것은? 〈23.2채용〉

① 분업의 원리 − 가급적 한 사람에게 동일한 업무를 분담시킴으로써 특정 분야에 대한 업무의 전문화 확보를 가능하게 한다.
② 계층제의 원리 − 권한과 책임의 정도에 따라 직무를 계층화함으로써 상·하 계층간의 직무상 지휘· 감독 관계에 있도록 한다.
③ 조정과 통합의 원리 − 구성원의 노력과 행동을 질서있게 배열하고 통일시키는 작용을 함으로써 경찰 행정의 목표를 효율적으로 달성할 수 있게 한다.
④ 통솔범위의 원리 − 1인의 상관 또는 감독자가 직접 통솔할 수 있는 부하직원의 수를 의미하며, 무니 (Mooney)는 이러한 통솔 범위의 원리를 조직편성 제1의 원리라고 하였다.

해설

경찰관리, 조직관리, 조직편성원리 -

① (○) 분업의 원리<07 · 14 · 16승진 · 12.2 · 19.2 · 23.2채용>

② (○) 계층제의 원리<05 · 09 · 13 · 14 · 16 · 18 · 19승진 · 12.2 · 18.3 · 22.1 · 2 · 23.2채용>

③ (○) 조정과 통합의 원리<09 · 12 · 16 · 19 · 23승진 · 03 · 19.2 · 23.2채용>

④ (✕) **통솔범위의 원리**: 1인의 상관, 감독자가 **효과적으로 통솔할 수 있는 부하의 수**는 최대 어느 정도인가라는 문제는 관리의 **효율성을 좌우**하는 중요한 수단적 원리이다.[♣인사관리 목적(X), ♣무늬는 조직 제1의 원리라고 하였다.(X)]<14 · 19 · 23승진 · 12.1 · 22.1 · 23.1 · 2채용>

　　 조정 · 통합의 원리: 조직편성 원리의 장단점을 조화롭게 승화시키는 원리로 J. Mooney는 '**조직의 제1의 원리**'이며 **최종적인 원리**라고 하였다.<18경간 · 23승진 · 22.2 · 23.2채용>　　정답 ④

---

16 다음에서 설명하는 조직편성의 원리와 가장 관계가 깊은 것은? <24.1채용>

> • 업무를 그 종류와 성질별로 구분하여 구성원에게 가능한 한 한가지의 주된 업무를 부담시킴으로써 조직 관리상의 능률을 향상시키려는 원리이다.
> • 한 사람이 수행할 수 있는 업무의 양과 시간에는 한계가 있고, 서로 다른 특성을 가진 업무를 한 사람이 맡아서 하는 것은 비효율적이다.
> • 다수가 일을 함에 있어서 각자의 임무를 나누어서 분명하게 부과하고 협력을 하도록 하는 것으로, 인간능력의 한계를 극복하고 업무를 효율적으로 수행하기 위한 것이다.

① 이 원리는 구조조정의 문제와 깊은 관련성이 있다.

② 이 원리에 따르면 업무에 대한 신속결단과 결단내용의 지시가 단일한 명령계통이어야 한다.

③ 이 원리의 장점은 권한과 책임에 계층에 따라 분배하여 의사결정의 검토가 이루어져 신중한 업무처리가 가능하다는 것이다.

④ 이 원리의 단점은 정형적 · 반복적 업무수행에 기인하여 작업에 대한 흥미 상실과 노동의 소외화나 인간기계화를 심화시키며, 부처 간의 할거주의가 초래될 수 있다는 것이다.

해설

경찰관리, 조직관리, 조직편성원리 -

① (✕) 통솔범위의 원리, **구조조정과 관련성**: 통솔범위의 원리는 '**구조조정의 문제**'와 깊은 관련성을 가지고 있다.[♣계층제의 원리(X), ♣조정의 원리(X)]<10 · 13승진 · 18경간 · 24.1채용>

② (✕) 명령통일의 원리, **결단과 지시의 통합**: 신속히 **결단할 수 있는 권한**과 결단 내용을 **지시할 수 있는 권한**이 한 사람에게 통합되어야 한다는 원리이다.<10 · 14승진 · 24.1채용>

③ (✕) 계층제의 원리, 장점, **신중한 업무처리의 수단**: 권한과 책임의 배분을 통하여 업무의 신중을 기할 수 있다.[♣신중성에 문제점이 제기된다.(X)]<13승진 · 24.1채용>

④ (○) 분업의 원리, 한계, **할거주의로 인해 조정 · 통합이 곤란**: 분업화의 정도가 높아질수록 조정과 통합이 어려워져서 할거주의가 초래될 수 있다.(**횡적 조정 저해**)<23경간 · 20.1 · 24.1채용>　　정답 ④

제3장 경찰인사관리

테마 108 ▶ 엽관주의와 실적주의

01 엽관주의와 실적주의에 관한 설명으로 옳은 것을 모두 고른 것은? 〈24승진〉

> ㉠ 엽관주의는 정치지도자의 국정지도력을 강화함으로써 공공정책의 실현을 용이하게 해준다.
> ㉡ 잭슨(Jackson) 대통령이 암살당한 사건은 미국에서 실적주의 도입의 배경이 되었다.
> ㉢ 엽관주의는 행정의 안정성과 지속성을 확보하기 어렵다.
> ㉣ 실적주의는 정치적 중립에 집착하여 인사행정을 소극화·형식화시켰다.

① ㉠㉡   ② ㉡㉢   ③ ㉠㉢㉣   ④ ㉠㉡㉢㉣

해설

경찰관리, 인사관리, 일반, 엽관주의와 실적주의 −

㉠ (○) 엽관주의, 기준 : 당파성과 정실〈24승진〉
㉡ (X) 실적주의, **도입** : **엽관주의의 무능과 부패를 극복하는 과정**에서 도입되었다.
　　　 ※ 가필드(Garfield)대통령[♣잭슨(Jackson) 대통령(X)] 암살사건이 계기가 **되었다.**〈24승진〉
㉢ (○) 엽관주의, **단점** : 행정의 **전문성·계속성·안정성·일관성(지속성)**이 저해되고 책임확보가 어렵고 무능한 인재 유입으로 비능률을 초래한다.〈01·24승진·13경간〉
㉣ (○) 실적주의, 단점 : **인사관리의 경직성**을 초래하며, 행정의 소극화·형식화·집권화 초래[♣엽관주의 단점(X)]〈08·13경간·24승진〉　　　　　　　　　　　　**정답** ③

테마 109 ▶ 직위분류제와 계급제

01 공직분류방식에 대한 설명으로 가장 적절한 것은? 〈13경간·19경감〉
① 계급제는 인간중심의 분류방법으로 널리 일반적 교양·능력을 가진 사람을 채용하여 신분보장과 함께 장기간에 걸쳐 능력이 키워지므로 공무원이 보다 종합적·신축적인 능력을 가질 수 있다.
② 직위분류제는 동일한 직무를 장기간 담당하게 되어 행정의 전문화에 유용하나, 권한과 책임의 한계가 불명확하다는 단점이 있다.
③ 계급제는 충원방식에서 폐쇄형을 채택하여 인사배치가 비융통적이나 직위분류제는 개방형을 채택하고 있어 인사배치의 신축성이 있다.
④ 직위분류제는 계급제에 비해서 보수결정의 합리적인 기준을 제시할 수 있으며, 직무분석을 통한 이해력이 넓어져 기관 간의 횡적 협조가 용이한 편이다.

해설

경찰관리, 인사관리, 직위분류제와 계급제 −

① (○) 계급제, 양성<13경간 · 12 · 14 · 19승진 · 10.2 · 17.1 · 19.1채용>

② (✕) **직위분류제**: 직위분류제는 동일한 직무를 장기간 담당하게 되어 행정의 전문화에 유용하고, **권한과 책임의 명확화**로 **분업화, 전문화, 능률화를 촉진**한다.[♣권한의 한계가 불명확(X)]<19승진 · 17.1 채용>

③ (✕) 비교, **배치**: 계급제는 해당 직급(계급)에서 보직부여가 자유로워 인사배치가 **신축적, 융통적, 탄력적**이나[♣비융통적(X)<19승진 · 02채용>, 직위분류제는 개인의 전문성을 살려서 배치해야 하므로 인사배치가 **비신축적, 비융통적, 경직적**이다.[♣신축적(X)](계급제, 배치 / 직위분류제, 배치)<12 · 19승진>

④ (✕) 비교, **보수와 협조문제**: 직위분류제는 계급제에 비해서 보수결정의 합리적인 기준을 제시할 수 있으나, 전문화의 부작용으로 부서 간, 기관 간 **협조 · 조정은 곤란**하다.[♣횡적 협조가 용이한 편 (X)](직위분류제, 보수, 협조)<19승진>

정답 ①

---

02 공직 분류 방식 중 계급제와 직위분류제에 대한 설명이다. 가장 적절하지 않은 것은? ⟨17.1채용⟩

① 계급제는 사람을, 직위분류제는 직무를 중요시한다.

② 직위분류제는 계급제보다 권한의 한계가 불명확하다.

③ 공직을 평생직장으로 이해하는 직업공무원제도의 정착에는 직위분류제보다 계급제가 유리하다.

④ 우리나라의 공직 분류는 계급제 위주에 직위분류제적 요소를 가미한 혼합형태라고 할 수 있다.

해설

경찰관리, 인사관리, 직위분류제와 계급제 −

① (○) 비교, **분류기준(중심)**<12경감 · 10.2 · 17.1채용>

② (✕) 직위분류제, **업무**: 직위분류제는 **권한과 책임의 명확화**로 **분업화, 전문화, 능률화를 촉진**한다.[♣권한의 한계가 불명확(X)](직위분류제, 업무)<17.1채용>

③ (○) 계급제, **신분보장**: 계급제는 신분보장이 강하여, 공직을 평생의 직장으로 이해하는 직업공무원제의 확립에 기여한다.<13경간 · 17.1채용>

④ (○) 우리의 공직분류제도: **계급제를 원칙으로 하고 직위분류제적 요소를 가미**하고 있는 혼합형태라고 할 수 있다.(직위분류제와 계급제, 관계, 우리의 공직분류제도)<16.2 · 17.1채용>

정답 ②

03 계급제와 직위분류제에 대한 설명으로 가장 적절하지 않은 것은? 〈19.1채용〉

① 직위분류제의 경우 직무중심 분류로서 계급제보다 인사배치에 신축성을 기할 수 있다.

② 계급제의 경우 널리 일반적 교양, 능력을 갖춘 사람을 채용하여 장기간에 걸쳐 능력을 향상시키므로 공무원이 종합적, 신축적인 능력을 갖출 수 있다.

③ 직위분류제의 경우 동일한 직무를 장기간 담당하게 되어 행정의 전문화에 기여한다.

④ 우리나라의 공직분류는 계급제 위주에 직위분류제적 요소를 가미한 혼합 형태라고 할 수 있다.

해설

경찰관리, 인사관리, 직위분류제와 계급제 −

① (X) 직위분류제, **배치**: 직위분류제의 인사배치는 개인의 전문성을 살려서 배치해야 하므로 **비신축적, 비융통적, 경직적**이다.[♣신축적(X)]〈12 · 19승진 · 19.1채용〉

② (○) 계급제, 특성, 일반행정가 양성(계급제, 양성)〈14 · 19승진 · 19.1채용〉

③ (○) 직위분류제, 양성〈19.1채용〉

④ (○) 우리나라의 공직분류 제도 형태〈16.2 · 17.1 · 19.1채용〉   정답 ①

---

04 계급제와 직위분류제에 관한 설명으로 가장 적절하지 않은 것은? 〈23.1채용〉

① 직위분류제는 사람 중심 분류로서 계급제보다 인사배치의 신축성 측면에서 유리하다.

② 우리나라의 공직분류는 계급제 위주에 직위분류제적 요소를 가미한 혼합 형태라고 할 수 있다.

③ 직위분류제는 미국에서 실시된 후 다른 나라로 전파되었다.

④ 직위분류제는 계급제에 비해서 보수결정의 합리적인 기준을 제시하는 것이 장점이다.

해설

경찰관리, 경찰인사관리, 직위분류제와 계급제 −

① (X) **계급제**: **인간중심의 분류**로서 관료제의 전통이 강한 영국 · 독일 · 프랑스 · 한국 · 일본 등에서 채택하고 있으며, 해당 직급(계급)에서 보직부여가 자유로워 인사배치가 **신축적, 융통적, 탄력적**이다.[♣비융통적(X), ♣직위분류제(X)]〈12 · 19승진 · 02 · 23.1채용〉

② (○) 관계: 우리나라의 공직분류〈12승진 · 16.2 · 17.1 · 19.1 · 23.1채용〉

③ (○) 직위분류제: 의의〈12경감 · 13경간 · 08 · 16.2 · 17.1 · 23.1채용〉

④ (○) 직위분류제: 보수〈10 · 14승진 · 13경간 · 02 · 16.2 · 23.1채용〉   정답 ①

PART 04

05 계급제와 직위분류제의 관계에 관한 설명으로 가장 적절하지 않은 것은? 〈24.1채용〉

① 직무분석과 직무평가의 충실한 수행을 강조하는 것은 직위분류제이다.

② 계급제는 직업공무원제도 정착에 유리하다.

③ 양자는 양립할 수 없는 상호 배타적인 관계가 아니라 서로의 결함을 시정할 수 있는 상호 보완적인 관계이다.

④ 계급제는 '동일직무에 대한 동일보수의 원칙'을 확립함으로써 보수제도의 합리적 기준을 제시한다.

해설

경찰관리, 인사관리, 계급제와 직위분류제 −

① (○) 직위분류제, 의의, 직무분석과 직무평가〈14승진 · 24.1채용〉

② (○) 계급제, **충원 : 충원 방식**을 취하며, 이는 **직업공무원제도 정착에 기여**한다.〈23경간 · 12 · 14승진 · 10.2 · 24.1채용〉

③ (○) 관계, 상호보완적인 관계〈12승진 · 24.1채용〉

④ (✕) 직위분류제[♣계급제(X)], **보수 : '동일직급 동일보수의 원칙'**을 확립하여 직무급 수립이 용이하고 **보수제도의 합리적 기준**을 제시할 수 있다.〈10 · 14승진 · 13경간 · 02 · 16.2 · 23.1 · 24.1채용〉 **정답** ④

테마 110 직업공무원제도

01 다음은 경찰직업공무원제도에 대한 설명이다. 옳은 것은 모두 몇 개인가? 〈20.1채용〉

> ㉠ 실적주의는 직업공무원제로 발전되어 가는 기반이 되지만, 실적주의가 바로 직업공무원 제도를 의미하는 것은 아니다.
> ㉡ 행정의 안정성, 계속성, 독립성, 중립성 확보가 용이하다.
> ㉢ 행정통제 및 행정책임 확보가 용이하다.
> ㉣ 젊은 인재의 채용을 위한 연령제한으로 공직 임용의 기회균등을 저해한다.

① 1개   ② 2개   ③ 3개   ④ 4개

해설

경찰관리, 경찰인사관리, 직업공무원제도 −

㉠ (○) 실적주의와의 관계〈20.1채용〉

㉡ (○) 장점〈20.1채용〉

㉢ (✕) **단점 :** 직업공무원제도는 해고나 징계면직을 어렵게 하여 행정통제 및 행정책임 확보가 상대적으로 어렵다.[♣용이하다.(X)]〈20.1채용〉

㉣ (○) 단점〈20.1채용〉 **정답** ③

02 직업공무원제도에 대한 설명이다. 아래 가.부터 라.까지 설명 중 옳고 그름의 표시(O, X)가 바르게 된 것은?

〈23경간〉

> 가. 직업공무원제도는 신분보장, 정치적 중립, 자격이나 능력중시, 개방형 인력충원 방식의 선호라는
> 점에서 실적주의와 공통점을 가진다.
> 나. 직업공무원제도의 성공적 정착을 위해서는 공직에 대한 사회의 높은 평가가 필요하며 퇴직 후
> 의 불안해소와 생계보장을 위해 적절한 연금제도가 확립되어야 한다.
> 다. 직업공무원제도는 장기적인 발전가능성을 선발기준으로 삼고 있으며 직위분류제가 계급제보다
> 직업공무원제도의 정착에 더 유리하다.
> 라. 직업공무원제도는 행정의 안정성과 독립성 확보에 용이하며 외부환경 변화에 신속하게 대응한
> 다는 장점이 있다.

① 가.(○), 나.(○), 다.(○), 라.(×)
② 가.(×), 나.(○), 다.(×), 라.(×)
③ 가.(○), 나.(○), 다.(×), 라.(○)
④ 가.(×), 나.(○), 다.(○), 라.(×)

해설

경찰관리, 인사관리, 직업공무원제도 −

가. (×) ⓐ **공통점**(실적주의 직업공무원제도) : 신분보장, 정치중립, 자격이나 능력에 의한 인사, 정실배제
   등[♣개방형 충원방식(X)]<23경간>
  ⓑ **차이점** : 직업공무원제도는 충원방식이 폐쇄형이나 실적주의는 개방형(직위분류제) 또는 폐
   쇄형(계급제)이다.<23경간>

나. (○) 성공요건<23경간>

다. (×) 선발기준, 계급제, **충원** : 입직할 수 있는 계급(주로 하위직으로)이 정해져 있고 원칙적으로 중
   간입직은 허용하지 않는 **폐쇄형 충원 방식**을 취하여, 계급제는 **직업공무원제도 정착에 기여**한
   다.[♣직위분류제(X)]<23경간 · 12 · 14승진 · 10.2채용>

라. (×) **특징**
  ⓐ **장점** : 직업공무원제도를 통해 **행정의 안정성, 계속성, 독립성, 중립성 확보가 용이**하다.<23경
   간 · 20.1채용>
  ⓑ **단점** : 민주통제의 곤란으로 무책임성, **환경변동에의 부적응성과 경직성**[♣외부환경변화에 신속
   한 대응(X)], 행정전문성 · 기술성 저해, 연령제한등 공직 임용의 기회균등을 제약으로 비민
   주성<20.1채용>, 직업전환 곤란, 공직사회의 전반적인 질 저하, 해고나 징계면직이 어려워
   행정통제 및 행정책임 확보가 상대적으로 어렵다.<20.1채용>　　　　　**정답** ②

테마 111 동기부여 이론

01 매슬로우(Maslow)의 욕구 이론에 대한 설명으로 가장 적절하지 않은 것은? 〈17.2채용〉

① 매슬로우는 욕구를 생리적 욕구(Physiological Needs), 안전의 욕구(Safety Needs), 사회적 욕구(Social Needs), 존경의 욕구(Esteem Needs), 자기실현 욕구(Self − actualization Needs)로 구분하였다.

② 안전의 욕구는 현재 및 장래의 신분이나 생활에 대한 불안 해소에 관한 것으로 신분보장, 연금제도 등을 통해 충족시켜 줄 수 있다.

③ 존경의 욕구는 동료·상사·조직 전체에 대한 친근감·귀속감 충족에 관한 것으로 인간관계의 개선, 고충처리 상담 등을 통해 충족시켜 줄 수 있다.

④ 생리적 욕구는 의·식·주 및 건강 등에 관한 것으로 적정보수제도, 휴양제도 등을 통해 충족시켜 줄 수 있다.

해설

경찰관리, 인사관리, 사기관리, 동기부여이론, Maslow의 욕구 5단계 이론 −

① (○) 단계별 욕구표〈02·03·04·08·10·12·13승진·14경간·02·05·07·15.3·17.2채용〉

② (○) 안전욕구〈02·03·04·08·10·12·13승진·14경간·02·05·07·15.3·17.2채용〉

③ (✕) **애정욕구(사회적 욕구)**: 동료·상사·조직 전체에 대한 친근감·귀속감 충족에 관한 것으로 인간관계의 개선, 고충처리 상담 등을 통해 충족시켜 줄 수 있다.[♣존경의 욕구(✕)](Maslow의 욕구 5단계 이론, 애정욕구)〈15.3·17.2채용〉

④ (○) 생리적 욕구〈02·03·04·08·10·12·13승진·14경간·02·05·07·15.3·17.2채용〉　　　정답 ③

02 Maslow의 인간욕구 5단계론에 대한 설명 중 가장 적절하지 않은 것은? 〈13·17승진〉

① 안전욕구는 공무원의 현재 및 장래의 신분이나 생활에 대한 불안 해소와 관련된 것으로, 신분보장, 연금제도를 통해 충족시켜 줄 수 있다.

② 사회적 욕구는 동료·상사·조직 전체에 대한 친근감·귀속감 충족에 관한 것으로, 인간관계의 개선, 권한의 위임을 통해 충족시켜 줄 수 있다.

③ 존경 욕구는 타인의 인정·존중·신망을 받으려는 욕구에 관한 것으로, 참여확대, 포상제도 등을 통해 충족시켜 줄 수 있다.

④ 자아실현의 욕구는 장래에의 자기발전·자기완성의 욕구 및 성취감 충족에 관한 것으로 공정하고 합리적인 승진 또는 공무원단체 활용을 통해 충족시켜 줄 수 있다.

해설

경찰관리, 인사관리, 사기관리, 동기부여이론, Maslow의 욕구 5단계 이론 −

① (○) 안전욕구〈02·03·04·08·10·12·13승진·14경간·02·05·07·15.3·17.2채용〉

② (✕) **사회적 욕구(애정욕구) 충족방법: 인간관계 개선(비공식집단)**〈13승진〉, **고충처리의 상담**[♣권한의 위임(✕)](Maslow의 욕구 5단계 이론, 단계별 욕구표, 사회적 욕구)〈13·19승진·15.3·17.2채용〉

③ (○) 존경 욕구〈02·05·08·13승진·15.3채용〉

④ (○) 자아실현욕구〈13·17승진·15.3채용〉　　　정답 ②

03 매슬로우(Maslow)의 욕구계층이론에 대한 설명으로 가장 적절한 것은? 〈19경감〉

① 경찰관이 포상휴가를 가는 것보다 유능한 경찰관이라는 인정을 받고 싶어서 열심히 범인을 검거하였다면 자아실현의 욕구를 충족하고 싶은 것이다.

② 매슬로우는 5단계 기본욕구가 우선순위의 계층을 이루고 있어 한 단계의 욕구가 충족되어야 비로소 다음 단계의 욕구가 발로된다고 보았다.

③ 소속 직원들 간 인간관계의 개선, 공무원 단체의 활용, 고충처리 상담, 적정한 휴양제도는 사회적 욕구를 충족시켜 주기 위한 방안에 해당한다.

④ 경찰관에 대한 공정하고 합리적인 승진제도를 마련하고 권한의 위임과 참여를 확대하는 것은 자아실현의 욕구를 충족시켜 주기 위한 방안에 해당한다.

해설

경찰관리, 인사관리, 사기관리, 동기부여이론, Maslow의 욕구 5단계 이론 −

① (✕) **존경욕구** : 경찰관이 포상휴가를 가는 것보다 **유능한 경찰관이라는 인정을 받고 싶어서** 열심히 범인을 검거하였다면 **존경 욕구**를 충족하고 싶은 것이다.[♣자아실현욕구(X)]〈19승진〉

② (○) 만족진행 접근법〈19승진〉

③ (✕) **사회적 욕구(애정욕구) 충족방법** : 인간관계 개선(비공식집단)〈13승진〉, 고충처리의 상담[♣공무원 단체의 활용(X), ♣적정한 휴양제도(X)](Maslow의 욕구 5단계 이론, 사회적 욕구)〈19승진・15.3・17.2채용〉

④ (✕) **자아실현욕구 충족방법** : 공정하고 합리적인 승진(지연・학연에 의한 편파적 인사 배제), 공무원 단체 인정[♣권한의 위임과 참여를 확대(X)](Maslow의 욕구 5단계 이론, 자아실현욕구)〈13・19승진〉

정답 ②

04 A경찰서장은 동기부여이론 및 사기이론을 활용하여 소속 경찰관들의 사기를 높이기 위한 방안을 모색하였다. 이론의 적용으로 가장 적절하지 않은 것은? 〈20.2채용〉

① Maslow의 욕구계층이론에 따라 존경의 욕구를 충족시켜 주기 위하여 권한위임을 확대하였다.

② Herzberg의 동기위생요인이론에 따르면 사기진작을 위해서는 동기요인이 강화되어야 하므로 적성에 맞는 직무에 배정하고 책임감과 성취감을 느낄 수 있도록 독려하였다.

③ McGregor의 X이론에 따르면 인간은 근본적으로 업무에 대한 의욕을 가지고 있기 때문에 이러한 의욕을 강화시키기 위해 금전적 보상과 포상제도를 강화하였다.

④ McGregor의 Y이론을 적용하여 상급자의 일방적 지시와 명령을 줄이고 의사결정 과정에 일선경찰관들의 참여를 확대시키도록 지시하였다.

해설

경찰관리, 인사관리, 사기관리, 동기부여이론 −

① (○) Maslow의 욕구계층이론, 존경의 욕구〈19승진・14경간・15.3・17.2・20.2채용〉

② (○) Herzberg의 동기위생요인이론〈20.2채용〉

③ (✕) **McGregor의 X이론** : 인간은 근본적으로 일을 싫어하기 때문에 이러한 의욕을 강화시키기 위해 금전적 보상과 포상제도를 강화하였다.[♣업무에 대한 의욕을 가지고(X)]〈20.2채용〉

④ (○) McGregor의 Y이론〈20.2채용〉

정답 ③

05 경찰조직관리를 위한 동기부여이론을 내용이론과 과정이론으로 나눌 때 내용이론을 주창한 사람이 아닌 자는? 〈22경간〉

① 맥클랜드(McClelland) ② 허즈버그(Herzberg)
③ 아담스(Adams) ④ 매슬로우(Maslow)

해설

경찰관리, 인사관리, 사기관리, 동기부여이론 −
(1) 과정이론 유형
　① Adams의 '공정성이론' 등[♣아담스가 내용이론 주장(X)]〈05승진·22경간〉
　② Vroom의 '기대이론'
　③ Porter & Lawler의 '업적만족모형'
(2) 내용이론 유형: McClelland의 '인간의 욕구이론', Maslow의 '욕구단계설', Schein의 '인간관리론', McGreor의 'X이론·Y이론', Herzberg의 동기위생요인이론(2요인론) 등이 있다.[♣내용이론(O)]〈22경간〉
　　　　　　　　　　　　　　　　　　　　　　　　　　　　　　　　정답 ③

06 동기부여이론 중 내용이론에 해당하는 것으로 가장 적절하지 않은 것은? 〈23.2채용〉
① 매슬로우(Maslow)의 욕구단계이론
② 맥그리거(McGregor)의 X이론·Y이론
③ 포터와 롤러(Porter & Lawler)의 업적만족이론
④ 허즈버그(Herzberg)의 욕구충족요인 이원론(동기위생이론)

해설

경찰관리, 인사관리, 사기관리 −
①②④ (○) **내용이론**: McClelland의 '인간의 욕구이론', Maslow의 '욕구단계설', Schein의 '인간관리론', McGreor의 'X이론·Y이론', Herzberg의 동기위생요인이론(2요인론) 등이 있다.〈22경간·23.2채용〉
③ (×) **과정이론**[♣내용이론(X)]: Adams의 '공정성이론' 등[♣아담스가 내용이론 주장(X)]〈05승진·22경간〉 Vroom의 '기대이론', Porter & Lawler의 '업적만족모형'〈23.2채용〉　　　**정답** ③

07 동기부여이론에 관한 설명과 학자가 가장 적절하게 연결된 것은? 〈22.2채용〉

㉠ 인간은 자신의 욕구를 충족시키기 위해서 노력하며 하위 단계의 욕구가 충족되어야 다음 단계로 발전되는 순차적 특성을 갖는다.

㉡ Y이론적 인간형은 부지런하고, 책임과 자율성 및 창의성을 발휘하기를 좋아하고, 스스로 통제와 발전이 가능하기 때문에 민주적이고 인간적인 동기유발 전략이 필요한 유형이다.

㉢ 인간의 개인적 성격과 성격의 성숙과정을 '미성숙에서 성숙으로' 라고 보고, 관리자는 조직 구성원을 최대의 성숙상태로 실현시켜야 한다고 하였다.

㉣ 위생요인을 제거해주는 것은 불만을 줄여주는 소극적 효과일 뿐이기 때문에, 근무태도 변화에 단기적 영향을 주어 사기는 높여줄 수 있으나 생산성을 높여주지는 못한다. 만족요인이 충족되면 자기실현욕구를 자극하여, 적극적 만족을 유발하고 동기유발에 장기적 영향을 준다.

---

① ㉠ 매슬로우(Maslow)　㉡ 맥그리거(McGregor)　㉢ 아지리스(Argyris)　㉣ 허즈버그(Herzberg)
② ㉠ 매슬로우(Maslow)　㉡ 아지리스(Argyris)　㉢ 맥그리거(McGregor)　㉣ 허즈버그(Herzberg)
③ ㉠ 매슬로우(Maslow)　㉡ 맥그리거(McGregor)　㉢ 허즈버그(Herzberg)　㉣ 아지리스(Argyris)
④ ㉠ 맥그리거(McGregor)　㉡ 아지리스(Argyris)　㉢ 허즈버그(Herzberg)　㉣ 매슬로우(Maslow)

해설

경찰관리, 인사관리, 사기관리, 동기부여이론 -

㉠ Maslow의 욕구 5단계 이론〈02 · 03 · 04 · 08 · 10 · 12 · 13승진 · 14경간 · 02 · 05 · 07 · 15.3 · 17.2 · 22.2채용〉

㉡ McGregor의 X이론 · Y이론, Y이론적 인간형〈22.2채용〉

㉢ 아지리스(C. Argyris)의 성숙 · 미성숙 이론〈22.2채용〉

㉣ Herzberg의 동기위생요인이론(2요인론)〈22.2채용〉　　　**정답** ①

---

08 다음 학자와 그가 주장하는 이론에 대한 설명으로 적절한 것은 모두 몇 개인가? 〈23경간〉

가. 맥클리랜드(McClelland) - 개인마다 욕구의 계층은 차이가 있다고 보았으며 인간의 욕구를 성취 욕구, 자아실현 욕구, 권력 욕구로 구분하였다.

나. 허즈버그(Herzberg) - 주어진 일에 대한 성취감, 주변의 인정, 승진 가능성 등은 동기(만족)요인으로, 열악한 근무환경, 낮은 보수 등은 위생요인으로 구분하였으며 두 요인은 상호 독립되어 있다고 보았다.

다. 맥그리거(McGregor) - 인간의 욕구는 5단계의 계층으로 이루어지며 하위 욕구부터 상위 욕구로 발달한다고 보았다.

라. 앨더퍼(Alderfer) - 인간의 욕구를 계층화하여 생존(Existence) 욕구, 존경(Respect) 욕구, 성장(Growth) 욕구의 3단계로 구분하였다.

---

① 1개　　　　　② 2개　　　　　③ 3개　　　　　④ 4개

해설

경찰관리, 인사관리, 사기관리 —

가. (×) McClelland의 욕구이론 : McClelland는 권력욕구 ⇨ **친교욕구**[♣자아실현욕구(X)] ⇨ **성취욕구의 순**으로 인간의 동기가 발달되어 간다고 보았다.<03·05승진·23경간·02채용>

나. (○) Herzberg의 동기위생요인이론(2요인론)<23경간·22.2채용>

다. (×) Maslow의 욕구 5단계 이론[♣맥그리거(McGregor)(X)] — **욕구의 계층화** : 인간의 5가지 욕구는 서로 연관되어 **우선순위의 계층**을 이루고 있어, 하위욕구부터 상위욕구로 발전한다.<23경간>

라. (×) **앨더퍼(Alderfer)의 ERG 이론** : 매슬로의 **인간 욕구단계설을 확장**한 ERG 이론(Existence, Relatedness & Growth, 존재[매슬로 욕구 1, 2번 통합] — **관계**(매슬로 욕구 2,3,4번 통합)[♣존경(X)] — **성장**(매슬로 욕구 4,5번 욕구 통합)]<23경간> 정답 ①

— 근무성적 평정

01 경찰공무원의 근무성적평정에 대한 내용 중 옳지 않은 것은 모두 몇 개인가? 〈20경간〉

> 가. 총경 이하의 경찰공무원에 대해서는 매년 근무성적을 평정하여야 하며, 근무성적 평정의 결과는 승진 등 인사관리에 반영하여야 한다.
> 나. 근무성적 평정 시 제2 평정(주관)요소들에 대한 평정은 수(20%), 우(40%), 양(30%), 가(10%)의 분포비율에 맞도록 하여야 한다.
> 다. 근무성적평정 결과는 공개한다. 다만, 경찰청장은 근무성적평정이 완료되기 전이라도 필요하면 평정 대상 경찰공무원에게 해당 근무성적 평정 예측결과를 통보할 수 있다.
> 라. 정기평정 이후에 신규채용되거나 승진임용된 경찰공무원에 대해서는 3개월이 지난 후부터 근무성적을 평정하여야 한다.
> 마. 근무성적 평정은 연 1회 실시하며, 근무성적 평정자는 3명으로 한다.

① 2개   ② 3개   ③ 4개   ④ 5개

해설

경찰관리, 인사관리, 근무성적 평정 —

가. (○) 대상(경찰공무원 승진임용 규정 제7조 제1항)<20경간·02·04승진>

나. (○) 강제배분법(경찰공무원 승진임용 규정 제7조 제3항)<20경간>

다. (×) **비공개·통보** : 근무성적 평정 결과는 **공개하지 아니**한다.[♣공개한다.(X)] 다만, 경찰청장은 근무성적 평정이 완료되면 평정 대상 경찰공무원에게 해당 근무성적 **평정 결과를 통보할 수** 있다. (경찰공무원 승진임용 규정 제7조 제5항)<20경간>

라. (×) **평정 예외** : 정기평정 이후에 **신규채용되거나 승진임용된 경찰공무원**에 대해서는 **2개월이 지난 후부터** 근무성적을 평정하여야 한다.[♣3개월 지난 후부터(X)](경찰공무원 승진임용 규정 제8조 제5항)<20경간>

마. (○) 횟수와 평정자(경찰공무원 승진임용 규정 시행규칙 제4조 제1항, 제6조 제1항)<20경간> 정답 ①

02 경찰의 근무성적평정에 관한 설명 중 가장 적절하지 않은 것은? 〈22.2채용〉

① 공무원에 대한 근무성적평정은 현대에 이르러 조직발전의 기초로 작용하는 공무원의 능력개발과 행정제도개선의 수단으로도 활용될 수 있다.

② 전통적 근무성적평정제도는 생산성과 능률성에 중점을 두어 공무원의 직무수행능력을 측정하고 이를 인사행정의 표준화와 직무수행의 통제를 위한 수단으로 활용하였다.

③ 근무성적평정과정에서 평정자에 의한 집중화 엄격화 등의 오류를 방지하기 위해 경찰서 수사과에서 고소·고발 등에 대한 조사업무를 직접 처리하는 경위 계급의 경찰공무원의 제2 평정요소에 따른 근무성적 평정은 수 20%, 우 40%, 양 30%, 가 10%로 분배해야 한다.

④ 총경에 대한 근무성적평정은 매년 하되, 근무실적, 직무수행능력 및 직무수행태도로만 평정한다.

해설

경찰관리, 경찰인사관리, 근무성적 평정제도 −

① (○) 의의〈97승진 · 22.2채용〉

② (○) 의의, 유용성〈22.2채용〉

③ (✕) **우리경찰의 근무성적 평정방법**: 응시연령제한 예외에 해당하는 일정 경찰공무원과 경찰서 수사과에서 **고소·고발 등에 대한 조사업무를 직접 처리하는 경위** 계급의 경찰공무원을 평정할 때에는 평정 비율을 적용하지 아니할 수 있다.[♣분배해야(X)](제7조 제4항)〈22.2채용〉

④ (○) 근무성적평정의 요소와 배정(경찰공무원 승진임용 규정 제7조 제2항 단서)〈22.2채용〉   정답 ③

제4장 경찰예산제도

테마 112 경찰예산관리

01 예산제도에 대한 다음 설명 중 가장 옳지 않은 것은? 〈17경간〉

① 품목별 예산제도는 기능의 중복을 피하기 용이하지만, 행정책임의 소재와 회계책임을 명확히 할 수 없다는 단점이 있다.

② 품목별 예산제도는 통제 지향적이라 볼 수 있으며, 관계공무원에게 필요한 핵심적 기술로 회계기술을 꼽는다.

③ 성과주의 예산제도는 정부의 기능·활동·사업계획을 세부사업으로 분류하고 각 세부사업을 '단위원가×업무량 = 예산액'으로 표시하여 편성하는 예산제도이다.

④ 성과주의 예산제도는 일반국민이 정부사업에 대한 이해가 용이하다는 장점을 갖는다.

해설

경찰관리, 예산관리, 예산제도종류 −

① (X) 품목별예산제도, 단점 : 회계 집행내용과 책임이 명확하며[♣회계책임이 불분명(X)], **기능의 중복이 심하며, 계획과 지출이 불일치**한다.[♣기능중복을 피하기 용이(X)](품목별 예산, 장점과 단점 비교囲) <10·18승진·14·17경간·08채용>

② (○) 품목별 예산제도, 의의<17경간>

③ (○) 성과주의 예산, 의의<04·07·14·17경간·12승진·04채용>

④ (○) 성과주의예산, 장점과 단점 비교囲, 장점<12승진·13·17경간> 　　　　　　 정답 ①

---

02 예산제도에 대한 설명으로 가장 적절한 것은? 〈19경감〉

① 품목별 예산제도는 지출의 대상·성질을 기준으로 세출예산의 금액을 분류하는 통제지향적 제도로 회계책임의 명확화를 통해 계획과 지출의 불일치를 극복할 수 있다는 장점이 있다.

② 성과주의 예산제도는 정부가 구입하는 물품보다 정부가 수행하는 업무에 중점을 두는 관리지향적 예산제도로 기능의 중복을 피하기가 곤란하고 인건비 등 경직성 경비에 적용이 어렵다.

③ 영기준 예산제도는 예산편성 시 전년도 예산을 기준으로 점증적으로 예산을 책정하는 폐단을 탈피하기 위한 예산제도이다.

④ 일몰법은 특정의 행정기관이나 사업이 일정기간 지나면 의무적·자동적으로 폐지되게 하는 예산제도로 행정부가 예산편성을 통해 정하며 중요사업에 대해 적용된다.

해설

경찰관리, 예산관리, 예산제도종류 −

① (X) 품목별 예산, **장점과 단점** : 품목별 예산제도는 지출의 대상·성질을 기준으로 세출예산의 금액을 분류하는 통제지향적 제도로 회계책임이 명확하나, **기능의 중복이 심하며, 계획과 지출이 불일치**한다.[♣계획과 지출이 일치(X)]<10·18·19승진·14·17경간·08채용>

② (X) 성과주의 예산제도, **의의** : 성과주의 예산제도는 정부가 구입하는 물품보다 정부가 수행하는 업무에 중점을 두는 관리지향적 예산제도로 **자원배분의 합리성과 예산집행의 신축성**을 기할 수 있고[♣기능중복을 피하기 곤란(X)]<19승진> 인건비 등 경직성 경비에 적용이 어렵다.<19승진>

③ (○) 영점기준 예산, 목적<14경간·13·19승진·12.1채용>

④ (X) 영점기준 예산, **일몰법 예산** : 입법부가 **중요한(특정) 사업**이 일정기간(3~7년)이 경과하면 **의무적·자동적으로 폐지**되게 하는 법률을 제정하여 시행하는 예산이 일몰법 예산이다.[♣행정부가 (X)]<12·19승진> 　　　　　　 정답 ③

03 예산제도에 관한 설명으로 가장 적절하지 않은 것은? 〈23.2채용〉

① 영기준 예산제도는 전년도 예산을 기준으로 하여 점증적으로 예산액을 결정하는 데서 생기는 폐단을 시정하려고 개발한 것이다.

② 품목별 예산제도는 일반 국민들이 정부사업에 대한 이해를 용이하게 하지만 인건비 등 경직성 경비 적용에 어려움이 있다.

③ 계획예산의 핵심은 프로그램 예산형식을 따르는 것으로서, 기획(Planning), 사업구조화(programming), 예산(budgeting)을 연계시킨 시스템적 예산제도이다.

④ 준예산은 새로운 회계연도가 개시될 때까지 국회에서 예산안이 의결되지 못한 경우 예산안이 의결될 때까지 전년도 예산에 준하여 지출하는 예산이다.

해설

경찰관리, 예산관리 −

− 예산제도 종류 −

① (○) 영기준 예산제도, 목적〈14경간 · 13 · 19승진 · 12.1 · 23.2채용〉

② (X) 성과주의예산제도[♣품목별 예산제도(X)], **장점과 단점 비교**〈13 · 14경간 · 10.2 · 23.2채용 · 01 · 04 · 05 · 10 · 12승진〉

   장점: 국민의 입장에서 경찰의 활동을 이해하기 용이하다.[♣품목별 예산제도(X)]〈12승진 · 13 · 17경간 · 23.2채용〉

   단점: 인건비(봉급)등 경직성 경비의 적용이 어려워 기본경비에 대한 적용이 곤란하다.[♣품목별 예산제도(X)]〈01 · 04 · 05 · 10승진 · 13 · 14경간 · 23.2채용〉

③ (○) 계획예산(PPBS) : 의의〈23.2채용〉

− 예산의 과정 −

④ (○) 준예산 : 의의〈03 · 13 · 14승진 · 12.1 · 23.2채용〉   정답 ②

---

04 「국가재정법」상 예산 편성 및 집행에 관한 설명 중 가장 적절하지 않은 것은? 〈13 · 17경위 · 18.1 · 22.1채용〉

① 각 중앙관서의 장은 제29조의 규정에 따른 예산안편성지침에 따라 그 소관에 속하는 당해 연도의 세입세출예산 · 계속비 · 명시이월비 및 국고채무부담행위 요구서를 작성하여 매년 3월 31일까지 기획재정부장관에게 제출하여야 한다.

② 각 중앙관서의 장은 매년 1월 31일까지 해당 회계연도부터 5회계연도 이상의 기간 동안의 신규사업 및 기획재정부장관이 정하는 주요 계속사업에 대한 중기사업계획서를 기획재정부장관에게 제출하여야 한다.

③ 기획재정부장관은 각 중앙관서의 장에게 예산을 배정한 때에는 감사원에 통지하여야 한다.

④ 정부는 제32조의 규정에 따라 대통령의 승인을 얻은 예산안을 회계연도 개시 120일 전까지 국회에 제출하여야 한다.

경찰관리, 예산관리, 예산의 과정 −

− 예산편성 −

① (✕) **예산요구서 제출**: 각 중앙관서의 장은 예산안편성지침에 따라 그 소관에 속하는 다음 연도의 **세입세출예산 · 계속비 · 명시이월비 및 국고채무부담행위 요구서**("예산요구서")를 작성하여 매년 **5월 31일까지** 기획재정부장관에게 제출하여야 한다.[♣3월 31일까지(✕)](국가재정법 제31조 제1항) <11 · 13 · 17승진 · 11 · 20경간 · 12.2 · 18.1 · 20.2 · 22.1채용>

② (○) 신규 및 중기사업계획서 제출(국가재정법 제28조)<05 · 13 · 17승진 · 11경간 · 12.2 · 18.1 · 22.1채용>

④ (○) 예산안 국회제출(국가재정법 제33조)<20경간 · 05 · 13 · 17승진 · 12.2 · 18.1 · 19.2 · 20.2 · 22.1채용>

− 예산집행 −

③ (○) 예산배정(국가재정법 제43조 제2항)<15.1 · 22.1채용>   정답 ①

---

05 예산안이 국회에 제출되면 예산안 심의를 위한 국회가 개회되고 예산안 종합심사를 위하여 예산결산특별위원회가 활동한다. 다음 중 예산결산특별위원회 종합심사 순서를 나열한 것으로 가장 적절한 것은? 〈18경감〉

① 종합정책질의 → 계수조정소위원회의 계수조정 → 부별 심사 → 예산결산특별위원회 전체회의에서 소위원회의 조정안 승인

② 종합정책질의 → 부별 심사 → 계수조정소위원회의 계수조정 → 예산결산특별위원회 전체회의에서 소위원회의 조정안 승인

③ 종합정책질의 → 부별 심사 → 예산결산특별위원회 전체회의에서 소위원회의 조정안 승인 → 계수조정소위원회의 계수조정

④ 부별 심사 → 종합정책질의 → 계수조정소위원회의 계수조정 → 예산결산특별위원회 전체회의에서 소위원회의 조정안 승인

경찰관리, 예산관리, 예산의 과정 −

− 예산결산특별위원회 종합심사 순서 −

종합정책질의 → 부별 심사 → 계수조정소위원회의 계수조정 → 예산결산특별위원회 전체회의에서 소위원회의 조정안 승인 [☺종부계승]   정답 ②

---

06 경찰예산에 대한 설명으로 가장 옳은 것은? ⟨17경감 · 10.2채용⟩

① 경찰청장은 매년 1월 31일까지 당해 회계연도부터 5회계연도 이상의 기간 동안의 신규사업 및 행정 안전부장관이 정하는 주요 계속사업에 대한 중기사업계획서를 기획재정부장관에게 제출하여야 한다.

② 계획예산(PPBS)제도는 회계책임이 명확해지고, 인사행정에 유용한 정보와 자료를 제공할 수 있다는 장점이 있다.

③ 이미 예산으로 승인된 사업의 계속비는 헌법에서 보장하고 있는 준예산의 지출용도에 포함된다.

④ 예산집행상의 필요에 따라 미리 예산으로써 국회의 의결을 얻은 때에 기획재정부장관의 승인을 얻거 나 기획재정부장관이 위임하는 범위 안에서 장·관·항간에 예산금액을 상호 이용하는 것을 예산의 전용이라 한다.

해설

경찰관리, 예산관리 -

① (✕) 과정, **신규 및 중기사업계획서 제출**: 각 중앙관서의 장은 매년 **1월 31일까지** 당해 회계연도부터 5회계연도 이상의 기간 동안의 신규사업 및 기획재정부장관[♣행정안전부장관(X)]이 정하는 주요 계속사업에 대한 중기사업계획서를 기획재정부장관에게 제출하여야 한다.(국가재정법 제28조)⟨0 5 · 13 · 17승진 · 11경간 · 12.2채용⟩

② (✕) 예산제도종류, **품목별 예산**, **장점과 단점 비교**: 품목별 예산제도는 **회계 집행내용과 책임이 명 확**하며, **인사행정에 유용한 정보 · 자료를 제공**한다.[♣계획예산제도(X)]⟨05 · 13승진 · 10.2채용 · 13 · 14경간⟩

③ (○) 예산의 과정, **준예산, 지출용도**⟨10.2채용⟩

④ (✕) 예산의 과정, 집행, **예산의 이용**: **입법과목(장 · 관 · 항)간**의 상호융통을 의미, 예산의 이용은 미 리 **국회의 의결(승인)과 기획재정부장관의 승인이나 위임**을 요한다.[♣전용이라 한다.(X)](예산집행, 예산의 탄력적 집행제도표, 예산의 이용)⟨10.2채용⟩　　　　　　　　　　　　　 정답 ③

07 다음 중 예산과 관련된 설명으로 틀린 것은 모두 몇 개인가? ⟨17경감 · 12경간⟩

> ㉠ 회계책임을 명확히 하고 인사행정에 유용한 자료를 제공할 수 있는 예산제도는 성과주의 예산제 도이다.
> ㉡ "단위 원가"의 계산이 중요한 예산제도는 품목별 예산제도이다.
> ㉢ 성과주의 예산제도는 정부가 구입하는 물품보다 정부가 수행하는 업무에 중점을 두는 관리지향 적 예산제도이다.
> ㉣ 기획재정부장관은 예산요구서에 따라 예산안을 편성하여 국무회의의 심의를 거친 후 대통령의 승인을 얻어야 한다.
> ㉤ 예산이 성립되면 경찰청장은 사업운영계획 및 이에 의한 세입세출예산, 계속비, 국고채무부담행 위, 명시이월비를 포함한 예산배정요구서를 기획재정부장관에게 제출하여야 한다.
> ㉥ 관서운영경비의 집행에 따른 증빙서류, 현금출납부, 물품관리부는 회계연도 종료 후 3년간 보존 해야 한다.

① 3개　　　　　　　② 4개　　　　　　　③ 5개　　　　　　　④ 6개

해설

경찰관리, 예산관리 −

㉠ (X) 예산제도 종류, 품목별 예산, **장점과 단점 비교**: 품목별 예산제도는 **회계 집행내용과 책임이 명확**하며, **인사행정에 유용한 정보·자료를 제공**한다.[♣성과주의 예산제도(X)]<05·13승진·10.2채용·12·13·14경간>

㉡ (X) 예산제도 종류, 성과주의 예산, **의의**: **단위원가 계산이 중요한 대표적인 예산제도**는 성과주의 예산제도라고 할 수 있다.[♣품목별 예산제도(X)]<12경간>

㉢ (○) 성과주의 예산제도, 의의<01·04·13승진·12·13경간>

㉣ (○) 예산의 과정, 정부안의 확정 및 국회제출(국가재정법 제32조)<13·17승진>

㉤ (X) 예산의 과정, 집행, **배정**: 각 중앙관서의 장(경찰청장)은 예산이 확정된 후 **사업운영계획 및 이에 따른 세입세출예산·계속비와 국고채무부담행위를 포함**한 예산배정요구서를 기획재정부 장관에게 제출하여야 한다.[♣명시이월비를 포함한 예산배정요구서(X)](국가재정법 제42조)<12경간·15채용>

㉥ (X) 예산의 과정, 집행, 관서운영경비, **서류 등의 보관**: 관서운영경비의 집행에 관한 증빙서류, 현금출납부 등은 회계연도 종료 후 **5년간 보존하여야** 한다.[♣3년간 보존(X)](예산의 집행, 관서운영경비, 의의)<12경간>

정답 ②

---

08 「국가재정법」상 예산안의 편성 절차를 순서대로 나열한 것으로 가장 적절한 것은? <20·23승진>

> ㉠ 기획재정부장관은 국무회의의 심의를 거쳐 대통령의 승인을 얻은 다음 연도의 예산안편성지침을 각 중앙관서의 장에게 통보하여야 한다.
> ㉡ 기획재정부장관은 예산요구서에 따라 예산안을 편성하여 국무회의의 심의를 거친 후 대통령의 승인을 얻어야 한다.
> ㉢ 각 중앙관서의 장은 예산편성지침에 따라 그 소관에 속하는 다음 연도의 세입세출예산, 계속비, 명시이월비 및 국고채무 부담행위 요구서를 작성하여 기획재정부장관에게 제출하여야 한다.
> ㉣ 기획재정부장관은 각 중앙관서의 장에게 통보한 예산안 편성지침을 국회 예산결산특별위원회에 보고하여야 한다.

① ㉠ → ㉡ → ㉢ → ㉣
② ㉠ → ㉣ → ㉢ → ㉡
③ ㉣ → ㉠ → ㉢ → ㉡
④ ㉣ → ㉢ → ㉠ → ㉡

해설

경찰관리, 예산관리 −

㉠ → ㉣ → ㉢ → ㉡

1. 신규 및 중기사업계획서 제출(경찰청 ⇨ 기획재정부)
2. 예산안편성지침의 통보(기획재정부 ⇨ 경찰청)
   ※ 기획재정부장관은 제29조제1항의 규정에 따라 각 중앙관서의 장에게 통보한 예산안편성지침을 **국회 예산결산특별위원회에 보고하여야** 한다.(국가재정법 제30조)<23승진>
3. 예산요구서 제출(경찰청 ⇨ 기획재정부)
4. 정부안의 확정 및 국회제출 (행정부 ⇨ 국회)

정답 ②

09 경찰예산에 대한 설명으로 가장 적절한 것은? 〈19경감〉

① 정부 예산안이 국회를 통과하여 확정된 후에 새롭게 발생한 사유로 인하여 이미 성립한 예산에 변경을 가할 필요가 있을 때 편성하는 예산은 수정예산이다.

② 준예산은 회계연도 개시 전까지 예산의 불성립시 전년도 예산에 준하여 지출하는 제도로 예산 확정 전에는 경찰공무원의 보수와 경찰관서의 유지·운영 등 기본경비에는 사용할 수 없다.

③ 관서운영경비는 관서운영경비출납공무원이 아니면 지급할 수 없으며 관서운영경비출납공무원은 관서운영경비를 금융회사등에 예치하여 관리하여야 한다.

④ 예산의 집행은 예산의 배정으로부터 시작되며 예산이 확정되면 해당 예산이 배정되지 않은 상태에서도 지출원인행위를 할 수 있다.

해설

경찰관리, 예산관리, 예산의 과정 –

① (×) 심의·의결, **추가경정예산**: 예산이 국회에서 심의·의결로 **확정된 후에 생긴 사유**로 인하여 필요한 경비의 부족 등, 이미 성립한 예산에 변경을 가할 필요가 있을 때 편성하는 예산이다.[♣수정예산]〈19승진·02채용〉

② (×) 심의·의결, 준예산, **지출용도(예산 확정전 지출)**: ㉠ 헌법이나 법률에 의하여 설치된 **기관 또는 시설의 유지·운영비**[♣예산확정전 사용불가(×)]〈19승진〉, ㉡ **법률상 지출의무**의 이행 ㉯공무원의 **보수, 사무 처리에 관한 기본경비**[♣공무원보수 지출불가(×)], ㉢ **이미 예산으로 승인된 사업의 계속비** 등(예산심의·의결, 예산편성 절차(성립과정)에 따른 예산의 분류표, 준예산, 지출용도)〈10.2채용〉

③ (○) 예산집행, 관서운영경비, 취급(국고금관리법 제24조 제3항, 제4항)〈19승진〉

④ (×) 예산집행, 지출, **지출원인행위**: 지출원인행위는 배정된 예산의 범위 내에서 하도록 되어 있어서 **예산이 확정되었더라도 해당 예산이 배정되지 않으면 지출원인행위를 할 수가 없다.**[♣확정되면(×), ♣할 수 있다.(×)]〈02·19승진·07채용〉　　　정답 ③

---

10 경찰예산에 관한 설명으로 가장 적절하지 않은 것은? 〈19.2채용〉

① 정부 예산안이 국회를 통과하여 확정된 후에 새롭게 발생한 사유로 인하여 이미 성립한 예산에 변경을 가할 필요가 있을 때 편성하는 예산은 추가경정예산이다.

② 예산의 집행은 예산의 배정으로부터 시작되므로 예산이 확정되더라도 해당 예산이 배정되지 않은 상태에서는 지출원인행위를 할 수 없다.

③ 품목별 예산제도는 세출예산의 대상·성질에 따라 편성한 예산으로 집행에 대한 회계책임을 명백히 하고 경비사용의 적정화에 유리한 장점이 있다.

④ 기획재정부장관은 예산안을 편성하여 국무회의 심의를 거쳐 대통령의 승인을 얻어야 하며, 정부는 이 예산안을 회계연도 개시 90일 전까지 국회에 제출하여야 한다.

해설

경찰관리, 예산관리 -

- 예산의 과정 -
① (○) 예산심의 · 의결, 추가경정예산<19승진 · 02 · 19.2채용>
② (○) 예산집행, 배정, 지출원인행위<19승진 · 19.2채용>
④ (×) 예산의 편성, **국회제출**: 정부는 대통령의 승인을 얻은 예산안을 **회계연도 개시 120일 전까지[♣** 90일 전까지(X)] 국회에 제출하여야 한다.(행정부제출예산제도)(국가재정법 제33조)<05 · 13 · 17승진 · 12.2 · 18.1 · 19.2채용>

- 예산제도 종류 -
③ (○) 품목별 예산, 장점<13 · 14 · 17경간 · 10 · 18승진 · 10.2 · 19.2채용>

정답 ④

---

11 「국가재정법」상 예산의 집행에 대한 설명 중 가장 적절한 것은? 〈20경위〉

① 각 중앙관서의 장은 예산이 확정되기 전에 사업운영계획 및 이에 따른 세입세출예산 · 계속비와 국고 채무부담행위를 포함한 예산배정요구서를 기획재정부장관에게 제출하여야 한다.
② 기획재정부장관은 예산배정요구서에 따라 분기별 예산배정계획을 작성하여 국무회의의 심의를 거친 후 대통령의 승인을 얻어야 한다.
③ 예산이 확정되면 해당 예산이 배정되지 않은 상태라도 지출원인행위를 할 수 있다.
④ 경찰청장은 예산이 정한 각 기관 간 또는 각 장 · 관 · 항 간에 상호 이용(移用)할 수 있는 것이 원칙 이다.

해설

경찰관리, 예산관리, 과정, 집행 -

① (×) 배정, **예산배정요구서 제출**: 각 중앙관서의 장(경찰청장)은 **예산이 확정된 후[♣**예산이 확정되기 전에(X)] **사업운영계획 및 이에 따른 세입세출예산 · 계속비와 국고채무부담행위를 포함**한 예산배 정요구서를 기획재정부 장관에게 제출하여야 한다.(국가재정법 제42조)<20승진 · 12경간 · 15채용>
② (○) 배정, 절차(국가재정법 제43조 제1항<20승진>
③ (×) 지출, **지출원인행위**: 지출원인행위는 배정된 예산의 범위 내에서 하도록 되어 있어서 **예산이 확정되었더라도 해당 예산이 배정되지 않으면 지출원인행위를 할 수가 없다.[♣**배정되지 않은 상태 라도 지출원인행위를 할 수 있다.(X)<02 · 19 · 20승진 · 07채용>
④ (×) 지출, 이용의 금지: 중앙관서의 장(경찰청장)은 예산이 정한 **각 기관 간 또는 각 장 · 관 · 항 간** 에 상호 **이용(移用)할 수 없다.[♣**상호 이용할 수 있는 것이 원칙이다.(X)](국가재정법 제47조 제1항) <20승진>

정답 ②

12 다음은 경찰예산의 과정을 순서 없이 나열한 것이다. 과정의 순서를 가장 바르게 나열한 것은? 〈20.2채용〉

> ⊙ 경찰청장은 다음 연도의 세입세출예산·계속비·명시이월비 및 국고채무부담행위 요구서를 작성하여 기획재정부장관에게 제출한다.
> ⓛ 기획재정부장관은 대통령의 승인을 받은 국가결산보고서를 감사원에 제출하여야 한다.
> ⓒ 정부는 국가결산보고서를 국회에 제출하여야 한다.
> ⓔ 경찰청장은 예산배정요구서를 기획재정부장관에게 제출하여야 한다.
> ⓜ 기획재정부장관은 국무회의 심의를 거쳐 대통령의 승인을 얻은 다음 연도의 예산편성지침을 경찰청장에게 통보한다.
> ⓗ 정부는 대통령의 승인을 얻은 예산안을 국회에 제출하고 국회는 심의와 의결을 거쳐 예산안을 확정한다.

① ⓜ-⊙-ⓔ-ⓗ-ⓒ-ⓛ ② ⊙-ⓜ-ⓗ-ⓔ-ⓒ-ⓛ
③ ⓜ-⊙-ⓗ-ⓔ-ⓛ-ⓒ ④ ⓔ-ⓜ-⊙-ⓗ-ⓛ-ⓒ

해설

경찰관리, 예산관리, 과정 −

(예산편성ⓜ⊙ → 예산심의의결ⓗ → 예산 집행ⓔ → 결산ⓛⓒ)

⊙ **예산요구서 제출**: 각 중앙관서의 장은 예산안편성지침에 따라 그 소관에 속하는 다음 연도의 **세입세출예산·계속비·명시이월비 및 국고채무부담행위 요구서**("예산요구서")를 작성하여 매년 **5월 31일까지** 기획재정부장관에게 제출하여야 한다.[♣행안부장관에게(X), ♣6월 30일까지(X)](법 제31조 제1항)〈11·13·17승진·11경간·12.2·18.1·20.2채용〉

ⓛ **국가결산보고서의 작성 및 제출**: 기획재정부장관은 「국가회계법」에서 정하는 바에 따라 회계연도마다 작성하여 **대통령의 승인을 받은 국가결산보고서를 다음 연도 4월 10일까지 감사원에 제출하여야** 한다.(국가재정법 제59조)〈20.2채용〉

ⓒ **국가결산보고서의 국회제출**: **정부는** 감사원의 검사를 거친 **국가결산보고서를 다음 연도 5월 31일까지 국회에 제출하여야** 한다.(국가재정법 제61조)〈20.2채용〉

ⓔ **예산배정요구서 제출**: 각 중앙관서의 장(경찰청장)은 예산이 확정된 후 **사업운영계획 및 이에 따른 세입세출예산·계속비와 국고채무부담행위를 포함**한 예산배정요구서를 기획재정부 장관에게 제출하여야 한다.[♣명시이월비를 포함한 예산배정요구서(X)](국가재정법 제42조)〈12경간·15·20.2채용〉

ⓜ **예산안편성지침의 통보(기획재정부 ⇨ 경찰청)**: **기획재정부장관은 국무회의[♣국회(X)]**의 심의를 거쳐 **대통령의 승인**을 얻은 다음 연도의 **예산안편성지침**을 매년 **3월 31일까지** 각 중앙관서의 장에게 통보하여야 한다.(법 제29조)〈07·13·17승진·12경간·12.2·18.1·20.2채용〉

ⓗ **정부안 국회제출 및 국회본회의 의결**: 정부는 대통령의 승인을 얻은 예산안을 **회계연도 개시 120일 전까지**[♣90일 전까지(X)] 국회에 제출하고(행정부제출예산제도)(국가재정법 제33조)〈05·13·17승진·12.2·18.1·19.2·20.2채용〉, **회계연도 개시 30일 전까지** 예산을 확정(심의·의결)한다.(헌법 제54조 제2항)〈11경간·20.2채용〉

정답 ③

13 「국가재정법」상 경찰예산에 대한 설명으로 가장 적절하지 않은 것은? 〈20·22경간〉

① 경찰청장은 매년 1월 31일까지 당해 회계연도부터 5회계연도 이상의 기간 동안의 신규사업 및 기획 재정부장관이 정하는 주요 계속사업에 대한 중기사업계획서를 기획재정부장관에게 제출하여야 한다.

② 경찰청장은 예산이 확정된 후 사업운영계획 및 이에 따른 세입세출예산·계속비와 국고채무 부담행 위를 포함한 예산배정요구서를 기획재정부장관에게 제출하여야 한다.

③ 경찰청장은 세출예산이 정한 목적 외에 경비를 사용할 수 없다.

④ 경찰청장은 「국가재정법」 제29조의 규정에 따른 예산안편성지침에 따라 그 소관에 속하는 다음 연도 의 세입세출예산·계속비·명시이월비 및 국고채무부담행위 요구서를 작성하여 매년 6월 30일까지 우선 행정안전부장관에게 제출하여야 한다.

해설

경찰관리, 예산관리, 예산의 과정 −

① (○) 예산편성 : 신규 및 중기사업계획서 제출(국가재정법 제28조)〈05·13·17승진·11·22경간·12.2· 18.1·22.1채용〉

② (○) 예산집행, 배정 : 예산배정요구서 제출(국가재정법 제42조)〈12·20·22경간·15·20.2채용〉

③ (○) 예산집행, 지출 : 목적 외 사용금지(국가재정법 제45조)〈22경간·15.1채용〉

④ (✕) 예산편성, **예산요구서 제출(경찰청 ⇨ 기획재정부)** : 각 중앙관서의 장(경찰청장)은 예산안편성 지침에 따라 그 소관에 속하는 다음 연도의 **세입세출예산·계속비·명시이월비 및 국고채무부 담행위 요구서("예산요구서")**를 작성하여 매년 **5월 31일까지** 기획재정부장관에게 제출하여야 한다.[♣행안부장관에게(✕), ♣6월 31일까지(✕)](국가재정법 제31조 제1항)〈11·13·17승진·11·20·22경 간·12.2·18.1·20.2·22.1채용〉

정답 ④

---

14 「국가재정법」상 예산안의 편성과 집행에 관한 설명으로 가장 적절하지 않은 것은? 〈23.1채용〉

① 각 중앙관서의 장은 예산안편성지침에 따라 그 소관에 속하는 다음 연도의 세입세출예산 계속비· 명시이월비 및 국고채무부담행위 요구서를 작성하여 매년 5월 31일까지 기획재정부장관에게 제출하 여야 한다.

② 기획재정부장관은 예산요구서에 따라 예산안을 편성하여 국회 심의를 거친 후 대통령의 승인을 얻어 야 한다.

③ 각 중앙관서의 장은 예산이 확정된 후 사업운영계획 및 이에 따른 세입세출예산·계속비와 국고채무 부담행위를 포함한 예산배정 요구서를 기획재정부장관에게 제출하여야 한다

④ 기획재정부장관은 각 중앙관서의 장에게 예산을 배정한 때에는 감사원에 통지하여야 한다.

경찰관리, 경찰예산관리, 예산의 과정 −

− 예산편성 −

① (○) 예산요구서 제출(국가재정법 제31조 제1항)<11·13·17·23승진·11·20·22경간·12.2·18.1·20.2·22.1·23.1채용>

② (X) 정부안의 확정 및 국회제출 : 기획재정부장관은 "예산요구서"에 따라 예산안을 편성하여 **국무회의 심의를**[♣국회 심의(X)] 거친 후 **대통령의 승인**을 얻어야 한다.(국가재정법 제32조)<20경간·13·17·23승진·23.1채용>

− 예산의 집행 −

③ (○) 예산배정요구서 제출(국가재정법 제42조)<12·20·22경간·15·20.2채용>

④ (○) 예산배정(국가재정법 제43조 제2항)<15.1·22.1·23.1채용>　　　　정답 ②

PART 04

15 「국가재정법」에 대한 설명으로 적절한 것은 모두 몇 개인가? 〈23경간〉

> 가. 기획재정부장관은 국무회의의 심의를 거쳐 대통령의 승인을 얻은 다음 연도의 예산안편성지침을 매년 1월 31일까지 각 중앙관서의 장에게 통보하여야 한다.
> 나. 각 중앙관서의 장은 예산의 목적범위 안에서 재원의 효율적 활용을 위하여 대통령령으로 정하는 바에 따라 국무회의의 심의를 거친 후 대통령의 승인을 얻어 각 세항 또는 목의 금액을 전용할 수 있다.
> 다. 각 중앙관서의 장은 「국가회계법」에서 정하는 바에 따라 회계연도마다 작성한 결산보고서를 다음 연도 2월 말일까지 기획재정부장관에게 제출하여야 한다.
> 라. 기획재정부장관은 「국가회계법」에서 정하는 바에 따라 회계연도마다 작성하여 대통령의 승인을 받은 국가결산보고서를 다음 연도 5월 20일까지 감사원에 제출하여야 한다.

① 1개　　　　② 2개　　　　③ 3개　　　　④ 4개

경찰관리, 예산관리, 예산의 과정 −

가. (X) 예산편성, **예산안편성지침의 통보(기획재정부 ⇨ 경찰청)** : 기획재정부장관은 국무회의의 심의를 거쳐 **대통령의 승인**을 얻은 다음 연도의 **예산안편성지침**을 매년 **3월 31일까지**[♣1월 31일까지(X)] 각 중앙관서의 장에게 통보하여야 한다.(국가재정법 제29조)<07·13·17·23승진·12·23경간·12.2·18.1·20.2채용>

나. (X) 예산집행, 지출, **예산의 전용** : 각 **중앙관서의 장(경찰청장)**은 예산의 목적범위 안에서 재원의 효율적 활용을 위하여 대통령령으로 정하는바에 따라 **기획재정부장관의 승인**을[♣국무회의 심의·대통령 승인(X)] 얻어 각 **세항 또는 목의 금액을 전용**할 수 있다.(국가재정법 제46조 제1항)<23경간>

다. (○) 예산결산, 중앙관서결산보고서의 작성 및 제출(국가재정법 제58조 제1항)<20·23경간>

라. (X) 예산집행, 예산결산, **결산검사** : 감사원은 제출된 **국가결산보고서**를 검사하고 그 보고서를 **다음 연도 5월 20일까지 기획재정부장관에게 송부하여야** 한다.[♣대통령 승인(X)](국가재정법 제60조)<23경간>　　　정답 ①

16 「국가재정법」상 경찰예산에 관한 설명으로 가장 적절하지 않은 것은? 〈24.1채용〉

① 경찰청장은 매년 1월 31일까지 해당 회계연도부터 5회계연도 이상의 기간 동안의 신규사업 및 경찰청장이 정하는 주요계속사업에 대한 중기사업계획서를 기획재정부장관에게 제출하여야 한다.

② 기획재정부장관은 국무회의의 심의를 거쳐 대통령의 승인을 얻은 다음 연도의 예산편성지침을 매년 3월 31일 경찰청장에게 통보하여야 한다.

③ 감사원은 제출된 국가결산보고서를 검사하고 그 보고서를 다음 연도 5월 20일까지 기획재정부장관에게 송부하여야 한다.

④ 경찰청장은 예산이 확정된 후 예산배정요구서를 기획재정부장관에게 제출하여야 하고, 기획재정부장관은 제출된 예산배정요구서에 따라 분기별 예산배정계획을 작성하여 국무회의의 심의를 거친 후 대통령의 승인을 얻어야 한다.

> **해설**

경찰관리, 예산관리, 예산의 과정 ―

① (X) 예산편성, **신규 및 중기사업계획서 제출(경찰청 ⇨ 기획재정부)** : 각 중앙관서의 장(경찰청장)은 매년 **1월 31일까지** 해당[♣다음(X)] 회계연도부터 **5회계연도 이상**의 기간 동안의 **신규사업** 및 **기획재정부장관[♣경찰청장(X)]**이 정하는 **주요 계속사업**에 대한 **중기사업계획서**를 기획재정부장관에게 제출하여야 한다.[♣매년 2월 말까지(X)](국가재정법 제28조)〈05 · 13 · 17승진 · 11 · 22경간 · 12.2 · 18.1 · 22.1 · 24.1채용〉

② (○) 예산편성, **예산안편성지침의 통보(기획재정부 ⇨ 경찰청)**(국가재정법 제29조)〈07 · 13 · 17 · 23승진 · 12 · 23경간 · 12.2 · 18.1 · 20.2 · 24.1채용〉

③ (○) 예산결산, **결산검사**(국가재정법 제60조)〈23경간 · 24.1채용〉

④ (○) 예산집행, 배정, **예산배정요구서 제출**(국가재정법 제42조)〈12 · 20 · 22경간 · 15 · 20.2 · 24.1채용〉

> 정답 ①

제5장 기타관리

테마 113 물품관리 **1**

---

01 「물품관리법」상 물품관리기관에 대한 설명으로 가장 적절한 것은? 〈17경감〉

① 조달청장은 물품관리의 제도와 정책에 관한 사항을 관장한다.

② 기획재정부장관은 각 중앙관서의 장이 수행하는 물품관리에 관한 업무를 총괄 · 조정한다.

③ 각 중앙관서의 장으로부터 물품관리에 관한 사무의 위임을 받은 공무원을 물품출납공무원이라 한다.

④ 물품관리관으로부터 물품의 사용에 관한 사무를 위임받은 공무원을 물품운용관이라 한다.

해설

경찰관리, 기타관리, 물품관리, 물품관리기관 –

① (×) **총괄기관** ; 기획재정부장관은[♣조달청장은(X)] 물품관리에 관한 **제도와 정책을 관장**한다.(물품관리법 제7조 제1항)<17승진>

② (×) **총괄기관** ; 조달청장은[♣기재부 장관은(X)] 중앙관서장이 행하는 **물품관리**에 관한 업무를 **총괄·조정**한다.(물품관리법 제7조 제2항)<13·17승진>

③ (×) **물품관리관** ; 각 중앙관서의 장으로부터 물품관리에 관한 사무의 위임을 받은 공무원(임의적 설치기관)을 물품관리관이라 한다.[♣물품출납공무원(X)](물품관리법 제9조)<13·17승진>

④ (○) 물품운용관(물품관리법 제11조 제2항)<13·17승진·18.1채용> **예** 경찰서 각과의 주무담당(계장) 정답 ④

---

02 「물품관리법」상 물품관리에 대한 내용으로 가장 적절한 것은? <18.1채용>

① 기획재정부장관은 각 중앙관서의 장이 수행하는 물품관리에 관한 업무를 총괄·조정한다.

② 각 중앙관서의 장은 물품관리관의 사무의 일부를 분장하는 분임물품관리관을 대통령령으로 정하는 바에 따라 두어야 한다.

③ 분임물품관리관이란 물품출납공무원의 사무의 일부를 분장하는 공무원을 말한다.

④ 물품관리관으로부터 대통령령으로 정하는 바에 따라 물품의 사용에 관한 사무를 위임받은 공무원을 물품운용관이라 한다.

해설

경찰관리, 기타관리, 물품관리, 물품관리기관표 –

① (×) **총괄기관** ; 조달청장은[♣기재부 장관은(X)] 중앙관서장이 행하는 물품관리에 관한 업무를 **총괄·조정**한다.(물품관리법 제7조 제2항)<13·17승진·18채용>

② (×) **물품관리관 ; 각 중앙관서의 장**은 **물품관리관의 사무의 일부를 분장하는 분임물품관리관을**[♣분임물품출납공무원을(X)], 물품관리관은 물품출납공무원의 사무의 일부를 분장하는 공무원(분임물품출납공무원)을 대통령령으로 정하는 바에 따라 각각 **둘 수 있다.**[♣두어야 한다.(X)](물품관리법 제12조)<18.1채용>

③ (×) 물품출납공무원, **분임물품출납공무원**[♣분임물품관리관(X)] ➡ 물품출납공무원의 사무의 일부를 분장하는 공무원(임의적 설치기관)<18.1채용> / 분임물품관리관 ➡ 각 중앙관서의 장이 임명하는 **임의적 설치기관**으로 **물품관리관의 사무의 일부를 분장**하는 공무원(**예** 경찰서 경무과장)<18.1채용>

④ (○) 물품운용관(물품관리법 제11조 제2항)<13·17승진·18.1채용> 정답 ④

테마 114 장비관리 2

01 「경찰장비관리규칙」상 무기 및 탄약관리에 대한 설명으로 가장 적절하지 않은 것은? 〈17.2채용〉

① '집중무기고'란 경찰인력 및 경찰기관별 무기책정기준에 따라 배정된 개인화기와 공용화기를 집중보관·관리하기 위하여 각 경찰기관에 설치된 시설을 말한다.

② 탄약고는 무기고와 분리되어야 하며 가능한 본 청사와 격리된 독립 건물로 하여야 한다.

③ 경찰서에 설치된 집중무기고의 열쇠는 일과시간은 경무과장, 일과 후는 상황관리관이 보관·관리한다. 다만, 휴가·비번 등으로 관리책임자 공백 시는 별도 관리책임자를 지정하여야 한다.

④ 경찰기관의 장이 무기를 휴대한 자 중에서 대여한 무기·탄약을 즉시 회수하여야 하는 대상은 '경찰공무원 직무적성검사 결과 고위험군에 해당되는 자', '형사사건의 조사의 대상이 된 자', '사의를 표명한 자', '그 밖에 경찰기관의 장이 무기 소지 적격 여부에 대해 심의를 요청하는 자'이다.

해설

경찰관리, 기타관리, 장비관리, 무기 및 탄약관리 −

① (○) 용어정리표, **집중무기고**(경찰장비관리규칙 제112조 제2호)〈17승진·13.2·17.2채용〉

② (○) 용어정리표, **탄약고**(경찰장비관리규칙 제115조 제3항)〈17승진·13.2·17.2채용〉

③ (○) **무기고의 열쇠관리 책임**(경찰장비관리규칙 제117조 제2항)〈17.2채용〉

④ (×) **즉시 회수하여야 하는 경우(의무)** : ⓐ 직무상 비위 등으로 인하여 **중징계** 의결 요구된 자 / ⓑ **사의를 표명**한 자[♣직무적성검사 결과 고위험군에 해당되는 자(X), ♣형사사건의 조사의 대상이 된 자(X), ♣그 밖에 경찰기관의 장이 무기 소지 적격 여부에 대해 심의를 요청하는 자(X)](제1항)〈15승진·23경간·17.1채용〉 **정답 ④**

02 「경찰장비관리규칙」상 무기고 및 탄약고 설치에 관한 설명 중 가장 적절하지 않은 것은? 〈22.1채용〉

① 무기·탄약고 비상벨은 상황실과 숙직실 등 초동조치 가능 장소와 연결하고, 외곽에는 철조망장치와 조명등 및 순찰함을 설치하여야 한다.

② 탄약고 내에는 전기시설을 하는 것이 원칙이나, 조명은 건전지등으로 하고 방화시설을 완비하여야 한다.

③ 무기고와 탄약고의 환기통 등에는 손이 들어가지 않도록 쇠창살 시설을 하고, 출입문은 2중으로 하여 각 1개소 이상씩 자물쇠를 설치하여야 한다.

④ 탄약고는 무기고와 분리되어야 하며 가능한 본 청사와 격리된 독립 건물로 하여야 한다.

해설

경찰관리, 기타관리, 장비관리, 무기 및 탄약관리, 무기고 설치 −

① (○) 비상벨, 철조망, 조명등, 순찰함 설치의무(경찰장비관리규칙 제115조 제5항)〈16·17승진·22.1채용〉

② (×) **조명, 방화시설** : 탄약고 내에는 **전기시설을 하여서는 아니 되며**[♣전기시설 설치가 원칙(X)], **조명은 건전지 등**으로 하고 방화시설을 완비하여야 한다. 단, 방폭설비를 갖춘 경우 전기시설을 설치할 수 있다.(경찰장비관리규칙 제115조 제7항)〈22.1채용〉

③ (○) 자물쇠 설치등(경찰장비관리규칙 제115조 제4항)〈13.2·22.1채용〉

④ (○) 탄약고, 무기고 건물 설계 및 배치(경찰장비관리규칙 제115조 제3항)〈16·17승진·22.1채용〉 **정답 ②**

03 「경찰장비관리규칙」상 경찰기관의 장이 무기를 휴대한 자 중에서 대여한 무기·탄약을 회수할 수 있는 사유로 가장 적절하지 않은 것은? 〈15·17경감〉

① 직무상의 비위 등으로 인하여 감찰조사의 대상이 되거나 경징계의결 요구 또는 경징계 처분 중인 자
② 형사사건의 수사 대상이 된 자
③ 술자리 또는 연회장소에 출입한 자
④ 정서적 불안 상태로 인하여 무기 소지가 적합하지 않은 자로서 소속 부서장의 요청이 있는 자

해설

경찰관리, 기타관리, 장비관리, 무기 및 탄약관리, 회수 및 보관 −
①②④ 회수할 수 있는 대상 − 경찰장비관리규칙 제120조 제2항〈18·23경간·17승진·13.2·17.1·2·23.2채용〉
③ 무기고에 보관해야 하는 경우 − 경찰장비관리규칙 제120조 제3항〈18·23경간·17승진·13.2·17.1·2·23.2채용〉

정답 ③

---

04 「경찰장비관리규칙」상 무기·탄약의 회수 및 보관에 대한 설명 중 가장 적절한 것은? 〈20경위〉

① 경찰기관의 장은 무기를 휴대한 자 중에서 사의를 표명한 자에게 대여한 무기·탄약을 즉시 회수하여야 한다.
② 경찰기관의 장은 무기를 휴대한 자 중에서 경찰공무원 직무적성검사 결과 고위험군에 해당되는 자에게 대여한 무기·탄약을 즉시 회수하여야 한다.
③ 경찰기관의 장은 무기를 휴대한 자 중에서 형사사건의 수사의 대상이 된 자에게 대여한 무기·탄약을 무기 소지 적격 심의위원회의 심의를 거쳐 회수할 수 있다.
④ 경찰기관의 장은 무기를 휴대한 자 중에서 정신건강상 문제가 우려되어 치료가 필요한 자에게 대여한 무기·탄약을 즉시 회수하여야 한다.

해설

경찰관리, 기타관리, 장비관리, 무기 및 탄약관리, 회수 및 보관 −
① (○) **필요적 회수**(경찰장비관리규칙 제120조 제1항)〈18경간·17·20승진·13.2·17.1·2채용〉
② (×) **임의적 회수**: 경찰기관의 장은 무기를 휴대한 자 중에서 경찰공무원 직무적성검사 결과 **고위험군에 해당되는 자**에게 대여한 무기·탄약을 **즉시 회수할 수** 있다.[♣회수하여야(X)](경찰장비관리규칙 제120조 제2항)〈20승진〉
③ (○) **임의적 회수**: **형사사건의 수사의 대상**이 된 자(경찰장비관리규칙 제120조 제2항)〈18경간·17·20승진·13.2·17.1·2채용〉
④ (×) **임의적 회수**: 경찰기관의 장은 무기를 휴대한 자 중에서 **정신건강상 문제**가 우려되어 **치료가 필요**한 자에 해당하는 자가 있을 때에는 **무기 소지 적격 심의위원회의 심의를 거쳐** 대여한 무기·탄약을 **회수할 수** 있다.[♣회수하여야(X), ♣심의회의 심의 없이(X)](경찰장비관리규칙 제120조 제2항)〈18경간·17·20승진·13.2·17.1·2채용〉

정답 ①③(법개정으로 복수정답)

05 「경찰장비관리규칙」상 무기관리에 대한 설명으로 가장 적절하지 않은 것은? 〈16경위 · 17경감〉

① 무기고와 탄약고는 견고하게 만들고 환기 · 방습장치와 방화시설 및 총가시설 등이 완비되어야 한다.

② 무기 · 탄약고 비상벨은 상황실과 숙직실 등 초동조치 가능 장소와 연결하고, 외곽에는 철조망장치와 조명등 및 순찰함을 설치할 수 있다.

③ 탄약고는 무기고와 분리되어야 하며, 가능한 본 청사와 격리된 독립 건물로 하여야 한다.

④ 간이무기고는 근무자가 24시간 상주하는 지구대, 파출소, 상황실 및 112타격대 등 경찰기관의 장이 필요하다고 인정하는 상당한 이유가 있는 장소에 설치할 수 있다.

> **해설**

경찰관리, 기타관리, 장비관리, 무기 및 탄약관리, 무기고 및 탄약고 설치 –

① (○) 방습, 방화, 총가시설 설치의무(경찰장비관리규칙 제115조 제2항)〈16승진〉

② (×) 비상벨, 철조망, 조명등, 순찰함 설치의무 : **무기 · 탄약고 비상벨은 상황실과 숙직실 등 초동조치 가능 장소와 연결**하고, 외곽에는 **철조망장치와 조명등 및 순찰함을 설치하여야** 한다.[♣할 수 있다.(X)](경찰장비관리규칙 제115조 제5항)〈16 · 17승진〉

③ (○) 탄약고 및 무기고 설계 및 배치 의무적 사항(경찰장비관리규칙 제115조 제3항)〈16 · 17승진〉

④ (○) 간이무기고, 설치장소(경찰장비관리규칙 제115조 제6항)〈16 · 17승진〉　　　　　**정답** ②

06 「경찰장비관리규칙」상 무기류관리에 대한 설명으로 가장 적절하지 않은 것은? 〈23경간〉

① 경찰기관의 장은 무기를 휴대한 자 중에서 직무상의 비위 등으로 인하여 징계대상이 된 자, 형사사건의 조사의 대상이 된 자, 경찰공무원 직무적성검사 결과 고위험군에 해당되는 자가 발생한 때에는 즉시 대여한 무기 · 탄약을 회수하여야 한다.

② 간이무기고는 근무자가 24시간 상주하는 지구대, 파출소, 상황실 및 112타격대 등 경찰기관의 장이 필요하다고 인정하는 상당한 이유가 있는 장소에 설치할 수 있다.

③ 탄약고 내에는 전기시설을 하여서는 아니되며, 조명은 건전지 등으로 하고 방화시설을 완비하여야 한다. 단, 방폭설비를 갖춘 경우 전기시설을 설치할 수 있다.

④ 지구대 등의 간이무기고의 경우는 소속 경찰관에 한하여 무기를 지급하되 감독자 입회(감독자가 없을 경우 반드시 타 선임 경찰관 입회)하에 무기탄약 입출고부에 기재한 뒤 입출고하여야 한다. 다만, 긴급상황 발생시 경찰서장의 사전허가를 받은 경우의 대여는 예외로 한다.

> **해설**

경찰관리, 기타관리, 장비관리, 무기 및 탄약관리 –

① (×) 무기 탄약의 회수 및 보관, **즉시 회수해야 하는 경우** : ⓐ 직무상 비위 등으로 인하여 **중징계** 의결 요구된 자 / ⓑ **사의를 표명한 자**[♣징계대상이 된 자(X), ♣ 형사사건의 조사의 대상이 된 자(X), ♣경찰공무원 직무적성검사 결과 고위험군(X)](제1항)〈15승진 · 23경간 · 17.1채용〉

② (○) 무기고 및 탄약고 설치, **간이무기고 설치장소**(경찰장비관리규칙 제115조 제6항〈23경간 · 16 · 17승진〉

③ (○) 무기고 및 탄약고 설치, **조명설비 등**(경찰장비관리규칙 제115조 제7항)〈23경간 · 22.1채용〉

④ (○) 무기 · 탄약 등의 대여(경찰장비관리규칙 제118조 제4항)〈23경간〉　　　　　**정답** ①

07 「경찰장비관리규칙」상 무기 및 탄약관리에 관한 설명으로 가장 적절하지 않은 것은? 〈23.2채용〉

① 간이무기고란 경찰인력 및 경찰기관별 무기책정기준에 따라 배정된 개인화기와 공용화기를 집중보관·관리하기 위하여 각 경찰기관에 설치된 시설을 말한다.

② 무기·탄약을 대여 받은 자는 그 무기를 휴대하고 근무하는 경우를 제외하고는 무기고에 보관하여 하며, 근무 종료시에는 감독자 입회아래 무기탄약 입출고부에 기재한 뒤 즉시 입고하여야 한다.

③ 경찰기관의 장은 무기를 휴대한 자가 형사사건의 조사의 대상이 된 때에는 즉시 대여한 무기·탄약을 할 수 있다.

④ 경찰기관의 장은 무기를 휴대한 자가 상사의 사무실을 출입할 경우 대여한 무기·탄약을 무기고에 보관하도록 하여야 한다.

해설

경찰관리, 기타관리, 장비관리, 무기 및 탄약관리 −

① (×) **집중무기고**: 경찰인력 및 경찰기관별 무기 책정기준에 의하여 배정된 **개인화기와 공용화기를 집중보관·관리하기 위하여** 각 경찰기관에 설치된 시설을 말한다.[♣간이무기고(×)](경찰장비관리규칙 제112조 제2호)〈17승진·13.2·17.2·23.2채용〉

− 무기·탄약 등의 대여 −

② (○) **대여무기 관리 및 입고**: 경찰장비관리규칙 제118조 제5항〈23.2채용〉

③ (○) **무기·탄약의 회수 및 보관**: 즉시 회수할 수 있는 경우(경찰장비관리규칙 제120조)〈18·23경간·17승진·13.2·17.1·2채용〉

④ (○) **무기·탄약의 회수 및 보관**: 무기고에 보관해야 하는 경우(경찰장비관리규칙 제120조)〈18·23경간·17승진·13.2·17.1·2·23.2채용〉

정답 ①

---

08 「경찰장비관리규칙」상 무기류에 관한 설명으로 가장 적절하지 않은 것은? 〈24승진〉

① 탄약고 내에는 전기시설을 하여서는 아니되며, 조명은 건전지 등으로 하고 방화시설을 완비하여야 한다. 단, 방폭설비를 갖춘 경우 전기시설을 설치할 수 있다.

② 집중무기고·탄약고의 열쇠보관은 일과시간에는 무기 관리부서의 장이, 일과시간 후에는 당직업무 책임자가 한다.

③ 경찰기관의 장은 무기를 휴대한 자가 술자리 또는 연회장소에 출입할 경우 즉시 대여한 무기·탄약을 회수해야 한다.

④ 경찰관이 권총을 휴대·사용하는 경우 1탄은 공포탄, 2탄 이하는 실탄을 장전한다. 다만, 대간첩작전, 살인·강도 등 중요범인이나 무기·흉기 등을 사용하는 범인의 체포 및 위해의 방호를 위하여 불가피한 경우에 1탄부터 실탄을 장전할 수 있다.

해설

경찰관리, 기타관리, 장비관리, 무기 및 탄약관리(경찰장비관리규칙) −

① (○) 무기고 및 탄약고 설치, 조명설비 등(제115조 제7항)<23경간·24승진·22.1채용>
② (○) 무기고의 열쇠관리 책임, 경찰서 집중무기고·탄약고의 경우(제117조 제2항 제1호)<24승진>
③ (✕) 무기·탄약의 회수 및 보관, **무기고에 보관해야 하는 경우**: ① **술자리 또는 연회 장소**에 출입할 경우[♣즉시 회수(X)]<24승진> /② **상사의 사무실** 출입시<23.2채용> /③ 기타 정황을 판단하여 **필요하다고 인정**되는 경우(제4항)
④ (○) 기타장비관리, 무기탄약안전관리, 권총(제123조 제1항 제1호 다)<15·24승진·17.1채용>　　**정답** ③

---

09 「경찰장비관리규칙」상 무기관리에 관한 설명을 옳은 것은 모두 몇 개인가? <24.1채용>

> ㉠ 무기고와 탄약고는 견고하게 만들고 환기·방습장치와 방화시설 및 총가시설 등이 완비되어야 한다.
> ㉡ 간이무기고는 근무자가 24시간 상주하는 지구대, 파출소, 상황실 등 경찰기관의 장이 필요하다고 인정하는 상당한 이유가 있는 장소에 설치할 수 있다.
> ㉢ 집중무기·탄약고의 열쇠보관은 일과시간의 경우 무기 관리 부서의 장이, 일과시간 후에는 당직업무(청사방호) 책임자(상황관리관 등 당직근무자)가 한다.
> ㉣ 경찰기관의 장은 무기를 휴대한 자 중에서 '정신건강상 문제가 우려되어 치료가 필요한 자'가 있을 때에는 즉시 대여한 무기·탄약을 회수하여야 한다.

① 1개　　　　　② 2개　　　　　③ 3개　　　　　④ 4개

해설

경찰관리, 기타관리, 장비관리, 무기관리 −

① (○) 무기고 및 탄약고 설치, 무기고와 탄약고 시설(경찰장비관리규칙 제115조 제2항)<16승진·24.1채용>
② (○) 무기고 및 탄약고 설치, **간이무기고 설치장소**(경찰장비관리규칙 제115조 제6항)<23경간·16·17승진·24.1채용>
③ (○) 무기고 열쇠관리 책임, **경찰서 집중무기고·탄약고의 경우**(경찰장비관리규칙 제117조 제2항 제1호)<24승진·24.1채용>
④ (✕) **무기·탄약의 회수 및 보관**: 회수할 수 있는 경우[♣회수하여야(X)](경찰장비관리규칙 제120조)<18·23경간·17승진·13.2·17.1·2·23.2·24.1채용>　　**정답** ③

☞ 기타 경찰장비관리

01 다음은 「경찰장비관리규칙」에 대한 설명이다. ㉠부터 ㉣까지의 설명 중 옳고 그름의 표시(O, X)가 바르게 된 것은? 〈17.1채용〉

> ㉠ 부속기관 및 시·도경찰청은 소속기관 차량 중 다음 년도 교체대상 차량을 매년 3월 말까지 경찰청장에게 보고해야 한다.
> ㉡ 차량교체를 위한 불용 대상차량 선정에는 차량주행거리를 최우선적으로 고려하여 선정한다.
> ㉢ 업무용차량은 운전요원의 부족 등 불가피한 사유가 없는 한 집중관리를 원칙으로 한다.
> ㉣ 의경 신임운전요원은 2주 이상 운전교육을 실시한 후에 운행하도록 하여야 한다.

① ㉠(×) ㉡(×) ㉢(○) ㉣(×) 　② ㉠(×) ㉡(○) ㉢(×) ㉣(○)
③ ㉠(○) ㉡(×) ㉢(○) ㉣(○) 　④ ㉠(○) ㉡(○) ㉢(×) ㉣(×)

해설

경찰관리, 기타관리, 장비관리, 기타 경찰장비관리, 경찰장비관리규칙⊞ –
㉠ (×) **차량의 교체**: 부속기관 및 시·도경찰청은 소속기관 차량 중 다음 년도 교체대상 차량을 **매년 11월 말까지**[♣3월 말까지(X)] 경찰청장에게 보고하여야 한다.(차량소요계획 / 경찰장비관리규칙 제93조 제1항)〈17승진·17.1채용〉
㉡ (×) **차량불용처리**: 차량교체를 위한 불용 대상차량은 부속기관 및 시·도경찰청에 배정되는 수량의 범위 내에서 내용연수 경과 여부 등 **차량사용기간을 최우선적으로 고려하여 선정**한다.[♣주행거리를 최우선 고려(X)](경찰장비관리규칙 제94조 제1항)〈12·14·16·17승진·13경간·17.1채용〉
㉢ (○) 집중관리(경찰장비관리규칙 제95조)〈16승진·17.1채용〉
㉣ (×) **차량관리**: 의경 신임운전요원은 **4주 이상 운전교육을 실시한 후에 운행**하도록[♣2주 이상 안전교육(X)] 하여야 한다.(경찰장비관리규칙 제102조 제2항)〈17.1채용〉　　정답 ①

02 「경찰장비관리규칙」에 대한 설명으로 가장 적절하지 않은 것은? 〈12·17경위〉

① 부속기관 및 시·도경찰청의 장은 다음 연도에 소속기관의 차량 정수를 증감시킬 필요가 있을 때에는 매년 3월 말까지 다음 연도 차량정수 소요계획을 경찰청장에게 제출하여야 한다.
② 부속기관 및 시·도경찰청은 소속기관 차량 중 다음 연도 교체대상 차량을 매년 11월 말까지 경찰청장에게 보고하여야 한다.
③ 차량은 용도별로 전용·지휘용·업무용·순찰용·수사용·특수용 차량으로 구분한다.
④ 차량운행 시 책임자는 1차 운전자, 2차 선임탑승자(사용자), 3차 경찰기관의 장으로 한다.

해설

경찰관리, 기타관리, 장비관리, 기타 경찰장비관리, 경찰장비관리규칙⊞ –
① (○) 차량정수소요계획(경찰장비관리규칙 제90조 제1항)〈12·17승진〉
② (○) 차량의 교체(경찰장비관리규칙 제93조 제1항)〈17승진〉
③ (×) **차량구분**: 차량은 용도별로 **전용·지휘용·업무용·순찰용·특수용 차량으로 구분**한다.[♣수사용(X)](경찰장비관리규칙 제88조 제2항)〈12·16·18승진〉
④ (○) 관리책임(경찰장비관리규칙 제98조 제3항)〈14·16·17승진·13경간〉　　정답 ③

03 「경찰장비관리규칙」상 차량관리에 대한 설명으로 적절하지 않은 것을 모두 고른 것은? 〈18경감〉

> ㉠ 차량은 용도별로 전용·지휘용·행정용·순찰용·특수구난용 차량으로 구분한다.
> ㉡ 부속기관 및 시·도경찰청의 장은 다음 연도에 소속기관의 차량정수를 증감시킬 필요가 있을 때에는 매년 11월 말까지 다음 연도 차량정수 소요계획을 경찰청장에게 제출하여야 한다.
> ㉢ 차량교체를 위한 불용 대상차량은 주행거리와 차량의 노후상태를 최우선적으로 고려하여 선정하여야 하고, 주행거리가 동일한 경우에는 차량사용기간, 사용부서 등을 추가로 검토한다.
> ㉣ 차량운행 시 책임자는 1차 선임탑승자, 2차 운전자(사용자), 3차 경찰기관의 장으로 한다.

① ㉠㉣   ② ㉠㉡㉢   ③ ㉡㉢㉣   ④ ㉠㉡㉢㉣

해설

경찰관리, 기타관리, 장비관리, 기타 경찰장비관리, 경찰장비관리규칙표 –

㉠ (✕) **차량구분**: 차량은 용도별로 **전용·지휘용·업무용·순찰용·특수용 차량**으로 **구분**한다.[♣행정용(✕)](경찰장비관리규칙 제88조 제2항)〈12·16·18승진〉

㉡ (✕) **차량정수소요계획**: **부속기관 및 시·도경찰청의 장**은 다음 년도에 소속기관의 **차량정수를 증감**시킬 필요가 있을 때에는 매년 **3월 말까지**[♣11월말까지(✕)] 다음 년도 차량정수 소요계획을 **경찰청장에게 제출하여야** 한다.(경찰장비관리규칙 제90조 제1항)〈18경간·12·17·18승진〉

㉢ (✕) **차량불용처리**: 차량교체를 위한 불용 대상차량은 부속기관 및 시·도경찰청에 배정되는 수량의 범위 내에서 내용연수 경과 여부 등 **차량사용기간을 최우선적으로 고려하여 선정**한다.[♣주행거리를 최우선 고려(✕)](경찰장비관리규칙 제94조 제1항)〈12·14·16·17·18승진·13경간·17.1채용〉

㉣ (✕) **관리책임**: 차량 운행 시 **책임자는 1차 운전자, 2차 선임탑승자(사용자), 3차 경찰기관의 장**으로 한다.[♣1차 선임탑승자(✕)](경찰장비관리규칙 제98조 제3항)〈14·16·17·18승진·13경간〉   **정답** ④

---

04 「경찰장비관리규칙」에 대한 설명으로 가장 적절하지 않은 것은? 〈18경간·17.1채용〉

① 경찰관이 권총을 휴대·사용하는 경우 총구는 공중 또는 지면(안전지역)을 향한다.
② 경찰관이 권총을 휴대·사용하는 경우 1탄은 공포탄, 2탄 이하는 실탄을 장전한다. 다만, 대간첩작전, 살인·강도 등 중요범인이나 무기·흉기 등을 사용하는 범인의 체포 및 위해의 방호를 위하여 불가피한 경우에 1탄부터 실탄을 장전할 수 있다.
③ 경찰기관의 장은 무기를 휴대한 자 중에서 경찰공무원 직무적성검사 결과 고위험군에 해당되는 자, 정신건강상 문제가 우려되어 치료가 필요한 자, 형사사건의 조사의 대상이 된 자에게 대여한 무기·탄약을 회수할 수 있다.
④ 차량의 차종은 승용·승합·화물·특수용으로 구분하고, 차형은 차종별로 대형·중형·소형·경형·다목적형으로 구분한다.

해설

경찰관리, 기타관리, 장비관리 −

− 기타 경찰장비관리, 경찰장비관리규칙표 −

① (○) 무기탄약안전관리(경찰장비관리규칙 제123조 제1항 제1호, 가)<15승진 · 17.1채용>

② (○) 무기탄약안전관리(경찰장비관리규칙 제123조 제1항 제1호, 다)<15승진 · 17.1채용>

④ (○) 차량구분(경찰장비관리 규칙 제88조 제1항)<18경간>

− 무기 및 탄약관리, 회수 및 보관 −

③ (○) 회수할 수 있는 자(경찰장비관리규칙 제120조 제2항)<14 · 15 · 17승진 · 13.2 · 17.1채용>

정답 없음(법개정으로 정답 없음)

테마 115 **보안 관리** 3

01 비밀에 대한 설명으로 가장 적절하지 않은 것은? 〈16 · 22승진〉

① 「보안업무규정 시행 세부규칙」상 모든 경찰공무원(전투경찰순경을 포함한다)은 임용과 동시 Ⅲ급 비밀취급권을 가진다.

② 「보안업무규정 시행 세부규칙」상 정보부서에 근무하는 경찰공무원은 그 보직발령과 동시에 Ⅱ급 비밀취급권을 인가받는 것으로 한다.

③ 「보안업무규정」과 「보안업무규정 시행규칙」상 보호지역 중 제한구역은 비인가자가 비밀, 주요시설 및 Ⅲ급 비밀 소통용 암호자재에 접근하는 것을 방지하기 위하여 안내를 받아 출입하여야 하는 구역을 말한다.

④ 「보안업무규정」상 비밀은 그 중요성과 가치의 정도에 따라 구분하며 누설될 경우 국가안전보장에 해를 끼칠 우려가 있는 비밀은 Ⅱ급 비밀에 해당한다.

해설

경찰관리, 기타관리, 보안관리 −

① (○) **비밀취급인가, 특별인가**: 보안업무규정 시행세부규칙 제15조 제1항<04 · 15 · 22승진>

② (○) **비밀취급인가, 특별인가**: 보안업무규정 시행세부규칙 제15조 제2항<03 · 05 · 13 · 22승진>

③ (○) **시설보안**: 보안업무규정 시행규칙 제54조 제1항 제2호<04 · 10 · 22승진 · 14.1채용>

④ (✕) 비밀분류, **Ⅲ급 비밀**: 누설되는 경우 국가안전보장에 **해**를 끼칠 우려가 있는 비밀[♣Ⅱ급(✕)](보안업무규정 제4조)<16 · 19 · 22승진 · 12 · 15.1채용> 정답 ④

02 「보안업무규정」에 대한 설명으로 가장 적절하지 않은 것은? 〈19경감〉

① 비밀이란 국가기밀, 국가안보관련 기밀취급 인원에 대한 보안업무(각급 기관에 대한 보안감사 제외)(국가정보원법 제4조 제1항 제2호)에 따른 국가기밀로서 이 영에 따라 비밀로 분류된 것을 말한다.

② 누설될 경우 국가안전보장에 막대한 지장을 끼칠 우려가 있는 비밀을 Ⅱ급 비밀로 하며, 누설될 경우 국가안전보장에 해를 끼칠 우려가 있는 비밀을 Ⅲ급 비밀로 한다.

③ 비밀은 다른 비밀과 관련하여 분류해서는 아니 되고, 외국 정부나 국제기구로부터 접수한 비밀은 그 생산기관이 필요로 하는 정도로 보호할 수 있도록 분류하여야 한다.

④ 공무원 또는 공무원이었던 사람은 어떠한 경우에도 소속 기관의 장이나 소속되었던 기관의 장의 승인 없이 비밀을 공개해서는 아니 된다.

> **해설**
>
> **경찰관리, 기타관리, 보안관리, 문서보안** －
> ① (○) 비밀의 분류 / 보안업무규정 제4조〈16·17·19승진·15.1채용〉
> ② (○) 비밀의 분류, 비밀분류기준표 / 보안업무규정 제4조〈16·17·19승진·12경간·15.1채용〉
> ③ (○) 비밀의 분류, 비밀분류원칙표, 독립분류의 원칙, 외국비밀 존중의 원칙 / 보안업무규정 제12조〈99·02·03·12·15·19승진·04·12.3·16.1채용〉
> ④ (×) 비밀관리, **비밀공개**: 공무원 또는 공무원이었던 사람은 **법률에서 정하는 경우를 제외**하고는 소속 기관의 장이나 소속되었던 기관의 장의 **승인 없이** 비밀을 공개해서는 아니 된다.[♣어떠한 경우에도(X)](문서보안, 비밀의 관리, 공개제한, ⓐ / 보안업무규정 제25조 제2항)〈19승진〉   정답 ④

03 「보안업무규정」에 대한 설명으로 가장 적절한 것은? 〈17경위·12.3채용〉

① 비밀은 그 중요성과 가치의 정도에 따라 Ⅰ급 비밀, Ⅱ급 비밀, Ⅲ급 비밀, 대외비로 구분한다.

② 외국 정부나 국제기구로부터 접수한 비밀은 그 접수기관이 필요로 하는 정도로 보호할 수 있도록 분류하여야 한다.

③ 경찰청장은 Ⅰ급 비밀취급 인가권자이다.

④ 누설될 경우 국가안전보장에 막대한 지장을 끼칠 우려가 있는 비밀은 Ⅱ급 비밀이다.

> **해설**
>
> **경찰관리, 기타관리, 보안관리, 문서보안** －
> ① (×) 비밀분류, **기준**: 비밀은 Ⅰ급, Ⅱ급, Ⅲ급으로 분류한다.[♣대외비(X)](문서보안, 비밀의 분류 / 보안업무규정 제4조〈16·17승진·15.1채용〉
> ② (×) 비밀분류, 비밀분류원칙표, **외국비밀 존중의 원칙**: "외국정보 또는 국제기구로부터 접수한 비밀은 그 **발행기관이**[♣접수기관이(X)] 필요로 하는 정도로 **보호할 수 있도록 분류하여야** 한다."(보안업무규정 제12조 제3항)〈17승진·12.3채용〉
> ③ (×) 비밀취급인가, **Ⅰ급 비밀취급 인가권자**: 대통령, 국무총리, 감사원장, 국가인권위원회위원장, 각 부·처의 장, 국정원장, 국무총리실장·방송통신위원회위원장·공정거래위원회위원장·금융위원회위원장 및 국민권익위원회위원장, 대통령실장, 대통령 경호처장, 검찰총장, 합동참모의장, 각 군 참모총장 및 육군의 1, 2, 3군 사령관, 국방부장관이 지정하는 각군 부대장[♣경찰청장(X)](문서보안, 비밀취급인가(일반인가), **Ⅰ급 비밀 및 암호자재 취급 인가권자**표 / (보안업무규정 제9조 제1항)〈12경간·17승진·12.3채용〉
> ④ (○) 비밀의 분류, 비밀분류기준표(보안업무규정 제4조 제2호)〈16·17승진·12경간·15.1채용〉   정답 ④

04 대통령훈령인 「보안업무규정 시행규칙」에 대한 다음 설명 중 옳지 않은 것은 모두 몇 개인가? 〈17경간〉

> ⊙ Ⅰ급 비밀은 반드시 금고에 보관하여야 하며, 보관책임자가 Ⅰ급 비밀취급인가를 받은 때에는 Ⅰ급 비밀을 Ⅱ, Ⅲ급 비밀과 혼합 보관할 수 있다.
> ⓒ 비밀의 보관용기 외부에는 비밀의 보관을 알리거나 나타내는 어떠한 표시도 하여서는 아니 된다.
> ⓒ 비밀열람기록전은 그 비밀을 파기 시에 같이 파기하는 것이 아니라 분리하여 따로 철하여 보관하여야 한다.
> ⓔ 비밀열람기록전의 보존기간은 5년이며, 그 이전에 폐기할 때에는 경찰청장의 승인을 받아야 한다.

① 0개   ② 1개   ③ 2개   ④ 3개

해설

경찰관리, 기타관리, 보안관리, 문서보안, 비밀의 관리 −
⊙ (✕) **비밀보관 :** Ⅰ급 비밀은 반드시 금고에 보관하여야 하며, 다른 비밀과 **혼합하여 보관하여서는 아니** 된다.[♣혼합 보관할 수 있다.(✕)](문서보안, 비밀의 관리, 혼합보관금지 ⓑ / 보안업무규정 시행규칙 제33조 제2항)〈17경간〉
ⓒ (○) 비밀보관, 보관용기 외부표시 금지(보안업무규정 시행규칙 제34조 제1항)〈17경간·12·15승진〉
ⓒ (○) 비밀관리, 열람제한(보안업무규정시행규칙 제45조 제3항)〈17경간·13승진〉
ⓔ (✕) 비밀관리, **파기 :** '서약서철, 비밀영수증철, 비밀관리기록부철, 비밀수발대장, 비밀열람기록전 (철), 비밀대출부'의 문서 및 대장은 **5년간 보존하여야** 하며, **그 이전에 폐기하고자 할 때에는 국가정보원장의 승인**을 받아야 한다.[♣경찰청장의 승인(✕)](보안업무규정 시행 세부규칙 제70조)〈13승진·17경간〉

정답 ③

05 「보안업무규정 시행규칙」에 관한 다음 설명 중 가장 옳지 않은 것은? 〈18경간〉
① 비밀취급 인가권자는 소속 직원의 인사기록카드에 기록된 비밀취급의 인가 및 인가해제 사유와 임용 시의 신원조사회보서에 따라 새로 신원조사를 하지 아니하고 비밀취급을 인가할 수 있다. 다만, Ⅰ급 비밀취급을 인가할 때에는 새로 신원조사를 하여야 한다.
② 비밀취급 인가권자는 업무상 조정·감독을 받는 기업체나 단체에 소속된 사람에 대하여 소관 비밀을 계속적으로 취급하게 하여야 할 필요가 있을 때에는 미리 국가정보원장과의 협의를 거쳐 해당하는 사람에게 Ⅱ급 이하의 비밀취급을 인가할 수 있다.
③ Ⅱ급 비밀 및 Ⅲ급 비밀은 금고 또는 이중 철제캐비닛 등 잠금장치가 있는 안전한 용기에 보관하여 야 하며, 보관책임자가 Ⅱ급 비밀취급 인가를 받은 때에는 Ⅱ급 비밀과 Ⅲ급 비밀을 같은 용기에 혼합하여 보관할 수 있다.
④ 보관용기에 넣을 수 없는 비밀은 제한지역에 보관하는 등 그 내용이 노출되지 아니하도록 특별한 보호대책을 마련하여야 한다.

해설

경찰관리, 기타관리, 보안관리, 문서보안 −

① (◯) 비밀취급인가(일반인가)(보안업무규정 시행규칙 제12조 제2항) − 대통령 훈령<18경간>
② (◯) 비밀취급인가(일반인가)(보안업무규정 시행규칙 제13조 제1항)<18경간>
③ (◯) 비밀의 관리, 혼합보관금지(보안업무규정 시행규칙 제33조 제3항)<18경간>
④ (✕) 비밀의 관리, **비밀보관**: 보관용기에 넣을 수 없는 비밀은 **제한구역 또는 통제구역에 보관**하는 등 그 내용이 노출되지 아니하도록 특별한 보호대책을 마련하여야 한다.[♣제한지역에 보관(X)] (보안업무규정 시행규칙 제33조 제4항)<18경간>　　　　　　　　　　　　　　　　**정답 ④**

---

06 「보안업무규정」에 대한 설명으로 가장 적절한 것은? <18.3채용>

① 각급기관의 장은 비밀의 작성·분류·접수·발송 및 취급 등에 필요한 모든 관리사항을 기록하기 위하여 비밀관리기록부를 작성하여 갖추어 두어야 한다. 다만, Ⅱ급 이상 비밀관리기록부는 따로 작성하여 갖추어 두어야 하며, 암호자재는 암호자재 관리기록부로 관리한다.

② 그 생산자가 특정한 제한을 하지 아니한 것으로서 해당 등급의 비밀취급 인가를 받은 사람이 공용(共用)으로 사용하는 경우 Ⅰ급 비밀의 일부 또는 전부에 대해서 모사(模寫)·타자(打字)·인쇄·조각·녹음·촬영·인화(印畵)·확대 등 그 원형을 재현(再現)하는 행위를 할 수 있다.

③ 비밀취급 인가를 받지 아니한 사람에게 비밀을 열람하거나 취급하게 할 때에는 국가정보원장이 정하는 바에 따라 소속 기관의 장(비밀이 군사와 관련된 사항인 경우에는 국방부장관)이 미리 열람자의 인적사항과 열람하려는 비밀의 내용 등을 확인하고 열람 시 비밀 보호에 필요한 자체 보안대책을 마련하는 등의 보안조치를 하여야 한다. 다만, Ⅰ급 비밀의 보안조치에 관하여는 국가정보원장과 미리 협의하여야 한다.

④ 각급기관의 장은 보안 업무의 효율적인 수행을 위하여 필요하다고 인정되는 경우에는 국가정보원장의 승인하에 해당 비밀의 보존기간 내에서 그 사본을 제작하여 보관할 수 있다.

해설

경찰관리, 기타관리, 보안관리, 문서보안, 비밀의 관리 −

① (✕) **비밀관리기록부**: 각급기관의 장은 비밀의 작성·분류·접수·발송 및 취급 등에 필요한 모든 관리사항을 기록하기 위하여 비밀관리기록부를 작성하여 갖추어 두어야 한다. 다만 **Ⅰ급 비밀 관리기록부는 따로 작성**하여 갖추어 두어야 하며, **암호자재는 암호자재 관리기록부로** 관리한다. [♣Ⅱ급 이상 비밀관리기록부는(X)](보안업무규정 제22조 제1항)<13승진·18.3채용>

② (✕) **복제 및 복사제한**: **Ⅱ급 비밀 및 Ⅲ급 비밀은 그 생산자가 특정한 제한을 하지 아니한 것으로서 해당 등급의 비밀취급 인가를 받은 사람이 공용(共用)으로 사용**하는 경우 예외적으로 비밀의 일부 또는 전부나 암호자재에 대해서는 **모사(模寫)·타자(打字)·인쇄·조각·녹음·촬영·인화(印畵)·확대 등 그 원형을 재현(再現)하는 행위를 할 수 있다.**[♣Ⅰ급 비밀(X)](보안업무규정 제23조 제1항)<18.3채용>

③ (◯) 열람제한(보안업무규정 제24조 제2항)<18.3채용>

④ (✕) **복제 및 복사제한**: 각급기관의 장은 보안 업무의 효율적인 수행을 위하여 필요하다고 인정되는 경우에는 해당 비밀의 **보존기간 내에서 '복사 등 금지' 예외 단서에 따라 그 사본을 제작하여 보관할 수 있다.**[♣국가정보원장의 승인하에(X)](보안업무규정 제23조 제2항)<18.3채용>　　**정답 ③**

07 「보안업무규정」상 비밀보호에 대한 설명으로 가장 적절하지 않은 것은? 〈19경위〉

① Ⅰ급 비밀은 그 생산자의 허가를 받은 경우에도 모사·타자·인쇄·조각·녹음·촬영·인화·확대 등 그 원형을 재현하는 행위를 할 수 없다.

② 비밀은 해당 등급의 비밀취급 인가를 받은 사람 중 그 비밀과 업무상 직접 관계가 있는 사람만 열람할 수 있다.

③ 공무원 또는 공무원이었던 사람은 법률에서 정하는 경우를 제외하고는 소속 기관의 장이나 소속되었던 기관의 장의 승인 없이 비밀을 공개해서는 아니 된다.

④ 비밀은 보관하고 있는 시설 밖으로 반출해서는 아니 된다. 다만, 공무상 반출이 필요할 때에는 소속 기관의 장의 승인을 받아야 한다.

해설

경찰관리, 기타관리, 보안관리, 문서보안, 비밀의 관리 −

① (✕) **복제 및 복사 제한**: 비밀의 일부 또는 전부나 암호자재에 대해서는 **모사(模寫)·타자(打字)·인쇄·조각·녹음·촬영·인화(印畵)·확대 등 그 원형을 재현(再現)하는 행위를 할 수 없다.** 다만, **Ⅰ급 비밀은 그 생산자의 허가**를 받은 경우[♣재현할 수 없다.(✕)],

Ⅱ급 비밀 및 Ⅲ급 비밀: 그 **생산자가 특정한 제한을 하지 아니한 것**으로서 해당 등급의 **비밀취급 인가**를 받은 사람이 **공용(共用)**으로 사용하는 경우, 전자적 방법으로 관리되는 비밀을 보관하기 위한 용도인 경우에는 그러하지 아니하다.[♣Ⅰ급 비밀 절대 불가능(✕)](보안업무규정 제23조 제1항)〈18.3채용〉

② (○) 열람제한(보안업무규정 제24조 제1항)〈19승진〉

③ (○) 공개제한(보안업무규정 제25조 제2항)〈19승진〉

④ (○) 반출금지(보안업무규정 제27조)〈19승진〉   정답 ①

08 「보안업무규정」상 비밀에 관한 설명 중 가장 적절하지 않은 것은? 〈22.1채용〉

① Ⅱ급 비밀은 누설될 경우 국가안전보장에 막대한 지장을 끼칠 우려가 있는 비밀을 말한다.

② 비밀은 적절히 보호할 수 있는 최고등급으로 분류하되, 과도하거나 과소하게 분류해서는 아니 된다.

③ 비밀은 보관하고 있는 시설 밖으로 반출해서는 아니 된다. 다만, 공무상 반출이 필요할 때에는 소속 기관의 장의 승인을 받아야 한다.

④ 비밀을 휴대하고 출장 중인 사람은 비밀을 안전하게 보호하기 위하여 국내 경찰기관 또는 재외공관에 보관을 위탁할 수 있으며, 위탁받은 기관은 그 비밀을 보관하여야 한다.

해설

경찰관리, 기타관리, 보안관리, 문서보안 −

① (○) 비밀의 분류기준, Ⅱ급 비밀(보안업무규정 제4조)〈16·17·19·22승진·12경간·15.1·22.1채용〉

② (✕) 비밀분류 원칙, "**과도·과소분류 금지의 원칙**": 비밀은 적절히 보호할 수 있는 **최저 등급으로**[♣최고 등급으로(✕)] 분류하여야 하며 과도 또는 과소하게 분류하여서는 안 된다.(보안업무규정 제12조)〈14·16승진·04·12.3·16.1·22.1채용〉

③ (○) 비밀관리, 관리방법, 반출금지(보안업무규정 제27조)〈19승진·22.1채용〉

④ (○) 비밀관리, 관리방법, 반출금지(보안업무규정 제19조)〈22.1채용〉   정답 ②

09 보안업무규정 시행규칙상 비밀의 관리방법으로 옳은 것은 모두 몇 개인가? 〈19경간〉

가. 비밀보관책임자는 보관비밀을 대출하는 때에는 비밀대출부에 관련사항을 기록·유지한다.

나. 비밀관리기록부와 암호자재 관리기록부에는 모든 비밀과 암호자재에 대한 보안책임 및 보안관리 사항이 정확히 기록·보존되어야 한다.

다. 비밀열람기록전은 그 비밀의 생산기관이 첨부하며, 비밀을 파기하는 때에는 비밀에서 분리하여 따로 철하여 보관 하여야 한다.

라. 각급기관의 장은 비밀의 작성·분류·접수·발송 및 취급 등에 필요한 모든 관리사항을 기록하기 위하여 비밀관리기록부를 작성하여 갖추어 두어야 한다. 다만, Ⅰ급 비밀관리기록부는 따로 작성하여 갖추어 두어야 하며, 암호자재는 암호자재 관리기록부로 관리한다.

마. 타자, 필경 또는 발간업무에 종사하는 사람은 비밀열람기록전에 갈음하는 작업일지에 작업에 관한 사항을 기록·유지하여야 한다.

바. 서약서철, 비밀접수증철, 비밀관리기록부는 비밀의 보호 기간이 만료된 후 5년간 보존하여야 한다.

---

① 2개　　　　　　② 3개　　　　　　③ 4개　　　　　　④ 5개

해설

경찰관리, 기타관리, 보안관리, 문서보안 −
가. (○) 비밀관리, 반출·대출(보안업무규정시행규칙 제45조 제1항)〈19경간〉
나. (×) 비밀관리, 관리기록부(보안업무규정 제22조 제1항)[♣보안업무규정시행규칙(X)]〈19경간〉
다. (○) 파기(보안업무규정시행규칙 제45조 제3항)〈17·19경간·13승진〉
라. (×) 비밀관리기록부(보안업무규정 제22조 제1항)[♣보안업무규정시행규칙(X)]〈19경간·13승진·18.3채용〉
마. (○) 비밀열람기록전(보안업무규정시행규칙 제45조 제5항)〈19경간〉
바. (○) 비밀관련서류 보관(보안업무규정시행규칙 제70조 제1항)〈17·19경간·13승진〉　　　　정답 ③

10 「보안업무규정」 및 동 시행규칙에 대한 설명으로 가장 적절하지 않은 것은? 〈22경간〉

① 누설되는 경우 국가안전보장에 해를 끼칠 우려가 있는 비밀은 이를 Ⅲ급 비밀로 하며, Ⅱ급 비밀은 누설되는 경우 국가안전보장에 막대한 지장을 초래할 우려가 있는 비밀을 말한다.

② 비밀취급 인가권자는 업무상 조정·감독을 받는 기업체나 단체에 소속된 사람에 대하여 소관 비밀을 계속적으로 취급하게 하여야 할 필요가 있을 때에는 미리 경찰청장과의 협의를 거쳐 해당하는 사람에게 Ⅱ급 이하의 비밀취급을 인가할 수 있다.

③ 제한구역이란 비인가자가 비밀, 주요시설 및 Ⅲ급 비밀 소통용 암호자재에 접근하는 것을 방지하기 위하여 안내를 받아 출입하는 구역을 말한다.

④ 비밀열람기록전의 자료는 비밀과 함께 철하여 보관·활용하고, 비밀의 보호기간이 만료되면 비밀에서 분리한 후 각각 편철하여 5년간 보관해야 한다.

해설

경찰관리, 보안관리 −

① (○) 문서보안, 비밀분류기준(보안업무규정 제4조)<16·17·19·22승진·12·22경간·15.1·22.1채용>

② (✕) 문서보안, **비밀취급인가**: 비밀취급 인가권자는 **업무상 조정·감독을 받는 기업체나 단체에 소속된 사람**에 대하여 소관 비밀을 계속적으로 취급하게 하여야 할 필요가 있을 때에는 **미리 국가정보원장과의 협의**를 거쳐 해당하는 사람에게 **Ⅱ급 이하의 비밀취급을 인가할 수** 있다.[♣경찰청장과 협의(✕)](보안업무규정 시행규칙 제13조 제1항)<18경간>

③ (○) 시설보안(보안업무규정 시행규칙 제54조 제1항 제2호)<04·10·22승진·22경간·14.1채용>

④ (○) 문서보안, 비밀의 관리, **파기**(보안업무규정 시행 세부규칙 제70조)<17·22경간>   정답 ②

11 「보안업무규정 시행규칙」에 대한 설명으로 가장 적절하지 않은 것은? 〈20경감〉

① Ⅰ급 비밀은 반드시 금고에 보관하여야 하며, 다른 비밀과 혼합하여 보관하여서는 아니 된다.

② 비밀의 보관용기 외부에는 비밀의 중요성과 가치에 따라 구분하여 표시하여야 한다.

③ 제한구역이란 비인가자가 비밀, 주요시설 및 Ⅲ급 비밀 소통용 암호자재에 접근하는 것을 방지하기 위하여 안내를 받아 출입하여야 하는 구역을 말한다.

④ 통제구역이란 보안상 매우 중요한 구역으로서 비인가자의 출입이 금지되는 구역을 말한다.

해설

경찰관리, 기타관리, 보안관리 −

① (○) 문서보안, 비밀의 보관, 혼합보관금지(보안업무규정 시행규칙 제33조 제2항)<17경간·20승진>

② (✕) 문서보안, 비밀의 보관, **표시금지**: 비밀의 보관용기 외부에는 비밀의 보관을 알리거나 나타내는 **어떠한 표시도 하여서는 아니 된다.**[♣외부에 표시하여야(✕)](보안업무규정 시행규칙 제34조 제1항)<17경간·12·15·20승진>

③ (○) 시설보안(보안업무규정 시행규칙 제54조 제1항 제2호)<04·10·20승진·14.1채용>

④ (○) 시설보안(보안업무규정 시행규칙 제54조 제1항 제3호)<17·20승진·03채용>   정답 ②

12 다음 중 보호구역에 관한 설명으로 옳지 못한 것은? 〈09경간·17경감〉

① 보호구역은 제한지역, 제한구역, 통제구역으로 이루어져 있다.

② 제한지역은 울타리 또는 경호원에 의하여 일반인의 출입감시가 요구되는 지역이다.

③ 제한구역은 비밀 또는 주요시설 및 자재에 대한 비인가자의 접근을 방지하기 위하여 그 출입에 안내가 요구되는 구역으로 전자교환기실 및 교환실, 송신 및 중계소, 경찰청 항공대 등이 해당된다.

④ 통제구역은 비인가자의 출입이 금지된 보안상 극히 중요한 구역으로 암호취급소, 무기고 및 탄약고, 치안상황실, 정보상황실, 감식과 등이 해당한다.

해설

경찰관리, 기타관리, 보안관리, 시설보안 -

① (○) 보호구역의 유형(보안업무규정 제32조 제2항)<17승진>

② (○) 보호구역의 유형표, 제한지역(보안업무규정 시행규칙 제54조 제1항 제1호)<17승진>

③ (○) 보호구역의 유형표, 제한구역(보안업무규정 시행규칙 제54조 제1항 제2호)<04 · 10승진 · 14.1채용>

④ (✕) 시설보안, **통제구역**: 암호취급소 암호장비관리실, 종합조회처리실, 종합상황실 · 치안상황실, 무기창(무기고) 및 탄약고, 정보보안기록실, 비밀발간실, 정보상황실[♣감식과(X)](시설보안, 보호구역의 유형표, 보호구역의 유형표 / 보안업무규정 시행규칙 제54조 제1항 제3호, 보안업무규정 시행 세부규칙 제60조)<17승진 · 03채용>

정답 ④

---

13 「보안업무규정 시행 세부규칙」에 따른 제한구역을 모두 고른 것은? 〈20경위〉

㉠ 정보통신실	㉡ 과학수사센터
㉢ 암호취급소	㉣ 발간실
㉤ 치안상황실	㉥ 작전 · 경호 · 정보 · 보안업무 담당부서 전역

① ㉠㉡㉢㉣   ② ㉠㉢㉤㉥   ③ ㉠㉡㉣㉥   ④ ㉡㉢㉤㉥

해설

경찰관리, 기타관리, 보안관리, 시설보안, 보호구역의 유형 -

㉠ (○) 제한구역(보안업무규정 시행 세부규칙 제60조 제1항 제1호)<07 · 20승진 · 09경간 · 04 · 06 · 08채용>

㉡ (○) 제한구역(보안업무규정 시행 세부규칙 제60조 제1항 제1호)<07 · 20승진 · 09경간 · 04 · 06 · 08채용>

㉢ (✕) 통제구역(보안업무규정 시행 세부규칙 제60조 제1항 제2호)<07 · 20승진 · 09경간 · 04 · 06 · 08채용>

㉣ (○) 제한구역(보안업무규정 시행 세부규칙 제60조 제1항 제1호)<07 · 20승진 · 09경간 · 04 · 06 · 08채용>

㉤ (✕) 통제구역(보안업무규정 시행 세부규칙 제60조 제1항 제2호)<07 · 20승진 · 09경간 · 04 · 06 · 08채용>

㉥ (○) 제한구역(보안업무규정 시행 세부규칙 제60조 제1항 제1호)<07 · 20승진 · 09경간 · 04 · 06 · 08채용>

정답 ③

14 「보안업무규정 시행 세부규칙」에서 제한구역에 해당하는 것은 모두 몇 개인가? 〈21.2채용〉

> ㉠ 전자교환기(통합장비)실   ㉡ 정보통신관제센터
> ㉢ 정보보안기록실   ㉣ 경찰청 및 시·도경찰청 항공대
> ㉤ 종합상황실

① 2개   ② 3개   ③ 4개   ④ 5개

해설

경찰관리, 기타관리, 보안관리, 시설보안, 보호구역의 유형 −
㉠㉡㉣ − 제한구역(보안업무규정 시행 세부규칙 제60조)〈07·20승진·09경간·04·06·08·21.2채용〉
㉢㉤ − 통제구역(보안업무규정 시행 세부규칙 제60조)〈07·20승진·09경간·04·06·08·21.2채용〉   **정답 ②**

---

15 「보안업무규정」상 비밀보호에 관한 설명으로 가장 적절하지 않은 것은? 〈23.2채용〉

① 각급기관의 장은 비밀의 작성·분류·접수·발송 및 취급 등에 필요한 모든 관리사항을 기록하기 위하여 비밀관리기록부를 작성하여 갖추어 두어야 한다. 다만, Ⅱ급 이상 비밀관리기록부는 따로 작성하여 갖추어 두어야 한다.
② 각급기관의 장은 비밀문서의 접수·발송·복제·열람 및 반출 등의 통제에 필요한 규정을 따라 작성·운영할 수 있다.
③ 각급기관의 장은 연 2회 비밀 소유 현황을 조사하여 국가정보원장에게 통보하여야 한다.
④ 중앙행정기관등의 장은 국가안전보장을 위하여 국민에게 긴급히 알려야 할 필요가 있다고 판단될 때에는 그가 생산한 비밀을 「보안업무규정」 제3조의3에 따른 보안심사위원회의 심의를 거쳐 공개할 수 있다. 다만, Ⅰ급비밀의 공개에 관하여는 국가정보원장과 미리 협의해야 한다.

해설

경찰관리, 기타관리, 보안관리, 비밀의 관리, 관리방법 −
① (✕) **비밀관리기록부**: 각급기관의 장은 비밀의 작성·분류·접수·발송 및 취급 등에 필요한 모든 관리사항을 기록하기 위하여 비밀관리기록부를 작성하여 갖추어 두어야 한다. 다만 **Ⅰ급 비밀관리기록부는 따로 작성**하여 갖추어 두어야 하며, **암호자재는 암호자재 관리기록부로** 관리한다. [♣Ⅰ급과 Ⅱ급은 구분된 관리번호를 사용하여 동일한 관리기록부 사용가능(✕), ♣Ⅱ급 이상 비밀관리기록부는(✕)](보안업무규정 제22조 제1항)〈19경간·13승진·18.3·23.2채용〉
② (○) 비밀문서의 통제: 보안업무규정 제29조〈23.2채용〉
③ (○) 비밀 소유 현황 통보: 보안업무규정 제31조 제1항〈23.2채용〉
④ (○) 공개제한: 보안업무규정 제25조 제1항〈23.2채용〉   **정답 ①**

16 「보안업무규정」상 비밀보호에 관한 설명으로 가장 적절하지 않은 것은? 〈23.1채용〉

① 비밀은 그 중요성과 가치의 정도에 따라 구분되는데, 누설될 경우 대한민국과 외교관계가 단절되고 전쟁을 일으키며 국가의 방위계획·정보활동 및 국가방위에 반드시 필요한 과학과 기술의 개발을 위태롭게 하는 등의 우려가 있는 비밀은 'Ⅰ급 비밀'에 속한다.

② 비밀은 해당 등급의 비밀취급 인가를 받은 사람만 취급할 수 있으며, 암호자재는 해당 등급의 비밀 소통용 암호자재 취급인가를 받은 사람만 취급할 수 있다.

③ 검찰총장, 국가정보원장, 경찰청장은 Ⅰ급 비밀취급 인가권자와 Ⅰ급 및 Ⅱ급 비밀소통용 암호자재 취급 인가권자에 해당한다.

④ 비밀은 적절히 보호할 수 있는 최저등급으로 분류하되, 과도하거나 과소하게 분류해서는 아니 된다.

해설

경찰관리, 기타관리, 보안관리, 문서보안 −

① (○) 비밀의 분류, 비밀의 분류기준, **Ⅰ급 비밀**(보안업무규정 제4조 제1호)〈16·17·19·22승진·12·22경간·15.1·22.1·23.1채용〉

② (○) 비밀취급인가, **비밀취급**(보안업무규정 제8조)〈16.1·23.1채용〉

③ (×) 비밀취급인가, **Ⅰ급 비밀 및 Ⅰ·Ⅱ급 비밀 소통용 암호자재 취급 인가권자**: 대통령, 국무총리, 감사원장, 국가인권위원회위원장, 고위공직자범죄 수사처장, 각 부·처의 장, 국무조정실장, 방송통신위원회 위원장, 공정거래위원회 위원장, 금융위원회 위원장, 국민권익위원회 위원장, 개인정보 보호위원회 위원장 및 원자력안전위원회 위원장, 대통령 비서실장, 국가안보실장, 대통령경호실장, 국가정보원장, 검찰총장, 합동참모의장, 각군 참모총장, 지상작전사령관 및 육군제2작전사령관, 국방부장관이 지정하는 각군 부대장[♣경찰청장(×)](보안업무규정 제9조 제1항)〈12경간·07·17승진·12.3·23.1채용〉

④ (○) 비밀의 분류, **비밀의 분류원칙**(보안업무규정 제12조)〈99·02·03·12·15·19승진·04·12.3·16.1·22.1·23.1채용〉

정답 ③

17 「보안업무규정」에 관한 내용으로 가정 적절한 것은? 〈24승진〉

① 비밀은 그 중요성과 가치의 정도에 따라 구분하는데, 누설될 경우 국가안전보장에 막대한 지장을 끼칠 우려가 있는 비밀은 Ⅰ급비밀로 구분한다.

② 지방자치단체의 장, 광역시·도의 교육감, 경찰청장은 Ⅱ급비밀 및 Ⅲ급비밀 취급인가권자와 Ⅲ급비밀 소통용 암호자재 취급인가권자이다.

③ 비밀은 적절히 보호할 수 있는 최고등급으로 분류하되, 과도하거나 과소하게 분류해서는 아니된다.

④ 각급기관의 장은 비밀 분류를 통일성 있고 적절하게 하기 위하여 세부 분류지침을 작성하여 시행하여야 하며 이 경우 세부 분류지침은 공개하는 것을 원칙으로 한다.

해설

경찰관리, 기타관리, 보안관리, 문서보안 −

① (✕) 비밀의 분류, 비밀 분류기준, Ⅱ급 : 누설되는 경우 국가안전보장에 **막대한 지장**을 초래할 우려 가 있는 비밀[♣Ⅰ급(X)]<16·17·19·24승진·12·22경간·22.1채용>

② (◯) 비밀 취급인가 : **Ⅱ급·Ⅲ급 비밀취급 및 Ⅲ급 비밀 소통용 암호자재 인가권자**(보안업무규정 제9조 제2항)<24승진·12·16.1채용>

③ (✕) 비밀의 분류, 비밀 분류원칙, "**과도·과소분류 금지의 원칙**" : 비밀은 적절히 보호할 수 있는 **최 저 등급으로**[♣최고 등급으로(X)] 분류하여야 하며 과도 또는 과소하게 분류하여서는 안 된다.<1 4·16·24승진·04·12.3·16.1·22.1·23.1채용>

④ (✕) 비밀의 분류, 비밀 분류원칙, ※ **세부 분류지침 작성·시행** : 각급기관의 장은 비밀 분류를 통일 성 있고 적절하게 하기 위하여 세부 분류지침을 작성하여 시행하여야 한다. 이 경우 세부 분 류지침은 **공개하지 않는다.**[♣공개하는 것이 원칙(X)](보안업무규정 제13조)<24승진>　　　　정답 ②

---

18 「보안업무규정」에 따른 보호지역 중 비인가자가 비밀, 주요시설 및 Ⅲ급 비밀 소통용 암호자재에 접근하는 것을 방지하기 위하여 안내를 받아 출입하여야 하는 구역에 해당하는 장소는? 〈24.1채용〉

① 작전·경호·정보·안보업무 담당부서 전역
② 무기고 및 탄약고
③ 종합상황실
④ 종합조회처리실

해설

경찰관리, 기타관리, 보안관리, 비밀의 관리, 시설보안, 보호지역, 제한구역(안내) −

① (◯) 제한구역(보안업무규정 시행 세부규칙 제60조)<07·20승진·09경간·04·06·08·21.2·24.1채용>
②③④ (✕) 통제구역(보안업무규정 시행 세부규칙 제60조)<07·20승진·09경간·04·06·08·21.2·24.1채용>
　　　　정답 ①

4 문서관리

01 「행정업무의 운영 및 혁신에 관한 규정」상 공문서에 관한 설명 중 가장 적절하지 않은 것은? 〈22.1채용〉

① '지시문서'란 훈령·지시·예규·일일명령 등 행정기관이 그 하급기관이나 소속 공무원에 대하여 일정한 사항을 지시하는 문서를 말한다.
② '공고문서'란 고시·공고 등 행정기관이 일정한 사항을 일반에게 알리는 문서를 말한다.
③ '일반문서'란 민원인이 행정기관에 허가, 인가, 그 밖의 처분 등 특정한 행위를 요구하는 문서와 그에 대한 처리문서를 말한다.
④ '법규문서'란 헌법·법률·대통령령·총리령·부령·조례·규칙 등에 관한 문서를 말한다.

해설

경찰관리, 기타관리 문서관리 −
① (○) '지시문서'(행정업무의 운영 및 혁신에 관한 규정 제4조 제2호)〈14승진·22.1채용〉
② (○) '공고문서'(행정업무의 운영 및 혁신에 관한 규정 제4조 제3호)〈14승진·22.1채용〉
③ (✕) 민원문서: 민원인이 행정기관에 허가, 인가, 그 밖의 처분 등 특정한 행위를 요구하는 문서와 그에 대한 처리문서[♣일반문서(X)](행정업무의 운영 및 혁신에 관한 규정 제4조 제5호)〈14승진·22.1채용〉
　　※ 일반문서: 제1호부터 제5호까지의 문서에 속하지 아니하는 모든 문서
④ (○) '법규문서'(행정업무의 운영 및 혁신에 관한 규정 제4조 제3호)〈14승진·22.1채용〉　　　　정답 ③

02 「행정업무의 운영 및 혁신에 관한 규정」에 대한 설명으로 가장 적절하지 않은 것은? 〈24승진〉

① 공문서는 「국어기본법」에 따른 어문규범에 맞게 한글로 작성하되, 뜻을 정확하게 전달하기 위하여 필요한 경우에는 괄호 안에 한자나 그 밖의 외국어를 함께 적을 수 있다.
② 공문서는 결재권자가 해당 문서에 서명(전자이미지서명, 전자문자서명 및 행정전자서명을 포함한다.)의 방식으로 결재함으로써 성립한다.
③ 문서는 수신자에게 도달(전자문서의 경우는 수신자가 관리하거나 지정한 전자적 시스템 등에 입력되는 것을 말한다)됨으로써 효력을 발생한다. 다만 공고문서는 그 문서에서 효력발생 시기를 구체적으로 밝히고 있지 않으면 그 고시 또는 공고 등이 있은 날부터 5일이 경과한 때에 효력이 발생한다.
④ 문서에는 음성정보나 영상정보 등이 수록되거나 연계된 바코드 등을 표기할 수 없다.

해설

경찰관리, 기타관리, 문서관리(행정업무의 운영 및 혁신에 관한 규정) −
① (○) 문서작성의 일반원칙(제7조 제1항)〈24승진〉
② (○) 문서의 성립 및 효력발생(제6조 제1항)〈14·24승진〉
③ (○) 문서의 성립 및 효력발생(제6조 제3항)〈14·24승진〉
④ (✕) 문서작성의 일반원칙: 문서에는 **음성정보나 영상정보 등이 수록되거나 연계된 바코드 등을 표기할 수 있다.**[♣표기할 수 없다.(X)](제7조 제3항)〈24승진〉　　　정답 ④

제6장 경찰이미지 관리(홍보)

테마 116 **경찰홍보**

01 경찰홍보에 관한 설명이다. 가장 적절하지 않은 것은? 〈13경간 · 18승진〉

① 기업 이미지식 경찰홍보란 포돌이처럼 상징물을 개발, 전파하는 등 조직이미지를 고양하여 높아진 주민 지지도를 바탕으로 예산획득, 형사사법 환경하의 협력확보 등의 목적을 달성하는 종합적이고 계획적인 홍보활동을 말한다.

② 경찰과 대중매체의 관계를 '단란하고 행복스럽지는 않더라도, 오래 지속되는 결혼생활'에 비유한 사람은 Sir. Robert Mark이다.

③ 적극적 홍보전략으로는 대중매체 이용, 언론접촉 장려, 홍보와 타기능의 연계, 비밀주의와 공개최소화원칙이 있다.

④ 협의의 홍보란 유인물, 팜플렛 등 각종 매체를 통해 개인이나 단체의 좋은 점을 일방적으로 알리는 활동이다.

해설

경찰관리, 경찰이미지 관리 −

① (○) 경찰홍보의 유형, 기업 이미지식 홍보<11 · 18승진>

② (○) 경찰홍보의 역할, 경찰과 대중매체의 관계囲<18승진 · 15경간>

③ (×) 소극적 홍보전략 : 비밀주의와 공개최소화원칙[♣적극적 전략(X)], 적극적 홍보전략 : 공개주의와 비밀최소화원칙(경찰홍보의 전략, 적극적 전략)<02승진 · 13경간>

④ (○) 경찰홍보의 유형, 협의의 홍보(PR)<13경간>   정답 ③

02 경찰과 대중매체 관계에 관한 내용과 인물을 바르게 연결한 것은? 〈24.1채용〉

> ㉠ 경찰과 대중매체가 서로를 필요로 하기 때문에 둘 사이에는 공생관계가 발달한다고 주장하였다.
> ㉡ 경찰과 대중매체는 서로 연합하여 그 사회의 일탈에 대한 개념을 규정하며, 도덕성과 정의를 규정짓는 사회적 엘리트 집단을 구성한다.
> ㉢ 경찰과 대중매체의 관계를 "단란하고 행복스럽지는 않지만, 오래 지속되는 결혼생활"에 비유하였다.

① ㉠ − G. Crandon   ㉡ − R. Mark   ㉢ − R. Ericson
② ㉠ − R. Ericson   ㉡ − G. Crandon   ㉢ − R. Mark
③ ㉠ − R. Mark   ㉡ − R. Ericson   ㉢ − G. Crandon
④ ㉠ − G. Crandon   ㉡ − R. Ericson   ㉢ − R. Mark

경찰관리, 홍보관리(이미지관리), 대중매체관계 −
㉠ G. Crandon<18승진 · 15경간 · 24.1채용>
㉡ R. Ericson<12 · 15경간 · 05 · 08 · 24.1채용>
㉢ Sir Robert Mark<18승진 · 13경간 · 05 · 07 · 24.1채용>

정답 ④

---

03 경찰홍보에 관한 설명으로 옳지 않은 것은 모두 몇 개인가? 〈09 · 11 · 18승진〉

㉠ 주민의 지지도를 바탕으로 예산획득, 형사사법 환경하의 협력확보 등의 목적을 달성하는 종합적이고 계획적인 홍보활동을 기업 이미지식 경찰홍보라고 한다.
㉡ Crandon은 "경찰과 대중매체는 서로를 필요로 하기 때문에 둘 사이에는 공생관계가 발달한다." 고 주장하였다.
㉢ 경찰의 홍보활동과 관련하여 헌법상 사생활의 보호와 알 권리 간의 균형 있는 조화가 필요하다.
㉣ 경찰홍보는 경찰활동상을 알려 경찰목적에 달성한 유리한 환경을 조성하는 행위로 볼 수도 있다.

① 없음   ② 1개   ③ 2개   ④ 3개

경찰관리, 경찰이미지 관리 −
㉠ (○) 경찰홍보의 유형, 기업 이미지식 홍보<11 · 18승진>
㉡ (○) 경찰홍보의 역할, 경찰과 대중매체의 관계表<18승진 · 15경간>
㉢ (○) 경찰홍보의 문제점<15경간>
㉣ (○) 경찰홍보의 역할, 목적<09승진>

정답 ①

---

04 지역사회 내의 각종 기관 및 주민들과 유기적인 연락 및 협조체계를 구축하여 지역사회 각계 각층의 문제 · 요구 · 책임을 발견하고 지역사회의 문제해결과 적극적인 지역사회 프로그램을 위해 경찰과 지역사회가 공동으로 노력하는 것을 무엇이라 하는가? 〈21경간 · 16승진〉

① Public Relation (PR : 공공관계)
② Police − Press Relation (PPR : 경찰과 언론관계)
③ Police − Media Relations (PMR : 경찰과 대중매체관계)
④ Police − Community Relations (PCR : 경찰과 지역공동체 관계)

해설

경찰관리, 경찰이미지 관리 —

① (X) Public Relation (PR : 공공관계) : 유인물, 팸플릿 등 각종 매체를 통해 개인이나 단체의 **좋은 점을 일방적으로 알리는 활동**이다.〈13 · 21경간〉

② (X) Police Press Relation (PPR : 경찰과 언론관계) : 신문, TV 등 뉴스 프로그램의 보도기능에 대응하는 활동으로서, 대개 기자들의 **질의에 답하는** 대응적이고 **소극적인 홍보활동**이다.〈12 · 21경간〉

③ (X) Police Media Relations (PMR : 경찰과 대중매체관계) : 언론관계의 대상과 범위가 확대 · 발전한 보다 **종합적인 홍보활동**으로서 대중매체 제작자와 긴밀한 협조관계를 구축 · 유지하며, 대중매체의 필요를 충족시키는 동시에 경찰의 긍정적인 측면을 알리는 활동으로서 경찰관보다는 주로 전직 언론인 등 **전문가를 채용하여 운용**한다.〈21경간〉

④ (○) Police Community Relations (PCR : 경찰과 지역공동체 관계)〈21경간 · 16승진〉　　정답 ④

05 「언론중재 및 피해구제 등에 관한 법률」에 대한 설명으로 가장 적절한 것은? 〈22경간〉

① 피해자가 정정보도청구권을 행사할 정당한 이익이 없더라도 피해자 권리 보호를 위해 해당 언론사는 정정보도의 청구를 거부할 수 없다.

② 정정보도 청구를 받은 언론사 등의 대표자는 7일 이내에 그 수용여부에 대한 통지를 청구인에게 발송하여야 한다.

③ 경찰관이 사실적 주장에 관한 언론보도가 진실하지 아니함으로 피해를 입은 경우 해당 언론보도가 있음을 안 날부터 3개월 이내에 해당 언론사 대표에게 서면으로 그 언론보도 내용에 관한 정정보도를 청구할 수 있다.

④ 청구된 정정보도의 내용이 국가 · 지방자치단체 또는 공공단체의 공개회의와 법원의 공개재판절차의 사실보도에 관한 것인 경우에는 언론사 등은 정정보도 청구를 거부할 수 없다.

해설

경찰관리, 홍보, 언론에 의한 피해의 구제방안, 정정보도청구권 —

① (X) 거부사유, **정당이익 없는 경우** : 피해자가 정정보도청구권을 행사할 **정당한 이익이 없는 경우**에는 언론사등은 정정보도 청구를 **거부할 수 있다.**[♣정당이익 없어도 거부할 수 없다.(X)](언론중재 및 피해구제 등에 관한 법률 제15조 제4항 제1호)〈19 · 22경간 · 15 · 17승진〉

② (X) **발송시한** : 정정보도 청구를 받은 언론사 등의 대표자는 **3일 이내**에 그 수용 여부에 대한 통지를 **청구인에게 발송하여야** 한다.[♣7일 이내 발송하여야(X)](언론중재 및 피해구제 등에 관한 법률 제15조 제2항)〈17 · 19 · 22경간 · 10 · 13 · 15 · 17승진 · 19.2채용〉

③ (○) **청구시한** : "피해자"는 해당 언론보도등이 있음을 **안 날부터 3개월 이내**에 "언론사 등"에 그 언론보도 등의 내용에 관한 정정보도를 청구할 수 있다. 다만, 해당 언론보도등이 **있은 후 6개월이 지났을 때에는 그러하지 아니하다.**(언론중재 및 피해구제 등에 관한 법률 제14조 제1항)〈17 · 20 · 22경간 · 13 · 14 · 15승진 · 19.2 · 21.2채용〉

④ (X) 거부사유, **공개회의등** : 청구된 정정보도의 내용이 국가 · 지방자치단체 또는 공공단체의 **공개회의와** 법원의 **공개재판절차의 사실보도에 관한 것**인 경우에는 언론사등은 정정보도 청구를 **거부할 수 있다.**[♣거부할 수 없다.(X)](언론중재 및 피해구제 등에 관한 법률 제15조 제4항 제5호)〈19 · 22경간 · 13 · 15 · 17승진〉　　정답 ③

06 「언론중재 및 피해구제 등에 관한 법률」에 규정된 내용이다. 아래 ㉠부터 ㉃까지의 내용 중 옳지 않은 것을 모두 고른 것은? 〈17경감〉

> 제15조 제2항 – 정정보도 청구를 받은 언론사 등의 대표자는 ㉠ 7일 이내에 그 수용 여부에 대한 통지를 청구인에게 발송하여야 한다.
> 제15조 제4항 – 다음 각 호의 어느 하나에 해당하는 사유가 있는 경우에는 언론사 등은 정정보도 청구를 거부할 수 있다.
> 1. ㉡ 피해자가 정정보도청구권을 행사할 정당한 이익이 없는 경우
> 2. ㉢ 청구된 정정보도의 내용이 명백히 사실인 경우
> 3. ㉣ 청구된 정정보도의 내용이 명백히 위법한 내용인 경우
> 4. ㉤ 정정보도의 청구가 상업적인 광고만을 목적으로 하는 경우
> 5. ㉥ 청구된 정정보도의 내용이 국가·지방자치단체 또는 공공단체의 비공개회의와 법원의 비공개재판절차의 사실보도에 관한 것인 경우

① ㉠㉢㉥   ② ㉠㉣㉤
③ ㉡㉢㉤   ④ ㉡㉣㉥

해설

경찰관리, 홍보, 언론에 의한 피해의 구제방안, 정정보도청구 –
㉠ (X) **발송시한**: 청구를 받은 언론사의 대표자는 **3일 이내**에 그 수용 여부에 대한 통지를 **청구인에게 발송하여야** 한다.[♣7일 이내 발송하여야(X)](언론에 의한 피해의 구제방안, 정정보도청구권, 행사 / 언론중재 및 피해구제 등에 관한 법률 제15조 제2항)〈10·13·15·17승진〉

– 거부사유 –
㉡ (O) 언론중재 및 피해구제 등에 관한 법률 제15조 제4항, 1호〈15·17승진〉
㉢ (X) **사실(X)**: 청구된 정정보도의 내용이 명백히 **사실과 다른 경우**[♣명백히 사실인 경우(X)](언론에 의한 피해의 구제방안, 정정보도청구권, 거부사유 / 언론중재 및 피해구제 등에 관한 법률 제15조 제4항, 2호)〈17승진〉
㉣ (O) 언론중재 및 피해구제 등에 관한 법률 제15조 제4항, 3호〈15·17승진〉
㉤ (O) 언론중재 및 피해구제 등에 관한 법률 제15조 제4항, 제4호〈15·17승진〉
㉥ (X) **공개회의 등**: 청구된 정정보도의 내용이 국가·지방자치단체 또는 공공단체의 **공개회의**와 법원의 **공개재판절차의 사실보도에 관한 것**인 때[♣비공개회의와 비공개 재판절차의 보도에 관한 것(X)](언론에 의한 피해의 구제방안, 정정보도청구권, 거부사유 / 언론중재 및 피해구제 등에 관한 법률 제15조 제4항, 5호)〈13·15·17승진〉　　**정답** ①

07 다음은 「언론중재 및 피해구제 등에 관한 법률」에 대한 내용이다. 괄호 안에 들어갈 숫자의 총합은?

〈14경위 · 17경간〉

> ㉠ 사실적 주장에 관한 언론보도등이 진실하지 아니함으로 인하여 피해를 입은 자는 당해 언론보도가 있음을 안 날부터 (   )개월 이내에 또는 언론보도가 있은 후 (   )개월 이내에 그 보도내용에 관한 정정보도를 언론사에 청구할 수 있다.
> ㉡ 정정보도 청구를 받은 언론사 등의 대표자는 (   )일 이내에 그 수용 여부에 대한 통지를 청구인에게 발송하여야 한다.
> ㉢ 언론사 등이 정정보도의 청구를 수용할 때에는 지체 없이 피해자 또는 그 대리인과 정정보도의 내용·크기 등에 관하여 협의한 후, 그 청구를 받은 날부터 (   )일 내에 정정보도문을 방송하거나 게재하여야 한다.

① 18 ② 19 ③ 24 ④ 25

해설

경찰관리, 홍보, 언론에 의한 피해의 구제방안, 정정보도청구 −

3 + 6 + 3 + 7 = 19

㉠ **청구시한**: "피해자"는 해당 언론보도등이 있음을 안 날부터 **3개월 이내**에 "언론사등"에 그 언론보도등의 내용에 관한 정정보도를 청구할 수 있다. 다만, 해당 언론보도등이 있은 후 **6개월이 지났을 때에는 그러하지 아니**하다.(언론에 의한 피해의 구제방안, 정정보도청구권, 요건 / 언론중재 및 피해구제 등에 관한 법률 제14조 제1항)〈17경간 · 13 · 14 · 15승진〉

㉡ **발송시한**: 정정보도 청구를 받은 언론사의 대표자는 **3일 이내**에 그 수용 여부에 대한 통지를 **청구인에게 발송하여야** 한다.[♣7일 이내 발송하여야(X)](언론에 의한 피해의 구제방안, 정정보도청구권, 행사 / 언론중재 및 피해구제 등에 관한 법률 제15조 제2항)〈17경간 · 10 · 13 · 15 · 17승진〉

㉢ **방송 · 게재시한**: 언론사등이 정정보도의 청구를 수용할 때에는 지체 없이 피해자 또는 그 대리인과 정정보도의 내용·크기 등에 관하여 협의한 후, 그 청구를 받은 날부터 **7일 내에 정정보도문을 방송하거나 게재**하여야 한다.(언론에 의한 피해의 구제방안, 정정보도청구권, 행사 / 언론중재 및 피해구제 등에 관한 법률 제15조 제3항)〈17경간〉

정답 ②

---

08 「언론중재 및 피해구제 등에 관한 법률」에 관한 설명으로 가장 적절하지 않은 것은? 〈13승진 · 19.2채용〉

① 사실적 주장에 관한 언론보도등이 진실하지 아니함으로 인하여 피해를 입은 자는 해당 언론보도등이 있음을 안 날부터 6개월 이내에 그 내용에 관한 정정보도를 청구할 수 있다.
② 언론등의 보도 또는 매개로 인한 분쟁의 조정·중재 및 침해사항을 심의하기 위하여 언론중재위원회를 둔다.
③ 정정보도는 해당 언론보도등이 있은 후 6개월이 경과하면 청구할 수 없다.
④ 정정보도의 청구를 받은 언론사의 대표자는 3일 이내에 그 수용 여부에 대한 통지를 청구인에게 발송하여야 한다.

경찰관리, 홍보, 언론에 의한 피해의 구제방안 −

① (✕) 정정보도청구, **청구시한**: "피해자"는 해당 언론보도등이 있음을 **안 날부터 3개월 이내**에 "언론사등"에 그 언론보도등의 내용에 관한 정정보도를 청구할 수 있다. 다만, 해당 언론보도등이 **있은 후 6개월이 지났을 때에는 그러하지 아니**하다.[♣안 날부터 6개월 이내(✕)](제14조 제1항)<17경간 · 13 · 14 · 15승진 · 19.2채용>

② (○) 언론중재위원회 설치(언론중재 및 피해구제 등에 관한 법률 제7조 제1항)<15 · 17승진 · 19.2채용>

③ (○) 청구시한(언론중재 및 피해구제 등에 관한 법률 제14조 제1항)<17경간 · 13 · 14 · 15승진 · 19.2채용>

④ (○) 발송시한(언론중재 및 피해구제 등에 관한 법률 제15조 제2항)<17경간 · 10 · 13 · 15 · 17승진 · 19.2채용>

정답 ①

---

09 「언론중재 및 피해구제 등에 관한 법률」상 언론중재위원회에 대한 설명으로 가장 적절하지 않은 것은?

〈17경위〉

① 언론 등의 보도 또는 매개로 인한 분쟁의 조정 · 중재 및 침해사항을 심의하기 위하여 언론중재위원회를 둔다.

② 언론중재위원회에 위원장 1명과 2명 이내의 부위원장 및 3명 이내의 감사를 두며, 각각 언론중재위원 중에서 호선한다.

③ 위원장 · 부위원장 · 감사 및 언론중재위원의 임기는 각각 3년으로 하며, 한 차례만 연임할 수 있다.

④ 언론중재위원회의 회의는 재적위원 과반수의 출석과 출석위원 과반수의 찬성으로 의결한다.

경찰관리, 홍보, 언론에 의한 피해의 구제방안, 언론중재위원회 −

① (○) 설치목적(언론중재 및 피해구제 등에 관한 법률 제7조 제1항)<15 · 17승진 · 19.2채용>

② (✕) **위원장 등**: 중재위원회에 위원장 1인, 2인 이내의 부위원장 및 **2인 이내의 감사**를[♣3인 이내의 감사(✕)] 두며, 각각 **중재위원 중에서 호선**한다.(언론중재 및 피해구제 등에 관한 법률 제7조 제4항)<17승진 · 16.1채용>

③ (○) 임기 등(언론중재 및 피해구제 등에 관한 법률 제7조 제5항)<17승진 · 16.1채용>

④ (○) 의결정족수(언론중재 및 피해구제 등에 관한 법률 제7조 제9항)<15 · 17승진 · 12경간 · 16.1채용>

정답 ②

10 「언론중재 및 피해구제 등에 관한 법률」에 관한 설명 중 가장 적절하지 않은 것은? ⟨16.1 · 18.1채용 · 23승진⟩

① 언론중재위원회에 위원장 1명과 2명 이내의 부위원장 및 3명의 감사를 두며, 각각 언론중재위원 중에서 호선한다.

② 사실적 주장에 관한 언론보도등이 진실하지 아니함으로 인하여 피해를 입는 자는 해당 언론보도등이 있음을 안 날부터 3개월 이내에 언론사, 인터넷뉴스서비스사업자 및 인터넷 멀티미디어 방송사업자에게 그 언론보도등의 내용에 관한 정정보도를 청구할 수 있다. 다만, 행당 언론보도등이 있은 후 6개월이 지났을 때에는 그러하지 아니하다.

③ 언론중재위원회는 40명 이상 90명 이내의 중재위원으로 구성하며, 중재위원은 문화체육부장관이 위촉한다.

④ 피해자가 정정보도청구권을 행사할 정당한 이익이 없는 경우에는 언론사등은 정정보도 청구를 거부할 수 있다.

> **해설**

경찰관리, 홍보관리, 언론에 의한 피해의 구제방안 −

① (×) **언론중재위원회** : 중재위원회에 **위원장 1인, 2인 이내의 부위원장 및 2인 이내의 감사를**[♣3인 이내의 감사(×)] 두며, 각각 **중재위원 중에서 호선**한다.(언론중재 및 피해구제 등에 관한 법률 제7조 제4항) ⟨17 · 23승진 · 16.1 · 18.1채용⟩

② (○) **정정보도청구권**⟨17 · 20 · 22경간 · 13 · 14 · 15 · 23승진 · 19.2 · 21.2채용⟩

③ (○) **언론중재위원회** : 구성(언론중재 및 피해구제 등에 관한 법률 제7조 제3항)⟨23승진 · 16.1채용⟩

④ (○) **정정보도청구권** : 거부사유(언론중재 및 피해구제 등에 관한 법률 제15조 제4항 제1호)⟨19 · 22경간 · 15 · 17 · 23승진⟩   정답 ①

11 언론중재 및 피해구제 등에 관한 법률에 대한 설명 중 옳지 않은 것을 모두 고른 것은? ⟨19경간 · 20승진⟩

가. 정정보도 청구를 받은 언론사 등의 대표자는 3일 이내에 그 수용 여부에 대한 통지를 청구인에게 발송하여야 한다.

나. 피해자가 정정보도청구권을 행사할 정당한 이익이 없는 경우 언론사는 정정보도 청구를 거부할 수 있다.

다. 청구된 정정보도의 내용이 명백히 사실과 다른 경우 언론사는 정정보도 청구를 거부할 수 있다.

라. 청구된 정정보도의 내용이 명백히 위법한 내용인 경우 언론사는 정정보도 청구를 거부할 수 있다.

마. 정정보도의 청구가 공익적인 광고만을 목적으로 하는 경우 언론사는 정정보도 청구를 거부할 수 있다.

바. 청구된 정정보도의 내용이 국가 · 지방자치단체 또는 공공단체의 공개회의와 법원의 비공개재판절차의 사실보도에 관한 것인 경우 언론사는 정정보도 청구를 거부할 수 있다.

① 가, 나, 마   ② 다, 마, 바   ③ 라, 바   ④ 마, 바

해설

경찰관리, 홍보관리, 언론에 의한 피해의 구제방안, 정정보도청구 −

가. (○) 발송시한(언론중재 및 피해구제 등에 관한 법률 제15조 제2항)<17 · 19경간 · 10 · 13 · 15 · 17승진 · 19.2채용>

− **거부사유** −

나. (○) 정당한 이익 없는 경우(언론중재 및 피해구제 등에 관한 법률 제4항 제1호)<19경간 · 15 · 17승진>
다. (○) 사실과 다른 경우(언론중재 및 피해구제 등에 관한 법률 제15조 제4항 제2호)<19경간 · 17승진>
라. (○) 명백한 위법(언론중재 및 피해구제 등에 관한 법률 제15조 제4항 제3호)<19경간 · 17승진>
마. (×) **상업광고목적**: 정정보도의 청구가 **상업적인**[♣공익적인(X)] **광고만을 목적**으로 하는 경우 언론사는 정정보도 청구를 **거부할 수** 있다.(언론중재 및 피해구제 등에 관한 법률 제15조 제4항 제4호)<19경간 · 17승진>
바. (×) **공개회의 등 관련**: 청구된 정정보도의 내용이 국가 · 지방자치단체 또는 공공단체의 **공개회의와** 법원의 **공개재판절차의 사실보도에 관한 것**인 경우[♣비공개 재판절차의 보도에 관한 것(X)]인 경우 언론사는 정정보도 청구를 **거부할 수** 있다.(언론중재 및 피해구제 등에 관한 법률 제15조 제4항 제5호)<19경간 · 13 · 15 · 17승진>

정답 ④

12 경찰관이 언론사를 상대로 정정보도를 청구하려고 한다. 법률과 판례에 따를 때 옳지 않은 것은? <20경간>

① 사실적 주장에 관한 언론보도가 진실하지 아니함으로 피해를 입은 경우 해당 언론보도가 있음을 안 날부터 3개월 이내에 해당 언론사 대표에게 서면으로 그 언론보도 내용에 관한 정정보도를 청구할 수 있다.
② 사실적 주장이란 의견표명에 대치되는 개념으로서 사실적 주장과 의견표명이 혼재할 경우 양자를 구별할 때에는 해당 언론보도의 객관적인 내용과 아울러 해당 언론보도가 게재한 문맥의 보다 넓은 의미나 배경이 되는 사회적 흐름 및 시청자에게 주는 전체적인 인상도 함께 고려하여야 한다.
③ 복잡한 사실관계를 알기 쉽게 단순하게 만드는 과정에서 일부 특정한 사실관계를 압축, 강조하거나 대중의 흥미를 끌기 위해 실제 사실관계에 장식을 가하는 과정에서 다소의 수사적 과장이 있더라도 전체적인 맥락에서 보아 보도내용의 중요 부분이 진실에 합치한다면 그 보도의 진실성은 인정된다.
④ 정정보도를 청구하는 경우에 그 언론사의 고의 · 과실이나 위법성을 필요로 하는 것은 아니며 그 언론사는 언론보도가 진실하다는 것에 대한 증명책임을 부담한다.

해설

경찰관리, 홍보관리, 언론에 의한 피해의 구제방안, 정정보도청구 −

① (○) 청구시한(언론중재 및 피해구제 등에 관한 법률 제14조 제1항 본문)<17 · 20경간 · 13 · 14 · 15승진 · 19.2채용>
② (○) 사실적 주장과 의견표명 구별(대법원 2015다56413 판결 [정정보도등])<20경간>
③ (○) 보도의 진실성 인정요건(대법원 2009다52649 전원합의체 판결 [정정 · 반론])<20경간>
④ (×) **判例)**[증명책임 → 피해자가 부담] 정정보도를 청구하는 경우에 그 언론보도 등이 **진실하지 아니하다는 것에 대한 증명책임**은 그 청구자인 **피해자가 부담**한다.[♣언론사가 부담(X)](대법원 2009다52649 전원합의체 판결)<20경간>

정답 ④

13 「언론중재 및 피해구제 등에 관한 법률」에서 침해구제에 대한 설명으로 가장 적절하지 않은 것은? 〈21.2채용〉

① 사실적 주장에 관한 언론보도등이 진실하지 아니함으로 인하여 피해를 입은 자가 해당 언론보도등이 있음을 안 날부터 3개월 이내에 언론사, 인터넷뉴스서비스사업자 및 인터넷멀티미디어 방송사업자에게 그 언론보도등의 내용에 관한 정정보도를 청구할 수 있다. 다만, 해당 언론보도등이 있은 후 6개월이 지났을 때에는 그러하지 아니하다.

② 「언론중재 및 피해구제 등에 관한 법률」에 따른 정정보도청구등과 관련하여 분쟁이 있는 경우 피해자 또는 언론사등은 중재위원회에 조정을 신청할 수 있다.

③ 당사자 양쪽은 정정보도청구등 또는 손해배상의 분쟁에 관하여 중재부의 종국적 결정에 따르기로 합의하고 중재를 신청할 수 있다. 중재결정은 확정판결과 동일한 효력이 있다.

④ 사실적 주장에 관한 언론보도등으로 인하여 피해를 입은 자는 그 보도 내용에 관한 반론보도를 언론사등에 청구할 수 있다. 반론보도청구는 언론사등의 고의·과실이나 위법성을 필요로 한다.

해설

경찰관리, 홍보관리, 언론에 의한 피해의 구제방안 −

① (○) 정정보도 등, 청구시한(언론중재 및 피해구제 등에 관한 법률 제15조, 제14조 제1항)〈17·20경간·13·14·15승진·19.2·21.2채용〉

② (○) 조정신청(언론중재 및 피해구제 등에 관한 법률 제18조 제1항)〈21.2채용〉

③ (○) 중재(언론중재 및 피해구제 등에 관한 법률 제24조 제1항, 제25조 제1항)〈21.2채용〉

④ (✕) **반론보도, 청구 :** 반론보도의 청구에는 언론사등의 **고의·과실이나 위법성을 필요로 하지 아니하**며, 보도 내용의 **진실 여부와 상관없이** 그 청구를 할 수 있다.[♣고의·과실이나 위법성을 필요(✕)](제16조 제2항)〈09승진·21.2채용〉 정답 ④

---

14 「언론중재 및 피해구제 등에 관한 법률」에 관한 설명 중 가장 적절하지 않은 것은? 〈22.1채용〉

① '정정보도'란 언론의 보도 내용의 전부 또는 일부가 진실하지 아니한 경우 이를 진실에 부합되게 고쳐서 보도하는 것을 말한다.

② 「언론중재 및 피해구제 등에 관한 법률」 제16조 제1항, 제2항에 따르면, 사실적 주장에 관한 언론보도등으로 인하여 피해를 입은 자는 그 보도 내용에 관한 반론보도를 언론사등에 청구할 수 있고, 이러한 청구에는 언론사등의 고의·과실이나 위법성을 필요로 하지 아니하며, 보도 내용의 진실 여부와 상관없이 그 청구를 할 수 있다.

③ 「언론중재 및 피해구제 등에 관한 법률」 제19조 제3항에 따르면, 제2항의 출석요구를 받은 신청인이 2회에 걸쳐 출석하지 아니한 경우에는 조정신청을 취하한 것으로 보며, 피신청 언론사등이 2회에 걸쳐 출석하지 아니한 경우에는 조정신청 취지에 따라 정정보도등을 이행하기로 합의한 것으로 본다.

④ 언론중재위원회는 40명 이상 90명 이내의 중재위원으로 구성하며, 위원장 1명과 2명 이내의 부위원장 및 2명 이내의 감사를 두는데, 위원장·부위원장·감사 및 중재위원의 임기는 각각 3년으로 하며, 연임할 수 없다.

해설

경찰관리, 경찰홍보, 언론에 의한 피해의 구제방안 —

① (○) 정정보도(언론중재 및 피해구제 등에 관한 법률 제2조 제16호)<22.1채용>

② (○) 반론보도청구권(언론중재 및 피해구제 등에 관한 법률 제16조 제2항)<09승진·21.2·22.1채용>

③ (○) 조정(언론중재 및 피해구제 등에 관한 법률 제19조 제3항)<05경정·22.1채용>

④ (✕) 언론중재위원회, **임기 등**: 원장·부위원장·감사 및 중재위원의 **임기는 각각 3년**으로 하며, 한 차례만 **연임할 수** 있다.[♣연임할 수 없다.(X)](언론중재 및 피해구제 등에 관한 법률 제7조 제5항)<17 승진·16.1·22.1채용>   **정답** ④

제7장 경찰에 대한 통제 및 개혁

Ⅰ 경찰통제

1 경찰통제 일반

테마 117 ▶ 통제의 유형 및 그 장치

01 다음 경찰의 사전통제와 사후통제, 내부통제와 외부통제를 구분없이 나열한 것이다. 이 중 사전통제와 내부통제에 관한 것으로 올바르게 짝지어진 것은? <17경간>

〈사전통제와 사후통제〉	
가. 행정절차법에 의한 청문	나. 국회의 입법권
다. 국회의 국정감사·조사권	라. 사법부에 의한 사법심사
마. 국회의 예산 심의권	

〈내부통제와 외부통제〉	
㉠ 국가경찰위원회의 심의·의결	㉡ 감사원에 의한 직무감찰
㉢ 청문감사관 제도	㉣ 경찰청장의 훈령권
㉤ 중앙행정심판위원회의 심리·재결	

① 사전통제: 가, 나   내부통제: ㉠, ㉢

② 사전통제: 나, 다   내부통제: ㉢, ㉣

③ 사전통제: 라, 마   내부통제: ㉡, ㉤

④ 사전통제: 나, 마   내부통제: ㉢, ㉣

해설

경찰관리, 통제 및 개혁, 통제유형 및 그 장치 −

가. 행정절차법에 의한 청문 − 사전통제(통제의 유형 및 그 장치, 사전통제표)<14 · 15 · 17경간 · 10.2채용>

나. 국회의 입법권 − 사전통제(통제의 유형 및 그 장치, 사전통제표)<14 · 17경간 · 01 · 03 · 12.2채용>

다. 국회의 국정감사 · 조사권 − 사후통제(통제의 유형 및 그 장치, 사후통제표)<17경간 · 12.2채용>

라. 사법부에 의한 사법심사 − 사후통제(통제의 유형 및 그 장치, 사후통제표)<15 · 17경간>

마. 국회의 예산 심의권 − 사전통제(통제의 유형 및 그 장치, 사전통제표)<14 · 17경간 · 01 · 03 · 12.2채용>

　／

㉠ 국가경찰위원회의 심의 · 의결 − 외부통제(통제의 유형 및 그 장치, 외부통제)<17경간 · 11.1채용>

㉡ 감사원에 의한 직무감찰 − 외부통제(통제의 유형 및 그 장치, 외부통제)<15 · 17경간 · 01채용>

㉢ 청문감사관 제도 − 내부통제(통제의 유형 및 그 장치, 내부통제)<16승진 · 11 · 17경간 · 11.1채용>

㉣ 경찰청장의 훈령권 − 내부통제(통제의 유형 및 그 장치, 내부통제)<17경간 · 16승진 · 12.2채용>

㉤ 중앙행정심판위원회의 심리 · 재결 − 외부통제(통제의 유형 및 그 장치, 외부통제)<17경간>　　정답 ④

---

02 경찰통제의 유형 중 가장 적절하게 연결된 것은? 〈23승진〉

① 민주적 통제 − 국가경찰위원회, 국민감사청구, 국가배상제도

② 사전통제 − 입법예고제, 국회의 예산심의권, 사법부의 사법심사

③ 외부통제 − 소청심사위원회, 행정소송, 훈령권

④ 사후통제 − 행정심판, 국정 감사 · 조사원, 국회의 예산 결산권

해설

경찰관리, 경찰통제, 통제의 유형 및 그 장치 −

① (✕)　**사법적 통제**: **국가배상제도**[♣민주적 통제(X)]<03 · 23승진 · 03채용>

② (✕)　**사후통제**: 사법심사(**행정소송, 국가배상** 등)[♣사전통제(X)]<15 · 17경간 · 23승진 · 19.1채용>

③ (✕)　**내부통제**: 훈령권[♣외부통제(X)]<17경간 · 16 · 23승진 · 12.2 · 19.1 · 22.1채용>

④ (○)　**사후통제**: 행정심판, 국정 감사 · 조사원, 국회의 예산 결산권<15경간 · 23승진 · 12.2 · 19.1채용>　　정답 ④

---

03 경찰통제의 유형이 가장 바르게 연결된 것은? 〈19.1채용〉

① 내부통제 : 청문감사관 제도, 국가경찰위원회, 직무명령권

② 외부통제 : 국민권익위원회, 소청심사위원회, 국민감사청구제도

③ 사전통제 : 행정예고제, 상급기관의 하급기관에 대한 감독권

④ 사후통제 : 사법부에 의한 사법심사, 국회의 입법권 · 예산심의권

해설

경찰관리, 경찰통제, 통제의 유형 및 그 장치 -

① (×) **외부통제**: 국가경찰위원회는 행정안전부장관 소속으로 외부통제에 해당한다.[♣내부통제(X)]<17경간·11.1·19.1채용>

② (○) 외부통제<15경간·11.1·19.1채용>

③ (×) **행정부의 사후통제**: **상급기관의 감독권(감사권)**, 행정부 내의 **징계책임·행정심판** 등, 감사원의 직무감찰[♣감사권은 사전통제(X)]<15경간·12.2·19.1채용>

④ (×) **국회의 사전통제**: 입법권·예산심의권[♣사후통제(X)]<14·17경간·01·03·12.2·19.1채용> **정답 ②**

---

04 다음 경찰통제의 유형 중 내부적 통제에 해당하는 것은 모두 몇 개인가? 〈23.1채용〉

㉠ 청문감사인권관제도	㉡ 국민권익위원회
㉢ 국가경찰위원회	㉣ 소청심사위원회
㉤ 경찰청장의 훈령권	㉥ 국회의 입법권

① 2개   ② 3개   ③ 4개   ④ 5개

해설

경찰관리, 경찰통제, 통제의 유형 및 그 장치 -

㉠㉤ - 내부통제<17경간·16·23승진·12.2·19.1·22.1·23.1채용>

㉡㉢㉣㉥ - 외부통제<15경간·23.1> **정답 ①**

---

05 경찰통제의 유형에 대한 설명 중 옳은 것은? 〈19경간〉

① 행정절차법, 국회에 의한 예산결산권은 사전통제에 해당한다.

② 경찰청의 감사관, 시·도경찰청의 청문감사담당관, 경찰서의 청문 감사관은 외부통제에 해당한다.

③ 국가인권위원회의 통제는 협의의 행정통제로서 외부통제에 해당한다.

④ 행정안전부장관의 경찰청장과 국가경찰위원회 위원의 임명제청권은 행정통제로서 외부통제에 해당한다.

해설

경찰관리, 경찰통제, 통제의 유형 및 그 장치 -

① (×) 사전통제: 행정절차법, / 사후통제: 국회에 의한 예산결산권[♣사전통제(X)]<17·19경간·12.2채용>

② (×) 내부통제: 경찰청의 감사관, 시·도경찰청의 청문감사담당관, 경찰서의 청문 감사관[♣외부통제제도(X)]<16승진·11·17·19경간·11.1·19.1채용>

③ (×) 외부통제, 광의의 행정통제: 국가인권위원회는 행정부 내에서 독립성을 가진 기관이므로 **광의의 행정통제**에 해당하며 협의의 행정통제에서는 제외된다.[♣협의의 행정통제(X)]<19경간>

④ (○) 행정통제, 외부통제<19경간> **정답 ④**

06 경찰 통제에 대한 설명 중 가장 적절하지 않은 것은? 〈20경위〉

① 18세 이상의 국민은 경찰을 비롯한 공공기관의 사무처리가 법령위반 또는 부패행위로 인하여 공익을 현저히 해하는 경우 200인 이상의 연서로 감사원에 감사를 청구할 수 있다.

② 국가경찰위원회 제도는 경찰의 주요정책 등에 관하여 심의·의결하는 권한을 가지고 있으므로 민주적 통제에 해당하고, 행정안전부 소속으로 외부적 통제에도 해당한다.

③ 청문감사관 제도는 경찰 내부적 통제이다.

④ 행정절차법은 입법예고, 행정예고 등 행정에 대한 사전 통제를 규정하고 있다.

해설

경찰관리, 경찰통제, 통제의 유형 및 그 장치 −

① (✕) 민주통제, **국민감사청구** : 18세 이상의 국민은 경찰을 비롯한 공공기관의 사무처리가 법령위반 또는 부패행위로 인하여 공익을 해치는 경우 **300인 이상의 연서로 감사원에** 감사를 청구할 수 있다.[♣200인 이상의 연서로(X)](부패방지 및 국민권익위원회 설치와 운영에 관한 법률 제72조, 동법시행령 제84조)〈09·20승진〉

② (○) 외부통제〈20승진·17경간·11.1·19.1채용〉

③ (○) 내부통제, **청문감사관 제도**〈16·20승진·11·17·19경간·11.1·19.1채용〉

④ (○) 사전통제〈08·20승진·14·15·17경간·10.2·19.1채용〉　　　　정답 ①

07 경찰통제에 대한 설명으로 가장 적절하지 않은 것은? 〈20.2채용〉

① 국가경찰위원회제도와 국민감사청구제도는 경찰행정에 대하여 국민들의 참여를 보장하는 민주적 통제장치이다.

② 경찰의 위법행위에 대한 국가배상판결이나 행정심판에 의한 통제는 사법통제이며, 국가인권위원회와 국민권익위원회에 의한 통제는 행정통제이다.

③ 상급기관이 갖는 훈령권·직무명령권은 하급기관의 위법이나 재량권 행사의 오류를 시정할 수 있는 내부적 통제장치이다.

④ 국회가 갖는 입법권과 예산심의권은 사전통제에 해당하나 예산결산권과 국정감사·조사권은 사후통제에 해당한다.

해설

경찰관리, 경찰통제, 통제의 유형 및 그 장치 −

① (○) 민주적 통제장치〈20.2채용〉

② (✕) **행정통제(행정부)** : 행정심판[♣사법통제(X)], 국가인권위원회, 국민권익위원회, 대통령, 행정안전부 장관 등의 통제〈20.2채용〉

③ (○) 내부적 통제장치〈17경간·16승진·12.2·19.1채용〉

④ (○) 사전통제 / 사후통제 비교〈14·15·17경간·10.2·19.1·20.2채용〉　　　　정답 ②

08 경찰통제에 관한 설명 중 가장 적절하지 않은 것은? 〈21.2채용〉

① 국회는 입법권과 예산심의권을 통해 경찰을 사전 통제할 수 있다.

② 「부패방지 및 국민권익위원회의 설치와 운영에 관한 법률」 및 동법 시행령에 따르면, 18세 이상의 국민은 경찰 등 공공기관의 사무처리가 법령위반 또는 부패행위로 인하여 공익을 현저히 해하는 경우, 100명 이상의 국민의 연서로 감사원에 감사를 청구할 수 있다.

③ 상급자의 하급자에 대한 직무명령권은 내부적 통제의 일환이다.

④ 경찰의 위법한 처분에 대한 행정소송제도는 사법통제로서 외부적 통제장치이다.

해설

경찰관리, 경찰통제, 통제의 유형 및 그 장치 −

① (○) 사전통제 : 국회<14·17경간·01·03·12.2·19.1·20.2·22.1채용>

② (✕) 민주통제, **국민감사청구 제도** : 18세 이상의 국민은 경찰을 비롯한 공공기관의 사무처리가 법령위반 또는 부패행위로 인하여 공익을 해치는 경우 **300인 이상의 연서로 감사원에** 감사를 청구할 수 있다.[♣100인 이상 연서(✕)](부패방지 및 국민권익위원회 설치와 운영에 관한 법률 제72조, 동법 시행령 제84조)<09승진·22.1채용>

③ (○) 내부통제 : **훈령권·직무명령권**<17경간·16승진·12.2·19.1·22.1채용>

④ (○) 외부통제 : **행정소송(무효, 취소), 국가배상소송(배상) 등**<15경간·22.1채용>   정답 ②

− 경찰감찰규칙

01 「경찰 감찰 규칙」에 대한 설명으로 가장 적절한 것은? 〈11경위·17.1채용〉

① 감찰관은 심야(오후 10시부터 오전 6시까지를 말한다.)에 조사를 하여서는 아니 된다. 이에 불구하고, 감찰관은 조사대상자 또는 그 변호인의 심야조사 요청이 있는 경우에는 예외적으로 심야조사를 할 수 있다. 이 경우 심야조사의 사유를 조서에 명확히 기재하여야 한다.

② 감찰관은 소속 경찰기관의 관할구역 안에서 활동하여야 한다. 다만, 상급 경찰기관의 장의 지시가 있는 경우에는 관할구역 밖에서도 활동할 수 있다.

③ 감찰관은 검찰·경찰, 그 밖의 수사기관으로부터 수사개시 통보를 받은 경우에는 징계의결요구권자의 결재를 받아 해당 기관으로부터 수사결과의 통보를 받을 때까지 감찰조사, 징계의결요구 등의 절차를 진행해야 한다.

④ 감찰관은 감찰조사를 실시하기 전에 조사대상자에게 의무위반행위 사실의 요지를 알릴 수 없지만, 조사대상자에게 일정한 사람(다른 감찰관, 변호인 등)의 참여나 동석을 신청할 수 있다는 사실을 고지하여야 한다.

해설

경찰관리, 경찰통제, 통제의 유형 및 그 장치, 내부통제, 감찰규칙 −

① (✕) **심야조사금지**: 감찰관은 **심야**(자정부터 오전 6시까지를 말한다.)에 조사를 하여서는 아니 된다. 이에 불구하고, 감찰관은 조사대상자 또는 그 변호인의 심야조사 **요청이 있는 경우**에는 예외적으로 심야조사를 할 수 있다. 이 경우 심야조사의 사유를 조서에 명확히 기재하여야 한다.[♣심야 − 오후 10시부터 오전 6시까지(✕)](통제의 유형 및 그 장치, 내부통제, 경찰 감찰 규칙表, 심야조사금지 / 경찰 감찰 규칙 제32조 제1항, 제2항)<12·14·16·17승진·13.2·16.2·17.1채용>

② (○) 관할(경찰감찰규칙 제12조)<16·17승진·13.2·17.1채용>

③ (✕) **기관통보사건처리**: 감찰관은 검찰·경찰, 그 밖의 수사기관으로부터 **수사개시 통보를 받은 경우**에는 징계의결요구권자의 결재를 받아 해당 기관으로부터 수사결과의 통보를 받을 때까지 **감찰조사, 징계의결요구 등의 절차를 진행하지 아니 할 수** 있다.[♣진행해야 한다.(✕)](경찰감찰규칙 제36조 제2항)<12·19승진·17.1채용>

④ (✕) **조사 전 고지**: 감찰관은 감찰조사를 실시하기 전에 조사대상자에게 의무위반행위 사실의 요지를 알려야 한다. 이 경우 감찰관은 조사대상자에게 일정한 사람의 참여나 동석을 신청할 수 있다는 사실을 고지하여야 한다.[♣알릴 수 없지만(✕)](경찰감찰규칙 제29조 제1항, 제2항)<17.1채용>

정답 ②

02 「경찰 감찰 규칙」에 대한 설명 중 가장 적절하지 않은 것은? <16·17승진·13.2채용>

① 직무와 관련한 금품 및 향응 수수, 공금횡령·유용, 「성폭력범죄의 처벌 등에 관한 특례법」에 따른 성폭력범죄로 징계처분을 받은 사람은 감찰관이 될 수 없다.
② 감찰관은 직무상 '조사를 위한 출석, 질문에 대한 답변 및 진술서 제출, 증거품 등 자료 제출, 현지조사의 협조'의 요구를 할 수 있다. 소속공무원은 감찰관으로부터 이러한 요구를 받은 때에는 정당한 사유가 없는 한 그 요구에 응하여야 한다.
③ 감찰관은 다른 경찰기관 또는 검찰, 감사원 등 다른 행정기관으로부터 통보받은 소속직원의 의무위반 행위에 대해서는 통보받은 날로부터 2개월 이내에 신속히 처리하여야 한다.
④ 감찰관은 소속 경찰기관의 관할구역 안에서 활동하여야 한다. 다만, 상급 경찰기관의 장의 지시가 있는 경우에는 관할구역 밖에서도 활동할 수 있다.

해설

경찰관리, 경찰통제, 통제의 유형 및 그 장치, 내부통제, 감찰규칙 −

① (○) 감찰관 결격사유(경찰감찰규칙 제5조 제1호)<16·17승진>
② (○) 자료제출요구 등(경찰 감찰 규칙 제17조 제1항, 제2항)<16·18승진>
③ (✕) **기관통보사건처리**: 감찰관은 **다른 경찰기관 또는 검찰, 감사원 등 다른 행정기관으로부터 통보받은 소속공무원의 의무위반행위**에 대해서는 **통보받은 날로부터 1개월 이내에 신속히 처리하여야** 한다.[♣통보받은 날로부터 2개월 이내 처리(✕)](경찰 감찰 규칙 제36조 제1항)<14·17승진·13.2채용>
④ (○) 관할(경찰감찰규칙 제12조)<16·17승진·13.2·17.1채용>

정답 ③

03 「경찰 감찰 규칙」에 대한 설명으로 가장 적절하지 않은 것은? 〈12·17경감〉

① 감찰관은 감찰조사를 실시하기 전에 조사대상자에게 의무위반행위 사실의 요지를 알려야 한다. 이 경우 감찰관은 조사대상자에게 일정한 사람의 참여나 동석을 신청할 수 있다는 사실을 고지하여야 한다.

② 경찰기관의 장은 소속경찰기관장의 지시에 따라 소속 감찰관으로 하여금 일정기간 동안 다른 경찰기관의 소속 직원의 복무실태, 업무추진 실태 등을 점검하게 할 수 있다.

③ 감찰관은 검찰·경찰, 그 밖의 수사기관으로부터 수사개시 통보를 받은 경우에는 징계의결요구권자의 결재를 받아 해당 기관으로부터 수사결과의 통보를 받을 때까지 감찰조사, 징계의결요구 등의 절차를 진행하지 아니 할 수 있다.

④ 감찰관은 심야(자정부터 오전 6시까지를 말한다.)에 조사를 하여서는 아니 된다. 이에 불구하고, 감찰관은 조사대상자 또는 그 변호인의 심야조사 요청이 있는 경우에는 예외적으로 심야조사를 할 수 있다. 이 경우 심야조사의 사유를 조서에 명확히 기재하여야 한다.

해설

경찰관리, 경찰통제, 통제의 유형 및 그 장치, 내부통제, 감찰규칙 −

① (○) 조사 전 고지(경찰감찰규칙 제29조 제1항, 제2항)〈12승진·17.1채용〉

② (×) **교류감찰**: 경찰기관의 장은 **상급 경찰기관장의 지시**에 따라[♣소속경찰기관장의 지시에 따라(X)] 소속 감찰관으로 하여금 일정기간 동안 다른 경찰기관의 소속 직원의 복무실태, 업무추진 실태 등을 점검하게 할 수 있다.(경찰 감찰 규칙 제14조)〈14·17·19승진·13.2·16.2채용〉

③ (○) 기관통보사건 처리(경찰 감찰 규칙 제36조 제2항)〈12·19승진·17.1채용〉

④ (○) 심야조사금지(경찰 감찰 규칙 제32조 제1항, 제2항)〈12·14·16·17승진·13.2·16.2·17.1채용〉　　**정답** ②

---

04 「경찰 감찰 규칙」에 대한 설명으로 가장 적절한 것은? 〈18경감〉

① 감찰관은 소속공무원등의 의무위반사실에 대한 민원을 접수한 경우 접수일로부터 2개월 내에 신속히 처리하여야 한다. 다만, 부득이한 사유로 민원을 기한 내에 처리할 수 없을 때에는 소속 경찰기관의 감찰부서장에게 보고하여 그 처리 기간을 연장할 수 있다.

② 감찰관은 직무상 증거품 등 자료 제출, 현지조사의 협조 등의 요구를 할 수 있다. 소속공무원은 감찰관으로부터 그러한 요구를 받은 때에는 정당한 사유가 없더라도 그 요구에 응하지 않을 수 있다.

③ 감찰관은 감찰조사를 위해서 '조사대상자'의 출석을 요구할 때에는 조사기일 2일 전까지 출석요구서 또는 구두로 조사일시, 의무위반행위사실 요지 등을 통지하여야 한다. 다만, 사안이 급박한 경우 또는 조사대상자의 요청이 있는 경우에는 즉시 조사에 착수할 수 있다.

④ 감찰관의 의무위반행위 중 직무와 관련된 금품 및 향응 수수, 공금횡령·유용, 성폭력범죄에 한하여 「경찰공무원 징계령 세부시행규칙」의 징계양정에 정한 기준보다 가중하여 징계조치한다.

해설

경찰관리, 내부통제, 감찰규칙 −

① (○) **처리기한**(경찰 감찰 규칙 제35조 제1항)<12 · 14 · 16 · 18승진 · 13.2 · 16.2채용>

② (✕) **자료제출요구 등** : 감찰관은 직무상 '조사를 위한 출석, 질문에 대한 답변 및 진술서 제출, 증거품 등 자료 제출, 현지조사의 협조'의 요구를 할 수 있다. 소속공무원은 감찰관으로부터 제1항에 따른 요구를 받은 때에는 정당한 사유가 없는 한 그 **요구에 응하여야** 한다.[♣정당한 사유가 없더라도 감찰관의 요구에 응하지 않을 수(✕)](경찰 감찰 규칙 제17조 제1항, 제2항)<16 · 18승진>

③ (✕) **출석요구** : 감찰관은 감찰조사를 위해서 '조사대상자'의 출석을 요구할 때에는 **조사기일 3일 전까지 출석요구서 또는 구두로 조사일시, 의무위반행위사실 요지 등을 통지하여야** 한다. 다만, 사안이 급박한 경우 또는 조사대상자의 요청이 있는 경우에는 즉시 조사에 착수할 수 있다.[♣2일 전까지(✕)](경찰 감찰 규칙 제25조 제1항)<16 · 18승진>

④ (✕) **감찰관 징계** : 감찰관의 의무위반행위에 대해서는 「경찰공무원 징계령 세부시행규칙」의 징계양정에 정한 기준보다 **가중하여 징계조치**한다.[♣직무와 관련된 금품 및 향응 수수, 공금횡령 · 유용, 성폭력범죄에 한하여(✕)](경찰 감찰 규칙 제40조 제2항)<18승진>   **정답** ①

05 「경찰감찰 규칙」상 감찰활동에 대한 설명 중 가장 적절하지 않은 것은? 〈20경위〉

① 감찰관은 직무상 조사를 위한 출석, 질문에 대한 답변 및 진술서 제출, 증거품 등 자료 제출, 현지조사의 협조를 요구할 수 있다.

② ①과 같은 요구를 받은 소속 공무원은 정당한 사유가 없는 한 그 요구에 응하여야 한다.

③ 감찰관은 다른 경찰기관 또는 검찰, 감사원 등 다른 행정기관으로부터 통보받은 소속공무원의 의무위반행위에 대해서는 통보받은 날로부터 1개월 이내에 신속히 처리하여야 한다.

④ 감찰관은 심야(오후 10시부터 오전 6시까지를 말한다)에 조사를 하여서는 아니 된다.

해설

경찰관리, 내부통제, 감찰규칙 −

① (○) 자료제출요구 등(경찰 감찰 규칙 제17조 제1항)<16 · 18 · 20승진>

② (○) 자료제출요구 등, 협조의무(경찰 감찰 규칙 제17조 제2항)<16 · 18 · 20승진>

③ (○) 기관통보사건(경찰 감찰 규칙 제36조 제1항)<14 · 17 · 20승진 · 13.2채용>

④ (✕) **심야조사금지** : 감찰관은 **심야(자정부터 오전 6시까지**를 말한다)에 조사를 하여서는 아니 된다.
[♣오후 10시부터 오전 6시까지(✕)](제32조 제1항)<12 · 14 · 16 · 17 · 20승진 · 13.2 · 16.2 · 17.1채용> **정답** ④

06 「경찰 감찰 규칙」에 의한 감찰활동에 대한 설명으로 가장 적절하지 않은 것은? 〈19경위〉

① 경찰기관의 장은 상급 경찰기관장의 지시에 따라 소속 감찰관으로 하여금 일정기간 동안 다른 경찰기관의 소속 직원의 복무실태, 업무추진 실태 등을 점검하게 할 수 있다.

② 감찰관은 감찰조사를 위해서 '조사대상자'의 출석을 요구할 때에는 조사기일 3일 전까지 출석요구서 또는 구두로 조사일시, 의무위반행위사실 요지 등을 통지하여야 한다. 다만, 사안이 급박한 경우 또는 조사대상자의 요청이 있는 경우에는 즉시 조사에 착수할 수 있다.

③ 감찰관은 소속공무원의 의무위반행위에 관한 단서(현장인지, 진정·탄원 등을 포함)를 수집·접수한 경우 소속 경찰기관의 감찰부서장에게 보고하여야 한다. 감찰부서장은 보고를 받은 경우 감찰 대상으로서의 적정성을 검토한 후 감찰활동 착수 여부를 결정하여야 한다.

④ 감찰관은 검찰·경찰, 그 밖의 수사기관으로부터 수사개시 통보를 받은 경우에는 징계의결요구권자의 결재를 받아 해당 기관으로부터 수사결과의 통보를 받을 때까지 감찰조사, 징계의결요구 등의 절차를 진행해서는 아니 된다.

해설

경찰관리, 내부통제, 감찰규칙 −

① (○) 교류감찰(경찰 감찰 규칙 제14조)〈14·17·19승진·13.2·16.2채용〉

② (○) 출석요구(경찰 감찰 규칙 제25조 제1항)〈16·18·19승진〉

③ (○) 감찰 활동의 착수(경찰 감찰 규칙 제15조 제1항, 제2항)〈19승진〉

④ (✕) **기관통보사건 처리** : 감찰관은 검찰·경찰, 그 밖의 수사기관으로부터 **수사개시 통보를 받은 경우에는 징계의결요구권자의 결재를 받아** 해당 기관으로부터 수사결과의 통보를 받을 때까지 **감찰조사, 징계의결요구 등의 절차를 진행하지 아니 할 수** 있다.[♣진행해서는 아니 된다.(✕)](경찰 감찰 규칙 제36조 제2항)〈12·19승진·17.1채용〉　　　　　정답 ④

---

07 「경찰 감찰 규칙」에 대한 설명으로 가장 적절하지 않은 것은? 〈21승진〉

① 감찰관은 소속 경찰기관의 관할구역 안에서 활동하여야 하나, 상급 경찰기관의 장의 지시가 있는 경우에는 관할구역 밖에서도 활동할 수 있다.

② 감찰관은 소속공무원의 의무위반행위에 관한 단서(현장인지, 진정·탄원 등을 포함한다)를 수집·접수한 경우 소속 경찰기관의 감찰부서장에게 보고하여야 한다.

③ 경찰기관의 장은 감찰관이 제5조에 따른 결격사유에 해당되는 것으로 밝혀졌을 경우와 제7조 제1항 각 호의 어느 하나에 해당하는 경우를 제외하고는 3년 이내에 본인의 의사에 반하여 전보하여서는 아니 된다. 다만, 승진 등 인사관리상 필요한 경우에는 그러하지 아니하다.

④ 경찰기관의 장은 1년 이상 성실히 근무한 감찰관에 대해서는 희망부서를 고려하여 전보한다.

경찰관리, 내부통제, 감찰규칙 −

① (○) 관할(경찰감찰규칙 제12조)<16 · 17 · 21승진 · 13.2 · 17.1채용>

② (○) 감찰활동 착수(경찰 감찰 규칙 제15조 제1항)<19 · 21승진>

③ (X) **감찰관신분보장**: 경찰기관의 장은 감찰관이 제5조에 따른 결격사유에 해당되는 것으로 밝혀졌을 경우와 일정한 경우를 제외하고는 **2년 이내에 본인의 의사에 반하여 전보하여서는 아니 된다.** 다만, 승진 등 인사관리상 필요한 경우에는 그러하지 아니하다.[♣3년 이내(X)](제7조 제1항)<21승진>

④ (○) 감찰관신분보장(경찰감찰규칙 제7조 제2항)<16 · 17 · 21승진 · 16.2채용> 　　**정답** ③

---

08 「경찰 감찰 규칙」상 감찰활동에 대한 설명으로 가장 적절하지 않은 것은? <21경간>

① 경찰기관의 장은 의무위반행위가 자주 발생하거나 그 발생 가능성이 높다고 인정되는 시기, 업무분야 및 경찰관서 등에 대하여는 일정기간 동안 전반적인 조직관리 및 업무추진 실태등을 집중 점검할 수 있다.

② 감찰관은 소속공무원의 의무위반행위에 관한 단서(현장인지, 진정 · 탄원 등을 포함한다)를 수집 · 접수한 경우 소속 경찰기관의 장에게 보고하여야 한다.

③ 감찰관은 직무상 조사를 위한 출석, 질문에 대한 답변 및 진술서 제출, 증거품 등 자료 제출, 현지조사의 협조를 요구할 수 있다.

④ 경찰기관의 장은 상급 경찰기관의 장의 지시에 따라 소속 감찰관으로 하여금 일정기간 동안 다른 경찰기관 소속 직원의 복무실태, 업무추진실태 등을 점검하게 할 수 있다.

경찰관리, 내부통제, 감찰규칙 −

① (○) **특별감찰**: 「경찰 감찰 규칙」 제13조<21경간 · 11 · 16승진>

② (X) **감찰활동의 착수**: 감찰관은 소속공무원의 의무위반행위에 관한 **단서**(현장인지, 진정 · 탄원 등을 포함)를 **수집 · 접수한 경우** 소속 경찰기관의 **감찰부서장에게 보고하여야** 한다.[♣소속 경찰기관장에게(X)](경찰 감찰 규칙 제15조 제1항)<21경간 · 19 · 21승진>

③ (○) **자료제출 요구 등**: 경찰 감찰 규칙 제17조 제1항<21경간 · 16 · 18승진>

④ (○) **교류감찰**: 경찰 감찰 규칙 제14조<21경간 · 14 · 17 · 19승진 · 13.2 · 16.2채용> 　　**정답** ②

09 「경찰 감찰 규칙」에 관한 설명으로 가장 적절하지 않은 것은? 〈23.2채용〉

① "감찰"이란 복무기강 확립과 경찰행정의 적정성을 확보하기 위해 경찰기관 또는 소속공무원의 제반 업무와 활동 등을 조사·점검·확인하고 그 결과를 처리하는 감찰관의 직무활동을 말한다.

② 감찰부서장은 소속 감찰관에 대하여 감찰관 보직 후 3년마다 적격심사를 실시하여 인사를 반영하여야 한다.

③ 경찰기관의 장은 의무위반행위가 자주 발생하거나 그 발생 가능성이 높다고 인정되는 시기, 업무분야 및 경찰서 및 경찰관서 등에 대하여는 일정기간 동안 전반적인 조직관리 및 업무추진 실태 등을 집중 점검할 수 있다.

④ 감찰관은 감찰관 본인이 의무위반행위로 인해 감찰대상이 된때에는 당해 감찰직무(감찰조사 및 감찰 업무에 대한 지휘를 포함한다.)에서 제척된다.

> **해설**
>
> 경찰관리, 경찰에 대한 통제, 내부통제, 경찰감찰규칙 −
> ① (○) **정의**: "감찰"(경찰감찰규칙 제2조 제2호)〈23.2채용〉
> ② (×) **감찰관 적격심사**: 경찰기관의 장은 소속 감찰관에 대하여 감찰관 보직 후 **2년마다**[♣3년마다 (X)] **적격심사를 실시**하여 인사에 반영**하여야** 한다.(경찰감찰규칙 제8조 제1항)〈23.2채용〉
> ③ (○) **특별감찰**: 경찰감찰규칙 제13조〈21경간·11·16승진·23.2채용〉
> ④ (○) **제척**: 경찰감찰규칙 제9조 제1호〈23.2채용〉   정답 ②

− 경찰청 감사규칙

01 「경찰청 감사 규칙」상 감사결과의 조치기준과 그 내용을 연결한 것으로 가장 적절한 것은? 〈18경감〉

① 개선 요구 − 감사결과 문제점이 인정되는 사실이 있어 그 대안을 제시하고 피감사기관의 장 등으로 하여금 개선방안을 마련하도록 할 필요가 있는 경우

② 권고 − 감사결과 법령상·제도상 또는 행정상 모순이 있거나 그 밖에 개선할 사항이 있다고 인정되는 경우

③ 변상명령 − 감사결과 위법 또는 부당하다고 인정되는 사실이 있어 추징·회수·환급·추급 또는 원상복구 등이 필요하다고 인정되는 경우

④ 통보 − 감사결과 비위 사실이나 위법 또는 부당하다고 인정되는 사실이 있으나 징계 또는 문책 요구, 시정 요구, 경고·주의, 개선 요구, 권고를 하기에 부적합하여 피감사기관 또는 부서에서 자율적으로 처리할 필요가 있다고 인정되는 경우

해설

경찰관리, 경찰에 대한 통제, 내부통제, 경찰청 감사규칙 −

① (X) **권고**: 감사결과 문제점이 인정되는 사실이 있어 그 대안을 제시하고 피감사기관의 장 등으로 하여금 개선방안을 마련하도록 할 필요가 있는 경우[♣개선요구(X)](통제의 유형 및 그 장치, 내부통제, 경찰청 감사표, 감사결과조치기준 / 경찰청 감사 규칙 제10조 제5호)<18승진·15경간·22.1채용>

② (X) **개선 요구**: 감사결과 **법령상·제도상 또는 행정상 모순**이 있거나 그 밖에 **개선할 사항**이 있다고 인정되는 경우[♣권고(X)](통제의 유형 및 그 장치, 내부통제, 경찰청 감사표, 감사결과조치기준 / 경찰청 감사 규칙 제10조 제4호)<18승진·15경간·22.1채용>

③ (X) **시정 요구**: 감사결과 위법 또는 부당하다고 인정되는 사실이 있어 추징·회수·환급·추급 또는 원상복구 등이 필요하다고 인정되는 경우[♣변상명령(X)](통제의 유형 및 그 장치, 내부통제, 경찰청 감사표, 감사결과조치기준 / 경찰청 감사 규칙 제10조 제2호)<18승진·15경간>

④ (◯) 감사결과조치기준(「경찰청 감사 규칙」 제10조 제6호)<18승진>   **정답** ④

---

02 「경찰청 감사 규칙」상 감사결과의 조치기준에 대한 설명으로 옳은 것을 모두 고른 것은? 〈20경감〉

> ㉠ 시정 요구 − 감사결과 법령상·제도상 또는 행정상 모순이 있거나 그 밖에 개선할 사항이 있다고 인정되는 경우
> ㉡ 권고 − 감사결과 문제점이 인정되는 사실이 있어 그 대안을 제시하고 피감사기관의 장 등으로 하여금 개선방안을 마련하도록 할 필요가 있는 경우
> ㉢ 징계 또는 문책 요구 − 국가공무원법과 그 밖의 법령에 규정된 징계 또는 문책 사유에 해당하거나 정당한 사유 없이 자체감사를 거부하거나 자료의 제출을 게을리한 경우
> ㉣ 변상명령 − 감사결과 위법 또는 부당하다고 인정되는 사실이 있어 추징·회수·환급·추급 또는 원상복구 등이 필요하다고 인정되는 경우

① ㉠㉡   ② ㉡㉢   ③ ㉠㉢   ④ ㉢㉣

해설

경찰관리, 경찰에 대한 통제, 내부통제, 경찰청 감사규칙 −

㉠ (X) **개선 요구**: 감사결과 **법령상·제도상 또는 행정상 모순**이 있거나 그 밖에 **개선할 사항**이 있다고 인정되는 경우[♣시정 요구(X)](제10조 제4호)<18승진·15경간·22.1채용>

㉡ (◯) 권고(경찰청 감사 규칙 제10조 제5호)<18승진·15경간·22.1채용>

㉢ (◯) 징계 또는 문책요구(경찰청 감사 규칙 제10조 제1호)<20승진>

㉣ (X) **시정 요구**: 감사결과 위법 또는 부당하다고 인정되는 사실이 있어 추징·회수·환급·추급 또는 **원상복구** 등이 필요하다고 인정되는 경우[♣변상명령(X)](제10조 제2호)<18·20승진·15경간>

                                                            정답 ②

---

03 「경찰청 감사 규칙」에 대한 설명으로 가장 적절한 것은? 〈18.3채용〉

① 특정한 정책·사업·조직·기능 등에 대한 경제성·능률성·효과성의 분석과 평가를 위주로 실시하는 감사를 특정감사라고 한다.

② 징계처분을 받은 날부터 3년이 지나지 아니한 사람과 그 밖에 경찰청장 또는 시·도경찰청장이 감사담당자로서 부적당하다고 인정하는 사람은 감사담당자가 될 수 없다.

③ 감사관은 감사결과 위법 또는 부당하다고 인정되는 사실이 있으나 그 정도가 징계 또는 문책사유에 이르지 아니할 정도로 경미하거나, 피감사기관 또는 부서에 대한 제재가 필요한 경우 경고·주의조치를 할 수 있다.

④ 경찰청 소속 직원이 업무상의 지도·확인·점검 등을 목적으로 부속 또는 하급 경찰기관을 방문하고자 할 때에는 미리 경찰청장의 승인을 받아야 한다.

해설

경찰관리, 경찰에 대한 통제, 내부통제, 경찰청 감사규칙 −

① (✕) **성과감사**: 특정한 정책·사업·조직·기능 등에 대한 **경제성·능률성·효과성의 분석과 평가를 위주**로 실시하는 감사[♣특정감사(X)](통제의 유형 및 그 장치, 내부통제, 경찰청 감사표, 감사종류 / 경찰청 감사 규칙 제4조 제1항 제4호)〈18.3채용〉

② (✕) 감사담당자가 될 수 없는 사람: 1. 징계처분을 받은 날부터 **3년이 지나지 아니한** 사람, 2. 그 밖에 **경찰청장이** 감사담당자로서 **부적당하다고 인정**하는 사람[♣시·도경찰청장이(X)](통제의 유형 및 그 장치, 내부통제, 경찰청 감사표, 감사담당자 자격 / 경찰청 감사 규칙 제4조 제2항)〈18.3채용〉

③ (✕) **경고·주의**: 감사결과 위법 또는 부당하다고 인정되는 사실이 있으나 그 정도가 징계 또는 문책사유에 이르지 아니할 정도로 **경미**하거나, 피감사기관 또는 부서에 대한 **제재가 필요**한 경우 경고 주의조치를 하여야 한다.[♣할 수(X)](통제의 유형 및 그 장치, 내부통제, 경찰청 감사표, 감사결과 조치기준 / 경찰청 감사 규칙 제10조 제3호)〈15경간·18.3·22.1채용〉

④ (○) 지도방문(경찰청 감사 규칙 제7조 제1항)〈18.3채용〉   정답 ④

04 「경찰청 감사 규칙」상 감사결과의 처리기준에 관한 설명 중 옳은 것은 모두 몇 개인가? 〈22.1채용〉

㉠ 변상명령: 감사결과 경미한 지적사항으로서 현지에서 즉시 시정·개선조치가 필요한 경우

㉡ 경고·주의: 감사결과 위법 또는 부당하다고 인정되는 사실이 있으나 그 정도가 징계 또는 문책 사유에 이르지 아니할 정도로 경미하거나, 피감사기관 또는 부서에 대한 제재가 필요한 경우

㉢ 시정 요구: 감사결과 법령상·제도상 또는 행정상 모순이 있거나 그 밖에 개선할 사항이 있다고 인정되는 경우

㉣ 개선요구: 감사결과 문제점이 인정되는 사실이 있어 그 대안을 제시하고 피감사기관의 장 등으로 하여금 개선방안을 마련하도록 할 필요가 있는 경우

---

① 0개   ② 1개   ③ 2개   ④ 3개

해설

경찰관리, 경찰에 대한 통제, 내부통제, 경찰청 감사규칙 −

㉠ (✕) **현지조치**: 감사결과 경미한 지적사항으로서 **현지에서 즉시 시정·개선**조치가 필요한 경우[♣변상명령(✕)](제10조 제9호)〈22.1채용〉

㉡ (○) 경고·주의(제10조 제3호)〈15경간·18.3·22.1채용〉

㉢ (✕) **개선 요구**: 감사결과 **법령상·제도상 또는 행정상 모순**이 있거나 그 밖에 **개선할 사항**이 있다고 인정되는 경우[♣시정 요구(✕)](제10조 제4호)〈18승진·15경간·22.1채용〉

㉣ (✕) **권고**: 감사결과 문제점이 인정되는 사실이 있어 그 **대안을 제시**하고 피감사기관의 장 등으로 하여금 개선**방안**을 마련하도록 할 필요가 있는 경우[♣개선요구(✕)](제10조 제5호)〈18승진·15경간·22.1채용〉 　　**정답** ②

---

05 | 범죄학

테마 118 ▶ 범죄의 개념   제1장

01 화이트칼라범죄(white-collar crimes)에 관한 설명으로 가장 적절하지 않은 것은? 〈23.1채용〉

① 초기 화이트칼라범죄를 정의한 학자는 서덜랜드(Sutherland)이다.

② 화이트칼라범죄는 직업활동과 관련하여 높은 지위를 가지고 있는 사람에 의해 저질러지는 범죄이다.

③ 일반적으로 살인·강도·강간범죄는 화이트칼라

④ 화이트칼라범죄는 상류계층의 경제범죄에 대한 사회적 심각성을 연구하는 과정에서 등장한 개념이다.

> **해설**

범죄학, 범죄의 의의, 해악기준의 개념 ㅡ

①②④ (○) 화이트 칼라범죄의 범죄성〈23.1채용〉

③ (X) **화이트 칼라범죄** 예: 횡령, 배임, 뇌물죄 등[♣살인, 강도, 강간(X)]〈23.1채용〉   정답 ③

테마 119 ▶ 범죄의 원인

01 범죄원인론에 대한 설명으로 가장 적절하지 않은 것은? 〈18경감〉

① 범인성 소질은 부모로부터 자식에 전해지는 선천적인 유전물질과 후천적 발전요소(체질과 성격의 이상, 연령, 지능 등) 등에 의하여 형성된다.

② 범죄를 부추기는 가치관으로의 사회화나 범죄에 대한 구조적·문화적 유인에 대한 자기통제의 상실을 범죄의 원인으로 보는 이론은 문화적 전파이론이다.

③ Shaw & Macay의 '사회해체' 개념에 대비해 Hirshi는 이를 '사회적 분화'라는 개념으로 설명하며 개인의 학습을 '사회적 학습'이라고 규정하였다.

④ Miller는 범죄는 하위문화의 가치와 규범이 정상적으로 반영된 것이라고 하였다.

> **해설**

범죄학, 범죄의 원인 ㅡ

① (○) 범죄원인론, 소질과 환경, 범인성 소질〈18승진〉

② (○) 사회구조이론, 문화적 전파이론표〈09·18승진·14경간·07·10채용〉

③ (X) 사회과정이론, 사회학습이론, **차별적 접촉이론**: 쇼와 맥케이의 '사회해체' 개념에 대비해 **서덜랜드**는[♣Hirshi(X)] 이를 '사회적 분화'라는 개념으로 설명하며 개인의 학습을 '사회적 학습'이라고 규정하였다.〈18승진〉

④ (○) 사회구조이론, 하위문화이론, Miller〈18승진〉   정답 ③

02 범죄원인론에 대한 설명으로 가장 적절하지 않은 것은? 〈19경위〉

① 고전주의 범죄학에 따르면 범죄는 인간의 자유의지에 의한 것이 아니고, 외적요소에 의해 강요되는 것이다.
② 마짜(Matza)와 싸이크스(Sykes)는 청소년은 비행의 과정에서 합법적·전통적 관습, 규범, 가치관 등을 중화시킨다고 주장하였다.
③ 허쉬(Hirshi)는 범죄의 원인은 사회적인 유대가 약화되어 통제되지 않기 때문이라고 주장하였다.
④ 글레이저(Glaser)는 청소년들이 영화의 주인공을 모방하고 자신과 동일시하면서 범죄를 학습한다고 주장하였다.

해설

범죄학, 범죄의 원인, 제학설 −
① (×) 개인적 수준의 범죄원인 이론, 실증주의 범죄학, **내용**: 실증주의 범죄학에 따르면 범죄는 자유의지가 아닌 **외적 요소(생래적 요소)에 의해 강요되는 것**이다.[♣고전주의(×)]〈19승진〉

− 사회학적 수준의 범죄원인이론, 사회과정이론 −
② (○) 사회학습이론, **중화기술이론**(G. Sykes & Matza)〈19승진〉
③ (○) 사회통제이론, **사회적 유대이론**(Hirshi)〈02·19승진·14경간·09채용〉
④ (○) 사회학습이론, **차별적 동일시이론**(Glaser)〈13·19승진〉   정답 ①

03 범죄원인이론에 대한 설명 중 가장 적절하지 않은 것은? 〈20경감〉

① Miller는 범죄는 하위문화의 가치와 규범이 정상적으로 반영된 것이라고 하였다.
② Cohen은 하류계층의 청소년들이 목표와 수단의 괴리로 인해 중류계층에 대한 저항으로 비행을 저지르며, 목표달성의 어려움을 극복하기 위해 자신들만의 하위문화를 만들게 되는데 범죄는 이러한 하위문화에 의해 저질러진다고 한다.
③ '사회해체론'과 '아노미이론'은 범죄의 원인을 사회적 구조의 특성에서 찾는 사회적 수준의 범죄원인이론이다.
④ Durkheim은 좋은 자아관념이 주변의 범죄적 환경에도 불구하고 비행행위에 가담하지 않도록 하는 중요한 요소라고 한다.

해설

범죄학, 범죄의 원인, 사회학적 수준의 범죄원인이론 −
① (○) 사회구조이론, 하위문화이론〈18·20승진〉
② (○) 사회구조이론, 하위문화이론〈15경간·20승진〉
③ (○) 사회구조이론: 아노미 이론, 사회해체론〈20승진·15경간〉
④ (×) 사회과정이론, 사회통제이론, **견제이론**(Reckless): 좋은 자아관념은 주변의 **범죄적 환경에도 불구하고 비행행위에 가담하지 않도록** 하는 중요한 요소이다.[♣Durkheim이 주장(×)]〈13·20승진〉   정답 ④

04 범죄원인론에 대한 설명으로 가장 적절하게 연결되지 않은 것은? ⟨21.2채용⟩

① 쇼와 맥케이(Show & Macay)의 사회해체론 - 빈민(slum)지역에서 범죄발생률이 높은 것은 도시의 산업화·공업화 과정에서 지역사회의 제도나 규범 등이 극도로 해체되기 때문으로, 이 지역에서는 비행적 전통과 가치관이 사회통제를 약화시켜서 일탈이 야기되며 이러한 지역은 구성원이 바뀌더라도 비행발생률은 감소하지 않는다.

② 레클리스(Reckless)의 견제(봉쇄)이론 - 고전주의 범죄학 이론에 기반을 둔 것으로, 인간은 범죄로부터 얻을 수 있는 이익보다 더 큰 고통을 받게 되면, 범죄를 저지르지 않을 것이라는 전제를 하고 있다. 범죄통제를 위해서는 처벌의 엄격성, 신속성, 확실성이 요구되며 이중 처벌의 확실성이 가장 중요하다.

③ 버제스와 에이커스(Burgess & Akers)의 차별적 강화이론 - 범죄행위의 결과로서 보상이 취득되고, 처벌이 회피될 때 그 행위는 강화되는 반면, 보상이 상실되고 처벌이 강화되면 그 행위는 약화된다.

④ 머튼(Merton)의 긴장(아노미)이론 - 목표와 그 목표를 이루기 위한 수단과의 간극이 커지면서 아노미 조건이 유발되어 분노와 좌절이라는 긴장이 초래되고, 그 목적을 달성하기 위한 수단으로서 범죄를 선택하게 된다.

> **해설**
>
> 범죄학 -
> - 범죄의 원인, 사회학적 수준의 범죄원인이론 -
> ① (○) 사회구조이론, 쇼와 맥케이(Show & Macay)의 사회해체론⟨20승진·14·15경간·07·21.2채용⟩
> ③ (○) 사회과정이론, 사회학습이론, 버제스와 에이커스(Burgess & Akers)의 차별적 강화이론⟨21.2채용⟩
> ④ (○) 사회구조이론, 머튼(Merton)의 긴장(아노미)이론⟨21.2채용⟩
>
> - 범죄의 예방, 현대적 범죄예방이론, 상황적 예방이론 -
> ② (✕) 클락&코니쉬(Clarke & Cornish)의 합리적 선택이론: **고전주의 범죄학 이론에 기반**을 둔 것으로, 인간은 **범죄로부터 얻을 수 있는 이익보다 더 큰 고통을 받게 되면, 범죄를 저지르지 않을 것**이라는 전제를 하고 있다. 효과적인 범죄예방은 범죄자의 입장에서 선택할 수 있는 기회를 미리 진단하여 보호자를 만들거나 **체포의 위험성과 처벌의 확실성을 제고하는** 등의 방법으로 기회를 제거하는 것이라고 본다.[♣레클리스(Reckless)의 견제(봉쇄)이론(X)]⟨17경간·21.2채용⟩
>
> 정답 ②

05 다음에서 설명하는 범죄원인론과 학자를 바르게 연결한 것은? ⟨24승진⟩

> 이 이론은 특정 지역에서의 범죄가 다른 지역에 비해서 많이 발생하는 이유를 규명하고자 하였으며, 연구결과 전이지역(transitional zone)은 타 지역에 비해 범죄율이 상대적으로 높게 나타났다. 또한 '낮은 경제적 지위', '민족적 이질성', '거주불안정성'을 중요한 3요소로 제시하였으며, 이로 인해 지역 주민은 서로를 모르기 때문에 공동체 의식이 발달하지 못하고 사회적 통제가 약화된다고 보았다.

① 뒤르켐(Durkheim) - 아노미이론
② 코헨(Cohen) - 하위문화이론
③ 갓프레드슨과 허쉬(Gottfredson & Hirschi) - 자기통제이론
④ 쇼와 맥케이(Shaw & Mckay) - 사회해체이론

> **해설**
>
> 범죄학, 범죄의 원인, 사회구조이론, 쇼와 맥케이(Shaw & Mckay) - 사회해체이론⟨24승진⟩
>
> 정답 ④

06 사회적 수준의 범죄원인론 중 '사회과정원인'에 해당하지 않는 것은? 〈21승진〉

① Sutherland의 차별적 접촉이론에 따르면, 범죄는 범죄적 전통을 가진 사회에서 많이 발생하며, 이러한 사회에서 개인은 범죄에 접촉·동조하면서 학습한다.

② Cohen은 하류계층의 청소년들이 목표달성의 어려움을 극복하기 위해 자신들만의 하위문화를 만들고, 범죄는 이러한 하위문화에 의해 저질러진다고 주장하였다.

③ Matza & Sykes에 따르면, 청소년은 비행 과정에서 '책임의 회피', '피해자의 부정', '피해 발생의 부인', '비난자에 대한 비난', '충성심에의 호소' 등 5가지 중화기술을 통해 규범, 가치관 등을 중화시킨다.

④ Hirshi에 따르면, 범죄는 사회적인 유대가 약화되어 통제되지 않기 때문에 발생하고, 사회적 결속은 애착, 참여, 전념, 신념의 4가지 요소에 영향을 받는다.

해설

범죄학, 범죄의 원인, 사회학적 수준의 범죄원인이론 −

① 사회과정이론, 사회학습이론: Sutherland의 차별적 접촉이론〈21승진·07·10.1채용〉
② 사회구조이론: Cohen의 하위문화이론〈15경간·20·21승진〉
③ 사회과정이론, 사회학습이론: Matza & Sykes〈06·14경간·21승진·09채용〉
④ 사회과정이론, Hirshi의 유대이론〈20경간·21승진〉   정답 ②

---

07 다음 경찰활동 예시의 근거가 되는 범죄원인론으로 가장 관련성이 높은 것은? 〈22.1채용〉

> A경찰서는 관내에서 폭행으로 적발된 청소년을 형사입건하는 대신, 학교전담경찰관이 외부 전문가와 함께 3일 동안 다양한 활동으로 구성된 선도프로그램을 제공함으로써 해당 청소년에게 스스로 잘못을 뉘우치고 장차 지역사회로 다시 통합될 수 있는 기회를 제공하였다.

① 낙인이론   ② 일반긴장이론
③ 깨진 유리창 이론   ④ 일상활동 이론

해설

범죄학, 범죄의 원인, 사회학적 수준의 범죄원인이론, 사회과정이론, 낙인이론, 피낙인자를 위한 형사정책적 결론(5D), **전환(diversion)**: 범죄에 대한 공식적 반작용 → 비공식반작용/ 중한 반작용 → 경한 반작용〈22.1채용〉   정답 ①

08 범죄 원인에 관한 학설의 설명으로 가장 적절하지 않은 것은? 〈24.1채용〉

① 뒤르켐(Durkheim)은 사회규범이 붕괴되어 규범에 대한 억제력이 상실된 상태를 아노미(Anomie)라고 하고 이러한 무규범상태에서 범죄가 발생한다고 주장하였다.

② 글레이저(Glaser)는 차별적 동일시 이론을 통해 범죄의 원인이 개인이 아닌 사회구조의 변화에 있다고 설명하였다.

③ 탄넨바움(Tannenbaum)은 낙인이론을 통해 범죄자라는 낙인이 어떠한 결과를 낳는가에 관심을 가졌다.

④ 코헨(Cohen)은 목표와 수단이 괴리된 하류계층 청소년들이 중산층에 대한 저항으로 비행을 저지르며 목표달성의 어려움을 극복하기 위해 자신들의 하위문화를 만들게 된다고 주장하였다.

해설

범죄학, 범죄의 원인이론 −

① (○) 아노미 이론〈20승진 · 24.1채용〉

② (×) **차별적 동일시 이론**: 글레이저(Glaser)는 차별적 동일시 이론을 통해 범죄의 원인이 **사회구조가 아닌 개인의 변화**에 있다고 설명하였다.[♣개인이 아닌 사회구조 변화(X)]〈24.1채용〉

③ (○) 낙인이론〈18.3 · 24.1채용〉

④ (○) 하위문화이론〈23경간 · 24.1채용〉   정답 ②

테마 120 범죄의 통제   제3장

☞ **전통적 이론**

☞ **환경범죄이론(현대적 이론)**

01 환경설계를 통한 범죄예방(CPTED)에 대한 설명으로 가장 적절하지 않은 것은? 〈13 · 21경간〉

① 뉴먼(O. Newman)과 제프리(C. R. Jeffery)가 주장하였다.

② 방어공간(Defensible Space)과 관련하여 영역성, 감시, 이미지, 안전지대의 4가지 관점을 제시하였다.

③ 기본원리 중 자연적 접근통제란 건축물이나 시설을 설계함에 있어서 가시권을 최대한 확보하고, 외부침입에 대한 감시기능을 확대하여 범죄기회를 감소시키는 원리이다.

④ 우리나라에서는 서울시 마포구 염리동에서 적용한 사례가 있고, 자치단체 조례로 「서울특별시 마포구 범죄예방을 위한 도시환경 디자인 조례」가 2018 제정되어 시행되고 있다.

해설

범죄학, 범죄예방, 환경설계를 통한 범죄예방이론(CPTED) −

① (○) Jeffery, Oscar Newman〈13 · 21경간 · 15.1채용〉

② (○) 4가지 관점〈21경간〉

③ (×) **자연적 감시**: '자연적 감시'는 건축물이나 시설물의 설계 시 **가시권을 최대한 확보**하여 외부침입에 대한 **감시기능을 확대**함으로써 검거위험(발견가능성)을 증가시키고, 범죄의 기회를 감소시킨다는 원리이다.[♣자연적 접근통제(X)]〈20 · 21경간 · 15 · 18승진 · 13 · 15.1 · 19.1 · 20.1채용〉

④ (○) **우리나라 사례**〈21경간〉   정답 ③

02 CPTED(환경설계를 통한 범죄예방)의 원리와 그 내용 및 종류에 대한 설명으로 가장 적절하지 않은 것은?

〈18경감 · 19경간 · 16.2 · 19.1채용〉

① '자연적 감시'란 건축물이나 시설물의 설계 시 가시권을 최대한 확보하고, 외부침입에 대한 감시기능을 확대함으로써 범죄행위의 발견 가능성을 증가시키며, 범죄기회를 감소시킬 수 있다는 원리로서, 종류로는 조명 · 조경 · 가시권 확대를 위한 건물의 배치 등이 있다.

② '영역성의 강화'란 사적 공간에 대한 경계를 표시하여 주민들의 책임의식과 소유의식을 증대시킴으로써 사적 공간에 대한 관리권과 권리를 강화시키고, 외부인들에게는 침입에 대한 불법사실을 인식시켜 범죄기회를 차단한다는 원리이며, 종류로는 출입구의 최소화, 통행로의 설계, 사적 · 공적 공간의 구분이 있다.

③ '활동의 활성화'란 지역사회의 설계 시 주민들이 모여서 상호의견을 교환하고 유대감을 증대할 수 있는 공공장소를 설치하고 이용하도록 함으로써 자연적 감시와 접근통제의 기능을 확대한다는 원리이며, 종류로는 체육시설의 접근성과 이용의 증대, 벤치 · 정자의 위치 및 활용성에 대한 설계가 있다.

④ '유지관리'란 처음 설계된 대로 혹은 개선한 의도대로 기능을 지속적으로 유지하도록 관리함으로써 범죄예방을 위한 환경설계의 장기적이고 지속적인 효과를 유지한다는 원리이며, 종류로는 파손의 즉시보수, 청결유지, 조명 · 조경의 관리가 있다.

해설

범죄학, 범죄예방, 환경설계를 통한 범죄예방이론(CPTED) −

① (○) '**자연적 감시**'〈15 · 18승진 · 13 · 15.1 · 19.1채용〉

② (×) '**자연적 접근통제**' : **통행로 설계, 출입구 최소화**, 차단기, 방범창, 잠금장치 등[♣영역성의 강화(X)][주요범죄예방모형, 환경설계를 통한 범죄예방(CPTED)匦, 기본원리, 영역성 강화〈18승진 · 12경간 · 19.1채용〉

③ (○) '**활동성의 강화**'〈09 · 13경간 · 10 · 12 · 15 · 18승진 · 13 · 15.1 · 19.1채용〉

④ (○) '**유지관리**'〈15 · 18승진 · 19.1채용〉 정답 ②

03 환경설계를 통한 범죄예방(CPTED)의 기본원리에 대한 설명으로 가장 옳은 것은? 〈20경간〉

① 자연적 감시는 건축물이나 시설물의 설계 시 가시권을 최대한 확보하고 외부침입에 대한 감시기능을 확대함으로써 범죄발각 위험을 증가시켜 기회를 감소시킬 수 있다는 원리이다. 종류로는 조명 · 조경 · 가시권 확대, 방범창 등이 있다.

② 영역성 강화는 사적 공간에 대한 경계를 표시함으로써 주민들의 책임의식과 소유의식을 증대함으로써 사적 공간에 대한 관리권과 권리를 강화시키고 외부인들에게는 침입에 대한 불법사실을 인식시켜 범죄의 기회를 차단하는 원리이다. 종류로는 울타리 · 펜스의 설치, 청결유지 등이 있다.

③ 자연적 접근통제는 일정한 지역에 접근하는 사람들을 정해진 공간으로 유도하거나 외부인의 출입을 통제하도록 설계함으로써 접근에 대한 심리적 부담을 증대시켜 범죄를 예방한다는 원리이다. 종류로는 차단기, 통행로의 설계 등이 있다.

④ 유지관리는 처음 설계된 대로 혹은 개선한 의도대로 기능을 지속적으로 유지하도록 관리함으로써 범죄예방을 위한 환경설계의 장기적이고 지속적 효과를 유지하는 원리이다. 종류로는 파손의 즉시 수리, 잠금장치, 조명 · 조경의 관리 등이 있다.

해설

범죄학, 범죄예방, 환경설계를 통한 범죄예방이론(CPTED) −
① (✕) **자연적 감시 예**: 조명설치, 조경·가시권이 확보되는 **건물배치**[♣방범창(X)]<18·20승진·12·19·20경간·19.1채용>
② (✕) **영역성 강화 예**: 펜스·울타리 설치, 사유지 표시, 사적·공적 공간의 구분 등[♣청결유지(X)]<18승진·12·19·20경간>
③ (○) **자연적 접근통제**<20경간·15·16·18·20승진·13·15.1·16.2·20.1채용>
④ (✕) **유지관리 예**: 청결유지, 파손 즉시보수, 청결유지, 조명, 조경의 관리[♣잠금장치(X)]<20경간·18승진·19.1채용>

정답 ③

---

04 환경설계를 통한 범죄예방(CPTED)에 관한 설명이다. 이에 관한 ㉠부터 ㉣까지의 설명 중 옳고 그름의 표시(O, X)가 모두 바르게 된 것은? 〈18승진·22.2채용〉

> ㉠ 건축물이나 시설물의 설계 시 가시권의 최대 확보, 외부침입에 대한 감시기능을 확대하여 범죄행위의 발견 가능성은 증가시키고 범죄기회는 감소시킬 수 있다는 원리를 자연적 감시라고 하며, 이에 대한 종류로는 조명, 조경, 가시권 확대를 위한 건물의 배치 등이 있다.
> ㉡ 지역사회의 설계 시 주민들이 모여서 상호의견을 교환하고 유대감을 증대할 수 있는 공공장소를 설치하고 이용하도록 함으로써 '거리의 눈'을 활용한 자연적 감시와 접근통제의 기능을 확대하는 원리를 활동의 활성화(활용성의 증대)라고 하며, 이에 대한 종류로는 놀이터 공원의 설치, 벤치 정자의 위치 및 활용성에 대한 설계, 통행로의 설계 등이 있다.
> ㉢ 사적 공간에 대한 경계를 표시하여 주민들의 책임의식과 소유의식을 증대함으로써 사적 공간에 대한 관리권과 권리를 강화시키고, 외부인들에게는 침입에 대한 불법사실을 인식시켜 범죄기회를 차단하는 원리를 자연적 접근통제라고 하며, 이에 대한 종류로는 방범창, 출입구의 최소화 등이 있다.
> ㉣ 처음 설계된 대로 혹은 개선한 의도대로 기능을 지속적으로 유지하도록 관리함으로써 범죄예방을 위한 환경설계의 장기적 이고 지속적인 효과를 유지하는 원리를 유지관리라고 하며, 이에 대한 종류로는 청결유지, 파손의 즉시보수, 조명의 관리 등이 있다.

① ㉠(○) ㉡(✕) ㉢(✕) ㉣(○)   ② ㉠(○) ㉡(○) ㉢(✕) ㉣(○)
③ ㉠(✕) ㉡(✕) ㉢(○) ㉣(○)   ④ ㉠(○) ㉡(○) ㉢(○) ㉣(✕)

해설

범죄학, 범죄예방, 환경설계를 통한 범죄예방이론(CPTED) −

㉠ (○) **자연적 감시**<20·21경간·15·18승진·13·15.1·19.1·20.1·22.2채용>

㉡ (×) **활동성의 활성화** : 지역사회의 설계 시 주민들이 모여서 **상호의견을 교환하고 유대감을 증대**할 수 있는 **공공장소를 설치·이용**하도록 함으로써 '**거리의 눈**'을 활용한 자연적 감시와 자연적 접근통제의 기능을 확대하는 원리이다.(활동성의 증대)<09·13경간·10·12·15·18·20승진·13·15.1·19.1·20.1·22.2채용>

  예 놀이터, 공원, 체육시설 등 **공공장소의 설치, 벤치·정자의 위치 및 활용성 설계**[♣통행로 설계 (X)]<20승진·12·19경간·19.1·22.2채용>

㉢ (×) **영역성의 강화** : **사적 공간에 대한 경계를 표시**함으로써 사적 공간과 공적 공간을 분리하여, **주민들의 책임의식과 소유의식**을 증대하여 사적 공간에 대한 권리를 강화시키고, 외부인들에게는 침입에 대한 불법사실을 인식시켜 범죄기회를 차단하여 자연적 접근통제 및 영역성의 강화를 증대하는 원리이다.[♣자연적 접근통제(X)]<20경간·18승진·13.1·16.2·19.1·20.1·22.2채용>

  예 펜스·울타리 설치, 사유지 표시, **사적·공적 공간의 구분** 등[♣방범창, 출입구의 최소화(X)]<18승진·12·19·20경간·22.2채용>

㉣ (○) **유지관리**<20경간·18승진·19.1·22.2채용> **정답** ①

05 환경설계를 통한 범죄예방의 기본원리에 대한 설명 중 가장 적절한 것은? <20경위>

① 자연적 감시의 종류에는 조명·조경·가시권 확대를 위한 건물의 배치가 있다.

② 영역성의 강화는 일정한 지역에 접근하는 사람들을 정해진 공간으로 유도하거나 외부인의 출입을 통제하도록 설계함으로써 접근에 대한 심리적 부담을 증대시켜 범죄를 예방하는 원리이다.

③ 자연적 접근통제는 지역사회의 설계 시 주민들이 모여서 상호의견을 교환하고 유대감을 증대할 수 있는 공공장소를 설치하고 이용하도록 함으로써 '거리의 눈'을 활용한 자연적 감시와 접근통제의 기능을 확대하는 원리이다.

④ 활동의 활성화의 종류에는 벤치·정자의 위치 및 활용성에 대한 설계, 출입구의 최소화가 있다.

해설

범죄학, 범죄예방, 환경설계를 통한 범죄예방이론(CPTED) −

① (○) **기본원리**<18·20승진·12·19경간·19.1채용>

② (×) **자연적 접근통제** : 일정한 지역에 접근하는 사람들을 **정해진 공간으로 유도**하거나 **외부인의 출입을 통제**하도록 설계함으로써 **접근에 대한 심리적 부담**을 증대시켜 범죄를 예방하려는 원리이다.[♣영역성 강화(X)]<15·16·18·20승진·13·15.1·16.2채용>

③ (×) **활동의 활성화** : 지역사회의 설계 시 주민들이 모여서 **상호의견을 교환하고 유대감을 증대**할 수 있는 **공공장소를 설치·이용**하도록 함으로써 '**거리의 눈**'을 활용한 자연적 감시와 자연적 접근통제의 기능을 확대하는 원리이다.(활동성의 증대)[♣자연적 접근통제(X)]<09·13경간·10·12·15·18·20승진·13·15.1·19.1채용>.

④ (×) **활동의 활성화의 종류** : 놀이터, 공원, 체육시설 등 **공공장소의 설치, 벤치·정자의 위치 및 활용성 설계**[♣출입구의 최소화(X) → 자연적 접근통제]<20승진·12·19경간·19.1채용> **정답** ①

06 다음은 환경설계를 통한 범죄예방(CPTED)에 대한 설명이다. 〈보기 1〉과 〈보기 2〉의 내용이 가장 적절하게 연결된 것은? 〈20.1채용〉

┌─ 보기1 ├─
(가) 사적 공간에 대한 경계를 표시하여 주민들의 책임의식과 소유의식을 증대함으로써 사적 공간에 대한 관리권과 권리를 강화시키고, 외부인들에게는 침입에 대한 불법사실을 인식시켜 범죄기회를 차단하는 원리
(나) 건축물이나 시설물 설계 시 가시권을 최대한 확보, 외부침입에 대한 감시기능을 확대함으로써 범죄행위의 발견 가능성을 증가시키고 범죄기회를 감소시킬 수 있다는 원리
(다) 일정한 지역에 접근하는 사람들을 정해진 공간으로 유도하거나 외부인의 출입을 통제하도록 설계함으로써 접근에 대한 심리적 부담을 증대시켜 범죄를 예방하는 원리
(라) 지역사회 설계 시 주민들이 모여서 상호의견을 교환하고 유대감을 증대할 수 있는 공공장소를 설치하고 이용하도록 함으로써 '거리의 눈'을 활용한 자연적 감시와 접근통제의 기능을 확대하는 원리

┌─ 보기2 ├─
㉠ 조명, 조경, 가시권 확대를 위한 건물의 배치
㉡ 체육시설의 접근성과 이용의 증대, 벤치 정자의 위치 및 활용성에 대한 설계
㉢ 울타리 펜스의 설치, 사적·공적 공간의 구분
㉣ 잠금장치, 통행로의 설계, 출입구의 최소화

	(가)	(나)	(다)	(라)
①	㉢	㉡	㉣	㉠
②	㉣	㉠	㉢	㉡
③	㉢	㉠	㉣	㉡
④	㉣	㉡	㉢	㉠

해설

범죄학, 범죄예방, 환경설계를 통한 범죄예방이론(CPTED) −
(가) 영역성 강화 → ㉢ 울타리 펜스의 설치, 사적·공적 공간의 구분〈18승진·16.2·19.1·20.1채용〉
(나) 자연적 감시 → ㉠ 조명, 조경, 가시권 확대를 위한 건물의 배치〈18승진·15.1·19.1·20.1채용〉
(다) 자연적 접근통제 → ㉣ 잠금장치, 통행로의 설계, 출입구의 최소화〈15·16·18·20승진·13·15.1·16.2·20.1채용〉
(라) 활동의 활성화 → ㉡ 체육시설의 접근성과 이용의 증대, 벤치 정자의 위치 및 활용성에 대한 설계
〈09·13경간·10·12·15·18·20승진·13·15.1·19.1·20.1채용〉 　　　　　　　　　 정답 ③

07 환경설계을 통한 범죄예방(CPTED)의 기본원리에 관한 설명으로 가장 적절한 것은? 〈24승진〉

① '활동의 활성화'는 주민들이 모여서 상호의견을 교환하고 유대감을 증대할 수 있는 공공장소를 설치하여 이를 이용하도록 함으로써, '거리의 눈'에 의한 자연적인 감시와 접근통제의 기능을 확대하는 것이다. 놀이터와 공원의 설치, 벤치·정자의 위치 및 활용성에 대한 설계를 예로 들 수 있다.

② '영역성의 강화'는 일정한 지역에 접근하는 사람들을 정해진 공간으로 유도하거나 외부인 출입을 통제하도록 설계함으로써, 접근에 대한 심리적 부담을 증대시켜 범죄를 예방하는 것이다. 출입구의 최소화, 통행로의 설계, 울타리 및 표지판의 설치를 예로 들 수 있다.

③ '유지관리'는 시설물이나 공공장소의 기능을 처음 설계되거나 개선한 의도대로 지속적으로 이용될 수 있도록 관리함으로써, 범죄예방을 위한 환경설계의 장기적이고 지속적 효과를 유지하는 것이다. 청결 유지, 파손의 즉시 보수, 체육시설의 접근성 및 이용의 증대를 예로 들 수 있다.

④ '자연적 접근통제'는 건축물이나 시설물의 설계 시 가시권을 최대한 확보하고 외부 침입에 대한 감시 기능을 확대함으로써, 범죄 발각 위험을 증가시키고 범행 기회를 감소시키는 것이다. 가시권 확대를 위한 건물의 배치, 조명 및 조경 설치를 예로 들 수 있다.

해설

범죄학, 범죄의 통제(예방), 현대적 범죄예방이론, 환경설계을 통한 범죄예방(CPTED), 기본원리 −

① (○) '활동의 활성화'<09·13경간·10·12·15·18·20·24승진·13·15.1·19.1·20.1·22.2채용>

② (×) **'자연적 접근통제'**: 일정한 지역에 접근하는 사람들을 **정해진 공간으로 유도**하거나 **외부인의 출입을 통제**하도록 설계함으로써 **접근에 대한 심리적 부담을 증대**시켜 범죄를 예방하려는 원리이다.[♣영역성 강화(X)]<20경간·15·16·18·20·24승진·13·15.1·16.2·20.1채용> **예** 펜스·**울타리 설치**, 사유지 표시(표지판), **사적·공적 공간의 구분** 등[♣청결유지(X), ♣방범창, 출입구의 최소화(X)]<18승진·12·19·20경간·22.2채용>

③ (×) '유지관리' 사례: **청결유지, 파손의 즉시 수리, 청결유지, 조명, 조경의 관리**[♣체육시설 설치 및 접근 이용성 증대(X) → 활동성의 활성화]<20경간·18·24승진·19.1·22.2·23.1채용>

④ (×) **'자연적 감시'**: 건축물이나 시설물의 설계 시 **가시권을 최대한 확보**하여 외부침입에 대한 **감시 기능을 확대**함으로써 검거위험(발견가능성)을 증가시키고, 범죄의 기회를 감소시킨다는 원리이다.[♣자연적 접근통제(X)]<20·21경간·15·18·24승진·13·15.1·19.1·20.1·22.2·23.1채용> **예** 조명설치, 조경·가시권이 확보되는 **건물배치**[♣방범창(X)]<18·20·24승진·12·19·20경간·19.1채용>

정답 ①

08 뉴먼(1972)은 방어공간의 구성요소를 구분하였다. 이와 관련된 〈보기 1〉의 설명과 〈보기 2〉의 구성요소가 가장 적절하게 연결된 것은? 〈22.1채용〉

┌ 보기1 ├
(가) 지역의 외관이 다른 지역과 고립되어 있지 않고, 보호되고 있으며 주민의 적극적 활동의지를 보여줌.
(나) 지역에 대한 소유의식은 일상적이지 않은 일이 있을 때 주민으로 하여금 행동을 취하도록 자극함.
(다) 특별한 장치의 도움 없이 실내와 실외의 활동을 관찰할 수 있는 능력임.

┌ 보기2 ├
㉠ 영역성   ㉡ 자연적 감시
㉢ 이미지   ㉣ 환경

	(가)	(나)	(다)
①	㉢	㉣	㉠
②	㉢	㉠	㉡
③	㉣	㉠	㉢
④	㉣	㉢	㉡

해설

범죄학, 범죄의 통제, 현대적 범죄예방이론, 환경범죄이론, 오스카 뉴먼, 방어공간이론 −
(가) 이미지〈22.1채용〉
(나) 영역성〈22.1채용〉
(다) 자연적 감시〈22.1채용〉

※ 방어적 공간의 4가지 요소(Oscar Newman)	
영역성	**자기소유의 관념**, 본인의 집 또는 동네라는 인식을 가지고 있는 것 → 이웃과의 좋은 유대관계를 가지고 있는 것도 영역성 증대요소 ※ 지역에 대한 소유의식은 일상적이지 않은 일이 있을 때 주민으로 하여금 행동을 취하도록 자극함.〈22.1채용〉
자연적 감시	집 또는 거리를 일상생활에서 **자연히 감시할 수 있는 능력**(물리적인 요소 중심) ※ 특별한 장치의 도움 없이 실내와 실외의 활동을 관찰할 수 있는 능력임.〈22.1채용〉
이미지	**이미지로 판단**하여 범죄자의 **범죄** 실행가능성이 **용이한지 여부**에 관한 것 → 깨진 유리창 이론과 유사 ※ 깨끗하고 고급스러운 건물 ↔ 지역 또는 낡고 허름한 건물 → 지역에 따른 범죄를 실행하기 용이한지 여부 ※ 지역의 외관이 다른 지역과 고립되어 있지 않고, 보호되고 있으며 주민의 적극적 활동의지를 보여줌.〈22.1채용〉
입지조건	**입지적 요인에 따라** 범죄 실행이 용이한지 여부

정답 ②

09 환경설계를 통한 범죄예방(CPTED)에 관한 설명으로 가장 적절하지 않은 것은? ⟨23.1채용⟩

① CPTED는 근본적이고 효과적인 범죄예방을 위한 방안으로 물리적 환경설계 또는 재설계를 통해 범죄 기회를 차단하는 것이 핵심이다.

② '자연적 감시(natural surveillance)'는 건축물이나 시설물의 설계 시 가시권을 확보하여 외부침입에 대한 감시기능을 확대함으로써 범죄행위 발견 가능성을 증가시켜 범죄의 기회를 감소시킬 수 있다는 원리이다.

③ '영역성 강화(territorial reinforcement)'는 사적 공간에 대한 경계 표시로 주민들의 책임의식과 소유의식을 증대함으로써 사적 공간에 대한 관리권과 권리를 강화시키는 원리이다.

④ '유지·관리(maintenance and management)'는 차단기, 방범창, 잠금장치의 파손을 수리하지 않고 유지하는 원리이다.

> **해설**

범죄학, 범죄의 통제, 환경범죄이론, CPTED −

① (○) **의의**⟨15.1·23.1채용⟩

② (○) **자연적 감시**⟨20·21경간·15·18승진·13·15.1·19.1·20.1·22.2·23.1채용⟩

③ (○) **영역성 강화**⟨20경간·18승진·13.1·16.2·19.1·20.1·22.2·23.1채용⟩

④ (✕) **유지관리** : 처음 설계된 대로 혹은 개선한 의도대로 기능을 **지속적으로 유지하도록 관리**함으로써 범죄예방을 위한 환경설계의 장기적이고 지속적 효과를 유지하는 원리[♣수리하지 않고(✕)] ⟨15·18승진·19.1·22.2·23.1채용⟩　　　　　　　　　　　　　　　　　**정답** ④

☞ **상황적 범죄예방이론**

01 상황적 범죄예방과 관련된 이론에 대한 설명으로 가장 적절하지 않은 것은? ⟨21경간⟩

① 일상활동이론을 주장한 코헨(Cohen)과 펠슨(Felson)은 절도 범죄를 설명하면서 VIVA 모델을 제시했는데, 알파벳 I는 Inertia의 약자로서 '이동의 용이성'을 의미한다.

② 범죄패턴 이론은 브랜팅험(Brantingham)이 제시한 이론으로서 지리적 프로파일링의 이론적 배경이 되었다.

③ 상황적 범죄예방이론은 범죄 전이효과가 있다는 비판이 있다.

④ 상황적 범죄예방이론은 개인의 범죄성에 초점을 맞춘 이론으로서 범죄성향이 높은 개인들에게 범죄예방 역량을 집중할 것을 주장하였다.

> **해설**

범죄학, 현대적 범죄예방이론, 상황적 예방이론 −

① (○) **일상활동이론**⟨20·21경간·10.2채용⟩

② (○) **범죄패턴이론**⟨17·21경간·12승진·21.1채용⟩

③ (○) **비판**⟨09·18승진·09·21경간·12.1채용⟩

④ (✕) **의의** : 인간의 **자유의지를 전제**로 개인을 합리적 존재로 가정하는 **비결정론적 인간관**에 입각하고 있다.[♣개인의 범죄성에 초점을 맞춘 이론(✕)]⟨09·12·21경간·07채용⟩ / 일반인을 상대로 하여 **일반예방효과에 중점**을 둔다고 할 수 있다.[♣범죄성향이 높은 개인들에게 범죄예방 역량을 집중할 것을 주장(✕)]⟨21.1채용⟩　　　　　**정답** ④

02 범죄예방 관련 이론에 대한 설명으로 가장 적절하지 않은 것은? 〈21.1채용〉

① 합리적 선택이론은 거시적 범죄예방모델에 입각한 특별예방효과에 중점을 둔다.
② 깨진 유리창이론에 이론적 근거를 두고 있는 무관용 경찰활동은 처벌의 확실성을 높여 범죄를 억제하는 전략이다.
③ 범죄패턴이론은 지리적 프로파일링을 통한 범행지역 예측 활성화에 기여할 수 있다.
④ 집합효율성은 지역사회 구성원 간의 연대감, 그리고 문제 상황 발생 시 구성원의 적극적인 개입의지를 결합한 개념이다.

해설

범죄학, 범죄의 예방, 현대적 범죄예방이론 −
① (X) **상황적 범죄예방이론** : 상황적 예방이론(합리적선택이론, 일상활동이론, 범죄패턴이론)은 개별 상황에 초점을 두는 **미시적 이론**이며, 일반인을 상대로 하여 **일반예방효과**에 중점을 둔다고 할 수 있다.[♣합리적 선택이론은 거시적 범죄예방모델(X), 특별예방효과(X)]〈21.1채용〉
② (○) 깨진 유리창 이론 : **무관용 경찰활동**〈21.1채용〉
③ (○) 상황적 범죄예방이론, 범죄패턴이론 : **지리적 프로파일링**〈17경간 · 12승진 · 21.1채용〉
④ (○) **집합효율성이론 − 로버트 샘슨과 동료들**〈14.1 · 18.3 · 21.1채용〉   **정답** ①

03 다음의 학자들이 주장한 범죄예방이론에 대한 설명 중 가장 옳지 않은 것은? 〈17경간〉

① 클락&코니쉬의 합리적 선택이론 − 체포의 위험성과 처벌의 확실성을 높여 효과적으로 범죄를 예방할 수 있다.
② 브랜팅햄의 범죄패턴 이론 − 범죄에는 일정한 시간적 패턴이 있으므로, 일정 시간대의 집중 순찰을 통해 효율적으로 범죄를 예방할 수 있다.
③ 로버트 샘슨의 집합효율성 이론 − 지역사회 구성원들이 범죄문제를 해결하기 위해 적극적으로 참여하면 효과적으로 범죄를 예방할 수 있다.
④ 윌슨&켈링의 깨진 유리창 이론 − 경미한 무질서에 대한 무관용 원칙과 지역주민 간의 상호협력이 범죄를 예방하는 데 중요한 역할을 한다.

해설

현대적 범죄예방이론 −
① (○) 상황적 범죄예방이론, 합리적 선택이론, 클락&코니쉬〈17경간〉
② (X) 상황적 범죄예방이론, **범죄패턴이론** : 브랜팅햄의 범죄패턴 이론은 범죄자의 여가활동장소와 이동경로 · 이동수단 등 **일정한 장소적 패턴을 분석하여**[♣시간적 패턴(X)] 다음 **범죄지역을 예측**하는 모형인 **'지리적 프로파일링'을 통한 범행지역의 예측활성화에 기여**함으로써 연쇄살인이나 연쇄강간 등의 **연쇄범죄해결에 도움**을 준다.[♣집중 순찰을 통해 효율적으로 범죄를 예방(X)](현대적 범죄예방이론, 상황적 범죄예방이론, 범죄패턴 이론)〈17경간 · 12승진〉
③ (○) 집합효율성 이론, 로버트 샘슨〈17경간 · 12승진〉
④ (○) 깨진 유리창 이론, 윌슨&켈링〈17경간 · 09채용〉   **정답** ②

04 무관용 경찰활동(Zero Tolerance Policing)에 관한 설명으로 가장 적절하지 않은 것은? 〈23.1채용〉

① 사소한 무질서에 관대하게 대응했던 전통적 경찰활동의 전략을 계승하였다.

② 무관용 경찰활동은 1990년대 뉴욕에서 본격적으로 시행되었다.

③ 윌슨(Wilson)과 켈링(Kelling)의 '깨어진 창 이론'에 기초하였다.

④ 경미한 비행자에 대한 무관용 개입은 낙인효과를 유발할 수 있다는 비판이 있다.

해설

범죄학, 범죄의 예방, 현대적 범죄예방이론, 깨진 유리창이론 −

① (×) **무관용 원칙**: '깨진 유리창 이론'에 기초하여, **경미한 범죄 및 사소한 무질서 행위에 대한 경찰의 강경한 대응을 강조**한다.[♣사소한 무질서에 관대하게 대응했던 전통적 경찰활동의 전략을 계승(X)]〈12승진·17경간·09·23.1채용〉

②③ (○) **내용**〈09.2·23.1채용〉

④ (○) **한계**〈09.2·23.1채용〉　　　　　　　　　　　　　　　　　　　정답 ①

---

05 범죄예방이론에 관한 설명으로 가장 적절하지 않은 것은? 〈24.1채용〉

① 일상활동이론(Routine Activity Theory), 합리적 선택이론(Rational Choice Theory), 범죄패턴이론(Crime Pattern Theory) 등은 상황적 범죄예방(Situational Crime Prevention)의 중요한 이론적 배경이 되고 있다.

② 환경설계를 통한 범죄예방(CPTED : Crime Prevention Through Environmental Design)은 물리적 환경설계 또는 재설계를 통해 범죄기회를 차단하고 시민의 범죄에 대한 불안을 감소시키는 전략이다.

③ 특별예방이론이 잠재적 범죄자인 일반인에 대한 형벌의 예방기능을 강조한 것이라면, 일반예방이론은 형벌을 구체적인 범죄자 개인에 대한 영향력의 행사라고 보고, 범죄자를 교화함으로써 재범하지 않도록 하는 것이다.

④ 범죄예방에 질병의 예방과 치료의 개념을 도입하여 소개한 브랜팅햄(P. J. Brantingham)과 파우스트(F. L. Faust)는 범죄예방을 1차적 범죄예방, 2차적 범죄예방, 3차적 범죄예방으로 나누고 있다. 1차적 범죄예방은 일반대중, 2차적 범죄예방은 범죄우범자 집단, 그리고 3차적 범죄예방은 범죄자가 주요 대상이라고 할 수 있다.

해설

범죄학, 범죄의 예방이론 −

① (○) **상황적 범죄예방이론, 유형**〈12승진·08경간·24.1채용〉

② (○) **환경설계를 통한 범죄예방(CPTED)**〈13·21경간·15.1·23.1·24.1채용〉

③ (×) **일반예방이론**: 잠재적 범죄자인 일반인에 대한 형벌의 예방기능을 강조한 것이라면, **특별예방이론**: 형벌을 구체적인 범죄자 개인에 대한 영향력의 행사라고 보고, 범죄자를 교화함으로써 재범하지 않도록 하는 것이다.〈24.1채용〉

④ (○) **Brantingham & Faust의 범죄예방 접근법**〈05승진·08경간·01·02·04·07·09채용·24.1채용〉

　　　　　　　　　　　　　　　　　　　정답 ③

☞ 지역사회 경찰활동

01 문제지향 경찰활동에 대한 설명으로 가장 적절하지 않은 것은? 〈20.2채용〉

① 일선경찰관에게 문제해결 권한과 필요한 시간을 부여하고 범죄분석자료를 제공한다.

② 조사-분석-대응-평가로 이루어진 문제해결과정을 제시한다.

③ 「형법」의 적용은 여러 대응 수단 중 하나에 불과하다.

④ 거주자들에게 지역에 관한 정보를 제공하며, 주민들은 민간순찰을 실시한다.

해설

범죄학, 범죄의 통제(예방), 현대적 예방이론, 지역사회 경찰활동 −

①②③ (○) 문제지향적 경찰활동<20.2채용>

④ (×) **이웃지향적 경찰활동**: 지역조직 거주자들에게 **지역에 관한 정보를 제공**하며, 주민들은 **민간순찰**을 실시[♣문제지향적 경찰활동(X)]하는 등 경찰과 협동해서 범죄를 억제하는 기능을 수행한다.<20.2 채용>

정답 ④

---

02 문제지향경찰활동에 대한 설명으로 가장 옳지 않은 것은? 〈20경간〉

① 문제지향경찰활동은 경찰활동이 단순한 법집행자의 역할에서 지역사회 범죄문제의 근원적 원인을 확인하고 해결하는 역할로 전환할 것을 추구한다.

② 지역사회 문제 해결을 위해 SARA모형이 강조되며 이는 조사(Scanning) − 평가(Assessment) − 대응(Response) − 분석(Analysis)으로 진행되는 문제해결 단계를 제시한다.

③ 문제지향경찰활동에서는 문제들에 대한 효과적인 대응 전략들을 마련하면서 필요한 경우 경찰과 지역사회가 협력할 수 있는 대응전략들에 보다 높은 가치를 부여한다.

④ 문제지향경찰활동은 종종 지역사회경찰활동과 병행되어 실시되곤 한다.

해설

범죄학, 범죄의 통제(예방), 현대적 예방이론, 지역사회 경찰활동, 문제지향적 경찰활동 −

① (○) 역할 전환<20경간>

② (×) 문제지향적 경찰활동, 문제해결과정[**SARA 모델**] ➡ 탐색(**조사**)(scan) → **분석**(analysis) → 대응(response) → **평가**(assessment)[♣조사(Scanning) − 평가(Assessment) − 대응(Response) − 분석(Analysis)(X)]<20경간 · 20.2채용>

③ (○) 협력대응전략 강조<20경간>

④ (○) 병행<20경간>

정답 ②

03 경찰활동 전략별 주요 내용에 대한 설명으로 가장 적절하지 않은 것은? 〈22승진〉

① 지역중심 경찰활동(community－oriented policing)은 경찰이 지역사회 구성원과 함께 지역이 당면한 문제를 확인하고 우선순위를 정하여 해결하고자 노력하는 것을 의미한다.

② 지역중심 경찰활동과 문제지향적 경찰활동(problem－oriented policing)은 병행되어 실시될 때 효과성이 제고된다.

③ 무관용 경찰활동(zero tolerance policing)은 지역사회 문제해력을 위해 SARA모형이 강조되는데, 이 모형은 조사(Scanning)－분석(Analysis)－대응(Response)－평가(Assessment)로 진행된다.

④ 문제지향적 경찰활동은 지역문제들에 대한 효과적인 대응 전략들을 고려하면서, 필요시에는 경찰과 지역사회의 협력 전략에 보다 높은 가치를 부여한다.

해설

범죄학, 범죄의 통제(예방), 현대적 예방이론, 지역사회 경찰활동 －

① (○) 지역중심 경찰활동(community－oriented policing)〈22승진〉

② (○) 지역중심 경찰활동(community－oriented policing)〈22승진〉 문제지향적 경찰활동〈20경간·22승진〉

③ (✕) **문제지향적 경찰활동**: 문제해결과정[**SARA 모형**] ➡ 탐색(**조사**)(scan) → 분석(analysis) → 대응(response) → **평가**(assessment)[♣무관용 경찰활동(X)]〈20경간·22승진·20.2채용〉

④ (○) 문제지향적 경찰활동(problem－oriented policing)〈20경간·22승진〉　　　　　**정답** ③

04 지역사회 경찰활동(Community Oriented Policing)에 대한 설명으로 가장 적절하지 않은 것은? 〈21경간〉

① 전략지향 경찰활동(Strategic Oriented Policing), 문제지향 경찰활동(Problem Oriented Policing), 이웃지향 경찰활동(Neighborhood Oriented Policing) 등으로 구성되어 있다.

② 경찰의 역할에서 범죄투사(Crime fighter)의 역할보다 문제해결자(Problem solver)로서의 역할에 중점을 둔다.

③ 범죄의 진압·수사 같은 사후대응적 경찰활동(Reactive Policing)보다는 범죄예방과 같은 사전예방적 경찰활동(Proactive Policing)을 강조한다.

④ 윌슨(W. Wilson)과 사이몬(H. A. Simon)이 연구한 경찰활동 개념이다.

해설

범죄학, 범죄의 통제(예방), 현대적 예방이론, 지역사회 경찰활동 －

① (○) **지역사회 경찰활동(Community Policing)**〈21경간〉

② (○) **문제지향적 경찰활동**〈21경간〉

③ (○) **지역사회 경찰활동(Community Policing)**〈21경간〉

④ (✕) **J. Skolnick**이 **기본(구성)**요소를 제시하는 등 많은 연구업적을 남기고 있다.[♣윌슨(W. Wilson)과 사이몬(H. A. Simon)이 연구(X)]〈21경간〉　　　　　**정답** ④

05 지역사회 경찰활동(Community Policing)에 대한 설명으로 가장 적절하지 않은 것은? 〈20.1채용〉

① 업무평가의 주요한 척도는 사후진압을 강조한 범인검거율이 아닌 사전예방을 강조한 범죄나 무질서의 감소율이다.

② 지역사회 경찰활동의 프로그램으로 이웃지향적 경찰활동, 전략지향적 경찰활동, 문제지향적 경찰활동 등이 있다.

③ 타 기관과는 권한과 책임 문제로 인한 갈등구조가 아닌 지역 사회 문제해결의 공동목적 수행을 위한 협력구조를 이룬다.

④ 지역사회 문제해결을 위한 경찰업무 영역의 확대로 일선 경찰관에 대한 감독자의 지휘 통제가 강조된다.

해설

범죄학, 범죄의 통제(예방), 현대적 예방이론, 지역사회 경찰활동 −

① (○) 평가기준<05 · 09 · 20승진 · 11 · 13 · 14경간 · 20.1채용>

② (○) 주요개념, 전략지향적 경찰활동<20.1채용>

③ (○) 방안, 유대강화<20.1채용>

④ (×) 기본요소(J. Skolnick) / **권한 분산** : 정책결정과정에서 주민참여를 포함한 권한의 분산화가 필요하다.[♣일선 경찰관에 대한 감독자의 지휘 통제가 강조(X)]<07경간 · 12경감 · 20.1채용>　　**정답** ④

---

06 다음은 전통적 경찰활동과 지역사회 경찰활동에 관한 비교설명이다(Sparrow, 1988). 질문과 답변의 연결이 가장 적절하지 않은 것은? 〈22.1채용〉

① 경찰은 누구인가? − 전통적 경찰활동의 관점에서는 법집행을 주로 책임지는 정부기관이라고 답변할 것이며, 지역사회 경찰활동의 관점에서는 경찰이 시민이고 시민이 경찰이라고 답변할 것이다.

② 언론 접촉부서의 역할은 무엇인가? − 전통적 경찰활동의 관점에서는 현장경찰관들에 대해 비판적 여론을 차단하는 것이라고 답변할 것이며, 지역사회 경찰활동의 관점에서는 지역사회와의 원활한 소통 창구라고 답변할 것이다.

③ 경찰의 효과성은 무엇이 결정하는가? − 전통적 경찰활동의 관점에서는 경찰의 대응시간이라고 답변할 것이며, 지역사회 경찰활동의 관점에서는 시민의 협조라고 답변할 것이다.

④ 가장 중요한 정보란 무엇인가? − 전통적 경찰활동의 관점에서는 범죄자 정보(개인 또는 집단의 활동사항 관련 정보)라고 답변할 것이며, 지역사회 경찰활동의 관점에서는 범죄사건 정보(특정범죄사건 또는 일련의 범죄사건 관련 정보)라고 답변할 것이다.

해설

범죄학, 범죄의 통제, 지역사회 경찰활동, 전통적인 경찰활동과 지역사회 경찰활동 비교 −

① (○) 책임소재<22.1채용>

② (○) 언론접촉부서의 기능<22.1채용>

③ (○) 효율성 판단<13 · 14경간 · 20승진 · 22.1채용>

④ (×) **중요정보** : 전통적 경찰활동 − 범죄사건 정보(특정범죄사건 또는 일련의 범죄사건 관련 정보) / 지역사회 경찰활동 − 범죄자 정보(개인 또는 집단의 활동사항 관련 정보)<22.1채용>　　**정답** ④

---

07 에크와 스펠만(Eck & Spelman)은 경찰관서에서 문제지향 경찰활동을 지역문제의 해결에 보다 쉽게 적용할 수 있도록 4단계의 문제해결과정(이른바 SARA 모델)을 제시하였다. 개별 단계에 관한 설명으로 가장 적절하지 않은 것은? 〈23.2채용〉

① 조사단계(scanning)는 일반적으로 지역사회에서 일회적으로 발생하지만 대중의 이목을 집중시키는 심각한 중대범죄 사건을 우선적으로 조사대상화하는 데에서 출발한다.

② 분석단계(analysis)에서는 각종 통계자료 등 수집된 자료를 활용하여 심층적인 분석을 실시하며, 당면 문제의 성격을 정확하게 파악하기 위해 문제분석 삼각모형(problem analysistriangle)을 유용한 분석 도구로 활용할 수 있다.

③ 대응관계(response)에서는 경찰이 보유한 자원과 역량만으로는 한계가 있으므로 지역사회 내의 여러 다른 기관들과의 협력을 통한 대응방안을 추구하며, 상황적 범죄예방에서 제시하는 25가지 범죄예방 기술을 적용해 볼 수도 있다.

④ 평가단계(assessment)는 과정평가와 효과평가의 두 단계로 구성되며, 이전 문제해결과정에의 환류를 통해 각 단계가 지속적인 순환과정으로 작동할 수 있도록 한다는 점에서 중요한 의미를 가진다.

해설

범죄학, 범죄의 통제(예방), 현대적 예방이론, 지역사회 경찰활동, 문제지향적 경찰활동 −

① (X) **조사단계(scanning)** : 문제를 발견하고 확인하는 과정, **경찰과 시민의 관심사항이 되는 지역사회에서 발생하는 일련의 유사한 사건을 탐색**하고 조사대상화하는 것에서 출발한다.[♣대중의 이목을 집중시키는 심각한 중대범죄 사건을 우선적으로 조사(X)]〈23.2채용〉

② (○) 분석단계(analysis)〈23.2채용〉

③ (○) 대응관계(response)〈23.2채용〉

④ (○) 평가단계(assessment)〈23.2채용〉

정답 ①

---

08 지역사회 경찰활동(Community Policing)에 대한 설명으로 가장 적절하지 않은 것은? 〈23경간〉

① 지역중심적 경찰활동(Community Oriented Policing) − 경찰과 지역사회가 협력하여 길거리 범죄, 물리적 무질서 등을 확인하고 해결함으로써 주민들의 삶의 질을 개선하고자 노력한다.

② 문제지향적 경찰활동(Problem Oriented Policing) − 경찰과 지역사회가 전통적인 경찰업무로 해결할 수 없거나 그것의 해결을 위하여 특별히 관심을 필요로 하는 사안들에 있어서 그 상황에 맞는 대안을 개발하기 위해 노력하는 활동에 주력한다.

③ 이웃지향적 경찰활동(Neighborhood Oriented Policing) − 경찰과 주민의 의사소통을 활성화하고 주민들에 의한 순찰을 실시하는 등 지역사회에 기초를 둔 범죄예방 활동 등을 위해 노력한다.

④ 관용중심적 경찰활동(Tolerance Oriented Policing) − 소규모 지역공동체 모임의 활성화를 통해 상호감시를 증대하고 단속 중심의 경찰활동을 전개함으로써 범죄에 대응하는 전략을 추진한다.

해설

범죄학, 범죄의 예방(통제), 현대적 범죄예방이론, 지역사회경찰활동 -
① (○) **지역중심적 경찰활동**(Community Oriented Policing)<23경간>
② (○) **문제지향적 경찰활동**(Problem Oriented Policing)<23경간>
③ (○) **이웃지향적 경찰활동**(Neighborhood Oriented Policing)<23경간>
④ (×) **이웃지향적 경찰활동**[♣관용중심적 경찰활동(X)](Neighborhood Oriented Policing) : 규모 지역공동체
　　모임의 활성화를 통해 **상호감시를 증대**하고 단속 중심의 경찰활동을 전개함으로써 범죄에 대
　　응하는 전략을 추진한다.[♣관용중심적 경찰활동(X)]<23경간>　　　　　　　　**정답** ④

09 지역사회 경찰활동(COP)에 관한 설명으로 가장 적절하지 않은 것은? <23.2채용>

① 경찰과 시민 모두 지역문제 해결을 위한 치안주체로서 인정하고 협력을 강조한다.
② 업무평가의 주요한 척도는 사전예방을 강조한 범죄나 무질서의 감소율이다.
③ 프로그램으로는 전략지향적 경찰활동(Strategy Oriented Policing : SOP), 이웃지향적 경찰활동
　(Neighborhood Oriented Policing : NOP) 등이 있다.
④ 범죄신고에 대한 출동소요시간을 바탕으로 효과성을 평가한다.

해설

범죄학, 범죄의 예방, 지역사회경찰활동 -
① (○) **책임소재**<13 · 14경간 · 23.1채용>
② (○) **평가기준**<11 · 13 · 14경간 · 20.1 · 23.1채용>
③ (○) **지역사회 경찰활동 프로그램**<21경간 · 23.1채용>
④ (×) **효율성 판단 : 주민의 경찰업무에 협조도**[♣범죄 신고에 대한 출동시간으로 판단(X)]<13 · 14경간 · 20
　　승진 · 22.1 · 23.1채용>　　　　　　　　　　　　　　　　　　　　　　　　**정답** ④

10 지역사회경찰활동(Community Policing)에 관한 설명으로 가장 적절하지 않은 것은? <23.2채용>

① 범죄가 자주 발생하는 지점에 경찰력을 집중적으로 배치하여 범죄예방효과를 극대화하는 데 중점을
　둔다.
② 경찰활동의 목적과 우선순위를 결정할 때 시민의 참여가 중요하다.
③ 사후적 대응보다 사전적 예방 중심의 경찰활동 전개에 주력한다.
④ 경찰은 지역사회 내 지방자치단체, 학교 등 공적 주체들은 물론 시민단체 등 사적 주체들과도 파트너
　십을 형성할 필요가 있다.

해설

범죄학, 범죄의 예방, 지역사회 경찰활동 −

① (△) **전략지향적 경찰활동**: 경찰이 전통적인 관행과 절차를 이용하여 **확인된 문제 지역에 대한 그들의 자원을 재분배하는 것**이다. 즉, **치안수요가 많은 시간대나 장소에 많은 경찰력을 배치하는 방식**(범죄가 자주 발생하는 지점에 경찰력을 집중적으로 배치하여 범죄예방효과를 극대화)으로 최소한의 자원을 투입하여 최대한의 범죄나 무질서를 예방하는 효과를 거두는 활동을 강조한다.<20.1 · 23.2채용>

　　※ 전략지향적 경찰활동은 2020년 순경공채 1차 시험에서 지역사회경찰활동의 내용으로 출제되었으며 신현기 경찰학 사전에도 소개된 내용으로 2020년 기출문제에 오류가 있음을 시인한 이후, 본 내용을 정답으로 처리해야 할 것이며, 지역사회 경찰활동의 내용에는 예방을 강조하는 다양한 내용을 소개하고 있고 본 내용도 적절하지 않은 것으로 보기도 어렵다.

②③④ (○) 패러다임의 전환<11경간 · 23.2채용>　　정답 ①(논란 소지 있으나 상대적으로 풀이할 경우 정답)

11 다음은 경찰이 수행하는 범죄예방활동 사례(〈보기 1〉)와 톤리와 패링턴(Tonry & Farrington)의 구분에 따른 범죄예방 전략 유형(〈보기 2〉)이다. 〈보기 1〉과 〈보기 2〉의 내용이 가장 적절하게 연결된 것은? 〈23.2채용〉

┤ 보기1 ├
(가) 경찰서의 여성청소년 담당부서에서 운영하고 있는 학교전담경찰관(SPO)은 학교에 배치되어 학교폭력예방교육 등 학교폭력 관련 예방과 가해학생 선도 등 사후관리 역할을 담당하고, 학대예방경찰관(APO)은 미취학 혹은 장기결석 아동에 대해 점검하고 학대피해 우려가 높은 아동에 대해 지속적으로 모니터링을 실시함으로써 아동학대의 위험성을 감소시키고 아동의 안전 등을 확인하는 역할을 담당하고 있다.
(나) 여성 1인 가구 밀집지역에 대한 경찰순찰을 확대함으로써 공식적 감시기능을 강화하거나 혹은 아파트 입구 현관문에 반사경을 부착함으로써 출입자의 익명성을 감소시켜 범행에 수반되는 발각 위험을 증대하기 위한 조치를 취하고 있다.
(다) 위법 행위에 대한 단속을 강화하는 무관용 경찰활동을 지향함으로써 처벌의 확실성을 높여 범죄를 억제하고 노력하고 있다.

┤ 보기2 ├
㉠ 상황적 범죄예방　　　　　　　　㉡ 지역사회 기반 범죄예방
㉢ 발달적 범죄예방　　　　　　　　㉣ 법집행을 통한 범죄억제

	(가)	(나)	(다)
①	㉡	㉣	㉠
②	㉢	㉡	㉣
③	㉡	㉢	㉠
④	㉢	㉠	㉣

해설

범죄학, 범죄의 통제(예방), 현대적 범죄이론, 톤리와 패링턴(Tonry & Farrington)의 범죄예방 전략 −
(가) 발달적 범죄예방<23.2채용>
(나) 상황적 범죄예방<23.2채용>
(다) 법집행을 통한 범죄예방<23.2채용>   정답 ④

---

12 지역사회 경찰활동의 구성요소에 관한 설명으로 가장 적절하지 않은 것은? <24.1채용>

① 지역중심적 경찰활동(COP − Community Oriented Policing) − 지역사회에서 전반적인 삶의 질 향상을 목표로, 지역사회와 경찰 사이에 새로운 관계를 증진시키는 조직적인 전략원리를 말한다.
② 전략지향적 경찰활동(SOP − Strategic Oriented Policing) − 확인된 문제에 대한 전략적 대응을 위해 경찰자원을 배분하고, 전통적인 경찰활동과 절차를 통해 범죄적 요소나 사회무질서의 원인을 효과적으로 제거하는 경찰활동을 말한다.
③ 이웃지향적 경찰활동(NOP − Neighborhood Oriented Policing) − 지역사회경찰활동을 위하여 경찰과 주민의 의사소통라인을 개설하려는 모든 프로그램을 말한다.
④ 문제지향적 경찰활동(POP − Problem Oriented Policing) − 지역조직은 거주자들에게 지역에 관한 정보를 제공하며 경찰과 협동하여 범죄를 억제하는 기능을 수행한다.

해설

범죄학, 범죄의 통제(예방), 현대적 예방이론, 지역사회 경찰활동, 문제지향적 경찰활동 −
① (○) 지역중심적 경찰활동(COP − Community oriented policing)<24.1채용>
② (○) 전략지향적 경찰활동(SOP − Strategic − Oriented Policing)<20.1 · 23.2 · 24.1채용>
③ (○) 이웃지향적 경찰활동(NOP − neighborhood − oriented policing)<23경간 · 24.1채용>
④ (×) 이웃지향적 경찰활동(NOP − neighborhood − oriented policing)<24.1채용>   정답 ④

---

13 멘델즌(Mendelshon)의 피해자 유형 분류 중 가해자와 같은 정도의 책임이 있는 피해자에 해당하는 사례로 가장 적절하지 않은 것은? <24.1채용>

① 동반자살 피해자
② 부모에게 살해된 패륜아
③ 자살미수 피해자
④ 촉탁살인에 의한 피살자

해설

범죄학, 범죄의 통제(예방), 범죄 피해자학 −
①③④− 가해자와 같은 정도의 책임 있는 피해자
②− 가해자보다 더 책임이 있는 피해자   정답 ②

▶ 종합문제

01 범죄이론과 범죄통제이론에 대한 설명으로 적절하지 않은 것을 모두 고른 것은? 〈18경위·14.1채용〉

> ⊙ 고전학파 범죄이론은 범죄에 대한 국가의 강력하고 확실한 처벌을 통해 범죄를 억제할 수 있다고 본다.
>
> ⓛ '일상활동이론'의 범죄발생 3요소는 '동기가 부여된 잠재적 범죄자', '적절한 대상', '범행의 기술'이다.
>
> ⓒ 사회학적 이론은 범죄기회의 제거와 범죄행위의 이익을 감소시키는 것을 내용으로 한다.
>
> ⓔ 상황적 범죄예방이론은 사회발전을 통해 범죄의 근본적인 원인을 제거하고자 하나, 폭력과 같은 충동적인 범죄에는 적용하는 데 한계가 있다.

① ⊙ⓛⓔ   ② ⊙ⓒⓔ   ③ ⊙ⓛⓒ   ④ ⓛⓒⓔ

해설 ─────────────────────────────────

범죄학 ─

⊙ (○) 개인적 수준의 범죄원인 이론, 고전주의 범죄학, 내용<18승진>

ⓛ (✕) 상황적 범죄예방이론, 일상활동이론, **범죄발생의 3요소 : 범죄자(➡ VIVA모델), 범죄의 대상, 보호자(감시)의 부재**[♣범행의 기술(X)]<09·12경간·10·12승진·03·14.1·17.2채용>

ⓒ (✕) 사회학적 이론(사회발전이론) : **사회적 환경**이 범죄자의 내재적 성향보다 더 중요한 범죄원인이라고 보아 **사회발전을 통한 환경개선을 강조**하게 된다.[♣범죄기회의 제거와 범죄행위의 이익을 감소(X) → 상황적 예방이론](전통적 범죄통제이론, 사회발전 이론)<18승진>

ⓔ (✕) 상황적 예방이론 : 범죄행위에 대한 위험과 어려움을 높여 **범죄기회를 제거**하고 **범죄행위의 이익을 감소**시킴으로서 범죄행위를 억제하려 한다.[♣사회발전을 통해 범죄의 근본적인 원인을 제거(X)] / 사회발전이론 : 사회발전을 통해 범죄의 근본적인 원인을 제거하고자 한다. / 고전주의 : 폭력과 같은 충동범죄에는 한계가 있다.<05·18승진>   **정답** ④

──

02 범죄통제이론에 대한 설명으로 가장 적절하지 않은 것은? 〈17.2채용〉

① '억제이론'은 인간의 자유 의지를 인정하지 않는 결정론적 인간관에 바탕을 두고 특별예방효과에 중점을 둔다.

② '치료 및 갱생이론'은 생물학적·심리학적 범죄 이론에 바탕을 두고 있다.

③ '합리적 선택이론'은 인간이 자유 의지를 가지고 있다고 가정하고 합리적인 인간관을 전제로 하므로 비결정론적 인간관에 바탕을 두고 있다.

④ '일상활동이론'의 범죄 발생 3요소는 '동기가 부여된 잠재적 범죄자(motivated offender)', '적절한 대상(suitable target)', '보호자의 부재(absence of capable guardianship)'이다.

해설

범죄학, 범죄의 예방이론 −

− 전통적 범죄통제이론 −

① (✕) **억제이론**: '억제이론'은 인간의 자유 의지를 인정하는[♣자유의지를 인정하지 않는(✕)] 비결정론적 인간관에[♣결정론적 인간관(✕)] 바탕을 두고 일반예방효과에 중점을 둔다.[♣특별예방효과에 중점(✕)]<04·05승진·04·06·12경간·05·09·17.2채용>

② (○) **치료 및 갱생이론**: 생물학적·심리학적 범죄이론에서는 범죄자의 **치료와 갱생**을 통한 **범죄의 사후대책 측면을 강조**하며 치료 및 갱생이 범죄예방에 효과적이라고 본다.<12경간·17.2채용>

− 현대적 범죄예방이론, 상황적 예방이론 −

③ (○) **합리적 선택이론**: 신고전주의, 비결정론적 인간관<19승진·10.2·17.2채용>

④ (○) 일상활동이론, 범죄발생의 3요소<09·12경간·10승진·03·14.1·17.2채용>　　　　　　**정답** ①

---

03 다음은 '범죄 통제이론'을 설명한 것이다. 가장 적절하지 않은 것은? <18.3채용>

① '일상활동이론'의 범죄유발의 4요소는 '범행의 동기', '사회적 제재로부터의 자유', '범행의 기술', '범행의 기회'이다.

② 로버트 샘슨과 동료들은 지역주민 간의 상호신뢰 또는 연대감과 범죄에 대한 적극적인 개입을 강조하는 '집합효율성이론'을 주장하였다.

③ '치료 및 갱생이론'은 결정론적 인간관에 입각하여 특별예방효과에 중점을 둔다.

④ '억제이론'은 폭력과 같은 충동적 범죄에 적용하는 데 한계가 있다는 비판이 있다.

해설

범죄학 −

① (✕) 범죄의 원인, 범죄의 4대 요소, Joseph F. Sheley(실리): **범죄의 4대 요소**: Joseph F. Sheley(실리)는 범죄인의 입장에서 범죄를 일으키는 데 필요한 필요조건으로[♣충분조건(✕)] '범행의 동기', '사회적 제재로부터의 자유', '범행의 기술', '범행의 기회', 4가지를 제시하였다.(**범죄의 필요조건**)[♣일상활동이론(✕)]<09경간·10·14승진·10·13.2·15.2·18.3채용>

② (○) 현대적 범죄예방이론, 집합효율성이론(로버트 샘슨과 동료들), 내용<12경간·14.1·18.3채용>

③ (○) 전통적 범죄통제이론, 치료 및 갱생이론, 내용<03승진·14.1·18.3채용>

④ (○) 전통적 범죄통제이론, 억제이론, 비판<05·14.1·18.3채용>　　　　　　**정답** ①

04 범죄통제이론에 대한 설명으로 가장 적절하지 않은 것은? 〈19경감〉

① '억제이론'은 강력하고 확실한 처벌을 통하여 범죄를 억제할 수 있다고 보며, 범죄의 동기나 원인, 사회적 환경에는 관심이 없다.

② '일상활동이론'은 지역사회 구성원들이 범죄문제를 해결하기 위해 적극적으로 참여하는 것이 중요한 범죄예방의 열쇠라고 한다.

③ '합리적 선택이론'은 인간이 자유 의지를 가지고 있다고 가정하고 합리적인 인간관을 전제로 하므로 비결정론적 인간관에 바탕을 두고 있다.

④ '치료 및 갱생이론'은 비용이 많이 들고 범죄자를 대상으로 하므로 일반 예방효과에 한계가 있다는 비판이 존재한다.

해설

범죄학 −

① (○) 전통적 범죄통제이론, '억제이론'〈19승진 · 12경간〉

② (X) 현대적 범죄예방이론, 집합효율성이론, **범죄예방의 열쇠** : '집합효율성이론'은 지역사회의 구성원들이 범죄를 공공의 적으로 인식하고 이를 해결하기 위해 **적극적으로 참여하면** 효과적으로 범죄를 예방할 수 있다고 본다.[♣일상 활동이론(X)]〈17경간 · 12 · 19승진〉

③ (○) 현대적 범죄예방이론, 상황적 범죄예방이론, '**합리적 선택이론**' : 신고전주의, 비결정론적 인간관 〈19승진 · 10.2 · 17.2채용〉

④ (○) 전통적 범죄통제이론, 치료 및 갱생이론, 비판〈18 · 19승진〉 정답 ②

05 다음은 관할지역 내 범죄문제 해결을 위해 경찰서별로 실시하고 있는 활동들이다. 각 활동들의 근거가 되는 범죄원인론을 가장 적절하게 연결한 것은? 〈19.2채용〉

> ㉠ A경찰서는 관내에서 음주소란과 폭행 등으로 적발된 청소년들을 형사입건하는 대신 지역사회 축제에서 실시되는 행사에 보안요원으로 봉사할 수 있는 기회를 제공하였다.
> ㉡ B경찰서는 지역사회에 만연해 있는 경미한 주취소란에 대해서도 예외 없이 엄격한 법집행을 실시하였다.
> ㉢ C경찰서는 관내 자전거 절도사건이 증가하자 관내 자전거 소유자들을 대상으로 자전거에 일련번호를 각인해 주는 서비스를 제공하였다.
> ㉣ D경찰서는 관내 청소년 비행 문제가 증가하자 청소년들을 대상으로 폭력 영상물의 폐해에 관한 교육을 실시하고, 해당 유형의 영상물에 대한 접촉을 삼가도록 계도하였다.

① ㉠−낙인이론 ㉡−깨진 유리창 이론
　㉢−상황적 범죄예방 이론 ㉣−차별적 동일시 이론

② ㉠−낙인이론 ㉡−깨진 유리창 이론
　㉢−상황적 범죄예방 이론 ㉣−차별적 접촉 이론

③ ㉠−상황적 범죄예방 이론 ㉡−깨진 유리창 이론
　㉢−낙인이론 ㉣−차별적 접촉 이론

④ ㉠−상황적 범죄예방 이론 ㉡−낙인이론
　㉢−깨진 유리창 이론 ㉣−차별적 동일시 이론

해설

범죄학 −

㉠ 낙인이론, 피낙인자를 위한 형사정책적 결론, 전환<19.2채용>
㉡ 깨진 유리창 이론, 의의<19.2채용>
㉢ 일상활동이론, 합리적 선택이론, Clarke & Cornish의 변명의 제거<19.2채용>
㉣ 차별적 동일시 이론<13 · 19승진 · 19.2채용>　　　　정답 ①

---

06 범죄원인에 대한 이론을 설명한 것이다. 옳은 것은 모두 몇 개인가? 〈20경간〉

> 가. 아노미이론은 Cohen에 의해 주장되었으며 '범죄는 정상적인 것이며 불가피한 사회적 행위'라는 입장에서 사회 규범의 붕괴로 인해 범죄가 발생한다고 보고 있다.
> 나. J. F. Sheley가 주장한 범죄유발의 4요소는 범죄의 동기, 사회적 제재로부터의 자유, 범죄피해자, 범행의 기술이다.
> 다. 사회학습이론 중 Burgess & Akers의 차별적 강화이론에 의하면 청소년들이 영화의 주인공을 모방하고 자신과 동일시하면서 범죄를 학습한다고 한다.
> 라. Hirschi는 범죄의 원인은 사회적인 유대가 약화되어 통제되지 않기 때문이라고 보고, 비행을 통제할 수 있는 사회적 통제의 결속을 애착, 전념, 기회, 참여라고 하였다.
> 마. 합리적 선택이론에서는 인간의 자유의지를 인정하는 결정론적 인간관에 입각하여 범죄자는 비용과 이익을 계산하고 자신에게 유리한 경우에 범죄를 행한다고 본다.
> 바. 일상생활 이론은 범죄자의 입장에서 범행을 결정하는데 고려되는 4가지 요소로 가치, 이동의 용이성, 가시성, 접근성을 들고 있다.
> 사. 범죄패턴 이론은 지역사회 구성원들이 범죄문제를 해결하기 위해 적극적으로 참여하는 것이 중요한 범죄예방의 열쇠라고 한다.

① 0개　　　　② 1개　　　　③ 2개　　　　④ 3개

해설

범죄학 −

가. (✕) 사회구조이론, **아노미 이론**: 뒤르껭(Durkheim)에 의해 주장되었으며 뒤르껭은 "**범죄는 정상적인 것이며 불가피한 사회적 행위**"라고 한다.[♣Cohen에 의해 주장(✕)]<20경간>

나. (✕) **J. F. Sheley가 주장한 범죄유발의 4요소**: ① **범행의 동기**(Motivation), ② **범행의 기회**(Opportunity)[♣ 보호자(감시자) 부재(✕)], ③ **범행의 기술**, ④ **사회적 제재로부터의 자유**[♣범죄피해자(✕), ♣이동의 용이성(✕)]<20경간>

다. (✕) **차별적 동일시 이론**(Glaser): 청소년들이 영화의 **주인공을 모방하고 자신과 동일시**하면서 범죄를 학습한다.[♣Burgess & Akers의 차별적 강화이론(✕)]<20경간 · 13 · 19승진 · 19.2채용>

라. (✕) 사회통제이론, **유대이론**: Hirschi는 범죄의 원인은 **사회적인 유대가 약화되어 통제되지 않기 때문**이라고 보고, **애착, 참여, 전념, 신념** 등이 사회적 결속의 요소가 된다고 한다.[♣ 기회(✕)]<20경간>

마. (✕) 상황적 예방이론, **합리적 선택이론**: 인간의 자유의지를 인정하는 **비결정론적 인간관**에 바탕을 두고 있다고 할 수 있다.[♣결정론적 인간관에 근거(✕)]<08 · 20경간 · 19승진 · 10.2 · 17.2채용>

바. (○) **범죄자 입장 4가지 요소**(VIVA모델)<20경간 · 10.2채용>

사. (✕) **집합효율성 이론**: 지역사회의 구성원들이 범죄를 공공의 적으로 인식하고 이를 해결하기 위해 **적극적으로 참여**하면 효과적으로 범죄를 예방할 수 있다고 본다.[♣범죄패턴이론(✕)]<17 · 20경간 · 12 · 19승진>　　　　정답 ②

MEMO

한쌤
경찰학 ✦
기출총정리

합격까지 박문각

각론

제1장

생활안전경찰 일반

1 생활안전경찰의 개념과 특성

01 경찰청과 그 소속기관 직제상 경찰청 생활안전국장의 분장사항에 해당하지 않는 것은 모두 몇 개인가?

〈22.2채용〉

> ㉠ 아동 청소년 대상 성매매 사범에 대한 지도 및 단속
> ㉡ 경비업에 관한 연구 및 지도
> ㉢ 아동학대 수사 및 피해자 보호에 관한 업무
> ㉣ 청원경찰의 운영 및 지도
> ㉤ 교통사고 교통범죄에 관한 수사 지휘 감독
> ㉥ 각종 안전사고의 예방에 관한 사항

① 2개   ② 3개   ③ 4개   ④ 5개

해설

각론 —

㉠ (X) 생활안전경찰, 일반, **임무**: 성매매(**아동·청소년 대상 성매매 제외**) 사범에 대한 지도 및 단속 [♣아동·청소년 대상 성매매는 생활안전국 업무(X)](경찰청과 그 소속기관 직제 제11조 제3항 제4호) 〈22.2채용〉 / 수사경찰, 일반, **형사국장 분장사무**: 성폭력범죄, **아동·청소년 대상 성매매**, 가정 폭력, 아동학대, 학교폭력 및 실종사건에 관한 수사 지휘·감독 및 **아동·청소년 대상 성매매 단속**[♣아동 청소년 대상 성매매 사범에 대한 지도 및 단속은 생활안전국장 사무(X)](경찰청과 그 소속기관 직제 제20조 제3항 제3호)〈22.2채용〉

㉡ (○) 생활안전경찰, 일반, 임무, **협력방범**(경찰청과 그 소속기관 직제 제11조 제3항 제2호)〈22.2채용〉

㉢ (X) 수사경찰, 일반, **형사국장 분장사무**: 성폭력범죄, 아동·청소년 대상 성매매, 가정폭력, **아동학대**, 학교폭력 및 실종사건에 관한 **수사 지휘**·감독 및 아동·청소년 대상 성매매 단속[♣아동학대 수사 및 피해자 보호에 관한 업무는 생활안전국장 사무(X)](경찰청과 그 소속기관 직제 제20조 제3항 제3호)〈22.2채용〉

㉣ (X) 경비경찰, 의의, **임무**: **청원경찰의 운영 및 지도**[♣생활안전국장 분장사무(X)](경찰청과 그 소속기관 직제 제13조 제3항 제3호)〈22.2채용〉

㉤ (X) 수사경찰, 일반, **형사국장 분장사무**: 강력범죄, 폭력범죄 및 **교통사고·교통범죄에 관한 수사 지휘·감독**[♣생안국장 업무분장(X)](경찰청과 그 소속기관 제20조 제3항)〈22승진·22.2채용〉

㉥ (○) 생활안전경찰, 일반, 임무, 생활안전(경찰청과 그 소속기관 직제 제11조 제3항 제7호)〈22.2채용〉

정답 ③

제2장 생활안전과 업무

1 지역경찰업무

| 테마 121 | 지역경찰기관 |

| 테마 122 | 지역경찰근무 |

01 「지역경찰의 조직 및 운영에 관한 규칙」상 순찰팀장이 수행하는 직무 내용으로 가장 적절하지 않은 것은?

〈21경간 · 17.1채용〉

① 관내 중요 사건 발생시 현장 지휘

② 지역경찰관서의 시설 · 예산 · 장비의 관리

③ 근무교대시 주요 취급사항 및 장비 등의 인수인계 확인

④ 관리팀원 및 순찰팀원에 대한 일일근무 지정 및 지휘 · 감독

해설

생활안전경찰, 생활안전과 업무, 근무 −

①③④ (○) 순찰팀장의 직무(지역경찰의 조직 및 운영에 관한 규칙 제8조 제2항)〈17 · 19 · 21경간 · 07 · 16 · 20
　　　승진 · 05 · 17.1 · 18.2채용〉

② (X) 지역경찰관서장의 직무(지역경찰의 조직 및 운영에 관한 규칙 제5조 제3항)〈17 · 19 · 21경간 · 07 · 16 ·
　　　20승진 · 05 · 17.1 · 18.2채용〉　　　　　　　　　　　　　　　　　　　　　 정답 ②

---

02 「지역경찰의 조직 및 운영에 관한 규칙」에 관한 설명 중 옳은 것은 모두 몇 개인가? 〈22.1채용〉

> ㉠ 시 · 도경찰청장은 인구, 면적, 행정구역, 교통 · 지리적 여건, 각종 사건사고 발생 등을 고려하여
> 경찰서의 관할구역을 나누어 지역경찰관서를 설치한다.
> ㉡ 관리팀원 및 순찰팀원에 대한 일일근무 지정 및 지휘 · 감독과 관내 중요 사건 발생시 현장 지휘
> 는 순찰팀장의 직무이다.
> ㉢ 직주일체형 치안센터에 배치된 근무자는 근무 종료 후(휴무일 포함)에도 관할구역 내에 위치하
> 며 지역경찰관서와 연락체계를 유지하여야 한다.
> ㉣ 지역경찰관서장은 관내 치안상황의 분석 및 대책을 수립하고 소속 지역경찰의 근무와 관련된 제
> 반사항에 대해 지휘 및 감독한다.
> ㉤ 상황근무를 지정받은 지역경찰은 지역경찰관서 및 치안센터 내에서 방문민원 및 각종 신고사건
> 의 접수 및 처리를 수행한다.

① 5개　　　　　　② 4개　　　　　　③ 3개　　　　　　④ 2개

해설

생활안전경찰, 생활안전과 업무, 지역경찰업무 −

− 지역경찰기관 −

㉠ (○) 지역경찰관서(지역경찰의 조직 및 운영에 관한 규칙 제4조 제1항)<17·19경간·14.2·22.1채용>

㉡ (○) 순찰팀장의 직무(지역경찰의 조직 및 운영에 관한 규칙 제8조 제2항)<20승진·18.2·22.1채용>

㉢ (✕) **직주일체형 치안센터**: 직주일체형 치안센터에 배치된 근무자는 **근무 종료 후에도 관할구역 내에 위치**하며 지역경찰관서와 연락체계를 유지하여야 한다. 다만, 휴무일은 제외한다.[♣휴무일 포함(X)](지역경찰 조직 및 운영에 관한 규칙 제18조 제3항)<22.1채용>

㉣ (○) 지역경찰관서장의 직무(제5조 제3항)<22.1채용>

− 지역경찰근무, 종류 −

㉤ (○) 상황근무(지역경찰의 조직 및 운영에 관한 규칙 제24조 제1항 제2호)<18·19경간·12·22승진·14.1·21.1·22.1채용>

정답 ②

---

03 「지역경찰의 조직 및 운영에 관한 규칙」에 대한 설명 중 가장 적절한 것은? 〈23승진〉

① "지역경찰관서"란 「국가경찰과 자치경찰의 조직 및 운영에 관한 법률」 제30조 제3항 및 「경찰청과 그 소속기관 직제」 제43조에 규정된 지구대, 파출소 및 치안센터를 말한다.

② 상황근무를 지정받은 지역경찰은 문서의 접수 및 처리와 중요 사건·사고 발생 시 보고·전파 업무를 수행한다.

③ 지역경찰은 근무 중 주요사항을 근무일지(을지)에 기재하여야 하고 근무일지는 5년간 보관한다.

④ 대기근무를 지정받은 지역경찰은 지정된 장소에서 휴식을 취하되, 무전기를 청취하며 10분 이내 출동이 가능한 상태를 유지하여야 한다.

해설

생활안전경찰, 생활안전과 업무 −

① (✕) **지역경찰기관, 지역경찰관서**: "**지역경찰관서**"란 「국가경찰과 자치경찰의 조직 및 운영에 관한 법률」 제30조 제3항 및 「경찰청과 그 소속기관 직제」 제43조에 규정된 **지구대 및 파출소**를 말한다.[♣치안센터(X)](지역경찰조직 및 운영에 관한 규칙 제2조 제1호)<17·19경간·23승진·14.2채용>

− 지역경찰근무 −

② (✕) **행정근무**: 문서의 접수 및 처리[♣상황근무(X)]<23승진>

③ (✕) **근무일지**: **지역경찰은 근무 중 주요사항을 근무일지(을지)에 기재하여야** 한다.(제42조 제1항)<23승진> **근무일지는 3년간 보관한다.**[♣5년간(X)](규칙 제42조 제3항)<23승진>

④ (○) 대기근무(지역경찰조직 및 운영에 관한 규칙 제27조 제3항)<12·23승진>

정답 ④

04 「지역경찰의 조직 및 운영에 관한 규칙」에 관한 다음 설명 중 옳은 것은 모두 몇 개인가? 〈18경간〉

> 가. 시·도경찰청장 및 경찰서장은 지역경찰의 올바른 직무수행 및 자질 향상을 위해 필요한 교육
> 을 실시하여야 하며 교육시간, 방법, 내용 등 지역경찰 교육과 관련된 세부적인 기준은 시·도
> 경찰청장이 따로 정한다.
> 나. 순찰근무의 근무종류 및 근무구역은 시간대별·장소별 치안수요, 각종 사건사고 발생, 순찰 인
> 원 및 가용 장비, 관할 면적 및 교통·지리적 여건을 고려하여 지정하여야 한다.
> 다. 상황근무를 지정받은 지역경찰은 지역경찰관서 및 치안센터 내에서 시설 및 장비의 작동여부
> 확인, 방문민원 및 각종 신고사건의 접수 및 처리, 요보호자 또는 피의자에 대한 보호·감시, 중
> 요 사건·사고 발생시 보고 및 전파, 기타 필요한 문서의 작성의 업무를 수행한다.
> 라. 행정근무를 지정받은 지역경찰은 지역경찰관서 내에서 문서의 접수 및 처리, 시설·장비의 관리
> 및 예산의 집행, 각종 현황·통계·자료·부책 관리, 기타 행정업무 및 지역경찰관서장이 지시
> 한 업무를 수행한다.
> 마. 시·도경찰청장은 소속 시·도경찰청의 지역경찰 정원 충원 현황을 연 2회 이상 점검하고 현원
> 이 정원에 미달할 경우, 지역경찰 정원충원 대책을 수립·시행하여야 한다.

① 1개   ② 2개   ③ 3개   ④ 4개

해설

생활안전경찰, 생활안전과 업무, 지역경찰업무 −

− 지역경찰관리 −

가. (✕) 교육: 시·도경찰청장 및 경찰서장은 지역경찰의 올바른 직무수행 및 자질 향상을 위해 필요
한 교육을 실시하여야 한다. 교육시간, 방법, 내용 등 지역경찰 교육과 관련된 세부적인 기준은
경찰청장이 따로 정한다.[♣시도경찰청장이(✕)](제39조 제1항, 제2항)〈18경간〉

마. (○) 지역경찰관리, 정원관리(규칙 제37조 제3항)〈18경간〉

지역경찰근무 −

나. (○) 순찰근무(규칙 제29조 제4항)〈18경간〉
다. (○) 상황근무(규칙 제24조 제1항)〈18경간·12승진·14.1채용〉
라. (○) 행정근무(규칙 제23조)〈15·16승진·18경간〉   정답 ④

05 경찰공무원의 근무시간 등에 관한 용어 설명으로 가장 적절한 것은? 〈21경간〉

① "상시근무"라 함은 일상적으로 24시간 계속하여 대응·처리해야 하는 업무를 수행하기 위하여 근무 조를 나누어 일정한 계획에 의한 반복주기에 따라 교대로 업무를 수행하는 근무형태를 말한다.

② "대기"라 함은 근무도중 자유롭게 쉬는 시간을 말하며 식사시간을 포함한다.

③ "비번"이라 함은 교대근무자가 일정한 계획에 따라 다음 근무시작 전까지 자유롭게 쉬는 것을 말한다.

④ "휴게시간"이라 함은 근무일에 해당함에도 불구하고 누적된 피로 회복 등 건강유지를 위하여 일정기 간 동안 근무에서 벗어나 자유롭게 쉬는 것을 말한다.

해설

생활안전경찰, 지역경찰 근무의 정의 −

① (×) **교대근무** : "교대근무"라 함은 근무조를 나누어 일정한 계획에 의한 **반복주기에 따라 교대**로 업 무를 수행하는 근무형태를 말한다.[♣상시근무(×)](경찰기관 상시근무 공무원의 근무시간 등에 관한 규칙 제2조 제2호)〈21경간〉

② (×) **휴게시간** : "휴게시간"이라 함은 **근무도중 자유롭게 쉬는 시간**을 말하며 **식사시간을 포함**한다.[♣ 대기(×)](경찰기관 상시근무 공무원의 근무시간 등에 관한 규칙 제2조 제5호)〈21경간〉

③ (○) **비번**(경찰기관 상시근무 공무원의 근무시간 등에 관한 규칙 제2조 제4호)〈21경간〉

④ (×) **휴무** : "휴무"라 함은 근무일에 해당함에도 불구하고 누적된 피로 회복 등 건강유지를 위하여 일정시간 동안 **근무에서 벗어나 자유롭게 쉬는 것**을 말한다.[♣휴게시간(×)](제2조 제3호)〈21경간〉

정답 ③

---

06 지역경찰의 조직 및 운영에 관한 규칙에 대한 설명 중 옳지 않은 것은 모두 몇 개인가? 〈19경간〉

> 가. 시·도경찰청장 및 경찰서장은 지역경찰의 올바른 직무수행 및 자질 향상을 위해 필요한 교육 을 실시하여야 하며 교육시간, 방법, 내용 등 지역경찰 교육과 관련된 세부적인 기준은 시·도 경찰청장이 따로 정한다.
>
> 나. 순찰근무의 근무종류 및 근무구역은 시간대별·장소별 치안수요, 각종 사건사고 발생, 순찰 인 원 및 가용 장비, 관할 면적 및 교통·지리적 여건을 고려하여 지정하여야 한다.
>
> 다. 상황근무를 지정받은 지역경찰은 지역경찰관서 및 치안센터 내에서 시설 및 장비의 작동여부 확인, 방문민원 및 각종 신고사건의 접수 및 처리, 요보호자 또는 피의자에 대한 보호·감시, 중 요 사건·사고 발생시 보고 및 전파, 기타 필요한 문서의 작성의 업무를 수행한다.
>
> 라. 행정근무를 지정받은 지역경찰은 지역경찰관서 내에서 문서의 접수 및 처리, 시설·장비의 관리 및 예산의 집행, 각종 현황·통계·자료·부책 관리, 기타 행정업무 및 지역경찰관서장이 지시 한 업무를 수행한다.
>
> 마. 시·도경찰청장은 소속 시·도경찰청의 지역경찰 정원 충원 현황을 연 2회 이상 점검하고 현원 이 정원에 미달할 경우, 지역경찰 정원충원 대책을 수립·시행하여야 한다.

① 1개 　　　　 ② 2개 　　　　 ③ 3개 　　　　 ④ 4개

해설

생활안전경찰, 지역경찰업무 –

가. (✕) 지역경찰근무, **행정근무**: 각종 현황·통계·부책 관리(지역경찰조직 및 운영에 관한 규칙 제23조) <15·16승진·18·19경간> / **상황근무**: 중요 사건·사고 발생시 보고·전파 업무[♣행정근무(✕)] (지역경찰조직 및 운영에 관한 규칙 제24조 제1항)<19경간·11승진·14.1채용>

– 지역경찰기관 –

나. (✕) 조직, **순찰팀의 수**: **순찰팀의 수**는 지역 치안수요 및 인력여건 등을 고려하여 **시·도경찰청장이 결정**한다.[♣경찰서장이 결정(✕)](제6조 제2항)<17·19경간·18.2채용>

다. (○) 직무, 순찰팀장 직무(지역경찰 조직 및 운영에 관한 규칙 제5조 제3항, 제8조 제2항 제3호)<17·19경간·05·07·16승진·05·17.1·18.2채용>

라. (✕) **지역경찰관서: 시·도경찰청장은**[♣경찰서장은(✕)] 인구, 면적, 행정구역, 교통·지리적 여건, 각종 사건사고 발생 등을 고려하여 경찰서의 관할구역을 나누어 **지역경찰관서를 설치**한다.(제4조 제1항)<17·19경간·14.2채용>

마. (✕) **지역경찰관서**: "**지역경찰관서**"란 「국가경찰과 자치경찰의 조직 및 운영에 관한 법률」 제30조 및 「경찰청과 그 소속기관 직제」 제44조에 규정된 **지구대 및 파출소**를 말한다.[♣치안센터(✕)](제2조 제1호)<17·19경간·14.2채용>   정답 ④

---

07 경찰청훈령인 「지역경찰 조직 및 운영에 관한 규칙」에 대한 다음 설명 중 가장 옳은 것은? <17경간>

① "지역경찰관서"란 「국가경찰과 자치경찰의 조직 및 운영에 관한 법률」 제30조 및 「경찰청과 그 소속기관 직제」 제44조에 규정된 지구대 및 파출소 및 치안센터를 말한다.

② 경찰서장은 인구, 면적, 행정구역, 교통·지리적 여건, 각종 사건사고 발생 등을 고려하여 경찰서의 관할구역을 나누어 지역경찰관서를 설치한다.

③ 지역 치안수요 및 인력여건 등을 고려하여 지역경찰관서의 관리팀 및 순찰팀의 인원은 시·도경찰청장이 결정하고, 순찰팀의 수는 경찰서장이 결정한다.

④ 경찰 중요 시책의 홍보 및 협력치안 활동은 지역경찰관서장의 직무로, 관내 중요 사건 발생시 현장지휘는 순찰팀장의 직무로 명시되어 있다.

해설

생활안전경찰, 지역경찰업무, 지역경찰기관 –

① (✕) **지역경찰관서**: "**지역경찰관서**"란 「국가경찰과 자치경찰의 조직 및 운영에 관한 법률」 제30조 및 「경찰청과 그 소속기관 직제」 제44조에 규정된 **지구대 및 파출소**를 말한다.[♣치안센터(✕)](제2조 제1호)<17경간>

② (✕) **지역경찰관서: 시·도경찰청장은**[♣경찰서장은(✕)] 인구, 면적, 행정구역, 교통·지리적 여건, 각종 사건사고 발생 등을 고려하여 경찰서의 관할구역을 나누어 **지역경찰관서를 설치**한다.(제4조 제1항)<17경간>

③ (✕) **조직**: **순찰팀의 수**는 지역 치안수요 및 인력여건 등을 고려하여 **시·도경찰청장이 결정**한다.[♣경찰서장이 결정(✕)](제6조 제2항)<17경간> **관리팀 및 순찰팀의 인원**은 지역 치안수요·인력여건을 고려하여 **경찰서장이 결정**한다.[♣시·도경찰청장이 결정(✕)](제6조 제3항)<17경간>

④ (○) 직무, 순찰팀장 직무(제5조 제3항, 제8조 제2항)<17경간·05·07·16승진·05·17.1채용>   정답 ④

---

08 「지역경찰의 조직 및 운영에 관한 규칙」에 대한 설명으로 가장 적절하지 않은 것은? 〈18.2채용〉

① 지역경찰의 근무는 행정근무, 상황근무, 순찰근무, 경계근무, 대기근무, 기타근무로 구분한다.
② 순찰팀의 수는 지역 치안수요 및 인력여건 등을 고려하여 경찰서장이 결정한다.
③ 관리팀 및 순찰팀의 인원은 지역 치안수요 및 인력여건 등을 고려하여 경찰서장이 결정한다.
④ '관리팀원 및 순찰팀원에 대한 일일근무 지정 및 지휘·감독'은 순찰팀장의 직무로 명시되어 있다.

해설

생활안전경찰, 지역경찰업무 ─
① (○) 지역경찰근무, 종류(지역경찰조직 및 운영에 관한 규칙 제22조)〈14.1·2·18.2채용〉

─ **지역경찰기관** ─
② (×) **조직: 순찰팀의 수**는 지역 치안수요 및 인력여건 등을 고려하여 **시·도경찰청장이 결정**한다.[♣경찰서장이 결정(X)](지역경찰조직 및 운영에 관한 규칙 제6조 제2항)〈17경간·18.2채용〉
③ (○) 조직(지역경찰조직 및 운영에 관한 규칙 제6조 제3항)〈17경간·18.2채용〉
④ (○) 직무, 순찰팀장 직무(지역경찰조직 및 운영에 관한 규칙 제8조 제2항)〈17경간·05·07·16승진·05·17.1·18.2채용〉

정답 ②

09 「지역경찰의 조직 및 운영에 관한 규칙」상 경찰서장이 정하는 사항으로 적절한 것은 모두 몇 개인가? 〈23경간〉

가. 치안센터 관할구역의 크기
나. 순찰팀의 수
다. 치안센터 전담근무자의 근무형태 및 근무시간
라. 관리팀 및 순찰팀의 인원

① 1개 ② 2개 ③ 3개 ④ 4개

해설

생활안전경찰, 생활안전과 업무, 지역경찰업무 ─
지역경찰기관 ─
가. (○) **치안센터 관할구역의 크기**: 지역경찰의 조직 및 운영에 관한 규칙 제11조 제3항〈23경간〉
나. (×) **지역경찰관서, 조직, 순찰팀의 수**: 순찰팀의 수는 지역 치안수요 및 인력여건 등을 고려하여 **시·도경찰청장이 결정**한다.[♣경찰서장이 결정(X)](제6조 제2항)〈17·19·23경간·18.2채용〉
라. (○) **조직, 순찰팀, 관리팀 및 순찰팀의 인원**: 지역경찰의 조직 및 운영에 관한 규칙 제6조 제3항〈17·23경간·18.2채용〉

─ **지역경찰근무** ─
다. (○) **근무형태 및 시간, 치안센터 전담근무자**: 지역경찰의 조직 및 운영에 관한 규칙 제21조 제4항 〈23경간〉

정답 ③

10 「지역경찰의 조직 및 운영에 관한 규칙」에 관한 설명으로 가장 적절한 것은? 〈23.2채용〉

① 경찰청장은 인구, 면적, 행정구역, 교통·지리적 여건, 각종 사건사고 발생 등을 고려하여 경찰서의 관할구역을 나누어 지역경찰관서를 설치한다.

② 순찰팀은 범죄예방 순찰, 각종 사건사고에 대한 초동조치 등 현장 치안활동을 담당한다.

③ 지역경찰관서장은 지역경찰서의 운영에 관하여 총괄 지휘·감독한다.

④ 「지역경찰의 조직 및 운영에 관한 규칙」 제23조는 "행정근무를 지정받은 지역경찰은 지역경찰관서 및 치안센터 내에서 방문민원 및 각종 신고사건의 접수 및 처리업무를 수행한다."라고 규정하고 있다.

해설

생활안전경찰, 생활안전과 업무, 지역경찰업무 −

− 지역경찰기관 −

① (×) **지역경찰관서 : 시·도경찰청장은**[♣경찰청장은(X)] 인구, 면적, 행정구역, 교통·지리적 여건, 각종 사건사고 발생 등을 고려하여 경찰서의 관할구역을 나누어 **지역경찰관서를 설치**한다.(제4조 제1항)〈17·19경간·14.2·22.1·23.2채용〉

② (○) **조직, 순찰팀** : 지역경찰의 조직 및 운영에 관한 규칙 제8조 제1항〈23.2채용〉

③ (×) **경찰서장**[♣지역경찰관서장(X)] : 지역경찰관서의 운영에 관하여 **총괄 지휘·감독**(제9조 제1호)〈23.2채용〉 → 지역경찰관서장 : 제반 사항 지휘·감독

− 지역경찰근무 −

④ (×) **상황근무 : 방문민원** 및 각종 **신고사건의 접수·처리**[♣행정근무(X)](지역경찰의 조직 및 운영에 관한 규칙 제24조 제1항 제2호)〈12·22승진·14.1·22.1·23.2채용〉
정답 ②

11 「지역경찰의 조직 및 운영에 관한 규칙」에 대한 설명으로 가장 적절하지 않은 것은? 〈22승진〉

① 지역경찰 동원은 근무자 동원을 원칙으로 하되, 불가피한 경우에 한하여 비번자, 휴무자 순으로 동원할 수 있다.

② 지역경찰관리자는 신고출동태세 유지 등을 위해 필요한 경우에는 휴게 및 식사시간도 기타 근무로 지정할 수 있다.

③ 순찰팀장은 관리팀원에게 행정근무를 지정하고, 순찰팀원에게 상황 또는 순찰근무 지정하는 것을 원칙으로 하되, 필요한 경우에는 다른 근무를 지정하거나 병행하여 수행하도록 지정할 수 있다.

④ 상황근무를 지정받은 지역경찰은 지역경찰관서 및 치안센터 내에서 요보호자 또는 피의자에 대한 보호·감시, 방문민원 및 각종 신고사건의 접수 및 처리 등의 업무를 수행한다.

해설

생활안전경찰, 생활안전과 업무, 지역경찰, 근무 −

① (○) 지역경찰 동원 : 「지역경찰의 조직 및 운영에 관한 규칙」 제31조 제2항〈22승진〉

② (×) **대기근무** : 지역경찰관리자는 신고출동태세 유지 등을 위해 필요한 경우에는 **휴게 및 식사시간도 대기 근무로 지정할 수** 있다.[♣기타근무로 지정할 수(X)](지역경찰의 조직 및 운영에 관한 규칙 제29조 제6항)〈22승진〉

③ (○) 일일근무 지정 : 「지역경찰의 조직 및 운영에 관한 규칙」 제29조 제3항〈22승진〉

④ (○) 상황근무 : 지역경찰의 조직 및 운영에 관한 규칙 제24조 제1항 제2호, 제3호〈22승진·14.1채용〉
정답 ②

12 「지역경찰의 조직 및 운영에 관한 규칙」상 '순찰근무'에 대한 설명으로 가장 적절하지 않은 것은? 〈19경감〉

① 각종 사건사고 발생시 초동조치 및 보고, 전파

② 비상 및 작전사태 등 발생시 차량, 선박 등의 통행 통제

③ 범법자의 단속 및 검거

④ 통행인 및 차량에 대한 검문검색 등

> **해설**

생활안전경찰, 생활안전과 업무, 지역경찰, 근무 −

①③④− 순찰근무

② − 경계근무

정답 ②

---

13 '112신고 접수 · 지령 매뉴얼'과 관련된 위치정보조회에 대한 설명으로 가장 적절하지 않은 것은? 〈21승진〉

① 납치 · 감금 · 강도, 성폭력 등의 생명 · 신체를 위협하는 범죄피해를 당하거나 범죄피해가 예상되는 자의 위치정보조회가 가능하다.

② 자살을 암시하는 유서 또는 음성, 문자 등을 타인에게 전송한 자살기도자의 위치정보조회가 가능하다.

③ 112 또는 119를 통해 긴급구조 요청이 접수된 경우는 「통신비밀보호법」에 의거하여 위치정보조회를 실시한다.

④ 위치정보조회는 112신고 접수시스템에 연계하여 위치정보 요청 및 정보를 수신한다.

> **해설**

생활안전경찰, 생활안전과 업무, 지역경찰, 근무 −

① (O) 112신고로 접수시 위치정보 조회가 가능한 경우 : **범죄피해자**(112신고 접수 · 지령 매뉴얼)<21승진>

② (O) 112신고로 접수시 위치정보 조회가 가능한 경우 : **자살기도**(112신고 접수 · 지령 매뉴얼)<21승진>

③ (X) 위치정보 조회, 근거 : **위치정보보호 및 이용 등에 관한 법률** 제29조, 112, 119를 통해 **긴급구조 요청이 접수**된 경우[♣통신비밀 보호법에 의거(X)]<21승진>

④ (O) 112신고 접수 지령시 위치정보 조회(112신고 접수 · 지령 매뉴얼)<21승진>

정답 ③

14 「112종합상황실 운영 및 신고처리 규칙」에 관한 설명 중 가장 적절하지 않은 것은? 〈22.2채용〉

① 시·도경찰청장 및 경찰서장이 112요원을 배치할 때에는 관할 구역 내 지리감각, 언어 능력 및 상황 대처능력이 뛰어난 경찰 공무원을 선발 배치하여야 하며, 근무기간은 1년 이상으로 한다.

② 112요원은 접수한 신고의 내용이 code 3의 유형에 해당하는 경우에는 출동요소에 지령하지 않고 자체 종결하거나 소관기관이나 담당 부서에 신고내용을 통보하여 처리하도록 조치하여야 한다.

③ 112신고 이외 경찰관서별 일반전화 또는 직접 방문 등으로 경찰관의 현장출동을 필요로 하는 사건의 신고를 한 경우 해당 신고를 받은 자가 접수한다. 이때 접수한 자는 112시스템에 신고내용을 입력하여야 한다.

④ 112종합상황실 자료 중 접수처리 입력자료는 1년간 보존하고, 무선지령내용 녹음자료는 24시간 녹음하고 3개월간 보존한다.

해설

생활안전경찰, 생활안전과 업무, 지역경찰업무, 근무, 112신고사건 처리 −

① (✕) 근무기간: 112요원의 근무기간은 **2년 이상**으로 한다.[♣최소 1년으로(✕)](112종합상황실 운영 및 신고처리규칙 제6조 제2항)〈11경간·22.2채용〉

② (○) 신고유형: 112종합상황실 운영 및 신고처리규칙 제9조 제2항〈22.2채용〉

③ (○) 신고접수: 112종합상황실 운영 및 신고처리규칙 제8조 제2항〈22.2채용〉

④ (○) 자료보존: 112종합상황실 운영 및 신고처리규칙 제23조 제1항〈22.2채용〉   정답 ①

---

15 「112종합상황실 운영 및 신고처리 규칙」에 관한 내용 중 가장 적절하지 않은 것은? 〈23승진〉

① 경찰 출동요소에 의한 현장조치 필요성이 없는 경우는 112신고의 분류 중 code 3 신고로 분류한다.

② 현장 출동 경찰관은 접수자가 112신고의 대응코드를 분류한 경우라도 추가 사실을 확인하여 코드를 변경할 수 있다.

③ 112요원은 사건이 해결된 경우라면 타 부서의 계속적 조치가 필요하더라도 별도의 인계없이 112신고 처리를 종결할 수 있다.

④ 112신고의 처리와 관련하여 출동요소는 현장 상황이 급박하여 신속한 현장 조치가 필요한 경우 우선 조치 후 보고할 수 있다.

해설

생활안전경찰, 생활안전과 업무, 지역경찰근무, 순찰근무, 112신고사건처리 −

① (○) 신고분류, code 3 신고 : 112종합상황실 운영 및 신고처리규칙 제9조 제2항 제3호〈23승진·22.2 채용〉

② (○) 신고분류 : 112종합상황실 운영 및 신고처리규칙 제9조 제4항〈23승진〉

③ (✕) **112신고처리 종결** : 112요원은 다음 각 호의 경우 112신고처리를 **종결할 수** 있다. 다만, **타 부서의 계속적 조치가 필요**한 경우 해당부서에 사건을 **인계한 이후 종결하여야** 한다.[♣별도의 인계없이 종결할 수(✕)](112종합상황실 운영 및 신고처리규칙 제17조)〈23승진〉

④ (○) 현장보고 : 112종합상황실 운영 및 신고처리규칙 제14조 제2항〈23승진〉   정답 ③

16 112신고처리 업무와 관련한 측위 기술에 대한 설명 중 가장 적절하지 않은 것은? 〈20경위〉

① LBS란 Location Based Services의 약자로 휴대전화 등의 위치를 기반으로 한 서비스를 통칭하는 용어이며 일반적으로 휴대전화 위치추적의 의미로도 사용된다.

② Cell방식은 휴대전화가 접속한 기지국의 위치를 기반으로 위치를 판단하며 모든 휴대전화에 사용가능하나 위치오차가 크다.

③ GPS방식은 인공위성을 통해 휴대전화에 내장된 GPS의 위치를 측정하며 위치오차가 비교적 정확하지만 건물내부나 지하 등에서는 측위가 불가능한 경우가 발생한다.

④ Wi-Fi방식은 휴대전화의 Wi-Fi가 연결된 무선AP(무선인터넷 공유기)의 위치를 통한 측위를 나타내며 Cell방식과 비교하여 위치가 현격히 다른 경우 Wi-Fi값 위치를 신고자의 위치로 추정한다.

▌**해설**

생활안전경찰, 생활안전과 업무, 지역경찰근무, 지령, 112위치추적 시스템 ─

① (○) LBS〈20승진〉

② (○) Cell방식〈20승진〉

③ (○) GPS방식〈20승진〉

④ (×) CELL값과 Wi-Fi위치가 현격히 차이나는 경우에는 **CELL값의 위치를 신고자 위치로 추정**한다.[♣Wi-Fi값 위치를 신고자의 위치로 추정(X)]〈20승진〉　　　　　　　　　　　정답 ④

---

17 「112치안종합상황실 운영 및 신고처리 규칙」에 관한 설명 중 가장 적절한 것은? 〈24승진〉

① 112신고 접수 및 무선지령내용 녹음자료는 24시간 녹음하고 2개월간 보존한다.

② 접수자는 신고내용을 토대로 강력범죄 현행범인 등 실시간 전파가 필요한 경우에는 112신고의 대응코드 중 code 1 신고로 분류한다.

③ 접수자는 불완전 신고로 인해 정확한 신고내용을 파악하기 힘든 경우라도 신속한 처리를 위해 우선 임의의 코드로 분류하여 하달할 수 있다.

④ 112요원은 접수한 신고의 내용이 code 3 신고의 유형에 해당하는 경우에는 출동요소에 지령하지 않고 자체 종결하거나, 소관기관이나 담당 부서에 신고내용을 통보하여 처리하도록 조치해야 한다.

▌**해설**

생활안전경찰, 생활안전과 업무, 지역경찰근무, 112신고사건처리 ─

① (×) **자료보존**: 112신고 **접수 및 무선지령내용 녹음자료는** 24시간 녹음하고 **3개월간**[♣2개월(X)] 보존(제23조 제1항 제2호)〈24승진 · 22.2채용〉

② (×) 112신고 분류, **code 0 신고**[♣code 1 신고(X)]: code 1 신고 중 **이동성 범죄, 강력범죄 현행범인** 등 **실시간 전파가** 필요한 경우(제9조 제2항 제1호)〈23 · 24승진 · 22.2채용〉

③ (○) 112신고 분류, 불완전한 신고(제9조 제3항)〈24승진〉

④ (×) 112신고 분류, **code 3 신고**: 즉각적인 **현장조치는 불필요**하나 **수사, 전문상담 등이** 필요한 경우 [♣출동요소에 지령하지 않고 자체 종결, 담당부서에 통보(X)](제9조 제2항 제4호)〈23 · 24승진 · 22.2채용〉　정답 ③

---

18 경찰순찰에 대한 설명으로 가장 적절한 것은? 〈21.1채용〉

① 뉴왁(Newark)시 도보순찰실험은 도보순찰을 강화하여도 해당 순찰구역의 범죄율을 낮추지는 못하였으나, 도보순찰을 할 때 시민이 경찰서비스에 더 높은 만족감을 드러냈음을 확인하였다.

②「지역경찰의 조직 및 운영에 관한 규칙」상 순찰팀장은 일근근무를 원칙으로 하며, 휴게시간, 휴무횟수 등 구체적인 사항은「국가공무원 복무규정」및「경찰기관 상시근무 공무원의 근무시간 등에 관한 규칙」이 규정한 범위 안에서 지역경찰관서장이 정한다.

③「지역경찰의 조직 및 운영에 관한 규칙」상 순찰근무를 지정받은 지역경찰은 지정된 근무구역에서 범법자의 단속 및 검거, 경찰방문 및 방범진단, 시설 및 장비의 작동여부 확인, 각종 현황, 통계, 자료 부책 관리와 같은 업무를 수행한다.

④ 워커(Samuel Walker)는 순찰의 3가지 기능으로 범죄의 억제, 대민 서비스 제공, 교통지도단속을 언급하였다.

해설

생활안전경찰, 생활안전과 업무, 지역경찰근무 −

① (○) 순찰근무, 뉴왁(Newark)시 도보순찰실험〈05승진 · 06 · 08 · 21.1채용〉

② (X) 일반, 근무형태 및 시간, **순찰팀장 및 순찰팀원 근무 : 상시 · 교대근무를 원칙**으로 하며, 근무교대 시간 및 휴게시간, 휴무횟수 등 구체적인 사항은「국가공무원 복무규정」및「경찰기관 상시 근무 공무원의 근무시간 등에 관한 규칙」이 규정한 범위 안에서 **시 · 도경찰청장이** 정한다.[♣일 근근무 원칙(X), ♣지역경찰관서장이 정한다.(X)](「지역경찰의 조직 및 운영에 관한 규칙」 제21조 제3항)〈14.2 · 21.1채용〉

③ (X) 행정근무 : **각종 현황, 통계, 자료, 부책 관리**[♣순찰근무(X)]〈11 · 15승진 · 21.1채용〉
상황근무 : **시설 및 장비의 작동여부 확인**[♣순찰근무(X)](제1호)〈12승진 · 21.1채용〉

④ (X) 순찰에 대한 연구, 워커(Samuel Walker), **순찰기능 :** ⓐ 범죄의 **억제,** ⓑ **대민 서비스** 제공, ⓒ 공공 **안전감의 증진**[♣교통지도단속(X)]〈04경간 · 05 · 21.1채용〉 [☻억대안] 정답 ①

---

19 지역경찰 근무 중 발생한 상황에 대한 각 경찰관들의 초동조치로 가장 적절하지 않은 것은? 〈18경감〉

① 경찰관 甲은 교통사고가 발생하자 부상자 구호 및 현장 표시를 한 후 전담 교통경찰에 인계하였다.

② 경찰관 乙은 도박행위에 대한 112신고를 접수하고 현장에서 도박용구 및 판돈 등 증거를 확보하고, 판돈은 행위자별로 액수를 확인한 후 구분하여 압수하였다.

③ 경찰관 丙은 강제추행사건이 발생하자 피해자에게 친고죄에 해당함을 설명하고, 피해자로부터 고소장을 제출받아 경찰서에 전달하였다.

④ 경찰관 丁은 주취자가 지역경찰관서 내에서 소란을 피우자 적법하게 채증하였고, 주취자가 丁의 제지에도 불구하고 소란행위를 계속하자 현행범으로 체포하였다.

생활안전경찰, 생활안전과 업무, 지역경찰근무 −

① (○) 지역경찰의 현장조치요령, 교통사고 <18승진>
② (○) 지역경찰의 현장조치요령, 도박사건 <18승진>
③ (✕) 강간죄, 강간치사상 · 특수강도강간 · 특수강간죄 · 강제추행은 비친고죄이다.[♣강간 사건은 고소의 제기가 없으면 수사착수 불가능(X)] <18승진>
④ (○) 지역경찰의 현장조치요령, 음주소란 <18승진>

정답 ③

☞ 종합문제

01 **지역경찰활동에 대한 설명으로 가장 적절한 것은?** ⟨20경감⟩

① 「지역경찰의 조직 및 운영에 관한 규칙」상 관리팀원 및 순찰팀원에 대한 일일근무 지정 및 지휘 · 감독은 지역경찰관서장의 업무이다.
② 지역사회 경찰활동(community policing)은 주민의 경찰업무에의 협조도로 경찰업무의 효율성을 평가한다.
③ 「지역경찰의 조직 및 운영에 관한 규칙」상 비상 및 작전사태 등 발생시 차량, 선박 등의 통행 통제는 순찰근무에 해당한다.
④ 지역경찰관은 강제추행사건을 처리하는 경우 피해자에게 친고죄에 해당함을 설명하고, 피해자로부터 고소장을 제출받아 경찰서에 전달해야 한다.

− 생활안전경찰, 생활안전과 업무, 지역경찰근무 −

① (✕) **순찰팀장의 직무**: 관리팀원 · 순찰팀원에 대한 **일일근무 지정, 지휘 · 감독**[♣지역경찰관서장의 업무(X)](제8조 제2항 제2호) <20승진 · 18.2채용>
③ (✕) **경계근무**: 비상 및 작전사태 등 발생 시 **차량, 선박 등의 통행 통제**[♣순찰근무(X)](지역경찰의 조직 및 운영에 관한 규칙 제26조 제1항) <20승진 · 14.1채용>
④ (✕) 지역경찰의 현장조치 요령, **성폭력범죄**: 강제추행 등 모든 성폭력범죄는 비친고죄화 되어 피해자의 고소는 필요하지 않다.[♣고소장을 제출받아 경찰서에 전달해야 한다.(X)](지역경찰의 현장조치요령, 강력사건) <20승진>

− 범죄학, 범죄의 예방, 현대적 범죄예방이론 −

② (○) 전통적인 경찰활동과 지역사회 경찰활동 비교표 <05 · 09 · 20승진 · 11 · 13 · 14경간>

정답 ②

2 민경협력방범

테마 123 경비업법

01 「경비업법」 제2조 제1호에서 정의하고 있는 "경비업"의 내용을 설명한 것이다. 아래 ⑤부터 ②까지의 설명 중 옳은 것을 모두 고른 것은? 〈13경위 · 17경감〉

> ⑤ 특수경비업무는 공항(항공기 포함) 등 대통령령이 정하는 국가중요시설의 경비 및 도난 · 화재 그 밖의 위험발생을 방지하는 업무이다.
> ⑥ 신변보호업무는 사람의 생명이나 신체에 대한 위해의 발생을 방지하고 그 신변을 보호하는 업무이다.
> ⑦ 혼잡경비업무는 경비를 필요로 하는 시설 및 장소(이하 "경비대상시설"이라 한다)에서의 도난 · 화재 그 밖의 혼잡 등으로 인한 위험발생을 방지하는 업무이다.
> ⑧ 기계경비업무는 경비대상시설에 설치한 기기에 의하여 감지 · 송신된 정보를 그 경비대상시설 장소에 설치한 관제시설의 기기로 수신하여 도난 · 화재 등 위험발생을 방지하는 업무이다.

① ⑤⑥
② ⑤⑥⑦
③ ⑤⑥⑧
④ ⑤⑥⑦⑧

해설

생활안전경찰, 생활안전과업무, 경비업법 −
⑤ (○) 특수경비업무(경비업법 제2조 제1호, 마)〈16 · 17승진 · 12 · 15.3 · 16.1 · 17.1채용〉
⑥ (○) 신변보호업무(경비업법 제2조 제1호 다)〈14경간 · 17승진 · 12.1 · 15.3 · 16.1 · 17.1채용〉
⑦ (×) **시설경비**[♣혼잡경비는(×)]: 경비를 필요로 하는 **시설 및 장소**(경비대상시설)**에서의** 도난 · 화재 그 밖의 혼잡 등으로 인한 위험발생을 방지하는 업무이다.(경비업법 제2조 제1호 가)〈13 · 17승진 · 12. 1 · 15.3 · 16.1채용〉
⑧ (×) **기계경비업무**: 경비대상시설에 **설치한 기기**에 의하여 감지 · 송신된 정보를 그 **경비대상 시설 외의 장소에**[♣경비대상시설 장소에(×)] 설치한 관제시설의 기기로 수신하여 도난 · 화재 등 위험 발생을 방지하는 업무이다.(경비업법 제2조 제1호, 라)〈13 · 17승진 · 12.1 · 15.3 · 16.1채용〉 정답 ①

02 「경비업법」상 경비업에 대한 설명이다. 다음 중 옳은 것을 모두 고른 것은? 〈16승진 · 17.1채용〉

> ⑤ 경비업의 업무에는 시설경비, 호송경비, 신변보호, 기계경비, 특수경비가 있다.
> ⑥ 신변보호업무는 사람의 생명이나 신체에 대한 위해의 발생을 방지하고 그 신변을 보호하는 업무이다.
> ⑦ 시설경비업무는 공항(항공기를 포함) 등 대통령령이 정하는 국가중요시설의 경비 및 도난 · 화재 그 밖의 위험발생을 방지하는 업무이다.
> ⑧ 기계경비업무는 경비대상시설에 설치한 기기에 의하여 감지 · 송신된 정보를 그 경비대상시설 내의 장소에 설치한 관제시설의 기기로 수신하여 도난 · 화재 등 위험발생을 방지하는 업무이다.

① 없음
② ⑤⑥
③ ⑤⑥⑦
④ ⑤⑥⑦⑧

해설

생활안전경찰, 생활안전과업무, 경비업법 −

ㄱ (○) **경비업 유형**(경비업법 제2조 제1호, 시행령 별표1)<01 · 02 · 13 · 14 · 16 · 17승진 · 11 · 12 · 14경간 · 11 · 12 · 15 · 16 · 17채용>

ㄴ (○) 신변보호업무(경비업법 제2조 제1호 다)<14경간 · 17승진 · 12.1 · 15.3 · 16.1 · 17.1채용>

ㄷ (✕) **특수경비업무**[♣시설경비업무(X)] : 공항(항공기를 포함) 등 대통령령이 정하는 국가중요시설의 경비 및 도난 · 화재 그 밖의 위험발생을 방지하는 업무(경비업법 제2조 제1호 마)<16 · 17승진 · 12 · 15.3 · 16.1 · 17.1채용>

ㄹ (✕) **기계경비업무** : 경비대상시설에 **설치한 기기**에 의하여 감지 · 송신된 정보를 그 **경비대상 시설 외의 장소에**[♣경비대상시설 내의 장소에(X)] 설치한 관제시설의 기기로 수신하여 도난 · 화재 등 위험발생을 방지하는 업무(경비업법 제2조 제1호 라)<13 · 17승진 · 12.1 · 15.3 · 16.1 · 17.1채용> **정답** ②

03 경비업법상 경비업에 대한 설명 중 옳은 것을 모두 고른 것은? <19경간>

> 가. 기계경비업무는 경비대상시설에 설치한 기기에 의하여 감지 · 송신된 정보를 그 경비대상시설 외의 장소에 설치한 관제시설의 기기로 수신하여 도난 · 화재 등 위험발생을 방지하는 업무이다.
> 나. 신변보호업무는 사람의 생명이나 신체에 대한 위해의 발생을 방지하고 그 신변을 보호하는 업무이다.
> 다. 특수경비업무는 공항(항공기를 제외한다) 등 대통령령이 정하는 국가중요시설의 경비 및 도난 · 화재 그 밖의 위험 발생을 방지하는 업무이다.
> 라. 혼잡경비업무는 경비를 필요로 하는 시설 및 장소에서의 도난 · 화재 그 밖의 혼잡 등으로 인한 위험발생을 방지하는 업무이다.

① 가   ② 가, 나   ③ 가, 나, 다   ④ 가, 나, 다, 라

해설

생활안전경찰, 생활안전과업무, 경비업법 −

가. (○) 기계경비업무(경비업법 제2조 제1호, 라)<19경간 · 13 · 17승진 · 12.1 · 15.3 · 16.1 · 17.1채용>

나. (○) 신변보호업무(경비업법 제2조 제1호, 다)<14 · 19경간 · 17승진 · 12.1 · 15.3 · 16.1 · 17.1채용>

다. (✕) **특수경비업무** : 공항(항공기를 포함)[♣항공기를 제외(X)] 등 **대통령령이 정하는 국가중요시설**의 경비 및 도난 · 화재 그 밖의 위험발생을 방지하는 업무(경비업법 제2조 제1호, 마)<19경간 · 16 · 17 승진 · 12 · 15.3 · 16.1 · 17.1채용>

라. (✕) **시설경비**[♣혼잡경비는(X)] : 경비를 필요로 하는 **시설 및 장소**(경비대상시설)**에서**의 도난 · 화재 그 밖의 혼잡 등으로 인한 위험발생을 방지하는 업무이다.(경비업법 제2조 제1호, 가)<19경간 · 13 · 17 승진 · 12.1 · 15.3 · 16.1채용> **정답** ②

04 「경비업법」 제2조 정의에 관한 설명 중 가장 적절하지 않은 것은? 〈22.1채용〉

① '시설경비업무'란 경비를 필요로 하는 시설 및 장소(이하 "경비대상시설"이라 한다)에서의 도난 · 화재 그 밖의 혼잡 등으로 인한 위험발생을 방지하는 업무를 말한다.

② '호송경비업무'란 운반중에 있는 현금 · 유가증권 · 귀금속 · 상품 그 밖의 물건에 대하여 도난 · 화재 등 위험발생을 방지하는 업무를 말한다.

③ '신변보호업무'란 사람의 생명 · 신체 · 재산에 대한 위해의 발생을 방지하고 그 신변을 보호하는 업무를 말한다.

④ '기계경비업무'란 경비대상시설에 설치한 기기에 의하여 감지 · 송신된 정보를 그 경비대상시설 외의 장소에 설치한 관제시설의 기기로 수신하여 도난 · 화재 등 위험발생을 방지하는 업무를 말한다.

> **해설**

생활안전경찰, 생활안전과 업무, 민경협력방범, 경비업법 −

① (○) '시설경비업무'(경비업법 제2조 제1호, 가)〈19경간 · 13 · 17승진 · 12.1 · 15.3 · 16.1 · 22.1채용〉

② (○) '호송경비업무'(경비업법 제2조 제1호, 나)〈15.3 · 22.1채용〉

③ (×) '신변보호업무': **사람의 생명 · 신체**에 대한 위해의 발생을 방지하고 **신변을 보호**하는 업무[♣재산(X), ♣호송경비(X)](경비업법 제2조 제1호, 다.)〈14 · 19경간 · 17승진 · 12.1 · 15.3 · 16.1 · 17.1 · 22.1채용〉

④ (○) '기계경비업무'(경비업법 제2조 제1호, 라)〈19경간 · 13 · 17승진 · 12.1 · 15.3 · 16.1 · 17.1 · 22.1채용〉

> 정답 ③

---

05 「경비업법」에 대한 내용으로 가장 적절하지 않은 것은? 〈18.1채용〉

① 경비업은 법인이 아니면 이를 영위할 수 없다.

② 경비업을 영위하고자 하는 법인은 도급받아 행하고자 하는 경비업무를 특정하여 그 법인의 주사무소의 소재지를 관할하는 시 · 도경찰청장의 허가를 받아야 한다. 도급받아 행하고자 하는 경비업무를 변경하는 경우에도 또한 같다.

③ 이 법 제4조 제1항의 규정에 의한 경비업 허가의 유효기간은 허가받은 다음 날부터 5년으로 한다.

④ 경비업자는 집단민원현장에 경비원을 배치하는 때에는 경비지도사를 선임하고 그 장소에 배치하여 행정안전부령으로 정하는 바에 따라 경비원을 지도 · 감독하게 하여야 한다.

> **해설**

생활안전경찰, 생활안전과 업무, 민경협력방범, 경비업법 −

① (○) 허가요건(경비업법 제3조)〈03 · 07승진 · 18.1채용〉

② (○) 허가절차 · 변경(경비업법 제4조 제1항)〈13승진 · 14경간 · 18.1채용〉

③ (×) **허가의 유효기간**: 경비업 허가의 유효기간은 **허가받은 날부터 5년**으로 한다.[♣허가받은 다음 날부터(X)](제6조 제1항)〈18.1채용〉

④ (○) 집단민원현장, 경비지도사 임명의무(경비업법 제7조 제6항)〈18.1채용〉

> 정답 ③

---

06 다음 중 경비업의 허가를 받은 법인이 관할 시·도경찰청장에게 신고해야 할 사항이 아닌 것은? 〈18경간〉

① 영업을 폐업하거나 휴업한 때
② 법인의 주사무소나 출장소를 신설·이전 또는 폐지한 때
③ 도급받아 행하고자 하는 경비업무를 변경하는 경우
④ 특수경비업무를 개시하거나 종료한 때

해설

생활안전경찰, 생활안전과 업무, 민경협력방범, 경비업법 −
①②④ (○) 신고사항(경비업법 제4조 제3항)〈18경간〉
③ (✕) **허가대상**[♣신고대상(X)] : 경비업을 **영위**하고자 하는 법인(도급받아 행하고자 하는 경비업무를 특정하여), 도급받아 행하고자 하는 **경비업무**를 **변경**하는 경우   정답 ③

---

07 「경비업법」과 「청원경찰법」상 관련자들에게 부여된 준수사항들로 옳지 않은 것은? 〈20경간〉

① 경비업자는 경찰공무원 또는 군인의 제복과 색상 및 디자인 등이 명확히 구별되는 소속 경비원의 복장을 정하고 이를 확인할 수 있는 사진을 첨부하여 주된 사무소를 관할하는 시·도경찰청장에게 소정의 양식에 따라 신고하여야 한다.
② 경비원은 장비를 근무 중에만 휴대할 수 있고 경비업무를 위하여 필요하다고 인정되는 상당한 이유가 있을 때에는 필요한 최소한도에서 장비를 사용할 수 있다.
③ 청원경찰은 청원주와 배치된 기관·시설 또는 사업장 등의 구역을 관할하는 경찰서장의 감독을 받아 그 경비구역만의 경비를 목적으로 필요한 범위에서 「경찰관 직무집행법」에 따른 경찰관의 직무를 수행한다.
④ 청원경찰은 근무 중 제복을 착용하여야 하며 경찰청장은 청원경찰이 직무를 수행하기 위하여 필요하다고 인정하면 청원주의 신청을 받아 관할 시·도경찰청장으로 하여금 청원경찰에게 무기를 대여하여 지니게 할 수 있다.

해설

− 생활안전경찰, 생활안전과 업무, 민경협력방범, 경비업법 −
① (○) 신고사항(경비업법 제16조 제1항)〈20경간〉
② (○) 장비사용(경비업법 제16조의2 제4항)〈20경간〉

− 경찰행정법, 조직법, 청원경찰 −
③ (○) 사항적 한계(청원경찰법 제3조)〈20경간·15.2·17.2채용〉
④ (✕) 제복착용(청원경찰법 제8조 제2항)〈11·20경간·14.1·15.2채용〉
　　무기휴대 : 시·도경찰청장은 청원경찰이 직무를 수행하기 위하여 필요하다고 인정하면 **청원주의 신청을 받아** 관할 **경찰서장으로 하여금** 청원경찰에게 **무기를 대여**, 지니게 할 수 있다.[♣경찰청장은 시·도경찰청장으로 하여금(X)](제8조 제2항)〈11·20경간·14.1·15.2채용〉   정답 ④

---

08 「경비업법」에 관한 설명 중 가장 적절하지 않은 것은? 〈24승진〉

① 주주총회와 관련하여 이해대립이 있어 다툼이 있는 장소, 100명 이상의 사람이 모이는 국제·문화·예술·체육 행사장, 「행정대집행법」에 따라 대집행을 하는 장소는 집단민원현장에 해당한다.

② 경비업을 영위하고자 하는 법인은 도급받아 행하고자 하는 경비업무를 특정하여 그 법인의 주사무소의 소재지를 관할하는 시·도경찰청장의 허가를 받아야 한다.

③ 금고 이상의 형의 선고유예를 받고 그 유예기간 중에 있는 자는 경비지도사의 결격사유에 해당한다.

④ 경비업의 허가를 받으려는 법인이 갖추어야 할 요건 중 시설 경비업무의 경비인력 요건은 경비원 10명 이상 및 경비지도사 1명 이상이다.

해설

생활안전경찰, 생활안전과 업무, 민경협력방법, 경비업법 −

① (○) 경비업자 의무, 집단민원현장 : "**집단민원현장**"이란 다음 각 장소를 말한다.[♣시위장소(X), ♣집회시위 금지장소(X)](제2조 제5호)〈24승진〉

　가. 「노동조합 및 노동관계조정법」에 따라 노동관계 당사자가 **노동쟁의 조정신청을 한 사업장** 또는 쟁의행위가 발생한 사업장

　나. 「도시 및 주거환경정비법」에 따른 **정비사업과 관련**하여 이해대립이 있어 **다툼이 있는 장소**

　다. **특정 시설물의 설치**와 관련하여 **민원이 있는 장소**

　라. **주주총회**와 관련하여 이해대립이 있어 **다툼이 있는 장소**〈24승진〉

　마. **건물·토지 등 부동산 및 동산**에 대한 소유권·운영권·관리권·점유권 등 법적 권리에 대한 이해대립이 있어 **다툼이 있는 장소**

　바. **100명 이상의 사람이 모이는 국제·문화·예술·체육 행사장**〈24승진〉

　사. 「행정대집행법」에 따라 **대집행을 하는 장소**〈24승진〉

② (○) 경비업 허가(경비업법 제4조 제1항)〈13·24승진·14경간·18.1채용〉

③ (X) 경비원의 유형, **일반 경비원·경비지도사 결격사유** : 금고 이상의 형의 **집행유예선고**를 받고 그 유예**기간 중**에 있는 자[♣금고 이상의 형의 선고유예를 받고 그 유예기간 중(X)](제10조 제1항 제4호)〈24승진〉

④ (○) 경비업의 요건, 인력요건 : 시설경비업무 − **경비원 10명 이상** 및 **경비지도사 1명 이상**(경비업법 시행령 별표1)〈24승진〉　　　**정답** ③

제3장　생활질서과 업무

1 풍속영업의 규제

01 「풍속영법의 규제에 관한 법률」에서 규정하는 풍속영업의 범위에 해당하지 않는 것은? 〈17경간〉

① 「게임산업진흥에 관한 법률」에 따른 복합유통게임제공업
② 「영화 및 비디오물의 진흥에 관한 법률」에 따른 비디오물감상실업
③ 「공중위생관리법」에 따른 미용업
④ 「체육시설의 설치·이용에 관한 법률」에 따른 무도장업

해설

생활안전경찰, 생활질서과업무, 풍속영업의 규제 −

①② (○) 풍속영업(풍속영법의 규제에 관한 법률 제2조 제1호, 제2호, 제6호)〈17경간〉
③ (✕) 풍속영업: 「공중위생관리법」에 따른 **숙박업**(민박 제외) / **목욕장업**[♣미용업(X)](풍속영법의 규제에 관한 법률 제2조 제4호)〈17경간〉　　**정답** ③

---

02 풍속사범에 대한 단속과 관련한 설명 중 옳은 것은 모두 몇 개인가? (판례에 의함) 〈19경간〉

> 가. 풍속업소인 숙박업소에서 음란한 외국의 위성방송프로그램을 수신하여 투숙객 등으로 하여금 시청하게 하는 행위는 구 풍속영업의 규제에 관한 법률에서 규정된 '음란한 물건'을 관람하게 하는 행위에 해당하지 않는다.
> 나. 유흥주점영업허가를 받았다고 하더라도 실제로는 노래 연습장영업을 하고 있다면 유흥주점영업에 따른 영업자 준수사항을 지켜야 할 의무가 있다고 할 수 없다.
> 다. 일반음식점 허가를 받은 사람이 주로 주류를 조리·판매하는 형태의 주점영업을 하였다면, 손님이 노래를 부를 수 있는 여건이 갖추어지지 않았다고 하더라도 구 식품위생법상 단란주점영업에 해당한다.
> 라. 18세 미만의 청소년에게 술을 판매함에 있어서 가사 그의 민법상 법정대리인의 동의를 받았다고 하더라도 그러한 사정만으로 위 행위가 정당화될 수는 없다.
> 마. 청소년이 이른바 '티켓걸'로서 노래연습장 또는 유흥주점에서 손님들의 흥을 돋우어 주고 시간당 보수를 받은 경우라고 하더라도 업소주인이 청소년을 시간제 접대부로 고용한 것으로 보기는 어려우므로 업소주인을 청소년보호법위반죄로 처벌할 수 없다.
> 바. 모텔에 동영상 파일 재생장치인 디빅 플레이어를 설치하고 투숙객에게 그 비밀번호를 가르쳐 주어 저장된 음란동영상을 관람하게 한 경우, 이는 풍속영업의 규제에 관한 법률에서 금지하고 있는 음란한 비디오물을 풍속영업소에서 관람하게 한 행위에 해당한다.

① 1개　　　② 2개　　　③ 3개　　　④ 4개

해설

생활안전경찰, 생활질서과업무, 풍속영업의 규제 —

가. (X) 숙박업소, 금지사항, 음란한 물건을 관람하게 하는 행위, **판례** : 숙박업소에서 위성방송수신장치를 이용하여 수신한 외국의 음란한 위성방송프로그램을 투숙객 등에게 제공한 행위가, (구 풍속영업의 규제에 관한 법률 제3조 제2호에 규정한 '음란한 물건'을 관람하게 하는 행위에 해당하는지 여부) **일정한 시청차단장치를 설치하였다는 등의 사정만으로는,** 형법 제16조의 정당한 이유가 있다고 볼 수 없다.('음란한 물건'을 관람하게 하는 행위에 해당한다.)[♣풍속법위반으로 처벌할 수 없다.(X), ♣ 음란한 물건'을 관람하게 하는 행위에 해당하지 않는다.(X)](2008도11679)<19경간 · 12.1채용>

나. (O) 유흥주점영업, 영업자 준수사항, 판례 : 대판 1997.9.30. 97도1873<19경간 · 12.1채용>

다. (X) 단란주점영업, **판례** : 일반음식점 허가를 받은 사람이 주로 주류를 조리·판매하는 형태의 주점영업을 하였더라도, **손님이 노래를 부를 수 있는 여건이 갖추어지지 않은 이상** 구 식품위생법상 **단란주점영업에 해당하지 않는다.**[♣단란주점영업에 해당한다.(X)](대법원 2008. 9. 11. 선고 2008도2160 판결 [식품위생법위반])<19경간>

라. (O) 청소년 술판매 금지, 판례 : 대법원 99도2151<19경간 · 12경감>

마. (X) 청소년 고용금지, **판례** : 청소년이 이른바 '**티켓걸**'로서 노래연습장 또는 유흥주점에서 손님들의 흥을 돋우어 주고 **시간당 보수를 받은 경우,** 업소주인이 **청소년을 시간제 접대부로 고용한 것으로 보고** 업소주인을 **청소년보호법위반의 죄책을 묻는 것은 정당하다.**[♣청소년을 시간제 접대부로 고용한 것으로 보기는 어려우므로 업소주인을 청소년보호법위반죄로 처벌할 수 없다.(X)](2005도3801)<19경간 · 12경감>

바. (O) 음란한 비디오물 관람금지, 판례 : 2008도3975 판결 [풍속영업의 규제에 관한 법률위반]<19경간>

정답 ③

테마 124 **기초질서 위반사범 단속** 2

01 「경범죄 처벌법」에 대한 다음 설명 중 가장 적절하지 않은 것은? (다툼이 있는 경우 판례에 의함) 〈18.3채용〉

① 버스정류장 등지에서 소매치기할 생각으로 은밀히 성명불상자들의 뒤를 따라다닌 경우 「경범죄 처벌법」상 불안감 조성에 해당하지 않는다.

② 즉결심판이 청구된 피고인이 통고받은 범칙금에 그 금액의 100분의 50을 더한 금액을 납부하고 그 증명서류를 즉결심판 선고 전까지 제출하였을 때에는 경찰서장, 해양경찰서장 및 제주특별자치도지사는 그 피고인에 대한 즉결심판 청구를 취소할 수 있다.

③ 범칙금을 납부한 사람은 그 범칙행위에 대하여 다시 처벌받지 아니한다.

④ 통고처분서를 받은 날부터 10일 이내에 범칙금을 납부하여야 한다. 다만, 천재지변이나 그 밖의 부득이한 사유로 말미암아 그 기간 내에 범칙금을 납부할 수 없을 때에는 그 부득이한 사유가 없어지게 된 날부터 5일 이내에 납부하여야 한다.

해설

− 생활안전경찰, 생활질서과업무, 기초질서위반사범 단속, 경범죄처벌법 위반 −

① (○) 불안감 조성: 정당한 이유 없이 길을 막거나 시비를 걸거나 주위에 모여들거나 뒤따르거나 몹시 거칠게 겁을 주는 말이나 행동으로 다른 사람을 불안하게 하거나 귀찮고 불쾌하게 한 경우 또는 여러 사람이 이용하거나 다니는 도로·공원 등 공공장소에서 고의로 험악한 문신(文身)을 드러내어 다른 사람에게 혐오감을 준 경우[♣소매치기할 생각으로 따라다닌 경우(X)]<14.2·18.3채용>

− 경찰행정법, 의무이행강제, 경찰벌, 통고처분 −

② (✕) **범칙금 납부(3차 납부)**: 즉결심판이 청구된 피고인이 통고받은 범칙금에 그 금액의 **100분의 50을 더한 금액**을 납부하고 그 증명서류를 즉결심판 선고 전까지 제출하였을 때에는 경찰서장 또는 해양경찰서장은 그 피고인에 대한 즉결심판 **청구를 취소하여야** 한다.[♣취소할 수(X)](제9조 제2항)<04승진>

③ (○) 효과(일사부재리)(경범죄처벌법 제8조 제3항)<17.1·18.3채용>

④ (○) 범칙금 납부(1차 납부)(경범죄처벌법 제8조 제1항)<18경간·18.3채용>　　　　　**정답** ②

---

02 「경범죄 처벌법」상 경범죄를 범한 자의 주거가 분명한 경우라도 현행범인 체포가 가능한 경범죄로 가장 적절한 것은? 〈20경감〉

① 출판물의 부당게재 등　　　　　　② 거짓신고
③ 암표매매　　　　　　　　　　　　④ 업무방해

해설

생활안전경찰, 생활질서과업무, 기초질서위반사범 단속, 경범죄처벌법 −

다액 50만 원 이하의 벌금, 구류 또는 과료에 해당하는 죄의 현행범인에 대해서는 범인의 **주거가 분명하지 않은 경우**에 한하여 **현행범체포가 가능**하다.(형소법 제214조)<20승진>

① (✕) 출판물의 부당게재 등: **20만 원 이하의 벌금, 구류 또는 과료**의 형으로 처벌한다.(경범죄처벌법 제3조 제2항)<20승진·16.2채용>

② (○) 거짓신고: **60만 원 이하의 벌금, 구류 또는 과료**의 형으로 처벌한다.(경범죄처벌법 제3조 제3항) <14·18·20승진·17.1채용>

③ (✕) 암표매매 : **20만 원 이하의 벌금, 구류 또는 과료**의 형으로 처벌한다.(경범죄처벌법 제3조 제2항) <20승진·16.2채용>

④ (✕) 업무방해: **20만 원 이하의 벌금, 구류 또는 과료**의 형으로 처벌한다.(경범죄처벌법 제3조 제2항) <20승진·16.2채용>　　　　　**정답** ②

03 「경범죄 처벌법」에 대한 설명 중 가장 적절하지 않은 것은? 〈21.1채용〉

① 장난전화, 광고물 무단부착, 행렬방해, 흉기의 은닉휴대는 10만 원 이하의 벌금, 구류 또는 과료의 형으로 처벌한다.

② 「경범죄 처벌법」 제7조제1항에 따라 범칙자로 인정되는 사람일지라도 통고처분서 받기를 거부한 사람, 주거 또는 신원이 확실하지 아니한 사람, 그 밖에 통고처분을 하기가 매우 어려운 사람에 대하여는 통고처분하지 않는다.

③ 경범죄를 짓도록 시키거나 도와준 사람은 죄를 지은 사람에 준하여 벌하며, 경범죄의 미수범도 처벌한다.

④ 「경범죄 처벌법」 제8조제1항에 따른 납부기간에 범칙금을 납부하지 아니한 사람은 납부기간의 마지막 날의 다음 날부터 20일 이내에 통고받은 범칙금에 그 금액의 100분의 20을 더한 금액을 납부하여야 한다.

> **해설**

생활안전경찰, 생활질서과업무, 기초질서위반사범 단속, 경범죄처벌법 −

① (○) 10만원 이하 벌금・구류・과료(경범죄처벌법 제3조 제1항)〈21.1채용〉

② (○) 통고처분 제외사유(경범죄처벌법 제7조 제1항)〈21.1채용〉

③ (✕) **경범죄 처벌법 특성** : 대상범죄의 성격이 **추상적 위험범**이므로 바로 기수가 되어 **미수범 처벌규정이 없다.**[♣미수범 처벌(X)]〈02・03・07승진・03・21.1채용〉

④ (○) 범칙금 2차 납부(경범죄처벌법 제8조 제2항)〈11경간・04・11승진・21.1채용〉 정답 ③

04 「경범죄 처벌법」에 대한 설명으로 가장 적절하지 않은 것은? (다툼이 있는 경우 판례에 의함) 〈22승진〉

① 범칙행위를 한 사람이라도 18세 미만인 경우에는 범칙자에 해당하지 않는다.

② 주거지에서 음악 소리를 크게 내거나 큰 소리로 떠들어 이웃을 시끄럽게 하는 행위는 「경범죄 처벌법」상 '인근소란 등'에 해당한다.

③ '관공서에서의 주취소란'과 '거짓신고'의 법정형으로 볼 때, 두 경범죄의 경우에는 「형사소송법」 제214조(경미사건과 현행 범인의 체포)에 해당되지 않아 범인의 주거가 분명하더라도 현행범인 체포가 가능하다.

④ '폭행 등 예비'와 '거짓 광고'는 10만 원 이하의 벌금, 구류 또는 과료의 형으로 처벌한다.

> **해설**

− 경찰행정법, 의무이행확보수단, 경찰벌, 통고처분 −

① (○) 범칙자 제외사유(경범죄처벌법 제6조 제2항)〈22승진〉

− 생활안전경찰, 생활안전과 업무, 기초질서위반사범 단속, 경범죄처벌 대상 −

② (○) 인근소란등(경범죄처벌법 제3조 제1항)〈22승진・21.1채용〉

③ (○) 60만 원 이하 벌금, 구류 또는 과료(경범죄처벌법 제3조 제3항)〈21경간・14・18・20・22승진・17.1・20.2채용〉 / (형사소송법 제214조)〈20・22승진〉

④ (✕) **20만 원 이하 벌금, 구류 또는 과료** : '출판물의 부당게재 등'와 '**거짓 광고**'에 해당하는 사람은 **20만 원 이하의 벌금, 구류 또는 과료**의 형으로 처벌한다.(모두 통고처분 가능)[♣10만 원 이하 벌금, 구류 또는 과료(X)](경범죄처벌법 제3조 제2항)〈20・22승진・16.2채용〉 정답 ④

05 「경범죄 처벌법」에 관한 설명 중 가장 적절하지 않은 것은? 〈23승진〉

① 경범죄를 짓도록 시키거나 도와준 사람은 죄를 지은 사람에 준하여 처벌한다.
② 범칙행위를 상습적으로 하는 사람은 범칙자에 해당하지 아니한다.
③ 음주소란, 지속적 괴롭힘, 거짓 인적사항을 사용한 사람은 10만 원 이하의 벌금, 구류 또는 과료의 형으로 처벌한다.
④ 술에 취한 채로 관공서에서 몹시 거친 말과 행동으로 주정하거나 시끄럽게 한 사람은 100만 원 이하의 벌금, 구류 또는 과료의 형으로 처벌한다.

해설

― 경찰행정법, 경찰행정의 의무이행확보수단, 통고처분 ―

② (○) **범칙자**: "범칙자"란 범칙행위를 한 사람으로서 '**피해자가 있는 행위를 한 사람**', '**죄를 지은 동기나 수단 및 결과를 헤아려볼 때 구류처분을 하는 것이 적절하다고 인정되는 사람**', '**범칙행위를 상습적으로 하는 사람**', '**18세 미만인 사람**'의 어느 하나에도 해당하지 않는 사람을 말한다.(경범죄처벌법 제6조 제2항)〈23승진·20.2채용〉

― 생활안전경찰, 생활질서과업무, 기초질서위반사범 단속 ―

① (○) 특색, 종범에 정범의 형(경범죄처벌법 제4조)〈21경간·09·23승진·08·16.2·20.2·21.1채용〉
③ (○) 경범죄처벌법, 10만 원 이하 벌금·구류·과료(경범죄처벌법 제3조 제1항 제20호, 제30호, 제41호)〈11·23승진·13.2채용〉
④ (✕) 경범죄처벌법, **60만 원 이하 벌금·구류·과료**: 다음 각 호의 어느 하나에 해당하는 사람은 **60만 원 이하의 벌금, 구류 또는 과료**의 형으로 처벌한다.[♣100만 원 이하 벌금·구류·과료(✕)](경범죄처벌법 제3조 제3항)〈21경간·14·18·20·22·23승진·17.1·20.2채용〉
   1. **관공서에서의 주취소란**: 술에 취한 채로 관공서에서 몹시 거친 말과 행동으로 주정하거나 시끄럽게 한 사람〈21경간·14·16·18·22승진·13.2·14.2·17.1·20.2채용〉
   2. **거짓신고**: 있지 아니한 범죄나 재해 사실을 공무원에게 거짓으로 신고한 사람〈14·18·20·22승진·17.1채용〉

정답 ④

06 「경범죄 처벌법」상 다음 (   )안에 들어갈 숫자로 알맞은 것은? 〈23.1채용〉

> ⊙ 출판물의 부당게재 등 − 올바르지 아니한 이익을 얻을 목적으로 다른 사람 또는 단체의 사업이
> 나 사사로운 일에 관하여 신문, 잡지, 그 밖의 출판물에 어떤 사항을 싣거나 싣지 아니할 것을
> 약속하고 돈이나 물건을 받은 사람은 (가)만 원 이하의 벌금, 구류 또는 과료의 형으로 처벌
> 한다.
> ⓒ 거짓 광고 − 여러 사람에게 물품을 팔거나 나누어 주거나 일을 해주면서 다른 사람을 속이거나
> 잘못 알게 할 만한 사실을 들어 광고한 사람은 (나)만 원 이하의 벌금, 구류 또는 과료의 형
> 으로 처벌한다.
> ⓒ 업무방해 − 못된 장난 등으로 다른 사람, 단체 또는 공무수행 중인 자의 업무를 방해한 사람
> 은 (다)만 원 이하의 벌금, 구류 또는 과료의 형으로 처벌한다.
> ⓔ 암표매매 − 흥행장, 경기장, 역, 나루터, 정류장, 그 밖에 정하여진 요금을 받고 입장시키거나 승
> 차 또는 승선시키는 곳에서 웃돈을 받고 입장권·승차권 또는 승선권을 다른 사람에게 되판 사
> 람은 (라)만원 이하의 벌금, 구류 또는 과료의 형으로 처벌한다.

	(가)	(나)	(다)	(라)
①	10	20	60	20
②	20	20	20	20
③	20	10	60	20
④	20	60	20	10

해설

생활안전경찰, 생활질서과업무, 기초질서위반사범 단속, 경범죄처벌법 −

⊙ (20만원) − **출판물의 부당게재 등**: 올바르지 않은 이익을 얻을 목적으로 다른 사람 또는 단체의 사
업이나 사사로운 일에 관하여 신문, 잡지, 그 밖의 출판물에 어떤 사항을 싣거나 싣지 않을 것을 약
속하고 돈이나 물건을 받은 경우[♣10만원 이하 벌금, 구류, 과료(X)]<20승진·23.1채용>

ⓒ (20만원) − **거짓 광고**: 여러 사람에게 물품을 팔거나 나누어 주거나 일을 해주면서 다른 사람을 속
이거나 잘못 알게 할 만한 사실을 들어 광고한 경우[♣10만원 이하 벌금, 구류, 과료(X)](경범죄처벌법 제3조
제2항 제2호)<14·22승진·22경간·23.1채용>

ⓒ (20만원) − **업무방해**: 못된 장난 등으로 다른 사람, 단체 또는 공무수행 중인 자의 업무를 방해한
경우<20승진·23.1채용>

ⓔ (20만원) − **암표매매**: 흥행장, 경기장, 역, 나루터, 정류장, 그 밖에 정해진 요금을 받고 입장시키거나
승차 또는 승선시키는 곳에서 웃돈을 받고 입장권·승차권 또는 승선권을 다른 사람에게 되판 경우
<20승진·23.1채용> 정답 ②

테마 125 유실물 처리 3

01 유실물처리에 관한 다음 설명 중 가장 옳지 않은 것은? 〈18경간〉

① 유실물이란 점유자의 의사에 의하지 않거나 타인에게 절취된 것이 아니면서 우연히 그 지배에서 벗어난 동산을 말하며, 점유자의 의사에 의하여 버린 물건이나 도품은 유실물에 해당하지 않는다.

② 범죄자가 놓고 간 것으로 인정되는 물건을 습득한 자는 신속히 그 물건을 경찰서에 제출하여야 한다.

③ 유실물을 습득한 자가 보상금을 받을 권리 및 습득물의 소유권을 취득할 권리를 얻기 위해서는 습득일로부터 7일 이내에 경찰서(지구대·파출소 등 소속 경찰관서를 포함한다)에 신고하여야 한다.

④ 유실물을 습득한 자가 유실물의 소유권을 취득할 권리를 보유한 때부터 2개월 이내에 유실물을 수취하지 아니할 때에는 그 소유권을 상실한다.

해설

생활안전경찰, 생활질서과업무, 유실물 처리 −

① (○) 유실물 의의〈18경간〉

② (○) 장물·유류물 제출의무(유실물법 제11조 제1항)〈18경간〉

③ (○) 습득자의 권리 상실(제9조)〈18경간·08승진〉

④ (×) **수취권 상실**: 이 법 및 「민법」(제253조, 제254조)에 따라 물건의 소유권을 취득한 자가 그 취득한 날부터 **3개월 이내**에 물건을 경찰서 또는 자치경찰단으로부터 **받아가지 아니할 때**에는 그 **소유권을 상실**한다.[♣2개월 이내(X)](제14조)〈18경간·04·07승진〉 정답 ④

4 총포·도검·화약류 등의 안전관리, 단속

01 「총포·도검·화약류 등의 안전관리에 관한 법률」에 대한 내용으로 가장 적절하지 않은 것은? 〈18.1채용〉

① "총포"란 권총, 소총, 기관총, 포, 엽총, 금속성 탄알이나 가스 등을 쏠 수 있는 장약총포, 공기총(가스를 이용하는 것을 포함한다) 및 총포신·기관부 등 그 부품으로서 대통령령으로 정하는 것을 말한다.

② 자격정지 이상의 형을 선고받고 그 집행이 끝나거나 집행을 받지 아니하기로 확정된 후 3년이 지나지 아니한 자는 총포·도검·화약류·분사기·전자충격기·석궁 제조업의 허가를 받을 수 없다.

③ 누구든지 유실·매몰 또는 정당하게 관리되고 있지 아니하는 총포·도검·화약류·분사기·전자충격기·석궁이라고 인정되는 물건을 발견하거나 습득하였을 때에는 24시간 이내에 가까운 경찰관서에 신고하여야 한다.

④ 화약류를 운반하려는 사람은 행정안전부령으로 정하는 바에 따라 발송지를 관할하는 경찰서장에게 신고하여야 한다. 다만, 대통령령으로 정하는 수량 이하의 화약류를 운반하는 경우에는 그러하지 아니하다.

해설

생활안전경찰, 생활질서과업무, 총포·도검·화약류 등의 안전관리, 단속 −

① (○) 총포(제2조 제1항)〈14경간·18.1채용〉

② (×) **제조업 허가 결격사유**: 금고 이상의 형을 선고받고[♣자격정지 이상의 형 선고받고(X)] 그 집행이 끝나거나 집행을 받지 아니하기로 확정된 후 3년이 지나지 아니한 자는 총포·도검·화약류·분사기·전자충격기·석궁 제조업의 허가를 받을 수 없다.(제5조)〈18.1채용〉

③ (○) 발견·습득의 신고(제23조)〈18.1채용〉

④ (○) 화약류 운반, 신고의무(제26조 제1항)〈18.1채용〉 정답 ②

제4장 **여성청소년과 업무**

테마 126 '성매매알선 등 행위의 처벌' 1

01 「성매매알선 등 행위의 처벌에 관한 법률」에 대한 설명으로 적절한 것은 모두 몇 개인가? 〈21.2채용〉

> ㉠ "성매매"란 불특정인을 상대로 금품 그 밖의 재산상의 이익을 수수·약속하고 유사성교 행위를 제외한 성교를 하거나 그 상대방이 되는 것을 말한다.
> ㉡ "성매매 알선 등 행위"에는 성매매를 알선, 권유, 유인 또는 강요하는 행위와 성매매의 장소를 제공하는 행위를 포함한다.
> ㉢ "성매매피해자"란 위계·위력에 의하여 성매매를 강요당한 사람, 성매매 목적의 인신매매를 당한 사람 등을 말한다. 다만, 고용관계로 인하여 보호 또는 감독하는 사람에 의하여 마약등에 중독되어 성매매를 한 사람은 성매매피해자에 포함되지 않는다.
> ㉣ 검사 또는 사법경찰관은 수사과정에서 피의자 또는 참고인이 성매매피해자에 해당한다고 볼 만한 상당한 이유가 있을 때에는 지체 없이 법정대리인·친족 또는 변호인에게 통지하고, 신변보호, 수사의 비공개, 친족 또는 지원시설·성매매피해상담소에의 인계 등 그 보호에 필요한 조치를 하여야 한다. 다만, 피의자 또는 참고인의 사생활 보호 등 부득이한 사유가 있는 경우에는 통지하지 아니할 수 있다.
> ㉤ 성매매피해자의 성매매는 형을 감경하거나 면제할 수 있다.

① 1개   ② 2개   ③ 3개   ④ 4개

해설

생활안전경찰, 여성·청소년과 업무, 성매매알선등 행위의 처벌 -
- ㉠ (✕) **성매매 알선등 처벌**: "성매매"란 불특정인을 상대로 금품 그 밖의 재산상의 이익을 수수·약속하고 성교나 유사성교 행위를 하거나 그 상대방이 되는 것을 말한다.[♣유사성교행위 제외(✕)](제2조 제1항 1호)〈15승진·15.2·21.2채용〉
- ㉡ (○) **성매매알선등 행위**:
  - ① 성매매를 **알선·권유·유인 또는 강요**하는 행위〈15·18승진·21.2채용〉
  - ② 성매매의 **장소를 제공**하는 행위[♣성매매장소 제공과 성매매알선등 행위는 별도개념(✕)]〈15.2·21.2채용〉
  - ③ 성매매에 제공되는 사실을 **알면서 자금·토지, 건물을 제공**하는 행위[♣모르고 건물 제공(✕), ♣정보통신망을 제공(✕)](제2조 제1항 제2호)〈15·18승진〉
- ㉢ (✕) **성매매피해자**:
  - ① **위계·위력** 그 밖에 이에 준하는 방법으로 성매매를 **강요당한 사람**〈21.2채용〉
  - ② 업무관계, 고용관계 그 밖의 관계로 인하여 보호 또는 **감독하는 사람에 의하여** 마약·향정신성의약품 또는 대마에 **중독되어** 성매매를 한 사람[♣포함되지 않는다.(✕)]〈21.2채용〉
  - ③ **청소년**, 사물을 변별하거나 의사를 결정할 능력이 없거나 미약한 자 또는 대통령령이 정하는 중대한 장애가 있는 자로서 성매매를 하도록 **알선·유인된 사람**
  - ④ 성매매 목적의 **인신매매를 당한 사람**(제2조 제1항 제4호)〈21.2채용〉
- ㉣ (○) 통지(「성매매알선 등 행위의 처벌에 관한 법률」 제6조 제2항)〈21.2채용〉
- ㉤ (✕) **형의 감면**: **성매매피해자**의 성매매는 **처벌하지 아니한다.**[♣형을 감경하거나 면제할 수(✕)](제6조 제1항)〈15.2·21.2채용〉

정답 ②

02 「성매매알선 등 행위의 처벌에 관한 법률」상 '성매매알선 등 행위'의 태양으로 명시하고 있지 않은 것은?

〈18경위〉

① 성매매의 장소를 제공하는 행위
② 성매매에 이용됨을 알면서 정보통신망을 제공하는 행위
③ 성매매를 알선, 권유, 유인 또는 강요하는 행위
④ 성매매에 제공되는 사실을 알면서 자금, 토지 또는 건물을 제공하는 행위

해설

생활안전경찰, 여성·청소년과 업무, 성매매알선등 행위의 처벌 −
①③④ (○) 성매매 알선 등 행위(성매매처벌법 제2조 제2호)〈15·18승진〉
② (×) **성매매 알선 등 행위**: 가. 성매매를 **알선·권유·유인 또는 강요**하는 행위〈15·18승진〉 나. 성매매의 **장소를 제공**하는 행위〈15.2채용〉 다. 성매매에 제공되는 사실을 **알면서 자금·토지, 건물을 제공**하는 행위[♣정보통신망을 제공(X)](성매매처벌법 제2조 제2호)〈15·18승진〉　　　**정답** ②

테마 127　'성폭력범죄의 처벌 등에 관한 특례법'

01 「성폭력범죄의 처벌 등에 관한 특례법」에 대한 설명으로 가장 적절하지 않은 것은? 〈17경위〉

① 검사 또는 사법경찰관은 19세미만피해자등(피해자와 법정대리인)의 진술 내용과 조사 과정을 영상녹화(녹음 포함)하고, 그 영상녹화물을 보존하여야 한다.
② 위의 "①"에 따른 영상물 녹화는 19세미만피해자등 또는 그 법정대리인이 이를 원하지 아니하는 의사를 표시하는 경우에는 영상녹화를 하여서는 아니 된다. 법정대리인이 가해자이거나 가해자의 배우자인 경우는 제외한다.
③ 19세미만피해자등의 진술이 영상녹화된 영상녹화물은 법정 절차와 방식에 따라 영상녹화된 것으로서 '증거보전기일, 공판준비기일 또는 공판기일에 그 내용에 대하여 피의자, 피고인 또는 변호인이 피해자를 신문할 수 있었던 경우(다만, 증거보전기일에서의 신문의 경우 법원이 피의자나 피고인의 방어권이 보장된 상태에서 피해자에 대한 반대신문이 충분히 이루어졌다고 인정하는 경우로 한정한다.)'에 증거로 하여야 한다.
④ 경찰청장은 각 경찰서장으로 하여금 성폭력범죄 전담 사법경찰관을 지정하도록 하여 특별한 사정이 없으면 이들로 하여금 피해자를 조사하게 하여야 한다.

해설

생활안전경찰, 여성·청소년과 업무, 성폭력범죄의 처벌 등 −

① (○) 의무적 영상녹화(「성폭력범죄의 처벌 등에 관한 특례법」 제30조 제1항)<17승진>

② (○) 원하지 않는 영상녹화(「성폭력범죄의 처벌 등에 관한 특례법」 제30조 제2항, 규칙 제22조 제2항)<15·17승진·22.2채용>

③ (×) **영상녹화물 증거사용** : 19세미만피해자등의 진술이 **영상녹화된 영상녹화물**은 법정(같은 조 제4항부터 제6항까지에서 정한) 절차와 방식에 따라 영상녹화된 것으로서 다음 각 호의 어느 하나의 경우에 **증거로 할 수 있다.**[♣증거로 하여야(X)](제30조의2 제1항)<15·17승진>

    1. 증거보전기일, 공판준비기일 또는 공판기일에 그 내용에 대하여 **피의자, 피고인 또는 변호인이 피해자를 신문할 수 있었던 경우**. 다만, 증거보전기일에서의 신문의 경우 법원이 피의자나 피고인의 방어권이 보장된 상태에서 피해자에 대한 **반대신문이 충분히 이루어졌다고 인정하는 경우로 한정**한다.

    2. 19세미만피해자등이 다음 각 목의 어느 하나에 해당하는 사유로 공판준비기일 또는 공판기일에 출석하여 진술할 수 없는 경우. 다만, 영상녹화된 진술 및 영상녹화가 **특별히 신빙(信憑)할 수 있는 상태**에서 이루어졌음이 **증명**된 경우로 한정한다.

    가. 사망 /   나. 외국 거주 /   다. 신체적, 정신적 질병·장애

    라. 소재불명 /   마. 그 밖에 이에 준하는 경우

④ (○) 전담 사법경찰관지정(「성폭력범죄의 처벌 등에 관한 특례법」 제26조 제2항)<15·17승진>   정답 ③

02 「성폭력범죄의 처벌 등에 관한 특례법」에 대한 다음 설명 중 옳지 않은 것은 모두 몇 개인가? 〈17경간〉

    ㉠ 미성년자에 대한 성폭력범죄의 공소시효는 해당 성폭력범죄로 피해를 당한 미성년자가 성년에 달한 날부터 진행한다.

    ㉡ 13세 미만의 사람 및 신체적인 또는 정신적인 장애가 있는 사람에 대하여 강간죄를 범한 경우에는 공소시효가 10년 연장된다.

    ㉢ 검사 또는 사법경찰관은 21세미만피해자등(피해자와 법정대리인)의 진술 내용과 조사 과정을 영상녹화(녹음 포함)하고, 그 영상녹화물을 보존하여야 한다.

    ㉣ 검사와 사법경찰관은 성폭력범죄의 피의자가 죄를 범하였다고 믿을 만한 충분한 증거가 있고, 국민의 알권리 보장, 피의자의 재범 방지 및 범죄예방 등 오로지 공공의 이익을 위하여 필요할 때에는 얼굴, 성명 및 나이 등 피의자의 신상에 관한 정보를 공개할 수 있다. 다만, 피의자가 「청소년보호법」상 청소년에 해당하는 경우에는 공개하지 아니한다.

① 1개   ② 2개   ③ 3개   ④ 4개

해설

생활안전경찰, 여성 · 청소년과 업무, 성폭력범죄의 처벌 등 −

- ㉠ (○) **공소시효, 미성년**(「성폭력범죄의 처벌 등에 관한 특례법」 제21조 제1항)<17경간>
- ㉡ (×) **공소시효, 13세 미만 · 장애** : 13세 미만의 사람 및 신체적인 또는 정신적인 장애가 있는 사람에 대하여 **강간, 강제추행 등**(다음 각 호)의 죄를 범한 경우에는 **공소시효를 적용하지 아니한다.**[♣10년 연장(×)](제21조 제3항)<17경간>
- ㉢ (×) **의무적 영상녹화 · 보존** : 검사 또는 사법경찰관은 **19세미만피해자등**(피해자와 법정대리인)의 진술 내용과 조사 과정을 **영상녹화**(녹음 포함)**하고**, 그 영상녹화물을 **보존하여야** 한다.[♣21세 미만(×), ♣모든 성폭력범죄 피해자 촬영 · 보존하여야(×)](제30조 제1항)<17경간 · 20.2채용>
- ㉣ (×) **위헌 삭제**(「성폭력범죄의 처벌 등에 관한 특례법」 제25조 제1항 삭제)<17경간> → 개정으로 수정

정답 ③

---

03 「성폭력범죄의 처벌 등에 관한 특례법」의 신상정보 등록 등에 대한 내용으로 가장 적절하지 않은 것은?

〈18.1채용〉

① 등록대상자가 6개월 이상 국외에 체류하기 위하여 출국하는 경우에는 미리 관할경찰관서의 장에게 허가를 받아야 한다.

② 신상정보 등록의 원인이 된 성범죄로 형의 선고를 유예받은 사람이 선고유예를 받은 날부터 2년이 경과하여 「형법」 제60조에 따라 면소된 것으로 간주되면 신상정보 등록을 면제한다.

③ 등록대상자의 신상정보의 등록 · 보존 및 관리 업무에 종사하거나 종사하였던 자는 직무상 알게 된 등록정보를 누설하여서는 아니 된다.

④ 등록정보의 공개는 여성가족부장관이 집행하고, 법무부장관은 등록정보의 공개에 필요한 정보를 여성가족부장관에게 송부하여야 한다.

해설

생활안전경찰, 여성 · 청소년과 업무, 성폭력범죄의 처벌 등 −

① (×) **등록대상자 국외체류** : 등록대상자가 **6개월 이상** 국외에 **체류하기 위하여** 출국하는 경우에는 미리 관할경찰관서의 장에게 **체류국가 및 체류기간 등을 신고하여야** 한다.[♣허가를 받아야(×)](제43조의2 제1항)<18.1채용>

② (○) 신상정보 등록면제, 선고유예(「성폭력범죄의 처벌 등에 관한 특례법」 제45조의2)<18.1채용>

③ (○) 등록정보 누설금지(「성폭력범죄의 처벌 등에 관한 특례법」 제48조)<18.1채용>

④ (○) 등록정보 공개(「성폭력범죄의 처벌 등에 관한 특례법」 제47조 제2항, 제3항)<18.1채용>

정답 ①

04 「성폭력범죄의 처벌 등에 관한 특례법」에 대한 설명으로 가장 적절한 것은? 〈19경위〉

① 카메라등이용촬영죄는 디엔에이(DNA)증거 등 그 죄를 증명할 수 있는 과학적인 증거가 있는 때에는 공소시효가 10년 연장된다.

② 경찰청장은 각 경찰서장으로 하여금 성폭력범죄 전담 사법경찰관을 지정하도록 하여 특별한 사정이 없으면 이들로 하여금 피의자를 조사하게 하여야 한다.

③ 13세인 사람에 대하여 강간죄를 범한 경우에는 공소시효를 적용하지 아니한다.

④ 신체적인 장애가 있는 사람에 대하여 강제추행죄를 범한 경우에는 공소시효를 적용하지 아니한다.

해설

생활안전경찰, 여성·청소년과 업무, 성폭력범죄의 처벌 등 −

① (×) **공소시효 10년 연장**: 강간 및 강제추행, 업무상 위력 간음, 미성년자 간음추행(제2조 제3호 및 제4호의 죄와 제3조부터 제9조까지의)의 죄는 **디엔에이(DNA)증거 등 그 죄를 증명할 수 있는 과학적인 증거가 있는 때에는 공소시효가 10년 연장**된다.[♣카메라 등 이용 촬영죄는(×)](제21조 제2항)〈19승진〉

② (×) **성폭력범죄 전담 사법경찰관**: 경찰청장은 각 경찰서장으로 하여금 **성폭력범죄 전담 사법경찰관**을 지정하도록 하여 특별한 사정이 없으면 이들로 하여금 **피해자를 조사하게 하여야** 한다.[♣피의자를 조사(×)](제26조 제2항)〈19승진〉

③ (×) **공소시효 적용제외**: 13세 미만의 사람 및 신체적인 또는 정신적인 장애가 있는 사람에 대하여 **강간, 강제추행 등**(다음 각 호)의 죄를 범한 경우에는 **공소시효를 적용하지 아니**한다.[♣10년 연장(×), ♣13세(×)](제21조 제3항)〈19승진·17경간〉

④ (○) 공소시효 적용제외, 장애(「성폭력범죄의 처벌 등에 관한 특례법」 제21조 제3항)〈19승진·17경간〉

정답 ④

05 「성폭력범죄의 처벌 등에 관한 특례법」에 대한 설명으로 옳은 것은? 〈19경간〉

① 등록대상자가 6개월 이상 국외에 체류하기 위하여 출국하는 경우에는 미리 관할 경찰관서의 장에게 허가를 받아야 한다.

② 경찰청장은 각 경찰서장으로 하여금 성폭력범죄 전담 사법 경찰관을 지정하도록 하여 특별한 사정이 없으면 이들로 하여금 피해자를 조사하게 하여야 한다.

③ 촬영한 영상물에 수록된 피해자의 진술은 공판기일에 피해자의 진술에 의하여 그 성립의 진정함이 인정된 경우에만 증거로 할 수 있다.

④ 13세 미만의 사람 및 신체적인 또는 정신적인 장애가 있는 사람에 대하여 강간죄를 범한 경우에는 공소시효가 10년 연장된다.

> **해설**

생활안전경찰, 여성·청소년과 업무, 성폭력범죄의 처벌 등 −

① (×) **등록대상자 국외체류**: 등록대상자가 **6개월 이상 국외에 체류하기 위하여** 출국하는 경우에는 미리 관할경찰관서의 장에게 **체류국가 및 체류기간 등을 신고하여야** 한다.[♣허가를 받아야(X)](제43조의2 제1항)〈19경간·18.1채용〉

② (○) 성폭력범죄 전담 사법 경찰관지정(성폭력범죄의 처벌 등에 관한 특례법 제26조 제2항)〈19경간·19승진〉

③ (×) **영상녹화물 증거사용 요건**: 19세미만피해자등의 진술이 **영상녹화된 영상녹화물**은 법정(같은 조 제4항부터 제6항까지에서 정한) 절차와 방식에 따라 영상녹화된 것으로서 다음 각 호의 어느 하나의 경우에 **증거로 할 수 있다.**[♣피해자의 진술에 의하여 그 성립의 진정함이 인정된 경우에만(X)](제30조의2 제1항)〈15·17승진〉

> 1. 증거보전기일, 공판준비기일 또는 공판기일에 그 내용에 대하여 **피의자, 피고인 또는 변호인이 피해자를 신문할 수 있었던 경우**. 다만, **증거보전기일**에서의 신문의 경우 법원이 피의자나 피고인의 방어권이 보장된 상태에서 피해자에 대한 **반대신문이 충분히 이루어졌다고 인정하는 경우**로 한정한다.
> 2. 19세미만피해자등이 다음 각 목의 어느 하나에 해당하는 사유로 공판준비기일 또는 공판기일에 출석하여 진술할 수 없는 경우. 다만, 영상녹화된 진술 및 영상녹화가 **특별히 신빙(信憑)할 수 있는 상태**에서 이루어졌음이 **증명**된 경우로 한정한다.
>   가. 사망 / 나. 외국 거주 / 다. 신체적, 정신적 질병·장애
>   라. 소재불명 / 마. 그 밖에 이에 준하는 경우
>   ※ 헌재 2018헌바524: "피해자가 19세 미만" 부분 위헌으로 개정

④ (×) **공소시효 적용 제외**: **13세 미만의 사람 및 신체적인 또는 정신적인 장애가 있는 사람**에 대하여 **강간, 강제추행 등**(다음 각 호)의 죄를 범한 경우에는 **공소시효를 적용하지 아니한다.**[♣10년 연장(X)](제21조 제3항)〈19승진·17·19경간〉

> **정답** ②

06 「성폭력범죄의 처벌 등에 관한 특례법」에 대한 설명으로 가장 적절한 것은? 〈20.2채용〉

① 수사기관은 '특수강도강간 등 일정 성폭력범죄의[제3조부터 제8조까지, 제10조, 제14조, 제14조의2, 제14조의3, 제15조(제9조의 미수범은 제외한다) 및 제15조의2] 범죄피해자', '19세 미만 피해자등'의 어느 하나에 해당하는 피해자를 조사하는 경우에 피해자 또는 그 법정대리인이 신청할 때에는 수사에 지장을 줄 우려가 있는 등 부득이한 경우가 아니면 피해자와 신뢰관계에 있는 사람을 동석하게 하여야 한다. 경우 수사기관은 피해자와 신뢰관계에 있는 사람이 피해자에게 불리하거나 피해자가 원하지 아니하는 경우에는 동석하게 하여서는 아니 된다.

② 모든 성폭력범죄 피해자를 조사하는 경우에 진술 내용과 조사과정을 비디오녹화기 등 영상물 녹화장치로 촬영·보존하여야 한다.

③ 경찰청장은 각 경찰서장으로 하여금 성폭력범죄 전담 사법경찰관을 지정하도록 하여 특별한 사정이 없으면 이들로 하여금 피의자를 조사하게 하여야 한다.

④ 수사기관은 성폭력범죄의 피해자를 조사할 때 피해자가 편안한 상태에서 진술할 수 있는 환경을 조성하여야 하며, 조사 횟수는 1회로 마쳐야 한다.

해설

생활안전경찰, 여성·청소년과 업무, 성폭력범죄의 처벌 등 –

① (○) 신뢰관계인 동석(「성폭력범죄의 처벌 등에 관한 특례법」 제34조 제2항, 제3항)〈20.2채용〉

② (✕) **영상녹화물 촬영·보존** : 검사 또는 사법경찰관은 **19세미만피해자등**(피해자와 법정대리인)의 진술 내용과 조사 과정을 **영상녹화**(녹음 포함)**하고, 그 영상녹화물을 보존하여야** 한다.[♣모든 성폭력범죄 피해자 촬영·보존하여야(✕)](제30조 제1항)〈17경간·20.2채용〉

③ (✕) **성폭력범죄 전담 사법경찰관을 지정** : **경찰청장**은 각 경찰서장으로 하여금 **성폭력범죄 전담 사법경찰관을 지정하도록 하여 특별한 사정이 없으면** 이들로 하여금 **피해자를 조사**하게 **하여야** 한다.[♣피의자를 조사(✕)](제26조 제2항)〈19경간·19승진·20.2채용〉

④ (✕) **조사 및 심리·재판 환경조성** : 수사기관과 법원은 성폭력범죄의 피해자를 조사하거나 심리·재판할 때 피해자가 편안한 상태에서 진술할 수 있는 **환경을 조성하여야** 하며, **조사 및 심리·재판 횟수는 필요한 범위에서 최소한으로 하여야** 한다.[♣조사 횟수는 1회로 마쳐야(✕)](제29조 제2항)〈20.2채용〉

정답 ①

07 「성폭력범죄의 수사 및 피해자 보호에 관한 규칙」에 관한 설명 중 가장 적절하지 않은 것은? 〈22.2채용〉

① 경찰관은 성폭력범죄의 피해자가 13세 미만이거나 신체적인 또는 정신적인 장애로 사물을 변별하거나 의사를 결정할 능력이 미약한 경우에는 통합지원센터나 성폭력 전담의료기관과 연계하여 치료, 상담 및 조사를 병행한다. 다만, 피해자가 원하지 않는 경우에는 그러하지 아니하다.

② 경찰서장은 특별한 사정이 없는 한 성폭력 피해여성을 여성 성폭력범죄 전담조사관이 조사하도록 하여야 한다. 다만, 피해자가 원하는 경우에는 신뢰관계자, 진술조력인 또는 다른 경찰관으로 하여금 입회하게 하고 '피해자 조사 동의서'에 서면으로 동의를 받아 남성 성폭력범죄 전담조사관으로 하여금 조사하게 할 수 있다.

③ 경찰관은 영상녹화를 할 때에는 피해자등에게 영상녹화의 취지 등을 설명하고 동의 여부를 확인하여야 하며, 피해자등이 녹화를 원하지 않는 의사를 표시한 때에는 촬영을 하여서는 아니 된다. 다만, 가해자가 친권자 중 일방인 경우에는 그러하지 아니하다.

④ 경찰관은 성폭력범죄의 피해자가 13세 미만이거나 신체적인 또는 정신적인 장애로 의사소통이나 의사표현에 어려움이 있는 경우 진술조력인을 조사과정에 반드시 참여시켜야 한다.

해설

생활안전경찰, 성폭력범죄처벌등에 관한 특례법, 특례 −

① (○) 피해자 후송·치료(성폭력범죄의 수사 및 피해자 보호에 관한 규칙 제11조 제2항)〈22.2채용〉

② (○) 조사유의사항(성폭력범죄의 수사 및 피해자 보호에 관한 규칙 제18조 제1항)〈22.2채용〉

③ (○) 영상물촬영보존(성폭력범죄의 수사 및 피해자 보호에 관한 규칙 제22조 제2항)〈22.2채용〉

④ (✕) **진술조력인**: 경찰관은 성폭력범죄의 피해자가 13세 미만이거나 신체적인 또는 정신적인 장애로 의사소통이나 의사표현에 어려움이 있는 경우 직권이나 피해자등 또는 변호사의 **신청에 따라** 진술조력인이 조사과정에 **참여하게 할 수** 있다.[♣참여하게 하여야(X)] 다만, 피해자등이 이를 원하지 않을 때는 그러하지 아니하다.(규칙 제28조 제1항)〈22.2채용〉 　　　 정답 ④

테마 128 ▶ '아동·청소년의 성보호'

01 「아동·청소년의 성보호에 관한 법률」에 대한 설명으로 가장 적절하지 않은 것은? 〈17.2채용〉

① 아동·청소년성착취물을 제작·수입 또는 수출한 자(동법 제11조 제1항)에 대하여 미수범 처벌 규정을 두고 있다.

② 아동·청소년의 성을 사기 위하여 아동·청소년을 유인하거나 성을 팔도록 권유한 자(동법 제13조 제2항)의 경우 미수범 처벌규정이 없다.

③ 법원은 아동·청소년 대상 성범죄를 범한 「소년법」 제2조의 소년에 대하여 형의 선고를 유예하는 경우에는 반드시 보호관찰을 명하여야 한다.

④ 음주 또는 약물로 인한 심신장애 상태에서 아동·청소년대상 성폭력 범죄를 범한 때에는 「형법」 제10조 제1항·제2항 및 제11조(심신장애자·농아자 감면규정)를 적용하지 아니한다.

해설

생활안전경찰, 성폭력범죄처벌등에 관한 특례법, 아동·청소년의 성보호에 관한 법률, 특례 –

① (○) 아동·청소년의 성보호에 관한 법률 제11조 제1항, 제6항[♣미수처벌(○)]<17.2채용>

② (○) [♣미수처벌규정 없다.(○)] 아동·청소년의 성보호에 관한 법률 제13조 제2항<15경간·17.2채용>

③ (○) 아동·청소년의 성보호에 관한 법률 제21조 제1항<17.2채용>

④ (✕) 음주 또는 약물로 인한 심신장애 상태에서 아동·청소년에 대하여 일정한 성폭력범죄(「성폭력범죄의 처벌 등에 관한 특례법」 제3조부터 제11조까지의 죄)를 범한 때에는 형법상의 심신장애로 인한 감경(「형법」 제10조제1항·제2항 및 제11조)을 **적용하지 아니할 수** 있다.[♣적용하지 아니한다.(✕)](법 제19조)<11경간·17.2채용> **정답** ④

02 아동·청소년의 성보호에 관한 법률 상 미수범으로 처벌되는 경우는? 〈19경간〉

① 아동·청소년의 성을 사는 행위의 장소를 제공하는 행위를 업으로 하는 자

② 폭행이나 협박으로 아동·청소년으로 하여금 아동·청소년의 성을 사는 행위의 상대방이 되게 한 자

③ 아동·청소년의 성을 사는 행위를 알선하는데 사용되는 사실을 알면서도 자금·토지 또는 건물을 제공하는 자

④ 영업으로 아동·청소년의 성을 사는 행위의 장소를 제공·알선하는 업소에 아동·청소년을 고용하도록 한 자

해설

생활안전경찰, 성폭력범죄처벌등에 관한 특례법, 아동·청소년의 성보호에 관한 법률, 미수범 처벌 –

① (✕) **불벌**: '아동·청소년의 성을 사는 행위의 장소를 제공하는 행위를 업으로 하는 자'(제15조 제1항 1호)<19경간>

② (○) **처벌**: '폭행이나 협박으로 아동·청소년으로 하여금 아동·청소년의 성을 사는 행위의 상대방이 되게 한 자'(아동·청소년에 대한 강요행위 제14조 제1항 제1호, 제4항)<19경간>

③ (✕) **불벌**: '아동·청소년의 성을 사는 행위를 알선하는데 사용되는 사실을 알면서도 자금·토지 또는 건물을 제공하는 자'(제15조 제1항 제3호)<19경간>

④ (✕) **불벌**: '영업으로 아동·청소년의 성을 사는 행위의 장소를 제공·알선하는 업소에 아동·청소년을 고용하도록 한 자'(제15조 제1항 제4호)<19경간> **정답** ②

03 「아동·청소년의 성보호에 관한 법률」에 대한 설명으로 가장 적절하지 않은 것은? (다툼이 있는 경우 판례에 의함) 〈21승진〉

① 아동·청소년이 이미 성매매 의사를 가지고 있었던 경우에도 그러한 아동·청소년에게 금품이나 그밖의 재산상 이익, 직무·편의제공 등 대가를 제공하거나 약속하는 등의 방법으로 성을 팔도록 권유하는 행위는 동법에서 말하는 '성을 팔도록 권유하는 행위'에 포함된다.

② 아동·청소년의 '성을 사는 행위'를 알선하는 행위를 업으로 하는 사람이 알선의 대상이 아동·청소년임을 인식하면서 알선행위를 하였더라도, 아동·청소년의 성을 사는 행위를 한 사람이 상대방이 아동·청소년임을 인식하지 못하였다면 「아동·청소년의 성보호에 관한 법률」 위반으로 처벌할 수 없다.

③ 성을 사는 행위를 알선하는 행위를 업으로 하는 자가 성매매알선을 위한 종업원을 고용하면서 고용대상자에 대하여 연령확인의무 이행을 다하지 아니한 채 아동·청소년을 고용하였다면, 특별한 사정이 없는 한 적어도 아동·청소년의 성을 사는 행위의 알선에 관한 미필적 고의는 인정된다.

④ 아동·청소년의 성을 사기 위하여 아동·청소년을 유인하거나 성을 팔도록 권유한 행위(동법 제13조 제2항)는 미수범 처벌규정이 없다.

해설

생활안전경찰, 성폭력범죄처벌등에 관한 특례법, 아동·청소년의 성보호에 관한 법률 −

① (○) 성을 팔도록 권유하는 행위, 판례: 대법원 2011도3934 판결 [아동·청소년의 성보호에 관한 법률위반(성매수 등)]〈21승진〉

② (×) 아동·청소년임 인식(고의), 판례: 알선자 미필적 고의(○), 매수자 인식(×) → 성매매 알선 성립(○)
[1] 아동·청소년의 성을 사는 행위를 알선하는 행위를 업으로 하여 청소년성보호법 제15조 제1항 제2호의 위반죄가 성립하기 위해서는 그러한 알선행위를 업으로 하는 사람이 아동·청소년을 알선의 대상으로 삼아 그 **성을 사는 행위를 알선한다는 것을 인식하여야** 하지만, 이에 더하여 위와 같은 알선행위로 **아동·청소년의 성을 사는 행위를 한 사람이 그 행위의 상대방이 아동·청소년임을 인식하여야 한다고 볼 수는 없다.**[♣ 아동·청소년의 성을 사는 행위를 한 사람이 그 행위의 상대방이 아동·청소년임을 인식하지 못하였다면 아동·청소년의 성보호에 관한 법률 위반죄로 처벌할 수 없다.(×)](대법원 2015도15664 판결 [아동·청소년의 성보호에 관한 법률위반(알선영업행위 등)]〈21승진〉

③ (○) 아동·청소년의 성을 사는 행위의 알선, 미필적 고의, 판례: 대법원 2014도5173 판결〈21승진〉

④ (○) 미수 불벌(「아동·청소년의 성보호에 관한 법률」 제13조)〈21승진〉　　　　　정답 ②

04 「아동·청소년의 성보호에 관한 법률」에 대한 설명 중 가장 적절하지 않은 것은? 〈20경위〉

① 아동·청소년성착취물을 제작한 자는 무기징역 또는 5년 이상의 유기징역에 처하며, 그 미수범처벌규정을 두고 있다.

② 법원은 아동·청소년대상 성범죄를 범한 「소년법」 제2조의 소년에 대하여 형의 선고를 유예하는 경우에는 반드시 보호관찰을 명하여야 한다.

③ '아동·청소년의 성을 사는 행위의 장소를 제공하는 행위를 업으로 하는 자'에 대한 처벌규정보다 '폭행이나 협박으로 아동·청소년대상 성범죄의 피해자를 상대로 합의를 강요한 자'에 대한 처벌규정이 중하다.

④ 노래와 춤 등으로 손님의 유흥을 돋구는 접객행위는 아동·청소년의 성을 사는 행위가 아니다.

해설

생활안전경찰, 성폭력범죄처벌등에 관한 특례법, 아동·청소년의 성보호에 관한 법률 −

① (○) 아동·청소년성착취물을 제작 처벌(아동·청소년의 성보호에 관한 법률 제11조 제1항)〈20승진〉

② (○) 소년 형 선고유예, 보호관찰(아동·청소년의 성보호에 관한 법률 제21조 제1항)〈20승진·17.2채용〉

③ (✕) **아동·청소년의 성을 사는 행위의 장소를 제공하는 행위를 업으로 하는 자 : 7년 이상의 유기징역**〔제15조 제1항〕〈20승진·06경간〉 / **피해자 등에 대한 합의 강요행위 : 7년 이하의 유기징역**〔♣합의를 강요한 자'에 대한 처벌규정이 중하다.(X)〕(제16조)〈20승진〉

④ (○) 아동청소년의 성을 사는 행위 : **성교행위**〈15승진〉/ (**구강·항문 등 신체의 일부나 도구를 이용) 유사성교**행위〈15승진〉/ **접촉·노출**(일반인의 수치·혐오유발)〈15승진〉/ **자위행위**〔♣노래·춤 등으로 손님의 유흥을 돋구는 행위(X)〕(제2조 제4호)〈05·20승진·01·07경간〉　　**정답** ③

---

05 아동 청소년의 성보호에 관한 법률에 관한 설명 중 가장 적절하지 않은 것은? 〈22.2채용〉

① 사법경찰관리는 아동 청소년의 성보호에 관한 법률 제11조 및제15조의2의 죄, 아동 청소년에 대한 성폭력범죄의 처벌 등에 관한 특례법 제14조 제2항 및 제3항의 죄에 해당하는 '디지털 성범죄'에 대하여 신분을 비공개하고 범죄현장(정보통신망 포함) 또는 범인으로 추정되는 자들에게 접근하여 범죄행위의 증거 및자료 등을 수집할 수 있다.

② 사법경찰관리가 신분비공개수사를 진행하고자 할 때에는 사전에 상급 경찰관서 수사부서의 장의 승인을 받아야 한다. 이 경우 그 수사기간은 1개월을 초과할 수 없다.

③ 사법경찰관리는 신분위장수사를 하려는 경우에는 검사에게 신분위장수사에 대한 허가를 신청하고, 검사는 법원에 그 허가를 청구한다. 다만 신분위장수사 절차를 거칠 수 없는 긴급을 요하는 때에는 동법 제25조의2 제2항의 요건을 구비하고 법원의 허가 없이 신분위장수사를 할 수 있다. 이 경우, 사법경찰관리는 신분위장수사 개시 후 지체 없이 검사에게 허가를 신청하여야 하고, 48시간 이내에 법원의 허가를 받지 못한 때에는 즉시 신분위장수사를 중지하여야 한다.

④ 국가수사본부장은 신분비공개수사가 종료된 즉시 대통령령으로 정하는 바에 따라 국가경찰위원회에 수사 관련 자료를 보고하여야 하며, 국가수사본부장은 대통령령으로 정하는 바에 따라 국회 소관 상임위원회에 신분비공개수사 관련 자료를 반기별로 보고하여야 한다.

해설

생활안전경찰, 성폭력범죄처벌등에 관한 특례법, 아동·청소년의 성보호에 관한 법률 –

① (○) 신분비공개 수사(아동·청소년의 성보호에 관한 법률 제25조의2 제1항)〈22.2채용〉

② (×) **신분비공개 수사, 절차**: 사법경찰관리가 **신분비공개수사**를 진행하고자 할 때에는 **사전에** 상급 **경찰관서 수사부서의 장의 승인을 받아야** 한다. 이 경우 그 **수사기간은 3개월을 초과할 수 없다.**[♣1개월(X)](제25조의3 제1항)〈22.2채용〉

③ (○) 신분위장수사, 절차(아동·청소년의 성보호에 관한 법률 제25조의3 제3항, 제25조의4 제1항 제2항)〈22.2채용〉

④ (○) 신분비공개수사, 통제(아동·청소년의 성보호에 관한 법률 제25조의6 제1항 제2항)〈22.2채용〉 　**정답 ②**

---

06 「아동·청소년의 성보호에 관한 법률」에 관한 설명으로 가장 적절하지 않은 것은? 〈23.2채용〉

① "아동·청소년"이란 19세 미만의 자를 말한다. 다만, 19세에 도달하는 연도의 1월 1일에 맞이한 자는 제외한다.

② 위계(僞計) 또는 위력으로써 아동·청소년을 추행한 자에 대한 미수범 처벌규정을 두고 있다.

③ 사법경찰관리는 19세 이상의 사람이 성적 착취를 목적으로 정보 통신망을 통하여 아동·청소년에게 성적 욕망이나 수치심 또는 혐오감을 유발할 수 있는 대화를 지속적 또는 반복적으로 하거나 그러한 대화에 지속적 또는 반복적으로 참여시키는 행위를 한 범죄에 대하여 신분을 비공개로 범인으로 추정되는 자들에게 접근하여 범죄행위의 증거 및 자료 등을 수집할 수 있다.

④ 사법경찰관리가 디지털 성범죄에 대한 신분위장수사를 할 때 신분을 위장하기 위한 문서, 도화 및 전자기록 등의 작성, 변경 또는 행사는 가능하지만, 아동·청소년성착취물을 소지, 판매 또는 광고할 수 없다.

해설

생활안전경찰, 여성·청소년과 업무, 아동·청소년의 성보호에 관한 법률 –

① (○) 용어정리, "아동·청소년"(제2조 제1호)〈02승진·11.1·23.2채용〉

② (○) 처벌대상(제7조 제6항)〈23.2채용〉

③ (○) 특례, 신분비공개 수사(제25조의2 제1항)〈22.2·23.2채용〉

④ (×) 특례, **신분위장 수사**: 사법경찰관리는 **디지털 성범죄**를 계획 또는 실행하고 있거나 실행하였다고 의심할 만한 충분한 이유가 있고, 다른 방법으로는 그 범죄의 실행을 저지하거나 범인의 체포 또는 증거의 수집이 어려운 경우에 한정하여 수사 목적을 달성하기 위하여 **부득이한 때에**는 다음 각 호의 행위("**신분위장수사**")를 할 수 있다.(제25조의2 제2항)〈23.2채용〉

　1. 신분을 위장하기 위한 **문서, 도화 및 전자기록 등의 작성, 변경 또는 행사**〈23.2채용〉

　2. **위장 신분을 사용한 계약·거래**

　3. **아동·청소년성착취물** 또는 (「성폭력범죄의 처벌 등에 관한 특례법」 제14조 제2항의) **촬영물 또는 복제물**(복제물의 복제물 포함)의 **소지, 판매 또는 광고**[♣소지, 판매 또는 광고할 수 없다.(X)]〈23.2채용〉

　　→ 소지, 판매 또는 광고할 수 있다. 　**정답 ④**

---

07 「아동·청소년의 성보호에 관한 법률」에 대한 설명으로 옳은 것은 모두 몇 개인가? 〈24.1채용〉

> ㉠ 아동·청소년성착취물을 제작한 자에 대한 미수범 처벌규정이 있다.
> ㉡ 폭행 또는 협박으로 아동·청소년을 강간할 목적으로 예비 또는 음모한 자에 대한 처벌규정이 있다.
> ㉢ 아동·청소년의 성을 사는 행위를 한 자에 대한 미수범 처벌규정이 있다.
> ㉣ 13세 미만의 사람에 대하여 강간죄를 범한 경우에는 공소시효를 적용하지 않는다.

① 1개　　　　　　② 2개　　　　　　③ 3개　　　　　　④ 4개

해설

생활안전경찰, 여성·청소년과 업무, 아동·청소년의 성보호 −
㉠ (○)　미수처벌 : 아동·청소년성착취물의 **제작·수입·수출**[♣미수처벌(O)](아동·청소년의 성보호에 관한 법률 제11조 제1항, 제6항)〈17.2·24.1채용〉
㉡ (○)　처벌대상, 아동청소년 강간·강제추행, 예비·음모 처벌(아동·청소년의 성보호에 관한 법률 제7조의2)〈24.1채용〉
㉢ (X)　미수처벌(X) : 아동·청소년의 성을 사는 행위를 한 자(아동·청소년의 성보호에 관한 법률 제13조)〈21승진·24.1채용〉
㉣ (○)　공소시효 특례, 공소시효 적용(X)(아동·청소년의 성보호에 관한 법률 제20조 제3항)〈24.1채용〉

정답 ③

---

4 청소년보호법

01 「청소년 보호법」 제2조 제5호의 "청소년유해업소"란 청소년의 출입과 고용이 청소년에게 유해한 것으로 인정되는 청소년출입·고용금지업소와 청소년의 출입은 가능하나 고용이 청소년에게 유해한 것으로 인정되는 청소년고용금지업소를 말한다. 다음 중 옳지 않은 것은? (이 경우 업소의 구분은 그 업소가 영업을 할 때 다른 법령에 따라 요구되는 허가·인가·등록·신고 등의 여부와 관계없이 실제로 이루어지고 있는 영업행위를 기준으로 한다) 〈17경감〉

	청소년출입·고용금지업소	청소년고용금지업소
①	「게임산업진흥에 관한 법률」에 따른 '일반게임제공업'	「게임산업진흥에 관한 법률」에 따른 '청소년게임제공업'
②	「영화 및 비디오물의 진흥에 관한 법률」에 따른 '비디오물소극장업'	「영화 및 비디오물의 진흥에 관한 법률」에 따른 '비디오감상실업'
③	「사행행위 등 규제 및 처벌 특례법」에 따른 '사행행위영업'	「게임산업진흥에 관한 법률」에 따른 '인터넷컴퓨터게임시설제공업'
④	「체육시설의 설치·이용에 관한 법률」에 따른 '무도학원업'	회비 등을 받거나 유료로 만화를 빌려 주는 '만화대여업'

> **해설**

생활안전경찰, 여성ㆍ청소년과 업무, 청소년보호법 −

①③④ (○) 청소년출입ㆍ고용금지업소 / 청소년고용금지업소(청소년보호법 제2조 제5호)<01ㆍ02ㆍ03ㆍ05ㆍ
06ㆍ07ㆍ14ㆍ17승진ㆍ15경간ㆍ09채용>

② (×) **청소년 고용금지업소:**「영화 및 비디오물의 진흥에 관한 법률」에 따른 '비디오물소극장업'은
청소년 고용금지업소이다.(청소년보호법 제2조 제5호)<14ㆍ17승진>   정답 ②

---

02 다음의「청소년 보호법」및 동법 시행령상 청소년유해업소 중 "청소년 출입ㆍ고용금지업소"를 모두 고른 것은?

〈18.2채용〉

> ㉠「게임산업진흥에 관한 법률」에 따른 인터넷컴퓨터게임시설 제공업
> ㉡「게임산업진흥에 관한 법률」에 따른 일반게임제공업
> ㉢「영화 및 비디오물의 진흥에 관한 법률」제2조 제16호 비디오물감상실업
> ㉣「영화 및 비디오물의 진흥에 관한 법률」에 따른 비디오물소극장업

① ㉠㉢   ② ㉠㉣   ③ ㉡㉢   ④ ㉡㉣

> **해설**

생활안전경찰, 여성ㆍ청소년과 업무, 청소년보호법 −

㉠ (×) 출입허용ㆍ고용금지업소(제2조 제5호)<…07ㆍ14ㆍ17승진ㆍ15경간ㆍ09ㆍ18.2채용>
㉡ (○) 출입ㆍ고용금지업소(제2조 제5호)<…07ㆍ14ㆍ17승진ㆍ15경간ㆍ09ㆍ18.2채용>
㉢ (○) 출입ㆍ고용금지업소(제2조 제16호)<…07ㆍ14ㆍ17승진ㆍ15경간ㆍ09ㆍ18.2채용>
㉣ (×) 출입허용ㆍ고용금지업소(제2조 제5호)<…07ㆍ14ㆍ17승진ㆍ15경간ㆍ09ㆍ18.2채용>   정답 ③

---

03 다음 중「청소년 보호법」상 청소년의 출입과 고용이 청소년에게 유해한 것으로 인정되는 청소년 출입ㆍ고
용금지업소를 모두 고른 것은? 〈19경감〉

> ㉠「사행행위 등 규제 및 처벌 특례법」에 따른 사행행위영업
> ㉡「체육시설의 설치ㆍ이용에 관한 법률」에 따른 무도학원업 및 무도장업
> ㉢「영화 및 비디오물의 진흥에 관한 법률」에 따른 비디오물소극장업
> ㉣ 회비 등을 받거나 유료로 만화를 빌려 주는 만화대여업

① ㉠㉡   ② ㉠㉢   ③ ㉡㉢   ④ ㉡㉣

> **해설**

생활안전경찰, 여성ㆍ청소년과 업무, 청소년보호법 −

㉠ − 청소년 출입ㆍ고용금지업소<14ㆍ19승진ㆍ15경간>
㉡ − 청소년 출입ㆍ고용금지업소<14ㆍ19승진ㆍ15경간>
㉢ − 청소년 고용금지업소(출입○ㆍ고용×)<17ㆍ19승진ㆍ18.2채용>
㉣ − 청소년 고용금지업소(출입○ㆍ고용×)<14ㆍ19승진ㆍ15경간>   정답 ①

04 「청소년 보호법」상 "청소년유해업소"에 관한 설명으로 가장 적절하지 않은 것은? (단 청소년은 모두 「청소년 보호법」 제2조 제1호의 "청소년"을 의미한다.) 〈19.2채용〉

① 청소년 출입·고용금지업소와 청소년고용금지업소로 구분된다.
② 이 경우 업소의 구분은 그 업소가 영업을 할 때 다른 법령에 따라 요구되는 허가·인가·등록·신고 등의 여부와 관계없이 실제로 이루어지고 있는 영업행위를 기준으로 한다.
③ 사행행위 영업, 단란주점 영업, 유흥주점 영업소의 경우 청소년의 고용뿐 아니라 출입도 금지되어 있다.
④ 청소년은 일반음식점 영업 중 주로 주류의 조리·판매를 목적으로 한 소주방·호프·카페는 출입할 수 없다.

해설

생활안전경찰, 여성·청소년과 업무, 청소년보호법 ㅡ
① (○) 청소년 유해업소 분류표(청소년보호법 제2조 제5호)<....17승진·15경간·09·18.2·19.2채용>
② (○) 청소년 유해업소, 유권해석<19.2채용>
③ (○) 청소년 유해업소 분류표, 청소년 출입·고용금지업소(청소년보호법 제2조 제5호)<...17승진·15경간·09·18.2·19.2채용>
④ (✕) 청소년 유해업소 분류표, **청소년 고용금지업소** : 청소년은 일반음식점 영업 중 주로 주류의 조리·판매를 목적으로 한 **소주방·호프·카페**는 **출입할 수** 있으나, **고용은 금지**된다.[♣출입할 수 없다.(X)](청소년보호법 제2조 제5호)<19.2채용>　　　　　정답 ④

---

05 「아동복지법」상 처벌규정의 내용으로 옳지 않은 것은? 〈18경간〉

① 아동의 정신건강 및 발달에 해를 끼치는 정서적 학대행위를 한 자는 5년 이하의 징역 또는 5천만 원 이하의 벌금에 처한다.
② 정당한 권한을 가진 알선기관 외의 자가 아동의 양육을 알선하고 금품을 취득하거나 금품을 요구 또는 약속하는 행위를 한 때에는 5년 이하의 징역 또는 5천만 원 이하의 벌금에 처한다.
③ 아동을 위하여 증여 또는 급여된 금품을 그 목적 외의 용도로 사용하는 행위를 한 자는 3년 이하의 징역 또는 3천만 원 이하의 벌금에 처한다.
④ 공중의 오락 또는 흥행을 목적으로 아동의 건강 또는 안전에 유해한 곡예를 시키는 행위 또는 이를 위하여 아동을 제3자에게 인도하는 행위를 한 자는 1년 이하의 징역 또는 1천만 원 이하의 벌금에 처한다.

해설

생활안전경찰, 여성·청소년과 업무, 청소년보호법 ㅡ
① (○) 아동 정서적 학대 처벌(동법 제17조 제5호 및 제71조 제1항)<18경간>
② (✕) **영리목적 아동양육알선** : 정당한 권한을 가진 알선기관 외의 자가 아동의 양육을 알선하고 금품을 취득하거나 금품을 요구 또는 약속하는 행위를 한 때에는 3년 이하의 징역 또는 3천만 원 이하의 벌금에 처한다.[♣5년 이하의 징역 또는 5천만 원 이하의 벌금(X)](동법 제17조 제10호 및 제71조 제1항)<18경간>
③ (○) 증여물 등 목적외 용도사용(제17조 제11호, 제71조 제1항)<18경간>
④ (○) 유해 곡예 및 3자인도 등(제17조 제9호, 제71조 제1항)<18경간>　　　　　정답 ②

---

01 「소년법」에 관한 다음 설명 중 옳지 않은 것은 모두 몇 개인가? 〈18경간〉

> 가. 정당한 이유 없이 가출하고, 그의 성격이나 환경에 비추어 앞으로 형벌 법령에 저촉되는 행위를 할 우려가 있는 10세 이상인 소년은 소년부의 보호사건으로 심리한다.
> 나. 소년부는 사건이 그 관할에 속하지 아니한다고 인정하면 결정으로써 그 사건을 관할 소년부에 이송하여야 한다.
> 다. "소년"이란 19세 미만인 자를 말하며, "보호자"란 법률상 감호교육을 할 의무가 있는 자 또는 현재 감호하는 자를 말한다.
> 라. 징역 또는 금고를 선고받은 소년에 대하여는 특별히 설치된 교도소 또는 일반 교도소 안에 특별히 분리된 장소에서 그 형을 집행한다. 다만, 소년이 형의 집행 중에 23세가 되면 일반 교도소에서 집행할 수 있다.
> 마. 촉법소년 및 우범소년에 해당하는 때에는 경찰서장은 직접 관할 검찰청에 송치하여야 한다.

① 0개　　　　② 1개　　　　③ 2개　　　　④ 3개

해설

생활안전경찰, 여성·청소년과 업무, 소년경찰 -
가. (○) 소년보호사건, 우범소년(소년법 제4조 제1항)〈18경간〉
나. (○) 소년보호사건, 이송(소년법 제6조 제2항)〈18경간〉
다. (○) 용어정의, 소년(소년법 제2조)〈18경간〉
라. (○) 소년보호사건, 송치(관할)(소년법 제64조)〈09·15·18경간〉
마. (X) 소년보호사건, **송치**: 촉법소년 및 우범소년은 **경찰서장이 직접 관할 소년부에 송치**하여야 한다.
　　[♣검찰청에 송치하여야(X)](소년법 제4조 제2항)〈18경간〉　　　　　정답 ②

02 「학교폭력예방 및 대책에 관한 법률」에 규정된 가해학생에 대한 조치로 가장 적절하지 않은 것은? 〈17경위〉
① 피해학생에 대한 구두사과
② 피해학생 및 신고·고발 학생에 대한 접촉, 협박 및 보복행위의 금지
③ 사회봉사
④ 학급교체

해설

생활안전경찰, 여성·청소년과 업무, 소년경찰 -
①②③④ - 가해학생 조치: 1. 피해학생에 대한 서면사과[♣구두사과(X)]〈17승진〉 2. 피해학생 및 신고·고발 학생에 대한 접촉, 협박 및 보복행위의 금지 3. 학교에서의 봉사 4. 사회봉사 5. 학내외 전문가에 의한 특별 교육이수 또는 심리치료 6. 출석정지 7. 학급교체 8. 전학 9. 퇴학처분)
(학교폭력예방 및 대책에 관한 법률 제17조)　　　　　정답 ①

테마 130 실종아동 등의 보호 및 지원에 관한 법률 6

01 「실종아동등의 보호 및 지원에 관한 법률」과 「실종아동등 및 가출인 업무처리 규칙」상 용어의 설명으로 가장 적절한 것은? 〈14 · 17경위 · 17경감 · 17.1채용〉

> ㉮ 「실종아동 등의 보호 및 지원에 관한 법률」상 '실종아동 등'이란 약취 · 유인 또는 유기되거나 사고를 당하거나 가출하거나 길을 잃는 등의 사유로 인하여 보호자로부터 이탈된 아동 등을 말한다.
>
> ㉯ '발생지'란 실종아동등 및 가출인이 실종 · 가출 전 최종적으로 목격되었거나 목격되었을 것으로 추정하여 신고자 등이 진술한 장소를 말하며, 신고자 등이 최종 목격 장소를 진술하지 못하거나, 목격되었을 것으로 추정되는 장소가 대중교통시설 등일 경우 또는 실종 · 가출 발생 후 10일이 경과한 때에는 실종아동등 및 가출인의 실종 전 최종 주거지를 말한다.
>
> ㉰ '발견지'란 실종아동등 또는 가출인을 발견하여 보호 중인 장소를 말하며, 발견한 장소와 보호 중인 장소가 서로 다른 경우에는 발견한 장소를 말한다.
>
> ㉱ '장기실종아동등'이란 보호자로부터 신고를 접수한 지 48시간이 경과한 후에도 발견되지 않은 찾는실종아동등을 말한다.

① 1개   ② 2개   ③ 3개   ④ 4개

해설

생활안전경찰, 여성 · 청소년과 업무, 실종아동 등의 보호 및 지원 −

㉮ (○) 실종아동 등(실종아동 등의 보호 및 지원에 관한 법률 제2조 제2호)〈12경감 · 17승진 · 11.1 · 16.2채용〉

㉯ (×) **발생지**: 실종아동등 및 가출인이 실종 · 가출 전 최종적으로 **목격되었거나 목격되었을 것으로 추정하여 신고자 등이 진술한 장소**를 말하며, 신고자 등이 최종 목격 장소를 **진술하지 못하거나**, 목격되었을 것으로 추정되는 장소가 **대중교통시설 등일 경우 또는 실종 · 가출 발생 후 1개월이 경과한 때**에는[♣10일이 경과한 때에는(×)] 실종아동등 및 가출인의 **실종 전 최종 주거지**를 말한다.(규칙 제2조 제7호)〈17승진 · 12.2 · 17.1채용〉

㉰ (×) **발견지**[♣발생지(×)]: 실종아동등 또는 가출인을 발견하여 보호 중인 장소를 말하며, **발견한 장소와 보호 중인 장소가 서로 상이한 경우 보호 중인 장소를 "발견지"로** 한다.[♣상이한 경우 발견한 장소를 "발견지"로(×)](제2조 제8호)〈14 · 17승진 · 12.2 · 17.1채용〉

㉱ (○) 장기실종아동등(규칙 제2조 제5호)〈14 · 17승진 · 12경간 · 12.2 · 3 · 17.1채용〉   **정답** ②

---

02 「실종아동등 및 가출인 업무처리 규칙」상 규정된 용어에 대한 설명 중 가장 적절하지 않은 것은? 〈18.3채용〉

① "가출인"이란 신고 당시 보호자로부터 이탈된 18세 이상의 사람을 말한다.

② "장기실종아동등"이란 보호자로부터 신고를 접수한 지 48시간이 경과한 후에도 발견되지 않은 찾는 실종아동등을 말한다.

③ "보호실종아동등"이란 보호자가 확인되어 경찰관이 보호하고 있는 실종아동등을 말한다.

④ "발견지"란 실종아동등 또는 가출인을 발견하여 보호 중인 장소를 말하며, 발견한 장소와 보호 중인 장소가 서로 다른 경우에는 보호 중인 장소를 말한다.

해설

생활안전경찰, 여성·청소년과 업무, 실종아동 등의 보호 및 지원 −

① (○) 가출인(실종아동등 및 가출인 업무 처리규칙 제2조 제6호)<14승진·12.3·18.3채용>

② (○) 장기실종아동등(실종아동등 및 가출인 업무 처리규칙 제2조 제5호)<14·17승진·12경간·12.2·3·17.1·18.3채용>

③ (✕) **"보호실종아동등"**: 보호자가 확인되지 않아 경찰관이 보호하고 있는 실종아동등을 말한다.[♣보호자가 확인되어(X)](제2조 제4호)<18.3채용>

④ (○) 발견지(실종아동등 및 가출인 업무 처리규칙 제2조 제8호)<14·17승진·12.2·17.1·18.3채용>　　**정답 ③**

---

03 「실종아동등의 보호 및 지원에 관한 법률」 및 「실종아동등 및 가출인 업무처리 규칙」에 대한 설명으로 가장 적절한 것은? ⟨19경위⟩

① 국가경찰 수사범죄란 학교폭력 등 소년범죄, 가정폭력범죄 및 아동학대범죄, 교통사고 및 교통관련범죄, 공연음란(형법), 성적 목적을 위한 다중이용장소 침입행위(성폭처법), 경범죄 및 기초질서 관련범죄, 실종아동등의 보호 및 지원에 관한 법률위반죄(실종아동등을 찾기 위하여 제공받은 개인위치정보 목적 외 이용 등)를 제외한 범죄를 말한다.

② 「실종아동등의 보호 및 지원에 관한 법률」상 '보호자'란 친권자, 후견인, 보호시설의 장이나 그 밖에 다른 법률에 따라 아동등을 보호 또는 부양할 의무가 있는 자를 말한다.

③ 경찰관서의 장은 실종아동등(범죄로 인한 경우를 포함한다)의 조속한 발견을 위하여 필요한 때에는 개인위치정보사업자에게 실종아동등의 개인위치정보의 제공을 요청할 수 있다.

④ 보호시설의 장 또는 그 종사자는 그 직무를 수행하면서 실종아동등임을 알게 되었을 때에는 경찰청장이 구축하여 운영하는 신고체계로 지체 없이 신고할 수 있다.

해설

생활안전경찰, 여성·청소년과 업무, 실종아동 등의 보호 및 지원 −

① (○) 국가경찰 수사범죄(실종아동등 및 가출인 업무처리 규칙 제2조 제9호).

② (✕) **보호자**: 친권자, 후견인이나 그 밖에 다른 법률에 따라 아동등을 **보호하거나 부양할 의무가 있는 사람**을 말한다. 다만, **보호시설의 장 또는 종사자는 제외**한다.[♣보호시설의 장 포함(X)](제2조 제3호)<19승진·16.2채용>

③ (✕) **개인위치정보 제공요청**: 경찰관서의 장은 실종아동등(**범죄로 인한 경우를 제외**)의 **조속한 발견**을 위하여 **필요한 때**에는 위치정보사업자 등(아래 사업자 등)에게 실종아동등의 위치 확인에 필요한 「위치정보의 보호 및 이용 등에 관한 법률」에 따른 **개인위치정보**, 「인터넷주소자원에 관한 법률」에 따른 **인터넷주소** 및 「통신비밀보호법」에 따른 **통신사실확인자료("개인위치정보 등")**의 제공을 요청할 수 있다.[♣범죄로 인한 경우 포함(X)](법 제9조 제2항)<17경간·15·19승진>

④ (✕) **신고의무**: 신고의무자는 그 직무를 수행함에 있어서 실종아동 등임을 알게 된 때에는 지체 없이 **경찰청장이 구축하여 운영하는 신고체계("경찰신고체계")로 지체 없이 신고하여야** 한다.[♣신고할 수(X)](법 제6조)[위반 시 200만 원 이하의 과태료(법 제19조 제2항 제1호)]<19승진>　　**정답 ①**

---

04 「실종아동등의 보호 및 지원에 관한 법률」에 대한 다음 설명 중 옳은 것은 모두 몇 개인가? 〈17경간〉

> ○ "보호시설"이라 함은 「사회복지사업법」 제2조 제4호에 따른 사회복지시설만을 의미하고, 인가·
> 신고 등이 없이 아동등을 보호하는 시설로서 사회복지시설에 준하는 시설은 보호시설에 포함되
> 지 않는다.
> ○ 직무를 수행하면서 실종아동등임을 알게 되었을 때에 경찰신고체계로 지체 없이 신고해야 하는
> 신고의무자로는 보호시설의 장, 사회복지 전담공무원이 있고, 보호시설의 종사자는 신고의무자에
> 해당하지 않는다.
> ○ 경찰관서의 장은 실종아동등의 발생 신고를 접수하면 지체없이 수색 또는 수사의 실시 여부를
> 결정하여야 한다.
> ○ 경찰관서의 장은 실종아동등(범죄로 인한 경우 포함)의 조속한 발견을 위하여 필요한 때에는
> 「위치정보의 보호 및 이용 등에 관한 법률」에 따른 위치정보사업자에게 실종아동 등의 개인위치
> 정보의 제공을 요청할 수 있다.

① 1개 ② 2개 ③ 3개 ④ 4개

해설

생활안전경찰, 여성·청소년과 업무, 실종아동 등의 보호 및 지원 −

○ (X) **보호시설**: 「**사회복지사업법**」(제2조 제4호)에 따른 **사회복지시설** 및 **인가·신고 등이 없이 아동등을 보호하는 시설**로서 **사회복지시설에 준하는 시설**을 말한다.[♣「사회복지사업법」 제2조 제4호에 따른 사회복지시설만을 의미(X)](제2조 제4호)<17경간·17승진·11.·12.3·16.2채용>

○ (X) **신고의무자**: **보호시설의 장 또는 그 종사자**[♣보호시설 종사자는 신고의무자 아니다.(X)]<17경간·12승진>「아동복지법」 제13조의 규정에 따른 **아동복지전담공무원**<18경간>「청소년보호법」 제35조에 따른 **청소년재활센터의 장 또는 그 종사자**<18경간>「사회복지사업법」 제14조의 규정에 따른 **사회복지전담공무원**<18경간>「의료법」 제3조의 규정에 따른 **의료기관의 장 또는 의료인, 업무·고용 등의 관계로 사실상 아동등을 보호·감독**하는 자[♣업무관계 없이 아동을 보호하는 자(X)](제6조 제1항)<18경간>

○ (○) **신고, 수색·수사실시여부 결정**(제9조 제1항)<17경간·15승진>

○ (X) **정보제공 요청**: 경찰관서의 장은 실종아동등(**범죄로 인한 경우를 제외**)의 **조속한 발견을 위하여 필요한 때**에는 위치정보사업자 등(아래 사업자 등)에게 실종아동등의 위치 확인에 필요한 「위치정보의 보호 및 이용 등에 관한 법률」에 따른 **개인위치정보**, 「인터넷주소자원에 관한 법률」에 따른 **인터넷주소** 및 「통신비밀보호법」에 따른 **통신사실확인자료**("**개인위치정보등**")의 제공을 요청할 수 있다.[♣범죄로 인한 경우 포함(X)](법 제9조 제2항)<17경간·15승진>

> 1. 「위치정보의 보호 및 이용 등에 관한 법률」 제5조에 따른 위치정보사업자
> 2. 「정보통신망 이용촉진 및 정보보호 등에 관한 법률」 제2조제1항제3호에 따른 정보통신서비스 제공자 중에서 대통령령으로 정하는 기준을 충족하는 제공자
> 3. 「정보통신망 이용촉진 및 정보보호 등에 관한 법률」 제23조의3에 따른 본인확인기관
> 4. 「개인정보 보호법」 제24조의2에 따른 주민등록번호 대체가입수단 제공기관

정답 ①

05 「실종아동 등의 보호 및 지원에 관한 법률」상 실종아동 등에 대한 신고의무자가 아닌 것은 모두 몇 개인가?

〈18경간〉

> 가. 「아동복지법」 제13조에 따른 아동복지전담공무원
> 나. 「사회복지사업법」 제14조에 따른 사회복지전담공무원
> 다. 「청소년 보호법」 제35조에 따른 청소년 보호·재활센터의 장 또는 그 종사자
> 라. 업무·고용 등의 관계로 사실상 아동 등을 보호·감독하는 사람

① 0개   ② 1개   ③ 2개   ④ 3개

해설

생활안전경찰, 여성·청소년과 업무, 실종아동 등의 보호 및 지원 −

가.나.다.라. (○) **신고의무자**[♣지방자치단체장(X)](제6조 제1항)〈18경간〉:
1. **보호시설의 장 또는 그 종사자**[♣보호시설 종사자는 신고의무자 아니다.(X)]〈12경감〉
2. 「아동복지법」 제13조의 규정에 따른 **아동복지전담공무원**〈18경간〉
3. 「청소년보호법」 제35조에 따른 **청소년재활센터의 장 또는 그 종사자**〈18경간〉
4. 「사회복지사업법」 제14조의 규정에 따른 **사회복지전담공무원**〈18경간〉
5. 「의료법」 제3조의 규정에 따른 **의료기관의 장 또는 의료인**
6. **업무·고용 등의 관계로 사실상 아동등을 보호·감독**하는 자〈18경간〉   정답 ①

---

06 「실종아동등의 보호 및 지원에 관한 법률」과 「실종아동등 및 가출인 업무처리 규칙」에 관한 설명 중 옳은 것은 모두 몇 개인가? 〈22.2채용〉

> ㉠ '장기실종아동등'이라 함은 보호자로부터 이탈한 지 48시간이 경과한 후에도 발견되지 않은 '찾는실종아동등'을 말한다.
> ㉡ 경찰관서의 장은 실종아동등의 발생 신고를 접수하면 24시간 이내에 수색 또는 수사의 실시여부를 결정하여야 한다.
> ㉢ 발견된 18세 미만 아동 및 가출인의 경우, 실종아동등 프로 파일링시스템에 등록된 자료는 수배해제 후로부터 10년간 보관한다.
> ㉣ 실종아동등 프로파일링시스템에 등록된 미발견자의 자료는 소재 발견시까지 보관한다.
> ㉤ 경찰관서의 장은 실종아동등에 대하여 실종아동등 및 가출인 업무처리 규칙 제18조에 따른 현장 탐문 및 수색 후, 그 결과를 즉시 보호자에게 통보하여야 한다. 이후에는 실종 아동등 프로파일링시스템에 등록한 날로부터 1개월까지는 15일에 1회, 1개월이 경과한 후부터는 분기별 1회 보호자에게 추적 진행사항을 통보한다.

① 1개   ② 2개   ③ 3개   ④ 4개

> **해설**

생활안전경찰, 여성 · 청소년과 업무, 실종아동 등의 보호 및 지원 −

ㄱ (×) **장기실종아동등**: 보호자로부터 **신고를 접수한 지**[♣이탈한 지(X)] **48시간이 경과한 후에도 발견되지 않은 '찾는 실종아동 등'**을 말한다.[♣24시간이 경과하도록(X)](규칙 제2조 제5호)<14 · 17 · 20 · 22승진 · 12경간 · 12.2 · 3 · 17.1 · 18.3 · 22.2채용>

ㄴ (×) **주요내용, 수색 · 수사실시 결정**: 경찰관서의 장은 실종아동 등의 발생 신고를 접수하면 **지체없이 수색 또는 수사의 실시 여부를 결정하여야** 한다.[♣24시간 이내(X)](실종아동등의 보호 및 지원에 관한 법률 제9조 제1항)<17경간 · 15 · 19승진 · 22.2채용>

ㄷ (×) **프로파일링 시스템 등록자료 보존기간, 발견된 18세 미만 아동 및 가출인**: 수배 해제 후로부터 **5년간 보관**[♣10년간 보관(X)](실종아동 등 및 가출인 업무처리 규칙 제7조,제3항)<22.2채용>

ㄹ (○) 프로파일링 시스템 등록자료 보존기간, 미발견자(실종아동 등 및 가출인 업무처리 규칙 제7조 제3항)<22.2채용>

ㅁ (○) 추적 및 수사(실종아동 등 및 가출인 업무처리 규칙 제11조 제5항)<12 · 15경간 · 12.2 · 22.2채용> **정답** ②

---

07 「실종아동등의 보호 및 지원에 관한 법률」에 대한 설명으로 가장 적절한 것은? <19경감>

① 경찰관서의 장은 실종아동등의 발생 신고를 접수하면 24시간 내에 수색 또는 수사의 실시 여부를 결정하여야 한다.

② 경찰관서의 장은 실종아동등(범죄로 인한 경우 포함)의 조속한 발견을 위하여 필요한 때에는 「위치정보의 보호 및 이용 등에 관한 법률」에 따른 개인위치정보사업자에게 실종아동등의 개인위치정보의 제공을 요청할 수 있다.

③ 업무에 관계없이 아동을 보호하는 자는 신고의무자에 해당한다.

④ '아동등'은 실종 당시 18세 미만인 아동과 「장애인복지법」 제2조의 장애인 중 지적장애인, 자폐성장애인 또는 정신장애인, 「치매관리법」 제2조 제2호의 치매환자를 말한다.

> **해설**

생활안전경찰, 여성 · 청소년과 업무, 실종아동 등의 보호 및 지원 −

① (×) **수색 · 수사 실시여부 결정**: 경찰관서의 장은 실종아동등의 발생 신고를 접수하면 **지체 없이 수색 또는 수사의 실시 여부를 결정하여야** 한다.[♣24시간 이내(X)](법 제9조 제1항)<17경간 · 15 · 19승진>

② (×) **정보제공요청**: 경찰관서의 장은 실종아동등(**범죄로 인한 경우를 제외**)의 **조속한 발견을 위하여 필요한 때**에는 위치정보사업자 등에게 실종아동등의 위치 확인에 필요한 「위치정보의 보호 및 이용 등에 관한 법률」에 따른 **개인위치정보**, 「인터넷주소자원에 관한 법률」에 따른 **인터넷주소** 및 「통신비밀보호법」에 따른 **통신사실확인자료**("개인위치정보등")의 제공을 요청할 수 있다.[♣범죄로 인한 경우 포함(X)](법 제9조 제2항)<17경간 · 15 · 19승진>

③ (×) **신고의무자**(제6조 제1항)<17 · 18경간>

  ① **보호시설의 장 또는 그 종사자**<17경간 · 12승진>

  ② (「아동복지법」 제13조의 규정에 따른) **아동복지전담공무원**<18경간>

  ③ (「청소년보호법」 제35조에 따른) **청소년재활센터의 장 또는 그 종사자**<18경간>

  ④ (「사회복지사업법」 제14조의 규정에 따른) **사회복지전담공무원**<18경간>

  ⑤ (「의료법」 제3조의 규정에 따른) **의료기관의 장 또는 의료인**

  ⑥ **업무 · 고용 등의 관계로 사실상 아동등을 보호 · 감독**하는 자[♣업무관계 없이 아동을 보호하는 자(X)]<18경간 · 19승진>

④ (○) 아동등(제2조 제1호)<14 · 17 · 19승진 · 11.1 · 12.3 · 16.2 · 17.1채용> **정답** ④

08 「실종아동등의 보호 및 지원에 관한 법률」 및 「실종아동등 및 가출인 업무처리 규칙」에 대한 설명 중 가장 적절한 것은? 〈20경위〉

① 「실종아동등 및 가출인 업무처리 규칙」상 '장기실종아동등'이란 실종된 지 48시간이 경과한 후에도 발견되지 않은 찾는실종아동등을 말한다.

② 「실종아동등의 보호 및 지원에 관한 법률」상 「의료법」 제3조에 따른 의료기관의 장 또는 의료인은 신고의무자에 해당한다.

③ 「실종아동등 및 가출인 업무처리 규칙」 제7조 제2항에 따라 보호시설 무연고자는 실종아동등 프로파일링시스템에 입력하지 않을 수 있다.

④ 「실종아동등의 보호 및 지원에 관한 법률」상 '아동등'이란 약취·유인 또는 유기되거나 사고를 당하거나 길을 잃는 등의 사유로 인하여 보호자로부터 이탈된 아동등을 말한다.

> **해설**
>
> 생활안전경찰, 여성·청소년과 업무, 실종아동 등의 보호 및 지원 −
>
> ① (✕) **장기실종아동 등**: 보호자로부터 **신고를 접수한 지**[♣실종된 지(✕)] **48시간이 경과한 후에도 발견되지 않은 '찾는 실종아동 등'**을 말한다.(실종아동등 및 가출인 업무처리 규칙 제2조 제5호)〈14·17·20승진·12경간·12.2·3·17.1·18.3채용〉
>
> ② (◯) **신고의무자**(「실종아동등의 보호 및 지원에 관한 법률」 제6조 제1항 제5호)〈20승진·17·18경간〉
>
> ③ (✕) **실종아동등 프로파일링시스템 입력대상**(한다): 1. **실종아동 등(치매환자포함)**, 2. **가출인**, 3. **보호시설 입소자 보호자가 확인되지 않은 사람(무연고자)**[♣입력하지 않을 수 있다.(✕) → 입력제외 대상](실종아동등 및 가출인업무처리 규칙 제7조 제1항)〈12·14·15·20승진·12경간〉〈20승진〉
>
> ④ (✕) **실종아동 등**: 약취(略取)·유인(誘引) 또는 유기(遺棄)되거나 사고를 당하거나 가출하거나 길을 잃는 등의 사유로 인하여 **보호자로부터 이탈(離脫)된 아동 등**을 말한다.[♣아동등(✕)](실종아동등의 보호 및 지원에 관한 법률 제2조 제2호)〈12·17·20승진·11.1·16.2채용〉　　**정답** ②

09 실종아동등에 대한 설명으로 가장 적절하지 않은 것은? 〈22승진〉

① 「실종아동등 및 가출인 업무처리 규칙」상 '장기실종아동등'이란 보호자로부터 신고를 접수한 지 48시간이 경과한 후에도 발견되지 않은 찾는실종아동등을 말한다.

② 「실종아동등 및 가출인 업무처리 규칙」상 '발견지'는 실종아동등 또는 가출인을 발견하여 보호 중인 장소를 말하며, 발견한 장소와 보호 중인 장소가 서로 다른 경우에는 발견한 장소를 말한다.

③ 「실종아동등 및 가출인 업무처리 규칙」상 경찰관서의 장은 실종아동등 또는 가출인에 대한 신고를 접수한 후, 신고대상자가 수사기관으로부터 지명수배 또는 지명통보된 사람에 해당하는 경우에는 신고 내용을 실종아동등 프로파일링시스템에 입력하지 않을 수 있다.

④ 「실종아동등 및 보호 및 지원에 관한 법률」상 경찰관서의 장은 실종아동등(범죄로 인한 경우 제외)의 조속한 발견을 위하여 「위치정보의 보호 및 이용 등에 관한 법률」에 따른 개인위치정보사업자에게 실종아동등의 위치 확인에 필요한 개인위치정보등의 제공을 요청할 수 있다.

해설

생활안전경찰, 여성·청소년과 업무, 실종아동 등의 보호 및 지원 -

① (○) 장기실종아동등(「실종아동등 및 가출인 업무처리 규칙」 제2조 제5호)〈14·17·20·22승진·12경간·12. 2·3·17.1·18.3채용〉

② (×) **발견지** : 「실종아동등 및 가출인 업무처리 규칙」상 "발견지"라 함은 실종아동 등 또는 가출인을 발견하여 보호 중인 장소를 말하며, **발견한 장소와 보호 중인 장소가 서로 상이한 경우 보호 중인 장소를 "발견지"로** 한다.[♣상이한 경우 발견한 장소를 "발견지"로(X)](제2조 제8호)〈14·17·22승진·12.2·17.1·18.3채용〉

③ (○) 프로파일링시스템에 입력하지 않을 수 있는 대상(「실종아동등 및 가출인 업무처리 규칙」 제7조 제2항)〈22승진〉

④ (○) 수색(실종아동등의 보호 및 지원에 관한 법률 제9조 제2항)〈17경간·15·19·22승진〉　　**정답** ②

제1장 수사경찰일반

1 수사의의, 기본이념, 기본요소

01 「경찰청과 그 소속기관 직제」상 각 기관과 업무분장 연결이 적절하지 않은 것은? 〈21경간〉

> 가. 외사국 − 외국인 관련 범죄에 대한 통계 및 수사자료 분석
> 나. 안보수사국 − 보안관찰 및 경호안전대책 업무에 관한 사항
> 다. 교통국 − 교통사고·교통범죄에 관한 수사 지휘·감독
> 라. 공공안녕정보국 − 집회·시위 등 공공갈등과 다중운집에 따른 질서 및 안전 유지에 관한 정보 활동
> 마. 경비국 − 예비군의 무기 및 탄약 관리의 지도

① 없음   ② 1개   ③ 2개   ④ 3개

해설

가. (✕) 수사경찰, 일반 형사국의 업무분장 : 5. **외국인 관련 범죄에 대한 통계 및 수사자료 분석**[♣외사국 업무분장 사항(✕)](경찰청과 그 소속기관 직제 제20조 제3항 제5호)〈22승진〉

나. (○) 보안경찰 및 수사경찰(안보수사국), 일반 : 안보수사국 업무분장(경찰청과 그 소속기관 직제 제22조 제3항 제2호)〈22승진〉

다. (✕) 수사경찰, 일반, 형사국의 업무분장 : 1. **강력범죄, 폭력범죄 및 교통사고·교통범죄에 관한 수사 지휘·감독**[♣교통국 업무분장(✕)](경찰청과 그 소속기관 직제 제20조 제3항 제1호)〈22승진〉

라. (○) 정보경찰, 일반, 정보경찰의 임무(경찰청과 그 소속기관 직제 제13조 제3항)〈22승진〉

마. (○) 경비경찰, 일반, 경비경찰의 임무(경찰청과 그 소속기관 직제 제13조 제3항)〈22승진〉   정답 ③

02 수사실행의 5대 원칙에 대한 설명으로 가장 적절한 것은? 〈21승진〉

① 수사자료 감식·검토의 원칙 : 수사관의 상식적 검토·판단에만 의할 것이 아니라 감식과학이나 과학적 지식 또는 시설장비를 최대한 활용하여 수사를 해야 한다는 원칙으로, 수사의 기본방법 중 제1조건이다.

② 적절한 추리의 원칙 : 추측 시에 수집된 자료를 기초로 합리적인 판단을 하고, 추측은 수사결과에 대한 확정적 판단이므로, 신뢰성이 검증된 증거를 바탕으로 추측을 하여야 한다.

③ 검증적 수사의 원칙 : 여러 가지 추측 중에서 어떤 추측이 정당한 것인가를 가리기 위해서는 그들 추측 하나를 모든 각도에서 검토해야 한다는 원칙으로, 수사방법의 결정 → 수사사항의 결정 → 수사실행이라는 순서에 따라 검토한다.

④ 사실판단 증명의 원칙 : 수사관이 한 판단의 진실성이 증명되기 위해서는 누구에게나 그 진위가 확인될 수 있어야 하며, 판단이 언어나 문자로 표현되고 근거의 제시로서 객관화되어야 한다는 원칙이다.

해설

수사경찰, 수사의 기본이념, 수사실행의 5대 원칙 −

① (✕) 수사자료 감식·검토 원칙 : **과학적 지식과 시설을 최대한 활용, 면밀히 감식·검토**해야 하고 **상식적 검토나 경험적 판단에 의존해서는 안 된다.**[♣수사의 기본방법 중 제1조건(✕) → 수사자료 완전수집 원칙]〈21승진〉

② (✕) 정리된 수사자료를 기초로 범인·범죄사실에 대한 **합리적 추측과 판단이 필요**
　　※ 유의사항 ➡ ㉠ **수집된 자료를 기초로 합리적 판단**, ㉡ 추측은 모든 경우를 고려, ㉢ 추측은 **가상적 판단으로 진위 불분명**[♣추측은 확정적 판단(✕)] → 검증적 수사에 의해 진실 확인 전까지 확신 금물〈21승진〉

③ (✕) 검증적 수사의 원칙 : **검증방법(수사사항 결정 → 수사방법의 결정 → 수사의 실행)**[♣수사방법의 결정 → 수사사항의 결정(✕)]〈21승진〉

④ (○) 사실판단 증명의 원칙〈21승진〉

정답 ④

테마 131 ▶ **경찰·검찰 협의**　　　　3

01 「검사와 사법경찰관의 상호협력과 일반적 수사준칙에 관한 규정」에 대한 설명으로 가장 적절한 것은?

〈21.2채용〉

① 검사는 사법경찰관에게 수사경합에 따른 사건송치를 요구할 때에는 그 내용과 이유를 구체적으로 적은 서면으로 해야 하며, 사법경찰관은 사건송치 요구를 받은 날부터 10일 이내에 사건을 검사에게 송치해야 한다.

② 사법경찰관은 수사중지 결정을 한 경우 7일 이내에 사건기록을 검사에게 송부해야 한다. 이 경우 검사는 사건기록을 송부받은 날부터 30일 이내에 반환해야 한다.

③ 검사는 사법경찰관으로부터 송치받은 사건에 대해 보완수사가 필요하다고 인정하는 경우에는 직접 보완수사를 하는 것을 원칙으로 한다. 다만 필요가 있다고 인정되는 경우에는 사법경찰관에게 보완수사를 요구할 수 있다.

④ 검사는 사법경찰관에게 재수사를 요청하려는 경우에는 관계 서류와 증거물을 송부받은 날부터 90일 이내에 해야 하며, 90일이 지난 후에는 불송치 결정에 영향을 줄 수 있는 명백히 새로운 증거 또는 사실이 발견된 경우를 제외하고 재수사를 요청할 수 없다.

해설

수사경찰, 수사일반, 수사기관, 경찰·검찰 협의 −

① (✕) **송치요구** : 검사는 사법경찰관에게 사건송치를 요구할 때에는 그 내용과 이유를 구체적으로 적은 서면으로 해야 한다.(제49조 제1항)<21.2채용>

사법경찰관은 수사경합에 따른 **사건송치 요구**를 받은 날부터 **7일 이내**에 사건을 검사에게 송치해야 한다. 이 경우 관계 서류와 증거물을 함께 송부해야 한다.[♣10일 이내(X)](제49조 제2항)<21.2채용>

② (◯) **수사중지** : 사법경찰관은 수사중지 결정을 한 경우 **7일 이내에 사건기록을 검사에게 송부**해야 한다. 이 경우 검사는 사건기록을 송부받은 날부터 **30일 이내에 반환해야** 하며, 그 기간 내에 시정조치요구를 할 수 있다.(제51조 제4항)<21.2채용>

③ (✕) **보완수사요구** : 검사는 사법경찰관으로부터 송치받은 사건에 대해 보완수사가 필요하다고 인정하는 경우에는 **직접 보완수사를 하거나** (법 제197조의2제1항제1호에 따라) 사법경찰관에게 보완수사를 **요구할 수 있다.**[♣직접보완수사 원칙, 예외적 보완수사 요구(X)](제59조 제1항)<21.2채용>

※ 다만, 송치사건의 공소제기 여부 결정에 필요한 경우로서 **다음 각 호의 어느 하나**에 해당하는 경우에는 특별히 사법경찰관에게 보완수사를 요구할 필요가 있다고 인정되는 경우를 제외하고는 **검사가 직접 보완수사를 하는 것을 원칙으로 한다.**(제59조 제1항 단서)

1. 사건을 수리한 날(이미 보완수사요구가 있었던 사건의 경우 보완수사 이행 결과를 통보받은 날을 말한다)부터 **1개월이 경과한 경우**

2. 사건이 송치된 이후 검사가 해당 피의자 및 피의사실에 대해 **상당한 정도의 보완수사를 한 경우**

3. **시정조치요구등**(법 제197조의3제5항), **수사경합에** 따른 송치요구(제197조의4제1항) 또는 검사의 **체포·구속장소감찰**에 따른 송치요구(제198조의2제2항)에 따라 사법경찰관으로부터 사건을 송치받은 경우

4. **중요사건 협력절차**(제7조) 또는 검사와 사법경찰관의 협의(제8조)에 따라 검사와 사법경찰관이 사건 송치 전에 수사할 사항, 증거수집의 대상 및 법령의 적용 등에 대해 협의를 마치고 송치한 경우

④ (✕) **재수사 요청** : 검사는 사법경찰관에게 **재수사를 요청**하려는 경우에는 관계 서류와 증거물을 송부받은 날부터 **90일 이내**에 해야 한다. 다만, 다음 각 호의 어느 하나에 해당하는 경우에는 관계 서류와 증거물을 송부받은 날부터 **90일이 지난 후에도 재수사를 요청할 수** 있다.

1. 불송치 결정에 영향을 줄 수 있는 명백히 새로운 증거 또는 사실이 발견된 경우

2. 증거 등의 허위, 위조 또는 변조를 인정할 만한 상당한 정황이 있는 경우[♣불송치 결정에 영향을 줄 수 있는 명백히 새로운 증거 또는 사실이 발견된 경우를 제외하고 재수사를 요청할 수 없다.(X)](제63조 제1항)<21.2채용>

정답 ②

02 「검사와 사법경찰관의 상호협력과 일반적 수사준칙에 관한 규정」에 대한 설명으로 가장 적절하지 않은 것은? 〈24승진〉

① 검사는 「형사소송법」 제245조의8에 따라 사법경찰관에게 재수사를 요청하려는 경우에는 같은 법 제245조의5 제2호에 따라 관계서류와 증거물을 송부받은 날부터 90일 이내에 해야 한다. 다만, 증거 등의 허위, 위조 또는 변조를 인정할 만한 상당한 정황이 있는 경우에는 관계 서류와 증거물을 송부받은 날부터 90일이 지난 후에도 재수사를 요청할 수 있다.

② 보완수사를 요구받은 사법경찰관은 「검사와 사법경찰관의 상호협력과 일반적 수사준칙에 관한 규정」 제60조 제1항 단서에 따라 검사로부터 송부받지 못한 관계 서류와 증거물이 보완수사를 위해 필요하다고 판단하면 검사에게 해당 서류와 증거물을 송부해 줄 것을 요청해야 한다.

③ 검사 또는 사법경찰관은 고소 또는 고발에 따라 범죄를 수사하는 경우에는 고소 또는 고발을 수리한 날부터 3개월 이내에 수사를 마쳐야 한다고 규정되어 있다.

④ 검사는 「형사소송법」 제197조의2 제1항에 따라 보완수사를 요구할 때에는 그 이유와 내용 등을 구체적으로 적은 서면과 관계 서류 및 증거물을 사법경찰관에게 함께 송부해야 한다. 다만, 보완수사 대상의 성질, 사안의 긴급성 등을 고려하여 관계서류와 증거물을 송부할 필요가 없거나 송부하는 것이 적절하지 않다고 판단하는 경우에는 해당 관계 서류와 증거물을 송부하지 않을 수 있다.

> **해설**

수사경찰, 수사기관, 경찰·검찰 협의, 검사와 사법경찰관의 상호협력과 일반적 수사준칙에 관한 규정 −
① (○) 사건 불송치·재수사 요구(제63조 제1항)〈24승진·21.2채용〉
② (✕) 사건송치, 보완수사 요구, **서류 대출·등사 :** 보완수사를 요구받은 사법경찰관은 **송부받지 못한 관계 서류와 증거물**이 보완수사를 위해 필요하다고 판단하면 해당 서류와 증거물을 **대출하거나 그 전부 또는 일부를 등사할 수** 있다.[♣검사에게 송부해줄 것을 요청해야(✕)](제60조 제2항)〈24승진〉
③ (○) 사건송치 : 고소 또는 고발처리시한(제16조의2 제2항)〈24승진〉
④ (○) 사건송치 : 보완수사 요구(제60조 제1항)〈24승진〉   정답 ②

---

4 **수사행정**

> 테마 132 ▶ **유치인 보호근무 및 호송**

01 경찰청훈령인 「피의자 유치 및 호송 규칙」에 대한 설명으로 가장 옳은 것은? 〈17경간〉

① 간이검사란 죄질이 경미하고 동작과 언행에 특이사항이 없으며 위험물 등을 은닉하고 있지 않다고 판단되는 유치인에 대하여 신체 등의 외부를 눈으로 확인하고 손으로 가볍게 두드려 만져 검사하는 것을 말한다.

② 호송관은 호송출발 전 반드시 호송주무관의 지휘에 따라 포박한 후 신체검색을 실시한다.

③ 동시에 2명 이상의 피의자를 입감시킬 때에는 경위 이상 경찰관이 입회하여 순차적으로 입감시켜야 한다.

④ 호송관은 수갑 또는 수갑·포승을 사용하는 피호송자가 **2인 이상일 때에는** 호송수단에 따라 **2인 내지 5인을 1조**로 하여 상호 연결시켜 포승으로 **포박한다.**

해설

수사경찰, 수사행정, 피의자 유치 및 호송 −

① (X) **외표검사**: 죄질이 경미하고 동작과 언행에 특이사항이 없으며 위험물 등을 은닉하고 있지 않다고 판단되는 유치인에 대하여는 신체 등의 **외부를 눈으로 확인**하고 **손으로 가볍게 두드려 만져 검사**한다.[♣간이검사(X)](제8조 제4항 제1호)<17경간・16승진>

② (X) **신체검색**: 호송관은 반드시 **호송주무관의 지휘에 따라** (호송출발을 위해) **포박하기 전에**[♣포박한 후(X)] **피호송자에 대하여** 안전호송에 필요한 **신체검색을 실시**하여야 한다.(규칙 제49조 제1항)<09・17경간・17・18승진>

③ (X) **입감과 입회**: 동시에 **3명 이상의**[♣2인 이상의(X)] **피의자를 입감시킬 때에는 경위 이상 경찰관(간부)이 입회**하여 **순차적으로 입감시켜야** 한다.(제7조 제1항)<17경간>

④ (○) 연결포박(규칙 제50조 제4항)<17경간・18승진>

정답 ④

---

02 「피의자 유치 및 호송규칙」에 대한 설명으로 가장 적절하지 않은 것은? ⟨17경위⟩

① 피호송자가 도망하였을 때에는 도주한 자에 관한 호송관계 서류 및 금품은 호송관서에 보관하여야 한다.

② 호송관은 반드시 호송주무관의 지휘에 따라 포박하기 전에 피호송자에 대하여 안전호송에 필요한 신체검색을 실시하여야 한다.

③ 호송관은 호송근무를 할 때에는 분사기를 휴대할 수 있다.

④ 피호송자가 경증으로 발병하여 호송에 큰 지장이 없고 당일로 호송을 마칠 수 있을 때에는 호송관이 적절한 응급조치를 취하고 호송을 계속하여야 한다.

해설

수사경찰, 수사행정, 피의자 유치 및 호송 −

① (○) 금품보관(피의자 유치 및 호송규칙 제65조 1호, 다)<17승진>

② (○) 신체검색(피의자 유치 및 호송규칙 제49조)<09경간・17승진>

③ (X) **분사기 휴대**: 호송관은 호송근무를 할 때에는 **분사기를 휴대하여야** 한다.[♣할 수 있다.(X)](규칙 제70조 제1항)<17승진>

④ (○) 발병, 경증(피의자 유치 및 호송규칙 제65조 제3호, 가)<17승진>

정답 ③

03 「피의자 유치 및 호송규칙」상 유치 및 호송에 관한 설명 중 옳은 것은 모두 몇 개인가? 〈18경간〉

> 가. 비상호송이란 전시, 사변 또는 이에 준하는 국가비상 사태나 천재, 지변에 있어서 피호송자를 다른 곳에 수용하기 위한 호송을 말한다.
> 나. 호송은 일출 전 또는 일몰 후에 하는 것을 원칙으로 한다.
> 다. 19세 이상의 사람과 19세 미만의 사람은 유치실이 허용하는 범위 내에서 분리하여 유치하여야 한다.
> 라. 송치하는 금품을 호송관에게 탁송할 때에는 호송관서에 보관책임이 있고, 그렇지 아니한 때에는 송부한 관서에 그 책임이 있다.
> 마. 호송 중 중증이 발병한 경우, 24시간 이내 치료될 수 있다고 진단되었을 때에는 치료 후 호송관서의 호송관이 호송을 계속하게 하여야 한다.
> 바. 호송에 큰 지장이 없고 당일로 호송을 마칠 수 있는 경증의 경우, 호송관이 적절한 응급조치를 취하고 호송을 계속하여야 한다.

① 2개　　　　　② 3개　　　　　③ 4개　　　　　④ 5개

해설

수사경찰, 수사행정, 피의자 유치 및 호송 −
가. (○) 비상호송(규칙 제46조 제7호)〈18경간〉
나. (✕) **야간호송금지** : 호송은 **일출 전 또는 일몰 후에 할 수 없다.** 다만, **기차, 선박 및 차량을 이용하는 때 또는 특별한 사유가 있는 때에는 그러하지 아니한다.**[♣일출 전 또는 일몰 후에 하는 것을 원칙으로(✕)](규칙 제54조)〈18경간〉
다. (○) **분리유치** : **형사범과 구류 처분을 받은 자, 19세 이상의 사람과 19세 미만의 사람, 신체장애인 및 사건관련의 공범자** 등은 유치실이 허용하는 범위 내에서 분리하여 유치하여야 하며, 신체장애인에 대하여는 신체장애를 고려한 처우를 하여야 한다.(제7조 제2항)〈18경간〉
라. (○) 금품송치(제53조 제4호)〈18경간〉
마. (○) 발병, 중증(제65조 제3호, 다. 단서)〈18경간〉
바. (○) 발병, 경증(제65조 제3호, 가)〈17승진·경간〉　　　　**정답** ④

04 「피의자 유치 및 호송규칙」에 대한 설명으로 가장 적절하지 않은 것은? 〈18경감〉

① 호송관은 반드시 호송주무관의 지휘에 따라 포박하기 전에 피호송자에 대하여 안전호송에 필요한 신체검색을 실시하여야 한다.
② 호송관은 수갑 또는 수갑·포승을 사용하는 피호송자가 2인 이상일 때에는 피호송자마다 호송수단에 따라 2인 내지 6인을 1조로 상호 연결시켜 포승으로 포박한다.
③ 호송수단은 경찰호송차, 기타 경찰이 보유하고 있는 차량에 의함을 원칙으로 한다.
④ 여자인 피호송자의 신체검색은 여자경찰관이 행하거나 성년의 여자를 참여시켜야 한다.

해설

수사경찰, 수사행정, 피의자 유치 및 호송 −

① (○) 신체검색(규칙 제49조 제1항)<09경간 · 17 · 18승진>
② (✕) **연결포박** : 호송관은 수갑 또는 수갑 · 포승을 사용하는 피호송자가 **2인 이상일 때**에는 피호송자마다 호송수단에 따라 **2인 내지 5인을 1조**로 하여 상호 연결시켜 포승으로 **포박한다.**[♣2인 내지 6인을 1조(✕)](규칙 제50조 제4항)<17경간 · 18승진>
③ (○) 호송수단, 경찰차량호송 원칙(규칙 제56조 제1항)<18승진>
④ (○) 신체검색(규칙 제49조 제2항)<18승진>

정답 ②

---

05 「피의자 유치 및 호송 규칙」에 대한 설명 중 옳지 않은 것은 모두 몇 개인가? <19경간>

> 가. 호송관은 피호송자를 숙박시켜야 할 사유가 발생하였을 때에는 체류지 관할 경찰서 유치장 또는 교도소를 이용 하여야 한다.
> 나. 호송관은 반드시 호송주무관의 지휘에 따라 포박한 후 피호송자에 대하여 안전호송에 필요한 신체검색을 실시하여야 한다.
> 다. 피호송자의 수용장소를 다른 곳으로 이동하거나 특정 관서에 인계하기 위한 호송을 비상호송이라 한다.
> 라. 호송관은 호송근무를 할 때 분사기를 휴대하여야 하며, 호송관서의 장은 특별한 사유가 있는 경우 호송관이 총기를 휴대하도록 하여야 한다.
> 마. 일출 전 또는 일몰 후에는 호송이 항상 금지된다.
> 바. 금전 · 유가증권은 호송관에게 탁송하고, 물품은 호송관서에서 인수관서에 직접 송부함이 원칙이다.

① 2개   ② 3개   ③ 4개   ④ 5개

해설

수사경찰, 수사행정, 피의자 유치 및 호송 −

가. (○) 피호송자 숙박(피의자 유치 및 호송규칙 제66조 제2항)<19경간>
나. (✕) **신체검색** : 호송관은 반드시 **호송주무관의 지휘에 따라** (호송출발을 위해) **포박하기 전에**[♣포박한 후(✕)] 피호송자에 대하여 안전호송에 필요한 **신체검색을 실시**하여야 한다.(규칙 제49조 제1항)<09 · 17 · 19경간 · 17 · 18승진>
다. (✕) **이감호송** : 함은 피호송자의 수용장소를 다른 곳으로 이동하거나 특정관서에 인계하기 위한 호송을 말한다.[♣비상호송(✕)](제46조 제4호)<19경간>
라. (✕) **필요적 분사기 휴대** : 호송관은 호송근무를 할 때에는 **분사기를 휴대하여야** 한다.(규칙 제70조 제1항)<19경간 · 17승진>/ **임의적 총기휴대** : 호송관서의 장은 **특별한 사유**가 있는 경우 호송관이 **총기를 휴대하도록 할 수 있다.**[♣총기를 휴대하도록 하여야 한다.(✕)](규칙 제70조 제2항)<19경간>
마. (✕) **야간호송금지** : 호송은 **일출 전 또는 일몰 후에 할 수 없다.** 다만, **기차, 선박 및 차량을 이용하는 때 또는 특별한 사유가 있는 때**에는 그러하지 아니하다.[♣일출 전 또는 일몰 후에 하는 것을 원칙으로(✕), ♣일출 전 일몰 후에는 항상 금지(✕)](규칙 제54조)<18 · 19경간>
바. (✕) **금전등 송부** : 금전, 유가증권은 **호송관서에서 인수관서에 직접 송부**한다.[♣탁송이 원칙(✕)] 다만 소액의 금전, 유가증권 또는 당일로 호송을 마칠 수 있을 때에는 호송관에게 탁송할 수 있다.(제53조 제1호)<19경간> / 물품은 **호송관에게 탁송**한다.[♣직접 송부가 원칙(✕)] 다만, 위험한 물품 또는 호송관이 휴대하기에 부적당한 발송관서에서 인수관서에 **직접 송부할 수 있다.**(제53조 제3호)<19경간>

정답 ④

---

06 「피의자 유치 및 호송 규칙」상 피의자 유치 및 호송에 대한 설명 중 가장 적절하지 않은 것은? 〈22승진〉

① 간이검사란 일반적으로 유치인에 대하여는 탈의막 안에서 속옷은 벗지 않고 신체검사의를 착용(유치인의 의사에 따른다)하도록 한 상태에서 위험물 등의 은닉여부를 검사하는 것을 말한다.

② 피의자를 유치장에 입감시키거나 출감시킬 때에는 유치인보호주무자가 발부하는 피의자입(출)감지휘서에 의하여야 하며 동시에 3명 이상의 피의자를 입감시킬 때에는 경위 이상 경찰관이 입회하여 순차적으로 입감시켜야 한다.

③ 호송관은 호송 중 피호송자가 도망하였을 때 도주한 자를 관한 호송관계서류 및 금품을 인수관서에 보관해야 한다.

④ 피호송자의 금전, 유가증권은 호송관서에서 인수관서에 직접 송부하나, 소액의 금전, 유가증권 또는 당일로 호송을 마칠 수 있을 때에는 호송관에게 탁송할 수 있다.

해설

수사경찰, 수사행정, 유치인 보호근무 −

① (○) 간이검사(피의자 유치 및 호송규칙 제8조 제4항 제2호)〈22승진〉

② (○) 입·출감(피의자 유치 및 호송규칙 제7조 제1항)〈17경간·22승진〉

③ (×) **도망과 금품보관** : 피호송자가 도망하였을 때, 도주자에 관한 **호송 관계서류 및 금품**은 **호송관서에서 보관하여야** 한다.[♣인수관서에서 보관(X)](피의자 유치 및 호송규칙 제65조 1호, 다)〈17·22승진〉

④ (○) 금전 등 송부(피의자 유치 및 호송규칙 제53조 제1호)〈19경간·22승진〉   정답 ③

---

07 「피의자 유치 및 호송규칙」에 관한 설명으로 가장 적절하지 않은 것은? 〈24.1채용〉

① 외표검사란 죄질이 경미하고 동작과 언행에 특이사항이 없으며 위험물 등을 은닉하고 있지 않다고 판단되는 유치인에 대하여는 신체 등의 외부를 눈으로 확인하고 손으로 가볍게 두드려 만져 검사하는 것을 말한다.

② 동시에 2명 이상의 피의자를 입감시킬 때에는 경위 이상 경찰관이 입회하여 순차적으로 입감시켜야 한다.

③ 신체 등의 검사는 동성의 유치인보호관이 실시하여야 한다. 다만, 여성유치인보호관이 없을 경우에는 미리 지정하여 신체등의 검사방법을 교양 받은 여성경찰관으로 하여금 대신하게 할 수 있다.

④ 호송은 원칙적으로 일출전 또는 일몰후에 할 수 없다.

해설

수사경찰, 수사행정, 피의자 유치 및 호송 −

① (○) 신체등 검사, 외표검사(피의자 유치 및 호송규칙 제8조 제4항 제1호)〈17경간·16승진·24.1채용〉

② (×) **입감, 동시입감** : **동시에 3명 이상의[♣2인 이상의(X)] 피의자를 입감시킬 때에는 경위 이상 경찰관(간부)이 입회하여 순차적으로 입감시켜야** 한다.(제7조 제1항)〈17경간·22승진·24.1채용〉

③ (○) 신체등 검사(피의자 유치 및 호송규칙 제8조 제2항)〈24.1채용〉

④ (○) 호송실시(피의자 유치 및 호송규칙 제54조)〈18·19경간·24.1채용〉   정답 ②

- 지명수배 · 통보

01 「범죄수사규칙」상 검거한 지명수배자에 대하여 지명수배가 여러 건인 경우에 인계받을 관서의 순서가 바르게 나열된 것은? 〈18경위〉

> ㉠ 검거관서와 거리 또는 교통상 가장 인접한 수배관서
> ㉡ 공소시효 만료 3개월 이내이거나 공범에 대한 수사 또는 재판이 진행 중인 수배관서
> ㉢ 법정형이 중한 죄명으로 지명수배한 수배관서
> ㉣ 검거관서와 동일한 지방검찰청 또는 지청의 관할구역에 있는 수배관서

① ㉠ - ㉡ - ㉢ - ㉣
② ㉡ - ㉢ - ㉣ - ㉠
③ ㉠ - ㉣ - ㉡ - ㉢
④ ㉡ - ㉣ - ㉠ - ㉢

해설

수사경찰, 수사행정, 지명수배 −
− 지명수배가 수건인 경우 인계 순서<12 · 16 · 18승진 · 09채용> −
➡ⓐ 공소시효 만료 3개월 이내이거나 공범에 대한 수사 또는 재판 중인 수배관서
➡ⓑ 법정형이 중한 죄명으로 수배한 관서
➡ⓒ 검거관서와 동일한 지방검찰청 또는 지청의 관할구역에 있는 수배관서
➡ⓓ 검거관서와 거리 또는 교통상 가장 인접한 수배관서[☺3개 공중구역인접]   정답 ②

02 지명수배에 대한 설명으로 가장 적절하지 않은 것은? 〈22승진〉
① 「범죄수사규칙」상 경찰관이 검거한 지명수배자에 대하여 지명수배가 여러 건인 경우, 검사관서와 거리 또는 교통상 가장 인접한 수배관서가 법정형이 중한 죄명으로 지명수배한 수배관서보다 지명수배자를 먼저 인계받아 조사해야 한다.
② 「범죄수사규칙」상 국가수사본부장은 공개수배 위원회를 개최하여 중요지명피의자 종합 공개수배 대상자를 선정한다.
③ 「경찰수사규칙」상 사법경찰관리가 지명수배자를 발견하였으나 체포영장 또는 구속영장을 소지하지 않을 경우, 긴급하게 필요하면 지명수배자에게 영장이 발부되었음을 고지한 후 체포 또는 구속할 수 있으며 사후에 지체 없이 그 영장을 제시해야 한다.
④ 「범죄수사규칙」상 도서지역에서 지명수배자가 발견된 경우에 지명수배자 등이 발견된 관할 경찰관서의 경찰관은 지명수배자의 소재를 계속 확인하고, 수배관서와 협조하여 검거 시기를 정함으로써 검거 후 구속영장청구시한(체포한 때부터 48시간)이 경과되지 않도록 하여야 한다.

해설

수사경찰, 수사행정, 지명수배 −

① (✗) **여러 건인 경우 인계순위**: 1. 공소시효 만료 **3개월 이내**이거나 **공범**에 대한 수사 또는 재판이 진행 중인 수배관서 → 2. 법정형이 **중한 죄명**으로 지명수배한 수배관서 → 3. 검거관서와 **동일한 지방검찰청 또는 지청의 관할구역**에 있는 수배관서[♣인접관서 우선(✗)] → 4. 검거관서와 거리 또는 교통상 가장 **인접**한 수배관서[♣인접한 수배관서가 법정형이 중한 죄명으로 지명수배한 수배관서보다 먼저(✗)](범죄수사규칙 제99조 제3항)<22승진>

② (〇) 중요 지명 피의자 종합 공개수배 : 「범죄수사규칙」 제101조 제2항<22승진>

③ (〇) 소재발견 시 조치 : 「경찰수사규칙」 제46조 제1항 단서<22승진>

④ (〇) 소재발견 시 조치 : 「범죄수사규칙」 제98조 제2항<22승진>　　　　　　　정답 ①

테마 133　경찰수사사건 등의 공보에 관한 규칙

01　「경찰수사사건 등의 공보에 관한 규칙」상 수사사건 등의 내용을 공개할 수 있는 예외적인 상황으로 가장 적절하지 않은 것은? <18경감>

① 범죄유형과 수법을 국민들에게 알려 유사한 범죄의 재발을 방지할 필요가 있는 경우

② 오보 또는 추측성 보도로 인하여 사건관계인의 인권이 침해되거나 수사에 관한 사무에 종사하는 경찰공무원("수사업무 종사자")의 업무에 지장을 초래할 것이 명백하여 신속·정확하게 사실관계를 바로 잡을 필요가 있는 경우

③ 인적·물적 증거의 확보에 활용된 첨단수사기법에 대해 대국민 홍보가 필요한 경우

④ 공공의 안전에 대한 급박한 위험이나 범죄로 인한 피해의 급속한 확산을 방지하기 위하여 대응조치 등을 국민들에게 즉시 알려야 할 필요가 있는 경우

해설

수사경찰, 수사행정, 경찰수사사건 공보규칙, 예외적 공개 요건 −

① (〇) 재발방지(경찰수사사건등의 공보에 관한 규칙 제5조 제1호)<18승진>

② (〇) 오보 바로잡기 위해(경찰수사사건등의 공보에 관한 규칙 제5조 제4호)<18승진>

③ (✗) (제4조에도 불구하고,) 다음 각 호의 어느 하나에 해당하는 경우에는 수사사건등의 내용을 **공개할 수** 있다.[♣인적·물적 증거의 확보에 활용된 첨단수사기법에 대해 대국민 홍보가 필요한 경우(✗)] (제5조)<18승진>

　1. **범죄유형과 수법을 국민들에게 알려** 유사한 범죄의 **재발을 방지할 필요**가 있는 경우<18승진>

　2. 신속한 범인의 **검거** 등 인적·물적 **증거의 확보**를 위하여 **국민들에게 정보를 제공받는 등** 중요지명피의자 종합 공개수배(범죄수사규칙 제101조), 긴급공개수배(제102조), 언론매체·정보통신망 등을 이용한 공개수배(제103조)에 따라 **협조를 구할 필요**가 있는 경우(이하 "공개수배")[♣경찰수사의 우수성에 대한 홍보를 할 필요(✗)]

　3. 공공의 안전에 대한 급박한 위험이나 범죄로 인한 **피해의 급속한 확산을 방지**하기 위하여 **대응조치 등을 국민들에게 즉시 알려야 할 필요**가 있는 경우<18승진>

　4. 오보 또는 추측성 보도로 인하여 사건관계인의 인권이 침해되거나 수사에 관한 사무에 종사하는 경찰공무원("수사업무 종사자")의 **업무에 지장을 초래할 것이 명백**하여 신속·정확하게 **사실관계를 바로 잡을 필요**가 있는 경우<18승진>[☻수발, 보조, 확대, 지잡]

④ (〇) 대응조치 알릴 필요(경찰수사사건등의 공보에 관한 규칙 제5조 제3호)<18승진>　　　　정답 ③

제2장 수사경찰의 활동

1 수사활동 일반

2 입건 전 조사

01 입건 전 조사 및 수사에 관한 다음 설명 중 가장 옳지 않은 것은? 〈18경간〉

① 입건이란 수사기관이 사건을 수리하여 수사를 개시하는 것을 말한다.

② 진정·탄원·투서 등 서면으로 접수된 신고가 '무기명 또는 가명으로 접수된 경우' 입건 전 조사한 사건을 공람종결해야 한다.

③ 입건 전 조사단계의 피혐의자에게 진술거부권은 인정되지 않는다.

④ '피혐의자 또는 참고인 등의 소재불명으로 내사를 계속할 수 없는 경우'에는 입건 전 조사중지한다.

해설

수사경찰, 수사경찰의 활동, 입건전 조사 −

① (○) 입건, 의의〈18경간〉

② (○) 공람종결사유(경찰수사규칙 제19조 제2항)〈08승진·09·18경간·09채용〉

③ (✕) **진술거부권, 주체**: 헌법 제12조 제2항은 '**모든 국민**'을 주체로 하여, '**형사상 불리한 진술의 강요를 금지**'하고 있어 진술거부권 행사의 주체에는 제한이 없다.[♣내사단계 진술거부권 부정(✕)]〈18경간·11경찰승진〉

④ (○) 입건전 조사중지(경찰수사규칙 제19조 제2항)〈18경간〉 정답 ③

---

02 「입건 전 조사 사건 처리에 관한 규칙」 및 「경찰수사 규칙」에 대한 설명으로 가장 적절하지 않은 것은?
〈19경위〉

① 사법경찰관은 입건 전에 범죄를 의심할 만한 정황이 있어 수사 개시 여부를 결정하기 위한 사실관계의 확인 등 필요한 조사("내사")에 착수하기 위해서는 해당 사법경찰관이 소속 수사부서장의 지휘를 받아야 한다.

② 입건 전 조사종결한 사건 중 일정한 사건에 대해서는 분기별로 분기의 다음 달 말일까지 입건 전 조사종결 사건 목록 및 요지를 작성하여 검사에게 제출하여야 한다.

③ 완결된 사건 또는 재판에 불복하는 내용인 진정사건은 공람종결한다.

④ '무기명 또는 가명으로 접수된 경우' 공람종결한다.

해설

수사경찰, 수사경찰의 활동, 입건전 조사 −

① (○) 내사착수(경찰수사규칙 제19조 제1항)〈19승진〉

② (✕) **폐지규정**: 과거 내사사건처리 규칙상의 규정으로 수사권독립으로 인해 제정된 「입건 전 조사 사건 처리에 관한 규칙」에서는 동 규정이 폐지되었다.

③ (○) 공람종결, 완결사건(경찰수사규칙 제19조 제2항)〈18경간·19승진〉

④ (○) 공람종결, 무기명 또는 가명접수(경찰수사규칙 제19조 제2항)〈18경간·19승진〉 정답 ②

3 수사단서(범죄첩보)

01 「수사첩보 수집 및 처리규칙」상 범죄첩보에 대한 설명으로 가장 적절하지 않은 것은? 〈17경감〉

① 평가 책임자는 제출된 첩보에 대하여 비공개를 원칙으로 하되 범죄예방 및 검거 등 수사 목적상 첩보 내용을 공유할 필요가 있다고 인정할 경우 범죄첩보분석시스템(CIAS)에서 공유하게 할 수 있다.

② 이송을 하는 첩보의 평가 및 처리는 이송하는 관서의 평가 책임자가 담당한다.

③ 평가 책임자는 제출된 첩보의 내용이 부실하여 보충할 필요성이 있는 경우 제출자에게 반려하여 보완을 요구할 수 있다.

④ 경찰공무원이 입수한 모든 수사첩보는 범죄첩보분석시스템(CIAS)을 통하여 처리되어야 한다.

해설

수사경찰, 수사경찰의 활동, 수사단서, 범죄첩보 —

① (○) 비공개 원칙, 예외적 공유(수사첩보 수집 및 처리규칙 제7조 제5항))〈17승진〉

② (✕) **첩보의 평가 및 처리**: 이송을 하는 첩보의 평가 및 처리는 이송받은 관서의 평가 책임자가 담당한다.[♣이송하는 관서의 평가책임자가 담당(X)](수사첩보 수집 및 처리규칙 제9조 단서)〈17승진〉

③ (○) 보완요구(수사첩보 수집 및 처리규칙 제7조 제4항)〈17승진〉

④ (○) 범죄첩보처리(수사첩보 수집 및 처리규칙 제8조 제1항)〈17승진〉　　　　　**정답** ②

---

02 「범죄수사규칙」상 고소 · 고발이 있을 때 수리하지 않고 반려할 수 있는 경우로 가장 적절하지 않은 것은?

〈18경감〉

① 甲이 피의자 乙을 상대로 100만 원을 사기당했다는 취지로 고소하였으나, 사기죄의 공소시효가 완성된 뒤에 고소장이 접수된 경우

② 동일한 사안에 대하여 이미 법원의 판결이나 수사기관의 처분이 존재하여 다시 수사할 가치가 없다고 인정되며, 고소 · 고발인이 새로운 증거가 발견된 사실도 소명하지 못한 경우

③ 고소장에 적시된 명예훼손죄 피의자가 고소장 접수시점 기준으로 이미 사망한 경우

④ 시어머니 丙이 며느리 丁을 상대로 사문서 위조죄에 해당한다며 고소장을 접수한 경우

해설

수사경찰, 수사경찰의 활동, 수사단서, 고소 · 고발 —

①②③ (○) 각하사유: ㉠ 동일사건에 대해 검사의 **불기소처분**이 이미 있었던 경우, ㉡ 고소 또는 고발이 **위법**한 경우[**예**] ⓐ 고소권자가 아닌 자가 고소한 경우 등〈13경간〉, ⓑ 고소 또는 고발이 고소의 제한에 위반한 경우(직계존속 고소 · 고발, 고소취소 후 재고소)] ㉢ 처벌할 수 없음이 **명**백한 경우(고소 또는 고발이 있는 사건에 관하여 고소인 또는 고발인의 진술이나 고소장 또는 고발장에 의하여 혐의 없음, 죄가 안 됨, 공소권 없음의 사유에 해당함이 명백한 경우), ㉣ 수사할 **가치**조차 없는 경우(고소인 또는 고발인이 출석 불응 또는 소재불명) → 고소장을 반려할 수 있다.

④ (✕) **친족 고소가능성**: 시어머니는 며느리를 고소할 수 있다.　　　　　**정답** ④

---

03 변사사건 처리에 관한 다음 설명 중 가장 옳은 것은? 〈18경간〉

① 「형사소송법」에는 변사자의 검시에 관한 규정이 없다.

② 「형법」에 있던 변사체검시방해죄는 사문화되어 2005년 「형법」 일부 개정 시 폐지되었다.

③ 변사사건 신고 접수 이전에 범죄의심·실종 등 사유로 신고 접수 또는 수사를 진행한 경찰서는 해당 사건을 변사사건 관할 경찰서로 즉시 이송한다.

④ 의료법은 의사 등이 사체를 검안하여 변사한 것으로 의심되는 때에는 사체의 소재지를 관할하는 경찰서장에게 신고하여야 한다고 규정하고 있다.

해설

수사경찰, 수사경찰의 활동, 수사단서, 변사사건 −

① (×) **변사자 검시(檢視)**: 사람의 사망이 **범죄로 인한 것인가를 판단하기 위해** 수사기관(**검사 또는 사법경찰관**)이 **오관의 작용에 의하여** 변사자의 **상황을 조사**하는 것[♣형사소송법에 검시에 관한 규정이 없다.(X)](형사소송법 제222조)〈18경간〉

② (×) **변사체검시방해죄**: 변사자의 사체 또는 변사의 의심있는 사체를 은닉 또는 변경하거나 기타 방법으로 검시를 방해한 자는 700만 원 이하의 벌금에 처한다.[♣2005년 「형법」 일부 개정시 폐지(X)](형법 제163조)〈18경간〉

③ (×) **이송**: 변사사건 관련 사건에 대한 강제이송규정은 없다.

④ (○) 신고의무(의료법 제26조)〈18경간〉   정답 ④

---

04 「범죄수사규칙」상 변사사건 처리 요령에 대한 설명으로 가장 적절하지 않은 것은? 〈19경위〉

① 사법경찰관은 검사로부터 「형사소송법」 제222조(변사자의 검시) 제3항의 규정에 따른 처분 지휘를 받았을 때에는 직접 검시하여야 한다.

② 사법경찰관이 검시를 할 때에는 검시 관련 공무원을 참여시켜야 한다.

③ 사법경찰관은 검시를 한 경우에 사망이 범죄에 기인한 것으로 인정될 때에는 즉시 소속 경찰관서장에게 보고하는 동시에 수사를 개시하여야 한다.

④ 변사체는 후일을 위하여 매장함을 원칙으로 한다.

해설

수사경찰, 수사경찰의 활동, 수사단서, 변사사건 −

① (○) 사법경찰관의 검시(범죄수사규칙 제32조 제1항)〈19승진〉

② (×) **검시관련 공무원 참여**: 사법경찰관이 검시를 할 때에는 **검시 관련 공무원을 참여시킬 수 있다.**
　　　[♣참여시켜야(X)](범죄수사규칙 제32조 제3항)〈19승진〉

③ (○) 보고·수사개시(제36조 제1항)〈19승진〉

④ (○) 매장원칙(제37조 제3항)〈19승진〉   정답 ②

5 현장수사

01 프로파일링(Profiling)에 대한 설명으로 가장 옳은 것은? 〈20경간〉

① 프로파일링은 범죄자의 유형(type)을 파악하는 것이 아니라 신원(identity)을 파악하는 것이다.

② 프로파일링은 범죄현장에는 범인의 성향이 반영된다는 것과 범인의 성격은 쉽게 변하지 않는다는 전제를 지니고 있다.

③ 심리학적 프로파일링은 범행 위치 및 피해자의 거주지 등 범죄와 관련된 정보를 계량화하여 범인이 생활하는 근거지를 확인하는 방법이다.

④ 한국은 도시 간의 간격이 협소하고 거주지역 내 인구가 밀집되어 있어 지리학적 프로파일링에 최적화된 환경을 제공한다.

해설

수사경찰, 수사경찰의 활동, 현장수사, 프로파일링 -

① (X) **의의**: 프로파일링은 **범죄의 유형(type)을 파악하는 것**으로, 범죄자가 범죄현장에 보통의 경우와는 다른 특별한 흔적을 남겼을 때 이를 유용하게 활용할 수 있다.[♣범죄자의 유형(type)을 파악하는 것이 아니라 신원(identity)을 파악하는 것(X)]〈20경간〉

② (○) 전제조건〈20경간〉

> ㉠ 모든 범인은 각자의 독특한 **개인성향**을 가지고 있다.
> ㉡ 모든 범죄현장에는 범죄자의 **성향이 반영**된다.〈20경간〉
> ㉢ 범인은 **동일한 범죄수법**에 의해 범행하는 경향이 있다.
> ㉣ 범인의 **성격은 변하지 않는다.**〈20경간〉

③ (X) **지리학적 프로파일링**: 범행위치 및 피해자의 **거주지** 등 범죄와 관련된 정보를 **계량화**하여 범인이 생활하는 근거지를 지도로 표현하고 확인하는 방법이다.[♣심리학적 프로파일링(X)]〈20경간〉

④ (X) 지리학적 프로파일링, **한국에 적용**: 한국은 미국 등 외국과는 달리 거주지역을 제한하기에는 **도시 간의 간격이 너무 협소**할 뿐만 아니라 거주지역 내 **인구가 밀집**되어 있어 지리학적 프로파일링을 **한국에 그대로 적용하기에는 오류의 위험성이 크다.**[♣한국은 지리학적 프로파일링에 최적화된 환경을 제공한다.(X)]〈20경간〉

정답 ②

6 과학수사

01 지문에 대한 설명으로 가장 적절하지 않은 것은? 〈19경위〉

① 혈액지문은 실리콘러버법으로 지문을 채취한다.
② 제상문은 지문 모양이 말발굽 모양을 형성하는 지문을 말한다.
③ 궁상문, 제상문, 와상문 중 어느 문형에도 속하지 않는 지문은 변태문이다.
④ 정상지문은 혈액·잉크·먼지 등이 손가락에 묻은 후 피사체에 인상된 지문이므로 무인했을 때의 지문과 동일하다.

해설

수사경찰, 수사경찰의 활동, 현장수사, 과학수사 −

① (X) 혈액지문 채취방법 ➡ **사진촬영, 전사법**[♣실리콘러버법(X)]〈19승진〉
② (○) 함부르크식 지문분류법〈19승진·01·02·03·05·06·07·11채용〉
③ (○) 함부르크식 지문분류법〈19승진·01·02·03·05·06·07·11채용〉
④ (○) 정상지문: 손 끝에 묻은 **혈액·잉크·먼지 등이 손가락에 묻은 후 피사체에 인상**된 지문으로 무인했을 때의 지문과 동일하다.(융선에 묻은 유색물질이 물체로 옮겨짐.)[♣역지문(X)]〈19승진〉

정답 ①

---

02 혈흔패턴분석에 대한 설명으로 가장 적절하지 않은 것은? 〈18경감〉

① 사람이 다쳐서 피를 흘리며 움직이면 혈흔궤적(trail)이 형성된다.
② 카펫과 같이 흡수성이 높은 표면에는 혈흔이 명확하게 남아있어 방향성 판단이 쉽다.
③ spine은 낙하혈에서 볼 수 있는 둥근 혈흔 주변의 가시 같은 모양의 혈흔이다.
④ 자혈흔은 비산혈에서 볼 수 있는 형태로 모혈흔에서 튀어서 생긴 작은 혈흔이다.

해설

수사경찰, 수사경찰의 활동, 현장수사, 과학수사 −

① (○) 혈흔궤적〈18승진〉
② (X) 방향성 판단, **카펫**: 카펫같이 흡수성이 높거나 표면이 불규칙한 경우에는 방향성 판단이 어렵다.
　　　　[♣방향성 판단이 쉽다.(X)]〈18승진〉
③ (○) spine〈18승진〉
④ (○) 자혈흔〈18승진〉

정답 ②

---

03 다음 중 시체의 초기현상 및 후기현상에 대한 설명 중 가장 적절한 것은? 〈20경위〉

① 시체는 사후에 일시 이완되었다가 시간이 경과하면서 점차 경직되고, 턱관절에서 경직되기 시작하여 사후 6시간 정도면 전신에 미친다.
② 자가용해는 세균의 작용으로 장기나 조직 등이 분해되어 가는 과정이다.
③ 아질산소다 중독인 경우 시체얼룩은 암갈색(황갈색)을 나타낸다.
④ 사이안화칼륨 중독인 경우 시체얼룩은 암적갈색을 나타낸다.

해설

수사경찰, 수사경찰의 활동, 현장수사, 과학수사, 시체현상 −

① (✕) **시체 굳음**: 턱관절에서 경직되기 시작하여 **사후 12시간 정도** 되면 전신에 미친다.[♣사후 6시간 정도면 전신에 미친다.(✕)]〈20승진·15경간·07.2채용〉
② (✕) **자가용해**: 사후에는 **미생물의 관여 없이도 세포 가운데의 자가효소에 의해 분해가** 일어나 세포 구성 성분은 분해, 변성되고 세포간 결합의 붕괴로 조직은 연화된다.[♣세균의 작용으로(✕)]〈20승진〉
③ (○) 시체 초기현상〈20승진〉
④ (✕) **청산가리(사이안화칼륨) 중독사망**: **선홍색**[♣암적갈색(✕)]〈20승진〉   정답 ③

04 시체의 현상에 대한 설명으로 가장 적절한 것은? 〈21승진〉

① 적혈구 자체 중량에 의한 혈액 침전현상으로 시체 하부의 피부가 암적갈색으로 변화하는 시체얼룩과 세포 가운데의 자가효소에 의해 세포구성성분이 분해·변성되는 자가용해는 모두 시체의 초기현상에 해당된다.
② 시체얼룩의 경우, 일산화탄소 중독사는 선홍색을 띠고, 청산가리 중독사는 암갈색을 띤다.
③ 공기의 유통이 좋고 온도는 20~30도 사이에서 습도는 60~66%일 때 활발히 진행되는 부패와 피부에 대한 수분 보충이 정지되어 몸의 표면이 습윤성을 잃고 건조해지는 시체의 밀랍화는 모두 시체의 후기현상에 해당된다.
④ 총기에 의해 사망한 시체의 경우, 총알입구, 사출구, 사창관이 모두 있는 관통총창이 대부분이나, 발사각도 등에 따라 회선총창, 반도총창이 있을 수 있다.

해설

수사경찰, 수사경찰의 활동, 현장수사, 과학수사, 시체현상 −

① (✕) 시체 후기현상, **자가용해**: 사후에는 **미생물의 관여 없이도 세포 가운데의 자가효소에 의해 분해가** 일어나 세포구성 성분은 분해, 변성되고 세포 간 결합의 붕괴로 조직은 연화된다.[♣세균의 작용으로(✕)]〈20·21승진〉
② (✕) 시체얼룩, **선홍색**: 익사, 저체온사, 일산화탄소 중독, **청산가리(사이안화칼륨)** 중독사망[♣암적갈색(✕)]〈20·21승진〉
③ (✕) 시체 초기현상, **시체건조**: 피부에 대한 **수분보충이 정지**되어 몸의 표면은 습윤성을 잃고 건조해진다.[♣시체 밀랍화(✕), ♣시체 후기현상(✕)]〈21승진〉
④ (○) 총기손상〈21승진〉   정답 ④

05 과학수사에 대한 설명으로 옳은 것을 모두 고른 것은? 〈20경감〉

> ㉠ 유류품 수사시 착안점으로 동일성, 관련성, 기회성, 완전성을 들 수 있는바, 유류품이 범행시와 동일한 상태로 보전되어 있는가를 검사하는 것은 완전성과 관련된다.
> ㉡ 현장지문 또는 준현장지문 중에서 관계자지문을 제외하고 남은 지문은 범인지문으로 추정되는 지문으로서 이를 유류지문이라고 하며, 손가락으로 마르지 않은 진흙을 적당히 눌렀을 때 나타나는 지문은 역지문이다.
> ㉢ 각막의 혼탁은 사후 12시간 전후 흐려져서 24시간이 되면 현저하게 흐려지고, 48시간이 되면 불투명해진다.
> ㉣ 시체 굳음은 턱관절에서 경직되기 시작하여 사후 12시간 정도면 전신에 미친다.

① ㉠㉢ ② ㉠㉡㉣ ③ ㉡㉢㉣ ④ ㉠㉡㉢㉣

해설

수사경찰, 수사경찰의 활동, 현장수사, 과학수사 −
㉠ (○) 유류품 수사시 착안점, 완전성〈20승진〉
㉡ (○) 유류지문, 역지문〈20승진〉
㉢ (○) 시체현상, 각막 혼탁〈20승진・15경간・07・09채용〉
㉣ (○) 시체현상, 시체 굳음〈20승진・15경간・07.2채용〉　　　　정답 ④

06 「디엔에이신원확인정보의 이용 및 보호에 관한 법률」에 대한 설명으로 가장 적절한 것은? 〈19경감〉

① 경찰청장은 수형인등으로부터 채취한 디엔에이감식시료로부터 취득한 디엔에이신원확인정보에 관한 사무를 총괄한다.
② 법원이 무죄판결을 하면서 치료감호를 선고하는 경우 디엔에이신원확인정보담당자는 구속피의자등에 대해 데이터베이스에 수록된 디엔에이신원확인정보를 삭제하여서는 아니 된다.
③ 채취한 디엔에이감식시료는 데이터베이스 수록 후에도 일정 기간 보관하여야 한다.
④ 사법경찰관은 살인죄를 범하여 구속된 피의자로부터 디엔에이감식시료를 채취할 수 없다.

PART
02

해설

수사경찰, 수사경찰의 활동, 현장수사, 과학수사, 디엔에이 신원확인 정보의 이용 및 보호 −

① (X)　**총괄, 경찰청장: 구속피의자 규정**(제6조) 및 **범죄현장** 규정(제7조)에 따라 채취한 디엔에이감식시료로부터 취득한 디엔에이신원확인정보에 관한 사무를 총괄한다.[♣수형인 규정에 따라 채취(X)] (제4조 제2항)<19승진>

　　　검찰총장: 수형인 규정(제5조)**에 따라** 채취한 디엔에이감식시료로부터 취득한 디엔에이신원확인정보에 관한 사무를 총괄한다.(제4조 제1항)

② (O)　삭제(제13조 제2항 제2호)<19승진>

③ (X)　**폐기**: 디엔에이신원확인정보담당자가 디엔에이신원확인정보를 **데이터베이스에 수록한 때**에는 채취된 디엔에이**감식시료와** 그로부터 추출한 **디엔에이를 지체 없이 폐기하여야** 한다.[♣일정기간 보관(X)](제12조)<19승진>

④ (X)　**디엔에이 신원확인 정보 채취 대상범죄**: 실화죄, **살인죄**, 상해와 폭행죄, 체포와 감금죄, 협박죄, 약취와 유인 및 인신매매의 죄, **강간과 추행의 죄**, 주거침입죄, 권리행사방해죄, 절도와 강도죄, 사기와 공갈죄, 손괴죄, 폭력행위등처벌에 관한 법률, 특정범죄가중처벌 등에 관한 법률, 성폭력범죄의 처벌 등에 관한 특례법, 마약류 관리에 관한 법률, 아동·청소년의 성보호에 관한 법률, 각 위반[♣살인죄, 디엔에이감식시료를 채취할 수 없다.(X)](제5조 제1항, 제6조)<19승진>　　**정답 ②**

---

07 변사사건 및 지문에 대한 설명으로 가장 적절하지 않은 것은? 〈22승진〉

① 전당포, 금은방 등에 비치된 거래대장에 압날된 지문과 같이 준현장지문은 범죄현장 이외의 장소에서 채취한 지문을 말한다.

② 「경찰수사규칙」상 사법경찰관이 검시를 할 때에는 검시 조사관을 참여시켜야 하며, 검시에 참여한 검시 조사관은 변사자조사결과 보고서를 작성해야 한다.

③ 「지문 및 수사자료표 등에 관한 규칙」상 '지문자동검색시스템(AFIS: Automated Fingerprint Identification System)'은 주민등록발급신청서·외국인의 생체정보·수사자료표의 지문을 원본 그대로 암호화하여 데이터베이스에 저장하고, 채취한 지문과의 동일성 검색에 활용하는 전산시스템을 말한다.

④ 「경찰수사규칙」상 사법경찰관리는 검시에 특별한 지장이 없다고 인정하면 변사자의 가족·친족, 이웃사람·친구, 시·군·구·읍·면·동의 공무원이나 그 밖에 필요하다고 인정하는 사람을 검시에 참여시켜야 한다.

해설

수사경찰, 수사경찰활동 −

① (O)　과학수사, 지문감식, 준현장지문(지문 및 수사자료표 등에 관한 규칙 제2조 제6호)<22승진>

② (X)　수사단서, **변사자 검시**: 사법경찰관은 검시를 하는 경우에는 **의사를 참여시켜야** 하며, 그 **의사로 하여금 검안서를 작성하게 해야** 한다. 이 경우 사법경찰관은 **검시 조사관을 참여시킬 수 있다.**[♣검시 조사관을 참여시켜야(X)](경찰수사규칙 제27조 제1항)<19·22승진> ※ 검시에 참여한 검시 조사관은 **변사자조사결과보고서를 작성하여야** 한다.(범죄수사규칙 제57조 제1항)<22승진>

③ (O)　과학수사, 지문감식, 지문자동검색시스템(AFIS)(「지문 및 수사자료표 등에 관한 규칙」 제2조 제2호)<22승진>

④ (O)　수사단서, 변사자 검시(「경찰수사규칙」 제30조)<22승진>　　**정답 ②**

– 임의수사

01 피의자 신문등 조사과정의 영상녹화에 대한 내용으로 가장 적절하지 않은 것은? 〈18.1채용〉

① 경찰관은 피의자 또는 피의자 아닌 자의 조서를 작성하는 때에는 그 조사과정을 영상녹화할 수 있다.

② 사법경찰관리는 피의자 또는 피의자가 아닌 사람을 영상녹화하는 경우 그 조사의 시작부터 조서에 기명날인 또는 서명을 마치는 시점까지의 모든 과정을 영상녹화해야 한다. 다만, 조사 도중 영상녹화의 필요성이 발생한 때에는 그 시점에서 진행 중인 조사를 중단하고, 중단한 조사를 다시 시작하는 때부터 조서에 기명날인 또는 서명을 마치는 시점까지의 모든 과정을 영상녹화해야 한다.

③ 경찰관은 피조사자의 기명날인 또는 서명을 받을 수 없는 경우에는 기명날인 또는 서명란에 그 취지를 기재하고 직접 기명날인 또는 서명한다.

④ 경찰관은 원본을 봉인하기 전에 진술자 또는 변호인이 녹화물의 시청을 요구하는 때에는 영상녹화물을 재생하여 시청하게 할 수 있다. 이 경우 진술자 또는 변호인이 녹화된 내용에 대하여 이의를 진술하는 때에는 그 취지를 기재한 서면을 사건 기록에 편철하여야 한다.

해설

수사경찰, 수사경찰의 활동, 임의수사, 조사과정 영상녹화 –

① (○) 조서작성(형사소송법 제244조의2 제1항)〈12해경간부·16·18경승·16.1·17.1·18.1순경〉

② (○) 방법(경찰수사규칙 제43조 제1항)〈18.1채용〉

③ (○) 기명날인·서명(범죄수사규칙 제85조 제3항)〈18.1채용〉

④ (✕) **사후절차**: 경찰관은 원본을 봉인하기 전에 진술자 또는 변호인이 녹화물의 시청을 요구하는 때에는 영상녹화물을 재생하여 **시청하게 하여야** 한다.[♣시청하게 할 수 있다.(✕)] 이 경우 진술자 또는 변호인이 녹화된 내용에 대하여 **이의를 진술**하는 때에는 그 **취지를 기재한 서면을 사건기록에 편철하여야** 한다.(범죄수사규칙 제86조)〈18.1채용〉 정답 ④

02 다음은 리드(REID) 테크닉을 활용한 신문기법의 순서이다. A부터 D까지 각 단계에 대한 설명으로 가장 적절하지 않은 것은? 〈21승진〉

> 직접적 대면 → 신문화제의 전개 → (A) → 반대논리 격파 → (B) → (C) → 양자택일적 질문하기 → (D) → 구두자백의 서면화

① A단계는 용의자가 수사관의 신문화제 전개를 방해하는 혐의를 부인하는 진술을 하지 못하게 억지한다.

② B단계는 전(前)단계가 효과적이라면 피의자가 수사관을 회피하기 쉬우므로 시선을 맞추고 화제를 계속 반복하는 동시에 피의자의 긍정적 측면을 부각한다.

③ C단계는 동정과 이해를 표시하고, 끝까지 피의자를 추궁하여 자백할 것을 촉구한다.

④ D단계는 용의자가 수사관의 질문에 선택적으로 답하는 단계를 지나 적극적으로 범행에 대하여 진술하도록 한다.

해설

수사경찰, 수사경찰의 활동, 임의수사, 리드테크닉 −
리드(REID) 테크닉을 활용한 신문기법의 순서: 직접적 대면 → 신문화제의 전개 → 부인 다루기 → 반대논리 격파 → 관심 이끌어 내기 → 우울한 기분 달래주기 → 양자택일적 질문하기 → 세부사항 질문하기 → 구두자백의 서면화

① (○) 3단계 : **부인(否認) 다루기**(handling denials)<21승진>
② (○) 5단계 : **관심 이끌어 내기**(procurement and retention of the suspect's attention)<21승진>
③ (×) 6단계 : **우울한 기분 달래주기**(handling the suspect's passive mood) − 사실대로 말할 것을 촉구하며 동정과 이해를 표시한다.[♣끝까지 피의자를 추궁하여(X)]<21승진>
④ (○) 8단계 : **세부사항 질문**(having the suspect relate details of the offense)<21승진> ▌정답▐ ③

---

8 강제수사

01 다음 범죄 중 긴급체포를 할 수 있는 것은 모두 몇 개인가? <18경간>

> 가. 형법 제360조(점유이탈물횡령)
> 나. 도로교통법 제43조(무면허운전)
> 다. 성폭력범죄의 처벌 등에 관한 특례법 제11조(공중밀집장소에서의 추행)
> 라. 형법 제270조(부동의낙태)
> 마. 형법 제355조(횡령)
> 바. 형법 제247조(도박장소 등 개설)
> 사. 형법 제170조(실화)

① 1개　　　　　② 2개　　　　　③ 3개　　　　　④ 4개

해설

수사경찰, 수사경찰의 활동, 강제수사 −

가.나.다.사. (×) 긴급체포할 수 없는 범죄: ⓐ 사실적시 **명예훼손**, ⓑ **동의낙태죄**, ⓒ **무면허운전**<10교정·18경간>, ⓓ **도박**, ⓔ **실화**, ⓕ **업무상과실장물취득알선 등**,[♣훔친 자동차라는 정을 알고 매매(X) → 장물취득죄(7년 이하 징역)] ⓖ **점유이탈물횡령**<18경간>, ⓗ **도주**, ⓘ **과실치사상**,[♣도로상에서 승용차를 몰다가 사람을 다치게 한 자(X) → 업무상과실치사상] ⓙ **공문서부정행사(사문서부정행사)**,[♣경찰관에게 신원확인 목적으로 타인의 운전면허증 제시(O) → 공문서 부정행사(2년 이하의 징역)] ⓚ **업무상과실재물손괴**, ⓛ **폭행**<11경찰승진> / **업무상위력에 의한 추행, 공중밀집장소에서의 추행, 통신매체이용음란**

라. (○) **촉탁·승낙 낙태**: 부녀의 촉탁 또는 승낙없이 낙태하게 한 자는 3년 이하의 징역에 처한다.(형법 제270조 제2항)<18경간>

마. (○) **횡령**: 타인의 재물을 보관하는 자가 그 재물을 횡령하거나 그 반환을 거부한 때에는 5년 이하의 징역 또는 1천500만 원 이하의 벌금에 처한다.(형법 제355조 제1항)<18경간>

바. (○) **도박장소 등 개설**: 영리의 목적으로 도박을 하는 장소나 공간을 개설한 사람은 5년 이하의 징역 또는 3천만 원 이하의 벌금에 처한다.(형법 제247조)<18경간> ▌정답▐ ③

02 압수·수색의 절차에 대한 설명으로 가장 적절한 것은? (다툼이 있는 경우 판례에 의함) ⟨21승진⟩

① 수색한 경우 증거물·몰수물이 없으면 수색증명서를 교부하고, 압수한 경우에는 목록을 작성하여 소유자, 소지자, 보관자 기타 이에 준할 자에게 교부하여야 한다.

② 압수·수색영장 집행 전에 피처분자에게 영장을 제시하는 것이 현실적으로 불가능하더라도 영장을 제시하지 아니한 채 압수·수색을 진행하면 위법하다.

③ 피의자를 신문하던 중 제출된 압수물에 대하여, 피의자신문조서에 압수의 취지를 기재함으로써 압수조서에 갈음할 수는 없다.

④ 압수·수색영장은 사법경찰리 명의로 검사에게 신청하고, 영장신청서에는 피의자의 인적 사항, 죄명, 범죄사실의 요지, 압수·수색·검증의 사유 등을 기재하여야 한다.

> **해설**

수사경찰, 수사경찰의 활동, 강제수사 −

① (○) 압수물 목록·수색증명서 교부(형사소송법 제128조, 제129조)⟨21승진⟩

② (✕) 압수·수색 영장제시, **判例 : [영장제시 현실적 불가능 → 미제시(적법)]** 형사소송법 제219조가 준용하는 제118조는 "압수·수색영장은 처분을 받는 자에게 반드시 제시하여야 한다."고 규정하고 있으나, 이는 영장제시가 현실적으로 가능한 상황을 전제로 한 규정으로 보아야 하고, **피처분자가 현장에 없거나 현장에서 그를 발견할 수 없는 경우 등 영장제시가 현실적으로 불가능한 경우에는 영장을 제시하지 아니한 채 압수·수색을 하더라도 위법하다고 볼 수 없다.[♣위법하다.(X)](대법원 2014도10978[이석기 의원사건 − 내란음모·국가보안법위반(찬양·고무등)·내란선동])⟨16·17·18·21승진·15.2채용⟩

③ (✕) **압수조서 갈음 : 피의자신문조서, 진술조서, 검증조서 또는 실황조사서**에 압수의 취지를 적어 **압수조서를 갈음할 수 있다.[♣갈음할 수 없다.(X)](수사준칙 제44조 제3항)⟨21승진⟩

④ (✕) **압수·수색영장 신청 : 사법경찰관**이 범죄수사에 필요한 때에는 ....검사에게 신청하여 검사의 청구로 지방법원판사가 발부한 영장에 의하여 압수, 수색 또는 검증을 할 수 있다.[♣사법경찰리 명의로(X)](제215조 제2항)⟨21승진⟩ 　　　　　　　　　　　　　　　 정답 ①

---

03 영장에 의하지 아니한 강제처분에 대한 설명으로 가장 적절하지 않은 것은? ⟨19경감⟩

① 현행범인을 체포하는 경우 필요한 때에는 영장없이 체포현장에서의 압수, 수색, 검증을 할 수 있다.

② 범행 중 또는 범행직후의 범죄 장소에서 긴급을 요하여 법원판사의 영장을 받을 수 없는 때에는 영장없이 압수, 수색 또는 검증을 할 수 있다. 이 경우에는 사후에 지체없이 영장을 받아야 한다.

③ 긴급체포된 자가 소유·소지 또는 보관하는 물건에 대하여 긴급히 압수할 필요가 있는 경우에는 체포한 때부터 24시간 이내에 한하여 영장 없이 압수·수색 또는 검증을 할 수 있다.

④ 위 ③에 따라 압수한 물건을 계속 압수할 필요가 있는 경우에는 지체 없이 압수수색영장을 청구하여야 한다. 이 경우 압수수색영장의 청구는 체포한 때부터 36시간 이내에 하여야 한다.

해설

수사경찰, 수사경찰의 활동, 강제수사 −

① (○) 현행범인 체포현장의 압수·수색·검증(형사소송법 제216조 제1항)<19승진>

② (○) 범행중·직후의 장소에서 압수·수색·검증(형사소송법 제216조 제3항)<19승진>

③ (○) 긴급체포 수반 압수·수색·검증(형사소송법 제217조 제1항)<19승진>

④ (✕) **긴급체포현장에서 압수·수색·검증** : 검사 또는 사법경찰관은 긴급체포된 자가 **소유·소지** 또는 보관하는 물건에 대한 압수 또는 '**긴급체포현장**'에서 압수한 물건을 **계속 압수할 필요가 있는 경우**에는 **지체 없이** 압수수색영장을 청구하여야 한다. 이 경우 압수수색영장의 청구는 체포한 때부터 **48시간 이내**에 하여야 한다.[♣36시간 이내(X)](형소법 제217조 제2항)<19승진>　　**정답** ④

---

04 「디지털 증거의 처리 등에 관한 규칙」에 대한 설명으로 가장 적절하지 않은 것은? ⟨18경감⟩

① '복제본'이란 정보저장매체등에 저장된 전자정보 전부를 하드카피 또는 이미징 등의 기술적 방법으로 별도의 다른 정보저장매체에 저장한 것을 말한다.

② '디지털 증거분석 의뢰물'이란 범죄사실을 규명하기 위해 디지털 증거분석관에게 분석의뢰된 전자정보, 정보저장매체등 원본, 복제본을 말한다.

③ 수사관은 압수·수색·검증 현장에서 전자정보를 압수하는 경우에는 실체적 진실발견과 증거인멸 방지를 위해 디지털 저장매체 원본을 외부로 반출하는 방법으로 압수하는 것이 원칙이다.

④ 수사관과 증거분석관은 전자정보를 압수하는 경우에는 해시값 확인 등 디지털 증거의 동일성, 무결성을 담보할 수 있는 적절한 방법과 조치를 취하여야 한다.

해설

수사경찰, 수사경찰의 활동, 강제수사, 디지털 증거의 처리 −

① (○) 복제본(디지털 증거의 처리 등에 관한 규칙 제2조 제6호)<18승진>

② (○) 디지털 증거분석 의뢰물(디지털 증거의 처리 등에 관한 규칙 제2조 제7호)<18승진>

③ (✕) **선별압수** : 경찰관은 압수·수색·검증 현장에서 전자정보를 압수하는 경우에는 **범죄 혐의사실과 관련된 전자정보**에 한하여 문서로 출력하거나 휴대한 정보저장매체에 해당 전자정보만을 복제하는 방식("선별압수")으로 하여야 한다.[♣원본을 외부로 반출하는 방법으로 압수하는 것이 원칙 (X)](디지털 증거의 처리 등에 관한 규칙 제14조 제1항)<18승진>

④ (○) 동일성·무결성 담보조치(디지털 증거 수집 및 처리 등에 관한 규칙 제14조 제1항)<18승진>　　**정답** ③

05 「디지털 증거의 처리 등에 관한 규칙」에 대한 설명으로 가장 적절하지 않은 것은? 〈24승진〉

① 경찰관은 압수·수색·검증영장을 신청하는 때에는 전자정보와 정보저장매체등을 구분하여 판단하여야 한다.

② 경찰관은 압수·수색·검증 현장에서 전자정보를 압수하는 경우에는 범죄 혐의사실과 관련된 전자정보에 한하여 문서로 출력하거나 휴대한 정보저장매체에 해당 전자정보만을 복제하는 방식으로 하여야 한다. 이 경우 해시값 확인 등 디지털 증거의 동일성, 무결성을 담보할 수 있는 적절한 방법과 조치를 취하여야 한다.

③ 경찰관은 피압수자 등이 협조하지 않거나, 협조를 기대할 수 없어 압수·수색·검증 현장에서 선별압수 하는 방법이 불가능하거나 압수의 목적을 달성하기에 현저히 곤란한 경우에는 정보저장매체등 원본을 외부로 반출한 후 전자정보의 압수·수색·검증을 진행해야 한다.

④ 디지털 증거 처리의 각 단계에서 업무처리자 변동 등의 이력이 관리되어야 한다.

해설

수사경찰, 현장수사, 디지털 증거의 처리 -

① (○) 영장신청과 전자정보와 정보저장매체 구분(규칙 제12조 제1항)〈24승진〉

② (○) 영장집행 방법 및 조치, 전자정보(제14조 제1항)〈18·24승진〉

③ (×) 압수·수색·검증, **선별압수 곤란한 경우**: 경찰관은 다음 각 호의 사유로 인해 압수·수색·검증 현장에서 **선별압수 하는 방법이 불가능**하거나 압수의 목적을 달성하기에 **현저히 곤란**한 경우에는 **복제본을[♣원본을(X)] 획득하여 외부로 반출한 후 전자정보의 압수·수색·검증을 진행할 수 있다.[♣진행해야(X)]**(제15조 제1항)〈24승진〉

  1. 피압수자 등이 협조하지 않거나, 협조를 기대할 수 없는 경우

  2. 혐의사실과 관련될 개연성이 있는 전자정보가 삭제·폐기된 정황이 발견되는 경우

  3. 출력·복제에 의한 집행이 피압수자 등의 영업활동이나 사생활의 평온을 침해한다는 이유로 피압수자 등이 요청하는 경우

  4. 그 밖에 위 각 호에 준하는 경우

④ (○) 디지털 증거 처리의 원칙(제5조 제2항)〈24승진〉   정답 ③

---

06 통신수사에 대한 설명으로 가장 적절하지 않은 것은? (다툼이 있는 경우 판례에 의함) 〈21승진〉

① 「형법」 제283조 제2항의 '존속협박'으로는 통신제한조치허가서를 청구할 수 없다.

② 통신자료에는 이용자의 성명, 주민등록번호, 주소, 가입일 또는 해지일, 전화번호, ID 등이 포함된다.

③ 통신사실확인자료 중 수사를 위한 정보통신기기 관련 실시간 추적자료, 컴퓨터 통신·인터넷 로그기록 자료는 다른 방법으로 범행 저지, 범인의 발견·확보, 증거의 수집·보전이 어려운 경우에만 해당 자료의 열람이나 제출 요청이 가능하다.

④ 통신제한조치는 당사자의 동의 없이 개봉 등의 방법으로 우편물의 내용을 지득·채록·유치하는 것을 의미하는 우편물의 검열과 당사자의 동의 없이 전자장치등을 사용하여 전기통신의 음향·문언·부호·영상을 청취·공독하여 그 내용을 지득·채록하거나 전기통신의 송·수신을 방해하는 전기통신의 감청이 있다.

해설

수사경찰, 강제수사, 통신수사 −

① (○) 통신제한조치가 불가능한 범죄(통신비밀보호법 제5조)<10·11·14·15·18·21승진>

② (○) 통신자료(전기통신사업법 제83조 제3항)<21승진>

③ (×) **통신사실확인자료 예외적 열람·제출 요청**: 검사 또는 사법경찰관은 수사를 위하여 통신사실확인자료 중 다음 각 호의 어느 하나에 해당하는 자료가 필요한 경우에는 **다른 방법으로는 범죄의 실행을 저지하기 어렵거나 범인의 발견·확보 또는 증거의 수집·보전이 어려운 경우에만** 전기통신사업자에게 해당 자료의 열람이나 제출을 요청할 수 있다.(통비법 제13조 제2항)<21승진>

    1. 수사를 위한 정보통신기기 관련[정보통신망에 접속된 정보통신기기의 위치를 확인할 수 있는 발신기지국의 위치추적자료(휴대폰 위치추적자료), 컴퓨터통신 또는 인터넷의 사용자가 정보통신망에 접속하기 위하여 사용하는 정보통신기기의 위치를 확인할 수 있는 접속지의 추적자료 중] **실시간 추적자료**(제1호)<21승진>

    2. 특정한 기지국에 대한 **통신사실확인자료**[♣컴퓨터 통신·인터넷 로그기록 자료(X)](제2호)<21승진>

④ (○) 통신제한조치(통신비밀보호법 제3조 제2항, 제2조 제6호, 제7호)<21승진> 　　　　　　　정답 ③

---

07 「통신비밀보호법」상 통신수사 및 통신제한조치에 대한 설명으로 가장 적절하지 않은 것은? (다툼이 있으면 판례에 의함) ⟨17경감⟩

① 사법경찰관은 통신제한조치를 집행한 사건에 관하여 검사로부터 공소를 제기하거나 제기하지 아니하는 처분(기소중지 결정을 제외한다)의 통보를 받거나 내사사건에 관하여 입건하지 아니하는 처분을 한 때에는 그 날부터 30일 이내에 우편물 검열의 경우에는 그 대상자에게 통신제한조치를 집행한 사실과 집행기관 및 그 기간 등을 서면으로 통지하여야 한다.

② 정보통신망에 접속된 정보통신기기의 위치를 확인할 수 있는 발신기지국의 위치추적자료는 감청이 아닌 통신사실확인자료에 해당한다.

③ 사법경찰관이 긴급통신제한조치를 할 경우에는 미리 검사의 지휘를 받아야 한다. 다만, 특히 급속을 요하여 미리 지휘를 받을 수 없는 사유가 있는 경우에는 긴급통신제한조치의 집행착수 후 지체 없이 검사의 승인을 얻어야 한다.

④ 「통신비밀보호법」상 '감청'이란 전기통신의 송·수신과 동시에 이루어지는 경우뿐만 아니라 이미 수신이 완료된 전기통신의 내용을 지득하는 등의 행위도 포함한다.

해설

수사경찰, 강제수사, 통신수사 −

① (○) 통신제한조치: 집행사실통지(통신비밀보호법 제9조의2 제1항)<17승진>

② (○) 통신사실확인자료: 발신기지국의 위치추적자료(통신비밀보호법 제2조 제11호)<17승진>

③ (○) 긴급통신제한조치(통신비밀보호법 제8조 제3항)<11경간·17승진>

④ (×) **감청**: 통신비밀보호법상의 '감청'에는 전기통신의 송수신과 동시에 이루어지는 경우를 의미하고, 이미 수신이 완료된 전기통신의 내용을 지득하는 행위는 제외된다.[♣포함된다.(X)](대법원 2010도9007 판결)<17승진> 　　　　　　　정답 ④

08 「통신비밀보호법」상 통신제한조치에 대한 설명으로 가장 적절하지 않은 것은? 〈19경감〉

① 사법경찰관은 범죄수사를 위한 통신제한조치의 허가요건이 구비된 경우에는 검사에 대하여 각 사건 별로 통신제한조치에 대한 허가를 신청하고, 검사는 법원에 대하여 그 허가를 청구할 수 있다.

② 우편물 검열은 통신제한조치에 해당한다.

③ 사법경찰관은 긴급통신제한조치의 집행착수 후 지체없이 법원에 허가청구를 하여야 하며, 그 긴급통 신제한조치를 한 때부터 36시간 이내에 법원의 허가를 받지 못한 때에는 즉시 이를 중지하여야 한다.

④ 사법경찰관이 긴급통신제한조치를 할 경우에는 미리 검사의 지휘를 받아야 한다. 다만, 특히 급속을 요하여 미리 지휘를 받을 수 없는 사유가 있는 경우에는 긴급통신제한조치의 집행착수 후 지체없이 검사의 승인을 얻어야 한다.

해설

수사경찰, 강제수사, 통신수사 −

① (X) 통신제한조치, **절차 : 사법경찰관은** 통신제한조치의 요건이 구비된 경우에는 **검사에** 대하여 **각 피의자별 또는 각 피내사자별로** 통신제한조치에 대한 허가를 **신청하고, 검사는 법원에** 대하여 그 허가를 **청구할 수** 있다.[♣사건단위로 신청(X)](제6조 제2항)〈19승진〉

② (O) 통신제한조치, 우편물 검열(제3조 제2항)〈17경간 · 04 · 05 · 19승진〉

③ (O) 긴급통신제한조치, 절차(제8조 제2항)〈19승진〉

④ (O) 긴급통신제한조치, 검사지휘(제8조 제3항)〈19승진〉 **정답** ①

09 통신수사에 대한 설명으로 가장 적절하지 않은 것은? 〈22승진〉

① 「전기통신사업법」상 전기통신사업자는 법원, 검사 또는 수사관서의 장, 정보수사기관의 장이 재판, 수 사, 형의 집행 또는 국가안전보장에 대해 위해를 방지하기 위한 정보수집을 위하여 통신자료 제공을 요청하면 그 요청에 따를 수 있다.

② 「통신비밀보호법」상 검사 또는 사법경찰관은 수사 또는 형의 집행을 위하여 필요한 경우 「전기통신 사업법」에 의한 전기통신사업자에게 '통신사실확인자료'의 열람이나 제출을 요청할 수 있다.

③ 「통신비밀보호법」 제3조(통신 및 대화비밀의 보호)의 규정에 위반하여, 불법검열에 의하여 취득한 우 편물이나 그 내용 및 불법감청에 의하여 지득 또는 채록된 전기통신의 내용은 재판 또는 징계절차에 서 증거로 사용할 수 없다.

④ 「통신비밀보호법」상 발 · 착신 통신번호 등 상대방의 가입자 번호는 '통신사실 확인자료'에 해당되지 않는다.

해설

수사경찰, 강제수사, 통신수사 －

① (○) 통신자료 제공요청 : 전기통신사업자는 법원, 검사 또는 **수사관서의 장**, 정보수사기관의 장이 재판, **수사**, 형의 집행 또는 국가안전보장에 대한 위해를 방지하기 위한 정보수집을 **위하여** "**통신자료(이용자의 성명, 주민번호, 주소, 전화번호, 아이디, 가입일 또는 해지일의 자료) 제공**"을 **요청**하면 그 요청에 **따를 수** 있다.[♣따라야 한다.(X)](전기통신사업법 제83조 제3항)<22승진>
② (○) 통신사실확인자료, 제공요청(통신비밀보호법 제13조 제1항)<22승진>
③ (○) 통신제한조치 일반, 사용-제한(통신비밀보호법 제4조)<22승진>
④ (×) **통신사실 확인자료** : ㉮ 가입자의 **전기통신일시**, ㉯ 전기통신**개시·종료시간**, ㉰ 발·착신 통신번호 등 **상대방의 가입자번호**<22승진>, ㉱ **사용도수**, ㉲ 컴퓨터통신 또는 인터넷의 사용자가 전기통신역무를 이용한 사실에 관한 컴퓨터통신 또는 **인터넷의 로그기록자료**, ㉳ 정보통신망에 접속된 정보통신기기의 위치를 확인할 수 있는 **발신기지국의 위치추적자료(휴대폰 위치추적자료)**<17승진>, ㉴ 컴퓨터통신 또는 **인터넷**의 사용자가 정보통신망에 접속하기 위하여 사용하는 정보통신기기의 위치를 확인할 수 있는 **접속지의 추적자료**[♣이용자의 가입일 또는 해지일(X), ♣해당되지 않는다.(X)](통신비밀보호법 제2조 제11호)<17·18·22승진> [정답] ④

---

10 통신수사에 대한 다음 설명 중 옳은 것은 모두 몇 개인가? <17경간>

> ㉠ 통신제한조치는 전기통신사업법에 근거하는 임의수사이다.
> ㉡ 우편물 검열은 통신제한조치에 해당한다.
> ㉢ 성명, 아이디 등 이용자의 인적사항은 「통신비밀보호법」에 규정된 통신사실확인자료에 해당한다.
> ㉣ 통신사실확인자료의 제공 요청은 경찰서장 명의 공문만으로도 가능하다.

① 0개   ② 1개   ③ 2개   ④ 3개

해설

수사경찰, 강제수사, 통신수사 －

㉠ (×) **통신제한조치** : 법원의 허가를 얻어 대상자의 **우편물을 검열하거나 전기통신을 감청하는 강제수사**이다.[♣임의수사(X)]<17경간>, **통신비밀보호법**에 근거를 두고 있다.[♣전기통신사업법에 근거하는 임의수사(X)]<17경간>

㉡ (○) **통신제한조치 : 우편물 검열, 전기통신의 감청**(내용을 지득 또는 채록하거나 **전기통신의 송·수신 방해**하는 것)<17경간·04·05승진>

㉢ (×) **통신자료** : ⓐ 이용자의 **성명**, ⓑ 이용자의 **주민등록번호**, ⓒ 이용자의 **주소**, ⓓ 이용자의 **전화번호**, ⓔ 이용자의 **아이디**(컴퓨터시스템이나 통신망의 정당한 이용자임을 알아보기 위한 이용자 식별부호), ⓕ 이용자의 **가입일 또는 해지일**[♣통신사실 확인자료(X)](제83조 제3항)<17경간>

㉣ (×) **통신사실 확인자료 제공요청 과정** : **법원 허가, 사후통지의무, 긴급처분**[♣서장명의 공문만으로 가능(X)]<17경간> [정답] ②

11 「통신비밀보호법」상 통신사실확인자료에 해당하지 않는 것은? 〈18경위〉

① 가입자의 전기통신일시
② 이용자의 가입일 또는 해지일
③ 사용도수
④ 발·착신 통신번호 등 상대방의 가입자번호

해설

수사경찰, 강제수사, 통신수사 −
①③④ (○) 통신사실확인자료: ① 모든 범죄, 통화내역,② 통신일시·기간·이용도수,③ 상대방 가입자
번호, 휴대폰 위치추적자료,〈17승진〉 인터넷 로그기록자료, 인터넷 접속지 추적자료[♣이용자의
가입일 또는 해지일(X)](제2조 제11호)〈18승진〉
② (✕) 통신자료(전기통신사업법 제83조 제3항)〈21승진〉   정답 ②

9 수사서류 작성요령, 수사의 종결

01 「검찰사건사무규칙」상 '공소권 없음' 의견으로 송치하는 경우로 가장 적절하지 않은 것은? 〈17경감〉

① 법률의 규정에 의하여 형이 면제된 경우
② 피의자인 법인이 존속하지 아니하게 된 경우
③ 동일사건에 관하여 이미 공소가 제기된 경우(공소를 취소한 경우를 포함한다. 다만, 다른 중요한 증
거를 발견한 경우에는 그러하지 아니하다)
④ 위법성조각사유 또는 책임조각사유가 있는 경우

해설

수사경찰, 수사의 종결 −
①②③ − 공소권 없음.
④ − 죄 안됨.   정답 ④

02 「경찰수사규칙」상 송치서류의 편철순서가 바르게 나열된 것은? 〈23승진〉

① 사건송치서, 압수물 총목록, 기록목록, 송치 결정서, 그 밖의 서류
② 사건송치서, 기록목록, 압수물 총목록, 그 밖의 서류, 송치 결정서
③ 사건송치서, 기록목록, 압수물 총목록, 송치 결정서, 그 밖의 서류
④ 사건송치서, 압수물 총목록, 기록목록, 그 밖의 서류, 송치 결정서

해설

수사경찰, 수사서류 작성요령, 사건의 송치 −
편철순서 : 송치서류는 '사건송치서 → 압수물총목록 → 기록목록 → 송치결정서(의견서) → 그 밖의 서류'
순으로 편철하여야 한다.(경찰수사규칙 제103조 제2항)〈23승진〉[☻송중(총)기 결밖]   정답 ①

제3절 분야별 수사

1 강력범죄 수사, 폭력범죄수사

01 「폭력행위 등 처벌에 관한 법률」제3조의 '위험한 물건을 휴대하여'에 관한 해석이다. 가장 적절하지 않은 것은? (다툼이 있으면 판례에 의함) ⟨16경위⟩

① 위험한 물건을 '휴대하여'라는 말은 물건을 소지뿐만 아니라 널리 이용한다는 뜻도 포함한다.
② '위험한 물건'이란 사람의 생명, 신체에 해를 가하는 데 사용할 수 있는 일체의 물건을 말한다.
③ 자동차, 사주된 동물은 위험한 물건에 해당되지 않는다.
④ 위험한 물건의 '위험성' 여부는 구체적 사안에 따라 사회통념에 비추어 판단한다.

해설

수사경찰, 분야별 수사, 폭력범죄수사 −
①②④ (○) 해석, '휴대하여', '위험한 물건', '위험성': 대법원 97도597
③ (✕) 해석, '위험한 물건', **판례**: 칼·가위·유리병·각종공구·**자동차** 등은 물론 화학약품 또는 **사주된 동물** 등도 그것이 사람의 생명·신체에 해를 가하는 데 사용되었다면 본조의 '위험한 물건'이라 할 것[♣자동차, 사주된 동물은 위험한 물건에 해당되지 않는다.(✕)](대법원 1997.05.30. 선고 97도597 판결[폭력행위등 처벌에 관한 법률위반]) **정답** ③

테마 134 가정폭력범죄

01 다음 중 「가정폭력범죄의 처벌 등에 관한 특례법」상 가정폭력범죄의 유형에 해당하지 않는 죄는 모두 몇 개인가? ⟨17경간·18경위·15.1채용⟩

㉠ 폭행죄	㉡ 체포죄	㉢ 모욕죄
㉣ 유기죄	㉤ 주거침입의 죄	㉥ 공갈죄
㉦ 재물손괴죄	㉧ 사기죄	㉨ 협박죄

① 0개 ② 1개 ③ 2개 ④ 3개

해설

수사경찰, 분야별 수사, 가정폭력범죄수사 −
가정폭력범죄: **명예훼손**, **학대**, **모욕**, 유기, **재물손괴**, **공갈**, **협박**, **상해**, **아동혹사**, **주거침입의 죄(퇴거불응 등 포함)**, **강요**, 폭행, **체포·감금**, 강간·강제**추행**[♣사기(✕)](제2조 제3호)⟨12·13·15·17승진·14·15·17경간·14·15.1·16.1·2채용⟩
(○) ㉠㉡㉢㉣㉤㉥㉦㉨
(✕) ㉧ **정답** ②

02 가정폭력범죄의 처벌 등에 관한 특례법상 가정폭력 범죄의 유형에 해당하지 않는 죄는 모두 몇 개인가?

〈19경간·16.1채용〉

가. 공갈죄	나. 퇴거불응죄	다. 주거·신체 수색죄
라. 중손괴죄	마. 재물손괴죄	바. 중감금죄
사. 약취·유인죄	아. 특수감금죄	자. 아동혹사죄
차. 카메라등 이용촬영(성폭처법)	카. 불법정보의 유통금지 등(정통망법)	

① 1개　　　　　② 2개　　　　　③ 3개　　　　　④ 4개

해설

수사경찰, 분야별 수사, 가정폭력범죄수사 −

가정폭력범죄: 명예훼손, 학대, 모욕, 유기, 재물손괴·특수손괴[♣재산상 피해를 수반하는 행위 제외(X)], 공갈, 협박, 상해, 아동혹사, 주거침입의 죄(주거침입, 퇴거불응, 주거신체수색), 강요, 폭행, 체포·감금, 강간·강제추행, 카메라등 이용촬영(성폭처법), 불법정보의 유통금지 등(정통망법)[♣퇴거불응(O), ♣중손괴(X) ♣중감금(O), ♣특수감금(O)](제2조 제3호)〈12·13·15·17·19승진·14·15·17·19경간·14·15.1·16.1·2채용〉

(○) 가. 나. 다. 마. 바. 아. 자. 차. 카 /

(X) 라. 사.

정답 ②

---

03 다음 사례에서 「가정폭력범죄의 처벌 등에 관한 특례법」상 A의 "가정구성원"에 해당하지 않는 자는? 〈22경간〉

A남은 B녀와 혼인하여 살다가 이혼하였고 C녀는 D남과 혼인하여 살다가 이혼하였다. 그 후 A와 C가 재혼하였다. A에게는 부친 E가 있으며, C에게는 모친 F가 있다. 한편 A의 형제자매로는 남동생 G가 있으며, C의 형제자매로는 여동생 H가 있다. G는 아직 결혼을 하지 않고, 충남 아산에 있는 A와 C의 집에서 같이 살고 있으며, H는 결혼하여 남편과 함께 미국에서 살고 있다.

① B　　　　　② F　　　　　③ G　　　　　④ H

해설

수사경찰, 분야별 수사, 가정폭력범죄 수사 −

A의 "가정구성원": H는 처의 여동생으로 가족에 해당하며, 가족은 동거를 요건으로 하므로 가정구성원이 아니다.

① **배우자(사실혼 포함) 또는 배우자 관계에 있었던 자**(제2조 제2호 가)〈13·16·19·22승진·20경간·14.2채용〉 → BC

② **자기 또는 배우자와 직계존비속관계(사실상 양친자관계를 포함)에 있거나 있었던 자**(제2조 제2호 나)〈20경간·16·19승진〉 → EF

③ **계부모와 자의 관계 또는 적모와 서자의 관계에 있거나 있었던 자**(제2조 제2호 다)〈20경간·16·19승진〉

④ **동거하는 친족관계에 있는 자**〈16·19승진·08·14·20경간·07·10.1·15.3채용〉 → G

정답 ④

04 다음 중 신고를 받고 출동한 지역경찰관이 「가정폭력 범죄의 처벌 등에 관한 특례법」상 가정폭력 사건으로 처리할 수 있는 경우는? 〈19경감〉

① 甲과 사실혼 관계에 있는 사람이 甲에게 사기죄를 범한 경우
② 乙의 시어머니가 乙의 아들을 약취한 경우
③ 丙과 같이 살고 있는 사촌동생이 丙의 명예를 훼손한 경우
④ 丁의 배우자의 지인이 丁의 재물을 손괴한 경우

해설

수사경찰, 가정폭력범죄 수사 −
가정폭력범죄가 가정구성원 사이에 일어날 때 가정폭력사건으로 처리가 가능하다.

가정 구성원	① **배우자**(사실혼 포함) 또는 배우자관계에 있었던 자〈13·16·19승진·14.2채용〉 ② 자기 또는 배우자와 **직계존비속관계**(사실상 양친자관계를 포함)에 있거나 있었던 자(제2조 제2호 나)〈16·19승진〉 ③ **계부모와 자의 관계** 또는 **적모와 서자의 관계**에 있거나 있었던 자(제2조 제2호 다)〈16·19승진〉 ④ **동거하는 친족관계**에 있는 자[♣동거하는 사촌동생(O)]〈16·19승진·08·14경간·07·10.1·15.3 채용〉 [☺배직계적 동거중]
가정 폭력 범죄	**명예훼손, 학대, 모욕, 유기, 재물손괴·특수손괴**[♣재산상 피해를 수반하는 행위 제외(X)], **공갈, 협박, 상해, 아동혹사, 주거침입의 죄**(주거침입, 퇴거불응, 주거신체수색), **강요, 폭행, 체포·감금, 강간·강제추행, 카메라등 이용촬영**(성폭처법), **불법정보의 유통금지 등**(정통망법)[♣퇴거불응(O), ♣중손괴(X) ♣중감금(O) ♣특수감금(O)](제2조 제3호)〈12·13·15·17·19승진·14·15·17·19경간·14·15.1·16.1·2채용〉 [☺명학 모유재공협상 아주 강요 폭행 체감 강추]

① 가정구성원(○), 가정폭력범죄(×)
② 가정구성원(○), 가정폭력범죄(×)
③ 가정구성원(○), 가정폭력범죄(○)
④ 가정구성원(×), 가정폭력범죄(○)

정답 ③

05 「가정폭력범죄의 처벌 등에 관한 특례법」에 대한 설명 중 가장 적절한 것은? 〈23승진·10.2채용〉

① "가정구성원"이란 배우자(사실상 혼인관계에 있는 사람은 제외한다) 또는 배우자였던 사람을 의미한다.
② 가정폭력범죄의 형사처벌 절차에 관한 특례를 정하고 가정폭력 범죄를 범한 사람에 대하여 환경의 조정과 성행의 교정을 위한 보호처분을 함으로써 가정폭력범죄로 파괴된 가정의 평화와 안정을 회복하고 건강한 가정을 가꾸며 피해자와 가족구성원의 인권을 보호함을 목적으로 한다.
③ "가정폭력행위자"는 가정폭력범죄를 범한 사람만을 의미하고 가정구성원인 공범은 포함되지 않는다.
④ "가정폭력"이란 가정구성원 사이의 신체적, 정신적 피해를 수반하는 행위를 말하며, 재산상 피해를 수반하는 행위는 "가정폭력"에 해당하지 않는다.

해설

수사경찰, 수사경찰활동, 가정폭력범죄의 처벌 등에 관한 특례법 −

① (×) "가정구성원": 배우자(사실혼 포함) 또는 배우자관계에 있었던 자[♣사실혼 제외(×)](제2조 제2호 가)
    <13·16·19·22·23승진·20경간·14.2채용>

② (○) 재정취지(가정폭력범죄의 처벌 등에 관한 특례법 제1조)<23승진>

③ (×) **가정폭력행위자**: 가정폭력행위자란 **가정폭력범죄를 범한 사람 및 가정구성원인 공범**을 말한
    다.[♣가정구성원인 공범 제외(×)](제2조 제5호)<23승진·04·10.2채용>

④ (×) **가정폭력**: "가정폭력"이란 가정구성원 사이의 **신체적·정신적 또는 재산상 피해를 수반**하는
    행위를 말한다.[♣재산상 피해 제외(×)](제2조 제1호)<13경간·23승진·14.2·17.1채용>   **정답 ②**

---

06 「가정폭력범죄의 처벌 등에 관한 특례법」상 가정폭력범죄에 해당하지 않은 것은? 〈24.1채용〉

① 甲의 아버지가 甲의 명예를 훼손한 경우
② 乙의 계모였던 사람이 乙의 재물을 손괴한 경우
③ 丙과 같이 사는 사촌동생이 丙을 약취유인한 경우
④ 丁이 이혼한 전 부인을 강간한 경우

해설

수사경찰, 분야별활동, 가정폭력범죄 수사, 가정폭력범죄 −

①②④ (○) 가정폭력범죄(가정폭력범죄의 처벌 등에 관한 특례법 제2조 제3호)<12·13·15·17·19승진·14·1
    5·17·19경간·14·15.1·16.1·2·21.1·24.1채용>

③ (×) 가정폭력범죄: **명예훼손, 학대, 모욕, 유기, 재물손괴·특수손괴, 공갈, 협박, 상해, 아동혹사, 주
    거침입의 죄**(주거침입, 퇴거불응, 주거신체수색), **강요, 폭행, 체포·감금, 강간·강제추행, 카메
    라등 이용촬영**(성폭처법), **불법정보의 유통금지 등**(정통망법)[♣약취유인(×)](가정폭력범죄의 처벌 등에
    관한 특례법 제2조 제3호)<12·13·15·17·19승진·14·15·17·19경간·14·15.1·16.1·2·21.1·24.1채용>

①②③④ (○) 가정구성원(가정폭력범죄의 처벌 등에 관한 특례법 제2조 제2호)<16·19승진·08·14·20경간·0
    7·10.1·15.3·24.1채용>   **정답 ③**

07 다음은 「가정폭력범죄의 처벌 등에 관한 특례법」에 대한 설명이다. 다음 ⊙부터 @까지의 설명 중 옳고 그름의 표시(O, X)가 바르게 된 것은? 〈17.1채용〉

> ⊙ 가정폭력이란 가정구성원 사이의 신체적, 정신적 또는 재산상 피해를 수반하는 행위를 말한다.
> ⓒ 피해자 또는 그 법정대리인은 가정폭력행위자를 고소할 수 있다. 피해자의 법정대리인이 가정폭력행위자인 경우 또는 가정폭력행위자와 공동으로 가정폭력범죄를 범한 경우에는 피해자의 친족이 고소할 수 있다.
> ⓒ 사법경찰관은 가정폭력범죄를 신속히 수사하여 사건을 검사에게 송치하여야 한다. 이 경우 사법경찰관은 해당 사건을 가정보호사건으로 처리하는 것이 적절한지에 관한 의견을 제시할 수 있다.
> @ 피해자에게 고소할 법정대리인이나 친족이 없는 경우에 이해관계인이 신청하면 검사는 10일 이내에 고소할 수 있는 사람을 지정하여야 한다.

① ⊙(O) ⓒ(O) ⓒ(O) @(O)   ② ⊙(O) ⓒ(×) ⓒ(O) @(O)
③ ⊙(×) ⓒ(O) ⓒ(×) @(O)   ④ ⊙(O) ⓒ(O) ⓒ(O) @(×)

해설

수사경찰, 수사경찰활동, 가정폭력범죄의 처벌 등에 관한 특례법 —

⊙ (O) 가정폭력(가정폭력범죄의 처벌 등에 관한 특례법 제2조 제1호)〈13경간·14.2·17.1채용〉
ⓒ (O) 고소권자(가정폭력범죄의 처벌 등에 관한 특례법 제6조 제1항)〈13경진·07·15.3·17.1채용〉
ⓒ (O) 송치(가정폭력범죄의 처벌 등에 관한 특례법 제7조)〈15.3·17.1채용〉
@ (O) 고소권자 지정(가정폭력범죄의 처벌 등에 관한 특례법 제6조 제3항)〈13·14경간·17승진·15.3·17.1채용〉

정답 ①

---

08 「가정폭력범죄의 처벌 등에 관한 특례법」에 대한 설명으로 가장 적절하지 않은 것은? 〈22승진〉

① 사법경찰관은 가정폭력범죄에 대한 응급조치에도 불구하고 가정폭력범죄가 재발될 우려가 있고, 긴급을 요하여 법원의 임시조치 결정을 받을 수 없을 때에는 직권 또는 피해자나 그 법정 대리인의 신청에 의하여 긴급임시조치를 할 수 있다.

② 진행 중인 가정폭력범죄에 대하여 신고를 받은 사법경찰관리는 즉시 현장에 나가서 폭력행위의 제지, 가정폭력행위자·피해자의 분리, 현행범인의 체포 등 범죄수사, 피해자를 가정폭력 관련 상담소 또는 보호시설로 인도(피해자가 동의한 경우만 해당), 긴급치료가 필요한 피해자를 의료기관으로 인도, 폭력행위 재발 시 제8조에 따라 임시조치를 신청할 수 있음을 통보, 제55조의 2에 따른 피해자보호명령 또는 신변안전조치를 청구할 수 있음을 고지해야 한다.

③ 甲의 배우자였던 乙이 甲에게 폭행을 당한 것을 이유로 112종합상황실에 가정폭력으로 신고하여 순찰 중이던 경찰관이 출동한 경우, 그 경찰관은 해당 사건에 대해 가정폭력범죄 사건으로 처리할 수 없다.

④ 피해자 또는 그 법정대리인은 가정폭력행위자를 고소할 수 있고, 피해자의 법정대리인이 가정폭력행위자인 경우 또는 가정폭력행위자와 공동으로 가정폭력범죄를 범한 경우에는 피해자의 친족이 고소할 수 있다.

해설

수사경찰, 분야별 수사, 가정폭력범죄 −

① (○) 긴급임시조치(「가정폭력범죄의 처벌 등에 관한 특례법」 제8조의2 제1항)<14 · 15 · 17 · 22승진 · 16.2 · 21.1채용>

② (○) 응급조치(「가정폭력범죄의 처벌 등에 관한 특례법」 제5조)<19 · 22승진 · 03경간 · 02 · 03여경 · 12 · 13채용>

③ (×) **가정구성원: 배우자(사실혼 포함) 또는 배우자관계에 있었던 자**[♣배우자이었던 사람은 가정보호사건으로 처리할 수 없다.(X)](제2조 제2호 가)<13 · 16 · 19 · 22승진 · 14.2채용> → 가해자가 배우자이었던 자는 가정구성원에 포함되므로 가정폭력사건으로 처리할 수 있다.

④ (○) 고소(「가정폭력범죄의 처벌 등에 관한 특례법」 제6조 제1항)<13 · 22승진 · 07 · 15.3 · 17.1채용>　　**정답** ③

---

09 「가정폭력범죄의 처벌 등에 관한 특례법」에 대한 설명으로 가장 적절하지 않은 것은? <21.1채용>

① 가정폭력으로서 출판물 등에 의한 명예훼손, 재물손괴, 유사강간, 주거침입의 죄는 가정폭력범죄에 해당한다.

② 사법경찰관은 「가정폭력범죄의 처벌 등에 관한 특례법」 제5조에 따른 응급조치에도 불구하고 가정폭력범죄가 재발될 우려가 있고, 긴급을 요하여 법원의 임시조치 결정을 받을 수 없을 때에는 직권 또는 피해자나 그 법정대리인의 신청에 의하여 긴급임시조치를 할 수 있다.

③ 법원은 가정폭력행위자에 대하여 유죄판결(선고유예는 제외)을 선고하거나 약식명령을 고지하는 경우에는 200시간의 범위에서 재범예방에 필요한 수강명령(「보호관찰 등에 관한 법률」에 따른 수강명령) 또는 가정폭력 치료프로그램의 이수명령을 병과할 수 있다.

④ 가정폭력범죄 중 아동학대범죄에 대해서는 「청소년 보호법」을 우선 적용한다.

해설

수사경찰, 분야별 수사, 가정폭력범죄 −

① (○) 가정폭력범죄(「가정폭력범죄의 처벌 등에 관한 특례법」 제2조 제3호)<12 · 13 · 15 · 17 · 19승진 · 14 · 15 · 17 · 19경간 · 14 · 15.1 · 16.1 · 2 · 21.1채용>

② (○) 긴급임시조치(「가정폭력범죄의 처벌 등에 관한 특례법」 제8조의2 제1항)<14 · 15 · 17승진 · 16.2 · 21.1채용>

③ (○) 수강명령 등(「가정폭력범죄의 처벌 등에 관한 특례법」 제3조의2 제1항)<21.1채용>

④ (×) **법적용: 아동학대범죄**에 대하여는 아동학대범죄의 처벌 등에 관한 특례법을 **우선 적용**한다.[♣청소년보호법 우선적용(X)] 다만, 「성폭력범죄의 처벌 등에 관한 특례법」, 「아동 · 청소년의 성보호에 관한 법률」에서 가중처벌되는 경우에는 **그 법에서 정한 바에 따른다.**(아동학대범죄의 처벌 등에 관한 특례법 제3조)<20승진 · 21.1채용>　　**정답** ④

10 「가정폭력범죄의 처벌 등에 관한 특례법」상 사법경찰관의 긴급임시조치에 해당하는 것으로 가장 적절하지 않은 것은? 〈17경위〉

① 의료기관이나 그 밖의 요양소에의 위탁
② 피해자 또는 가정구성원의 주거, 직장 등에서 100미터 이내의 접근금지
③ 피해자 또는 가정구성원의 주거 또는 점유하는 방실로부터의 퇴거 등 격리
④ 피해자 또는 가정구성원에 대한 유선·무선·광선 및 기타의 전자적 방식에 의하여 부호·문언·음향 또는 영상을 송신하거나 수신하는 전기통신을 이용한 접근금지

해설

수사경찰, 분야별 수사, 가정폭력범죄 −
아래 **사법경찰관의 긴급임시조치**(가정폭력범죄의 처벌등에 관한 특례법 제8조의2 제1항 − 가정폭력범죄의 처벌등에 관한 특례법 제29조 제1항 1,2,3호)〈17승진〉

> ① 피해자 또는 가정구성원의 **주거 또는 점유하는 방실(房室)로부터의 퇴거 등** 격리[♣퇴거시킬 수 없다.(X)]〈15승진〉
> ② 피해자 또는 가정구성원의 주거, 직장 등에서 **100미터 이내의 접근 금지**
> ③ 피해자 또는 가정구성원에 대한 「전기통신기본법」의 **전기통신을 이용한 접근금지**

정답 ①

11 다음 중 가정폭력범죄의 처벌등에 관한 특례법에 관한 설명으로 가장 옳은 것은 무엇인가? 〈14경간 · 17경감〉

① 가정구성원의 범위에는 동거하는 친족 관계에 있는 자 또는 있었던 자가 포함된다.
② 피해자에게 고소할 법정대리인이나 친족이 없는 경우에 이해관계인이 신청하면 검사는 10일 이내에 고소할 수 있는 사람을 지정하여야 한다.
③ "가정폭력범죄"란 가정폭력으로서 「형법」상 상해, 폭행, 유기, 학대, 아동혹사, 체포, 감금, 협박, 강간, 강제추행, 명예훼손, 모욕, 업무방해, 주거·신체 수색, 강요, 공갈, 재물손괴 중 어느 하나에 해당하는 죄를 말한다.
④ 사법경찰관은 응급조치에도 불구하고 가정폭력범죄가 재발될 우려가 있고, 긴급을 요하여 법원의 임시조치 결정을 받을 수 없을 때에는 피해자나 그 법정대리인의 신청에 의해서만 긴급임시조치를 할 수 있다.

해설

수사경찰, 분야별 수사, 가정폭력범죄 −
① (X) **가정구성원**: 동거하는 친족관계에 있었던 자 → 포함되지 않는다.
② (O) 고소권자 지정: 검사는 10일 이내에 고소할 수 있는 사람을 지정하여야 한다.[♣할 수 있다.(X)]
③ (X) 가정폭력범죄: **명예훼손, 학대, 모욕, 유기, 재물손괴, 공갈, 협박, 상해, 아동혹사, 주거·신체수색, 강요, 폭행, 체포·감금, 강간·강제추행**[♣업무방해(X)](가정폭력범죄의 처벌등에 관한 특례법 제2조 제3호)〈12 · 13 · 15 · 17승진 · 14 · 15경간 · 14 · 15.1 · 16.1 · 2채용〉
④ (X) 긴급임시조치: **사법경찰관은 응급조치에도 불구하고 가정폭력범죄가 재발될 우려가 있고, 긴급을 요하여 법원의 임시조치 결정을 받을 수 없을 때, 직권 또는 피해자나 그 법정대리인의 신청**에 의하여,[♣신청에 의해서만(X)] **긴급임시조치를 할 수 있다.**(제8조의2 제1항)〈14 · 15 · 17승진 · 16.2 채용〉

정답 ②

12 「가정폭력범죄의 처벌 등에 관한 특례법」상 가정폭력범죄에 대해 사법경찰관이 취할 수 있는 긴급임시조치로 가장 적절하지 않은 것은? 〈23.1채용〉

① 국가경찰관서의 유치장 또는 구치소에의 유치
② 피해자 또는 가정구성원이나 그 주거·직장 등에서 100미터 이내의 접근금지
③ 피해자 또는 가정구성원의 주거 또는 점유하는 방실로부터의 퇴거 등 격리
④ 피해자 또는 가정구성원에 대한 전기통신기본법」 제2조 제1호의 전기통신을 이용한 접근금지

해설

수사경찰, 가정폭력범죄 처벌 −
① (✕) **임시조치 내용**(가정폭력범죄 처벌등에 관한 특례법 제29조 제1항 제5호)〈23.1채용〉
②③④ − 긴급임시조치 내용(가정폭력범죄 처벌등에 관한 특례법 제8조의2 제1항)〈14·15·17·22승진·16.2·21.1·23.1채용〉 　**정답** ①

13 「가정폭력범죄의 처벌 등에 관한 특례법」에 대한 설명으로 가장 적절하지 않은 것은? 〈19경위〉

① 주거침입죄(「형법」 제319조)는 '가정폭력범죄'에 해당하지 않는다.
② 진행 중인 가정폭력범죄에 대하여 신고를 받은 사법경찰관리는 즉시 현장에 나가서 폭력행위의 제지, 가정폭력행위자·피해자의 분리 및 범죄수사의 조치를 하여야 한다.
③ 사법경찰관이 긴급임시조치를 한 때에는 지체없이 검사에게 임시조치를 신청하고, 신청받은 검사는 법원에 임시조치를 청구하여야 한다. 이 경우 임시조치의 청구는 긴급임시조치를 한 때부터 48시간 이내에 청구하여야 하며, 긴급임시조치결정서를 첨부하여야 한다.
④ 자기 또는 배우자와 직계존비속관계(사실상의 양친자관계를 포함)에 있거나 있었던 사람은 '가정구성원'에 해당한다.

해설

수사경찰, 가정폭력범죄 처리 −
① (✕) **가정폭력범죄 : 명예훼손, 학대, 모욕, 유기, 재물손괴·특수손괴, 공갈, 협박, 상해, 아동혹사, 주거침입의 죄(주거침입, 퇴거불응, 주거신체수색), 강요, 폭행, 체포·감금, 강간·강제추행, 카메라등 이용촬영**(성폭처법), **불법정보의 유통금지 등**(정통망법)[♣주거침입(O)](가정폭력범죄의 처벌 등에 관한 특례법 제2조 제3호)〈12·13·15·17·19승진·14·15·17·19경간·14·15.1·16.1·2채용〉
② (○) 응급조치(가정폭력범죄의 처벌 등에 관한 특례법 제5조)〈19승진·03경간·02·03여경·12·13채용〉
③ (○) 긴급임시조치, 임시조치청구(가정폭력범죄의 처벌 등에 관한 특례법 제8조의3 제1항)〈19승진·16.2채용〉
④ (○) 가정구성원(가정폭력범죄의 처벌 등에 관한 특례법 제2조 제2호 나)〈16·19승진〉 　**정답** ①

테마 135 **아동학대범죄**

01 「아동학대범죄의 처벌 등에 관한 특례법」에 대한 다음 설명 중 옳은 것은 모두 몇 개인가? 〈17경간〉

> ㉠ 아동이란 19세 미만인 사람을 말한다.
> ㉡ 아동학대범죄 신고를 접수한 사법경찰관리나 아동학대전담공무원은 지체 없이 아동학대범죄의 현장에 출동하여야 한다.
> ㉢ 현장에 출동하거나 아동학대범죄 현장을 발견한 경우 또는 학대현장 이외의 장소에서 학대피해가 확인되고 재학대의 위험이 급박·현저한 경우, 사법경찰관리 또는 아동학대전담공무원은 피해아동등의 보호를 위하여 즉시 "응급조치"를 하여야 한다.
> ㉣ 응급조치의 유형에는 아동학대범죄 행위의 제지, 아동학대 행위자를 피해아동으로부터 격리, 피해아동을 아동학대 관련 보호시설로 인도, 아동보호전문기관에의 상담 및 교육위탁이 있다.
> ㉤ 아동학대행위자를 피해아동으로부터 격리하는 응급조치는 48시간을 넘을 수 없다.

① 1개   ② 2개   ③ 3개   ④ 4개

해설

수사경찰, 아동학대범죄 －
㉠ (X) "아동": **18세 미만인 사람**을 말한다.[♣19세 미만(X)](제2조 제1호)〈17경간·15.3채용〉
㉡ (O) 출동(아동학대범죄의 처벌 등에 관한 특례법 제11조 제1항)〈20승진·17경간·15.3채용〉
㉢ (O) 응급조치(아동학대범죄의 처벌 등에 관한 특례법 제12조 제1항)〈20승진·17경간·15.1채용〉
㉣ (X) 응급조치 유형(아동학대범죄의 처벌 등에 관한 특례법 제12조 제1항)〈17경간·15.1채용〉
  1. 아동학대범죄 행위의 **제지**
  2. 아동학대행위자를 피해아동으로부터 **격리**
  3. 피해아동을 아동학대 관련 **보호시설로 인도**(피해아동의 **의사를 존중하여야** 하며, 다만, 피해아동을 보호하여야 할 필요가 있는 등 특별한 사정이 있는 경우에는 그러하지 아니하다)
  4. 긴급치료가 필요한 피해아동을 **의료기관으로 인도**[♣아동보호전문기관에의 상담 및 교육위탁(X)]〈17경간〉
㉤ (X) 응급조치, **시한**: 격리·인도(2,3,4호)의 응급조치는 **72시간**을 넘을 수 없다.[♣48시간을 넘을 수 없다.(X)] 다만, 본문의 기간에 공휴일이나 토요일이 포함되는 경우로서 피해아동등의 보호를 위하여 필요하다고 인정되는 경우에는 **48시간의 범위에서 그 기간을 연장할 수** 있다.(제12조 제3항)〈17경간·18·20·21승진·15.1채용〉 / 검사가 임시조치를 법원에 청구한 경우에는 **법원의 임시조치 결정 시까지 연장**된다.(제12조 제4항)〈17경간·18·20·21승진·15.1채용〉   **정답** ②

02 「아동학대범죄의 처벌 등에 관한 특례법」에 대한 설명으로 가장 적절하지 않은 것은? <18경감>

① 피해아동이 보호자의 학대를 당연하게 받아들이고 이를 학대로 인식하지 못하는 은폐성 때문에 「아동학대범죄의 처벌 등에 관한 특례법」은 아동학대 신고의무자를 광범위하게 규정하고 있다.

② 응급조치상의 격리란 아동학대행위자를 72시간(일정한 경우 48시간 연장가능하다. 검사가 법원에 임시조치를 청구한 경우에는 법원의 임시조치 결정 시까지 연장)을 기한으로 하여 피해아동으로부터 장소적으로 분리하는 조치를 의미한다.

③ 응급조치에도 불구하고 아동학대범죄가 재발될 우려가 있고, 긴급을 요하여 법원의 임시조치 결정을 받을 수 없을 때 사법경찰관은 직권이나 피해아동 등의 신청에 따라 긴급임시조치를 할 수 있다.

④ 임시조치는 아동학대범죄의 원활한 조사·심리 또는 피해아동 보호를 위하여 필요하다고 인정되는 경우 판사의 결정으로 아동학대행위자의 권한 또는 자유를 일정기간 동안 제한하는 조치이다.

해설

수사경찰, 아동학대범죄 −

① (×) 특성, **미인지성** : 피해아동이 보호자의 학대를 당연하게 받아들이고 이를 학대로 인식하지 못하는 **미인지성** 때문에 「아동학대범죄의 처벌 등에 관한 특례법」은 아동학대 신고의무자를 광범위하게 규정하고 있다.[♣은폐성(X)]<18승진>

② (○) 응급조치, 격리(아동학대법 12조 제3항, 제4항)<18승진·15.1채용>

③ (○) 긴급임시조치(아동학대법 제13조 제1항)<18승진>

④ (○) 임시조치(아동학대법 제19조 제1항)<18승진>

정답 ①

03 「아동학대범죄의 처벌 등에 관한 특례법」에 대한 설명 중 가장 적절하지 않은 것은? <20경위>

① 아동학대범죄에 대하여는 이 법을 우선 적용한다. 다만, 「성폭력범죄의 처벌 등에 관한 특례법」, 「아동·청소년의 성보호에 관한 법률」에서 가중처벌되는 경우에는 그 법에서 정한 바에 따른다.

② 아동학대범죄 신고를 접수한 사법경찰관리나 아동학대전담공무원은 지체 없이 아동학대범죄의 현장에 출동하여야 한다.

③ 현장에 출동하거나 아동학대범죄 현장을 발견한 경우 또는 학대현장 이외의 장소에서 학대피해가 확인되고 재학대의 위험이 급박·현저한 경우, 사법경찰관리 또는 아동학대전담공무원은 피해아동등의 보호를 위하여 즉시 다음 각 호의 "응급조치"를 하여야 한다.

④ 피해아동에 대한 응급조치의 내용 중 '피해아동을 아동학대 관련 보호시설로 인도'하는 조치를 하는 때에는 피해아동 및 보호자의 동의를 받아야 한다.

해설

수사, 아동학대범죄 −

① (○) 법적용, 특별규정(아동학대범죄의 처벌 등에 관한 특례법 제3조)<20승진>

② (○) 현장출동(아동학대범죄의 처벌 등에 관한 특례법 제11조 제1항)<20승진·17경간·15.3채용>

③ (○) 응급조치(아동학대범죄의 처벌 등에 관한 특례법 제12조 제1항)<20승진·17경간·15.1채용>

④ (×) 응급조치, **보호시설 인도** : **보호시설로 인도의 조치를 하는 때**에는 피해아동등의 이익을 최우선으로 고려하여야 하며, 피해아동등을 보호하여야 할 필요가 있는 등 특별한 사정이 있는 경우를 제외하고는 **피해아동등의 의사를 존중하여야** 한다.[♣피해아동 및 보호자의 동의를 받아야 한다.(X)](제12조 제1항)<20승진·17경간·15.1채용>

정답 ④

04 「아동학대범죄의 처벌 등에 관한 특례법」에 대한 설명으로 가장 적절하지 않은 것은? 〈21승진〉

① 동법 제12조 제1항에 따라 응급조치상 아동학대행위자를 피해아동등으로부터 격리할 경우 48시간을 넘을 수 없으나, 검사가 임시조치를 법원에 청구한 경우에는 법원의 임시조치 결정시까지 연장된다.

② 응급조치에도 불구하고 아동학대범죄의 재발이 우려되고, 긴급을 요하여 법원의 임시조치 결정을 받을 수 없을 때에는 사법경찰관의 직권으로 긴급임시조치를 할 수 있다.

③ 판사는 아동학대범죄의 원활한 조사·심리 또는 피해아동등의 보호를 위하여 필요하다고 인정하는 경우에는 결정으로 아동학대행위자에게 임시조치를 할 수 있다.

④ 임시조치 결정을 통해 아동학대행위자를 경찰관서의 유치장 또는 구치소에의 유치 등을 할 수 있다.

해설

수사, 아동학대범죄 −

① (X) 응급조치, **격리·인도** : 격리·인도(2,3,4호)의 응급조치는 **72시간**을 넘을 수 없다.[♣48시간을 넘을 수 없다.(X)] 다만, 검사가 임시조치를 법원에 청구한 경우에는 **법원의 임시조치 결정 시까지 연장**된다.(제12조 제3항)〈17경간·18·20·21승진·15.1채용〉

② (O) 긴급임시조치(「아동학대범죄의 처벌 등에 관한 특례법」 제13조 제1항)〈18·21승진〉

③ (O) 임시조치(「아동학대범죄의 처벌 등에 관한 특례법」 제19조 제1항)〈18·21승진〉

④ (O) 임시조치(「아동학대범죄의 처벌 등에 관한 특례법」 제19조 제1항 제7호)〈18·21승진〉　　　정답 ①

05 「아동학대범죄의 처벌 등에 관한 특례법」상 아동학대행위자에 대한 임시조치로 가장 적절하지 않은 것은?

〈19경감〉

① 피해아동 또는 가정구성원의 주거, 학교 또는 보호시설 등에서 100미터 이내의 접근 금지

② 피해아동을 아동학대 관련 보호시설로 인도

③ 아동보호전문기관 등에의 상담 및 교육 위탁

④ 친권 또는 후견인 권한 행사의 제한 또는 정지

해설

수사, 아동학대범죄 −

①③④ (O) 임시조치(아동학대범죄의 처벌 등에 관한 특례법 제19조 제1항)〈18승진〉

② (X) 응급조치(아동학대범죄의 처벌 등에 관한 특례법 제12조 제1항 제3호)〈20승진·17경간·15.1채용〉

　　　정답 ②

06 아동학대 사건에 대한 설명으로 가장 적절한 것은? 〈20경감〉

① 응급학대범죄의 신고를 받아 현장에 출동하거나 아동학대범죄 현장을 발견한 사법경찰관리가 피해아동의 보호를 위하여 즉시 행하는 조치를 임시조치라 한다.

② 응급조치상 격리란 학대행위자를 48시간을 기한으로 피해아동으로부터 공간적으로 분리하는 조치를 의미한다.

③ 임시조치는 아동학대범죄의 원활한 조사·심리 또는 피해아동 보호를 위하여 필요하다고 인정되어 판사의 결정으로 학대행위자의 권한 또는 자유를 일정기간 동안 제한하는 조치이다.

④ 긴급임시조치에는 피해아동 또는 가정구성원의 주거로부터 퇴거 등 격리, 피해아동 또는 가정구성원의 주거, 학교 또는 보호시설 등에서 100미터 이내의 접근 금지, 경찰관서의 유치장 또는 구치소에의 유치 등이 있다.

해설

수사경찰, 분야별 수사, 아동학대범죄 -

① (X) **응급조치**: 현장에 출동하거나 아동학대범죄 현장을 발견한 사법경찰관리 또는 아동보호전문기관의 직원은 피해아동 보호를 위하여 즉시 아래의 **응급조치를 하여야 한다.**[♣임시조치(X)](제12조 제1항)〈20승진·17경간·15.1채용〉

② (X) **응급조치 시한**: 격리·인도(2,3,4호)의 응급조치는 **72시간**을 넘을 수 없다.[♣48시간을 넘을 수 없다.(X)] 다만, 본문의 기간에 공휴일이나 토요일이 포함되는 경우로서 피해아동등의 보호를 위하여 필요하다고 인정되는 경우에는 **48시간의 범위에서 그 기간을 연장할 수 있다.**(제12조 제3항)〈17경간·18·20·21승진·15.1채용〉 / 검사가 임시조치를 법원에 청구한 경우에는 **법원의 임시조치 결정 시까지 연장**된다.(제12조 제4항)〈17경간·18·20·21승진·15.1채용〉

③ (O) **임시조치, 의의**〈20승진〉

④ (X) **사법경찰관의 아동학대행위자에 대한 긴급임시조치 내용**: 1. 피해아동 또는 가정구성원(가정폭력범죄의 처벌 등에 관한 특례법)의 주거로부터 **퇴거 등 격리**/ 2. 피해아동 또는 가정구성원의 주거, 학교 또는 보호시설 등에서 **100미터 이내의 접근 금지**/ 3. 피해아동 또는 가정구성원에 대한 「전기통신기본법」의 **전기통신을 이용한 접근 금지**[♣경찰관서의 유치장 또는 구치소에의 유치(X)](아동학대범죄 처벌 등에 관한 특례법 제19조 제1항 1, 2, 3호)〈20승진〉 **정답 ③**

07 「아동학대범죄의 처벌 등에 관한 특례법」에 대한 설명으로 가장 적절하지 않은 것은? 〈22승진〉

① 아동학대범죄 신고를 접수한 사법경찰관리나 아동학대전담공무원이 동행하여 현장출동하지 아니한 경우, 수사기관의 장이나 시·도지사 또는 시장·군수·구청장은 현장출동에 따른 조사 등의 결과를 서로에게 통지할 수 있다.

② 사법경찰관은 피해아동 등에 대한 응급조치에도 불구하고, 아동학대범죄가 재발될 우려가 있고 긴급을 요하여 법원의 임시조치결정을 받을 수 없을 때에는 직권으로 아동학대행위자에 대한 긴급임시조치를 할 수 있다.

③ 검사는 아동학대범죄사건의 증인이 피고인 또는 그 밖의 사람으로부터 생명·신체에 해를 입거나 입을 염려가 있다고 인정될 때에는 관할 경찰서장에게 증인의 신변안전을 위하여 필요한 조치를 할 것을 요청하여야 한다.

④ 판사가 아동학대죄의 원활한 조사·심리 또는 피해아동등의 보호를 위하여 필요하다고 인정하는 경우에는 결정으로 아동학대행위자에게 경찰관서의 유치장 또는 구치소에 유치하는 조치를 할 수 있다.

해설

수사경찰, 분야별 수사, 아동학대범죄 −

① (✕) **현장출동** : 현장출동이 **동행하여 이루어지지 아니한 경우** 수사기관의 장이나 시·도지사 또는 시장·군수·구청장은 **현장출동에 따른 조사 등의 결과를** 서로에게 **통지하여야** 한다.[♣통지의무 는 없다.(X), ♣통지할 수 있다.(X)](아동학대범죄의 처벌 등에 관한 특례법 제11조 제7항)<22승진>

② (○) 긴급임시조치(아동학대범죄의 처벌 등에 관한 특례법 제13조 제1항)<18·21·22승진>

③ (○) 증인의 신변안전조치(아동학대범죄의 처벌 등에 관한 특례법 제17조의2 제1항)<22승진>

④ (○) 임시조치(아동학대범죄의 처벌 등에 관한 특례법 제19조 제1항 제7호)<18·21·22승진·21.2채용>

정답 ①

---

08 「아동학대범죄의 처벌 등에 관한 특례법」에 대한 설명으로 가장 적절하지 않은 것은? 〈21.2채용〉

① 아동학대 신고의무자가 보호하는 아동에 대하여 아동학대범죄를 범한 때에는 그 죄에 정한 형의 2분 의 1까지 가중한다.

② 현장에 출동하거나 아동학대범죄 현장을 발견한 경우 또는 학대현장 이외의 장소에서 학대피해가 확 인되고 재학대의 위험이 급박·현저한 경우, 사법경찰관리 또는 아동학대전담공무원은 피해아동등의 보호를 위하여 즉시 다음 각 호의 "응급조치"를 하여야 한다. 응급조치에는 아동학대범죄 행위의 제 지, 아동학대행위자를 피해아동등으로부터 격리, 피해아동등을 아동학대 관련 보호시설로 인도, 피해 아동등 또는 가정구성원에 대한 전기통신을 이용한 접근 금지 등의 조치가 있다.

③ 아동학대행위자를 피해아동등으로부터 격리하는 경우, 72시간을 넘을 수 없다. 다만, 공휴일이나 토요 일이 포함되는 경우로서 피해아동등의 보호를 위하여 필요하다고 인정되는 경우에는 48시간의 범위 에서 그 기간을 연장할 수 있다.

④ 판사는 아동학대범죄의 원활한 조사·심리 또는 피해아동등의 보호를 위하여 필요하다고 인정하는 경우에는 결정으로 아동학대행위자에게 이하 "임시조치"를 할 수 있다. 임시조치에는 친권 또는 후견 인 권한 행사의 제한 또는 정지, 아동보호전문기관 등에의 상담 및 교육 위탁, 의료기관이나 그 밖의 요양시설에의 위탁, 경찰관서의 유치장 또는 구치소에의 유치 등이 있다.

해설

수사경찰, 분야별 수사, 아동학대범죄 −

① (○) 신고의무자의 범죄 가중처벌(「아동학대범죄의 처벌 등에 관한 특례법」 제7조)<21.2채용>

② (✕) 응급조치 대상(제12조 제1항) :

    1. 아동학대범죄 행위의 **제지**<21.2채용>

    2. 아동학대행위자를 피해아동등으로부터 **격리**<21.2채용>

    3. 피해아동등을 아동학대 관련 **보호시설로 인도**(제3호)<20승진·21.2채용>

    4. 긴급치료가 필요한 피해아동을 **의료기관으로 인도**[♣전기통신을 이용한 접근 금지(X)]<17경간· 21.2채용>

③ (○) 응급조치, 격리(「아동학대범죄의 처벌 등에 관한 특례법」 제12조 제3항)<17경간·18·20·21승진·15. 1·21.2채용>

④ (○) 임시조치(「아동학대범죄의 처벌 등에 관한 특례법」 제19조 제1항)<18·21승진·21.2채용>

정답 ②

---

09 「아동학대범죄의 처벌 등에 관한 특례법」상 사법경찰관의 긴급임시조치로 가장 적절하지 않은 것은? 〈23.2채용〉

① 피해아동등 또는 가정구성원의 주거로부터 퇴거 등 격리
② 경찰관서의 유치장 또는 구치소에의 유치
③ 피해아동등 또는 가정구성원의 주거, 학교 또는 보호시설 등에서 100미터 이내의 접근 금지
④ 피해아동등 또는 가정구성원에 대한 「전기통신기본법」 제2조 제1호의 전기통신을 이용한 접근 금지

해설

수사경찰, 분야별 수사, 아동학대범죄의 처벌 등에 관한 특례법 −

①③④ (○) 긴급응급조치(제19조 제1항 제1, 2, 3호)〈20승진・23.2채용〉
② (×) **긴급임시조치 내용**(제19조 제1항 제1, 2, 3호)〈20승진・23.2채용〉
   1. 피해아동 또는 가정구성원(가정폭력범죄의 처벌 등에 관한 특례법)의 주거로부터 **퇴거 등 격리**(제19조 제1항 제1호)
   2. 피해아동 또는 가정구성원의 주거, 학교 또는 보호시설 등에서 **100미터 이내의 접근 금지**(제19조 제1항 제2호)
   3. 피해아동 또는 가정구성원에 대한 「전기통신기본법」의 **전기통신을 이용한 접근 금지**[♣경찰관서의 유치장 또는 구치소에의 유치(X)](제19조 제1항 제3호)〈20승진・23.2채용〉　　　정답 ②

---

10 「아동학대범죄의 처벌 등에 관한 특례법」에 대한 설명으로 가장 적절한 것은? 〈23경간〉

① 피해아동에게 고소할 법정대리인이나 친족이 없는 경우에 이해관계인이 신청하면 검사는 20일 이내에 고소할 수 있는 사람을 지정하여야 한다.
② 아동학대범죄 신고를 접수한 사법경찰관리는 아동학대범죄가 행하여지고 있는 것으로 신고된 현장 또는 피해아동을 보호하기 위하여 필요한 장소에 출입하여 아동 또는 아동학대행위자 등 관계인에 대하여 조사를 하거나 질문을 할 수 있다. 이 경우 사법경찰관리는 피해아동의 보호 및 「아동복지법」 제22조의4의 사례관리계획에 따른 사례관리를 위한 범위에서만 아동학대행위자 등 관계인에 대하여 조사해야 한다.
③ 법원은 아동학대행위자에 대하여 유죄판결(선고유예를 포함한다)을 선고하면서 200시간의 범위에서 재범예방에 필요한 수강명령 또는 아동학대 치료프로그램의 이수명령을 병과할 수 있다.
④ 사법경찰관은 아동학대행위자에 대한 긴급임시조치를 한 경우에는 즉시 긴급임시조치결정서를 작성하여야 하고, 그 내용을 시・도지사 또는 시장・군수・구청장에게 지체 없이 통지하여야 한다.

해설

수사경찰, 분야별 수사, 아동학대범죄 −

① (×) 처리절차, **고소**: 피해아동에게 **고소할 법정대리인이나 친족이 없는 경우**에 **이해관계인이 신청**하면 **검사는 10일 이내에**[♣20일 이내(X)] 고소할 수 있는 사람을 **지정하여야** 한다.(제10조의4 제3항)〈23경간〉

② (×) 처리절차, **출입조사**: 아동학대 범죄 신고를 접수한 사법경찰관리나 아동학대전담공무원은 아동학대범죄가 행하여지고 있는 것으로 **신고된 현장 또는** 피해아동을 보호하기 위하여 **필요한 장소에 출입하여** 아동 또는 아동학대행위자 등 관계인에 대하여 **조사를 하거나 질문을 할 수 있**다.(제11조 제2항)

　　※ 다만, 아동학대전담공무원은 '**피해아동의 보호**' 및 '**사례관리**'를 위한 범위에서만 아동학대행위자 등 관계인에 대하여 **조사 또는 질문을 할 수 있**다.[♣하여야(X)](제11조 제2항 단서)〈23경간〉

③ (×) 아동학대법 일반, **수강명령 등 병과**: 법원은 아동학대행위자에 대하여 **유죄판결(선고유예는 제외**한다.[♣선고유예 포함(X)])을 선고하면서 **200시간의 범위**에서 재범예방에 필요한 **수강명령**(「보호관찰 등에 관한 법률」에 따른 수강명령) 또는 아동학대 **치료프로그램의 이수명령**(이하 "이수명령")을 병과할 수 있다.(제8조 제1항)<23경간>

④ (○) 처리절차, 긴급임시조치, 사후조치(아동학대법 제13조 제2항)<23경간>　　　　　　　　　정답 ④

테마 136 **스토킹범죄**

01 「스토킹범죄의 처벌 등에 관한 법률」에 관한 설명 중 가장 적절하지 않은 것은? <22.1채용>

① '스토킹범죄'란 지속적 또는 반복적으로 스토킹행위를 하는 것을 말한다.

② 사법경찰관리는 진행 중인 스토킹행위에 대하여 신고를 받은 경우 즉시 현장에 나가 스토킹 행위의 제지, 스토킹행위자와 피해자 분리, 유치장 또는 구치소에의 유치 등의 조치를 할 수 있다.

③ 스토킹범죄를 저지른 사람은 3년 이하의 징역 또는 3천만 원 이하의 벌금에 처한다.

④ 흉기 또는 그 밖의 위험한 물건을 휴대하거나 이용하여 스토킹 범죄를 저지른 사람은 5년 이하의 징역 또는 5천만 원 이하의 벌금에 처한다.

해설

수사경찰, 분야별 수사, 스토킹범죄 처벌 －

① (○) '스토킹범죄'(스토킹범죄의 처벌 등에 관한 법률 제2조 제2호)<22.1채용>

② (×) **응급조치**: 사법경찰관리는 진행 중인 스토킹행위에 대하여 **신고를 받은 경우 즉시 현장에 나가** 다음 각 호의 **조치를 하여야** 한다.[♣유치장 또는 구치소의 유치(X), ♣할 수(X)](제3조)<22.1채용>
　　　1. 스토킹행위의 **제지**, 향후 스토킹행위의 **중단 통보** 및 스토킹행위를 지속적 또는 반복적으로 할 경우 **처벌 경고**
　　　2. 스토킹행위자와 피해자등의 **분리** 및 **범죄수사**
　　　3. 피해자등에 대한 긴급응급조치 및 잠정조치 요청의 절차 등 **안내**
　　　4. 스토킹 피해 관련 상담소 또는 보호시설로의 피해자등 **인도**(피해자등이 동의한 경우만 해당)

③ (○) 스토킹 범죄 처벌 등(스토킹범죄의 처벌 등에 관한 법률 제18조 제1항)<22.1채용>

④ (○) 흉기등 휴대 스토킹 범죄의 처벌 등(스토킹범죄의 처벌 등에 관한 법률 제18조 제2항)<22.1채용>

정답 ②

02 「스토킹범죄의 처벌 등에 관한 법률」상 처리절차에 관한 내용 중 옳은 것은 모두 몇 개인가? ⟨22.2채용⟩

⊙ 사법경찰관은 스토킹행위 신고와 관련하여 스토킹행위가 지속적 또는 반복적으로 행하여질 우려가 있고 스토킹범죄의 예방을 위하여 긴급을 요하는 경우, 스토킹행위자에게 직권으로 또는 스토킹행위의 상대방이나 그 법정대리인 또는 스토킹행위를 신고한 사람의 요청에 의하여, 스토킹행위의 상대방이나 그 주거등으로부터 100미터 이내의 접근 금지, 전기통신기본법 제2조 제1호의 전기통신을 이용한 접근 금지 등의 조치를 할 수 있다.

⊙ 사법경찰관은 긴급응급조치를 하였을 때에는 지체 없이 검사에게 해당 긴급응급조치에 대한 사후승인을 지방법원 판사에게 청구하여 줄 것을 신청하여야 하며, 신청을 받은 검사는 긴급 응급조치가 있었던 때부터 48시간 이내에 지방법원 판사에게 해당 긴급응급조치에 대한 사후승인을 청구한다.

⊙ 긴급응급조치기간은 1개월을 초과할 수 없다.

⊙ 법원은 스토킹범죄의 원활한 조사 심리 또는 피해자 보호를 위하여 잠정조치가 필요하다고 인정하는 경우에는 결정으로 스토킹행위자를 경찰관서의 유치장 또는 구치소에 1개월을 초과하지 않는 범위에서 유치할 수 있다. 다만 법원은 피해자의 보호를 위하여 그 기간을 연장할 필요가 있다고 인정하는 경우에는 결정으로 2개월의 범위에서 연장할 수 있다.

① 1개   ② 2개   ③ 3개   ④ 4개

해설

수사경찰, 분야별 수사, 스토킹범죄 처벌 −

⊙ (○) 긴급응급조치(스토킹범죄의 처벌 등에 관한 법률 제4조 제1항)⟨22.2채용⟩

⊙ (○) 긴급응급조치, 사후승인(스토킹범죄의 처벌 등에 관한 법률 제5조 제1항 제2항)⟨22.2채용⟩

⊙ (○) 긴급응급조치 기간(스토킹범죄의 처벌 등에 관한 법률 제5조 제5항)⟨22.2채용⟩

⊙ (✕) **잠정조치 기간 :** '100미터 이내 접근금지, 전기통신을 이용한 접근금지'의 잠정조치기간은 **2개월**, '**유치장 또는 구치소에의 유치**'의 잠정조치기간은 **1개월**을 **초과할 수 없다.** 다만, 법원은 피해자의 보호를 위하여 그 기간을 연장할 필요가 있다고 인정하는 경우에는 결정으로 '**100미터 이내 접근금지, 전기통신을 이용한 접근금지**'의 잠정조치에 대하여 두 차례에 한정하여 각 **2개월의 범위에서 연장할 수 있다.**[♣'유치장 또는 구치소에의 유치'의 잠정조치기간은 2개월 범위에서 연장할 수(✕)](제9조 제5항)⟨22.2채용⟩   정답 ③

03 「스토킹범죄의 처벌 등에 관한 법률」상 잠정조치로 적절한 것은 모두 몇 개인가? ⟨23경간⟩

가. 국가경찰관서의 유치장 또는 구치소에의 유치

나. 스토킹행위자와 피해자 등의 분리 및 범죄수사

다. 피해자 또는 그의 동거인, 가족이나 그 주거 등으로부터 100미터 이내의 접근 금지

라. 스토킹 피해 관련 상담소 또는 보호시설로의 피해자 등 인도(피해자 등이 동의한 경우만 해당한다)

마. 피해자 또는 그의 동거인, 가족에 대한 「전기통신기본법」 제2조 제1호의 전기통신을 이용한 접근 금지

① 1개   ② 2개   ③ 3개   ④ 4개

해설

수사경찰, 활동, 스토킹범죄 −

가.다.마. (○) 잠정조치(스토킹범죄 처벌법 제9조 제1항)<23경간>

나.라. (✕) **응급조치**[♣잠정조치(X)](스토킹범죄 처벌법 제3조 제2호, 제4호)<23경간·22.1채용>   정답 ③

---

04 「스토킹범죄의 처벌 등에 관한 법률」상 잠정조치에 대한 설명으로 가장 적절하지 않은 것은? 〈24승진〉

① 검사는 스토킹범죄가 재발될 우려가 있다고 인정하면 직권 또는 사법경찰관의 신청에 따라 법원에 스토킹행위자에 대한 잠정조치를 청구할 수 있다.

② 법원은 스토킹범죄의 원활한 조사·심리 또는 피해자 보호를 위하여 필요하다고 인정하는 경우에는 결정으로 스토킹행위자에게 피해자 또는 그의 동거인, 가족에 대한 「전기통신기본법」 제2조 제1호의 전기통신을 이용한 접근 금지조치를 할 수 있다.

③ 피해자 또는 그의 동거인, 가족이나 그 주거 등으로부터 100미터 이내의 접근을 금지하는 잠정조치를 이행하지 아니한 사람은 2년 이하의 징역 또는 2천만원 이하의 벌금에 처한다고 규정되어 있다.

④ 법원이 스토킹행위자에게 국가경찰관서의 유치장 또는 구치소에의 유치의 잠정조치를 하는 경우 그 기간은 1개월을 초과할 수 없다. 다만, 법원은 피해자의 보호를 위하여 그 기간을 연장할 필요가 있다고 인정하는 경우에는 결정으로 두 차례에 한정하여 각 1개월의 범위에서 연장할 수 있다.

해설

수사경찰, 분야별 수사, 스토킹범죄처벌법, 잠정조치 −

① (○) 청구(제8조 제1항)<24승진>

② (○) 유형(제9조 제1항 제3호)<23경간>

③ (○) 처벌: 100미터 이내 접근금지(제2호), 전기통신을 이용한 접근금지(제3호) 위반(제20조 제2항)<24승진>

④ (✕) **내용**: '**100미터 이내 접근금지, 전기통신을 이용한 접근금지**', '**전자장치 부착**'의 잠정조치기간은 **3개월**, '**유치장 또는 구치소에의 유치**'의 잠정조치기간은 **1개월**을 **초과할 수 없다.** 다만, 법원은 피해자의 보호를 위하여 그 기간을 연장할 필요가 있다고 인정하는 경우에는 결정으로 '**100미터 이내 접근금지, 전기통신을 이용한 접근금지**', '**전자장치부착**'의 잠정조치에 대하여 두 차례에 한정하여 각 **3개월의 범위에서 연장할 수 있다.**[♣'유치장 또는 구치소에의 유치'의 잠정조치기간은 1개월 범위에서 두 차례 연장할 수(X)](제9조 제7항)<24승진·22.2채용>   정답 ④

테마 137 **마약범죄 수사**

01 「마약류 관리에 관한 법률」상 마약류에 대한 설명으로 가장 적절하지 않은 것은? 〈18경위〉

① GHB는 무색무취의 짠맛이 나는 액체로 소다수 등 음료에 타서 복용하며, 근육강화 호르몬 분비효과가 있다.

② 카리소프로돌(일명 S정)은 내성이나 심리적 의존현상은 있지만 금단증상은 일으키지 않는다고 알려져 있으며, 일부 남용자들은 '플래시백 현상'을 일으키기도 한다.

③ 야바(YABA)는 카페인, 에페드린, 밀가루 등에 필로폰을 혼합한 것으로 원료가 화공약품이기 때문에 보다 안정적인 밀조가 가능하다.

④ 메스카린(Mescaline)은 미국의 텍사스나 멕시코 북부지역에서 자생하는 선인장인 페이요트에서 추출·합성한 향정신성의약품이다.

해설

수사경찰, 분야별 수사, 마약사범 수사, 향정신성 의약품 –

① (○) GHB〈18승진〉

② (✕) **S정**: 과다복용 시 **인사불성, 혼수쇼크, 호흡저하, 사망**에까지 이르게 된다. 금단증상으로 **온몸이 뻣뻣해지고 뒤틀리며** 혀 **꼬부라지는 소리**, 중추신경에 작용하여 **골격근육 이완의 효과 있는** '카리소프로돌'을 말함.[♣플래시백 효과(X)]〈18승진·11경간〉[☺인사불성에 혀 꼬부라지면 S자로 가리]

③ (○) **야바**: **태국 등** 동남아 **지역**에서 주로 생산되어 유흥업소 **종사자, 육체노동자 등 중심 확산**, 카페인, 에페드린, 밀가루 등에 필로폰을 혼합한 것으로 **순도가 20~30% 정도로 낮고,**〈18승진〉 **적갈색, 오렌지색, 흑색, 녹색 등 여러 가지 색**으로 제조된다. ※ 야바는 종래 야마(Yahmah, 원기나는 약)로 불리웠으나 최근 필로폰에 대한 경계심에서 야바(YABA, 미치게 하는 약)로 호칭됨. [♣GHB(X)]〈11경간〉 원재료가 화공약품인 관계로 양귀비 작황에 좌우되는 헤로인과 달리 안정적인 **밀조가 가능**하다.〈18승진〉[☺야동업소 낮엔 미치게 안정적]

④ (○) 메스카린(Mescaline): 선인장인 **페이**요트에서 추출 합성〈18승진·11경간·02여경〉[☺메스꺼운 요트(위) 선인장]

정답 ②

02 마약류에 관한 다음 설명 중 옳은 것은 모두 몇 개인가? 〈18경간〉

> 가. MDMA(엑스터시)는 독일에서 식욕감퇴제로 개발된 것으로, 포옹마약으로도 지칭된다.
> 나. GHB(물뽕)는 미국이나 유럽 등지에서는 성범죄용으로 악용되어 '데이트 강간 약물'이라고도 불린다.
> 다. 러미나(덱스트로메트로판)는 청소년들 사이에서 소주에 타서 마시기도 하는데 정글쥬스라고도 한다.
> 라. S정(카리소프로돌)은 근골격계 질환 치료제이며 과다복용시 사망까지 이를 수 있다.
> 마. L.S.D.는 우편·종이 등의 표면에 묻혔다가 뜯어서 입에 넣는 방법으로 복용하기도 한다.
> 바. 야바(YABA)는 카페인, 에페드린, 밀가루 등에 필로폰을 혼합한 것으로 순도가 낮다.
> 사. 메스카린은 선인장인 페이요트에서 추출·합성한 향정신성의약품이다.

① 4개 ② 5개 ③ 6개 ④ 7개

해설

수사경찰, 분야별 수사, 마약사범 수사 −

가.나.다.라.마.바.사. − (○)〈18경간〉

정답 ④

03 다음은 마약류에 대한 설명이다. 옳은 것으로 묶인 것은? 〈19.1채용〉

> ㉠ 마약이라 함은 양귀비, 아편, 대마와 이로부터 추출되는 모든 알칼로이드로서 대통령령으로 정하는 것을 말한다.
> ㉡ GHB(일명 물뽕)는 무색, 무취, 무미의 액체로 유럽 등지에서 데이트 강간약물로도 불린다.
> ㉢ LSD는 곡물의 곰팡이, 보리 맥각에서 추출한 물질을 인공 합성시켜 만든 것으로 무색, 무취, 무미하다.
> ㉣ 코카인은 「마약류 관리에 관한 법률」에서 규제하는 향정신성의약품에 해당한다.
> ㉤ 마약성분을 갖고 있으나 다른 약들과 혼합되어 마약으로 다시 제조하거나 제제할 수 없고, 그것에 의하여 신체적 또는 정신적 의존성을 일으키지 아니하는 것으로서 총리령으로 정하는 것을 한외마약이라고 한다.
> ㉥ 한외마약은 코데날, 코데잘, 코데솔, 코데인, 유코데, 세코날 등이 있다.

① ㉠㉥ ② ㉡㉢ ③ ㉢㉤ ④ ㉣㉤

해설

수사경찰, 분야별 수사, 마약사범 수사 -

㉠ (×) 마약이란,

　ⓐ **양귀비, 아편, 코카 잎**이나,

　ⓑ 양귀비, 아편 또는 코카 잎에서 **추출되는 모든 알카로이드** 및 그와 동일한 **화학적 합성품**으로서 **대통령령**으로 정하는 것[♣대마(X)]<19.1채용>

　ⓒ 규정된 것 외에 그와 **동일**하게 남용되거나 해독(害毒) 작용을 일으킬 우려가 있는 **화학적 합성품**으로서 **대통령령**으로 정하는 것,

　ⓓ 위의 것을 함유하는 **혼합물질 또는 혼합제제**를 말한다.(한외마약 제외)(마약류관리에 관한 법률 제2조 제2호 가,나,다,라,마)

㉡ (×) GHB : **무색무취**의 **짠맛이 나는 액체**로 **근육강화 호르몬 분비효과**가 있다.[♣무미의(X)]<18승진·19.1채용>

㉢ (○) LSD<19.1채용>

㉣ (×) **천연마약** : 양귀비, 생아편, 몰핀, 코데인, 테바인, **코카인**, 크랙, 아세토르핀[♣향정신성의약품(X)]<08.1·19.1채용>

㉤ (○) 한외마약(마약에서 제외)(마약류관리에 관한 법률 제2조 제2호 '바')<19.1채용>

㉥ (×) **한외마약** : 코데솔, 코데잘, 코데날, 유코데, **세코날**, 인산코데인**정** 등(처벌되지 않음)[♣테바인(X), 코카인(X), 코데인(X)]<12·13승진·03여경·경간·19.1채용>　[☺한솔 잘날(난) 유세정]　**정답** ③

---

04 마약류에 대한 설명으로 가장 적절한 것은? 〈20경감〉

① 한외마약이란 일반약품에 마약성분을 미세하게 혼합한 약물로 신체적·정신적 의존성을 일으킬 염려가 없어 감기약 등으로 판매되는 합법의약품이다.

② 향정신성의약품 중 덱스트로 메트로판은 강한 중추신경 억제성 진해작용이 있으며 의존성과 독성이 강하다.

③ 마약의 분류 중 합성 마약으로는 헤로인, 옥시코돈, 하이드로폰 등이 있다.

④ GHB는 무색·무취의 짠맛이 나는 액체로 소다수 등의 음료에 타서 복용하며, 특히 미국, 유럽 등지에서 성범죄용으로 악용되어 '정글 주스'라고도 불린다.

해설

수사, 마약사범 수사 -

① (○) 한외마약<20승진>

② (×) **덱스트로 메트로판** : 강한 **중추신경 억제성 진해작용**이 있으나 **의존성과 독성은 없어, 코데인 대용**으로 널리 시판된다.[♣의존성과 독성이 강하다.(X)]<20승진>

③ (×) **반합성마약** : 헤로인, **히드로모르핀**, 옥시코돈, **하이드로폰** 등[♣합성 마약(X)]<20승진>[☺히옥(에게) 반헤(서) 하이 !]

④ (×) GHB : **무색무취**의 **짠맛이 나는 액체**로 소다수 등 **음료에 타서 복용**한다.[♣무미의(X)]<18승진·19.1채용> / '물 같은 히로뽕'이라는 뜻으로 일명 **물뽕**으로 불린다.<20승진·19.1·20.1채용> / 미국, 캐나다, 유럽 등지에서 **성범죄용으로 악용**되어 '**데이트 강간 약물**(Date rape drug)'로도 불린다.[♣정글쥬스(X) → 러미라]<18경간·19.1채용>　**정답** ①

05 마약류에 대한 설명으로 가장 적절한 것은? 〈20.1채용〉

① 러미나(덱스트로메트로판)는 강한 중추신경 억제성 진해작용이 있으며, 의존성과 독성이 강한 특징이 있다.

② 카리소프로돌(일명 S정)은 골격근 이완의 효과가 있는 근골격계 질환 치료제로서 과다복용 시 인사불성, 혼수쇼크, 호흡저하, 사망에까지 이르게 할 수 있다.

③ GHB는 무색, 무취, 무미의 액체로 소다수 등 음료수에 타서 복용하여 '물 같은 히로뽕'이라는 뜻으로 일명물뽕으로 불리고 있다.

④ 사일로시빈은 미국의 텍사스나 멕시코 북부지역에서 자생하는 선인장인 페이요트(Peyote)에서 추출 합성한 향정신성의약품 이다.

해설

수사경찰, 마약수사, 향정신성의약품 −

① (✕) **러미나(덱스트로메트로판)** : 강한 **중추신경 억제성 진해작용**이 있으나 **의존성과 독성은 없어**, 코데인 대용으로 널리 시판된다.[♣의존성과 독성이 강하다.(X)]〈20승진·20.1채용〉

② (○) **카리소프로돌(일명 S정)**〈18경간·20.1채용〉

③ (✕) **GHB : 무색, 무취의 짠 맛 나는 액체**, 소다수 등 **음료에 타서 복용**하여 '물 같은 히로뽕'이라는 뜻으로 일명 **물뽕**으로 불린다.[♣무미(X)]〈19.1·20.1채용〉

④ (✕) **사일로시빈 ;** 남미에서 자생하는 사일로시비라고 부르는 **버섯에서 추출**[♣독일에서 식욕감퇴제로 개발한 것이 사일로 사이빈(X)]〈10·20.1채용〉 [😀버섯사이]

메스카린 : 선인장인 페이요트에서 추출 합성〈18승진·11·18경간·02·20.1채용〉 [😀메스꺼운 요트(위) 선인장]

정답 ②

---

06 「마약류 관리에 관한 법률」상 '대마'의 정의에 해당하지 않은 것은? 〈23승진〉

① 대마초와 그 수지

② 대마초과 그 수지와 동일한 화학적 합성품으로서 대통령령으로 정하는 것

③ 대마초 또는 그 수지를 원료로 하여 제조된 모든 제품

④ 대마초의 종자·뿌리 및 성숙한 대마초의 줄기

해설

수사경찰, 마약류관리에 관한 법률, 대마 −

마약류관리에 관한 법률상 대마 : ① 대마초와 그 **수지**, ② 대마초 또는 그 수지를 원료로 하여 **제조된 모든 제품**, ③ ① 또는 ②에 규정된 것과 **동일한 화학적 합성품으로서 대통령령으로 정하는 것**, ④ ①부터 ④까지 규정된 것을 함유하는 **혼합물질 또는 혼합제제**

※ 다만 **종자, 뿌리 및 성숙한 대마초의 줄기**와 그 제품은 규제하지 않는다.〈종자껍질은 흡연하면 처벌)[♣뿌리와 종자도 포함(X)]〈07기동대〉[♣종자, 뿌리 및 성숙한 대마초의 줄기와 그 제품 단순 소지한 경우 처벌(X)](제2조 제4호)〈23승진·07공채〉

정답 ④

---

07 다음은 「마약류 관리에 관한 법률 및 동법 시행령」상 마약류에 관한 설명이다. 〈보기 1〉의 설명과 〈보기 2〉마약류의 품명이 가장 적절하게 연결된 것은? 〈23.1채용〉

┤ 보기1 ├

㉠ 진해거담제로서 의사의 처방이 있으면 약국에서 구입 가능하고, 도취감과 환각작용을 느끼기 위해 사용량의 수십 배를 남용하는 경우도 있다. 청소년들이 소주에 타서 마시기도 하여 흔히 '정글주스'라고도 불린다.

㉡ 골격근 이완의 효과가 있는 근골격계 질환 치료제이며, 과다복용 시 인사불성, 혼수쇼크, 호흡저하, 사망에까지 이를 수 있다.

㉢ 곡물의 곰팡이, 보리 맥각에서 추출·합성한 무색·무취·무미의 매우 강력한 환각제로, 내성은 있으나 금단증상은 일으키지 않는다고 알려져 있다.

㉣ 페놀계화합물로 흔히 수면마취제라고 불리는 정맥마취제로서 수면내시경 검사 마취 등에 사용되고, 환각제 대용으로 오남용되는 사례가 있으며, 정신적 의존성을 유발하기도 한다.

┤ 보기2 ├

ⓐ 카리소프로돌(S정)　　　　　　ⓑ 프로포폴
ⓒ LSD　　　　　　　　　　　　ⓓ 덱스트로메트로판(러미나)

① ㉠ - ⓓ　㉡ - ⓒ　㉢ - ⓐ　㉣ - ⓑ
② ㉠ - ⓓ　㉡ - ⓐ　㉢ - ⓒ　㉣ - ⓑ
③ ㉠ - ⓒ　㉡ - ⓑ　㉢ - ⓓ　㉣ - ⓐ
④ ㉠ - ⓓ　㉡ - ⓐ　㉢ - ⓑ　㉣ - ⓒ

해설

수사경찰, 마약수사, 향정신성의약품 –

㉠ **러미라(덱스트로 메트로판)**〈20승진·18경간·23.1채용〉

㉡ **S정**〈18승진·11·18경간·20.1·23.1채용〉

㉢ **L.S.D**〈16승진·23.1채용〉

㉣ **프로포폴**〈23.1채용〉　　　　　　　　　　정답 ②

08 마약류에 관한 설명으로 가장 적절하지 않은 것은? (다툼이 있는 경우 판례에 의함) ⟨24승진⟩

① 마약류 매매 여부가 쟁점이 된 사건에서 매도인으로 지목된 피고인이 수수사실을 부인하고 있고 이를 뒷받침할 금융자료 등 객관적 물증이 없는 경우, 마약류를 매수하였다는 사람의 진술만으로 유죄를 인정하기 위해서는 그 사람의 진술이 증거능력이 있어야 함은 물론 합리적인 의심을 배제할 만한 신빙성이 있어야 한다.

② 「마약류 관리에 관한 법률」 제2조에 따르면 '원료물질'이란 마약류가 아닌 물질 중 마약 또는 향정신성의약품의 제조에 사용되는 물질로서 대통령령으로 정하는 것을 말한다.

③ 프로포폴은 페놀계 화합물로 흔히 수면마취제라고 불리는 정맥마취제로서 수면내시경 등에 사용되나, 환각제 대용으로 오남용되는 사례가 있으며, 정신적 의존성을 유발하기도 하여 향정신성의약품으로 지정되어 관리되고 있다.

④ GHB는 사용 후 통상적으로 15분 후에 효과가 발현되고 그 효과는 3시간 정도 지속되며 무색, 무취, 무미의 액체로 유럽 등지에서 데이트 강간약물로도 불린다.

해설

수사경찰, 분야별 수사, 마약범죄 수사 －

① (○) 판례(대법원 2014도1779 판결 [마약류 관리에 관한 법률위반(향정)])⟨24승진⟩

② (○) 용어, '원료물질'(마약류 관리에 관한 법률 제2조 제6호)⟨24승진⟩

③ (○) '프로포폴'(마약류 관리에 관한 법률)⟨24승진・23.1채용⟩

④ (×) 향정신성의약품, **GHB**: 1회 20ml 음료 등에 혼합사용 **15분 후 효과발현, 3시간 지속**, 24시간 이내 인체에서 빠져나가 사후 추적 불가능하다. **무색・무취의 짠맛이 나는 액체**로 소다수 등 **음료에 타서 복용**한다.[♣무미(X)]⟨18・24승진・19.1채용⟩ **정답** ④

---

4 특별사법 수사

01 사이버범죄의 유형에 대한 설명 중 옳지 않은 것은? ⟨15경위・19경간⟩

① 해킹, 바이러스 유포, 메일폭탄 등은 '사이버테러형 범죄'에 해당한다.

② 컴퓨터 자료에 대한 논리적 가해행위도 '컴퓨터 파괴행위'에 해당한다.

③ 컴퓨터 부정조작 유형 중 기존의 프로그램을 변경하거나 기존의 프로그램과 전혀 다른 새로운 프로그램을 작성, 투입하는 방법을 '프로그램 조작'이라 한다.

④ 컴퓨터 부정조작 유형 중 일부 은닉・변경된 자료나 허구의 자료 등을 컴퓨터에 입력시켜 잘못된 산출을 초래하도록 하는 방법을 '산출조작'이라 한다.

수사경찰, 특별사범 수사 −

① (○) 사이버테러형 범죄 : ① **해킹**(시스템 보안망의 무력화), ② **메일폭탄**, ③ **바이러스 유포**, ④ **DOS 공격**(대상 컴퓨터에 과부하)<19경간 · 15승진>

② (○) 컴퓨터 파괴행위 : **프로그램 파괴 및 컴퓨터 사용 불능행위** − 컴퓨터에 대한 **물리적 가해행위**, 컴퓨터 **자료에 대한 논리적 가해행위**(자료삭제, 변경, **자료접근 방해행위**)<19경간>

③ (○) 프로그램 조작 : **기존프로그램 변경**, 혹은 **다른 프로그램 작성 · 투입**<19경간 · 08채용>

④ (×) **투입조작[♣산출물 조작(X)]** ➡ 일부 **은닉 · 변경된 자료**나 **허구의 자료**를 **입력**시켜 잘못된 산출을 초래케 하는 방법<19경간> / **산출물조작** ➡ 정당하게 처리, 산출된 산출물의 내용을 **변경시키는** 방법<19경간>　　정답 ④

---

02 「대기환경보전법」의 내용으로 가장 적절한 것은? <18경위>

① '기후 · 생태계 변화유발물질'이란 지구 온난화 등으로 생태계의 변화를 가져올 수 있는 모든 물질로서 온실가스와 대통령령으로 정하는 것을 말한다.

② '온실가스'란 적외선 복사열을 흡수하거나 다시 방출하여 온실효과를 유발하는 대기 중의 가스상태 물질로서 이산화탄소, 메탄, 아산화질소, 수소불화탄소, 과불화탄소, 육불화황을 말한다.

③ '입자상물질(粒子狀物質)'이란 물질이 파쇄 · 선별 · 퇴적 · 이적(移積)될 때, 그 밖에 기계적으로 처리되거나 연소 · 합성 · 분해될 때에 발생하는 기체상의 미세한 물질을 말한다.

④ '특정대기유해물질'이란 유해성대기감시물질 중 제7조에 따른 심사 · 평가 결과 저농도에서도 장기적인 섭취나 노출에 의하여 사람의 건강이나 동식물의 생육에 직접 또는 간접으로 위해를 끼칠 수 있어 대기 배출에 대한 관리가 필요하다고 인정된 물질로서 대통령령으로 정하는 것을 말한다.

수사경찰, 특별사범 수사 −

① (×) **기후 · 생태계 변화유발물질** : 지구 온난화 등으로 생태계의 변화를 가져올 수 있는 기체상물질(氣體狀物質)로서 온실가스와 환경부령으로[♣대통령령으로(X)] 정하는 것을 말한다.(제2조 제2호) <18승진>

② (○) 온실가스(대기환경보전법 제2조 제3호)<18승진>

③ (×) **입자상물질(粒子狀物質)** : 물질이 파쇄 · 선별 · 퇴적 · 이적(移積)될 때, 그 밖에 기계적으로 처리되거나 연소 · 합성 · 분해될 때에 발생하는 고체상(固體狀) 또는 액체상(液體狀)의 미세한 물질을 말한다.[♣기체상(X)](제2조 제5호)<18승진>

④ (×) **특정대기유해물질** : 유해성대기감시물질 중 제7조에 따른 심사 · 평가 결과 저농도에서도 장기적인 섭취나 노출에 의하여 사람의 건강이나 동식물의 생육에 직접 또는 간접으로 위해를 끼칠 수 있어 대기 배출에 대한 관리가 필요하다고 인정된 물질로서 환경부령으로[♣대통령령으로(X)] 정하는 것을 말한다.(제2조 제9호)<18승진>　　　　　　　　　　　　　정답 ②

03 | 경비경찰

제1장 경비경찰 일반

1 경비경찰 의의, 근거와 한계

01 경비경찰의 특징에 대한 설명으로 가장 적절하지 않은 것은? 〈19경감〉

① 복합기능적 활동-경비사태가 발생한 후의 진압뿐만 아니라 특정한 사태가 발생하기 전의 경계·예방의 역할을 수행한다.

② 현상유지적 활동-경비활동은 기본적으로 현재의 질서상태를 보존하는 것에 가치를 둔다고 할 수 있다. 그러나 정태적·소극적인 질서유지가 아닌 새로운 변화와 발전을 보장하기 위한 동태적·적극적인 의미의 유지작용이다.

③ 즉시적(즉응적) 활동-경비상황은 국가적으로나 사회적으로 중대한 영향을 미치므로 신속한 처리가 요구된다. 따라서 경비사태에 대한 기한을 정하여 진압할 수 없으며 즉시 출동하여 신속하게 조기에 제압한다.

④ 하향적 명령에 의한 활동-긴급하고 신속한 경비업무의 효율적인 처리를 위하여 지휘관을 한 사람만 두어야 한다는 의미로 폭동의 진압과 같은 긴급한 상황에서는 지휘관의 신속한 결단과 명확한 지침이 필요하다.

해설

경비경찰, 일반, 경비경찰의 특징 -

① (○) 복합기능적 활동<04·19승진·01경간·12.3채용>

② (△) 현상유지적 활동<12·19승진·12.3채용>
현상유지는 kreuzberg 판례에 의해 명백히 소극목적을 의미하지만, 특정논문에서 현재의 질서상태 유지가 경찰작용이라고 하면서도, '**소극적·정태적 활동이 아니**'라고 표현을 부적절하게 사용하였을 경우 출처를 밝히고 그 출처에 따라 문제를 출제하도록 했어야 한다. 원문인 실무종합은 물론이고 본 문제도 당연히 오답 시비에 휘말릴 수 있는 문제이다.

③ (○) 즉시적(즉응적) 활동<19승진>

④ (×) 경비경찰조직운영원칙 중 **지휘관 단일성의 원칙**[♣하향적 명령에 의한 활동(X)]　　　**정답** ④

02 경비경찰 조직운영의 원칙에 관한 설명으로 가장 적절하지 않은 것은? 〈23승진〉

① 치안협력성 원칙 : 경비경찰이 업무수행과정에서 국민의 협력을 구해야 하고, 국민이 스스로 협조를 할 때 효과적인 업무수행이 가능하다.

② 지휘관단일성 원칙 : 지시는 한 사람에 의해서 행해져야 하고, 보고도 한 사람을 통해서 이루어져야 한다.

③ 부대단위활동 원칙 : 부대에는 지휘관, 직원 및 대원, 지휘권과 장비가 편성되며 임무수행을 위한 보급지원체제를 갖추고 있어야 한다.

④ 체계통일성 원칙 : 경비업무를 효과적으로 수행하기 위해 복수의 지휘관을 두어야 한다.

해설

경비경찰, 일반, 조직운영의 원칙 −

① (○) 치안협력성의 원칙〈16 · 23승진 · 13경간〉

② (○) 지휘관단일성 원칙〈19 · 23승진〉

③ (○) 부대단위활동의 원칙〈23승진〉

④ (✕) **체계통일성 원칙** : 조직의 정점에서 말단에 이르는 **계선을 통하여 상하계급 간에 일정한 관계가 형성되어 책임과 임무 분담이 명확히 이루어져야** 한다.[♣복수의 지휘관을 두어야(X)]〈16 · 23승진 · 13경간〉

정답 ④

03 경비경찰의 종류 및 특징에 대한 설명으로 가장 적절하지 않은 것은? 〈21승진〉

① 경비경찰의 종류 중 치안경비란 공안을 해하는 다중범죄 등 집단적인 범죄사태가 발생하거나 발생할 우려가 있는 경우 적절한 조치로 사태를 예방 · 경계 · 진압하는 경찰을 내용으로 한다.

② 경비경찰의 종류 중 혼잡경비란 기념행사 · 경기대회 · 경축제례 등에 수반하는 조직화되지 않은 군중에 의하여 발생하는 자연적 · 인위적 혼란상태를 예방 · 경계 · 진압하는 경찰을 내용으로 한다.

③ 경비경찰은 다중범죄, 테러, 경호상 위해나 경찰작전상황 등이 발생하였을 경우 즉시 출동하여 신속하게 조기진압해야 하는 복합기능적인 활동이라는 특징을 갖는다.

④ 경비경찰은 지휘관의 하향적 명령에 의한 활동으로 부대원의 재량은 상대적으로 적고, 활동 결과에 대한 책임은 지휘관이 지는 경우가 많다는 특징을 갖는다.

해설

경비경찰, 활동 −

① (○) 치안경비〈21승진〉

② (○) 행사장안전경비(혼잡경비)〈99 · 21승진 · 14 · 18경간〉

③ (✕) **즉응적 활동** : 다중범죄, 테러, 경호상 위해나 경찰작전상황 등이 발생하였을 경우 **즉시 출동하여 신속하게 조기진압해야** 한다.[♣복합 기능적 활동(X)]〈19 · 21승진〉

④ (○) 하향적 명령에 의한 활동〈21승진 · 12.3채용〉

정답 ③

04 경비경찰 활동의 특징에 관한 설명으로 가장 적절하지 않은 것은? 〈24승진〉

① 경비사태에 대해 기한을 정하여 진압할 수 없고 즉시 출동하여 신속하게 조기 대응해야 한다는 점에서 즉시적(즉응적) 활동이다.

② 현재의 질서상태를 유지하는 것에 가치를 두는 현상유지적 활동으로 정태적이고 소극적인 특성을 가지나 질서유지를 통해 새로운 변화와 발전을 보장하기 위한 동태적이고 적극적인 특성은 갖지 않는다.

③ 경비사태가 발생한 후의 진압뿐만 아니라 특정한 사태가 발생하기 전의 경계 · 예방의 역할을 수행한다는 점에서 복합기능적 활동이다.

④ 경비사태가 발생할 때 조직적이고 집단적인 대응이 요구되므로 조직적 부대 활동에 중점을 둔 체계적인 부대편성과 관리 및 운영이 필요하다.

해설

경비경찰, 의의, 특성 −

① (○) 즉응적 활동<19 · 21 · 24승진>

② (X) **현상유지적 활동**: 경비경찰은 **현재의 질서상태를 보존하는 것에 가치**를 둔다고 할 수 있다.[♣소극적 · 정태적 활동만 의미(X)]<12 · 19 · 24승진 · 22경간 · 12.3채용> **적극적 · 동태적 의미의 질서유지작용을 내포**: 새로운 변화와 발전을 보장하기 위한 **동태적 · 적극적인 의미**의 유지작용이다.[♣동태적 · 적극적 유지가 아니라(X), ♣즉응적 활동(X)]<01 · 12 · 24승진>

③ (○) 복합기능적 활동<04 · 19 · 24승진 · 01경간 · 12.3채용>

④ (○) 조직적 부대활동<12 · 24승진>　　　　　　　　　　　　　　　　　　정답 ②

---

2 경비경찰의 근거와 한계

3 경비경찰의 근무, 원칙, 수단, 대상

테마 138 경찰비상업무규칙

01 「경찰 비상업무 규칙」에 대한 설명으로 가장 적절한 것은? 〈18.3채용〉

① "필수요원"이라 함은 전 경찰관 및 일반직공무원 중 경찰기관의 장이 지정한 자로 비상소집시 1시간 이내에 응소하여야 할 자를 말한다.

② "지휘선상 위치 근무"라 함은 감독순시 · 현장근무 및 사무실 대기 등 관할구역 내에 위치하는 것을 말한다.

③ 지휘관과 참모는 을호 비상 시 정위치 근무 또는 지휘선상 위치 근무를 원칙으로, 병호 비상 시 지휘선상 위치 근무를 원칙으로 한다.

④ 비상근무를 발령할 경우에는 정황의 특수성을 감안하여 비상근무의 목적이 원활히 달성될 수 있도록 가용경력을 최대한 동원하여야 한다.

경비경찰, 일반, 비상업무 −

① (○) 필수요원(비상업무규칙 제2조 제5호)<18.3채용>

② (×) **정위치 근무**: 감독순시 · 현장근무 및 사무실 대기 등 **관할구역 내에 위치**하는 것[♣지휘선상 근무(X)](제2조 제3호)<15승진 · 13.2 · 18.2 · 3채용>

③ (×) 을호비상: 지휘관과 참모 ☞ **정위치 근무 원칙**[♣정위치 또는 지휘선상 근무(X)]<13.2 · 18.3채용>
병호비상: 지휘관과 참모 ☞ **정위치 또는 지휘선상 근무 원칙**[♣지휘선상 근무(X)]<09 · 18.3채용>

④ (×) 비상근무, **동원**: 비상근무를 발령할 경우에는 정황의 특수성을 감안하여 비상근무의 목적이 원활히 달성될 수 있도록 가용경력을 최대까지 **동원할 수** 있다.[♣하여야(X)](제7조 제1항)<18.3채용>
정답 ①

02 「경찰 비상업무 규칙」에 대한 설명으로 가장 적절하지 않은 것은? 〈15 · 18 · 21승진〉

① "지휘선상 위치 근무"란 비상연락체계를 유지하며 유사시 1시간 이내에 현장지휘 및 현장근무가 가능한 장소에 위치하는 것을 말한다.
② "정착근무"란 사무실 또는 상황과 관련된 현장에 위치하는 것을 말한다.
③ "일반요원"이란 필수요원을 포함한 경찰관 등으로 비상소집시 2시간 이내에 응소하여야 할 자를 말한다.
④ "가용경력"이란 총원에서 휴가 · 출장 · 교육 · 파견 등을 제외하고 실제 동원될 수 있는 모든 인원을 말한다.

경비경찰, 일반, 비상업무 −

① (○) "지휘선상 위치 근무"(비상업무규칙 제2조 제2호)<15 · 19 · 21승진 · 13.2채용>

② (○) "정착근무"(비상업무규칙 제2조 제4호)<18 · 21승진 · 18.2채용>

③ (×) "일반요원": **필수요원을 제외**한 경찰관 등으로 비상소집시 **2시간 이내에 응소하여야** 할 자를 말한다.[♣필수요원 포함(X)](비상업무규칙 제2조 제6호)<21승진>

④ (○) "가용경력"(비상업무규칙 제2조 제7호)<15 · 18 · 19 · 20 · 21승진 · 18.2채용>
정답 ③

03 「경찰 비상업무 규칙」상 용어의 정의로 가장 적절하지 않은 것은? 〈18.2채용〉

① "가용경력"이라 함은 총원에서 휴가·출장·교육·파견 등을 제외하고 실제 동원될 수 있는 모든 인원을 말한다.

② "정위치 근무"라 함은 감독순시·현장근무 및 사무실 대기 등 관할구역 내에 위치하는 것을 말한다.

③ "정착근무"라 함은 사무실 또는 상황과 관련된 현장에 위치하는 것을 말한다.

④ "작전준비태세"라 함은 '경계강화' 단계를 발령하기 이전에 별도의 경력을 동원하여 경찰작전부대의 출동태세 점검, 지휘관 및 참모의 비상연락망 구축 및 신속한 응소체제를 유지하며, 작전상황반을 운영하는 등 필요한 작전사항을 미리 조치하는 것을 말한다.

해설

경비경찰, 일반, 비상업무 −

① (○) 가용경력(비상업무규칙 제2조 제7호)〈15·18승진·18.2채용〉

② (○) 정위치 근무(비상업무규칙 제2조 제3호)〈15승진·13.2·18.2채용〉

③ (○) 정착근무(비상업무규칙 제2조 제4호)〈18승진·18.2채용〉

④ (✕) **작전준비태세**: '경계강화' 단계를 발령하기 이전에 **별도의 경력동원 없이** 경찰작전부대의 출동태세 점검, 지휘관 및 참모의 비상연락망 구축 및 신속한 응소체제를 유지하며, 작전상황반을 운영하는 등 필요한 작전사항을 미리 조치하는 것을 말한다.[♣별도의 경력을 동원하여(X)](비상업무규칙 제2조 제9호)〈18.2채용〉   정답 ④

04 「경찰 비상업무 규칙」상 용어의 정의로 가장 적절하지 않은 것은? 〈19경위〉

① '가용경력'이라 함은 총원에서 휴가·출장·교육·파견 등을 제외하고 실제 동원될 수 있는 모든 인원을 말한다.

② '지휘선상 위치 근무'라 함은 비상연락체계를 유지하며 유사시 1시간 이내에 현장지휘 및 현장근무가 가능한 장소에 위치하는 것을 말한다.

③ '필수요원'이라 함은 전 경찰관 및 일반직공무원 중 경찰기관의 장이 지정한 자로 비상소집시 1시간 이내에 응소하여야 할 자를 말한다.

④ '작전준비태세'라 함은 '경계강화' 단계를 발령하기 이전에 별도의 경력을 동원하여 경찰작전부대의 출동태세 점검, 지휘관 및 참모의 비상연락망 구축 및 신속한 응소체제를 유지하며, 작전상황반을 운영하는 등 필요한 작전사항을 미리 조치하는 것을 말한다.

해설

경비경찰, 일반, 비상업무 −

① (○) 가용경력(비상업무규칙 제2조 제7호)〈15·18·19승진·18.2채용〉

② (○) 지휘선상 위치근무(비상업무규칙 제2조 제2호)〈15·19승진·13.2채용〉

③ (○) 필수요원(비상업무규칙 제2조 제5호)〈19승진·18.3채용〉

④ (✕) **작전준비태세**: '경계강화' 단계를 발령하기 이전에 **별도의 경력동원 없이** 경찰작전부대의 출동태세 점검, 지휘관 및 참모의 비상연락망 구축 및 신속한 응소체제를 유지하며, 작전상황반을 운영하는 등 필요한 작전사항을 미리 조치하는 것을 말한다.[♣별도의 경력을 동원하여(X)](비상업무규칙 제2조 제9호)〈19승진·18.2채용〉   정답 ④

05 「경찰 비상업무 규칙」에 대한 설명 중 가장 적절한 것은? 〈16 · 20승진〉

① 병호비상 시 연가를 중지하고 가용경력 30%까지 동원할 수 있다.

② 경계강화 시 지휘관과 참모는 비상연락망을 구축하고 신속한 응소체제를 유지한다.

③ '가용경력'이라 함은 총원에서 휴가 · 출장 · 교육 · 파견 등을 포함한 실제 동원될 수 있는 모든 인원을 말한다.

④ 비상근무 유형에 따른 분류에는 경비비상, 작전비상, 정보비상, 수사비상, 교통비상이 있다.

해설

경비경찰, 일반, 비상업무 −

① (×) **병호비상**: 부득이한 경우를 제외하고는 **연가를 억제**하고 **가용경력 30%까지 동원할 수 있다.**[♣ 연가를 중지(X)](비상업무규칙 제7조 제1항)〈20승진〉

② (×) **경계강화**: **지휘관과 참모**는 **지휘선상 위치 근무를 원칙**으로 한다.[♣지휘관과 참모는 비상연락망을 구축하고 신속한 응소체제를 유지한다.(X)](비상업무규칙 제7조 제1항 제4호 다)〈20승진〉

③ (×) **가용경력**: 총원에서 **휴가 · 출장 · 교육 · 파견 등을 제외**하고 실제 동원될 수 있는 모든 인원을 말한다.[♣휴가 · 출장 · 교육 · 파견 등을 포함(X)] (비상업무규칙 제2조 제7호)〈15 · 18 · 19 · 20승진 · 18.2 채용〉

④ (○) 경비경찰, 작전(경찰 비상업무 규칙 제4조 제1항)〈18 · 20승진〉 `정답` ④

06 「경찰 비상업무 규칙」상 비상근무의 종류별 정황에 대한 설명이다. 아래 아래 ㉠부터 ㉣까지의 설명 중 옳고 그름의 표시(O, X)가 바르게 된 것은? 〈22승진〉

㉠ 작전비상 − 갑호 − 대규모 적정이 발생하였으나 발생 징후가 현저한 경우

㉡ 교통비상 − 을호 − 농무, 풍수설해 및 화재로 극도의 교통혼란 및 사고발생시

㉢ 경비비상 − 병호 − 국제행사 · 기념일 등을 전후하여 치안수요가 증가하여 가용경력의 50%를 동원할 필요가 있는 경우

㉣ 수사비상 − 갑호 − 사회이목을 집중시킬 만한 중대범죄 발생시

① ㉠ (○) ㉡ (×) ㉢ (×) ㉣ (○)

② ㉠ (○) ㉡ (×) ㉢ (○) ㉣ (○)

③ ㉠ (×) ㉡ (×) ㉢ (○) ㉣ (×)

④ ㉠ (○) ㉡ (○) ㉢ (×) ㉣ (×)

해설

경비경찰, 경비경찰 근무 −
- ㉠ (○) 작전비상 : 비상업무규칙 별표1<20 · 22승진>
- ㉡ (×) 교통비상, 갑호 : 농무, 풍수설해 및 화재로 극도의 교통혼란 및 사고 **발생시**[♣을호(X)](비상업무 규칙 별표1)<22승진>
- ㉢ (×) 경비비상, 을호 : **연가를 중지**하고 **가용경력 50%까지 동원할 수** 있다.[♣병호(X)](제7조 제1항)<16 · 22승진 · 13.2 · 21.1채용>
- ㉣ (○) 수사비상, 갑호 : 비상업무규칙 별표1<20 · 22승진>

정답 ①

07 「경찰 비상업무 규칙」상 비상근무의 종류별 정황에 대한 설명으로 연결이 가장 적절한 것은? 〈20경감〉
① 정보비상 을호 : 간첩 또는 정보사범 색출을 위한 경계지역 내 검문검색 필요 시
② 작전비상 을호 : 대규모 적정이 발생하였거나 발생 징후가 현저한 경우
③ 수사비상 을호 : 사회이목을 집중시킬 만한 중대범죄 발생 시
④ 경비비상 을호 : 대규모 집단사태 · 테러 · 재난 등의 발생으로 치안질서가 혼란하게 되었거나 그 징후가 예견되는 경우

해설

경비경찰, 경비경찰 근무 −
- ① (×) **정보비상 갑호** : 간첩 또는 정보사범 색출을 위한 경계지역 내 **검문검색** 필요시[♣정보비상 을호(X)]<20승진>
- ② (×) **작전비상 갑호** : 대규모 적정이 발생하였거나 발생 징후가 현저한 경우[♣작전비상 을호(X)]<20승진>
- ③ (×) **수사비상 갑호** : 사회 이목을 집중시킬 만한 **중대범죄** 발생시[♣수사비상 을호(X)]<20승진>
- ④ (○) 경비비상 을호 발령정황(규칙 별표1)<20승진>

정답 ④

08 「경찰 비상업무 규칙」에 대한 설명으로 가장 적절하지 않은 것은? 〈21.1채용〉
① 필수요원이라 함은 전 경찰관 및 일반직공무원(이하 "경찰관 등"이라 한다) 중 경찰기관의 장이 지정한 자로 비상소집시 1시간 이내에 응소하여야 할 자를 말하며, 일반요원이라 함은 필수요원을 제외한 경찰관 등으로 비상소집시 2시간 이내에 응소하여야 할 자를 말한다.
② 비상근무는 경비 소관의 경비, 작전비상, 정보(보안) 소관의 정보비상, 수사 소관의 수사비상, 교통 소관의 교통비상, 생활안전 소관의 생활안전비상으로 구분하여 발령한다.
③ 비상근무 갑호가 발령된 때에는 연가를 중지하고 가용경력 100%까지 동원할 수 있고, 비상근무 을호가 발령된 때에는 연가를 중지하고 가용경력 50%까지 동원할 수 있으며, 비상근무 병호가 발령된 때에는 부득이한 경우를 제외하고는 연가를 억제하고 가용경력 30%까지 동원할 수 있다.
④ 작전준비태세가 발령된 때에는 별도의 경력동원 없이 경찰관서 지휘관 및 참모의 비상연락망을 구축하고 신속한 응소체제를 유지하며, 경찰작전부대는 상황발생 시 즉각 출동이 가능하도록 출동태세 점검을 실시하는 등의 비상근무를 한다.

해설

경비경찰, 경비경찰 근무 −

① (○) 필수요원(경찰비상업무규칙 제2조)<15 · 18승진 · 18.2 · 21.1채용>

② (×) **비상근무 구분**: 비상근무는 **경비 · 작전비상, 정보비상, 수사비상, 교통비상**으로 구분하여 발령한다.[♣생안비상(X)](비상업무규칙 제4조 제1항)<21.1채용>

③ (○) 비상근무 경찰력 동원(경찰비상업무규칙 제7조 제1항)<16승진 · 13.2 · 21.1채용>

④ (○) 작전준비태세(경찰비상업무규칙 제7조 제1항 제5호)<21.1채용>　　　　　　　　　　　정답 ②

---

09 「경찰 비상업무 규칙」에 대한 설명으로 가장 적절한 것은? ⟨23경간⟩

① 필수요원이라 함은 전 경찰공무원 및 일반직공무원 중 경찰기관의 장이 지정한 자로 비상소집 시 2시간 이내에 응소하여야 할 자를 말한다.

② 비상근무는 비상상황의 유형에 따라 경비소관의 경비, 작전비상, 수사소관의 수사비상, 안보소관의 안보비상, 치안상황소관의 교통, 재난비상으로 구분하여 발령한다.

③ 경계강화 발령시 별도의 경력동원 없이 특정분야의 근무를 강화하며 지휘관과 참모는 정위치 근무를 원칙으로 한다.

④ 비상근무의 발령권자는 비상상황이 발생하여 비상근무를 실시하고자 할 경우에는 비상근무의 목적, 지역, 기간 및 동원대상 등을 특정하여 별지 제1호 서식의 비상근무발령서에 의하여 비상근무를 발령한다.

해설

경비경찰, 일반, 경비경찰 근무, 경찰비상업무규칙 −

① (×) 용어정리, **필수요원**: 전 경찰관 및 일반 · 별정 · 기능직공무원 중 경찰기관의 장이 지정한 자로 비상소집 시 **1시간 이내**에 응소하여야 할 자[♣2시간 이내(X)](제2조 제5호)<19승진 · 23경간 · 18.3 · 21.1채용>

② (×) 비상근무, 구분, **비상상황의 유형에 따른 구분**: 1. 경비 소관: **경비, 작전비상**, 2. 안보 소관: **안보비상**, 3. 수사 소관: **수사비상**, 4. 교통 소관[♣치안상황소관(X)]: **교통비상**, 5. **치안상황 소관**: **재난비상**(제4조 제1항)<18 · 20승진 · 23경간>

③ (×) 비상근무, 경비비상, **경계강화**: 지휘관과 참모는 **지휘선상 위치 근무를 원칙**으로 한다.[♣정위치 근무 원칙(X)](제7조 제1항 제4호 다)<20승진 · 23경간>

④ (○) 비상근무 발령방법(비상업무규칙 제5조 제2항)<23경간>　　　　　　　　　　　정답 ④

---

10 경비경찰에 대한 설명으로 가장 적절하지 않은 것은? 〈22경간〉

① 경비경찰활동은 하향적 명령체계가 확보되어야 하므로 부대원의 재량은 상대적으로 적고, 활동의 결과에 대해서는 지휘관이 책임을 지는 것이 일반적이다.

② 경비수단의 종류 중 체포는 상대방의 신체를 구속하는 강제처분이며 직접적 실력행사로서 「경찰관 직무집행법」에 근거를 두고 있다.

③ 경비경찰은 실력행사시 상대의 저항력이 약한 시점을 포착하여 가장 적절한 시기에 강력하고 집중적인 실력행사를 하여야 한다.

④ 경비경찰 활동은 현재의 질서상태를 보존하는 것에 중점을 두는 현상유지적 활동 수행의 특성을 가진다.

해설

경비경찰, 일반 −
① (○) **특성**: 하향적 명령에 의한 활동〈22경간·21승진·12.3채용〉
② (×) **경비경찰의 수단, 체포**: 상대방의 신체를 구속하는 **직접적 강제처분**으로서 **형사소송법에 근거**를 둔다.[♣경찰관 직무집행법에 근거(X)]〈21승진·22경간·11.1채용〉
③ (○) **경비경찰의 수단, 경비수단의 원칙**: 시점의 원칙〈14·21승진·15·22경간〉
④ (○) **특성**: 현상유지적 활동〈12·19승진·22경간·12.3채용〉   정답 ②

11 경비수단에 대한 설명 중 가장 적절한 것은? 〈21승진〉

① 경비부대를 전면에 배치 또는 진출시켜 위력을 과시하거나 경고하여 범죄실행의 의사를 자발적으로 포기하도록 하는 '경고'는 「경찰관 직무집행법」 제5조에 근거를 두고 있다.

② 경비수단의 원칙 중 '위치의 원칙'은 상대방의 저항력이 가장 허약한 시점을 포착하여 집중적이고 강력한 실력행사를 하여야 한다는 원칙이다.

③ 직접적 실력행사인 '제지'와 '체포'는 경비사태를 예방·진압하거나 상대방의 신체를 구속하는 강제처분으로서 모두 「경찰관 직무집행법」 제6조에 근거를 두고 있다.

④ 경비수단의 원칙 중 '균형의 원칙'은 작전시의 변수의 발생은 사회적으로 큰 파장을 미칠 수 있으므로 경찰병력이나 군중들을 사고 없이 안전하게 진압하여야 한다는 원칙이다.

해설

경비경찰, 일반, 경비수단 −
① (○) 경고: **경찰관 직무집행법 제5조 및 제6조**〈21승진·11채용〉
   ※ 경찰관 직무집행법 제5조는 위험발생의 방지, 제6조는 범죄의 예방과 제지이므로 범죄실행의 의사를 자발적으로 포기하도록 하는 경고는 경찰관 직무집행법 제6조와 좀 더 가까우므로 주의가 필요하고 상대적으로 보면 오답처리가 될 수도 있는 문제이다.
② (×) **경비수단의 원칙**: 시점의 원칙: 실력 행사시는 **상대의 허약한 시점을 포착**하여 적절한 실력행사를 하여야 한다는 원칙(= 적시의 원칙, 적시성)[♣위치의 원칙(X)]〈14·21승진·15경간〉
③ (×) **체포**: 상대방의 신체를 구속하는 **직접적 강제처분**으로서 **형사소송법에 근거**를 둔다.[♣경찰관 직무집행법에 근거(X)]〈21승진·11.1채용〉
④ (×) **경비수단의 원칙**: 안전의 원칙: 작전시의 변수의 발생은 사회적으로 큰 파장을 미칠 수 있으므로 경찰병력이나 군중들을 **사고 없이 안전하게 진압하여야** 한다는 원칙이다.[♣균형의 원칙(X)]〈21승진·15경간〉   정답 ①

제2장 경비경찰활동

테마 139 행사안전경비(혼잡경비) ▪ 1

01 행사안전경비에서 군중정리의 원칙에 관한 설명 중 가장 적절하지 않은 것은? 〈10경감 · 15.2 · 22.2채용〉

① 밀도의 희박화 – 제한된 면적의 특정한 지역에 사람이 많이 모이면 상호간에 충돌현상이 나타나고 혼잡이 야기되므로, 차분한 목소리로 안내방송을 진행함으로써 사전에 혼잡상황을 대비하여 사고를 방지할 수 있다.

② 이동의 일정화 – 군중은 현재의 자기 위치와 갈 곳을 잘 몰라 불안감과 초조감을 갖게 되므로 일정 방향과 속도로 이동을 시켜 주위의 상황을 파악할 수 있는 여건을 조성시킴으로써 심리적 안정감을 갖도록 하는 것이다.

③ 경쟁적 사태의 해소 – 다른 사람보다 먼저 가려는 심리상태를 억제시켜 질서 있게 행동하면 모든 일이 잘 될 수 있다는 것을 납득시키는 것이다. 이 경우 질서를 지키면 오히려 손해를 본다는 심리상태가 형성되지 않도록 주의하여야 한다.

④ 지시의 철저 – 분명하고 자세한 안내방송을 계속함으로써 혼잡한 사태를 회피하고 사고를 방지할 수 있다.

해설

경비경찰, 분야별 활동, 혼잡경비, 군중정리원칙 –

① (X) **지시의 철저**: 사태가 혼잡할 경우 계속적이고도 **자세한 안내방송으로 지시를[♣밀도의 희박화(X)]** 철저히 해서 **혼잡사태를 정리하고 사고를 방지할 수** 있다.〈15.2 · 22.2채용〉

② (○) 이동의 일정화〈15.2 · 22.2채용〉

③ (○) 경쟁적 사태의 해소〈15.2 · 22.2채용〉

④ (○) 지시의 철저〈15.2 · 22.2채용〉   정답 ①

---

02 경비경찰의 경비수단 종류 및 원칙에 관한 설명으로 가장 적절하지 않은 것은? 〈23승진〉

① 경고와 제지는 간접적 실력행사로서 「경찰관 직무직행법」에 근거를 두고 있다.

② 위치의 원칙이란 사태 진압시의 실력행사에 있어서 가장 유리한 지형·지물·위치 등을 확보하여 작전수행이나 진압을 용이하게 한다는 원칙이다.

③ 균형의 원칙이란 주력부대와 예비대를 적절하게 활용하여 한정된 경력으로 최대의 효과를 얻도록 해야 한다는 원칙이다.

④ 안전의 원칙이란 작전 때의 변수 발생은 사회적으로 큰 파장을 미칠 수 있으므로 사고 없는 안전한 진압을 실시해야 한다는 원칙이다.

해설

경비경찰, 일반, 수단 −

① (✕) **제지**: 일정한 행위에 대해 **관계자를 제한 또는 통제하는 직접적 강제처분행위**로서 **대인적 즉시 강제에 해당**한다.[♣간접적 실력행사(X)]<01 · 03 · 10 · 23승진 · 10채용>

② (○) **경비수단의 원칙**: 위치의 원칙<14 · 23승진 · 15경간>

③ (○) **경비수단의 원칙**: 균형의 원칙<04 · 13 · 14 · 23승진 · 15경간 · 09채용>

④ (○) **경비수단의 원칙**: 안전의 원칙<21 · 23승진 · 15경간>　　　　　　　　　　　　　　정답 ①

---

03 행사안전경비 중 부대의 편성과 배치에 대한 설명으로 적절한 것을 모두 고른 것은? <18경감>

　㉠ 경력은 단계별로 탄력적으로 운영한다.
　㉡ 경력배치는 항상 군중이 집결되기 전부터 사전배치함을 원칙으로 한다.
　㉢ 예비대의 운용여부 판단은 주최측과 협조하여 실시한다.
　㉣ 예비대가 관중석에 배치될 경우 관중이 잘 보이도록 행사장 앞쪽에 배치하는 것이 효과적이다.

---

① ㉠㉡　　　　　　② ㉠㉢　　　　　　③ ㉠㉣　　　　　　④ ㉢㉣

해설

경비경찰, 분야별 활동, 행사안전경비 −

㉠ (○) 경력배치<18승진>

㉡ (○) 경력배치, 사전배치원칙<02 · 18승진>

㉢ (✕) **혼잡경비 활동 시 주최 측과 협조할 사항**: 행사진행과정 파악, 용역경비원 활용권고, 자율적 질서유지 등[♣예비대 운용여부(X)]<18승진>

　※ **예비대의 운용여부는 경찰의 단독판단 사항**이고, 협조사항이 될 수가 없다.[♣행사 주최측과 협조사안(X)]<18승진>

㉣ (✕) 경력배치, **예비대 배치**: 관중석에 배치되는 **예비대는** 단시간에 혼란예상지역에 도달할 수 있도록 **통로주변에 배치해야** 한다.[♣관중이 잘 보이도록 행사장 앞쪽에 배치(X)]<18승진 · 03채용>　정답 ①

04 행사안전경비에 관한 다음 설명 중 가장 옳은 것은? 〈18경간〉

① 「공연법」 제11조에 의하면 공연장 운영자는 재해대처계획을 수립하여 매년 관할 시·도경찰청장에게 신고하여야 한다. 이 경우 시·도경찰청장은 신고 받은 재해대처계획을 관할 소방서장에게 통보하여야 한다.

② 「경비업법 시행령」 제30조에 의하면 시·도경찰청장은 행사장 그 밖에 많은 사람이 모이는 시설 또는 장소에서 혼잡 등으로 인한 위험의 발생을 방지하기 위하여 경비원에 의한 경비가 필요하다고 인정되는 때에는 행사개최일 전에 당해 행사의 주최자에게 경비원에 의한 경비를 실시하거나 부득이한 사유로 그것을 실시할 수 없는 경우에는 행사개최 36시간 전까지 시·도경찰청장에게 그 사실을 통지하여 줄 것을 요청해야 한다.

③ 「경찰관 직무집행법」 제5조(위험 발생의 방지 등)에 따라 경찰관은 행사경비를 실시함에 있어 매우 긴급한 경우 위해를 입을 우려가 있는 사람을 필요한 한도 내에서 억류할 수 있다.

④ 행사안전경비는 공연, 경기대회 등 미조직된 군중에 의하여 발생되는 자연적인 혼란상태를 사전에 예방·경계·진압하는 경비경찰활동으로 개인이나 단체의 불법행위를 전제로 한다.

해설

경비경찰, 분야별 활동, 행사안전경비 −

① (X) **재해대처계획 신고: 공연장 운영자는** 화재나 그 밖의 재해를 예방하기 위하여 그 공연장 종업원의 임무·배치 등 **재해대처계획을** 정하여 관할 **특별자치도지사·시장·군수·구청장에게 신고하여야** 한다.[♣시·도경찰청장에게 신고(X)] 이 경우 특별자치도지사·시장·군수·구청장은 신고 받은 재해대처계획을 관할 **소방서장에게 통보하여야** 한다.(공연법 제11조 제1항)〈18승진·18경간〉

② (X) **경비여부 통지요청: 시·도경찰청장은** 행사장 그밖에 많은 사람이 모이는 시설 또는 장소에서 혼잡 등으로 인한 위험의 발생을 방지하기 위하여 (법 제2조 제3호의 규정에 의한 경비원에 의한) 경비가 필요하다고 인정되는 때에는 행사개최일 전에 당해 행사의 주최자에게 **경비원에 의한 경비를 실시하거나 부득이한 사유로 그것을 실시할 수 없는 경우**에는 행사개최 **24시간 전까지 시·도경찰청장에게 그 사실을 통지하여 줄 것을 요청할 수** 있다.[♣36시간 전까지(X), ♣요청해야 한다.(X)](경비업법 시행령 제30조)〈18경간〉

③ (O) **억류·피난:** '매우 긴급한 경우'에 **위해를 입을 우려가 있는 사람**을 필요로 한도 내에서 억류하거나 피난시키는 조치를 할 수 있다.(경찰관직무집행법 제5조 제1항 제2호)〈08·16승진·18경간·11.1 채용〉

④ (X) **행사장안전경비(혼잡경비): 미조직 군중에 의하여 발생**되는 불측의 **자연적 혼란 상태에 대해** 예측 가능한 사항을 사전에 착안하여 예방·경계·진압하고 확대를 방지하는 경찰활동이다.[♣개인이나 단체의 불법행위를 전제로(X)]〈99승진·14·18경간〉　　　　　**정답** ③

05 「공연법」 및 「동법 시행령」의 내용으로 가장 적절하지 않은 것은? 〈18경위〉

① 공연장운영자는 화재나 그 밖의 재해를 예방하기 위하여 그 공연장 종업원의 임무·배치 등 재해대처계획을 수립하여 매년 관할 특별자치시장·특별자치도지사·시장·군수·구청장에게 신고하여야 한다. 이 경우 특별자치시장·특별자치도지사·시장·군수·구청장은 신고받은 재해대처계획을 관할 소방서장에게 통보하여야 한다.

② 재해대처계획에는 비상시에 하여야 할 조치 및 연락처에 관한 사항이 포함되어야 한다.

③ 공연장 외의 시설이나 장소에서 1천명 이상의 관람이 예상되는 공연을 하려는 자가 신고한 재해대처계획의 사항을 변경하려는 경우에는 해당 공연 7일 전까지 변경신고를 하여야 한다.

④ 재해대처계획을 신고하지 아니한 자는 1천만 원 이하의 과태료를 부과한다.

해설

경비경찰, 분야별 활동, 행사안전경비 -

① (○) 재해대처계획 신고(공연법 제11조 제1항)<18승진>

② (○) 재해대처계획 신고, 내용: **공연장 시설 등을 관리하는 자의 임무 및 관리 조직에 관한 사항, 비상시에 하여야 할 조치 및 연락처에 관한 사항**<18승진>, **화재예방 및 인명피해 방지조치에 관한 사항,** 안전관리비, 안전관리조직 및 안전교육에 관한 사항(공연법 시행령 제9조 제1항) [●무직 조연 방조, 비조교]

③ (○) 공연신고, 공연장 외: **공연장 외의 시설이나 장소에서 1천명 이상의 관람이 예상되는 공연을 하려는 자는 운영자와 공동으로 공연 개시 14일 전까지 재해대처계획을 관할 특별자치도지사·시장·군수 또는 구청장에게**[♣소방서장에게 신고(X), ♣서장에 신고의무 없다.(O)] **신고하여야** 하며, 신고한 사항을 변경하려는 경우에는 해당 공연 **7일 전까지 변경신고**를 하여야 한다.(공연법 시행령 제9조 제3항)<18승진>

④ (✕) **벌칙**: 대처계획 수립, 신고, 보완하지 아니한 자 **2천만 원 이하 과태료**를 부과한다.[♣1천만 원 이하 과태료(X)](제43조 제1항)<18승진>　　　정답 ④

06 행사안전경비에 대한 설명으로 가장 적절하지 않은 것은? 〈19경위〉

① 행사안전경비의 근거법령으로는 「국가경찰과 자치경찰의 조직 및 운영에 관한 법률」, 「경찰관 직무집행법」, 「경비업법 시행령」 등이 있다.

② 「공연법」 제11조에 의하면 공연장운영자는 재해대처계획을 관할 소방서장에게 신고하여야 한다.

③ 「공연법」에는 공연장운영자가 재해대처계획을 신고하지 않는 경우 과태료를 부과하는 규정이 있다.

④ 관중석에 배치되는 예비대는 통로 주변에 배치하는 것이 효과적이다.

해설

경비경찰, 분야별 활동, 행사안전경비 －

① (○) **조직법적 근거**: 국가경찰과 자치경찰의 조직 및 운영에 관한 법률(제3조), 경찰관 직무집행법(제2조)<14경간>/

　　　 작용법적 근거: 경찰관 직무집행법(제5조 위험발생방지)(제6조 범죄의 예방·제지), 경비업법시행령 등<19승진·14경간>

② (✕) **재해대처계획 신고**: **공연장운영자는** 화재나 그 밖의 재해를 예방하기 위하여 그 공연장 종업원의 임무·배치 등 **재해대처계획**을 정하여 관할 **특별자치도지사·시장·군수·구청장에게 신고하여야** 한다.[♣소방서장에게 신고(X)] 이 경우 특별자치도지사·시장·군수·구청장은 신고 받은 재해대처계획을 관할 **소방서장에게 통보하여야** 한다.(공연법 제11조 제1항)<18·19승진·18경간>

③ (○) **벌칙**: 대처계획 수립, 신고, 보완하지 아니한 자 **2천만 원 이하 과태료**[♣미신고 벌칙규정(O), ♣1천만 원 이하 과태료(X)](제43조 제1항)<18·19승진>

④ (○) 예비대 배치: 관중석에 배치되는 **예비대는** 단시간에 혼란예상지역에 도달할 수 있도록 **통로주변에 배치해야** 한다.[♣관중이 잘 보이도록 행사장 앞쪽에 배치(X)]<18·19승진·03채용>　　　 **정답 ②**

테마 140 ▶ 재난경비　　2

01 「재난 및 안전관리 기본법」에 관한 설명으로 가장 적절하지 않은 것은? ⟨19.2채용⟩

① "재난"이란 국민의 생명·신체·재산과 국가에 피해를 주거나 줄 수 있는 것으로서 자연재난과 사회재난으로 구분된다.

② "재난관리"란 재난의 예방·대비·대응 및 복구를 위하여 하는 모든 활동을 말한다.

③ 국무총리는 국가 및 지방자치단체가 행하는 재난 및 안전관리 업무를 총괄·조정한다.

④ 특별재난지역 선포는 재난관리 체계상 복구 단계에서의 활동에 해당된다.

해설

경비경찰, 분야별 활동, 재난경비 －

① (○) 재난(재난 및 안전관리 기본법 제3조 제1호)<19.2채용>

② (○) 재난관리(재난 및 안전관리 기본법 제3조 제3호)<19.2채용>

③ (✕) **총괄·조정**: 행정안전부장관은 국가 및 지방자치단체가 행하는 **재난 및 안전관리 업무를 총괄·조정**한다.[♣국무총리는(X)](재난경비, 재난사태 및 특별재난지역 선포표, 총괄조정 / 재난 및 안전관리 기본법 제6조)<19.2채용>

④ (○) 재난관리체계표, 복구단계, 특별재난지역 선포<19.1·19.2채용>　　　 **정답 ③**

02 「재난 및 안전관리 기본법」에 대한 설명으로 가장 적절한 것은? 〈20.2채용〉

① "재난"이란 국민의 생명·신체·재산과 국가에 피해를 주거나 줄 수 있는 것으로서 자연재난과 인적재난으로 구분된다.

② "재난관리"란 재난의 예방·대응·복구 및 평가를 위하여 하는 모든 활동을 말한다.

③ 「재난 및 안전관리 기본법」상 대통령령으로 정하는 대규모 재난의 대응·복구 등에 관한 사항을 총괄·조정하고 필요한 조치를 하기 위하여 국무조정실에 중앙재난안전대책본부를 둔다.

④ 해외재난의 경우 외교부장관이 중앙대책본부장의 권한을 행사한다.

해설

경비경찰, 분야별 활동, 재난경비 -

① (✕) **재난** : 국민의 생명·신체·재산과 국가에 피해를 주거나 줄 수 있는 것으로서 **자연재난과 사회재난으로 구분**된다.[♣자연재난, 인적재난으로 구분(✕)](재난 및 안전관리 기본법 제3조 제1호)〈19경간·19.2·20.2채용〉

② (✕) **재난관리** : 재난의 **예방·대비·대응 및 복구**를 위하여 하는 모든 활동을 말한다.[♣평가(✕)](재난 및 안전관리 기본법 제3조 제3호)〈19.2·20.2채용〉

③ (✕) **중앙재난안전대책본부** : 대통령령으로 정하는 대규모 재난의 **대응·복구** 등에 관한 사항을 **총괄 조정하고 필요한 조치** 목적으로 **행정안전부에 중앙재난안전대책본부**를 둔다.[♣국무조정실에(✕)] (재난 및 안전관리 기본법 제14조 제1항)〈19경간·20.2채용〉

④ (○) 분야별 권한행사 : 해외재난의 경우에는 **외교부장관**이, **방사능재난**의 경우에는 **중앙방사능방재대책본부의 장**이 각각 중앙대책본부장의 권한을 행사한다.(제14조 제3항 단서)〈20.2채용〉　　정답 ④

---

03 「재난 및 안전관리 기본법」에 대한 설명으로 가장 적절하지 않은 것은? 〈24승진〉

① 특별재난지역의 선포는 재난관리 체계상 대응단계에 해당한다.

② 행정안전부장관은 국가 및 지방자치단체가 행하는 재난 및 안전관리 업무를 총괄·조정한다.

③ '재난관리'란 재난의 예방·대비·대응 및 복구를 위하여 하는 모든 활동을 말한다.

④ '재난'이란 국민의 생명·신체·재산과 국가에 피해를 주거나 줄 수 있는 것이며, 화재·붕괴·폭발·교통사고는 '사회재난'으로 구분한다.

해설

경비경찰, 재난경비 -

① (✕) 재난관리체계, 복구단계(Recovery Phase) : 복구란 재난으로 인한 혼란상태가 상당히 안정되고, 응급적인 인명구조와 재산의 보호 활동이 이루어진 후에 재난 전의 정상상태로 회복시키기 위한 여러 활동을 말함, **재난피해조사**(제58조), **특별재난지역 선포**(제60조) 등이 있다.[♣특별재난지역 선포는 대응단계에서(✕)](재난 및 안전관리 기본법 제7장)〈24승진·19.1·19.2채용〉

② (○) 재난사태 및 특별재난지역 선포, 재난사태, 총괄조정(재난 및 안전관리 기본법 제6조)〈24승진·19.2·23.1채용〉

③ (○) 재난의 정의, '재난관리'(재난 및 안전관리 기본법 제3조 제3호)〈24승진·19.2·20.2·23.1채용〉

④ (○) 재난의 정의, 의의(재난 및 안전관리 기본법 제3조 제1호)〈19경간·22·24승진·19.2·20.2·23.1채용〉

정답 ①

04 「경찰 재난관리 규칙」에 대한 설명으로 가장 적절하지 않은 것은? 〈17경위〉

① 재난의 발생 가능 정도에 따라 재난관리 단계를 4단계로 구분하여 관리하며, 심각단계에는 반드시 재난상황실을 설치·운영한다. 다만, 그 밖의 단계에는 경비국장이 필요하다고 판단한 경우에 설치·운영할 수 있다.

② "주의단계"는 일부지역 기상특보 발령 등 재난발생 징후와 관련된 현상이 나타나고 있으나 그 활동 수준이 낮아서 재난으로 발전할 가능성이 적은 상태를 말한다.

③ "경계단계"는 전국적 기상특보 발령 등 재난발생 징후의 활동이 활발하여 재난으로 발전할 가능성이 농후한 상태를 말한다.

④ "심각단계"는 재난이 발생하였거나 재난의 발생이 확실시되는 상태를 말한다.

해설

경비경찰, 분야별 활동, 재난경비, 재난관리 4단계 −

① (○) 심각단계(경찰재난관리규칙 제9조 제2항)〈15·17승진〉

② (×) 관심단계: 일부 지역 기상특보 발령 등 재난발생 징후와 관련된 현상이 나타나고 있으나 그 활동 수준이 낮아서 재난으로 **발전할 가능성이 적은 단계**[♣발생이 확실시(X), ♣주의단계(X)](경찰 재난관리 규칙 제9조 제2항)〈15·17승진〉

③④ (○) 경계단계 및 심각단계(경찰재난관리규칙 제9조 제2항)〈15·17승진〉   정답 ②

05 「경찰 재난관리 규칙」에 대한 설명으로 가장 적절한 것은? 〈19경감〉

① 경찰관서 피해복구 업무 및 자체 경비는 경비국의 업무이다.

② 재난의 발생 가능 정도에 따라 재난관리 단계를 관심단계·주의단계·경계단계·심각단계로 구분하여 관리하며, 경계단계부터는 반드시 재난상황실을 설치·운영한다.

③ 경비국장은 재난이 발생하였거나 재난이 발생할 우려가 있을 때 위기관리센터에 재난상황실을 설치·운영할 수 있으며, 재난상황실은 총괄반·대책반·지원반·홍보반·연락반으로 근무반을 편성한다.

④ '주의단계'는 전국적 기상특보 발령 등 재난발생 징후의 활동이 활발하여 재난으로 발전할 가능성이 농후한 상태를 말한다.

해설

경비경찰, 분야별 활동, 재난경비 −

① (×) 경무인사기획관 업무

　　가. 재난 관련 경찰관 안전사고 예방 및 사고시 업무처리

　　나. 재난지역 경찰 장비, 물자, 수송지원 등 대민지원 업무

　　다. **경찰관서 피해복구 업무 및 자체 경비**[♣경비국 업무(X)](제4조 제3호)〈19승진〉

② (×) **재난상황실**: 경비국장 또는 지방청장·경찰서장이 필요하다고 판단한 경우, **재난구분**(관심 − 주의 − 경계 − 심각단계)에 **상관없이 재난 상황실이 설치·운영될 수** 있다. 다만, **심각단계에서는 반드시 설치**하도록 규정되어 있다.[♣경계단계부터 반드시(X)](경찰재난관리규칙 제9조 제2항)〈15·17·19승진〉

③ (○) 재난상황실, 편성(경찰재난관리규칙 제9조 제1항, 제10조 제3항)〈19승진〉

④ (×) **경계단계**: 전국적 기상특보 발령 등 **재난발생 징후의 활동이 활발**하여 재난으로 발전할 **가능성이 농후한 상태**를 말한다.[♣주의단계(X)]〈17·19승진〉   정답 ③

06 「재난 및 안전관리 기본법」상 재난관리 체계에 대한 설명으로 옳은 것은? ⟨19.1채용⟩

① 특별재난지역 선포는 대응 단계에서의 활동이다.
② 재난분야 위기관리 매뉴얼 작성은 예방 단계에서의 활동이다.
③ 재난관리체계 등의 평가는 대비 단계에서의 활동이다.
④ 재난피해조사는 복구 단계에서의 활동이다.

해설

경비경찰, 분야별 활동, 재난경비 -

① (X) 복구단계(Recovery Phase) : 복구란 재난으로 인한 혼란상태가 상당히 안정되고, 응급적인 인명구조와 재산의 보호 활동이 이루어진 후에 재난 전의 정상상태로 회복시키기 위한 여러 활동을 말함, **재난피해조사, 특별재난지역 선포** 등이 있다.[♣특별재난지역 선포는 대응단계에서의 활동(X)]⟨19.1채용⟩

② (X) 대비단계(Preparedness Phase) : 재난을 경감하려는 노력에도 불구하고 재난발생을 완전히 제거시킬 수 없기 때문에 재난발생을 예상하여 그 피해를 최소화하고, 원활한 **대응을 위한 준비**를 수행하는 과정임, 각 기능별 재난대응 활동계획 작성, 재난분야 위기관리 **매뉴얼 작성**[♣예방단계(X)], 재난대비 훈련 등이 있다.⟨19.1채용⟩

③ (X) 예방단계의 활동은 재난요인을 **사전에 제거**하려는 행위, 피해가능성을 최소화하는 행위, 또한 그 피해를 분산시키는 행위 등을 의미함, 정부합동안전 점검, 재난관리체계 등의 **평가활동**이 있다.[♣대비단계(X)]⟨19.1채용⟩

④ (○) 복구단계 활동⟨19.1채용⟩ **정답 ④**

07 재난경비에 대한 설명으로 옳지 않은 것은? ⟨19경간⟩

① 경찰 재난관리 규칙상 재난의 발생 가능 정도에 따라 재난 관리 단계를 관심 - 주의 - 경계 - 심각 4단계로 구분하여 관리한다.
② 재난지역 주민대피 지원은 생활안전기능에서 수행한다.
③ 재난 및 안전관리기본법상 '재난'이란 국민의 생명·신체·재산과 국가의 피해를 주거나 줄 수 있는 것으로서 자연재난, 인적재난으로 구분된다.
④ 재난 및 안전관리기본법상 대통령령으로 정하는 대규모 재난의 대응·복구 등에 관한 사항을 총괄·조정하고 필요한 조치를 하기 위하여 행정안전부에 중앙재난안전대책본부를 둔다.

해설

경비경찰, 분야별 활동, 재난경비 -

① (○) **재난관리 4단계 구분**(경찰재난관리 규칙 제9조 제2항)⟨19경간·15·16승진⟩
② (○) 주민대비지원(경찰재난관리규칙 제4조 제4호 나)⟨19경간⟩
③ (X) 재난 : 국민의 생명·신체·재산과 국가에 피해를 주거나 줄 수 있는 것으로서 **자연재난과 사회재난으로 구분**된다.[♣자연재난, 인적재난으로 구분(X)](재난 및 안전관리 기본법 제3조 제1호)⟨19경간·19.2채용⟩
④ (○) 중앙재난안전대책본부(재난 및 안전관리 기본법 제14조 제1항)⟨19경간⟩ **정답 ③**

08 「재난 및 안전관리 기본법」에 관한 설명으로 가장 적절하지 않은 것은? 〈23.1채용〉

① "재난"이란 국민의 생명·신체·재산과 국가에 피해를 주거나 줄 수 있는 것으로서 사회재난과 자연재난으로 구분한다.

② "재난관리"란 재난의 예방·대비·대응 및 복구를 위하여 하는 모든 활동을 말한다.

③ 경찰청장은 국가 및 지방자치단체가 행하는 재난 및 안전관리업무를 총괄·조정한다.

④ 대통령령으로 정하는 대규모 재난의 대응·복구 등에 관한 사항을 총괄·조정하고, 필요한 조치를 하기 위하여 행정안전부에 중앙재난안전대책본부를 둔다.

해설

경비경찰, 재난경비 ─

① (○) 의의, 재난(재난 및 안전관리 기본법 제3조 제1호)〈19경간·22승진·19.2·20.2·23.1채용〉

② (○) 의의, 재난관리(재난 및 안전관리 기본법 제3조 제3호)〈19.2·20.2·23.1채용〉

③ (×) 재난사태 및 특별재난지역 선포, **총괄조정 : 행정안전부장관**은 국가 및 지방자치단체가 행하는 **재난 및 안전관리 업무를 총괄·조정**한다.[♣경찰청장은(×)](제6조)〈19.2·23.1채용〉

④ (○) 법적근거, 중앙재난안전대책본부(재난 및 안전관리 기본법 제14조 제1항)〈19경간·20.2·23.1채용〉

정답 ③

---

09 「재난 및 안전관리 기본법」에 대한 설명으로 가장 적절한 것은? 〈23경간〉

① 재난관리란 재난이나 그 밖의 각종 사고로부터 사람의 생명·신체 및 재산의 안전을 확보하기 위하여 하는 모든 활동을 말한다.

② 시장·군수·구청장과 지역통제단장(대통령령으로 정하는 권한을 행사하는 경우에만 해당한다)은 재난이 발생하거나 발생할 우려가 있는 경우에 사람의 생명 또는 신체나 재산에 대한 위해를 방지하기 위하여 필요하면 해당 지역 주민이나 그 지역 안에 있는 사람에게 대피하도록 명하거나 선박·자동차 등을 그 소유자·관리자 또는 점유자에게 대피시킬 것을 명할 수 있다. 이 경우 미리 대피장소를 지정할 수 있다.

③ 긴급구조기관이란 경찰청, 시·도경찰청 및 경찰서를 말한다. 다만, 해양에서 발생한 재난의 경우에는 해양경찰청·지방해양경찰청 및 해양경찰서를 말한다.

④ 국무총리는 대통령령으로 정하는 재난이 발생하거나 발생할 우려가 있는 경우 사람의 생명·신체 및 재산에 미치는 중대한 영향이나 피해를 줄이기 위하여 긴급한 조치가 필요하다고 인정하면 중앙안전관리위원회의 심의를 거쳐 재난사태를 선포할 수 있다. 다만, 국무총리는 재난상황이 긴급하여 중앙안전관리위원회의 심의를 거칠 시간적 여유가 없다고 인정하는 경우에는 중앙안전관리위원회의 심의를 거치지 아니하고 재난사태를 선포할 수 있다.

해설

경비경찰, 재난경비 −

① (×) 재난의 정의, **안전관리**: "안전관리"란 재난이나 그 밖의 각종 사고로부터 사람의 **생명 · 신체 및 재산의 안전을 확보하기 위하여 하는 모든 활동**을 말한다.[♣재난관리(×)](재난 및 안전관리 기본법 제3조 제4호)<23경간>

② (○) 지역통제단장, 대피명령(재난 및 안전관리 기본법 제40조 제1항)<23경간>

③ (×) **긴급구조기관**: "**긴급구조기관**"이란 **소방청 · 소방본부 및 소방서**를[♣경찰청, 시 · 도경찰청 및 경찰서(×)] 말한다. 다만, **해양**에서 발생한 재난의 경우에는 **해양경찰청 · 지방해양경찰청 및 해양경찰서**를 말한다.♣(재난 및 안전관리 기본법 제3조 제7호)<23경간>

④ (×) **재난사태 선포**: 행정안전부장관은[♣국무총리는(×)] **대통령령으로 정하는 재난**이 발생하거나 발생할 우려가 있는 경우 사람의 생명 · 신체 및 재산에 미치는 중대한 영향이나 피해를 줄이기 위하여 긴급한 조치가 필요하다고 인정하면 **중앙위원회의 심의를 거쳐 재난사태를 선포할 수 있다.**(제36조 제1항)<23경간>

  ※ 다만, 행정안전부장관은[♣국무총리는(×)] 재난상황이 긴급하여 중앙위원회의 심의를 거칠 시간적 여유가 없다고 인정하는 경우에는 **중앙위원회의 심의를 거치지 아니하고 재난사태를 선포할 수 있다.**(제36조 제1항 단서)<23경간>　　　　　정답 ②

테마 141　치안경비　　3

01 다중범죄의 정책적 치료법 및 진압의 기본원칙에 대한 설명으로 가장 적절하지 않은 것은? ⟨17 · 22승진⟩

① 전이법은 불만집단과 이에 반대하는 대중의견을 크게 부각시켜 불만집단이 자진해산 및 분산하게 하는 정책적 치료법이다.

② 봉쇄 · 방어는 군중이 중요시설이나 기관 등 보호대상물의 점거를 기도할 경우, 사전에 부대가 선점하여 바리케이트 등으로 봉쇄하는 방어조치로 충돌 없이 효과적으로 무산시키는 진압의 기본원칙이다.

③ 세력분산은 일단 시위대가 집단을 형성한 이후에 부대가 대형으로 진입하거나 장비를 사용하여 시위집단의 지휘 · 통제력을 차단하며, 수개의 소집단으로 분할시켜 시위의사를 약화시키는 진압의 기본원칙이다.

④ 지연정화법은 시간을 지연시킴으로써 불만집단의 고조된 주장을 이성적으로 사고할 기회를 부여하고 정서적으로 감정을 둔화시켜서 흥분을 가라앉게 하는 정책적 치료법이다.

해설

경비경찰, 활동, 치안경비 −

① (×) 정책적 치료법, **경쟁행위법**: 불만집단과 **반대되는 대중의견을 크게 부각**시켜 불만집단이 위압되어 스스로 해산 또는 분산되도록 하는 방법이다.[♣전이법(×)]<07 · 14 · 17 · 22승진 · 14.1 · 16.2 · 18.1채용>

② (○) 진압의 기본원칙, 봉쇄 · 방어<04 · 13 · 22승진>

③ (○) 진압의 기본원칙, 세력분산<03 · 22승진>

④ (○) 정책적 치료법, 지연정화법<13 · 17 · 22승진 · 09 · 18.1채용>　　　　정답 ①

02 다중범죄의 정책적 치료법과 그에 대한 내용으로 가장 적절한 것은? ⟨12·16경위·09·15·16·18.1순경⟩

① 선수승화법 – 불만집단의 고조된 주장을 시간을 끌어 이성적으로 사고할 기회를 부여하고 정서적으로 감정을 둔화시켜서 흥분을 가라앉게 하는 방법

② 전이법 – 다중범죄의 발생징후나 이슈가 있을 때 집단이나 국민들의 관심을 집중시킬 수 있는 경이적인 사건을 폭로하거나 규모가 큰 행사를 개최하여 그 발생징후나 이슈가 상대적으로 약화되도록 하는 방법

③ 지연정화법 – 불만집단에 반대하는 대중의견을 크게 부각시켜 불만집단이 위압되어 자진해산 및 분산되도록 하는 방법

④ 경쟁행위법 – 특정한 불만집단에 대한 정보활동을 강화하여 사전에 불만 및 분쟁요인을 찾아내어 해소시켜 주는 방법

해설

경비경찰, 활동, 치안경비, 정책적 치료법 –

① (✕) **지연정화법[♣선수승화법(X)]**: 불만집단의 고조된 주장을 **시간을 끌어** 이성적으로 생각할 기회를 부여하고 정서적으로 감정을 둔화시켜서 **흥분을 가라앉게** 하는 방법이다.⟨13·17승진·09·18.1채용⟩

② (○) 전이법⟨12·17승진·08·18.1채용⟩

③ (✕) **경쟁행위법[♣지연정화법(X)]**: 불만집단과 **반대되는 대중의견을 크게 부각**시켜 불만집단이 위압되어 스스로 해산 또는 분산되도록 하는 방법이다.[♣전이법(X), ♣세력분산법(X)]⟨07·14·17승진·14.1·16.2·18.1채용⟩

④ (✕) **선수승화법[♣경쟁행위법(X)]**: 특정한 불만집단에 대한 정보활동을 강화하여 **사전에 불만 및 분쟁요인을 찾아내어 해소**시켜 주는 방법을 말한다.⟨04·13·16·17승진·07경간·15.1·18.1채용⟩

정답 ②

03 다음은 다중범죄 진압경비에 대한 설명이다. 가장 적절하지 않은 것은? ⟨17경간·14.1채용⟩

① 다중범죄의 특성으로는 부화뇌동적 파급성, 비이성적 단순성, 확신적 행동성, 조직적 연계성이 있다.

② 진압의 3대원칙으로는 신속한 해산, 주모자 체포, 재집결 방지가 있다.

③ 진압의 기본원칙 중 군중이 목적지에 집결하기 전에 중간 차단하여 집합을 못하게 하는 방법으로, 중요 목지점에 경력을 배치하고 검문검색을 실시하여 불법시위 가담자를 사전에 색출·검거하거나 귀가시키는 방법은 차단·배제이다.

④ 다중범죄의 정책적 치료법 중 불만집단과 반대되는 대중의견을 크게 부각시켜 불만집단이 위압되어 스스로 해산 및 분산되도록 하는 방법은 전이법이다.

해설

경비경찰, 활동, 치안경비 –

① (○) 다중범죄의 특징표⟨17경간·14.1채용⟩

② (○) 다중범죄 진압의 3대 원칙⟨17경간·14.1채용⟩

③ (○) 진압의 기본원칙⟨17경간·14.1채용⟩

④ (✕) 정책적 치료법, **경쟁행위법**: 불만집단과 반대되는 대중의견을 크게 부각시켜 불만집단이 위압되어 스스로 해산 및 분산되도록 하는 방법이 경쟁행위법[♣전이법(X)]이다.⟨17경간·14.1채용⟩

정답 ④

테마 142 **특수경비(대테러)** **4**

01 「국민보호와 공공안전을 위한 테러방지법」에 대한 설명으로 가장 적절한 것은? 〈17.1채용〉

① 국가테러대책위원회 위원장은 대통령으로 한다.

② '테러단체'란 국제연합(UN)이 지정한 테러단체를 말한다.

③ '테러위험인물'이란 테러를 실행·계획·준비하거나 테러에 참가할 목적으로 국적국이 아닌 국가의 테러단체에 가입하거나 가입하기 위하여 이동 또는 이동을 시도하는 내국인·외국인을 말한다.

④ 국가정보원장은 테러위험인물에 대하여 출입국·금융거래 및 통신이용 등 관련 정보를 수집하여야 한다.

해설

경비경찰, 활동, 특수경비 −

① (✕) 국가테러대책위원회, **위원장** : 대책위원회는 **국무총리 및 관계기관의 장 중 대통령령으로 정하는 사람으로 구성**하고 **위원장은 국무총리**로[♣위원장은 대통령으로(X)] 한다.(제5조 제2항)〈17승진·17.1채용〉

② (○) 테러단체 : **국제연합(UN)이 지정**한 테러단체를 말한다.[♣국가정보원이 지정(X)](제2조 제2호)〈17.1채용〉

③ (✕) **외국인테러전투원**[♣테러위험인물(X)] : 테러를 실행·계획·준비하거나 테러에 참가할 목적으로 **국적국이 아닌 국가의 테러단체에 가입하거나 가입하기 위하여 이동 또는 이동을 시도하는 내국인·외국인**을 말한다.(제2조 제4호)〈17.1채용〉/

테러위험인물 : 테러단체의 조직원이거나 테러단체 선전, 테러자금 모금·기부, 그 밖에 테러 예비·음모·선전·선동을 하였거나 하였다고 의심할 상당한 이유가 있는 사람을 말한다.(제2조 제3호)〈17.1채용〉

④ (✕) **테러위험인물 정보수집** : **국가정보원장**은 **테러위험인물에 대하여 출입국·금융거래 및 통신이용 등 관련 정보를 수집할 수** 있다.[♣수집하여야 한다.(X)](제9조 제1항)〈17승진·17.1채용〉 **정답** ②

---

02 「국민보호와 공공안전을 위한 테러방지법」 제2조 정의에 관한 설명 중 가장 적절하지 않은 것은? 〈22.1채용〉

① '테러위험인물'이란 테러를 실행·계획·준비하거나 테러에 참가할 목적으로 국적국이 아닌 국가의 테러단체에 가입하거나 가입하기 위하여 이동 또는 이동을 시도하는 외국인을 말한다.

② '대테러활동'이란 제1호의 테러 관련 정보의 수집, 테러위험 인물의 관리, 테러에 이용될 수 있는 위험물질 등 테러수단의 안전관리, 인원·시설·장비의 보호, 국제행사의 안전확보, 테러위협에의 대응 및 무력진압 등 테러 예방과 대응에 관한 제반활동을 말한다.

③ '테러단체'란 국제연합(UN)이 지정한 테러단체를 말한다.

④ '대테러조사'란 대테러활동에 필요한 정보나 자료를 수집하기 위하여 현장조사·문서열람·시료채취 등을 하거나 조사대상자에게 자료제출 및 진술을 요구하는 활동을 말한다.

해설

경비경찰, 경비경찰의 분야별 활동, 특수경비 −

① (X) '외국인 테러전투원': [♣테러위험인물(X)] 테러를 실행·계획·준비하거나 테러에 참가할 목적으로 국적국이 아닌 국가의 테러단체에 가입하거나 가입하기 위하여 이동 또는 이동을 시도하는 내국인·외국인을 말한다.(제2조 제4호)<17.1·22.1채용>

② (○) '대테러활동': 국민보호와 공공안전을 위한 테러방지법 제2조 제6호<22.1채용>

③ (○) '테러단체': 국민보호와 공공안전을 위한 테러방지법 제2조 제2호<18승진·18·19경간·17.1·22.1채용>

④ (○) '대테러조사': 국민보호와 공공안전을 위한 테러방지법 제2조 제8호<22.1채용>　　　　**정답** ①

03 「국민보호와 공공안전을 위한 테러방지법」에서 규정하는 내용 중 적절한 것은 모두 몇 개인가? 〈23승진〉

> ㉠ "테러위험인물"이란 테러를 실행·계획·준비하거나 테러에 참가할 목적으로 국적국이 아닌 국가의 테러단체에 가입하거나 가입하기 위하여 이동 또는 이동을 시도하는 내국인·외국인을 말한다.
>
> ㉡ 테러활동에 관한 정책의 중요사항을 심의·의결하기 위하여 국가테러대책위원회를 두고 위원장은 국가정보원장으로 한다.
>
> ㉢ 관계기관의 장은 테러의 계획 또는 실행에 관한 사실을 관계기관에 신고하여 테러를 사전에 예방할 수 있게 하였거나, 테러에 가담 또는 지원한 사람을 신고하거나 체포한 사람에 대하여 대통령령으로 정하는 바에 따라 포상금을 지급하여야 한다.
>
> ㉣ 국가정보원장은 대테러활동에 필요한 정보나 자료를 수집하기 위하여 대테러조사 및 테러위험인물에 대한 추적을 할 수 있다. 이 경우 사전 또는 사후에 대책위원회 위원장에게 보고하여야 한다.

① 1개　　　　② 2개　　　　③ 3개　　　　④ 4개

해설

경비경찰, 특수경비(대테러), 국민보호와 공공안전을 위한 테러방지법 −

㉠ (X) **외국인테러전투원**[♣테러위험인물(X)]: 테러를 실행·계획·준비하거나 테러에 참가할 목적으로 국적국이 아닌 국가의 테러단체에 가입하거나 가입하기 위하여 이동 또는 이동을 시도하는 내국인·외국인을 말한다.(제2조 제4호)<23승진·17.1·22.1채용>

㉡ (X) **국가테러대책위원회**: 대테러활동에 관한 정책의 중요사항을 심의·의결하기 위하여 **국가테러대책위원회(대책위원회)**를 둔다.(제5조 제1항)<23승진> **대책위원회는 국무총리 및 관계기관의 장 중 대통령령으로 정하는 사람으로 구성**하고 **위원장은 국무총리로**[♣위원장은 대통령으로(X)] 한다.(제5조 제2항)<17·23승진·17.1순경>

㉢ (X) **포상금**: 관계기관의 장은 테러의 계획 또는 실행에 관한 사실을 관계기관에 신고하여 테러를 사전에 예방할 수 있게 하였거나, 테러에 가담 또는 지원한 사람을 신고하거나 체포한 사람에 대하여 대통령령으로 정하는바에 따라 **포상금을 지급할 수** 있다.[♣지급하여야(X)](제14조 제2항)<23승진>

㉣ (○) **테러위험인물 정보수집 등**: 국민보호와 공공안전을 위한 테러방지법 제9조 제4항<17·18·23승진·18경간>　　　　**정답** ①

04 「국민보호와 공공안전을 위한 테러방지법」에 대한 설명으로 가장 적절하지 않은 것은? 〈17경위〉

① 국가테러대책위원회 위원장은 국무총리로 한다.
② 국가정보원장은 테러위험인물에 대하여 출입국·금융거래 및 통신이용 등 관련 정보를 수집할 수 있다.
③ 국가정보원장은 대테러활동에 필요한 정보나 자료를 수집하기 위하여 대테러조사 및 테러위험인물에 대한 추적을 할 수 있다. 이 경우 사전 또는 사후에 대책위원회 위원장에게 보고하여야 한다.
④ 타국의 외국인테러전투원으로 가입한 사람은 3년 이상의 징역으로 처벌한다.

해설

경비경찰, 활동, 특수경비 -

① (○) 국가테러대책위원회, 위원장(국민보호와 공공안전을 위한 테러방지법 제5조)〈17승진〉
② (○) 테러위험인물 정보수집(국민보호와 공공안전을 위한 테러방지법 제9조 제1항)〈17승진〉
③ (○) 대테러 조사·추적등(국민보호와 공공안전을 위한 테러방지법 제9조 제4항)〈17승진〉
④ (✕) 외국인테러전투원 가입, **벌칙** : 국민보호와 공공안전을 위한 테러방지법 제9조 제1항 3호. 타국의 외국인테러전투원으로 가입한 사람은 5년 이상의 징역[♣3년 이상의 징역(✕)]〈17승진〉　**정답** ④

---

05 「국민보호와 공공안전을 위한 테러방지법」에 관한 다음 설명 중 가장 옳지 않은 것은? 〈18경간〉

① 테러단체란 국가테러대책위원회가 지정한 테러단체를 말한다.
② 타국의 외국인테러전투원으로 가입한 사람을 처벌하는 규정이 있다.
③ 국가정보원장은 테러위험인물에 대한 추적을 할 경우 국가테러대책위원회 위원장에게 사전 또는 사후에 보고하여야 한다.
④ 테러단체 구성죄는 대한민국 영역 밖에서 범한 외국인에게도 적용한다.

해설

경비경찰, 활동, 특수경비 -

① (✕) **테러단체** : **국제연합(UN)이 지정**한 테러단체를 말한다.[♣국가테러대책위원회가 지정(✕)](제2조 제2호)〈18승진·18경간·17.1순경〉
② (○) 외국인테러전투원 가입, 벌칙 : 타국의 외국인테러전투원으로 가입한 사람은 5년 이상의 징역[♣3년 이상의 징역(✕)](제17조 제1항 제3호)〈17승진·18경간〉
③ (○) 테러위험인물 추적과 보고(제9조 제4항)〈17·18승진·18경간〉
④ (○) 세계주의 : 제17조의 죄(테러단체 구성죄 등)는 대한민국 영역 밖에서 범한 외국인에게도 국내법을 적용한다.(제19조)〈18경간〉　**정답** ①

06 「국민보호와 공공안전을 위한 테러방지법」에 대한 설명으로 가장 적절하지 않은 것은? ⟨18경위⟩

① '테러단체'란 국가정보원이 지정한 테러단체를 말한다.

② 관계기관의 장은 외국인테러전투원으로 출국하려 한다고 의심할 만한 상당한 이유가 있는 내국인·외국인에 대하여 일시 출국금지를 법무부장관에게 요청할 수 있다.

③ 위 '②'에 따른 일시 출국금지 기간은 90일로 한다. 다만, 출국금지를 계속할 필요가 있다고 판단할 상당한 이유가 있는 경우에 관계기관의 장은 그 사유를 명시하여 연장을 요청할 수 있다.

④ 국가정보원장은 대테러활동에 필요한 정보나 자료를 수집하기 위하여 대테러조사 및 테러위험인물에 대한 추적을 할 수 있다. 이 경우 사전 또는 사후에 국가테러대책위원회 위원장에게 보고하여야 한다.

해설

경비경찰, 활동, 특수경비 −

① (✕) 테러단체: **국제연합(UN)이 지정**한 테러단체를 말한다.[♣국가정보원이 지정(X)](제2조 제2호)⟨18승진·17.1순경⟩

② (○) 출국금지요청(국민보호와 공공안전을 위한 테러방지법 제13조 제1항)⟨18승진⟩

③ (○) 출국금지기간(국민보호와 공공안전을 위한 테러방지법 제13조 제2항)⟨18승진⟩

④ (○) 대테러 조사 및 추적, 보고(국민보호와 공공안전을 위한 테러방지법 제9조 제4항)⟨17·18승진⟩ 정답 ①

07 「국민보호와 공공안전을 위한 테러방지법」에 관한 설명으로 가장 적절할 것은? ⟨23.2채용⟩

① 「여권법」 제17조 제1항 단서에 따른 외교부장관의 허가를 받지 아니하고 방문 및 체류가 금지된 국가 또는 지역을 방문·체류한 사람이 테러로 인해 생명 피해를 입은 경우, 그 사람의 유족에 대해 특별위로금을 지급할 수 있다.

② 「국민보고와 공공안전을 위한 테러방지법」에서 말하는 "테러단체"란 국제형사경찰기구(ICPO)가 지정한 테러단체를 말한다.

③ 대테러활동을 수행하는 국가기관, 지방자치단체, 그 밖에 대통령령으로 정하는 기관의 대테러활동으로 인한 국민의 기본권 침해방지를 위하여 국가테러대책위원회 소속으로 대테러 인권보호관 1명을 둔다.

④ 테러로 인하여 신체·재산·명예의 피해를 입은 국민은 관계기관에 즉시 신고하여야 한다. 다만, 인질 등 부득이한 사유로 신고 할 수 없을 때에는 법률관계 또는 계약관계에 의하여 보호의무가 있는 사람이 이를 알게 된 때에 즉시 신고하여야 한다.

해설

경비경찰, 활동, 특수경비 −

① (✕) **특별위로금**: (「여권법」 제17조 제1항 단서에 따른) **외교부장관의 허가를 받지 아니**하고 방문 및 체류가 금지된 국가 또는 지역을 방문·**체류**한 사람에 대해서는 **그러하지 아니**하다.(제16조 제1항 단서)⟨23.2채용⟩

② (✕) **"테러단체"**: "테러단체"란 **국제연합(UN)이 지정**한 테러단체를 말한다.[♣국제형사경찰기구가 지정(X)](제2조 제2호)⟨18승진·18·19경간·17.1·22.1·23.2채용⟩

③ (○) 국가테러대책위원회, 대테러 인권보호관: 테러방지법 제7조 제1항⟨23.2채용⟩

④ (✕) **신고**: 테러로 인하여 **신체 또는 재산의**[♣명예의 피해(X)] **피해를 입은 국민**은 관계기관에 즉시 **신고하여야** 한다. 다만, 인질 등 부득이한 사유로 신고할 수 없을 때에는 법률관계 또는 계약관계에 의하여 **보호의무가 있는 사람**이 이를 알게 된 때에 즉시 **신고하여야** 한다.(제15조 제1항)⟨23.2채용⟩ 정답 ③

08 「테러취약시설 안전활동에 관한 규칙」에 대한 설명으로 가장 적절하지 않은 것은? 〈17경위〉

① 경찰서장은 관할 내에 있는 A급 다중이용건축물에 대하여 반기 1회 이상 지도·점검을 실시하여야 한다.

② B급 다중이용건축물이란 테러에 의하여 파괴되거나 기능 마비 시 일부 지역의 대테러진압작전이 요구되고, 국민생활에 중대한 영향을 미칠 수 있는 시설을 말한다.

③ C급 다중이용건축물이란 테러에 의하여 파괴되거나 기능 마비 시 제한된 지역에서 단기간 대테러진압작전이 요구되고, 국민생활에 상당한 영향을 미칠 수 있는 시설을 말한다.

④ 테러취약시설심의위원회는 위기관리센터에 비상설로 두며 위원장은 경찰청 경비국장으로 한다.

해설

경비경찰, 활동, 특수경비 −

① (X) 지도점검, A급 : 분기 1회[♣반기 1회 이상(X)] 이상 관할서장이 지도 점검하여야 한다.(연 1회 이상 유관기관과 합동실시원칙)(규칙 제22조 제1항)〈17승진〉

②③ (O) 다중이용건축물(규칙 제9조)〈17승진〉

④ (O) 테러취약시설시의위원회(규칙 제14조)〈17승진〉   정답 ①

09 다음 (   )안에 들어갈 말로 옳게 연결된 것은? 〈18경간〉

> 「테러취약시설 안전활동에 관한 규칙」에 따르면, 테러취약시설 중 다중이용건축물은 시설의 기능·역할의 중요성과 가치의 정도에 따라 A급, B급, C급으로 구분한다.
> 이 중에서 (㉠)급은 테러에 의하여 파괴되거나 기능 마비시 일부 지역의 대테러진압작전이 요구되고, 국민생활에 중대한 영향을 미칠 수 있는 시설로서 관할 경찰서장은 (㉡)에 (㉢)회 이상 지도·점검을 실시하여야 한다.

① ㉠ − B, ㉡ − 반기, ㉢ − 1   ② ㉠ − C, ㉡ − 반기, ㉢ − 1

③ ㉠ − B, ㉡ − 분기, ㉢ − 1   ④ ㉠ − C, ㉡ − 분기, ㉢ − 2

해설

경비경찰, 활동, 특수경비 −

① 다중이용건축물은 시설의 **기능·역할의 중요성과 가치의 정도에 따라** 다중이용건축물 "A"등급, 다중이용건축물 "B"등급, 다중이용건축물 "C"등급(이하 "A급", "B급", "C급")으로 구분한다.(제9조 제1항)〈16경위〉

1. A급 : 테러에 의하여 파괴되거나 기능 마비시 **광범위한 지역의 대테러진압작전이 요구**되고, 국민생활에 **결정적인 영향**을 미칠 수 있는 시설

   ※ A급은 **분기 1회**[♣반기 1회 이상(X)] 이상 관할서장이 지도 점검하여야 한다.(연 1회 이상 유관기관과 합동실시원칙)(제22조 제1항 제1호)〈17승진〉

2. B급 : 테러에 의하여 파괴되거나 기능 마비 시 **일부 지역의 대테러진압작전**이 요구되고, 국민생활에 **중대한 영향**을 미칠 수 있는 시설(제9조 제1항 제2호)〈17승진·18경간〉

3. C급 : 테러에 의하여 파괴되거나 기능 마비시 **제한된 지역에서 단기간 대테러진압작전이 요구**되고, 국민생활에 **상당한 영향**을 미칠 수 있는 시설〈17승진〉

   ※ B급과 C급은 **반기 1회 이상 관할서장이 지도 점검**하여야 한다.[♣C급은 연 1회 이상(X)](제22조 제1항 제2호)〈16승진·18경간〉[☺분반반]   정답 ①

10 경찰의 대테러 업무에 대한 설명 중 옳은 것을 모두 고른 것은? 〈20경위〉

> ㉠ 「테러취약시설 안전활동에 관한 규칙」에 의하면 'B'급 다중이용건축물등의 경우 테러에 의해 파괴되거나 기능 마비시 일부 지역의 대테러진압작전이 요구되고, 국민 생활에 중대한 영향을 미칠 수 있는 건축물 또는 시설이며, 관할 경찰서장은 분기 1회 이상 지도·점검을 실시해야 한다.
> ㉡ 「테러취약시설 안전활동에 관한 규칙」에 의하면 'C'급 다중이용건축물등의 경우 테러에 의하여 파괴되거나 기능 마비시 제한된 지역의 대테러진압작전이 요구되고, 국민생활에 상당한 영향을 미칠 수 있는 건축물 또는 시설이며, 관할 경찰서장은 반기 1회 이상 지도·점검을 실시해야 한다.
> ㉢ '리마증후군'이란 인질범이 인질에게 일체감을 느끼게 되고 인질의 입장을 이해하여 호의를 베푸는 등 인질범이 인질에게 동화되는 현상이다.
> ㉣ 테러단체 구성죄는 미수범, 예비·음모 모두 처벌한다.

① ㉠㉢　　　　② ㉡㉢　　　　③ ㉡㉢㉣　　　　④ ㉠㉡㉣

해설

경비경찰, 활동, 특수경비 −

㉠ (✕)　테러취약시설 지도점검 : B급과 C급은 **반기 1회 이상 관할서장이 지도 점검하여야** 한다.[♣B급은 분기 1회 이상 지도점검(✕)](제22조 제1항 제2호)〈16·20승진·18·19경간〉

㉡ (○)　'C'급 다중이용건축물(「테러취약시설 안전활동에 관한 규칙」 제22조 제1항 제2호)〈16·20승진·18·19경간〉

㉢ (○)　'리마증후군'〈05·12·18·20승진·07경간·05·10.2채용〉

㉣ (○)　테러단체 구성죄, 처벌(국민보호와 공공안전을 위한 테러방지법 제17조 제4항, 제5항)〈20승진〉　**정답 ③**

---

11 경찰의 대테러 업무에 대한 설명 중 옳지 않은 것은? 〈19경간〉

① 한국의 대테러 부대인 KNP868은 대테러 예방 및 대응을 위해 1983년 창설된 경찰특수부대로 현재 서울시경찰청 직할부대이다.
② 외국의 대테러조직으로 영국의 SAS, 미국의 SWAT, 독일의 GSG − 9, 프랑스의 GIGN 등이 있다.
③ 테러취약시설 안전활동에 관한 규칙상 경찰서장은 관할 내에 있는 B급 다중이용건축물 등에 대하여 분기 1회 이상 지도·점검을 실시하여야 한다.
④ 국민보호와 공공안전을 위한 테러방지법상 '테러단체'란 국제연합(UN)이 지정한 테러단체를 말한다.

해설

경비경찰, 활동, 특수경비 −

① (○)　**한국의 특공대[KNP SWAT(경찰특공대)]**〈19경간〉

② (○)　**각국의 대테러 특공대**〈19경간·01·02·03승진·02·12.2채용〉

③ (✕)　**테러취약시설 지도점검 : B급과 C급은 반기 1회 이상 관할서장이 지도 점검하여야** 한다.[♣B급은 분기 1회 이상(✕)](제22조 제1항 제2호)〈16승진·18·19경간〉

④ (○)　테러단체(국민보호와 공공안전을 위한 테러방지법 제2조 제2호)〈18승진·18·19경간·17.1순경〉　**정답 ③**

12 다음 중 인질사건 발생시 나타날 수 있는 현상으로 (가) 항목의 요소와 (나) 항목의 요소가 올바르게 연결된 것은? 〈09경간·18경감·10.2채용〉

(가)
㉠ 스톡홀름 증후군　㉡ 리마 증후군

(나)
ⓐ 페루 수도 소재 일본대사관에서 발생하였던 투파아마르 혁명운동 소속 게릴라들에 의해 발생한 인질사건에서 유래되었다.
ⓑ 심리학에서는 오귀인 효과라고도 한다.
ⓒ 인질이 인질범에게 동화되는 현상으로 이는 시간이 경과할수록 인질이 인질범을 이해하는 일종의 감정이입이 이루어져 상호간에 친근감을 갖게 되는 현상을 말한다.
ⓓ 인질범이 인질들의 문화를 학습하거나 정신적으로 동화되어 결과적으로 공격적인 태도가 완화되는 현상을 말한다.

---

① ㉠ － ⓐ, ⓑ
② ㉠ － ⓑ, ⓓ
③ ㉡ － ⓑ, ⓒ
④ ㉡ － ⓐ, ⓓ

해설

경비경찰, 활동, 특수경비 －
㉠ － ⓑ, ⓒ / ㉡ － ⓐ, ⓓ
　　　　　　　　　　　　　　　　　　　　　　　　　　　　　　정답 ④

13 다음 빈칸에 들어갈 알맞은 단어끼리 짝지은 것은? 〈17경간〉

ⓐ 1972년 뮌헨올림픽 당시 '검은 9월단'에 의한 이스라엘 선수단 테러사건을 계기로 독일에서는 연방경찰 소속으로 (㉠)이 설립되었다.
ⓑ (㉡)은 인질사건 발생시 인질이 인질범에 동화되는 현상을 의미하며, 심리학에서 오귀인 효과라고도 한다.

---

① ㉠ GSG－9　　㉡ 스톡홀름 증후군
② ㉠ GIPN　　㉡ 스톡홀름 증후군
③ ㉠ GSG－9　　㉡ 리마 증후군
④ ㉠ GIPN　　㉡ 리마 증후군

해설

경비경찰, 활동, 특수경비 −

ⓐ **독일의 GSG − 9**: 1972년 뮌헨올림픽에서 '검은 9월단 사건'을 계기로 연방경찰(BP) 산하에 설립됨, 모가디슈 작전(루프트한자 항공기 인질구출작전)을 수행하였다.[♣독일의 GIGN(X)]<17경간 · 09승진 · 12.2채용>

ⓑ **스톡홀름 증후군(Stockholm Syndrome)**: 두려움에서 오는 근육의 긴장, 호흡의 가속화 등 생리적 현상이 사랑을 느낄 때의 생리적 현상과 거의 비슷하기 때문에 이를 사랑으로 착각한 것으로 **인질이 인질범에게 동화**되는 현상을 보여주고 있다.[♣인질범이 인질에 대해 적개심을 갖는 현상(X), ♣인질이 인질범에 대해 적개심을 갖는 현상(X)]<05 · 12 · 18승진 · 07 · 17경간 · 05 · 10.2채용>

※ 인질이 인질범에 대해 호의적인 감정을 가지는 반면에 경찰에 대해서는 적대감을 가지게 된다.

⇨ 심리학적 용어: **오귀인 효과**(misattribution effect)　　　　　　　　　　　정답 ①

---

14 **재난 및 대테러경비활동에 대한 설명으로 가장 적절하지 않은 것은?** 〈22승진〉

① 「재난 및 안전관리 기본법」상 '재난'은 '자연재난'과 '사회재난'으로 구분된다.

② 「테러취약시설 안전활동에 관한 규칙」상 C급 다중이용건축물등은 테러에 의하여 파괴되거나 기능 마비시 제한된 지역에서 단기간 대테러진압작전이 요구되고, 국민생활에 상당한 영향을 미칠 수 있는 건축물 또는 시설을 말한다.

③ 「국민보호와 공공안전을 위한 테러방지법」상 '테러위험인물'이란 테러단체의 조직원이거나 테러단체 선전, 테러자금 모금 · 기부, 그 밖에 테러 예비 · 음모 · 선전 · 선동을 하였거나 하였다고 의심할 상당한 이유가 있는 사람을 말한다.

④ 「경찰 재난관리 규칙」상 시 · 도경찰청등의 장은 관할 지역 내에서 재난이 발생하였거나 발생할 우려가 있는 경우 재난상황실을 설치 · 운영할 수 있으나, 시 · 도경찰청등에 재난대책본부가 설치되었거나 「재난 및 안전관리 기본법」상 '경계' 단계의 위기경보가 발령된 경우에는 재난상황실을 설치 · 운영하여야 한다.

해설

경비경찰, 활동, 특수경비 −

① (○) 재난경비: 「재난 및 안전관리 기본법」 제3조 제1호<19경간 · 22승진 · 19.2 · 20.2채용>

② (○) 특수경비: 「테러취약시설 안전활동에 관한 규칙」 제9조 제1항 제3호<17 · 22승진>

③ (○) 특수경비: 「국민보호와 공공안전을 위한 테러방지법」 제2조 제3호<22승진 · 17.1채용>

④ (X) 재난경비: **치안상황관리관**은 재난이 **발생**하였거나 재난이 **발생할 우려**가 있는 경우에는 **위기관리센터 또는 치안종합상황실**에 **재난상황실을 설치 · 운영할 수** 있다. 다만, **재난대책본부가 설치**되었거나 「재난 및 안전관리 기본법」에 따라 **'심각' 단계**의 위기경보가 발령된 경우에는 **재난상황실을 설치 · 운영하여야** 한다.[♣경계단계의 위기경보가 발령된 경우(X)](경찰 재난관리 규칙 제4조 단서)<22승진>　　　　　　정답 ④

테마 143 **경호경비(대테러)** **5**

01 경호경비에 대한 설명으로 옳은 것은? 〈20경간〉

① 경호란 경비와 호위를 포함하는 개념으로 호위란 피경호자의 생명과 신체를 보호하기 위해 특정한 지역을 경계·순찰·방비하는 행위이다.

② 자기 담당구역이 아닌 인근지역에서 특별한 상황이 발생하면 상호원조의 원칙에 따라 확인·원조해야 한다.

③ 행사장 경호과정에서 비표확인이나 MD(금속탐지기) 설치 운영 등은 제3선 경계구역부터 철저히 이루어져야 한다.

④ 「대통령 등의 경호에 관한 법률」에 따르면 대통령뿐만 아니라 대통령 당선인과 대통령권한대행 모두 경호처의 경호대상이다.

해설

경비경찰, 활동, 경호경비 −

① (×) **경호** : 경호란 정부요인, 국내외 중요인사 등 피경호자의 신변에 대하여 직·간접의 위해를 사전에 제거하여 **피경호자의 신변의 안전을 도모하는 활동**으로 **호위와 경비를 포함한 개념**으로, **경비**는 생명·신체를 보호하기 위하여 **특정한 지역**을 경계·순찰·방비하는 행위이다.[♣호위 (×)]〈20경간〉

② (×) 경호경비 4대원칙, **자기 담당구역 책임의 원칙** : 경호인은 자기 담당구역 내에서 일어나는 모든 사태에 대비하여 책임을 지고 해결해야 하며, **담당구역 외의 사태에는 관여해서는 안 된다**는 원칙[♣자기 담당구역이 아닌 인근지역 확인·원조해야(×)]〈20경간〉

③ (×) 행사장 경호, **제1선(안전구역)** : 출입자 통제[♣바리케이트(×)]〈16·20승진〉 **비표확인 및 신원 불심자 검문, 출입자 감시**〈20경간·16승진〉 MD(금속탐지기) 설치·운용[♣3선부터 철저히(×)]〈20경간·20승진〉

④ (○) 경호처 경호대상 − 국내요인 **갑호** : ① **대통령과 그 가족, 대통령 당선인과 그 가족**(배우자 및 직계존비속)〈08채용〉 ② 본인의 의사에 반하지 아니하는 경우에 한하여 퇴임 후 **10년 이내의 전직 대통령과 그 배우자**[♣퇴임 후 2년 지난 전직대통령의 차남(×)]〈02승진〉 − **임기 만료 전 퇴임 혹은 사망의 경우 그로부터 5년**(퇴임 후 사망이면 퇴임 후 10년을 넘지 않는 범위 내) ③ **대통령 권한대행과 그 배우자**[♣경호처의 경호대상(○)]〈20경간〉 [😊대당10권] **정답 ④**

02 다음 행사장 경호에 대한 설명과 명칭을 바르게 연결한 것은? 〈21승진〉

> ㉠ 주경비지역으로, 바리케이트 등 장애물을 설치, 돌발사태를 대비한 예비대 운영 및 구급차, 소방차 대기가 필요하다.
> ㉡ 절대안전 확보구역으로, 출입자 통제관리, MD 설치 운용, 비표 확인 및 출입자 감시가 필요하다.
> ㉢ 조기경보지역으로, 감시조 운용, 도보 등 원거리 기동순찰조 운영, 원거리 불심자 검문·차단이 필요하다.

① ㉠ 안전구역   ㉡ 경비구역   ㉢ 경계구역
② ㉠ 경비구역   ㉡ 경계구역   ㉢ 안전구역
③ ㉠ 경비구역   ㉡ 안전구역   ㉢ 경계구역
④ ㉠ 경계구역   ㉡ 안전구역   ㉢ 경비구역

해설

경비경찰, 활동, 경호경비 −
㉠ 경비구역(제2선)〈16·21승진·12경간〉
㉡ 안전구역(제1선)〈20경간·16·21승진〉
㉢ 경계구역(제3선)〈16·21승진〉   정답 ③

---

03 경호경비 중 행사장 경호에 대한 설명으로 가장 적절하지 않은 것은? 〈17.1채용〉
① 제1선(안전구역 − 내부)은 승·하차장, 동선 등의 취약개소로 피경호자에게 직접적으로 위해를 가할 수 있는 거리 내의 지역 등을 말한다.
② 제1선(안전구역 − 내부)은 절대안전 확보구역으로 MD설치 운용, 출입자 통제관리를 실시하며, 원거리 기동순찰조를 운영한다.
③ 제2선(경비구역 − 내곽)에 대한 경호책임은 경찰이 담당하고 군부대 내(內)일 경우에는 군이 책임을 진다.
④ 제3선(경계구역 − 외곽)은 조기경보지역으로 우발사태에 대한 대비책을 강구하고 통상 경찰이 책임을 진다.

해설

경비경찰, 활동, 경호경비 −
① (○) 행사장 경호〈12경간·17.1채용〉
② (×) **행사장 경호, 제1선**: 출입자 통제[♣바리케이트(X)]〈16승진〉, 비표확인 및 신원 불심자 검문, 출입자 감시〈16승진〉 MD(금속탐지기) 설치·운용[♣원거리순찰조(X)]〈09·10·16승진·15경간·17.1채용〉
③ (○) 행사장 경호, 제2선〈12경간·17.1채용〉
④ (○) 행사장 경호, 제3선〈17.1채용〉   정답 ②

테마 144 **선거경비**   6

01 선거경비에 대한 설명 중 가장 적절하지 않은 것은? 〈20경위〉

① 대통령 선거기간은 23일이며, 국회의원 및 지방자치단체 의원 선거기간은 14일이다.

② 개표소 경비관련 3선 개념에 의하면 제1선은 개표소 내부, 제2선은 울타리 내곽, 제3선은 울타리 외곽으로 구분한다.

③ 대통령 선거, 국회의원선거, 지방자치단체의 의회의원 및 장의 선거기간은 후보자등록마감일의 다음 날부터 선거일까지이다.

④ 대통령선거, 국회의원선거, 지방선거 모두 선거일 06:00부터 개표 종료시까지 갑호비상이 원칙이다.

해설

경비경찰, 활동, 선거경비 −

① (○) 선거기간(공직선거법 제33조 제1항, 제1호)〈20승진〉

② (○) 개표소 경비〈15·20승진·12·19경간·채용〉

③ (✕) **대통령 선거기간**: 대통령선거의 **후보자등록 마감일의 다음날부터 선거일까지** 선거기간에 해당한다.(공직선거법 제33조 제3항)〈20승진〉

　　 기타 **선거기간**: **후보자등록 마감일 후 6일**부터 **선거일**까지 선거기간에 해당한다.[♣마감일 다음날부터(X)](공직선거법 제33조 제3항)〈20승진〉

④ (○) 비상근무〈20승진·12경간〉   **정답** ③

02 A경찰서 경비계장은 지방선거를 앞두고 개표소 경비대책을 수립하였다. ㉠부터 ㉣까지의 내용 중 적절하지 않은 것을 모두 고른 것은? 〈18경감〉

> ㉠ 제1선(개표소 내부)은 선거관리위원회위원장의 책임하에 질서를 유지한다.
> ㉡ 「공직선거법」상 누구든지 개표소 안에서 무기 등을 지닐 수 없으므로 선거관리위원회위원장의 원조요구가 있더라도 개표소 안으로 투입되는 경찰관에게 무기를 휴대할 수 없도록 한다.
> ㉢ 제2선(울타리 내곽)에서는 선거관리위원회와 합동으로 출입자를 통제하며, 2선의 출입문은 수개로 하는 것이 원칙이므로 정문과 후문을 개방한다.
> ㉣ 우발사태에 대비하여 개표소별로 예비대를 확보하고 소방·한전 등 관계요원을 대기시켜 자가발전시설이나 예비조명기구를 확보하여 화재·정전사고 등에 대비한다.

① ㉠㉡   ② ㉠㉢   ③ ㉡㉢   ④ ㉢㉣

해설

경비경찰, 활동, 선거경비, 개표소 경비 -

ㄱ (○) 제1선 경찰권<18승진>

ㄴ (×) **무기휴대**: 요청에 의한 경찰관 투입의 경우를 제외하고는 누구든지 개표소 안에서 **무기나 흉기 또는 폭발물을 지닐 수 없다.**[♣원조 요구가 있더라도 무기를 휴대할 수 없다.(×)](공선법 제183조 6항) <18승진>

ㄷ (×) **제2선**: 2선 출입문은 **되도록 정문만 사용하고 기타 출입문은 시정해야** 한다.[♣출입문은 수개로 하는 것이 원칙이므로 정문과 후문을 개방(×)](선거경비, 개표소 경비)<18승진·12경간>

ㄹ (○) 우발사태 대비<01·03·12·15·18승진>   정답 ③

---

03 선거경비에 대한 설명 중 옳지 않은 것은 모두 몇 개인가? <19경간>

> 가. 국회의원 후보자의 신변보호는 후보자가 경호를 원하지 않더라도 직원을 항상 대기시켜 유세기 간 중 근접배치 한다.
>
> 나. 대통령후보자의 신변보호는 을호 경호 대상으로 후보자 등록의 다음날부터 당선확정시까지 실 시한다.
>
> 다. 제1선 개표소 내부에 질서문란행위가 발생한 경우 선거 관리위원회위원장의 요청이 있는 경우 에만 경찰력을 투입한다.
>
> 라. 개표소 경비 제2선(울타리 내곽)은 선거관리위원회와 합동으로 출입자를 통제하고, 출입문은 되 도록 정문만을 사용한다.
>
> 마. 개표소 내부의 사전 안전검측 및 유지는 선거관리위원회에서 보안안전팀을 운영하여 실시한다.

① 2개   ② 3개   ③ 4개   ④ 5개

해설

경비경찰, 활동, 선거경비 -

가. (×) **대통령 선거 후보자가 신변경호를 원하지 않는 경우**: 시·도경찰청에서 **경호경험이 있는 자로 선발된 직원을 대기시키고 관내 유세기간 중 근접 배치**한다.[♣국회의원 선거 후보자가 신변보호를 원하지 않는 경우(×)]<12·19경간>

나. (×) **대통령선거 후보자의 신변보호**: 을호 경호 대상으로 **후보자등록**[♣후보자 등록의 다음날부터(×)]부터 **당선확정시**까지 실시한다.<03·07·12승진·12·19경간·12.2채용>

다. (×) **원조요구**: 구·시·군 선거관리위원회 **위원장이나 위원**은 개표소의 질서유지를 위하여 정복을 한 **경찰공무원 또는 경찰관서장에게 원조를 요구할 수 있다.**[♣위원장만 요구할 수(×)](공직선거법 제183조 제3항)<12·19경간·12채용>

라. (○) 개표소 경비, 제2선<15승진·12·19경간·19.1채용>

마. (×) 개표소 내부, **사전 안전검측 및 유지**: 선거관리위원회와 협조하여 경찰에서 보안안전팀을 운영함 으로써 개표소 내·외곽에 대한 **안전검측과 안전유지를 실시한다.**[♣선거관리위원회에서(×)]<08승 진·12·19경간>   정답 ③

---

04 선거경비에 대한 설명으로 가장 적절하지 않은 것은? 〈22승진〉

① 개표소 경비에 대한 3선 개념 중 제3선은 울타리 외곽으로, 검문조·순찰조를 운영하여 위해 기도자의 접근을 차단한다.

② 「공직자선거법」상 구·시·군선거관리위원회위원장이나 위원이 개표소의 질서유지를 위하여 정복을 한 경찰공무원 또는 경찰관서장에게 원조를 요구할 수 있으며, 이와 같은 요구에 의해 개표소 안에 들어간 경찰공무원 또는 경찰관서장은 질서가 회복되거나 위원장의 요구시 개표소에서 퇴거할 수 있다.

③ 「공직자선거법」상 투표소 안에서 또는 투표소로부터 100미터 안에서 소란한 언동을 하거나 특정 정당이나 후보자를 지지 또는 반대하는 언동을 하는 자가 있을 때에는 투표관리관 또는 투표사무원은 이를 제지하고, 그 명령에 불응하는 때에는 투표소 또는 그 제한거리 밖으로 퇴거하게 할 수 있다.

④ 「공직자선거법」상 투표관리관 또는 투표사무원은 투표소의 질서가 심히 문란하여 공정한 투표가 실시될 수 없다고 인정하는 때에는 투표소의 질서를 유지하기 위하여 정복을 한 경찰공무원 또는 경찰관서장에게 원조를 요구할 수 있다.

해설

경비경찰, 활동, 선거경비 −

① (○) 개표소 경비, 제3선〈15·20·22승진〉

② (×) 개표소 경비, **퇴거요구**: 질서가 회복되거나(요구가 없어도 퇴거가능), 위원장의 요구가 있는 때에는 즉시 개표소에서 **퇴거하여야** 한다.[♣퇴거할 수(X)](공직선거법 제183조 제5항)〈22승진·12.1채용〉

③ (○) 투표소 경비, 제지·퇴거: 공직선거법 제166조 제1항〈22승진〉

④ (○) 투표소 경비, 원조요구: 공직선거법 제164조 제1항〈22승진〉 **정답 ②**

05 선거경비에 대한 설명으로 가장 적절한 것은? 〈21.2채용〉

① 통상 비상근무체제는 선거기간 개시일부터 개표종료 때까지 이며, 경계강화기간은 선거기간 개시일부터 선거일 전일까지이다.

② 대통령 후보자는 갑호 경호 대상으로 후보자등록 시부터 당선확정시까지 후보자가 원하는 경우 유세장·숙소 등에 대하여 24시간 경호임무를 수행하고, 후보자가 원하지 않는 경우 시·도경찰청에서 경호경험이 있는 자를 선발해 관내 유세기간 중 근접 배치한다.

③ 투표소의 질서유지는 선거관리위원회와 경찰이 합동으로 하고 경찰은 112 순찰차를 투표소 밖에 배치하여 거점근무 및 순찰을 실시하고, 정복경찰을 투표소 내에 배치하여야 한다.

④ 「공직선거법」상 누구든지 개표소 안에서 무기 등을 지닐 수 없으므로 선거관리위원회 위원장의 원조요구가 있더라도 개표소안으로 투입되는 경찰관은 무기를 휴대할 수 없다.

해설

경비경찰, 활동, 선거경비 —

① (○) 비상근무체제, 경계강화기간<21.2채용>

② (×) **대통령 후보자**: 을호[♣갑호(X)] **경호** 대상으로 **후보자등록 시**부터 **당선확정시**까지 후보자가 원하는 경우 유세장·숙소 등에 대하여 24시간 경호임무를 수행하고, 후보자가 원하지 않는 경우 시·도경찰청에서 **경호경험이 있는 자를 선발해 관내 유세기간 중 근접 배치**한다.<12·19경간·21.2채용>

③ (×) **투표소의 질서유지**: 선거관리위원회와 경찰이 합동으로 하고 경찰은 112 순찰차를 투표소 밖에 배치하여 거점근무 및 순찰을 실시한다.[♣정복경찰을 투표소 내에 배치(X)]<21.2채용>

④ (×) 개표소 내부, 무기등 휴대: 요청에 의한 **경찰관 투입의 경우를 제외**하고는 누구든지 개표소 안에서 **무기나 흉기 또는 폭발물을 지닐 수 없다.**[♣원조 요구가 있더라도 무기를 휴대할 수 없다.(X)] (공선법 제183조 6항)<18승진·21.2채용>

정답 ①

테마 145 국가중요시설 경비 7

01 「통합방위법」상 국가중요시설에 대한 설명으로 가정 적절하지 않은 것은? <21경간>

① 국가중요시설의 관리자는 경비·보완 및 방호책임을 지며, 통합방위사태에 대비하여 자체방호계획을 수립하여야 한다. 이 경우 국가중요시설의 관리자는 자체방호계획을 수립하기 위하여 시·도경찰청장 또는 지역군사령관에게 협조를 요청하여야 한다.

② 시·도경찰청장 또는 지역군사령관은 통합방위사태에 대비하여 국가중요시설에 대하 방호지원계획을 수립·시행하여야 한다.

③ 국가중요시설의 평시 경비·보안활동에 대한 지도·감독은 관계 행정기관의 장과 국가정보원장이 수행한다.

④ 국가중요시설은 국방부장관이 관계 행정기관의 장 및 국가정보원장과 협의하여 지정한다.

해설

경비경찰, 활동, 국가중요시설경비 —

① (×) **방호책임**: 자체방호계획수립에 있어 시설주는 **시·도경찰청장 또는 지역군사령관에게 협조를 요청할 수** 있다.[♣요청하여야(X)](통합방위법 제21조 제1항 단서)<21경간·16.1채용>

② (○) 방호책임: 통합방위법 제21조 제1항<21경간·07·10승진·16.1채용>

③ (○) 감독책임: 통합방위법 제21조 제3항<21경간·07승진>

④ (○) 의의, 지정권자: 통합방위법 제21조 제4항<21경간·01·13·14승진·08·14.2채용>

정답 ①

테마 146 **경찰작전**　　　　　　　　　　　　**8**

01 「통합방위법」상 통합방위작전 및 경찰작전에 대한 설명으로 가장 적절한 것은? 〈17.2채용〉

① 대통령 소속으로 중앙 통합방위협의회를 둔다.
② '갑종사태'란 일정한 조직 체계를 갖춘 적의 대규모 병력 침투 또는 대량살상무기(大量殺傷武器) 공격 등의 도발로 발생한 비상사태로서 통합방위본부장 또는 지역군사령관의 지휘·통제 하에 통합방위작전을 수행하여야 할 사태를 말한다.
③ 시·도경찰청장 또는 경찰서장은 통합방위사태가 선포된 때에는 인명·신체에 대한 위해를 방지하기 위하여 즉시 작전지역에 있는 주민이나 체류 중인 사람에게 대피할 것을 명하여야 한다.
④ '을종사태'란 일부 또는 여러 지역에서 적이 침투·도발하여 단기간 내에 치안이 회복되기 어려워 시·도경찰청장의 지휘·통제 하에 통합방위작전을 수행하여야 할 사태를 말한다.

해설

경비경찰, 활동, 경찰작전 −
① (×) **중앙통합방위협의회 : 국무총리 소속**으로[♣대통령 소속으로(X)] 중앙 통합방위협의회("중앙협의회")를 둔다.(통합방위법 제4조 제1항)〈17.2채용〉
② (○) 갑종사태(통합방위법 제2조 제6호)〈12경간·13.1·14.2·17.2채용〉
③ (×) **통합방위사태 선포, 대피명령 : 시·도지사 또는 시장·군수·구청장은 통합방위사태가 선포된** 때에는 인명·신체에 대한 위해를 방지하기 위하여 즉시 작전지역에 있는 주민이나 체류 중인 사람에게 **대피할 것을 명할 수** 있다.[♣시·도경찰청장 또는 경찰서장은(X)](제17조 제1항)(위반 시 → 제24조 ②에 의거 **300만 원 이하 벌금으로 처벌**)〈18경간·19승진〉
④ (×) 통합방위사태, **을종사태 : 일부 또는 여러 지역**에서 적이 침투·도발하여 단기간 내에 치안이 회복되기 어려워 **지역군사령관의 지휘·통제** 하에 통합방위작전을 수행하여야 할 사태를 말한다.[♣시·도경찰청장 지휘통제 하에(X)](제2조 제7호)〈10·13·14승진·12경간·17.2채용〉　**정답** ②

02 통합방위사태가 선포된 때에는 「통합방위법」의 규정에 따라 통합방위작전을 신속하게 수행하여야 한다. 지역별 통합방위작전 수행 담당자로 가장 적절한 것은? 〈21경간〉

① 갑종사태가 선포된 경우 경찰관할지역 : 경찰청장
② 을종사태가 선포된 경우 특정경비지역 : 통합방위본부장
③ 을종사태가 선포된 경우 경찰관할지역 : 시·도경찰청장
④ 병종사태가 선포된 경우 특정경비지역 : 지역군사령관

> **해설**

경비경찰, 경비경찰활동, 경찰작전 −

① (×) **갑종사태가 선포된 경우**: 일정한 조직체계를 갖춘 적의 **대규모 병력 침투** 또는 대량살상무기(大量殺傷武器) 공격 등의 도발로 발생한 비상사태로서 **통합방위본부장 또는 지역군사령관의 지휘·통제** 하에 통합방위작전을 수행하여야 할 사태를 말한다.[♣경찰청장이 담당(X)](통합방위법 제2조 제6호)<19승진·12·21경간·13.1·14.2·17.2채용>

② (×) **을종사태가 선포된 경우**: **일부 또는 여러 지역**에서 적이 침투·도발하여 단기간 내에 치안이 회복되기 어려워 **지역군사령관의 지휘·통제** 하에 통합방위작전을 수행하여야 할 사태를 말한다. [♣통합방위본부장 지휘통제 하에(X)](통합방위법 제2조 제7호)<10·13·14승진·12·21경간·17.2채용>

③ (×) **을종사태가 선포된 경우**: **일부 또는 여러 지역**에서 적이 침투·도발하여 단기간 내에 치안이 회복되기 어려워 **지역군사령관의 지휘·통제** 하에 통합방위작전을 수행하여야 할 사태를 말한다.[♣시·도경찰청장이 수행담당(X)](통합방위법 제2조 제7호)<10·13·14승진·12·21경간·17.2채용>

④ (○) **병종사태가 선포된 경우**: 적의 침투·도발 위협이 **예상되거나 소규모의 적이 침투**하였을 때에 **시·도경찰청장, 지역군사령관 또는 함대사령관**의 지휘·통제 하에 통합방위작전을 수행하여 **단기간** 내에 치안이 **회복**될 수 있는 사태를 말한다.(통합방위법 제2조 제8호)<01·04·14승진·12·18·19·21경간·13.1·15.3채용> 정답 ④

---

03 「통합방위법」에 대한 설명으로 가장 적절하지 않은 것은? 〈19경감〉

① '갑종사태'란 일정한 조직체계를 갖춘 적의 대규모 병력 침투 또는 대량살상무기 공격 등의 도발로 발생한 비상사태로서 통합방위본부장 또는 지역군사령관의 지휘·통제 하에 통합방위작전을 수행하여야 할 사태를 말한다.

② 행정안전부장관 또는 국방부장관은 을종사태에 해당하는 상황이 발생하였을 때 즉시 국무총리를 거쳐 대통령에게 통합방위사태의 선포를 건의하여야 한다.

③ 중앙 통합방위협의회의 의장은 국무총리가 되고 통합방위본부장은 합동참모의장이 된다.

④ 시·도지사 또는 시장·군수·구청장은 통합방위사태가 선포된 때에는 인명·신체에 대한 위해를 방지하기 위하여 즉시 작전지역에 있는 주민이나 체류 중인 사람에게 대피할 것을 명할 수 있다.

> **해설**

경비경찰, 활동, 경찰작전 −

① (○) 통합방위사태, 갑종사태(통합방위법 제2조 제6호)<19승진·12경간·13.1·14.2·17.2채용>

② (×) 통합방위사태, **갑종사태**: **갑종의 사태**에 해당하는 상황이 발생하였을 때 또는 **둘 이상의 "시·도"**에 걸쳐 을종사태에 해당하는 상황이 발생하였을 때 **국방부 장관**은 즉시 **국무총리를 거쳐 대통령에게 통합방위사태의 선포를 건의하여야** 한다.[♣을종사태(X)](제12조 제2항 제1호)<19승진>
을, 병종사태: **시·도경찰청장, 지역군사령관 또는 함대사령관**은 **을종사태나 병종사태**에 해당하는 상황이 발생한 때에는 즉시 **시·도지사에게** 통합방위사태의 선포를 건의하여야 한다.(제12조 제4항)<19승진>

③ (○) 중앙통합방위 협의회 의장, 통합방위본부장(제4조 제2항, 제8조 제2항)<19승진>

④ (○) 대피명령(제17조 제1항)<18경간·19승진> 정답 ②

---

04 「통합방위법」에 대한 설명으로 가장 적절하지 않은 것은? 〈20경감〉

① 시·도경찰청장, 지역군사령관 또는 함대사령관은 을종사태나 병종사태에 해당하는 상황이 발생한 때에는 즉시 시·도지사에게 통합방위사태의 선포를 건의하여야 한다.

② 시·도지사는 위 ①에 따른 건의를 받은 때에는 중앙협의회의 심의를 거쳐 을종사태 또는 병종사태를 선포할 수 있다.

③ 「통합방위법」상 통합방위본부장은 합동참모의장, 부본부장은 합동참모본부 합동작전본부장이 되고, 지역 통합방위협의회 의장은 시·도지사이며, 중앙 통합방위협의회 의장은 국무총리이다.

④ 국방부장관은 둘 이상의 시·도에 걸쳐 을종사태에 해당하는 상황이 발생하였을 때 즉시 국무총리를 거쳐 대통령에게 통합방위사태의 선포를 건의하여야 한다.

해설

경비경찰, 활동, 경찰작전 −

① (○) 통합방위사태 선포건의, 을·병종사태(통합방위법 제12조 제4항)〈19·20승진〉

② (✕) **을종 또는 병종사태 선포 절차**: **시·도지사**는 통합방위사태 선포의 건의를 받은 때에는 **시·도 협의회의 심의를 거쳐** 을종사태 또는 병종사태를 선포할 수 있다.[♣중앙협의회의 심의를 거쳐 (✕)](통합방위법 제12조 제5항)〈20승진〉

③ (○) 통합방위본부장, 부본부장, 지역통합방위협의회 의장, 중앙 통합방위협의회 의장(통합방위법 제4조, 제5조, 제8조)〈19·20승진〉

④ (○) 둘 이상 시·도 을종사태, 통합방위사태 선포건의(통합방위법 제12조 제2항 제1호)〈19·20승진〉

정답 ②

05 통합방위사태 선포시 대응활동에 관한 설명 중 옳지 않은 것은 모두 몇 개인가? 〈18경간〉

가. 서울특별시와 경기도에 걸친 병종사태에 해당하는 상황이 발생하였을 때는 대통령이 선포권자가 된다.

나. 통합방위작전의 관할구역 중 경찰관할지역은 경찰청장이 작전을 수행한다.

다. 시장·군수·구청장도 통제구역을 설정하여 출입을 금지·제한하거나 퇴거명령을 할 수 있다.

라. 을종사태는 적의 침투·도발이 예상되거나 소규모의 적이 침투하여 단기간 내에 치안이 회복될 수 있는 사태를 말한다.

마. 「통합방위법」에 따른 대피명령을 위반하는 경우 300만 원 이하의 벌금에 처한다.

① 0개   ② 1개   ③ 2개   ④ 3개

해설

경비경찰, 활동, 경찰작전 -

가. (○) **통합방위사태의 선포권자**: **甲종사태와 둘 이상의 시도에 걸친 을종, 병종사태는 대통령**이, 乙종·丙종사태는 **시·도지사**가 선포한다.<08승진·12·18경간·14.2채용>

나. (✕) 병종사태, **대간첩작전**: 병종사태의 경우 **경찰책임지역 내의 대간첩 작전은 시·도경찰청장 책임 하에 실시**(시·도경찰청장은 시·도 경찰작전지휘관으로서 관할지역의 예비군관리대를 작전통제한다.)[♣경찰청장이(✕)]<18경간>

다. (○) 통합제구역 설정, **출입금지·제한 및 퇴거명령**: **시·도지사 또는 시장·군수·구청장은**[♣시·도경찰청장 또는 경찰서장은(✕)] 일정사유에 해당하면 필요한 **통제구역을 설정**하고, 통합방위작전 또는 경계태세 발령에 따른 군·경 합동작전에 관련되지 아니한 사람에 대하여는 **출입을 금지·제한하거나 그 통제구역으로부터 퇴거할 것을 명할 수 있다.**[♣퇴거할 것을 명하여야 한다.(✕)](위반 시 → 제24조 제1항에 의거 처벌)(제16조 제1항)<18경간·17.2채용>

라. (✕) 통합방위사태, **병종사태**: 적의 침투·도발 위협이 **예상되거나 소규모의 적이 침투**하였을 때에 **시·도경찰청장, 지역군사령관 또는 함대사령관**의 지휘·통제 하에 통합방위작전을 수행하여 단기간 내에 치안이 회복될 수 있는 사태를 말한다.[♣을종사태는(✕)](통합방위법 제2조)<01·04·14승진·12·18경간·13.1·15.3채용>

마. (○) 대피명령위반, 벌칙(「통합방위법」 제24조 제2항)<18경간>　　　　　　　　　　　정답 ③

---

06 경찰작전에 대한 설명 중 옳지 않은 것은? 〈19경간〉

① 평시 및 병종사태 발생 시 경찰책임지역 내에서는 시·도경찰청장 책임 하에 경찰·군·예비군·관·민 등 모든 국가방위요소를 지휘·통제하여 작전을 수행한다.

② 적의 침투·도발 위협이 예상되거나 소규모의 적이 침투한 때에 시·도경찰청장, 지역군사령관 또는 함대사령관의 지휘·통제하에 통합방위작전을 수행하여 단기간 내에 치안이 회복될 수 있는 사태는 병종사태에 해당한다.

③ 상황발생시 상황보고·통보 및 하달은 1순위로 직접 행동을 취할 기관 및 부대, 2순위로 지휘계통에 보고, 3순위로 협조 및 지원을 요하는 기관 및 부대, 4순위로 기타 필요한 기관 및 부대 순이다.

④ 비상근무는 비상상황 하에서 업무수행의 효율화를 위해 발령한다.

해설

경비경찰, 활동, 경찰작전 -

① (○) 평시 및 병종사태, 경찰책임지역<18·19경간>

② (○) 통합방위 병종사태<01·04·14승진·12·18·19경간·13.1·15.3채용>

③ (✕) **상황보고순위**: 1순위 (직접 행동을 취할 기관 및 부대)/ 2순위 (협조 및 지원을 요하는 기관 및 부대)/ 3순위 (지휘계통에 보고)/ 4순위 (기타 필요한 기관)<19경간·09·13승진>

④ (○) 비상근무 발령, 목적(비상업무규칙 제3조 제1항)<19경간>　　　　　정답 ③

07 「통합방위법」에 관한 설명 중 가장 적절하지 않은 것은? 〈23승진〉

① "갑종사태"란 일정한 조직체계를 갖춘 적의 대규모 병력 침투 또는 대량살상무기 공격 등의 도발로 발생한 비상사태로서 통합방위본부장 또는 지역군사령관의 지휘 · 통제 하에 통합방위작전을 수행하여야 할 사태를 말한다.

② "을종사태"란 적의 침투 · 도발 위협이 예상되거나 소규모의 적이 침투하였을 때에 시 · 도경찰청장, 지역군사령관 또는 함대사령관의 지휘 · 통제 하에 통합방위작전을 수행하여 단기간 내에 치안이 회복될 수 있는 사태를 말한다.

③ 국무총리 소속으로 중앙 통합방위협의회를 둔다.

④ 국가중요시설은 국방부장관이 관계 행정기관의 장 및 국가정보원장과 협의하여 지정한다.

해설

경비경찰, 활동, 경찰작전 −

① (○) 통합방위사태 유형, 갑종사태(통합방위법 제2조 제6호)〈19 · 23승진 · 12 · 21경간 · 13.1 · 14.2 · 17.2채용〉

② (×) 통합방위사태 유형, **병종사태** : 적의 침투 · 도발 위협이 **예상되거나 소규모의 적이 침투**하였을 때에 **시 · 도경찰청장, 지역군사령관 또는 함대사령관**의 지휘 · 통제 하에 통합방위작전을 수행하여 **단기간** 내에 치안이 **회복**될 수 있는 사태를 말한다.[♣을종사태(×)](통합방위법 제2조 제8호)〈01 · 04 · 14 · 23승진 · 12 · 18 · 19 · 21경간 · 13.1 · 15.3채용〉

③ (○) 통합방위기구, 중앙통합방위 협의회(통합방위법 제4조 제1항)〈23승진 · 17.2채용〉

④ (○) 국가중요시설 경비, 지정권자(통합방위법 제21조 제4항)〈21경간 · 01 · 13 · 14 · 23승진 · 08 · 14.2채용〉

정답 ②

☞ **경비경찰활동 종합**

01 다음 중 경비경찰에 대한 설명으로 가장 적절하지 않은 것은? 〈20경감〉

① 행사장 경호와 관련하여 제1선(안전구역)에서는 출입자 통제관리 및 MD 설치 운용을 한다.

② 개표소 경비와 관련하여 제2선(울타리 내곽)에서는 선거관리위원회와 합동으로 출입자를 통제한다.

③ 국가중요시설 경비와 관련하여 제2지대(주방어지대)에서는 주 · 야간 경계요원에 대한 계속적인 감시 · 통제가 될 수 있도록 경비인력을 운용한다.

④ 국가중요시설 경비와 관련하여 제3지대(핵심방어지대)에서는 시설의 보강(지하화, 방호벽, 방탄막 등)을 최우선으로 한다.

해설

경비경찰, 활동 −

① (○) 행사장 경호, 제1선(안전구역)〈16 · 20승진 · 17.1채용〉

② (○) 선거경비, 개표소 경비, 제2선(울타리 내곽)〈15 · 18 · 20승진 · 12 · 19경간〉

③ (×) 국가중요시설경비, **제3지대(핵심방어지대)** : 주요핵심부는 **지하화하거나 위장하며, 경비원에 의한 상시(24시간) 감시체제가 유지**되도록 **경비인력을 운용**하고, 방호벽 · 방탄막 · 적외선 · CCTV 등 방호시설물을 설치하여야 한다.[♣주방어지대(×)]〈20승진〉

④ (○) 국가중요시설경비, 제3지대(핵심방어지대)〈20승진〉

정답 ③

04 | 교통경찰

제1장 교통경찰 일반

테마 147 도로교통법관련 주요 용어정리

01 「도로교통법」제2조 용어의 정의에 대한 설명으로 가장 적절하지 않은 것은? 〈17.2채용〉

① '자전거횡단도'란 자전거가 일반도로를 횡단할 수 있도록 안전표지로 표시한 도로의 부분을 말한다.

② '교차로'란 '十'자로, 'T'자로나 그 밖에 둘 이상의 도로(보도와 차도가 구분되어 있는 도로에서는 차도를 말한다)가 교차하는 부분을 말한다.

③ '길가장자리구역'이란 보도와 차도가 구분되어 있는 도로에서 보행자의 안전을 확보하기 위하여 안전표지 등으로 경계를 표시한 도로의 가장자리 부분을 말한다.

④ '안전표지'란 교통안전에 필요한 주의·규제·지시 등을 표시하는 표지판이나 도로의 바닥에 표시하는 기호·문자 또는 선 등을 말한다.

해설

교통경찰, 일반, 용어정리 ─

① (○) 자전거 횡단도(도로교통법 제2조 제9호)〈17.2채용〉

② (○) 교차로(도로교통법 제2조 제13호)〈13.2·17.2채용〉

③ (×) **길가장자리구역**: 보도와 차도가 구분되지 아니한 도로에서 보행자의 안전을 확보하기 위하여 안전표지 등으로 경계를 표시한 도로의 가장자리 부분을 말한다.[♣보도와 차도가 구분된 도로에서(X)](도로교통법 제2조 제11호)〈11경간·14.2·15.3·17.2채용〉

④ (○) 안전표지(도로교통법 제2조 제16호)〈17.2채용〉   **정답** ③

02 「도로교통법」에 대한 설명이다. 아래 가.부터 마.까지 설명 중 옳고 그름의 표시(O, X)가 바르게 된 것은?

〈22경간〉

> 가. 보도란 연석선, 안전표시나 그와 비슷한 인공구조물로 경계를 표시하여 보행자(유모차와 보행보
> 조용 의자차 제외)가 통행할 수 있도록 한 도로의 부분을 말한다.
>
> 나. 길가장자리구역이란 보도와 차도의 구분되지 않은 도로에서 보행자의 안전을 확보하기 위하여
> 안전표지 등으로 경계를 표시한 도로의 가장자리 부분을 말한다.
>
> 다. 자동차란 철길이나 가설된 선을 이용하지 아니하고 원동기를 사용하여 운전되는 차로서 승용자
> 동차, 승합자동차, 화물자동차, 특수자동차, 이륜자동차, 원동기장치자전거와 건설기계를 말한다.
>
> 라. 어린이의 보호자는 어린이가 행정안전부령으로 정하는 인명보호 장구를 착용한 경우를 제외하
> 고 도로에서 개인형 이동장치를 운전하게 하여서는 아니 된다.
>
> 마. 모범운전자란 동법에 따라 무사고운전자 또는 유공운전자의 표시장을 받거나 2년 이상 사업용
> 자동차 운전에 종사하면서 교통사고를 일으킨 전력이 없는 사람으로서 시·도경찰청장이 정하
> 는 바에 따라 선발되어 교통안전 봉사활동에 종사하는 사람을 말한다.

① 가.(×) 나.(○) 다.(×) 라.(○) 마.(×)

② 가.(×) 나.(○) 다.(○) 라.(×) 마.(○)

③ 가.(×) 나.(×) 다.(×) 라.(○) 마.(×)

④ 가.(×) 나.(○) 다.(×) 라.(×) 마.(×)

해설

교통경찰, 일반, 용어정리 −

가. (×) **보도** : 연석선, 안전표지나 그와 비슷한 인공구조물로 경계를 표시하여 보행자(**유모차, 보행보
조용 의자차**, 노약자용 보행기 등 행정안전부령으로 정하는 기구·장치를 이용하여 통행하는
사람을 **포함**한다.)가 통행할 수 있도록 한 도로의 부분을 말한다.[♣유모차, 보행보조용 의자차 제
외(X)](제2조 제10호)<22경간·13.2채용>

나. (○) 길가장자리구역(도로교통법 제2조 제11호)<11·22경간·14.2·15.3·17.2채용>

다. (×) **자동차** : "자동차"란 철길이나 가설된 선을 이용하지 아니하고 원동기를 사용하여 운전되는 차(**견
인되는 자동차도 자동차의 일부**)로서, 「자동차관리법」에 따른 **승용자동차, 승합자동차, 화물자동
차, 특수자동차, 이륜자동차**, 「건설기계관리법」에 따른 **건설기계** 등의 차를 말한다. 다만, **원동기
장치자전거는 제외**한다.[♣원동기장치자전거 포함(X)](도로교통법 제2조 제18호)<12·22경간·21.2채용>

라. (×) **개인형 이동장치** : 어린이의 보호자는 도로에서 **어린이**가 개인형 이동장치를 **운전하게 하여서는
아니** 된다.[♣인명보호 장구를 착용한 경우를 제외하고(X)](제11조 제4항)<22경간·21.2채용>

마. (×) **교통규제수단, 교통수신호, 모범운전자** : 무사고운전자 또는 유공운전자의 표시장을 받거나 **2년
이상** 사업용 자동차 운전에 종사하면서 교통사고를 일으킨 전력이 없는 사람으로서 **경찰청장
이**[♣시·도경찰청장이(X)] 정하는 바에 따라 선발되어 교통안전 봉사활동에 종사하는 사람을 말
한다.(도로교통법 제5조 제1항, 시행령 제6조)<22경간>

정답 ④

제2장 교통경찰활동

1 교통순찰 및 교통정리

01 「도로교통법」제26조(교통정리가 없는 교차로에서의 양보운전)에 관한 설명으로 가장 적절하지 않은 것은?

〈23승진〉

① 교통정리를 하고 있지 아니하는 교차로에 들어가려고 하는 차의 운전자는 이미 교차로에 들어가 있는 다른 차가 있을 때에는 그 차에 진로를 양보하여야 한다.

② 교통정리를 하고 있지 아니하는 교차로에 들어가려고 하는 차의 운전자는 그 차가 통행하고 있는 도로의 폭보다 교차하는 도로의 폭이 넓은 경우에는 서행하여야 하며, 폭이 넓은 도로로부터 교차로에 들어가려고 하는 다른 차가 있을 때에는 그 차에 진로를 양보하여야 한다.

③ 교통정리를 하고 있지 아니하는 교차로에 동시에 들어가려고 하는 차의 운전자는 좌측도로의 차에 진로를 양보하여야 한다.

④ 교통정리를 하고 있지 아니하는 교차로에서 좌회전하려고 하는 차의 운전자는 그 교차로에서 직진하거나 우회전하려는 다른 차가 있을 때에는 그 차에 진로를 양보하여야 한다.

해설

교통경찰, 교통경찰활동, 교통순찰 및 교통정리, 우선교통권의 원칙 −
① (○) 선진입차 우선(도로교통법 제26조 제1항)〈23승진〉
② (○) 폭이 넓은 도로의 우선(도로교통법 제26조 제2항)〈23승진〉
③ (×) **우측도로 우선**: 우선순위가 같은 차가 동시에 교통정리가 행하여지고 있지 아니하는 교차로에 들어가고자 하는 때에는 우측도로의 차에 진로를 양보하여야 한다.[♣좌측도로 차에게 진로 양보(X)](도로교통법 제26조 제3항)〈11경간·23승진〉
④ (○) 직진 및 우회전 차의 우선(도로교통법 제26조 제4항)〈23승진〉   정답 ③

---

2 교통규제

− 교통규제권자

01 「도로교통법」상 경찰공무원이 반드시 조치를 하여야 하는 내용에 해당하지 않는 것은? 〈21경간〉

① 도로에서의 위험을 방지하고 교통의 안전과 원활한 소통을 확보하기 위하여 필요하다고 인정할 때, 행렬등에 대하여 구간을 정하고 그 구간에서 행렬등이 도로 또는 차도의 우측(자전거 도로가 설치되어 있는 차도에서는 자전거도로를 제외한 부분의 우측을 말한다)으로 붙어서 통행할 것을 명하는 등 필요한 조치

② 신체에 장애가 있는 사람이 도로를 통행하거나 횡단하기 위하여 도움을 요청하거나 도움이 필요하다고 인정하는 경우, 그 사람이 안전하게 통행하거나 횡단할 수 있도록 필요한 조치

③ 앞을 보지 못하는 사람으로서 흰색 지팡이를 가지지 아니하거나 장애인보조견을 동반하지 아니하는 등 필요한 조치를 하지 아니하고 다니는 사람을 발견할 경우, 그들의 안전을 위한 적절한 조치

④ 교통이 빈번한 도로에서 놀고 있는 어린이를 발견한 경우, 그들의 안전을 위한 적절한 조치

해설

교통경찰, 교통규제, 교통규제권자, 경찰공무원 −

① (✕) **행렬등 조치**: 경찰공무원은 도로에서의 위험을 방지하고 교통의 안전과 원활한 소통을 확보하기 위하여 필요하다고 인정할 때에는 행렬등에 대하여 구간을 정하고 그 구간에서 **행렬등이 도로 또는 차도의 우측**(자전거도로가 설치되어 있는 차도에서는 **자전거도로를 제외**한 부분의 우측을 말한다)으로 **붙어서 통행할 것을 명**하는 등 필요한 **조치를 할 수** 있다.[♣반드시 조치하여야(X)](도로교통법 제9조 제3항)<21경간>

② (○) 장애자 안전통행·횡단조치(도로교통법 제11조 제5항)<21경간>

③④ (○) 앞을 보지 못하는 사람, 어린이 안전조치(도로교통법 제11조 제6항)<21경간>   정답 ①

− 교통규제수단

01 「도로교통법」시행규칙, '별표2'에서 규정하는 '차량신호등' 중, 원형등화의 신호의 종류와 그 신호의 뜻에 대한 설명으로 가장 적절하지 않은 것은? 〈23승진〉

① 녹색의 등화: 비보호좌회전표지 또는 비보호좌회전표시가 있는 곳에서는 좌회전할 수 있다.

② 황색등화의 점멸: 차마는 다른 교통 또는 안전표지와 표시에 주의하면서 진행할 수 있다.

③ 황색의 등화: 차마는 정지선이 있거나 횡단보도가 있을 때에는 그 직전이나 교차로의 직전에 정지하여야 하며, 이미 교차로에 차마의 일부라도 진입한 경우에는 신속히 교차로 밖으로 진행하여야 한다.

④ 적색등화의 점멸: 차마는 정지선이나 횡단보도가 있을 때에는 그 직전이나 교차로의 직전에 서행하여 다른 교통에 주의하면서 진행할 수 있다.

해설

교통경찰, 교통규제, 교통규제수단, 차량신호등 −

① (○) 녹색의 등화(도로교통법 시행규칙 별표2)<01·23승진>

② (○) 황색등화의 점멸(도로교통법 시행규칙 별표2)<01·23승진>

③ (○) 황색등화(도로교통법 시행규칙 별표2)<01·23승진>

④ (✕) **적색등화의 점멸**: 차마는 정지선이나 횡단보도가 있을 때에는 그 직전이나 교차로의 직전에 **일시정지한 후**[♣서행(X)] **다른 교통에 주의하면서 진행할 수** 있다.(도로교통법 시행규칙 별표2)<01·23승진>   정답 ④

테마 148 안전표지

02 「도로교통법」 시행규칙」상 안전표지에 대한 설명으로 가장 적절하지 않은 것은? 〈17경위〉

① 노면표지 - 도로교통의 안전을 위하여 각종 주의·규제·지시 등의 내용을 노면에 기호·문자 또는 선으로 도로사용자에게 알리는 표지

② 규제표지 - 도로교통의 안전을 위하여 각종 제한·금지 등의 규제를 하는 경우에 이를 도로사용자에게 알리는 표지

③ 지시표지 - 도로의 통행방법·통행구분 등 도로교통의 안전을 위하여 필요한 지시를 하는 경우에 도로사용자가 이에 따르도록 알리는 표지

④ 보조표지 - 도로상태가 위험하거나 도로 또는 그 부근에 위험물이 있는 경우에 필요한 안전조치를 할 수 있도록 이를 도로사용자에게 알리는 표지

해설

교통경찰, 교통규제, 교통규제수단, 안전표지 -

①②③ (○) 안전표지(도로교통법 시행규칙 제8조)<14·16·17승진·04·09채용>

④ (×) **주의표지**: 도로상태가 위험하거나 도로 또는 그 부근에 위험물이 있는 경우에 필요한 **안전조치를 할 수 있도록** 이를 도로사용자에게 **알리는** 표지[♣보조표지(X)](도로교통법 시행규칙 제8조) <17승진·14.1채용>
정답 ④

03 「도로교통법 시행규칙」상 안전표지에 대한 설명 중 적절하지 않은 것을 모두 고른 것은? 〈20.1채용〉

㉠ 보조표지 - 도로상태가 위험하거나 도로 또는 그 부근에 위험물이 있는 경우에 필요한 안전조치를 할 수 있도록 이를 도로사용자에게 알리는 표지

㉡ 규제표지 - 도로교통의 안전을 위하여 각종 제한 금지 등의 규제를 하는 경우에 이를 도로사용자에게 알리는 표지

㉢ 노면표시 - 주의표지·규제표지 또는 지시표지의 주기능을 보충하여 도로사용자에게 알리는 표지

㉣ 지시표지 - 도로의 통행방법 통행구분 등 도로교통의 안전을 위하여 필요한 지시를 하는 경우에 도로사용자가 이에 따르도록 알리는 표지

① ㉠㉡　　　　② ㉡㉢　　　　③ ㉠㉢　　　　④ ㉡㉣

해설

교통경찰, 교통규제, 교통규제수단, 안전표지 -

㉠ (×) 주의표지: 도로상태가 위험하거나 도로 또는 그 부근에 위험물이 있는 경우에 필요한 **안전조치를 할 수 있도록** 이를 도로사용자에게 **알리는** 표지[♣보조표지(X)]<17승진·14.1·20.1채용>

㉡ (○) 규제표지<20.1채용>

㉢ (×) 보조표시: 주의표지·규제표지 또는 지시표지의 주 기능을 보충하여 도로사용자에게 알리는 표지[♣노면표지(X)]<20.1채용>

㉣ (○) 지시표지<16·17승진·20.1채용>
정답 ③

3 교통지도 · 단속

01 「도로교통법」상 음주운전과 관련된 내용이다. 아래 ㉠부터 ㉣까지의 내용 중 옳고 그름의 표시(O, X)가 바르게 된 것은? (단, '술에 취한 상태'는 혈중알코올농도가 0.05퍼센트 이상인 경우로 전제함) 〈19.1채용〉

> ㉠ 술에 취한 상태에서 자전거를 운전한 사람은 처벌된다.
> ㉡ 음주운전 2회 이상 위반으로 벌금형을 확정받고 면허가 취소된 경우, 면허가 취소된 날부터 3년간 면허시험 응시자격이 제한된다.
> ㉢ 무면허인 자가 술에 취한 상태에서 자동차 등을 운전한 경우, 무면허운전죄와 음주운전죄는 실체적 경합관계에 있다.
> ㉣ 도로가 아닌 곳에서 술에 취한 상태로 자동차 등을 운전하더라도 음주단속의 대상이 된다.

① ㉠(○) ㉡(○) ㉢(×) ㉣(×)
② ㉠(○) ㉡(×) ㉢(○) ㉣(○)
③ ㉠(○) ㉡(×) ㉢(×) ㉣(○)
④ ㉠(×) ㉡(○) ㉢(○) ㉣(×)

해설

교통경찰, 교통규제사안 −

㉠ (○) 자전거 음주운전, **벌칙**: 자전거 **음주운전 및 음주측정거부**에 대해 **20만 원 이하의 벌금, 구류, 과료**에 처한다.[♣자전거 음주운전은 처벌한다.(O)](제156조)〈19.1채용〉

㉡ (×) 운전면허, **응시제한**: **2년간** 응시자격제한[♣3년 제한(X)](제82조 제2항)〈13승진 · 13 · 14 · 17경간 · 09 · 12 · 13.1 · 14.2 · 19.1채용〉

㉢ (×) 무면허 운전과 음주운전, **상상적 경합**: **무면허운전**(2년 이하의 징역, 200만 원 이하 벌금)과 **음주운전**(최고 2년 이상 5년 이하의 징역이나 1천만 원 이상 2천만 원 이하의 벌금)은 이른바, **상상적 경합에 해당하므로 가장 중한 죄에 정한 형으로 처벌**하면 된다.(혈중알콜농도 0.1% 이상인 경우 음주운전으로 처벌) ➡ **상상적 경합**[♣실체적 경합(X)](대법원86도2731)〈06승진 · 19.1채용〉

㉣ (○) 음주운전, **장소적 제한**: 도로(음주 · 과로 · 질병 · 약물복용 상태의 운전금지 및 조치의무 − 제44조 · 제45조 · 제54조 제1항 · 제148조 및 제148조의2 − 의 경우에는 **도로 외의 곳을 포함**)에서 차마 또는 노면전차를 그 본래의 사용방법에 따라 사용하는 것(조종 포함)을 말한다.[♣출입금지된 초등학교 내 무면허 운전 처벌(X)](제2조 제26호)〈19.1채용〉 [●주로병약조치]

※ 주차장 학교 경내 등 **도로가 아닌 곳**에서도 음주운전, 약물운전, 사고 후 미조치(제54조 제1항)에 대해 도로교통법의 **처벌규정**(제148조, 제148조의2) **적용이 가능**하다.〈19.1채용〉 **정답** ③

02 「도로교통법」상 음주운전에 대한 설명으로 가장 적절하지 않은 것은? (다툼이 있는 경우 판례에 의함)

〈21승진〉

① 경찰공무원은 교통의 안전과 위험방지를 위하여 필요하다고 인정하거나, 술에 취한 상태에서 자동차 등을 운전하였다고 인정할 만한 상당한 이유가 있는 경우에는 음주측정을 할 수 있다.

② 무면허인데다가 술이 취한 상태에서 오토바이를 운전하였다면 무면허운전죄와 음주운전죄는 실체적 경합관계에 있다.

③ 음주감지기에서 음주반응이 나온 경우, 그것만으로 술에 취한 상태에 있다고 인정할 만한 상당한 이유가 있다고 볼 수 없다.

④ 주차장, 학교 경내 등 「도로교통법」상 도로가 아닌 곳에서의 음주운전, 약물운전, 사고 후 미조치에 대하여 형사처벌이 가능하다.

해설

교통경찰, 교통규제, 음주운전 −

① (○) 음주측정의 요구(도로교통법 제44조 제2항)〈21승진〉

② (✕) **상상적 경합 : 무면허운전**(2년 이하의 징역, 200만 원 이하 벌금)과 **음주운전**(최고 2년 이상 5년 이하의 징역이나 1천만 원 이상 2천만 원 이하의 벌금)은 이른바, **상상적 경합에 해당하므로 가장 중한 죄에 정한 형으로 처벌**하면 된다.(혈중알콜농도 0.03% 이상인 경우 음주운전으로 처벌) ➡ **상상적 경합[♣**실체적 경합(✕)](대법원 86도2731)〈06 · 21승진 · 19.1채용〉

③ (○) 음주감지기 음주반응(대판 2002도6632)〈12 · 21승진 · 12.3채용〉

④ (○) 인피교통사고 조치의무, **적용범위** : 도로교통법 제2조 24호에 의거하여 **도로 아닌 곳에서도 적용**된다.〈21승진〉

정답 ②

---

03 음주운전 관련 판례의 내용으로 가장 적절하지 않은 것은? 〈18.1순경〉

① 「형사소송법」규정에 위반하여 수사기관이 법원으로부터 영장 또는 감정처분허가장을 발부받지 아니한 채 피의자의 동의 없이 피의자의 신체로부터 혈액을 채취하고 더구나 사후적으로도 지체없이 이에 대한 영장을 발부받지도 아니하고서 그 강제채혈한 피의자의 혈액 중 알코올농도에 관한 감정결과보고서 등은 피고인이나 변호인의 증거동의가 있다고 하더라도 유죄의 증거로 사용할 수 없다.

② 음주운전과 관련한 도로교통법위반죄의 범죄수사를 위하여 미성년자인 피의자의 혈액채취가 필요한 경우에도 피의자에게 의사능력이 있다면 피의자 본인만이 혈액채취에 관한 유효한 동의를 할 수 있고, 피의자에게 의사능력이 없는 경우에도 명문의 규정이 없는 이상 법정대리인이 피의자를 대리하여 동의할 수는 없다.

③ 「도로교통법」에 규정된 음주측정은 성질상 강제될 수 있는 것이 아니며 궁극적으로 당사자의 자발적인 협조가 필수적인 것이므로 이를 두고 법관의 영장을 필요로 하는 강제처분이라 할 수 없다. 따라서 주취운전의 혐의자에게 영장없는 음주측정에 응할 의무를 지우고 이에 불응한 사람을 처벌한다고 하더라도 영장주의에 위배되지 아니한다.

④ 위드마크 공식은 운전자가 음주한 상태에서 운전한 사실이 있는지에 대한 경험법칙에 의한 증거수집 방법이므로 경찰공무원에게 위드마크 공식의 존재 및 나아가 호흡측정에 의한 혈중알코올농도가 음주운전 처벌기준 수치에 미달하였더라도 위드마크 공식에 의한 역추산 방식에 의하여 운전 당시의 혈중알코올농도를 산출할 경우 그 결과가 음주운전 처벌기준 수치 이상이 될 가능성이 있다는 취지를 운전자에게 미리 고지하여야 할 의무가 있다.

해설

교통경찰, 교통규제, 음주운전 –

① (○) 위법수집증거 배제, 영장없고 동의없는 혈액채취(대판 2009도2109)<18.1채용>

② (○) 혈액채취 동의, 법정대리인(대법원 2013도1228 판결)<18.1채용>

③ (○) 음주측정거부처벌과 영장주의(96헌가11)<18.1채용>

④ (×) **위드마크 공식에 의한 역추산 고지의무(X)** : 위드마크 공식은 운전자가 음주한 상태에서 운전한 사실이 있는지에 대한 경험법칙에 의한 증거수집 방법에 불과하다. 따라서 **경찰공무원에게 위드마크 공식의 존재** 및 나아가 호흡측정에 의한 혈중알코올농도가 음주운전 처벌기준 수치에 미달하였더라도 **위드마크 공식에 의한 역추산 방식에 의하여 운전 당시의 혈중알코올농도를 산출할 경우 그 결과가 음주운전 처벌기준 수치 이상이 될 가능성이 있다는 취지를 운전자에게 미리 고지하여야 할 의무가 있다고 보기도 어렵다.**[♣의무가 있다.(X)](대법원 2017. 9. 21. 선고 2017도661 판결 [교통사고처리특례법위반·도로교통법위반(음주운전)])<18.1채용>

정답 ④

04 음주운전 관련 판례에 대한 설명으로 가장 적절하지 않은 것은? (다툼이 있는 경우 판례에 의함) 〈20.2채용〉

① 음주운전 전력이 1회(벌금형) 있는 운전자가 한 달 내 2회에 걸친 음주운전으로 적발되어 두 사건이 동시에 기소된 사안에서, 「도로교통법」 제148조의2 제1항(벌칙)에 규정된 '음주운전 금지 규정을 2회 이상 위반한 사람'이란 음주운전으로 2회 이상 형의 선고를 받거나 유죄의 확정판결을 받은 자로 한정하여야 한다.

② 경찰공무원이 술에 취한 상태에 있다고 인정할 만한 상당한 이유가 있는 운전자에게 음주 여부를 확인하기 위하여 음주측정기에 의한 측정의 사전 단계로 음주감지기에 의한 시험을 요구하는 경우, 그 시험결과에 따라 음주측정기에 의한 측정이 예정되어 있고 운전자가 그러한 사정을 인식하였음에도 음주감지기에 의한 시험에 명시적으로 불응함으로써 음주측정을 거부하겠다는 의사를 표명하였다면, 음주감지기에 의한 시험을 거부한 행위도 음주측정기에 의한 측정에 응할 의사가 없음을 객관적으로 명백하게 나타낸 것으로 볼 수 있다.

③ 주취운전자에 대한 경찰관의 권한 행사가 법률상 경찰관의 재량에 맡겨져 있다고 하더라도, 그러한 권한을 행사하지 아니한 것이 구체적인 상황 하에서 현저하게 합리성을 잃는 경우에는 경찰관의 직무상 의무를 위배한 것으로서 위법하다. 음주운전으로 적발된 주취운전자가 도로 밖으로 차량을 이동하겠다며 단속경찰관으로부터 보관 중이던 차량열쇠를 반환받아 몰래 차량을 운전하여 가던 중 사고를 일으켰다면, 주의의무를 게을리 한 경찰관의 직무상 의무위반에 의한 국가배상 책임이 인정된다.

④ 음주운전과 관련한 「도로교통법」 위반죄의 범죄수사를 위하여 미성년자인 피의자의 혈액채취가 필요한 경우, 피의자에게 의사능력이 있다면 피의자 본인만이 혈액채취에 관한 유효한 동의를 할 수 있고, 피의자에게 의사능력이 없는 경우에도 명문의 규정이 없는 이상 법정대리인이 피의자를 대리하여 동의할 수는 없다.

해설

교통경찰, 교통규제, 음주운전 −

① (✕) 음주운전금지 가중처벌, 2회 이상 적용기준 : 이 사건 조항 중 '음주운전금지규정(제44조 제1항)을 2회 이상 위반한 사람'은 문언 그대로 2회 이상 음주운전 금지규정을 위반하여 음주운전을 하였던 사실이 인정되는 사람으로 해석해야 하고, 그에 대한 형의 선고나 유죄의 확정판결 등이 있어야만 하는 것은 아니다.[♣형의 선고를 받거나 유죄의 확정판결을 받은 자로 한정하여야(X)](대법원 2018도6870 판결)<20.2채용>

② (○) 음주감지기 측정거부(대법원 2016도16121 판결)<20.2채용>

③ (○) 음주운전자에게 차량열쇠교부(대법원 97다54482 판결)<20.2채용>

④ (○) 혈액채취 유효한 동의(대법원 2013도1228 판결)<18.1 · 20.2채용>

정답 ①

---

05 음주측정거부에 대한 설명으로 가장 적절하지 않은 것은? (다툼이 있는 경우 판례에 의함) 〈21승진〉

① 명시적인 의사표시를 하지 않으면서 경찰관이 음주측정 불응에 따른 불이익을 5분 간격으로 3회 이상 고지(최초 측정요구시로부터 15분 경과)했음에도 계속 음주측정에 응하지 않은 때에는 음주측정거부자로 처리한다.

② 음주측정거부 시 1년 이상 5년 이하의 징역이나 5백만 원 이상 2천만 원 이하의 벌금에 처한다.

③ 흉골골절 등으로 인한 통증으로 깊은 호흡을 할 수 없어 이십여 차례 음주측정기를 불었으나 끝내 음주측정이 되지 아니한 경우 음주측정불응죄가 성립하지 아니한다.

④ 여러 차례에 걸쳐 호흡측정기의 빨대를 입에 물고 형식적으로 숨을 부는 시늉만 하였을 뿐 숨을 제대로 불지 아니하여 호흡측정기에 음주측정수치가 나타나지 아니하도록 한 행위는 음주측정불응죄에 해당하지 않는다.

해설

교통경찰, 교통규제, 음주운전 −

① (○) 호흡측정(업무매뉴얼)<21승진>

② (○) 음주운전 처벌기준(도로교통법 제148조의2 제2항)<13 · 21승진 · 15.1채용>

③ (○) 흉골골절과 음주측정거부(대법원 2005도7125, 2010도2935)<20경간 · 21승진>

④ (✕) 음주측정불응 : 判例[부는 시늉만 → 계속 반복되어 명백한 경우만 음주측정불응죄 성립] 경찰공무원의 1차 측정에만 불응하였을 뿐 곧이어 이어진 2차 측정에 응한 경우와 같이 측정거부가 일시적인 것에 불과한 경우까지 측정불응행위가 있었다고 볼 것은 아니므로 운전자의 측정불응의사가 '부는 시늉만 하는' 소극적인 경우 일정 시간 계속적으로 반복되어 객관적으로 명백하다고 인정되는 때에 비로소 음주측정불응죄가 성립한다.[♣해당하지 않는다.(X)](대법원 2013도8481)<21승진>

정답 ④

---

06 「도로교통법」상 음주측정 거부에 해당하는 것은? (판례에 의함) 〈20경간〉

① 경찰공무원이 운전자의 음주 여부나 주취 정도를 확인하기 위하여 음주측정기에 의한 측정의 사전절차로서 음주감지기에 의한 시험을 요구할 때, 그 시험결과에 따라 음주측정기에 의한 측정이 예정되어 있고 운전자가 그러한 사정을 인식하였음에도 음주감지기에 의한 시험에 명시적으로 불응한 경우

② 오토바이를 운전하여 자신의 집에 도착한 상태에서 단속경찰관으로부터 주취운전에 관한 증거 수집을 위한 음주측정을 위해 인근 파출소까지 동행하여 줄 것을 요구받고 이를 명백하게 거절하였음에도 위법하게 체포·감금된 상태에서 음주측정요구에 응하지 않은 행위

③ 신체 이상 등의 사유로 인하여 호흡조사에 의한 측정에 응할 수 없는 운전자가 혈액채취에 의한 측정을 거부하거나 이를 불가능하게 한 행위

④ 교통사고로 상해를 입은 피고인의 골절부위와 정도에 비추어 음주측정 당시 통증으로 인하여 깊은 호흡을 하기 어려웠고 그 결과 음주측정이 제대로 되지 아니한 경우

해설

교통경찰, 교통규제, 음주측정거부 −

① (○) 음주감지기 시험거부(대법원 2016도16121 판결)〈20경간·20.2채용〉

② (×) 위법수집증거 배제, **판례** : [**위법한 체포·감금상태에서 음주측정요구 거부 → 처벌(X)**] 오토바이를 운전하여 자신의 집에 도착하여 운전행위를 마친 상태에서 단속경찰관인공소외 1로부터 음주운전에 관한 증거수집을 위하여 인근 파출소에 동행하여 음주측정에 응할 것을 요구받자 이를 명백히 거절하였음에도 **위법하게 체포·감금된 상태**에서 음주측정요구를 받아 이에 응하지 아니한 경우에 해당하므로 위와 같은 상태에서 요구받은 **음주측정을 거부**한 것을 이유로 피고인을 음주측정거부에 의한 도로교통법위반죄로 **처벌할 수는 없다.**(청주지방법원 2004노854 판결 [도로교통법위반(음주측정거부)])〈20경간〉

③ (×) 신체이상과 음주측정거부(대법원 2005도7125, 2010도2935)〈20경간〉

④ (×) 흉골골절 통증과 음주측정거부(대법원 2005도7125)〈20경간〉　　　 정답 ①

07 음주운전 관련 판례에 대한 설명으로 가장 적절하지 않은 것은? 〈21경간〉

① 위드마크 공식은 운전자가 음주한 상태에서 운전한 사실이 있는지에 대한 경험법칙에 의한 증거수집 방법에 불과하므로, 경찰공무원에게 위드마크 공식의 존재 및 나아가 호흡측정에 의한 혈중알코올농도가 음주운전 처벌기준 수치에 미달하였더라도 위드마크 공식에 의한 역추산 방식에 의하여 운전당시의 혈중알코올농도를 산출할 경우 그 결과가 음주운전 처벌기준 수치 이상이 될 가능성이 있다는 취지를 운전자에게 미리 고지하여야 할 의무는 없다.

② 경찰관이 음주운전 단속시 운전자의 요구에 따라 곧바로 채혈을 실시하지 않은 채 호흡측정기에 의한 음주측정을 하고 1시간 12분이 경과한 후에 채혈을 한 것은 객관적 정당성을 상실하여 운전자가 음주운전 단속과정에서 받을 수 있는 권익이 현저하게 침해되었다고 볼 수 있다.

③ 음주종료 후 4시간 정도 지난 시점에서 물로 입 안을 헹구지 아니한 채 호흡측정기로 측정한 혈중알코올 농도 수치가 0.05%로 나타난 사안에서, 위 증거만으로는 피고인이 혈중알코올 농도 0.05% 이상의 술에 취한 상태에서 자동차를 운전하였다고 인정하기 어렵다.

④ 경찰관이 술에 취한 상태에서 자동차를 운전한 것으로 보이는 피고인을 「경찰관 직무집행법」에 따른 보호조치 대상자로 보아 경찰관서로 데려온 직후 음주측정을 요구하였는데 피고인이 불응하여 음주측정불응죄로 기소된 사안에서, 위법한 보호조치 상태를 이용하여 음주측정 요구가 이루어졌다는 등의 특별한 사정이 없는 한 피고인의 행위는 음주측정불응죄에 해당한다.

해설

교통경찰, 지도단속 사안, 음주운전 -
① (○) 위드마크 공식, 사전고지의무(대법원 2017도661 판결) [교통사고처리특례법위반·도로교통법위반(음주운전)]<21경간·18.1채용>
② (×) 음주측정, 채혈시기, **判例: 1시간 12분이 지난 후에 채혈 → 적법** 경찰관이 음주운전 단속시 운전자의 요구에 따라 곧바로 채혈을 실시하지 않은 채 호흡측정기에 의한 음주측정을 하고 1시간 12분이 경과한 후에야 채혈을 하였다는 사정만으로는 위 행위가 법령에 위배된다거나 객관적 정당성을 상실하여 운전자가 음주운전 단속과정에서 받을 수 있는 **권익이 현저하게 침해되었다고 단정하기 어렵다.**[♣위법하다.(X)](대법원 2006다32132 판결[손해배상(기)])<21경간·16.2채용>
③ (○) 음주측정방법, 입 헹굴 기회(대법원 2005도7034)<21경간·12경감·12.3채용>
④ (○) 보호조치와 음주측정(대법원 2011도4328)<21경간·16.2채용>　　　**정답** ②

08 「도로교통법」상 '술에 취한 상태에서의 운전금지' 규정을 위반한 경우 처벌기준에 대한 설명으로 가장 적절하지 않은 것은? <17.1채용>
① 혈중알콜농도가 0.08퍼센트 이상 0.2퍼센트 미만인 사람은 1년 이상 2년 이하의 징역이나 500만 원 이상 1천만 원 이하의 벌금에 처한다.
② 술에 취한 상태에 있다고 인정할 만한 상당한 이유가 있는 사람으로서 경찰공무원의 호흡조사 측정에 응하지 아니한 사람은 1년 이상 5년 이하의 징역이나 500만 원 이상 2천만 원 이하의 벌금에 처한다.
③ '술에 취한 상태에서의 운전 금지' 규정을 2회 이상 위반한 사람(혈중알코올 농도 0.03%로 단속, 기소)은 1년 이상 2년 이하의 징역이나 500만 원 이상 1천만 원 이하의 벌금에 처한다.
④ 혈중알콜농도가 0.2퍼센트 이상인 사람은 2년 이상 5년 이하의 징역이나 1천만 원 이상 2천만 원 이하의 벌금에 처한다.

해설

교통경찰, 지도단속 사안, 음주운전 -
① (○) **처벌**: 혈중알콜농도가 0.08퍼센트 이상 0.2퍼센트 미만(도로교통법 제148조의2 제2항 제2호)<13승진·17.1채용>
② (○) **처벌**: 경찰공무원의 호흡조사 측정에 응하지 아니한 사람(도로교통법 제148조의2 제1항 제2호)<15.1·17.1채용>
③ (×) 2회 이상 가중처벌 → **위헌으로 효력 상실**
　　　처벌, 10년 경과 후 재범, 혈중알코올 농도 0.03% → 혈중알콜농도가 0.03퍼센트 이상 0.08퍼센트 미만: **1년 이하의 징역이나 500만원 이하의 벌금**(제3항 제2호)<18경간>
　　　처벌, 10년 내 재범[♣재범(X)], 혈중알코올 농도 0.03퍼센트 이상 0.2퍼센트 미만: **1년 이상 5년 이하의 징역이나 500만원 이상 2천만원 이하**의 벌금(제2호)
④ (○) **처벌**: 혈중알콜농도가 **0.2퍼센트 이상**(도로교통법 제148조의2 제2항 제1호)<15.1·17.1채용>

▶ 음주운전금지(제148조의2 제3항)

혈중알콜농도가 0.2퍼센트 이상 〈20승진·13경간·15.1·17.1채용〉	**2년 이상 5년 이하의 징역**이나 **1천만원 이상 2천만원 이하**의 벌금(도고교통법 제148조의2 제1항 제1호, 제2호, 제2항 제1호) 〈20승진·13경간·15.1·17.1채용〉
음주측정불응	**1년 이상 5년 이하의 징역**이나 **500만원 이상 2천만원 이하**의 벌금(도로교통법 제148조의2 제2항)〈13·21승진·15.1채용〉
약물로 인하여 정상적으로 운전하지 못할 우려가 있는 상태에서 자동차등 또는 노면전차를 운전(자전거 제외)〈13·18경간〉	**3년 이하의 징역**이나 **1천만원 이하의 벌금**[♣1년 이상, 500만원 이상(X)](제4항)〈13·18경간〉
혈중알콜농도가 0.08퍼센트 이상 **0.2퍼센트 미만**	**1년 이상 2년 이하의 징역**이나 **500만원 이상 1천만원 이하**의 **벌금**[♣500만원 이하 벌금(X)](제3항 제2호)〈18경간·13승진·17.1채용〉
혈중알콜농도가 0.03퍼센트 이상 **0.08퍼센트 미만**	**1년 이하의 징역**이나 **500만원 이하의 벌금**(제3항 제2호)〈18경간〉
재범 가중 : 음주운전 또는 측정불응 후 → **10년 내에 아래 재범**(도교법 제148조의2 제1항)	
혈중알코올 농도 0.2퍼센트 이상 음주운전	**2년 이상 6년 이하의 징역**이나 **1천만원 이상 3천만원 이하**의 벌금(제2호)
혈중알코올 농도 0.03퍼센트 이상 0.2퍼센트 미만	**1년 이상 5년 이하의 징역**이나 **500만원 이상 2천만원 이하**의 벌금(제2호)
음주측정거부	**1년 이상 6년 이하의 징역**이나 **500만원 이상 3천만원 이하**의 벌금(제1호)

정답 ③

---

09 「도로교통법」상 음주 및 약물운전의 행위에 대한 처벌로서 가장 옳지 않은 것은? 〈13·18경간〉

① 혈중알콜농도가 0.2퍼센트 이상의 승용자동차 운전자는 2년 이상 5년 이하의 징역이나 1천만 원 이상 2천만 원 이하의 벌금에 처한다.

② 혈중알콜농도가 0.08퍼센트 이상 0.2퍼센트 미만의 화물자동차 운전자는 1년 이상 2년 이하의 징역이나 500만 원 이상 1천만 원 이하의 벌금에 처한다.

③ 혈중알콜농도가 0.03퍼센트 이상 0.08퍼센트 미만인 승합자동차 운전자는 1년 이하의 징역이나 500만 원 이하의 벌금에 처한다.

④ 약물(마약, 대마 및 향정신성의약품과 그 밖에 행정안전부령으로 정하는 것)로 인해 정상적으로 운전하지 못할 우려가 있는 상태에서의 승용자동차 운전자는 1년 이상 3년 이하의 징역이나 500만 원 이상 1천만 원 이하의 벌금에 처한다.

해설

교통경찰, 교통규제, 음주 및 약물운전 -

① (○) 혈중알콜농도가 0.2퍼센트 이상, 벌칙(도로교통법 제148조의2 제1항 제1호, 제2호, 제2항 제1호<13·18경간·13승진·15.1·17.1채용>

② (○) 혈중알콜농도가 0.08퍼센트 이상 0.2퍼센트 미만, 벌칙(도로교통법 제148조의2 제2항 제2호)<18경간·13승진·17.1채용>

③ (○) 혈중알콜농도가 0.03퍼센트 이상 0.08퍼센트 미만, 벌칙(도로교통법 제148조의2 제2항 제2호)<18경간>

④ (×) 벌칙 : 약물(마약, 대마 및 향정신성의약품과 그 밖에 행정안전부령으로 정하는 것)로 인해 정상적으로 운전하지 못할 우려가 있는 상태에서의 승용자동차 운전자 - **3년 이하의 징역**이나 **1천만 원 이하의 벌금**[♣1년 이상, 500만 원 이상(X)](도로교통법 제148조의2 제3항)<13·18경간>　**정답** ④

---

10 음주운전 단속과 처벌에 대한 설명 중 옳지 않은 것은 모두 몇 개인가? (음주운전은 혈중알콜농도 0.03% 이상을 넘어서 운전한 경우로 전제함, 다툼이 있는 경우 판례에 의함) <19경간>

> 가. 자전거 음주운전도 처벌 대상이다.
> 나. 취중 경운기나 트랙터 운전의 경우 음주운전에 해당하지 않는다.
> 다. 음주측정용 불대는 1인 1개를 사용함을 원칙으로 한다.
> 라. 주차장, 학교 경내 등 도로교통법상 도로가 아닌 곳에서도 음주운전에 대해 도로교통법 적용이 가능하나, 운전면허 행정처분만 가능하고 형사처벌은 할 수 없다.
> 마. 음주운전을 하다가 교통사고로 사람을 죽게 하거나 다치게 한 때에는 그 운전면허를 취소한다.
> 바. 피고인의 음주와 음주운전을 목격한 참고인이 있는 상황에서 경찰관이 음주 및 음주운전 종료로부터 약 5시간 후 집에서 자고 있는 피고인을 연행하여 음주측정을 요구한 데에 대하여 피고인이 불응한 경우, 도로교통법상 음주측정 불응죄가 성립한다.

① 2개　　　　　② 3개　　　　　③ 4개　　　　　④ 5개

해설

교통경찰, 교통규제, 음주운전 -

가. (○) 자전거음주운전(도로교통법 제156조 제11호)<19경간·19.1채용>

나. (○) 농기계 음주운전(도로교통법 제44조 제1항)<19경간·04승진·01채용>

다. (×) **불대사용** : 음주측정용 불대는 1회 1개를 사용함을 원칙으로 한다.[♣1인 1개(X)](교통단속처리지침 제4편)<19경간>

라. (×) 음주운전처벌, **도로 아닌 곳 포함** : 음주(법 제44조), 과로, 질병, 약물(법 제45조), 사고발생시 미조치(도교법 제54조 제1항)에 대해서는 도로 아닌 곳도 운전개념에 포함되어 처벌된다.[♣도로 아닌 곳 음주운전 처벌불가(X)](제2조 제26호)<19경간·19.1채용>

마. (×) **면허 취소할 수 있는 사유** : 술에 취한 상태의 기준(혈중알콜농도 0.03% 이상)을 넘어서 운전을 하다가 교통사고로 사람을 죽게 하거나 다치게 한 때[♣취소할 수 있다.(O), ♣취소한다.(X)](제93조 제1항 본문 - **취소할 수** 있는 사유) 별표28 - (도교법시행규칙 제91조 제1항 관련)<19경간>

바. (○) 음주측정불응 성립시간(대판 2001.8.24. 2000도6026)<19경간·16.2채용>　**정답** ②

---

11 음주운전 단속 및 처벌에 대한 설명으로 가장 적절하지 않은 것은? (다툼이 있으면 판례에 의함) 〈20경감〉

① 음주측정 시에 사용하는 불대는 1회 1개 사용함을 원칙으로 한다.

② 호흡측정기에 의한 음주측정치와 혈액검사에 의한 음주측정치가 불일치할 경우 혈액검사에 의한 음주측정치가 우선한다.

③ 음주로 인한 특정범죄가중처벌 등에 관한 법률 위반(위험운전치사상)죄와 도로교통법 위반(음주운전)죄는 실체적 경합관계에 있다.

④ 음주운전 최초 위반 시 혈중알코올농도가 0.15퍼센트인 경우 2년 이상 5년 이하의 징역이나 1천만 원 이상 2천만 원 이하의 벌금에 처한다.

해설

교통경찰, 교통지도 · 단속 사안, 음주운전 −

① (○) 주취단속요령/ 교통단속처리지침〈20승진 · 19경간〉

② (○) 호흡측정과 혈액측정, 우선적용(대법원 2003도6905)〈20승진〉

③ (○) 음주운전과 위험운전치상, 실체적 경합(대법원 2008도7143)〈18 · 20승진〉

④ (×) 최초 위반 혈중알콜농도가 **0.2퍼센트 이상**[0.15퍼센트 이상(X)] : **2년 이상 5년 이하의 징역**이나 **1천만 원 이상 2천만 원 이하**의 벌금(도교법 제148조의2 제1항 제1호, 제2호, 제2항 제1호)〈20승진 · 13경간 · 15.1 · 17.1채용〉　　**정답** ④

---

12 다음 상황에 대한 설명으로 가장 적절하지 않은 것은? (다툼이 있는 경우 판례에 의함) 〈21.1채용〉

> 甲은 음주 후 자신의 처(처는 술을 마시지 않음)와 동승한 채 화물차를 운전하여 가다가 음주단속을 당하게 되자 경찰관이 들고 있던 경찰용 불봉을 충격하고 그대로 도주하였다. 단속 현장에서 약 3km 떨어진 지점까지 교통사고를 내지 않고 운전하며 진행하던 중 다른 차량에 막혀 더 이상 진행하지 못하게 되자 스스로 차량을 세운 후 운전석에서 내려 도주하려 하였으나, 결국 甲은 경찰관에게 제지되어 체포의 절차에 따르지 않고 甲과 그의 처의 의사에 반하여 지구대로 보호조치되었다. 이후 2회에 걸친 경찰관의 음주측정요구를 거부하였다는 이유로 甲은 「도로교통법」 위반(음주측정거부) 혐의로 기소되었다.

① 경찰관이 甲에 대하여 「경찰관 직무집행법」 제4조에 따른 보호조치를 하고자 하였다면, 당시 옆에 있었던 처에게 甲을 인계하였어야 했고, 특별한 사정이 없는 한 지구대에서 甲을 보호하는 것은 허용되지 않는다.

② 甲은 음주측정거부에 관한 「도로교통법」 위반죄로 처벌될 수 없다.

③ 구 「도로교통법」 제44조 제2항 및 제148조의2 제2호 규정들이 음주측정을 위한 강제처분의 근거가 될 수 있으므로, 위와 같은 음주측정을 위하여 운전자를 강제로 연행하기 위해서는 수사상 강제처분에 관한 「형사소송법」상 절차에 따를 필요가 없다.

④ 경찰관이 甲에 대하여 행한 음주측정요구는 「형법」 제136조에 따른 공무집행방해죄의 보호 대상이 될 수 없다.

해설

교통경찰, 교통지도 · 단속 사안, 음주운전 −

① (○) 보호조치 방법, 가족인계가 우선(대법원 2012도11162)<21.1채용>

② (○) **위법수집증거 배제**: 위법한 체포 상태에서 이루어진 음주측정요구에 불응하였다고 하여 음주측정거부에 관한 도로교통법 위반죄로 처벌할 수는 없다.(대법원 2012도11162)<21.1채용>

③ (✕) **음주측정 목적 강제연행 절차**: 음주측정을 위하여 운전자를 강제로 연행하기 위해서는 수사상 강제처분에 관한 **형사소송법상 절차에 따라야** 한다.[♣「형사소송법」상 절차에 따를 필요가 없다.(X)](대법원 2012도11162)<21.1채용>

④ (○) 위법한 보호조치와 음주측정요구(대법원 2012도11162)<21.1채용>   정답 ③

---

13 음주운전 관련 판례에 관한 설명 중 가장 적절하지 않은 것은? (다툼이 있는 경우 판례에 의함) <22.1채용>

① 술에 취해 자동차 안에서 잠을 자다가 추위를 느껴 히터를 가동시키기 위하여 시동을 걸었고, 실수로 자동차의 제동장치 등을 건드렸거나 처음 주차할 때 안전조치를 제대로 취하지 아니한 탓으로 원동기의 추진력에 의하여 자동차가 약간 경사진 길을 따라 앞으로 움직여 피해자의 차량 옆면을 충격한 사실을 엿볼 수 있으나 이를 두고 피고인이 자동차를 운전하였다고 할 수는 없다.

② 운전자가 경찰공무원으로부터 음주측정을 요구받고 호흡측정기에 숨을 내쉬는 시늉만 하는 등 형식적으로 음주측정에 응하였을 뿐 경찰공무원의 거듭된 요구에도 불구하고 호흡측정기에 음주측정수치가 나타날 정도로 숨을 제대로 불어넣지 아니하였다면 이는 실질적으로 음주측정에 불응한 것과 다를 바 없다.

③ 음주운전과 관련한 도로교통법 위반죄의 범죄수사를 위하여 미성년자인 피의자의 혈액채취가 필요한 경우에도 피의자에게 의사능력이 있다면 피의자 본인만이 혈액채취에 관한 유효한 동의를 할 수 있고, 피의자에게 의사능력이 없는 경우 명문의 규정이 없더라도 법정대리인이 피의자를 대리하여 동의할 수 있다.

④ 특별한 이유 없이 호흡측정기에 의한 측정에 불응하는 운전자에게 경찰공무원이 혈액채취에 의한 측정방법이 있음을 고지하고 그 선택 여부를 물어야 할 의무가 있다고는 할 수 없다.

해설

교통경찰, 교통 지도 · 단속 사안, 음주운전 −

① (○) 음주운전은 고의범(대법원 2004도1109)<12승진 · 12.1 · 3 · 15.3 · 16.2 · 22.1채용>

② (○) 음주측정, 숨 내쉬는 시늉만(대법원 2013도8481)<21승진 · 22.1채용>

③ (✕) 혈액채취와 동의, 판례: [법정대리인 동의 → 무효] 음주운전과 관련한 도로교통법 위반죄의 범죄수사를 위하여 미성년자인 피의자의 혈액채취가 필요한 경우에도 피의자에게 의사능력이 있다면 피의자 본인만이 혈액채취에 관한 유효한 동의를 할 수 있고, **피의자에게 의사능력이 없는 경우에도 명문의 규정이 없는 이상 법정대리인이 피의자를 대리하여 동의할 수는 없다.**[♣동의할 수 있다.(X)](대법원 2013도1228 판결)<18.1 · 20.2 · 22.1채용>

④ (○) 혈액측정방법 고지의무(대법원 2002도4220)<13승진 · 12.1 · 15.3 · 22.1채용>   정답 ③

14 음주운전 관련 판례에 관한 설명 중 가장 적절하지 않은 것은? (다툼이 있는 경우 판례에 의함) 〈23.1채용〉

① 경찰관이 술에 취한 상태에서 자동차를 운전한 것으로 보이는 피고인을 「경찰관직무집행법」에 따른 보호조치 대상자로 보아 경찰관서로 데려온 직후 음주측정을 요구하였는데 피고인이 불응하여 음주 측정 불응죄로 기소된 사안에서, 위법한 보호조치 상태를 이용하여 음주 측정 요구가 이루어졌다는 등의 특별한 사정이 없는 한 피고인의 행위는 음주측정 불응죄에 해당한다

② 술에 취해 자동차 안에서 잠을 자다가 추위를 느껴 히터를 가동시키기 위하여 시동을 걸었고, 실수로 자동차의 제동장치 등을 건드렸거나 처음 주차할 때 안전조치를 제대로 취하지 아니한 탓으로 원동기의 추진력에 의하여 자동차가 약간 경사진 길을 따라 앞으로 움직여 피해자의 차량 옆면을 충격하게 된 경우는 자동차의 운전에 해당한다.

③ 음주측정 요구 당시 운전자가 술에 취한 상태에서 자동차를 운전하였다고 인정할만한 상당한 이유가 있었으며, 음주운전 종료 후 별도의 음주 사실이 없었음이 증명된 경우, 경찰관이 음주 및 음주운전 종료로부터 약 5시간 후 집에서 자고 있는 피고인을 연행하여 음주 측정을 요구한 데에 대하여 피고인이 불응하였다면, 도로교통법상의 음주측정 불응죄가 성립한다.

④ 특별한 이유 없이 호흡측정기에 의한 측정에 불응하는 운전자에게 경찰공무원이 혈액채취에 의한 측정 방법이 있음을 고지하고 그 선택 여부를 물어야 할 의무는 없다.

해설

교통경찰, 규제사안, 음주운전, 판례 −

① (○) 적법한 보호조치 운전자에 음주측정요구 → 적법(대법원 2011도4328)〈21경간 · 16.2 · 23.1채용〉

② (×) 음주운전은 고의범, 판례 : [실수로 제동장치 건드림 → 음주운전(×)] 어떤 사람이 **자동차를 움직이게 할 의도 없이** 술에 취한 피고인이 **자동차 안에서 잠을 자다가** 추위를 느껴 히터를 가동하기 위하여 시동을 걸었고, **실수로 제동장치를** 건드렸거나 처음 주차할 때 안전조치를 제대로 취하지 아니한 탓으로 원동기의 추진력에 의하여 자동차가 약간 경사진 길을 따라 앞으로 움직여 피해자의 차량 옆면을 충격한 사실이 있다고 하더라도 **이를 두고 자동차를 운전하였다고 할 수는 없다.**[♣음주운전에 해당한다.(×)](대법원 2004.4.23, 2004도1109)〈12승진 · 12.1 · 3 · 15.3 · 16.2 · 22.1 · 23.1채용〉

③ (○) 5시간 경과 후 측정거부 → 음주측정불응죄 성립(대법원 2001.8.24., 2000도6026)〈19경간 · 16.2 · 23.1채용〉

④ (○) 측정불응 시 혈액측정방법 고지의무 없음(대법원 2002.10.25., 2002도4220)〈13승진 · 12.1 · 15.3 · 22.1 · 23.1채용〉

정답 ②

테마 150 ▶ 정차 및 주차의 금지

01 다음 중 「도로교통법」상 정차 및 주차 모두가 금지되는 장소는 모두 몇 개인가? 〈17경간수정〉

> ㉠ 교차로 · 횡단보도 · 건널목이나 보도와 차도가 구분된 도로의 보도(「주차장법」에 따라 차도와 보도에 걸쳐서 설치된 노상주차장은 제외)
> ㉡ 「화재예방, 소방시설 설치 · 유지 및 안전관리에 관한 법률」 제2조제1항제1호에 따른 소방시설로서 대통령령으로 정하는 시설(소화설비, 경보설비, 피난구조설비, 소화용수설비, 소화활동설비)이 설치된 곳으로부터 5미터 이내인 곳
> ㉢ 도로공사를 하고 있는 경우에는 그 공사 구역의 양쪽 가장자리 5미터 이내인 곳
> ㉣ 교차로 가장자리나 도로의 모퉁이로부터 5미터 이내인 곳
> ㉤ 건널목의 가장자리 또는 횡단보도로부터 10미터 이내인 곳
> ㉥ 터널 안 및 다리 위

① 2개   ② 3개   ③ 4개   ④ 5개

해설

교통경찰, 규제사안, 정차 및 주차 −
㉠ (○) 정차 및 주차의 금지장소(도로교통법 제32, 33조)〈17경간 · 02 · 03 · 07승진 · 07 · 16.1 · 17.1채용〉
㉡ (○) 정차 및 주차의 금지장소(도로교통법 제32, 33조)〈17경간 · 02 · 03 · 07승진 · 07 · 16.1 · 17.1채용〉
㉢ (✕) 주차금지의 장소(도로교통법 제32, 33조)〈17경간 · 02 · 03 · 07승진 · 07 · 16.1 · 17.1채용〉
㉣ (○) 정차 및 주차의 금지장소(도로교통법 제32, 33조)〈17경간 · 02 · 03 · 07승진 · 07 · 16.1 · 17.1채용〉
㉤ (○) 정차 및 주차의 금지장소(도로교통법 제32, 33조)〈17경간 · 02 · 03 · 07승진 · 07 · 16.1 · 17.1채용〉
㉥ (✕) 주차금지의 장소(도로교통법 제32, 33조)〈17경간 · 02 · 03 · 07승진 · 07 · 16.1 · 17.1채용〉   정답 ③

02 「도로교통법」상 '주차가 금지되는 장소'에 대한 설명으로 가장 적절하지 않은 것은? 〈17.1채용〉

① 터널 안 및 다리 위
② 대통령령으로 정하는 소방시설로부터 5미터 이내인 곳
③ 소방용수시설, 비상소화장치, 기타 소방시설로부터 5미터 이내인 곳
④ 도로공사를 하고 있는 경우에는 그 공사 구역의 양쪽 가장자리로부터 10미터 이내인 곳

해설

교통경찰, 규제사안, 정차 및 주차 −
① (○) 주차금지장소(도로교통법 제33조)〈02 · 03 · 07승진 · 07 · 16.1 · 17.1채용〉
② (○) 정차 및 주차금지장소(도로교통법 제32조)〈02 · 03 · 07승진 · 07 · 16.1 · 17.1채용〉
③ (○) 정차 및 주차금지장소(도로교통법 제32조)〈02 · 03 · 07승진 · 07 · 16.1 · 17.1채용〉
④ (✕) 도로공사를 하고 있는 경우에는 그 공사 구역의 양쪽 가장자리로부터 5미터 이내인 곳이 도로교통법상 주차가 금지되는 장소이다.[♣10미터 이내(X)](도로교통법 제32조)〈02 · 03 · 07승진 · 07 · 16.1 · 17.1채용〉   정답 ④

03 다음 중 주·정차 금지구역에 해당하지 않는 것은? 〈20경위〉

① 도로공사를 하고 있는 경우 그 공사 구역의 양쪽 가장자리로부터 5m 이내인 곳
② 교차로의 가장자리나 도로의 모퉁이로부터 5m 이내인 곳
③ 건널목의 가장자리 또는 횡단보도로부터 10m 이내인 곳
④ 안전지대가 설치된 도로에서는 그 안전지대의 사방으로부터 각각 10m 이내인 곳

해설

교통경찰, 규제사안, 정차 및 주차 −
① (✕) 주차금지장소(도교법 제33조)〈17경간·07·20승진·07·16.1·17.1채용〉
② (○) 정차 및 주차의 금지(도교법 제32조)〈17경간·07·20승진·07·16.1·17.1채용〉
③ (○) 정차 및 주차의 금지(도교법 제32조)〈17경간·07·20승진·07·16.1·17.1채용〉
④ (○) 정차 및 주차의 금지(도교법 제32조)〈17경간·07·20승진·07·16.1·17.1채용〉　　　　　　　　정답 ①

---

04 「도로교통법」 및 「도로교통법」 시행령」상 주·정차에 대한 설명으로 가장 적절하지 않은 것은? 〈22승진〉

① 경찰서장, 도지사 또는 시장등은 차를 견인하였을 때부터 24시간이 경과되어도 이를 인수하지 아니하는 때에는 해당 차의 보관장소 등 행정안전부령이 정하는 사항을 해당 차의 사용자 또는 운전자에게 등기우편으로 통지할 수 있다.
② 도로공사를 하고 있는 경우는 그 공사 구역의 양쪽 가장자리로부터 5미터 이내인 곳은 주차금지 장소에 해당한다.
③ 도로 또는 노상주차장에 정차하거나 주차려고 하는 차의 운전자는 차를 차도의 우측 가장자리에 정차하는 등 대통령령으로 정하는 정차 또는 주차의 방법·시간과 금지사항 등을 지켜야 한다.
④ 경사진 곳에 정차하건 주차(도로 외의 경사진 곳에서 정차하거나 주차하는 경우를 포함한다)하려는 자동차의 운전자는 대통령령으로 정하는 바에 따라 고임목을 설치하거나 조향장치(操向裝置)를 도로의 가장자리 방향으로 돌려놓는 등 미끄럼사고의 발생을 방지하기 위한 조치를 취하여야 한다.

해설

교통경찰, 규제사안, 정차 및 주차 −
① (✕) **정·주차금지 단속요령** : 차를 견인한 때부터 **24시간이 경과**되면[♣48시간 경과되면(✕)] 행정안전부령으로 정하여진 사항을 사용자 또는 운전자에게 등기우편으로 **통지하여야** 한다.[♣통지할 수 (✕)](도로교통법 시행령 제13조 제3항)〈22승진〉
② (○) **주차금지 장소** : 도로교통법 제33조〈17경간·02·03·07·20·22승진·07·16.1·17.1채용〉
③ (○) **정차 및 주차의 금지, 주·정차의 방법** : 도로교통법 제34조〈22승진〉
④ (○) **정차 및 주차의 금지, 주·정차의 방법** : 도로교통법 제34조의3〈22승진〉　　　　　　　　정답 ①

테마 151 어린이 보호구역

01 어린이보호구역내 주요 법규위반행위에 대한 벌칙과 관련한 다음 설명 중 틀린 것은? 〈12경간〉

① 강화된 벌칙이 적용되는 시간은 오전 8시부터 오후 8시까지이다.

② 승합자동차를 이용하여 규정 속도보다 15km/h 초과하여 운행하다 경찰관에게 단속된 경우 범칙금 6만 원이 부과되며, 운전면허 벌점은 15점 부과된다.

③ 승합자동차를 이용하여 신호를 위반하다 경찰관에게 단속된 경우 범칙금 12만 원과 운전면허 벌점 30점이 부과된다.

④ 운전면허 벌점이 2배로 가중 부과되는 위반행위는 속도위반, 보행자 보호의무 불이행, 신호·지시 위반이 있다.

해설

교통경찰, 규제사안, 어린이 보호구역 −
신호·지시위반의 벌점은 15점이나 2배 가중되어 30점이고, 승합자동차 신호위반에 대한 범칙금은 13만 원이다.(도로교통법 시행령 별표9 참조) **정답 ③**

테마 152 어린이 통학버스

01 「도로교통법」에 규정된 '어린이 통학버스'에 대한 설명으로 가장 적절하지 않은 것은? 〈18경위〉

① 어린이라 함은 13세 미만인 사람을 말한다.

② 어린이 통학버스가 도로에 정차하여 어린이나 영유아가 타고 내리는 중임을 표시하는 점멸등 등의 장치를 작동 중일 때에는 어린이 통학버스가 정차한 차로와 그 차로의 바로 옆 차로로 통행하는 차의 운전자는 어린이 통학버스에 이르기 전에 일시정지하여 안전을 확인한 후 서행하여야 한다.

③ 위 '②'의 경우 중앙선이 설치되지 아니한 도로와 편도 1차로인 도로에서는 반대방향에서 진행하는 차의 운전자도 어린이 통학버스에 이르기 전에 일시정지하여 안전을 확인한 후 서행하여야 한다.

④ 모든 차의 운전자는 어린이나 영유아를 태우고 있다는 표시를 한 상태로 도로를 통행하는 어린이 통학버스를 앞지를 때 과도하게 속도를 올리는 등 행위를 자제하여야 한다.

해설

교통경찰, 규제사안, 어린이 통학버스 −
① (○) 어린이(도로교통법 제2조 23호)〈18승진〉
② (○) 일시정지, 해당차로와 바로 옆차로(도로교통법 제51조 제1항)〈18승진〉
③ (○) 일시정지, 중앙선 미설치와 편도 1차로 반대방향차(도로교통법 제51조 제2항)〈18승진〉
④ (×) **앞지르기 금지 :** 모든 차의 운전자는 어린이 또는 영유아를 태우고 있다는 표시를 하고 도로를 통행하는 어린이 **통학버스를 앞지르지 못한다.**[♣앞지를 때 과도하게 속도를 올리는 등 행위를 자제하여야(×)](제51조 제3항)〈18승진·13.1채용〉 **정답 ④**

02 「도로교통법」에 대한 설명(㉠ ~ ㉣) 중 옳고 그름의 표시(O, X)가 바르게 된 것은? 〈21.2채용〉

> ㉠ "자동차"란 철길이나 가설된 선을 이용하지 아니하고 원동기를 사용하여 운전되는 차로서, 승용자동차, 승합자동차, 화물자동차, 특수자동차, 이륜자동차, 원동기장치자전거를 말한다. 다만, 건설기계는 제외한다.
>
> ㉡ 자동차등을 운전하려는 사람은 시·도경찰청장으로부터 운전면허를 받아야 한다. 다만, 제2조 제19호 나목의 원동기를 단 차 중 「교통약자의 이동편의 증진법」 제2조제1호에 따른 교통약자가 최고속도 시속 20킬로미터 이하로만 운행될 수 있는 차를 운전하는 경우에는 그러하지 아니하다.
>
> ㉢ '어린이 통학버스'가 도로에서 정차하여 어린이나 영유아가 타고 내리는 중임을 표시하는 장치를 작동 중인 때에는 어린이 통학버스가 정차한 차로와 그 차로의 바로 옆차로를 통행하는 차의 운전자는 '어린이 통학버스'에 이르기 전에 일시 정지하여 안전을 확인한 후 서행하여야 한다.
>
> ㉣ 어린이의 보호자는 도로에서 어린이가 행정안전부령으로 정하는 인명보호 장구를 착용한 경우를 제외하고 개인형 이동장치를 운전하게 하여서는 아니 된다.

① ㉠(O) ㉡(X) ㉢(O) ㉣(X)   ② ㉠(X) ㉡(O) ㉢(X) ㉣(O)
③ ㉠(X) ㉡(X) ㉢(O) ㉣(X)   ④ ㉠(X) ㉡(O) ㉢(O) ㉣(X)

PART 04

해설

교통경찰 ─

㉠ (X) 일반, 용어정리 : "자동차"란 **철길이나 가설된 선을 이용하지 아니하고 원동기를 사용하여 운전되는 차(견인되는 자동차도 자동차의 일부**)로서, 「자동차관리법」에 따른 **승용자동차, 승합자동차, 화물자동차, 특수자동차, 이륜자동차,** 「**건설기계관리법」**에 따른 **건설기계** 등의 차를 말한다. 다만, **원동기장치자전거는 제외**한다.[♣원동기장치자전거 포함, 건설기계 제외(X)](도로교통법 제2조 제18호) 〈12경간 · 21.2채용〉

㉡ (O) 활동, 운전면허 : 도로교통법 제80조 제1항〈21.2채용〉

㉢ (O) 활동, 교통지도·단속, 어린이 통학버스 : 도로교통법 제51조 제1항〈18승진 · 21.2채용〉

㉣ (X) 일반, 용어정리, **개인형 이동장치** : 어린이의 보호자는 **도로에서 어린이가** 개인형 이동장치를 **운전하게 하여서는 아니 된다.**[♣인명보호 장구를 착용한 경우를 제외하고(X)](제11조 제4항)〈21.2채용〉

정답 ④

03 어린이 보호구역 및 어린이 통학버스에 대한 설명으로 가장 적절하지 않은 것은? 〈22승진〉

① 「도로교통법」상 모든 차의 운전자는 어린이나 영유아를 태우고 있다는 표시를 한 상태로 도로를 통행하는 어린이 통학버스를 앞지르지 못한다.

② 「어린이·노인 및 장애인 보호구역의 지정 및 관리에 관한 규정」상 시·도경찰청장이나 경찰서장 「도로교통법」제12조 제1항 또는 제12조의2 제1항에 따라 보호구역에서 구간별·시간대별로 도시지역의 간선도로를 일방통행로로 지정·운영할 수 있다.

③ 「도로교통법 시행령」상 어린이 통학버스는 교통사고로 인한 피해를 전액 배상할 수 있도록 「보험업법」에 따른 보험 또는 「여객자동차 운수사업법」에 따른 공제조합에 가입되어 있어야 한다.

④ 「어린이·노인 및 장애인 보호구역의 지정 및 관리에 관한 규정」상 시장등은 조사 결과 보호구역으로 지정·관리할 필요가 인정되는 경우에는 관할 시·도경찰청장 또는 경찰서장과 협의하여 해당 보호구역 지정대상시설의 주(主) 출입문을 중심으로 반경 300미터 이내의 도로 중 일정구간을 보호구역으로 지정하나, 해당 지역의 교통여건 및 효과성 등을 면밀히 검토하여 필요한 경우에 보호구역 지정대상시설의 주 출입문을 중심으로 반경 500미터 이내의 도로에 대해서도 보호구역으로 지정할 수 있다.

해설

교통경찰, 지도·단속 사안 −

① (○) 어린이 통학버스 : 도로교통법 제51조 제3항〈18·22승진·13.1채용〉

② (×) 어린이 보호구역, **보호조치** : 시·도경찰청장 또는 경찰서장은 어린이보호구역의 보호를 위해 다음의 조치를 할 수 있다.(어린이·노인 및 장애인보호구역의 지정 및 관리에 관한 규칙 제9조)〈01·05·10·22승진〉

　　− **이면도로**(도시지역에 있어서 간선도로가 아닌 도로로서 일반의 교통에 사용되는 도로를 말함)**를 일방통행로로 지정·운영**하는 것[♣간선도로(X)]〈22승진〉

③ (○) 어린이 통학버스 : 도로교통법 시행령 제31조〈22승진〉

④ (○) 어린이 보호구역, 지정 : 어린이·노인 및 장애인보호구역의 지정 및 관리에 관한 규칙 제3조 제6항〈22승진〉

정답 ②

– 자전거

01 「도로교통법」상 자전거와 관련된 다음 설명 중 옳은 것은 모두 몇 개인가? 〈18경간〉

> 가. 자전거등의 운전자는 자전거도로가 설치되지 아니한 곳에서는 도로 좌측 가장자리에 붙어서 통행하여야 한다.
> 나. 자전거등의 운전자는 길가장자리구역(안전표지로 자전거의 통행을 금지한 구간은 제외한다)을 통행할 수 있다. 이 경우 자전거등의 운전자는 보행자의 통행에 방해가 될 때에는 서행하거나 일시정지하여야 한다.
> 다. 자전거운전자는 안전표지로 통행이 허용된 경우를 제외하고는 2대 이상이 나란히 차도를 통행하여서는 아니 된다.
> 라. 자전거등의 운전자가 횡단보도를 이용하여 도로를 횡단할 때에는 보행자의 통행에 방해가 되지 않도록 서행하여야 한다.
> 마. 자전거등의 운전자는 자전거도로 및 「도로법」에 따른 도로를 운전할 때에는 행정안전부령으로 정하는 인명보호 장구를 착용하여야 하며, 자전거의 운전자는 동승자에게도 이를 착용하도록 하여야 한다.
> 바. 자전거등의 운전자는 밤에 도로를 통행하는 때에는 전조등과 미등을 켜거나 야광띠 등 발광장치를 착용하여야 한다.

① 1개　　　　② 2개　　　　③ 3개　　　　④ 4개

해설

교통경찰, 지도·단속 사안, 자전거 –
가. (X) **통행방법** : 자전거도로가 설치되지 아니한 곳에서는 도로 **우측가장자리**에 붙어서 통행하여야 한다.[♣도로 좌측(X)](도로교통법 제13조의2 제2항)〈11·18경간〉
나. (○) 길가장자리 구역 통행(도로교통법 제13조의2 제3항)〈18경간〉
다. (○) 병진금지(도로교통법 제13조의2 제5항)〈14승진·11·18경간·13.2채용〉
라. (X) **횡단보도 이용** ; 자전거등의 운전자가 **횡단보도를 이용**하여 도로를 횡단하고자 하는 때에는 자전거등에서 내려서 자전거를 **끌고 보행하여야** 한다.[♣보행자의 통행에 방해가 되지 않도록 탑승한 채 서행하여야(X)](도로교통법 제13조의2 제6항)〈11·18경간·13.2채용〉
마. (○) 인명보호장구 착용(도로교통법 제50조 제4항)〈18경간·13.2채용〉
바. (○) 야간통행방법(도로교통법 제50조 제9항)〈18경간〉　　　정답 ④

테마 153 **긴급자동차**

01 도로교통법령상 '국내외 요인에 대한 경호업무 수행에 공무로 사용되는 자동차'에 대한 특례로서 해당 긴급 자동차에 적용하지 않는 사항들은 모두 몇 개인가? 〈21경간〉

> 가. 「도로교통법」 제17조에 따른 자동차등의 속도제한
> 나. 「도로교통법」 제23조에 따른 끼어들기 금지
> 다. 「도로교통법」 제19조에 따른 안전거리 확보 등
> 라. 「도로교통법」 제33조에 따른 주차금지
> 마. 「도로교통법」 제21조 제1항에 따른 앞지르기 방법 등

① 2개   ② 3개   ③ 4개   ④ 5개

해설

교통경찰, 지도 · 단속 사안, 일정 긴급자동차 특례 −

가. (○) 속도제한(도로교통법 제30조)〈97 · 22승진〉

나. (○) 끼어들기 금지(도로교통법 제30조)〈97 · 22승진〉

다. 라. 마. (×) **추가 특례**: 다만, 아래 사항에 대해서는 긴급자동차 중, **혈액운반차, 소방차, 구급차, 경찰자동차 중 수사, 교통단속, 그 밖에 긴급한 경찰업무수행에 사용되는 자동차**(대통령령으로 정하는 경찰용 자동차)에 대해서만 적용하지 아니한다.[♣경호 자동차(X)](도로교통법 제30조)〈21경간〉

− **보도침범**(5호), **신호위반**(4호), **중앙선 침범**(6호), **횡단 등의 금지**(7호), **안전거리 확보 등**(8호), **앞지르기 방법 등**(9호), **정차 및 주차의 금지**(10호), **주차금지**(11호), **고장 등 조치**(12호)(제30조)   [☻보신중 단전방 정주고]

정답 ①

02 「도로교통법」 및 같은 법 시행령상 자전거의 운전에 관한 설명으로 가장 적절하지 않은 것은? 〈24승진〉

① 자전거 운전자는 안전표지로 통행이 허용된 경우를 제외하고는 2대 이상이 나란히 차도를 통행하여서는 아니 된다.

② 술에 취한 상태에서 자전거를 운전했을 경우의 범칙금은 3만원이며, 술에 취한 상태에 있다고 인정할 만한 상당한 이유가 있는 자전거 운전자가 경찰공무원의 호흡조사 측정에 불응한 경우는 범칙금은 10만원에 해당된다.

③ 자전거 운전자는 길가장자리구역(안전표지로 자전거등의 통행을 금지한 구간은 제외한다)을 통행할 수 있다. 이 경우 자전거 운전자는 보행자의 통행에 방해가 될 때에는 서행하거나 일시 정지하여야 한다.

④ 자전거 운전자는 서행하거나 정지한 다른 차를 앞지르려면 앞차의 좌측으로만 통행하여야 한다. 이 경우 자전거 운전자는 정지한 차에서 승차하거나 하차하는 사람의 안전에 유의하여 서행하거나 필요한 경우 일시정지하여야 한다.

해설

교통경찰, 활동, 규제, 규제사안, 자전거등 관련 교통규제 −
① (○) 통행방법, 병진금지(도로교통법 제13조의2 제5항)<14 · 24승진 · 11 · 18경간 · 13.2채용>
② (○) 준수사항, 음주운전금지(시행령 별표8)<24승진>
③ (○) 통행방법, 길가장자리구역통행(도로교통법 제13조의2 제3항)<24승진 · 18경간>
④ (✕) 통행방법, **자전거등의 앞지르기**: 자전거등의 운전자는 서행하거나 정지한 다른 차를 앞지르려면 앞차의 **우측으로**[♣좌측으로(X)] 통행할 수 있다.(제21조 제2항 본문)<24승진> **정답** ④

− 교통경찰활동 종합문제

01 「도로교통법」에 관한 설명으로 가장 적절하지 않은 것은? (다툼이 있는 경우 판례에 의함)〈23.2채용〉
① 모든 차의 운전자는 예외 없이 터널 안에 차를 주차해서는 아니된다.
② 긴급자동차에 대하여는 동법 제23조에 따른 끼어들기의 금지를 적용하지 아니한다.
③ "정차"란 운전자가 5분을 초과하지 아니하고 차를 정지시키는 것으로서 주차 외의 정지 상태를 말한다.
④ 물로 입 안을 헹굴 기회를 달라는 피고인의 요구를 무시한 채 호흡측정기로 측정한 혈중알코올 농도 숱치가 0.05%로 나타난 사안에서, 피고인이 당시 혈중알코올 농도 0.05%이상의 술에 취한 상태에서 운전하였다고 단정할 수 없다.

해설

교통경찰 −
− 교통경찰활동, 교통지도 · 단속사안 −
① (✕) **주차금지**: 정당방위, 긴급피난, 정당행위 등 **위법성 조각사유**나, 불가항력 등 **책임조각사유**가 있는 경우, 정 · 주차금지 또는 주차금지의 **예외가 인정될 수** 있다.[♣모든 차의 운전자는 예외 없이 터널 안에 차를 주차(주차금지 제1호)해서는 아니된다.(X)]<23.2채용>
② (○) **긴급자동차, 특례**: **끼어들기** 금지[♣차로통행에 따른 특례(X)](제30조 제3호)<21경간 · 97승진 · 09.1 · 23.2채용>
④ (○) **음주운전, 판례**: 대법원 2005도7034<21경간 · 12경감 · 12.3 · 23.2채용>

− 교통경찰일반 −
③ (○) **주요 용어정리**: "정차"(제2조 제25호)<14.2 · 23.2채용> **정답** ①

02 다음 설명 중 가장 적절하지 않은 것은? (다툼이 있는 경우 판례에 의함) 〈24승진〉

① 「교통사고처리 특례법」 제2조 제2호는 '교통사고'란 차의 교통으로 인하여 사람을 사상하거나 물건을 손괴하는 것을 말한다고 규정하고 있는데, 여기서 '차의 교통'은 차량을 운전하는 행위 및 그와 동일하게 평가할 수 있을 정도로 밀접하게 관련된 행위를 모두 포함한다.

② 음주운전 신고를 받고 출동한 경찰관이 만취한 상태로 시동이 걸린 차량 운전석에 앉아 있는 甲을 발견하고 음주측정을 위해 하차를 요구하는 것만으로는 「도로교통법」 제44조 제2항이 정한 음주측정에 관한 직무에 착수하였다고 할 수 없다.

③ 술에 취한 乙이 자동차 안에서 잠을 자다가 추위를 느껴 히터를 가동시키기 위하여 시동을 걸었고, 실수로 기어 등 자동차의 발진에 필요한 장치를 건드려 원동기의 추진력에 의하여 자동차가 움직이거나 또는 불안전한 주차상태나 도로여건 등으로 인하여 자동차가 움직이게 된 경우는 자동차의 운전에 해당하지 아니한다.

④ 모든 차의 운전자는 보행자보다 먼저 횡단보행자용 신호기가 설치되지 않은 횡단보도에 진입한 경우에도, 보행자의 횡단을 방해하지 않거나 통행에 위험을 초래하지 않을 상황이 아니고서는, 차를 일시정지하는 등으로 보행자의 통행이 방해되지 않도록 할 의무가 있다.

해설

교통경찰 –

① (○) 교통사고처리, 교통개념, **판례**(대법원 2016도21034 판결 [업무상과실치상])〈24승진〉

– 활동, 지도단속 사안 –

② (✕) 음주운전, 호흡측정, **판례**: 判例[음주상태로 시동걸린 차량 운전석에 앉아 있는 피고인 → 하차요구 → 음주측정에 착수(○)] 음주운전 신고를 받고 출동한 경찰관이 **만취한 상태로 시동이 걸린 차량 운전석에 앉아있는 피고인**을 발견하고 음주측정을 위해 **하차를 요구**함으로써 도로교통법 제44조 제2항이 정한 **음주측정에 관한 직무에 착수**하였다.[♣음주측정에 관한 직무에 착수하였다 할 수 없다.(✕)]〈24승진〉

③ (○) 음주운전, 단속기준, **판례**(대법원 2004도1109)〈12·24승진·12.1·3·15.3·16.2·22.1·23.1채용〉

④ (○) 횡단보도, **판례**(대법원 2020도8675 판결 [교통사고처리특례법 위반(치상)])〈24승진〉　　　**정답** ②

4 운전면허 및 면허행정처분

01 다음 중 무면허 운전에 해당하는 경우로 가장 적절한 것은? 〈19.2채용〉

① 제1종 보통면허를 소지한 甲이 구난차 등이 아닌 10톤의 특수자동차를 운전한 경우
② 제1종 대형면허를 소지한 乙이 구난차 등이 아닌 특수자동차를 운전한 경우
③ 제2종 보통면허를 소지한 丙이 승차정원 10인의 승합자동차를 운전한 경우
④ 제2종 보통면허를 소지한 丁이 적재중량 4톤의 화물자동차를 운전한 경우

해설

교통경찰, 운전면허 ―

① (○) **제1종 보통면허**를 소지한 甲이 구난차 등이 아닌 **10톤의 특수자동차**를 운전한 경우 **무면허 운전에 해당**한다.(운전면허종류, 제1종 보통면허 / 도로교통법 시행규칙, 별표18)〈19.2채용〉

② (×) **제1종 대형면허**를 소지한 乙이 구난차 등이 아닌 **특수자동차**를 운전한 경우, 무면허 운전에 해당하지 않는다.(운전면허종류, 제1종 대형면허 / 도로교통법 시행규칙, 별표18)〈19.2채용〉

③ (×) **제2종 보통면허**를 소지한 丙이 **승차정원 10인의 승합자동차**를 운전한 경우, 무면허 운전에 해당하지 않는다.(운전면허종류, 제2종 보통면허 / 도로교통법 시행규칙, 별표18)〈19.2채용〉

④ (×) **제2종 보통면허**를 소지한 丁이 적재중량 **4톤의 화물자동차**를 운전한 경우, 무면허 운전에 해당하지 않는다.(운전면허종류, 제1종 보통면허 / 도로교통법 시행규칙, 별표18)〈19.2채용〉 **정답** ①

02 「도로교통법」 및 「도로교통법」 시행규칙」 상 제1종 특수면허로 운전할 수 없는 것을 모두 고른 것은?

〈16경감 · 17.1채용〉

㉠ 10톤 화물트럭인 소방차
㉡ 구급차로 사용되는 15인승 승합자동차
㉢ 배기량 125cc인 이륜자동차
㉣ 승차정원 10명인 승합자동차
㉤ 긴급자동차인 승용자동차

① 없음   ② ㉠㉡   ③ ㉠㉡㉢   ④ ㉠㉡㉢㉣

해설

교통경찰, 운전면허 −

제1종 특수면허로 운전할 수 있는 자동차 − **대형견인차, 소형견인차, 구난차, 제2종 보통면허로** 운전할 수 있는 차량[♣배기량 125CC 이륜자동차(O) → 원동기장치 자전거 , ♣10인승 승합자동차 운전가능(O), ♣소방차, 구급차 등 긴급자동차(X)][시행규칙 별표18]<16승진 · 12경간 · 17.1채용> [☻트레2]

㉠ 불가능 − 10톤 화물트럭은 2종 보통면허로 운전이 불가능하므로 제1종 특수면허로 운전할 수 없다.

㉡ 불가능 − 15인승 승합자동차는 제2종 보통면허로 운전이 불가능하므로 제1종 특수면허로도 운전할 수 없다.

㉢ 가능 − 원동기 장치 자전거에 해당하여 모든 면허로 운전이 가능하다.

㉣ 가능 − 10인 이하 승합자동차는 제2종 보통면허로 운전이 가능하여 제1종 특수자동차로도 운전할 수 있다.

㉤ 가능 − 10인 이하 승용자동차는 2종 보통면허로 운전할 수 있으므로 운전이 가능하다.

1종 특수 면허	**대형견인차, 소형견인차, 구난차**(제2종 보통면허로 운전할 수 있는 차량 포함)[♣1종 특수 면허로 12인승 승합자동차 운전가능(X)→무면허, ♣긴급자동차(X)][☻트레2]<16승진 · 12경간>

정답 ②

---

03 「도로교통법」 시행규칙」 별표 18에 따른 각종 운전면허와 운전할 수 있는 차에 대한 설명으로 가장 적절하지 않은 것은? <18.3채용>

① 제1종 보통 연습면허로 승차정원 15인의 승합자동차는 운전할 수 있으나 적재중량 12톤의 화물자동차는 운전할 수 없다.

② 제2종 보통면허로 승차정원 10인의 승합자동차는 운전할 수 있으나 적재중량 4톤의 화물자동차는 운전할 수 없다.

③ 제1종 보통면허로 승차정원 15인의 승합자동차는 운전할 수 있으나 적재중량 12톤의 화물자동차는 운전할 수 없다.

④ 제1종 대형면허로 승차정원 45인의 승합자동차는 운전할 수 있으나 대형견인차는 운전할 수 없다.

해설

교통경찰, 운전면허 −

① (○) 제1종 보통연습면허, 시행규칙 별표18<04 · 05 · · 14 · 16 · 17승진 · 11.2 · 14.1 · 16.1 · 17.1 · 18.3채용>

② (✕) **제2종 보통면허**: 승용자동차 · 승합자동차(승차정원 **10인 이하**), 화물자동차(적재중량 **4톤 이하**), 원동기장치자전거, **특수자동차(총중량 3.5톤 이하**, 구난자동차 등 제외)[♣4톤 화물자동차 운전 불가(X)]<14 · 16 · 17승진 · 12경간 · 14.1 · 18.2 · 3채용>

③ (○) 제1통 보통면허, 시행규칙 별표18<02 · 03 · 04 · 05 · · 14 · 16 · 17승진 · 11.2 · 14.1 · 16.1 · 17.1 · 18.3채용>

④ (○) 제1종 대형면허: 승용자동차 · 승합자동차 · 화물자동차, 원동기장치자전거, 특수자동차[**대형견인차, 소형견인차 및 구난차(구난차 등) 제외**]<18.3채용>
※ 대형견인차는 운전할 수 없다.
건설기계: 노상안정기, 아스팔트살포기, 아스팔트콘크리트재생기, 콘크리트펌프, 콘크리트믹서트럭, 콘크리트믹서트레일러, 덤프트럭, **천공기(트럭 적재식)**, 3톤 미만의 지게차, 도로보수트럭, 트럭지게차[☻노아곤덤 천공 3개 미만 보수(하)지]<03승진 · 09채용>

정답 ②

04 다음은 「도로교통법」 시행규칙」상 제1종 보통운전면허와 제2종 보통운전면허로 운전할 수 있는 차량이다. 괄호 안에 들어갈 숫자의 총 합은? 〈18경감·14.1·18.2채용〉

<제1종 보통운전면허>
㉠ 승차정원 (   )인 이하의 승합자동차
㉡ 적재중량 (   )톤 미만의 화물자동차
㉢ 총 중량 (   )톤 미만의 특수자동차(구난차 등은 제외한다)

<제2종 보통운전면허>
㉠ 승차정원 (   )인 이하의 승합자동차
㉡ 적재중량 (   )톤 이하의 화물자동차
㉢ 총중량 (   )톤 이하의 특수자동차(구난차등은 제외한다)

---

① 44.5　　　② 48　　　③ 51.5　　　④ 54.5

해설

교통경찰, 운전면허 −
〈제1종 보통운전면허〉
㉠ 승차정원 (15)인 이하의 승합자동차
㉡ 적재중량 (12)톤 미만의 화물자동차
㉢ 총 중량 (10)톤 미만의 특수자동차(구난차 등은 제외)

〈제2종 보통운전면허〉
㉠ 승차정원 (10)인 이하의 승합자동차
㉡ 적재중량 (4)톤 이하의 화물자동차
㉢ 총중량 (3.5)톤 이하의 특수자동차(구난차등은 제외한다)　　정답 ④

05 「도로교통법」 시행규칙」에 규정된 운전면허를 받은 사람이 운전할 수 있는 자동차 등의 종류에 대한 설명으로 가장 적절하지 않은 것은? 〈17경위〉

① 제1종 보통면허로 적재중량 12톤 미만의 화물자동차를 운전할 수 있다.
② 제1종 소형면허로 3륜 화물자동차를 운전할 수 있다.
③ 제2종 소형면허로 원동기장치자전거를 운전할 수 있다.
④ 제2종 보통면허로 승차정원 12명인 승합자동차를 운전할 수 있다.

해설

교통경찰, 운전면허 −
①②③ (○) 도로교통법 시행규칙 별표18〈02·03·04·05·14·16·17승진·11.2·14.1·16.1채용〉
④ (✕) **제2종 보통**: 승용자동차·승합자동차(승차정원 **10인 이하**), 화물자동차(적재중량 **4톤 이하**), 원동기장치자전거, **특수자동차**(총중량 **3.5톤 이하**, 구난차 등 제외)[♣12인승 승합자동차(X)](도로교통법 시행규칙 별표18)〈14·16·17승진·12경간·14.1채용〉 [☻용합화원 특수]　　정답 ④

06 연습운전면허에 대한 설명으로 옳은 것을 모두 고른 것은? 〈17.1채용〉

> ㉠ 연습운전면허는 그 면허를 받은 날부터 1년 동안 효력을 가진다. 다만, 연습운전면허를 받은 날
> 부터 1년 이전이라도 연습운전면허를 받은 사람이 제1종 보통면허 또는 제2종 보통면허를 받은
> 경우 연습운전면허는 그 효력을 잃는다.
> ㉡ 연습운전면허를 발급받은 사람이 운전 중 고의 또는 과실로 교통사고를 일으킨 경우 연습운전면
> 허를 취소하여야 하고, 이때 도로교통공단의 도로주행시험을 담당하는 사람의 지시에 따라 운전
> 하던 중 교통사고를 일으킨 경우도 마찬가지이다.
> ㉢ 연습운전면허를 발급받은 사람이 도로가 아닌 곳에서 교통사고를 일으킨 경우에는 연습운전면허
> 를 취소하여야 한다.
> ㉣ 연습운전면허를 발급받은 사람이 교통사고를 일으켰으나 단순 물적 피해만 발생한 경우 면허가
> 취소되지 않는다.

① ㉠㉡   ② ㉠㉣   ③ ㉡㉢   ④ ㉢㉣

해설

교통경찰, 운전면허 −

㉠ (○) 연습운전면허, 효력(도로교통법 제81조)〈12.2 · 17.1채용〉

− 연습운전면허 취소 예외사유 −

㉡ (✕) 도로교통공단에서 **도로주행시험을 담당**하는 사람, **자동차운전학원의 강사, 전문학원의 강사** 또는
기능검정원의 지시에 **따라 운전**하던 중 교통사고를 일으킨 경우(시행령 제59조 제1호)〈10.2 · 17.1
채용〉

㉢ (✕) **도로가 아닌 곳**에서 교통사고를 일으킨 경우(시행령 제59조 제2호)〈17.1채용〉

㉣ (○) 교통사고를 일으켰으나 **물적 피해만** 발생한 경우(시행령 제59조 제3호)〈09 · 10.2 · 17.1채용〉 **정답** ②

07 다음 중 「도로교통법」 및 「도로교통법」 시행규칙」에 따라 제2종 보통 연습면허만을 받은 사람이 운전할 수 있는 차량의 개수는? 〈21.1채용〉

- 승차정원 10명 이하의 승합자동차
- 총중량 3.5톤 이하의 견인형 특수자동차
- 적재중량 4톤 이하의 화물자동차
- 건설기계(도로를 운행하는 3톤 미만의 지게차로 한정)

---

① 1개   ② 2개   ③ 3개   ④ 4개

PART 04

해설

2종 보통면허로 운전가능한 차량 − 승용자동차·승합자동차(승차정원 **10인 이하**), 화물자동차(적재중량 **4톤 이하**), 원동기장치자전거, **특수자동차(총중량 3.5톤 이하, 구난자동차등 제외)**[♣총중량 3.5톤 이하의 견인형 특수자동차(X), ♣건설기계(3톤미만 지게차)(X)]<14 · 16 · 17 · 20승진 · 12경간 · 14.1 · 18.2 · 3 · 21.1채용> [☺용합화원 특수]
- (○) 승차정원 10명 이하의 승합자동차 → 2종 보통면허[시행규칙 별표18]<14 · 16 · 17 · 20승진 · 11.2 · 14.1 · 16.1 · 17.1 · 18.3 · 19.2 · 21.1채용>
- (✕) 총중량 3.5톤 이하의 견인형 특수자동차 → **구난자동차등(대형견인, 소형견인, 구난차) 제외**<21.1채용>
- (○) 적재중량 4톤 이하의 화물자동차 → 2종 보통면허[시행규칙 별표18]<14 · 16 · 17 · 20승진 · 11.2 · 14.1 · 16.1 · 17.1 · 18.3 · 19.2 · 21.1채용>
- (✕) 건설기계(도로를 운행하는 3톤 미만의 지게차로 한정) → 1종 보통면허[시행규칙 별표18]<14 · 16 · 17 · 20승진 · 11.2 · 14.1 · 16.1 · 17.1 · 18.3 · 19.2 · 21.1채용>

정답 ②

---

08 「도로교통법」상 국제운전면허증 또는 상호인정외국면허증에 관한 다음 설명 중 옳고 그름의 표시(O, X)가 바르게 된 것은? 〈18경간〉

가. 국제운전면허증 또는 상호인정외국면허증을 외국에서 발급받은 사람은 「여객자동차 운수사업법」 또는 「화물자동차 운수사업법」에 따른 사업용 자동차를 운전할 수 없다. 「여객자동차 운수사업법」에 따른 대여사업용 자동차를 임차하여 운전하는 경우에도 마찬가지이다.

나. 국제운전면허증 또는 상호인정외국면허증을 외국에서 발급받은 사람은 국내에 입국한 날부터 2년 동안만 그 국제운전면허증 또는 상호인정외국면허증으로 자동차 등을 운전할 수 있다.

다. 국제운전면허는 모든 국가에서 통용된다.

라. 국제운전면허증을 발급받은 사람의 국내운전면허의 효력이 정지된 때에는 그 정지기간 동안 그 효력이 정지된다.

---

① 가(✕) 나(✕) 다(✕) 라(○)   ② 가(○) 나(○) 다(✕) 라(○)
③ 가(✕) 나(○) 다(○) 라(✕)   ④ 가(✕) 나(○) 다(✕) 라(○)

해설

교통경찰, 운전면허 -

가. (X) 국제운전면허증, **효력**: 국제운전면허증 또는 상호인정외국면허증으로 여객자동차운수사업법 또는 화물자동차운수사업법에 의한 **사업용 자동차는 운전할 수 없다.**(제96조 제2항 본문)<10승진·18경간> ※ 다만 **대여사업용 자동차(렌터카)의 임차 운전은 가능하다.**[♣대여사업용 자동차 운전불가(X)](제96조 제2항 단서)<18경간·09채용>

나. (X) 국제운전면허증, **유효기간**: '도로교통에 관한 협약'에 가입한 외국의 권한 있는 기관에서 동 협약에 의거 국제운전면허증 또는 상호인정외국면허증을 발급받은 사람은 **입국한 날부터 1년 동안만** 그 국제운전면허증 또는 상호인정외국면허증에 기재된 차종을 운전할 수 있다.[♣2년 동안만(X)](도로교통법 제96조 제1항)<03·05·10·16승진·18경간>

다. (X) 국제운전면허증, **통용국가**: '1949년 제네바에서 체결된「도로교통에 관한 협약」, 1968년 비엔나에서 체결된「도로교통에 관한 협약」, 우리나라와 외국 간에 국제운전면허를 상호 인정하는 협약'에 가입한 외국의 권한 있는 기관에서 동 **협약에 의거 국제운전면허증을 발급받은 사람**은 그 국제운전면허증에 기재된 차종을 운전할 수 있다.[♣국제운전면허는 모든 국가에서 통용된다.(X)](도로교통법 제96조 제1항)<03·05·10·16승진·18경간>

라. (○) 국제운전면허증, 효력정지(도로교통법 제98조 제3항)<13·18경간> 정답 ①

09 운전면허에 대한 설명으로 가장 적절하지 않은 것은? <19경위>

① 외국 발행의 국제운전면허증 또는 상호인정외국면허증은 입국일로부터 1년간 유효하다.

② 임시운전증명서는 유효기간 중 운전면허증과 동일한 효력이 있다.

③ 국제운전면허증 또는 상호인정외국면허증을 외국에서 발급받은 사람은「여객자동차 운수사업법」에 따른 사업용 자동차를 운전할 수 없다(단,「여객자동차 운수사업법」에 따른 대여사업용 자동차를 임차하여 운전하는 경우는 제외).

④ 연습운전면허를 발급받은 사람은「여객자동차 운수사업법」또는「화물자동차 운수사업법」에 따른 사업용 자동차를 운전할 수 있다.

해설

교통경찰, 운전면허 -

① (○) 국제운전면허증 혹은 상호인정 외국면허증, 유효기간(도로교통법 제96조 제1항)<16·19승진·18경간>

② (○) 임시운전증명서 유효기간(도로교통법 제91조 제2항)<19승진>

③ (○) 국제운전면허증 또는 상호인정외국면허증, 사업용자동차 운전불가(도로교통법 제96조 제2항)<19승진·18경간·09채용>

④ (X) 연습운전면허, **효력**:「여객자동차 운수사업법」또는「화물자동차 운수사업법」에 따른 **사업용 자동차를 운전**하는 등 주행연습 외의 목적으로 운전하여서는 아니 된다.[♣사업용 자동차를 운전할 수 있다.(X)](규칙 제55조 제2호)<19승진> 정답 ④

10 운전면허에 대한 설명으로 가장 적절하지 않은 것은? 〈20경감〉

① 제2종 보통면허로는 승차정원 10명 이하의 승합자동차, 적재중량 4톤 이하의 화물자동차, 총중량 3.5톤 이하의 특수자동차(구난차등은 제외한다) 등을 운전할 수 있다.

② 임시운전증명서의 유효기간은 20일 이내로 하되, 운전면허의 취소 또는 정지처분 대상자의 경우 40일 이내로 할 수 있다. 다만, 시·도경찰청장이 필요하다고 인정하는 경우 그 유효기간을 1회에 한하여 20일의 범위 이내에서 연장할 수 있다.

③ 제1종 특수면허 중 소형견인차 면허를 가지고 총중량 3.5톤 이하의 견인형 특수자동차를 운전할 수 있다.

④ 국제운전면허증 또는 상호인정외국면허증을 발급받은 사람은 국내에 입국한 날부터 1년 동안만 그 국제운전면허증 또는 상호인정외국면허증으로 자동차 등을 운전할 수 있다.

해설

교통경찰, 운전면허의 종류 －

① (○) 제2종 보통면허(도로교통법 시행규칙 별표18)〈14·16·17·20승진·11.2·14.1·16.1·17.1·18.3·19.2채용〉

② (✕) 임시운전증명서, **유효기간 연장 : 경찰서장**이 필요하다고 인정하는 때에는 그 유효기간을 **1회에 한하여 20일의 범위 안에서** 연장할 수 있다.[♣시·도경찰청장이 필요하다고 인정(X)](시행규칙 제88조 제2항)〈10·11·20승진〉

③ (○) 제1종 특수면허, 소형견인차 면허(도로교통법 시행규칙 별표18)〈20승진〉

④ (○) 국제운전면허증 또는 상호인정외국면허증, 유효기간(도로교통법 제96조 제1항)〈16·19·20승진·18경간〉   정답 ②

11 제2종 보통면허만을 취득한 자가 운전할 경우, 무면허운전이 되는 것은? 〈24.1채용〉

① 원동기장치자전거
② 화물자동차(적재중량 3톤)
③ 승합자동차(승차정원 8명)
④ 특수자동차(총중량 4톤)

해설

교통경찰, 운전면허, 제2종 보통면허 －

①②③ (○) 제2종 보통면허(시행규칙 별표18)〈14·16·17·20승진·12경간·14.1·18.2·3·21.1·24.1채용〉

④ (✕) 제2종 보통면허 : 승용자동차·승합자동차(승차정원 **10인 이하**), 화물자동차(적재중량 **4톤 이하**), 원동기장치자전거, **특수자동차(총중량 3.5톤 이하**[♣특수자동차 총중량 4톤(X)], **구난자동차등 제외)**(시행규칙 별표18)〈14·16·17·20승진·12경간·14.1·18.2·3·21.1·24.1채용〉   정답 ④

- 면허 결격사유, 발급제한

01 「도로교통법」상 운전면허 결격사유에 대한 설명으로 가장 적절하지 않은 것은? 〈17.2채용〉

① 19세 미만(원동기장치자전거의 경우에는 16세 미만)인 사람은 운전면허를 받을 수 없다.

② 제1종 대형면허 또는 제1종 특수면허를 받으려는 경우로서 19세 미만이거나 자동차(이륜자동차는 제외한다)의 운전경험이 1년 미만인 사람은 운전면허를 받을 수 없다.

③ 듣지 못하는 사람(제1종 운전면허 중 대형면허·특수면허만 해당한다), 앞을 보지 못하는 사람(한쪽 눈만 보지 못하는 사람의 경우에는 제1종 운전면허 중 대형면허·특수면허만 해당한다)이나 그 밖에 대통령령으로 정하는 신체장애인은 운전면허를 받을 수 없다.

④ 교통상의 위험과 장해를 일으킬 수 있는 정신질환자 또는 뇌전증 환자로서 대통령령으로 정하는 사람은 운전면허를 받을 수 없다.

해설

교통경찰, 운전면허 결격사유 -

① (✕) **운전면허 발급연령 : 18세 미만**(원동기장치자전거의 경우에는 **16세 미만**)인 사람은 운전면허를 받을 수 없다.[♣19세 미만(X)](제82조 제1항 제1호)〈12.2·3·17.2채용〉

② (○) 제1종 대형·특수면허 결격사유, 연령·운전경력(도로교통법 제82조 제1항 제6호)〈11.2·12.3·17.2채용〉

③ (○) 신체장애로 인한 결격사유(도로교통법 제82조 제1항 제3호)〈04·12.3·17.2채용〉

④ (○) 정신질환자 또는 뇌전증 환자(도로교통법 제82조 제1항 제2호)〈17.2채용〉   **정답** ①

---

02 다음은 운전면허시험 응시제한기간에 대한 내용이다. 괄호 안에 들어갈 숫자의 총합은? 〈13·17경간〉

> ㉠ 과로운전 중 사상사고 야기 후 구호조치 및 신고 없이 도주한 경우, 취소한 날부터 (   )년
> ㉡ 2회 이상 음주운전으로 운전면허가 취소된 경우, 취소된 날부터 (   )년
> ㉢ 다른 사람의 자동차등을 훔치거나 빼앗은 사람이 무면허 운전을 한 경우, 위반한 날부터 (   )년
> ㉣ 2회 이상의 공동위험행위로 운전면허가 취소된 경우, 취소된 날부터 (   )년
> ㉤ 운전면허효력의 정지기간 중 운전면허증 또는 운전면허증을 갈음하는 증명서를 발급받은 사실이 드러나 운전면허가 취소된 경우, 취소된 날부터 (   )년

① 13   ② 14   ③ 15   ④ 16

해설

교통경찰, 운전면허 발급제한 기간 −

㉠ 5년 − **음주**운전, **과로(질병·약물)**운전, **무면허운전(운전면허정지 기간 중 운전 포함)** 또는 운전면허발급제한기간 중에 국제운전면허증으로 운전·**공동위험행위** 중에 사람을 사상한 후 필요한 조치 및 신고를 하지 아니한 경우(벌금형 이상선고, 위반한 날 또는 취소된 날부터 5년)<13·14·17경간·03·04승진·02·12.2채용>[☺주로병약무공]

㉡ 2년 − **2회 이상**의 **음주운전** 및 **음주측정거부**(무면허 운전금지, 발급제한 기간 국제운전면허증 운전금지를 함께 위반한 경우 포함)로 운전면허가 취소된 경우(취소된 날) 등<13승진·13·14·17경간·09·12·13.1·14.2채용>

㉢ 3년 − **범죄(훔치거나 빼앗은 사람 포함한 모든 범죄) + 무면허운전**: 자동차 등(개인형 이동장치 제외)을 이용하여 범죄행위[♣행안부령에 정한 범죄만(X)]를 하거나 다른 사람의 자동차 등을 훔치거나 빼앗은 사람이 무면허운전을 한 경우(벌금형 이상 선고, 위반한 날부터)[♣2년 발급제한 사유(X)]<01·13승진·14·17경간·09채용>

㉣ 2년 − **2회 이상 공동위험행위**(무면허 및 발급제한 기간 중 국제운전면허증으로 운전금지를 함께 위반한 경우 포함)로 면허가 취소된 경우(취소된 날부터, 무면허는 위반한 날부터) 등<17경간·13.1채용>

㉤ 2년 − 운전면허를 받을 수 없는 사람이 운전면허를 받거나 **허위 그 밖의 부정한 수단**으로 운전면허를 받은 때 또는 **운전면허효력의 정지기간 중** 운전면허증 또는 운전면허증에 갈음하는 증명서를 교부받은 사실이 드러나 면허가 취소된 경우(취소된 날부터)<17경간·13승진·14.2채용>

정답 ②

---

03 다음 중 운전면허 결격기간(응시제한기간)이 나머지와 다른 것은? 〈17경간·12.1채용〉
① 음주운전으로 2회 이상 교통사고를 일으킨 경우
② 2회 이상 음주운전 및 측정거부로 운전면허가 취소된 경우
③ 다른 사람을 대리하여 운전면허 시험에 응시한 경우
④ 무면허 운전금지 규정(정지기간 중 운전 포함)을 3회 이상 위반하여 단속된 경우

해설

교통경찰, 운전면허 발급제한 기간 −

① 3년 제한: **2회 이상** (음주운전금지(제44조 제1항) 및 **음주측정거부금지**(제44조 제2항)(무면허 운전금지, 발급제한 기간 국제운전면허증 운전금지를 **함께 위반**한 경우 **포함**)를 위반 + **교통사고**) ➡ 음주운전(측정거부포함)을 하다가 **2회 이상** 교통사고를 일으킨 경우(취소된 날부터, 무면허의 경우 위반한 날부터)(제82조 제2항 제5호)<05·08승진·14경간·05·12.1·2채용>

② 2년 제한: **음주운전금지**(제44조 제1항) 및 **음주측정거부금지**(제44조 제2항)(무면허 운전금지, 발급제한 기간 국제운전면허증 운전금지를 **함께 위반**한 경우 **포함**)를 **2회 이상** 위반한 경우[♣3년 제한(X)](취소된 날부터, 무면허는 위반한 날부터)(제82조 제2항 제6호, 가)<13승진·13·14·17경간·09·12·13.1·14.2·19.1채용>

③ 2년 제한: 다른 사람이 부정하게 운전면허를 받도록 하기 위하여 운전면허시험에 **대신** 응시한 사유로 **면허가 취소**된 경우(취소된 날부터)(제93조 제1항 제13호)(제82조 제2항 제6호, 라)<13·14경간·13승진>

④ 2년 제한: **무면허운전금지**(운전면허정지 기간 중 운전은 취소된 날부터) 또는 운전면허**발급제한기간** 중에 **국제운전면허증으로** (자동차등) 운전금지를 **3회 이상** 위반하여 자동차 등(개인형 이동장치 제외)을 운전한 경우(위반한 날부터 2년)(제82조 제2항 제2호)<04승진·12.1채용>

정답 ①

04 운전면허 행정처분 결과에 따른 결격대상자와 결격기간의 연결이 옳지 않은 것은 모두 몇 개인가? 〈19경간〉

> 가. 자동차 등(개인형 이동장치 제외)을 이용하여 범죄행위를 하거나 다른 사람의 자동차를 훔치거나 빼앗아 무면허로 운전한 자 - 위반한 날부터 3년
> 나. 다른 사람이 부정하게 운전면허를 받도록 하기 위하여 운전면허시험에 대리응시한 자 - 취소된 날부터 2년
> 다. 과로 상태 운전으로 사람을 사상한 후 구호조치 없이 도주한 자 - 취소된 날부터 5년
> 라. 2회 이상의 공동위험행위로 운전면허가 취소된 자 - 취소된 날부터 2년
> 마. 적성검사를 받지 아니하여 운전면허가 취소된 자 - 취소된 날부터 1년

① 1개   ② 2개   ③ 3개   ④ 4개

해설

교통경찰, 운전면허 발급제한 기간 -
가. (○) 3년 제한(도로교통법 제82조 제2항 제5호)<01·13승진·14·17·19경간·09채용>
나. (○) 2년 제한(도로교통법 제93조 제1항 제13호, 제82조 제2항 제6호, 라)<13·14·19경간·13승진>
다. (○) 5년 제한(도로교통법 제82조 제2항 3호 가)<13·14·17·19경간·03·04승진·02·12.2·13.1채용>
라. (○) 2년 제한(도로교통법 제82조 제2항 제6호, 다)<17·19경간·13.1채용>
마. (×) **즉시 응시 가능**: (정기·수시) **적성검사**를 받지 아니하거나, 적성검사에 불합격하여 운전면허가 취소된 사람[♣1년 제한(X)](제82조 제2항 제7호)<19경간·14.2채용>　　　　정답 ①

05 「도로교통법」 및 동법 시행규칙상 운전면허에 대한 설명 중 가장 적절하지 않은 것은? 〈20경위〉

① 제1종 보통면허로는 승차정원 15명 이하의 승합자동차, 적재중량 12톤 미만의 화물자동차를 운전할 수 있다.
② 제2종 보통면허로는 승차정원 10명 이하의 승합자동차, 적재중량 4톤 이하의 화물자동차를 운전할 수 있다.
③ 운전면허증 소지자가 면허증의 반납사유가 발생하면 그 사유가 발생한 날부터 7일 이내에 반납하여야 한다.
④ 무면허운전 금지를 3회 위반하여 자동차등(개인형 이동장치 제외)을 운전한 경우 위반한 날부터 3년간 운전면허 시험응시가 제한된다.

해설

교통경찰, 면허의 종류 -
① (○) 제1종 보통면허(도로교통법 시행규칙 별표18)<20승진·12경간·08·10·11.1·14.1·16.1·18.2·3·19.2채용>
② (○) 제2종 보통면허(도로교통법 시행규칙 별표18)<14·16·17·20승진·11.2·14.1·16.1·17.1·18.3·19.2채용>
③ (○) 면허증 반납표(도로교통법 제95조 제1항)<20승진>
④ (×) **면허발급제한 2년 : 무면허운전금지**(운전면허정지 기간 중 운전은 취소된 날부터) 또는 운전면허**발급제한기간** 중에 **국제운전면허증으로** (자동차등) **운전금지를 3회 이상** 위반하여 자동차 등(개인형 이동장치 제외)을 운전한 경우(위반한 날부터 2년)[♣위반한 날부터 3년(X)](제82조 제2항 제2호)<04·20승진·12.1채용>　　　　정답 ④

06 다음은 「도로교통법」에서 운전면허와 관련하여 규정하는 내용들이다. 괄호 안에 들어갈 숫자를 모두 더한 값은? 〈20경간〉

> 가. (㉠)세 미만(원동기장치자전거의 경우 제외)인 사람은 운전면허를 받을 수 없다.
>
> 나. (㉡)세 이상인 사람으로서 운전면허를 받으려는 사람은 시험에 응시하기 전에 '노화와 안전운 전에 관한 사항' 등에 관한 교통안전교육을 받아야 한다.
>
> 다. 연습운전면허는 그 면허를 받은 날부터 (㉢)년 동안 효력을 가진다.
>
> 라. 운전면허시험에서 부정행위를 하여 해당 시험이 무효로 처리된 사람은 그 처분이 있은 날부터 (㉣)년간 해당 시험에 응시하지 못한다.

① 94   ② 96   ③ 98   ④ 99

해설

교통경찰, 면허의 종류 -

가. 18세 - **18세 미만**(원동기장치자전거의 경우에는 **16세 미만**)인 사람은 운전면허를 받을 수 없다.(도로교통법 제82조 제1항 제1호)〈20경간·12.2·3·17.2채용〉

나. 75세 - **75세 이상**인 사람으로서 운전면허를 받으려는 사람은 **면허시험에 응시**하기 전에, 운전면허증 갱신일에 75세 이상인 사람은 운전면허증 갱신기간 이내에 각각 다음 각 호의 사항에 관한 교통안전교육을 받아야 한다.(도로교통법 제73조 제5항)〈20경간〉

다. 1년 - 연습운전면허는 제1종 보통면허와 제2종 보통면허의 2종류가 있으며, 그 면허를 받은 날부터 **1년 동안 효력**을 가진다.(도로교통법 제81조)〈20경간·10.2채용〉

라. 2년 - 부정행위로 시험이 무효로 처리된 사람은 그 처분이 있은 날부터 **2년간 해당 시험에 응시하지 못한다.**(제84조의2 제2항)〈20경간〉   **정답** ②

‒ 운전면허행정처분

‒ 개요

01 승용자동차 기준 제한속도 위반에 따른 범칙금과 벌점에 대한 설명으로 옳은 것은? (단, 어린이 보호구역 및 장애인 · 노인보호구역 제외) 〈17경간〉

① 제한속도를 60km/h 초과한 경우 13만 원의 범칙금과 60점의 벌점이 부과된다.

② 제한속도 위반 정도가 40km/h 초과, 60km/h 이하인 경우 9만 원의 범칙금과 40점의 벌점이 부과된다.

③ 제한속도 위반 정도가 20km/h 초과, 40km/h 이하인 경우 6만 원의 범칙금과 15점의 벌점이 부과된다.

④ 제한속도 위반 정도가 20km/h 이하인 경우, 4만 원의 범칙금이 부과된다.

해설

교통경찰, 범칙금과 벌점 ‒

① (✕) 제한속도를 60km/h 초과한 경우 12만 원의 범칙금과 60점의 벌점이 부과된다.[♣13만 원(✕)](별표28, 시행령 별표8)〈17경간〉

② (✕) 제한속도 위반 정도가 40km/h 초과, 60km/h 이하인 경우 9만 원의 범칙금과 30점의 벌점이 부과된다.[♣40점(✕)](별표28, 시행령 별표8)〈17경간〉

③ (○) 시행령 별표8〈17경간〉

④ (✕) 제한속도 위반 정도가 20km/h 이하인 경우, 3만 원의 범칙금이 부과된다.[♣4만 원(✕)](시행령 별표8)〈17경간〉

정답 ③

02 아래는 「도로교통법」 시행규칙 별표 28 운전면허 취소 · 정지처분 기준의 일부를 발췌한 것이다. 다음 중 옳은 것은? 〈18.3채용〉

> 1. 일반기준
>   가. ~ 마.〈생략〉
>   바. 처분기준의 감경
>   (1) 감경사유
>   (가) 음주운전으로 운전면허 취소처분 또는 정지처분을 받은 경우
>   운전이 가족의 생계를 유지할 중요한 수단이 되거나, ㉠ 모범운전자로서 처분 당시 2년 이상 교통봉사활동에 종사하고 있거나, 교통사고를 일으키고 도주한 운전자를 검거하여 경찰서장 이상의 표창을 받은 사람으로서 다음의 어느 하나에 해당되는 경우가 없어야 한다.
>   1) ㉡ 혈중알코올농도가 0.15퍼센트를 초과하여 운전한 경우
>   2) 음주운전 중 인적피해 교통사고를 일으킨 경우
>   3) 경찰관의 음주측정요구에 불응하거나 도주한 때 또는 단속경찰관을 폭행한 경우
>   4) ㉢ 과거 5년 이내에 3회 이상의 인적피해 교통사고의 전력이 있는 경우
>   5) ㉣ 과거 3년 이내에 음주운전의 전력이 있는 경우

① ㉠   ② ㉡   ③ ㉢   ④ ㉣

PART

04

해설

교통경찰, 면허행정처분, 음주감경 −

㉠ (✕) 음주감경사유 : 모범운전자로서 처분 당시 **3년 이상 교통봉사활동에 종사**하고 있는 경우[♣2년 이상(✕)](규칙 별표28)<18.3채용>

− 음주감경제외사유 −

㉡ (✕) 혈중알콜농도가 **0.1퍼센트를 초과**하여 운전한 경우[♣0.15퍼센트 이상(✕)](규칙 별표28, 처분의 감경) <18.3채용>

㉢ (○) 과거 **5년 이내에 3회 이상의 인적피해 교통사고의 전력**이 있는 경우(규칙 별표28, 처분의 감경) <18.3채용>

㉣ (✕) 과거 **5년 이내에 음주운전의 전력**이 있는 경우[♣3년 이내(✕)](규칙 별표28)<18.3채용>

감경 사유		① 운전이 가족의 **생계를 유지할 중요한 수단**이 되는 경우
		② 모범운전자로서 처분 당시 **3년 이상 교통봉사활동에 종사**하고 있는 경우[♣2년 이상(✕)]<18.3 채용>
		③ **교통사고를 일으키고 도주한 운전자를 검거**하여 **경찰서장 이상의 표창**을 받은 경우
감경 제외 사유	음주	① 혈중알콜농도가 **0.1퍼센트를 초과**하여 운전한 경우[♣0.15퍼센트 이상(✕)]<18.3채용>
		② 음주운전 중 **인적피해 교통사고를 일으킨** 경우[♣물적 피해 교통사고(✕)] ♣ 음주운전으로 물적 피해 교통사고를 일으킨 경우는 면허취소·정지처분 감경제외 사유에 해당한다.(✕)
		③ 경찰관의 음주측정요구에 불응하거나 **도주**한 때 또는 **단속경찰관을 폭행**한 경우
		④ 과거 **5년 이내에 3회 이상의 인적피해 교통사고의 전력**이 있는 경우
		⑤ 과거 **5년 이내에 음주운전의 전력**이 있는 경우[♣3년 이내(✕)]<18.3채용> [♣무사고·무위반 서약을 1년간 실천한 운전자(✕)]

정답 ③

---

03 음주운전으로 운전면허 취소처분 또는 정지처분을 받았을 때 일정 요건을 갖춘 경우 면허행정처분을 감경 하는 경우가 있다. 이때 「도로교통법」 시행규칙」상 감경 제외 사유로 규정된 것이 아닌 것은? 〈20경위〉

① 혈중알코올농도 0.1퍼센트를 초과하여 운전한 경우

② 음주운전 중 인적피해 교통사고를 일으킨 경우

③ 과거 3년 이내에 3회 이상의 인적피해 교통사고의 전력이 있는 경우

④ 과거 5년 이내에 음주운전 전력이 있는 경우

해설

교통경찰, 면허행정처분, 음주감경 제외사유−

① (○) 0.1퍼센트 초과(도로교통법 시행규칙 별표28)<20승진·18.3채용>

② (○) 음주인피사고(도로교통법 시행규칙 별표28)<20승진·18.3채용>

③ (✕) **감경제외사유** : 과거 **5년 이내에 3회 이상의 인적피해 교통사고의 전력**이 있는 경우 등[♣과거 3 년 이내에(✕)](도로교통법시행규칙 별표28)<20승진·18.3채용>

④ (○) 과거 **5년 이내 음주전력**(도로교통법 시행규칙 별표28)<20승진·18.3채용>

정답 ③

04 「도로교통법」및「도로교통법」시행령」상 교통안전교육에 대한 설명으로 가장 적절하지 않은 것은? 〈21승진〉

① 교통안전교육은 운전면허를 받고자 하는 사람이 학과시험 응시 전 받아야 하는 1시간의 교통안전교육으로, 자동차운전 전문학원에서 학과교육을 수료한 사람은 제외된다.

② 특별교통안전교육 중 의무교육 대상은 운전면허효력 정지처분을 받게 되거나 받은 초보운전자로서 그 정지기간이 끝나지 아니한 사람 등이다.

③ 특별교통안전교육 중 권장교육 대상은 운전면허를 받은 사람 중 교육을 받으려는 날에 65세 이상인 사람 등으로, 권장교육을 받기 전 1년 이내에 해당 교육을 받지 아니한 사람에 한정한다.

④ 긴급자동차 교통안전교육 중 신규 교통안전교육은 긴급자동차를 운전하는 사람을 대상으로 3년마다 정기적으로 실시하는 교육이다.

해설

교통경찰, 면허행정, 교통안전교육 −
① (○) 교통안전교육(도로교통법 제73조 제1항)〈21승진〉
② (○) 특별교통안전교육, 의무교육 대상(도로교통법 제73조 제2항 제4호)〈21승진〉
③ (○) 특별교통안전교육, 권장교육 대상(도로교통법 제73조 제3항 제4호)〈21승진〉
④ (✕) **정기 교통안전교육**: 긴급자동차를 운전하는 사람을 대상으로 **3년마다** 정기적으로 실시하는 교육(**2시간** 이상)[♣신규 교통안전교육(X)](도로교통법 시행령 제38조의2 제2항 제2호)〈21승진〉　정답 ④

---

5 교통사고처리

− 사고처리 일반

01 「교통사고조사규칙」에서 규정하고 있는 용어의 정의로 가장 옳은 것은? 〈18경간〉

① 충돌이란 2대 이상의 차가 동일방향으로 주행 중 뒤차가 앞차의 후면을 충격한 것을 말한다.
② 요마크(Yaw mark)란 차의 급제동으로 인하여 타이어의 회전이 정지된 상태에서 노면에 미끄러져 생긴 타이어 마모흔적 또는 활주흔적을 말한다.
③ 접촉이란 차가 추월, 교행 등을 하려다가 차의 좌우측면을 서로 스친 것을 말한다.
④ 전도란 차가 주행 중 도로 또는 도로 이외의 장소에 뒤집혀 넘어진 것을 말한다.

해설

교통경찰, 교통사고처리, 일반 −

① (✕) **충돌** : 차가 반대방향 또는 측방에서 진입하여 그 차의 정면으로 다른 차의 정면 또는 측면을 충격한 것을 말한다.[♣2대 이상이 차가 동일방향으로 주행 중 충격(✕)](교통사고조사규칙 제2조 제1항 제7호)<18경간>

   추돌 : 2대 이상의 차가 동일방향으로 주행 중 뒤차가 앞차의 후면을 충격한 것을 말한다.[♣충돌(✕)](교통사고조사규칙 제2조 제1항 제8호)<18경간>

② (✕) **요마크(Yaw Mark)** : 급핸들 등으로 인하여 차의 **바퀴가 돌면서** 차축과 평행하게 **옆으로 미끄러진 타이어의 마모흔적**을 말한다.[♣타이어의 회전이 정지된 상태에서(✕)](교통사고조사규칙 제2조 제1항 제6호)<18경간>

③ (〇) 접촉(교통사고조사규칙 제2조 제1항 제9호)<18경간>

④ (✕) **전도** : 차가 주행 중 도로 또는 도로 이외의 장소에 차체의 측면이 지면에 접하고 있는 상태(좌측면이 지면에 접해 있으면 좌전도, 우측면이 지면에 접해 있으면 우전도)를 말한다.[♣뒤집혀 넘어진 것(✕)](교통사고조사규칙 제2조 제1항 제10호)<18경간>

   전복 : 차가 주행 중 도로 또는 도로 이외의 장소에 뒤집혀 넘어진 것을 말한다.[♣전도(✕)](교통사고조사규칙 제2조 제1항 제11호)<18경간>   정답 ③

---

02 「교통사고조사규칙」상 교통사고 및 현장도면 작성에 대한 설명으로 가장 적절하지 않은 것은? <22승진>

① 교통조사관이 교통사고, 현장도면 작성시 교통사고의 발생지점과 사고차량의 정차지점을 표시하는 때에는 사고발생 지점을 도면의 중앙에 배치하고 가해차량의 진행방향이 위로 향하도록 하여 이동지점과 정차지점을 실선으로 표시한다.

② 교통조사관이 교통사고 현장도면 작성시 거리를 측정하거나 지점을 확정하는 경우에는 각각의 지점에 대한 명칭을 붙여 특정지어야 한다.

③ 교통사고 현장에 사망한 사람이 있는 경우에는 단순히 의식이 없거나 호흡이 정지하였다는 사유로 사망한 것으로 판단하지 말고, 의료전문가의 판단이 있을 때까지는 중상자와 동일하게 취급해야 한다.

④ 경찰공무원이 교통사고 현장에서 사상자 구호, 현장보존 등 부득이한 경우에 일시적으로 교통을 통제하거나 일방통행의 조치를 취할 때에는 '교통사고 조사 중' 표지판을 사고현장 직·후 적합한 위치에 설치하고 반드시 1명 이상의 경찰공무원이 차량과 군중을 정리하여 2차 사고를 예방하여야 한다.

해설

교통경찰, 교통사고조사 −

① (✕) **현장도면 작성요령** : 교통사고발생 지점을 도면의 중앙에 배치하고 **가해차량의 진행방향이 위로** 향하도록 하여 **이동지점을 점선**으로[♣실선으로(✕)] 표시하고 **정차지점은 실선으로**[♣점선으로(✕)] 표시한다.(교통사고조사규칙 제14조 제7항)<22승진>

② (〇) **현장도면 작성요령** : 교통사고조사규칙 제14조 제4항<22승진>

③ (〇) **목적**<22승진>

④ (〇) **목적**<22승진>   정답 ①

– 교통법령적용

교통사고처리특례법

01 「교통사고처리특례법」제3조(처벌의 특례) 제2항 각호에 규정된 12개 예외 항목에 해당하지 않는 것은?

〈18경위〉

① 일시정지를 내용으로 하는 안전표지가 표시하는 지시를 위반하여 운전한 경우
② 교차로 통행방법을 위반하여 운전한 경우
③ 횡단보도에서의 보행자 보호의무를 위반하여 운전한 경우
④ 승객의 추락 방지의무를 위반하여 운전한 경우

해설

교통경찰, 교통사고처리, 교통법령적용 –

①③④ (○) 12개 예외항목(교통사고처리특례법 제3조 제2항)<03·04·05·15·17·18승진·07경간·01·02채용>
② (×) 해당없음

교통사고처리특례법상 예외 12개항사고(교특법 제3조 제2항)<03·04·05·15·17·18승진·07경간·01·02·18.2채용>
(1) **주요사고요인행위**
　① **제한속도위반(과속)** : 매시 **20km를 초과**하여 운전한 경우[♣10km 초과(X)]<17승진·18.2채용>
　　♣제한속도 10km를 초과하여 인적 피해사고를 야기한 경우 합의 시에도 처벌된다.(X)
　　※ 공단·학교 등의 시설에서 자체적으로 필요에 따라 임의로 설치한 제한속도 표지의 속도를 초
　　　과한 경우는 특례법상의 과속에 해당하지 않음.<01승진>
　② **음주운전·약물운전**(약물의 영향으로 정상한 운전을 하지 못할 염려가 있는 상태에서 운전한
　　경우)[♣혈중 알콜 농도 0.03% 상태에서 운전 중 인적피해사고 야기 시 합의해도 처벌(O)]
　　※ 약물운전은 예외 11개항 사고에는 포함되나, 주요 사고요인 행위에서는 제외됨.
　　※ 운전의 개념에 음주·약물운전, 사고조치의무 등의 경우 도로 이외의 장소에서도 운전에 해당
　　　하도록 개정되어 동 규정은 도로 이외의 장소에서도 적용이 되도록 개정이 되었다.
　③ **신호기·경찰공무원·안전표지의 신호 및 지시위반** ➡ 신호기 또는 교통정리를 하는 경찰공무
　　원등의 신호나 통행의 금지 또는 일시정지를 내용으로 하는 안전표지가 표시하는 지시에 위반
　　하여 운전한 경우<15승진>
　④ **중앙선 침범 및 고속도로 또는 자동차전용도로에서의 횡단·유턴·후진의 경우**[♣중앙선 침범하여
　　물적 피해야기 시 합의해도 처벌(X)](2호)<02승진>
　　※ 교차로 내에서는 중앙선 침범을 인정을 인정하지 않고 있다.
(2) **기타법규위반**[♣안전거리 미확보로 인한 사고(X)]
　⑤ **승객의 추락방지의무 위반**<02승진>
　⑥ **철길건널목 통과방법 위반**
　　※ 일시정지(다만, 신호기 등이 표시하는 신호에 따르는 경우에는 예외)<02승진>
　⑦ **앞지르기의 방법·금지시기·금지장소 또는 끼어들기의 금지에 위반한 경우**[♣끼어들기 방법 위반
　　(X)]<17승진>
　　※ 주의! '앞지르기 방해금지 위반'은 해당되지 않음.<03·05승진>
　⑧ **무면허운전** ➡ 운전면허 또는 건설기계조종사면허를 받지 아니하거나 국제운전면허증을 소지
　　하지 아니하고 운전한 경우<15승진>

⑨ **어린이보호구역** ➡ 어린이보호구역에서의 주의조치를 준수하고 어린이의 안전에 유의하면서 운전하여야 할 의무를 위반하여 어린이의 신체를 상해에 이르게 한 경우

⑩ **횡단보도 보행자보호의무 위반**[♣횡단보도에서 자고 있는 사람(X), ♣횡단보도에서 택시잡고 있는 사람(X)]

예 자전거를 타고 횡단보도를 건너가다가 동일 횡단보도를 건너고 있는 **보행자와 충격시 교통사고처리특례법상의 보행자 보호 의무 위반 특례조항**에 해당된다.

♣ 횡단보도에서 자고 있는 사람을 보지 못하고 충격한 경우 합의하거나 종합보험에 가입한 경우 처벌하지 않는다.(X)

⑪ **보도침범 및 보도횡단방법에 위반하여 운전한 경우**<15승진>

⑫ (「도로교통법」 제39조제4항을 위반하여) 자동차의 **화물이 떨어지지 아니하도록 필요한 조치를 하지 아니하고 운전한 경우**

[♣교차로 통행방법을 위반하여 운전한 경우(X)]<18승진>

> ▶ **과로운전 · 통행우선순위위반 · 난폭운전 · 안전거리 미확보**
> ※ 예외 12개항에 포함되지 않음.<03 · 05승진 · 07경간>
> ※ **과로운전**: 자동차등 또는 노면전차의 운전자가 과로 · 질병 또는 약물의 영향과 그 밖의 사유로 인하여 정상적으로 운전하지 못할 우려가 있는 상태에서 자동차등 또는 노면전차를 운전하는 것

정답 ②

---

02 교통사고처리특례법 제3조 제2항 단서 '처벌특례 항목'에 해당하지 않는 것은? <19경간>

① 일시정지를 내용으로 하는 안전표지가 표시하는 지시를 위반하여 운전한 경우
② 교차로 통행방법을 위반하여 운전한 경우
③ 고속도로에서의 앞지르기 방법을 위반하여 운전한 경우
④ 약물의 영향으로 정상적으로 운전하지 못할 우려가 있는 상태에서 운전한 경우

해설

교통경찰, 교통사고처리, 교통법령적용 —

①③④ (○) **교통사고처리특례법상 예외 12개항사고**(교통사고처리특례법 제3조 제2항)<03 · 04 · 05 · 15 · 17 · 18 승진 · 07 · 19경간 · 01 · 02 · 18.2채용>

② (×) **교통사고처리특례법상 예외 12개항사고**[♣교차로 통행방법을 위반하여 운전한 경우(X)](교통사고처리특례법 제3조 제2항)<19경간 · 18승진>

정답 ②

03 「교통사고처리 특례법」 제3조(처벌의 특례) 제2항 각호에 규정된 12개 예외 항목에 해당하지 않는 것은?

〈18.2채용〉

① 횡단보도에서의 보행자 보호의무를 위반하여 운전한 경우
② 자동차의 화물이 떨어지지 아니하도록 필요한 조치를 하지 아니하고 운전한 경우
③ 제한속도를 시속 10킬로미터 초과하여 운전한 경우
④ 철길건널목 통과방법을 위반하여 운전한 경우

해설

교통경찰, 교통사고처리, 교통법령적용 —

①②④ (○) 교통사고 예외12개항(교특법 제3조 제2항)〈03·04·05·15·17·18승진·07경간·01·02·18.2채용〉

③ (✕) 교통사고 예외12개항, **제한속도위반(과속) : 매시 20km를 초과**하여 운전한 경우[♣10km 초과(X)]
(교특법 제3조 제2항)〈17승진·18.2채용〉

정답 ③

---

04 「교통사고처리 특례법」 제3조 제2항 단서의 '처벌특례 항목'에 해당하지 않는 것을 모두 고른 것은? 〈17경감〉

┌───┐
│ ㉠ 중앙선을 침범한 경우
│ ㉡ 제한속도를 시속 10킬로미터 초과하여 운전한 경우
│ ㉢ 고속도로에서의 끼어들기 방법을 위반하여 운전한 경우
│ ㉣ 철길건널목 통과방법을 위반하여 운전한 경우
│ ㉤ 횡단보도에서의 보행자 보호의무를 위반하여 운전한 경우
│ ㉥ 정지선을 침범한 경우
│ ㉦ 보도 횡단방법을 위반하여 운전한 경우
└───┘

① ㉠㉡㉣
② ㉡㉢㉥
③ ㉢㉣㉥
④ ㉤㉥㉦

해설

교통경찰, 교통법령적용 —

㉠㉣㉤㉦ (○) 교통사고 예외12개항(교특법 제3조 제2항)〈03·04·05·15·17승진·07경간·01·02채용〉

㉡ (✕) 교통사고 예외12개항, **제한속도위반(과속) : 매시 20km를 초과**하여 운전한 경우[♣10km 초과(X)]
(교특법 제3조②)〈17승진〉

㉢ (✕) 교통사고 예외12개항 : **앞지르기의 방법·금지시기·금지장소 또는 끼어들기의 금지에 위반한 경우**[♣끼어들기 방법 위반(X)](교특법 제3조②)〈17승진〉

㉥ (✕) 교통사고 예외12개항(교특법 제3조 제2항)〈03·04·05·15·17승진·07경간·01·02채용〉

정답 ②

---

05 「교통사고처리 특례법」 제3조 제2항 단서 '처벌특례 항목'들에 대한 설명 중 옳은 것들로 묶인 것은? (판례에 의함) 〈20경간〉

> 가. 교차로 진입 직전에 백색실선이 설치되어 있으면, 교차로에서의 진로변경을 금지하는 내용의 안전표지가 개별적으로 설치되어 있지 않다고 하더라도 자동차 운전자가 교차로에서 진로변경을 시도하다가 교통사고를 내었다면 이는 특례법상 '통행금지를 내용으로 하는 안전표지가 표시하는 지시를 위반하여 운전한 경우'에 해당한다.
>
> 나. 중앙선이 설치된 도로의 어느 구역에서 좌회전이나 유턴이 허용되어 중앙선이 백색 점선으로 표시되어 있는 경우, 그 지점에서 안전표지에 따라 좌회전이나 유턴을 하기 위하여 중앙선을 넘어 운행하다가 반대편 차로를 운행하는 차량과 충돌하는 교통사고를 내었더라도 이를 특례법에서 규정한 중앙선 침범 사고라고 할 것은 아니다.
>
> 다. 연습운전면허를 받은 사람은 운전을 함에 있어 '주행연습 외의 목적으로 운전하여서는 아니된다'는 사항을 준수해야 하며 이에 위반하여 운전한 경우 그 운전은 특례법에서 규정한 무면허운전으로 보아 처벌할 수 있다.
>
> 라. 화물차 적재함에서 작업하던 피해자가 차에서 내린 것을 확인하지 않은 채 출발함으로써 피해자가 추락하여 상해를 입게된 경우, 특례법 소정의 '승객의 추락방지 의무'를 위반하여 운전한 경우에 해당하지 않는다.

① 가.나.　　　② 가.다.　　　③ 나.다.　　　④ 나.라.

해설

교통경찰, 예외12개항, 판례 −

가. (×) **判例)[교차로 직전 회색실선 차선, 교차로 내 진로변경 시도로 교통사고 → 지시위반(×)]** 교차로 진입 직전에 백색실선이 설치되어 있으나 **교차로에서의 진로변경을 금지하는 내용의 안전표지가 개별적으로 설치되어 있지 않은** 경우, 자동차 운전자가 **교차로에서 진로변경을 시도하다가 야기한 교통사고**가 교통사고처리 특례법 제3조 제2항 단서 제1호에서 정한 '도로교통법 제5조에 따른 통행금지를 내용으로 하는 안전표지가 표시하는 **지시를 위반하여 운전한 경우**'에 해당하지 **않는다.**[♣'지시를 위반하여 운전한 경우'에 해당한다.(×)](대법원 2015도3107 판결 [교통사고처리특례법위반] > 종합법률정보 판례)〈20경간〉

나. (○) 대법원 2016도18941 판결 [교통사고처리특례법위반]〈20경간〉

다. (×) **判例)[주행연습 외 목적의 연습운전면허로 운전 → 무면허운전(×)]** 연습운전면허를 받은 사람이 운전을 함에 있어 주행연습 외의 목적으로 운전하여서는 아니된다는 준수사항을 지키지 않았다고 하더라도 준수사항을 지키지 않은 것에 대하여 연습운전면허의 취소 등 제재를 가할 수 있음은 별론으로 하고 그 운전을 **무면허운전이라고 보아 처벌할 수는 없다.**[♣처벌할 수 있다.(×)](대법원2013도15031 판결[교통사고처리특례법위반·도로교통법위반(음주운전)·도로교통법위반(무면허운전)])〈20경간〉

라. (○) **判例)[화물적재함 미확인 추락사고 → 승객추락방지의무위반(×)]** 화물차 적재함에서 작업하던 피해자가 차에서 내린 것을 확인하지 않은 채 출발함으로써 피해자가 추락하여 상해를 입게 된 경우, 승객추락방지의무(교통사고처리특례법 제3조 제2항 단서 제10호 소정의 의무)를 위반하여 운전한 경우에 해당하지 않는다.(대법원 99도3716판결 [교통사고처리특례법위반])〈20경간〉　　　정답 ④

06 다음 ㉠부터 ㉣까지 중 「교통사고처리 특례법」 제3조 제2항(처벌의 특례) 단서 각 호에 해당하는 것은 모두 몇 개인가? 〈22승진〉

㉠ 「도로교통법」 제39조 제4항을 위반하여 자동차의 화물이 떨어지지 아니하도록 필요한 조치를 하지 아니하고 운전한 경우
㉡ 「도로교통법」 제17조 제1항 또는 제2항에 따른 제한속도를 시속 20킬로미터 초과하여 운전한 경우
㉢ 「도로교통법」 제13조 제3항을 위반하여 중앙선을 침범하거나 같은 법 제62조를 위반하여 횡단, 유턴 또는 후진한 경우
㉣ 「도로교통법」 제24조에 따른 철길건널목 통과방법을 위반하여 운전한 경우

① 1개　　　② 2개　　　③ 3개　　　④ 4개

해설

교통경찰, 예외 12개항 −
㉠ (○) **화물추락방지 위반**: (「도로교통법」 제39조 제4항을 위반하여) 자동차의 **화물이 떨어지지 아니하도록 필요한 조치**를 하지 아니하고 운전한 경우(교통사고처리특례법 제3조 제2항)〈19경간·18·22승진〉
㉡ (○) **제한속도위반(과속)**: 매시 **20km를 초과**하여 운전한 경우(♣10km 초과(X)}(교통사고처리특례법 제3조 제2항)〈17·22승진·18.2채용〉
㉢ (○) **중앙선 침범등**: 중앙선 침범 및 고속도로 또는 자동차전용도로에서의 **횡단·유턴·후진의 경우** [♣중앙선 침범하여 물적 피해야기 시 합의해도 교통사고에 대해 처벌(X)]((교통사고처리특례법 제3조 제2항 제2호)〈02·22승진〉
㉣ (○) **철길건널목 통과방법 위반**(교통사고처리특례법 제3조 제2항)〈22승진〉　　　정답 ④

테마 156　신뢰의 원칙

01 다음 중 신뢰원칙 관련 판례에서 그 내용이 가장 옳지 않은 것은? 〈14경간〉
① 고속도로를 운행하는 자동차 운전자는 고속도로를 무단횡단하는 보행자가 있을 것을 예견하여 운전할 주의의무가 없다.
② 횡단보도에서 보행자 신호가 녹색에서 적색신호로 깜박거릴 때 운전자의 주의의무가 없다.
③ 전날 밤에 주차해 둔 차량을 그 다음날 아침에 출발하기에 앞서 차체 밑에 장애물이 있는지 여부를 확인하여야 할 주의의무가 있다.
④ 편도 5차선 도로의 1차로를 신호에 따라 진행하던 자동차 운전자에게 도로의 오른쪽에 연결된 소방도로에서 오토바이가 나와 맞은편 쪽으로 가기 위해 편도 5차선 도로를 대각선 방향으로 가로 질러 진행하는 경우까지 예상하여 진행할 주의의무는 없다.

해설

교통경찰, 신뢰보호의 원칙 −
② (X) 횡단보도에서는 보행자 신호가 녹색에서 적색신호로 깜박거릴 때에도 운전자의 주의의무를 인정한다.(횡단보도는 어린이나 노인 등이 통행하는 장소로 상대방을 신뢰할 수 없는 경우에 해당 → 신뢰원칙을 적용하지 않는다.)　　　정답 ②

– 사고처리

01 교통사고와 관련된 내용으로 가장 적절하지 않은 것은? (다툼이 있으면 판례에 의함) 〈17경감〉

① 신호위반으로 교통사고를 일으킨 사람이 통고처분을 받아 신호위반의 범칙금을 납부하였다면, 「교통사고처리 특례법」상 신호위반으로 인한 업무상과실치상죄의 죄책을 물을 수 없다.

② 교차로와 횡단보도가 연접하여 설치되어 있고 차량용 신호기는 교차로에만 설치된 경우, 교차로의 차량신호등이 적색이고 교차로에 연접한 횡단보도 보행등이 녹색인 경우에 차량 운전자가 위 횡단보도 앞에서 정지하지 아니하고 횡단보도를 지나 우회전하던 중 업무상과실치상의 결과가 발생하면 「교통사고처리 특례법」제3조 제1항, 제2항 단서 제1호의 '신호위반'에 해당한다.

③ 「특정범죄 가중처벌 등에 관한 법률」 제5조의3 도주차량운전자에 대한 가중처벌규정과 관련하여, 차의 교통으로 인한 업무상과실치사상의 사고는 「도로교통법」이 정하는 도로에서의 교통사고로 제한되지 않는다.

④ 「교통사고조사규칙」에 따라 차대차 사고로서 당사자 간의 과실이 동일한 경우 피해가 경한 당사자를 선순위로 지정한다.

해설

교통경찰, 사고처리 –

① (×) **判例)**[통고처분 → 업무상과실치상죄 처벌(○)] "통고처분을 받게 된 범칙행위와 교통사고처리특례법 제3조 제1항 위반죄는 그 행위의 성격 및 내용이나 죄질, 피해법익에 현저한 차이가 있어 동일성이 인정되지 않는 별개의 범죄행위라고 보아야 할 것이므로, **통고처분을 받아 범칙금을 납부하였다고 하더라도 업무상과실치상죄로 처벌하는 것이 이중처벌에 해당한다고 볼 수 없다.**[♣ 업무상과실치상죄의 죄책을 물을 수 없다.(×)]"(2006도4322)〈13·14·17승진〉

② (○) 대판 2009도8222판결〈14·17승진·15.2채용〉

③ (○) 대판 2004도3600판결〈15·17승진·11경간〉

④ (○) 교통사고 조사규칙 제20조의4, 제2호〈17승진〉   **정답** ①

---

02 교통사고에 대한 판례의 태도로 가장 적절하지 않은 것은? (다툼이 있는 경우 판례에 의함) 〈18경감〉

① 음주로 인한 특정범죄가중처벌 등에 관한 법률 위반(위험운전치사상)죄와 도로교통법 위반(음주운전)죄가 모두 성립하는 경우 두 죄는 실체적 경합관계에 있다.

② 택시 운전자인 甲이 교차로에서 적색등화에 우회전하다가 신호에 따라 진행하던 乙의 승용차를 충격하여 乙에게 상해를 입혔다면 「교통사고처리 특례법」 제3조 제2항 단서 제1호에서 정한 '신호위반'으로 인한 사고에 해당한다.

③ 「특정범죄 가중처벌 등에 관한 법률」 제5조의3 도주차량죄의 교통사고는 「도로교통법」이 정하는 도로에서의 교통사고에 제한되지 않는다.

④ 보행자가 횡단보도 보행신호등의 녹색등화의 점멸신호 전에 횡단을 시작하였는지 여부를 가리지 아니하고 보행신호등의 녹색등화가 점멸하고 있는 동안에 횡단보도를 통행하는 모든 보행자는 횡단보도에서의 보행자 보호의무의 대상이 된다.

해설

교통경찰, 교통사고처리, 판례 −

① (○) 대법원 2008도7143<18승진>

② (×) **교차로에서 적색등화가 켜진 상태에서 우회전을 하다가 신호에 따라 진행하는 다른 차마와 교통 사고를 야기**한 경우 **신호위반으로 볼 수 없다.**[♣신호위반의 책임을 진다.(X)](2011도3970)<18승진>

③ (○) 대판 2004도3600<15・17・18승진・11경간>

④ (○) 2007도9598<18승진>　　　　　　　　　　　　　　　　　　　　　　　　　　　　정답 ②

03 교통사고에 대한 판례의 태도로 가장 적절하지 않은 것은? 〈19경감〉

① 신호위반으로 교통사고를 일으킨 사람이 통고처분을 받아 신호위반의 범칙금을 납부하였다고 하더라 도,「교통사고처리 특례법」상 신호위반으로 인한 업무상과실치상죄로 처벌하는 것이 이중처벌에 해당 한다고 볼 수 없다.

② 교통사고 피해자가 2주간의 치료를 요하는 경미한 상해를 입었다는 사정만으로 사고 당시 피해자를 구호할 필요가 없었다고 단정 지을 수 없다.

③ 음주로 인한 특정범죄가중처벌 등에 관한 법률 위반(위험운전치사상)죄와 도로교통법 위반(음주운전) 죄가 모두 성립하는 경우 두 죄는 실체적 경합관계에 있다.

④「특정범죄 가중처벌 등에 관한 법률」제5조의3 도주차량 운전자의 가중처벌 규정과 관련하여, 차의 교통으로 인한 업무상과실치사상의 사고는「도로교통법」이 정하는 도로에서의 교통사고로 한정된다.

해설

교통경찰, 교통사고처리, 판례 −

① (○) 대법원 2006도4322<11・13・14・17・19승진>

② (○) 2008도1339<19승진>

③ (○) 2008도7143<19승진>

④ (×) 특가법(제5조의3)상의 도주차량죄는 도로교통법상의 **도로에서의 사고에 한정되지 않는다.**[♣도로 에서의 교통사고에 제한하여야(X)](대판 2004도3600)<15・17・18・19승진・11경간>　　　　정답 ④

04 음주운전 또는 교통사고에 대한 판례의 태도로 가장 적절하지 않은 것은? 〈19경위〉

① 아파트 단지 내 통행로가 왕복 4차선의 외부도로와 직접 연결되어 있고, 외부차량의 통행에 제한이 없으며, 별도의 주차관리인이 없다면 「도로교통법」상 도로에 해당한다.

② 교통사고의 결과가 피해자의 구호 및 교통질서의 회복을 위한 조치가 필요한 상황인 이상 교통사고 발생 시의 구호조치의무 및 신고의무는 교통사고를 발생시킨 당해 차량의 운전자에게 그 사고 발생에 있어서 고의·과실 혹은 유책·위법의 유무에 관계없이 부과된 의무라고 해석함이 타당하고, 당해 사고의 발생에 귀책사유가 없는 경우에도 위 의무가 없다고 할 수 없다.

③ 신호위반으로 교통사고를 야기한 자가 통고처분을 받아 신호위반의 범칙금을 납부하였다고 하더라도, 「교통사고처리 특례법」상 신호위반으로 인한 업무상과실치상죄로 처벌하는 것이 이중처벌에 해당한다고 볼 수 없다.

④ 약물 등의 영향으로 정상적으로 운전하지 못할 우려가 있는 상태에서 자동차 등을 운전하였다고 인정하려면, 약물 등의 영향으로 인하여 현실적으로 '정상적으로 운전하지 못할 상태'에 이르러야만 한다.

해설

교통경찰, 교통사고처리, 판례 −

① (○) 대법원 2010도6579〈15·19승진〉

② (○) 대법원 2015도12451〈19승진〉

③ (○) 대법원 2006도4322〈11·13·14·17·19승진〉

④ (×) **判例) 약물 등의 영향으로 정상적으로 운전하지 못할 우려가 있는 상태**에서 자동차등을 운전하였다고 인정하려면, 약물 등의 영향으로 인하여 '정상적으로 운전하지 못할 우려가 있는 상태'에서 운전을 하면 바로 성립하고, **현실적으로 '정상적으로 운전하지 못할 상태'에 이르러야만 하는 것은 아니다.**(위태범)[♣정상적인 운전이 곤란한 상태에 이르러야(X)](2010도11272)〈12·19승진·12채용〉

정답 ④

05 교통법규 위반에 대한 설명 중 옳지 않은 것은? (판례에 의함) 〈19경간〉

① 횡단보도의 신호가 적색인 상태에서 반대차선에 정지 중인 차량 뒤에서 보행자가 건너올 것까지 예상하여 주의의무를 다하여야 한다고 할 수 없다.

② 앞차가 빗길에 미끄러져 비정상적으로 움직일 때는 진로를 예상할 수 없으므로 뒤따라가는 차량의 운전자는 이러한 사태에 대비하여 속도를 줄이고 안전거리를 확보해야 할 주의의무가 있다.

③ 교차로에 교통섬이 설치되고 그 오른쪽으로 직진 차로에서 분리된 우회전 차로가 설치된 경우, 우회전 차로가 아닌 직진 차로를 따라 우회전 하는 행위를 교차로 통행방법을 위반한 것이라 볼 수 없다.

④ '운전면허를 받지 아니하고'라는 법률문언의 통상적 의미에 '운전면허를 받았으나 그 후 운전면허의 효력이 정지된 경우'가 당연히 포함된다 할 수 없다.

해설

교통경찰, 교통사고처리, 판례 −

① (○) 대법원 92도2077〈14승진·15·19경간〉

② (○) 대법원 89도777〈19경간〉

③ (×) **判例)** 교차로에 교통섬이 설치되고 그 오른쪽으로 직진 차로에서 분리된 우회전 차로가 설치되어 있는 경우, **우회전 차로가 아닌 직진 차로를 따라 우회전하는 행위는 교차로 통행방법을 위반한 것이다.**[♣위반한 것이라 볼 수 없다.(X)](대법원 2011도9821)〈19경간·15.2채용〉

④ (○) 대법원 2011도7725〈19경간〉

정답 ③

06 교통사고와 관련된 내용으로 가장 적절하지 않은 것은? (다툼이 있으면 판례에 의함) 〈20경감〉

① 교통사고로 인한 물적 피해가 경미하고 파편이 도로상에 비산되지도 않았다고 하더라도, 가해차량이 즉시 정차하는 등 필요한 조치를 취하지 아니한 채 그대로 도주한 경우에는 「도로교통법」 제54조 제1항 위반죄가 성립한다.

② 보행자가 횡단보도 보행신호등의 녹색등화의 점멸신호 전에 횡단을 시작하였다면, 보행신호등의 녹색등화가 점멸하고 있는 동안에 횡단보도를 통행하고 있다 해도 횡단보도에서의 보행자 보호의무의 대상이 되지 않는다.

③ 교통조사관은 「교통사고조사규칙」에 따라 차대차 사고로서 당사자 간의 과실이 동일한 경우 피해가 경한 당사자를 선순위로 지정한다.

④ 택시 운전자인 甲이 교차로에서 적색등화에 우회전하다가 신호에 따라 진행하던 乙의 승용차를 충격하여 乙에게 상해를 입혔다면, 당해 사고는 「교통사고처리 특례법」 제3조 제2항 단서 제1호에서 정한 '신호위반'으로 인한 사고에 해당하지 아니한다.

해설

교통경찰, 교통사고처리 ㅡ

① (○) 교통형벌법령의 적용, 판례 : 대법원 2009도787〈20승진 · 15.2채용〉

② (✕) 보행자보호의무, **判例** : 보행신호등의 **녹색등화의 점멸신호 전에 횡단을 시작하였는지 여부를 가리지 아니하고** 보행신호등의 **녹색등화가 점멸하고 있는 동안에 횡단보도를 통행하는 모든 보행자는** 도로교통법 제27조 제1항에서 정한 횡단보도에서의 **보행자보호의무의 대상이** 된다.[♣녹색등화의 점멸신호 전에 횡단을 시작하였다면, 보행신호등의 녹색등화가 점멸하고 있는 동안에 횡단보도를 통행하고 있다 해도 횡단보도에서의 보행자 보호의무의 대상이 되지 않는다.(✕)](대법원 2007도9598 판결[교통사고처리특례법위반])〈20승진〉

③ (○) 사고처리, 교통사고조사(교통사고 조사규칙 제20조의4)〈17 · 20승진〉

④ (○) 위반유형에 따른 사고처리(대법원 2011도3970)〈18 · 20승진〉   정답 ②

☞ **전범위 종합문제**

01 도로교통법 및 관련 법령에 따를 때, 다음 설명 중 가장 적절하지 않은 것은? (다툼이 있는 경우 판례에 의함)

〈22.2채용〉

① 운전자가 음주운전으로 교통사고를 야기한 후, 차에서 내려 피해자(진단 3주)에게 '왜 와서 들이받냐' 라는 말을 하고, 교통 사고 조사를 위해 경찰서에 가자는 경찰관의 지시에 순순히 응하여 순찰차에 스스로 탑승하여 경찰서까지 갔을 뿐 아니라 경찰서에서 조사받으면서 사고 당시 상황에 대한 자신의 주장을 정확하게 진술하였다면, 비록 경찰관이 작성한 주취운전자 정황진술보고서에는 '언행상태' 란에 '발음 약간 부정확', '보행 상태'란에 '비틀거림이 없음', '운전자 혈색'란에 '안면 홍조 및 눈 충혈' 이라고 기재되어 있다고 하더라도 음주로 인한 특정 범죄 가중처벌 등에 관한 법률 위반(위험운전치 사상)이 아니라 도로교통법 위반(음주운전)으로 처벌해야 한다.

② 도로교통법 및 관련 법령에는 연습운전면허를 발급받은 사람이 본인에게 귀책사유(歸責事由)가 없는 경우 등 대통령령으로 정하는 경우를 제외하고, 운전 중 고의 또는 과실로 교통사고를 일으키거나 도로교통법이나 동법에 따른 명령 또는 처분을 위반한 경우에 시·도경찰청장은 연습운전면허를 취소하여야 한다고 규정하고 있으므로, 연습운전면허를 받은 사람이 운전을 함에 있어 주행연습 외의 목적으로 운전하여서는 아니된다는 준수사항을 지키지 않았다고 하더라도 무면허운전으로 처벌할 수는 없다.

③ 도로교통법상 도로가 아닌 곳에서 술에 취한 상태에서의 운전은 음주운전으로는 처벌할 수 있지만 운전면허의 정지 또는 취소처분을 부과할 수는 없다.

④ 개인형 이동장치를 타고 신호위반, 중앙선 침범과 진로변경 금지 위반행위를 연달아 하여 다른 사람에게 위협 또는 위해를 가할 뿐 아니라 교통상의 위험을 발생하게 한 운전자에 대해 난폭운전으로 처벌할 수 있다.

해설

교통경찰 ―

① (○) 교통사고처리, 특정범죄가중처벌법, 위험운전치상, **판례** : 대법원 2017도15519판결[특정범죄가중처벌등에 관한 법률위반(위험운전치사상)·도로교통법위반(음주측정거부)]〈22.2채용〉

② (○) 운전면허, 연습면허, **판례** : 대법원 2013도15031 판결[교통사고처리특례법위반·도로교통법위반(음주운전)·도로교통법위반(무면허운전)]〈20경간·22.2채용〉

③ (○) 지도단속사안, 음주운전, **개요** : 면허는 도로에서만 적용되므로 당연히 취소나 정지처분의 경우 도로 이외의 장소에서 위반사항에 대해서는 적용이 없다.〈22.2채용〉

④ (✕) 지도단속사안, **난폭운전** : 자동차등(개인형 이동장치는 제외)의 운전자는 아래 행위(금지행위) 중 **둘 이상의 행위를 연달아 하거나, 하나의 행위를 지속 또는 반복**하여 다른 사람에게 **위협 또는 위해를 가하거나 교통상의 위험을 발생**하게 하여서는 아니 된다.[♣개인형 이동장치를 타고 난폭운전한 경우 처벌할 수 있다.(✕)](도로교통법 제46조의3)〈22.2채용〉 **정답** ④

05 | 공공안녕 정보경찰

제1장 정보경찰 일반

01 「경찰관의 정보수집 및 처리 등에 관한 규정」상 경찰관이 정보 수집을 위해 상시적으로 출입해서는 안되며, 정보활동을 위해 필요한 경우에 한정하여 일시적으로 출입할 수 있는 장소에 포함되지 않는 곳은? ⟨21경간⟩

① 언론·교육·종교·시민사회 단체 등 민간단체
② 민간기업
③ 정당의 사무소
④ 공기업

해설

정보경찰, 근거 −
①②③ (○) 정보수집 등을 위한 출입의 한계(「경찰관의 정보수집 및 처리 등에 관한 규정」제5조)⟨21경간⟩
④ (×) **정보수집 등을 위한 출입의 한계**: 경찰관은 다음 각 호의 장소에 상시적으로 출입해서는 안 되며, 정보활동을 위해 필요한 경우에 한정하여 **일시적으로만 출입해야** 한다.(제5조)⟨21경간⟩
　　1. **언론 · 교육 · 종교 · 시민사회 단체 등 민간단체**
　　2. **민간기업**
　　3. **정당의 사무소**[♣공기업(X)]⟨21경간⟩   정답 ④

02 경찰관 직무집행법 및 경찰관의 정보수집 및 처리 등에 관한 규정(대통령령)상 경찰관이 정보활동을 위해 필요한 경우에 한정하여 일시적으로만 출입이 가능한 곳은 모두 몇 개인가? ⟨22.2채용⟩

㉠ 언론기관	㉡ 종교시설	㉢ 민간기업
㉣ 정당의 사무소	㉤ 시민사회 단체	

① 2개　　　　　　② 3개　　　　　　③ 4개　　　　　　④ 5개

해설

정보경찰일반, 정보경찰의 근거, 경찰관의 정보수집 및 처리 등에 관한 규정(대통령령) −
경찰관은 다음 각 호의 장소에 상시적으로 출입해서는 안 되며, 정보활동을 위해 필요한 경우에 한정하여 **일시적으로만 출입해야** 한다.(제5조)⟨21경간 · 22.2채용⟩
1. **언론 · 교육 · 종교 · 시민사회 단체 등 민간단체**⟨22.2채용⟩
2. **민간기업**⟨22.2채용⟩
3. **정당의 사무소**[♣공기업(X)]⟨21경간 · 22.2채용⟩   정답 ④

03 「경찰관의 정보수집 및 처리 등에 관한 규정」에 대한 설명으로 가장 적절하지 않은 것은? 〈23승진〉

① 경찰관의 정보수집·작성·배포에 있어 정보의 구체적인 범위에는 범죄의 예방과 대응에 필요한 정보가 포함된다.

② 경찰관은 정보를 수집하거나 정보의 수집·작성·배포에 수반되는 사실을 확인하려는 경우에는 상대방에게 자신의 신분을 밝히고 정보수집 또는 사실 확인의 목적을 설명해야 한다.

③ ②의 경우 강제적인 방법을 사용할 수 있다.

④ 범죄의 대응을 위한 정보활동에 현저한 지장을 초래할 우려가 있는 경우에는 ②의 절차를 생략할 수 있다.

해설

정보경찰, 일반, 정보경찰활동의 근거와 한계, '경찰관의 정보수집 및 처리 등에 관한 규정' −

① (○) 수집 정보의 범위('경찰관의 정보수집 및 처리 등에 관한 규정' 제3조)〈19경간·23승진〉

② (○) 절차, 신분공개 및 목적설명('경찰관의 정보수집 및 처리 등에 관한 규정' 제4조 제1항)〈19경간·23승진〉

③ (✕) 절차, **강제력 사용불가**: 경찰관은 법 제8조의2 제1항에 따라 정보를 수집하거나 정보의 수집·작성·배포에 수반되는 사실을 확인하려는 경우에는 상대방에게 자신의 **신분을 밝히고 정보 수집 또는 사실 확인의 목적을 설명해야** 한다. 이 경우 **강제적인 방법을 사용해서는 안 된다.**[♣강제적인 방법을 사용할 수 있다.(✕)](경찰관의 정보수집 및 처리 등에 관한 규정 제4조 제1항)〈19경간·23승진〉

④ (○) 절차, **예외적 신분공개 및 목적설명 생략**: '경찰관의 정보수집 및 처리 등에 관한 규정': **신분공개 및 목적설명 규정**에도 불구하고 다음 각 호의 어느 하나에 해당하는 경우에는 같은 항 전단에서 규정한 절차(신분공개)를 **생략할 수** 있다.(경찰관의 정보수집 및 처리 등에 관한 규정 제4조 제2항)〈23승진〉

    1. **국민의 생명·신체의 안전**이나 국가안보에 긴박한 위험이 발생할 우려가 있는 경우

    2. **범죄의 대응을 위한 정보활동에 현저한 지장을 초래할 우려가 있는 경우**〈23승진〉   **정답** ③

---

04 「경찰관의 정보수집 밍 처리 등에 관한 규정」에 대한 설명으로 가장 적절하지 않은 것은? 〈24승진〉

① 경찰관이 「경찰관 직무집행법」 제8조의2 제1항에 따라 수집·작성·배포할 수 있는 정보의 범위에는 국가중요시설의 안전 및 주요 인사(人士)의 보호에 필요한 정보가 포함된다.

② 경찰관은 정보활동과 관련하여 직무와 무관한 비공식적 직함을 사용하는 행위를 해서는 안 된다.

③ 경찰관은 언론·교육·종교·시민사회 단체 등 민간단체, 지방자치단체, 정당의 사무소에 상시적으로 출입해서는 안 되며 정보활동을 위해 필요한 경우에 한정하여 일시적으로만 출입해야 한다고 규정되어 있다.

④ 경찰관은 명백히 위법한 지시라고 판단되는 경우에는 그 집행을 거부할 수 있다.

정보경찰, 일반 −

① (○) **근거**: 경찰관의 정보수집 및 처리 등에 관한 규정 제3조 제3호<19경간·23·24승진>

② (○) 근거, **금지**: 경찰관의 정보수집 및 처리 등에 관한 규정 제2조 제2항 제6호(대통령령)<24승진>

③ (✕) 근거, '경찰관의 정보수집 및 처리 등에 관한 규정, **정보수집 등을 위한 출입의 한계**: 경찰관은 다음 각 호의 장소에 상시적으로 출입해서는 안 되며, 정보활동을 위해 필요한 경우에 한정하여 **일시적으로만 출입해야** 한다.(제5조)<21경간·22.2채용>

    1. **언론·교육·종교·시민사회 단체 등 민간단체**<22.2채용>

    2. **민간기업**<22.2채용>

    3. **정당의 사무소**[♣공기업(✕), 지방자치단체(✕)]<24승진·21경간·22.2채용>

④ (○) 한계, 법률상 한계(경찰관의 정보수집 및 처리 등에 관한 규정 제8조 제2항)<24승진>   정답 ③

제2장 정보일반

1 정보의 의의

− 정보의 개념

01 정보의 개념에 대한 주요 학자들의 견해 중 가장 적절하게 연결된 것은? 〈13경감〉

① 제프리 리첼슨(Jeffery T. Richelson) − 국가안보 이익을 극대화하고, 실제적 또는 잠재적 적대세력의 위험을 취급하는 정부의 정책수립과 정책의 구현과 연관된 자료

② 에이브럼 슐스키(Abram N. Shulsky) − 외국이나 국외지역과 관련된 제반 첩보자료들을 수집·평가·분석·종합·판단의 과정을 거쳐서 생성된 산출물

③ 마이클 워너(Michael Warner) − 아측에 해악을 끼칠 수 있는 다른 국가나 다양한 적대세력의 영향을 완화시키거나, 그에 영향을 미치거나 또는 단지 그들을 이해하기 위한 노력을 지원하는 비밀스러운 그 무엇

④ 마이클 허만(Michael Herman) − 적국과 그 군대에 대한 제반 첩보

정보경찰, 정보일반론, 정보개념 −

① (✕) 에이브럼 슐스키(Abram N. Shulsky)의 견해

② (✕) 제프리 리첼슨(Jeffery T. Richelson)의 견해

③ (○) 마이클 워너(Michael Warner)

④ (✕) 칼본 클라우제비트(Carl von Clausewitz)의 견해   정답 ③

테마 157 **정보의 특성과 효용**

01 정보경찰활동에 대한 내용으로 옳지 않은 것은? 〈20경간〉

① 첩보와 정보는 구분되며 첩보가 부정확한 견문이나 지식을 포함하는 데 반해 정보는 가공을 통해 객관적으로 평가된 지식이다.

② 정보는 사용목적(대상)에 따라 소극정보와 적극정보로 구분되며 국가안전을 유지하는 경찰기능의 기초가 되는 정보를 소극정보라 한다.

③ 2019년 제정된 「정보경찰 활동규칙」에서는 정보활동의 범위를 범죄정보를 포함한 공공안녕에 대한 위험의 예방 및 대응에 관한 정보로 재편하였다.

④ 「정보경찰 활동규칙」에 따라 정보관이 정보를 수집할 때에는 모든 상황에서 신분을 밝히고 목적을 설명하여야 하며, 임의적인 방법을 사용하여야 한다.

해설

정보경찰, 정보일반론, 정보개념 −

① (○) 정보와 첩보의 비교〈20경간·97·98승진·02채용〉

② (○) 정보의 분류〈06·08·13승진·08·14·15·20경간·14.1·15.1채용〉 /
소극(보안)정보, 의의〈20경간·01·06승진〉

③ (○) 정보활동의 범위: 정보경찰보 활동규칙 제4조 제1호 제7호〈20경간〉

④ (✕) 정보관이 정보를 수집할 때에는 **신분을 밝히고** 정보수집의 **목적을 설명**하여야 하며, **임의적인 방법**을 사용하여야 한다.(정보경찰 활동규칙 제6조 제1항)〈20경간〉

※ 정보관은 국민의 생명·신체의 안전과 국가안보에 긴박한 위험이 발생할 우려가 있는 경우와 범죄정보를 수집하는 경우에는 **신분 밝힘과 목적 설명을 생략할 수 있다.**[♣모든 상황에서 신분을 밝히고(✕)](제2항)〈20경간〉 [정답] ④

테마 158 **정보의 분류**

01 정보를 출처에 따라 분류할 때 그 설명 중 가장 적절한 것은? 〈20경위〉

① 근본출처정보는 정보출처에 대한 별다른 보호조치가 없더라도 상시적으로 정보를 획득할 것으로 기대되는 출처로부터 얻어진 정보이다.

② 비밀출처정보란 정보관이 의도한 정보입수의 시점과는 무관하게 얻어지는 정보이다.

③ 정기출처정보는 정기적으로 정보를 획득할 수 있는 출처로부터 얻은 정보로 일반적으로 우연출처정보에 비해 출처의 신빙성과 내용의 신뢰성 면에서 우위를 점한다고 볼 수 없다.

④ 간접정보란 중간매체가 있는 경우의 정보로 정보관은 이들 매체를 통해 정보를 감지하게 되지만 사실은 그 내용에 해당 매체의 주관이나 편견이 개입될 소지가 있다는 면에서 직접정보에 비해 출처의 신빙성과 내용의 신뢰성이 낮게 평가될 여지가 있다.

해설

정보경찰, 정보일반론, 정보개념 −

① (X) **공개출처 정보** : 정보출처에 대한 **별다른 보호조치가 없더라도 상시적으로 정보를 획득할 것으로 기대되는 출처**로부터 얻어진 정보이다.[♣근본출처정보(X)]<20승진>

② (X) **우연출처정보** : 정보관이 **의도한 정보입수의 시점과는 무관하게 얻어지는 정보**로, 우연히 정보가 제공되는 출처로서 소극적 우연출처와 적극적 우연출처가 있다.[♣비밀출처정보(X)]<01 · 03 · 05 · 07 · 20승진>

③ (X) **정기출처와 우연출처** : 일반적으로 **정기출처정보가** 우연출처정보에 비해 **출처의 신빙성과 내용의 신뢰성 면에서 우위를 점한다**고 볼 수 있다.[♣볼 수 없다.(X)]<20승진>

④ (○) 입수형태에 따른 정보분류<20승진>　　　　　　　　　　　　　　　　　　　　정답 ④

---

02 다음 빈칸에 들어갈 알맞은 단어끼리 짝지은 것은? <14경감 · 17경간>

- (㉠)는 과거와 현재를 바탕으로 하여 미래의 가능성을 예측한 평가정보로서 정책결정자에게 정책의 결정에 필요한 사전적인 지식을 제공하는 기능을 한다.
- (㉡)는 국가안전보장을 위태롭게 하는 간첩활동, 태업 및 전복에 대비할 국가적 취약점의 분석과 판단에 관한 정보를 말한다.

① ㉠ − 판단정보, ㉡ − 적극정보　　　　② ㉠ − 판단정보, ㉡ − 보안정보
③ ㉠ − 현용정보, ㉡ − 소극정보　　　　④ ㉠ − 현용정보, ㉡ − 적극정보

해설

정보경찰, 정보일반론, 정보분류 −

㉠ 판단정보 − 기본정보와 현용정보를 기초로 특정문제를 체계적이고 실증적으로 연구하여(과거와 현재를 바탕으로) **미래에 있을 어떤 상태를 추측 판단한 정보**(일명 '기획정보') − 미래에 대한 예측 · 평가 또는 보고적 유형의 정보<17경간 · 14승진>

㉡ 보안(소극)정보 − **방첩을 위한(간첩활동에 대비한) 국가적 취약점의 분석 · 판단에 필요한 정보**를 의미하며, 자국에 관계되거나 영향을 미치게 될 국내외의 보안사항을 망라[♣적극정보(X)]<17경간>　　정답 ②

2 정보의 순환과정

01 정보요구의 방법 중 첩보기본요소(EEI)에 대한 설명으로 가장 적절하지 않은 것은? 〈19경감〉

① 정보기관의 활동은 주로 첩보기본요소(EEI)에 의한다.

② 사전에 반드시 첩보수집계획서를 작성한다.

③ 전체적인 의미를 가진 일반적인 내용으로 계속적·반복적으로 수집할 사항이다.

④ 우선적으로 필요로 하는 가장 기본적인 사항으로 첩보수집계획서의 핵심이다.

해설

정보경찰, 정보일반론, 정보의 순환과정, 정보의 요구 −

① (X) **정보기관의 활동**: 주로 국가정보목표우선순위(PNIO)에 의한다.[♣EEI(X)]<19승진>

② (○) **EEI**: 첩보수집을 위해서 사전에 **반드시 첩보수집계획서가 필요**하며[♣사전 첩보수집계획서는 작성하지 않음.(X)] 서면요구가 원칙이고, 통상의 첩보수집계획서는 EEI계획서라고 할 수 있다.<19승진·18경간·01채용>

③ (○) **EEI 특징**<99·03·04·19승진·09경간·01·14.2채용>

④ (○) **EEI 의의**<15·19승진>   정답 ①

---

02 다음 설명 중 가장 옳지 않은 것은? 〈18경간〉

① PNIO는 국가정책의 수립자와 수행자의 질문에 대한 응답을 위하여 선정된 우선적인 정보 목표이며, 국가의 전 정보기관활동의 기본방침이고, 특히 경찰청이 정보수집계획을 수립할 때 가장 중요한 지침이 된다.

② EEI는 사전에 반드시 첩보수집요구계획서를 작성하며, 해당부서의 정보활동을 위한 일반지침이 된다.

③ SRI는 어떤 수시적 돌발상황의 해결에 필요한 한도내에서 임시적·단편적·지역적인 특수사건을 단기에 해결하기 위하여 필요한 경우에 요구되는 첩보이다.

④ SRI의 경우 사전 첩보수집계획서가 필요하다.

해설

정보경찰, 정보일반론, 정보의 순환과정, 정보의 요구 −

① (○) PNIO<15승진·18경간·14.2채용>

② (○) EEI<18경간·01채용>

③ (○) SRI<05·07·08·15승진·18경간·01·14.2채용>

④ (X) **SRI**: **수시로** 단편적 사항에 대하여 명령(지시)되는 것이 원칙이며, SRI의 요구형식은 **서면과 구두 모두 가능**하나 구두로 하는 경우가 많고, 사전에 **첩보수집계획서가 필요하지 않다.**[♣필요하다.(X)]<01승진·07·18경간·01채용>   정답 ④

---

03 정보의 순환과정에 대한 설명으로 가장 적절한 것은? 〈21경간〉

① 정보의 순환과정은 첩보의 수집 → 정보의 요구 → 정보의 생산 → 정보의 배포 순이다.
② 첩보수집의 소순환과정은 첩보의 수집계획 → 출처개척 → 획득 → 전달 순이다.
③ 정보요구의 소순환과정은 첩보의 선택 → 기록 → 평가 → 분석 → 종합 → 해석 순이다.
④ 정보생산의 소순환과정은 첩보의 기본요소 결정 → 수집계획서의 작성 → 명령하달 → 사후검토 순이다.

해설

정보경찰, 정보일반론, 정보의 순환과정 −

① (×) **4단계: 첩보가 수집되고 다시 정보로 되기 위해서는** 순환과정을 거쳐야 하며, 정보는 **정보요구 → 첩보수집 → 정보생산 → 정보배포,** 4단계의 순환과정을 거치게 된다(경찰정보이론, 강원준 견해).〈21경간 · 97 · 08승진 · 01채용〉
② (○) 첩보수집의 소순환과정〈21경간〉
③ (×) **정보요구의 소순환과정: 첩보기본요소의 결정 → 첩보수집계획서의 작성 → 첩보수집명령하달 → 사후검토**〈21경간 · 09 · 10승진〉
④ (×) **정보생산의 소순환과정: 선택 → 기록 → 평가 → 분석 → 종합 → 해석**〈21경간 · 09승진〉　정답 ②

테마 159 ▶ 정보의 배포

− 배포 원칙, 배포 수단

01 정보배포 원칙에 관한 설명으로 가장 적절하지 않은 것은? 〈24.1채용〉

① 필요성의 원칙은 알 필요가 있는 대상자에게 정보를 알려야 하고, 알 필요가 없는 대상자에게는 알려서는 안 된다는 것을 의미한다.
② 보안성의 원칙에 따라, 정보가 누설됨으로써 초래될 결과를 예방하기 위한 보안대책을 강구해야 한다.
③ 적시성의 원칙에 따라, 먼저 생산된 정보를 우선적으로 배포한다.
④ 계속성이 원칙은 정보가 필요한 기관에 배포되었다면 그 주제와 관련된 새로운 정보는 그 기관에 계속 배포해 주어야 한다는 것을 의미한다.

해설

정보경찰, 정보의 배포원칙 −

① (○) 필요성〈10승진 · 04 · 24.1채용〉
② (○) 보안성〈10 · 15승진 · 11.2 · 19.2 · 24.1채용〉
③ (×) **적시성: 정보의 배포 순위는** 정보의 생산순서가 아니라 정보의 중요성과 긴급성에 따라 결정된다.[♣먼저 생산된 정보를 우선배포(X)]〈19.2 · 24.1채용〉
④ (○) 계속성〈15 · 20승진 · 11.2 · 19.2 · 24.1채용〉　정답 ③

02 정보의 배포수단에 대한 설명 중 가장 적절하게 연결된 것은? 〈17.1채용〉

> ㉠ 통상 개인적인 대화의 형태로 이루어지며, 질문에 대한 답변이나 토의 형태로 직접 전달하는 방법이다.
> ㉡ 정보사용자 또는 다수 인원에게 신속히 전달하는 경우에 이용되는 방법으로 강연식이나 문답식으로 진행되며, 현용정보의 배포수단으로 많이 이용된다.
> ㉢ 정보분석관이 가장 많이 활용하는 방법으로 정기간행물에 포함시키는 것이 적절하지 못한 긴급한 정보를 전달하는 데 주로 사용되며, 신속성이 중요하다.
> ㉣ 매일 24시간에 걸친 정치, 경제, 사회, 문화 등 제반 정세의 변화를 중점적으로 망라한 보고서로 사전에 고안된 양식에 의해 매일 작성되며, 제한된 범위에서 배포된다.

① ㉠ 비공식적 방법 ㉡ 브리핑   ㉢ 메모 ㉣ 일일정보보고서
② ㉠ 비공식적 방법 ㉡ 브리핑   ㉢ 전신 ㉣ 특별보고서
③ ㉠ 브리핑   ㉡ 비공식적 방법 ㉢ 메모 ㉣ 특별보고서
④ ㉠ 브리핑   ㉡ 비공식적 방법 ㉢ 전신 ㉣ 일일정보보고서

해설

정보경찰, 정보일반론, 정보의 배포 수단 −

㉠ 비공식적 방법 − 통상 개인적인 **대화의 형태로**[♣통상 메모의 형태로(X)] 질문에 대한 답변이나 토의 형태로 직접 전달이 이루어진다.〈17.1채용〉

㉡ 브리핑 − **정보사용자 또는 다수 인원에 대하여** 개인이 정보내용을 **요약하여 구두로 설명**하는 것으로 현용정보가 중심이 된다.[♣매일 24시간에 걸친 정세변화 보고(X)]〈04·08·16승진·17.1채용〉
  ※ 시간을 절약할 수 있어 **현용정보의 배포수단으로 많이 이용**된다.[♣현용정보 배포수단으로 거의 이용되지 않는다.(X)]〈17.1채용〉

㉢ 메모 − 정보분석관이 가장 많이 활용하는 방법이다.[♣전보.... 가장 많이 활용(X)]〈16승진·17.1채용〉 긴급한 경우에 내용을 **요약하여 서면으로 기록을 전달**하는 방법이며, **정기간행물에 적절히 포함시킬 수 없는 긴급한 정보, 즉 현용정보를 전달**하는 데 주로 사용한다.[♣전화(X)] **신속성은 뛰어나고 중요시되**지만 **정확도가 떨어지는 단점**이 있다.〈01·13·16승진·17.1채용〉

㉣ 일일보고서 − 매일 24시간에 걸친 경제·사회·문화 등 제반 정세의 변화를 중점적으로 망라한 보고서[♣브리핑(X)]〈01·03·16승진·17.1채용〉 ※ 대부분 현용정보의 성격을 가지므로 **신속성이 강조**된다. [♣신속성보다 신뢰성 강조(X)] 일일 정보보고서는 **사전에 고안된 양식에 의해 매일 작성**되며 **제한된 범위에서 배포**된다.〈16승진·17.1채용〉
  정답 ①

03 정보의 배포 단계 중 보안조치에 대한 설명으로 가장 적절하지 않은 것은? 〈18경감〉

① 통신보안조치 – 컴퓨터 네트워크에 대한 보안조치는 오늘날 통신보안의 가장 중요한 분야에 해당한다.
② 인사보안조치 – 민감한 정보를 취급할 가능성이 있는 공무원을 채용·관리하는 데 있어서 해당 정보들이 공무원이 될 자 또는 공무원에 의해 유출될 가능성을 차단하는 것을 말한다.
③ 정보의 분류조치 – 주요문서와 같은 정보들을 여러 등급으로 분류하여 각각의 관리방법과 열람자격 등을 규정함으로써 정보의 유출을 막는 일련의 조치를 말한다.
④ 물리적 보안조치 – 문서에 비밀임을 표시하거나 관련 정보나 문서를 열람하는 자격을 제한하는 등의 조치, 관련 문서의 배포범위를 제한하거나 폐기 대상인 문서를 파기하는 등의 관리방법을 말한다.

해설

정보경찰, 정보일반론, 정보의 배포, 보안조치 –
①②③ (○) 정보의 배포, 보안의 원칙<18승진>
④ (✕) **정보의 분류조치**: 문서의 **비밀임을 표시**하거나 관련 정보나 문서를 **열람하는 자격을 제한**하는 등의 조치, 관련 문서의 **배포 범위를 제한**하거나 폐기 대상인 문서를 **파기**하는 등의 관리방법을 말한다.[♣물리적 보안조치(✕)]<18승진>   정답 ④

04 정보의 배포와 관련된 설명으로 ㉠~㉤의 내용 중 옳고 그름의 표시(O, X)가 모두 바르게 된 것은?

〈19.2채용〉

㉠ 정보의 배포란 정보를 필요로 하는 개인이나 기관에게 적합한 내용을 적당한 시기에 제공하는 과정을 말하는 것으로, 적합한 형태를 갖출 필요는 없다.
㉡ 보안성의 원칙은 정보연구 및 판단이 누설되면 정보로서의 가치를 상실할 수 있으므로 이를 예방하기 위해 보안대책을 강구해야 한다는 것을 말한다.
㉢ 계속성의 원칙은 정보가 정보사용자에게 배포되었다면, 그 정보의 내용이 변화되었거나 관련 내용이 추가적으로 입수되었거나 할 경우 계속적으로 사용자에게 배포되어야 한다는 것을 말한다.
㉣ 정보배포의 주된 목적은 정책입안자 또는 정책결정자가 정보를 바탕으로 건전한 정책결정에 이르도록 하는 데 있다.
㉤ 정보는 먼저 생산된 것을 우선적으로 배포하여야 한다.

① ㉠(✕) ㉡(✕) ㉢(○) ㉣(✕) ㉤(○)
② ㉠(✕) ㉡(○) ㉢(○) ㉣(○) ㉤(✕)
③ ㉠(○) ㉡(○) ㉢(✕) ㉣(○) ㉤(○)
④ ㉠(✕) ㉡(○) ㉢(○) ㉣(✕) ㉤(✕)

해설

정보경찰, 정보일반론, 정보의 배포 –
㉠ (✕) **의의**: 정보의 배포란 생산된 정보를 수요기관에 유용한 형태와 내용을 갖추어서 적당한 시기에 제공하는 과정을 말하는 것으로, **적합한 형태를 갖출 필요**가 있다.[♣적합한 형태를 갖출 필요가 없다.(✕)](정보의 배포 (1) / 형식효용)<19.2채용>
㉡ (○) 배포원칙, 보안성<10·15승진·11.2·19.2채용>
㉢ (○) 배포원칙, 계속성<15승진·11.2·19.2채용>
㉣ (○) 목적<19.2채용>
㉤ (✕) **순위**: 정보의 **배포 순위**는 정보의 생산순서가 아니라 **정보의 중요성과 긴급성에 따라 결정**된다.[♣먼저 생산된 정보를 우선 배포(✕)]<19.2채용>   정답 ②

05 정보경찰활동에 대한 설명으로 가장 적절하지 않은 것은? 〈20경감〉

① 관련 문서의 배포범위를 제한하거나 폐기 대상인 문서를 파기하는 등의 관리방법은 물리적 보안조치에 해당한다.

② 정보배포의 원칙으로 필요성, 적당성, 보안성, 적시성, 계속성이 있다.

③ 어떤 수시적 돌발상황의 해결에 필요한 한도 내에서 임시적, 단편적, 지역적 특수사건을 단기에 해결하기 위하여 필요한 경우 요구되는 첩보를 SRI(특별첩보요구)라고 한다.

④ 정보배포의 원칙 중 계속성은 특정 정보가 필요한 정보사용자에게 배포되었다면 그 정보의 내용이 계속 변화되었거나 관련 내용이 추가적으로 입수되었거나 할 경우 정보는 계속적으로 사용자에게 배포되어야 한다는 원칙이다.

해설

정보경찰, 정보일반론 −

① (X) 일반론, 정보의 분류조치 : 문서의 **비밀임을 표시**하거나 관련 정보나 문서를 **열람하는 자격을 제한**하는 등의 조치, 관련 문서의 **배포 범위를 제한**하거나 폐기 대상인 문서를 **파기**하는 등의 관리방법을 말한다.[♣물리적 보안조치(X)]<18 · 20승진>

− **정보의 순환** −

② (○) 정보의 배포원칙<01 · 02 · 05 · 15 · 20승진 · 11.2채용>

③ (○) 특별첩보 요구(SRI)<05 · 07 · 08 · 15 · 20승진 · 18경간 · 01 · 14.2채용>

④ (○) 정보배포의 원칙, 계속성<15 · 20승진 · 11.2 · 19.2채용>　　　　　　　**정답** ①

---

3 정보의 기능

01 정보생산자와 정보사용자의 관계에 있어 정보생산자로부터의 장애요인으로 가장 적절하지 않은 것은? 〈15경위〉

① 다른 정보와의 경쟁　　　　　　　② 편향적 분석의 문제

③ 판단정보의 소외　　　　　　　　④ 적시성의 문제

해설

정보경찰, 정보일반론, 정보의 기능 −

생산자로부터 장애요인 − **편향적 분석의 문제, 적시성의 문제, 적합성의 문제, 판단의 불명확성, 다른 정보와의 경쟁**

③ (X) 판단정보의 소외 → 사용자로부터의 장애 요인　　　　　　　**정답** ③

제3장 정보경찰의 활동

1 첩보수집 및 작성

01 경찰정보활동에 대한 설명으로 가장 적절하지 않은 것은? 〈19경위〉

① '견문'이란 경찰관이 공·사생활을 통하여 보고 들은 국내외의 정치·경제·사회·문화 등 제 분야에 관한 각종 보고자료를 말한다.

② '정보상황보고'란 매일 전국의 사회갈등이나 집회시위 상황을 정리하여 그 다음날 아침에 경찰 내부와 정부 각 기관에 전파하는 보고서이다.

③ '정보판단(대책)서'란 신고된 집회계획 또는 정보관들이 입수한 미신고 집회 개최계획 등을 파악하고 이 중 경찰력을 필요로 하는 중요 집회에 대해 미리 작성하여 경비·수사 등 관련기능에 전파하는 보고서이다.

④ '정책정보보고서'란 정부 정책의 문제점을 파악하고 그 개선책을 보고하는 데 주안점을 두는 정보보고이며, '예방적 상황정보'라고 볼 수 있다.

해설

정보경찰, 활동, 첩보수집 및 작성 −

① (○) 정보보고서 종류<19승진>

② (✕) **중요상황정보**: 매일 전국의 사회갈등이나 집회시위 상황을 정리하여 그 **다음날 아침에 경찰 내부와 정부 각 기관에 전파**하는 보고서를 말한다.[♣정보상황보고(✕)]<19승진·13경간>

정보상황보고: 일반적으로 '**상황속보**' 또는 '**속보**'로 불리며 **사회갈등이나 집단시위상황, 관련 첩보**, 기타 우리나라에서 발생하는 모든 사건, 심지어는 발생이 우려되는 사안까지도 경찰 내부에 전파하고, 필요하다고 판단되는 경우 **경찰 외부에도 전파**하는 시스템으로 운용되고 있다.(상황정보)<16승진>

③ (○) '정보판단(대책)서'<19승진·13경간>

④ (○) '정책정보보고서'<19승진·13경간>   정답 ②

---

02 정보보고서에 대한 설명으로 가장 적절하지 않은 것은? 〈19경감〉

① 견문보고서는 경찰관이 공·사생활을 하면서 보고 들은 정치·경제·사회·문화 등 제 분야에 관한 각종 자료를 수집하여 기술한 보고서를 말한다.

② 정보상황보고서는 매일 전국의 사회갈등이나 집회시위 상황을 정리하여 그 다음날 아침에 경찰 내부와 정부 각 기관에 전파하는 보고서를 말한다.

③ 정책정보보고서는 정부 정책의 문제점을 파악하고 그 개선책을 보고하는 데 주안점을 두는 정보보고이다.

④ 정보판단서는 관련 견문과 자료를 종합, 분석하여 작성한 보고서로서 지휘관으로 하여금 상황에 대한 조치를 요하게 하는 보고서를 말한다.

해설

정보경찰, 활동, 첩보수집 및 작성 −

① (○) 견문보고서 의의<19승진·14경간>

② (✕) **중요상황정보** : 매일 전국의 사회갈등이나 집회시위 상황을 정리하여 그 **다음날 아침에 경찰 내부와 정부 각 기관에 전파**하는 보고서를 말한다.[♣정보상황보고서(X)]<19승진·13경간>

　　　정보상황보고(속보) : 일반적으로 '**상황속보**' 또는 '**속보**'로 불리며 **사회갈등이나 집단시위상황**, **관련** 첩보, 기타 우리나라에서 발생하는 모든 사건, 심지어는 발생이 우려되는 사안까지도 경찰 내부에 전파하고, 필요하다고 판단되는 경우 **경찰 외부에도 전파**하는 시스템으로 운용되고 있다.(상황정보)<16승진>

③ (○) 정책정보보고서<19승진·13경간>

④ (○) 정보판단서<03·19승진·01채용>　　　　　　　　　　　　　　　　　　**정답** ②

테마 160　**신원조사**　　　　　　　　　　　　　　　　　　　　　　　　　**2**

01　「보안업무규정」상 신원조사에 대한 설명으로 가장 적절하지 않은 것은? 〈18.2채용〉

① 신원조사는 경찰청장이 직권으로 하거나 관계 기관의 장의 요청에 따라 한다.

② 공무원 임용 예정자(국가안전보장에 한정된 국가 기밀을 취급하는 직위에 임용될 예정인 사람으로 한정)는 신원조사의 대상이 된다.

③ 해외여행을 위하여 「여권법」에 따른 여권이나 「선원법」에 따른 선원수첩 등 신분증서 또는 「출입국관리법」에 따른 사증 등을 발급받으려는 사람(입국하는 교포를 포함한다)은 신원조사의 대상에서 삭제되었다.

④ 국가정보원장은 신원조사 결과 국가안전보장에 해를 끼칠 정보가 있음이 확인된 사람에 대해서는 관계 기관의 장에게 그 사실을 통보하여야 한다.

해설

정보경찰, 활동, 신원조사 −

① (✕) **목적** : 국가정보원장은 '**국가안전보장에 한정된 국가 기밀을 취급하는 인원**'에 해당하는 사람의 **충성심·신뢰성 등**을 확인하기 위하여 신원조사를 한다.[♣객관성(X)](보안업무규정 제36조 제1항)<19경간·12·17·18승진·13.2채용>

②③ (○) 대상(보안업무규정 제33조 제3항)<17·18승진·12.3·13.2·17.2·18.2채용>

④ (○) 관계기관 통보(보안업무규정 제34조 제1항)<17·18승진·17.2·18.2채용>　　　**정답** ①

02 「보안업무규정」상 신원조사에 대하여 설명한 것이다. 옳은 것을 모두 고른 것은? 〈18경위 · 17.2채용〉

> ⊙ 신원조사는 관계 기관의 장이 직권으로 하거나 국가정보원장의 요청에 따라 한다.
> ⓒ 국가보안시설 · 보호장비를 관리하는 기관 등의 장(해당 국가보안시설 등의 관리업무를 수행하는 소속직원을 포함한다)은 신원 조사의 대상이 된다.
> ⓒ 공무원 임용 예정자와 비밀취급 인가 예정자는 신원조사의 대상이 된다.
> ⓔ 임명할 때 정부의 승인이나 동의가 필요한 공공기관의 임원은 신원조사의 대상이 된다.
> ⑩ 국가정보원장은 신원조사 결과 국가안전보장에 해를 끼칠 정보가 있음이 확인된 사람에 대해서는 관계기관의 장에게 통보할 수 있으며, 통보를 받은 관계 기관의 장은 신원조사 결과에 따라 필요한 보안대책을 마련하여야 한다.

① ⓒⓒ   ② ⊙ⓒⓔ   ③ ⓒⓒⓔ   ④ ⊙ⓒⓔ⑩

해설

정보경찰, 활동, 신원조사 —

⊙ (X) **목적**: 국가정보원장은 '**국가안전보장에 한정된 국가 기밀을 취급하는 인원**'에 해당하는 사람의 **충성심 · 신뢰성 등**을 확인하기 위하여 신원조사를 한다.[♣관계기관장이(X)](보안업무규정 제36조 제1항)〈19경간 · 12 · 17 · 18승진 · 13.2채용〉

ⓒⓒ (○) 신원조사 대상(보안업무규정 제33조 제3항)〈17승진 · 12.3 · 13.2 · 17.2채용〉
1. **공무원임용예정자**[공무원임용예정자는 신원조사 대상 아니다.(X)]〈12.3채용〉
2. **비밀취급인가예정자**
3. 삭제〈13.2채용〉
4. 국가보안시설 · 보호장비를 관리하는 기관 등의 장(해당 국가보안시설 등의 관리 업무를 수행하는 소속 직원을 포함한다)
5. 삭제〈13.2채용〉
6. 그 밖에 다른 법령에서 정하는 사람이나 각급기관의 장이 국가보안상 필요하다고 인정하는 사람
   주의) 훈 · 포장 대상자는 신원조사 대상 아니다.

ⓔ (X) **대상**: 신원조사 대상에서 삭제[♣임명할 때 정부의 승인이나 동의가 필요한 공공기관의 임원(X)](보안업무규정 제33조 제3항)〈17승진 · 12.3 · 13.2 · 17.2채용〉

⑩ (X) **통보 및 보안대책**: 국가정보원장은 신원조사 결과 국가안전보장에 해를 끼칠 정보가 있음이 확인된 사람에 대해서는 관계기관의 장에게 그 사실을 **통보하여야** 한다.[♣통보할 수 있다.(X)](보업규 제34조 제1항)〈17승진 · 17.2채용〉

신원조사 결과를 통보받은 **관계기관의 장**은 신원조사의 결과에 따라 **필요한 보안대책을 마련하여야** 한다.(보업규 제34조 제2항)〈17승진 · 13.2 · 17.2채용〉   정답 ①

03 「보안업무규정」상 신원조사에 대한 설명으로 가장 적절하지 않은 것은? 〈17경감〉

① 국가정보원장은 신원조사 결과 국가안전보장에 해를 끼칠 정보가 있음이 확인된 사람에 대해서는 관계 기관의 장에게 그 사실을 통보하여야 하며, 통보를 받은 관계 기관의 장은 신원조사 결과에 따라 필요한 보안대책을 마련하여야 한다.

② 국가정보원장은 '국가안전보장에 한정된 국가 기밀을 취급하는 인원'에 해당하는 사람의 충성심·신뢰성 등을 확인하기 위하여 신원조사를 한다.

③ 해외여행을 위하여 「여권법」에 따른 여권이나 「선원법」에 따른 선원수첩 등 신분증서 또는 「출입국관리법」에 따른 사증 등을 발급받으려는 사람(입국하는 교포를 포함)은 신원조사의 대상에서 삭제되었다.

④ 국가보안시설·보호장비를 관리하는 기관 등의 장(해당 국가보안시설 등의 관리 업무를 수행하는 소속 직원은 제외한다)은 신원조사의 대상이 된다.

해설

정보경찰, 활동, 신원조사 −

① (○) 통보 및 보안대책(보안업무규정 제37조 제1항 제2항)〈17승진·13.2채용〉

② (○) 목적(보안업무규정 제36조 제1항)〈17·18승진·17.2·18.2채용〉

③ (○) 대상, 삭제(보안업무규정 제36조 제3항)〈17승진·12.3·13.2채용〉

④ (✕) **대상**: 국가보안시설·보호장비를 관리하는 기관 등의 장(해당 국가보안시설 등의 관리 업무를 수행하는 소속 직원을 포함한다.[♣제외한다.(X)])(보안업무규정 제36조 제3항 4호)〈17승진〉　　정답 ④

---

04 「보안업무규정」상 신원조사에 대한 설명으로 가장 적절하지 않은 것은? 〈09·17경위〉

① 국가정보원장은 '국가안전보장에 한정된 국가 기밀을 취급하는 인원'에 해당하는 사람의 충성심·신뢰성 등을 확인하기 위하여 신원조사를 한다.

② 국가정보원장은 신원조사와 관련한 권한의 일부를 국방부장관과 경찰청장에게 위탁할 수 있다.

③ 국가정보원장은 신원조사 결과 국가안전보장에 해를 끼칠 정보가 있음이 확인된 사람에 대해서는 관계기관의 장에게 그 사실을 통보하여야 한다.

④ 위의 "③"에 따라 통보를 받은 관계기관의 장은 신원조사 결과에 따라 필요한 보안대책을 마련할 수 있다.

해설

정보경찰, 활동, 신원조사 −

① (○) 목적(보안업무규정 제36조 제1항)〈17·18승진·17.2·18.2채용〉

② (○) 위탁(보안업무규정 제45조 제1항)〈12경감·14경간〉

③ (○) 결과통보(보안업무규정 제37조 제1항)〈17·18승진·17.2·18.2채용〉

④ (✕) **보안대책**: 신원조사 결과를 통보받은 **관계기관의 장**은 신원조사의 결과에 따라 **필요한 보안대책을 마련하여야** 한다.[♣보안대책을 마련할 수 있다.(X)](보안업무규정 제37조 제2항)〈17·18승진·13.2·17.2채용〉　　정답 ④

---

05 보안업무규정상 신원조사는 국가보안을 위하여 실시한다. 국가보안을 위한 신원조사의 내용이 아닌 것은?

〈19경간〉

① 충성심　　　　　② 성실성　　　　　③ 객관성　　　　　④ 신뢰성

해설

정보경찰, 활동, 신원조사 −

①②④ (○) 내용(목적)(보안업무규정 제36조 제1항)〈19경간·12·17·18승진·13.2채용〉

③ (×) **목적**: 국가정보원장은 '**국가안전보장에 한정된 국가 기밀을 취급하는 인원**'에 해당하는 사람의 **충성심·신뢰성 등**을 확인하기 위하여 신원조사를 한다.[♣객관성(×)](보안업무규정 제36조 제1항) 〈19경간·12·17·18승진·13.2채용〉　　　　　정답 ③

테마 161 **집회 및 시위에 관한 업무**

− 일반

01 「집회 및 시위에 관한 법률」에 대한 설명으로 가장 적절한 것은? 〈17.2채용〉

① '주관자(主管者)'란 자기 이름으로 자기 책임 아래 집회나 시위를 여는 사람이나 단체를 말한다.

② 집회 또는 시위의 주관자는 집회 또는 시위의 질서 유지에 관하여 자신을 보좌하도록 18세 이상의 사람을 질서유지인으로 임명하여야 한다.

③ 주최자는 신고한 옥외집회 또는 시위를 하지 아니하게 된 경우에는 신고서에 적힌 집회 일시 24시간 전에 그 철회사유 등을 적은 철회신고서를 관할 경찰관서장에게 제출하여야 한다.

④ 관할 경찰서장 또는 시·도경찰청장은 신고서를 접수하면 신고자에게 접수 일시를 적은 접수증을 12시간 이내에 내주어야 한다.

해설

정보경찰, 활동, 집회 및 시위에 관한 업무 −

① (×) **주최자**: 자기 **명의로** 자기 책임 아래 집회 또는 시위를 개최하는 **사람 또는 단체**를 의미한다. [♣주관자(×)](제2조 제3호)〈09·13경간·13·14·15.1·16.1·17.2채용〉

② (×) **질서유지인 임명**: 집회 또는 시위의 주최자는 집회 또는 시위의 질서유지에 관하여 자신을 보좌하도록 **18세 이상의 사람을** 질서유지인으로 **임명할 수** 있다.[♣임명하여야(×)](제16조 제2항)〈01·13승진·13경간·12.1·17.2채용〉

③ (○) 철회신고서 제출(「집회 및 시위에 관한 법률」제6조 제3항)〈09경간·05·10·17승진·17.2채용〉

④ (×) **접수증 교부**: (옥외집회·시위는 **허가사항이 아니고 신고사항**이므로), 관할 경찰관서장은 신고서를 접수하면 신고자에게 접수일시를 적은 접수증을 **즉시 내주어야** 한다.[♣미비점 있으면 보완서류를 받은 후 교부(×), ♣접수증을 12시간 이내에 내주어야(×)](「집회 및 시위에 관한 법률」제6조 제2항)〈11.1·13..2·14.1·17.1·2채용〉　　　　　정답 ③

---

02 「집회 및 시위에 관한 법률」상 집회 및 시위에 대한 설명으로 가장 적절하지 않은 것은? (다툼이 있는 경우 판례에 의함) 〈21승진〉

① 「집회 및 시위에 관한 법률」 제2조 제2호가 규정한 '시위'에 해당하려면 '공중이 자유로이 통행할 수 있는 장소'라는 요건을 반드시 충족하여야 한다.

② 외형상 기자회견이라는 형식을 띠었지만, 용산철거를 둘러싸고 철거민의 입장을 옹호하면서 검찰에 수사기록을 공개하라는 내용의 공동 의견을 형성하여 이를 대외적으로 표명할 목적 아래 일시적으로 일정한 장소에 모인 것은 「집회 및 시위에 관한 법률」상 집회에 해당한다.

③ 「집회 및 시위에 관한 법률」은 옥외집회와 시위를 구분하여 개념을 규정하고 있고, 순수한 1인 시위는 동 법의 적용 대상에 해당하지 않는다.

④ 집회가 성립하기 위한 최소한의 인원에 대해 종래의 학계와 실무에서는 2인설과 3인설이 대립하고 있었으나 대법원은 '2인이 모인 집회도 「집회 및 시위에 관한 법률」의 규제대상'이라고 판시한 바 있다.

해설

정보경찰, 활동, 집회 및 시위에 관한 업무 −

① (X) **시위**: 행진의 경우 장소적 제한이 있지만 **위력 또는 기세를 보이는 것은 개념상 장소적 제한이 없다.**[♣'공중이 자유로이 통행할 수 있는 장소'라는 요건을 반드시 충족하여야 한다.(X)](헌재 91헌바14)〈21승진〉

② (O) 집시법상 집회(시위), 판례: 대법원 2011도6301〈21승진〉

③ (O) 1인 시위: 대법원 2010도11381〈21승진〉

④ (O) 집회: 대법원 2010도11381〈21승진〉 　　　　　　　　　　　　　**정답** ①

− 요건, 제한사유

01 집회 및 시위에 대한 설명으로 가장 적절하지 않은 것은? (다툼이 있는 경우 판례에 의함) 〈22승진〉

① 집회참가자들이 망인에 대한 추모의 목적과 그 범위 내에서 이루어지는 노제 등을 위한 이동·행진의 수준을 넘어서서 그 기회를 이용하여 다른 공동의 목적을 가지고 일반인이 자유로이 통행할 수 있는 장소를 행진하거나 위력 또는 기세를 보여, 불특정한 여러 사람의 의견을 영향을 주거나 제압을 하는 행위에까지 나아가는 경우에는, 이미 「집회 및 시위에 관한 법률」 제6조에 따라 사전에 신고서를 관할 경찰서장에게 제출할 것이 요구된다.

② 옥외집회 또는 시위 참가자들이 교통혼잡이 야기되었다고 볼 만한 사정은 없으나 이미 신고한 행진경로를 따라 행진로인 하위 1개 차로에서 약 3시간 30분 동안 이루어진 집회시간 동안 2회에 걸쳐 약 15분 동안 연좌하였다는 사실만으로도 주최행위가 신고한 목적, 일시, 방법 등의 범위를 뚜렷이 벗어나는 경우에 해당한다고 볼 수 있다.

③ 집회란 '특정 또는 불특정 다수인이 공동의 의견을 형성하여 이를 대외적으로 표명할 목적 아래 일시적으로 일정한 장소에 모이는 것'을 말한다.

④ 옥외집회 또는 시위 당시의 구체적인 상황에 비추어 볼 때 옥외집회 또는 시위의 신고사항 미비점이나 신고범위 일탈로 인하여 타인의 법익 기타 공공의 안녕질서에 대하여 직접적인 위험이 초래된 경우에 비로소 그 위험의 방지·제거에 적합한 제한조치를 취할 수 있되, 그 조치는 법령에 의하여 허용되는 범위 내에서 필요한 최소한도에 그쳐야 한다.

해설

정보경찰, 활동, 집회 및 시위에 관한 업무 -

① (○) 신고: 대법원 2011도6294[집회 및 시위에 관한 법률위반]<22승진>
② (✕) **신고: 判例) [하위 1개 차로, 2회, 15분 연좌 → 신고범위 뚜렷이 벗어난 경우(X)]** 신고한 행진 경로를 따라 행진로인 **하위 1개 차로에서 2회에 걸쳐 약 15분 동안 연좌하였다는 사실** 외에 이미 신고한 집회방법의 범위를 벗어난 사항은 없고, 약 3시간 30분 동안 이루어진 집회시간 동안 연좌시간도 약 15분에 불과한 사안에서, 위 옥외집회 등 주최행위가 **신고한 범위를 뚜렷이 벗어나는 경우에 해당하지 아니한다.**[♣신고범위를 뚜렷이 벗어난 경우에 해당한다.(X)](대법원 2009도 10425)<22승진>
③ (○) 집회: 대법원 2008도3014판결<22승진>
④ (○) 신고: 대법원 98다20929판결<22승진>　　　　**정답 ②**

---

02 「집회 및 시위에 관한 법률」 및 동법 시행령상 '질서유지선'에 관한 설명으로 가장 적절하지 않은 것은?
〈23승진〉

① 질서유지선을 경찰관의 경고에도 불구하고 정당한 사유 없이 상당 시간 침범하거나 손괴·은닉·이동 또는 제거하거나 그 밖의 방법으로 그 효용을 해친 자는 6개월 이하의 징역 또는 50만원 이하의 벌금·구류 또는 과료에 처한다.
② 옥외집회 및 시위의 신고를 받은 경찰관서장이 질서유지선을 설정할 때에는 주최자 또는 연락책임자에게 이를 알려야 한다.
③ 질서유지선의 설정 고지는 구두 또는 서면으로 할 수 있다. 다만 집회 또는 시위 장소의 상황에 따라 질서유지선을 새로 설정하거나 변경하는 경우에는 집회 또는 시위의 장소에 있는 경찰공무원이 서면으로 알려야 한다.
④ 옥외집회나 시위의 신고를 받은 관할경찰관서장은 집회 및 시위의 보호와 공공의 질서유지를 위하여 필요하다고 인정하면 최소한의 범위를 정하여 질서유지선을 설정할 수 있다.

해설

정보경찰, 활동, 집회 및 시위에 관한 업무, 여타규율, 질서유지선 -

① (○) 훼손과 처벌(집회 및 시위에 관한 법률 제24조3)<01·06·15·16·23승진·11·17경간·20.1·21.1채용>
② (○) 설정과 고지(집회 및 시위에 관한 법률 제13조 제2항)<17경간·15·16·20·23승진>
③ (✕) **설정과 고지**: 질서유지선의 **설정 고지는 서면으로**[♣구두 또는 서면으로(X)] 하여야 한다. 다만, 집회 또는 시위 장소의 상황에 따라 질서유지선을 **새로 설정하거나 변경하는 경우**에는 집회 또는 시위의 장소에 있는 국가경찰공무원이 **구두로**[♣서면으로(X)] **알릴 수** 있다.(집회 및 시위에 관한 법률 시행령 제13조 제2항)<13·15·16·20·23승진·21.1채용>
④ (○) 설정(집회 및 시위에 관한 법률 제13조 제1항)<17·22경간·03·07·16·19·23승진·21.1채용>　**정답 ③**

03 집회 및 시위에 관한 법률 에 관한 다음 설명 중 가장 적절하지 않은 것은? (다툼이 있는 경우 판례에 의함)

〈22.2채용〉

① 집회의 신고가 경합할 경우, 먼저 신고된 집회의 목적, 장소 및 시간, 참여예정인원, 집회 신고인이 기존에 신고한 집회 건수와 실제로 집회를 개최한 비율 등 먼저 신고된 집회의 실제 개최 가능성 여부와 양 집회의 상반 또는 방해가능성 등 제반 사정을 확인하여 먼저 신고된 집회가 다른 집회의 개최를 봉쇄하기 위한 허위 또는 가장 집회신고에 해당함이 객관적으로 분명해 보이는 경우라도 관할 경찰관서장이 뒤에 신고된 집회에 대하여 금지통고를 했다면, 이러한 금지통고에 위반하여 집회를 개최한 행위는 「집회 및 시위에 관한 법률」에 위배된다.

② 질서유지선이 집회 및 시위의 보호와 공공의 질서유지를 위하여 필요하다고 인정되는 최소한의 범위를 정하여 설정되고 집회 및 시위에 관한 법률 시행령 관련 조항에서 정한 사유에 해당한다면, 집회 또는 시위가 이루어지는 장소 외곽의 경계 지역뿐 아니라 집회 또는 시위의 장소 안에도 설정할 수 있다.

③ 경찰관들이 옥외집회 또는 시위 장소에서 줄지어 서는 등의 방법으로 소위 '사실상 질서유지선'의 역할을 수행한다고 하더라도 이를 가리켜 「집회 및 시위에 관한 법률」에서 정한 질서 유지선이라고 할 수는 없다.

④ 집회·시위 참가자들이 관할 경찰관서에 신고하지 않고 집회를 개최한 경우, 그 옥외집회 또는 시위로 인하여 타인의 법익이나 공공의 안녕질서에 대한 직접적인 위험이 명백하게 초래되지 않은 상황에서 경찰이 '미신고집회'라는 사유로 자진 해산 요청을 한 후, '불법적인 행진시도', '불법 도로 점거로 인한 도로교통법 제68조 제3항 제2호 위반'이라는 사유로 3회에 걸쳐 해산명령을 하였더라도 정당한 해산명령에 해당하지 않는다.

해설

정보경찰, 활동, 집회 및 시위에 관한 업무 -
① (X) 집회·시위의 경합 시 처리문제, 판례 : [가장 집회신고(먼저) → 뒤에 신고집회 금지통고 → 그대로 개최 → 적법] 먼저 신고된 집회가 다른 집회의 개최를 봉쇄하기 위한 허위 또는 가장 집회신고에 해당함이 객관적으로 분명해 보이는 경우에는, 뒤에 신고된 집회에 다른 집회금지 사유가 있는 경우가 아닌 한, 관할경찰관서장이 단지 먼저 신고가 있었다는 이유만으로 뒤에 신고된 집회에 대하여 집회 자체를 금지하는 통고를 하여서는 아니 되고, 설령 이러한 금지통고에 위반하여 집회를 개최하였다고 하더라도 그러한 행위를 「집회 및 시위에 관한 법률」상 금지통고에 위반한 집회개최행위에 해당한다고 보아서는 아니 된다.[♣뒤에 신고된 집회에 대한 금지통고에 위반하여 집회를 개최한 행위는 집회 및 시위에 관한 법률에 위배된다.(X)](대법원 2011도13299 판결 [집회 및 시위에 관한 법률위반])〈22.2채용〉
② (○) 집회·시위 과정의 여타규율, 질서유지선, 판례 : 대법원 2016도19464 판결 [특수공무집행방해치상·특수공무집행방해·일반교통방해·집회 및 시위에 관한 법률위반·모욕])〈22.2채용〉
③ (○) 집회·시위 과정의 여타규율, 질서유지선, 판례 : 대법원 2016도21311 판결〈17경감·22.2채용〉
④ (○) 집회·시위의 해산절차, 판례 : 대법원 2011도6294 판결, 유사판례 - 2009도13846〈12경감·22.2채용〉

정답 ①

04 「집회 및 시위에 관한 법률」상 옥외집회에 대한 설명으로 가장 적절한 것은? (다툼이 있는 경우 판례에 따름)

〈22경간〉

① 대통령 관저, 국회의장 공관, 대법원장 공관, 헌법재판소장 공관, 전직 대통령이 현재 거주하는 사저의 경계 지점으로부터 100미터 이내의 장소에서는 옥외집회 또는 시위가 금지된다.

② 대규모 집회 또는 시위로 확산될 우려가 없는 경우라면 주한 일본대사관의 업무가 없는 휴일인 일요일에 주한일본대사의 숙소로부터 100미터 이내의 장소에서 그 숙소를 대상으로 하지 않고 그 숙소의 기능이나 안녕을 침해할 우려가 없다고 인정된다면 확성기를 사용한 옥외집회가 가능하다.

③ 옥외집회나 시위를 주최하려는 자가 「집회 및 시위에 관한 법률」이 규정하는 각 호의 사항 모두를 적은 신고서를 옥외집회나 시위를 시작하기 720시간 전부터 48시간 전에 관할 경찰서장에게 제출한 경우, 집회 또는 시위의 주최자가 질서유지인을 두고 도로를 행진하는 경우에는 질서유지선을 설정할 수 없다.

④ 주최자가 질서유지인을 두고 부득이 새벽 1시에 집회를 하겠다고 미리 신고한 경우에는 집회의 성격상 부득이하다면 관할 경찰관서장은 질서유지를 위한 조건을 붙여 옥외집회를 허용할 수 있다.

해설

정보경찰, 집회 및 시위관리 −

① (×) 특수장소상 금지, 예외(×) : 대통령 관저(헌법불합치 − 24. 05. 31까지), 국회의장 공관, 대법원장 공관, 헌법재판소장 공관[♣전직 대통령 현주거의 사저(×)](「집회 및 시위에 관한 법률」 제11조 제3호) 〈01 · 02 · 07 · 15 · 17승진 · 14 · 22경간 · 09 · 12.1 · 15.3채용〉

② (○) 특수장소상 금지, 국내 주재 외국의 외교기관이나 외교사절의 숙소. **단서**(집회 및 시위에 관한 법률 제11조 제5호)〈05승진 · 22경간〉

③ (×) 집회 · 시위 과정의 여타규율, **질서유지선 설정** : 집회신고를 받은[♣신고불문(×)] **관할경찰관서장** (경찰서장 또는 시 · 도경찰청장)은 집회 · 시위의 보호와 공공의 질서유지를 위하여 **필요하다고 인정하면 최소한의 범위**를[♣최대한의 범위(×)] 정하여 **질서유지선을 설정할 수 있다.**[♣모든 집회 반드시(×), ♣적법하게 신고했거나, 질서유지인을 둔 경우 설정할 수 없다.(×)](제13조 제1항)〈17 · 22경간 · 03 · 07 · 16 · 19승진 · 21.1채용〉

④ (×) **시간상 제한**: [위헌의견 5인]...결국 야간옥외집회에 관한 일반적 금지를 규정한 집회 및 시위에 관한 법률 제10조 본문과 관할 경찰서장에 의한 예외적 허용을 규정한 단서는 그 전체로서 야간**옥외집회**에 대한 허가를 규정한 것으로, 이는 **집회의 사전허가제를 금지한 헌법 제21조 제1항에 정면으로 위반**된다.(2008헌가25) → 위헌판결로 허가 대상이 아니다.   정답 ②

– 절차

01 「집회 및 시위에 관한 법률」에 대한 설명으로 가장 적절한 것은? 〈18경위 · 17.1채용〉

① 옥외집회나 시위를 주최하려는 자는 신고서를 옥외집회나 시위를 시작하기 720시간 전부터 24시간 전에 관할 경찰서장에게 제출하여야 한다.

② 옥외집회 또는 시위 장소가 두 곳 이상의 경찰서의 관할에 속하는 경우에는 관할 시 · 도경찰청장에게 신고서를 제출하여야 하고, 두 곳 이상의 시 · 도경찰청 관할에 속하는 경우에는 주최지를 관할하는 시 · 도경찰청장에게 신고서를 제출하여야 한다.

③ 관할 경찰서장 또는 시 · 도경찰청장은 「집회 및 시위에 관한 법률」 제6조 제1항에 따른 신고서를 접수하면 신고자에게 접수 일시를 적은 접수증을 48시간 이내에 내주어야 한다.

④ 관할경찰관서장은 신고서의 기재 사항에 미비한 점을 발견하면 접수증을 교부한 때부터 24시간 이내에 주최자에게 12시간을 기한으로 그 기재 사항을 보완할 것을 통고할 수 있다.

해설

정보경찰, 집회 및 시위관리 –

① (✕) **신고서 제출기간**: 옥외집회 · 시위의 '720시간 전부터 **48시간 전에**'[♣24시간 전(X)] 관할경찰서장에게 신고서를 제출하여야 한다.(∴**신고할 수 있는 '집회의 최장기간' → 29일**)(제6조 제1항)〈14 · 15경간 · 17승진 · 09 · 10 · 11 · 12 · 16.2 · 17.1채용〉

② (○) 신고서 제출기관(집회 및 시위에 관한 법률 제6조 제1항 단서)〈14.1 · 17.1채용〉

③ (✕) **접수증교부**: (옥외집회 · 시위는 **허가사항이 아니고 신고사항**이므로), 관할 경찰서장은 신고서를 접수하면 신고자에게 접수일시를 적은 접수증을 **즉시 내주어야** 한다.[♣접수증을 48시간 이내에 내주어야(X)](「집회 및 시위에 관한 법률」 제6조 제2항)〈11.1 · 13.2 · 14.1 · 17.1채용〉

④ (✕) **보완통고**: 신고를 접수한 경찰관서장은 신고서에 미비점을 발견하면 **접수증을 교부한 때로부터 12시간 이내에 (송달 시로부터) 24시간을 기한**으로 그 기재사항을 보완할 것을 **통고할 수** 있다. [♣24시간 이내에 12시간을 기한으로(X)](제7조 제1항)〈12 · 14 · 17승진 · 13경간 · 09 · 11 · 12 · 13 · 14 · 15.1 · 2 · 17.1채용〉

정답 ②

---

02 「집회 및 시위에 관한 법률」에 대한 설명으로 가장 적절한 것은? (다툼이 있는 경우 판례에 의함) 〈18경감〉

① 甲단체가 A공원(전북군산경찰서 관할)에서 옥외집회를 갖고, B광장(충남서산경찰서 관할)까지 행진을 하려는 경우 甲단체의 대표자이자 주최자인 乙은 경찰청장에게 집회신고서를 제출하여야 한다.

② 경찰서장은 집회신고에 대해 집회신고서의 형식적인 미비점뿐만 아니라 내용에 대해서도 보완통고를 할 수 있다.

③ 주최자는 신고한 옥외집회 또는 시위를 하지 아니하게 된 경우에는 신고서에 적힌 집회 일시 24시간 전에 관할경찰관서장에게 철회신고서를 제출하여야 한다.

④ 정당한 사유 없이 철회신고서를 관할경찰관서장에게 제출하지 아니한 모든 옥외집회 또는 시위의 주최자에 대해서는 100만원 이하의 과태료를 부과한다.

정보경찰, 집회 및 시위관리 −

① (✕) **신고서 제출기관**: 옥외집회 또는 시위 장소가 **두 곳 이상의 경찰서의 관할**에 속하는 경우에는 **관할하는 시 · 도경찰청장**[♣경찰청장(X)]**에게** 제출하여야 한다.(제6조 제1항 단서)<18승진 · 12 · 17.1 채용>

② (✕) **금지통고, 판단**: 보완통고 불이행을 이유로 하는 금지 통고의 경우에는 경찰관서장이 집회의 실질적인 내용에까지 들어가 그 위법여부를 판단하여 금지통고의 여부를 결정해서는 안 된다. [♣형식적인 미비점뿐만 아니라 내용에 대해서도 보완통고를 할 수 있다.(X)](서울고등법원 98누11290 [시위금지통고처분취소])<18승진>

③ (○) 철회신고서 제출(「집회 및 시위에 관한 법률」 제6조 제3항)<09경간 · 05 · 10 · 17 · 18승진 · 17.2채용>

④ (✕) **철회신고서 제출의무 위반**: **먼저 신고된 옥외집회 또는 시위의 주최자가**[♣모든 옥외집회 또는 시위의 주최자(X)] 정당한 사유 없이 철회신고서 제출의무(제6조제3항)에 위반한 경우에는 100만원 이하의 과태료를 부과한다.(제26조 제1항)<18승진>　　　　　　　　　　　　　　　　　　　　　　　　　 정답 ③

---

03 「집회 및 시위에 관한 법률」에 대한 설명으로 가장 적절한 것은? <19경위>

① 옥외집회나 시위를 주최하려는 자는 신고서를 옥외집회나 시위를 시작하기 720시간 전부터 24시간 전에 관할 경찰서장에게 제출하여야 한다. 다만, 옥외집회 또는 시위 장소가 두 곳 이상의 경찰서의 관할에 속하는 경우에는 관할 시 · 도경찰청장에게 제출하여야 하고, 두 곳 이상의 시 · 도경찰청 관할에 속하는 경우에는 주최지를 관할하는 시 · 도경찰청장에게 제출하여야 한다.

② 관할 경찰서장 또는 시 · 도경찰청장은 「집회 및 시위에 관한 법률」 제6조 제1항에 따른 신고서를 접수하면 신고자에게 접수 일시를 적은 접수증을 12시간 이내에 내주어야 한다.

③ 관할경찰관서장은 신고서의 기재 사항에 미비한 점을 발견하면 접수증을 교부한 때부터 12시간 이내에 주최자에게 24시간을 기한으로 그 기재 사항을 보완할 것을 통고할 수 있다.

④ 주최자는 신고한 옥외집회 또는 시위를 하지 아니하게 된 경우에는 신고서에 적힌 집회 일시 12시간 전에 그 철회사유 등을 적은 철회신고서를 관할경찰관서장에게 제출하여야 한다.

정보경찰, 집회 및 시위관리 −

① (✕) **신고기간**: 옥외집회 · 시위의 '**720시간 전부터 48시간 전에**'[♣24시간 전(X)] 관할경찰서장에게 신고서를 제출하여야 한다.(∴ **신고할 수 있는 '집회의 최장기간' → 29일**)(제6조 제1항)<14 · 15경간 · 17 · 18 · 19승진 · 09 · 10 · 11 · 12 · 16.2 · 17.1채용>

② (✕) **접수증교부**: (옥외집회 · 시위는 **허가사항이 아니고 신고사항**이므로), 관할 경찰관서장은 신고서를 접수하면 신고자에게 접수일시를 적은 접수증을 **즉시 내주어야** 한다.[♣접수증을 12시간 이내에 내주어야(X)](「집회 및 시위에 관한 법률」 제6조 제2항)<19승진 · 11.1 · 13.2 · 14.1 · 17.1 · 2채용>

③ (○) 보완통고(제7조 제1항)<12 · 14 · 17 · 18 · 19승진 · 13경간 · 09 · 11 · 12 · 13 · 14 · 15.1 · 2 · 17.1채용>

④ (✕) **철회신고서 제출**: 집회 · 시위의 주최자가 **신고한 옥외집회 또는 시위를 하지 아니할 경우**에는 신고서에 기재된 집회일시 **24시간 전**에 그 철회사유 등을 적은 **철회 신고서를 관할 경찰관서장에게 제출하여야** 한다.[♣12시간 전에(X)](제6조 제3항)<09경간 · 05 · 10 · 17 · 18 · 19승진 · 17.2채용>　　　　　　　　 정답 ③

---

04 「집회 및 시위에 관한 법률」상 제한·금지·보완통고에 대한 설명으로 가장 적절하지 않은 것은? 〈21승진〉

① 관할경찰관서장은 「집회 및 시위에 관한 법률」 제8조 제5항 각호의 어느 하나에 해당하는 경우로서 거주자나 관리자가 시설이나 장소의 보호를 요청하는 경우에는 집회나 시위의 금지 또는 제한을 통고할 수 있으며, 제한 통고의 경우 시한에 대한 규정은 없다.

② 관할경찰관서장은 금지 사유에 해당하는 집회 및 시위의 경우에 신고서를 접수한 때로부터 48시간 이내에 금지통고를 할 수 있다.

③ 관할경찰관서장은 「집회 및 시위에 관한 법률」 제6조 제1항에 따른 신고서의 기재사항에 미비한 점을 발견하면 접수증을 교부한 때로부터 12시간 이내에 주최자에게 24시간을 기한으로 그 기재사항을 보완할 것을 통고할 수 있다.

④ 보완통고는 보완할 사항을 분명히 밝혀 서면 또는 문자 메시지(SMS)로 주최자 또는 연락책임자에게 전달하여야 한다.

해설

정보경찰, 집회 및 시위관리 －
① (○) 금지·제한통고(「집회 및 시위에 관한 법률」 제8조 제5항)〈11경간·21승진·11.2채용〉
② (○) 금지통고(「집회 및 시위에 관한 법률」 제8조 제1항)〈14경간·21승진〉
③ (○) 보완통고(「집회 및 시위에 관한 법률」 제7조 제1항)〈18·19·20·21승진·13경간·2·17.1·19.1·20.1채용〉
④ (✕) 보완통고, **송달**: 보완통고는 보완할 사항을 분명히 밝혀 **서면으로 주최자 또는 연락책임자에게 송달하여야** 한다.[♣서면 또는 구두로(X), ♣문자메시지로(SMS)(X)](집회 및 시위에 관한 법률 제7조 제2항)〈20·21승진〉   정답 ④

05 「집회 및 시위에 관한 법률」에 대한 설명으로 가장 적절하지 않은 것은? 〈20경감〉

① 옥외집회와 시위의 장소가 두 곳 이상의 시·도경찰청의 관할에 속하는 경우 주최지를 관할하는 시·도경찰청장에게 집회신고서를 제출해야 한다.

② 관할경찰관서장은 신고서의 기재 사항에 미비한 점을 발견하면 접수증을 교부한 때부터 12시간 이내에 주최자에게 24시간을 기한으로 그 기재 사항을 보완할 것을 통고할 수 있다.

③ 주최자는 신고한 옥외집회 또는 시위를 하지 아니하게 된 경우에는 신고서에 적힌 집회 일시 12시간 전에 관할경찰관서장에게 철회신고서를 제출해야 한다.

④ 옥외집회나 시위를 주최하려는 자는 신고서를 옥외집회나 시위를 시작하기 720시간 전부터 48시간 전에 관할 경찰서장에게 제출해야 한다.

해설

정보경찰, 집회 및 시위관리, 절차 －
① (○) 신고서 제출기관(집회 및 시위에 관한 법률 제6조 제1항 단서)〈20승진·14.1·17.1·18.3채용〉
② (○) 보완통고(집회 및 시위에 관한 법률 제7조 제1항)〈18·19·20승진·13경간....13·14·15.1·2·17.1·19.1채용〉
③ (✕) **철회신고서**: 집회·시위의 주최자가 **신고한 옥외집회 또는 시위를 하지 아니할 경우**에는 신고서에 기재된 집회일시 **24시간 전**에 그 철회사유 등을 적은 **철회 신고서를 관할 경찰관서장에게 제출하여야** 한다.[♣12시간 전에(X)](제6조 제3항)〈09경간·05·10·17·18·19·20승진·17.2채용〉
④ (○) 신고서 제출(집회 및 시위에 관한 법률 제6조 제1항)〈14·15경간·17·18·19·20승진·09·10·11·12·16.2·17.1채용〉   정답 ③

06 「집회 및 시위에 관한 법률」상 집회신고에 관한 설명이다. ㉠부터 ㉤까지의 숫자가 순서대로 바르게 나열된 것은? 〈17경감〉

> ㉮ 옥외집회나 시위를 주최하려는 자는 목적, 일시, 장소, 주최자·연락책임자·질서유지인(주소, 성명, 직업, 연락처), 참가 예정인 단체와 인원, 시위의 경우 그 방법 등의 기재사항 모두를 적은 신고서를 옥외집회나 시위를 시작하기 (㉠)시간 전부터 (㉡)시간 전에 관할 경찰서장에게 제출하여야 한다.
> ㉯ 주최자는 ㉮에 따라 신고한 옥외집회 또는 시위를 하지 아니하게 된 경우에는 신고서에 적힌 집회 일시 (㉢)시간 전에 그 철회사유 등을 적은 철회신고서를 관할경찰관서장에게 제출하여야 한다.
> ㉰ 관할경찰관서장은 ㉮에 따른 신고서의 기재 사항에 미비한 점을 발견하면 접수증을 교부한 때부터 (㉣)시간 이내에 주최자에게 (㉤)시간을 기한으로 그 기재 사항을 보완할 것을 통고할 수 있다.

① ㉠ 720 ㉡ 36 ㉢ 24 ㉣ 12 ㉤ 24
② ㉠ 720 ㉡ 48 ㉢ 24 ㉣ 12 ㉤ 24
③ ㉠ 720 ㉡ 36 ㉢ 12 ㉣ 24 ㉤ 12
④ ㉠ 720 ㉡ 48 ㉢ 12 ㉣ 24 ㉤ 12

해설

정보경찰, 집회 및 시위관리 −

㉮ 신고서 제출: 옥외집회나 시위를 주최하려는 자는 목적, 일시, 장소, 주최자·연락책임자·질서유지인(주소, 성명, 직업, 연락처), 참가 예정인 단체와 인원, 시위의 경우 그 방법 등의 기재사항 모두를 적은 신고서를 옥외집회나 시위를 시작하기 (**720**)시간 **전부터** (**48**)시간 **전에** 관할 경찰서장에게 제출하여야 한다.(「집회 및 시위에 관한 법률」 제6조 제1항)〈14·15경간·17승진·09·10·11·12·16.2채용〉

㉯ 철회신고서 제출: 주최자는 ㉮에 따라 **신고한 옥외집회 또는 시위를 하지 아니하게 된 경우**에는 신고서에 적힌 집회 일시 (**24**)시간 **전에** 그 철회사유 등을 적은 철회신고서를 관할경찰관서장에게 제출하여야 한다.(「집회 및 시위에 관한 법률」 제6조 제3항)〈05·10·17승진·09경간〉

㉰ 보완통고: 관할경찰관서장은 ㉮에 따른 신고서의 기재 사항에 미비한 점을 발견하면 접수증을 교부한 때부터 (**12**)시간 **이내에** 주최자에게 (**24**)시간을 **기한으로** 그 기재 사항을 보완할 것을 통고할 수 있다.(「집회 및 시위에 관한 법률」 제7조 제1항)〈12·14·17승진·13경간·09·11·12·13·14·15.1·2채용〉

정답 ②

07 「집회 및 시위에 관한 법률」에 대한 설명으로 가장 적절하지 않은 것은? 〈24승진〉

① 관할 경찰관서장은 옥외집회 및 시위의 신고서를 접수하면 신고자에게 접수 일시를 적은 접수증을 즉시 내주어야 한다.

② 주최자는 신고한 옥외집회 또는 시위를 하지 아니하게 된 경우에는 신고서에 적힌 집회 일시 24시간 전에 그 철회사유 등을 적은 철회신고서를 관할 경찰관서장에게 제출하여야 한다.

③ 관할 경찰관서장은 신고서의 기재 사항에 미비한 점을 발견하면 접수증을 교부한 때부터 12시간 이내에 주최자에게 24시간을 기한으로 그 기재 사항을 보완할 것을 통고할 수 있다.

④ 관할 경찰관서장이 신고서의 보완 통고를 할 때에는 보완할 사항을 분명히 밝혀 서면 또는 구두로 주최자 또는 연락책임자에게 통보해야 한다.

해설 ────────────────────────────

정보경찰, 집회 및 시위관리, 절차 ─

① (○) 신고의 세부절차, **접수증의 교부**(집회 및 시위에 관한 법률 제6조 제2항)〈19 · 24승진 · 11.1 · 13..2 · 14.1 · 17.1 · 2채용〉

② (○) 신고의 세부절차, 집회 · 시위의 경합 시 처리문제, **철회신고서 제출의무**(제6조 제3항)〈09경간 · 17 · 18 · 19 · 20 · 24승진 · 17.2 · 20.2채용〉

③ (○) 보완통고절차(제7조 제1항)〈...17 · 18 · 19 · 20 · 21 · 24승진 · 13경간....13 · 14 · 15.1 · 2 · 17.1 · 19.1 · 20.1 · 23.2채용〉

④ (×) 보완통고절차 : 보완 통고는 보완할 사항을 분명히 밝혀 **서면**으로 **주최자 또는 연락책임자에게 송달하여야** 한다.[♣서면 또는 구두로(X), ♣문자메시지로(SMS)(X)](제7조 제2항)〈20 · 21 · 24승진〉

정답 ④

- 준수사항, 여타규율

01 「집회 및 시위에 관한 법률」상 주최자와 질서유지인의 준수 사항에 대한 설명으로 가장 적절하지 않은 것은?

〈21경간 · 18.3채용〉

① 집회 또는 시위의 주최자는 집회 또는 시위의 질서 유지에 관하여 자신을 보좌하도록 18세 이상의 사람을 질서유지인으로 임명하여야 한다.

② 집회 또는 시위의 주최자는 질서를 유지할 수 없으면 그 집회 또는 시위의 종결을 선언하여야 한다.

③ 질서유지인은 참가자 등이 질서 유지인임을 쉽게 알아볼 수 있도록 완장, 모자, 어깨띠, 상의 등을 착용하여야 한다.

④ 관할경찰관서장은 집회 또는 시위의 주최자와 협의하여 질서 유지인의 수를 적절하게 조정할 수 있다.

해설 ────────────────────────────

정보경찰, 집회 및 시위관리 ─

① (×) **질서유지인** : 주최자는 **18세 이상**의 사람을 질서유지인으로 **임명할 수 있다**.[♣임명하여야(X)](「집회 및 시위에 관한 법률」 제16조 제2항)〈01 · 13승진 · 13 · 21경간 · 12.1 · 17.2채용〉

② (○) 주최측 준수사항, 종결선언의무(「집회 및 시위에 관한 법률」 제16조 제3항)〈21경간 · 18.3채용〉

③ (○) 주최측 준수사항, 질서유지인(「집회 및 시위에 관한 법률」 제17조 제3항)〈21경간〉

④ (○) 주최측 준수사항, 질서유지인(「집회 및 시위에 관한 법률」 제17조 제4항)〈21경간〉

정답 ①

02 「집회 및 시위에 관한 법률」 및 동법 시행령에 대한 설명 중 가장 적절한 것은? ⟨20경위⟩

① 관할경찰관서장은 「집회 및 시위에 관한 법률」 제6조 제1항에 따른 신고서의 기재 사항에 미비한 점을 발견하면 접수증을 교부한 때부터 12시간 이내에 주최자 또는 질서유지인에게 24시간을 기한으로 그 기재 사항을 보완할 것을 통고할 수 있다.

② 위 ①에 따른 보완통고는 보완할 사항을 분명히 밝혀 서면 또는 구두로 주최자 또는 연락책임자에게 송달하여야 한다.

③ 「집회 및 시위에 관한 법률」 제6조 제1항에 따른 신고를 받은 관할경찰관서장이 집회 및 시위의 보호와 공공의 질서 유지를 위하여 필요하다고 인정하여 질서유지선을 설정할 때에는 주최자 또는 연락책임자에게 이를 알려야 한다.

④ 집회 또는 시위 장소의 상황에 따라 질서유지선을 새로 설정하거나 변경하는 경우 서면으로 통지해야 한다.

해설

정보경찰, 집회 및 시위관리 −

① (✕) **보완통고**: 신고를 접수한 **경찰관서장은** 신고서에 미비점을 발견하면 **접수증을 교부한 때로**부터 **12시간 이내에 주최자에게 24시간을 기한으로** 그 기재사항을 보완할 것을 **통고할 수** 있다.[♣질서유지인에게(✕)](제7조 제1항)⟨...17 · 18 · 19 · 20승진 · 13경간....13 · 14 · 15.1 · 2 · 17.1 · 19.1채용⟩

② (✕) **보완통고 송달**: 보완통고는 보완할 사항을 분명히 밝혀 **서면으로 주최자 또는 연락책임자에게 송달하여야** 한다.[♣서면 또는 구두로(✕)](제7조 제2항)⟨20승진⟩

③ (○) 질서유지선 설정, 고지(「집회 및 시위에 관한 법률」 제13조 제2항)⟨17경간 · 15 · 16 · 20승진⟩

④ (✕) **질서유지선 변경 등**: 질서유지선의 **설정 고지는 서면으로** 하여야 한다. 다만, 집회 또는 시위 장소의 상황에 따라 질서유지선을 **새로 설정하거나 변경하는 경우**에는 집회 또는 시위의 장소에 있는 국가경찰공무원이 **구두로 알릴 수** 있다.[♣변경할 수 없다.(✕), ♣서면으로 하여야(✕)](시행령 제13조 제2항)⟨13 · 15 · 16 · 20승진⟩

정답 ③

---

03 「집회 및 시위에 관한 법률」 및 「집회 및 시위에 관한 법률 시행령」상 질서유지선에 대한 설명으로 가장 적절한 것은? ⟨21.1채용⟩

① 관할 경찰관서장은 집회 및 시위의 보호와 공공의 질서 유지를 위하여 집회 · 시위의 행진로를 확보하거나 이를 위한 임시횡단보도를 설치할 필요가 있을 경우에는 「집회 및 시위에 관한 법률」 제13조 제1항에 따라 질서유지선을 설정할 수 있다.

② 경찰관서장이 질서유지선을 설정할 때에는 주최자 또는 연락책임자에게 이를 서면으로 고지하여야 하며, 이러한 과정을 통해 설정 · 고지된 질서유지선은 추후에 변경할 수 없다.

③ 옥외집회 및 시위의 신고를 받은 관할 경찰관서장은 집회 및 시위의 보호와 공공의 질서 유지를 위하여 필요하다고 인정하면 최대한의 범위를 정하여 질서유지선을 설정할 수 있다.

④ 「집회 및 시위에 관한 법률」 제13조에 따라 설정한 질서유지선을 경찰관의 경고에도 불구하고 정당한 사유 없이 상당 시간 침범하거나 손괴 · 은닉 · 이동 또는 제거하거나 그 밖의 방법으로 그 효용을 해친 자는 6개월 이하의 징역 또는 500만원 이하의 벌금 · 구류 또는 과료에 처한다.

해설

정보경찰, 집회 및 시위관리, 질서유지선 −

① (○) 설정(집회 및 시위에 관한 법률 제13조 제1항)<17경간 · 03 · 07 · 16 · 19승진 · 21.1채용>

② (X) 설정 · 고지, **방법** : 질서유지선의 **설정 · 고지는 서면으로** 하여야 한다. 다만, 집회 또는 시위 장소의 상황에 따라 질서유지선을 **새로 설정하거나 변경하는 경우**에는 집회 또는 시위의 장소에 있는 국가경찰공무원이 **구두로 알릴 수** 있다.[♣변경할 수 없다.(X)](집회 및 시위에 관한 법률 시행령 제13조 제2항)<13 · 15 · 16 · 20승진 · 21.1채용>

③ (X) 설정**방법(비례의 원칙)** : 집회신고를 받은 **관할경찰관서장**(경찰서장 또는 시 · 도경찰청장)은 집회 · 시위의 보호와 공공의 질서유지를 위하여 필요하다고 인정하면 **최소한의 범위**를[♣최대한의 범위(X)] 정하여 **질서유지선을 설정할 수** 있다.(집회 및 시위에 관한 법률 제13조 제1항)<17경간 · 03 · 07 · 16 · 19승진 · 21.1채용>

④ (X) 훼손, **벌칙** : 질서유지선을 경찰관의 경고에도 불구하고 정당한 사유 없이 상당시간 침범하거나 손괴 · 은닉 · 이동 또는 제거하거나 그 밖의 방법으로 그 효용을 해친 자는 **6개월 이하의 징역 또는 50만 원 이하의 벌금 · 구류 또는 과료에** 처한다.[♣500만원 이하(X)](집회 및 시위에 관한 법률 제24조3)<01 · 06 · 15 · 16승진 · 11 · 17경간 · 20.1 · 21.1채용>   정답 ①

04 「집회 및 시위에 관한 법률」에 대한 설명으로 가장 적절한 것은? 〈20.1채용〉

① 적법한 절차에 따라 설정한 질서유지선을 경찰관의 경고에도 불구하고 정당한 사유 없이 상당 시간 침범하거나 손괴 은닉 이동 또는 제거하거나 그 밖의 방법으로 그 효용을 해친 자는 6개월 이하의 징역 또는 50만원 이하의 벌금 구류 또는 과료에 처한다.

② 옥외집회 또는 시위 장소가 두 곳 이상의 경찰서의 관할에 속하는 경우에는 주최지를 관할하는 경찰서장에게 신고서를 제출하여야 한다.

③ 관할경찰서장은 신고서의 기재 사항에 미비한 점을 발견하면 접수증을 교부한 때부터 12시간 이내에 주최자에게 24시간을 기한으로 그 기재 사항을 보완할 것을 통고하여야 한다.

④ "주관자"란 자기 이름으로 자기 책임 아래 집회나 시위를 여는 사람이나 단체를 말한다. 주관자는 주최자를 따로 두어 집회 또는 시위의 실행을 맡아 관리하도록 위임할 수 있다.

해설

정보경찰, 집회 및 시위관리 −

① (○) 질서유지선 침범 등, 벌칙<01 · 06 · 15 · 16승진 · 11 · 17경간 · 20.1채용>

② (X) **신고서 제출기관** : 옥외집회 또는 시위 장소가 **두 곳 이상의 경찰서의 관할**에 속하는 경우에는 **관할하는 시 · 도경찰청장**[♣경찰서장(X)]**에게** 제출하여야 한다.(제6조 제1항 단서)<18승진 · 12 · 17.1 · 20.1채용>

③ (X) **보완통고** : 신고를 접수한 **경찰관서장**은 신고서에 미비점을 발견하면 **접수증을 교부한 때로부터 12시간 이내에 주최자에게 24시간을 기한**으로 그 기재사항을 보완할 것을 **통고할 수** 있다.[♣하여야 한다.(X)](제7조 제1항)<...17 · 18 · 19 · 20승진 · 13경간...13 · 14 · 15.1 · 2 · 17.1 · 19.1 · 20.1채용>

④ (X) **주최자** : **자기 이름으로** 자기 책임 아래 집회 또는 시위를 개최하는 **사람 또는 단체**를 말한다.[♣주관자(X)] 주최자는 주관자(主管者)를 따로 두어 집회 또는 시위의 실행을 맡아 관리하도록 **위임할 수** 있다. 이 경우 **주관자는 그 위임의 범위 안에서 주최자로 본다.**[♣질서유지인(X)](제2조 제3호)<12승진 · 14.1 · 16.1 · 18.3 · 20.1채용>   정답 ①

05 「집회 및 시위에 관한 법률」에 대한 설명으로 가장 적절하지 않은 것은? 〈19.1채용〉

① 군인·검사·경찰관이 폭행, 협박, 그 밖의 방법으로 평화적인 집회 또는 시위를 방해한 경우 3년 이하의 징역에 처한다.

② 관할 경찰관서장은 집회신고서의 기재 사항에 미비점을 발견하면 접수증을 교부한 때로부터 12시간 이내에 주최자에게 24시간을 기한으로 그 기재사항을 보완할 것을 통고할 수 있다.

③ 헌법재판소의 결정에 따라 해산된 정당의 목적을 달성하기 위한 집회 또는 시위는 주최하여서는 아니 된다.

④ 집회신고서를 접수한 때로부터 48시간이 경과한 이후에도 남은 기간의 집회시위에 대해 금지통고를 할 수 있는 경우가 있다.

해설

정보경찰, 집회 및 시위관리 −

① (✕) **방해 처벌**: **군인·검사 또는 경찰관이** 폭행, 협박, 그 밖의 방법으로 평화적인 집회 또는 시위를 방해하거나 질서를 문란하게 한 경우에는 가중 처벌한다.[♣국정원 직원(✕)](제22조 제1항) 〈06·19.1채용〉

※ 1항과 2항 위반에 대해서는 **3년 이하의 징역 300만 원 이하의 벌금**, 군인·검사·경찰관은 **5년 이하의 징역에**[♣3년 이하의 징역(✕)] **처한다.**(제22조 제1항)〈19.1채용〉

② (◯) 보완통고(제7조 제1항)<...17·18·19승진·13경간....13·14·15.1·2·17.1·19.1채용>

③ (◯) 집회·시위 절대적 금지(제5조 제1항 제1호)<14경간·11·15.1·19.1채용>

④ (◯) 금지통고(제8조 제1항 단서)<19.1채용>   **정답** ①

---

06 「집회 및 시위에 관한 법률 시행령」 제14조 별표 2의 확성기 등의 소음기준[단위 : Leq dB(A)] 및 소음 측정 방법에 대한 내용으로 가장 적절하지 않은 것은? 〈18.1채용〉

① 주거지역, 학교, 종합병원, 공공도서관에서 주간(07:00~해지기 전)에 확성기 등의 등가소음도 기준은 65db 이하이다.

② 그 밖의 지역에서 야간 및 심야(해진 후~07:00)에 확성기 등의 등가소음도 기준은 65db 이하이다.

③ 소음 측정 장소는 피해자가 위치한 건물 외벽에서 소음원 방향으로 1~3.5m 떨어진 지점으로 하되, 소음도가 높을 것으로 예상되는 지점의 지면 위 1.2~1.5m 높이에서 측정하고, 주된 건물의 경비 등을 위하여 사용되는 부속 건물, 광장·공원이나 도로상의 영업시설물, 공원의 관리사무소 등도 소음 측정 장소로 포함된다.

④ 확성기 등의 소음은 관할 경찰서장(현장 경찰공무원)이 측정한다.

해설

정보경찰, 집회 및 시위관리, 소음측정 −

①②④ (○) 확성기 소음기준등(「집회 및 시위에 관한 법률」 시행령 별표2)<12·15승진·15경간·12.2·16.2·18.1채용>

③ (×) **소음측정 장소**: 소음 측정 장소는 피해자가 위치한 **건물의 외벽에서** 소음원 방향으로 1~**3.5m 떨어진 지점으로** 하되, 소음도가 높을 것으로 예상되는 지점의 **지면 위 1.2~1.5m 높이**에서 측정한다.[♣피해자가 위치한 건물 내에서 측정(×)]<18.1채용>

※ 다만, 주된 건물의 경비 등을 위하여 사용되는 부속 건물, 광장·공원이나 도로상의 영업시설물, 공원의 관리사무소 등은 소음 측정 장소에서 제외한다.[♣포함된다.(×)](시행령 별표2)<18.1채용>

정답 ③

---

07 「집회 및 시위에 관한 법률」 및 「집회 및 시위에 관한 법률시행령」에 대한 설명으로 적절하지 않은 것은 모두 몇 개인가? ⟨21.2채용⟩

㉠ 집회 또는 시위의 주최자는 확성기등을 사용하여 타인에게 심각한 피해를 주는 소음으로서 주거지역·학교·종합병원 지역에서 주간(07:00~해지기 전)에 등가소음도(Leq) 65dB(A)이하의 기준을 위반하는 소음을 발생시켜서는 아니 된다.

㉡ 확성기 등의 소음은 관할 경찰서장(현장 경찰공무원)이 측정한다. 소음 측정 장소는 피해자가 위치한 건물의 외벽에서 소음원 방향으로 1~3.5m 떨어진 지점으로 하되, 소음도가 높을 것으로 예상되는 지점의 지면 위 1.2~1.5m 높이에서 측정한다. 다만, 주된 건물의 경비 등을 위하여 사용되는 부속 건물, 광장·공원이나 도로상의 영업시설물, 공원의 관리사무소 등은 소음 측정 장소에서 제외한다.

㉢ 관할경찰관서장은 집회 또는 시위의 주최자가 대통령령으로 정하는 기준을 초과하는 소음을 발생시켜 타인에게 피해를 주는 경우에는, 그 기준 이하의 소음유지 명령을 하거나, 확성기 등의 사용중지를 명하거나, 일시보관 등 필요한 조치를 할 수 있다.

㉣ 「집회 및 시위에 관한 법률」 제14조(확성기등 사용의 제한)는 예술·체육·종교 등에 관한 집회 및 1인 시위에도 적용된다.

① 1개   ② 2개   ③ 3개   ④ 4개

해설

정보경찰, 집회 및 시위와 관한 법률, 주최측 준수사항, 확성기 사용제한 −

㉠ (○) 소음기준(「집회 및 시위에 관한 법률」 제14조 제1항)<12경감·21.2채용> / (「집회 및 시위에 관한 법률 시행령」 제14조 별표2)<06·07·12·15승진·15경간·12.2·16.2·18.1·21.2채용>

㉡ (○) 소음측정장소(「집회 및 시위에 관한 법률 시행령」 별표2)<19경간·18.1·21.2채용>

㉢ (○) 소음조치(「집회 및 시위에 관한 법률」 제14조 제2항)<15승진·21.2채용>

㉣ (×) **확성기 사용제한**: 「집회 및 시위에 관한 법률」 제14조 해석상 학문·예술·종교 등에 관한 집회 등 신고대상이 아닌 집회·시위는 물론 미신고 집회·시위 등 **모든 집회·시위가 사용제한의 대상**이 된다고 해석한다.[♣1인 시위 포함(×)](「집회 및 시위에 관한 법률」 제14조 제1항)<10승진·09·19경간·09·18.2·21.2채용>

정답 ①

08 집회현장에서의 확성기 사용에 대한 설명으로 가장 적절하지 않은 것은? 〈22승진〉

① 중앙행정기관이 개최하는 국경일 행사의 경우 행사 개최시간에 한정하여 행사 진행에 영향을 미치는 소음에 대해서는, 「집회 및 시위에 관한 법률 시행령」 별표2에 따른 확성기등 소음기준을 '그 밖의 지역'의 소음기준으로 적용한다.

② 「집회 및 시위에 관한 법률 시행령」 별표2에 따른 소음측정장소에서 확성기등의 대상소음이 있을 때 측정한 소음도를 측정소음도로 하고, 같은 장소에서 확성기등의 대상소음이 없을 때 5분간 측정한 소음도를 배경소음도로 한다.

③ 「집회 및 시위에 관한 법률」상 관할경찰관서장은 집회 또는 시위의 주최자가 확성기등의 소음기준을 초과하는 소음을 발생시켜 타인에게 피해를 주는 경우에 그 기준 이하의 소음 유지 또는 확성기등의 사용 중지를 명하거나 확성기 등의 일시보관 등 필요한 조치를 할 수 있다.

④ 「집회 및 시위에 관한 법률 시행령」 별표2에 따른 확성기등의 소음기준에서 주거지역의 주간(7:00~해지기 전)시간대 등가 소음도(Leq)는 65dB 이하이다.

해설

정보경찰, 집회·시위관리, 확성기 사용제한 −

① (X) **주거지역 소음기준** : '**국경일의 행사, 국가보훈처(호국·보훈)의 기념일**'의 행사의 진행에 영향을 미치는 소음에 대해서는 그 행사의 개최시간에 한정하여 위 표의 **주거지역의 소음기준을 적용**한다.[♣'그 밖의 지역'의 소음기준(X)](시행령 별표2 비고7)〈22승진〉

② (O) 측정소음도 및 배경소음도(「집회 및 시위에 관한 법률 시행령」 별표2)〈22승진〉

③ (O) 소음조치(「집회 및 시위에 관한 법률」 제14조 제2항)〈15·22승진·21.2채용〉

④ (O) 확성기 등 소음기준(「집회 및 시위에 관한 법률 시행령」 별표2)〈22승진〉   정답 ①

---

09 집회 및 시위에 관한 법률 및 그 시행령에 대한 설명으로 옳지 않은 것은? 〈19경간〉

① 단체는 집회 및 시위에 관한 법률상 '주최자'가 될 수 있다.

② 집회 또는 시위의 주최자는 금지통고를 받은 날부터 10일 이내에 해당 경찰관서의 바로 위의 상급경찰관서의 장에게 이의를 신청할 수 있다.

③ 학문, 예술, 체육, 종교, 의식, 친목, 오락, 관혼상제 및 국경 행사에 관한 집회에서는 '확성기 등 사용의 제한'에 관한 규정을 적용하지 아니한다.

④ 소음 측정 장소는 피해자가 위치한 건물 외벽에서 소음원 방향으로 1~3.5m 떨어진 지점으로 하되, 소음도가 높을 것으로 예상되는 지점의 지면 위 1.2~1.5m 높이에서 측정한다. 다만, 주된 건물의 경비 등을 위하여 사용되는 부속 건물, 광장·공원이나 도로상의 영업시설물, 공원의 관리사무소 등은 소음 측정 장소에서 제외한다.

해설

정보경찰, 집회·시위관리 −

① (○) 주최자(집회 및 시위에 관한 법률 제2조 제3호)<09·13·19경간·13·14·15.1·16.1·17.2채용>

② (○) 금지통고, 이의신청(집회 및 시위에 관한 법률 제9조 제1항)<06·09·10·12·13·14승진·11·14·19 경간·02·08·09·12.1·13.1·14.1·2·15.2·16.2채용>

③ (✕) **확성기 등 사용의 제한**: 집회 및 시위에 관한 법률 제14조 해석상 학문·예술·종교 등에 관한 집회 등 신고대상이 아닌 집회·시위는 물론 미신고 집회·시위 등 **모든 집회·시위가 사용 제한의 대상**이 된다고 해석한다.[♣학문·예술등 ..적용되지 않는다.(✕)](「집회 및 시위에 관한 법률」 제14조 제1항)<10승진·09·19경간·09·18.2채용>

④ (○) 소음측정장소(집회 및 시위에 관한 법률 시행령 별표2)<19경간·18.1채용>   정답 ③

---

10 「집회 및 시위에 관한 법률」, 「집회 및 시위에 관한 법률 시행령」상 질서유지선에 대한 설명으로 가장 옳은 것은? 〈17경간〉

① 집회·시위의 신고를 받은 관할경찰관서장은 집회·시위의 보호와 공공의 질서유지를 위해 최대한의 범위를 정하여 질서유지선을 설정할 수 있다.

② '집회·시위의 참가자를 일반인이나 차량으로부터 보호할 필요가 있을 경우'는 질서유지선을 설정할 수 있는 경우에 해당하지 않는다.

③ 경찰관서장이 질서유지선을 설정할 때에는 사전에 질서유지인에게 이를 서면으로 고지하여야 한다.

④ 적법한 요건에 따라 설정한 질서유지선을 경찰관의 경고에도 불구하고 정당한 사유 없이 상당 시간 침범하거나 손괴·은닉·이동 또는 제거하거나 그 밖의 방법으로 그 효용을 해친 자는 6개월 이하의 징역 또는 50만 원 이하의 벌금·구류 또는 과료에 처한다.

해설

정보경찰, 집회·시위관리 −

① (✕) **질서유지선 설정**: 집회신고를 받은 **관할경찰관서장**은 집회·시위의 보호와 공공의 질서유지를 위하여 필요하다고 인정하면 **최소한의 범위를**[♣최대한의 범위(✕)] 정하여 **질서유지선을 설정할 수 있다.**(제13조 제1항)<17경간·03·07·16승진>

② (✕) **질서유지선을 설정할 수 있는 경우**(령 제13조①)<17경간·03·06승진>: 집회·시위의 **장소를 한정**하거나 집회·시위의 참가자와 일반인을 **구분할 필요**가 있을 경우, 집회·시위의 참가자를 일반인이나 차량으로부터 **보호할 필요**가 있을 경우[♣질서유지선 설정사유에 해당하지 않음.(✕)]<17경간>, 일반인의 **통행** 또는 **교통 소통** 등을 위하여 **필요한 경우**, 집회·시위의 금지장소(법§11), 통신시설 등 중요시설, 위험물시설, 기타 안전유지 또는 보호가 필요한 재산·시설 등에의 접근·행진을 **금지**하거나 **제한할 필요**가 있을 경우, **집회·시위의 행진로를 확보**하거나 이를 위한 **임시 횡단보도를 설치할 필요**가 있을 경우, 그 밖에 **집회·시위의 보호와 공공의 질서 유지를 위하여 필요한** 경우

③ (✕) 질서유지선 설정, **고지**: 경찰관서장이 질서유지선을 설정할 때에는 **주최자 또는 연락책임자에게 이를 알려야** 한다.[♣고지할 필요 없다.(✕), ♣질서유지인에게(✕)](제13조 제2항)<17경간·15·16승진>

④ (○) 질서유지선 침범등, 벌칙(제24조3)<01·06·15·16승진·11·17경간>   정답 ④

---

11 「집회 및 시위에 관한 법률」에 대한 설명으로 가장 적절한 것은? 〈19경감〉

① '집회'란 여러 사람이 공동의 목적을 가지고 도로, 광장, 공원 등 일반인이 자유로이 통행할 수 있는 장소를 행진하거나 위력 또는 기세를 보여, 불특정한 여러 사람의 의견에 영향을 주거나 제압을 가하는 행위를 말한다.

② 집회·시위의 신고를 받은 관할경찰관서장은 집회·시위의 보호와 공공의 질서 유지를 위해 최대한의 범위를 정하여 질서유지선을 설정할 수 있다.

③ 신고 장소가 다른 사람의 주거지역이나 이와 유사한 장소 또는 학교 및 군사시설, 상가밀집지역의 주변지역에서의 집회나 시위의 경우 그 거주자나 관리자가 시설이나 장소의 보호를 요청하는 경우에는 집회나 시위의 금지 또는 제한을 통고할 수 있다.

④ 관할경찰관서장은 옥외집회 및 시위 신고서의 기재 사항에 미비한 점을 발견하면 접수증을 교부한 때부터 12시간 이내에 주최자에게 24시간을 기한으로 그 기재 사항을 보완할 것을 통고할 수 있다.

해설

정보경찰, 집회·시위관리 −

① (X) **'시위'** : 여러 사람이 공동의 목적을 가지고 도로, 광장, 공원 등 **일반인**이 자유로이 통행할 수 있는 장소를 **행진**하거나 **위력(威力) 또는 기세(幾歲)**를 보여, 불특정한 여러 사람의 의견에 영향을 주거나 제압을 가하는 행위를 말한다.[♣집회란(X)](제2조 제2호)〈96·04·13·19승진·13경간·12.3·16.1채용〉

② (X) 질서유지선 설정, **비례원칙** : 집회신고를 받은 관할경찰관서장(**경찰서장 또는 시·도경찰청장**)은 집회·시위의 보호와 공공의 질서유지를 위하여 **필요하다고 인정**하면 **최소한의 범위를**[♣최대한의 범위(X)] 정하여 **질서유지선을 설정할 수** 있다.(제13조 제1항)〈17경간·03·07·16·19승진〉

③ (X) 상대적 금지, **일반장소상의 제한지역**(법 제8조 제3항)
  ㉠ **다른 사람의 주거지역이나 이와 유사한 장소** ➡ 집회 또는 시위로 인하여 재산 또는 시설에 심각한 피해가 발생하거나 사생활의 평온을 뚜렷하게 해칠 우려가 있는 경우[♣상가밀집지역(X)]〈14·19승진〉
  ㉡ **초·중등교육법의 규정에 의한 학교의 주변지역** ➡ 집회 또는 시위로 인하여 학습권을 뚜렷이 침해할 우려가 있는 경우로 대학교는 제외된다.〈11.2채용〉
  ㉢ **'군사기지 및 군사시설보호법'의 규정**(제2조 제2호)**에 의한 군사시설의 주변지역** ➡ 집회 또는 시위로 인하여 시설이나 군작전의 수행에 심각한 피해가 발생할 우려가 있는 경우〈11.2채용〉

④ (○) 보완통고(제7조 제1항)〈12·14·17·18·19승진·13경간·09·11·12·13·14·15.1·2·17.1채용〉

정답 ④

12 「집회 및 시위에 관한 법률」에 대한 설명으로 가장 적절하지 않은 것은? 〈19.1채용〉

① 군인·검사·경찰관이 폭행, 협박, 그 밖의 방법으로 평화적인 집회 또는 시위를 방해한 경우 3년 이하의 징역에 처한다.

② 관할 경찰관서장은 집회신고서의 기재 사항에 미비점을 발견하면 접수증을 교부한 때로부터 12시간 이내에 주최자에게 24시간을 기한으로 그 기재사항을 보완할 것을 통고할 수 있다.

③ 헌법재판소의 결정에 따라 해산된 정당의 목적을 달성하기 위한 집회 또는 시위는 주최하여서는 아니 된다.

④ 집회신고서를 접수한 때로부터 48시간이 경과한 이후에도 남은 기간의 집회시위에 대해 금지통고를 할 수 있는 경우가 있다.

해설

정보경찰, 집회·시위관리 -

① (X) 방해등, **가중처벌 : 군인·검사 또는 경찰관**이 폭행, 협박, 그 밖의 방법으로 평화적인 집회 또는 시위를 방해하거나 질서를 문란하게 한 경우에는 가중 처벌한다.[♣국정원 직원(X)] (제22조 제1항)〈06·19.1채용〉

※ 1항과 2항 위반에 대해서는 **3년 이하의 징역 300만 원 이하의 벌금**, 군인·검사·경찰관은 **5년 이하의 징역에**[♣3년 이하의 징역(X)] 처한다.(제22조 제1항)〈19.1채용〉

② (○) 보완통고(제7조 제1항)〈...17·18·19승진·13경간....13·14·15.1·2·17.1·19.1채용〉

③ (○) 절대적 금지, 위헌정당 목적달성(제5조 제1항 제1호)〈14경간·11·15.1·19.1채용〉

④ (○) 금지통고(제8조 제1항 단서)〈19.1채용〉 정답 ①

---

13 다음 중 「집회 및 시위에 관한 법률」에 대한 설명으로 적절한 것을 모두 고른 것은? 〈18.2채용〉

> ㉠ 집회 또는 시위의 주최자 및 질서유지인은 특정한 사람이나 단체가 집회나 시위에 참가하는 것을 막을 수 있다. 다만, 언론사의 기자는 출입이 보장되어야 하며, 이 경우 기자는 신분증을 제시하고 기자임을 표시한 완장을 착용하여야 한다.
>
> ㉡ 단체는 「집회 및 시위에 관한 법률」상 "주최자"가 될 수 없다.
>
> ㉢ 집회 또는 시위의 주최자는 집회 또는 시위의 질서 유지에 관하여 자신을 보좌하도록 18세 이상의 사람을 질서유지인으로 임명할 수 있다.
>
> ㉣ 학문, 예술, 체육, 종교, 의식, 친목, 오락, 관혼상제 및 국경행사에 관한 집회에는 '확성기등 사용의 제한'에 관한 규정을 적용하지 아니한다.

① ㉠㉡   ② ㉠㉢   ③ ㉡㉢   ④ ㉠㉢㉣

해설

정보경찰, 집회 · 시위관리 –

ⓐ (○) 기자의 출입(제4조)<04승진 · 12 · 13 · 14.1 · 18.2채용>

ⓑ (✕) **주최자 자격**: 주최자의 자격에는 **특별한 제한이 없으며,** 단체인 경우 법인격 유무를 불문한다. [♣단체 불가능(X)](유권해석)<09 · 18.2채용>

ⓒ (○) 질서유지인 임명(제16조 제2항)<01 · 13승진 · 13경간 · 12.1 · 17.2 · 18.2채용>

ⓓ (✕) **확성기 등의 사용제한**:「집회 및 시위에 관한 법률」제4조 해석상 학문 · 예술 · 종교 등에 관한 집회 등 신고대상이 아닌 집회 · 시위는 물론 미신고 집회 · 시위 등 **모든 집회 · 시위가 사용 제한의 대상**이 된다고 해석한다.[♣학문 · 예술등 ..적용되지 않는다.(X)](유권해석)<10승진 · 09경간 · 09 · 18.2채용>

정답 ②

– 해산, 채증

01 집회 및 시위 관리에 대한 설명으로 가장 적절하지 않은 것은? (다툼이 있으면 판례에 의함) 〈17경감〉

① 관할 경찰관서장 또는 관할 경찰관서장으로부터 권한을 부여받은 국가경찰공무원은 집회 또는 시위를 해산시키는 주체가 될 수 있다.

② 주최자에게 집회 또는 시위의 종결 선언을 요청하되, 주최자의 소재를 알 수 없는 경우에는 주관자 · 연락책임자 또는 질서유지인을 통하여 종결 선언을 요청할 수 있다.

③ 질서유지선으로 사람의 대열, 버스 등 차량은 사용할 수 있으나, 인도경계석 · 차선 등 지상물은 사용할 수 없다.

④ 자진해산을 요청할 때는 반드시 '자진해산'이라는 용어를 사용하여 요청할 필요는 없고, 해산을 요청하는 언행 중에 스스로 해산하도록 청하는 취지가 포함되어 있으면 된다.

해설

정보경찰, 집회 · 시위관리 –

① (○) 해산 처분권자(「집회 및 시위에 관한 법률」시행령 제17조)<15 · 17승진>

② (○) 종결선언요청(「집회 및 시위에 관한 법률」시행령 제17조 제1호)<15 · 17승진>

③ (✕) **질서유지선**: 질서유지선은 띠 · 줄 방책 등 일정한 물건이나 **버스 등 차량과 인도경계석, 차선, 가로수 등 지상물을 사용할 수 있다.**[♣사람의 대열(X), ♣인도경계석 · 차선 등 지상물은 사용할 수 없다.(X)](「집회 및 시위에 관한 법률」제2조 제5호 해석)<15 · 17승진>

判例)「집회 및 시위에 관한 법률」(이하 '「집회 및 시위에 관한 법률」'이라 한다) 제2조 제5호가 정의하는 **질서유지선은 띠, 방책, 차선 등 물건 또는 도로교통법상 안전표지로 설정된 경계표지**를 말하므로, **경찰관을 배치하는 방법으로 설정된 질서유지선**은「집회 및 시위에 관한 법률」상 질서유지선에 **해당하지 아니한다.**[♣해당(X)](대법원 2016도21311 판결)<17경감>

④ (○) 자진해산: 대법원 2000도2172<17승진>

정답 ③

02 「집회 및 시위에 관한 법률 시행령」에 대한 설명이다. 옳은 것을 모두 고른 것은? 〈17.1채용〉

> ㉠ 관할 경찰관서장이 권한을 부여하면 관할 경찰서 경비교통과장도 해산명령의 주체가 될 수 있다.
> ㉡ 자진 해산 요청은 직접 집회주최자에게 공개적으로 하여야 한다.
> ㉢ 자진 해산 요청에 따르지 아니하는 경우에는 세 번 이상 자진 해산할 것을 명령하고, 참가자들이 해산명령에도 불구하고 해산하지 아니하면 직접 해산시킬 수 있다.
> ㉣ 종결선언은 주최자에게 요청하되, 주최자의 소재를 알 수 없는 경우에는 주관자·연락책임자 및 질서유지인에게 하여야 하며 종결선언의 요청은 필요적 절차로 생략할 수 없다.

① ㉠㉡   ② ㉠㉢   ③ ㉡㉢   ④ ㉢㉣

해설

정보경찰, 집회·시위관리, 해산절차 −

㉠ (○) 해산명령 주체: 해산명령은 대리가 가능하므로 **경찰관서장으로부터 권한을 부여받은 국가경찰공무원은 해산명령을 할 수 있다.**[♣서장만 가능(X)](시행령 제17조)〈15·17승진·17.1채용〉

㉡ (×) **종결선언과 자진해산 요청**: 종결선언 요청에 따르지 아니하거나 종결선언에도 불구하고 집회 또는 시위의 참가자들이 집회·시위를 계속하는 경우에는 **직접 참가자들에 대하여** 자진해산할 것을 공개적으로 요청한다.[♣반드시 직접 주체자에게(X)](시행령 제17조 제2호)〈17.1채용〉

㉢ (○) 해산명령과 직접해산(시행령 제17조 제3호)〈12·15승진·17.1채용〉

㉣ (×) **종결선언요청 생략**: 일정한 집회·시위의 경우와 주최자·주관자·연락책임자 및 질서유지인이 집회 또는 시위 장소에 없는 경우에는 종결선언의 **요청을 생략할 수 있다.**[♣생략할 수 없다.(X)](시행령 제17조)〈12경위·17.1채용〉   정답 ②

---

03 집회 및 시위의 해산에 대한 설명으로 가장 적절하지 않은 것은? 〈12·15·23승진〉

① 관할 경찰서장은 해산사유에 해당하는 집회 또는 시위에 대하여는 상당한 시간 이내에 자진해산 할 것을 요청하고 이에 따르지 아니하면 해산을 명할 수 있으며 해산명령을 받은 모든 집회 또는 시위 참가자는 지체없이 해산하여야 한다.

② 관할 경찰관서장 또는 관할 경찰관서장으로부터 권한을 부여받은 국가경찰공무원이 집회 또는 시위를 해산시키려는 때에는 종결선언의 요청 → 자진해산의 요청 → 해산명령 및 직접 해산의 순서를 따라야 한다.

③ 종결선언은 주최자에게 요청하되, 주최자의 소재를 알 수 없는 경우에는 주관자·연락책임자 또는 질서유지인에게 하여야 하며 종결선언의 요청은 필요적 절차로 생략할 수 없다.

④ 자진해산 요청에 따르지 아니하는 경우에는 세 번 이상 자진해산할 것을 명령하고, 참가자들이 해산명령에도 불구하고 해산하지 아니하면 직접 해산시킬 수 있다.

정보경찰, 집회·시위관리, 해산절차 −

정한 집회·시위의 경우와 주최자·주관자·연락책임자 및 질서유지인이 집회 또는 시위 장소에 없는 경우에는 종결선언의 요청을 생략할 수 있다.[♣생략할 수 없다.(X)]<12경위>

▶ **해산절차**

종결 선언 요청	① **대상** ☞ 관할경찰서장이 **주최자에게** 집회 또는 시위의 종결선언을 요청해야 한다. ※ 주최자의 소재를 알 수 없는 경우에는 **주관자·연락책임자 또는 질서유지인을 통하여** 종결 선언을 요청할 수 있다.<15승진> ② **생략** ☞ 일정한 집회·시위의 경우와 주최자·주관자·연락책임자 및 질서유지인이 집회 또는 시위 장소에 없는 경우에는 종결선언의 **요청을 생략할 수 있다.**[♣생략할 수 없다.(X)] <12경위>
자진 해산 요청	**요건·대상** ☞ 종결선언 요청에 따르지 아니하거나 종결선언에도 불구하고 집회 또는 시위의 참 가자들이 집회·시위를 계속하는 경우에는 **직접 참가자들에 대하여** 자진해산할 것을 요청한다. ※ 비록 '자진해산'을 요청한다는 용어를 사용하지 않았다고 하더라도 스스로 해산할 것을 설득하 거나 요구하였다면 자진해산할 것을 요청한 경우에 해당한다. (判)
해산 명령	① **요령** ☞ 자진해산 요청에 따르지 아니하는 경우에는 **(시간적 여유를 두고) 3회 이상** 자진 해산할 것을 명령한다.<15승진> ② 해산명령은 대리가 가능하므로 경찰관서장으로부터 권한을 부여받은 경비과장도 할 수 있 다.[♣서장만 가능(X)]<15승진>
직접 해산	참가자들이 세 번이상 해산명령에도 불구하고 해산하지 아니하면 직접 해산시킬 수 있다.<12경위> ※ 강제집행 중 직접강제에 해당한다. [☻결자해지]

정답 ③

04 「집회 및 시위에 관한 법률」상 해산명령에 대한 설명 중 옳지 않은 것은? (판례에 의함) <20경간>

① 경찰이 집회 및 시위에 관한 법률이 정한 해산명령을 할 때 해산 사유가 법률 조항 중 어느 사유에 해당하는지에 관하여 구체적으로 고지하여야 한다.

② 사전 금지 또는 제한된 집회라 하더라도 실제 이루어진 집회가 당초 신고 내용과 달리 타인의 법익이나 공공의 안녕질서에 직접적이고 명백한 위험을 초래하지 않은 경우, 사전에 금지 통고된 집회라는 이유만으로 해산을 명하고 이에 불응하였다고 처벌할 수는 없다.

③ 해산명령은 자진 해산 요청에 따르지 않는 시위 참가자들에게 자진 해산할 의무를 부과하는 것이므로 반드시 '자진 해산을 명령한다'는 용어가 사용되거나 말로 해산명령임을 표시해야 한다.

④ 해산명령의 대상은 '집회 또는 시위' 자체이므로 해산명령의 방법은 그 대상인 집회나 시위의 참가자들 전체 무리나 집단에 고지, 전달하는 방법으로 행하여야 한다.

한쌤 경찰학 기출총정리

해설

정보경찰, 집회·시위관리, 해산절차 −

① (○) 해산명령, **해산사유고지**: 대법원 2011도7193<20경간·14승진>

② (○) 사전금지통고 집회, **해산명령 불응과 처벌**: 대법원 2009도13846<20경간·19승진>

③ (✕) **해산명령**: 判例) [반드시 '자진해산'이라는 용어 → 필요(✕)] 해산명령 이전에 자진해산할 것을
요청하도록 한 입법취지에 비추어 볼 때, 관할경찰서장이 **반드시 '자진해산'이라는 용어를 사용
하여 요청할 필요는 없고,** 그때 해산을 요청하는 언행 중에 스스로 해산하도록 청하는 취지가
포함되어 있으면 된다.[♣반드시 '자진 해산을 명령한다'는 용어가 사용되거나 말로 해산명령임을 표시
해야 한다.(✕)](대판 2000도2172)<20경간·19승진>

④ (○) 해산명령 대상: 대법원 2017도19737 판결<20경간>

정답 ③

05 「집회 및 시위에 관한 법률」에 대한 판례의 태도로 가장 적절하지 않은 것은? <19경위>

① 해산명령 이전에 자진해산할 것을 요청할 때, 반드시 '자진해산'이라는 용어를 사용하여 요청할 필요
는 없고, 해산을 요청하는 언행 중에 스스로 해산하도록 청하는 취지가 포함되어 있으면 된다.

② 사전 금지 또는 제한된 집회라 하더라도 실제 이루어진 집회가 당초 신고 내용과 달리 평화롭게 개
최되거나 집회 규모를 축소하여 이루어지는 등 타인의 법익 침해나 기타 공공의 안녕질서에 대하여
직접적이고 명백한 위험을 초래하지 않은 경우에는 이에 대하여 사전 금지 또는 제한을 위반하여 집
회를 한 점을 들어 처벌하는 것 이외에 더 나아가 이에 대한 해산을 명하고 이에 불응하였다 하여
처벌할 수는 없다.

③ 당초 옥외집회를 개최하겠다고 신고하였지만 그 신고 내용과 달리 아예 옥외집회는 개최하지 아니한
채 신고한 장소와 인접한 건물 등에서 옥내집회만을 개최한 경우, 신고한 옥외집회를 개최하는 과정
에서 그 신고범위를 일탈한 행위로 보아 이를 집회 및 시위에 관한 법률 위반으로 처벌할 수 있다.

④ 타인이 관리하는 건조물에서 옥내집회를 개최하는 경우에도 타인의 법익 침해나 기타 공공의 안녕질
서에 대하여 직접적이고 명백한 위험을 초래하는 때에는 해산명령의 대상이 된다.

해설

정보경찰, 집회·시위관리, 절차 −

① (○) 자진해산 요청: 대판 2000도2172<19승진>

② (○) 사전금지, 해산명령 불응과 처벌 요건: 대법원 2009도13846<19승진>

③ (✕) 신고범위 일탈, **처벌**: 判例) [옥외집회 신고 후 옥내집회 개최 → 신고범위 일탈처벌(✕)] 당초
옥외집회를 개최하겠다고 신고하였지만 신고 내용과 달리 아예 옥외집회는 개최하지 아니한 채
신고한 장소와 인접한 건물 등에서 **옥내집회만을 개최한 경우**에는, 그것이 건조물침입죄 등 다
른 범죄를 구성함은 별론으로 하고, 신고한 옥외집회를 개최하는 과정에서 그 **신고범위를 일탈
한 행위를 한 데 대한 「집회 및 시위에 관한 법률」 위반죄로 처벌할 수는 없다.**[♣처벌할 수 있
다.(✕)](대법원 2010도14545 [폭력행위등 처벌에 관한 법률위반(공동주거침입)·집회 및 시위에 관한 법률
위반])<19승진>

④ (○) 옥내집회, 해산명령 요건: 대법원 2010도14545 판결 [폭력행위등 처벌에 관한 법률위반(공동주
거침입)·집회 및 시위에 관한 법률위반)]<19승진>

정답 ③

제5편 공공안녕 정보경찰 **697**

06 「집회 및 시위에 관한 법률」 및 「집회 및 시위에 관한 법률 시행령」에 대한 설명으로 가장 적절한 것은?

〈20.2채용〉

① 집회 또는 시위의 주최자는 금지 통고를 받은 날부터 7일 이내에 해당 경찰관서의 바로 위의 상급경찰관서의 장에게 이의를 신청할 수 있다.
② 집회 또는 시위 금지통고에 대해 이의 신청을 받은 경찰관서장은 24시간 이내에 금지를 통고한 경찰관서장에게 이의 신청의 취지와 이유를 알리고, 답변서의 제출을 명하여야 한다.
③ 주최자는 신고한 옥외집회 또는 시위를 하지 아니하게 된 경우에는 신고서에 적힌 집회 일시 12시간 전에 철회신고서를 관할 경찰관서장에게 제출하여야 한다.
④ 관할 경찰관서장은 집회 및 시위 참가자들이 자진 해산 요청에 따르지 아니하는 경우, 세 번 이상 자진 해산할 것을 명령하고 그 이후에도 해산하지 아니하면 직접 해산시킬 수 있다.

해설

정보경찰, 집회·시위관리, 절차 −
① (✕) **금지통고, 이의신청**: 집회 또는 시위의 주최자는 금지통고를 받은 날로부터 **10일 이내**에 당해 경찰관서의 **바로 위의 상급경찰관서의 장(직근 상급경찰관서의 장)에게** 이의를 신청할 수 있다. [♣7일 이내(✕)](제9조 제1항)〈06·09·10·12·13·14승진·11·14·19경간·02·08·09·12.1·13.1·14.1·2·15.2·16.2·20.2채용〉
② (✕) **답변서 제출 명령**: 이의 신청을 받은 경찰관서장은 **즉시** 집회 또는 시위의 금지를 통고한 경찰관서장에게 이의 신청의 취지와 이유를 알리고, **답변서의 제출을 명하여야** 한다.[♣24시간 이내(✕)](시행령 제8조 제1항)〈20.2채용〉
③ (✕) **철회신고서 제출의무**: 집회·시위의 주최자가 **신고한 옥외집회 또는 시위를 하지 아니할 경우**에는 신고서에 기재된 집회일시 **24시간 전**에 그 철회사유 등을 적은 **철회 신고서를 관할 경찰관서장에게 제출하여야** 한다.[♣12시간 전에(✕)](제6조 제3항)〈09경간·05·10·17·18·19·20승진·17.2·20.2채용〉
④ (○) 해산절차(집회 및 시위에 관한 법률 시행령 제17조 제3호)〈15승진·17.1·20.2채용〉　　**정답** ④

07 「집회 및 시위에 관한 법률」에 관한 설명으로 옳은 것을 모두 고른 것은? (다툼이 있는 경우 판례에 의함)

〈23.2채용〉

> ⊙ "질서유지인"이란 관할 경찰서장이 집회 또는 시위의 질서를 유지하게 할 목적으로 임명한 자를 말한다.
>
> ⓒ 집회의 자유가 가지는 헌법적 가치와 기능, 집회에 대한 허가 금지를 선언한 헌법정신, 신고제도의 취지 등을 종합하여 보면, 신고는 행정관청에 집회에 관한 구체적인 정보를 제공함으로써 공공질서의 유지를 협력하도록 하는 데 의의가 있는 것으로 집회의 허가를 구하는 신청으로 변질되어서는 아니 되므로, 신고를 하지 아니하였다는 이유만으로 옥외집회 또는 시위를 헌법의 보호 범위를 벗어나 개최가 허용되지 않는 집회 내지 시위라고 단정할 수 없다.
>
> ⓒ 관할경찰관서장은 옥외집회 및 시위에 신고서의 기재사항에 미비한 점을 발견하면 접수증을 교부할 때부터 24시간 이내에 주최자에게 48시간을 기한으로 그 기재 사항을 보완할 것을 통고할 수 있다.
>
> ② 「집회 및 시위에 관한 법률」에 따른 신고 없이 이루어진 집회에 참석한 참가자들이 차로 위를 행진하는 등 도로교통을 방해함으로써 통행을 불가능하게 하거나 현저하게 곤란하게 하는 경우라도 참가자 모두에게 당연히 일반교통방해죄가 성립하는 것은 아니다.

① ⊙ⓒ   ② ⓒⓒ   ③ ⓒ②   ④ ⓒ②

해설

정보경찰, 활동, 집회 및 시위에 관한 법률 −

⊙ (X) **용어정리, "질서유지인"**: **주최자가**[♣관할서장이(X)] 자신을 보좌하여 집회 또는 시위의 질서를 유지하게 할 목적으로 **임명한 자**를 말한다.[♣주관자(X)](제2조 제4호)<17승진 · 13.2 · 16.1 · 23.2채용>

ⓒ (O) **요건, 신고, 판례**: 대법원 2010도6388<23.2채용>

ⓒ (X) **절차, 보완통고 절차**: 신고를 접수한 **경찰관서장은** 신고서에 미비점을 발견하면 **접수증을 교부한 때로**부터 **12시간 이내에 주최자에게 (송달 시로부터 24시간을 기한**으로 그 기재사항을 보완할 것을 **통고할 수** 있다.)[♣24시간 이내 48시간 기한으로(X)](제7조 제1항)<...17 · 18 · 19 · 20 · 21승진 · 13경간....13 · 14 · 15.1 · 2 · 17.1 · 19.1 · 20.1 · 23.2채용>

② (O) **주최 측 준수사항, 참가자 준수사항, 판례**: 대법원 2017도11408 판결 [일반교통방해]<23.2채용>

정답 ③

08 집회 및 시위에 관한 설명 중 옳고 그름의 표시(O, X)가 바르게 된 것은? (다툼이 있는 경우 판례에 의함)

〈24승진〉

> ㉠ 헌법에 따르면 집회에 대한 허가제는 인정되지 아니한다.
>
> ㉡ 집회 금지통고는 관할 경찰서장이 집회신고를 접수한 후 「집회 및 시위에 관한 법률」상 집회 사전금지조항에 근거하여 집회 주최자 등에게 해당 집회를 금지한다는 사실을 알리는 행정처분이므로 그 자체를 헌법에 위배되는 제도라고 볼 수 없다.
>
> ㉢ 집회의 금지와 해산은 원칙적으로 공공의 안녕질서에 대한 직접적인 위협이 명백하게 존재하는 경우에 한하여 허용될 수 있고, 집회의 자유를 보다 적게 제한하는 다른 수단, 예컨대 시위 참가자 수의 제한, 시위 대상과의 거리 제한, 시위 방법, 시기, 소요시간의 제한 등 조건을 붙여 집회를 허용하는 가능성을 모두 소진한 후에 비로소 고려될 수 있는 최종적인 수단이다.
>
> ㉣ 사전 금지 또는 제한된 집회라 하더라도 실제 이루어진 집회가 당초 신고 내용과 달리 평화롭게 개최되거나 집회 규모를 축소하여 이루어지는 등 타인의 법익 침해나 기타 공공의 안녕질서에 대하여 직접적이고 명백한 위험을 초래하지 않은 경우에는 이에 대하여 사전 금지 또는 제한을 위반하여 집회를 한 점을 들어 처벌하는 것 이외에 더 나아가 이에 대한 해산을 명하고 이에 불응하였다 하여 처벌할 수는 없다.

① ㉠(O) ㉡(O) ㉢(O) ㉣(O)   ② ㉠(X) ㉡(X) ㉢(O) ㉣(X)

③ ㉠(O) ㉡(O) ㉢(X) ㉣(O)   ④ ㉠(O) ㉡(X) ㉢(X) ㉣(X)

해설

정보경찰 ─

㉠ (O) 절차, 신고, 사전신고제, **헌법규정** : 언론·출판에 대한 허가나 검열과 **집회·결사에 대한 허가는 인정되지 아니한다.**(헌법 제21조 제2항)〈24승진〉

㉡ (O) 집회·시위의 제한사유(소극 요건), 임의적 금지, **판례**(대법원 2009도13846)〈24승진〉

㉢ (O) 집회 및 시위의 해산, 판례(2000헌바67)〈14·24승진〉

㉣ (O) 집회 및 시위의 해산, 판례(대법원 2009도13846 판결 [집회 및 시위에 관한 법률위반])〈20경간·19승진〉

정답 ①

09 「집회등 채증활동규칙」에 대한 설명 중 가장 적절하지 않은 것은? 〈24승진〉

① 채증요원은 사진 촬영담당, 동영상 촬영담당, 신변보호원 등 3명을 1개조로 편성하는 것을 원칙으로 하되, 현장 상황 등을 고려하여 증감 편성할 수 있다.

② 범죄혐의자의 인적사항이 확인되어 범죄수사의 필요성이 있는 채증자료는 지체 없이 경비부서에 송부하여야 한다.

③ 20분 이상 채증을 계속하는 경우에는 20분이 경과할 때마다 채증 중임을 고지하거나 알려야 한다.

④ 채증은 폭력 등 범죄행위가 행하여지고 있거나 행하여진 직후에 하여야 한다. 단, 범죄행위로 인하여 타인의 생명·신체 또는 재산에 대한 위해가 임박한 때에 범죄에 이르게 된 경위나 그 전후 사정에 관하여 긴급히 증거를 확보하여야 할 필요가 있는 경우에는 범죄행위가 행하여지기 이전이라도 채증을 할 수 있다.

해설

정보경찰, 집회 및 시위관리, 집회등 채증활동규칙 −

① (○) 채증요원, 편성(규칙 제4조 제2항)〈24승진〉

② (✕) **채증자료 송부** : 범죄혐의자의 인적사항이 확인되어 **범죄수사의 필요성이 있는 채증자료**는 지체 없이 **수사부서에**[♣경비부서에(X)] 송부하여야 한다.(규칙 제11조)〈24승진〉

③ (○) 채증사실의 고지(제9조 제2항)〈24승진〉

④ (○) 채증의 범위〈24승진〉　　　　　　　　　　　　　　　　　　　　　정답 ②

06 | 안보경찰

제1장 안보(보안)경찰 일반

제2장 북한의 전략전술

01 북한의 대남공작부서 중 보기의 설명과 가장 관련이 깊은 것은? 〈13경위〉

> 무장공비 양성·남파·요인암살·파괴·납치 등 게릴라 활동 및 군사정보수집, 1983년 미얀마 아웅산 암살폭파사건 자행

① 문화교류국(구225호실)
② 통일전선부
③ 정찰총국 2국(정찰국)
④ 정찰총국 5국(해외정보국, 舊 35호실)

해설

안보경찰, 북한의 대남공작기구 −
정찰총국 2국(정찰국)에 대한 설명이다.　　　　　　　　　　　　　　　　　　　　**정답** ③

제3장 방첩활동

1 방첩일반

01 방첩활동의 수단을 적극적 · 소극적 · 기만적 수단으로 분류할 때 수단별로 가장 적절하게 연결된 것은?

〈12경위〉

㉠ 첩보수집	㉡ 정보 · 자재보안의 확립	㉢ 대상인물 감시
㉣ 허위정보 유포	㉤ 역용공작	㉥ 보안업무 규정화
㉦ 양동간계시위	㉧ 침투공작	㉨ 첩보공작 분석
㉩ 입법사항 건의	㉪ 간첩신문	㉫ 인원 · 시설보안의 확립
㉬ 유언비어 유포		

① 적극적 수단 - ㉠㉢㉤㉧㉨㉪
② 기만적 수단 - ㉣㉦㉧㉪
③ 소극적 수단 - ㉡㉢㉥㉨㉫㉫
④ 적극적 수단 - ㉠㉢㉤㉧㉨㉪

해설

안보경찰, 방첩, 수단 -
〈적극적 수단〉 ㉠㉢㉤㉧㉨㉪
〈소극적 수단〉 ㉡㉥㉫㉫
〈기만적 수단〉 ㉣㉦㉬

정답 ④

02 간첩망의 형태에 대한 설명 중 가장 적절한 것은? 〈17.1채용〉
① 단일형은 간첩이 단일 특수 목적을 수행하기 위해 동조자를 포섭하지 않고 단독으로 활동하는 점조직으로 대남간첩이 가장 많이 사용하며, 간첩 상호간에 종적 · 횡적 연락의 차단으로 보안 유지 및 신속한 활동이 가능하며 활동 범위가 넓고 공작 성과가 높다는 장점이 있다.
② 삼각형은 지하당조직에서 주로 사용하는 간첩망 형태로, 지하당 구축을 하명받은 간첩이 3명 이내의 행동공작원을 포섭하여 직접 지휘하고 포섭된 공작원 간의 횡적 연락을 차단시키는 활동 조직이다.
③ 피라미드형은 간첩 밑에 주공작원 2~3명을 두고, 주공작원은 그 밑에 각각 2~3명의 행동공작원을 두는 조직형태로 일시에 많은 공작을 입체적으로 수행할 수 있어 활동 범위가 넓고 조직 구성에 많은 시간이 소요되지 않는다는 장점이 있다.
④ 레포형은 삼각형 조직에 있어서 간첩과 주공작원 간, 행동공작원 상호간에 연락원을 두고 종 · 횡으로 연결하는 형태이다.

해설

안보경찰, 방첩활동, 일반, 간첩망 –

① (✗) **단일형**: 간첩이 단일 **특수 목적을 수행하기 위해** 동조자를 포섭하지 않고 **단독으로 활동**하는 점조직으로 **대남간첩이 가장 많이 사용**하며, 간첩 상호간에 **종적·횡적 연락의 차단으로** 보안 유지 및 신속한 활동이 가능하며 활동 범위가 좁고 공작 성과가 낮다는 단점이 있다.[♣활동범위가 넓고, 공작성과가 높다는 장점(✗)]<09 · 16승진 · 15.2 · 17.1채용>

② (○) 삼각형<09 · 14 · 16 · 17승진 · 15.2 · 16.1 · 17.1채용>

③ (✗) **피라미드형**: 간첩 밑에 **주공작원 2~3명을 두고,** 주공작원은 그 밑에 **각각 2~3명의 행동공작원을 두는** 조직형태로 일시에 많은 공작을 입체적으로 수행할 수 있어 활동 범위가 넓고 조직 구성에 많은 시간이 많이 걸리는 단점이 있다.[♣시간이 소요되지 않는 장점(✗)]<09 · 14 · 17승진 · 14경간 · 16.1 · 17.1채용>

④ (✗) **레포형**: 피라미드형 조직에[♣삼각형 조직에(✗)] 있어서 **간첩과 주공작원 간, 행동공작원 상호간에 연락원을** 두고 종횡으로 연결하는 방식으로 현재는 사용되지 않고 있다.[♣써클형(✗)]<14 · 16 승진 · 06 · 14경간 · 15.2 · 17.1채용>　　　　　　　　　　　　　　　　　　정답 ②

---

03 간첩망의 형태에 대한 설명으로 가장 적절하지 않은 것은? 〈09 · 14 · 17경위〉

① 피라미드형 – 간첩이 주공작원 2~3명을 두고 그 밑에 각 2~3명의 행동공작원을 두는 조직형태로 일시에 많은 공작을 입체적으로 수행할 수 있고 활동범위가 넓은 반면, 행동의 노출이 쉽고 일망타진 가능성이 높으며 조직구성에 많은 시간이 소요된다.

② 단일형 – 보안유지 및 신속한 활동이 가능한 반면 활동범위가 좁고 공작성과가 비교적 낮다.

③ 삼각형 – 간첩이 3명 이내의 공작원을 포섭하여 지휘하고 포섭된 공작원 간 횡적연락을 차단한 형태로 일망타진 가능성은 적지만 활동범위가 좁고 공작원 검거 시 간첩 정체가 쉽게 노출된다.

④ 레포형 – 합법적 신분을 이용하여 침투하고 대상국의 정치·사회문제를 활용하여 적국의 이념이나 사상에 동조하도록 유도하며 간첩활동이 자유롭고 대중적 조직과 동원이 가능한 반면, 간첩의 정체가 폭로되었을 때 외교적 문제가 야기될 수 있다.

해설

안보경찰, 방첩활동, 일반, 간첩망 –

①②③ (○) 간첩망<09 · 14 · 16 · 17승진 · 15.2 · 16.1채용>

④ (✗) **써클형**[♣레포형(✗)]: 간첩이 **합법적 신분을 이용**하여 적국의 이념이나 사상에 동조토록 유도하여 공작목표를 달성하기 위한 조직형태로, **활동이 자유**롭고 **대중적 조직·동원이 가능**하고, 간첩의 정체가 폭로되었을 때 **외교문제가 제기될 수** 있다.<09 · 14 · 17승진 · 15.2 · 16.1채용>　　정답 ④

04 간첩망의 형태 중 써클형을 가장 잘 설명한 것은? 〈18경간〉

① 보안유지가 잘되고 일망타진 가능성은 적지만, 활동범위가 좁고 공작원의 검거 시 간첩 정체가 쉽게 노출된다.

② 간첩활동이 자유롭고 대중적 조직과 동원이 가능한 반면, 간첩의 정체가 폭로되었을 때 외교적 문제가 야기될 수 있다.

③ 보안유지 및 신속한 활동이 가능한 반면, 활동범위가 좁고 공작성과가 비교적 낮다.

④ 일시에 많은 공작을 입체적으로 수행할 수 있고 활동범위가 넓은 반면, 행동의 노출이 쉽고 일망타진 가능성이 높으며 조직구성에 많은 시간이 소요된다.

해설

안보경찰, 방첩활동, 일반, 간첩망 ―

① (✕) 단일형 : **특수목적 수행을 위해 종적·횡적으로 개별적인 연락을 일체 회피**하고, **단독으로 활동**하는 점조직형태〈09·17승진·15.2채용〉 / 보안유지 및 신속한 활동이 가능〈09승진·15.2채용〉 **대남간첩이 많이 사용** / 활동범위가 좁고, 공작성과가 낮음[♣활동범위가 넓고, 공작성과가 높다.(X)]〈09·16승진·18경간·15.2·17.1채용〉 / 삼각형 : 행동**공작원 검거 시** 주공작원(간첩)의 **정체를 쉽게 노출**[♣노출되지 않음(X)]

② (○) 써클형 : 간첩이 **합법적 신분을 이용**하여 적국의 이념이나 사상에 동조토록 유도하여 공작목표를 달성하기 위한 조직형태[♣레포형(X)]〈09·14·17승진·15.2·16.1채용〉 / **활동이 자유롭고 대중적 조직·동원이 가능**〈16·17승진〉, **전선조직**(첩보전)에 많이 이용〈03승진〉, 간첩의 정체가 폭로되었을 때 **외교문제가 제기될 수** 있음〈16·17승진·18경간〉

③ (✕) 단일형 : 보안유지 및 신속한 활동이 가능한 반면, 활동범위가 좁고 공작성과가 비교적 낮다. / 보안유지 및 신속한 활동이 가능〈09승진·18경간·15.2채용〉 **대남간첩이 많이 사용**, 활동범위가 좁고, 공작성과가 낮음[♣활동범위가 넓고, 공작성과가 높다.(X)]〈09·16승진·18경간·15.2·17.1채용〉

④ (✕) 피라미드형 : **간첩 밑에 주공작원을 2~3명**을 두고, 주공작원 아래에 각각 **2~3명의 행동공작원**을 두는 조직형태[♣삼각형(X)]〈09·14·17승진·14·18경간·16.1·17.1채용〉 / 입체적 공작으로 **활동 범위가 넓다.** 조직구성에 시간이 많이 걸리고[♣시간이 소요되지 않는 장점(X)], 노출이 쉬워 일망타진 가능성이 높음〈18경간·17.1순경〉

정답 ②

PART
06

2 공 작

01 공작활동에 대한 설명으로 가장 적절하지 않은 것은? 〈18경감〉

① '관찰묘사'란 경험을 재생하여 표현·기술하는 것을 의미하는 관찰과 일정한 목적하에 사물의 현상 및 사건의 전말을 감지하는 과정을 말하는 묘사로 구분된다.

② '가장'이란 정보활동에 관계되는 모든 요소의 정체가 외부에 노출되지 않도록 꾸며지는 외적·내적 형태를 말한다.

③ '연락'이란 비밀공작을 수행함에 있어서 상·하급 인원이나 기관 간에 비밀을 은폐하려고 기도하는 방법으로, 첩보·문서·관념·물자 등을 전달하기 위하여 강구된 수단·방법의 유지 및 운용을 말한다.

④ '신호'란 비밀공작활동에 있어서 조직원 상호 간에 어떤 의사를 전달하기 위하여 사전에 약정해 놓은 표시를 말한다.

해설

안보경찰, 방첩활동, 공작 −

① (X) **관찰**: 일정한 목적하에 사물의 현상 및 사건 전말을 감지하는 과정[♣묘사(X)]〈18승진〉 / **묘사** : 관찰한 경험을 재생·표현하는 기술[♣관찰(X)]〈18승진〉

② (○) 가장〈18승진〉

③ (○) 연락〈18승진〉

④ (○) 신호〈18승진〉

정답 ①

02 다음은 공작활동에 대한 내용이다. 아래 ㉠부터 ㉣까지의 설명 중 옳고 그름의 표시(O, X)가 바르게 된 것은? 〈20경위〉

> ㉠ '연락'이란 비밀공작을 수행함에 있어서 상·하급 인원이나 기관 간에 비밀을 은폐하려고 기도하는 방법이다.
> ㉡ '신호'란 비밀공작활동에 있어서 조직원 상호 간에 어떠한 의사를 전달하기 위하여 사전에 약정해 놓은 표시를 말한다.
> ㉢ '사전정찰'이란 일정한 목적 하에 사물의 현상 및 사건의 전말을 감지하는 과정을 말한다.
> ㉣ '감시'란 장차 공작활동을 위하여 공작 목표나 공작 지역에 대하여 예비지식을 수집하기 위한 사전조사활동이다.

① ㉠(X) ㉡(○) ㉢(○) ㉣(X) 　　　② ㉠(X) ㉡(○) ㉢(○) ㉣(○)

③ ㉠(○) ㉡(X) ㉢(X) ㉣(X) 　　　④ ㉠(○) ㉡(○) ㉢(X) ㉣(X)

해설

안보경찰, 방첩활동, 공작활동 －
- ㉠ (○) 연락<18 · 20승진>
- ㉡ (○) 신호<18 · 20승진>
- ㉢ (×) **관찰**: 일정한 목적하에 사물의 현상 및 사건 전말을 감지하는 과정을 말한다.[♣사전정찰(X)] <18 · 20승진>
- ㉣ (×) **사전정찰**: 장래의 공작활동을 위하여 공작목표나 공작지역에 대하여 **예비지식을 수집하는 사전 조사활동**을 의미한다.[♣감시(X)]<20승진>

정답 ④

---

03 다음 비밀공작의 순환과정에 대한 설명으로 가장 적절한 것은? <21승진>

> 지령 → 계획 → 모집 → 훈련 → 브리핑 → 파견 및 귀환 → 디브리핑 → 보고서 작성 → 해고

① '모집'은 임무수행에 필요한 능력을 배양시키고, 지식과 기술을 습득케 하는 과정이다.
② '브리핑'은 공작에 영향을 주는 새로운 상황과 임무에 대한 상세한 지시를 하는 단계로, 공작원에게 공작수행에 대한 최종적인 설명이 이루어진다.
③ '파견 및 귀환'은 공작계획에 따라 공작을 진행할 사람을 채용하는 과정이다.
④ '보고서 작성'은 지령을 수행하기 위한 수단과 방법을 조직화하는 과정이다.

해설

안보경찰, 방첩활동, 공작, 순환과정 －
① (×) 훈련: 임무수행에 필요한 **능력을 배양**시키고, **지식과 기술을 습득**하게 한다.[♣모집(X)]<21승진>
② (○) 브리핑<21승진>
③ (×) 모집: 공작계획에 따라 **공작을 진행할 사람을 채용**한다.[♣파견 및 귀환(X)]<21승진>
④ (×) 계획: 지령을 수행하기 위한 **수단 · 방법을 조직화** 하는 것을 계획이라고 한다.[♣보고서 작성 (X)]<21승진>

정답 ②

3 심리전

01 심리전에 대한 다음 설명 중 가장 옳은 것은? 〈17경간〉

① 심리전은 선전·선동·모략 등의 수단에 의해 직접 상대국의 국민 또는 군대에 정신적 자극을 주어 사상의 혼란과 국론의 분열을 유발시킴으로써 자국의 의도대로 유도하는 무력전술이다.
② 심리전의 종류 중 자유진영국가들이 공산진영국가의 국민을 대상으로 전개하는 대공산권 방송은 전술심리전에 해당한다.
③ 아측 후방지역의 사기를 앙양시키거나 수복 지역주민들의 협조를 얻고 질서를 유지하는 선전활동으로 타협심리전이라고도 불리우는 심리전은 선무심리전이다.
④ 심리전의 목적에 의한 분류는 공격적 심리전, 방어적 심리전, 공연성 심리전으로 구분된다.

해설

안보경찰, 방첩활동, 심리전 ―

① (✕) **의의**: **선전·선동·모략 등의 수단**으로 직접 상대국의 국민·군대에 정신적 자극을 주어 **사상혼란과 국론분열을 유발시킴으로써 자국의 의도대로 유도**하는 **비무력전술**이다.[♣무력전술(X)]〈17경간〉
② (✕) **전략심리전**: 광범위하고 **장기적인 목표**하에 대상국의 전 국민을 대상으로 실시하는 **전략심리전**이다.[♣전술심리전(X)]〈17경간〉
　　　예 **자유진영국가들이 공산진영국가에 대해** 실시하는 **대공산권방송**〈17경간·09승진〉
③ (○) **선무심리전**: 아 측 후방지역의 사기를 앙양시키거나 수복지역 주민들의 협조를 얻고 질서를 유지하기 위한 선전활동이다.(일명 **타협심리전**)〈04승진·09·17경간〉
④ (✕) 심리전, **목적에 의한 분류**: 선무심리전, 공격적 심리전, 방어적 심리전[♣공연성 심리전(X)]으로 구분된다.〈17경간·03·06·09승진〉　　　　　　　　　　　정답 ③

4 대공상황

01 대공상황 발생 시 조치요령으로 적절하지 않은 것은? 〈19경간〉

① 출동조치 전에 군·보안부대 등 유관기관에 통보가 이루어져야 한다.
② 대공상황의 보고와 전파 시에는 적시성, 정확성, 간결성, 보안성 등이 고려되어야 한다.
③ 상황이 발생하면 우선 개요를 보고하고, 의문점에 대해서는 2보, 3보로 연속하여 보고한다.
④ 분석요원과 보안책임간부는 통신장비, 분석장비를 휴대하고 현장에 신속히 출동하여 분석판단 및 사건처리에 임한다.

해설

안보경찰, 방첩활동, 대공상황, 조치요령 ―

① (✕) **통보**: **출동조치와 더불어(동시에)** 군·보안부대 등 **유관기관에 통보**가 이루어져야 한다.[♣출동 전에 통보(X)](대공상황 조치요령, 출동·통보·초동조치)〈19경간〉
② (○) **보고·전파 시 고려사항**〈19경간·15승진〉
③ (○) **보고요령**〈19경간·15승진〉
④ (○) 출동·통보·초동조치〈19경간〉　　　　　　　　　　　　　　　　　정답 ①

제4장　보안수사

테마 162 ▶ 국가보안법

01 「국가보안법」에 대한 설명으로 적절하지 않은 것은 모두 몇 개인가? 〈23경간〉

> 가. 반국가단체라 함은 정부를 참칭하거나 국가를 변란할 것을 목적으로 하는 국내외의 결사 또는 집단으로서 지휘통솔체제를 갖춘 단체를 말한다.
> 나. 반국가단체의 구성·가입죄 및 가입권유죄는 미수뿐만 아니라 예비·음모도 처벌한다.
> 다. 범죄수사 또는 정보의 직무에 종사하는 공무원이 이 법의 죄를 범한 자라는 정을 알면서 그 직무를 유기한 때에는 10년 이하의 징역에 처한다. 다만, 본범과 친족관계가 있는 때에는 그 형을 감경 또는 면제한다.
> 라. 반국가단체나 그 구성원의 지령을 받거나 받기 위하여 또는 그 목적수행을 협의하거나 협의하기 위하여 잠입하거나 탈출한 자는 10년 이하의 징역에 처한다.

① 1개　　　　　② 2개　　　　　③ 3개　　　　　④ 4개

해설

안보경찰, 안보수사, 국가보안법 ―

가. (○) **반국가단체 구성·가입·가입권유죄**: 반국가단체(국가보안법 제2조 제1항)<08·14·16승진·12·13·21·23경간·02·09·10·13.2채용>

나. (×) **특성, 범죄의 성립범위 확장**: 반국가단체구성·가입죄(가입권유는 미수만 처벌), **목적수행죄, 자진지원죄, 잠입·탈출죄, 편의제공죄**(제9조 제1항), **이적단체구성죄 등의 범죄**에 대하여 예비·음모·미수를 처벌한다.[♣가입권유죄는 미수뿐만 아니라 예비·음모도 처벌(X)]<06·08·09승진·07·08·23경간·11채용>

다. (×) **특수직무유기죄**: 범죄수사 또는 정보의 직무에 종사하는 공무원이 이 법의 죄를 범한 자라는 정을 알면서 그 직무를 유기한 때에는 **10년 이하의 징역**에 처한다. 다만, **본범과 친족관계가 있는** 때에는 그 형을 감경 또는 면제할 수 있다.[♣면제한다.(X)](제11조)<23경간> → 임의적 감면

라. (×) **특수잠입·탈출죄**: 반국가단체나 그 구성원의 **지령**을 받거나 받기 위하여 또는 그 **목적수행을 협의하거나 협의하기 위하여** 잠입하거나 탈출한 자는 **사형·무기 또는 5년 이상의 징역**에 처한다.[♣10년 이하의 징역(X)](제6조 제2항)<23경간>[♣개인형 이동장치를 타고 난폭운전한 경우 처벌할 수 있다.(X)](도로교통법 제46조의3)<22.2채용>　　**정답 ③**

02 「국가보안법」 범죄에 대한 설명으로 가장 적절하지 않은 것은? (다툼이 있으면 판례에 의함) 〈17경감〉

① 「국가보안법」 제2조에 의한 반국가단체로서의 지휘통솔체제를 갖춘 단체라 함은 2인 이상의 특정 다수인 사이에 단체의 내부질서를 유지하고 그 단체를 주도하기 위하여 일정한 위계 및 분담 등의 체계를 갖춘 결합체를 의미한다.

② 「국가보안법」 제10조의 불고지죄는 반국가단체구성죄, 목적수행죄, 자진지원죄 등의 죄를 범한 자라는 정을 알면서 수사기관 또는 정보기관에 고지하지 아니하는 경우에 성립하는 것으로, 5년 이하의 징역 또는 200만원 이하의 벌금에 처한다. 다만, 본범과 친족관계가 있는 때에는 그 형을 감경 또는 면제한다.

③ 「국가보안법」의 죄를 범한 후 자수한 때에는 그 형을 감경 또는 면제할 수 있다.

④ 「국가보안법」 제5조 제2항의 금품수수죄는 반국가단체의 구성원이나 그 지령을 받은 자라는 정을 알면서 또는 국가의 존립, 안전이나 자유민주적 기본질서를 위태롭게 한다는 정을 알면서 반국가단체의 구성원이 그 지령을 받은 자로부터 금품을 수수함에 의하여 성립하는 것으로서, 그 수수가액이나 가치는 물론 그 목적도 가리지 아니하고, 그 금품수수가 대한민국을 해할 의도가 있는 경우에 한하는 것도 아니다.

해설

안보경찰, 안보수사, 국가보안법 −

① (○) 반국가단체(대법원 95도1121)〈12·17승진〉

② (○) 불고지죄(국가보안법 제10조)〈11경간·03·04·12·14·17승진·07채용〉

③ (✕) **필요적 감경·면제**: 범죄예방을 위해 **자수**하거나 타인이 동 법의 죄를 범하는 것을 **방해**하였을 때에는 그 형을 **감경 또는 면제한다.**(필요적 감면)[♣감경 또는 면제할 수 있다.(X)](국보법 제16조) 〈02·14·15·17승진·12경간·13.2·14.1채용〉

④ (○) 금품수수죄, 단순고의범(대법원 95도1624)〈12·17승진〉 　정답 ③

03 「국가보안법」에 대한 다음 설명 중 옳은 것은 모두 몇 개인가? 〈17경간〉

㉠ 국가보안법은 군사기밀보호법과 마찬가지로 과실범 처벌규정을 두고 있다.
㉡ 국가보안법 제4조 제1항의 목적수행죄는 반국가단체 구성원이나 그 지령을 받은 자는 주체가 될 수 없다.
㉢ 국가보안법 제5조 제1항의 자진지원죄는 반국가단체 구성원이나 그 지령을 받은 자도 주체가 될 수 있지만, 국가보안법 제6조 제2항의 특수잠입·탈출죄는 반국가단체 구성원만 주체가 될 수 있다.
㉣ 국가보안법의 죄를 범한 후 자수하거나 국가보안법상 죄를 범한 타인을 고발하거나 타인이 국가보안법상 죄를 범하는 것을 방해한 때에는 그 형을 감경 또는 면제한다.

① 1개　　　　② 2개　　　　③ 3개　　　　④ 4개

해설

안보경찰, 안보수사, 국가보안법 —

ㄱ (✕) **국가보안법** : 고의범만을 **처벌**[♣과실범 처벌규정(✕)]<17경간·09채용>

ㄴ (✕) **목적수행죄 주체** : 반국가단체의 구성원 또는 그 지령을 받은 자[♣주체가 될 수 없다.(✕)]<11승진·17경간·14.2채용>

ㄷ (✕) **자진지원죄의 주체** : 반국가단체의 구성원 또는 그 지령을 받은 자를 **제외**한 모든 사람이 행위주체 [♣반국가단체의 구성원 또는 지령을 받은 자 포함(✕)]<17경간·03·04·06·09승진·14.2채용>

　 특수 잠입·탈출죄 주체 : 지령을 받거나 받기 위하여 또는 그 목적수행을 협의하거나 협의하기 위한 목적이 있어야 한다.[♣반국가단체 구성원만 주체가 될 수(✕)]<17경간>

ㄹ (○) **자수, 방해의 필요적 감면**(제16조)<02·14·15·17승진·12·17·18경간·13.2·14.1채용>　　**정답 ①**

---

04 「국가보안법」의 특성에 관한 다음 설명 중 가장 옳지 않은 것은? <18경간>

① 편의제공죄나 찬양·고무죄 등 형법상 종범의 성격을 가진 행위에 대하여 독립된 범죄로 처벌한다.

② 「국가보안법」, 「군형법」, 「형법」에 규정된 반국가적 범죄로 금고 이상의 형을 선고받고 그 형의 집행을 종료하지 아니한 자 또는 그 집행을 종료하거나 집행을 받지 않기로 확정된 후 5년이 경과하지 않은 자가 재차 특정범죄를 범하였을 때는 최고형으로 사형을 정하고 있다.

③ 지방법원판사는 목적수행죄에 대해 사법경찰관이 검사에게 신청하여 검사의 청구가 있는 경우에 수사를 계속함에 상당한 이유가 있다고 인정한 때에는 「형사소송법」 제202조의 구속기간의 연장을 2차에 한하여 허가할 수 있다.

④ 「국가보안법」 위반죄를 범한 후 자수하거나 동 법의 죄를 범한 자가 타인이 동법의 죄를 범하는 것을 방해하였을 때에는 그 형을 감경 또는 면제한다.

해설

안보경찰, 안보수사, 국가보안법, 특성 —

① (○) **처벌범위 확장, 종범의 정범화** : 범인에게 각종 **편의를 제공**하거나 범죄를 **선동·선전 및 권유**한 경우 **교사·방조가 아닌 별도의 처벌규정**을 두어 **정범으로서 처벌**하고 있다.[♣금품, 재산적 이익만 제공(편의제공)한 경우 정범으로 처벌되지 않는다.(✕)](제7조, 제9조)<01·09승진·18경간>

② (○) **중형주의, 재범 특수가중**(국가보안법 제13조)<18경간>

③ (✕) **수사효율성 강화, 참고인 구속기간 연장** : 사법경찰관의 구속기간은 **1차 10일 연장으로 20일**, 검사의 구속기간은 **2차 20일 연장으로 30일, 도합 50일의 구속**이 가능하다.[♣경찰 2차 연장(✕)](제19조 제1항, 제2항)<04·08·09승진·06·07·18경간·01·09·12.1채용>

④ (○) **수사효율성 보장, 자수·방해 필요적 감면**(「국가보안법」 제16조)<02·14·15·17승진·12·18경간·13.2·14.1채용>　　**정답 ③**

05 「국가보안법」의 특성에 대한 설명으로 가장 적절하지 않은 것은? 〈19경감〉

① 고의범만 처벌하며, 일부 범죄를 제외하고 기본적으로 미수·예비·음모를 처벌한다.

② 「국가보안법」의 죄를 범한 후 자수하거나 동 법의 죄를 범한 자가 타인이 동 법의 죄를 범하는 것을 방해하였을 때에는 그 형을 감경 또는 면제한다.

③ 검사는 「국가보안법」의 죄를 범한 자에 대하여 공소제기를 보류할 수 있으며 공소보류가 취소된 경우에는 동일한 범죄사실로 재구속할 수 없다.

④ 편의제공죄나 찬양·고무죄 등 「형법」상 종범의 성격을 가진 행위에 대하여 독립된 범죄로 처벌한다.

해설

안보경찰, 안보수사, 국가보안법, 특성 –

① (○) 처벌범위 확장, **예비·음모·미수 대부분 처벌**<19승진·08·13경간>

② (○) 수사효율성 보장, 자수·방해 필요적 감면(「국가보안법」 제16조)<02·14·15·17승진·12·18경간·13.2·14.1채용>

③ (×) 재범방지, **공소보류 취소 : 공소보류가 취소된 경우**에는 '**재구속의 제한**(형소법§208)'**규정에도 불구**하고 **동일한 범죄사실로 재구속할 수 있다.**[♣공소취소해도 재구속 불가능(X)]<03·14·19승진·15경간·05채용>

④ (○) 처벌범위 확장, 종범의 정범화(제7조, 제9조)<01·09승진·18경간>   정답 ③

---

06 「국가보안법」의 보상과 원호에 대한 내용이다. 아래 ㉠부터 ㉣까지의 내용 중 옳고 그름의 표시(O, X)가 바르게 된 것은? 〈18.1채용〉

> ㉠ 이 법의 죄를 범한 자를 수사기관 또는 정보기관에 통보하거나 체포한 자에게는 대통령령이 정하는 바에 따라 상금을 지급한다.
> ㉡ 반국가단체나 그 구성원 또는 그 지령을 받은 자로부터 금품을 취득하여 수사기관 또는 정보기관에 제공한 자에게는 그 가액의 2분의 1에 상당하는 범위 안에서 보로금을 지급할 수 있다. 반국가단체의 구성원 또는 그 지령을 받은 자가 제공한 때에도 또한 같다.
> ㉢ 보로금의 청구 및 지급에 관하여 필요한 사항은 대통령령으로 정한다.
> ㉣ 이 법에 의한 상금과 보로금의 지급 및 제23조에 의한 보상대상자를 심의·결정하기 위하여 법무부장관 소속하에 국가보안유공자 심사위원회를 둔다.

① ㉠(○) ㉡(×) ㉢(○) ㉣(×)   ② ㉠(×) ㉡(○) ㉢(×) ㉣(○)

③ ㉠(○) ㉡(×) ㉢(×) ㉣(×)   ④ ㉠(○) ㉡(○) ㉢(○) ㉣(○)

해설

안보경찰, 안보수사, 국가보안법, 보상과 원호 –

㉠ (○) 필요적 상금지급(국가보안법 제21조 제1항)<18.1채용>

㉡ (○) 임의적 보로금지급(국가보안법 제22조 제2항)<18.1채용>

㉢ (○) 보로금 지급, 대통령령에 위임(국가보안법 제22조 제3항)<18.1채용>

㉣ (○) 국가보안유공자 심사위원회(국가보안법 제24조 제1항)<18.1채용>   정답 ④

---

07 「국가보안법」에 대한 설명으로 가장 적절하지 않은 것은? 〈21경간〉

① 이 법은 국가의 안전을 위태롭게 하는 반국가활동을 규제함으로써 국가의 안전과 국민의 생존 및 자유를 확보함을 목적으로 한다.

② 이 법에서 "반국가단체"라 함은 정부를 참칭하거나 국가를 변란할 것을 목적으로 하는 국내외의 결사 또는 집단으로서 지휘통솔체제를 갖춘 단체를 말한다.

③ 이 법의 죄를 범한 자를 수사기관 또는 정보기관에 통보하거나 체포한 자에게는 「국가보안유공자 상금지급 등에 관한 규정」이 정하는 바에 따라 상금을 지급한다.

④ 사법경찰관리로부터 이 법에 정한 죄의 참고인으로 출석을 요구받은 자가 정당한 이유없이 출석요구에 불응한 때에는 관할법원판사의 구속영장을 발부받아 구인할 수 있다.

> **해설**

안보경찰, 안보수사 –

① (○) **국가보안법 목적** : 국가보안법 제1조〈21경간·98승진·12.3채용〉

② (○) **반국가단체** : 국가보안법 제2조 제1항〈08·14·16승진·12·13·21경간·02·09·10·13.2채용〉

③ (○) **보상과 원호, 상금** : 국가보안법 제21조 제1항〈21경간·18.1채용〉

④ (✕) **참고인의 구인·유치** : **검사 또는 사법경찰관으로부터** 이 법에 정한 죄의 참고인으로 출석을 요구받은 자가 **정당한 이유없이 2회 이상 출석요구에 불응한 때**에는 관할법원판사의 구속영장을 발부받아 구인할 수 있다.[♣사법경찰관리로부터(X), ♣출석요구에 불응한 때(X)](보안관찰법 제18조 제1항)〈01·09·10·11·14·15승진·12·13·15·21경간·12.1·3·14.1채용〉 **정답 ④**

제5장 보안관찰

> 테마 163 ▶ **보안관찰법**

01 보안관찰에 대한 설명 중 가장 적절하지 않은 것은? 〈22승진〉

① 「보안관찰법」상 법무부장관은 보안관찰처분대상자 또는 피보안관찰자중 국내에 가족이 없거나 가족이 있어도 인수를 거절하는 자에 대하여는 대통령령이 정하는 바에 의하여 거소를 제공할 수 있다.

② 「형법」상 일반이적죄는 「보안관찰법」상 보안관찰해당범죄에 해당한다.

③ 「보안관찰법 시행규칙」에서 규정하는 '사안'에는 보안관찰처분기간 갱신청구에 관한 사안도 해당한다.

④ 「보안관찰법」상 피보안관찰자가 주거지를 이전하거나 국외여행 또는 10일 이상 주거를 이탈하여 여행하고자 할 때에는 미리 거주예정지, 여행예정지 기타 대통령령이 정하는 사항을 지구대·파출소장을 거쳐 관할경찰서장에게 신고하여야 한다.

해설

안보경찰, 보안관찰 —

① (○) 집행, 보호 : 보안관찰법 제20조 제3항<22승진·05채용>

② (×) 요건, **형법상 제외범죄** : 내란죄, **일반이적죄·전시군수계약불이행죄**[♣해당(X)]<09·14경간·18승진·03·05·10·14.2·17.1채용>

③ (○) **효과, 기간갱신, 갱신청구** : 검사는 보안관찰처분 **기간만료 2월 전까지 법무부장관에게** 보안관찰처분 기간갱신을 청구하여야 한다.(보안관찰법 시행규칙 제33조 제3항)<22승진>

④ (○) 집행, 피보안관찰자 신고, **이전신고** : 「보안관찰법」 제18조 제4항<17경간·01·04·13·19·20·22승진·17.2채용>

정답 ②

---

02 「보안관찰법」상 "보안관찰 해당범죄"와 관련한 설명으로 가장 적절한 것은? <09·17·18승진·17.1채용>

① 「국가보안법」상 잠입탈출죄, 「국가보안법」상 목적수행죄, 「군형법」상 단순반란불보고죄, 「형법」상 시설제공이적죄는 모두 보안관찰 해당범죄이다.

② 형법상 내란죄, 군형법상 일반이적죄는 모두 보안관찰 해당범죄가 아니다.

③ 국가보안법상 목적수행죄, 금품수수죄는 모두 보안관찰 해당범죄이다.

④ 국가보안법 위반 범죄 중 목적수행죄, 잠입·탈출죄, 편의제공죄, 찬양·고무죄는 모두 보안관찰 해당범죄이다.

해설

안보경찰, 보안관찰, 해당범죄 —

① (×) 보안관찰 대상범죄[♣군형법상 단순반란불보고죄(X)](보안관찰법 제2조)<06·08·13·17승진·09·14경간·03·05·10·14.2채용>

② (×) 형법, 보안관찰 대상범죄(X) : **내란죄, 일반이적죄·전시군수계약불이행죄**[♣군형법상 일반이적죄(X)] / 군형법상 보안관찰 대상이 아닌 범죄 : 단순반란불보고죄[♣군형법상 일반이적죄(X)] (보안관찰법 제2조 제1호 해석)<09·14경간·03·05·10·14.2·17.1채용>

③ (○) 국가보안법상 보안관찰 대상범죄(보안관찰법 제2조 제3호)<13·17승진·17.1채용>

④ (×) 국가보안법, **보안관찰 대상범죄(X)** : 국가보안법 위반 범죄 중 보안관찰 해당범죄가 아닌 것은 반국가단체구성·가입·가입권유죄, 찬양·고무죄, 회합·통신죄, 불고지죄, 특수직무유기죄, 무고날조죄이다.[♣찬양·고무죄는 보안관찰 해당 범죄(X)](보안관찰법 제2조)<09·18경위>

정답 ③

03 보안관찰처분에 대한 설명으로 옳은 것을 모두 고른 것은? 〈17.1채용〉

> ㉠ 보안관찰처분대상자는 교도소 등으로부터 출소 후 10일 이내에 그 거주예정지 관할경찰서장에게 출소사실을 신고하여야 한다.
> ㉡ 보안관찰처분대상자는 교도소 등에서 출소한 후 신고사항에 변동이 있을 때에는 변동이 있는 날부터 7일 이내에 그 변동된 사항을 관할경찰서장에게 신고하여야 한다.
> ㉢ 보안관찰처분청구는 검사가 행한다.
> ㉣ 법무부장관은 보안관찰처분심의위원회의 위원장이 된다.
> ㉤ 검사는 피보안관찰자가 도주하거나 10일 이상 그 소재가 불명한 때에는 보안관찰처분의 집행중지결정을 할 수 있다. 그 사유가 소멸된 때에는 지체 없이 그 결정을 취소하여야 한다.

① ㉠㉢   ② ㉡㉢   ③ ㉡㉤   ④ ㉢㉣

해설

안보경찰, 보안관찰 −

− 절차 −

㉠ (×) 대상자 신고, **출소사실신고** : 보안관찰처분 대상자는 출소 후 **7일 이내**에[♣10일 이내에(X)] 그 거주예정지 관할경찰서장에게 출소사실을 신고하여야 한다.(보안관찰법 제6조 제1항)〈08·09승진·03·12.2·13.1·14.1·17.1채용〉

㉡ (○) 대상자 신고, 변동사항 신고(보안관찰법 제6조 제2항)〈16.2·17.1채용〉 → 위헌으로 효력 상실

㉢ (○) **청구** : **검사가**[♣사법경찰관이(X)] 보안관찰처분청구서를 **법무부장관에게** 제출함으로써 행한다.(보안관찰법 제8조 제1항)〈01·13.1·15.3·17.1채용〉

㉣ (×) 보안관찰처분 심의위원회, **위원장** : **법무부차관이** 되고[♣법무부장관이 위원장(X)], 위원은 학식과 덕망이 있는 자로 하되, 그 과반수는 변호사의 자격이 있는 자이어야 한다.(제12조 제3항)〈13승진·11경간·12.2·3·17.1채용〉

− 집행 −

㉤ (×) **집행중지결정** : 피보안관찰자가 도주하거나 / **1개월 이상 소재불명**[♣10일 이상 소재불명(X)]일 경우에는 **검사는** 보안관찰처분의 **집행중지결정**을 할 수 있다.(보안관찰법 제17조 제3항)〈02·04·05·10·12·17승진·09·11경간·05·12.3·14.1·2·17.1채용〉   **정답** ②

04 「보안관찰법」에 대한 설명으로 가장 적절하지 않은 것은? 〈03·17.2채용〉

① 보안관찰처분대상자라 함은 보안관찰해당범죄 또는 이와 경합된 범죄로 금고 이상의 형의 선고를 받고 그 형기합계가 3년 이상인 자로서 형의 전부 또는 일부의 집행을 받은 사실이 있는 자를 말한다.
② 보안관찰처분대상자는 출소 후 7일 이내에 그 거주예정지 관할경찰서장에게 출소사실을 신고하여야 한다.
③ 피보안관찰자는 보안관찰처분결정고지를 받은 날부터 7일 이내에 일정한 사항을 주거지를 관할하는 지구대·파출소장을 거쳐 관할경찰서장에게 신고하여야 한다.
④ 피보안관찰자는 주거지를 이전하거나 국외여행 또는 7일 이상 주거를 이탈하여 여행하고자 할 때에는 미리 거주예정지, 여행예정지 등을 지구대·파출소장을 거쳐 관할경찰서장에게 신고하여야 한다.

해설

안보경찰, 보안관찰 －

① （○） 처분대상자(보안관찰법   제3조)<07·13·17승진·11·13경간·03·05·10·11·12·13·14.1·2·15.1·3·16.2·17.2채용> [☻해금3집]

② （○） 처분대상자 신고, 출소사실신고(보안관찰법 제6조 제1항)<08·09승진·03·12.2·13.1·14.1·17.1·2채용>

③ （○） 피보안관찰자 신고, 최초신고(보안관찰법 제18조 제1항)<01·04승진·17.2채용>

④ （✕） 피보안관찰자 신고, 수시신고, **이전신고 : 주거지를 이전하거나 국외 또는 10일 이상**[♣7일 이상 (X)] **여행하고자 할 때,** 미리 거주지 관할 경찰서장에게 신고하여야 한다.(보안관찰법 제18조 제4항)<01·04·13승진·17.2채용>
정답 ④

---

05 「보안관찰법」상 보안관찰처분을 받은 자(피보안관찰자)의 신고에 대한 다음 설명 중 가장 옳은 것은? 〈17경간〉

① 최초 신고사항에 변동이 있을 때에는 10일 이내에 지구대장(파출소장)을 거쳐 관할경찰서장에게 변동사항을 신고하여야 한다.

② 주거지를 이전하거나 국외여행 또는 7일 이상 주거를 이탈하여 여행하고자 할 때에는 미리 지구대장(파출소장)을 거쳐 관할 경찰서장에게 신고하여야 한다.

③ 보안관찰처분결정고지를 받은 날부터 10일 이내에 지구대장(파출소장)을 거쳐 관할경찰서장에게 피보안관찰자 신고를 하여야 한다.

④ 보안관찰처분결정고지를 받은 날이 속한 달부터 매 3월이 되는 달의 말일까지 3월간의 주요활동사항 등 소정사항을 지구대장(파출소장)을 거쳐 관할경찰서장에게 신고하여야 한다.

해설

안보경찰, 보안관찰, 피보안관찰자 신고 －

① （✕） 수시신고, **변동사항신고** : 최초 신고사항에 변동이 있을 때에는 **7일 이내에** 지구대·파출소의 장을 거쳐 관할 경찰서장에게 변동사항을 신고하여야 한다.[♣10일 이내(X)](제18조 제3항)<17경간·01·04승진>

② （✕） 수시신고, **이전신고** : 주거지를 이전하거나 국외 또는 **10일 이상**[♣7일 이상(X)] **여행하고자 할 때,** 미리 거주지 관할 경찰서장에게 신고하여야 한다.(제18조 제4항)<17경간·01·04·13승진·17.2채용>

③ （✕） **최초신고** : '피보안관찰자'는 보안관찰처분결정고지를 받은 날부터 **7일 이내에**[♣10일 이내에(X)] '등록기준지 등' 일정사항을 주거지를 관할하는 지구대 또는 파출소의 장을 거쳐 관할경찰서장에게 신고하여야 한다.(제18조 제1항)<17경간·01·04승진·17.2채용>

④ （○） 정기신고(제18조 제2항)<17경간>
정답 ④

06 「보안관찰법」에 대한 설명으로 가장 적절하지 않은 것은? 〈99승진 · 09경간 · 17경위〉

① 보안관찰처분에 관한 결정은 보안관찰처분심의위원회의 의결을 거쳐 법무부장관이 행한다.

② 법무부장관은 검사의 청구가 있는 때에는 보안관찰처분심의위원회의 의결을 거쳐 그 기간을 갱신할 수 있다.

③ 검사는 피보안관찰자가 도주하거나 1월 이상 그 소재가 불명한 때에는 보안관찰처분의 집행중지결정을 할 수 있다.

④ 피보안관찰자의 신고사항으로 보안관찰처분 결정고지를 받은 때 소정사항을 신고, 매 3월마다 중요활동사항을 신고, 신고사항 변동 시 변동내용을 신고, 처분취소 시 결정사항을 신고 등이 있다.

해설

안보경찰, 보안관찰 －

① (○) 처분결정(보안관찰법 제14조 제1항, 제15조)〈11 · 12 · 13 · 17승진 · 03 · 13경간 · 02채용〉

② (○) 갱신(보안관찰법 제5조 제2항)〈13 · 17승진 · 10 · 11.2 · 13.1 · 15.3채용〉

③ (○) 집행중지결정(보안관찰법 제17조 제3항)〈02 · 04 · 05 · 10 · 12 · 17승진 · 09 · 11경간 · 05 · 12.3 · 14.1 · 2채용〉

④ (✕) **피보안관찰자 신고**: 최초신고, 정시신고, 수시신고(변동사항신고, 이전신고)[♣처분취소신고(X)], 처분취소 시 결정사항의 신고의무는 없다.〈99승진〉　　　　　정답 ④

---

07 「보안관찰법」에 대한 설명으로 가장 적절한 것은? 〈19경감〉

① 보안관찰처분에 관한 결정은 보안관찰처분심의위원회의 의결을 거쳐 법무부장관이 행한다.

② 피보안관찰자는 국외여행 또는 7일 이상 여행을 하는 경우 수시신고를 해야 한다.

③ 보안관찰처분의 기간은 2년이며, 그 기간은 갱신할 수 없다.

④ '보안관찰처분대상자'는 보안관찰해당범죄 또는 이와 경합된 범죄로 징역 이상의 형의 선고를 받고 그 형기합계가 3년 이상인 자로서 형의 전부 또는 일부의 집행을 받은 사실이 있는 자를 말한다.

해설

안보경찰, 보안관찰 －

① (○) 처분결정(제14조 제1항)〈11 · 12 · 13 · 17 · 19승진 · 03 · 13경간 · 02채용〉

② (✕) 피보안관찰자 신고, 수시신고, **이전신고 : 주거지를 이전하거나 국외 또는 10일 이상**[♣7일 이상(X)] **여행하고자 할 때,** 미리 거주지 관할 경찰서장에게 신고하여야 한다.(제18조 제4항)〈17경간 · 01 · 04 · 13 · 19승진 · 17.2채용〉

③ (✕) **처분기간 :** 보안관찰처분의 **기간은 2년**으로 한다. 법무부장관은 검사의 청구가 있는 때에는 보안관찰처분심의위원회의 의결을 거쳐 그 기간을 **갱신할 수 있다.**[♣갱신할 수 없다.(X)](제5조)〈10 · 13 · 15 · 19승진 · 03 · 11 · 13경간 · 01 · 05 · 10.2 · 11 · 13.1 · 14.1 · 2채용〉

④ (✕) **처분대상자 :** 보안관찰 **해당범죄 또는 경합된 범죄로 금고 이상의**[♣징역 이상의(X)] 형을 받고 그 형기합계가 **3년 이상인** 자로서 / 형의 **전부 또는 일부의 집행을 받은 사실이 있는 자**를 말한다. (제3조)〈07 · 13 · 17 · 19승진 · 11 · 13경간 · 03 · 05 · 10 · 11 · 12 · 13 · 14.1 · 2 · 15.1 · 3 · 16.2 · 17.2채용〉　　　정답 ①

08 보안관찰에 대한 설명으로 가장 적절하지 않은 것은? 〈20경감〉

① 「국가보안법」상 목적수행죄, 자진지원죄, 금품수수죄와 「형법상」 내란목적살인죄, 외환유치죄, 간첩죄, 물건제공이적죄, 모병이적죄, 시설제공이적죄는 보안관찰 해당범죄이다.

② 피보안관찰자는 보안관찰처분결정고지를 받은 날이 속한 달부터 매 3월이 되는 달의 말일까지 정기 신고를 해야 한다.

③ 피보안관찰자는 국외여행 또는 10일 이상 국내여행을 하는 경우 신고를 해야 한다.

④ 「보안관찰법」상 보안관찰처분심의위원회는 위원장 1인(법무부장관)과 6인의 위원으로 구성되고, 위원은 법무부장관의 제청으로 대통령이 임명 또는 위촉한다.

해설

보안경찰, 보안관찰 ‒

① (○) 요건, **해당범죄**(보안관찰법 제2조)<.... · 08 · 13 · 17 · 18 · 20승진 · 09 · 14경간 · 03 · 05 · 10 · 14.2 · 17.1채용>

② (○) 효과, **피보안관찰자 신고유형**(보안관찰법 제18조 제2항)<20승진 · 17경간>

③ (○) 효과, **이전신고**(보안관찰법 제18조 제4항)<17경간 · 01 · 04 · 13 · 19 · 20승진 · 17.2채용>

④ (✕) 절차, **보안관찰처분 심의위원회** : 보안관찰처분 심의위원회는 **위원장(법무부차관) 1인과 6인의 위원으로 구성**한다.[♣법무부장관이 위원장(X)](제12조 제2항)<13 · 20승진 · 11경간 · 12.2 · 3채용> / 위원은 **법무부장관의 제청으로 대통령이 임명 또는 위촉**한다.(제12조 제4항)<20승진>　　**정답** ④

---

09 「보안관찰법」상 보안관찰처분에 대한 설명으로 옳지 않은 것은? 〈20경간〉

① 보안관찰처분은 보안처분의 일종으로 본질, 추구하는 목적 및 기능에 있어 형벌과는 다른 독자적 의의를 가진 사회보호적 처분이므로 형벌과 병과하여 선고한다고 해서 일사부재리 원칙에 위반하였다고 할 수 없다.

② 보안관찰처분에 관한 결정은 보안관찰처분심의위원회의 의결을 거쳐 법무부장관이 행하며, 법무부장관은 보안관찰분심의 위원회의 의결과 다른 결정을 할 수 없다. 다만, 보안관찰처분 대상자에 대하여 보안관찰처분심의위원회의 의결보다 유리한 결정을 하는 때에는 그러하지 아니하다.

③ 보안관찰처분의 기간은 2년으로 하며 법무부장관은 검사의 청구가 있는 때에는 보안관찰처분심의위원회의 의결을 거쳐 1회에 한해 그 기간을 갱신할 수 있다.

④ 보안관찰처분결정을 받은 자가 그 결정에 이의가 있을 때에는 행정소송법이 정하는 바에 따라 그 결정이 집행된 날부터 60일 이내에 서울고등법원에 소를 제기할 수 있다.

해설

보안경찰, 보안관찰 ‒

① (○) 형벌과 병과 가능<20경간>

② (○) 결정(보안관찰법 제14조 제2항)<11 · 12 · 13 · 17 · 19승진 · 03 · 13 · 20경간 · 02채용>

③ (✕) **기간 · 갱신** : 보안관찰처분의 **기간은 2년으로 한다**. 법무부장관은 검사의 청구가 있는 때에는 보안관찰처분심의위원회의 의결을 거쳐 그 기간을 **갱신할 수** 있다.[♣1회에 한해 갱신(X)](제5조)<10 · 13 · 15 · 19승진 · 03 · 11 · 13 · 20경간 · 01 · 05 · 10.2 · 11 · 13.1 · 14.1 · 2채용> / **갱신된 기간도 역시 2년**이며, 갱신 **횟수에는 제한이 없다.**[♣1회에 한해 갱신(X)](횟수제한 규정이 없음)<20경간>

④ (○) 불복(보안관찰법 제23조)<98 · 03 · 04 · 10승진 · 11 · 20경간 · 01 · 03 · 05 · 10.2 · 12.2채용>　　**정답** ③

10 「보안관찰법」에 관한 설명으로 가장 적절하지 않은 것은? 〈23.1채용〉

① "보안관찰처분대상자"라 함은 보안관찰해당범죄 또는 이와 경합된 범죄로 금고 이상의 형의 선고를 받고 그 형기 합계가 3년 이상인 자로서 형의 전부 또는 일부의 집행을 받은 사실이 있는 자를 말한다.

② 보안관찰처분청구는 검사가 행한다.

③ 보안관찰처분을 받은 자는 이 법이 정하는 바에 따라 소정의 사항을 주거지 관할경찰서장에게 신고하고, 재범방지에 필요한 범위 안에서 그 지시에 따라 보안관찰을 받아야 한다.

④ 보안관찰처분의 기간은 3년으로 한다.

해설

안보경찰, 보안관찰 −

① (○) **요건, "보안관찰처분대상자"**: 보안관찰법 제3조〈07·13·17·19승진·11·13경간·03·05·10·11·12·13·14.1·2·15.1·3·16.2·17.2·23.1채용〉

② (○) **절차, 처분의 청구**: 보안관찰법 제8조 제1항〈01·13.1·15.3·17.1·23.1채용〉

③ (○) **집행, 피보안관찰자의 신고의무**: 보안관찰법 제4조 제2항〈13경간·15.3·23.1채용〉

④ (✕) **절차, 처분의 효과, 처분기간**: 보안관찰처분의 **기간은 2년**으로 한다.[♣1회에 한해 갱신(X), ♣갱신할 수 없다.(X), ♣기간 3년(X)](제5조)〈10·13·15·19승진·03·11·13·20경간·01·05·10.2·11·13.1·14.1·2·23.1채용〉

정답 ④

---

11 「보안관찰법」에 관한 설명으로 가장 적절하지 않은 것은? 〈24승진〉

① '보안관찰처분대상자'라 함은 보안관찰해당범죄 또는 이와 경합된 범죄로 금고 이상의 형의 선고를 받고 그 형기합계가 3년 이상인 자로서 형의 전부 또는 일부의 집행을 면제받은 사실이 있는 자를 말한다.

② 보안관찰처분의 기간은 2년으로 하되, 법무부 장관은 검사의 청구가 있는 때에는 보안관찰처분심의위원회의 의결을 거쳐 그 기간을 갱신할 수 있다.

③ 보안관찰처분대상자는 대통령령이 정하는 바에 따라 그 형의 집행을 받고 있는 교도소, 소년교도소, 구치소, 유치장 또는 군교도소에서 출소 전에 거주예정지 기타 대통령령으로 정하는 사항을 교도소등의 장을 경유하여 거주예정지 관할 경찰서장에게 신고하고, 출소 후 7일 이내에 그 거주예정지 관할 경찰서장에게 출소사실을 신고하여야 한다.

④ 보안관찰처분청구는 검사가 보안관찰처분청구서를 법무부장관에게 제출함으로써 행한다.

해설

안보경찰, 보안관찰법 −

① (✕) **요건, 처분대상자**: '보안관찰처분대상자'라 함은 보안관찰 **해당범죄 또는 경합된 범죄로 금고 이상의 형을 받고** 그 형기합계가 **3년 이상인** 자로서 / 형의 **전부 또는 일부의 집행을**[♣면제를(X)] **받은 사실이 있는 자**를 말한다.(제3조)〈07·13·17·19·24승진·11·13경간·03·05·10·11·12·13·14.1·2·15.1·3·16.2·17.2·23.1채용〉 [😊해금3집]

② (○) **처분의 효과, 처분기간**(제5조)〈10·13·15·19·24승진·03·11·13·20경간·01·05·10.2·11·13.1·14.1·2·23.1채용〉

③ (○) 보안관찰 **처분절차, 대상자 신고**(제6조 제1항 제2항)〈24승진·13.1·16.2채용〉

④ (○) 보안관찰 **처분절차, 청구·결정**(제8조 제1항)〈24승진·13.1·15.3·17.1·23.1채용〉

정답 ①

PART 06

제6장 남북교류협력 및 북한이탈주민 보호

테마 164 ▶ 남북교류협력에 관한 법률

01 「남북교류협력에 관한 법률」 및 동법 시행령과 「국가보안법」에 대한 설명으로 가장 적절하지 않은 것은? (다툼이 있는 경우 판례에 의함) 〈19경위〉

① 남한 주민이 북한을 방문하고자 하는 경우 방문 3일 전까지 남북교류협력시스템을 통해 '북한 방문승인 신청서'를 제출해야 한다.

②「남북교류협력에 관한 법률」에 따르면, 방북 시 통일부장관이 발급한 방문증명서를 소지해야 하며, 통일부장관의 방문승인을 받지 아니하고 방북하는 것에 대한 벌칙규정이 있다.

③ 7 · 4 남북공동성명이 있었고 남북 사이의 화해와 불가침 및 교류협력에 관한 합의서가 체결 및 발효되었다고 하여도 그로 인해 「국가보안법」이 규범력을 상실한 것으로 볼 수는 없다.

④「남북교류협력에 관한 법률」상 '재외국민'이 외국에서 북한을 왕래할 때에는 통일부장관이나 재외공관의 장에게 신고하여야 한다.

해설

안보경찰, 남북교류협력 ―

① (X) **방문승인**: 법에 따라 북한을 방문하기 위하여 통일부장관의 **방문승인을 받으려는** 남한의 주민과 재외국민은 **방문 7일 전까지** 방문승인 신청서에 일정 서류를 첨부하여 **통일부장관에게 제출**하여야 한다.(가족인 북한주민을 방문하기 위하여 미리 일정 서류를 제출한 경우 예외)[♣3일 전까지(X)] (남교법 시행령 제12조 제1항)〈19승진〉

② (○) 미승인 방북, 처벌: 다음 각 호의 어느 하나에 해당하는 자는 **3년 이하의 징역 또는 3천만 원 이하의 벌금**에 처한다.(남교법 제27조 제1항)〈19승진〉

1. **방문승인**(목적 외 방문 시 별도 방문승인)**을 받지 아니하고 북한을 방문**한 자..........

③ (○) 7.4 남북공동성명과 국가보안법 효력: 대법원 99도4027 판결 [국가보안법위반(잠입, 탈출 · 찬양, 고무등 · 회합, 통신등)]〈19승진〉

④ (○) 재외국민 북한왕래(시행령 제14조)〈19승진〉

정답 ①

02 「남북교류협력에 관한 법률」에 관한 설명으로 가장 적절하지 않은 것은? 〈19.2채용〉

① 남한의 주민이 북한을 방문하거나 북한의 주민이 남한을 방문하려면 통일부장관의 방문 승인을 받아야 하며, 통일부장관이 발급한 증명서를 소지하여야 한다.

② 남한의 주민이 북한의 주민과 접촉하려면 통일부장관에게 미리 신고하여야 하는 것이 원칙이나 대통령령으로 정하는 부득이한 사유에 해당하는 경우에는 접촉한 후에 신고할 수 있다.

③ 남한과 북한 간의 거래는 국가 간의 거래가 아닌 민족내부의 거래로 본다.

④ 「남북교류협력에 관한 법률」상 "반출·반입"이란 매매, 교환, 임대차, 사용대차, 증여, 사용 등을 목적으로 하는 남한과 북한 간의 물품 등의 이동을 말하며, 단순히 제3국을 거치는 물품 등의 이동은 포함하지 않는다.

해설

안보경찰, 남북교류협력 ─

① (○) 남북한 왕래, 남·북한의 주민(남북교류협력에 관한 법률 제9조 제1항)〈03·06승진·19.2채용〉

② (○) 주민접촉, 사전신고(남북교류협력에 관한 법률 제9조의2 제1항)〈19.2채용〉

③ (○) 남북한 거래의 원칙(남북교류협력에 관한 법률 제12조)〈19.2채용〉

④ (✕) **반출·반입**: 「남북교류협력에 관한 법률」상 **"반출·반입"**이란 매매, 교환, 임대차, 사용대차, 증여, 사용 등을 목적으로 하는 남한과 북한 간의 물품등의 이동(단순히 **제3국을 거치는 물품등의 이동을 포함**)을 말한다.[♣단순히 제3국을 거치는 물품 등의 이동은 포함하지 않는다.(✕)]〈제2조 제3호〉〈19.2채용〉   정답 ④

---

03 남북교류협력에 대한 설명으로 가장 적절하지 않은 것은? 〈20경감〉

① 재외국민이 외국에서 북한을 왕래할 때에는 통일부장관이나 재외공관의 장에게 신고하여야 한다.

② 거짓이나 부정한 방법으로 방문승인을 받은 경우 승인을 취소해야 한다.

③ 남한 주민이 북한을 방문하고자 하는 경우 방문 10일 전까지 통일부장관에게 '방문승인 신청서'를 제출해야 한다.

④ 「남북교류협력에 관한 법률」은 남북 교류·협력을 목적으로 하는 행위에 관하여는 이 법률의 목적 범위에서 다른 법률에 우선하여 이 법을 적용한다.

해설

안보경찰, 남북교류협력 ─

① (○) 재외국민의 북한왕래(남북교류협력에 관한 법률 시행령 제14조)〈19·20승진〉

② (○) 방문승인 취소(남북교류협력에 관한 법률 제9조 제7항 제1호)〈20승진〉

③ (✕) **방문승인 신청**: 법에 따라 북한을 방문하기 위하여 통일부장관의 **방문승인을 받으려는** 남한의 주민과 재외국민은 **방문 7일 전까지** 방문승인 신청서에 일정 서류를 첨부하여 **통일부장관에게 제출**하여야 한다.(가족인 북한주민을 방문하기 위하여 미리 일정 서류를 제출한 경우 예외)[♣10일전까지(✕)](남교법 시행령 제12조 제1항)〈19·20승진〉

④ (○) 적용(남북교류협력에 관한 법률 제3조)〈12·20승진〉   정답 ③

PART
06

테마 165 ▶ 북한 이탈주민의 보호 및 정착지원

01 「북한이탈주민의 보호 및 정착지원에 관한 법률」에 대한 설명으로 적절한 것은? 〈21승진〉

① "북한이탈주민"이란 군사분계선 이북지역에 주소, 직계가족, 배우자, 직장 등을 두고 있는 사람으로서 북한을 벗어난 후 외국 국적을 취득하지 아니한 사람을 말한다.

② 위장탈출 혐의자, 국내 입국 후 3년이 지나서 보호신청한 사람, 체류국에 5년 이상 생활 근거지를 두고 있는 사람은 보호 대상자로 결정하지 않을 수 있다.

③ "구호물품"이란 이 법에 따라 보호대상자에게 지급하거나 빌려주는 금전 또는 물품을 말한다.

④ 북한이탈주민으로 보호를 받으려는 사람은 재외공관이나 그 밖의 행정기관의 장에게 보호를 직접 신청해야 하고, 국가정보원장은 '북한이탈주민 보호 및 정착지원협의회'의 심의를 거쳐 보호여부를 결정한다.

해설

안보경찰, 북한 이탈주민의 보호 및 정착지원 –

① (○) 북한이탈주민(「북한이탈주민의 보호 및 정착지원에 관한 법률」 제2조 제1호)〈19·20경간·15·18·19·21승진·19.1·20.2채용〉

② (×) 결정제외 사유: 1. 항공기 납치, 마약거래, 테러, 집단살해 등 **국제형사범죄자**, 2. 살인 등 **중대한 비정치적 범죄자**, 3. **위장탈출 혐의자**, 4. 삭제(체류국에 10년 이상 생활 근거지를 두고 있는 사람)(2021년 6. 9부터), 5. 국내 입국 후 **3년이 지나서** 보호신청한 사람, 6. 그 밖에 **국가안전보장·질서유지·공공복리에 대한 중대한 위해 발생 우려**, 보호신청자의 경제적 능력 및 해외체류 여건 **등을 고려**하여 보호대상자로 정하는 것이 **부적당**하거나 **보호 필요성이 현저히 부족**하다고 **대통령령으로 정**하는 사람[♣체류국에 5년 이상 생활 근거지를 두고 있는 사람(×)](북한이탈주민의 보호 및 정착지원에 관한 법률 제9조 제1항)〈19경간·18·19·20·21승진·18.2채용〉

③ (×) **보호금품**: 이 법에 따라 보호대상자에게 **지급하거나 빌려주는 금전 또는 물품**을 말한다.[♣구호물품(×)](북한이탈주민의 보호 및 정착지원에 관한 법률 제2조 제4호)〈19·21승진·18경간〉

④ (×) **보호결정**: **통일부장관은**[♣국가정보원장은(×)] 보호신청에 따른 통보를 받은 날로부터 **30일 이내**에 북한이탈주민 보호 및 정착지원협의회를 거쳐 보호 여부를 결정한다.(북한이탈주민의 보호 및 정착지원에 관한 법률 제8조 제1항)〈21승진·19경간·09·19.1채용〉

정답 ①

02 다음 중 「북한이탈주민의 보호 및 정착지원에 관한 법률」에 대한 설명으로 적절한 것을 모두 고른 것은?

〈18.2채용〉

> ㉠ 보호대상자 중 북한의 군인이었던 자가 국군에 편입되기를 희망하더라도 국군으로 특별임용할
> 수 없다.
> ㉡ 북한이탈주민으로서 「북한이탈주민의 보호 및 정착지원에 관한 법률」에 따른 보호를 받으려는
> 사람은 재외공관이나 그 밖의 행정기관의 장(각급 군부대의 장을 포함한다)에게 보호를 직접 신
> 청하여야 한다. 다만, 보호를 직접 신청하지 아니할 수 있는 대통령령으로 정하는 사유가 있는
> 경우에는 그러하지 아니하다.
> ㉢ 북한이탈주민으로서 보호신청을 한 사람 중 위장탈출 혐의자는 보호대상자로 결정될 수 없다.
> ㉣ 통일부장관은 북한이탈주민 보호 및 정착지원협의회의 심의를 거쳐 보호대상자의 보호 및 정착
> 지원에 관한 기본계획을 3년마다 수립·시행하여야 한다.

① ㉠㉡   ② ㉠㉣   ③ ㉡㉢   ④ ㉡㉣

해설

안보경찰, 북한 이탈주민의 보호 및 정착지원 －

㉠ (✕) **보호대상자 특별임용**: 보호대상자 중 북한의 공무원·군인이었던 자로서 임용·편입을 희망하
는 자에 대하여는 공무원·군인으로 특별 임용할 수 있다.[♣군인이었던 자는 희망해도 임용할 수
없다.(✕)](제18조 제1항, 제2항)〈15승진·18.2채용〉

㉡ (○) **보호신청**(북한이탈주민의 보호 및 정착지원에 관한 법률 제7조 제1항)〈09·18.2채용〉

㉢ (✕) **보호결정 제외사유**: 보호 여부를 결정할 때 다음 각 호의 어느 하나에 해당하는 사람은 보호
대상자로 **결정하지 아니할 수** 있다.[♣결정될 수 없다.(✕)](비보호결정 기준)(제9조 제1항)〈18승진·
18.2채용〉

　① 항공기 납치, 마약거래, 테러, 집단살해 등 국제형사 범죄자
　② 살인 등 중대한 비정치적 범죄
　③ **위장탈출 혐의자**〈18승진·18경간·18.2채용〉
　④ 삭제(21년 6. 9)〈18경간〉
　⑤ 국내 입국 후 **3년이 지나서 보호신청**한 사람[♣6개월 지나서(✕)]〈18승진·15·18경간〉
　⑥ 그 밖에 **국가안전보장·질서유지·공공복리에 대한 중대한 위해 발생 우려, 보호신청자의 경
제적 능력 및 해외체류 여건 등을 고려하여 보호대상자로 정하는 것이 부적당하거나 보호 필요
성이 현저히 부족하다고 대통령령으로 정하는** 사람

㉣ (○) 보호 및 정착지원 기본계획수립(북한이탈주민의 보호 및 정착지원에 관한 법률 제4조의3 제1항)〈18.2
채용〉

정답 ④

03 「북한이탈주민 보호 및 정착지원에 관한 법률」 제9조에 규정된 보호대상자로 결정하지 아니할 수 있는 기준으로 가장 적절하지 않은 것은? (21. 6. 9 발효 개정법령기준) 〈20경위〉

① 체류국에 5년 이상 생활 근거지를 두고 있는 사람
② 국내 입국 후 3년이 지나서 보호신청한 사람
③ 살인 등 중대한 비정치적 범죄자
④ 위장탈출 혐의자

해설

안보경찰, 북한 이탈주민의 보호 및 정착지원 ―

① (✕) 신변보호 결정제외 사유: 보호 여부를 결정할 때 다음 각 호의 어느 하나에 해당하는 사람은 보호대상자로 결정하지 아니할 수 있다.(비보호결정 기준)(제9조 제1항)〈18경간·18승진〉
　1. 항공기 납치, 마약거래, 테러, 집단살해 등 국제형사 범죄자
　2. 살인 등 중대한 비정치적 범죄
　3. **위장탈출 혐의자**〈18승진〉
　4. 삭제[♣체류국에 5년 이상 생활 근거지를 두고 있는 사람(X)]
　5. 국내 입국 후 **3년이 지나서 보호신청**한 사람[♣6개월 지나서(X)]〈18승진·15경간〉
　6. 그 밖에 **국가안전보장·질서유지·공공복리**에 대한 **중대한 위해 발생 우려**, 보호신청자의 경제적 능력 및 해외체류 여건 등을 고려하여 보호대상자로 정하는 것이 **부적당**하거나 **보호 필요성**이 현저히 부족하다고 **대통령령**으로 정하는 사람
②③④ (○) 신변보호 결정제외 사유(보안관찰법 제9조 제1항)〈19경간·18·19·20승진·18.2채용〉　**정답** ①

04 「북한이탈주민의 보호 및 정착 지원에 관한 법률」에 관한 다음 설명 중 가장 옳지 않은 것은? 〈18경간〉

① 위장탈출 혐의자, 국내 입국 후 3년이 지나서 보호신청한 사람은 보호대상자로 결정하지 않을 수 있다.
② 보호금품이란 이 법에 따라 보호대상자에게 지급하거나 빌려주는 금전 또는 물품을 말한다.
③ 관리대상자란 이 법에 따라 보호 및 지원을 받는 북한이탈주민을 말한다.
④ 통일부 장관은 북한이탈주민에 대한 보호 및 지원 등을 위하여 북한이탈주민의 실태를 파악하고, 그 결과를 정책에 반영하여야 한다.

해설

안보경찰, 북한 이탈주민의 보호 및 정착지원 ―

① (○) 신변보호 결정제외 사유: 보호 여부를 결정할 때 다음 각 호의 어느 하나에 해당하는 사람은 보호대상자로 결정하지 아니할 수 있다.(제9조 제1항)〈18경간·18승진〉
　1. 항공기 납치, 마약거래, 테러, 집단살해 등 국제형사 범죄자
　2. 살인 등 중대한 비정치적 범죄
　3. **위장탈출 혐의자**〈18승진〉
　4. 삭제
　5. 국내 입국 후 **3년이 지나서 보호신청**한 사람[♣6개월 지나서(X)]〈18승진·15경간〉
　6. 그 밖에 **국가안전보장·질서유지·공공복리**에 대한 **중대한 위해 발생 우려**, 보호신청자의 경제적 능력 및 해외체류 여건 등을 고려하여 보호대상자로 정하는 것이 **부적당**하거나 **보호 필요성**이 현저히 부족하다고 **대통령령**으로 정하는 사람

② (○) 보호금품(제2조 제4호)<18경간>

③ (×) **보호대상자** : 이 법에 따라 **보호 및 지원**을 받는 북한이탈주민을 말한다.[♣관리대상자(X)](제2조 제2호)<18경간>

④ (○) 실태파악 및 정책반영(제4조 제4항)<18경간 · 15.1채용>　　　　　　　　　　　　　　 정답 ③

---

05 북한이탈주민의 개념과 보호에 대한 설명으로 가장 적절하지 않은 것은? <18경감>

① 「북한이탈주민의 보호 및 정착지원에 관한 법률」상 '북한이탈주민'이란 군사분계선 이북지역(북한)에 주소, 직계가족, 배우자, 직장 등을 두고 있는 사람으로서 북한을 벗어난 후 외국 국적을 취득하지 아니한 사람을 말한다.

② 북한 정부의 해외공민증과 중국정부의 외국인 거류증을 소지한 채 중국에서 거주하는 북한 국적자를 '북한국적 중국동포(조교)'라고 부른다.

③ 「북한이탈주민의 보호 및 정착지원에 관한 법률」상 북한이탈주민으로서 위장탈출 혐의자, 국내 입국 후 6개월이 지나서 보호신청한 사람은 보호 대상자로 결정하여서는 아니 된다.

④ 북한이탈주민의 신변보호 등급으로서 '나'급은 거주지 보호대상자 가운데 북한에서 중요 직책에 종사하여 신변위해를 당할 잠재적 우려가 있는 자와 사회정착이 심히 불안정하여 특별한 관찰과 지원이 필요한 자를 말한다.

해설

안보경찰, 북한 이탈주민의 보호 및 정착지원 –

① (○) 북한이탈주민(「북한이탈주민의 보호 및 정착지원에 관한 법률」 제2조 제1호)<15 · 18승진>

② (○) '북한국적 중국동포(조교)'<18승진>

③ (×) **보호결정 제외사유** : (비보호결정 기준)보호 여부를 결정할 때 다음 각 호의 어느 하나에 해당하는 사람은 보호대상자로 **결정하지 아니할 수** 있다.[♣결정될 수 없다.(X)](제9조 제1항)<19경간 · 18 · 19 · 20승진 · 18.2채용> – 항공기 납치, 마약거래, 테러, 집단살해 등 **국제형사 범죄자**, 살인 등 **중대한 비정치적 범죄**, 위장탈출 혐의자<18승진>, 국내 입국 후 **3년이 지나서 보호신청**한 사람 [♣6개월 지나서(X)]<18승진 · 15경간>, [♣결정될 수 없다.(X)], 그 밖에 **국가안전보장 · 질서유지 · 공공복리에 대한 중대한 위해 발생 우려**, 보호신청자의 경제적 능력 및 해외체류 여건 등을 고려하여 보호대상자로 정하는 것이 **부적당**하거나 **보호 필요성이 현저히 부족**하다고 대통령령으로 정하는 사람

④ (○) 신변호보 '나'급<18승진>　　　　　　　　　　　　　　　　　　　　　　 정답 ③

06 「북한이탈주민의 보호 및 정착지원에 관한 법률」 및 같은 법 시행령에 대한 설명으로 가장 적절한 것은?

〈19.1채용〉

① 북한이탈주민이란 군사분계선 이북지역에 주소, 직계가족, 배우자, 직장 등을 두고 있는 사람으로서 북한을 벗어난 후 외국 국적을 취득한 사람을 말한다.

② 북한이탈주민으로서 「북한이탈주민의 보호 및 정착지원에 관한 법률」에 따른 보호를 받으려는 사람은 재외공관이나 그 밖의 행정기관의 장(각급 군부대의 장은 제외한다)에게 보호를 직접 신청하여야 한다.

③ 통일부장관은 '북한이탈주민 보호 및 정착지원협의회'의 심의를 거쳐 북한이탈주민의 보호 여부를 결정한다. 단, 국가안보에 현저한 영향을 끼칠 우려가 있는 자의 경우 국방부장관이 보호 여부를 결정한다.

④ 통일부장관은 「북한이탈주민의 보호 및 정착지원에 관한 법률」에 따라 보호대상자가 거주지로 전입한 후 그의 신변안전을 위하여 국방부장관이나 경찰청장에게 협조를 요청할 수 있다.

해설

안보경찰, 북한 이탈주민의 보호 및 정착지원 −

① (X) **북한이탈주민**: 군사분계선 이북지역(이하 "북한"이라 한다)에 **주소, 직계가족, 배우자, 직장 등**을 두고 있는 사람으로서 **북한을 벗어난 후 외국 국적을 취득하지 아니한 사람**을 말한다.[♣외국 국적을 취득한 사람(X)](제2조 제1호)〈15 · 18 · 19승진 · 19.1채용〉

② (X) **보호신청**: 북한이탈주민으로서 이 법에 따른 보호를 받으려는 사람은 **재외공관이나 그 밖의 행정기관의 장(각급 군부대의 장을 포함**한다. 이하 "재외공관장등"이라 한다.[♣각급 군부대의 장은 제외 (X)])에게 **보호를 직접 신청하여야** 한다. 다만, 보호를 직접 신청하지 아니할 수 있는 (대통령령으로 정하는) 사유가 있는 경우에는 그러하지 아니하다.(제7조 제1항)〈09 · 18.2 · 19.1채용〉

③ (X) **보호결정**: **통일부장관**은 보호신청에 따른 통보를 받은 날로부터 **30일 이내**에 북한이탈주민 보호 및 정착지원협의회를 거쳐 보호 여부를 결정한다.(제8조 제1항)〈09 · 19.1채용〉
  ※ 다만, 국가안전보장에 현저한 영향을 줄 우려가 있는 사람에 대하여는 **국가정보원장**[♣국방부장관(X)]이 그 보호 여부를 결정하고, 그 결과를 지체 없이 **통일부장관과 보호신청자에게 통보**하거나 알려야 한다.(제8조 제1항 단서)〈15경간 · 19.1채용〉

④ (○) 협조요청(북한이탈주민의 보호 및 정착지원에 관한 법률 시행령 제42조 제1항)〈19.1채용〉　　**정답** ④

---

07 「북한이탈주민의 보호 및 정착 지원에 관한 법률」에 대한 설명으로 가장 적절하지 않은 것은? 〈19경위〉

① '북한이탈주민'이란 군사분계선 이북지역에 주소, 직계가족, 배우자, 직장 등을 두고 있는 사람으로서 북한을 벗어난 후 외국 국적을 취득하지 아니한 사람을 말한다.

② '보호금품'이란 「북한이탈주민의 보호 및 정착 지원에 관한 법률」에 따라 보호대상자에게 지급하거나 빌려주는 금전 또는 물품을 말한다.

③ 통일부장관은 북한이탈주민 보호 및 정착지원협의회의 심의를 거쳐 보호여부를 결정할 때, 북한이탈주민으로서 보호신청을 한 사람 중 테러 등 국제형사범죄자는 보호대상자로 결정할 수 없다.

④ 통일부장관은 북한이탈주민 보호 및 정착지원협의회의 심의를 거쳐 보호여부를 결정할 때, 북한이탈주민으로서 보호신청을 한 사람 중 국내 입국 후 3년이 지나서 보호신청한 사람은 보호대상자로 결정하지 아니할 수 있다.

해설

안보경찰, 북한 이탈주민의 보호 및 정착지원 −

① (○) 북한이탈주민(제2조 제1호)<15 · 18 · 19승진>

② (○) 보호금품(제2조 제4호)<18경간 · 19승진>

③ (×) 보호결정 제외대상 : 보호 여부를 결정할 때 다음 각 호의 어느 하나에 해당하는 사람은 보호대상자로 **결정하지 아니할 수** 있다.(비보호결정 기준)[♣결정될 수 없다.(X)](제9조 제1항)<18 · 19승진 · 18.2채용>

　　 1. 항공기 납치, 마약거래, 테러, 집단살해 등 **국제형사 범죄자**<19승진>...

④ (○) 보호결정 제외대상(제9조 제1항 5호)<18 · 19승진 · 15 · 18경간>　　　　**정답** ③

---

08 북한이탈주민의 보호 및 정착지원에 관한 법률에 대한 설명으로 옳지 않은 것은? <19경간>

① 통일부장관은 북한이탈주민의 보호 및 정착지원에 관한 법률에 따라 보호대상자가 거주지로 전입한 후 그의 신변안전을 위하여 국방부장관이나 경찰청장에게 협조를 요청할 수 있다.

② 북한이탈주민이란 군사분계선 이북지역에 주소, 직계가족, 배우자, 직장 등을 두고 있는 사람으로서 북한을 벗어난 후 외국 국적을 취득하지 아니한 사람을 말한다.

③ 통일부장관은 '북한이탈주민 보호 및 정착지원협의회'의 심의를 거쳐 보호 여부를 결정한다. 단, 국가안보에 현저한 영향을 끼칠 우려가 있는 자의 경우 국가정보원장이 보호 여부를 결정한다.

④ 북한이탈주민으로서 위장탈출 혐의자, 국내 입국 후 3년이 지나서 보호신청한 사람은 보호대상자로 결정될 수 없다.

해설

안보경찰, 북한 이탈주민의 보호 및 정착지원 −

① (○) 협조요청(북한이탈주민의 보호 및 정착지원에 관한 법률 시행령 제42조 제1항)<19경간 · 19.1채용>

② (○) 북한이탈주민(북한이탈주민의 보호 및 정착지원에 관한 법률 제2조 제1호)<19경간 · 15 · 18 · 19승진 · 19.1채용>

③ (○) 보호결정(북한이탈주민의 보호 및 정착지원에 관한 법률 제8조 제1항)<15 · 19경간 · 19.1채용>

④ (×) **보호결정 제외대상** : 보호 여부를 결정할 때 **결정제외사유(**항공기 납치, 마약거래, 테러, 집단살해 등 **국제형사범죄자**, 살인 등 중대한 비정치적 범죄자, **위장탈출 혐의자**, 국내 입국 후 **3년이 지나서** 보호신청한 사람, 그 밖에 **국가안전보장 · 질서유지 · 공공복리에 대한 중대한 위해 발생 우려**, 보호신청자의 경제적 능력 및 해외체류 여건 등을 고려하여 보호대상자로 정하는 것이 **부적당**하거나 보호 필요성이 현저히 부족하다고 **대통령령으로 정**하는 사람**)**의 어느 하나에 해당하는 사람은 보호대상자로 **결정하지 아니할 수** 있다.[♣결정될 수 없다.(X)](제9조 제1항)<19경간 · 18 · 19승진 · 18.2채용>　　　**정답** ④

09 「북한이탈주민의 보호 및 정착지원에 관한 법률」에 대한 설명으로 적절한 것만을 모두 고른 것은? (21. 6. 9 발효 개정법령기준) 〈20.2채용〉

> ⊙ "북한이탈주민"이란 북한에 주소, 직계가족, 배우자, 직장 등을 두고 있는 사람으로서 북한을 벗어난 후 외국 국적을 취득한 사람을 말한다.
> ⓒ 이 법에 따른 보호 및 정착지원은 원칙적으로 개인을 단위로 하되, 필요하다고 인정하는 경우에는 대통령령으로 정하는 바에 따라 세대 단위로 할 수 있다.
> ⓒ 보호대상자를 정착지원시설에서 보호하는 기간은 1년 이내로 하고, 거주지에서 보호하는 기간은 5년으로 한다.
> ⓔ 북한이탈주민으로서 국내 입국 후 1년이 지나서 보호신청한 사람은 보호대상자로 결정하지 않을 수 있다.

① ㉠ⓒ   ② ㉠ⓒ   ③ ⓒⓒ   ④ ⓒⓔ

해설

안보경찰, 북한 이탈주민의 보호 및 정착지원 –

㉠ (X) **북한이탈주민**: 군사분계선 이북지역(이하 "북한"이라 한다)에 **주소, 직계가족, 배우자, 직장 등**을 두고 있는 사람으로서 **북한을 벗어난 후 외국 국적을 취득하지 아니한 사람**을 말한다.[♣외국 국적을 취득한 사람(X)](제2조 제1호)〈19경간 · 15 · 18 · 19승진 · 19.1 · 20.2채용〉

ⓒ (O) 정착지원단위(북한이탈주민정착 지원에 관한 법률 제5조 제2항)〈20.2채용〉

ⓒ (O) 보호기간(북한이탈주민정착 지원에 관한 법률 제5조 제3항)〈20.2채용〉

ⓔ (X) 보호결정 제외대상: 5. 국내 입국 후 **3년이 지나서** 보호신청한 사람[♣1년이 지나서(X)](제9조 제1항 5호)〈18 · 19 · 20승진 · 15 · 18 · 19경간 · 20.2채용〉

☞ **결정제외사유**

> 1. 항공기 납치, 마약거래, 테러, 집단살해 등 **국제형사범죄자**〈19승진〉
> 2. 살인 등 **중대한 비정치적 범죄자**〈20승진〉
> 3. **위장탈출 혐의자**〈18 · 20승진 · 18 · 19경간 · 18.2채용〉
> 4. 삭제(21.6.9)
> 5. 국내 입국 후 **3년이 지나서** 보호신청한 사람[♣1년이 지나서(X)](제9조 제1항 5호)〈18 · 19 · 20승진 · 15 · 18 · 19경간 · 20.2채용〉
> 6. 그 밖에 **국가안전보장 · 질서유지 · 공공복리**에 대한 중대한 위해 발생 우려, 보호신청자의 경제적 능력 및 해외체류 여건 등을 고려하여 보호대상자로 정하는 것이 **부적당**하거나 보호 필요성이 현저히 부족하다고 대통령령으로 정하는 사람
> [☺국중위 식상 부적]

정답 ③

10 「북한이탈주민의 보호 및 정착지원에 관한 법률」에 대한 설명으로 옳지 않은 것은? 〈20경간〉

① 북한이탈주민이란 군사분계선 이북지역에 주소, 직계가족, 배우자, 직장 등을 두고 있는 사람으로서 북한을 벗어난 후 외국 국적을 취득하지 아니한 사람을 말한다.

② 대한민국은 보호대상자를 상호주의에 입각하여 특별히 보호하고 외국에 체류하고 있는 북한이탈주민의 보호 및 지원등을 위해 외교적 노력을 다하여야 한다.

③ 국가는 보호대상자의 성공적인 정착을 위하여 보호대상자의 보호·교육·취업·주거·의료 및 생활보호 등의 지원을 지속적으로 추진하고 이에 필요한 재원을 안정적으로 확보하기 위해 노력하여야 한다.

④ 통일부장관은 보호대상자가 거주지로 전입한 후 그의 신변안전을 위하여 국방부장관이나 경찰청장에게 협조를 요청할 수 있으며, 협조요청을 받은 국방부장관이나 경찰청장은 이에 협조한다.

해설

안보경찰, 북한 이탈주민의 보호 및 정착지원 −

① (○) 북한이탈주민(북한이탈주민의 보호 및 정착지원에 관한 법률 제2조 제1호)〈19·20경간·15·18·19승진·19.1·20.2채용〉

② (X) 기본원칙 : 대한민국은 보호대상자를 **인도주의에 입각**하여 특별히 보호한다.[♣상호주의에 입각 (X)](제4조 제1항)〈20경간·15.1채용〉
대한민국은 외국에 체류하고 있는 북한이탈주민의 보호 및 지원 등을 위하여 **외교적 노력을 다하여야** 한다.(제4조 제2항)〈20경간·15.1채용〉

③ (○) 국가의 정착지원의무(북한이탈주민의 보호 및 정착지원에 관한 법률 제4조의2 제1항)〈20경간〉

④ (○) 협조요청(북한이탈주민의 보호 및 정착지원에 관한 법률 시행령 제42조 제1항)〈19·20경간·19.1채용〉

정답 ②

---

11 「북한이탈주민의 보호 및 정착지원에 관한 법률」에 대한 설명으로 가장 적절하지 않은 것은? 〈21.2채용〉

① 위장탈출 혐의자 또는 국내 입국 후 3년이 지나서 보호신청한 사람은 보호대상자로 결정하지 아니할 수 있다.

② 북한이탈주민으로서 이 법에 따른 보호를 받으려는 사람은 재외공관등에게 보호를 직접 신청하여야 한다. 다만, 보호를 직접 신청하지 아니할 수 있는 대통령령으로 정하는 사유가 있는 경우에는 그러하지 아니하다.

③ 보호신청을 받은 재외공관장등은 지체 없이 그 사실을 소속 중앙행정기관의 장을 거쳐 통일부장관과 국가정보원장에게 통보하여야 한다.

④ 경찰청장은 보호신청자에 대하여 보호결정 등을 위하여 필요한 조사 및 일시적인 신변안전조치 등 임시보호조치를 한 후 지체 없이 그 결과를 통일부장관과 국가정보원장에게 통보하여야 한다.

해설

안보경찰, 북한이탈주민 보호 −

① (○) 보호결정 제외대상(「북한이탈주민의 보호 및 정착지원에 관한 법률」 제9조 제1항)<19경간·18·19·20·21승진·18.2·21.2채용>

② (○) 보호신청(「북한이탈주민의 보호 및 정착지원에 관한 법률」 제7조 제1항)<21승진·09·18.2·19.1·21.2채용>

③ (○) 보호신청과 통보(「북한이탈주민의 보호 및 정착지원에 관한 법률」 제7조 제2항)<21.2채용>

④ (×) **임시보호조치 및 통보**: 통보를 받은 **국가정보원장은**[♣경찰청장은(X)] 보호신청자에 대하여 보호결정 등을 위하여 필요한 조사 및 일시적인 신변안전조치 등 **임시보호조치**를 한 후 지체 없이 그 **결과를 통일부장관에게**[♣국가정보원장에게(X)] **통보하여야** 한다.(제7조 제3항)<21.2채용>   정답 ④

---

12 「북한이탈주민의 보호 및 정착지원에 관한 법률」에 대한 내용으로 가장 적절하지 않은 것은? 〈24승진〉

① 통일부장관은 보호대상자가 거주지로 전입한 후 그의 신변안전을 위하여 국방부장관이나 경찰청장에게 협조를 요청할 수 있으며, 협조 요청을 받은 국방부 장관이나 경찰청장은 이에 협조한다.

② '보호대상자'란 이 법에 따라 보호 및 지원을 받는 북한이탈주민을 말한다.

③ 통일부장관은 보호대상자가 정착지원시설로부터 그의 거주지로 전입한 후 정착하여 스스로 생활하는 데 장애가 되는 사항을 해결하거나 그 밖에 자립·정착에 필요한 보호를 할 수 있다.

④ '북한이탈주민'이란 군사분계선 이북지역에 주소, 직계가족, 배우자, 직장 등을 두고 있는 사람으로서 북한을 벗어난 후 외국 국적을 취득한 사람을 말한다.

해설

안보경찰, 북한이탈주민의 보호 및 정착지원 −

① (○) 지원사항, 협조요청(북한이탈주민의 보호 및 정착지원에 관한 법률 제22조의2 제1항)<24승진·19·20경간·19.1채용>

② (○) 정의, '보호대상자'(북한이탈주민의 보호 및 정착지원에 관한 법률 제2조 제2호)<24승진·18경간>

③ (○) 지원사항, 거주지 보호(북한이탈주민의 보호 및 정착지원에 관한 법률 제22조 제1항)<24승진>

④ (×) 정의, "**북한이탈주민**": 군사분계선 이북지역(이하 "북한"이라 한다)에 **주소, 직계가족, 배우자, 직장 등을 두고** 있는 사람으로서 **북한을 벗어난 후 외국 국적을 취득하지 아니한 사람**을 말한다. [♣외국 국적을 취득한 사람(X)](제2조 제1호)<19·20경간·15·18·19·21·24승진·19.1·20.2채용>   정답 ④

제1장 | 외사경찰 일반

1 외사경찰의 의의

테마 166 **다문화 사회의 접근유형**

01 다문화 사회의 접근유형에 대한 설명으로 가장 적절하지 않은 것은? 〈19경감〉

① 급진적 다문화주의－다문화주의는 '차이에 대한 권리'로 해석되며, 소수자의 문화적 권리와 결부되어 이해된다.

② 동화주의－사회통합을 이룩하기 위해 국가내부의 문화적 다양성을 허용하고, 소수 인종집단 고유의 문화와 가치를 인정하지만, 시민생활이나 공적생활에서는 주류 사회의 문화·언어·사회습관에 따를 것을 요구한다.

③ 조합주의적 다문화주의－자유주의적 다문화주의와 급진적 다문화주의의 절충적 형태로서 다문화주의를 결과에 있어서의 평등보장이라는 측면에서 접근한다.

④ 다원주의－소수집단이 자결(Self－Determination)의 원칙을 내세워 문화적 공존을 넘어서는 소수민족 집단만의 공동체 건설을 지향한다. 미국에서의 흑인과 원주민에 의한 격리주의 운동이 대표적이다.

해설

외사경찰, 일반, 다문화사회 접근유형 －

① (○) 급진적 다문화주의〈12·13·19승진〉

② (○) 동화주의(자유주의적 다문화주의)〈13·19승진〉

③ (○) 조합주의적 다문화주의(다원주의)〈13·19승진〉

④ (✕) **급진적 다문화주의**: 다문화주의는 '**차이에 대한 권리**'로 해석되며, 다문화주의는 **소수자의 문화적 권리와 결부**되어 이해된다. 그리고 **소수집단의 자결의 원칙**을 내세워 문화적 공존을 넘어서는 **소수민족 집단만의 공동체 건설**을 지향한다. 다민족 다문화사회에서 **주류 사회의 문화, 언어, 규범, 가치, 생활양식을 부정하고 독자적인 생활방식을 추구**하는 것이 그들의 입장이다.[♣다원주의(✕)]〈12·13·19승진〉

정답 ④

02 다음은 다문화 사회의 접근유형에 대한 설명이다.〈보기 1〉과〈보기 2〉의 내용이 가장 적절하게 연결된 것은?

〈20.1채용〉

┤ 보기1 ├

(가) 소수집단이 자결(Self-Determination)의 원칙을 내세워 문화적 공존을 넘어서는 소수민족 집단 만의 공동체 건설을 지향한다.

(나) 차별을 금지하고 사회참여를 위해 기회평등을 보장하는 것으로, 사회통합을 위해 문화적 다양 성을 인정하며 민족 집단의 존재를 인정하지만 시민 생활과 공적 생활에서는 주류 사회의 문 화, 언어, 사회관습을 따를 것을 요구한다.

(다) 다문화주의를 결과에 있어서의 평등보장이라는 측면에서 접근하는 것으로, 문화적 소수자가 현 실적으로 문화적 다수자와의 경쟁에서 불리한 위치에 있다는 것을 전제로 소수집단의 사회참 가를 촉진하기 위해 적극적인 법적 재정적 원조를 한다.

┤ 보기2 ├

㉠ 조합주의적 다문화주의　　　　㉡ 급진적 다문화주의　　　　㉢ 자유주의적 다문화주의

	(가)	(나)	(다)
①	㉠	㉢	㉡
②	㉡	㉢	㉠
③	㉠	㉡	㉢
④	㉡	㉠	㉢

해설

외사경찰, 일반, 다문화사회 접근유형 —

(가) 급진적 다문화주의(Radical Multiculturalism)<12 · 13 · 19승진 · 20.1채용>

(나) 자유주의적 다문화주의(Liberal Multiculturalism)<13 · 19승진 · 20.1채용>

(다) 조합주의적 다문화주의(Corporate Multiculturalism)<13 · 19승진 · 20.1채용>

정답 ②

– 국제사회와 외사경찰

01 다자간 협상의 종류에 대한 다음 설명 중 가장 옳지 않은 것은? 〈17경간〉

① Green Round(환경라운드) – 엄격한 환경기준을 가진 선진국들이 자국의 통상 관련 입법을 통하여 생태적 덤핑을 규제한다.

② Technology Round(기술라운드) – 기술경쟁력을 확보하기 위한 개발도상국들의 연대움직임으로, 선진국들의 지적재산권 보호 움직임과 충돌하기도 한다.

③ Competition Round(경쟁라운드) – 각국의 국내규제와 정책의 차이가 무역 장애로 등장함에 따라 개방과 내국인 대우를 통한 경쟁조건의 평균화를 추진한다.

④ Blue Round(노동라운드) – 열악한 노동환경과 저임금에 의한 사회적 덤핑을 규제한다.

해설

외사경찰, 일반, 다자간 무역협상 –

① (○) **다자간 무역협상**(무역과 노동, 환경, 기술문제의 연계)〈17경간〉

② (×) Technology round : **개도국의 기술경쟁력 확보를 저지하기 위한 선진국의 연대움직임으로, 주로 지적재산권 보호에 중점**을 두고 있다.[♣개발도상국들의 연대(X)]〈17경간〉

③④ (○) **다자간 무역협상**(무역과 노동, 환경, 기술문제의 연계)〈17경간〉

정답 ②

---

02 통역에 관한 다음 설명 중 가장 옳지 않은 것은? 〈18경간〉

① 릴레이통역이란 3개 국어 이상의 언어가 통역되어야 할 때 이용되는 방법이다.

② 생동시통역이란 원격지에 있는 사람들과 화상회의를 할 때 사용되는 통역으로 고도의 기술과 장비가 필요하다.

③ 방송통역이란 TV화면과 함께 음성을 동시통역하는 것으로, 골프전 통역이 대표적인 예이다.

④ 순차통역이란 연사의 발언을 청취하면서 노트테이킹(Note – Taking) 하다가 발언이 끝나면 통역하는 방법으로 가장 보편적인 통역방법이다.

해설

외사경찰, 일반, 통역의 종류 –

① (○) 릴레이통역〈18경간〉

② (×) **화상회의통역** : 원격지에 있는 사람들과 화상회의를 할 때 사용되는 통역으로 고도의 기술과 장비가 필요하다.[♣생동시 통역(X)]〈18경간〉

생동시통역 : 별도의 **통역부스나 장비 없이 통역**하여 현장감을 살릴 수 있는 장점이 있으나 **말하는 소리와 통역하는 소리가 섞이는 단점**이 있다.

③ (○) 방송통역〈18경간〉

④ (○) 순차통역〈18경간〉

정답 ②

PART 07

제2장 외사경찰의 대상

1 외국인의 지위

☞ 개념

01 「국적법」상 일반귀화의 요건에 대한 설명으로 가장 적절하지 않은 것은? 〈14 · 17경위 · 15.2채용〉

① 품행이 단정할 것
② 자신의 자산이나 기능에 의하거나 생계를 같이하는 가족에 의존하여 생계를 유지할 능력이 있을 것
③ 대한민국의 「민법」상 성년일 것
④ 3년 이상 계속하여 대한민국에 주소가 있을 것

해설

외사경찰, 대상, 외국인, 일반귀화요건 −

①②③ (○) 일반귀화요건(국적법 제5조 2,3,4호)〈14 · 17승진 · 15.2채용〉
④ (✕) 일반귀화 요건 : **5년 이상 계속하여 대한민국에 주소가 있을 것**[♣3년 이상 주소(X)](국적법 제5조 1호)〈14 · 17승진 · 15.2채용〉

정답 ④

---

02 「국적법」상 일반귀화의 요건에 관한 내용이다. ㉠ ~ ㉤의 내용 중 옳고 그름의 표시(O, X)가 모두 바르게 된 것은? 〈19.2채용〉

㉠ 10년 이상 계속하여 대한민국에 주소가 있을 것
㉡ 대한민국에서 영주할 수 있는 체류자격을 가지고 있을 것
㉢ 대한민국의 「민법」상 성년일 것
㉣ 법령을 준수하는 등 대통령령으로 정하는 품행 단정의 요건을 갖출 것
㉤ 귀화를 허가하는 것이 국가안전보장 · 질서유지 또는 공공복리를 해치지 아니한다고 법무부장관이 인정할 것

① ㉠(✕) ㉡(○) ㉢(○) ㉣(✕) ㉤(○) ② ㉠(○) ㉡(✕) ㉢(○) ㉣(○) ㉤(✕)
③ ㉠(○) ㉡(○) ㉢(✕) ㉣(✕) ㉤(○) ④ ㉠(✕) ㉡(○) ㉢(○) ㉣(✕) ㉤(✕)

해설

외사경찰, 대상, 외국인, 일반귀화요건 −

㉠ (✕) **주소 : 5년 이상 계속하여 대한민국에 주소가 있을 것**[♣10년 이상 주소(X)](국적취득형태, 후천적 취득, 일반귀화/ 국적법 제5조 제1호)〈14 · 17승진 · 15.2 · 19.2채용〉
㉡ (○) 영주의 체류자격(국적법 제5조 제1의2호)〈19.2채용〉
㉢ (○) 성년(국적법 제5조 제2호)〈14 · 17승진 · 15.2 · 19.2채용〉
㉣ (✕) **품행 : 법령을 준수하는 등 법무부령으로 정하는 품행 단정의 요건을 갖출 것**[♣대통령령(X)](국적취득형태, 후천적 취득, 일반귀화 / 국적법 제5조 제3호)〈14 · 17승진 · 15.2 · 19.2채용〉
㉤ (○) 법무부장관의 인정(국적법 제5조 제6호)〈19.2채용〉

정답 ①

☞ **외국인 입·출국**

테마 167 ▶ **입국금지**

01 「출입국관리법」상 외국인의 입국금지 사유로 가장 적절하지 않은 것은? 〈17.2채용〉

① 감염병환자, 마약류중독자, 그 밖에 공중위생상 위해를 끼칠 염려가 있다고 인정되는 사람

② 강제퇴거명령을 받고 출국한 후 5년이 지난 사람

③ 사리 분별력이 없고 국내에서 체류활동을 보조할 사람이 없는 정신장애인, 국내체류비용을 부담할 능력이 없는 사람, 그 밖에 구호(救護)가 필요한 사람

④ 경제질서 또는 사회질서를 해치거나 선량한 풍속을 해치는 행동을 할 염려가 있다고 인정할 만한 상당한 이유가 있는 사람

해설

외사경찰, 대상, 외국인, 출·입국 −

①③④ (○) **입국금지 사유**: ① **공중위생상 위해 우려** ☞ 감염병환자, 마약류중독자, 그 밖에 **공중위생상 위해를 끼칠 염려**가 있다고 인정되는 사람<10.2·17.2채용> / ② **총포·도검·화약류 관련** ☞ 「총포·도검·화약류 등 단속법」에서 정하는 **총포·도검·화약류 등을** 위법하게 가지고 입국하려는 사람 / ③ **이익과 안전을 해칠 우려** ☞ 대한민국의 이익이나 공공의 안전을 해치는 행동을 할 염려가 있다고 인정할 만한 상당한 이유가 있는 사람 / ④ **경제질서 등과 선량한 풍속을 해칠 우려** ☞ 경제질서 또는 사회질서를 해치거나 선량한 풍속을 해치는 행동을 할 염려가 있다고 인정할 만한 상당한 이유가 있는 사람<10.2·17.2채용> / ⑤ **구호를 요하는 자** ☞ 사리 분별력이 없고 국내에서 체류활동을 보조할 사람이 없는 정신장애인, 국내체류비용을 부담할 능력이 없는 사람, 그 밖에 구호(救護)가 필요한 사람<10.2·17.2채용> / ⑥ **강제퇴거 후 5년 미경과** ☞ 강제퇴거명령을 받고 출국한 후 5년이 지나지 아니한 사람 / ⑦ 1910년 8월 29일부터 1945년 8월 15일까지 사이에 정부의 지시를 받거나 그 정부와 연계하여 인종, 민족, 종교, 국적, 정치적 견해 등을 이유로 사람을 학살·학대하는 일에 관여한 사람 / ⑧ **법무부장관이** 그 입국이 적당하지 아니하다고 **인정**하는 사람[♣상륙허가 없이 상륙 혹은 상륙허가조건위반(X)](출입국관리법 제11조)<08·10·17.2채용> [☻공총이 경선구강 5인]

② (×) **입국금지사유**: ⑥ **강제퇴거 후 5년 미경과** ☞ 강제퇴거명령을 받고 출국한 후 5년이 지나지 아니한 사람[♣강제퇴거명령을 받고 출국한 후 5년이 지난 사람(X)]<17.2채용>   정답 ②

PART 07

- 여권, 사증

01 여행경보단계 중 해외체류자는 신변안전에 특별히 유의하여야 하고, 해외여행 예정자는 불필요한 여행을 자제해야 하는 단계는? 〈21승진〉

① 남색경보   ② 황색경보

③ 적색경보   ④ 흑색경보

해설

외사경찰, 대상, 외국인, 여권 · 사증 −
여행경보의 유형 ☞ 1단계[**유의**] ➡ 2단계[**자제**][♣삼가(X)] ➡ 3단계[**제한**] ➡ 4단계[**금지**]〈21승진 · 12경간〉

정답 ②

02 「출입국관리법」상 상륙의 종류와 상륙허가 기간에 대한 설명으로 ⊙부터 ⑩까지 ( ) 안에 들어갈 숫자를 모두 합한 값으로 가장 적절한 것은? (단, 필요요건과 절차는 갖추어졌으며, 연장은 없는 것으로 본다)

〈18경위 · 17경간〉

> ⊙ 대한민국의 출입국항에 입항할 예정이거나 정박 중인 선박 등으로 옮겨 타려는 외국인승무원 − ( )일 이내
>
> ⓛ 선박등에 타고 있는 외국인(승무원을 포함한다)이 질병이나 그 밖의 사고로 긴급히 상륙할 필요가 있다고 인정될 때 − ( )일 이내
>
> ⓒ 승선 중인 선박등이 대한민국의 출입국항에 정박하고 있는 동안 휴양 등의 목적으로 상륙하는 외국인승무원 − ( )일 이내
>
> ② 조난을 당한 선박등에 타고 있는 외국인(승무원을 포함한다)을 긴급히 구조할 필요가 있다고 인정 될 때 − ( )일 이내
>
> ⑩ 선박 등에 타고 있는 외국인이 「난민법」 제2조 제1호에 규정된 이유나 그 밖에 이에 준하는 이유로 그 생명 · 신체 또는 신체의 자유를 침해받을 공포가 있는 영역에서 도피하여 곧바로 대한민국에 비호를 신청하는 경우 − ( )일 이내

① 153   ② 168   ③ 180   ④ 205

해설

외사경찰, 대상, 외국인, 출 · 입국, 상륙의 종류 −
⊙ 승무원 상륙 : **15일 이내**(출입국관리법 제14조)〈17승진 · 14경간 · 08채용〉
ⓛ 긴급 상륙: **30일 이내**(출입국관리법 제15조)〈17승진 · 16.2채용〉
ⓒ 승무원 상륙 : **15일 이내**(출입국관리법 제14조)〈17승진 · 14경간 · 08채용〉
② 재난 상륙: **30일 이내**(출입국관리법 제16조)〈17승진 · 14경간 · 14.2 · 16.2채용〉
⑩ 난민임시 상륙: **90일 이내**(출입국관리법 제16조의2)〈11 · 14경간 · 16.2채용〉

정답 ③

03 「출입국관리법」에 대한 설명으로 가장 적절하지 않은 것은? 〈20경감〉

① 법무부장관은 형사재판에 계속 중인 사람, 징역형이나 금고형의 집행이 끝나지 아니한 사람, 대통령령으로 정하는 금액 이상의 벌금이나 추징금을 내지 아니한 사람에 대해서는 6개월 이내의 기간을 정하여 출국을 금지할 수 있다.

② 재난상륙·긴급상륙·승무원상륙 허가기간은 각각 30일 이내이며, 난민임시상륙 허가기간은 90일 이내이다.

③ 수사기관이 출입국사범을 입건한 때에는 지체 없이 관할 지방출입국·외국인관서의 장에게 사건을 인계한다.

④ 법무부장관은 입국심사에 필요한 경우에는 관계 행정기관이 보유하고 있는 외국인의 생체정보의 제출을 요청할 수 있다.

해설

외사경찰, 대상, 외국인, 출·입국 −

① (○) 출국금지(출입국관리법 제4조 제1항)〈17경간·13·19·20승진·17.1채용〉

② (✕) **승무원상륙** : (출입국관리공무원은) 외국인승무원이 다른 선박에 **옮겨 타거나 휴양** 등의 목적으로 상륙하고자 할 때 **15일 범위** 내에서 **승무원 상륙**을 허가할 수 있다.[♣30일 범위 내에서(✕)](제14조)〈17·20승진·14경간·08채용〉

③ (○) 출입국사범 입건(출입국관리법 제101조 제2항)〈20승진〉

④ (○) 입국심사, 생체정보요청(출입국관리법 제12조의2 제3항)〈20승진〉 정답 ②

---

04 「출입국관리법 시행령」상 외국인 체류자격에 관한 다음 설명 중 옳지 않은 모두 몇 개인가?

〈17승진·18경간·16.1채용〉

가. A-1 : 대한민국정부가 접수한 외국정부의 외교사절단이나 영사기관의 구성원, 조약 또는 국제관행에 따라 외교사절과 동등한 특권과 면제를 받는 사람과 그 가족

나. E-2 : 법무부장관이 정하는 자격요건을 갖춘 외국인으로서 외국어전문학원, 초등학교 이상의 교육기관 및 부설어학연구소, 방송사 및 기업체 부설 어학연수원 그 밖에 이에 준하는 기관 또는 단체에서 외국어 회화지도에 종사하려는 사람

다. E-6 : 수익이 따르는 음악, 미술, 문학 등의 예술활동과 수익을 목적으로 하는 연예, 연주, 연극, 운동경기, 광고·패션모델, 그 밖에 이에 준하는 활동을 하려는 사람

라. E-9 :「외국인근로자의 고용 등에 관한 법률」에 따른 국내 취업요건을 갖춘 사람(일정 자격이나 경력 등이 필요한 전문직종에 종사하려는 사람은 제외)

① 0개   ② 1개   ③ 2개   ④ 3개

해설

외사경찰, 대상, 외국인, 출·입국, 사증 −

가.나.다.라. (○) 장기체류자격(출입국관리법 시행령 별표1)〈10·17·18승진·12·18경간·16.1채용〉 정답 ①

08 「출입국관리법 시행령」상 외국인의 체류자격과 그에 대한 예시이다. ㉠부터 ㉣까지 (   )안에 들어갈 숫자를 모두 합한 값으로 가장 적절한 것은? 〈18경감〉

- A-(㉠), 공무 – 대한민국정부가 승인한 외국정부의 공무를 수행하는 미국인
- D-(㉡), 유학 – 서울대학교에서 정규과정의 교육을 받으려고 하는 중국인
- E-(㉢), 예술흥행 – 수익을 목적으로 광고·패션모델로 활동하려는 우크라이나인
- F-(㉣), 결혼이민 – 한국인과 결혼하여, 국내에 거주하고자 하는 베트남인

① 12   ② 14   ③ 16   ④ 19

해설

외사경찰, 대상, 외국인, 출·입국, 사증 –
- A – (2), 공무 – 대한민국정부가 승인한 외국정부의 공무를 수행하는 미국인<10·17·18승진·12경간·16.1채용>
- D – (2), 유학 – 서울대학교에서 정규과정의 교육을 받으려고 하는 중국인
- E – (6), 예술흥행 – 수익을 목적으로 광고·패션모델로 활동하려는 우크라이나인
- F – (6), 결혼이민 – 한국인과 결혼하여, 국내에 거주하고자 하는 베트남인

정답 ③

---

05 「출입국관리법 시행령」상 외국인의 체류자격에 대한 설명이다. ㉠～㉣의 괄호 안에 들어갈 내용이 가장 적절한 것은? 〈19.2채용〉

- A-(㉠), 외교 : 대한민국정부가 접수한 외국정부의 외교사절단이나 영사기관의 구성원, 조약 또는 국제관행에 따라 외교사절과 동등한 특권과 면제를 받는 사람과 그 가족
- (㉡)-2, 유학 : 전문대학 이상의 교육기관 또는 학술연구기관에서 정규과정의 교육을 받거나 특정 연구를 하려는 사람
- F-(㉢), 재외동포 : 「재외동포의 출입국과 법적 지위에 관한 법률」상 대한민국의 국적을 보유하였던 자(대한민국정부 수립 전에 국외로 이주한 동포를 포함) 또는 그 직계비속으로서 외국국적을 취득한 자 중 대통령령으로 정하는 자(단순 노무행위 등 법령에서 규정한 취업활동에 종사하려는 사람은 제외)
- (㉣)-6, 예술흥행 : 수익이 따르는 음악, 미술, 문학 등의 예술활동과 수익을 목적으로 하는 연예, 연주, 연극, 운동경기, 광고·패션 모델, 그 밖에 이에 준하는 활동을 하려는 사람

	㉠	㉡	㉢	㉣
①	2	D	6	E
②	2	E	4	F
③	1	E	6	F
④	1	D	4	E

해설

외사경찰, 대상, 외국인, 출·입국, 사증 -

㉠ A-1, 외교 : 대한민국정부가 접수한 외국정부의 외교사절단이나 영사기관의 구성원, 조약 또는 국제
관행에 따라 외교사절과 동등한 특권과 면제를 받는 사람과 그 가족(사증, 종류 / 국적법 시행령 별표1
의2)<18경간·19.2채용>

㉡ D-2, 유학 : 전문대학 이상의 교육기관 또는 학술연구기관에서 정규과정의 교육을 받거나 특정연구
를 하려는 사람(사증, 종류 / 국적법 시행령 별표1의2)<17·18승진·18경간·19.2채용>

㉢ F-4, 재외동포 : 「재외동포의 출입국과 법적 지위에 관한 법률」상 대한민국의 국적을 보유하였던 자
(대한민국정부 수립 전에 국외로 이주한 동포를 포함) 또는 그 직계비속으로서 외국국적을 취득한 자 중
대통령령으로 정하는 자(단순 노무행위 등 법령에서 규정한 취업활동에 종사하려는 사람은 제외)(사증, 종류 /
국적법 시행령 별표1의2)<19.2채용>

㉣ E-6, 예술흥행 : 수익이 따르는 음악, 미술, 문학 등의 예술활동과 수익을 목적으로 하는 연예, 연주,
연극, 운동경기, 광고·패션 모델, 그 밖에 이에 준하는 활동을 하려는 사람(사증, 종류 / 국적법 시행령
별표1의2)<17·18승진·12·18경간·16.1·19.2채용>   정답 ④

---

06 「출입국관리법」상 여권과 사증(Visa)에 대한 설명으로 가장 적절한 것은? <17경감>

① 대한민국에 체류하는 외국인은 항상 여권·선원신분증명서·외국인입국허가서·외국인등록증 또는
상륙허가서(이하 "여권 등"이라 한다)를 지니고 있어야 한다. 다만, 18세인 외국인의 경우에는 그러하
지 아니하다.

② 여권 등의 휴대 또는 제시 의무를 위반한 사람은 100만원 이하의 과태료를 부과한다.

③ 외교부장관은 사증발급에 관한 권한을 대통령령으로 정하는 바에 따라 재외공관의 장에게 위임할 수
있다.

④ 대한민국에 체류하는 외국인은 출입국관리공무원이나 권한 있는 공무원이 그 직무수행과 관련하여
여권 등의 제시를 요구하면 여권 등을 제시하여야 한다.

해설

외사경찰, 대상, 외국인, 출·입국, 사증 -

① (×) **여권등 휴대의무** : 대한민국에 체류하는 외국인은 항상 여권·선원신분증명서·외국인입국허가
서·외국인등록증 또는 상륙허가서("여권등")를 지니고 있어야 한다. 다만, **17세 미만인 외국인**
의[♣18세(×)] 경우에는 그러하지 아니하다.(출입국관리법 제27조 제1항)<17승진>

② (×) **여권 휴대·제시의무** : 여권등의 **휴대 또는 제시 의무를 위반**한 사람은 **100만원 이하의 벌금**에
처한다.[♣100만원 이하 과태료(×)](출입국관리법 제98)<17승진>

③ (×) **사증발급권한** : 법무부장관은[♣외교부장관은(×)] 사증발급에 관한 권한을 **재외공관장에게 위임할
수** 있다.(출입국관리법 제8조 제2항)<01·02·17승진·12·14.2채용>

④ (○) 여권등 제시의무(출입국관리법 제27조 제2항)<17승진>   정답 ④

─ 외국인 체류

01 「출입국관리법」 및 동법 시행령에 대한 설명 중 가장 적절하지 않은 것은? 〈20경위〉

① 법무부장관이 대한민국의 이익 등을 위하여 입국이 필요하다고 인정하는 외국인은 사증없이 입국할 수 있다.
② 주한외국공관(대사관과 영사관 포함)과 국제기구의 직원 및 그의 가족은 외국인등록 대상이다.
③ 외국인의 강제퇴거 사유가 동시에 형사처분 사유가 되는 경우 강제퇴거와 형사처분을 병행할 수 있다.
④ 법무부장관은 입국심사에 필요한 경우에는 관계 행정기관이 보유하고 있는 외국인의 생체정보의 제출을 요청할 수 있다.

해설

외사경찰, 대상, 외국인 ―
① (○) 사증없는 입국(출입국관리법 시행령 제8조 제1항 제3호)〈20승진·15경간〉
② (×) **외국인등록 제외대상**: 주한외국공관(대사관과 영사관 포함)과 국제기구의 직원 및 그의 가족은 **외국인등록 제외대상**이다.[♣등록대상이다.(X)](출입국관리법 제31조 제1항 제1호)〈20승진〉
③ (○) 강제퇴거, 형사처분과 병행가능〈20승진〉
④ (○) 입국심사, 생체정보 제출요청(출입국관리법 제12조의2 제3항)〈20승진〉　　　**정답** ②

테마 168 ▶ 출국금지·출국정지

02 「출입국관리법」에 규정된 출국금지 사유에 대한 내용이다. 아래 ㉠부터 ㉣까지의 설명으로 옳고 그름의 표시(○, ×)가 바르게 된 것은? 〈17경위〉

> ㉠ 1천만 원 이상의 벌금이나 2천만 원 이상의 추징금을 내지 아니한 사람
> ㉡ 금고 이상의 형을 선고받고 석방된 사람
> ㉢ 출국심사 규정을 위반하여 출국하려고 한 사람
> ㉣ 징역형이나 금고형의 집행이 끝나지 아니한 사람

① ㉠(○) ㉡(×) ㉢(×) ㉣(○)　　② ㉠(○) ㉡(×) ㉢(×) ㉣(×)
③ ㉠(×) ㉡(○) ㉢(○) ㉣(○)　　④ ㉠(×) ㉡(○) ㉢(○) ㉣(×)

해설

외사경찰, 대상, 외국인, 출·입국 ―
㉠ (○) 출국금지사유, 추징금 미납(출입국관리법 제4조 제1항, 출입국관리법 시행령 제1조의3 제1항)〈17승진〉
㉡ (×) 강제퇴거대상, 형선고(출입국관리법 제4조 제1항)〈17승진·14.2채용〉
㉢ (×) 강제퇴거대상, 출국심사규정 위반(출입국관리법 제4조 제1항〈17승진·14.2채용〉
㉣ (○) 출국금지사유, 징역형·금고형 집행(출입국관리법 제4조 제1항)〈15·17승진〉　　**정답** ①

03 「출입국관리법」 제4조에는 국민의 출국 금지 기간에 대하여 정하고 있다. 다음 (   )안에 들어갈 숫자를 모두 더한 값은? (단, 기간연장은 없음) 〈17.1채용〉

> ㉠ 범죄 수사를 위하여 출국이 적당하지 아니하다고 인정되는 사람: (   )개월 이내
> ㉡ 형사재판에 계속 중인 사람: (   )개월 이내
> ㉢ 징역형의 집행이 끝나지 아니한 사람: (   )개월 이내
> ㉣ 소재를 알 수 없어 기소중지 또는 수사중지(피의자중지로 한정) 결정이 된 사람: (   )개월 이내
> ㉤ 도주 등 특별한 사유가 있어 수사진행이 어려운 사람: (   )개월 이내

① 10　　　　　② 16　　　　　③ 19　　　　　④ 20

해설

외사경찰, 대상, 외국인, 출·입국 －
1개월 ＋ 6개월 ＋ 6개월 ＋ 3개월 ＋ 3개월 ＝ 19
㉠ **수사목적**: 범죄 **수사**를 위하여 출국이 적당하지 아니하다고 인정되는 사람(**1개월 이내**)(제4조 제2항)〈17.1채용〉
㉡ **형사재판**: 형사재판에 계속(係屬) 중인 사람(**6개월 이내**)(제4조 제1항 제1호)〈15승진·14.2·17.1채용〉
㉢ **형집행**: 징역형이나 금고형의 집행이 끝나지 아니한 사람(**6개월 이내**)(제4조 제1항 제2호)〈15·17승진·17.1채용〉
㉣㉤ **기소중지 등**: 소재를 알 수 없어 **기소중지 또는 수사중지(피의자중지로 한정)**, 도주 등 특별한 사유가 있어 수사진행이 어려운 경우: **3개월 이내**(제4조 제2항 제1호)〈13승진·17.1채용〉　**정답 ③**

04 「출입국관리법」 제4조에서는 내국인의 출국금지기간에 대하여 규정하고 있다. 이와 관련된 다음 설명 중 옳지 않은 것은? 〈17경간〉

① 법무부장관은 형사재판에 계속 중인 사람에 대하여 6개월 이내의 기간을 정하여 출국을 금지할 수 있다.
② 법무부장관은 징역형이나 금고형의 집행이 끝나지 아니한 사람에 대하여 6개월 이내의 기간을 정하여 출국을 금지할 수 있다.
③ 법무부장관은 기소중지 또는 수사중지(피의자중지로 한정)결정이 된 경우로서 체포영장 또는 구속영장이 발부된 사람에 대하여 6개월 이내의 기간을 정하여 출국을 금지할 수 있다.
④ 법무부장관은 소재를 알 수 없어 기소중지결정이 된 사람 또는 도주 등 특별한 사유가 있어 수사진행이 어려운 사람에 대하여 3개월 이내의 기간을 정하여 출국을 금지할 수 있다.

해설

외사경찰, 대상, 외국인, 출·입국, 출국금지기간 －
①② (○) 형사재판 및 형집행(출입국관리법 제4조 제1항)〈17경간·13승진〉
③ (✕) **영장발부**: **기소중지 또는 수사중지(피의자중지로 한정) 된 경우로 체포·구속영장이 발부된 사람**
　➡ **영장유효기간 내**(사실상 공소시효만료 시까지 연장)[♣6개월 이내(X)](제4조 제2항 제2호)〈17경간·15승진〉
④ (○) 기소중지 등(출입국관리법 제4조 제2항 제1호)〈17경간·13승진·17.1채용〉　**정답 ③**

05 「출입국관리법」상 내국인의 출국금지에 대한 설명으로 가장 적절하지 않은 것은? ⟨19경위⟩

① 법무부장관은 형사재판에 계속 중인 사람에 대하여 6개월 이내의 기간을 정하여 출국을 금지할 수 있다.

② 법무부장관은 징역형이나 금고형의 집행이 끝나지 아니한 사람에 대하여 6개월 이내의 기간을 정하여 출국을 금지할 수 있다.

③ 법무부장관은 기소중지 또는 수사중지(피의자중지로 한정)결정이 된 경우로서 체포영장 또는 구속영장이 발부된 사람에 대하여 영장 유효기간까지 출국을 금지하여야 한다.

④ 법무부장관은 소재를 알 수 없어 기소중지 또는 수사중지(피의자중지로 한정)결정이 된 사람 또는 도주 등 특별한 사유가 있어 수사진행이 어려운 사람에 대하여 3개월 이내의 기간을 정하여 출국을 금지할 수 있다.

해설

외사경찰, 대상, 외국인, 출·입국, 출국금지 —

①② (○) 형사재판 및 형집행(출입국관리법 제4조 제1항)⟨17경간·13승진⟩

③ (×) **범죄수사 : 법무부장관은 범죄 수사를 위하여 출국이 적당하지 아니하다고 인정되는 사람** 에 대하여는 **1개월 이내의 기간**을 정하여 **출국을 금지할 수** 있다.[♣4개월 이내(X), ♣하여야(X)](제4조 제2항) ⟨17경간·13·15·19승진⟩

→ 다만, 다음 각 호에 해당하는 사람은 그 호에서 정한 기간으로 한다.(제4조 제2항 단서)⟨17경간· 13·15·19승진⟩

ⓐ 소재를 알 수 없어 **기소중지 또는 수사중지(피의자중지로 한정), 도주 등 특별한 사유가 있어 수사진행이 어려운 경우** ➡ **3개월 이내**[♣6개월 이내(X)](제4조 제2항 제1호)⟨17경간·13승진· 17.1·21.1채용⟩

ⓑ **기소중지 또는 수사중지(피의자중지로 한정)된 경우로 체포·구속영장이 발부된 사람** ➡ **영장 유효기간 내**(사실상 공소시효만료 시까지 연장)[♣1개월간(X)](출입국관리법 제4조 제2항 제2호) ⟨17경간·15·19승진⟩

④ (○) 기소중지 등(제4조 제2항 단서)⟨17경간·13·15·19승진⟩　　　　　　　　　　　　정답 ③

---

06 「출입국관리법」에 대한 설명으로 가장 적절한 것은? ⟨21.1채용⟩

① 출국이 금지(「출입국관리법」 제4조제1항 또는 제2항)되거나 출국금지기간이 연장(「출입국관리법」 제4조의2제1항)된 사람은 출국금지결정이나 출국금지기간 연장의 통지를 받은 날 또는 대통령령으로 정하는 바에 따라 15일 이내에 법무부장관에게 출국금지결정이나 출국금지기간 연장결정에 대한 이의를 신청할 수 있다.

② 외국인이 입국할 때에는 유효한 여권과 외교부장관이 발급한 사증을 가지고 있어야 한다.

③ 수사기관이 「출입국관리법」 제4조의6제3항에 따른 긴급출국금지 승인을 요청한 때로부터 12시간 이내에 법무부장관으로부터 긴급출국금지 승인을 받지 못한 경우, 법무부장관은 「출입국관리법」 제4조의6제1항의 수사기관 요청에 따른 출국금지를 해제하여야 한다.

④ 법무부장관은 소재를 알 수 없어 기소중지 또는 수사중지(피의자중지로 한정), 도주 등 특별한 사유가 있어 수사진행이 어려운 사람에 대하여는 6개월 이내의 기간을 정하여 출국을 금지할 수 있다.

해설

외사경찰, 대상, 외국인, 출·입국, 출국금지 —

① (✕) **이의신청**: 출국이 금지되거나 출국금지기간이 연장된 사람은 출국금지결정이나 출국금지기간 연장의 **통지를 받은 날 또는 그 사실을 안 날부터 10일 이내**에 **법무부장관에게** 출국금지결정이나 출국금지기간 연장결정에 대한 **이의를 신청할 수 있다.**[♣15일 이내에(X)](출입국관리법 제4조의 5) <21.1채용>

② (✕) **입국조건**: 외국인이 입국하고자 할 때에는 **그 소속국가에서 발급받은 유효한 여권 또는 이에 갈음할 수 있는 여행증명서**, 국제연합통행증과 함께 **여행하고자 하는 국가의 법무부장관이 발급한 사증(Visa)**을 가지고 있어야 입국할 수가 있다.[♣외교부장관이 발급한 사증(X)]<05승진>
   ※ **사증의 발급권자**: **법무부장관**이 발급권자이며 법무부장관은 **재외공관장에게 위임할 수** 있다.
   [♣외교부장관이 발급(X)](제8조 제2항)<01·02·17승진·12·14.2채용>

③ (〇) **긴급출국금지**(출입국관리법 제4조의6 제4항)<21.1채용>

④ (✕) **출국금지기간, 기소중지 등**: 소재를 알 수 없어 **기소중지 또는 수사중지(피의자중지로 한정)**, 도주 등 특별한 사유가 있어 수사진행이 어려운 경우 ➡ **3개월 이내**[♣6개월 이내(X)](제4조 제2항 제1호)<17경간·13승진·17.1·21.1채용>   정답 ③

---

07 「출입국관리법」에 대한 설명이다. 아래 가.부터 라.까지 설명 중 옳고 그름의 표시(O, X)가 바르게 된 것은?

〈22경간〉

> 가. 수사기관이 「출입국관리법」 제4조의6 제3항에 따른 긴급출국금지 승인을 요청한 때로부터 24시간 이내에 법무부장관으로부터 긴급출국금지 승인을 받지 못한 경우, 법무부장관은 출입국관리법 제4조의6 제1항의 수사기관 요청에 따른 출국금지를 해제하여야 한다.
> 나. 18세 미만의 외국인을 제외한 대한민국에 체류하는 외국인은 여권, 선원신분증명서, 외국인입국허가서, 외국인등록증 또는 상륙허가서를 지니고 있어야 한다.
> 다. 출입국관리공무원 외의 수사기관이 출입국사범에 해당하는 사건을 입건하였을 때에는 지체 없이 관할 지방출입국·외국인관서의 장에게 인계하여야 한다.
> 라. 감염병환자, 마약류중독자, 강제퇴거명령을 받고 출국한 후 5년이 지난 외국인은 입국금지 사항에 해당한다.

① 가.(〇) 나.(✕) 다.(〇) 라.(〇)   ② 가.(✕) 나.(〇) 다.(〇) 라.(〇)

③ 가.(✕) 나.(✕) 다.(〇) 라.(✕)   ④ 가.(〇) 나.(✕) 다.(〇) 라.(✕)

해설

외사경찰, 대상, 외국인, 출 · 입국 −

가. (X) **긴급출국금지**: 법무부장관은 수사기관이 **긴급출국금지 승인 요청을 하지 아니한 때**에는 수사기관 요청에 따른 **출국금지를 해제하여야** 한다. 수사기관이 **긴급출국금지 승인을 요청한 때로부터 12시간 이내에**[♣24시간 이내에(X)] **법무부장관으로부터 긴급출국금지 승인을 받지 못한 경우**에도 또한 같다.(출입국관리법 제4조의6 제4항)<22경간 · 21.1채용>

나. (X) **여권, 휴대의무**: 대한민국에 체류하는 외국인은 항상 여권 · 선원신분증명서 · 외국인입국허가서 · 외국인등록증 또는 상륙허가서("여권등")를 지니고 있어야 한다. 다만, **17세 미만인 외국인의**[♣18세 미만(X)] 경우에는 그러하지 아니하다.(출입국관리법 제27조 제1항)<22경간 · 17승진>

다. (O) **외사수사업무, 출입국위반사범**(출입국관리법 제101조 제2항)<22경간 · 20승진>

라. (X) **일반, 입국금지**: **법무부장관은** 다음 각 호의 어느 하나에 해당하는 외국인에 대하여는 **입국을 금지할 수 있다.**(출입국관리법 제11조)<22경간 · 08 · 10 · 17.2채용>

① 감염병환자, 마약류중독자, 그 밖에 **공중위생상 위해를 끼칠 염려**가 있다고 인정되는 사람 <22경간 · 10.2 · 17.2채용>......

⑥ **강제퇴거명령**을 받고 출국한 후 **5년이 지나지 아니한** 사람[♣강제퇴거명령을 받고 출국한 후 5년이 지난 사람(X)]<22경간 · 17.2채용>....등

정답 ③

테마 169 강제퇴거

01 외국인의 강제퇴거에 관한 다음 설명 중 가장 옳지 않은 것은? <18경간>

① 벌금 이상의 형을 선고받고 석방된 사람은 강제퇴거의 대상이 된다.

② 출입국관리공무원은 강제퇴거 대상자에 해당한다고 의심되는 외국인에 대하여는 그 사실을 조사할 수 있다.

③ 출입국관리공무원은 강제퇴거 대상자에 해당한다고 의심할 만한 상당한 사유가 있고, 도주하거나 도주할 염려가 있으면 보호명령서를 발급받아 그 외국인을 보호할 수 있다.

④ 강제퇴거명령서는 출입국관리 공무원이 집행하며 지방출입국 · 외국인 관서의 장은 사법경찰관리에게 강제퇴거명령서의 집행을 의뢰할 수 있다.

해설

외사경찰, 대상, 외국인, 강제퇴거 −

① (X) **강제퇴거 대상**: **금고 이상의 형을 선고받고 석방**된 사람 등[♣벌금이상(X)](출입국관리법 제46조 제1항 제13호)<18경간 · 14.1 · 2채용>

② (O) **대상자 조사**(권)(출입국관리법 제47조)<18경간 · 14승진>

③ (O) **대상자 보호**(출입국관리법 제51조 제1항)<18경간>

④ (O) **강제퇴거명령서 집행**(출입국관리법 제62조 제1항 제2항)<18경간 · 14승진>

정답 ①

02 출입국관리법상 외국인의 강제퇴거 대상으로 옳지 않은 것은? 〈19경간〉

① 허가를 받지 아니하고 근무처를 변경·추가하거나 허가를 받지 아니한 외국인을 고용·알선한 사람
② 법무부장관이 정한 거소 또는 활동범위의 제한이나 그 밖의 준수사항을 위반한 사람
③ 벌금 이상의 형을 선고받고 석방된 사람
④ 외국인등록증 등의 채무이행 확보수단 제공 등의 금지규정을 위반한 외국인

해설

외사경찰, 대상, 외국인, 강제퇴거 대상 −

① (○) 무허가 근무처 변경·추가 및 고용·알선(출입국관리법 제46조 제1항 제10호)〈19경간〉
② (○) 법무부장관 준수사항 위반(출입국관리법 제46조 제1항 제11호)〈19경간〉
③ (✕) **금고 이상의 형을 선고받고 석방**된 사람[♣벌금이상(X)](출입국관리법 제46조 제1항 제13호)〈18·19경간·14.1·2채용〉
④ (○) 외국인등록증 등의 채무이행 확보수단 금지규정 위반(출입국관리법 제46조 제1항 제12의2호)〈19경간〉

정답 ③

---

03 「출입국관리법」상 외국인 강제퇴거 대상으로 적절하지 않은 것은 모두 몇 개인가? 〈21.2채용〉

> ㉠ 조세, 공과금을 체납한 사람
> ㉡ 외국인등록 의무를 위반한 사람
> ㉢ 구류의 선고를 받고 석방된 사람
> ㉣ 법무부장관이 정한 거소 또는 활동범위의 제한이나 그 밖의 준수사항을 위반한 사람
> ㉤ 지방출입국·외국인관서의 장이 붙인 조건부 입국 허가조건을 위반한 사람

① 1개   ② 2개   ③ 3개   ④ 4개

해설

외사경찰, 대상, 외국인 −

㉠ (✕) 출국금지대상, 세금미납 : 대통령령으로 정하는 금액 이상의 **국세·관세 또는 지방세**를 정당한 사유 없이 그 납부기한까지 내지 아니한 사람(**6개월 이내**)(5천만 원 이상)[♣강제퇴거대상(X)](제4조 제1항 제4호)〈21.2채용〉
　　※ 강제퇴거 대상[♣조세, 공과금을 체납한 사람(X)] : 출입국관리법 제46조 제1항, 제2항〈18·19경간·10.2·14.1·2·21.2채용〉

− **강제퇴거 대상** −

㉡ (○) 외국인 등록의무 위반 : 출입국관리법 제46조 제1항 제12호〈11·21.2채용〉
㉢ (✕) **금고 이상의 형을 선고받고 석방**된 사람[♣구류의 선고를 받고 석방(X)](제46조 제1항 제13호)〈18·19경간·14.1·2·21.2채용〉
㉣ (○) 법무부 장관 준수사항 위반 : 출입국관리법 제46조 제10호〈19경간·21.2채용〉
㉤ (○) 입국허가조건 위반 : 출입국관리법 제46조 제1항 제5호〈21.2채용〉

정답 ②

04 「출입국관리법」상 외국인의 강제퇴거에 관한 설명으로 가장 적절하지 않은 것은? 〈23승진〉

① 강제퇴거명령서는 출입국관리공무원이 집행한다. 지방출입국·외국인관서의 장은 사법경찰관리에게 강제퇴거명령서의 집행을 의뢰할 수 있다.

② 대통령령으로 정하는 금액 이상의 국세·관세 또는 지방세를 정당한 사유 없이 그 납부기한까지 내지 아니한 사람은 강제퇴거 대상자에 해당한다.

③ 금고 이상의 형을 선고받고 석방된 사람은 강제퇴거의 대상이 된다.

④ 지방출입국·외국인관서의 장은 강제퇴거명령을 받은 사람을 보호할 때 그 기간이 3개월이 넘는 경우에는 3개월마다 미리 법무부 장관의 승인을 얻어야 한다.

해설

외사경찰, 대상, 외국인 −

① (○) 강제퇴거 집행의뢰 : 출입국관리법 제62조 제1항 제2항〈18경간·14·23승진〉

② (✕) **출국금지사유 : 대통령령**으로[♣법무부령으로(X)] 정하는 금액 이상의 **국세·관세 또는 지방세**를 정당한 사유 없이 그 납부기한까지 내지 아니한 사람**(6개월 이내)**(5천만 원 이상)[♣강퇴대상(X)] (출입국관리법 제4조 제1항 제4호)〈23승진·21.2채용〉

③ (○) 강제퇴거 대상 : 출입국관리법 제46조 제1항 제13호〈18·19경간·23승진·14.1·2·21.2채용〉

④ (○) 강제퇴거 대상자 보호 및 승인 : 출입국관리법 제63조 제2항〈23승진〉   정답 ②

☞ **외국인 종합**

01 외국인 입·출국에 관한 다음 설명 중 옳지 않은 것은 모두 몇 개인가? 〈14.2채용〉

> ㉠ 법무부장관은 사증 발급에 관한 권한을 대통령령으로 정하는 바에 따라 재외공관의 장에게 위임할 수 있다.
>
> ㉡ 지방출입국·외국인관서의 장은 조난을 당한 선박 등에 타고 있는 외국인(승무원을 포함한다)을 긴급히 구조할 필요가 있다고 인정하면 그 선박 등의 장, 운수업자, 「수난구호법」에 따른 구호업무 집행자 또는 그 외국인을 구조한 선박 등의 장의 신청에 의하여 90일의 범위에서 재난 상륙 허가를 할 수 있다.
>
> ㉢ 형사재판에 계속 중이거나 금고 이상의 형의 선고를 받고 석방된 자는 출국을 정지할 수 있다.
>
> ㉣ 외국인의 강제출국은 형벌이다.

① 4개   ② 3개   ③ 2개   ④ 1개

해설

외사경찰, 대상, 외국인 −

㉠ (○) 사증발급권한 위임

㉡ (✕) **재난상륙**: 지방출입국·외국인관서의 장은 조난을 당한 선박 등에 타고 있는 외국인(승무원을 포함한다)을 긴급히 구조할 필요가 있다고 인정하면 그 선박 등의 장, 운수업자, 「수난구호법」에 따른 구호업무 집행자 또는 그 외국인을 구조한 선박 등의 장의 신청에 의하여 30일의 범위에서 재난 상륙허가를 할 수 있다.[♣90일(✕)]

㉢ (✕) **출국정지와 강제퇴거 사유**: 형사재판에 계속 중인 외국인의 경우는 출국정지할 수 있으며, 금고 이상의 형의 선고를 받고 석방된 자(외국인)는 강제퇴거 사유에 해당한다.[♣출국을 정지할 수 있다.(✕)]

㉣ (✕) **강제출국**: 외국인의 강제출국은 행정처분이다.[♣형벌이다.(✕)]　　　　　정답 ②

---

3 **주한미군의 지위**

4 **외교사절의 특권**

01 주한미군지위협정, 「대한민국과 중화인민공화국 간의 영사협정」, 「대한민국과 러시아연방간의 영사협약」에 대한 설명으로 가장 적절하지 않은 것은? 〈19경위〉

① 주한미군지위협정은 국회의 비준을 거친 조약으로 국내법과 동일한 효력을 가진다.

② 중국인 피의자 체포·구속 시, 피의자에게 영사관원 접견권 등 권리를 의무적으로 통지하여야 한다.

③ 중국인 피의자 체포·구속 시, 체포·구속된 피의자의 요청이 없는 경우에도 7일 이내에 해당 사실을 영사기관에 통보하여야 한다.

④ 러시아인이 체포·구속된 경우 지체 없이 러시아의 영사기관에 통보하여야 한다.

해설

외사경찰, 대상, 주한미군과 외교사절 −

① (○) 한미행정협정의 효력: '헌법에 의하여 '체결·공포된 조약'과 '일반적으로 승인된 국제법규'는 국내법과 동일한 효력을 가진다.[♣성문법원의 일종(○), ♣국내법보다 하위 효력(✕)](헌법 제6조)〈14·16·19승진〉

② (○) 대한민국과 중화인민공화국간의 영사협약〈19승진〉

③ (✕) **영사기관 통보**: 체포·구속된 피의자의 요청이 없는 경우에도 **4일 이내**에 해당사실을 **영사기관에 통보하여야** 한다.[♣7일 이내에(✕)](대한민국과 중화인민공화국간의 영사협약)〈19승진〉

④ (○) 대한민국과 러시아연방간의 영사협약〈19승진〉　　　　　정답 ③

PART

07

02 「주한미군지위협정(SOFA)」, 「대한민국과 중화인민공화국 간의 영사협정」에 대한 설명으로 가장 적절하지 않은 것은? 〈20경감〉

① 중국인 피의자 체포·구속 시, 체포·구속된 피의자의 요청이 없는 경우에도 7일 이내 해당 사실을 영사기관에 통보해야 한다.

② 미군의 공무집행중의 작위 또는 부작위에 의한 범죄에 대하여 미군 당국이 1차적 재판권을 가지며, 공무집행의 범위에는 공무집행으로 인한 범죄뿐만 아니라 공무집행에 부수하여 발생한 범죄도 포함된다.

③ 미국 군대의 구성원, 군속, 배우자 및 21세 미만의 자녀, 부모 및 21세 이상의 자녀 또는 기타 친척으로서 그 생계비의 반액 이상을 미국 군대의 구성원에 의존하는 자는 주한미군지위협정의 적용을 받는다.

④ 주한미군의 공무 중 사건으로 인한 피해가 전적으로 미군 측의 책임으로 밝혀진 경우 미군 측이 75%, 한국 측이 25%를 부담하여 배상한다.

해설

외사경찰, 대상, 주한미군과 외교사절 −

① (✕) 대한민국과 중화인민공화국간의 영사협약 : 체포·구속된 피의자의 요청이 없는 경우에도 **4일 이내**에 해당사실을 **영사기관에 통보하여야** 한다.[♣7일 이내에(✕)]〈19·20승진〉

− 주한미군 −

② (○) 공무집행중의 범죄〈11경간·20승진〉

③ (○) SOFA 인적관할[대상자]〈07·20승진·01채용〉

④ (○) 손해배상문제〈04·05·07·08·20승진〉

정답 ①

제3장   외사경찰 활동

01 「범죄수사규칙」상 외국인 등 관련 범죄에 관한 특칙에 대한 설명으로 가장 적절하지 않은 것은? 〈23승진〉

① 경찰관은 외국인인 피의자 및 그 밖의 관계자가 한국어에 능통하지 않은 경우에는 통역인으로 하여금 통역하게 하여 한국어로 피의자신문조서나 진술조서를 작성하여야 하며, 특히 필요한 때에는 한국어의 진술서를 작성하게 하거나 한국어의 진술서를 제출하여야 한다.

② 외국인에 대하여 구속영장 그 밖의 영장을 집행하는 경우에는 번역문을 첨부하여야 한다.

③ 외국인으로부터 압수한 물건에 관하여 압수목록교부서를 교부하는 경우에는 번역문을 첨부하여야 한다.

④ 경찰관은 피의자가 외교 특권을 가진 사람인지 여부가 의심스러운 경우에는 신속히 국가수사본부장에게 보고하여 그 지시를 받아야 한다.

해설

외사경찰, 외사경찰활동, 외사수사업무, 외국인범죄처리 −

① (✕) **통역인 참여**: 경찰관은 **외국인**인 피의자 및 그 밖의 관계자가 한국어에 능통하지 않는 경우에는 통역인으로 하여금 통역하게 하여 **한국어로 피의자신문조서나 진술조서를 작성하여야** 하며 **특히 필요한 때에는 외국어의[♣한국어의(X)] 진술서를 작성하게 하거나 외국어의[♣한국어의(X)] 진술서를 제출하게 하여야** 한다.(범죄수사규칙 제217조 제1항)〈23승진〉

② (○) **번역문 첨부**: 범죄수사규칙 제218조 제1호〈23승진〉

③ (○) **번역문 첨부**: 범죄수사규칙 제218조 제2호〈23승진〉

④ (○) **개요**: 범죄수사규칙 제209조 제3항〈23승진〉 정답 ①

02 경찰관의 외국인 관련 사건처리 조치 중 가장 적절하지 않은 것은? 〈23승진〉

① 사법경찰관 甲은「경찰수사규칙」에 따라 중국인 피의자 A의 체포시 피의자에게 영사관원 접견 등 권리를 요청할 수 있다는 사실을 알려주었다.

② 사법경찰관 乙은 「대한민국과 중화인민공화국 간의 영사협정」에 따라 구속된 중국인 피의자 B의 요청이 없는 경우에는 4일이 넘지 아니하는 기간 내에 그 구속사실을 영사기관에 통보하였다.

③ 사법경찰관 丙은「범죄수사규칙」에 따라 영사 C의 사무소 안에 있는 기록문서를 압수하지 않고 열람하였다.

④ 사법경찰관 丁은 「경찰수사규칙」에 따라 한미행정 협정사건에 관하여 주한 미합중국 군 당국으로부터 공무증명서를 제출받아 지체없이 공무증명서의 사본을 검사에게 송부하였다.

해설

외사경찰 −

①② (○) **외사경찰활동, 외사수사업무, 외국인 범죄의 처리**: 영사특약〈19·20·23승진〉

− 외사경찰대상 −

③ (✕) 영사, 영사에 관한 수사상 특칙, **문서**: 경찰관은 총영사, 영사 또는 부영사나 명예영사의 **사무소 안에 있는 기록문서**에 관하여는 이를 **열람**하거나 **압수**하여서는 **아니 된다**.[♣열람은 허용(X)] (범죄수사규칙 제213조 제4항, 영사관계에 관한 비엔나 협약 제33조)〈23승진〉

④ (○) 주한미군의 지휘, 형사절차상 유의사항, 한미행정협정사건의 통보: 경찰수사규칙 제92조 제2항〈23승진〉 정답 ③

03 「경찰수사규칙」과 「범죄수사규칙」이 규정하고 있는 외국인에 대한 조사 및 수사에 관한 내용으로 가장 적절하지 않은 것은? 〈23.2채용〉

① 경찰관은 대한민국의 영해에 있는 외국 선박 내에서 발생한 범죄로서 대한민국 육상이나 항내의 안전을 해할 때, 승무원 이외의 사람이나 대한민국의 국민에 관계가 있을 때 또는 중대한 범죄가 행하여졌을 때는 수사를 하여야 한다.

② 사법경찰관리는 외국인을 조사하는 경우에는 조사를 받는 외국인이 이해할 수 있는 언어로 통역해 주어야 한다.

③ 사법경찰관은 주한 미합중국 군대의 구성원·외국인군무원 및 그 가족이나 초청계약자의 범죄 관련 사건을 인지하거나 고소·고발 등을 수리한 때에는 7일 이내에 한미행정협정사건 통보서를 미군 당국에게 통보해야 한다.

④ 경찰관은 외국군함에 속하는 군인이나 군속이 그 군함을 떠나 대한민국의 영해 또는 영토 내에서 죄를 범한 경우에는 신속히 국가수사본부장에게 보고하여 그 지시를 받아야 한다. 다만, 현행범 그 밖의 급속을 요하는 때에는 체포 그 밖의 수사상 필요한 조치를 한 후 신속히 국가수사본부장에게 보고하여 그 지시를 받아야 한다.

해설

외사경찰 −

− 외사경찰활동, 외사수사업무 −

① (○) **외국인 범죄의 처리, ㉄외국선박 내 발생한 범죄수사**: 범죄수사규칙 제214조〈23.2채용〉

② (○) **외사수사업무, 외국인 범죄의 처리, 통역**: 경찰수사규칙 제91조 제1항〈23.2채용〉

− 외사경찰의 대상 −

③ (✕) **주한미군의 지위, 실무상 사건처리 절차**: 사법경찰관은 주한 미합중국 군대의 구성원·외국인 군무원 및 그 가족이나 초청계약자의 범죄 관련 사건을 인지하거나 **고소·고발 등을 수리**한 때에는 **7일 이내**에 한미행정협정사건 통보서를 **검사에게**[♣미군당국에게(✕)] **통보해야** 한다.(경찰수사규칙 제92조 제1항)〈23.2채용〉

④ (○) **외국군대의 지위, 외국군함, 치외법권**: 범죄수사규칙 제212조〈23.2채용〉

정답 ③

---

04 다음 설명중 가장 적절하지 않은 것은? 〈24승진〉

① 「경찰수사규칙」에 따르면 사법경찰관리는 외국인을 체포·구속하는 경우 국내 법령을 위반하지 않는 범위에서 영사관원과 자유롭게 접견·교통할 수 있고, 체포·구속된 사실을 영사기관에 통보해 줄 것을 요청할 수 있다는 사실을 알려야 한다.

② 「경찰수사규칙」에 따르면 사법경찰관리는 외국인 변사사건이 발생한 경우에는 영사기관 사망 통보서를 작성하여 지체 없이 검사에게 통보해야 한다.

③ 「범죄수사규칙」에 따르면 경찰관은 외국군함에 관하여는 해당 군함의 함장의 청구가 있는 경우 외에는 이에 출입해서는 아니 된다.

④ 「범죄수사규칙」에 따르면 경찰관은 총영사, 영사 또는 부영사의 사무소는 해당 영사의 청구나 동의가 있는 경우 외에는 이에 출입해서는 아니 된다.

해설

외사경찰 −

 − 외사경찰활동, 외사경찰주요업무, 외사수사업무, 영사통보 −

① (○) 권리고지(경찰수사규칙 제91조 제2항)<01 · 24승진>

② (✕) **외국인 변사사건 통보** : 사법경찰관리는 외국인 변사사건이 발생한 경우에는 영사기관 사망 통보서를 작성하여 지체 없이 해당 **영사기관에**[♣검사에게(X)] 통보**해야** 한다.(경찰수사규칙 제91조 제4항)<24승진>

 − 외사경찰대상 −

③ (○) 외국군대의 지위, 외국군함, 불가침권(범죄수사규칙 제211조 제1항)<24승진>

④ (○) 외교사절의 특권, 영사, 특권, 수사상 특칙, 공관(범죄수사규칙 제213조 제2항)<06 · 24승진> 정답 ②

제4장 국제경찰공조활동

테마 170 국제형사사법 공조 　　　　　　　　　　　　　　　　　　　　　　　　1

01 다음은 국제형사사법 공조에 대한 설명이다. 옳지 않은 것으로 묶인 것은? 〈19.1채용〉

> ㉠ 요청국이 공조에 따라 취득한 증거를 공조요청의 대상이 된 범죄 이외의 수사나 재판에 사용해서는 안 된다는 원칙은 '특정성의 원칙'과 관련이 깊다.
> ㉡ 우리나라가 외국과 체결한 형사사법 공조조약과 「국제형사사법 공조법」의 규정이 상충되면 공조조약이 우선 적용된다.
> ㉢ 「국제형사사법 공조법」상 공조범죄가 대한민국의 법률에 의하여는 범죄를 구성하지 아니하거나 공소를 제기할 수 없는 범죄인 경우 공조를 하지 아니해야 한다.
> ㉣ 「국제형사사법 공조법」상 대한민국에서 수사가 진행 중이거나 재판에 계속된 범죄에 대하여 외국의 공조요청이 있는 경우에 수사의 진행, 재판의 계속을 이유로 공조를 연기할 수 없다.

① ㉠㉡ 　　　　　② ㉡㉢ 　　　　　③ ㉡㉣ 　　　　　④ ㉢㉣

해설

외사경찰, 국제공조활동, 국제형사사법 공조 −

㉠ (○) '특정성의 원칙'<14승진 · 19.1채용>

㉡ (○) **조약우선주의** : 국제형사사법공조법 제3조<01 · 03승진 · 19.1채용>

㉢ (✕) **쌍방가벌성의 원칙** : 공조범죄가 대한민국의 **법률**에 의하여 **범죄를 구성하지 아니하거나 공소를 제기할 수 없는** 범죄인 경우에는 공조를 하지 **아니할 수 있다.**[♣아니해야 한다.(X)](제6조)<14승진 · 13경간 · 10.2 · 19.1채용>

㉣ (✕) **공조연기** : 외국의 공조요청이 **대한민국에서 수사진행 중이거나 재판에 계속된 범죄에 대하여** 행하여진 경우, 그 수사 또는 재판절차가 종료될 때까지 공조를 **연기할 수 있다.**[제7조][♣연기할 수 없다.(X)]<06 · 15승진 · 19.1채용>　　　　　정답 ④

---

02 국제형사사법 공조에 대한 설명으로 옳지 않은 것은 모두 몇 개인가? 〈19경간〉

> 가. 요청국이 공조에 따라 취득한 증거를 공조요청의 대상이 된 범죄 이외의 수사나 재판에 사용해
> 서는 안된다는 원칙은 '특정성의 원칙'과 관련이 깊다.
> 나. 국제형사사법 공조법상 공조범죄가 대한민국의 법률에 의하여는 범죄를 구성하지 아니하거나
> 공소를 제기할 수 없는 범죄인 경우 공조를 하지 아니할 수 있다.
> 다. 국제형사사법 공조법상 대한민국에서 수사가 진행 중이거나 재판에 계속된 범죄에 대하여 외국
> 의 공조요청이 있는 경우에는 그 수사 또는 재판 절차가 끝날 때까지 공조를 연기하여야 한다.
> 라. 국제형사사법 공조법상 외국의 요청에 따른 수사의 공조절차에서 검사는 요청국에 인도하여야
> 할 증거물 등이 법원에 제출되어 있는 경우에는 법무부장관의 인도허가 결정을 받아야 한다.

① 1개 ② 2개 ③ 3개 ④ 4개

해설

외사경찰, 국제공조활동, 국제형사사법 공조 −

가. (○) 국제형사사법공조의 기본원칙, 특정성의 원칙〈19경간·14승진·19.1채용〉

나. (○) 쌍방가벌성의 원칙(국제형사사법 공조법 제6조 제4호.)〈13·19경간·10.2·19.1채용〉

다. (✕) **공조연기** : 외국의 공조요청이 **대한민국에서 수사진행 중이거나 재판에 계속된 범죄에 대하여** 행
하여진 경우, 그 수사 또는 재판절차가 종료될 때까지 공조를 **연기할 수** 있다.[♣연기하여야(✕)]
(국제형사사법 공조법 제7조)〈19경간·06·15승진·19.1채용〉

라. (✕) **법원에 제출된 증거** : 검사는 요청국에 인도하여야 할 증거물 등이 **법원에 제출되어 있는 경우에
는 법원의 인도허가 결정을 받아야** 한다.[♣법무부장관의 인도허가 결정(✕)](제17조 제3항)〈19경간〉

정답 ②

테마 171 ▶ 범죄인 인도　　2

01 「범죄인 인도법」에 대한 다음 설명 중 가장 옳지 않은 것은? 〈17경간〉

① 대한민국 또는 청구국의 법률에 따라 인도범죄에 관한 공소시효 또는 형의 시효가 완성된 경우에는
범죄인을 인도하여서는 아니 된다.

② 대한민국과 청구국의 법률에 의하여 인도범죄가 사형·무기·장기 1년 이상의 징역 또는 금고에 해
당하는 경우에만 범죄인을 인도할 수 있다.

③ 「범죄인인도법」은 정치범 불인도의 원칙에 대하여 명문규정을 두고 있지 않다.

④ 인도범죄에 관하여 대한민국 법원에서 재판이 계속 중이거나 재판이 확정된 경우에는 범죄인을 인도
하여서는 아니 된다.

해설

외사경찰, 국제공조활동, 범죄인 인도 –

① (○) 절대적 인도거절사유, 시효완성(제7조 제1호)<14·17경간·14.2·15.2·17.1·18.1채용>

② (○) 쌍방가벌성의 원칙(제6조)<10승진·12·17경간·07·12·17.1채용>

③ (X) 필요적 거절사유, **정치범불인도의 원칙**: 인도범죄가 **정치적 성격을 지닌 범죄이거나 이와 관련된 범죄인 경우에는 범죄인을 인도하여서는 아니 된다.**[♣명문규정을 두고 있지 않다.(X)](제8조 제1항)<98.03·16승진·15·17경간>

④ (○) 절대적 인도거절사유, 재판계속·확정(제7조 제2호)<04승진·07·14·17경간·14.2·15.2·17.1·18.1채용> 　 　 　 정답 ③

---

02 「범죄인 인도법」에 대한 설명 중 가장 적절한 것은? 〈17.1채용〉

① 인도조약이 체결되어 있지 아니한 경우에도 범죄인의 인도를 청구하는 국가가 같은 종류 또는 유사한 인도범죄에 대한 대한민국의 범죄인 인도청구에 응한다는 보증을 하는 경우에 인도한다는 원칙을 상호주의 원칙이라고 하나 우리나라에 아직 명문의 규정은 없다.

② 대한민국과 청구국의 법률에 따라 인도범죄가 사형, 무기징역, 무기금고, 장기 3년 이상의 징역 또는 금고에 해당하는 경우에만 범죄인을 인도할 수 있다는 최소한 중요성의 원칙을 규정하고 있다.

③ 대한민국 또는 청구국의 법률에 따라 인도범죄에 관한 공소시효 또는 형의 시효가 완성된 경우에는 범죄인을 인도하여서는 아니 된다.

④ 범죄인의 인도범죄 외의 범죄에 관하여 대한민국 법원에 재판이 계속 중인 경우 또는 범죄인이 형을 선고받고 그 집행이 끝나지 아니하거나 면제되지 아니한 경우 범죄인을 인도하여서는 아니 된다.

해설

외사경찰, 국제공조활동, 범죄인 인도 –

① (X) **상호주의**: 인도조약이 체결되어 있지 아니한 경우에도 범죄인의 인도를 청구하는 국가가 **같은 종류 또는 유사한 인도범죄에 대한 대한민국의 범죄인 인도청구에 응한다는 보증을 하는 경우에는 이 법을 적용한다.**[♣명문규정이 없다.(X)](범죄인인도법 제4조)<04·11·12·15승진·13.1·17.1채용> → 범죄인인도법 제4조에 규정이 있다.

② (X) **최소한의 중요성의 원칙**: 대한민국과 청구국의 법률에 의하여 인도범죄가 **사형·무기·장기 1년 이상의**[♣장기 3년 이상(X)] **징역 또는 금고에 해당하는 경우에 한하여 범죄인을 인도할 수 있다.** (범죄인인도법 제6조)<10승진·12경간·07·12·17.1채용>

③ (○) 절대적 인도거절사유, 시효완성(범죄인인도법 제7조 제1호)<14경간·14.2·15.2·17.1채용>

④ (X) **임의적 인도거절사유**: 범죄인의 **인도범죄 외의 범죄에 관하여** 대한민국 법원에 **재판이 계속 중**인 경우 또는 범죄인이 형을 선고받고 그 **집행이** 끝나지 아니하거나 면제되지 아니한 경우에는 범죄인을 인도하지 아니할 수 있다.[♣인도하여서는 아니 된다.(X)](범죄인인도법 제9조 제3호)<15.2·17.1채용> 　 　 　 정답 ③

03 「범죄인 인도법」상 아래 ㉠부터 ㉤까지 설명으로 절대적 인도거절 사유(A)와 임의적 인도거절 사유(B)로 바르게 연결된 것은? 〈17경위〉

> ㉠ 인도범죄에 관하여 대한민국 법원에서 재판이 계속 중이거나 재판이 확정된 경우
> ㉡ 범죄인이 대한민국 국민인 경우
> ㉢ 인도범죄의 성격과 범죄인이 처한 환경 등에 비추어 범죄인을 인도하는 것이 비인도적이라고 인정되는 경우
> ㉣ 범죄인이 인종, 종교, 국적, 성별, 정치적 신념 또는 특정 사회단체에 속한 것 등을 이유로 처벌되거나 그 밖의 불리한 처분을 받을 염려가 있다고 인정되는 경우
> ㉤ 인도범죄의 전부 또는 일부가 대한민국 영역에서 범한 것인 경우

① A - ㉠㉣ B - ㉡㉢㉤
② A - ㉠㉤ B - ㉡㉢㉣
③ A - ㉡㉢ B - ㉠㉣㉤
④ A - ㉡㉣ B - ㉠㉢㉤

해설

외사경찰, 국제공조활동, 범죄인 인도 -
㉠ 절대적 인도거절사유(범죄인인도법 제7조 제2호)〈17승진·16.2채용〉
㉡ 임의적 인도거절사유(범죄인인도법 제9조 1호)〈17승진·15경간〉
㉢ 임의적 인도거절사유(범죄인인도법 제9조 5호)〈17승진·15경간〉
㉣ 절대적 인도거절사유(범죄인인도법 제7조 제4호)〈17승진·14경간·16.2채용〉
㉤ 임의적 인도거절사유(범죄인인도법 제9조 2호)〈17승진·15경간〉

정답 ①

03 「범죄인 인도법」제7조에 따른 절대적 인도거절 사유에 해당하지 않는 것은? 〈14경간·16.2·22.1채용〉

① 대한민국 또는 청구국의 법률에 따라 인도범죄에 관한 공소시효 또는 형의 시효가 완성된 경우
② 인도범죄에 관하여 대한민국 법원에서 재판이 계속 중이거나 재판이 확정된 경우
③ 인도범죄의 성격과 범죄인이 처한 환경 등에 비추어 범죄인을 인도하는 것이 비인도적이라고 인정되는 경우
④ 범죄인이 인종, 종교, 국적, 성별, 정치적 신념 또는 특정 사회단체에 속한 것 등을 이유로 처벌되거나 그 밖의 불리한 처분을 받을 염려가 있다고 인정되는 경우

해설

외사경찰, 국제경찰공조 활동, 범죄인 인도 -
① (○) 절대적 인도거절 사유: 범죄인 인도법 제7조 제1호〈14·17경간·14.2·15.2·17.1·18.1·22.1채용〉
② (○) 절대적 인도거절 사유: 범죄인 인도법 제7조 제2호〈17·20경간·14.2·22.1채용〉
③ (×) 임의적 인도거절 사유[♣절대적 거절사유(X)]: 범죄인 인도법 제9조 제5호〈14.2·22.1채용〉
④ (○) 절대적 인도거절 사유: 범죄인 인도법 제7조 제4호〈14경간·13.2·14.2·15.3·18.1·22.1채용〉

정답 ③

04 「범죄인 인도법」의 인도거절 사유에 대한 내용으로 가장 적절하지 않은 것은? 〈18.1순경〉

① 대한민국 또는 청구국의 법률에 따라 인도범죄에 관한 공소시효 또는 형의 시효가 완성된 경우에는 범죄인을 인도하여서는 아니 된다.

② 범죄인이 인종, 종교, 국적, 성별, 정치적 신념 또는 특정 사회단체에 속한 것 등을 이유로 처벌되거나 그 밖의 불리한 처분을 받을 염려가 있다고 인정되는 경우에는 범죄인을 인도하지 아니할 수 있다.

③ 범죄인의 인도범죄 외의 범죄에 관하여 대한민국 법원에 재판이 계속 중인 경우 또는 범죄인이 형을 선고받고 그 집행이 끝나지 아니하거나 면제되지 아니한 경우에는 범죄인을 인도하지 아니할 수 있다.

④ 범죄인이 인도범죄에 관하여 제3국(청구국이 아닌 외국을 말한다)에서 재판을 받고 처벌되었거나 처벌받지 아니하기로 확정된 경우에는 범죄인을 인도하지 아니할 수 있다.

해설

외사경찰, 국제공조활동, 범죄인 인도 -

① (○) **절대적 인도거절사유**(제7조 제1호)〈14경간 · 14.2 · 15.2 · 17.1 · 18.1채용〉

② (×) **절대적 인도거절사유** : 범죄인이 **인종, 종교, 국적, 성별, 정치적 신념** 또는 **특정 사회단체에 속한 것 등을 이유로 처벌**되거나 그 밖의 **불리한 처분을 받을 염려**가 있다고 인정되는 경우에는 범죄인을 **인도하여서는 아니 된다.**[♣아니할 수 있다.(X)](제7조 제4호)〈04경찰승진 · 07 · 14경간 · 14. 2 · 15.2 · 17.1 · 18.1채용〉

③ (○) **임의적 인도거절사유**(제9조 제3호)〈09승진 · 07 · 15경간 · 13.2 · 15.2 · 17.1 · 18.1채용〉

④ (○) **임의적 인도거절사유**(제9조 제4호)〈09승진 · 07 · 15경간 · 13.2 · 15.2 · 17.1 · 18.1채용〉   정답 ②

---

05 다음은 「범죄인 인도법」과 범죄인 인도의 원칙에 대한 설명이다. 옳은 것은 모두 몇 개인가? 〈20.2채용〉

> ㉠ 「범죄인 인도법」 제6조는 대한민국과 청구국의 법률에 따라 인도범죄가 사형, 무기징역, 무기금고, 장기 1년 이상의 징역 또는 금고에 해당하는 경우에만 범죄인인도가 가능하다고 규정하여 '쌍방가벌성의 원칙'과 '최소한의 중요성 원칙'을 모두 담고 있다.
>
> ㉡ 인도조약이 체결되어 있지 않은 경우에도 범죄인의 인도를 청구하는 국가가 동종의 범죄인 인도 청구에 응한다는 보증을 하는 경우 「범죄인 인도법」을 적용한다는 원칙은 '상호주의 원칙'이다.
>
> ㉢ 자국민은 원칙적으로 인도의 대상이 아니라는 '자국민 불인도의 원칙'은 「범죄인 인도법」상 절대적 인도거절 사유로 규정되어 있다.
>
> ㉣ 인도범죄가 정치적 성격을 지닌 범죄이거나 그와 관련된 경우 범죄인을 인도하여서는 안 된다는 '정치범 불인도의 원칙'은 「범죄인 인도법」에 규정되어 있다. 다만 국가원수 암살, 집단학살 등은 정치범 불인도의 예외사유로 인정한다.

① 1개   ② 2개   ③ 3개   ④ 4개

PART 07

해설

외사경찰, 국제공조활동, 범죄인 인도 −

ㄱ (○) 쌍방가벌성의 원칙과 최소한의 중요성의 원칙(범죄인 인도법 제6조)<02승진·18.3·20.2채용>

ㄴ (○) 상호주의 원칙(범죄인 인도법 제4조)<04·11·12·15승진·13.1·17.1·20.1채용>

ㄷ (✕) 임의적 거절사유, **자국민불인도의 원칙** : 자국민은 원칙적으로 인도하지 아니할 수 있다.[♣절대적 인도거절사유(✕)](제9조)<16승진·12경간·07·12.2·15.2·20.2채용>

ㄹ (○) 필요적 거절사유, 정치범불인도의 원칙(범죄인 인도법 제8조 제1항 단서)<03·20승진·12경간·20.2채용>

정답 ③

---

06 범죄인 인도에 관한 원칙에 대한 설명으로 가장 적절하지 않은 것은? 〈21승진〉

① 자국민불인도의 원칙은 자국민은 인도하지 않는다는 원칙으로서, 우리나라 「범죄인 인도법」 제9조는 절대적 거절사유로 규정하고 있다.

② 쌍방가벌성의 원칙은 인도청구가 있는 범죄가 청구국과 피청구국 쌍방의 법률에 의하여 범죄를 구성하지 않는 경우에는 그 범죄에 관하여 범죄인을 인도하지 않는다는 원칙이다.

③ 최소한 중요성의 원칙은 어느 정도 중요성을 띤 범죄인만 인도한다는 원칙이다.

④ 특정성의 원칙은 인도된 범죄인이 인도가 허용된 범죄 외의 범죄로 처벌받지 아니하고, 제3국에 인도되지 아니한다는 청구국의 보증이 없는 경우에는 범죄인을 인도하여서는 아니 된다는 원칙이다.

해설

외사경찰, 국제공조활동, 범죄인 인도 −

① (✕) 자국민불인도의 원칙(**임의적 인도거절사유**) : 자국민은 원칙적으로 인도하지 아니할 수 있다. [♣절대적 거절사유(✕)](제9조)<16·21승진·12경간·07·12.2·15.2·20.2채용>

② (○) 쌍방가벌성의 원칙<16·21승진·14.1채용>

③ (○) 최소한 중요성의 원칙<21승진·15경간>

④ (○) 특정성의 원칙(범죄인 인도법 제10조)<12·16·21승진·07채용>

정답 ①

07 「범죄인 인도법」에 규정된 내용으로 가장 적절하지 않은 것은? 〈09승진 · 21경간〉

① 「범죄인 인도법」에 규정된 범죄인의 인도심사 및 그 청구와 관련된 사건은 경찰청 외사국의 전속관할로 한다.

② 대한민국과 청구국의 법률에 따라 인도범죄가 사형, 무기징역, 무기금고, 장기(長期)1년 이상의 징역 또는 금고에 해당하는 경우에만 범죄인을 인도할 수 있다.

③ 외교부장관은 청구국으로부터 범죄인의 긴급인도구속을 청구 받았을 때에는 긴급인도구속 청구서와 관련 자료를 법무부장관에게 송부하여야 한다.

④ 「범죄인 인도법」에 따라 법무부장관이 검사장 등에게 하는 명령과 검사장 · 지청장 또는 검사가 법무부장관에게 하는 건의 · 보고 또는 서류 송부는 검찰총장을 거쳐야 한다. 다만, 고위공직자 범죄수사처장 또는 그 소속 검사의 경우에는 그러하지 아니하다.

> **해설**
>
> **외사경찰, 국제공조활동, 범죄인 인도** −
> ① (✕) **외국의 인도청구에 대한 심사절차** : 이법에 규정된 인도심사 및 그 청구와 관련된 사건은 **서울고등검찰청**과 **서울고등법원 전속관할**사항이다.[♣경찰청 외사국 전속관할(X)](범죄인 인도법 제3조) 〈12 · 21경간 · 11승진 · 12.1 · 15.3채용〉
> ② (○) '**최소한의 중요성의 원칙**' : 범죄인 인도법 제6조〈10 · 20승진 · 12 · 17 · 20 · 21경간 · 07 · 12 · 17.1 · 20.2채용〉
> ③ (○) 외국의 인도청구에 대한 심사절차 : 범죄인 인도법 제11조〈21경간 · 10 · 19승진 · 18.1채용〉
> ④ (○) 외국의 인도청구에 대한 심사절차 : 「범죄인 인도법」 제47조〈21경간〉　　정답 ①

08 「범죄인 인도법」의 인도거절 사유에 대한 내용으로 가장 적절하지 않은 것은? 〈18.1채용〉

① 대한민국 또는 청구국의 법률에 따라 인도범죄에 관한 공소시효 또는 형의 시효가 완성된 경우에는 범죄인을 인도하여서는 아니 된다.

② 범죄인이 인종, 종교, 국적, 성별, 정치적 신념 또는 특정 사회단체에 속한 것 등을 이유로 처벌되거나 그 밖의 불리한 처분을 받을 염려가 있다고 인정되는 경우에는 범죄인을 인도하지 아니할 수 있다.

③ 범죄인의 인도범죄 외의 범죄에 관하여 대한민국 법원에 재판이 계속 중인 경우 또는 범죄인이 형을 선고받고 그 집행이 끝나지 아니하거나 면제되지 아니한 경우에는 범죄인을 인도하지 아니할 수 있다.

④ 범죄인이 인도범죄에 관하여 제3국(청구국이 아닌 외국을 말한다)에서 재판을 받고 처벌되었거나 처벌받지 아니하기로 확정된 경우에는 범죄인을 인도하지 아니할 수 있다.

> **해설**
>
> **외사경찰, 국제공조활동, 범죄인 인도** −
> ① (○) 절대적 인도거절사유(제7조 제1호)〈14경간 · 14.2 · 15.2 · 17.1 · 18.1채용〉
> ② (✕) **절대적 인도거절사유** : 범죄인이 **인종, 종교, 국적, 성별, 정치적 신념 또는 특정 사회단체에 속한 것 등**을 이유로 **처벌**되거나 그 밖의 **불리한 처분을 받을 염려**가 있다고 인정되는 경우에는 범죄인을 **인도하여서는 아니 된다**.[♣아니할 수 있다.(X)](제7조 제4호)〈04경찰승진 · 07 · 14경간 · 14.2 · 15.2 · 17.1 · 18.1채용〉
> ③④ (○) 임의적 인도거절사유(제9조 제3호)〈09승진 · 07 · 15경간 · 13.2 · 15.2 · 17.1 · 18.1채용〉　　정답 ②

09 「범죄인 인도법」에 대한 설명으로 가장 적절한 것은? 〈19경감〉

① 대한민국의 주권, 국가안전보장, 안녕질서 또는 미풍양속을 해칠 우려가 있는 경우 범죄인을 인도하지 않을 수 있다.

② 범죄인이 인종, 종교, 국적, 성별, 정치적 신념 또는 특정 사회단체에 속한 것 등을 이유로 처벌되거나 그 밖의 불리한 처분을 받을 염려가 있다고 인정되는 경우 범죄인을 인도하지 않을 수 있다.

③ 외교부장관은 범죄인 인도조약의 존재 여부, 상호보증 여부, 인도대상범죄 여부 등을 확인하고 관계 서류를 첨부하여 법무부장관에게 송부한다.

④ 외교부장관은 인도조약 또는 「범죄인 인도법」에 따라 범죄인을 인도할 수 없거나 인도하지 아니하는 것이 타당하다고 인정되는 경우에는 인도심사청구명령을 하지 아니하고, 그 사실을 법무부장관에게 통지하여야 한다.

해설

외사경찰, 국제공조활동, 범죄인 인도 −

① (✕) 임의적 인도거절사유(거절 할 수)
  1. 전부 또는 일부가 **대한민국영역에서 범한** 것<17승진 · 15경간>
  2. 범죄인이 **대한민국 국민**인 경우<17승진 · 15경간>
  3. **인도범죄 외의 범죄에 관하여** 한국 법원에 **재판이 계속 중, 집행 중**[♣집행이 끝나거나 면제된 경우(✕), ♣절대적 거절사유(✕)]<14 · 15경간 · 16.2 · 17.1채용>
  4. 인도범죄로 **제3국에서 재판을** 받고 확정된 경우<17승진 · 15경간>
  5. 범죄인을 **인도하는 것이 비인도적**(非人道的)이라고 인정되는 경우[♣대한민국의 주권, 국가안전보장, 안녕질서 또는 미풍양속을 해칠 우려가 있는 경우(✕)]<19승진>

② (✕) **절대적 인도거절사유** : 다음 각 호의 어느 하나에 해당하는 경우에는 범죄인을 **인도하여서는 아니 된다.**[♣아니할 수 있다.(✕)](제7조)<04 · 19승진 · 07 · 14 · 17경간 · 14.2 · 15.2 · 17.1 · 18.1채용>
  1. 대한민국 또는 청구국의 법률에 따라 인도범죄에 관한 **공소시효 또는 형의 시효가 완성**된 경우(유용성의 원칙과 관련)<14 · 17경간 · 14.2 · 15.2 · 17.1 · 18.1채용>
  2. 인도범죄에 관하여 대한민국 법원에서 **재판이 계속(係屬) 중이거나 재판이 확정**된 경우<17경간 · 14.2채용>
  3. 범죄인이 인도범죄를 범하였다고 **의심할 만한 상당한 이유가 없는** 경우. 다만, 인도범죄에 관하여 청구국에서 유죄의 재판이 있는 경우는 제외한다.<14경간>
  4. 범죄인이 **인종, 종교, 국적, 성별, 정치적 신념 또는 특정 사회단체에 속한 것 등을 이유로 처벌**되거나 그 밖의 **불리한 처분을 받을 염려**가 있다고 인정되는 경우<14경간 · 13.2 · 14.2 · 15.3 · 18.1채용>

③ (○) 절차, 외교부 장관(제11조)<19승진>

④ (✕) **법무부장관** : 법무부장관은[♣외교부장관은(✕)] 인도조약 또는 이 법에 따라 범죄인을 인도할 수 없거나 인도하지 아니하는 것이 타당하다고 인정되어 **인도심사청구명령을 하지 아니하는 경우**에는 그 사실을 **외교부장관에게**[♣법무부장관에게(✕)] **통지하여야** 한다.(제12조 제2항)<10 · 19승진 · 09채용> 정답 ③

10 「범죄인 인도법」에 대한 설명 중 가장 적절하지 않은 것은? 〈20경위〉

① 순수한 정치범은 인도하지 않는 것이 원칙이나 정치범일지라도 국가원수암살범은 예외가 되어 일반적으로 인도의 대상이 된다.

② 대한민국과 청구국의 법률에 따라 인도범죄가 사형, 무기징역, 무기금고, 장기 1년 이상의 징역 또는 금고에 해당하는 경우에만 범죄인을 인도할 수 있다.

③ 범죄인이 인도범죄에 관하여 제3국(청구국이 아닌 외국)에서 재판을 받고 처벌되었거나 처벌받지 아니하기로 확정된 경우는 청구국에 인도하지 아니할 수 있다.

④ 법무부장관은 범죄인이 인도구속영장에 의하여 구속 중인 경우에는 구속된 날부터 2개월 이내에 인도심사에 관한 결정을 하여야 한다.

───

> **해설**

외사경찰, 국제공조활동, 범죄인 인도 −
① (○) 필요적 거절사유, 정치범불인도의 원칙(범죄인 인도법 제8조 제1항 제1호)〈03·20승진·12경간〉
② (○) 최소한의 중요성의 원칙과 쌍방가벌성의 원칙(범죄인 인도법 제6조)〈20승진·12·17경간·12·17.1채용〉
③ (○) 임의적 인도거절사유, 제3국 처벌등(범죄인 인도법 제9조 제4호)〈20승진·13.2·18.1채용〉
④ (×) 범죄인인도절차, **인도심사 결정 : 법원은**[♣법무부장관은(×)] 범죄인이 인도구속영장에 의하여 구속 중인 때에는 구속된 날로부터 **2월 이내에 인도심사에 관한 결정을 하여야** 한다.(제14조 제2항)〈20승진·18.3채용〉 　　　　　　　　　　　　　　　　　　　　　　　　　　**정답** ④

───

11 「범죄인 인도법」에서 규정하는 절대적 인도거절 사유로 옳은 것만을 모두 고른 것은? 〈24.1채용〉

> ㉠ 범죄인이 대한민국 국민인 경우
> ㉡ 인도범죄의 전부 또는 일부가 대한민국 영역에서 범한 것인 경우
> ㉢ 범죄인이 인종, 종교, 국적, 성별, 정치적 신념 또는 특정사회단체에 속한 것 등을 이유로 처벌되거나 그 밖의 불리한 처분을 받을 염려가 있다고 인정되는 경우
> ㉣ 인도범죄에 관하여 대한민국 법원에서 재판이 계속 중이거나 재판이 확정된 경우

① ㉠㉡　　　　　　② ㉢㉣　　　　　　③ ㉠㉡㉣　　　　　　④ ㉡㉢㉣

───

> **해설**

외사경찰, 활동, 범죄인 인도 −
㉠㉡ (×) **임의적 인도거절사유**(제9조)〈17·19·20승진·15경간·14.2·15.2·16.2·17.1·22.1·24.1채용〉
㉢㉣ (○) **절대적 인도거절 사유**(제7조)〈17·19·20승진·15경간·14.2·15.2·16.2·17.1·22.1·24.1채용〉
　　　　　　　　　　　　　　　　　　　　　　　　　　　　　　　　　　　정답 ②

───

☞ 종합문제

01 「범죄인 인도법」에 대한 설명으로 가장 적절한 것은? 〈18.3채용〉

① 청구국과 피청구국 쌍방의 법률에 의하여 범죄를 구성하지 않는 경우에는 범죄인을 인도하지 않는다는 것은 쌍방가벌성의 원칙으로, 우리나라 「범죄인 인도법」에 명문규정은 없다.

② 인도범죄 외의 범죄에 관하여 대한민국 법원에 재판이 계속 중인 경우 또는 범죄인이 형을 선고받고 그 집행이 끝나지 아니하거나 면제되지 아니한 경우 범죄인을 인도하여서는 아니 된다.

③ 범죄인이 「범죄인 인도법」 제20조에 따른 인도구속영장에 의하여 구속되었을 때에는 구속된 때부터 48시간 이내에 인도심사를 청구하여야 한다.

④ 법원은 범죄인이 인도구속영장에 의하여 구속 중인 경우에는 구속된 날부터 2개월 이내에 인도심사에 관한 결정을 하여야 한다.

해설

외사경찰, 국제공조활동, 범죄인 인도 -

① (✕) **쌍방가벌성의 원칙과 최소한의 중요성의 원칙**: 대한민국과 청구국의 법률에 따라 인도범죄가 사형, 무기징역, 무기금고, **장기 1년 이상**의 징역 또는 금고에 해당하는 경우에만 범죄인을 인도할 수 있다.(쌍방가벌성의 원칙)[♣명문규정이 없다.(✕)](범죄인 인도법 제6조(인도범죄))〈02승진·18.3채용〉

② (✕) **임의적 인도거절사유**: 범죄인의 **인도범죄 외의 범죄에 관하여** 대한민국 법원에 **재판이 계속 중**인 경우 또는 범죄인이 형을 선고받고 그 **집행이** 끝나지 아니하거나 면제되지 아니한 경우 인도하지 아니할 수 있다.[♣인도하여서는 아니 된다.(✕)](제9조 제3호)〈15.2·17.1·18.1·3채용〉

③ (✕) **구속과 인도심사청구**: 범죄인이 인도구속영장에 의하여 구속되었을 때에는 구속된 날부터 **3일 이내**에 인도심사를 청구하여야 한다.[♣48시간 이내에(✕)](제13조 제2항)〈18.3채용〉

④ (○) 인도절차, 구속과 인도심사결정(제14조 제2항)〈18.3채용〉   정답 ④

02 「국제형사사법 공조법」과 「범죄인 인도법」에 대한 내용으로 옳은 것은 모두 몇 개인가? 〈20경간〉

가. 국제형사사법 공조와 범죄인 인도 과정 모두에서 상호주의 원칙과 조약우선주의를 천명하고 있다.

나. 대한민국에서 수사가 진행 중이거나 재판에 계속된 범죄에 대하여 외국의 공조요청이 있는 경우에는 즉시 공조해야 한다.

다. 외국의 요청에 따른 수사의 공조절차에서 공조요청 접수 및 요청국에 대한 공조 자료의 송부는 법무부장관이 한다. 다만, 긴급한 조치가 필요한 경우나 특별한 사정이 있는 경우에는 외교부장관이 법무부장관의 동의를 받아 이를 할 수 있다.

라. 대한민국과 청구국의 법률에 따라 인도범죄가 사형, 무기징역, 무기금고, 장기 3년 이상의 징역 또는 금고에 해당하는 경우에만 범죄인을 인도할 수 있다.

마. 범죄인이 대한민국 국민이거나 인도범죄에 관하여 대한민국 법원에서 재판이 확정된 경우에는 범죄인을 인도하여서는 아니 된다.

① 1개   ② 2개   ③ 3개   ④ 4개

해설

ㅡ 외사경찰, 국제공조활동 ㅡ

ㅡ 국제형사사법공조 ㅡ

가. (○) 조약우선주의과 상호주의(국제형사사법공조법 제3조)<20경간·01·03승진·19.1채용>, 제4조, / (범죄인 인도법 제3조의2)<20경간·12.1·2채용>, 제4조<04·11·12·15승진·13.1·17.1·20.1채용>

나. (✕) **공조연기**: 외국의 공조요청이 **대한민국에서 수사진행 중이거나 재판에 계속된 범죄**에 대하여 행하여진 경우, 그 수사 또는 재판절차가 종료될 때까지 공조를 **연기할 수** 있다.[♣공조해야한다.(✕)](국제형사사법공조법 제7조)<19·20경간·06·15승진·19.1채용>

다. (✕) **공조자료 송부**: 공조요청 접수 및 요청국에 대한 **공조 자료의 송부는 외교부장관이** 한다.[♣법무부장관이(✕)] 다만, 긴급한 조치가 필요한 경우나 특별한 사정이 있는 경우에는 **법무부장관이 외교부장관의 동의를 받아** 이를 할 수 있다.[♣외교부장관이 법무부장관의 동의를 받아(✕)](국제형사사법공조법 제11조)<20경간>

라. (✕) **최소한의 중요성의 원칙**: 대한민국과 청구국의 법률에 의하여 인도범죄가 **사형·무기·장기 1년 이상의 징역 또는 금고에 해당하는 경우에만 범죄인을 인도할 수** 있다.[♣장기 3년 이상(✕)](범죄인 인도법 제6조)<10·20승진·12·17·20경간·07·12·17.1·20.2채용>

마. (✕) **임의적 인도거절 사유 제1호**: '범죄인이 **대한민국 국민인** 경우에는 범죄인을 **인도하지 아니할 수** 있다.[♣인도하여서는 아니 된다.(✕)](범죄인 인도법 제9조 제1호)<20경간·09승진·07·15경간·13.2·15.2·17.1·18.1채용>

절대적 인도거절 사유 제2호: 인도범죄에 관하여 대한민국 법원에서 **재판이 계속(係屬) 중이거나 재판이 확정**된 경우[♣인도하여서는 아니 된다.(○)](범죄인 인도법 제7조 제2호)<17·20경간·14.2채용>

정답 ①

테마 172 **인터폴을 통한 공조** **3**

01 다음 중 국제형사경찰기구(INTERPOL)에 대한 설명으로 가장 적절한 것은? <18.3채용>

① 1914년 모나코에서 국제형사경찰회의(International Criminal Police Congress)가 개최되어 국제범죄 기록보관소 설립, 범죄인 인도절차의 표준화 등에 대하여 논의하였는데 이것이 국제경찰협력의 기초가 되었다.

② 1923년 제네바에서 제2차 국제형사경찰회의가 개최되어 국제형사경찰위원회(International Criminal Police Commission)가 창설되었으며 이는 국제형사경찰기구의 전신이라 할 수 있다.

③ 1956년 비엔나에서 제25차 국제형사경찰위원회가 개최되어 국제형사경찰기구가 발족하였고, 당시 사무총국을 리옹에 두었다.

④ 국가중앙사무국(National Central Bureau)은 회원국에 설치된 상설 경찰협력부서로 우리나라의 경우 경찰청 외사국 국제협력과 인터폴계에 설치되어 있다.

해설

외사경찰, 국제공조활동, 인터폴을 통한 공조 −

① (○) 국제형사경찰회의<11경간·18.3채용>

② (×) **국제형사경찰위원회 창설 : 1923년 비엔나에서**[♣제네바에서(X)] **19개국 경찰기관장이 참석한 가운데 제2차 국제형사경찰회의가 개최되어 국제형사경찰위원회**(ICPC : International criminal police commission)**를 창설**하게 되었다.<18.3채용>

③ (×) **국제형사경찰기구**(ICPO)**발족 : 1956년 비엔나에서 제25차 국제형사경찰위원회가 개최되어 국제형사경찰기구**(International criminal police organization)**가 발족**하였고, **사무총국을 파리에 두었다.**[♣리옹에(X)]<18.3채용>

④ (×) KNCB(한국국가중앙사무국) : 우리나라는 1964년에 가입하여, 현재 **경찰청 인터폴국제공조과**에서 KNCB(한국국가중앙사무국)의 업무를 수행하고 있다.[♣국제협력과(X)]<18.3채용>　　**정답 ①**

---

02 국제형사경찰기구(INTERPOL) 설립에 대한 설명으로 가장 적절하지 않은 것은? 〈21경간〉

① 1914년 모나코(Monaco)에서 제1회 국제형사경찰회의(International Criminal Police Congress)가 개최되었다.

② 1923년 헤이그(Hague)에서 19개국 경찰기관장이 참석하여 유럽대륙 위주의 국제형사경찰위원회(International Criminal Police Commission)를 창설하였다.

③ 1956년 비엔나(Vienna) 제25차 국제형사경찰위원회 총회에서 국제형사경찰기구(International Criminal Police Organization : ICPO), 즉 인터폴(INTERPOL)로 명칭이 변경되었다.

④ 2021년 현재 본부는 리옹(Lyon)에 있다.

해설

외사경찰, 국제공조, 인터폴을 통한 공조 −

① (○) 1914년 제1회 국제형사경찰회의<11·21경간·18.3채용>

② (×) **국제형사경찰위원회**(1923) : **1923년 비엔나에서** 19개국 경찰기관장이 참석한 가운데 제2차 국제형사경찰회의가 개최되어 **국제형사경찰위원회**(ICPC : International Criminal Police Commission)**를 창설**하게 되었다.[♣헤이그에서(X)]<21경간·20승진·18.3채용>

③ (○) 국제형사경찰기구(1956)<21경간·18.3채용>

④ (○) 국제형사경찰기구, 사무총국<21경간·06승진>　　**정답 ②**

03 국제형사경찰기구(INTERPOL)에 관한 설명으로 가장 적절하지 않은 것은? 〈11.2채용〉

① 국제형사경찰기구는 회원국 상호간 필요한 각종 정보와 자료를 교환하고, 또한 범인체포 및 인도에 있어서 상호 신속·원활한 협조관계를 유지하는 형사경찰의 정부간 국제공조수사기구이다.

② 국제형사경찰기구는 자체 내에 국제수사관을 두어 각국의 법과 국경에 구애됨이 없이 자유로이 왕래하면서 범인을 추적·수사하는 국제수사기관으로서의 역할을 한다.

③ 국제형사경찰기구의 협력은 범죄예방을 위한 협력과 범죄수사를 위한 협력으로 이루어진다.

④ 국제형사경찰기구는 범죄의 예방과 진압을 위해 각 회원국 간의 현행법 범위 내에서 세계인권선언의 정신에 입각하여 회원국 간 가능한 다방면에 걸쳐 상호 협력을 증진시키는 것을 목적으로 한다.

해설

외사경찰, 국제공조, 인터폴을 통한 공조 −
인터폴은 자체 수사관이 없으며 범인을 체포·구속하는 수사권도 없다. 다만 각종 정보와 자료를 교환하고 협조하기 위한 국제공조수사기구에 불과하다. **정답** ②

04 인터폴에서 발행하는 국제수배서에 대한 설명 중 적절하지 않은 것으로 묶인 것은? 〈14·18경위·18경감〉

> ㉠ 흑색수배서(Black Notice) − 신원불상사망자 또는 가명사용 사망자의 신원확인
> ㉡ 황색수배서(Yellow Notice) − 도난 또는 불법취득 물건·문화재 등에 대한 수배
> ㉢ 녹색수배서(Green Notice) − 수배자의 신원·전과 및 소재확인
> ㉣ 청색수배서(Blue Notice) − 상습 국제범죄자의 동향 파악 및 범죄예방을 위해 발행
> ㉤ 적색수배서(Red Notice) − 범죄인 인도를 목적으로 발행
> ㉥ 자주색수배서(Purple Notice) − 가출인의 소재확인 및 기억상실자의 신원확인

① ㉠㉡㉢㉣   ② ㉡㉢㉣㉥

③ ㉠㉡㉣㉥   ④ ㉢㉣㉤㉥

해설

외사경찰, 국제공조, 인터폴을 통한 공조, 국제수배서 −

㉠ (○) 국제수배서, 흑색수배서(Black Notice)(F5)〈14·16·18승진·13경간·12·13·15.1채용〉

㉡ (×) 장물수배서(Stolen Property Notice): **도난 혹은 불법 취득한 것으로 보이는 물건에 대해 수배를 하는 것**[♣황색수배서(X)]〈14·18경위·18경감〉

㉢ (×) 청색수배서(Blue Notice): **국제정보조회수배서(피수배자의 신원·전과·소재확인)**[♣녹색수배서(X)] (F2)〈16·17·18승진·13경간〉

㉣ (×) 녹색수배서(Green Notice): **상습국제범죄자의 동향파악 수배서**[♣청색수배서(X)](F3)〈16·18승진·13경간·13.1채용〉

㉤ (○) 국제수배서, 적색수배서(Red Notice)(Form1)〈16승진·11경간·12·15.1채용〉

㉥ (×) 황색수배서(Yellow Notice): **가출인·기억상실자의 소재 및 신원파악**(F4)[♣자주색수배서(X)]〈14·16·18승진·12·15.1·17.1채용〉 **정답** ②

05 인터폴에서 발행하는 국제수배서에 관한 다음 설명 중 가장 적절하지 않은 것은? 〈12.3 · 17.1채용〉

① 적색수배서(Red Notice)는 새로운 범죄수법이 발견되었을 경우에 한하여 이를 경고하기 위하여 발행한다.

② 황색수배서(Yellow Notice)는 가출인의 소재확인 또는 기억상실자 등의 신원파악을 위하여 발행한다.

③ 흑색수배서(Black Notice)는 사망자의 신원을 확인할 수 없거나 사망자가 가명을 사용하였을 경우 정확한 신원확인을 위해 발행한다.

④ 오렌지수배서(Orange Notice)는 폭발물, 테러범 등에 대한 보안을 경고하기 위하여 발행한다.

해설

외사경찰, 국제공조, 인터폴을 통한 공조, 국제수배서 −

① (✕) **자주색수배서** : 새로운 **범죄수법** 등을 회원국에 배포할 때 발행[♣적색수배서(✕)]〈14 · 18승진 · 12.3 · 17.1채용〉

② (○) 국제수배서, 황색수배서(Yellow Notice)〈14 · 16 · 18승진 · 12 · 15.1 · 17.1채용〉

③ (○) 국제수배서, 흑색수배서(Black Notice)(F5)〈14 · 16 · 18승진 · 13경간 · 12 · 13 · 15.1채용〉

④ (○) 국제수배서, 오렌지수배서(Orange Notice)〈04.08 · 10승진 · 08 · 09 · 12 · 15.1채용 · 11 · 13경간〉

정답 ①

---

06 다음 중 인터폴에서 발행하는 국제수배서에 대한 설명 중 가장 적절하지 않은 것은? 〈20경위〉

① 흑색수배서(가출인수배서) − 실종자 소재확인 목적 발부

② 녹색수배서(상습국제범죄자 수배서) − 우범자 정보제공 목적 발부

③ 보라색수배서(범죄수법수배서) − 범죄수법 정보제공 목적 발부

④ 청색수배서(국제정보조회수배서) − 범죄관련인 소재확인 목적 발부

해설

외사경찰, 국제공조, 인터폴을 통한 공조, 국제수배서 −

① (✕) 황색수배서 : 실종자 소재확인 목적 발부 : 가출인수배서(**가출인 · 기억상실자의 소재 및 신원파악**)(F4)[♣흑색수배셔(✕)]〈14 · 16 · 18 · 20승진 · 12 · 15.1 · 17.1채용〉

② (○) 녹색수배서(F3)〈16 · 18 · 20승진 · 13경간 · 13.1채용〉

③ (○) 자주색(보라색)수배서〈14 · 18승진 · 12.3 · 17.1채용〉

④ (○) 청색수배서(F2)〈16 · 17 · 18 · 20승진 · 13경간〉

정답 ①

– 종합문제

01 국제형사경찰기구(인터폴)에 대한 설명으로 가장 적절하지 않은 것은? 〈20경감〉

① 인터폴 협력의 원칙으로는 주권의 존중, 일반법의 집행, 보편성의 원칙, 평등성의 원칙, 업무방법의 유연성 등이 있다.

② 1923년 비엔나에서 19개국 경찰기관장이 참석한 가운데 제2차 국제형사경찰회의가 개최되어 국제형사경찰위원회(ICPC : International Criminal Police Commission)를 창립하였다.

③ 법무부장관은 국제형사경찰기구로부터 외국의 형사사건 수사에 대하여 협력을 요청받거나 국제형사경찰기구에 협력을 요청하는 경우 국제범죄의 정보 및 자료교환, 국제범죄의 동일증명 및 전과조회 등의 조치를 취할 수 있다.

④ 인터폴에서 발행하는 국제수배서에는 변사자 신원확인을 위한 흑색수배서(Black Notice), 장물수배를 위한 장물수배서(Stolen Property Notice), 범죄관련인 소재확인을 위한 청색수배서(Blue Notice) 등이 있다.

해설

외사경찰, 국제공조 –

① (○) 인터폴 협력의 원칙〈02 · 10 · 20승진 · 11경간〉

② (○) 국제형사경찰위원회(ICPC : International Criminal Police Commission) 창립〈08 · 20승진 · 18.3채용〉

③ (✕) 국제형사경찰기구, **주무장관 : 행정안전부장관**은 국제형사경찰기구로부터 외국의 형사사건 수사에 대하여 협력을 요청받거나 국제형사경찰기구에 협력을 요청하는 경우에는 다음 각 호의 조치를 취할 수 있다.[♣법무부장관은(X)](국제형사사법공조법 제38조)〈12 · 13 · 20승진〉

④ (○) 국제수배서의 종류〈07 · 14 · 16 · 18 · 20승진 · 04 · 07 · 13 · 14경간 · 12 · 13 · 15.1 · 17.1채용　　**정답** ③

02 외사경찰활동과 관련된 설명으로 옳지 않은 것은? 〈20경간〉

① 「외사요원 관리규칙」상 외사요원이라 함은 외사기획, 외사정보, 외사수사, 해외주재, 그리고 국제협력 업무를 취급하는 경찰공무원을 말한다.

② 「출입국관리법」상 수사기관은 긴급출국금지를 요청한 때로 부터 6시간 이내에 법무부장관에게 긴급 출국금지 승인을 요청하여야 한다.

③ 수사절차 등과 관련해 일정한 제약을 규정하고 있는 「주한미군지위협정(SOFA)」은 대한민국 영역 안에 있는 미국 군대의 구성원, 군속, 그리고 그 가족으로 적용대상을 제한하고 있다.

④ 「범죄수사규칙」상 경찰관은 외국인 등 관련 범죄 중 중요한 범죄에 관하여는 미리 국가수사본부장에게 보고하여 그 지시를 받아 수사에 착수하여야 한다. 다만, 급속을 요하는 경우에는 필요한 처분을 한 후 신속히 국가수사본부장의 지시를 받아야 한다.

해설

외사경찰, 외사경찰활동 –

① (○) 외사요원(외사요원 관리규칙 제2조)〈20경간〉

② (○) 긴급출국금지 승인요청(출입국관리법 제4조의6 제3항)〈20경간〉

③ (✕) **SOFA 인적관할[대상자]** : 합중국군대의 구성원, 군속, 가족, 초청계약자[♣미합중국 군대의 구성원과 군속 및 그 가족만 대상(X)]〈11 · 13 · 20경간〉

④ (○) 외국인 관련 중요범죄(범죄수사규칙 제208조)〈20경간〉　　**정답** ③

03 외국인 관련 사건처리에 대한 설명 중 가장 적절하지 않은 것은? 〈22승진〉

① 「범죄인 인도법」상 법원은 범죄인이 인도구속영장에 의하여 구속 중인 경우에 구속된 날부터 2개월 이내에 인도심사에 관한 결정을 하여야 한다.

② 주한미군지위협정(SOFA)상 주한미군의 공무집행 중 작위 또는 부작위에 의한 범죄는 합중국 군 당국의 전속적 재판권 범위에 포함된다.

③ 「국제형사사법 공조법」상 행정안전부장관은 국제형사경찰기구로부터 외국의 형사사건 수사에 대하여 협력을 요청받거나 국제형사경찰기구에 협력을 요청하는 경우에는 국제범죄의 정보 및 자료교환 등의 조치를 취할 수 있다.

④ 「대한민국과 러시아연방 간의 영사협약」상 파견국 국민이 영사관할 구역안에서 구속된 경우, 접수국의 권한 있는 당국은 지체 없이 파견국의 영사기관에 통보한다.

해설

외사경찰 —

① (O) 국제공조, 범죄인인도의 절차 : 범죄인 인도법 제14조 제2항〈20 · 승진 · 18.3채용〉

② (X) 대상, 주한미군, 경합적 재판권, **공무집행중의 범죄 : 공무집행 중의 작위 또는 부작위에 의한 범죄** [♣전속적 재판권(X)]〈22승진〉

③ (O) 국제공조, 인터폴을 통한 공조 : 국제형사사법공조법 제38조〈12 · 13 · 20 · 22승진〉

④ (O) 활동, 외국인범죄처리 : **대한민국과 러시아연방 간의 영사협약**〈19 · 22승진〉

정답 ②

한쌤 경찰학 ✧✦ 기출총정리

초판인쇄 | 2024. 6. 5. **초판발행** | 2024. 6. 10. **편저자** | 한상기
발행인 | 박 용 **발행처** | (주)박문각출판 **등록** | 2015년 4월 29일 제2019-000137호
주소 | 06654 서울시 서초구 효령로 283 서경 B/D **팩스** | (02)584-2927
전화 | 교재 문의 (02)6466-7202, 동영상 문의 (02)6466-7201

저자와의
협의하에
인지생략

정가 46,000원
ISBN 979-11-7262-010-3